*THE YALE EDITION*

OF

# HORACE WALPOLE'S

## *CORRESPONDENCE*

EDITED BY W. S. LEWIS

*VOLUME EIGHT*

# HORACE WALPOLE'S

# CORRESPONDENCE

## *WITH*

# MADAME DU DEFFAND

## VI

### EDITED BY W. S. LEWIS

*AND*

### WARREN HUNTING SMITH

NEW HAVEN
*YALE UNIVERSITY PRESS*
LONDON · OXFORD UNIVERSITY PRESS

© 1939 by Yale University Press

Printed in the United States of America
by E. L. Hildreth & Co., Brattleboro, Vt.,
and reprinted at The Carl Purington Rollins
Printing-Office of the Yale University Press.
New Haven, Connecticut

*First published, December, 1939*

*Second printing, January, 1961*

# TABLE OF CONTENTS

## *VOLUME VI*

LIST OF ILLUSTRATIONS, VOLUME VI      xi

APPENDICES

1. THE CONVENT OF SAINT-JOSEPH      3
2. MADAME DU DEFFAND'S WILL      5
    MADAME DU DEFFAND'S INVENTORY      10
3a. 'PORTRAIT' OF MADAME DU DEFFAND BY HERSELF, 1728      48
3b. 'PORTRAIT' OF MADAME DU DEFFAND BY M. DU CHÂTEL      49
3c. 'PORTRAIT' OF MADAME DU DEFFAND BY M. DE FORCAL-
    QUIER      51
3d. 'PORTRAIT' OF MADAME DU DEFFAND BY HÉNAULT      52
3e. 'PORTRAIT' OF MADAME DU DEFFAND BY ROUSSEAU      53
3f. 'PORTRAIT' OF MADAME DU DEFFAND BY WALPOLE      54
3g. 'PORTRAIT' OF MADAME DU DEFFAND BY HERSELF, 1767      60
3h. 'PORTRAIT' OF MADAME DU DEFFAND BY HERSELF, 1774      61
3i. 'PORTRAIT' OF MADAME DU DEFFAND BY MADAME DE
    GENLIS      62
3j. 'PORTRAIT' OF MADAME DU DEFFAND BY THE DUC DE LÉVIS      65
3k. 'PORTRAIT' OF MADAME DU DEFFAND BY MADAME DE
    STAAL      66
3l. 'PORTRAIT' OF MADAME DU DEFFAND BY MLLE DE LESPI-
    NASSE      66
4. 'PORTRAIT' OF WALPOLE BY MADAME DU DEFFAND      71
5a. 'PORTRAIT' OF MADAME DE CHOISEUL BY MADAME DU
    DEFFAND      74
5b. 'PORTRAIT' OF HÉNAULT BY MADAME DU DEFFAND      75
    'PORTRAIT' OF HÉNAULT BY WALPOLE      77
5c. 'PORTRAIT' OF MADAME DE MIREPOIX BY MONTESQUIEU      78
    'PORTRAIT' OF MADAME DE MIREPOIX BY MADAME DU
    DEFFAND      78
5d. 'PORTRAIT' OF MARIE LESZCZYŃSKA BY MADAME DU DEF-
    FAND      80
5e. 'PORTRAIT' OF MADAME D'AIGUILLON BY MADAME DU
    DEFFAND      81

5f. 'PORTRAIT' OF PONT-DE-VEYLE BY MADAME DU DEFFAND 82

5g. 'PORTRAIT' OF MADAME DE LUXEMBOURG BY MADAME DU
DEFFAND 83

'PORTRAIT' OF MADAME DE LUXEMBOURG BY MADAME DU
DEFFAND 84

5h. 'PORTRAIT' OF THE COMTESSE DE BOUFFLERS BY MADAME
DU DEFFAND 84

5i. 'PORTRAIT' OF MADAME DE LA VALLIÈRE BY MADAME DE
GONTAUT 88

5j. 'PORTRAIT' OF MADAME DE BEAUVAU BY MADAME DE
ROHAN-CHABOT 89

5k. 'PORTRAIT' OF THE ARCHBISHOP OF TOULOUSE BY MA-
DAME DU DEFFAND 91

5l. 'PORTRAIT' OF FORMONT BY MADAME DU DEFFAND 92

5m. 'PORTRAIT' OF D'ALEMBERT BY MADAME DU DEFFAND 94

5n. 'PORTRAIT' OF MADAME DE STAAL BY HERSELF 95

5,o. 'PORTRAIT' OF MADAME DE ST-PIERRE BY HÉNAULT 97

5p. 'PORTRAIT' OF MADAME DE FLAMARENS BY HÉNAULT 97

5q. 'PORTRAIT' OF MADAME DE ROCHEFORT BY HÉNAULT 100

5r. 'PORTRAIT' OF MADAME DE LUYNES BY MADAME DU DEF-
FAND 102

5s. 'PORTRAIT' OF M. DU CHÂTEL BY HIMSELF 103

5t. 'PORTRAIT' OF MADAME DE TALMOND BY MADAME DU
DEFFAND 104

5u. 'PORTRAIT' OF M. DE GONTAUT BY MADAME DE GONTAUT 106

5v. 'PORTRAIT' OF M. D'USSÉ BY HÉNAULT 107

5w. 'PORTRAIT' OF M. D'ARGENSON BY MADAME DU DEFFAND 108

5x. 'PORTRAIT' OF MADAME DU CHÂTEL BY MADAME DU DEF-
FAND 109

5y. 'PORTRAIT' OF MADAME DU MAINE BY MADAME DE STAAL 111

'PORTRAIT' OF MADAME DU MAINE BY MADAME DU DEF-
FAND 113

'PORTRAIT' OF MADAME DU MAINE BY WALPOLE 114

5z. 'PORTRAIT' OF M. DE CÉRESTE BY MADAME DU DEFFAND 114

5aa. 'PORTRAIT' OF MADAME DU CHÂTELET BY MADAME DU
DEFFAND 116

6. WALPOLE's *Lettre d'Émile à Jean-Jacques Rousseau* 117

7. ANONYMOUS LETTER FROM SARAGOSSA 119

8. MADAME DU DEFFAND TO MADAME DE CHOISEUL, 2 JUNE
 1766                                                                122

9. SONG BY THE CHEVALIER DE BOUFFLERS                                123

10. COUPLETS BY PONT-DE-VEYLE AND THE CHEVALIER DE
 BOUFFLERS                                                           124

11. MADAME DE JONZAC'S NARRATIVE                                     127

12. SONG UPON CLAIRON'S PERFORMANCE FOR MOLÉ                         129

13. VOLTAIRE'S VERSES TO CHRISTIAN VII OF DENMARK                    131

14. ANONYMOUS VERSES ON THE CONDEMNATION OF *Bélisaire*              132

15. DECREE OF PARLEMENT, 9 MAY 1767                                  133

16. MADAME DE CHOISEUL TO MADAME DU DEFFAND, 13 DEC.
 1767                                                                135

17. THE ABBÉ BARTHÉLEMY TO MADAME DU DEFFAND, 6
 APRIL 1768                                                          136

18. THE CHEVALIER DE BOUFFLERS TO THE DUC DE CHOISEUL,
 25 FEB. 1768                                                        137

19. THE COMTE DE GRAVE TO MADAME DU DEFFAND, 20
 APRIL 1768                                                          139

20. WIART'S TRANSLATION OF PART OF THE PREFACE TO THE
 *Castle of Otranto*                                                 141

21. VOLTAIRE TO MADAME DE CHOISEUL, 15 JULY 1768                     144

22. MADAME DE CHOISEUL TO MADAME DU DEFFAND, 20 JULY
 1768                                                                145

23. MADAME DU DEFFAND TO VOLTAIRE, 22 JULY 1768                      147

24. LETTERS BETWEEN VOLTAIRE, MADAME DU DEFFAND AND
 MADAME DE CHOISEUL, DECEMBER 1768—JANUARY
 1769                                                                148

25. VOLTAIRE'S ÉPÎTRE À L'AUTEUR DU LIVRE DES TROIS IM-
 POSTEURS                                                            155

26. MADAME DE FORCALQUIER'S COUPLETS TO MADAME DU
 DEFFAND                                                             158

27. MADAME DE CHOISEUL TO MADAME DU DEFFAND, 20 DEC.
 1769                                                                159

28. UNSIGNED LETTER ABOUT RESCRIPTIONS, WITH TERRAY'S
 LETTER TO BOUTIN, 9 FEB. 1770                                       161

29. VOLTAIRE'S TRADUCTION DU POÈME DE JEAN PLOKOF                    162

30. ANONYMOUS ACCOUNT OF THE *Lit de justice*, 27 JUNE
 1770                                                                166

31. EXTRACT FROM THE CHANCELLOR'S SPEECH                             167

32. EXTRAIT DES REGISTRES DU PARLEMENT DU 2 JUILLET 1770     168
33. SÉANCE DU ROI EN SON PARLEMENT DE PARIS, DU LUNDI 3
    SEPTEMBRE 1770                                           171
34. THE CHEVALIER DE L'ISLE TO MADAME DU DEFFAND, 4
    SEPT. 1770                                               177
35. ANONYMOUS SONGS ON CHANCELLOR MAUPEOU                    179
36. ÉPIGRAMME SUR M. D'AIGUILLON                             180
37. ANONYMOUS ACCOUNTS OF THE EXILE OF THE PARLEMENT
    OF PARIS                                                 181
38. ANONYMOUS LETTER TO THE FRENCH NOBILITY SENDING
    THEM A PETITION FOR THE DUC D'ORLÉANS                    183
39. LETTERS BY MADAME DE LA VALLIÈRE AND M. BONNAY TO
    MADAME DU DEFFAND, OCT. 1771                             185
40. SECOND STANZA OF MADAME DU DEFFAND'S VERSES TO
    MADAME DE LUXEMBOURG                                     186
41. MADAME DU DEFFAND'S CORRESPONDENCE ABOUT ANNUI-
    TIES                                                     187
42. MADAME DU DEFFAND TO VOLTAIRE, 18 NOV. 1772             191
43. MADAME DE LA MARCK TO MADAME DU DEFFAND, MARCH
    1773                                                     192
44. ANONYMOUS SONG ABOUT THE DUC DE GUINES                  193
45. PONT-DE-VEYLE'S VERSES ON MADAME DE POMPADOUR           194
46. VOLTAIRE'S INVITATION DE SOUPER                         196
47. LETTRE DE VOLTAIRE À L'AUTEUR des Inconvénients des
    droits féodaux, du 8 mars 1776                           197
48. ANONYMOUS INSCRIPTION pour la maison de campagne de
    M. de Pezay                                              199
49. ANONYMOUS EXTRACT OF THE DECISION UPON THE DUC
    DE GUINES'S LAW SUIT                                     200
50. THE ABBÉ BARTHÉLEMY TO MADAME DU DEFFAND, 18
    JUNE 1777                                                201
51. MRS MONTAGU TO MADAME DU DEFFAND, 10 MAY 1777,
    AND HER REPLY                                            203
52. SCHUWALOF TO MADAME DU DEFFAND, 10 OCT. 1777           205
53. THE ABBÉ BARTHÉLEMY TO MADAME DU DEFFAND, 19
    JUNE 1778                                                207
54. LETTRE DU ROI À M. L'AMIRAL, POUR FAIRE DÉLIVRER DES
    COMMISSIONS EN COURSE                                    209

# LIST OF ILLUSTRATIONS

## *VOLUME VI*

THE CONVENT OF SAINT-JOSEPH        3
From Turgot's *Plan de Paris,* 1740.

MADAME DU DEFFAND'S 'PORTRAIT' OF HERSELF    48
In her own hand, with Walpole's note. From the original in
the possession of James Strachey M.D.

THE ARCHBISHOP OF TOULOUSE    92
From an early engraving, unsigned.

*Grateful acknowledgment is made to Dr Strachey for per-
mission to reproduce Madame du Deffand's 'portrait.'*

# APPENDICES

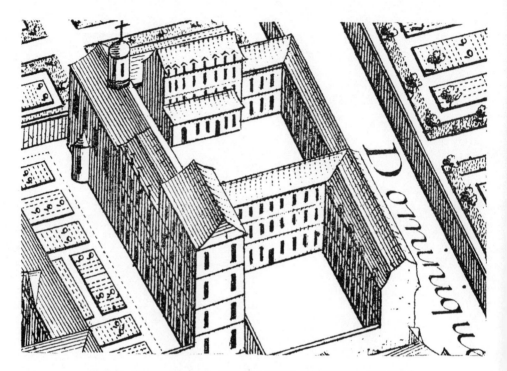

THE CONVENT OF SAINT-JOSEPH FROM
TURGOT'S MAP, 1740

## APPENDIX 1

### The Convent of Saint-Joseph.

ON 24 April 1747, Madame du Deffand signed the lease for 'l'appartement par bas, situé au fond de la cour extérieure de la dite communauté, contenant deux petites anti-chambres, un office, un grand salon qui a vu sur le jardin, à droite duquel est une tribune sur le chœur, et à gauche une grande chambre à coucher avec une cheminée, un cabinet ensuite, avec une garde-robe, dans laquelle il y a un escalier de menuiserie qui monte dans un entresol au-dessus.'[1] This apartment is described in Madame du Deffand's will as 'au premier étage,' and her bedroom as 'ayant vue sur le jardin.' On 29 March 1764, she rented for her sister the ground-floor apartment 'au fond de la cour extérieure en entrant, avec tribune sur l'église.'[2] This apartment was later Mlle Sanadon's.[3]

Turgot's *Plan de Paris* shows the convent as it was seven years before Madame du Deffand entered it. The chapel, with four large windows and a cupola, is in the upper left corner. The windows next to it, on the ground floor, are those of Mlle Sanadon's apartment; on the next floor, they are those of Madame du Deffand's salon and bedchamber; and on the top floor, they are those of the Maulévrier apartment. The Maulévrier apartment corresponded to Madame du Deffand's, except that the antechambers were larger, and the windows, being higher, overlooked the gardens of the Hôtel de Conti. The buildings adjoining the further side of the chapel are not in Jaillot's map of 1723, and are therefore later than Madame du Deffand's apartment, which was built for Madame de Montespan.

Across the court, facing the street, was Mlle de Courson's apartment, over which was the apartment rented for Madame du Deffand's nephew when he came to live with her. Madame du Deffand also had 'un petit logement' in an old wing of the convent. This is mentioned as early as 1747;[4] it was occupied by Mrs Cholmondeley in 1769 (when there was talk of tearing it down), and Madame du Deffand thought of lodging Taaffe in it in 1772. It was replaced,

---

1. Pierre-Marie-Maurice-Henri, Marquis de Ségur, *Esquisses et récits* [1908], p. 73.
2. Ibid. p. 106.
3. See *ante* 30 April 1768.
4. Pierre-Marie-Maurice-Henri, Marquis de Ségur, *Esquisses et récits* [1908], p. 76.

before 1775, by three houses. As it is called 'ancien,' it is probably one of the buildings shown in Jaillot's map as well as in Turgot's.

Madame du Deffand's salon had, on the right, a glass door opening into the tribune, from which a staircase descended to the main floor of the chapel. This door was ordinarily covered with book-shelves. At one time, she considered building a new wing into the garden to enlarge her apartment, but this was never done. The site of the convent is now occupied by the buildings of the Ministry of War.

# APPENDIX 2

## Madame du Deffand's Will.[1]

PAR-DEVANT les conseillers du Roi, notaires au châtelet de Paris soussignés, fut présente:

Haute et puissante dame Marie de Vichy de Champrond, veuve de haut et puissant seigneur Jean-Baptiste-Jacques du Deffand de la Lande, chevalier Marquis de Chastres, brigadier des armées du Roi, demeurant en un appartement au premier étage, dépendant d'un corps de logis étant dans la cour extérieure de la communauté des filles de Saint-Joseph, à côté de leur église, rue Saint-Dominique, quartier Saint-Germain-des-Prés, paroisse Saint-Sulpice, trouvée par lesdits notaires en une grande chambre à coucher ayant vue sur le jardin, assise dans son fauteuil, un peu incommodée de corps, mais saine d'esprit, mémoire, et jugement, comme il est apparu auxdits notaires par ses discours et maintien, ladite dame ayant perdu la vue.

Laquelle, dans la vue de la mort, a fait, dicté et nommé son testament auxdits notaires, comme il suit:

'Je supplie le Seigneur de me pardonner mes fautes et de recevoir mon âme en son saint Paradis.

'Je veux que mon corps soit gardé dans le lit où je mourrai autant que faire se pourra, et qu'au moins vingt-quatre heures après mon décès, ouverture soit faite de mon corps. Et qu' ensuite il soit enterré dans l'église de la paroisse sur laquelle je décéderai, sans pompe ni cérémonie.

'Je prie M. le Marquis d'Aulan, que je nommerai ci-après mon exécuteur testamentaire, de faire dire des messes pour le repos de mon âme, en telle église qu'il jugera à propos, et d'employer à ce sujet la somme de deux cents livres, et jusqu'à concurrence de cinq cents livres qu'il fera distribuer à tels pauvres malades et honteux qu'il trouvera convenable, m'en rapportant à sa piété et ne voulant pas qu'il soit tenu d'en rendre aucun compte.

'Je donne et lègue aux deux femmes de chambre que j'ai, qui sont

1. Printed in Pierre-Marie-Maurice-Henri, Marquis de Ségur, *Esquisses et récits* [1908], pp. 127–36. D's estate, after the debts were paid, amounted to 102,000 livres; she disposes of about 45,000 livres in legacies and annuities, leaving the rest to her nephew, the Marquis d'Aulan (see ibid. p. 125).

la demoiselle Couty[2] et la femme de Wiart, ma garde-robe, composée de mes habits, linges de jour et de nuit, de mes dentelles et de mes hardes, plus les draps qui servent à mon lit et aux leurs, pour partager le tout entre elles également.

'Plus je donne et lègue à la demoiselle Couty la somme de six mille livres une fois payée; je veux que ce que j'ai ci-dessus légué à ladite demoiselle Couty soit reçu et touché par elle sur ses simples quittances ou celles de ses fondés de procuration, ainsi que les revenus des emplois et remplois de ce que je viens de lui léguer, qu'elle vende, cède, et dispose du tout ainsi que des emplois et remplois, en reçoive le prix et tous remboursements quelconques, donne toute procuration nécessaire, enfin agisse à ce sujet comme elle le jugera à propos, selon que les circonstances se présenteront, le tout sans avoir besoin, en aucun cas, de l'assistance ou autorisation de son mari ou de qui que ce soit, comme étant ma volonté et la condition expresse que j'attache à tous les legs que j'ai faits à ladite demoiselle Couty.

'Je donne et lègue à Wiart,[3] à sa femme et au survivant d'eux, outre ce que je viens de leur léguer, les sept cent cinquante livres de rente, au principal de quinze mille livres, constitués à mon profit par l'ordre du Saint-Esprit, pour commencer la jouissance desdites sept cent cinquante livres de rente du jour de mon décès.

'Je donne et lègue à la nommée Maillard, qui a été autrefois ma couturière, l'usufruit et jouissance pendant sa vie des deux cents livres de rente qui m'appartiennent et qui sont constituées sur les États de Languedoc, et, quant au fonds, la propriété de ladite rente sur les États de Languedoc, je le donne et lègue au fils de Wiart, et ce fils commencera la jouissance de ladite rente du jour du décès de la dame Maillard.

'Je donne et lègue à Saint-Jean, mon laquais, quatre mille livres une fois payées.

'À Caumont,[4] mon autre laquais, pareille somme de quatre mille livres une fois payées.

'À Catherine, veuve Colmant, trois mille livres une fois payées; à la nommée Tourette,[5] ma fille de garde-robe, six cent livres une fois payées.

2. Spelled Conty. The spelling of this name, in D's correspondence is not clear.
3. Here spelled Viard.

4. Probably Common.
5. Probably Toinette.

'À Decla, mon cocher, pareille somme de six cents livres une fois payées, ensemble mon carrosse, mes chevaux et leurs dépendances.

'Et à Firmin, mon frotteur, la somme de six cent livres une fois payées.

'Tous les legs que j'ai ci-dessus faits à mes domestiques sont en outre et par delà des gages qui leur seront dus à mon décès et ils n'auront lieu pour qu'autant qu'ils seront à mon service au jour de mon décès.

'Je donne et lègue à Mademoiselle Sanadon, qui demeure en ladite communauté de Saint-Joseph, un diamant de valeur de trois mille livres, comme une faible marque de mon amitié pour elle.

'Je donne et lègue à Madame d'Aulan, ma nièce, Abbesse de Saint-Sauveur de Marseille, trois cents livres de pension viagère pendant sa vie, franches et quittes des impositions publiques, présentes et futures, et qui commenceront à courir du jour de mon décès.

'Je donne et lègue à M. l'Abbé de Champrond, mon frère, cent cinquante marcs de vaisselle d'argent à prendre à son choix dans l'argenterie que je laisserai, ensemble toutes mes porcelaines de table, dont on trouvera l'état fait par Wiart et signé de moi.

'Je donne et lègue à M. Horace Walpole:

'(1) Mes brochures, feuilles volantes et manuscrits dont Wiart a fait le catalogue jusqu'à présent, et que je lui ferai continuer à l'avenir, et (2) une boîte d'or ronde sur laquelle est le portrait de mon chien; je prie M. Walpole de vouloir bien accepter ces objets comme une marque de mon estime pour lui.

'Je donne et lègue à Madame la Duchesse de Choiseul ma petite boîte ovale sur laquelle est un médaillon en forme d'agathe *arborisée* faite avec ses cheveux et qui est l'emblème de mon attachement pour elle.

'Je donne et lègue à M. le Prince de Beauvau ma jatte à punch de porcelaine de France avec ses dépendances et toutes les pièces qui composent la garniture de la cheminée de ma chambre à coucher, de telle nature qu'elles soient, plus cinq cent volumes à son choix à prendre dans ceux qui composeront ma bibliothèque au jour de mon décès.

'Je prie aussi M. le Prince de Beauvau, qui m'a toujours honorée de son amitié, de vouloir bien permettre que (attendu les circonstances de la guerre qui tiennent M. Walpole éloigné) le legs que j'ai

ci-dessus fait à M. Walpole lui soit déposé par mes exécuteurs testamentaires; je le prie encore de faire passer ce legs ou le remettre à M. Walpole tout aussitôt qu'il en trouvera l'occasion, sans être obligé de justifier de décharge à ce sujet à qui que ce soit; il pourra même faire copier ce que bon lui semblera.

'Je prie Madame la Maréchale de Luxembourg d'accepter le legs que je lui fais, comme une marque de mon attachement pour elle, des quatre girandoles de cristal de roche qui viennent de M. de Pont-de-Veyle.

'J'institue pour mon légataire universel M. le Marquis d'Aulan, mon neveu.

'Je nomme pour mes exécuteurs testamentaires M. le Marquis d'Aulan, que je viens d'instituer mon légataire universel, et M. Mouchard, secrétaire du Roi, demeurant rue Montmartre.

'Je les prie de se réunir, pour que les affaires de ma succession ne souffrent point de retard; je prie particulièrement M. Mouchard, l'un de mes exécutaires testamentaires, d'accepter le legs que je lui fais d'une de mes tabatières à son choix, de l'édition in-quarto des œuvres de M. de Voltaire en trente volumes, reliés en maroquin rouge, qui est dans ma bibliothèque, au jour de mon décès, du supplément des ouvrages de M. de Voltaire.

'Je révoque tous autres testaments, codicilles et ordonnances de dernière volonté par moi faites antérieurement à mon présent testament, auquel seul je m'arrête comme contenant mes dernières volontés.

'Fait, dicté et nommé par ladite dame testatrice auxdits notaires soussignés et ensuite lu et relu par l'un d'eux qu'elle a dit bien entendre et y persévérer, à Paris en la chambre à coucher sus désignée,

'L'an mille sept cent quatre-vingts,

'Le vingt-quatre janvier sur les sept heures du soir,

'Et a ladite dame testatrice signé avec lesdits notaires nonobstant la perte de sa vue.'

## Codicille

Par-devant les conseillers du Roi notaires à Paris soussignés, fut présente:

Haute et puissante dame Marie de Vichy de Champrond, veuve de haut et puissant seigneur Jean-Baptiste-Jacques du Deffand de la Lande, chevalier, Marquis de Chastres, brigadier des armées du Roi,

demeurant en un appartement au premier étage, dépendant d'un corps de logis, étant dans la cour extérieure de la communauté des filles de Saint-Joseph, à côté de leur église rue Saint-Dominique, quartier Saint-Germain-des-Prés, paroisse Saint-Sulpice, trouvée par lesdits notaires en une grande chambre à coucher ayant vue sur le jardin, au lit malade de corps, mais saine d'esprit, mémoire et jugement, comme il est apparu aux notaires soussignés par ses discours et maintien.

Laquelle a fait, dicté et nommé aux notaires soussignés son codicille ainsi qu'il suit:

'Je donne et lègue à Madame la Vicomtesse de Cambis ma table à thé avec toutes ses porcelaines et sa bouillotte, lampe d'argent, et . . .[6] de vermeil, suivant l'état qui en a été fait et qui est entre les mains de Wiart. Plus je lui donne et lègue la petite armoire de bois d'acajou avec sa tablette qui est au-dessus, le tout garni de ses ornements de cuivre doré d'ormoulu, ensemble les livres, porcelaines et petits vases qui sont sur ladite tablette, laquelle petite armoire et sa tablette sont à côté de ma cheminée.

'Je lui donne et lègue encore ma petite table garnie de son marbre et d'une bordure de cuivre doré d'ormoulu sur laquelle je mets mon ouvrage.

'Je prie Madame la Vicomtesse de Cambis de vouloir bien accepter le legs que je fais en sa faveur des objets ci-dessus désignés comme une bien légère marque de mon amitié pour elle et qui l'engage à me rappeler à son souvenir.

'Je donne et lègue à la femme de Wiart une plaque entourée de diamants sur laquelle sont le portrait du fils Wiart et les cheveux de Madame la Maréchale de Luxembourg.

'Je donne et lègue à la demoiselle Conty, mon autre femme de chambre, une montre à répétition avec sa chaîne et son crochet, le tout d'or.

'Je donne et lègue au nommé Domer,[7] mon domestique, la somme de six cents livres une fois payées, s'il est encore à mon service au jour de mon décès.

'J'ai par mon testament du 24 janvier dernier légué à la nommée Maillard l'usufruit, la jouissance pendant sa vie de deux cents livres de rente qui m'appartiennent et qui étaient constituées à mon profit par les États de Languedoc, et j'ai par le même testament légué au

6. The MS is indecipherable here, but *post* p. 25 enumerates the items of this legacy.

7. Spelled 'D'omer' in D's journal.

fils de Wiart la propriété de ladite rente pour n'en commencer la jouissance que du jour du décès de ladite Maillard. Depuis ce testament, les États de Languedoc m'ont remboursé cette rente, mais j'ai remployé sur le champ la somme de quatre mille livres qui m'a été payée à ce sujet à acquérir sur les mêmes États pareille somme de deux cents livres de rente perpétuelle, dont il n'a été encore délivré qu'un récépissé. Le contrat n'en est pas encore passé, je déclare que mon intention est que ce remploi serve à ladite Maillard et audit Wiart d'assurance du legs qui leur est fait par mon testament, que j'entends toujours être exécuté; pour quoi je fais, en tant que de besoin serait, tout don et legs nécessaire à ladite Maillard et au fils de Wiart de la rente qui me sera constituée par lesdits États pour en jouir par ladite Maillard en usufruit et le dit Wiart fils en propriété et à en commencer la jouissance par ledit Wiart fils quant aux fruits et revenu de ladite rente du jour du décès de ladite Maillard, le tout pour leur servir de remplacement d'un pareil legs que je leur ai fait par mon testament; il est bien entendu que ni ladite Maillard, ni le dit Wiart fils ne pourront prétendre que ce soit une augmentation au legs que je leur ai fait par mon testament, le tout ne devant former qu'une seule et même chose.

'J'entends également que dans le cas où, avant mon décès, il me serait fait quelque remboursement de rentes que j'ai léguées soit par mon testament, soit par mon codicille, mes légataires des dites rentes suivent l'effet de mes dispositions testamentaires et codicillaires sur les remplois que j'aurai fait des deniers qui seront provenus des remboursements qui m'auraient été faits, sans aussi prétendre de leur part que ce soit en augmentation de leur legs.

'Je confirme au surplus mon testament du 24 janvier dernier étant des autres parts.'

Ce fut ainsi fait dit et nommé aux notaires soussignés par ladite dame Marquise du Deffand, codicillante, et ensuite à elle par l'un d'eux, l'autre présent, lu et relu et qu'elle avait bien entendu et y persévérer, à Paris en la chambre ci-dessus désignée l'an 1780, le 30 août, sur les six heures du soir.

Et a la dame codicillant signé nonobstant la perte de sa vue.

## Inventaire après le décès de Madame la Marquise du Deffand.

This inventory is printed from photostats of the original, occupying sixty-two folio pages, in the Archives de la Drôme. Its great length requires the omission

of many non-essential parts, such as the legal technicalities in the preface, the appointment of appraisers, and the processes of adjournment and reopening at the close of each day's work (see n. 8 below) and the compression of other parts. All numbers which are here printed in numerals are spelled out in the original, where the value of each item is usually given thus: 'prisés ensemble la somme de soixante livres, ci —————————— 60 " " .'

The inventory starts with a long legal preface dated Monday 16 Oct. 1780 stating that the Marquis d'Aulan of Avignon (temporarily living at the Hôtel des Asturies, rue du Sépulcre, parish of St-Sulpice, in Paris) and François-Abraham-Marie Mouchard (of the rue Montmartre, parish of St-Eustache) as executors of D's will and codicil (executed 24 Jan. and 30 Aug. 1780, before Mr. Armet, notary, and delivered 23 Sept. 1780 at the Châtelet) together with Jean-Guillaume Pourteiron de Puigautier (as legal representative of D's brothers, the Comte and Abbé de Champrond, whose procurations are with the inventory) are together making an inventory of the 'effets . . . de feue Madame la Marquise du Deffand, trouvés dans un appartement au premier étage et dépendances, faisant partie d'un corps de logis étant dans la cour extérieure de la communauté des filles de St-Joseph, à côté de leur église, rue St-Dominique, quartier St-Germain des Prés, paroisse St-Sulpice ayant vue sur des jardins et dans lequel appartement Mme la Marquise du Deffand est décédée le 23 septembre dernier.' The will had been presented by Jean-François Wiart, her secretary, on oath before the notaries. The appraiser was Claude-François Guillieaumon (living on the rue Croix de Petits-Champs, paroisse St-Eustache), and the seals had been placed on D's possessions 23 Sept. 1780 by Claude Le Seigneur 'Commissaire enquêteur examinateur au Châtelet.' This preface is signed by Aulan, Pourteiron de Puigautier, Mouchard, Wiart, Guillieaumon, Armet, and the said 'C. Le Senière.'

The parties then began the inventory as follows:

Dans les caves au-dessous du corps de logis:

*Item.* 72 bouteilles de vin de St Perey . . . . . . 50 livres.
*Item.* 70 bouteilles de gros verre vide partie fêlée . . 8 livres.

Dans un caveau:

*Item.* 28 bouteilles de vin rouge, cru de Bourgogne ordinaire, 60 bouteilles de vin blanc ordinaire, 7 bouteilles vin du Rhin, 32 bouteilles de vin de Champagne blanc, 7 bouteilles vin rouge Clos Vougeot, 22 bouteilles Champagne rouge non mousseux, 20 bouteilles de vin de Lunel . . . . . . . . . . . 120 livres.

Dans la cuisine souterraine tirant son jour sur le jardin:

*Item.* 2 chenets à crans, un contre-hâtier, une pelle, une pincette, 3 broches à croix, une lèche-frite, un tourne-broche à manivelle garnie de ses cordages et manivelles et poids de pierre, 5 chevrettes, 2 grils, 2 couperets, 2 hachoirs, un diable, 4 poêles à frire, une poêle à marrons, un croc à couronne, le tout de fer. . . . . . 48 livres.

*Item.* 3 chaudrons de diverses grandeurs, une écumoire, 2 poêlons, un chandelier, le tout de cuivre jaune . . . . . 16 livres.

*Item.* 20 casseroles à queues, 15 couvercles de casserole, 2 casseroles rondes, une casserole ovale, 2 platfonds, une passoire, un autre plus grand, une brazière, une poissonnière et sa feuille, 6 marmites de différentes grandeurs, une écumoire, le tout de cuivre rouge, 4 feuilles d'office, 2 cuillères à pot en potin, 2 autres plus petites 160 livres.

*Item.* Une fontaine de grès revêtue d'osier, une vieille en chaudière en cuivre jaune, supports en fer, 8 assiettes à eau en étain, 20 pièces de poterie et grès, partie fêlée, une table de cuisine, et son billot, une table pliante, 2 chaises de paille, 2 bas d'armoire en chêne 30 livres.

Dans l'écurie Nº 3. Étant dans la basse-cour:

*Item.* 2 juments à courtes queues hors d'âge, sous poil noir, prisées avec leurs bridons, 2 seaux, une brosse, une étrille, un époussoir, une fourche, un balai, un vieux coffre à avoine, une vannette, un picotin
. . . . . . . . . . . . . . . . . 160 livres.

Dans la chambre du cocher au-dessus de l'écurie:

*Item.* Un châlit sanglé, 2 matelas de bourre, une couverture coupée en deux, une table et une chaise . . . . . . 30 livres.

Sous la remise dans la première cour Nº 11:

*Item.* Une berline à 3 glaces, panneaux corps et traits peints en gris, doublée en dedans de velours cramoisi d'Utrecht, montée sur ses suspentes de cordes de nerfs doublées et revêtues de cuir, prisée comme hors d'usage . . . . . . . . . . . 144 livres.

Sous le vestibule:

2 pieds de table brisés, 4 dessus de table, une échelle double, une cassette à habits . . . . . . . . . . . . 20 livres.

Dans l'office ayant vue sur le jardin des religieuses:

*Item.* 2 poêlons à caramel, 2 petites poêles à confiture, un friquet, le tout de cuivre rouge, un gaufrier français, un autre hollandais, une chevrette, un dessus de tourtière . . . . . . . 18 livres.

*Item.* Une table à dessus de sapin, un tabouret, 2 chaises de paille, une étuve en bas d'armoire . . . . . . . . . 8 livres.

Suit la prisée des porcelaines léguées à M. l'Abbé de Champrond:

*Item.* 2 glacières de porcelaine de Sèvres, 23 assiettes dont une fêlée, 2 autres douzaines d'assiettes, 2 plateaux ovales de 6 pots à œufs

chaque, dont l'un fêlé, et l'anse et le bouton du couvercle cassés, 2
saladiers, un plateau en losange, 2 petits compotiers, une saucière et
son plateau, 4 salières à 2 compartiments et 2 autres à trois, 2 sucriers,
un moutardier et sa soucoupe, 2 plateaux, et 12 gobelets à glaces, un
seau à verre et un à liqueur, le tout en porcelaine de Sèvres prisé ensemble avec un plat rond et 7 petites assiettes porcelaine de Sèvres
blanches bords dorés, et une blanche     .     .     .     .     360 livres.

*Item.* 4 compotiers à festons dont 2 fêlés, 14 assiettes dont 7 bleues et
blanches, et 7 rouge et blanc, 18 autres assiettes bleues et blanches
communes, 7 compotiers rouge et blanc de différentes grandeurs, 2
grands compotiers du Japon, 2 plus petits même porcelaine, 2 grands
plats creux bleu et blanc, 23 boules de terre à eau, terre blanche
d'Angleterre, 3 corbeilles de tôle vernies, 2 sorbetières en étain, un
pot au lait en porcelaine de Saxe, 2 moutardiers [un] en Saxe et
l'autre en Sèvres     .     .     .     .     .     .     .     .     .     86 livres.

*Item.* Un grand plateau garni de 5 figures en biscuit, dont le groupe
du milieu représente un gourmand, lequel plateau est en outre garni
de 4 vases de biscuit, un moyen plateau garni de 5 petites figures en
Saxe dont le milieu représente un joueur de flûte et de petites figures
représentant Bacchus, un autre grand plateau représentant les neuf
Muses, et 6 pots à fleurs le tout en biscuit,     .     .     .     .     116 livres.[8]

Dans la chambre du nommé Ramillon cuisinier ayant vue sur le
jardin de M. le Maréchal de Noailles de Mouchy:

*Item.* Une grille de feu en 2 parties, pelle et pincette, de fer poli avec
ornements de cuivre argentés, un chandelier     .     .     .     .     8 livres.

*Item.* Une armoire en chêne à 2 battants et bas-fond garnie en dedans
d'une tablette tringle à double porte-manteaux, une autre armoire à

8. At this point the inventory was
halted until the next day, the process of
adjournment and reopening being as follows:

'Il a été vaqué à tout ce que dessus depuis ladite heure de trois jusqu'à celle de
neuf sonnée par doubles vacations; ce fait,
tous les effets ci-dessus inventoriés sont
restés du consentement de toutes les parties en la garde et possession dudit Sieur
Wiart qui s'en est chargé pour les représenter quand il appartiendra, et la vacation pour la continuation du présent inventaire a été remise à demain mardi 17

du présent mois, 3 heures de relevée et ont
toutes les parties signé la présente vacation dans le cours de laquelle             mots
sont rayés comme nuls.'

[Signatures]

'Dudit jour mardi 17 octobre 1780, 3
heures de relevée en conséquence de l'as-
signation prise par la clôture de la dernière vacation dudit inventaire il va être
par les conseillers du Roi, notaires au
Châtelet de Paris soussignés ès même requête et présence que dessus procédé à la
continuation dudit inventaire ainsi qu'il
suit.'

deux battants en bois blanc, une commode d'ancien placage à 2 grands et 2 petits tiroirs garnis de mains et entrées de serrures de cuivre et à dessus de marbre . . . . . . . 60 livres.
*Item.* Un fauteuil à bras couvert de tapisserie de crin, un autre couvert en vieux damas jonquille, 3 fauteuils de paille garnis de divers coussins de siamoise, une petite table courante en bois de hêtre, un tableau emblême d'amour et d'amitié peint sur toile et à l'huile, 2 vieux rideaux de toile verte, une vieille armoire en chêne à 10 battants et 10 compartiments fermant à 2 serrures . . . 36 livres.
Une couchette et 2 dossiers à barres, un matelas de bourre, 2 de laine; un traversin de coutil rempli de plumes, la housse du lit et courtepointe en siamoise flambée bleue et blanche, un fauteuil à manchettes couvert de tapisserie de point et foncé de crin, un fauteuil à coussins couvert en coutil . . . . . . . . 96 livres.

Dans l'armoire de Ramillon ci-devant inventoriée:

*Item.* Une couverture de soie, une vieille courtine de coton à étoiles en rouge et piquée, la housse d'un lit à la polonaise et 3 pièces de tapisserie, la housse d'un lit à 4 colonnes en taffetas à carreaux cramoisi et jaune . . . . . . . . . . . . 200 livres.
*Item.* La housse d'un lit à double tombeau en damas jaune, les coussins et dossier d'une ravaudeuse cramoisi et jaune . . 72 livres.

Dans le garde-meuble au quatrième étage:

*Item.* Un lit de sangle, 3 sommiers, 3 matelas de laine couverts de différentes toiles à carreaux, 4 matelas de laine couverts en futaine, un traversin de crin, un lit et 3 traversins de coutil remplis de plumes, 2 autres traversins de 4 pieds de long, une couchette en baldaquin à 2 dossiers fond sanglé, 2 autres à 4 colonnes, dont une peinte en gris, une ravaudeuse garnie en mexicaine, fond puce à colonnes bleues et fleurs blanches, un fauteuil à joues et à coussins à carreaux de plumes foncé de crin couvert en moire, un très vieux tapis de moquette, 6 fauteuils à la reine couverts en tapisserie de point à fleur rouge, un écran pareil . . . . . . 420 livres.
*Item.* Une épinette, une table de nuit à dessus de marbre, un secrétaire à tombeau en noyer, un écran couvert en papier de la Chine, une échelle à 12 échelons, un paravent de papier de la Chine à 6 feuilles, un autre, un vieux paravent à 6 feuilles couvert en toile . . . . . . . . . . . . . . . . . 32 livres.

Dans le grenier:

14 chaises et fauteuils de paille, un lit de sangle, 2 chaises couvertes en toile et foncées de crin, 2 malles, 2 chaises foncées de crin et couvertes en vieux velours d'Utrecht . . . . . . 32 livres.

Dans la chambre au quatrième ayant même vue:

*Item.* 3 matelas [de] différentes laines couverts de toile à carreaux, un traversin de coutil rempli de plumes, une couverture de laine blanche, une paire de draps de toile de ménage, un baldaquin en vieille siamoise rayée bleue et blanche, un fauteuil de tapisserie foncé de crin, une table à pied pliant, et une malle en cuir . 96 livres.

Dans une chambre non occupée et ayant vue sur l'hôtel de Mouchy:

*Item.* Un lit de sangle, une vieille table, un traversin de coutil rempli de plumes, une couverture, une vieille chaise de paille et un oreiller . . . . . . . . . . . . . 20 livres.

Dans la chambre du Sieur Caumont[8a] au cinquième dans le comble:

*Item.* Un lit de sangle, un matelas de petite laine couvert de toile à carreaux, 2 draps, un traversin, et 2 vieilles couvertures de laine blanche . . . . . . . . . . . . 30 livres.

Dans la chambre de la Veuve Collemant, fille de cuisine:

*Item.* Une couchette à barres, une paillasse, 2 matelas de laine couverts de toile à carreaux, un lit et un traversin de coutil rempli de plumes, 2 couvertures de laine blanche, une vieille paire de draps, la housse du lit en vieille serge verte, un bas de buffet en chêne à 2 tiroirs, et une chaise de paille . . . . . . . 40 livres.

Dans l'antichambre ayant vue sur le jardin au rez-de-chaussée de l'appartement:

*Item.* 2 banquettes foncées de crin et couvertes en tapisserie foncée de crin, une lanterne en bocal, une table, 2 chaises de paille, 2 flambeaux de cuivre . . . . . . . . . . . . 16 livres.

8a. Probably the footman whose name is spelled 'Common' in D's Journal and also at the end of this inventory. 'Caumont' is a more usual French spelling.

Dans la chambre de M. Wiart ayant vue sur le jardin:

Une grille de feu en 2 parties pelle et pincette de fer poli     4 livres.
*Item*. Un trumeau de cheminée d'une glace de 25 pouces de haut sur 25 de large dans son parquet peint en gris, tableau au-dessus, ornements de bois doré . . . . . . . . . . . 24 livres.
*Item*. Un autre trumeau de cheminée d'une glace de 18 pouces de haut sur 20 de large dans son parquet peint en gris blanc. Tableau camaïeu au-dessus . . . . . . . . . . . 16 livres.
*Item*. Un trumeau d'entre-croisée de 2 glaces de chacune de 17 pouces de haut sur 24 de large dans son filet de bois doré    20 livres.
*Item*. Une commode d'ancien placage à 2 grands et 2 petits tiroirs, garnie de mains et entrées de serrure de cuivre et garnie de marbre . . . . . . . . . . . . . . . 28 livres.
*Item*. Une couchette à 4 colonnes garnie de son fond sanglé, un sommier, 2 matelas de laine, couverture à carreaux et futaine, un traversin de coutil rempli de plumes, une couverture de coton, une housse de lit à 4 colonnes et 2 dossiers en siamoise bleue et blanche garnie de son fond sanglé et roulettes, un sommier de crin couvert de toile à carreaux, deux matelas de laine couverts en toile à carreaux, un lit et traversin de coutil rempli de plumes, une couverture de laine . . . . . . . . . . . . . . . 160 livres.
*Item*. Une table à piquet et une à treize couvertes de vieux drap vert . . . . . . . . . . . . . . . . 4 livres.
À l'égard de 3 tableaux peints à l'huile et sur toile dans leur bordure de bois doré il n'en a été fait aucune prisée comme portrait de famille pour quoi le présent article sera tiré pour mémoire. Mémoire.

Dans la chambre de Mlle Couty ayant vue sur le jardin et en entresol:

*Item*. Une couchette de 3 pieds de large et à barres, une paillasse, 2 matelas couverts de toile à carreaux, un lit et un traversin de coutil rempli de plumes, une couverture de laine blanche, une courte-pointe et la housse d'un lit en baldaquin d'Indienne fond rouge à fleurs blanches, une bergère en bois de tourneur garnie de coussins et dossiers foncés de crin et couverts en serge sur soie fond jaune ornée d'un cordonnet de cramoisi jaune . . . . . . . 72 livres.
*Item*. 2 tableaux peints sur toile, dans leur bordure de bois doré . . . . . . . . . . . . . . . 4 livres.

Dans une armoire pratiquée au haut du petit escalier donnant à l'office:

*Item*. Le montant d'un flambeau avec son garde-vue en taffetas vert, un flambeau de bureau à 2 bobèches, 3 bouts de girandoles à 2 branches, 2 garde-lumières en fer blanc . . . . . 9 livres.
*Item*. 2 poudriers en ancien bois rouge dont un cassé, une boîte à parfiler en forme de pupitre . . . . . . . 4 livres.
*Item*. Un pot à eau et cuvette le tout en porcelaine de Sèvres . . . . . . . . . . . . . . . 24 livres.
*Item*. Un poêle roulant en faïence garni de ses tôles, un garde-feu de fer blanc, un écran à tablette garni en papier, 3 armoires en chêne chacune à 2 battants et une en sapin . . . . . 20 livres.

Dans la chambre du nommé Domer en entresol ensuite et ayant vue sur le passage:

*Item*. Un sommier, un matelas, une couverture, et un traversin . . . . . . . . . . . . . . . . 20 livres.
*Item*. Une commode de bois de hêtre à 2 grands et 2 petits tiroirs garnie de mains et entrées de serrure de cuivre . . . 14 livres.

Dans la chambre du nommé St-Jean ayant vue sur l'office et jardin:

*Item*. Un lit de sangle, 2 matelas de laine couverts de toile à carreaux, une couverture de laine blanche . . . . . . . 32 livres.

Dans un petit cabinet pratiqué à côté dudit passage et tirant son jour sur l'antichambre:

*Item*. 2 tables à quadrille couvertes de drap vert, un lit de camp, 2 matelas de laine couverts de toile à carreaux, un traversin de coutil et une couverture d'indienne piquée, lequel lit a 2 housses rouge et blanc, une vieille commode à 3 grands tiroirs . . . 60 livres.
*Item*. Une fontaine à 2 robinets et sa fontaine en cuivre rouge, une baignoire en canne garnie de sa cuvette en cuivre rouge, une fontaine de grès à robinets de potin couverte en osier, une fontaine filtrante à trois étages, prisées avec un bas d'armoire en chêne . 80 livres.
*Item*. 3 seaux de faïence, une table de lit, un moulin à café en étain . . . . . . . . . . . . . . . . 8 livres.

Dans le vestibule donnant dans le corridor de la salle à manger:

*Item.* 2 paravents de 5 feuilles chacun en papier peint et verni avec des crépines d'un côté, et de l'autre en toile  .   .   .   .   8 livres.

Dans la salle à manger ayant vue sur le jardin:

*Item.* Une grille de feu en 2 parties avec pelle et pincette de fer poli et ornements de cuivre  .   .   .   .   .   .   .   .   .   12 livres.
*Item.* Un trumeau de cheminée de 2 glaces, la première de 45 pouces de haut, la seconde de 9, le tout de haut sur 38 de large, une autre glace en face de la cheminée même hauteur et largeur dans son parquet de bois peint en gris et tableau au-dessus  .   .   .   260 livres.
*Item.* Un trumeau d'entre-croisée de 2 glaces, la première de 31 pouces, la seconde de 20, le tout de haut sur 31 pouces de large dans son parquet à filets de bois doré, et tableau au-dessus   .   60 livres.
*Item.* Une commode à tombeau en ancien placage à deux grands et deux petits tiroirs garnie de mains et entrées de serrure et quart de rond de cuivre et à dessus de marbre ronceux,[8b] une commode à la Régence garnie d'entrées de serrure, sabots, et ornements de cuivre, et à dessus de marbre de Flandre, 2 encoignures en ancien placage à 2 battants et à dessus de marbre ronceux, une table à piquet, une à quadrille couvertes de drap vert, un écran à 2 feuilles couvert en papier de la Chine  .   .   .   .   .   .   .   .   .   102 livres.
*Item.* Un secrétaire à tombeau en bois de noyer  .   .   .   12 livres.
*Item.* 6 fauteuils en cabriolet en bois de noyer foncés de crin et couverts en velours rayé cramoisi et jaune d'Utrecht, 4 fauteuils et 4 chaises en bois de hêtre foncés de crin et couverts en tapisserie à l'aiguille, fond jaune à fleurs rouges  .   .   .   .   .   112 livres.
*Item.* 14 aunes de court en 7 morceaux sur deux aunes trois quarts de haut en serge de soie jaune brodée par bandes et dessins courants en nœud cramoisi, 4 portières et 4 parties de rideaux pareille étoffe brodée de même   .   .   .   .   .   .   .   .   .   160 livres.

Dans la chambre à coucher ensuite ayant vue sur le jardin des religieuses:

*Item.* Une grille de fer en 2 parties, pelle et pincette de fer poli avec ornements de cuivre, une paire de bras de cheminée à 2 branches en cuivre  .   .   .   .   .   .   .   .   .   .   .   .   24 livres.

8b. This word seems to be spelled 'roncé' in the MS.

*Item.* Un trumeau de cheminée de 2 glaces, la première de 57 pouces de haut sur 43 de large et la seconde cintrée et prise du milieu du cintre de 19 pouces cintrés sur pareille largeur; un entre-croisée de 2 glaces, la première de 48 pouces, la seconde prise du milieu du cintre de 25 pouces le tout de haut sur 40 de large dans leur parquet avec filets de bois doré dont un avec tableau paysage au-dessus   400 livres.

*Item.* Une console à pied doré et dessus de marbre brèche d'Alep et 2 encoignures en ancien placage et à dessus de marbre   .   40 livres.

*Item.* 2 tablettes en croquante de bois de placage et garnies en glaces . . . . . . . . . . . . . . . . . . 6 livres.

*Item.* Un lustre de cristal à 5 branches monté en cuivre argenté . . . . . . . . . . . . . . . . 72 livres.

*Item.* Une tablette à livres en noyer d'acajou à 4 gradins, une table de nuit en bas d'armoire de 20 pouces de large en bois de placage et à dessus de marbre garnie par bas de 2 tiroirs et un bas d'armoire, une petite table en écritoire garnie de son écran en papier de la Chine, une autre table à pieds dorés à balustrade et à dessus de marbre, une autre petite tablette à livres, en bois d'acajou   .   .   .   60 livres.

*Item.* 4 girandoles à 3 branches léguées à Madame la Maréchale de Luxembourg   .   .   .   .   .   .   .   .   .   .   300 livres.

*Item.* 6 fauteuils en cabriolets à coussins en bois de noyer peint en jaune foncés de crin et couverts en gros de Tours broché fond jaune . . . . . . . . . . . . . . . . . 80 livres.

*Item.* 6 fauteuils en cabriolets couverts en musulmane verte foncés de crin   .   .   .   .   .   .   .   .   .   .   .   72 livres.

*Item.* 15 aunes de court en 3 morceaux de serge de soie fond jaune brodée en nœud cramoisi à fleurs dessins courants encadrés de baguettes dorées, un lit à la Polonaise, dont la housse est complète, tout en étoffe pareille à la tenture en surtout de 15 16 jaune, le bois du coucher à 2 dossiers peint en gris fond sanglé roulettes en galet, un sommier, 2 matelas de laine couverts en futaine, un lit et un traversin de duvet couvert tant en coutil que toile de coton prisés ensemble avec 6 parties de rideaux de 3 aunes et demie et 2 portières sur pareille hauteur   .   .   .   .   .   .   .   .   .   .   1080 livres.

*Item.* Une ottomane à 4 places, 3 chevets avec matelas et rondins, foncés tant en crin que plumes, 5 fauteuils à la reine foncés de même, le tout couvert de pareille étoffe à la tenture, 2 oreillers de coude en duvet couverts en toile de coton, 2 coussins de toile à carreaux cramoisi et jaune   .   .   .   .   .   .   .   .   .   .   160 livres.

*Item.* Un portrait tête d'homme d'après Annibale Caracci en tapisserie de toute laine dans un cadre carré de bois doré   .   20 livres.
*Item.* Une petite pendule à tirage du nom de Minuel à Paris à cadran de cuivre, heures d'émail dans sa boîte en cartel de cuivre doré
.   .   .   .   .   .   .   .   .   .   .   .   .   .   .   72 livres.
*Item.* Une ravaudeuse garnie en musulmane brochée et semillée fond lilas   .   .   .   .   .   .   .   .   .   32 livres.

Dans le cabinet de toilette ayant vue sur le jardin:

*Item.* Un poêle à doubles bouches garni de ses coudes et tuyaux
.   .   .   .   .   .   .   .   .   .   .   .   .   8 livres.
*Item.* Un trumeau de cheminée de 2 glaces la première de 33 pouces, la seconde de 5, cintrées .   .   .   .   .   .   48 livres.
*Item.* 2 flambeaux carrés, tiges cannelées, 2 autres flambeaux à triples bobèches, un flambeau à réverbère et garde-vue à 3 mèches monté en cuivre argenté   .   .   .   .   .   .   .   .   108 livres.
*Item.* Une commode à la Régence en bois de placage à un grand et 2 petits tiroirs garnie de mains et entrées de serrure et sabots de cuivre, et à dessus de marbre ronceux, un trictrac en ébène garni de ses dames et cornets .   .   .   .   .   .   .   .   60 livres.
*Item.* 5 parties de tenture en papier teintée en bleu encadrée de baguettes peintes en gris blanc, une petite chaise longue en baignoire garnie d'un matelas, dossier et oreiller couverts en damas bleu, 5 fauteuils de canne garnis de dossiers et coussins couverts de même étoffe, 2 rideaux en 4 parties en vieux damas bleu   .   .   100 livres.
*Item.* 30 tant estampes, dessins, soit forme ovale que carrée, un médaillon en fleurs, un autre en porcelaine, le buste de Voltaire en plâtre réparé sous un bocal de verre, et sur un pied de bois doré
.   .   .   .   .   .   .   .   .   .   .   .   .   .   90 livres.
*Item.* Une toilette en bois de placage garnie de son miroir, boîte à poudre   .   .   .   .   .   .   .   .   .   20 livres.

Dans une petite garde-robe ensuite:

*Item.* Une tablette en croquante à 2 volets par bas, 3 tablettes de marbre et quatre en bois peintes en rouge, un pot pourri en porcelaine, 3 vases de faïence, un bidet, une chaise de commodité et son vase   .   .   .   .   .   .   .   .   .   32 livres.[9]

9. Here follows the process of adjournment until Wednesday, 18 Oct., and that of reopening, as in n. 8 above.

Dans le vestibule et la tribune conduisant à la bibliothèque:

*Item.* 2 chaufferettes garnies en tôle, un petit coffre de toilette en noyer garni d'une lampe de nuit en cuivre argenté, une sonnette aussi en cuivre argenté . . . . . . . . . . 12 livres.

*Item.* 2 portières de vieille moquette à fleurs, une autre portière de satinade verte, 2 aunes et demie de court sur une aune et demie de haut de pareille satinade servant de tenture, une banquette foncée de crin, 2 carreaux de plumes, le tout couvert en velours vieux cramoisi, 2 petits rideaux d'une aune de taffetas vert, un martinet de cuivre argenté, une banquette pour s'agenouiller, et un appui couvert en vieux velours cramoisi et d'Utrecht en velours et panne cramoisi

. . . . . . . . . . . . . . . . . . 16 livres.

Dans la bibliothèque ayant vue tant sur le jardin que sur l'église:

*Item.* Une chaise à dos couverte en vieux damas cramoisi, un fauteuil de canne, 2 vieux rideaux de taffetas vert de 2 lés chacun    6 livres.

*Item.* Un tapis de pied de moquette de 2 aunes et demie de long sur une aune et un quart de large . . . . . . . . . 6 livres.

Suit la garde-robe à l'usage de ladite feue dame du Deffand et léguée auxdites Demoiselle Couty et Dame Wiart, femmes de chambre:

Dans une des armoires en chêne étant dans l'entresol et sur laquelle étaient apposés les scellés:

*Item.* Une robe et tablier de lampas vert et blanc, le tablier monté sur un jupon de droguet vert, une robe et jupon de petit satin chiné fond blanc et ouatée, une robe et son jupon de satin cramoisi et blanc à carreaux et ouatée, une robe et son jupon de satin blanc à raies brochées et fleurs nuées, une robe et jupon de petit pékin des Indes à raies puces et blanches bouquets peints et ouatée, une robe et jupon de satin mordoré et ouatée, une robe et son jupon de satin fond cramoisi à carreaux blancs . . . . . . . . . . 278 livres.

*Item.* Une robe et son jupon de pékin rayé jaune et blanc, une robe et son jupon de satin des Indes, fond blanc rayé cramoisi et à bouquets, une robe et son jupon de satin prune de Monsieur à petits bouquets nués et ouatée, une robe et son jupon de petit satin fond pelure d'oignon à points blancs et ouatée, une autre robe et son jupon de satin fond bleu tendre à points blancs et ouatée    144 livres.

*Item.* Une robe et son jupon de lampas puce à dessins courants, une robe et son jupon de caroline brochée fond blanc et gris à petits bouquets, une robe et son jupon de velours d'Italie cannelé bleu et blanc, une robe et son jupon de moire d'Angleterre fond bleu glacé, une robe et son jupon [d']amboisienne cannelée rayée de diverses couleurs, une robe et son jupon de gros de Tours broché fond blanc à colonnes et bouquets nués, une robe et son jupon de pékin fond blanc à raies cannelées et bouquets nués  .   .   .   .   . 400 livres.
*Item.* Une robe et son jupon de Cirsacas rayé, une robe et tablier de perse ancienne, fond jaune à dessins courants, une robe et son jupon de perse nouvelle, fond sablé à dessins courants et bouquets, une autre robe et son tablier de perse ancienne, fond jaune à bouquets et dessins courants, une robe et son jupon de perse nouvelle, fond vermicelle, une robe et tablier de perse, fond rouge à grands dessins, une autre robe et son tablier de perse, fond vert à dessins courants prisés ensemble avec une robe et tablier démontés en velours bleu rayé et blanc .   .   .   .   .   .   .   .   .   .   .   .   . 500 livres.

Dans une autre armoire dans le même endroit et où les scellés ont été apposés:

*Item.* Une robe et son jupon de taffetas broché, fond bleu rayé et chiné, une robe et son jupon de taffetas bleu uni, une robe et son jupon de taffetas rayé bleu puce et rose, une autre robe et son jupon de taffetas, fond blanc rayé et chiné, une autre robe et jupon de pékin gris, une autre robe et jupon de taffetas blanc  .   .   . 350 livres.
*Item.* Une robe et son jupon de gourgouran blanc, une robe et son jupon de musulmane rayée noir et blanc, une robe et jupon de pékin noir, une robe et jupon de satin noir, une robe et jupon de taffetas noir, 2 robes de toile et leur jupon noir et blanc  .   . 192 livres.
*Item.* Un jupon de satin blanc piqué et ouaté, un autre de taffetas blanc piqué en édredon, 3 manteaux de lit de taffetas blanc ouatés, 4 couvre-pieds de diverses mousselines et taffetas, tous vieux  48 livres.
*Item.* 2 jupons de dessous en basin rayé  .   .   .   .   . 8 livres.

Dans une armoire en chêne et dans une commode étant au niveau de la salle à manger à gauche du vestibule et sur laquelle étaient apposés les scellés:

*Item.* 58 tant mouchoirs vieux, que linge de garde-robe, 137 mouchoirs blancs .   .   .   .   .   .   .   .   .   .   .   . 200 livres.

*Item.* 6 paires de poches basin rayé, 13 corsets tant en toile que coton, 3 jupons de mousseline piquée garnie de falbalas, 3 tabliers de toilette et 3 peignoirs, 11 petites taies d'oreiller la plupart non garnies, 8 paires de chaussettes tricotées, 28 frottoirs tant en toile que mousseline, 2 jupons de basin rayé, 2 manteaux de lit ouatés en mousseline, 83 chemises dont 24 très vieilles   .   .   .   .   .   350 livres.

Dans le tiroir étant dans la commode de la salle à manger où les scellés ont été aussi apposés:

*Item.* 8 petites coiffes de mousseline, 5 coiffes de mousseline, 8 fichus aussi de mousseline, 6 cornettes de nuit à 2 rangs en mousseline, 15 paires de bouts de manche de mousseline tant à un qu'à 2 rangs, 6 tours de gorge, un mantelet et un manteau de lit tant en mousseline suisse que taffetas blanc, 5 paires de bas de soie et une paire de chaussettes en toute soie, 2 mantelets de taffetas noir, 2 thérèses, un collet monté, 6 éventails la plupart cassés   .   .   .   .   .   .   30 livres.

Dans une commode étant dans le cabinet de toilette où les scellés ont été aussi apposés:

*Item.* 5 paires de manchettes à 2 rangs en mousseline garnies de diverses dentelles, 2 petits bonnets montés en gaze, un fichu de gaze, une petite coiffe de taffetas blanc garni en blonde, 4 bonnets montés garnis tant en valencienne fausse que vraie, les fonds en mousseline, 8 rangs de manchettes de mousseline garnies en point d'Argentan
.   .   .   .   .   .   .   .   .   .   .   .   .   .   .   182 livres.

Dans la troisième armoire en chêne étant en l'entresol près l'office ci-devant inventoriée et prisée:

*Item.* 47 draps de domestique de différentes toiles et grandeurs
.   .   .   .   .   .   .   .   .   .   .   .   .   .   .   .   200 livres.
*Item.* 14 paires de draps de maître en toile de Frise   .   .   360 livres.

Suit le linge de ménage trouvé tant dans les commodes [et] armoires ci-devant inventoriées et prisées et sur lesquelles étaient apposés les scellés ensemble celui revenu de la lessive:

*Item.* 5 douzaines de serviettes unies, 12 vieilles serviettes ouvrées, et 15 nappes tant de 12 que de 8 couverts en toile œils de perdrix
.   .   .   .   .   .   .   .   .   .   .   .   .   .   60 livres.
*Item.* 8 nappes de douze couverts, 2 nappes de vingt-quatre couverts,

24 douzaines et 5 serviettes le tout en toile œils de perdrix, prisé avec
3 douzaines de serviettes unies . . . . . . . . . 400 livres.

Suit le linge de cuisine:
*Item.* 12 nappes de cuisine en toile à la main et 24 tabliers neufs à
cordons, 27 vieux tabliers et 10 douzaines de torchons  72 livres.[10]

Dans une commode à la Régence ci-devant inventoriée et sur laquelle étaient apposés les scellés:
*Item.* 12 tasses, 12 soucoupes en porcelaine en Sèvres dorées en couleurs et à figures, 2 sucriers et une théière de pareille porcelaine, un
petit vase à fleurs, le tout en porcelaine de Sèvres, une tasse à deux
anses couverte et plateau en Saxe et cassée, 2 petits seaux à liqueurs
en porcelaine d'ancien Chantilly montés en cuivre doré, une théière
en œuf et à trois pieds, un pot au lait, une petite cafetière en argent
de Paris et dorée, une petite salière en cristal bleu montée en argent
et sa cuillère . . . . . . . . . . . . 320 livres.
*Item.* 16 mignonnettes et leurs soucoupes en différentes porcelaines,
une cafetière, une petite écuelle, un réchaud, un martinet, un en-
crier, un plateau et 4 tasses le tout en différentes porcelaines. Deux
figures en Saxe dont un joueur de vielle et de cornemuse et une petite figure en biscuit . . . . . . . . . : . . 120 livres.

Dans une des encoignures de la même salle en entrant à gauche sur
laquelle étaient apposés les scellés:
*Item.* 6 cocottes, un bougeoir, 2 petites tasses à anses et leurs soucoupes de diverses porcelaines tant Saxe que Sèvres, un plateau, un
gobelet couvert et 2 petites coupes vert d'Angleterre . . 24 livres.

Suivent les objets légués à Mme la Vicomtesse de Cambis:
Une table à thé à deux étages avec chapeau en fil de laiton, ladite
table en noyer d'acajou et une tasse et 8 soucoupes de différentes
grandeurs et diverses porcelaines, 2 théières, une moyenne et une
autre petite, un sucrier, une jatte, un petit pot à crème, un plateau le
tout en diverses porcelaines . . . . . . . . . 96 livres.
*Item.* Une petite table en noyer d'acajou à deux tiroirs garnie de bou-
tons, mains et balustres en cuivre doré d'or moulu, une petite ar-

10. Here follows the process of adjournment until 3 P.M. of the same day, and that
of reopening, as in n. 8 above.

moire en noyer d'acajou avec tablette à quatre gradins en bois de placage garnie de quarts de rond, balustre, sabots et entrées de serrure de cuivre doré l'une et l'autre à dessus de marbre vert Campan
. . . . . . . . . . . . . . . . . . 108 livres.

Sur ladite tablette:

*Item.* Un écureuil de porcelaine, 2 tasses couvertes et leurs soucoupes, une grande tasse bleu et or, 2 tasses couvertes et leurs soucoupes, une grande tasse à anses couvercle et soucoupe fond or, une petite cafetière fond bleu or et à fleurs, une tasse et sa soucoupe à rubans bleu et blanc le tout en porcelaine de Sèvres     . 168 livres.
*Item.* Une lampe et une bouilloire d'argent, une pince à sucre, 2 petites boîtes à thé, 6 petites cuillères, un réchaud à esprit de vin, un pot au lait, et un gril, un seau et une petite bouilloire, le tout en argent doré pesant ensemble 10 marcs 5 onces dont le prix fixé à juste valeur et sans crue comme argent de province à raison de 39 livres 10 sols 9 deniers le marc, revient audit prix à la somme de
. . . . . . . . . . . . . . . 420 livres 1 sol 8 deniers.

En procédant et attendu qu'il est question de la prisée des livres légués à madite dame Marquise de Cambis les parties ont nommé le sieur Le Clerc marchand libraire à Paris y demeurant Quai des Augustins, paroisse St-André des Arts ici présent pour donner son avis et Maître Guilleaumont sur la prisée à faire par lui des livres et ont lesdites parties et Le Clerc et ledit Maître Guilleaumont signé.

Quatrième tablette des livres.

Traité de l'orthographe un volume,
Dictionnaire portatif et historique 2 volumes,
Dictionnaire mythologique 3 volumes,
Histoire de France de M. le président Hénault 3 volumes,
Tablette chronologique des Papes un volume,
Manuel lexique 2 volumes,
Synonymes français deuxième édition 3 volumes,
État ou Tableau de la ville de Paris un volume,

Cinquième tablette

Un volume dictionnaire des proverbes,
Calendrier de la noblesse 8 volumes,

Tablettes dramatiques,
Oracles des sibylles un volume,
Dictionnaire des rimes, 1 volume,
La France littéraire 2 volumes,
L'Europe vivante un volume,
Journal du citoyen un volume.

Suivent les objets légués à M. le Prince de Beauvau autres que ceux composant les 500 volumes de livres dont il lui a été fait legs à son choix, lequel il n'a pas encore fait:

*Item*. Une jatte à punch et une à fraises en porcelaine de Sèvres, 2 vases à oignons en fer blanc peint montés en cuivre doré, 2 petits réchauds à pastilles en argent de province, 2 corbeilles en verre bleu montées en argent doré, 2 vases à anses et couvercles montés en cuivre doré, 3 vases de jade et 2 autres cannelés formant bougeoirs le tout en cuivre doré, 2 têtes en porcelaine montées en cuivre doré, un bas-relief et une figure en biscuit pareillement montés en cuivre doré . . . . . . . . . . . . . . 400 livres.

Suit la prisée des objets légués à M. Mouchard:

*Item*. Une tabatière de forme ovale avec médaillon représentant des jeux d'enfants avec une cage avec des oiseaux pour médaillon avec cristal sur le médaillon . . . . . . . . . . 220 livres.

Suit la prisée du legs fait à Mme de Choiseul:

*Item*. Une tabatière d'écaille galonnée et garnie d'un cercle de médaillon, quatre cercles d'entourage et doublée en or, ornée de deux petits arbres avec tresse en cheveux . . . . . . 160 livres.

Suit le legs fait à M. de Walpole:

Une tabatière ronde à charnière guillochée et tournée à bordure feuille de persil avec médaillon sur émail représentant le chien de la défunte et sous glace . . . . . . . . . . . 40 livres.

Suit le legs fait à Mme Wiart:

*Item*. Une plaque de col représentant d'un côté le portrait du fils du Sieur Wiart et de l'autre les cheveux gris-blancs désignés par le testa-

ment être ceux de Madame la Maréchale de Luxembourg, le portrait entouré de 21 brillants recoupés avec annelet aussi en brillants . . . . . . . . . . . . . . . . . . . . 400 livres.

Suit le legs fait à Mlle Couty:

*Item.* Une montre à répétition à boîte tournée, chaîne pour femme et aussi d'or tourné, le cachet représentant une tête gravée sur cornaline montée en or de bijoux le mouvement de la montre du nom de Tavernier à Paris numéroté 287 . . . . . . 384 livres.

*Item.* 6 navettes tant en vernis qu'en écaille, une petite cuillère, une petite fourchette d'enfant en argent doré, une fourchette à huîtres en or, un flacon en or, une montre à timbre du nom de Jean-Baptiste Baillon à Paris, dans sa boîte d'or de province repoussé, chaîne d'acier, clef de cuivre, une boîte d'or ovale tournée à bordure de persil . . . . . . . . . . . . . . . . . . 360 livres.

*Item.* Une bonbonnière en ballon en or tourné, un médaillon, une petite tabatière dite Journée de forme carrée guillochée et en or . . . . . . . . . . . . . . . . . . . . . 300 livres.

*Item.* Une tabatière ronde carton verni doublée à quatre cercles et cercle de médaillon en or sous lequel est le portrait de M. de Choiseul en porcelaine de Sèvres et sous glace, une petite tabatière de carton fond gris-blanc ornée de deux cercles d'or, sur le dessus une miniature sous verre, une petite tabatière de carton verni rouge à gorge en or, médaillon d'une agate arborisée avec entourage de marcassite, une tabatière ronde d'ivoire doublée en or à cercles, guirlandes et cercles de médaillon en or de couleur, ornée sur le dessus du portrait de Madame de Choiseul en miniature et sous glace   320 livres.

*Item.* Une tabatière de forme octogone tournée à bords feuille de persil, une tabatière ronde et à charnière tournée à bords émaillés blanc et bleu avec médaillon dessus renfermant le portrait de Mme. de Choiseul sous glace . . . . . . . . . . 440 livres.

*Item.* Une petite salière de cristal bleu monté en argent et une pierre d'aimant montée en argent . . . . . . . . . 4 livres.

*Item.* Un petit portefeuille de maroquin rouge avec plaque en or ornée de deux roses, un porte-crayon en or, un ploton couvert en roussite . . . . . . . . . . . . . . 36 livres.

*Item.* Un petit coffre carré à quatre cases en bois de placage, une petite cuillère à manche de burgos garnie en or . . . . 10 livres.

Dans une des encoignures à dessus de marbre ci-devant prisée étant dans la chambre à coucher:

Il ne fut trouvé que des deniers comptants qui y ont été renfermés sous les scellés jusqu'à l'inventorié d'iceux pourquoi mémoire ci .

. . . . . . . . . . . . . . . Mémoire.

Suit la pesée de la vaisselle d'argent trouvée sous les scellés apposés tant sur le corps d'un buffet par bas étant dans l'office que sur l'encoignure à droite de la salle à manger:

*Item.* 146 jetons pesant ensemble 4 marcs 2 onces 5 gros dont le prix fixé à juste valeur et sans crue comme jetons à raison de 50 livres 17 sols 3 deniers le marc revient à la somme de . . . . . .

. . . . . . . . . . . 220 livres 9 sols 2 deniers.

*Item.* 4 douzaines d'assiettes, un plat à soupe et 14 plats tant entrées que de hors-d'œuvres et à bouilli, un grand plat à rôt, 2 moyens et 2 petits aussi à rôts, 4 petits plats de hors-d'œuvres et longs, un petit et un moyen poêlons, un gobelet à bouillon, un petit marabout, 4 casseroles à manche et à anses avec couvercles, 4 jattes longues, 2 soupières à anses moyennes, et une petite, une jauline et une casserole. Une cuillère à potage et une autre plus petite à pot 12 cuillères à ragoût, une fourchette à dépecer, 4 cuillères à compote, une cuillère à olives, 48 cuillères et 48 fourchettes à bouche de diverses grandeurs, 7 attelettes, 4 petites pelles à sel, un couvercle d'écuelle le tout d'argent poinçon de Paris pesant ensemble 267 marcs 6 onces 3 gros dont le prix fixé à juste valeur et sans crue à raison de 50 livres 13 sols 6 deniers le marc revient ladite quantité audit prix à la somme de .

. . . . . . . . . . 18570 livres 12 sols 11 deniers.

*Item.* 2 chocolatières, un marabout, 2 porte-salières doubles, un porte-huilier et ses bouchons, 4 salières antiques, 2 poivrières, une saucière, 12 cuillères à café à filets, 2 cuillères et 2 fourchettes à bouche, 6 cuillères à café, une pince à sucre, 2 cuillères à sucre argent de Paris doré, 2 manches de couteaux aussi argent de Paris doré, 18 manches de couteaux de table, et une manche de grand couteau à découper le tout d'argent poinçon de Paris, pesant ensemble 19 marcs 2 onces 6 gros dont le prix fixé à juste valeur et sans crue comme vaisselle soudée à raison de 50 livres 9 sols 10 deniers le marc, revient audit prix à la somme de . . . . 976 livres 13 sols 11 deniers.

*Item.* 6 caisses à biscuits, 6 cocottes et leurs couvercles, 6 marmites à œufs, 6 coquetiers montés sur leurs trois pieds, 6 coquilles à huîtres,

6 petits pots à œils couverts, 2 plateaux, 6 petites terrines couvertes, 6 cuillères à café et 6 à glaces à filets, une truelle à beurre et une marmite à étouffade le tout d'argent poinçon de Paris pesant ensemble 43 marcs 2 onces dont le prix pareillement fixé à juste valeur et sans crue comme vaisselle plate à raison de 50 livres 13 sols 6 deniers le marc, revient audit prix à la somme de . . . . . . . . . .
. . . . . . . . . . . . 2191 livres 13 sols 10 deniers.[11]

   Suivent les deniers comptants:

Il fut trouvé tant dans un petit coffre enfermé dans un bas d'armoire de la chambre à coucher que dans ledit bas d'armoire sur lequel étaient apposés les scellés dudit Sieur Commissaire:
Premièrement. 12 rouleaux de 50 louis de 24 livres chacun, formant ensemble la somme de . . . . . . . . . . 14400 livres.
2⁰ Un rouleau de 25 louis de 48 livres chacun formant ensemble .
. . . . . . . . . . . . . . 1200 livres.
3⁰ Dans un étui d'ivoire de 25 louis d'or de 24 livres chacun, montant ensemble à . . . . . . . . . . . 600 livres.
4⁰ Dans une bourse de soie qui était celle dont se servait ordinairement ladite défunte dame Marquise du Deffand, 8 louis de 24 livres chacun et 4 écus de 3 livres aussi chacun, ce qui fait ensemble . .
. . . . . . . . . . . . . 204 livres.
5⁰ 2 sacs de 1200 livres chacun en écus de 6 livres, formant ensemble, en ce compris les passes de sacs, . . . . 2400 livres 12 sols.
6⁰ Un sac contenant 1092 livres en écus de 6 livres . 1092 livres.
7⁰ Et enfin 7 sacs de sols dont 2 de 75 livres chacun, et 5 de 25 livres aussi chacun, formant ensemble . . . . . . 275 livres.

   Tous lesdits deniers comptants montant ensemble à . . . .
. . . . . . . . . . . . 20171 livres 12 sols

Plus s'est trouvé dans un secrétaire étant dans le salon une bourse de filet dans laquelle il y a 5 louis d'or de 24 livres chacun et 3 écus de 6 livres, formant le tout ensemble . . . . . . 138 livres.

   Suivent les papiers:

Premièrement. Deux pièces, la première est l'expédition en papier

   11. Here follows the process of adjournment until Thursday, 19 Oct., and that of re-opening, as in n. 8 above.

du contrat qui a réglé les conventions civiles du mariage d'entre lesdit et dite Marquis et Marquise du Deffand passé devant Dupuis J<sup>e</sup> qui en a gardé la minute et son confrère notaires à Paris le 11 juin 1718, suivant lequel il a été stipulé communauté de biens entre les lors futurs époux au désir de la coutume de Paris, ledit Sieur lors futur époux a doué ladite demoiselle sa lors future épouse de 4000 livres de rente annuelle de douaire préfix duquel elle jouirait sitôt qu'il aurait lieu sans en former la demande en justice et le fonds en serait propre aux enfants qui naîtraient du mariage, outre lequel douaire ladite demoiselle lors future épouse aurait tant qu'elle demeurerait en viduité pour son droit d'habitation la moitié du château des Chastres, des jardins, accints, et préclôtures avec option à ladite demoiselle lors future épouse de prendre au lieu de ladite habitation la somme de 500 *livres* qui lui serait payée par chacune année pendant sa viduité par les enfants ou héritiers dudit Seigneur lors futur époux. Attendu la séparation de biens qui s'est opérée entre lesdits Seigneur et Dame Marquis et Marquise du Deffand et l'acte d'arrangement qui a été fait entre eux et qui sera ci-après inventorié, il n'a été fait plus ample description dudit contrat à la réquisition des parties pour accélérer.

La seconde est la copie de l'acte de célébration de mariage desdits Seigneur et Dame Marquis et Marquise du Deffand, inscrit au registre de la paroisse St-Paul à Paris le 2 août 1718.

Lesdites deux pièces ont été inventoriées l'une comme l'autre  . 1 *Item.* L'expédition d'un acte passé devant M. Jourdain qui en a gardé la minute et son confrère le 27 mars 1721 entre ledit seigneur Marquis du Deffand d'une part et Mme la Marquise son épouse d'autre part, suivant lequel ledit Seigneur Marquis a acquiescé à la sentence du Châtelet de Paris du 2 janvier 1721 prononcée le 29 des mêmes mois et an par laquelle il avait été dit que lesdits Seigneur et Dame du Deffand demeureraient séparés de biens et a condamné ledit Seigneur à rendre et payer à la Dame son épouse la somme de 49918 livres qu'il avait reçue d'elle suivant quittance étant en suite de leur contrat de mariage et au moyen de ce que ledit Seigneur du Deffand avait, de ses deniers et pour remplacer les fonds qu'il avait reçus de la Dame son épouse, porté au nom de ladite Dame la somme de 50000 livres au trésor royal pour le principal de 1250 livres de rente sur les aides et gabelles en deux parties suivant quittance de M. de Turmenyes, Garde du Trésor Royal, du 29 novembre 1720, N°

6428 et 6429. Il a consenti que lesdites rentes fussent expédiées au profit de ladite Dame du Deffand en qualité de femme séparée quant aux biens d'avec lui pour en jouir par elle sur ses simples quittances, et que les grosses de ces contrats fussent remises à ladite Dame à sa majorité, et en conséquence ledit Seigneur est demeuré quitte envers la Dame son épouse de tout ce qu'il lui devait en principal et intérêts et frais, et lesdits Seigneur et Dame du Deffand sont convenus de vivre séparément sans que ledit Seigneur du Deffand fût tenu de payer de pension à ladite Dame son épouse.

Ladite expédition inventoriée . . . . . . . . . 2.

Il a été vaqué jusqu'à neuf heures sonnées par double vacation pour accélérer à la réquisition des parties tant à ce que dessus qu'à autre en ordre partie des papiers de la succession de ladite Dame Marquise du Deffand. Ce fait tous les papiers ci-dessus inventoriés ensemble ceux restant à inventorier ont été remis sous les scellés dudit Sr Commissaire et lesdits scellés sont du consentement des parties restés en la garde dudit Sieur Wiart qui le reconnait et s'en charge volontairement pour en faire la représentation quand et à qui il appartiendra.

Quant aux deniers comptants ci-devant constatés ils ont été remis du consentement des autres parties audit Sieur Mouchard qui le reconnaît et s'en charge pour les représenter ou en rendre compte quand et à qui il appartiendra.[12]

Dudit jour vendredi 20 dudit mois d'octobre audit an 1780, 8 heures du matin, il va être par les conseillers du Roi Notaires au Châtelet de Paris soussignés procédé à la continuation du présent inventaire ès mêmes requêtes que dessus ainsi qu'il suit. Suit l'inventorié des livres de la bibliothèque de ladite Dame Marquise du Deffand, prisés sauf la crue par ledit M<sup>e</sup> Guilleaumont, huissier commissaire priseur pour ce présent, de l'avis de Sieur Charles-Guillaume Le Clerc, libraire à Paris y demeurant Quai des Augustins paroisse St-André des Arts, aussi pour ce présent expert nommé par les parties et qui a promis donner en son âme et conscience son avis à ladite prisée et a signé avec ledit Me Guilleaumont et lesdites parties.[13]

12. Here follows the rest of the process of adjournment as in n. 8 above.
13. Here after the signatures (this time including that of Le Clerc) follows the usual process of adjournment until 2 P.M., of reopening, of readjournment until Saturday, 21 Oct., and of reopening—as in n. 8 above.

Suit l'inventorié et prisée desdits livres de la bibliothèque de Mme la Marquise du Deffand, dans le cours desquels sera fait distinction de ce qui en a été légué:

N° 1. 10 volumes in-folio, *Dictionnaire de Moréri,* . . 40 livres.

2. *It.* 4 volumes in-folio, *Œuvres de Plutarque* . . . 6 livres.

3. *It.* 8 volumes in-quarto dont *Fables de La Motte* . . 40 livres.

4. *It.* 7 volumes in-quarto d'*Histoire d'Angleterre* de M. Hume . .
. . . . . . . . . . . . . . 36 livres.

5. *It.* 51 volumes in-octavo dont *Œuvres de M. Voltaire* 54 livres.

6. *It.* 26 volumes in-octavo et in-douze dont *Bélisaire* . 18 livres.

7. *It.* 27 volumes in-douze dont *Œuvres de Locke* . . 24 livres.

8. *It.* 24 volumes in-douze, dont *Réflexions sur la poésie et la pein-ture* . . . . . . . . . . . . . 21 livres.

9. *It.* 31 volumes in-douze dont *Œuvres de Boileau* . . 21 livres.

10. *It.* 31 volumes in-douze, dont *Théâtre espagnol* . . 27 livres.

11. *It.* 32 volumes in-douze, dont *Gil Blas* . . . . 24 livres.

12. *It.* 29 volumes in-douze dont l'*Histoire de Clarisse* . 30 livres.

13. *It.* 24 volumes in-douze dont *Contes de Fées* . . . 15 livres.

14. *It.* 23 volumes in-douze dont *Mille et une nuits* . . 20 livres.

15. *It.* 25 volumes in-douze dont *Essais de Montaigne* . 27 livres.

16. *It.* 25 volumes in-douze dont *Variétés littéraires*[13a] . 21 livres.

17. *It.* 25 volumes dont *Mémoires de Maintenon* . . 25 livres.

18. *It.* 27 volumes in-douze dont *Esprit de la Ligue* . . 24 livres.

19. *It.* 19 volumes in-douze, dont *Mémoires de Montpensier* . .
. . . . . . . . . . . . . . 24 livres.

20. *It.* 24 volumes in-douze dont *Rivalité de France et d'Angle-terre* . . . . . . . . . . . . 18 livres.

21. *It.* 28 volumes in-douze dont *Mémoires de Montyon*[13b] 15 livres.

Tous les objets compris sous les vingt et un numéros ci-dessus sont légués à Monsieur le Prince de Beauvau qui en a fait choix.[13c]

22. *It.* 35 volumes in-douze et in-octavo dont le *Traité de l'ortho-graphe* . . . . . . . . . . . 25 livres.

Ces 35 volumes sont légués à Mme la Marquise de Cambis

23. *It.* 30 volumes in-quarto *Œuvres de Voltaire* . . . 150 livres.

Ces 30 volumes sont légués à M. Mouchard.

13a. By Arnaud and Suard, later in the possession of Lormier of Rouen (see Ernest Quentin Bauchart, *Les Femmes bibliophiles* 1886, ii. 437).

13b. The Duc de Mouchy's copy is in 9 vols, 1750.

13c. The following books with Mme du Deffand's arms are in the possession of

24. *It.* 25 volumes in-douze dont *Mémoires de la Bourdonnais* . . . . . . . . . . . . . . . . . . . . . 12 livres.

25. *It.* 25 volumes in-douze dont *Apophtegmes des anciens*    14 livres.

26. *It.* 16 volumes in-douze dont *Instructions pour les jeunes dames* . . . . . . . . . . . . . . . . . . 10 livres.

27. *It.* 36 volumes de Buffon . . . . . . . . . . 40 livres.

28. *It.* 25 volumes in-douze dont *Lettres de la Vallière* . 12 livres.

29. *It.* 26 volumes in-douze dont *Mémoires de Mlle Doran* 15 livres.

30. *It.* 15 volumes in-douze dont Homère . . . . . 18 livres.

31. *It.* 18 volumes dont *Comédies de Plaute* . . . . 15 livres.

32. *It.* 23 volumes dont *Fastes militaires* . . . . . 15 livres.

33. *It.* 27 volumes in-douze dont *Œuvres de Scarron* . . 20 livres.

34. *It.* 16 volumes in-douze dont *Œuvres de La Motte* . 13 livres.

35. *It.* 17 volumes in-douze dont *Œuvres de Saint-Marc* . 15 livres.

36. *It.* 18 volumes in-douze dont *Aventures d'Abdalla* . 12 livres.

37. 24 volumes in-douze dont les *Contes marins* . . . 15 livres.

38. *It.* 32 volumes in-douze dont *Mille et une folies* . . 20 livres.

39. *It.* 22 volumes in-douze dont *Les Grands hommes vengés* . . . . . . . . . . . . . . . . . . . . . 16 livres.

40. *It.* 24 volumes in-quarto et in-douze dont *Esprit des lois* 14 livres.

41. *It.* 20 volumes in-octavo et in-douze dont *Institutions de physique* . . . . . . . . . . . . . . . . . . 20 livres.

42. *It.* 30 volumes in-douze et in-octavo dont *Théâtre de Marivaux* . . . . . . . . . . . . . . . . . . . 16 livres.

43. *It.* 18 volumes in-douze dont *Élisabeth* . . . . 10 livres.

44. *It.* 17 volumes in-douze dont *Recueil d'opéras* . . 6 livres.

45. *It.* 22 volumes in-douze dont *Œuvres de S. Jorry* . . 17 livres.

46. *It.* 19 volumes in-douze dont *Parodies du théâtre italien* 12 livres.

47. *It.* 28 volumes in-douze dont *Théâtre de Brueys* . . 21 livres.

48. *It.* 19 volumes in-douze dont *Théâtre de La Noue* . 17 livres.

the Duc de Mouchy at Heilles, Oise. Presumably they were part of her bequest to the Prince de Beauvau, but they are not in the inventory.

Hénault's *Nouvel Abrégé de l'histoire de France*, 1 vol., 1749.

Honoré d'Urfé's *L'Astrée*, 10 vols, 1733.

*Sévigniana*, 1 vol., 1756.

*La Logique*, 1 vol., 1730.

*La Manière de bien penser*, 1 vol., 1756.

*Les Pensées de Pope*, 1 vol., 1766.

*Le Magasin des adolescents*, 2 vols, 1760.

*Le Paysan parvenu*, 1 vol., 1735.

Sterne's *Voyage sentimental*, 1 vol., 1769.

*Dictionnaire des hommes illustres*, 3 vols, 1768.

*Histoire du théâtre français*, 15 vols, 1745.

Richardson's *Histoire de Grandison*, 7 vols, 1756 (bound with Beauvau's arms and his portrait on the cover).

*Recueil de lettres militaires*, 8 vols, 1760.

In addition to these books, Voltaire's *Siècle de Louis XIV* (4 vols, 1768, including also his *Siècle de Louis XV*) formed part of D's legacy to Beauvau, and was sold in Paris, 1876 (see Ernest Quentin Bauchart, *Les Femmes bibliophiles*, 1886, ii. 437).

49. *It.* 27 volumes in-douze dont *Œuvres de La Fontaine*    24 livres.
50. *It.* 16 volumes in-douze dont le *Théâtre de Dancourt*    12 livres.
51. *It.* 14 volumes in-folio dont l'*Histoire généalogique* .    80 livres.
52. *It.* 20 volumes in-quarto dont *Vie de St-Louis*    .   .    10 livres.
53. *It.* 18 volumes in-quarto dont *Histoire d'Angleterre* .    20 livres.
54. *It.* 31 volumes in-douze dont *Histoire de Miss Beville*    16 livres.
55. *It.* 29 volumes in-douze dont l'*Orpheline anglaise*    .    18 livres.
56. *It.* 33 volumes in-douze dont *Mémoires de Cécile*    .    17 livres.
57. *It.* 24 volumes in-douze dont le *Bel'Endroict* .   .   .    14 livres.
58. *It.* 8 volumes in-quarto dont l'*Histoire de France*    .    24 livres.
59. *It.* 100 brochures dont *Œuvres de Shakspeare*    .   .    30 livres.
60. *It.* 25 volumes in-douze dont *Cornelius Nepos*    .   .    15 livres.
61. *It.* 24 volumes in-douze dont *Théorie des lois civiles* .    14 livres.
62. *Item* 27 volumes in-douze dont *Dictionnaire des hommes illus-*
tres    .   .   .   .   .   .   .   .   .   .   .   .    21 livres.
63. *It.* 14 volumes in-douze dont *Vie de Cromwell*    .   .    10 livres.
64. *It.* 19 volumes dont *Histoire de Charles XII* .   .   .    9 livres.
65. *It.* 19 volumes in-douze, dont l'*Histoire de la Jamaïque* 21 livres.
66. *It.* 39 volumes in-octavo dont *Œuvres de Voltaire*    .    30 livres.
67. *It.* 20 volumes in-douze et in-octavo dont *Correspondance de Cé-*
cile    .   .   .   .   .   .   .   .   .   .   .    40 livres.
68. *It.* 17 volumes in-octavo et in-douze dont *Les Incas*    .    24 livres.
69. *It.* 24 volumes in-octavo dont *Histoire de Marguerite de Valois*
   .   .   .   .   .   .   .   .   .   .   .   .    12 livres.
70. *It.* 19 volumes in-douze dont *École militaire* .   .   .    10 livres.
71. *It.* 18 volumes in-douze dont *Histoire de Malte*    .   .    12 livres.
72. *It.* 18 volumes in-douze dont *Mémoires d[e] Norden*    18 livres.
73. *It.* 17 volumes in-douze dont *Vie de Philippe*    .   .    9 livres.
74. *It.* 26 volumes in-douze dont *Usages des Romains*    .    12 livres.
75. *It.* 19 volumes dont *Mémoires de Beauvau*    .   .   .    18 livres.
76. *It.* 19 volumes in-douze dont *Mémoires de Nemours* .    9 livres.
77. *It.* 19 volumes in-douze dont *Mémoires de La Porte* .    12 livres.
78. *It.* 22 volumes in-douze dont *Conquêtes des Pays-Bas*    12 livres.
79. *It.* 25 volumes in-douze dont *Henriette*    .   .   .   .    15 livres.
80. *It.* 18 volumes in-douze dont *Histoire de Charles VII*    15 livres.
81. *It.* 16 volumes in-octavo dont *Journal de Henri III*    .    30 livres.
82. *It.* 18 volumes in-douze, dont *Histoire de Louis XIII*    6 livres.
83. *It.* 20 volumes dont *Vie de Richelieu* .   .   .   .   .    8 livres.
84. *It.* 29 volumes in-douze dont *Histoire de France de Daniel*    .   .
   .   .   .   .   .   .   .   .   .   .   .   .   .    18 livres.

85. *It.* 19 volumes in-douze dont *Histoire romaine* . . 20 livres.
86. *It.* 16 volumes in-douze dont l'*Histoire de l'Empereur* 18 livres.
87. *It.* *Histoire du Bas-Empire,* 20 volumes . . . . 24 livres.
88. *It.* 15 volumes in-douze dont *Histoire de Du Guesclin* 10 livres.
89. *It.* 26 volumes in-douze dont *Histoire d'Hérodote* . 15 livres.
90. *It.* 26 volumes in-douze du *Voyageur français* . . 30 livres.
91. *It.* 24 volumes in-douze dont *Lettres d'un Français* . 12 livres.
92. *It.* 15 volumes dont *Histoire ancienne* . . . . 20 livres.
93. *It.* 18 volumes in-douze dont *Modèles de lettres* . . 6 livres.
94. *It.* 24 volumes in-douze dont *Bibliothèque de cour* . 12 livres.
95. *It.* 20 volumes in-douze dont *Lettres d'Osman* . . 12 livres.
96. *It.* 27 volumes in-douze dont *Voyage d'Italie* . . . 15 livres.
97. *Item.* 18 liasses de manuscrits et leur catalogue qui sera ci-après inventorié, le tout prisé 100 livres et légué à M. de Walpole, ci . . . . . . . . . . . . . . . 100 livres.[14]

*It.* Une liasse de 17 pièces, pièces qui sont requêtes, enquêtes, sentences, procès-verbaux et autres pièces et procédures relatives à la séparation de biens d'entre lesdits Seigneur et Dame du Deffand, de laquelle séparation il est question dans la cote deux ci-devant, à la réquisition des parties il n'a été fait plus ample description pour accélérer mais elles ont été cotées et paraphées par première et dernière et inventoriées sur lesdites première et dernière l'une comme l'autre pour le tout . . . . . . . . . . . . . . . . 3.

*It.* L'expédition d'un acte passé devant M. Le Chanteur notaire à

14. Here follows the process of adjournment until 3 P.M. and of reopening as in n. 8 above.

D's library must have contained many more books besides those listed here. Only three items in this list are in less than ten volumes each; obviously she must have had innumerable books which were in one or two volumes. Bauchart's *Femmes bibliophiles* (loc. cit.) gives the following additional items from her library (the last name in each item is that of the owner in 1886):

Thompson's [really Voltaire's] *Socrate,* 2 vols in 1, 12mo, Amsterdam, 1759. Lormier of Rouen.

The Abbé de Vertot's *Histoire des révolutions . . . de la République romaine,* 3 vols, 12mo, 1778. Bellegarde of Rouen.

Voltaire's *Siècle de Louis XIV,* 2 vols, 12mo, Leipzig, 1752. Catalogue of Librairie Claudin, 1884.

*Le Nouveau théâtre français: François II,* 8vo, 1747. The Comte de Lignerolles.

Marivaux's *Spectateur français,* 2 vols, 12mo, 1752. Frédéric Masson.

Bolingbroke's *Mémoires secrets,* 12mo, Londres, 1754. Frédéric Masson.

Duclos's *Considération sur les mœurs de ce siècle,* 12mo, 1751. Edmond de Goncourt.

*Catéchisme et décisions de cas de conscience,* Cacopolis, 1758 (bound with Thompson's *Socrate,* above).

D's copies of the *Vie de Clément XIV* of the *Œuvres de Tourreil,* 4 vols, 1721, and of Foncemagne's *Lettre sur le testament . . . de Richelieu,* 1764 (bound with Voltaire's *Doutes historiques* on the same subject, 1765) are now WSL.

Paris le 3 décembre 1728, contenant liquidation et partage de la succession de très haute et très puissante dame Madame Marie Boutheiller, Duchesse de Choiseul, aïeule maternelle de ladite Dame Marquise du Deffand décédée veuve en secondes noces de très haut et très puissant seigneur Mgr César-Auguste, Duc de Choiseul, pair de France, commandeur de l'ordre du Roi, et en premières de M. Brulart, Seigneur de La Borde etc.

Auquel acte ladite feue dame Marquise du Deffand a procédé comme légataire conjointement avec M. l'Abbé de Champrond et ledit seigneur Marquis de Vichy ses frères, de leur portion légitimaire dans les biens de la succession de ladite Dame Duchesse de Choiseul et ayant, pour recueillir ledit legs, renoncé à la succession de ladite Dame.

Pour fournir à ladite dame Marquise du Deffand les 92588 livres 12 sols 1 denier qui lui revenaient suivant les opérations portées audit acte il lui a été abandonné: 1° 1000 livres de rente sur les aides et gabelles au principal de 40000 livres en deux parties, constituée par contrat passé devant ledit Le Chanteur le 27 mai 1721; 2° 750 livres de rente au principal de 15000 livres due par M. le Marquis de Varennes avec privilège sur la terre de Gournay; 3° et 37588 livres 12 sols qu'elle [a] reconnu lui avoir été payées par ledit acte présentement énoncé. Il n'a été fait plus ample description de cette pièce à la réquisition des parties pour accélérer mais elle a été inventoriée . . . . . . . . . . . . . . . . . . 4.

*It.* 2 pièces qui sont extrait d'immatriculé de rente et sentence d'autorisation de ladite Dame du Deffand, relatives à la succession et au partage de la succession de ladite Dame Duchesse de Choiseul, desquelles pièces il n'a été fait plus ample description pour accélérer mais elles ont été cotées et paraphées l'une comme l'autre . . 5.

*It.* 7 pièces, la première est l'extrait d'un acte passé devant Me Armet ancien notaire à Paris le 31 mars 1764, contenant partage entre mondit sieur, Sieur Abbé de Vichy, de Champrond et mesdites dames d'Aulan et du Deffand de ce qui leur était échu de la succession de très haute et très puissante dame Madame Marie Brulart, Duchesse de Luynes, veuve en secondes noces de M. d'Albert de Luynes, leur tante maternelle de laquelle ils avaient été légataires particuliers et seuls héritiers. Laquelle succession avait été liquidée par acte en forme de transaction passé devant Me Laideguière notaire à Paris le 28 décembre 1763 suivant l'acte dont l'extrait est présente-

ment inventorié, il revenait à ladite Dame du Deffand 80407 livres 4 sols 10 deniers, pourquoi lui a été abandonné: 1º 6000 livres de rente viagère au principal de 60000 livres qui lui avaient été léguées par ladite dame Duchesse de Luynes; 2º 500 livres de rente sur les aides et gabelles au principal de 20000 livres mais porté seulement pour 10000 livres constitué au profit de madite dame de Luynes, veuve en premières noces de M. le Marquis de Charost par contrat passé devant Dupuis notaire à Paris le 2 janvier 1721; 3º les arrérages de cette rente montant à 583 livres 6 sols 8 deniers; 4º des effets mobiliers montant à 504 livres 5 sols, 5º et 10000 livres de rapports. Ces abandons ont excédé ce qui revenait à ladite dame du Deffand de 679 livres 17 sols 2 deniers dont elle a fait soulte à sesdits copartageants qui en ont donné quittance par l'acte présentement inventorié. La seconde contient extraits à la suite les uns des autres du testament de ladite Dame de Luynes, de l'inventaire après son décès, des renonciations faites à sa succession, et de l'acte de délivrance des legs portés audit testament.

La troisième contient expéditions à la suite l'une de l'autre d'une sentence du Châtelet qui déclare bonnes et valables les offres qui avaient été faites du remboursement des 750 livres de rente perpétuelle due par privilège sur la terre de Gournay par M. le Marquis de Varennes et échue à ladite Dame du Deffand par le partage de la succession de ladite Dame Duchesse de Choiseul ci-dessus inventorié et quittance du remboursement de ladite rente passé devant Me Daoustal notaire à Paris au mois de mars 1739. Lesdites expéditions ou copies faites sur papier more et imparfaites.

Les autres sont notes, observations, et renseignements relatifs au partage de succession desdites Dames de Choiseul et de Luynes desquelles pièces à la réquisition des parties il n'a été fait plus ample description pour accélérer, mais elles ont été cotées et paraphées par première et dernière et inventoriées sur lesdites première et dernière l'une comme l'autre pour le tout. . . . . . . . . . 6.
*It.* 3 pièces. La première est la grosse d'un contrat passé devant Doilot notaire à Paris le 31 juillet 1773, numéroté 182, contenant reconstitution par l'ordre du Saint-Esprit de 750 livres au principal de 15000 livres au profit de ladite feue dame Marquise du Deffand, ladite rente à prendre dans celles créées sur ledit ordre par arrêt du Conseil du 18 juin 1770.

La seconde et la troisième sont ampliations de contrats de consti-

tution sur ledit ordre; lesdites deux pièces à l'appui de la subrogation constatée par ledit contrat de reconstitution.

De ces pièces il n'a été fait plus ample description pour accélérer à la réquisition des parties, mais elles ont été cotées et paraphées par première et dernière et inventoriées sur lesdites première et dernière l'une comme l'autre pour le tout . . . . . . . . . 7.

*It.* Un récépissé signé de M. Montessuy fondé de pouvoir de M. de Joubert trésorier général des États de Languedoc daté du 19 juin dernier de la somme de 4000 livres à convertir en un contrat de 200 livres de rente au principal de ladite somme de 4000 livres sur les Etats de ladite province de Languedoc avec les arrérages à compter du premier dudit mois de juin et à prendre dans les rentes de l'emprunt de 1780. Attendu que ce récépissé doit être remis au trésorier desdits États lors de la passation du contrat à expédier sur ledit récépissé, il n'a point été paraphé par ledit $M^e$ Armet, mais il a été inventorié pour tenir lieu de la cote huit . . . . . . . . 8.

*It.* La grosse d'un contrat passé devant $M^e$ Armet ancien notaire à Paris le 14 avril 1772, numéroté 311, contenant constitution de 200 livres de rente au principal de 4000 livres au profit de ladite feue dame Marquise du Deffand, à prendre dans les rentes sur lesdits États par leur délibération du 7 décembre 1770. Ladite grosse a été inventoriée . . . . . . . . . . . . . . . . 9.

*It.* Le brevet en parchemin de 6000 livres de pension viagère accordée à ladite dame du Deffand par Sa Majesté sur le trésor royal, ledit brevet signé 'Louis' et plus bas 'Amelot,' expédié le $1^{er}$ octobre 1779, numéroté 2673. Ledit brevet a été paraphé . . . . 10.

*Item.* La grosse d'un contrat passé devant Jourdain, notaire à Paris, le 21 mai 1723, contenant constitution par Messieurs le Prévôt des Marchands et échevins de cette ville à ladite dame Marquise du Deffand de 750 livres de rente viagère à prendre en celles créées par édit de novembre 1722.

La grosse inventoriée . . . . . . . . . . . 11.

*It.* La grosse d'un contrat passé devant ledit Maître Jourdain le 15 février 1723, contenant constitution par Messieurs le Prévôt des Marchands et échevins de cette ville à ladite dame du Deffand de 6000 livres de rente viagère à prendre en celles créées par édit de novembre 1722.

La grosse inventoriée . . . . . . . . . . . 12.

Suivant mention signée Jourdain étant en marge de la grosse du

contrat inventorié sous cote 11, la rente y portée a été réduite pour n'avoir cours à compter du 1ᵉʳ juillet 1726 que pour 450 livres par année.

Suivant autres mentions étant en marge de la grosse du contrat de constitution inventoriée sous la cote 12 ci-dessus, la rente y portée a été réduite à 4500 livres à compter du 1ᵉʳ juillet 1727.

*Item.* 2 pièces. La première est la grosse d'un contrat passé devant Maître Armet, l'un des notaires soussignés, le 2 juin dernier contenant constitution par Messieurs le Prévôt des Marchands et échevins de la ville de Paris, en exécution de l'édit de novembre 1779, au profit de ladite feue dame Marquise du Deffand sur sa tête, sur celle d'Antoine-Nicolas Pétry, soldat invalide, et sur celle d'Auguste-Nicolas-Marie Wiart mineur, fils dudit Sieur Wiart gardien, pour jouir après le décès de ladite dame du Deffand, accrue des arrérages, lors dûs, de 444 livres 8 sols 6 deniers de rente viagère à prendre en celles créées par l'édit susrelaté.

La seconde est l'ampliation dudit contrat; attendu que ladite ampliation doit être remise au payeur de ladite rente lorsque l'on se présentera pour toucher lesdits arrérages, ladite ampliation n'a été ni cotée ni paraphée, et ledit Maître Armet a seulement coté la grosse dudit contrat comme pièce unique de la cote . . . . . 13.

*It.* La grosse d'un contrat passé devant Maître Armet ancien notaire à Paris le 26 octobre 1750 timbré du Nº 49 et du folio 50 contenant constitution, par les Prévôt des Marchands et échevins de cette ville au profit de ladite feue dame Marquise du Deffand de 3000 livres de rente viagère à prendre en celles créées sur ledit Hôtel de Ville par arrêt du Conseil du 11 octobre 1750.

Ladite grosse inventoriée . . . . . . . . . 14.

*It.* L'expédition en parchemin d'un arrêt du Conseil du 10 janvier 1756, qui permet aux maire, échevins et autres officiers municipaux de la ville de Rouen de prendre des rentes viagères; à la suite est une reconnaissance datée de Rouen du 16 juillet 1757, signée desdits Sieurs Prévôt des Marchands, échevins, maire et officiers municipaux de ladite ville, contenant constitution par eux au profit de ladite dame veuve Marquise du Deffand de 2000 livres de rente viagère.

Ladite pièce inventoriée . . . . . . . . . 15.

*It.* 3 pièces qui sont billets signés Savalette, tous trois au porteur. Le premier de la somme de 10000 livres daté à Paris du 1ᵉʳ mai 1780.

Le second de la somme de 32000 livres daté à Paris du 10 juin dernier.

Et le troisième de 36000 livres daté à Paris du 4 septembre de la présente année.

Lesdites pièces n'ont été ni cotées ni paraphées pour n'en point gêner les opérations dans le commerce mais leur inventorié tiendra ici lieu de la cote . . . . . . . . . . . . . . 16.

*It*. La grosse d'un contrat passé devant Maître Michelin notaire à Paris le 20 octobre 1741, contenant constitution par Messire Charles-Jean-François Hénault, Chevalier, conseiller du Roi en ses conseils, président honoraire au parlement au profit de ladite feue dame Marquise du Deffand de 4600 livres de rente viagère.

La grosse inventoriée . . . . . . . . . . . 17.

*It*. La grosse d'un contrat passé devant Maître Doilot qui en a la minute et son confrère le 30 septembre 1772 par lequel ladite dame Marquise du Deffand a cédé et transporté à Jean-Joseph de la Borde, écuyer, vidame de Chartres, baron de Camon et Cassemine, seigneur châtelain de la Ferté etc., la somme de 68000 livres principal de 8 parties de rente dont 3 constituées au profit de ladite dame du Deffand par les commissaires du conseil faisant 300 livres au principal de 6000 livres chaque par 3 contrats passés devant Armet notaire à Paris un même jour 24 octobre 1768, timbrées emprunt de 50 millions réduites lesdites rentes à deux et demie.

Et 5 aussi constituées au profit de ladite dame du Deffand par lesdits Sieurs Commissaires de Sa Majesté faisant 500 livres au principal de 10000 livres par 5 contrats passés devant Maître Armet un même jour 8 juillet 1770 et timbrées actions d'emprunt et pour valeur dudit transport ledit Sieur de la Borde a constitué au profit de ladite dame du Deffand 6800 livres de rente viagère.

Ladite grosse a été inventoriée . . . . . . . . . 18.

*It*. La grosse d'un contrat passé devant Maître Armet notaire le 21 mars 1764, contenant constitution par haut et puissant seigneur Gaspard de Vichy, chevalier, Marquis de Vichy, Chevalier de St-Louis, Maréchal des camps et armées du Roi, légataire universel de madite dame Duchesse de Luynes sa tante à ladite dame Marquise du Deffand, à Louise-Catherine d'Evreux,[14a] veuve de Nicolas Brulart, bourgeois de Paris et à la survivante d'elles de 1000 livres de rente via-

14a. This name may be read 'Devreux,' and is probably the name of D's chambermaid.

gère exempte des impositions royales. Cette constitution a été faite
pour s'acquitter par ledit Seigneur de Vichy envers ladite Dame du
Deffand sa sœur de la somme de 10000 livres qu'il lui devait, sous-
restant des legs en argent faits par ladite dame de Luynes à ladite
Dame du Deffand et dont ledit seigneur de Vichy son frère comme
il est porté en la quittance passée devant Maître Laideguière notaire
à Paris ledit jour 21 mars 1764 étant ensuite d'une transaction du 28
décembre précédent, était tenu envers ladite dame sa sœur.

Ladite grosse inventoriée   .   .   .   .   .   .   .   .   19.

*It.* L'expédition d'un acte passé devant Maître Armet ancien notaire
les 23 et 24 octobre 1750 contenant obligation par ladite dame du
Deffand à M. Boutray, quartinier de cette ville, de la somme de 15000
livres stipulée payable le 15 décembre lors prochain; ensuite de ladite expédition sont celles des quittances de remboursement desdites
15000 livres.

Ladite expédition inventoriée   .   .   .   .   .   .   .   20.

*It.* 17 pièces. La première est la quittance de capitation de ladite
dame Marquise du Deffand de la somme de 207 livres 12 sols 9 deniers pour l'année 1779. La seconde est l'expédition d'un acte passé
devant Rendu notaire à Paris le 9 juillet 1772 contenant bail des
lieux où se fait le présent inventaire pour 9 années qui ont commencé le premier dudit mois de juillet, par les dames de la communauté de St-Joseph à ladite dame Marquise du Deffand, moyennant
1875 livres par année et 24 livres de nettoyage outre les autres
charges, clauses, et condition dudit bail.

Les autres sont quittances du loyer desdits lieux, la dernière pour
le terme échu le premier du présent mois.

Il n'a été fait plus ample description desdites pièces à la réquisition des parties pour accélérer, mais elles ont été cotées et paraphées
par première et dernière et inventoriées sur lesdites première et dernière l'une comme l'autre pour le tout   .   .   .   .   .   21.

*It.* Une liasse de 43 pièces qui sont quittances des différents ouvriers,
marchands, et fournisseurs qui ont travaillé pour ladite défunte dame
Marquise du Deffand pendant la présente année jusqu'à ce jour, savoir Roland tailleur, Bisson marchand drapier, Menier orfèvre, Filleron marchand d'avoine et de foin, Rouelle apothicaire, Gille marchand de vins, Desplas maréchal, Basse épicier, Mala tapissier,
Lévêque Lefebvre marchand d'étoffes, Fochet marchand épicier, Chevance marchand de bois, Vaugeois marchand tabletier, Quentin

marchand papetier, Deschamps chirurgien, Paris boucher, Vial maître d'hôtel, Daguere faïencier, Mahieu marchand mercier, Lévêque sellier, plus les quittances de la cotisation des pauvres et des abonnements du *Mercure,* de la *Gazette,* et du *Journal.*

De toutes les pièces à la réquisition des parties il n'a été fait plus ample description pour accélérer, mais elles ont été cotées et paraphées par première et dernière et inventoriées sur lesdites première et dernière l'une comme l'autre pour le tout. . . . . . 22.

*It.* 65 pièces qui sont aussi quittances de divers ouvriers, marchands et fournisseurs qui ont travaillé pour ladite dame Marquise du Deffand pendant ladite année 1779, lesquels ouvriers, marchands et fournisseurs sont les mêmes que ceux nommés en la cote 22, pourquoi à la réquisition des parties il n'a été fait plus ample description pour accélérer, et elles ont été cotées et paraphées par première et dernière et inventoriées sur lesdites première et dernière l'une comme l'autre pour le tout . . . . . . . . . . 23.

*It.* 10 pièces. La première est un marché fait sous seings privés entre le Sieur Renoux sellier et ladite dame Marquise du Deffand, daté à Paris du premier avril 1760 suivant lequel ledit Sieur Renoux s'est obligé de fournir des harnais à ladite dame du Deffand et de les entretenir moyennant 120 livres par année.

Les deuxième, troisième, quatrième, et cinquième sont quittances dudit Renoux, la dernière pour une année échue le premier juillet dernier.

La sixième est un marché sous seings privés fait entre ladite dame du Deffand et le nommé Chery [sic] charron daté à Paris du 13 mars 1772, par lequel ledit Nery [sic] s'est obligé à entretenir la voiture de ladite dame Marquise du Deffand moyennant 160 livres par année.

Les septième, huitième, neuvième, et dixième et dernière sont quittances dudit Nerry [sic], la dernière pour une année échue le premier août dernier.

Il n'a été fait plus ample description desdites pièces pour accélérer à la réquisition des parties, mais elles ont été cotées et paraphées par première et dernière et inventoriées sur lesdites première et dernière l'une comme l'autre pour le tout . . . . . . . . . . 24.[15]

*Item.* 4 pièces. La première est la grosse d'un acte passé devant Guiret,[15a] notaire à Paris et son confrère le 15 juillet 1769, contenant do-

15. Here follows the process of adjournment until Monday 23 Oct., and of reopening as in n. 8 above.

15a. Later spelled 'Gueret.'

nation par Madame la Marquise du Deffand à Demoiselle Anne-Marie-Charlotte de Loménie-Brienne et à Dame Louise-Anne-Constance Poupardin d'Amanzy, épouse de haut et puissant seigneur Messire Paul-Charles-Marie de Loménie-Brienne, Chevalier Marquis de Loménie de la somme de 3334 livres que ladite Dame du Deffand a payée par l'acte présentement inventorié. Cette donation a été faite à la charge d'une rente ou pension viagère de 333 livres 8 sols que ladite Dame de Loménie s'est obligée à payer à ladite Dame du Deffand pendant sa vie de six en six mois jusqu'au décès de ladite dame donatrice, lors duquel ladite rente ainsi que les arrérages qui s'en trouveraient dus passeraient sur la tête et au profit de Jean-Godefroy Colmant, bourgeois de Paris, qui en jouirait pendant sa vie et jusqu'à son décès.

La seconde est la grosse d'un autre acte passé devant ledit Gueret notaire le 15 juillet 1769 contenant pareillement donation par ladite dame du Deffand auxdites dame et Demoiselle de Loménie de Brienne mère et fille de la somme de 4445 livres, cette donation a été aussi faite à la charge de 444 livres de rente ou pension viagère que ladite Dame de Loménie s'est obligée de payer à ladite Dame du Deffand jusqu'à son décès, lors duquel ladite rente et les arrérages qui s'en trouveraient dus et échus passeraient sur la tête et au profit de Demoiselle Françoise Lamothe, fille majeure.

La troisième est la grosse d'un autre acte passé devant Maître Gueret et son confrère notaire à Paris le 15 juillet 1769 contenant donation par ladite dame du Deffand auxdites Dame et Demoiselle de Loménie de Brienne mère et fille de 11111 livres laquelle donation a été faite à la charge de 1111 livres 2 sols de rente et pension viagère que ladite Dame de Brienne s'est obligée à payer à ladite Dame du Deffand pendant sa vie et jusqu'à son décès lors duquel ladite rente et les arrérages qui s'en trouveraient dus appartiendraient à Jean-François Wiart bourgeois de Paris, lequel en jouirait sur sa tête et pendant sa vie.

La quatrième est la grosse d'un acte passé devant ledit Maître Gueret et son confrère le 15 juillet 1769, contenant aussi donation par ladite Dame Marquise du Deffand auxdites Dame et Demoiselle de Loménie de Brienne mère et fille de 4445 livres. Cette donation a été faite à la charge de 444 livres 10 sols de rente viagère que ladite Dame de Loménie de Brienne s'est obligée de payer à ladite Dame du Deffand pendant sa vie et jusqu'à son décès lors duquel ladite rente

et les arrérages qui s'en trouveraient dus passeraient sur la tête et au profit de Marie-Élizabeth Couty femme du Sieur Gilles Duhallier, employé dans les octrois de Rouen.

Lesdites donations ont été insinuées suivant mentions étant en marge. Lesdites 4 pièces inventoriées l'une comme l'autre . . 25.

*It.* L'expédition en papier d'un acte passé devant Maître Armet ancien notaire à Paris le 4 mai 1777 contenant donation par ladite dame Marquise du Deffand audit Jean-François Wiart et à Demoiselle Françoise Lamothe sa femme, à Auguste-Nicolas-Marie Wiart leur unique enfant et au survivant d'eux de 200 livres de rente perpétuelle au principal de 4000 livres, laquelle rente ladite dame a constituée au profit desdits Sieur et Dame Wiart, père mère et fils et au survivant d'eux trois les arrérages de laquelle rente commenceraient à courir au profit desdits donataires du jour du décès de ladite dame donatrice

Ladite pièce inventoriée . . . . . . . . . . . 26.

*It.* 3 pièces. La première est un mémoire sur la généalogie de la maison du Deffand. La seconde est l'expédition de l'acte baptistaire dudit seigneur Marquis du Deffand inscrit en la paroisse St-Nicolas du Chardonnet à Paris. La troisième est relative à l'autorisation dont ladite dame du Deffand co-separée de biens dudit seigneur son époux avait besoin pour recevoir des principaux qui lui étaient dus.

Lesdites 3 pièces inventoriées l'une comme l'autre . . . 27.

*It.* L'état de la table à thé appartenant à ladite dame Marquise du Deffand ci-devant léguée et léguée par ladite dame à Madame la Comtesse de Cambis pourquoi ledit état a été à la réquisition des parties ici inventorié . . . . . . . . . . . . 28.

*It.* Le catalogue des manuscrits appartenant à ladite feue dame Marquise du Deffand, lesdits manuscrits ci-devant inventoriés et prisés sous 18 liasses, tous lesdits manuscrits légués à M. de Walpole pourquoi à la réquisition des parties ledit catalogue a été inventorié 29.

En procédant ledit Sieur Wiart a déclaré qu'il avait entre les mains la somme de 3600 livres de deniers comptants que ladite dame Marquise du Deffand lui avait remis pour faire la dépense journalière de sa maison, qu'il avait employé en effet cette somme et celle de 375 livres qu'il avait reçue pour 6 mois échus au premier juillet dernier de la rente de 750 livres sur l'ordre du Saint-Esprit dont le contrat ci-devant inventorié, qu'il représentait les pièces à l'appui de ladite

dépense pour en justifier et être comprises au présent inventaire et la remise lui en être ensuite faite et a signé,

Wiart.

*It.* 14 pièces. La première est un relevé jour par jour de la dépense que ledit Sieur Wiart a faite comme il a été dit ci-dessus à compter du premier septembre dernier jusqu'au 30 dudit mois.

La seconde est un autre relevé de ladite dépense faite semaine par semaine et terminé par le détail de la dépense extraordinaire. Le tout totalisé à la somme de 3310 livres 5 sols, ensuite est la récapitulation de la recette ci-devant énoncée, montant à 3975 livres avec ladite dépense qui est de 3310 livres 5 sols, de laquelle récapitulation il est résulté que ledit Sieur Wiart devait 664 livres 15 sols.

La troisième est le détail et l'énumération de ladite dépense. Les autres sont les quittances, notes, et renseignements relatifs à ladite dépense et en justifiant; de toutes lesquelles pièces à la réquisition des parties il n'a été fait plus ample description pour accélérer, mais elles ont été cotées et paraphées par première et dernière et inventoriées sur lesdites première et dernière l'une comme l'autre.    .    30.
*It.* 8 pièces. La première est l'état de la dépense faite par ledit Sieur Wiart comme il est ci-devant dit depuis le premier jusqu'au 22 du présent mois, le tout montant à la somme de 730 livres 6 deniers

Les autres sont mémoires quittancés et quittances justificatifs de ladite dépense parmi lesquelles quittances sont celles de capitation de la présente année 1780.

De toutes lesquelles pièces à la réquisition des parties il n'a été fait plus ample description pour accélérer, mais elles ont été cotées et paraphées par première et dernière et inventoriées sur lesdites première et dernière l'une comme l'autre pour le tout  .  .  .  . 31.

Ce fait lesdites cotes 30 et 31 ont été reprises par ledit Sieur Wiart qui le reconnaît et a signé,

Wiart.

Ledit Sieur Wiart a encore déclaré qu'il est à sa connaissance que les arrérages de 7000 livres de rente due par M. de Vichy sont dus depuis le premier juillet dernier, plus qu'il est dû à ladite succession savoir: les arrérages du douaire de ladite dame depuis la même époque; de la rente sur le domaine de la Ville dont la grosse est in-

ventoriée sous la cote 14 du présent inventaire depuis le premier dudit mois de juillet dernier; de la rente sur M. le Président Hénault
dont le contrat est inventorié sous la cote 17 depuis le premier dudit
mois de juillet; de la pension de 6000 livres énoncée au brevet inventoriée cote 10 du présent inventaire depuis ledit jour premier
juillet; des 2 parties de rente sur les aides et gabelles dont les contrats
sont inventoriés cotes 11 et 12 du présent inventaire, depuis le premier janvier de la présente année; de la rente constituée par M. La
Borde suivant le contrat inventorié cote 18 depuis le premier juillet
dernier; de la rente sur les États de Languedoc dont le contrat est
inventorié cote 9 ci-devant depuis le premier juillet dernier et de
celle sur l'ordre du Saint-Esprit depuis le premier juillet dernier de
laquelle rente le contrat est inventorié cote 7 du présent inventaire.
Comme aussi qu'il est à sa connaissance qu'il est dû par ladite feue
dame Madame du Deffand savoir: à la Demoiselle Couty, femme de
chambre ses gages depuis le premier du présent mois à raison de 200
livres; au nommé St-Jean officier de bouche, ses gages depuis la même
époque à raison de 150 livres; au nommé Common, laquais, ses gages
à compter de la même époque à raison de 150 livres; au nommé Firmin frotteur, ses gages à compter de la même époque à raison de 150
livres par année; au nommé Domer laquais, ses gages à compter de la
même époque à raison de 150 livres; à la nommée Catherine, fille de
cuisine, ses gages à raison de 300 livres à compter de la même époque;
à la nommée Toinette, fille de garde-robe, ses gages à raison de 100
livres à compter de la même époque; au Sieur Ramillon, cuisinier,
ses gages à raison de 500 livres à compter de la même époque; et au
Sieur Deschamps, aide de cuisine, ses gages à raison de 150 livres depuis la même époque.

Enfin qu'il lui est dû à lui Sieur Wiart ses appointements à raison
de 600 livres par année à compter de la même époque; à la dame son
épouse aussi ses appointements à raison de 200 livres par année, et
enfin à lui Sieur Wiart la somme de 1200 livres contenue en un billet
souscrit à son profit par ladite dame du Deffand le 5 avril 1774, et a
signé,

WIART.

Ledit Sieur Depuigautier a fait toute réserve pour ledit Seigneur
de Vichy contre la déclaration que ledit Sieur Wiart vient de faire

relativement à la rente due par ledit Seigneur de Vichy à ladite dame du Deffand, défense au contraire de la part dudit seigneur Marquis d'Aulan et ont signé,

Suarez Mqs d'Aulan
Mouchard
Pourteiron de Puigautier.

Ce fait ne s'étant plus rien trouvé à inventorier, dire, comprendre ni déclarer au présent inventaire, il a été fait le recollement de tous les papiers ci-devant inventoriés, par l'événement duquel ils se sont trouvés conformes à leur inventorié cotes et paraphes, et lesdits papiers à l'exception des cotes 30 et 31 qui ont été ci-dessus reprises par ledit Sieur Wiart ont été remis du consentement des autres parties ès dits noms et qualités—en la possession dudit Sieur Mouchard exécuteur testamentaire qui le reconnaît et s'en charge pour en faire la représentation ou en rendre compte quand et à qui il appartiendra, ainsi que de l'argenterie ci-devant prisée et inventoriée, qui a été présentement remise audit Sieur Mouchard qui le reconnaît, de laquelle argenterie ledit Sieur Wiart qui en a été ci-devant chargé est et demeure déchargé; quant aux autres effets mobiliers ci-devant prisés et inventoriés, ils continueront de demeurer en la garde dudit Sieur Wiart qui le reconnaît et s'en charge pour en faire la représentation quand et à qui il appartiendra; ledit Sieur Mouchard continue toujours de demeurer chargé des deniers comptants qui lui ont été ci-devant remis comme il le reconnaît pareillement.

Et ont signé ces présentes

Mouchard
Wiart
Pourteiron de Puigautier
Suarez Mqs d'Aulan
Armet
C. Le Senière[16]

16. Here follows the process of conclusion, like that of adjournment in n. 8 above, the words 'pour finir le' being substituted for 'pour la continuation du.'

# APPENDIX 3

## Descriptions of Madame du Deffand.

### 3a

Portrait de Mme la M. du D. fait par elle-même en 1728.[1]

MME la M. du D. paraît difficile à définir, le grand naturel qui fait le fond de son caractère la laisse voir si différente d'elle-même d'un jour à l'autre, que quand on croit l'avoir attrapée telle qu'elle est on la trouve l'instant d'après sous une forme différente. Tous les hommes ne seraient-ils pas de même s'ils se montraient tels qu'ils sont; mais pour acquérir de la considération ils entreprennent pour ainsi dire de jouer de certains rôles auxquels ils sacrifient souvent leurs plaisirs, leurs opinions, et qu'ils soutiennent toujours au dépens de la vérité.

Mme la M. du D. est ennemie de toute fausseté et affectation, ses discours et son visage sont toujours l'interprète fidèle des sentiments de son âme; sa figure n'est ni bien ni mal, sa contenance est simple et unie, elle a de l'esprit; il aurait eu plus d'étendue et plus de solidité si elle se fut trouvée avec gens capables de la former et de l'instruire; elle l'a raisonnable, elle a le goût juste, et si quelquefois la vivacité l'égare, bientôt la vérité la ramène; son imagination est vive mais elle a besoin d'être réveillée. Souvent elle tombe dans un ennui qui éteint toutes les lumières de son esprit; cet état lui est si insupportable et la rend si malheureuse qu'elle embrasse aveuglement tout ce qui se présente pour s'en délivrer; de là vient la légèreté dans ses discours et l'imprudence dans sa conduite que l'on a peine à concilier avec l'idée qu'elle donne de son jugement quand elle est dans une situation plus douce. Son cœur est généreux, tendre et compatissant, elle est d'une sincérité qui passe les bornes de la prudence; une faute lui coûte plus à faire qu'à avouer; elle est très éclairée sur ses propres

---

1. Printed from D's MS *Recueil de divers ouvrages,* bequeathed to HW. Another copy of this 'portrait' is in one of D's MSS, now in the possession of Dr James Strachey, which was sold at the Waller Sale, 5 Dec. 1921, Sotheby's, lot 83. It is labelled, by HW, 'Portrait de Mme du Deffand par elle-même, et de sa propre main.' It agrees with this version, and is probably D's original draft (see illustration opposite). It is printed in D's *Correspondance,* ed. François-Adolphe-Mathurin de Lescure, 1865, ii. 766–7.

1728.

MADAME DU DEFFAND'S 'PORTRAIT' OF HERSELF,
IN HER OWN HAND, WITH WALPOLE'S NOTE
AT THE TOP

défauts, et démêle très promptement ceux des autres; et la sévérité avec laquelle elle se juge lui laisse peu d'indulgence pour les ridicules qu'elle aperçoit; de là vient la réputation qu'elle a d'être méchante; vice dont elle est très éloignée, n'ayant nulle malignité ni jalousie, ni aucun des sentiments bas qui produisent ce défaut.

## 3b

### Portrait de Madame la Marquise du Deffand par M. du Châtel.[1]

JUSTESSE et abondance, précision et agrément, qualités bien rares et qui caractérisent l'esprit de Mme du D... Son imagination vive et brillante n'est jamais maniérée ni outrée. La vérité conduit son pinceau, cette même vérité lui sert de modèles, ne voit que ce qui est et ne juge que de ce qu'elle voit. C'est sa règle que Descartes ne lui a point apprise, elle est philosophe par la grâce de la nature comme les fils des rois sont princes par la grâce de Dieu.

Elle démêle si vite qu'on croit qu'elle ne fait que sentir, on se trompe; examiner, comparer et juger c'est une opération aussi prompte en elle que l'action du sentiment dans les autres, la raison si rigide et si scrupuleuse s'est dépouillée en sa faveur de tout préjugé servile pour ne s'occuper que du soin de l'amuser et de lui plaire, c'est sa complaisante en titre d'office et son indulgente amie, elles viennent ensemble dans la plus grande union et dans la plus grande familiarité, sans contraintes, sans discussions, sans systèmes, elle apprécie les choses par leur valeur essentielle et non par l'opinion.

Enfin l'esprit de Mme du D... est un bel esprit, amateur du vrai, du noble, du simple, ennemie de la prétention, de l'affectation, et de tout ce qui a l'air de contrainte et de grimace ou de vouloir briller aux dépens de la justesse et du naturel.

Avec ces qualités singulières, Mme du D... n'est pas exempte de défaut, son sexe semble contrarier son génie, on soupçonne voir volontiers la nature de s'être méprise en plaçant par mégarde un esprit mâle et nerveux dans un corps féminin et débile, on ne sait si le spectacle de la plus aimable femme du monde console assez à la perte de l'homme excellent et supérieur.

1. Printed from D's MS *Recueil de divers ouvrages*. It is also printed in Lescure, op. cit. ii. 749–51.

Le sens de son entendement est ferme et solide, les sens de sa machine sont mous et délicats; malgré l'appui de ses idées il n'y a aucune tenue, aucune consistence dans ses sentiments parce que sa raison ne les adopte guère et qu'elle n'a pas proprement l'âme de ses affections corporelles, on la voit susceptible d'engoûment et de dégoût, il paraît qu'elle s'entête bien ou mal des objets nouveaux qui la frappent mais cela ne passe pas l'épiderme, sa personne seule est sujette à des inégalités et des espèces de contradictions qu'on ne trouve point dans le fond de son caractère.

Elle a des moments de ténèbres, on voit s'éclipser tout à coup les lumières de son esprit.

Quelquefois Mme du D . . . semble interdite, son âme a des temps où elle est pour ainsi dire toute délaissée dans son corps, elle s'y trouve comme dans une maison déserte, démeublée et abandonnée, où il ne revient que des fantômes qui l'épouvantent et la remplissent d'amertume et de tristesse, elle se plaint, elle se sent dans un état de misère et de découragement d'autant plus pénible qu'il lui reste le souvenir de la force et des ressources de son esprit dont néanmoins elle croit ne pouvoir plus faire d'usage, voilà encore de ces mauvais tours que lui joue la faiblesse de ses organes.

Ses sentiments me paraissent suivre l'allure de ses impressions sensibles, ils en ont la précipitation et la légèreté, son cœur n'aime peut-être jamais ni assez vivement ni assez de suite pour que son âme s'habitue à ces impressions passagères et qu'elle sent renaître; elle est plus à ses amis par choix que par goût, elle les préfère, elle ne s'y unit pas. Ce plus ou moins de chaleur qu'on trouve dans son amitié n'est que marginale, ses sens en décident.

Madame du D . . . croit cependant être capable d'attachement et ce n'est point une vaine prétention de sa part, personne n'est plus digne d'avoir des amis, de s'en faire de nouveaux et de conserver ceux qu'elle s'est une fois acquis. C'est précisément parce qu'elle n'est point susceptible de passion en amitié, qu'elle l'est davantage de constance. Son goût n'est point de ces maladies du cœur qui ont leurs périodes, c'est un besoin continuel de son âme qui prouve la force et qui a besoin de cet exercise pour entretenir sa vie et son activité; aussi il ne faut pas appréhender aucun inconvénient de sa part ni qu'elle manque jamais à ses engagements.

Son esprit conserve inviolablement la même dose d'estime et d'affection que la raison vous a une fois accordée, mais c'est une place

fixe dont il est malaisé de passer à une plus élevée, à moins que vous ne lui laissiez apercevoir quelque degré de mérite qui lui soit échappé. C'est ce que vous ne sauriez guère espérer, vous avez été d'abord trop sûrement, trop parfaitement jugé.

## 3c

### Portrait de Madame la Marquise du Deffand, par M. de Forcalquier.[1]

MADAME la Marquise du Deffand a la physionomie vive et spirituelle, le rire agréable, les yeux charmants, tous les mouvements de son âme se peignent sur son visage, le plaisir, l'ennui, l'estime, le mépris jusqu'au degré même de tous ses sentiments, chacun y pourrait lire son arrêt avant que de l'entendre, ce qui ne tarde cependant pas, par l'extrême franchise qui fait le charme, et peut-être le défaut de son caractère.

Il est impossible d'avoir plus d'esprit qu'elle, il est si difficile d'en avoir autant que je la mettrais au-dessus de tout ce que je connais si elle ne devait jamais voir ce portrait.

Elle a l'âme sensible, tendre, l'amitié profite aujourd'hui de tous les frais que la nature avait faits pour l'amour: elle a quarante ans, c'est le point de vue de toutes ses qualités. Sa passion c'est la raison, son péché c'est la paresse.

Elle a pris la raison comme les femmes d'ordinaire prennent la dévotion, Mme de Flamarens est[2] le directeur le plus fameux et le plus couru dans cette secte extraordinaire. C'est à ses pieds que Mme du D . . . abjure les erreurs de l'imagination, sa haine pour le faux est telle qu'il n'y a point de défaut qu'elle ne pardonne plutôt qu'un ridicule. L'esprit le plus borné, pourvu qu'il fût simple, obtiendrait d'elle la préférence sur les lumières les plus étendues, les plus éblouissantes dont presque tous les gens d'esprit sont aveuglés.

Personne n'est aussi sévère et aussi indulgent qu'elle: le moindre défaut est traité à la dernière rigueur par son esprit, le plus léger

1. Printed from D's MS *Recueil de divers ouvrages*. It is also printed in Lescure, op. cit. ii. 751–2.
2. C'était bien vrai: Madame du Deffand adorait l'esprit et la vertu de Mme de Flamarens, et m'en parlait toujours avec enthousiasme plusieurs années après sa mort (HW).

agrément trouve grâce auprès de son imagination;[3] elle est la complaisante de son cœur, complaisante aimable qui surprend ses goûts dans leur naissance pour les embellir, les flatter et les soustraire à la sévérité de ses jugements, les erreurs où elle l'entraîne font peut-être le mérite et à coup sûr le délice de ses amis.

Par un esprit juste et réglé, par la connaissance des plaisirs solides de l'amitié, de la tranquillité de l'âme, d'une sage économie du retranchement de toutes les passions ruineuses de l'orgueil, elle a su séparer le bonheur de la fortune et fixer le sien pour jamais.

Elle ne s'est pas contentée d'avoir des vertus, son cœur a su les choisir. La candeur, la simplicité, la fidélité, la modération, la noblesse, voilà celles qu'une belle âme et qu'un esprit excellent sait préférer aux éclatantes amorces des vertus de faste.

Voici tous les défauts de Mme du D . . . une franchise outrée sur tout ce qui se présente à son jugement, soit les hommes, soit leurs ouvrages.[4] Une vérité trop scrupuleuse qui la met en garde contre l'empressement et la louange, monnaie dont se paient les hommes et qu'il faut leur accorder.[4] Une raison trop sûre, trop opposée à l'illusion qui apprécie trop le sentiment, une trop grande véhémence dans la dispute qui décrédite ses raisons en donnant envie de se dérober à leurs lumières, trop d'inflexibilité dans ses décisions,[4] j'en dirais bien d'autres si je les savais, je les saurais s'ils y étaient, elle me les aurait bien montrés, mais je ne puis m'empêcher de voir qu'elle n'en a point qui ne viennent de quelque vertu et qu'ainsi ses défauts sont au siècle et non pas à elle.

## 3d

### Portrait de Madame la Marquise du Deffand par M. le Président Hénault.[1]

MADAME du Deffand vivait à Sceaux, où elle passait presque toute l'année, et elle n'en sortit qu'après la mort de M. et Madame du Maine; l'hiver, elle le passait dans une petite maison dans la rue de Beaune, avec peu de compagnie. Dès qu'elle fut à elle-même, elle eut bientôt fait des connaissances; le nombre s'en

3. C'était bien vrai (HW).
4. Encore vrai (HW). These sentences are braced together.

1. Printed from Lescure, op. cit. ii. 752. It is partly printed in Hénault's *Mémoires*, ed. François Rousseau, 1911, pp. 129–30.

augmenta, et de proche en proche, à force d'être connue, sa maison n'y put suffire: on y soupait tous les soirs, et elle vint loger au couvent de Saint-Joseph. Sa fortune était augmentée par la mort de son mari; elle pouvait jouir, dans les derniers temps, d'environ vingt mille livres de rente. Jamais femme n'a eu plus d'amis ni n'en a tant mérité. L'amitié était en elle une passion qui faisait qu'on lui pardonnait d'y mettre trop de délicatesse; la médiocrité de sa fortune dans les commencements ne rendait pas sa maison solitaire; bientôt il s'y rassembla la meilleure compagnie et la plus brillante, et tout s'y assujettissait à elle. Le cœur droit, noble et généreux, occupée sans cesse d'être utile et en imaginant les moyens: combien de personnes, et de personnes considérables, pourraient le dire! L'esprit juste, une imagination agréable, une gaieté qui la rajeunissait (je parle des derniers temps, car elle avait été d'une figure charmante); l'esprit orné, et ne faisant trophée de rien de tout cela dans l'âge où elle ne songeait qu'à se divertir. Il serait bien à souhaiter que ce qu'elle a écrit ne fût pas perdu: Madame de Sévigné ne serait pas la seule à citer. Mais, qui pourrait le croire? je parle d'une personne aveugle! Ce malheur ne changeait rien à sa conversation ni à son humeur, on eût dit que la vue était pour elle un sens de trop, le son de la voix lui peignait les objets, et elle était aussi *à propos* qu'avec les meilleurs yeux. Cependant, pour ne pas marquer trop de prévention et obtenir plus de croyance, j'ajouterai que l'âge, sans lui ôter ses talents, l'avait rendue jalouse et méfiante, cédant à ses premiers mouvements, maladroite pour conduire les hommes dont elle disposait naturellement; enfin de l'humeur, inégale, injuste, ne cessant d'être aimable qu'aux yeux des personnes auxquelles il lui importait de plaire, et, pour finir, la personne par laquelle j'ai été le plus heureux et le plus malheureux, parce qu'elle est ce que j'ai le plus aimé.

## 3e
### [Portrait of Madame du Deffand, by Rousseau.][1]

J'AVAIS d'abord commencé par m'intéresser fort à Madame du Deffand, que la perte de ses yeux faisait aux miens un objet de commisération; mais sa manière de vivre, si contraire à la mien-

1. From Jean-Jacques Rousseau's *Confessions,* Partie II, Livre xi.

ne, que l'heure du lever de l'un était presque celle du coucher de l'autre, sa passion sans bornes pour le bel esprit, l'importance qu'elle donnait, soit en bien, soit en mal, aux moindres torche-culs qui paraissaient, le despotisme et l'emportement de ses oracles, son engouement outré pour ou contre toutes choses, qui ne lui permettait de parler de rien qu'avec des convulsions, ses préjugés incroyables, son invincible obstination, l'enthousiasme de déraison où la portait l'opiniâtreté de ses jugements passionnés, tout cela me rebuta bientôt des soins que je voulais lui rendre. Je la négligeai; elle s'en aperçut; c'en fut assez pour la mettre en fureur; et quoique je sentisse assez combien une femme de ce caractère pouvait être à craindre, j'aimai mieux encore m'exposer au fléau de sa haine qu'à celui de son amitié.

## 3f

### [Portrait of Madame du Deffand, by Walpole.][1]

MARIE DE VICHY Marquise du Deffand was of a noble family, and was aunt of M. de Brienne Archbishop of Toulouse; her grandmother was a Duchesse de Choiseul. Mlle de Vichy was very pretty, and had uncommon genius. When but fifteen, she could not swallow all the legends that were tried to be imposed on her in the convent where she was educated, but expressed her doubts. Her parents were alarmed and sent the famous Mascaron[2] to talk with her. She was not awed by his character nor dazzled by his arguments, but defended herself with good sense. The prelate was more struck by her ingenuity and beauty than shocked at her heresy, and only said, 'Mais qu'elle est jolie!' Yet from that time to her death at the age of 83, she never affected skepticism, and always wished to be very devout, the state of the greatest happiness even in this world. Though very far from being a bigot, she heartily despised the modern philosophers. As she had very little fortune, M. du Deffand was thought a suitable match for her. Her inclinations were not consulted, nor

1. The two following portraits of D were written by HW on a folded sheet, pasted in the front of her MS *Recueil de divers ouvrages*. They are here followed by the account of her 'portraits,' which

he wrote on a similar sheet pasted at the back of that book.

2. Probably Massillon; Mascaron died when D was eight years old.

could ever settle on her husband, whose want of sense was a constant
distress to her; and though he was fond of her, she chose to live sepa-
rate from him, as soon as their circumstances would admit. The Duchesse de Luynes, the Queen's favourite, was her aunt, and obtained
a pension for her. M. du Deffand died long before her, and desired
to see her on his death-bed, with which she immediately complied.
They had no children.

I was first acquainted with Madame du Deffand in 1765; she had
then been blind about fifteen years. From that time till the war with
France I regularly made her a visit of six weeks every second year.
The lines overleaf, though a faint picture of her, were a poor attempt to express my gratitude for her ill-founded partiality.

H. W.

Portrait de Madame la Marquise du Deffand, 1766.[2a]

WHERE do Wit and Memory dwell?
　　Where is Fancy's favourite cell?
Where does Judgment hold her court,
And dictate laws to Mirth and Sport?
Where does Reason—not the Dame
Who arrogates the Sage's name,
And proud of self-conferr'd degree,
Esteems herself Philosophy?
But the Reason that I mean,
The slave of Truth and Passion's Queen,
Who doubts, not dictates: seeks the best,
And to Presumption leaves the rest;
With whom resides the winning Fair?
With Rousseau?—No; nor with Voltaire.
Nor where leaf-gold of eloquence,
Adorning less than veiling sense,
Dazzles the passions it can heat,
And makes them party to the cheat.
Where does Patience, tell who know,
Bear irremediable woe;
And, though of Life's best joy bereft,
Smile on the little portion left?

2a. See D to HW 30 Nov. 1766.

> Lastly tell, where boundless flows
> The richest stream that Friendship knows?
> That neither laves the shores of Love,
> Nor bathes the feet of Pride above;
> But rolling 'twixt disparted coasts,
> Impartial glides through rival hosts:
> And like St Charity divides
> To Gaul and Albion equal tides?
> Together all these Virtues dwell:
> [3]St Joseph's convent is her cell:
> Their sanctuary Du Deffand's mind—
> Censure, be dumb! She's old and blind.

Some of the portraits drawn by Madame du Deffand in this book are chef-d'œuvres, particularly those of the Duchess dowager d'Aiguillon, of the Princess of Talmond, and of Madame du Châtelet, Voltaire's Émilie. They are written with all the graces, ease and elegance of the best period of Louis XIV, accompanied by a profound penetration into character, and she accounts with unequalled solidity for the assertions she makes. Two of the portraits are of the Duchess du Maine, one by the admired Madame de Staal, the other by Madame du Deffand. Both these ladies were attached to that Princess, were great friends, and passed twenty summers with the Duchess at Sceaux. Madame de Staal's memoirs are written with the most natural simplicity, truth and knowledge of the world—but her portrait of the Duchess is much inferior to Madame du Deffand's. The first was evidently calculated to be seen by Mme du Maine and accordingly is extremely embellished, though as both she and Mme du Deffand touch the very same qualities and characteristics, we may fairly believe that the general outlines are just. Mme du Deffand is less partial, and yet by Mme de Staal's memoirs we may collect that Mme du Deffand might have been more severe without violating truth; at least a few more grains of ridicule would not have been exaggeration. Yet Madame du Maine's faults seem to have flowed from her rank, and from that flattery which spoils most princes, and

3. Madame du Deffand lodged at the Communauté de St-Joseph, rue St-Dominique Faubourg St-Germain, founded by Madame de Montespan, and had the smaller apartment of that celebrated woman, and her tribune in the chapel (HW).

makes them imagine that even their caprices ought to be implicitly
obeyed; the consequence of which prepossession is that they are
more sensible to any contradiction to their humour than to the pains
they create to their dependents—but her heart does not appear to be
bad—and she probably would have been always good-humoured, if
it had been always possible that no mortal should have done anything but please her. Princes never conceive that there ought to be
any reciprocation of complaisance between them and their inferiors.
They think they condescend enough when they prefer being pleased
by one person rather than by another. To endeavour to please seems
to them a cession of their dignity, and a descent into the degree of
subjects. They expect the sacrifice of every passion every inclination
from those who depend on them: they will pay or reward those who
please them, but perhaps not one Prince or Princess in ten thousand
ever thought it their duty to waive the most trifling humour to make
a dependent seriously happy.

I myself saw an instance of the Duchess du Maine's *princely* dis-
position at Sceaux whither Mme du Deffand carried me many years
after her Serene Highness's death. In a closet at Sceaux painted in
grotesque by Clermont she had obliged several of her favourite courtiers to submit to be drawn with faces of monkeys, the rest of their
persons as human figures. In one panel I remember was Mme de
Staal and M. de Malezieu playing at trictrac—but the Princess herself (who in reality was extremely crooked) and her daughter were
represented as beautiful as Venus and one of the Graces. Insolent
superiority could not play the tyrant with more insensibility; nor female vanity exact more mortifying homage. When Queen Elizabeth
cut off the head of a rival of superior charms, she only marked her
greater power, not a nature more unfeeling. Had the Duchess du
Maine been really a goddess, she would have preferred a host of
monsters to a circle of angels, and transformed her nymphs into
baboons to have served as foils to her own beauty.

The Princess of Talmond, not so great a lady, nor an historic per-
sonage, made a figure however in her time in the Court of Louis
Quinze. She was born in Poland, and was related to his Queen Mary
Leszczyńska, with whom she came into France where she married a
Prince out of the House of Bouillon, who left her a widow. To
please the good Queen she acted devotion in her latter days, as in
her earlier she had been gallant to please herself. Her last lover had

been the Young Pretender, whose picture she wore in a bracelet, on the other side of which was one of Jesus Christ. Somebody asking what relation there was between the two pictures, the Comtesse de Rochefort (afterwards Duchesse de Nivernais) who had a great deal of wit, said, 'because the same text suits both: *Mon royaume n'est pas de ce monde.*' When I was at Paris in 1765, and had written the letter in the name of the King of Prussia to Rousseau, which made so much noise, the Princess of Talmond desired the Duchesse douairière d'Aiguillon (whose character is in this book, and with whom I was much acquainted) to bring me to her; adding, that though she hated the English (on the Pretender's account), she was so pleased with my letter, that she must see me. I did not like to be carried about as a sight (the Abbesse de Panthémont and another Abbess, to the latter of whom I would not go, having sent for me on the same account, Rousseau being in *mauvaise odeur* with the devout) and I told the Duchess I would not make myself ridiculous. The Duchess said, the Princess was a relation of the Queen, and I must go. Accordingly Madame d'Aiguillon took me from Madame de Rochefort's, whither I went every Sunday, and who also was lodged at the Luxembourg, up to the Princess, who had the State apartment. We found her in [a] vast chamber hung with old red damask and some dark pictures of former Kings of France, and lighted only by two tapers, which left it so obscure, that, advancing to her, who sat in one corner at the farther end on a small bed hung round with Polish Saints, I stumbled over her dog and cat and footstool and spitting spot—and when I came up to her, she could find nothing to say to me. At last, after a visit of twenty minutes, she desired me to get her a black and white greyhound marked exactly like one she had lost, and which I had never seen. I promised, and took my leave, and thought no more of her and her dog and my promise. Three months after, as I was going to leave Paris, a Swiss footboy belonging to me brought into my dressing-room a wretched picture of a dog and cat. 'Why surely,' said I, 'you cannot be such a fool as to think I would buy such a daubing as that!' 'À acheter! pardy, ce n'est pas à acheter, Monsieur; ça vient de la part de Madame la Princesse de Talmond, et voici un billet[3a] avec.' I opened the note; it said, that hearing I was on my departure for England, she reminded me of my promise: and that I might remember the precise marks of her *pauvre défunte Diane,* and get her exactly such another, she had sent me its portrait; but that I must

3a. Princesse de Talmond to HW 18 March 1766.

return the picture, which she would not part with for the world. I wrote in answer, that I was extremely sorry; I was not possessed of Jacob's nostrum for streaking black and white cattle, or I would certainly obey her commands—but as I was sealing my note, the Duc de Nivernais came on a visit to me; and upon showing him what I had written, he said I must by no means send it, for Madame de Talmond was *très dévote,* and would be very angry and tell the Queen, who was still more *dévote,* and a good deal more sincere—so I tore my note and sent another more grave, but not at all with more intention of trying to execute so impossible a commission. Two years after I met the Princess at the Duchesse d'Aiguillon's, and she told me with great good humour that she found I had never thought any more of her commission.

Two other portraits in this book by Mme du Deffand are her own and mine. Her own is drawn as much too rigidly, as mine is immeasureably embellished; her extreme partiality to me colouring every weakness with bright tints, or totally suppressing my faults. Her severity to herself was not occasional or affected modesty. She constantly thought[4] and spoke unfavourably of her own amazing parts; and knowing no language but her own; nor having ever taken any studious pains (though she had read a vast deal) to improve herself, she imagined that she was more ignorant than many others. But the vivacity and strength of her mind, her prodigious quickness, her conception as just as it was clear, her natural power of reasoning, her wit, the simplicity of her eloquence, her scorn of whatever was false or affected, and her long acquaintance with and knowledge of the world, her intercourse with the brightest geniuses of the age and of that best age (at least with such as remained) raised her to a level with them—and even her few compositions in this volume prove that she was not their inferior. Her letter to me in the name of Mme de Sévigné, though no comparison can be drawn between it and the letters of the latter, so extremely dissimilar are the two kinds, is perhaps more perfect in the ingenuity of the thoughts, in the selection of every individual word, in the delicacy of the allusions, and in the tender graces of the sentiments, than Mme de Sévigné ever did or could have written.

HORACE WALPOLE

4. M. du Châtel's character of her is much more just than her own of herself, so is M. de Forcalquier's (HW).

[5]Voltaire has mentioned a famous bon mot of Mme du Deffand, who hearing the famous Cardinal de Polignac relate the miracle of St Denis walking with his head in his own hand, and that he carried it quite to St-Denis, said, 'Monseigneur, il n'y a que le premier pas qui coûte.'[6]

Being once at the first representation of a new play which she found very dull, and talking of it the next day as such, a person who wished to support it, said, 'On ne l'a pas sifflée pourtant.' Mme du Deffand replied, 'Comment voulez-vous qu'on siffle quand on bâille?'

David Hume, the historian, talking to Mme du Deffand of the Maréchale Duchesse de Mirepoix, who with a superior understanding lost all her time and money at play, he said in his bad French, 'C'est grand dommage qu'elle soit *engrossie* (which he thought was French for *engrossed*) de pharaon!'—Mme du Deffand replied, 'Il est vrai qu'elle fait beaucoup de fausses couches.' It was impossible to make a happier answer, as it comprehended both a term of the game and a reply to his mistake, equally applicable.

# 3g

### [Portrait of Madame du Deffand by herself, 1767.][1]

*Address:* À Monsieur Monsieur Horace Walpole London

MADAME de . . . est si excessivement composée qu'on ne saurait deviner comme on la trouverait si elle se laissait voir dans son naturel. On ne sait si elle a de l'esprit; elle a quelquefois l'air de penser et d'avoir des idées, mais quand elle vient à les rendre on n'entend que des vérités triviales et des lieux communs. Privée de toute imagination, elle tombe toujours dans l'exagération ou le galimatias. Elle a des vertus et point de sentiment, elle a de la bonté, de la justice et de l'humanité; elle est timide, elle n'est point vaine, mais elle est dédaigneuse, elle a quelquefois des premiers mouvements qui la feraient croire sensible, mais ils n'ont point de tenue. Son peu de discernement est ce qui fait le plus douter de son esprit; elle croit

5. This is written on the fly-leaf of D's MS *Recueil de divers ouvrages*.
6. See D to HW 23 May 1767 n. 12.

———

1. Printed from the original, enclosed in D's letter of 23 Nov. 1767. T suggests that this 'portrait,' which does not resemble D, is of Mme de Forcalquier; but D, in her letter, implies that it is a portrait of herself. Printed in Toynbee i. 627.

comprendre ce qui est intelligible. Elle a cherché à acquérir des connaissances et n'a pu y parvenir. Elle veut être considérée, et comme sa timidité lui fait tout craindre elle est devenue sauvage et méfiante; elle n'a ni facilité ni vivacité; cependant elle a assez de douceur, son commerce est sans inconvénient; elle pousse la prudence jusqu'à la réserve; elle n'est point envieuse. Enfin si elle avait une âme et qu'elle la fît connaître, peut-être serait-elle fort aimable.

## 3h

### Portrait de Mme la M. D[u] D[effand] par elle-même,
### fait en 1774.[1]

ON croit plus d'esprit à M. qu'elle n'en a, on la loue, on la craint, elle ne mérite ni l'un ni l'autre, elle est en fait d'esprit ce qu'elle a été en fait de figure et ce qu'elle est en fait de naissance et de fortune, rien d'extraordinaire, rien de distingué; elle n'a pour ainsi dire point eu d'éducation et n'a rien acquis que par l'expérience; cette expérience a été tardive et a été le fruit de bien des malheurs.

Ce que je dirai de son caractère, c'est que la justice et la vérité qui lui sont naturelles, sont les vertus dont elle fait le plus de cas.

Elle est d'une complexion faible, toutes ses qualités en reçoivent l'empreinte.

Née sans talent, incapable d'une forte application, elle est très susceptible d'ennui, et ne trouvant point de ressources en elle-même, elle en cherche dans ce qui l'environne et cette recherche est souvent sans succès. Cette même faiblesse fait que les impressions qu'elle reçoit, quoique très vives, sont rarement profondes; celles qu'elle fait y sont assez semblables; elle peut plaire, mais elle inspire peu de sentiments.

C'est à tort qu'on la soupçonne d'être jalouse, elle ne l'est jamais du mérite et des préférences qu'on donne à ceux qui en sont dignes, mais elle supporte impatiemment que le charlatanisme et les prétentions injustes en imposent. Elle est toujours tentée d'arracher les masques qu'elle rencontre, et c'est, comme je l'ai dit, ce qui la fait craindre des uns et louer des autres.

1. Printed from D's MS *Recueil de divers ouvrages*. Printed also in Lescure, op. cit. ii. 767–8.

## 3i

[Portrait of Madame du Deffand, by Madame de Genlis.][1]

JE n'avais nulle envie de connaître Madame du Deffand. Je me la représentais apprêtée, pédante, précieuse. J'étais surtout effrayée de l'idée que je me trouverais au milieu d'un cercle de philosophes. J'imaginais qu'étant ainsi en force, ils parleraient et disserteraient avec ce ton emphatique qu'ils prennent tour à tour dans leurs écrits, et je sentais que je ferais une triste figure dans cette étrange assemblée, présidée par une sibylle, enthousiaste de toutes ces déclamations, et qu'il était impossible de contredire ouvertement, puisque, aveugle et octogénaire, elle était doublement respectable par la vieillesse et par le malheur. Enfin, je pris une courageuse résolution: je me rendis, le soir même, à Saint-Joseph, chez Madame du Deffand. Il y avait assez de monde chez elle, et j'aperçus, avec plaisir, deux ou trois hommes de ma connaissance. Madame du Deffand me reçut à bras ouverts, et je fus agréablement surprise en lui trouvant beaucoup de naturel, et l'air de la bonhomie. C'était une petite femme maigre, pâle, blanche, qui n'a jamais dû être belle, parce qu'elle avait la tête trop grosse, et les traits trop grands pour sa taille. Cependant elle ne paraissait pas aussi âgée qu'elle l'était en effet. Lorsqu'elle ne s'animait pas en causant, on voyait sur son visage l'expression d'une morne tristesse; en même temps on remarquait sur sa physionomie, et dans toute sa personne, une sorte d'immobilité qui avait quelque chose de très frappant. Quand on lui plaisait, elle était accueillante; elle avait même des manières très affectueuses. Les personnes incapables d'aimer ne connaissent pas la différence infinie qui se trouve entre la bienveillance et l'amitié; un goût est pour elles un attachement; elles croient aimer dès qu'elles ont envie de plaire et qu'on les amuse. Cette erreur, qui avilit les femmes dans leur jeunesse, leur donne, dans l'âge avancé, toutes les apparences de l'affectation et de la fausseté. Il est vrai que ces démonstrations de tendresse ne signifient rien de ce qu'elles semblent exprimer, mais presque toujours elles sont prodiguées de bonne foi.

On ne parla chez Madame du Deffand, ni de philosophie, ni même

1. From Stéphanie-Félicité Ducrest de Saint-Aubin, Comtesse de Genlis, *Mémoires*, Bruxelles, 1825, iii. 101–9. These reminiscences were written 1824–5. The visit which they describe took place in 1776 (see D to HW 31 March 1776).

de littérature: la compagnie était composée de gens de différents états; les beaux-esprits s'y trouvaient en petit nombre, et ceux qui vont dans le monde y sont communément aimables, quand ils n'y dominent pas. Madame du Deffand causait avec agrément; bien différente de l'idée que je m'étais faite d'elle, jamais elle ne montrait de prétentions à l'esprit; il était impossible d'avoir un ton moins tranchant; ayant très peu réfléchi, elle n'était dominée que par la seule habitude. Elle eut, dit-on, sans aucun système, une conduite très philosophique dans sa jeunesse. On était alors si peu éclairé, que Madame du Deffand fut longtemps sinon bannie de la société, du moins traitée avec cette sécheresse qui doit engager à s'en exiler soi-même. Trente ans après, la lumière commençant à se répandre, Madame du Deffand crut se rétablir dans le monde en adoptant des principes qui la justifiaient. La philosophie sauvait l'humiliation de rougir du passé; il était agréable de pouvoir tout à coup regarder en arrière, non seulement sans regret et sans honte, mais avec satisfaction et une sorte d'orgueil; et, au lieu d'avouer qu'on s'était conduit avec beaucoup d'imprudence et d'étourderie, de pouvoir se vanter d'avoir été, par une heureuse inspiration, disciple des philosophes à naître; et enfin, il était beau d'avoir le droit de dire à tous les grands et célèbres moralistes du jour: 'Ce que vous prêchez je l'ai fait avant que vous eussiez instruit l'univers.'

Madame du Deffand n'ayant de sa vie médité une opinion, au fond de l'âme n'en avait point; elle n'était pas même sceptique. Pour douter, pour balancer, il faut du moins avoir superficiellement comparé, et fait quelque examen; et c'est une peine qu'elle n'avait jamais voulu prendre. Elle se peignait très bien elle-même, en disant qu'elle laissait flotter son esprit dans le vague. Triste situation à tous les âges, surtout à quatre-vingts ans! Cette paresse d'esprit et cette insouciance lui donnaient, dans la conversation, tout l'agrément de la douceur. Elle ne disputait point; elle était si peu attachée au sentiment qu'elle énonçait, qu'elle ne le soutenait jamais qu'avec une sorte de distraction. Il était presque impossible de la contredire; elle n'écoutait pas, ou elle paraissait céder, et elle se hâtait de parler d'autre chose. Elle me fit promettre de revenir la voir à l'heure où, sortie de son lit, elle achevait de s'habiller, elle était alors toujours seule, c'est-à-dire entre trois et quatre heures après-midi, car elle avait depuis longtemps perdu le sommeil. On lui faisait la lecture durant la nuit, et elle ne s'endormait jamais avant le jour. J'y re-

tournai le surlendemain. Je la trouvai dans son fauteuil, un valet de chambre assis à côté d'elle lui lisait tout haut un roman. Le roman l'ennuyait, et elle parut charmée de ma visite: je restai deux ou trois heures avec elle, et j'écoutais presque toujours. Elle me parla de l'ancien temps, de la cour de Madame la Duchesse du Maine, de Chaulieu, du Marquis de la Fare, de l'ingénieux Lamothe, de Madame de Staal, dont j'aime tant l'esprit, et elle me promit de me montrer une autre fois plusieurs petits manuscrits et beaucoup de lettres de l'impératrice de Russie. Madame du Deffand, au moyen d'une petite machine très simple, écrivait fort bien et se passait de secrétaire: son écriture était grosse, mais très lisible. Les jours suivants elle me fit lire, par son valet de chambre, plusieurs petits morceaux de sa composition, des allégories et des portraits; c'était le goût du siècle dernier parmi les personnes spirituelles de la société. Ces portraits, tous faits avec l'intention de plaire et de flatter, sont assez insipides; le plus joli que Madame du Deffand ait écrit est celui de Madame de Mirepoix, fait aussi, mais en vers, et d'une manière très agréable, par le Président Hénault.[2] J'avais beaucoup plus de curiosité de connaître les lettres de l'impératrice, mais elles ne contiennent que des allusions et des plaisanteries de société, la plupart sur M. Grimm. Pour me les faire comprendre, Madame du Deffand était obligée d'arrêter, à chaque ligne, le lecteur, et de m'expliquer les à-propos. Ces lettres sont véritablement surprenantes par leur longueur et leur extrême frivolité; il serait curieux de les voir rassemblées avec celles que la même princesse écrivait à M. de Buffon, et qui montrent tant d'esprit et des connaissances si étendues.

On m'avait dit que Madame du Deffand était méchante, c'est ce que je n'ai jamais remarqué; elle n'était pas même médisante. Il y avait dans son caractère tant de faiblesse, d'insouciance, et de légèreté, qu'un sentiment vif ne pouvait l'agiter longtemps; elle n'était pas plus capable de haïr que d'aimer. Brouillée avec d'Alembert, elle me parla de ses démêlés avec lui, mais sans aigreur et sans ressentiment; c'était un simple récit et non des plaintes. Son cœur avait bien vieilli, la philosophie l'avait tout à fait desséché, et son esprit n'avait point mûri; il était plus jeune qu'il n'aurait dû l'être quand elle n'aurait eu que vingt-cinq ans. Elle avait craint, confusément, toute sa vie de réfléchir; cette crainte, devenue de la terreur, lui donnait une véritable aversion pour tout ce qui était solide; elle était ac-

2. Probably Montesquieu. See *post* p. 78.

cablée de vapeurs et d'une tristesse invincible, et elle redoutait mortellement les conversations sérieuses; elle les repoussait même avec sécheresse; il fallait pour lui plaire ne l'entretenir que de bagatelles. Tout ce qui ressemblait à la raison lui faisait peur; c'était une chose extraordinaire de voir une personne de cet âge, infirme, souffrante, mélancolique, exiger des autres une éternelle gaieté qu'elle ne paraissait jamais partager, car elle ne jouait rien. La perte de la vue ne l'affectait pas du tout; elle me dit qu'elle aimait mieux être aveugle que d'avoir un rhumatisme douloureux. Quand elle perdit la vue, ce fut sans un violent chagrin, parce qu'elle conserva pendant plus de cinq ans l'espoir de la recouvrer; et lorsqu'après avoir consulté tous les charlatans du monde, elle eut épuisé vainement tous les remèdes, elle prit facilement son parti sur son état, elle y était parfaitement accoutumée. Ce n'était pas là ce qui l'attristait; elle écartait avec peine de funestes idées inspirées par l'âge et par les souffrances. Un jour je me hasardai de lui parler de la mort religieuse du Président Hénault. Elle m'interrompit, et avec un ton ironique et un sourire forcé: 'Est-ce un sermon que vous me préparez là?' dit-elle. Je me mis à rire, en l'assurant que j'aimais beaucoup mieux l'écouter que prêcher. Elle n'avait point de religion, mais elle n'était point impie, et, malgré tout le pouvoir d'une longue habitude, elle n'était point philosophe. Son existence, comme celle de tant d'autres, n'a dépendu que de ses liaisons; on sentait que si elle eût vécu avec des gens religieux elle eût été dévote, et ses derniers jours que l'ennui consumait, que la crainte empoisonnait, auraient été paisibles, sereins, et se seraient écoulés doucement.

## 3j

### La Marquise du Deffand [by the Duc de Lévis].[1]

JE me rappelle très bien d'avoir été mené par la Maréchale de Mirepoix chez Madame du Deffand, dont les lettres viennent de rajeunir la célébrité. J'étais d'un âge à être plus frappé du tonneau qu'elle habitait que de l'agrément de son esprit. Mais l'on m'a conté d'elle un trait qui n'est peut-être pas indigne d'être conservé. Elle n'aimait pas l'exagération, comme on en a la preuve dans sa correspondance, et pourtant elle était condamné à voir sans cesse des

1. Edited from Lévis, *Souvenirs*, p. 53. Published 1813.

personnes engouées, enthousiastes, et des prôneurs éternels encore plus fatigants que tout le reste. Un jour, excédée des éloges excessifs que M. de —— faisait d'un homme très médiocre, en ajoutant, par forme de refrain, que tout le monde pensait comme lui, elle répondit: 'Je fais, Monsieur, assez peu de cas du *monde*, depuis que je me suis aperçue qu'on pouvait le diviser en trois parts, les trompeurs, les trompés, et les trompettes.' M. de —— était évidemment dans cette dernière classe, et je ne le rencontre guère sans penser à cette saillie.

## 3k

### [Portrait of Madame du Deffand by Madame de Staal.][1]

NOUS avions à Sceaux, dans ce temps-là, Madame du Deffand. Elle me prévint avec des grâces auxquelles on ne résiste pas. Personne n'a plus d'esprit, et ne l'a si naturel. Le feu pétillant qui l'anime pénètre au fond de chaque objet, le fait sortir de lui-même, et donne du relief aux simples linéaments. Elle possède au suprême degré le talent de peindre les caractères; et ses portraits, plus vivants que leurs originaux, les font mieux connaître que le plus intime commerce avec eux.

Elle me donna une idée toute nouvelle de ce genre d'écrire, en me montrant plusieurs portraits qu'elle avait faits. Le mien s'y trouva; mais un peu de prévention et trop de politesse l'avaient, contre son ordinaire, écartée du vrai.

## 3l

### Portrait de Madame du Deffand
### par Mademoiselle de Lespinasse, morte en 1776.[1]

MADAME du Deffand est d'un âge et dans un état qui ne permettent plus de rien dire de sa figure. Ceux qui l'ont connue quand elle était jeune, et même quand elle ne l'était plus, se souvien-

---

1. Printed from Marguerite-Jeanne Cordier de Launay, Baronne de Staal, *Œuvres*, 1821, i. 314–5. Mme de Staal's *Mémoires*, from which this is taken, were published in 1755 but were mostly written before 1741.

---

1. From 'Lucien Perey' [Clara-Adèle-

nent qu'elle avait le plus beau teint du monde, l'air assez noble, tous les mouvements de son visage extrêmement agréables, la physionomie très animée et très spirituelle, le regard charmant, des yeux d'aigle vifs, perçants et parfaitement beaux. Voltaire lui écrivait, depuis qu'elle est devenue aveugle, 'qu'elle était punie par où elle avait fait pécher les autres.' Les agréments de sa figure n'étaient point déparés par la sécheresse de sa gorge et de ses mains, et les charmes de son esprit empêchaient presque qu'on ne s'aperçut du défaut qu'elle a de parler du nez, défaut dont elle [c]onvient de bonne foi, et qui a fait dire assez plaisamment 'que son nez était la chose du monde qu'elle aimait le plus, parce qu'elle en parlait toujours.'

Son esprit, entre plusieurs qualités agréables, en a une principale très essentielle pour plaire et cependant assez rare, c'est d'être facile et naturel. Elle ne peut souffrir l'affectation, de quelque espèce qu'elle puisse être. Aussi, a-t-elle le tact très fin sur les ridicules qu'elle saisit et qu'elle peint très plaisamment. Ce même goût pour le naturel lui rend antipathique tout ce qu'on appelle éloquence, beau style, grand sentiment, et on ne peut disconvenir qu'elle n'ait souvent raison; il est pourtant vrai que son aversion à cet égard est souvent poussée trop loin et lui fait prendre pour affectés tous les sentiments qu'elle n'éprouve pas et toutes les pensées qu'elle n'aurait pas eues. Quoique d'une humeur très inégale, elle est, ou plutôt elle était, naturellement gaie et très plaisante. Quelques-uns de ses bons mots ont passé en proverbe, et il lui échappe encore, dans sa conversation, des traits piquants. Je dis qu'elle était plaisante et gaie, car elle ne l'est plus aujourd'hui que par intervalles très peu fréquents. Le mauvais état de sa santé, la perte de sa vue, les sujets réels ou prétendus qu'elle croit avoir de se plaindre de ses amis, lui ont donné un fond de tristesse et d'humeur qui la rend souvent ennuyeuse, et partant mécontente de tout ce qu'elle voit, de tout ce qu'elle lit, de presque tout ce qu'elle entend. Elle joint à ce démérite si grand auprès des autres, celui d'être persuadée qu'elle est toujours équitable, car il est surtout deux qualités dont elle se pique: le goût et la justesse; et, en effet, elle en marque assez quand elle juge de sang-

Luce Harpin], *Le Président Hénault et Madame du Deffand*, 1893, pp. 387–94. It was found among d'Alembert's papers. Perey writes, in conclusion: 'Si Madame du Deffand eût connu ce portrait, elle ne se fût pas contentée de chasser l'auteur, elle l'eût étranglée de ses propres mains.'

froid, mais, par malheur, le sang-froid est rare en elle. La passion réside à la plupart de ses décisions; on la voit s'engouer d'abord et se dégoûter ensuite à l'excès des mêmes ouvrages et des mêmes personnes, déchirer ce qu'elle louait il y a quelques jours, louer ce qu'elle déchirait, et tout cela sans fausseté dans aucun temps, uniquement pour satisfaire au sentiment actuel qui la domine, auquel elle se livre de la meilleure foi du monde, et qu'elle croit très fermement avoir toujours été de même, car le présent est tout ce qui l'affecte; elle se souvient peu du passé et ne songe nullement à l'avenir.

Elle a pris, pour ce qu'elle appelle la philosophie moderne, une aversion qui tient à plusieurs causes. Quelques-uns des promoteurs de cette philosophie ont affecté dans leurs ouvrages une singularité qui la choque avec quelque raison. Ils prêchent, peut-être avec trop d'ostentation, la vertu qu'elle ne connut guère et le mépris des grands qu'elle adore en croyant ne s'en pas soucier. Quelques-uns d'entre eux qui la voient l'ont d'ailleurs mécontentée en ne voulant pas se soumettre entièrement à ses volontés et à ses opinions. Enfin, cette philosophie et ceux qui s'y distinguent ont le malheur d'être estimés par une femme que Madame du Deffand regarde et traite au moins comme sa rivale d'esprit et de considération, à qui elle a voué pour cette raison seule une haine implacable et qu'elle se plaît à dénigrer en toute occasion.

Si Madame du Deffand montre quelque équité, c'est uniquement à l'égard de ses domestiques qu'elle ne traite pas absolument mal. Cette équité à leur égard tient à une autre qualité qu'elle a: elle est noble et généreuse quoique économe, ou plutôt parce qu'elle est économe, car il n'y a point de vraie générosité sans économie. Mais comme si une bonne qualité ne pouvait tenir en elle à un bon principe, sa générosité ne vient point de la noblesse de son âme, qui est naturellement avide et rampante, elle vient du besoin qu'elle a de ceux qui l'entourent. Elle ne cherche à s'en faire aimer que parce qu'elle ne peut en faire ses esclaves, car on lui a souvent entendu regretter que l'esclavage soit aboli; aussi est-elle grande ennemie de l'égalité naturelle, c'est encore un de ses griefs contre la philosophie. Du reste, elle est dure envers ceux dont elle n'a pas besoin, sans humanité, sans charité, sans compassion, n'ayant même pas l'idée de ces vertus et toujours les ridiculisant chez les autres. Conséquente même à son préjudice dans son aversion pour l'égalité, elle est ventre à terre devant tout ce qui s'appelle gens de cour, surtout s'ils sont en crédit;

elle leur prodigue souvent sans prix les bassesses les plus humiliantes; elle est toute surprise de n'éprouver de la part de presque personne aucune marque d'amitié ni de confiance, car sa folie est de croire qu'elle mérite des amis, quoiqu'elle ait précisément tout ce qui les éloigne; inconsidérée, indiscrète, personnelle et jalouse, voilà son caractère en quatre mots.

Inconsidérée. Elle est brusque et dédaigneuse dans sa conversation; elle se met peu en peine de cacher aux gens qu'elle méprise le peu de cas qu'elle fait d'eux; elle leur répond en levant les épaules; elle dit devant eux et tout haut à son voisin (en croyant parler tout bas) tout ce qui la blesse à tort ou à droit dans leur personne et dans leur discours; ce qui l'étonne, c'est de ne pas voir après cela tout le monde à ses ordres et à ses genoux. Persuadée que son peu d'égards pour les autres n'est qu'une franchise estimable, car la franchise est encore une des vertus dont elle se pique, elle n'en use qu'avec ceux dont elle croit n'avoir rien à craindre. La franchise noble et indépendante est une vertu qu'elle ignore et qu'elle appelle impertinence chez les autres.

Indiscrète. Au dernier excès, elle est absolument incapable de se taire et sur ce qui l'intéresse et sur ce qui intéresse le plus essentiellement les autres. Tout ce qu'elle sait, tout ce qu'elle devine, tout ce qu'elle soupçonne, tout ce qu'elle croit même, elle en fait part presque au premier venu, sans ménagement pour ceux à qui elle peut faire tort, sans dessein de leur en faire, car elle est encore bien plus légère que méchante. Sans amitié et sans confiance pour ceux à qui elle dit son secret ou celui des autres, mais uniquement par le besoin qu'elle a de parler, à moins qu'elle n'ait pour but quelque vengeance, car alors elle pousse l'indiscrétion jusqu'à la noirceur et à la perfidie, abusant des secrets qu'on lui a confiés pour perdre, si elle le pouvait, d'honneur et de réputation, ceux qui ont eu la faiblesse de lui parler de ce qui les touche.

Personnelle. Sans égards et sans pudeur, elle ne se met point en peine de se montrer là-dessus telle qu'elle est, différente en cela de la plupart des autres hommes qui, très occupés d'eux, veulent au moins paraître un peu occupés des autres. Madame du Deffand ignore cette bienséance de la société; elle exige tout et ne rend rien; elle se persuade en même temps qu'elle n'est point exigeante, parce qu'elle n'a pas le pouvoir de commander et parce qu'on ne lui a pas obéi ou qu'on a été complaisant. Comme elle rapporte tout à elle, elle ne

peut souffrir qu'on fasse rien aux autres, surtout à son préjudice.
Elle n'est jalouse ni des agréments, ni de l'esprit, mais seulement des
préférences, ni des soins qu'elle ne pardonne, ni à ceux qui les rendent, ni à ceux qui en sont l'objet. Elle semble dire à tous ceux
qu'elle connaît, comme Jésus-Christ à ses disciples: 'Vendez tout ce
que vous avez et suivez-moi.' Il est plus difficile d'être bien avec elle
qu'avec Dieu; un péché véniel fait perdre en un instant le mérite de
plusieurs années de soins. Elle paie les préférences qu'on lui donne
par des éloges qu'elle rétracte le lendemain au premier sujet du plus
léger mécontentement et qui même se changent en satire, en chansons
et en libelles, pour peu que le mécontentement dure. Avec le caractère que je viens de peindre, il n'est pas surprenant qu'elle soit curieuse et défiante à l'excès. Curieuse par intérêt, pour ce qui regarde
les autres, mais uniquement pour savoir ce qu'on a dit, ce qu'on a
fait et surtout ce qu'on pense et ce qu'on a dit par rapport à elle.
Défiante, parce qu'elle juge de l'âme des autres par la sienne, et
parce que, uniquement occupée de ce qui la regarde, elle soupçonne
toujours qu'on veut lui tendre des panneaux, lors même qu'on ne
songe point du tout à elle.

Telle est Madame du Deffand; son esprit doit faire désirer de la
connaître, il la fait rechercher et c'est à son esprit seul qu'elle doit
l'espèce de considération dont elle jouit. La connaissance de son
caractère fait qu'on s'en éloigne et doit empêcher qu'on s'y attache.
Basse avec ceux qui sont au-dessus d'elle, assez juste avec les infé-
rieurs, insupportable et tyrannique avec ses égaux. Ne pouvant pas se
flatter d'avoir un véritable ami parmi le grand nombre de ses connaissances, pleine d'esprit, de préventions, d'humeur et d'injustice;
enfin, c'est un méchant enfant qui n'a cependant point été gâté, car
son caractère a fait le malheur de sa vie.

# APPENDIX 4

## Portrait de M. de Walpole par Mme la Marquise du Deffand fait au mois de novembre 1766.[1]

NON, non, je ne peux pas faire votre portrait, personne ne vous connaît moins que moi; vous me paraissez tantôt tel que je voudrais que vous fussiez, tantôt tel que je crains que vous ne soyez, et peut-être jamais tel que vous êtes.

Je sais bien que vous avez beaucoup d'esprit, vous en avez de tous les genres, de toutes les sortes, tout le monde sait cela aussi bien que moi, et vous devez le savoir mieux que personne.

C'est votre caractère qu'il faudrait peindre et voilà pourquoi je ne puis pas être bon juge; il faudrait de l'indifférence ou du moins de l'impartialité; cependant je peux vous dire que vous êtes un fort honnête homme; que vous avez des principes, que vous êtes courageux, que vous vous piquez de fermeté; que lorsque vous avez pris un parti, bon ou mauvais, rien ne vous le fait changer; ce qui fait que votre fermeté ressemble souvent à l'opiniâtreté. Votre cœur est bon et votre amitié solide, mais elle n'est ni tendre ni facile; la peur d'être faible vous rend dur; vous êtes en garde contre toute sensibilité; vous ne pouvez pas vous refuser à rendre à vos amis des services essentiels, vous leur sacrifiez vos propres intérêts mais vous leur refusez les plus petites complaisances; bon et humain pour tout ce qui vous environne, pour tout ce qui vous est indifférent, vous vous mettez peu en peine de plaire à vos amis en les satisfaisant sur des bagatelles.

Votre humeur est très agréable quoiqu'elle ne soit pas fort égale. Toutes vos manières sont nobles, aisées et naturelles; votre désir de plaire ne vous porte à aucune affectation; la connaissance que vous avez du monde et votre expérience vous ont donné un grand mépris pour tous les hommes, et vous ont appris à vivre avec eux; vous savez que toutes leurs démonstrations ne sont que faussetés; vous leur donnez en échange des égards et de la politesse et tous ceux qui ne se soucient point d'être aimés sont contents de vous.

1. Apparently enclosed in D's letter of 30 Nov. 1766, but only the *Addition au portrait* is now with it. The earlier part is printed from D's MS *Recueil de divers* *ouvrages*. Incompletely printed in Lescure, op. cit. ii. 764–5. Fully printed in Toynbee i. 619–21.

Je ne sais pas si vous avez beaucoup de sentiments, si vous en avez vous les combattez, ils vous paraissent une faiblesse, vous ne vous permettez que ceux qui ont l'air de la vertu; vous êtes philosophe, vous n'avez point de vanité quoique vous ayez beaucoup d'amour-propre, mais votre amour-propre ne vous aveugle point, il vous exagère vos défauts plutôt que de vous les cacher; vous ne faites cas de vous que parce que pour ainsi dire vous y êtes forcé quand vous vous comparez aux autres hommes. Vous avez du discernement, le tact très fin, le goût très juste, le ton excellent. Vous auriez été de la meilleure compagnie du monde dans les siècles passés, vous l'êtes dans celui-ci et vous le seriez dans ceux à venir. Votre caractère tient beaucoup de votre nation, mais pour vos manières elles conviennent à tout pays également.

Vous avez une faiblesse qui n'est pas pardonnable, vous y sacrifiez vos sentiments, vous y soumettez votre conduite, c'est la crainte du ridicule, elle vous rend dépendant de l'opinion des sots et vos amis ne sont point à l'abri des impressions que les sots veulent vous donner contre eux. Votre tête se trouble aisément, c'est un inconvénient que vous connaissez et auquel vous remédiez par la fermeté avec laquelle vous suivez vos résolutions; votre résistance à ne vous en jamais écarter est quelquefois poussée trop loin et sur des choses qui n'en valent pas la peine.

Vos sentiments sont nobles et généreux, vous faites le bien pour le plaisir de le faire, sans ostentation, sans prétendre à la reconnaissance, enfin votre âme est belle et bonne.

### *Addition au Portrait, 30 novembre 1766.*[2]

Il n'y a que la vérité et la simplicité qui vous plaisent; vous méprisez les subtilités, vous haïssez la métaphysique; les grands raisonnements vous ennuient, et vous n'aimez pas trop les réflexions, vous les croyez peu utiles; votre philosophie vous apprend qu'il vaut mieux se distraire des ses passions que de les combattre. Vous y voulez faire diversion par des amusements; vous vous moquez de tout, et, nouveau Démocrite, le monde n'est pour vous qu'un spectacle dont vous sifflez les acteurs; votre goût et votre talent est l'ironie, vous excellez dans ce genre qui exige beaucoup d'esprit, de grâce, et de légèreté. Vous êtes naturellement fort gai, mais vous êtes né fort sensible, et

2. Date added by HW.

la sensibilité nuit souvent à la gaîté. Pour remédier à cet inconvénient vous cherchez des moyens extraordinaires pour vous occuper et vous amuser. Vous bâtissez des châteaux hétéroclites, vous élevez des monuments à un monarque[3] de brigands, vous jouez à la grande patience, etc., etc. Enfin, vous donnez dans des singularités qui ressemblent un peu à la folie, et qui sont cependant un effet de votre raison.

Je ne puis rien dire de votre horreur pour l'amitié, elle est apparemment fondée sur quelque grand chagrin qu'elle vous a causé, mais comme vous ne dites que des choses vagues sur cet article, on serait porté à croire que c'est une manie que vous avez, ou bien un système que vous voulez établir, aussi peu fondé que tous les autres systèmes et qui ne prendra pas malgré votre éloquence, parce que vos préceptes ne sont pas autorisés par votre exemple.

Vous avez des amis, vous leur êtes entièrement dévoué, leurs intérêts sont les vôtres, et tous vos discours et tous vos raisonnements contre l'amitié ne persuaderont pas que vous ne soyez l'homme du monde qui en est le plus capable.

3. Le Roi Théodore (HW).

# APPENDIX 5

## 'Portraits' of Madame du Deffand's Circle.

[These portraits, unless otherwise stated, are all edited from D's MS *Recueil de divers ouvrages,* now WSL. All the portraits in that collection were printed by François-Adolphe-Mathurin de Lescure, in the appendix to his *Correspondance complète de la Marquise du Deffand,* 1865, ii. 735–69.]

### 5a

## Portrait de Mme la D. de Choiseul par Mme la M. du Deffand fait au mois de novembre 1766.[1]

VOUS me demandez votre portrait, vous n'en connaissez pas la difficulté; tout le monde le prendra pour le portrait d'un être imaginaire. Les hommes ne sont point accoutumés à croire aux mérites qu'ils n'ont pas, mais il faut vous obéir, le voici.

Il n'y a pas un habitant du ciel qui vous ait surpassé en vertu, mais ils vous ont surpassé par leurs intentions et leurs motifs. Vous êtes aussi pure, aussi juste, aussi charitable, aussi humble qu'ils ont pu l'être, si vous devenez aussi bonne chrétienne vous deviendrez tout de suite une aussi grande sainte; en attendant, contentez-vous d'être ici-bas l'exemple et le modèle des femmes.

Vous avez infiniment d'esprit, surtout de la pénétration, de la profondeur, et de la justesse; vous observez tous les mouvements de votre âme, vous voulez en connaître tous les replis. Cette idée n'apporte aucune contrainte à vos manières, et ne vous rend que plus facile et plus indulgente pour les autres.

La nature vous a fait naître avec tant de chaleur et de passion, qu'on juge que si elle ne vous avait pas aussi donné infiniment de raison et que vous ne l'eussiez pas fortifiée par de continuelles et solides réflexions, vous auriez eu bien de la peine à devenir aussi parfaite, et c'est peut-être ce qui fait qu'on vous pardonne de l'être;

1. See D to HW ? April 1766, n. 1. This 'portrait' is mentioned in D's letter of 12 Nov. 1766, but is not with the MS of that letter. Printed in Lescure, op. cit. ii. 765–6.

l'habitude où vous êtes de réfléchir vous a rendue maîtresse de vous-même; vous tenez pour ainsi dire tous les ressorts de votre âme dans vos mains, et sans rien perdre de l'agrément du naturel, vous résistez et vous surmontez toutes les impressions qui pourraient nuire à la sagesse et à l'égalité de votre conduite.

Vous avez de la force et du courage sans avoir l'air de faire jamais aucun effort. Vous êtes parvenue suivant toute apparence à être heureuse; ce n'est point votre élévation ni votre éclat qui fait votre bonheur, c'est la paix de la bonne conscience; c'est de n'avoir point à vous reprocher d'avoir offensé ni désobligé personne; vous recueillez le fruit de vos bonnes qualités par l'approbation et l'estime générale; vous avez désarmé l'envie, personne n'oserait dire et même penser qu'il mérite autant que vous la réputation et la fortune dont vous jouissez.

Il n'est pas besoin de parler de la bonté de votre cœur, on doit conclure par tout ce qui précède combien il est rempli de sentiments.

Tant de vertus et tant d'excellentes qualités inspirent du respect et de l'admiration, mais ce n'est pas ce que vous voulez, votre modestie qui est extrême vous fait désirer de n'être jamais distinguée, et vous faites tout ce qui dépend de vous pour que chacun se croie votre égal.

Comment se peut-il qu'avec tant de vertus et de charmantes qualités, vous n'excitez pas un empressement général, c'est qu'on se sent arrêté par une sorte de crainte et d'embarras; vous êtes pour ainsi dire la pierre de touche qui fait connaître aux autres leur juste valeur par la différence qu'ils ne peuvent s'empêcher de trouver qu'il y a de vous à eux.

## 5b
### Portrait de Monsieur le Président Hénault par Mme D[u] D[effand].[1]

TOUTES les qualités de Monsieur le P... H... et même tous ses défauts sont à l'avantage de la société; sa vanité lui donne un extrême désir de plaire, sa facilité lui concilie tous les différents

1. 'Author of the famous *Abrégé chronologique*' (HW). See D to HW 19 April 1766, n. 3. Printed in Lescure, op. cit. ii. 743–4.

caractères, et sa faiblesse semble n'ôter à ses vertus que ce qu'elles ont de rude et de sauvage dans les autres.

Ses sentiments sont fins et délicats, mais son esprit vient trop souvent à leur secours pour les expliquer et les démêler, et comme rarement le cœur a besoin d'interprète on serait tenté quelquefois de croire qu'il ne fait que penser ce qu'il imagine sentir; il paraît démentir M. de la Rochefoucauld et il lui ferait peut-être dire aujourd'hui que le cœur est souvent la dupe de l'esprit.

Tout concourt à le rendre l'homme du monde le plus aimable, il plaît aux uns par ses bonnes qualités, et à beaucoup d'autres par ses défauts.

Il est impétueux dans toutes ses actions, dans ses disputes, dans ses approbations; il paraît vivement affecté des objets qu'il voit et des sujets qu'il traite, mais il passe si subitement de la plus grande véhémence à la plus grande indifférence, qu'il est aisé de démêler que si son âme s'émeut aisément, elle est bien rarement affectée. Cette impétuosité qui serait un défaut en tout autre est presque une bonne qualité en lui, elle donne à toutes ses actions un air de sentiment et de passion qui plaît infiniment au commun du monde. Chacun croit lui inspirer un intérêt fort vif, et il a acquis autant d'amis par cette qualité que par celles qui sont vraiment aimables et estimables en lui; on peut lui reprocher d'être trop sensible à cette sorte de succès, on voudrait que son empressement pour plaire fût moins général et plus soumis à son discernement.

Il est exempt des passions qui troublent le plus la paix de l'âme, l'ambition, l'intérêt, l'envie lui sont inconnus, ce sont des passions plus douces qui l'agitent, son humeur est naturellement gai et égale, et si elle souffre quelque altération c'est par des causes étrangères mais dont le principe n'est point en lui.

Il joint à beaucoup d'esprit toute la grâce, la facilité et la finesse imaginables, il est de la meilleure compagnie du monde, sa plaisanterie est vive et douce, sa conversation est remplie de traits ingénieux et agréables qui jamais ne dégénèrent en jeux de mots ni en épigrammes qui puissent embarrasser personne. Il se plaît à démêler dans toute sorte de genre, les beautés et les finesses qui échappent au commun du monde, la chaleur avec laquelle il les fait valoir fait quelquefois penser qu'il les préfère à ce qui est universellement trouvé beau, mais ce ne sont point des préférences qu'il accorde, ce

sont des découvertes qu'il fait qui flattent la délicatesse de son goût et qui exercent la finesse de son esprit.

Il ne manque d'aucun talent, il traite également bien toute sorte de sujets, le sérieux, l'agréable,—tout est de son ressort. Enfin Monsieur le P... H... est un des hommes du monde qui réunit le plus de différentes parties et dont l'agrément et l'esprit est le plus généralement reconnu.

## Walpole's Anecdote of the Président Hénault.[1]

The Président Hénault (author of the *Abrégé chronologique*) had been lover of Madame du Deffand and of Madame de Castelmoron, and preferred the latter. The last time I was at Paris, a little before the Président's death, and when he was grown superannuated,[2] I one evening found him alone with Mme du Deffand, who could scarce stifle her laughter till he was gone, at what had been passing. She had perceived that he did not know where he was, nor with whom, though he had not entirely lost his memory. From question to question, she led him to talk of Mme de Castelmoron, and said, 'À propos, Président, avait-elle de l'esprit?'—'Oui, oui, elle en avait.'—'En avait-elle autant que Mme du Deffand?'—'Eh! mon Dieu! non, il s'en fallait beaucoup.'—'Mais laquelle aimiez-vous mieux?'—'Hah! j'aimais mieux Mme de Castelmoron.'

As soon as he was gone, she repeated this conversation to me, and was infinitely diverted with it, and it was a strong proof of her quickness and parts, as she herself was then seventy-eight.[3]

This play[4] was written by her many years before her death. Le Comte de Forcalquier was a man of wit, who died rather young, and brother of the Comtesse de Rochefort who many years afterwards was Duchesse de Nivernais. M. de Pont-de-Veyle was [the] intimate friend of Mme du Deffand, and nephew of the famous Mme de Tencin, and was author of some pieces that passed for hers.

1. Now first printed from a MS slip, inserted in D's *Recueil de divers ouvrages*.
2. HW is mistaken; he made two visits to Paris after Hénault's death, which occurred in 1770. This incident must have happened during HW's visit in 1769.

3. D was seventy-three at the time of HW's visit in 1769.
4. *L'Amant indécis,* included in D's *Recueil de divers ouvrages*.

## 5C

### Portrait de Mme la Marquise de Mirepoix par M. le Président de Montesquieu.[1]

L A beauté que je chante ignore ses appas.
Mortels qui la voyez, dites-lui qu'elle est belle,
Naïve, simple, naturelle,
Et timide sans embarras.
Telle est la jacinte nouvelle,
Sa tête ne s'élève pas
Sur les fleurs qui sont autour d'elle;
Sans se montrer, sans se cacher,
Elle se plaît dans la prairie,
Elle y pourrait finir sa vie,
Si l'œil ne venait la chercher.
Mirepoix ressent en partage
La candeur, la douceur, la paix,
Et ce sont parmi tant d'attraits
Ceux dont elle sait faire usage.
Le fier dédain n'osa jamais
Pour tenter de gâter ses traits
Se faire voir sur son visage.
Son esprit à cette chaleur
Du soleil qui commence à naître,
Hymen peut parler de son cœur
L'amour pouvait le méconnaître.

### Portrait de Mme la M. de Mirepoix par Mme du Deffand.

Mme de Mirepoix est si modeste, son amour-propre se fait si peu sentir, elle est si peu occupée d'elle-même, qu'il est difficile de faire son portrait.

La vanité est ce qui décèle le plus promptement le caractère: les hommes en voulant se parer des qualités qu'ils n'ont pas, découvrent presque toujours les défauts qu'ils ont, et que sans cela on ne démêlerait peut-être jamais.

Cette ressource manque avec Mme de Mirepoix, jamais elle ne

1. See D to HW 19 April 1766, n. 8. These 'portraits' are printed in Lescure, op. cit. ii. 759–60.

parle d'elle, jamais elle ne décide, rarement elle dispute, il suffit de la voir pour la trouver intéressante et aimable, mais il faut vivre avec elle, pour savoir tout ce qu'elle vaut; il n'y a que les occasions qui font connaître combien elle a d'esprit, de jugement, et de goût, une simplicité noble, qui fait le fond de son caractère, bannit en elle toute ostentation, et toute prétention et la tient (pour ainsi dire) quelque temps cachée.

Elle est timide, mais sans avoir l'air embarrassé, sans jamais perdre la présence d'esprit, ni ce qu'on appelle l'à-propos.

Sa figure est charmante, son teint est éblouissant, ses traits sans être parfaits sont si bien assortis que personne n'a l'air plus jeune et n'est plus jolie.

Le désir qu'elle a de plaire ressemble plus à la politesse qu'à la coquetterie, aussi les femmes la voient sans jalousie, et les hommes n'osent en devenir amoureux: son maintien est si sage, il y a quelque chose de si paisible et de si réglé dans toute sa personne, qu'elle imprime une sorte de respect, et interdit toute espérance, bien plus qu'elle ne pourrait faire par un air sévère et imposant.

Sa conversation est aisée et naturelle, elle ne cherche point à briller, elle laisse prendre aux autres tout l'avantage qu'ils veulent sans empressement, sans dédain, sans véhémence, sans froideur, sa contenance, ses expressions, se ressentent de la justesse de son esprit et de la noblesse de ses sentiments.

Elle est si douce, si facile, si complaisante dans la société qu'on croirait qu'elle n'a de goût et de penchant que ceux qu'on lui inspire: personne ne jugerait à la voir que ses passions fussent fort vives; cependant cette douceur, cette facilité, si ressemblantes à l'indifférence, est ce qui prouve peut-être le plus qu'elle est capable d'un véritable attachement. C'est parce que Mme de Mirepoix est entièrement occupée de ce qu'elle aime, qu'elle est si indifférente pour tout ce qui n'y a point de rapport. L'amour, qui remplit et satisfait son cœur, répand sur toute sa personne, et communique à toutes ses actions une paix, une vie, une tranquillité, une chaleur, qui la rendent très aimable, et d'une façon distinguée.

Joignez à ceci toutes les qualités et toutes les vertus dans le degré où elles deviennent aussi aimables que les agréments même: de la noblesse sans hauteur, de la vérité sans imprudence, de la générosité sans faste, de la bonté sans faiblesse etc.

Voilà comme me paraît Mme de Mirepoix.

## 5d

### Portrait de [la Reine Marie Leszczyńska par Madame du Deffand].[1]

THÉMIRE a beaucoup d'esprit, le cœur sensible, l'humeur douce, la figure intéressante.

Son éducation lui a imprimé dans l'âme une piété si véritable, qu'elle est devenue un sentiment en elle et qu'elle lui sert à régler tous les autres.

Thémire aime Dieu et, immédiatement après, tout ce qui est aimable; elle sait accorder les choses agréables et les choses solides, elle s'en occupe successivement et les fait quelquefois aller ensemble.

Ses vertus ont pour ainsi dire le germe et la pointe des passions.

Elle joint à une pureté de mœurs admirable une sensibilité extrême, à la plus grande modestie un désir de plaire qui suffirait seul pour y réussir.

Son discernement lui fait démêler tous les travers et sentir tous les ridicules: sa bonté, sa charité les lui font supporter sans impatience et lui permettent rarement d'en rire.

Les agréments ont tant de pouvoir sur Thémire qu'ils lui font souvent tolérer les plus grands défauts: elle accorde son estime aux personnes vertueuses, son penchant l'entraîne vers celles qui sont aimables; cette faiblesse, si c'en est une, est peut-être ce qui rend Thémire charmante.

Quand on a le bonheur de connaître Thémire, on quitterait tout pour elle, l'espérance de lui plaire ne paraît point une chimère.

Le respect qu'elle inspire tient plus à ses vertus qu'à sa dignité, il n'interdit ni ne refroidit point l'âme et les sens; on a toute la liberté de son esprit avec elle, on le doit à la pénétration et à la délicatesse du sien elle entend si promptement et si finement qu'il est facile de lui communiquer toutes les idées qu'on veut, sans s'écarter de la circonspection que son rang exige.

On oublie, en voyant Thémire, qu'il puisse y avoir d'autre grandeur, d'autre élévation que celle des sentiments. On se laisserait presque aller à l'illusion de croire qu'il n'y a d'intervalle d'elle à nous que la supériorité de son mérite; mais un fatal réveil nous apprendrait que cette Thémire si parfaite, si aimable, c'est . . .[2]

1. See D to HW 19 April 1766, n. 19.    2. 'La reine' (Lescure).
Printed in Lescure, op. cit. ii. 761–2.

## 5e

### Portrait de ¹Madame la Duchesse d'Aiguillon par Mme D[u] D[effand].

MADAME la D . . . D . . . a la bouche enfoncée, le nez de travers, le regard fol et hardi, et malgré cela elle est belle. L'éclat de son teint l'emporte sur l'irrégularité de ses traits.

Sa taille est grossière, sa gorge, ses bras sont énormes; cependant elle n'a point l'air pesant ni épais: la force supplée en elle à la légèreté.

Son esprit a beaucoup de rapport à sa figure, il est (pour ainsi dire) aussi mal dessiné que son visage et aussi éclatant. L'abondance, l'activité, l'impétuosité en sont les qualités dominantes. Sans goût, sans grâce et sans justesse, elle étonne, elle surprend, mais elle ne plaît ni n'intéresse.

Sa physionomie n'a nulle expression; tout ce qu'elle dit part d'une imagination déréglée.

C'est quelquefois un prophète qu'un démon agite, qui ne prévoit ni n'a le choix de ce qu'il va dire, ce sont plusieurs instruments bruyants dont il ne résulte aucune harmonie, c'est un spectacle chargé de machines et de décorations où il se trouve quelques traits merveilleux. Sans suite et sans ordre, que le parterre admire, mais qui est sifflé des loges.

On pourrait comparer Mme la D . . . D . . . à ces statues faites pour la² Cintre et qui paraissent monstrueuses étant dans le parvis. Sa figure ni son esprit ne veulent point être vus ni examinés de trop près; une certaine distance est nécessaire à sa beauté; des juges peu éclairés et peu délicats sont les seuls qui peuvent être favorables à son esprit.

Semblable à la trompette du jugement, elle est faite pour ressusciter les morts; ce sont les impuissants³ qui doivent l'aimer; ce sont les sourds qui doivent l'entendre.

1. Elle était Crussol, et mère du Duc d'Aiguillon, exilé au commencement du règne de Louis Seize (HW). See D to HW 21 April 1766, n. 8. Printed in Lescure, op. cit. ii. 741-2.

2. Changed by HW from 'par le' to 'pour la.'

3. Ce trait vise à M. le Comte de Maurepas, qu'on croyait impuissant (HW).

## 5f

### Esquisse du portrait de M. de Pont-de-Veyle par Madame la Marquise du Deffand, 1774.[1]

L'ESPRIT et les talents de M. de Pont-de-Veyle méritaient toutes les distinctions qui font l'ambition des gens de lettres; mais sa modestie et son amour pour l'indépendance lui firent préférer les agréments de la société aux honneurs et à la célébrité. Il évitait tout ce qui pouvait exciter l'envie.

Ce fut malgré lui qu'on découvrit qu'il était l'auteur de trois comédies qui eurent un grand succès. La crainte de déplaire le rendait fort circonspect dans la conversation.

Ceux qui ne le connaissaient pas pouvaient penser qu'il n'était point frappé des ridicules, et il les démêlait plus finement[2] que personne. On pouvait penser aussi qu'il n'était pas bon juge des ouvrages de goût et d'esprit; il avait l'air de tout approuver, il ne se permettait aucune critique, et personne n'était plus en état que lui d'en faire de bonnes, puisque tous les ouvrages qu'on a de lui sont du meilleur ton et du meilleur goût.

Son extérieur était froid,[3] ses manières peu empressées: on aurait pu le soupçonner d'une grande indifférence, et l'on se serait bien trompé; il était capable de l'attachement le plus sincère et le plus constant. Jamais aucun de ses amis n'a eu le moindre sujet de se plaindre de lui. Aucune raison, aucun prétexte ne le refroidissait pour eux. Il connaissait leurs défauts, il cherchait à les en corriger en leur en faisant sentir les inconvénients; il n'acquiesçait jamais au mal qu'on pouvait dire d'eux. Enfin, l'on peut dire de M. de Pont-de-Veyle qu'il était estimable par son esprit, par ses talents, par ses vertus et par l'extrême bonté de son cœur.

1. Edited from D's MS *Recueil de lettres.* Another copy, in Wiart's hand, is in D's bequest to HW. To this copy, HW has written the note, 'M. de Pont-de-Veyle fut neveu de Mme Tencin, et ami intime de Mme du Deffand, dont est apparemment ce portrait. Il a fait plusieurs ouvrages célèbres.'

A letter from the Comte de Jonzac to D, 26 Sept. 1774, in D's MS *Recueil de lettres,* shows that D wrote this portrait of Pont-de-Veyle, at Jonzac's request, for Palissot's *Nécrologie des hommes illustres.* It was printed in *La Nécrologie des hommes célèbres de France,* 1775, pp. 40–2. The editor introduces it in his obituary as a 'portrait tracé par une main ingénieuse et délicate . . . Rien ne nous a paru plus digne d'honorer sa mémoire que ce monument flatteur de l'amitié; c'est le crayon du sentiment employé par les grâces.'

See D to HW 23 April 1766, n. 7.

2. 'Sûrement' in the *Nécrologie,* but not in Lescure, op. cit. ii. 768.

3. 'Bienfroid' in the *Nécrologie,* but not in Lescure, loc. cit.

## 5g

Portrait de Madame la Duchesse de Boufflers depuis Mme de
Luxembourg,[1] par Madame la Marquise du Deffand.

MADAME la Duchesse . . . est belle sans avoir l'air de s'en
douter, sa physionomie est vive et piquante, son regard exprime tous les mouvements de son âme. Il n'est pas besoin qu'elle
dise ce qu'elle pense; on le devine aisément pour peu qu'on l'ob-
serve.

Ses gestes ont tant de grâce, ils sont si naturels et si parfaitement
d'accord avec ce qu'elle dit, qu'il est difficile de ne pas être entraîné à
penser et à sentir comme elle.

Elle domine partout où elle se trouve et elle fait toujours la sorte
d'impression qu'elle veut faire, elle use de cet avantage presque à la
manière de Dieu, elle nous laisse croire que nous avons notre libre
arbitre, tandis qu'elle nous détermine et qu'elle fait ainsi que lui des
élus et des reprouvés du haut de sa toute-puissance; aussi ceux
qu'elle punit de ne la point aimer, pourraient lui dire: 'Vous l'auriez
été si vous aviez voulu l'être.'

Elle est pénétrante à faire trembler, la plus petite prétention, la
plus légère affectation, un ton, un geste qui ne seront pas exactement
naturels sont sentis et jugés par elle à la dernière rigueur; la finesse de
son esprit, la délicatesse de son goût ne lui laissent rien échapper. Ces
qualités, qui sont si rares et qui devraient être si agréables, sont cependant bien dangereuses quand elles ne sont pas accompagnées
d'un peu d'indulgence, ou de beaucoup de prudence.

Les hommes ne nous aiment point par le mérite qu'ils trouvent en
nous, mais par celui que nous leur trouvons.

Madame de B. . . en général est plus crainte qu'aimée, elle le sait,
et elle ne daigne pas désarmer ses ennemis par des ménagements qui
seraient trop contraires à la vérité et à l'impétuosité de son caractère.

Elle se console par la justice que lui rendent ceux qui la connaissent plus particulièrement et par les sentiments qu'elle leur inspire.

Elle a beaucoup d'esprit et de gaieté, elle est constante dans ses

1. Mme la Duchesse de Boufflers était sœur du Duc de Villeroy, et mère du Duc de Boufflers qui mourut à Gênes, ne laissant qu'une fille mariée après au Duc de Lauzun. Mme la Duchesse de Boufflers, la grand'mère, épousa en secondes noces le Maréchal de Luxembourg, et fut très liée avec Mme du Deffand jusqu'à la mort de cette dernière (HW). See D to HW 23 April 1766, n. 8. Printed in Lescure, op. cit. ii. 760–1.

engagements, fidèle à ses amis, vraie, discrète, serviable, généreuse; enfin si elle était moins clairvoyante, ou si les hommes étaient moins ridicules, ils la trouveraient parfaite.

### Portrait de la Maréchale de Luxembourg par Mme du Deffand—pas ressemblant.[1]

Mme L... n'a de vertus que celles que la Nature lui a données; elle n'en a acquis aucune, ni par l'éducation ni par l'expérience. Heureusement elle est assez bien née, au moins à certains égards; elle est franche, elle a l'esprit pénétrant, subtil et actif; elle recherche et examine tout, depuis les choses les plus communes jusqu'aux plus relancées. Elle décide, se détermine, et jamais ne reste dans le doute; elle rejette et méprise toutes les raisons qui s'opposent à ses décisions, ce qui fait qu'elle dogmatise toujours quand elle parle, et qu'elle ignore ce que c'est que raisonner et converser; toute son attention est renfermée à elle-même; elle ne démêle dans les personnes qui l'approchent que les qualités qui lui peuvent être utiles, tout ce qui ne lui est point relatif lui est indifférent. Elle n'est ni frappée des ridicules, ni scandalisée des fautes dans la conduite— ce qui fait qu'elle n'est ni railleuse ni médisante; elle sert ses amis avec vivacité, mais elle y est entraînée par l'activité de son esprit et non par la bonté de son cœur; elle n'est ni généreuse ni compatissante; son humeur est impétueuse et inégale, jamais elle n'a réprimé aucun de ses mouvements. Elle parle avec éloquence mais avec trop de prolixité et de véhémence; elle a de la hauteur sans fierté, une grande opinion d'elle-même sans mépris pour les autres, un prodigieux goût pour la dépense sans générosité, beaucoup de religion sans piété, et tous les empressements de l'amitié sans en connaître le sentiment.

### 5h

[Portrait of the Comtesse de Boufflers, by Madame du Deffand.][1]

MADAME de ..., sans être ni belle ni fraîche, ni même jolie (car ses traits un peu flétris perdent beaucoup à l'examen), ni

1. Not in D's *Recueil de divers ouvrages*. Printed from photostats of a MS in her own hand, now in the possession of Dr James Strachey. The title is by HW. This portrait is apparently unpublished.

1. Printed in the *Revue de Paris*, 1909,

bien faite, a beaucoup de grâces dans tout l'ensemble de son visage et de sa personne. Ses grâces, qui rendent son abord fort agréable pour ceux à qui elle est bien aise de plaire, n'empêchent pas que ce même abord ne paraisse dédaigneux et même *revêche* à ceux qu'elle n'aime pas.

La sécheresse de son maintien repousse les inconnus que les agréments de sa figure voudraient attirer. Elle semble au premier coup d'œil haute et impolie; elle ne l'est pourtant pas; au moins elle n'en a pas la plus légère intention. Elle ne voit pour ainsi dire que devant elle et ne prend pas garde à ce qui l'environne; elle n'est qu'indifférente et puis . . .

Son esprit n'a proprement qu'une qualité éminente, mais assez rare, surtout d'une femme, c'est d'être très capable de suite et d'application; aussi peu de femmes sont-elles aussi ornées et aussi cultivées; elle sait beaucoup, et bien, et sûrement, et nettement; on peut dire qu'elle a tout l'esprit qu'il est possible d'acquérir; mais ce qu'elle en a, et on ne saurait disconvenir qu'elle n'en ait beaucoup, elle le doit plus à l'art qu'à la nature.

Sa conversation, sans être froide ni ennuyeuse, n'est ni fort brillante, ni fort piquante, ni même fort animée; elle ne dit rien de mal, rien de plat, mais il lui échappe peu de traits; elle profére plus de sentences que de bons mots, et écrirait mieux un livre qu'une lettre.

Son cœur, ou plutôt son âme, car de cœur je ne lui en connais point, est factice comme son esprit. On ne peut pas dire d'elle qu'elle ait ni vices, ni vertus, ni même des défauts et des travers; mais, pour peu qu'on l'étudie, on ne lui trouve ni sentiments, ni passions, ni affectations, ni goûts, ni haine.

Ses bonnes qualités, car elle en a plusieurs, tiennent à la nullité de son caractère et au peu d'impression que tout ce qui l'entoure produit sur elle; elle n'est ni envieuse, ni médisante, ni dangereuse, ni tracassière, par la raison qu'elle est uniquement occupée d'elle et point du tout des autres; on s'en aperçoit facilement, et avec cela on n'en est point choqué, parce que d'un côté son amour-propre en se montrant à découvert ne se présente jamais sous une forme qui offense celui de personne, et parce qu'en même temps, lorsqu'elle parle

vi. 470–5, 'Un portrait inédit de Mme du Deffand' by Georges and Jean Monval. See D to HW 23 April 1766, n. 9. The MS, according to its editors, is in the hand of Mlle de Lespinasse, but they say that internal evidence shows that it is a portrait of Mme de Boufflers by Mme du Deffand.

d'elle, ce qui lui arrive presque toujours, c'est avec un si joli son de voix, avec un air si naturel et si simple, qu'elle a les grâces de sa naïveté et qu'on est tenté de lui dire comme dans la comédie, *'Le joli petit air qu'elle a à jaser!'*

Sa morale est des plus austères; toujours montée sur les grands principes, qu'elle énonce avec le ton le plus ferme et le plus décidé et la voix la plus douce, elle a l'air d'une flûte qui prononce des loix, et qui rend des oracles. Ce qu'il y a de plaisant, mais cependant d'un peu fâcheux, c'est que toute cette grande morale n'est pas parfaitement d'accord avec sa conduite; ce qui est plus plaisant encore, c'est que ce contraste ne l'effraye pas; elle est toute prête à en convenir. Elle vous dira froidement qu'il est contre le bon ordre qu'une femme ne vive pas avec son mari, que la maîtresse d'un prince du sang est une femme déshonorée; mais elle dit tout cela d'un air si ingénu, si persuadé, avec une si jolie voix et un air si doux, qu'on n'est pas même tenté de le trouver ridicule; elle n'est que *drôle,* ce mot semble fait exprès pour elle.

Quoiqu'il en soit, avant que de prêcher la grande philosophie spéculative d'aujourd'hui, elle a eu la *philosophie* pratique de songer à sa fortune. On ne peut pas dire que cette rigide stoïcienne ait été fort délicate sur les moyens de s'enrichir; elle a su tirer parti de ses faiblesses, et n'en prêche que plus sévèrement contre celles des autres.

On ne saurait apporter plus de soins qu'elle en a donné à l'éducation de son fils; on peut dire qu'elle n'y a rien négligé, du moins quant à la culture de l'esprit; avec cela, ou peut-être pour cela même, elle pourrait bien n'en faire qu'un pédant; du reste elle ne l'aime point et n'en est point aimée; il est difficile qu'elle le soit, elle lui montre trop d'austérité et de sécheresse; elle veut paraître à son fils *une divinité* (ce sont ses propres termes) et elle ne cherche pas assez à lui paraître mère. Aussi n'a-t-elle point de véritables sentiments pour lui. Un jour qu'il se casse la clavicule, elle arrive dans une maison où on l'attend, lit de suite et tout d'haleine une tragédie qu'elle a faite, reçoit les compliments de l'assemblée, s'enivre des louanges qu'on lui donne, rit de bons mots qu'elle entend et va se coucher fort contente.

Cette froideur de son âme, jointe à son grand étalage de principes, a fait dire d'elle bien plaisamment par un homme de beaucoup d'esprit que ses sentiments n'étaient pas même dans sa tête, mais par-dessus.

[2](Ceci n'est pas pourtant tout à fait exact. Madame de B . . . a un sentiment qui ne lui passe point la tête, mais qui la lui tourne: c'est la vanité; non cette vanité choquante et impétueuse qui se loue grossièrement, mais cette vanité rassise qui aime à contempler ses perfections et à en entendre parler les autres. Comme elle a beaucoup recherché les Anglais, qui, de leur côté, la recherchent et la louent, elle ne rêve plus qu'Angleterre, elle est entourée d'Anglais comme une colonie à sucre, ne parle que du voyage qu'elle compte faire à Londres, et elle est déjà dans l'enivrement de la grande réputation qu'elle compte y trouver et de la réputation beaucoup plus grande encore qu'elle se flatte bien d'y laisser.)

Croirait-on que cette âme si froide, si personnelle, qui est toute en montre et en vanité, a fait une tragédie (c'est celle dont je viens de parler) où l'amitié est peinte à merveille, où il y a de l'intérêt, de la vérité, des sentiments tendres, naturels, parfaitement bien rendus, sans effort et sans exagération? Cela serait inexplicable, si nous ne connaissions de très grands écrivains qui, avec aussi peu de sentiments qu'elle, moins de vertus, et beaucoup plus de vices, ont peint le sentiment de la manière la plus vraie, et la vertu de la manière la plus touchante; mais ces écrivains avaient en partage l'imagination, qui contrefait tout, et Madame de B . . . ne paraît pas en avoir beaucoup; sa grande facilité lui en a tenu lieu; elle s'est rendu propres les expressions des sentiments qu'elle a trouvées dans la société ou dans les livres; son âme n'a rien éprouvé, mais son esprit, semblable à un miroir bien net, a tout reçu nettement et tout réfléchi de même.

Telle est Madame de . . ., agréable à rencontrer, peu propre à se faire des amis, ne méritant ni qu'on s'y attache ni qu'on la haïsse, parce qu'elle ne saurait aimer ni ne veut point nuire; on ne saurait non plus se fâcher contre elle; elle est faite pour plaire, assez singulière pour qu'on s'en amuse, assez <sèche>[3] de nature pour empêcher qu'on ne s'y intéresse, assez douce en même temps pour faire rechercher sa société, mais aussi assez froide et assez indifférente pour pouvoir s'en passer sans en ressentir la moindre privation ni le plus léger regret.

2. The paragraph in parentheses, according to the editors, is apparently an interpolation by Mlle de Lespinasse.

3. According to the editors, the MS has been obliterated here.

## 5i

### Portrait de Madame la Duchesse de la Vallière
### par Madame la M[arquise] de G[ontaut].[1]

UNE femme belle et aimable, galante sans coquetterie, vertueuse sans sagesse, simple avec dignité, douce par humeur et polie par bonté, sans défaut dans l'esprit ni dans le caractère et enfin qui serait parfaite si elle avait autant d'éloignement pour le vice qu'elle paraît avoir de penchant pour la vertu.

Elle plaît à tout le monde, et tout le monde se plaît avec elle; vous l'aimez non parce qu'elle a l'art de vous flatter, ni parce qu'elle vous amuse, mais parce que sa façon d'être est agréable. Votre amour-propre n'entre pour rien dans le jugement que vous portez d'elle, car vous voyez bien qu'elle n'a pas le dessein d'être aimable à cause de vous, elle vous le paraît parce qu'elle l'est, et elle l'est parce qu' elle suit naturellement tous ses mouvements.

Cependant quelque aimable et quelque charmante qu'elle paraisse être, elle ne peut jamais que plaire, elle ne peut inspirer ni tendresse ni amour, c'est qu'il ne paraît pas qu'elle-même sache aimer; elle a des goûts, des préférences, mais toujours fondés sur des raisons; son cœur ne la décide jamais, il ne se mêle de rien, pas même de ses amants; elle les prend par habitude,[2] les garde sans attachement, et les perd sans regret. C'est un amant qu'elle aime, et non pas la personne de son amant, aussi quand il la quitte, elle ne s'aperçoit pas qu'elle ait rien perdu, parce qu'aussitôt il est remplacé par un autre: cependant son indifférence la rendrait constante si avec les hommes on pouvait l'être.

Elle a le caractère raisonnable, le sens droit et le jugement bon, elle voit bien ce qu'elle voit et ce qu'on lui fait apercevoir, mais elle ne produit rien; elle aurait cependant de l'esprit si elle avait de l'imagination et du sentiment.

Mais quoiqu'elle ne soit affectée vivement de rien, son indifférence ne la rend pas froide, elle s'intéresse et s'occupe assez de tout ce qu'elle voit et de tout ce qu'elle pense; elle aime les plaisirs, elle s'en amuse, mais ils ne lui sont pas nécessaires; les occupations sérieuses lui conviendraient autant et peut-être mieux: car son carac-

1. See D to HW 23 April 1766, n. 38.          2. 'Habitude' has been corrected to
Printed in Lescure, op. cit. ii. 758–9.          'convenance,' apparently by HW.

tère d'esprit est de réfléchir; elle est prudente sans avoir l'air réservé, elle pense souvent, voit bien et raisonne juste, et serait capable de se mieux conduire que personne si le hasard, la faiblesse ou l'habitude ne décidait pas la plupart de ses actions.

Son visage répond à son caractère, il est agréable et noble, mais ses yeux quoique beaux n'expriment rien.

## 5J

Portrait de Madame la Maréchale de Beauvau, par
Madame la Duchesse de Rohan-Chabot,
sa belle-sœur.[1]

MADAME la Maréchale de Beauvau réunit à un degré très éminent les qualités les plus désirables de l'esprit: la pénétration, la clarté, la profondeur et la justesse. Elle possède un goût pur et délicat, don précieux de la nature que l'on n'acquiert jamais, mais que l'on assure et développe, ainsi qu'elle l'a fait, par la lecture constante des bons ouvrages.

Sa conversation est charmante, toujours animée, soutenue, attachante; elle sait amuser sans savoir médire; le plaisir qu'elle donne ne peut être pour elle la cause d'un repentir, car ce n'est jamais aux dépens de personne; elle est trop riche de son propre fonds pour avoir recours à de tels moyens, et de plus, son cœur désavouerait son esprit. Elle a un art particulier pour les détails; tous ses récits ont de la grâce, elle peint tout ce qu'elle dit, et donne de la vie à tout ce qu'elle raconte; ses pensées sont toujours justes, ne brillent jamais d'un faux éclat; on pourrait les comparer aux perles fines, elles en ont la rondeur, le poli et la douceur, elles charment toujours et n'éblouissent jamais. Ses opinions énoncées clairement sont suivies de résultats, ce qui laisse la pensée en repos, car ceux qui parlent sans conclure causent à l'esprit cette sorte de malaise qu'éprouve l'oreille à un chant suspendu: on attend avec impatience que le musicien ramène dans le ton.

Les manières de Madame de Beauvau sont nobles et polies, elle a de l'affabilité sans familiarité. L'écroulement général qui s'est fait

1. Reprinted from D's *Correspondance*,     Marquis de Sainte-Aulaire, 1866, iii. 390–2.
ed. Louis-Camille-Joseph de Beaupoil,     See D to HW 2 May 1766, n. 10.

autour d'elle n'a pu la faire descendre de sa place, elle y est restée avec ce calme et cette dignité qui appartiennent au juste sentiment que l'on a de soi-même.

M. Gibbon écrivait de France à un de ses amis en Angleterre: *Je dîne aujourd'hui chez madame la Princesse de Beauvau, femme d'un mérite très supérieur.* Cet homme était bon juge; Madame de Beauvau était alors environnée de tout l'éclat que donne une haute naissance, une grande fortune et une existence brillante. La satisfaction dont son cœur jouissait à cette époque, joint à tant de précieux avantages, l'avait placée dans une atmosphère de bonheur, dont l'influence, sans même que l'on s'en doute, répand sur toutes les actions de la vie ce charme et cette douceur qui, en rendant plus aimable, diminuent cependant le mérite de l'être. Si M. Gibbon a su dès lors aussi bien apprécier Madame de Beauvau, quel tribut d'éloges ne se sentirait-il pas porté à lui payer, maintenant que, privée de tout ce qui n'était pas purement elle, elle donne chaque jour l'exemple des plus admirables vertus? Que dirait-il en voyant la résignation avec laquelle elle supporte la perte de tant d'avantages, cette philosophie si peu fastueuse, et cette bienfaisance irrésistible qui fait que, malgré la modicité de ses moyens, elle se trouve encore assez de facultés pour soulager le malheur des autres? On voit évidemment qu'elle ne regrette de la fortune que la possibilité de secourir, autant que son cœur le voudrait, ceux dont la situation pénible lui est connue; car, quant à ce qui la regarde personnellement, elle s'est fait une richesse de privations à laquelle elle est si parfaitement soumise, qu'on ne pourrait soupçonner que telle n'a pas toujours été sa position. Nulle aigreur, nulle plainte, nulle apparence de ce malaise si naturel à éprouver quand on n'est plus dans son élément, n'avertissent des regrets que Madame de Beauvau pourrait former à si juste à titre. Chaque fois que la révolution l'a dépouillée d'un avantage, elle a découvert en même temps en elle une vertu de plus. Victime frappante des malheurs du temps, elle puise sa consolation dans sa raison supérieure et dans le cœur de ses amis. Les hommages vrais et empressés qu'on lui rend, et qu'on aime tant à lui rendre, doivent lui faire connaître combien elle vaut par elle-même; ils ne sont plus attirés par l'auréole brillante dont elle était autrefois environnée; elle peut se dire à présent (si toutefois sa modestie le lui permet): il en est de moi comme de la lumière, je ne dois mon éclat qu'à moi seule.

Tout porte autour d'elle l'empreinte de l'ordre et du goût. Son

appartement est si joli, si soigné, si bien arrangé, qu'on est toujours tenté de la trouver bien logée sans penser qu'elle n'a que deux chambres. Retirée du monde, sa vie est désormais consacrée à la solitude et au *souvenir*. Si l'on osait se permettre d'adresser un reproche à une femme aussi parfaite, ce serait de ne pas sentir assez de quel prix elle est à ceux dont elle est aimée et de ne supporter qu'avec peine une existence si précieuse et si nécessaire au bonheur de tout ce qui l'entoure. Modèle de raison, d'esprit et de vertus, Madame la Maréchale de Beauvau s'est conservée pure au milieu d'un monde dégradé. La beauté de son caractère n'en est que plus frappante; supérieure dans tous les temps, elle est à présent la seule personne en France auprès de qui les étrangers de bonne compagnie pourraient se former une juste idée de cette dignité polie, de ces manières aimables et de ce sentiment délicat des convenances que possédaient si bien les personnes distinguées de la cour. Ainsi l'on voit encore en Grèce, parmi les ruines et les décombres du temple où elle était adorée, la statue de Minerve, l'un des chefs-d'œuvre de Phidias, épargnée par le temps et les barbares. Elle atteste, aux yeux du voyageur éclairé, la noblesse, le goût et la magnificence du lieu dont elle faisait le principal ornement.

## 5k

### Portrait de [1]M. L'Archevêque de Toulouse
### [by Madame du Deffand].

JE vous ai promis votre horoscope. Je ne vous demande point l'heure de votre naissance; je n'ai pas besoin de consulter les astres, il me suffit d'observer votre caractère pour vous prédire affirmativement une grande fortune.

Vous avez beaucoup d'esprit et surtout une sagacité étonnante qui vous fait tout pénétrer, tout savoir sans avoir pour ainsi dire besoin d'aucune application ni d'aucune étude. Vous avez le goût et le talent des affaires, une si grande activité et tant de facilité pour le travail, que quelque surchargé que vous puissiez être, on dirait que vous avez toujours du temps de reste.

1. Neveu de Mme du Deffand (HW). See D to HW 2 May 1766, n. 11. A copy by Wiart of this 'portrait' is enclosed in D's letter of 30 Oct. 1766. Printed in Lescure, op. cit. ii. 763-4.

Vous avez beaucoup de vivacité jointe à beaucoup de sang-froid, jamais vous n'êtes troublé, jamais vous ne faites un pas en avant que vous n'ayez pensé où il pourra vous conduire; si, par un hazard très rare, vous êtes forcé de reculer, votre dextérité, qui est extrême, vous fera trouver le moyen de réparer ce petit inconvénient.

Vous êtes hardi sans être téméraire, franc sans être imprudent, jamais vous ne faites ni ne dites rien d'inutile, vos paroles ne sont jamais vagues, votre conversation jamais ennuyeuse, quelquefois elle est sèche. Votre esprit est trop occupé pour que vous ne soyez pas souvent distrait.

L'ambition est le seul sentiment qui remplisse votre âme; je dis sentiment car je ne crois pas que l'ambition soit en vous une passion. L'ambition est née avec vous, c'est pour ainsi dire un penchant que vous avez reçu de la nature, rien ne vous en détourne, vous suivez le chemin que vous croyez le plus sûr, vous cédez aux obstacles, vous ne cherchez point à les surmonter par la violence mais rien ne vous rebute; votre âme n'est sujette à aucune secousse, votre humeur à aucune inégalité; votre discernement ne s'exerce que sur ce qui a rapport à vous; vous ne cherchez à connaître que ce qui peut être utile à votre fortune ou à votre plaisir; vous savez très bien les allier tous les deux, et apprécier les circonstances qui doivent faire donner la préférence à l'une sur l'autre.

Je ne vous crois pas incapable d'amitié, mais elle sera toujours subordonnée à l'ambition et aux plaisirs. Vous cherchez la considération, vous l'avez obtenue, mais votre état, assez contraire à vos goûts, vous en a rendu les moyens difficiles, et c'est en quoi votre dextérité vous est encore fort utile.

Voilà ce que je pense de vous, et qui rend indubitable la fortune que je vous prédis.

## 51

### Portrait de M. de Formont par Mme la M. du D[effand].[1]

L A physionomie de M. de Formont n'annonce point ce qu'il est, son visage est froid, son maintien paresseux; cependant il a l'esprit facile et prompt, l'imagination gaie et vive.

1. Très grand ami de Mme du Deffand (HW). See D to HW 5 May 1766, n. 3. Apparently unpublished.

ET CH.DELOMENIE DE BRIENNE 1770

THE ARCHBISHOP OF TOULOUSE

Ce contraste de physionomie et de l'esprit se rencontre rarement, mais il n'en est pas moins facile à expliquer. L'esprit seul sans les passions n'a pas la chaleur suffisante pour percer, pénétrer et donner son empreinte à nos organes extérieurs. M. de Fontenelle ainsi que M. de Formont peuvent servir de preuves. Le défaut de physionomie de l'un et de l'autre paraît avoir la même cause; ni l'un ni l'autre n'ont de passions, mais M. de Formont a un fond de bonté qui dédommage ses amis de tous les sentiments qui lui manquent. On ne lui est pas nécessaire, mais lorsqu'il croit pouvoir l'être, il remplit tous les devoirs de l'amitié, il a l'intérêt et le sentiment actuel dont on a besoin; le besoin est-il passé, il retombe dans son indifférence et il y restera longtemps si on ne s'avise pas de l'en tirer; mais sa bonté est toujours toute prête; elle prend toutes les formes qu'on veut; je crois qu'on pourrait hasarder de dire qu'elle prend même celle de l'amour. Si ses sens sont émus par quelques objets, c'est d'une émotion douce et paisible, il désire mais sans importunité et sans ardeur, bien éloigné de la témérité et de la jalousie, son goût est soumis à celui qu'on a pour lui; s'aperçoit-il qu'il cesse de plaire, il cesse de prétendre. Sans vanité, sans ambition, sans intérêt, sans amour, je pourrais presque dire sans amitié, il coule ses jours dans une paresse et une oisiveté qui le rendent indépendant de l'opinion des hommes et de la fortune.

Il voit, examine et juge le genre humain avec la même impartialité que nous jugeons un opéra ou une comédie; les rois, les princes, les grands, les petits, peut-être même les honnêtes gens et les fripons, tout cela lui paraît des acteurs qui jouent plus ou moins bien leurs rôles. Le monde n'est pour lui qu'un spectacle où il s'imagine n'avoir aucun intérêt personnel; de là vient son peu de timidité avec les gens les plus importants et les nouvelles connaissances; il ne croit point être sur la scène, il se croit dans le parterre ou dans les loges; ce n'est pas cependant qu'il ne prenne part à la pièce, il s'échauffe et s'anime quand la conversation lui plaît et il y apporte alors un à-propos, une gaieté, une légèreté qui le rendent de la meilleure compagnie. Mais ce moment est-il passé, il redevient spectateur, se couche dans son fauteuil, prend un air rêveur et distrait, et il ne s'aperçoit pas qu'il blesse quelquefois par ce manque d'attention ceux à qui il venait de plaire par les agréments de son esprit.

Personne n'est ni plus vertueux et n'a les mœurs plus faciles, il excuse tout, il pardonne tout, sa douceur et sa tranquillité sont in-

altérables. Enfin M. de Formont est le modèle d'un parfait philosophe et l'image d'un véritable ami.

### 5m

### Portrait de M. d'Alembert par Mme du Deffand.[1]

D. EST né[2] sans parents, sans appui, sans fortune, il n'a eu que l'éducation commune qu'on donne à tous les enfants; personne ne s'occupa dans sa jeunesse à cultiver son esprit ni à former son caractère: la première chose qu'il apprit en commençant à penser fut qu'il ne tenait à rien. Il se consola de cet abandon par l'indépendance qui en était la suite, mais à mesure que ses lumières augmentèrent, il connut les inconvénients de sa situation, il chercha en lui-même des ressources contre son malheur, il se dit qu'il était l'enfant de la nature, qu'il ne devait consulter qu'elle et n'obéir qu'à elle, (principe auquel il est resté fidèle), que son rang, ses titres dans l'univers étaient d'être homme, que rien n'était au-dessus ni au-dessous de lui, qu'il n'y a que la vertu et le vice, les talents ou la sottise qui méritent le respect ou le mépris; que la liberté était la vraie fortune du sage, qu'on était toujours le maître de l'acquérir et d'en jouir en évitant les passions et toutes les occasions qui peuvent les faire naître. Le plus sûr préservatif qu'il crut pouvoir leur opposer fut l'étude, et l'activité de son esprit ne put se borner à un seul genre. Toutes sortes de sciences, toutes sortes de connaissances l'occupèrent alternativement; il se forma le goût par la lecture des anciens et il se trouva bientôt en état de les imiter. Enfin son génie se développa et ce fut en qualité de prodige qu'il parut dans le monde. La simplicité de ses manières, la pureté de ses mœurs, l'air de jeunesse, la franchise de son caractère, joints à tous ses talents, étonnèrent d'abord ceux qui le virent, mais il ne fut pas également bien jugé par tout le monde, plusieurs n'aperçurent en lui qu'un jeune homme sans usage du monde. Sa simplicité et sa franchise leur parurent une ingénuité grossière. Le seul mérite qu'ils lui trouvèrent fut le talent singulier qu'il a de contrefaire tout ce qu'il voit, ils s'en amusèrent, mais ils ne le jugèrent pas digne d'une plus grande considération. Un pareil

1. See D to HW 21 May 1766, n. 8. Printed in Lescure, op. cit. ii. 735–6.　　2. Il était bâtard de Mme Tencin, sœur du Cardinal (HW).

début dans le monde était bien capable de l'en dégoûter, aussi prit-il promptement le parti de la retraite, il se livra plus que jamais à l'étude et à la philosophie. Ce fut alors qu'il donna son essai sur les gens de lettres, les Mécènes, etc. Cet ouvrage n'eut pas le succès qu'il en devait attendre; les grands seigneurs crurent que c'était leur enlever leurs titres que de conseiller de ne point rechercher leur protection. Les gens de lettres ne trouvèrent pas bon qu'on leur donnât des conseils si contraires à leurs vues intéressées, et les protecteurs et les protégés devinrent également ses ennemis; on ne parla plus de lui que comme d'un homme plein d'orgueil. Tout ce qu'il avait dit en faveur de la liberté parut favoriser la licence. On interpréta aussi mal son amour pour la vérité et son désintéressement. Le mépris qu'il eut pour de tels critiques, le silence qu'il observa, la sagesse de sa conduite, enfin le vrai mérite qui triomphe tôt ou tard de l'envie ont forcé ses ennemis à lui rendre justice ou du moins à se taire; ils n'osent plus s'élever contre la voix publique.

M. D. jouit de la réputation due aux talents les plus éminents, et à la pratique constante et exacte des plus grandes vertus. Le désintéressement, la vérité, forment son caractère; généreux, compatissant, il a toutes les qualités essentielles, mais il n'a pas toutes celles de la société, il manque d'une certaine douceur et aménité qui en fait l'agrément. Son cœur ne paraît pas fort tendre, et l'on est porté à croire qu'il y a plus de vertu en lui que de sentiment. On n'a point le plaisir d'éprouver avec lui qu'on lui est nécessaire; il n'exige rien de ses amis, il aime mieux leur rendre des soins que d'en recevoir d'eux; la reconnaissance ressemble trop au devoir, elle gênerait sa liberté; toute gêne, toute contrainte, de quelque espèce qu'elle puisse être, lui est insupportable, et on l'a parfaitement défini en disant qu'il était esclave de la liberté.

## 5n

### Portrait de Madame de Staal, par elle-même.[1]

MADAME de S . . . est de moyenne taille, assez bien faite, maigre, sèche et désagréable; son caractère et son esprit sont comme sa figure, il n'y a rien de travers mais aucun agrément. Sa mauvaise

1. See D to HW 17 June 1766, n. 27. Printed in Lescure, op. cit. ii. 753.

fortune a beaucoup contribué à la faire valoir, la prévention où l'on est que les gens dépourvus de naissance et de bien ont manqué d'éducation fait qu'on leur sait gré du peu qu'ils valent, elle en a pourtant eu une excellente et c'est d'où elle a tiré tout ce qu'elle peut avoir de bon comme les principes de vertu, les sentiments nobles, et les règles de conduite que l'habitude à les suivre lui ont rendues comme naturelles; sa folie a toujours été de vouloir être raisonnable et, comme les femmes qui se sentent serrées dans leurs corps s'imaginent d'être de belle taille, sa raison l'ayant incommodée, elle a cru en avoir beaucoup; cependant elle n'a jamais pu surmonter la vivacité de son humeur ni l'assujettir du moins à quelque apparence d'égalité, ce qui souvent l'a rendue désagréable à ses maîtres, à charge dans la société et tout à fait insupportable aux gens qui ont dépendu d'elle; heureusement la fortune ne l'a pas mise en état d'en envelopper plusieurs dans cette disgrâce; avec tous ces défauts elle n'a pas laissé d'acquérir une espèce de réputation qu'elle doit uniquement à deux occasions fortuites dont l'une a fait connaître au public ce qu'elle pouvait avoir d'esprit et l'autre a fait remarquer en elle de la discrétion et quelque fermeté. Ces événements, ayant été fort connus, l'ont fait connaître elle-même malgré l'obscurité où sa condition l'avait placée et lui ont attiré une sorte de considération au-dessus de son état; elle a tâché de n'en être pas plus vaine, mais la satisfaction qu'elle a de se croire exempte de vanité en est une.

Elle a rempli sa vie d'occupations sérieuses plutôt pour fortifier sa raison que pour orner son esprit dont elle fait peu de cas; aucune opinion ne se présente à elle avec assez de clarté pour qu'elle s'y affectionne et ne soit aussi prête à la rejeter qu'à la recevoir, ce qui fait qu'elle ne dispute guère si ce n'est par humeur; elle a beaucoup lu et ne sait pourtant qu'autant qu'il faut pour entendre ce qu'on dit sur quelque matière que ce soit et ne rien dire de mal à propos.

Elle a recherché avec soin la connaissance de ses devoirs et les a respectés aux dépens de ses goûts et s'est autorisée du peu de complaisance qu'elle a pour elle-même à n'en avoir pour personne, en quoi elle suit son naturel inflexible que sa situation a plié sans lui faire perdre son ressort.

L'amour de la liberté est sa passion dominante, passion très malheureuse en elle, qui a passé sa vie dans la servitude; aussi son état lui a-t-il été difficile à soutenir malgré les agréments inespérés qu'elle a pu y trouver.

## 5,0
### Portrait de Madame la Duchesse de St-Pierre
### par M. le Président Hénault.[1]

MADAME la Duchesse de St-P... n'est plus jeune mais la nature qui n'a pas voulu perdre ce qu'elle avait fait pour sa beauté semble s'être appliquée à la lui conserver tout entière; ce ne sont point des agréments passagers et quand on la trouve belle, ce n'est pas que l'on juge seulement qu'elle l'a été, tout est noble en elle. Sa contenance, ses goûts, le son de sa voix, le style de ses lettres, ses discours, ses politesses, ses mots sont choisis sans être apprêtés: sa conversation est agréable et intéressante, elle n'a rien oublié, et elle a beaucoup vu, mais ce n'est jamais que sur le plaisir des autres qu'elle règle l'étendu de ses récits sans rien omettre des circonstances. Elle laisse le regret que les faits soient si courts: si les livres étaient faits comme elle parle, l'amour de la lecture serait une vertu de tout le monde; elle a un discernement admirable sur le choix de ses amis et son amitié est courageuse et inattaquable: mais comme les vertus tiennent assez ordinairement aux défauts, la sensibilité de son cœur l'empêche quelquefois de voir les objets tels qu'ils sont et sa délicatesse fait qu'en ne leur rendant pas toute la justice qui leur est due elle ne se la rend pas à elle-même. Née sans aucune présomption elle laisse aux autres le soin de la connaître et de la juger. La manière dont elle écoute, flatte ceux qu'elle entend parler et ne leur laisse pas douter d'être bien entendus, personne n'est plus prévenant ni plus attentif; plût à Dieu que son exemple pût corriger les femmes d'aujourd'hui: elle est d'autant plus faite pour leur servir de modèle que la douceur de son caractère attire naturellement la confiance. Enfin c'est une personne née pour le grand monde et qui nous laisse l'idée de ce que nous entendons dire de la vraie politesse de la cour.

## 5P
### Portrait de 'Madame la Marquise de Flamarens
### par M. le Président Hénault.

MADAME de F... a le visage le plus touchant et le plus modeste qui fut jamais. C'est un genre de beauté que la nature

---

1. See D to HW 5 Aug. 1766, n. 1. Printed in Lescure, op. cit. ii. 754.

1. La principale amie de Mme du Deffand (HW). See D to HW 30 Sept. 1766, n. 4. Printed in Lescure, op. cit. ii. 755–7.

n'a attrapé qu'une fois, il y a dans ses traits quelque chose de rare et de mystérieux qui aurait fait dire dans les temps fabuleux qu'une immortelle, sous cette forme, ne s'était pas assez déguisée et qu'on y apercevait la divinité.

Je ne parlerai pas des impressions que sa beauté a pu faire ni de la résistance tranquille de son cœur qui semblait ignorer qu'elle résistât, ni de la justice exacte qu'elle a reçue du public à cet égard; je me contenterai de peindre Mme de F ... autant que l'on peut représenter une âme telle que la sienne.

Tout ce qu'elle approche, tout ce qu'elle habite se ressent de l'honnêteté de ses mœurs; rien de sauvage ne les accompagne, sa douceur fait qu'on lui pardonne sa sagesse, et le principe d'où elle part fait que cette même sagesse n'humilie point les autres; on croit qu'elle est l'effet du système suivi de bonne et saine philosophie qui lui a fait connaître les écueils des passions, et comme cette même sagesse vient de raisonnement elle blesse moins que si elle s'emparait des dehors de ce qu'on appelle vertu. Aussi sa grande attention a-t-elle toujours été de se laisser ignorer et sa crainte, qu'on ne parlât d'elle même en bien; sa modestie qu'elle tient du fond de son caractère s'est accrue par la réflexion; cette vertu semble demander grâce aux autres femmes des avantages que l'on a sur elle et elle l'obtient presque toujours. L'envie ne se désarme guère par la force, il est plus sûr de lui faire tomber les armes des mains et c'est l'ouvrage de la modestie. Cette vertu adroite, quoique simple, donne le temps aux qualités que l'on possède de s'accréditer dans l'esprit des autres sans qu'ils s'en méfient, et son empire se trouve à la fin tout établi sans que personne ait songé à s'en défendre; mais pour que cette vertu fasse tout son effet, il faut qu'elle n'ait point l'air de prétention et voilà à quoi sert la timidité de Mme de F ... elle fait voir que la modestie lui est naturelle et que, si c'était un défaut, elle aurait peine à s'en corriger.

Il ne faut pourtant pas croire qu'elle soit redevable à sa seule modestie de ce que les autres femmes lui pardonnent le don infaillible qu'elle a de plaire; la sûreté où elles sont qu'elle n'en fera jamais d'usage contraire à leurs intérêts est en grande partie cause de leur indulgence.

Son esprit étonne toujours à la manière dont il se produit. Souvent elle a l'air d'être seule dans le grand monde, on pourrait même dire que quelquefois elle y a l'air étranger; mais, pour suivre la même

figure, sitôt qu'elle y rencontre quelqu'un qui parle sa langue elle reprend ses esprits, sa vivacité renaît et elle se dédommage de l'ennui où l'avait jetée la solitude d'un monde indifférent; car la conversation est ce qu'elle aime le mieux mais ce n'est point pour y dominer: la timidité de son caractère accompagne ses paroles, il est vrai que c'est sans rien prendre sur la netteté des idées, sur la force de son jugement ni sur la sûreté de ses décisions.

Son goût est sûr, mais ceux qui ne la connaissent que superficiellement le croiraient encore plus fondé sur la justesse de son esprit que sur la sensibilité avec laquelle elle est affectée des objets: elle a plutôt l'air d'apercevoir que de sentir, et ce qui pourrait le faire croire c'est qu'elle ne se livre point à cet enthousiasme du moment aussi désirable à avoir dans les choses de goût qu'il est dangereux à ressentir dans les choses qui ont besoin de durer pour être justifiées. Disons plus, et peut-être en cela je serai de l'avis des autres, elle n'est point assez séduite par les choses qui lui plaisent réellement, elle conserve trop de sang-froid pour ne pas apercevoir en elle la plus petite tache, et cette rigueur de jugement pourrait bien prendre sur son plaisir; le sentiment vif court tant que l'on veut les risques de l'illusion et, s'il se trompe quelquefois, il a aussi senti en récompense et exprimé pour ainsi dire, de l'objet qui lui est présenté, tout ce qu'il pouvait avoir de touchant. Cette exactitude dans les jugements qu' elle porte s'étend sur tout le reste de sa vie: elle est aussi vraie qu'elle juge sûrement; jamais il ne lui est arrivé de louer ce qui ne lui aura pas plu, ni de témoigner un sentiment qu'elle n'aura pas ressenti. Cependant, comme elle connaît les lois de la société mieux que personne, son esprit vient toujours au secours de sa rigidité et il la tire à tout moment de l'embarras dans lequel elle se trouve ou de trahir la vérité ou d'offenser la personne à qui cette même vérité ne serait pas favorable.

Comme, cependant, il est un tribut de sensibilité dont nulle âme bien née ne peut se défendre, l'amitié a profité auprès d'elle de tout ce que la raison a pris sur les autres passions. Ce qu'il y a de singulier c'est que cette personne si raisonnable commence ordinairement par se livrer aux agréments, sauf à examiner après si la solidité dont ils sont soutenus lui permet d'aller plus loin, et comme son sentiment est aussi juste que son esprit, il est rare qu'elle se soit repentie de ses goûts, ni qu'elle se soit méprise aux personnes qui lui ont plu.

L'amitié est donc sa passion, car il en faut une aux hommes, et

quand une fois elle s'y est livrée, on dirait qu'elle a changé de caractère; cet engouement prodigue qui ne se réserve rien, qui donne tous ses sentiments à la fois, et qui a tant d'inconvénients dans les autres passions, cet enthousiasme impétueux qu'elle semblait ignorer et que l'on pourrait lui nier, tout cela ne lui fait plus tant de peur. Elle croit ne pouvoir trop payer le plaisir qu'elle ressent d'oser aimer, mais, pourtant, les mêmes sentiments prennent en elle la teinture de ses vertus, et ils animent, pour ainsi dire, sa sagesse sans la déranger.

Ce portrait aurait bien l'air d'une fiction. Quoi! point de défauts? Voyons si nous ne pourrions point trouver dans Madame de F . . . quelques traits qui fussent l'objet raisonnable d'une juste critique.

Toute vraie qu'est Madame de F . . ., on objectera qu'elle est trop réservée, et qu'elle ne dit que ce qu'elle veut. Je suis obligé de l'avouer, mais est-ce bien là un défaut? et ne serait-ce pas au contraire ce que l'on appelle prudence? On en conviendra, mais, en même temps, on pensera que cette prudence ne laisse pas de mettre une sorte de gêne dans son commerce qui diminue ce qu'il aurait de délicieux. On ne voit point assez, dira-t-on, son âme tout entière, il ne lui échappe rien, elle n'a jamais dit son dernier mot; l'amitié aime à se commettre, c'est sa grande dépense, et c'est ce qui n'est jamais arrivé à Madame de F . . .

On pourrait répondre à cela qu'il y a bien de la présomption à lui faire un pareil reproche, et que, pour savoir s'il est fondé, il faudrait connaître jusqu'à quel point elle daigne aimer ceux qui s'en plaignent.

## 59

### Portrait de [1]Madame La Comtesse de Rochefort par Monsieur le Président Hénault.

MADAME la Comtesse de R . . . est jeune et dans l'âge où le goût ne se déclare encore que par les premiers mouvements, où l'âme n'a que de l'instinct, où enfin on sent en attendant que l'on réfléchisse. Cet âge est à la vie ce que le printemps est à la nature.

---

1. Sœur du Comte de Forcalquier et du Marquis de Brancas. Grande amie de M. le Duc de Nivernais, qu'elle épousa long temps après, à la mort de sa première femme (HW). See D to HW 8 March 1767, n. 10. Printed in Lescure, op. cit. ii. 768–9.

Les fleurs font le seul ornement de cette saison. Tout n'y est que pour le plaisir, tout le respire, tout l'annonce.

Pour commencer par la figure de Madame la Comtesse de R... elle n'a rien de frappant ni qui surprenne, mais elle acquiert à être regardée: c'est l'image du matin où le soleil ne s'élève point encore et où on l'aperçoit confusément mille objets agréables; quand elle parle, son visage s'éclaire, quand elle s'anime, sa physionomie se déclare, quand elle rit tout devient vivant en elle, et on finit par aimer à la regarder comme on se plaît à parcourir un paysage où rien n'attache séparément, mais dont la composition entière est le charme des yeux.

On ne comprend pas comment, en arrivant dans le monde, Madame la Comtesse de R... a pu connaître sitôt et ses usages et les hommes qui l'habitent; tout a l'air en elle de la reminiscence: elle n'apprend point, elle se souvient; et tout ce qui la rend malgré cela si agréable aux autres, c'est que sa jeunesse est toujours à côté de sa raison. Elle n'a l'air sensé que par ce qu'elle dit, et jamais par le ton qu'elle y donne. Elle juge comme une autre personne de son âge danse ou chante, elle ne met pas plus de façon à raisonner qu'à se coiffer, aussi est-elle aussi naturelle dans ses expressions que dans sa parure. La coquetterie est un défaut qu'elle n'aura pas de mérite à vaincre. Elle ne la connaît pas plus que la recherche des pensées et le tour maniéré des expressions.

Quelque indiscrétion qu'il y ait à oser prononcer sur le caractère des jeunes femmes, on peut quasi promettre à Madame la Comtesse de R... de n'être jamais malheureuse par les passions folles et inconsidérées; si jamais un homme parvenait à lui plaire, j'ose l'assurer qu'il n'aura à craindre ni orages ni écueils; son âme est aussi constante que décidée.

Ce qui doit le plus surprendre en elle, c'est la fermeté de son caractère. Ses révolutions sont promptes et justes: l'expérience en fait d'esprit. C'est ordinairement la comparaison qui prépare et qui assure nos jugements; elle a su se passer de tous ces secours présentés aux âmes ordinaires, elle jugera sûrement du premier ouvrage, tout comme elle a pris des partis sensés dans des affaires où, toute jeune qu'elle est, elle s'est trouvée obligée de se décider par son seul conseil.

Si jamais elle jetait les yeux sur ce portrait, je lui apprendrai des nouvelles d'elle-même, car elle ignore tout ce qu'elle vaut et c'est ce qui la fait si bien sentir aux autres.

Je ne dirai plus qu'un mot: c'est que son cœur est sensible à l'amitié comme s'il n'avait que cela à faire; la vivacité dont elle aime ses amis n'a rien de ces saillies impétueuses qui font craindre que les sentiments ne soient pas durables, les siens ont un air posé sans en être moins vifs, qui, joints aux charmes de la jeunesse, donne à ce que l'on sent pour elle un degré de chaleur que l'on peut appeler comme on voudra.

## 5r
### Portrait de Madame [1]la Duchesse de Luynes par Mme D[u] D[effand].

MADAME la Duchesse de L... est née aussi raisonnable que les autres tâchent de le devenir; elle aime les plaisirs et la dissipation, mais sans emportement et sans ardeur; elle se plaît à la cour sans y être trop fortement attachée, elle se contente d'y avoir un rang considérable, la représentation et l'amusement sont tout ce qu'elle y cherche.

Son imagination est agréable, elle entend promptement. Ses reparties sont vives, son jugement est solide, tous les partis qu'elle prend sont sensés: elle n'est entraînée par aucun goût fort vif, elle ne connaît guère l'engoûment ni les répugnances. Son esprit démêlerait aisément le bon d'avec le mauvais, l'excellent d'avec le médiocre, mais son sentiment ne l'avertit point et le peu d'intérêt qu'elle prend à tous les objets qui l'environnent fait qu'elle se soumet peut-être trop aveuglement à la prévention générale.

Son goût pour la liberté, qu'on avait cru excessif, a paru se démentir au bout de vingt-cinq ans. Sitôt que la mort de Mme sa mère l'eût rendue maîtresse absolue de ses actions elle ne songea qu'à se former (en se remariant) de plus fortes chaînes que celles dont elle venait d'être débarrassée; mais Mme de L... n'a jamais véritablement aimé la liberté. C'est même de tous les états celui qui convient le moins; les devoirs lui sont nécessaires, ils fixent ses idées et satisfont sa vanité en donnant une sorte d'éclat à sa vie et à ses occupations.

La liberté n'est pas un bien pour tout le monde; il y a moins de

1. Tante de Madame du Deffand et enfin favorite de la Reine Leszczyńska (HW). See D to HW 13 Nov. 1767, n. 4. Printed in Lescure, op. cit. ii. 743.

gens qu'on ne pense qui en sachent faire usage et qui (pour ainsi dire) en puissent soutenir le vide et l'obscurité.

L'humeur de Mme de L... est d'une égalité charmante; son cœur est généreux et compatissant, occupé de ses devoirs, rempli de soins et d'attentions dans l'amitié; tout est heureux avec elle: père, enfants, mari, amis, domestiques; si quelque chose trouble la douceur des sentiments qu'elle inspire, c'est qu'on croit démêler qu'elle suit plutôt les conseils de sa raison que les mouvements de son cœur. Peut-être ce reproche est-il injuste mais il paraît qu'on n'est point nécessaire à son bonheur comme elle le devient au bonheur de ceux qui, ayant vécu avec elle, ne peuvent plus se passer d'y vivre.

## 5<sup>s</sup>

### Portrait de Monsieur du Châtel, fait par lui-même.[1]

M. DU CH... est vilain et petit sans avoir l'air ignoble. Sa physionomie est obscure, sa timidité extrême est cachée sous des traits rudes et immobiles, ce qui lui donne un air sauvage, que ceux qui ne le connaissent pas prennent mal à propos pour du dédain: ainsi il a le malheur d'indisposer les autres par ce qui devrait attirer leur indulgence; il est certain qu'il est modeste jusqu'à l'humilité, on serait tenté de croire que M. du Ch... n'est qu'une ébauche de la nature. Il paraît qu'il ne lui doit ni ses goûts ni ses idées, ni ses sentiments et qu'il se les a tous donnés à force de culture et de travail; son cœur et son esprit semblent des hôtes étrangers domiciliés chez lui et qu'il y a retirés, afin d'achever et de perfectionner son être, il appris à penser comme les autres apprennent à jouir des instruments et à danser. C'est proprement l'homme de l'art.

La douceur de M. du Ch... ne serait-elle pas une exception à ce qu'on vient d'avancer? Serait-elle son caractère propre? Elle ne l'est pas encore. Il ne la doit qu'à l'absence de ses désirs; ce n'est qu'une impossibilité de vouloir fortement. Il est doux parce qu'intérieurement il n'est jamais vivement sollicité par rien et par conséquent jamais irrité par la contradiction des autres. On ne peut pas dire néanmoins que cet état de son cœur soit proprement faiblesse; on sent très bien qu'il se porte de choix aux choses qui conviennent aux

1. See D to HW 17 Feb. 1768, n. 11. Printed in Lescure, op. cit. ii. 748-9.

autres, et qu'il n'y est pas entraîné; la complaisance est un des principes qu'il s'est donné et qui lui coûte le moins à pratiquer. Il s'est fait des principes sur tout et il les suit avec une constance qui serait de l'opiniâtreté si elle était accompagnée de chaleur et d'emportement. Cependant comme M. du Ch ... s'est moulé sur d'excellents modèles, tous ses sentiments sont honnêtes, et la plupart de ses idées sont saines et assez justes, rien ne le saurait écarter des règles qu'il s'est imposées parce qu'il ne remontre pas en lui, comme on vient de le dire, des passions qui aient intérêt de le contrarier: mais aussi il n'en a point qui puisse le porter au grand; s'il avait pu se donner de la vanité et de l'ambition, il se serait peut-être fait un grand homme. On ne lui peut reprocher aucun vice, pas même certains défauts; on croit démêler en lui l'éclat de presque toutes les vertus: cependant si l'on y prend bien garde, cet éclat n'est qu'emprunté, cette lumière n'est point originale et directe, elle n'est que réfléchie.

Voilà ce qui rend M. du Ch ... indéfinissable aux regards de ses amis. Il n'a point de traits essentiels qui frappent et qu'on puisse saisir; on sent partout en l'examinant la langueur de la copie, on cherche en lui le modèle original et parfait qu'il fait regretter.

Il faut conclure que M. du Ch ... n'est qu'un homme factice; on ne le doit priser que comme un ouvrage sorti des mains de l'art dont les chefs-d'œuvre mêmes ne sont que des singeries de la Belle Nature; elle seule est véritablement riche et sublime dans ses créations, malheureusement elle est inimitable.

## 5t

### Portrait de Madame ¹la Princesse de Talmond
### [by Madame du Deffand].

MADAME de T ... a de la beauté et de l'esprit, elle a une intelligence vive, et ce ton de plaisanterie, qui est le partage de notre nation, paraît lui être naturel. Elle conçoit si promptement les idées des autres que l'on y est souvent attrapé, et qu'on lui fait l'honneur de croire qu'elle a produit ce qu'elle n'a fait qu'entendre; son imagination n'a nulle fécondité, et ce qu'elle a d'esprit ne peut

1. Dame polonaise qui suivit en France (HW). See D to HW 4 July 1769, n. 19. la reine Marie Leszczyńska, et s'y maria Printed in Lescure, op. cit. ii. 737–8.

s'exercer que sur les choses agréables et frivoles; elle n'a ni la suite ni la justesse nécessaire pour les choses de raisonnement. Sa conversation est faite et a tout l'agrément et toute la légèreté françaises. Sa figure même n'est point étrangère, elle est distinguée sans être singulière. Un seul point la sépare des mœurs, des usages, et du caractère de notre nation, c'est sa vanité; on ne peut s'y méprendre, la nôtre est plus sociable; en nous donnant le désir de plaire elle nous apprend les moyens d'y parvenir. La sienne vraiment sarmate est sans art et sans industrie, elle ne saurait se résoudre à flatter ceux dont elle veut être admirée. Les hommages, les louanges, les préférences lui paraissent un droit naturel qu'elle doit avoir sur tout ce qui l'environne. Elle se croit parfaite, elle le dit, et elle veut qu'on la croie, ce n'est qu'à ce prix qu'on peut jouir de l'apparence de son amitié; je dis apparence, car elle n'a aucun sentiment qui puisse s'épancher sur les autres, ils sont tous renfermés à elle-même. Elle voudrait cependant être aimée, mais sa vanité seule l'exige. Son cœur ne demande rien.

La jalousie est en elle à un aussi haut degré que la vanité: il faut qu'elle soit l'unique objet de l'attention et des éloges de ceux avec qui elle se trouve; si on s'avise de parler avantageusement de quelqu'un, l'humeur s'empare d'elle, elle se récrie contre le jugement qu'on vient de porter, et elle se loue alors elle-même avec si peu de mesure et de modestie qu'on ne peut s'empêcher, malgré l'indignation que son orgueil inspire, de rire du peu d'art et de l'ingénuité de son amour-propre.

Son humeur est si excessive qu'elle la rend la personne du monde la plus malheureuse et souvent la plus ridicule, elle ne sait jamais ce qu'elle désire, ce qu'elle craint, ce qu'elle hait, ce qu'elle aime.

Sa contenance n'a rien d'aisé ni de naturel, elle porte le menton haut, les coudes en arrière; son regard est étudié, il est successivement tendre et dédaigneux, fier et distrait, on voit qu'il n'est point l'expression d'aucun mouvement qui se passe en elle, mais une affectation pour être plus touchante, plus imposante etc.

L'heure de sa toilette, de ses repas, celle de ses visites—tout est marqué au coin de la bizarrerie et du caprice. Sans déférence pour ceux qui lui sont supérieurs, sans égard ni politesse pour ses égaux, sans douceur et sans humanité pour ses domestiques, elle est crainte et haïe de tous ceux qui sont forcés de vivre avec elle. Il n'en est pas de même de ceux qui ne la voient qu'en passant et surtout des

hommes: l'agrément de sa figure, la coquetterie qu'elle a dans les manières, la noblesse et le tour de ses expressions séduisent beaucoup de gens, mais les impressions qu'elle fait ne sont pas durables, son humeur avertit promptement du danger qu'il y aurait de s'attacher sérieusement à elle.

Cependant parmi tant de défauts, elle a de grandes qualités, beaucoup de vérité, de la hauteur et de la noblesse d'âme, du courage dans l'esprit, de la probité. Enfin c'est un mélange de tant de bien et de tant de mal que l'on ne saurait avoir pour elle aucun sentiment bien décidé; elle plaît, elle choque, on l'aime, on la hait, on la cherche, on l'évite, on dirait qu'elle communique aux autres la bizarrerie de son caractère.

## 5u

### Portrait de Monsieur le Marquis de Gontaut
### par Madame la Marquise de Gontaut.[1]

DAMON aurait de l'esprit si ses idées produisaient en lui des pensées, mais il n'en a que le sentiment, il ne s'aperçoit presque pas des jugements qu'il porte, et il serait philosophe s'il connaissait aussi bien les hommes qu'il paraît les savoir.

Damon a un cœur compatissant et généreux, et Damon n'est pas sensible. Damon s'attendrit par pitié et même par reconnaissance, mais l'amour ne sait pas toucher Damon; c'est que Damon a un bon cœur sans l'avoir tendre, il ne peut être indifférent pour le mérite, le malheur ou les services qu'on lui a rendus, mais il n'est pas capable de les payer de tendresse; cependant en général il aime et il paraît aimer ses amis, mais il ne saurait pas aimer un ami.

Le cœur de Damon étant si tranquille, son humeur doit être égale. Aussi est-il gai, non parce qu'il a l'esprit plaisant, ni parce qu'il a l'humeur enjouée, mais parce qu'il n'est affecté vivement de rien, qu'il a du courage et toujours la tête libre: il ne cherche point à plaire, mais il évite avec soin de déplaire, la politesse lui est naturelle aussi bien que son esprit, son caractère et son humeur qu'il n'a jamais cherché à corriger, à perfectionner, ni même à parer. Il n'a aucune méfiance parce qu'il n'y pense pas: car personne n'est plus

1. See D to HW 23 Oct. 1769, n. 5. Printed in Lescure, op. cit. ii. 757–8.

éloigné que lui d'avoir de l'orgueil pour son mérite, il dédaigne même d'avoir de l'esprit et de le montrer.

Il est raisonnable et a une espèce de philosophie qui ne tient pas du tout à son esprit; c'est elle qui lui apprend à avoir du courage pour se mettre au dessus des événements, malgré son ambition elle lui apprendrait à se consoler de la perte de ses espérances et à pouvoir être heureux sans les voir accomplis.

La dissipation lui est nécessaire et non pas les plaisirs, le mouvement est son occupation la plus agréable, quand il est tranquille, il s'ennuie.

## 5ᵛ

### Portrait de Monsieur d'Ussé par M. le Président Hénault.[1]

MONSIEUR D . . . n'a pas plus d'ostentation dans le cœur que dans l'esprit; il se contente d'aimer comme il se contente de penser, c'est l'affaire des autres de lui accorder de la reconnaissance et de l'admiration, mais il faut l'aller chercher et s'aviser de ses sentiments comme de ses talents.

Sa distraction est perpétuelle, les lettres qu'il écrit sont pleines de ratures comme ses conversations le sont de parenthèses, il est la preuve que les idées nettes ne produisent pas toujours la netteté du style ni celle du discours; mais quand il est à lui-même on lui découvre une profondeur d'idées, une étendue de réflexion, une justesse de raisonnement qui ne laisse jamais rien à suppléer aux matières qu'il a examinées. À des qualités si rares dans l'esprit, il joint une douceur charmante dans l'humeur que la nature a pris soin d'animer par le goût signalé qu'elle lui a donné pour la dispute.

Il a quelque chose de mieux que de la modestie, c'est de la simplicité: la modestie, toute estimable qu'elle est, va quelquefois un peu trop loin. Elle ne prouve pas toujours que l'on ne s'estime pas au delà de ce que l'on devrait et souvent elle fait que l'on se déprise trop. La simplicité, au contraire, se voit telle qu'elle est, et se juge comme elle jugerait les autres: elle suppose plus de justesse dans l'esprit et moins de prétentions.

Ami de la société et du bien public, les bonnes qualités de M.

1. See D to HW 2 Nov. 1769, n. 14. Printed in Lescure, op. cit. ii. 754–5.

D . . . sont comme un fonds où tout le monde n'a qu'à aller puiser, c'est une fontaine d'eau vive et pure qui coule pour l'utilité des citoyens: il est aisé d'y reconnaître l'héritier de l'archime de français.[2]

Sa philosophie n'est point sauvage parce qu'elle ne vient point en lui de l'exemption des passions: mais il en a connu les inconvénients et elles ne lui ont presque jamais servi qu'à lui faire excuser celles des autres.

Rempli de courage et de talents pour le métier de la guerre, il a, si j'ose m'exprimer ainsi, pris la fortune à force, mais ce n'a été qu'une passade, elle a bien prouvé qu'elle n'est qu'une courtisane et qu'elle n'est pas faite pour se livrer de bonne foi à la vertu; tout le monde aime M. D . . ., les uns par goût, les autres par l'air. Heureux l'homme né assez vertueux pour l'aimer par sentiment.

## 5w

### Portrait de Monsieur d'Argenson par Mme D[u] D[effand].[1]

MONSIEUR d'Argenson n'a aucun des défauts des âmes faibles, il n'est susceptible que de passions fortes, et ne peut être remué que par de grands objets. Né haut et ambitieux, il ignore les petitesses de la vanité et les manèges de l'intrigue; ses talents sont le seul moyen dont il se sert pour s'élever à la fortune par ce qu'il sent que ce moyen lui suffit.

Ce n'est point par comparaison ni par réflexion qu'il a bonne opinion de lui-même, c'est (pour ainsi dire) par un certain instinct qu'il a de ce qu'il vaut.

Il se croit capable de tout savoir, mais il ne croit savoir que ce qu'il sait.

Peu curieux de se faire des partisans fanatiques, il ne met aucune charlatanerie dans toutes ses actions.

Son esprit a plus de force que d'activité; malgré son ambition, son penchant le porte à la paresse.

Ce contraste de passions est peut-être ce qui contribue le plus à faire un grand homme; il sert à régler les mouvements sans en affaiblir les ressorts.

2. *Sic.* This last clause was omitted by Lescure.

1. See D to HW 3 March 1770, n. 2a. Printed in Lescure, op. cit. ii. 746–7.

Son courage est connu; ses autres qualités d'un genre supérieur et de l'espèce qui convient à sa place; ce n'est point cette témérité qui aveugle sur le danger, c'est un sang-froid qui le fait prévoir et prévenir, c'est une fermeté d'âme qui le fait surmonter lorsqu'il arrive. Tout le porte à la fortune.

Son âme est peu sensible, son cœur n'est pas fort tendre; l'amitié le flatte plus qu'elle ne le touche, elle est un témoignage non équivoque de ce qu'il vaut.

Il est peut-être le seul homme qui puisse se passer de confidence; il n'est point entraîné à la confiance ni par le plaisir d'épancher son cœur ni par le besoin de conseil, ni par la difficulté de renfermer ses secrets.

Personne n'est plus prudent, n'a l'air moins mystérieux, et n'est plus exempt de fausseté.

Sa figure est belle, sa physionomie noble, ses manières simples, son imagination est plus vive qu'abondante; il parle peu, mais ce qu'il dit est toujours plein de force et de justesse; ce sont pour l'ordinaire des traits et des bons mots qui se font applaudir, mais qui souvent embarrassent, nuisant à la conversation, font qu'on le quitte mécontent de soi et qu'on s'accoutume difficilement à lui. Son humeur cependant est douce et égale, ses procédés sont francs et généreux, on peut commencer avec lui par le craindre, mais il faut finir par l'aimer.

L'élévation de ses sentiments, les lumières de son esprit répondent assez de la droiture et de sa probité indépendamment de tout autre principe.

La nature l'a fait un grand homme, c'est à la fortune à le rendre illustre.

## 5x

### Portrait de 'Madame la M . . . du Châtel adressé à elle-même, par Mme du Deffand.

C'EST vous, Madame, que j'entreprends de peindre. Je sais que rien n'échappe à votre pénétration, mais je crois cependant que vous ne vous connaissez pas vous-même. Apprenez donc que vous

1. Mère de Mesdames les Duchesses de Gontaut et de Choiseul (HW). See D to     HW 29 May 1770, n. 13. Printed in Lescure, op. cit. ii. 736–7.

avez beaucoup d'esprit, que vous l'avez étendu et pénétrant, que vous jugez sainement de tout, que vous avez de la gaîté dans l'humeur, les façons nobles, la plaisanterie fine, en un mot qu'il ne vous manque rien pour plaire. Le seul défaut que je vous connaisse, c'est votre timidité; tout le monde la prend pour un excès de modestie, et moi je serais tentée de la croire l'effet d'un amour-propre mal entendu; je vais tâcher de vous expliquer ma pensée.

L'amour-propre, dans presque tous les hommes, se confond avec leur vanité: ils s'estiment à proportion de ce qu'ils s'aiment, et l'estime qu'ils ont d'eux-mêmes diminue aussi à proportion l'opinion qu'ils ont des autres.

Vous êtes une exception presque unique à la règle générale: plus vous vous aimez, moins vous vous trouvez aimable; vous vous laissez aller à une méfiance de vous-même qui, en vous faisant perdre l'espérance de plaire, vous en fait perdre aussi le désir; cet effet de l'amour-propre est si rare qu'il donne à votre caractère quelque chose de singulier, et peut-être d'un peu sauvage.

Vous êtes vraiment frappée des agréments des autres, vous faites des comparaisons de vous à eux, et vous vous imaginez manquer de toutes les qualités et de tous les talents que vous leur trouvez. Alors le dégoût de vous-même s'empare de vous, le découragement vous prend, et vous ne désirez plus que la retraite et la solitude.

Empêchez votre amour-propre, Madame, de s'effaroucher si précipitamment. Les autres ne paraissent si bien à vos yeux que parce qu'ils ont une sorte d'assurance qui leur laisse toute la liberté de leur esprit et de leur imagination; démêlez le fond de leurs discours d'avec la facilité qui les accompagne et vous verrez qu'il ne tient qu'à vous de les surpasser et de les laisser bien loin en arrière. Je sais que si le mérite des autres vous éblouit, il ne vous inspire aucune jalousie, que vous le louez avec sincérité et plaisir et que le chagrin qu'il porte dans votre âme n'est que contre vous.

Il vous était réservé, Madame, de nous faire connaître qu'un peu de vanité n'est pas un défaut ou, pour parler plus juste, vous nous apprenez que la méfiance en est un bien plus fâcheux; c'est votre méfiance qui vous donne des malheurs imaginaires au milieu de tous les biens réels. C'est elle qui arrête les mouvements de votre âme et qui vous rend (peut-être) peu accessible à l'amitié. C'est elle qui vous inspire de la crainte, de la réserve et vous prive de la plus grande douceur de la vie, de donner, d'ouvrir son cœur et de se croire aimé.

Elle fait plus encore, Madame. L'amertume qu'elle répand dans votre âme change quelquefois votre humeur, éteint votre gaîté et donne quelque atteinte aux lumières de votre esprit; vos réflexions en deviennent moins justes, vous vous faites (pour ainsi dire) une idée de la perfection et du bonheur plus grande que nature, vous perdez l'espérance d'atteindre à l'un et à l'autre et vous ne jouissez plus qu'imparfaitement de tous les avantages que vous avez reçus de la nature et de la fortune.

Ouvrez les yeux, Madame, sur votre propre mérite, voyez-vous comme les autres vous voient et vous vous apercevrez promptement de l'estime et du goût que vous inspirez; on vous aime, on vous désire; répondez à ces sentiments par un peu plus de confiance, et personne ne sera aussi parfaite ni aussi aimable que vous.

## 5y

### Portrait de Mme la Duchesse du Maine par Mme la Comtesse de Staal.[1]

J'AURAIS voulu tracer ici une légère esquisse de Madame la Duchesse du Maine, je l'ai souvent tenté sans y pouvoir réussir. Semblable à la lumière qui est l'assemblage de toutes les couleurs et ne peut être représentée par aucune d'elles, il faut voir cette Princesse et l'entendre, pour savoir ce qu'elle est. J'essayerai cependant de crayonner quelques-uns de ses traits au risque de les défigurer.

La justesse et la netteté font le caractère de son esprit: le feu, la vivacité, le naturel en sont l'ornement; la gaîté, les grâces nobles achèvent sa parure. Son génie lumineux lui rend les objets si palpables, qu'il s'irrite contre ceux qui du milieu de leurs ténèbres n'aperçoivent pas ces mêmes objets, ou ne les voient que confusément. La finesse de sentiment, qui forme le goût, lui en donne un exquis en tout genre.

Son Altesse Sérénissime a acquis par sa pénétration les connaissances où les autres ne parviennent que par de pénibles études; tout ce qu'elle a voulu savoir, elle l'a su, en tournant simplement les yeux

1. See D to HW 17 Dec. 1770, n. 5. Apparently unpublished.

de ce côté-là, et tout ce qui s'est placé dans sa tête, n'y a jamais reçu la moindre altération. Les choses qui l'ont affectée, s'y conservent si entières, que souvent je lui ai ouï redire de longues conversations dont le récit prenait le même temps qu'elles avaient duré, gardait le même ordre, et ne laissait aucune syllabe en arrière. Sa mémoire cependant ne se charge pas indifféremment de tout, elle ne retient que ce qui l'a intéressée, ou ce qui mérite par soi-même d'être retenu.

Madame la Duchesse du Maine possède l'art de la parole au souverain degré, non seulement dans ce qui fait l'élégance du discours, mais en ce qui constitue la véritable éloquence. Aucun moyen de persuasion ne lui échappe et ne manque d'être mis à sa place: la gradation de lumière, qui approche ou fait fuir les objets, ne peut être mieux ménagée qu'elle l'est dans ses peintures: le vif éclat des couleurs qu'elle emploie, confond tout à coup ceux qui ne sont pas capables d'arriver par degrés à la conviction, où elle entraîne les autres par la force et l'enchaînement de ses raisons, aussi dompte-elle également les esprits forts et faibles. Elle aime à soumettre, et s'y sent encouragée, moins par la supériorité de son rang, que par le sentiment que la nature inspire à ceux qu'elle a rendus dignes de commander. Ses volontés sont absolues et invariables: la résistance les affermit; le courage que lui ont transmis les héros dont elle tient le jour, riche héritage qu'elle réserve pour l'employer dignement, ne lui a jamais manqué dans les occasions importantes: c'est alors qu' elle prend de nouvelles forces et se rend maîtresse d'elle-même. Ses sentiments vifs, impétueux, qui semblent indomptables, subitement arrêtés par une raison supérieure, la laissent agir sans la troubler; effort qui a d'autant plus de prix, qu'il est moins préparé par l'habitude.

Mme la Duchesse du Maine, singulièrement vraie, ne se montre point comme ces divinités entourées de nuages, elle se présente sans aucun voile, dit ce qu'elle pense d'elle comme ce qu'elle penserait d'un autre, dédaignant l'artificieuse modestie qui laisse voir ce qu' elle semble cacher.

Ses goûts sont vifs et constants, ses liaisons indissolubles; sensible à l'amitié, ardente à servir ceux qui lui sont dévoués, elle reçoit avec grâce les hommages d'une nombreuse cour empressée à lui plaire, recherche, honore, et chérit le mérite. Elle aime les plaisirs et sait les faire naître. Son âme élevée, faite pour les grandes choses, se prête

sans effort aux plus petites par une espèce d'universalité qui embrasse tout sans rien confondre.

### Portrait de Mme la Duchesse du Maine
### par Mme la M. du Deffand.[2]

Mme la D . . . a toutes les manières d'un enfant, elle en a les défauts et les agréments: sa gaîté, ses chagrins, sa bonne ou mauvaise humeur sont comme dans la première jeunesse; tout ce qu'elle a vu et appris dans son enfance, lui a fait une impression si forte, que rien n'a pu l'affaiblir. Descartes est le philosophe en qui elle croit, et elle n'est accessible à aucun doute sur les vérités de la Religion. La profondeur et la subtilité de son esprit ne servent qu'à la confirmer dans ses opinions; elle rejette, méprise et n'écoute point tout ce qui y est contraire.

Elle a beaucoup d'esprit, rien n'échappe à ses recherches et à sa pénétration, elle est éloquente, elle a de l'art, de la finesse, et beaucoup de vérité; elle a de la grâce et de la noblesse dans les manières et dans les discours; elle veut fortement ce qu'elle désire; aucune excuse ne lui paraît bonne, lorsqu'on ne se soumet pas à ses volontés. Elle est d'habitude au point de ne pouvoir se passer de ceux qu'elle aime le moins quand elle est accoutumée à les voir. Je ne peux me passer, dit-elle ingénûment, des choses dont je ne me soucie point.

Madame a été accoutumée dès son enfance à être obéie et approuvée; son amour-propre n'a fait de chemin que celui qu'on lui a fait faire; si elle a un peu de vanité, du moins elle est sans orgueil; elle aime les louanges, mais elle les reçoit avec tant de politesse, qu'on croirait qu'elle n'y est sensible que par l'estime qu'elle fait de ceux qui les lui donnent.

Elle n'est ni médisante ni moqueuse, elle fait peu d'attention aux défauts, aux ridicules et peut-être aux agréments des gens qu'elle voit, elle s'amuse de ce qui l'environne sans s'en occuper; un homme d'esprit a dit qu'elle ne sortait jamais de chez elle et qu'elle mettait rarement la tête à la fenêtre.

Enfin Madame réunit beaucoup de bonnes et grandes qualités qui paraissent contraires, de la dignité avec de la familiarité, une extrême vérité avec de la finesse et de l'adresse, bonne opinion d'elle-

2. Apparently unpublished.

même sans mépris pour les autres, un grand fonds de religion avec beaucoup de goût pour les plaisirs.


### The Duchesse du Maine by Horace Walpole.[3]

Madame de Staal in her *Mémoires* gives a clear idea of the capricious and princely temper of the Duchesse du Maine. After miscarrying in her absurd and almost unintelligible politics, she endeavoured to establish her fame by the patronage of authors and wits, whom she assembled at Sceaux. There is a whole volume of the insipid verses that they composed for her and on her at Sceaux. That château which Madame du Deffand asked permission of the Comte d'Eu (the Duchess's only surviving son) to show me, many years after her death, was kept up by him (who was always in the woods hunting) exactly in the same state as on the day she died, so much that the card tables were ready, with candles in the candlesticks, as if she was to be there and expected company. There is a closet, on each panel of which are painted two of her court, gentlemen and ladies, as playing at tric-trac etc. All have faces of monkeys, with the likeness preserved, except the Duchess herself and her daughter Mlle du Maine, who are represented as goddesses, though the Duchess was very short and crooked. This tyranny is another key to many passages in these letters.


5<sup>Z</sup>

Portrait de Monsieur <sup>1</sup>le Comte de Céreste par<br>Mme D[u] D[effand].

MONSIEUR le Comte de C ... a le regard doux, sensible et spirituel, son air simple et naturel lui concilie tous ceux qui le voient.

3. Now first printed from HW's marginal note to D's MS *Recueil de lettres,* bequeathed to HW, and now WSL. See *ante* p. 57.

1. Frère de MM. les Comtes de Forcalquier et de Brancas et de Madame la Comtesse de Rochefort, depuis Duchesse de Nivernais (HW). See D to HW 16 Nov. 1772, n. 4. Printed in Lescure, op. cit. ii. 740–1.

Il réunit en lui tous les différents attributs de l'esprit, justesse, raison, discernement, pénétration etc. Son mérite est accessible à tout le monde; il doit plaire aux uns par la supériorité de son esprit, aux autres par l'excellence de son caractère, et à tous par sa facilité et ses agréments.

Personne n'a obtenu du public une justice aussi complète, il est le seul homme qui ait su désarmer l'envie, sa simplicité et sa modération font que chacun consent à le regarder comme son modèle, et que personne ne s'avise de le craindre comme son rival; d'ailleurs toutes ses qualités gardent entre elles un équilibre si parfait qu'elles ne réveillent point la jalousie de ceux qui prétendent se distinguer par un seul genre.

Ce même équilibre met dans sa conduite une égalité que rien ne dérange et rend son commerce doux et agréable. Sa conversation s'en ressent aussi, aucun genre n'y domine. Elle est toujours à la portée et selon le goût des gens avec qui il se trouve.

Il ne faut point conclure de tout ceci que M. de C ... n'ait pas un caractère marqué et très distinctif; celui d'homme d'un sens exquis lui doit être universellement accordé: personne ne pénètre, ne compare, ne juge et ne désire avec plus de promptitude et de justesse. C'est un talent éminent en lui qui le rend capable des plus grands emplois et des affaires les plus difficiles, mais il cherche d'autant moins à le faire valoir qu'il craindrait peut-être qu'on en voulût faire trop d'usage.

Exempt de toutes les fortes passions, son âme n'a que le degré de chaleur qu'il faut pour donner la vie à toutes ses qualités; les vertus sont en lui comme les sentiments et les penchants dans les autres; elles n'ont point l'air d'être acquises ni soutenues par effort.

[2]Il ne reste plus qu'à juger M. de C ... par sa conduite et par les partis qu'il a pris. Sa naissance, l'étendue de son esprit, ses talents, son génie semblaient l'inviter à choisir dans la classe des grands hommes la place qu'il y voudrait occuper. Parmi tant d'avantages son cœur a choisi la modération; il ne dépendait que de lui d'être illustre, il a préféré d'être sage, il a craint de s'abandonner à la conduite des passions qui mènent au grand, et la médiocrité lui a paru l'asile du bonheur et de la raison.

2. M. du Chatel (HW).

## 5aa

### Portrait de Mme l[a] . . . M. du Châtelet [by Madame du Deffand].[1]

REPRÉSENTEZ-VOUS une femme grande et sèche, le teint échauffé, le visage aigu, le nez pointu, voilà la figure de la belle Émilie, figure dont elle est si contente qu'elle n'épargne rien pour la faire valoir, frisure, pompons, pierreries, verreries, tout est à profusion; mais comme elle veut être belle en dépit de la nature, et qu'elle veut être magnifique en dépit de la fortune, elle est obligée pour se donner le superflu de se passer du nécessaire, comme chemises et autres bagatelles.

Elle est née avec assez d'esprit; le désir d'en paraître davantage lui a fait préférer l'étude des sciences les plus abstraites aux connaissances agréables: elle croit par cette singularité parvenir à une plus grande réputation et à une supériorité décidée sur toutes les femmes.

Elle ne s'est pas bornée à cette ambition, elle a voulu être Princesse, elle l'est devenue, non par la grâce de Dieu, ni par celle du Roi, mais par la sienne. Ce ridicule lui a passé comme les autres, on s'est accoutumé à la regarder comme une Princesse de Théâtre, et on a presque oublié qu'elle est femme de condition.

Madame travaille avec tant de soin à paraître ce qu'elle n'est pas, qu'on ne sait plus ce qu'elle est en effet. Ses défauts mêmes ne lui sont peut-être pas naturels, ils pourraient tenir à ses prétentions, son peu d'égard à l'état de Princesse, sa sécheresse à celui de savante et son étourderie à celui de jolie femme.

Quelque célèbre que soit Mme du Ch . . . elle ne serait pas satisfaite, si elle n'était pas célébrée, et c'est encore à quoi elle est parvenue en devenant l'amie déclarée de M. de Voltaire.[2] C'est lui qui donne de l'éclat à sa vie, et c'est à lui à qui elle devra l'immortalité.

1. See D to HW 15 Sept. 1776, n. 11.  2. 'Voltaire' expanded from 'V' by HW. Printed in Lescure, op. cit. ii. 762–3.

# APPENDIX 6

[Horace Walpole's]
*Lettre d'Émile à Jean-Jacques Rousseau.*[1]

HÉLAS, mon cher gouverneur, j'arrive dans ce pays-ci, et pour première nouvelle on me dit que vous perdez l'esprit, que vous courez le spectacle en habit de masque et que vous vous emportez contre un homme qui, en badinant, vous avait donné de fort bons conseils. Je veux bien croire cependant que ces disparates sont moins le fruit de votre folie que de votre politique. Peut-être vous avait-on dit qu'en Angleterre il y a un peu de bizarrerie, et vous voudriez renchérir sur le goût national pour faire parler de vous; je reconnais là mon instituteur. Mais vous avez beau faire—les Anglais sont d'honnêtes gens, simples, sans affectations, sans charlatanerie, pleins de probité, de bon sens et d'humanité et qui, aimant la patrie et la liberté, laissent vivre chacun à sa guise, et ne s'occupent guère de ces misères de querelles littéraires, ressource ordinaire des hommes oisifs et inutiles.

Au reste, soyez persuadé que le Roi de Prusse n'est non plus fâché de ce qu'on a emprunté son nom que le grand seigneur n'est flatté de ce que vous portez un habit turc.

Surtout dans la première édition de vos ouvrages que vous permettrez bien qu'on vous arrache encore malgré vous, corrigez la sottise qui vous est échappée en disant que l'auteur d'une plaisanterie fabriquée à Paris a des complices en Angleterre. La colère vous a dicté cette absurdité, et c'est assurément la première fois que les rieurs ont été dénoncés sous le titre grave de complices; encore cette hyperbole fût-elle fondée, il n'y aurait pas de quoi navrer et déchirer le cœur d'un philosophe. La Philosophie tient-elle donc à si peu de chose? et à vous, vous est-il permis d'attaquer impunément la religion et les gouvernements, et devient-on auteur et complice de noirceur et de méchanceté dès qu'on trouve qu'il y a un peu de ridicule dans votre fait? Ouvrez enfin les yeux, mon cher tuteur, vous avez été idole, vous ne l'êtes plus, et comme disait un poète de votre nom:

*Le masque tombe, l'homme reste, et le héros s'évanouit.*

---

1. Printed from D's MS *Recueil de lettres*. See D to HW 19 April 1766, n. 5. Endorsed by HW: 'par M. Horace Walpole.'

Il est bon de vous dire que l'auteur de la lettre ne comptait pas vous faire de la peine, et il vous conseille de vous moquer de sa lettre comme il se moque de la vôtre. Il aimerait mieux n'avoir pas fait la sienne que de vous navrer et déchirer le cœur, et il ne répondra que par des politesses à vos injures de peur de vous faire perdre patience une seconde fois.

*Émile*

# APPENDIX 7

## [Anonymous Letter from Saragossa.][1]

JE prends la plume uniquement, Monsieur, pour vous tirer du souci où vous tiendrait mon silence, à la vue de ce qui s'est passé ici à l'occasion du tumulte survenu le dimanche. Ce terrible événement avait été annoncé huit jours auparavant par des placards affichés en divers lieux, dans lesquels on menaçait de mort l'Intendant et ses bons amis les usuriers Domesain, Hoicochea, Lausille, Pascal Castellanos, etc., si, dans cet intervalle, les vivres ne diminuaient de prix. Depuis ce premier placard il en paraissait chaque jour quelques nouveaux, ce qui donna lieu à plusieurs assemblées des personnes en place pour tâcher de pacifier ces rumeurs. Finalement le dimanche à 2 heures après midi, on publia une ordonnance du Commandant-Général et du Parlement, portant que le traité fait avec les boulangers qui fournissaient le pain à la ville subsisterait et que cependant il serait permis à quiconque voudrait de cuire et de vendre du pain; il était enjoint, à toutes les personnes qui pourraient avoir du blé et de l'huile, d'aller déclarer sur-le-champ la quantité qu'ils avaient de chaque chose sous peine de 10 mille livres d'amende pour quiconque y manquerait ou ferait une fausse déclaration. Cette ordonnance, bien loin de produire l'effet désiré, ne fit qu'irriter la populace qui s'attroupa devant l'hôtel du Commandant-Général, le Marquis de Castellars, en demandant à hauts cris une diminution sur les vivres. Il s'y prit de toutes les manières pour apaiser le peuple, mais il ne réussit point, en effet toute cette canaille en furie courut à l'hôtel de l'Intendant, cassa les vitres à coups de pierre, força la garde, s'empara de l'intérieur, jeta par les fenêtres tout ce qui s'y trouva, et le brûla au milieu de la place, ainsi que les trois carrosses qui se trouvèrent dans les remises; la populace se transporta de là chez Don Lucas de Hoicochea et Don Fernand Domesain. On ne peut s'empêcher de verser des larmes en racontant ce qui s'y passa; on enfonça les portes de la maison de Hoicochea, qui est un riche négociant et marchand, on enleva des magasins et de la boutique toutes les marchandises, la plupart de grande valeur, on les porta dans une place,

1. Enclosed in D's letter of 23 April 1766. Copy by Wiart, who endorsed it: 'Extrait d'une lettre de Saragosse du 8 avril 1766.' Printed in Toynbee i. 613–5.

on y mit le feu ainsi qu'aux livres, papiers, meubles, argenterie, etc., sans que la présence de l'Archevêque, qui se transporta sur les lieux, ni même le Saint Sacrement qui sortit en procession, pussent arrêter la frénésie du peuple. Don Lucas de Hoicochea et toute sa famille profitèrent de cet instant pour s'évader, en quoi ils furent très heureux, les mutins étant revenus pour mettre le feu à la maison, qui est toute brûlée; l'incendie a causé beaucoup de mal aux maisons voisines; le désastre fut le même chez Domesain, où l'on brûla et vola tout. De là la populace, plus animée que jamais, courut à la place du marché, se jeter dans la maison de Locilla. Le Père Harceo, missionnaire Dominicain, fort respecté à Saragosse, s'y transporta; tout ce qu'il put obtenir fut que la maison ne serait point brûlée, mais du reste la populace assouvit son animosité; en même temps elle enfonça la maison de Don Pedro Pascal Castellanos et en tira les meubles, qui furent brûlés; on allait mettre le feu à la maison, ce qui devait exposer toute la rue à être brûlée; arriva le Père Bruno Marti, Jésuite, qui, un crucifix à la main, monta au haut de la maison, se mit a prêcher la populace, en lui déclarant qu'elle le brûlerait en brûlant la maison. Cela arrêta les mutins, qu'il suivit chez Romes où ils s'étaient rendus en grande partie pour y commettre les mêmes horreurs; ce Père obtint également qu'on ne mît point le feu à la maison, mais il ne put empêcher qu'elle ne fût saccagée et les meubles brûlés. Sur ces entrefaites arriva fort heureusement D. Domingo Thomas avec dix ou douze hommes courageux de la paroisse de Saint-Paul qui, l'épée à la main, et une espèce de casque, serrèrent de près toute cette canaille, tuèrent et blessèrent beaucoup de mutins, et mirent les autres en fuite. Il y avait un autre attroupement dans la rue du Cazo, et on saccageait la maison de Carmen, homme qui tient le principal café. Toute la communauté des Cordeliers avait accouru pour s'opposer au tumulte, mais sans succès; vingt hommes courageux, ayant à leur tête D. Joseph de Lortiz, se jetèrent l'épée à la main sur la populace, qu'ils mirent en déroute après avoir tué et blessé un grand nombre de ces coquins. Ceux-ci, non contents encore, s'étaient déjà jetés dans une maison de la rue Hilarse, où ils commirent beaucoup de désordres, mais ils furent arrêtés par D. Domingo Thomas, qui accourut avec sa petite troupe et dissipa entièrement tous les mutins, de sorte qu'à neuf heures du soir il régnait déjà dans la ville une certaine tranquillité; les principaux de chaque paroisse assemblèrent du monde et firent des patrouilles dans chaque

quartier; le lendemain tout fut tranquille. Le dimanche au soir les deux régiments qui sont dans la ville se mirent sous les armes et se rangèrent dans la place du marché et dans la rue du Crozo, où ils demeurèrent toute la nuit. Hier et la nuit dernière, on a arrêté beaucoup de monde, et jusqu'à présent tout porte à croire que pas une personne comme il faut n'a eu part au tumulte, et que les mutins ne forment réellement que la lie du peuple. On peut dire que la tranquillité se doit à une centaine de personnes courageuses et pleines de sentiment qui ne purent voir patiemment leur patrie en proie à la fureur de la populace, et la ville exposée à être perdue entièrement. Les habitants continuent aujourd'hui à faire des patrouilles, et l'on ne cesse d'arrêter des mutins.

# APPENDIX 8

## [Madame du Deffand to Madame de Choiseul, 2 June 1766.][1]

JE suis désolée de votre départ, chère grand'maman; c'est une folie, je le sais bien. Est-ce que je ne suis pas tous les jours des six semaines sans vous voir? Mais non plus que la peur, le sentiment ne raisonne point.

Est-il impossible, chère grand'maman, de vous voir aujourd'hui au moins quelques moments? Je voudrais vous raconter une scène *ineffable* qui se passa hier entre M. le Duc de Choiseul et moi—Éaque, Minos et Rhadamanthe ne sont que des polissons en comparaison de la gravité, de la sévérité, de la majesté dont il fut; il m'aurait envoyée tenir la place de tous les criminels de l'enfer. Je ne pouvais expier mes torts avec Monseigneur de Praslin. J'avais conté à tout l'univers mon aventure; le Président avait eu l'insolence de dire que le successeur de Monseigneur de Praslin en aurait agi différemment avec Mme de Forcalquier; enfin il me terrassa de telle façon que je ne savais que répondre. Mais tout d'un coup le courage me revint; je me révoltai, je racontai l'histoire, il ne put s'empêcher d'en rire, il perdit sa gravité, et moi alors je pris beaucoup d'insolence, je lui dis mille injures, et tout cela finit aussi comiquement que cela avait commencé tragiquement. La sévérité ne lui sied point, il est comme Vénus:

> 'Vénus se fait aimer, et ne se fait point craindre.'

Il ne savait ce qu'il disait en me grondant et en prenant le parti de son cousin, et il devint charmant dès qu'il cessa d'être juge des enfers ou ministre; il rendit cela synonyme. Oh! qu'il abandonne à jamais ce rôle-là, je serais au désespoir qu'il le reprit jamais; je veux l'aimer toute ma vie. Au nom de Dieu, chère grand'maman, qu'il ne m'en empêche pas!

Je sais qu'il va aujourd'hui à Saint-Hubert, j'en suis fâchée, mais, chère grand'maman, n'en résultera-t-il rien pour votre enfant? Je serais au désespoir de vous gêner, mais si je pouvais vous voir du moins un moment je serais bien aise; faites-moi savoir si cela est possible.

1. Printed from Wiart's copy, enclosed in D's letter of 3 June 1766. Endorsed by Wiart: 'Copie d'une lettre à Madame la Duchesse de Choiseul, 2 juin.' Printed in Toynbee i. 59.

# APPENDIX 9

## [Song by the Chevalier de Boufflers.][1]

Sur l'air *Ah! le bel oiseau Maman.*

TOUS nos soldats s'armeront
  Animés d'un preux zèle
À nos murs ils cogneront
La tête de l'infidèle
Et nos chiens s'engraisseront
Des débris de leurs cervelles
Et nos chiens s'engraisseront
De ce sang qu'ils lécheront.

Nos Lévites entreront
Chez leurs jeunes demoiselles,
Puis ils les massacreront
Après avoir joui d'elles
Et nos chiens s'engraisseront
Des carcasses de ces belles,
Et nos chiens etc.

Nos prêtres s'introduiront
Chez ces gueux par mille astuces;
Ils nous les circonciront
Feignant de chercher leur puces
Et nos chiens s'engraisseront
D'un abatis de p . . .
Et nos chiens etc.

Nos marmitons s'essuieront
Sur les chefs de leurs provinces,
Puis ils les dépèceront
Par petits morceaux fort minces
Et nos chiens s'engraisseront
Avec des hachis de princes
Et nos chiens etc.

1. Du Chevalier de Boufflers, 1766 (HW). Enclosed in D's letter of 17 June 1766. Now first printed.

# APPENDIX 10

[Couplets by Pont-de-Veyle and the Chevalier de Boufflers.][1]

Couplets de M. de Pont-de-Veyle; il fallait finir par un proverbe ou dicton proverbial.

### 1er

AUJOURD'HUI Bacchus et l'amour,
        Dans ces lieux pleins de charmes,
Viennent badiner tour à tour,
Et se prêter leurs armes.
Bacchus fait naître mille feux,
L'amour nous verse à boire;
Les fripons s'entendent tous deux
Comme larrons en foire.

### 2e

La paix habite ces beaux lieux
Et même nos actrices
Sont par un effet merveilleux
Sans humeur, sans caprices.
Nous n'avons pas eu jusqu'ici
La plus petite histoire;
Nos acteurs s'entendent ici
Comme larrons en foire.

1. Enclosed in D's letter of 4 Sept. 1766. Another copy of these couplets is in D's bequest to HW. Printed in Toynbee i. 615.

### 3<sup>e</sup>

Un jeune Prince avec l'amour
A fait une alliance;
Mesdames, pour vous faire un tour,
Ils sont d'intelligence;
Et sans avoir l'air d'y penser
La malice est bien noire,
Ils s'entendent pour vous blesser,
Comme larrons en foire.

### 4<sup>e</sup>

Monseigneur, il nous a coûté
De vous faire un mystère,
Mais un plaisir prémédité
En est moins sûr de plaire;
Il nous a bien fallu ruser
Pour vous en faire accroire;
On s'entend pour vous amuser
Comme larrons en foire.

Couplets chantés en Vieille Mère Bobi, à Monsieur le Duc d'Orléans, le jour de sa fête, dont voici le premier sur l'air de la romance de la Fée Urgèle: 'L'avez vous vu mon bien-aimé?'

POUR le Prince qu'on chante ici,
Il faut hausser le verbe;
Avec les autres aujourd'hui
Faire assaut de proverbe.
Écoutez bien, Henri le Grand,
Fut l'aïeul de Louis le Grand,
Qui pour cousin eut le Régent,
Qui fut votre grand-père;
C'est dire que vous êtes grand
Grand comme père et mère.

Henri fut grand dans les hasards
De Cythère et des champs de Mars.
Vous l'imitez,
Vous méritez

Qu'on dise de vous sans mystère
Que tous les deux font la paire.

Pour le Prince qu'on chante ici, etc.

Quand on vous parle des bons tours
Que les galants font en amours,
Vous souriez à ces discours
Des plaisirs que vous eûtes;
On dit qu'il se souvient toujours
À Robin de ses flûtes.

En voyant Monseigneur on dit,
Il n'est chère que d'appétit
  Fasse le sort,
Qu'un siècle encore
Il soit prêt à bonne aventure,
Et qu'il fasse feu qui dure.

Pour le petit Prince je veux
Aussi faire un bon conte,
Et sur son avenir heureux
Lui donner un acompte.
Il est charmant, chacun le dit;
On sait que petit à petit
L'oiseau s'arrange et fait son nid;
Il le fera, je gage;
La gloire et l'amour l'ont prédit,
Ce sera leur ouvrage.

Couplets du Vieillard, de M. le Chevalier de Boufflers, sur l'air
'J'ai blanchi dans ces hameaux.'

TANT de belles en ce jour
  Ne sont pas ce qui me transporte,
Mes sens sont morts pour l'amour,
Qui plus est, ma maîtresse est morte.
Louis, quand je vous ai vu,
Mon vieux cœur a cru renaître.
Quel bonheur d'avoir vécu
Assez pour vous connaître!

# APPENDIX 11

## [Madame de Jonzac's Narrative.][1]

MARQUISE, fille que Monsieur le Duc d'Orléans entretient depuis longtemps, dont il a trois enfants, n'avait jamais paru dans aucune des maisons de ce Prince où Monsieur le Duc de Chartres pouvait venir. Elle avait défense expresse de paraître, et quoique Monsieur le Duc de Chartres fût au fait de cette passion, Monsieur son père l'en ayant instruit, ce jeune Prince n'aurait osé se prévaloir de cette confidence pour aller à la petite maison de Monsieur son père attenant le Palais-Royal, tant il était bien établi que Monsieur le Duc d'Orléans ne voulait jamais l'admettre en tiers avec sa maîtresse. Enfin il y a huit jours, Monsieur le Duc de Chartres ayant passé la nuit au bal chez Madame la Maréchale de Mirepoix, apprend en rentrant que Monsieur son père est à la chasse à Bagnolet; il dit qu'il veut l'y aller joindre, et tout à l'heure M. de Besenval arrive. Monsieur le Duc de Chartres lui dit, 'Vous allez trouver mon papa à Bagnolet?'—'Oui, Monseigneur.'—'Hé bien! et moi aussi; montez dans ma voiture, je vais vous mener.'—'Mais, Monseigneur, vous avez passé la nuit, vous vous rendrez malade, Monsieur le Duc d'Orléans ne vous attend pas, il sera peut-être ailleurs, il sera fâché' —enfin tout ce qu'on put faire pour réprimer la volonté du fils, et sauver au père l'embarras d'être surpris par son fils en mauvaise compagnie. Rien n'y fit; Monsieur le Duc de Chartres s'obstine à partir et amener le Baron; celui-ci refuse, et part à tire d'aile pour avertir Monsieur le Duc d'Orléans de l'arrivée de son fils. Aussitôt on renvoie Marquise, elle s'enfuit, elle se cache. L'enfant arrive, prend ses fusils, caresse son papa, cause et enfin lui dit, 'Mais vous n'avez pas toute votre compagnie?' 'Si fait.'—'Ho! que non; je le sais bien, je suis au désespoir, je vous gêne, il faut donc que je m'en aille, il faut que je ne puisse pas vous voir toujours, à tous les instants.'—Le père cède; il a la faiblesse de rappeler Marquise; elle arrive transportée de joie, court à Monsieur le Duc de Chartres: 'Monseigneur, êtes-vous sensible au bonheur de faire des heureux? Voici le plus beau jour de ma vie, je vous le dois.' On chasse, on déjeune, Monsieur le Duc de

1. Printed from Colmant's copy, enclosed in D's letter of 20 Oct. 1766. Endorsed by Colmant: 'Récit de Madame de Jonzac, 20 Octobre 1766.' Printed in Toynbee i. 617–9.

Chartres veut rester à souper, et pour le coup Monsieur son père s'arme de fermeté et le renvoie le lendemain. Il écrit à Marquise, 'Vous serez toujours mon amie, je vous verrai chez vous, mais vous ne paraîtrez plus dans aucune de mes maisons. Mon fils ne peut vivre dans votre société, et je ne puis rien souffrir entre mon fils et moi.' Cela fait, il appelle son fils, veut savoir pourquoi, comment il est venu à Bagnolet. 'Mon papa, il y longtemps que je souffrais de ne pouvoir être toujours avec vous, je savais vos raisons, j'ai voulu une bonne fois vous mettre à l'aise, et j'ai espéré que le premier pas fait il ne resterait plus de barrière entre nous.'—'Hé bien! mon fils, vous m'avez rendu service, vous m'avez ouvert les yeux, j'ai renvoyé Marquise, vous ne trouverez plus avec moi que les gens avec qui il nous convient de vivre, et rien ne pourra plus nous éloigner l'un de l'autre, même pour quelques instants.' Pénétré de joie et de reconnaissance, le jeune Prince saute au col de son père, le remercie, s'attendrit, et voilà tout.

Voilà, Madame, l'hommage le plus sincère que vous puissiez jamais recevoir de mon attachement et de ma déférence, et je puis ajouter qu'il est impossible que vous exigiez jamais rien de moi qui me coûte autant à exécuter. On servait quand votre billet est arrivé, nous avions du monde, c'est ce qui m'a empêchée d'exécuter vos ordres sur-le-champ; voilà mon excuse, car

> Ce n'est pas obéir qu'obéir lentement,
> Et quand l'obéissance a de l'exactitude
> Elle voit que sa gloire est dans la promptitude.

# APPENDIX 12

[Song upon Clairon's Performance for Molé.][1]

Sur l'air du Maréchal:

*Tôt, tôt, tôt, battez chaud le courage.*

TOUT le bruit de Paris, dit-on,
 Est que mainte femme de nom,
Quêtent pour une tragédie
Où doit jouer la frétillon
Pour enrichir un histrion.
Tous les jours nouvelle folie
  Le faquin
  La catin
  Intéressent
Baronne, marquise et duchesse.

Pour un fat, pour un polisson
Toutes nos dames du bon ton
Vont quêtant dans le voisinage;
Vainement les refuse-t-on:
Pour revoir encore la Clairon
Dans Paris elles font tapage,
  La santé
  De Molé
  Les engage,
Elles ont grand cœur à l'ouvrage.

Par un excès de vanité
La Clairon nous avait quitté;
Mais depuis ce temps elle enrage
Et sent son inutilité,
Comptant sur la frivolité,
Elle recherche le suffrage
  Du plumet
  Du valet:
  Quel courage
Pour un aussi grand personnage!

1. Enclosed in D's letter of 3 Feb. 1767. Printed in Toynbee i. 624–5.

Le goût dominant aujourd'hui
Est de se déclarer l'appui
De toute la plus vile espèce
Dont notre théâtre est rempli;
Par de faux talents ébloui
À les servir chacun s'empresse,
        Le faquin
        La catin
        Intéressent
Baronnes, marquises et duchesses.

Molé plus brillant que jamais
Donne des soupers à grand frais,
Prend un carosse de remise,
Entretient filles et valets;
Les femmes vident les goussets
Même des princes de l'église
        Pour servir
        Son plaisir
        Sa sottise
Elles se mettraient sans chemise.

Assignons pour cette chanson
À chacun la punition
Comme[2] doit donner à l'indécence;
D'abord à Molé le bâton,
Ensuite pour bonne raison,
Comme sa digne récompense,
        À Clairon
        La maison
        Ou la cage
Que l'on doit au libertinage.

2. (?) Qu'on.

# APPENDIX 13

## [Voltaire's Verses to Christian VII of Denmark.][1]

POURQUOI, généreux Prince, âme tendre et sublime,
Pourquoi vas-tu chercher dans nos lointains climats
Des cœurs infortunés que l'injustice opprime?
C'est qu'on n'en peut trouver au sein de tes états;
Tes vertus ont franchi par ce bienfait auguste
Les bornes des pays gouvernés par tes mains,
Et partout où le ciel a placé des humains
Tu veux qu'on soit heureux et tu veux qu'on soit juste.
Hélas! assez de rois que l'histoire a fait grands
Chez leurs tristes voisins ont porté les alarmes;
Tes bienfaits vont plus loin que n'ont été leurs armes;
Ceux qui font des heureux sont les vrais conquérants.

1. Printed from Wiart's copy, enclosed in D's letter of 17 March 1767. Endorsed by Wiart: 'Vers de M. de Voltaire au Roi de Danemark, à l'occasion de ce que ce Prince a donné une gratification à la famille des Sirven.' Printed, Voltaire, *Œuvres* xlv. 88. Printed in Toynbee i. 246.

# APPENDIX 14

[Anonymous Verses on the Condemnation of *Bélisaire*.][1]

BÉLISAIRE, proscrit, aveugle, infortuné,
  Ferme dans ses malheurs, simple, sublime, et sage,
Instruisant l'Empereur qui l'aurait condamné,
De la terre attendrie eût mérité l'hommage;
Oui, sans doute chez des païens,
Mais parmi nous, chez des Chrétiens,
Peindre Dieu bienfaisant, exalter sa clémence,
Inspirer aux humains l'amour et l'indulgence,
Chercher à les unir par les plus doux liens,
Jusqu'où peut nous conduire une telle morale?
Que le blasphémateur soit puni par le feu!
N'a-t-il pas dû savoir qu'il causait du scandale?
Quand malgré la Sorbonne, il a fait aimer Dieu!

1. Printed from Wiart's copy, enclosed in D's letter of 17 March 1767. Endorsed by Wiart: 'Vers sur la condemnation de Bélisaire projetée en la Sorbonne.' Printed in Toynbee i. 246.

# APPENDIX 15

## [Decree of Parlement, 9 May 1767.][1]

LA cour délibérant sur le refus fait par un de Messieurs, ensemble sur le réquisitoire des gens du Roi, justement frappés de l'importance de la matière, considérant que la nature des complots qui ont éclaté en Espagne est l'ouvrage de la Société des ci-devant soi-disant Jésuites, que le Monarque qui gouverne cet état en a suffisamment dévoilé les auteurs et caractérisé la gravité des délits, considérant encore que suivant les constitutions de la société, aucun complot n'a pu être formé qu'avec le concours du Général, que le refus opiniâtre des Jésuites de France de prêter le serment qu'on exigeait démontre qu'ils se croient toujours soumis à l'institut, que leur soumission aveugle à un Général chargé d'un crime notoire en Espagne, la suite de leur morale développée par leur conduite, et l'unité de façon de penser qui fait l'essence de la Société, les rend incompatibles avec la sûreté des Rois. La cour déclare les membres publics et secrets de la Société ennemis de l'autorité royale, en conséquence déchus du bénéfice qui leur avait été accordé par l'édit du Roi de 1764, ordonne que dans quinzaine, tous ceux qui composaient la Société à l'époque du 6 août 1762, seraient tenus de se retirer hors du royaume à peine d'être poursuivis extraordinairement, excepté ceux qui auraient prêté le serment porté par les arrêts de la cour, se réservant ladite cour de délibérer sur les contraventions particulières, sur lesquelles le Procureur Général donnera ses conclusions. Sera le Roi très humblement supplié, d'ordonner que les pensions alimentaires ne seront dorénavant payées que sur les certificats légalisés des juges des lieux dans lesquels ils habiteront; fait défense à tous et un chacun de rentrer jamais dans le royaume sous tel prétexte que ce puisse être, à peine d'être poursuivis extraordinairement; fait défense à tous gouverneurs, lieutenants généraux, etc., de laisser demeurer, dans l'étendue de leurs juridictions, aucun des ci-devant Jésuites, à peine d'en répondre en leur propre et privé nom; fait défense à tous les sujets du Roi de donner retraite à aucun, d'entretenir aucune correspondance ni de recevoir ou conserver au-

1. Printed from Wiart's copy, enclosed in D's letter of 10 May 1767. Endorsed by Wiart: 'Arrêt de la cour du parlement du 9 mai 1767.' Printed in Toynbee i. 625–6.

cune lettre d'affiliation; ordonne que tous ceux qui pourraient en avoir les déposeront entre les mains du plus prochain juge, lesquelles les fera passer à Monsieur le Procureur Général; fait défense à tous Archevêques, Évêques, Supérieurs de séminaires, et de collèges, etc., d'employer aucun Jésuite pour prêcher, confesser, instruire la jeunesse, ni exercer aucune fonction publique et particulière; sera le Roi très humblement supplié d'écarter de sa personne ou de l'éducation de ses enfants, ceux qui pourraient ou auraient conservé encore quelque fraternité avec la Société; sera en outre très humblement supplié en qualité de fils aîné, de protecteur de l'église, d'interposer ses bons offices auprès du Pape, et de se joindre avec tous les Princes chrétiens pour obtenir de lui la dissolution d'une Société si pernicieuse; sera enfin supplié de vouloir bien par une loi précise, rendre générale dans son royaume l'expulsion de la Société.

La cour a arrêté que le Procureur Général donnera vendredi trois juillet les conclusions sur les délits mentionnés dans les pièces qu'il a déposées hier au greffe, notamment dans l'état remis par les officiers, pour être par là constaté ce qu'il appartiendra.

# APPENDIX 16

[Madame de Choiseul to Madame du Deffand, 13 Dec. 1767.][1]

Ce 13.

JE ne veux pas perdre un moment, ma chère enfant, à vous procurer le plaisir de lire la lettre que je viens de recevoir de M. de
Walpole; je la trouve infiniment jolie, et c'est pour cela que je
vous l'envoie. Je vous le dis pour que vous le sachiez, car vous n'auriez peut-être pas l'esprit de le deviner. Adieu, mon enfant, je suis
bien pressée, et je n'ai le temps, comme vous voyez, que [de] dire
des bêtises, cela est bientôt fait. Je me fais un grand plaisir de vous
donner à souper mercredi avec *ce monsieur,* mais n'allez pas me dire
en arrivant: 'Ah! ma grand'maman, je suis toute je ne sais comment
aujourd'hui, je crois [que] cela ne sera pas trop bien.' Et si fait, ma
chère enfant, cela sera fort bien, soyez seulement ce que vous êtes.

1. Enclosed in D's letter of 11 Dec. 1767. Printed in Toynbee i. 360.

# APPENDIX 17

[The Abbé Barthélemy to Madame du Deffand, 6 April 1768.][1]

LA petite-fille a donc oublié sa grand'maman; pas le moindre billet, pas un signe de vie depuis quinze jours. Elle lui avait fait écrire un mot de Versailles; point de réponse. Elle a été la voir hier au soir en arrivant à Paris. Elle n'a pas eu de ses nouvelles ce matin. Oh! la petite-fille n'aime plus la grand'maman, et qui aimera-t-elle donc? Est-ce une épreuve, sont-ce les devoirs de ce saint temps qui l'empêchent d'écrire? La grand'maman est très inquiète; elle partira cet après-midi pour Choisy, d'où elle reviendra je ne sais quand, mais elle y portera son inquiétude, si la petite-fille ne la dissipe pas avant son départ.

Le secrétaire, qui ne veut point attiser le feu, se contente de dire que cette grand'maman a une petite-fille bien ingrate; mais, du reste, bien aimable.

Ce mercredi à 1 heure.

1. Enclosed in D's letter of 6 April 1768. Printed in Toynbee i. 416.

# APPENDIX 18

[The Chevalier de Boufflers to the Duc de Choiseul,
25 Feb. 1768.][1]

De Fréjus, le 25 février 1768.

J'AVAIS profité, Monsieur le Duc, de la permission que M. d'Esterhazy m'avait envoyée de votre part, et je m'étais embarqué pour voir la Corse et Paoli. Je connais le bienfaiteur d'un pays policé, je voulais connaître celui d'un pays sauvage. D'ailleurs, j'ai toujours aimé les Corses parce qu'ils sont aussi volontaires et aussi mal coiffés que moi. Mais après une longue et triste navigation j'ai été obligé de relâcher à Antibes, où je me préparais à m'embarquer sur un bateau de poste, lorsqu'il est arrivé un ordre de ne laisser sortir personne de France. Comme l'ordre venait de vous, je m'y suis soumis, quoique j'eusse des moyens d'éluder, et que je présumasse qu'il ne me regardait pas; car je ne suis ni assez bon, ni assez mauvais sujet pour que le gouvernement cherche à me retenir; mais mon obéissance pour toutes vos volontés, et mon désir particulier de vous revoir m'ont fait abandonner mon entreprise, bien sûr que Paris me dédommagerait de la Corse et vous de Paoli.

> Un obstacle imprévu me force
> De renoncer à mes projets,
> Je reviens, en pensant que le héros français
> Est aussi bon à voir que le héros de Corse.
> À toute gloire il a des droits,
> Tout s'anime sous ses auspices,
> Gai comme le plaisir, sage comme les lois,
> Il a l'art de faire à la fois
> Nos affaires et nos délices;
> Il veut le bien de ses amis,
> Il fait celui de son pays;
> Sa politique est sans mystère
> (Du soleil l'aigle ne craint rien).
> Il a deux passions, dont l'une est de bien faire,
> Et l'autre de faire du bien.

1. Printed from Colmant's copy, enclosed in D's letter of 12 April 1768. Endorsed by Colmant: 'Du Chevalier de Boufflers à Monsieur le Duc de Choiseul.' Printed in Toynbee i. 627–8.

En quittant son travail, il est sujet à dire
    Plus de bons mots qu'il n'en entend;
    Il sait gouverner, il sait rire,
Deux choses qu'un ministère ignore assez souvent.

Voilà bien des vers, Monsieur le Duc, peut-être qu'il n'y en a pas un de bon, comme dans le troupeau de Fontenelle. S'ils trouvent grâce devant vous, je ne les croirai pas bons pour cela, parce que vous êtes trop bon pour être bon juge; et s'ils sont décidés mauvais, je pourrai corriger ou effacer toutes les expressions, mais je ne puis en conscience rien changer au sens.

Monsieur le Duc peut imaginer tout mon respect pour le secrétaire d'État, chargé du département de la guerre, mais il ne saura jamais tout l'attachement que j'aurai toujours pour sa personne.

Je vais tout doucement en Lorraine où j'attendrai vos ordres et j'obéirai avec grand plaisir à ceux qui m'appeleront auprès de vous.

# APPENDIX 19

[The Comte de Grave to Madame du Deffand, 20 April 1768.][1]

À Montpellier, le 20 avril 1768.

ON a raison, Madame, de dire qu'avec la persévérance on vient à bout des choses les plus difficiles, et on peut mettre de ce nombre-là d'avoir à persuader deux demoiselles de quatre-vingts ans passés. J'ai l'honneur de vous envoyer la lettre que je sollicite depuis si longtemps. Je souhaite qu'elle fasse plaisir à M. de Walpole à proportion des soins que je me suis donnés pour l'avoir. Si je reste encore ici quelque temps j'ai l'espoir d'en escamoter une seconde, mais comme il n'y a rien de sûr avec des demoiselles de cet âge-là, je vous prie, Madame, de n'en pas parler à votre ami. Il reste encore trente-trois lettres, dont plusieurs sont admirables, une entre autres, et c'est celle après laquelle je cours, fait le détail le plus exact de l'arrivée du Roi Jacques,[2] n'est-ce pas une raison pour qu'elle intéresse plus qu' aucune autre M. de Walpole? J'avais bien le projet, Madame, et je croyais mes moyens sûrs, de lui faire avoir les trente-quatre lettres. Les bonnes demoiselles qui en sont en possession ont depuis quarante ans le désir de les faire imprimer; je leur ai proposé de me charger de ce soin, qu'on leur donnerait autant d'exemplaires qu'elles en exigeraient, que l'impression serait de la plus grande beauté, qu'il y aurait une épître dédicatoire en leur honneur. Je les ai vues ébranlées deux ou trois fois, mais l'instant d'après j'ai vu mes espérances détruites de fond en comble. Ne serez-vous pas étonnée, Madame, de me voir traiter si sérieusement une négociation comme celle-ci? Mais l'envie de vous plaire et de faire plaisir à quelqu'un qui vous est cher, l'a rendue très essentielle. Je vous serai bien obligé de me mander si je me suis trop avancé en assurant que M. de Walpole ferait imprimer à Londres toutes les lettres si on voulait les lui confier, et qu'il donnerait autant d'exemplaires qu'on en exigerait? Quant à l'épître dédicatoire, il entrait dans mes projets que vous voudriez bien vous en charger. Quoique tout ceci soit en l'air, je serai fort aise de savoir votre façon de penser. J'aurai sûrement le temps de

1. Enclosed in D's letter of 30 April 1768. Endorsed by HW: 'From the Comte de Grave to Madame du Deffand.' Printed in Toynbee i. 629.

2. The letter of 2 March 1689.

recevoir encore votre réponse. J'ai eu hier par Madame de Grave des nouvelles de votre santé. Je vous assure qu'il me tarde bien fort d'en aller savoir moi-même, et de pouvoir vous assurer de vive voix que personne ne vous est, Madame, aussi tendrement et aussi respectu-eusement attaché que votre voisin.

*Post Scriptum.*—Je joins, avec votre permission, à la lettre que je vous envoie un petit billet pour M. de Walpole.

# APPENDIX 20

## [Wiart's Translation of Part of the Preface to the *Castle of Otranto*.][1]

'N ON,' dit Voltaire dans son édition de Corneille, 'ce mélange de bouffonnerie et de gravité est insoutenable.'

Voltaire est un génie, mais pas aussi grand que Shakespeare. Sans recourir aux passages qu'on pourrait contester, j'en appelle à lui-même; je ne me servirai pas de son premier éloge sur notre grand poète, quoique le critique français ait traduit deux fois le même discours d'Hamlet, autrefois en admiration, et en dernier lieu en dérision! Je suis fâché de voir que son jugement s'affaiblisse lorsqu'il devrait se fortifier. Mais je ne ferai usage que de ses propres mots sur la matière du théâtre en général, lorsqu'il ne pensait ni à être favorable ni à décrier la manière de Shakespeare, par conséquent dans un temps où Voltaire était impartial.

Dans la préface de son *Enfant Prodigue,* cette excellente pièce pour laquelle je déclare mon admiration, et que, quand je vivrais longtemps, je suis bien sûr que je n'entreprendrais jamais de la tourner en ridicule, voici ses expressions en parlant de la comédie, mais qu'on peut également appliquer à la tragédie, s'il y a des tragédies, l'une et l'autre devant être un tableau de la vie humaine, je ne peux concevoir, etc.

Il est sûr que si une comédie pouvait être toute sérieuse on pourrait bien mettre de temps en temps le mot pour rire dans une tragédie. Qui prescrira cette règle? Le critique, qui pour se justifier en disant que rien ne doit être exclu de la comédie, donnera-t-il des lois à Shakespeare?

Je sais que la préface d'où j'ai tiré ces passages n'est pas sous le nom de M. de Voltaire, mais sous celui de l'éditeur. Cependant qui doute que l'éditeur et l'auteur ne soient pas la même personne? Ou quel est l'éditeur qui eût pu posséder si heureusement le style et le brillant de l'agrément de son auteur? Ces passages sont donc indubitablement les vrais sentiments de ce grand écrivain.

Dans son épître à Maffei, à la tête de sa *Mérope,* il dit à peu près la même chose, quoique je crois qu'il y a un peu d'ironie. Je vais

1. Printed from Colmant's copy, enclosed in D's letter of 6 July 1768. Wiart's rough draft is among the MSS bequeathed by D to HW. Printed in Toynbee i. 630–2.

rapporter ses propres mots, et on verra alors pourquoi je les ai cités. Après avoir traduit un passage de la *Mérope* de Maffei, M. de Voltaire ajoute, etc.:

['Tous ces traits sont naïfs: tout y est convenable à ceux que vous introduisez sur la scène, *et aux mœurs que vous leur donnez.* Ces familiarités naturelles eussent été, à ce que je crois, bien reçues dans Athènes; mais Paris et notre parterre veulent une autre espèce de simplicité.']

Je doute, dis-je, qu'il n'y ait pas un peu d'ironie dans ce passage, et dans quelques autres de cette épître. Cependant la force de la vérité n'est pas endommagée pour avoir une petite teinture de ridicule.

Maffei représentait un sujet tiré de l'histoire grecque, et sûrement les Athéniens étaient aussi bons juges des mœurs grecques et de la propriété de les y introduire, que le parterre de Paris. Au contraire, dit Voltaire (et je ne peux pas admirer son raisonnement), il n'y avait que dix mille habitants à Athènes, et Paris en a près de huit cent mille, dont il y en a trente mille en état de juger des ouvrages dramatiques.

Certainement, quand même ce tribunal serait aussi nombreux qu'il le dit, je ne crois pas que trente mille personnes, qui n'ont vécu que deux mille ans après l'époque en question, soient plus en état de décider quelles doivent être les mœurs d'une tragédie tirée d'une histoire grecque.

Je n'entrerai dans aucune discussion sur l'espèce de simplicité que le parterre de Paris demande, non plus que sur les chaînes sous lesquelles les trente mille juges ont assujetti leur poésie, dont le premier mérite, ainsi que je le recueille du commentaire sur Corneille, consiste à s'élever en dépit de ses fers. Un mérite qui, s'il est vrai, réduirait la poésie du sublime effort de l'imagination à un travail aussi puéril que méprisable; *difficiles nugæ.*

Je ne puis cependant m'empêcher de citer une couple de vers dont le son paraîtra toujours aux oreilles anglaises de la plus grande platitude, et absolument déplacé au sujet, et que Voltaire a traité si sévèrement dans les neuf neuvièmes des ouvrages de Corneille, en vue de défendre Racine:

> De son appartement cette porte est prochaine,
> Et cette autre conduit dans celui de la Reine.

Dans l'anglais:

> To Cæsar's closet through this door you come,
> And t'other leads to the queen's drawing-room.

### Remarques[2]

La remarque suivante est étrangère à mon sujet, mais excusable dans un Anglais qui est enclin à penser que la critique sévère d'un si grand écrivain que Voltaire sur notre immortel compatriote aura été plutôt les effusions d'esprit et de précipitation que le résultat de jugement et d'attention; le critique ne peut pas avoir une connaissance parfaite de notre langue, et en sentir la force et l'energie et par conséquent est incapable de connaître parfaitement notre histoire; nous en avons eu la preuve en dernier lieu dans sa préface de Thomas Corneille à l'occasion du Comte d'Essex. M. de Voltaire avoue que la vérité de l'histoire a été grossièrement pervertie dans cette pièce; il donne pour excuse que, du temps que Corneille la composa, la noblesse française était assez ignorante dans l'histoire d'Angleterre, mais actuellement qu'elle la sait, dit le commentateur, on ne pardonnerait pas une telle faute. Cependant, oubliant que ce siècle d'ignorance est passé et qu'il est inutile d'instruire les personnes versées dans l'histoire, il entreprend pour faire parade de son érudition de donner à la noblesse de son pays les noms des favoris de la reine Elizabeth, dont, dit-il, Robert Dudley était le premier et le Comte de Leicester le second! Qui croirait qu'il aurait été nécessaire d'apprendre à M. de Voltaire que Robert Dudley et le Comte de Leicester était la même personne!

2. This section was originally written as a footnote to the second paragraph of the extract printed here.

# APPENDIX 21

[Voltaire to Madame de Choiseul, 15 July 1768.][1]

15 juillet 1768.

Madame:

LA femme du protecteur est protectrice. La femme du ministre de la France pourra prendre le parti des Français contre les Anglais avec qui je suis en guerre. Daignez juger, Madame, entre M. Walpole et moi. Il m'a envoyé ses ouvrages dans lesquels il justifie le tyran Richard trois, dont ni vous ni moi ne nous soucions guère. Mais il donne la préférence à son grossier bouffon Shakespeare sur Racine et sur Corneille; et c'est de quoi je me soucie beaucoup.

Je ne sais par quelle voie M. Walpole m'a envoyé sa déclaration de guerre. Il faut que ce soit par M. le Duc de Choiseul, car elle est très spirituelle et très polie. Si vous voulez, Madame, être médiatrice de la paix, il ne tient qu'à vous; j'en passerai par ce que vous ordonnerez; je vous supplie d'être juge du combat. Je prends la liberté de vous envoyer ma réponse. Si vous la trouvez raisonnable, permettez que je prenne encore une autre liberté; c'est de vous supplier de lui faire parvenir ma lettre, soit par la poste, soit par M. le Comte du Châtelet.

Vous me trouverez bien hardi, mais vous pardonnerez à un vieux soldat qui combat pour sa patrie, et qui, s'il a du goût, aura combattu sous vos ordres.

Agréez, Madame, la sincère estime, la reconnaissance, et le profond respect du

VIEILLARD DES ALPES[2]

1. Evidently enclosed in D's letter of 22 July 1768, but not with the MS now. Printed in Voltaire, *Œuvres* xlvi. 84–5.

2. The signature and conclusion are omitted in the printed version.

# APPENDIX 22

[Madame de Choiseul to Madame du Deffand, 20 July 1768.][1]

MONSIEUR de Voltaire m'a envoyé, ma chère petite-fille, sa réponse à M. Walpole, pour que je la lui fisse parvenir; votre correspondance avec M. Walpole étant beaucoup plus suivie que la mienne, j'ai cru vous devoir l'hommage du plaisir qu'il recevra de la lettre de M. de Voltaire; d'ailleurs vous connaissez, ma chère enfant, l'enfantillage, ou plutôt le radotage, de votre grand'mère; j'ai trouvé qu'il serait de beaucoup trop bon air pour moi d'entretenir une correspondance littéraire entre deux hommes aussi célèbres; ainsi il m'a semblé plus convenable à tous égards que vous vous chargeassiez de la lettre; M. de Voltaire, en la laissant à cachet volant, m'avait donné la liberté de la lire, et vous pouvez juger si j'en ai profité, je ne néglige guère de faire connaissance avec ses écrits; quoiqu'il n'ait pas étendu cette liberté jusqu'à vous, je vous conseille de la prendre, vous perdriez trop à une semblable discrétion; vous savez combien j'ai été contente de la noble franchise avec laquelle M. Walpole a dénoncé lui-même à M. de Voltaire le trait de sa préface du *Château d'Otrante,* dont il aurait pu être blessé; eh bien! vous serez encore plus satisfaite de la politesse avec laquelle M. de Voltaire répond à

1. Printed from Colmant's copy, enclosed in D's letter of 23 July 1768. Endorsed by Colmant: 'De Madame la Duchesse de Choiseul à Madame du Deffand.' A copy of this letter in D's bequest to HW is No. 4 in Wiart's sheaf of copied letters concerning Voltaire's correspondence with HW (see D to HW 23 July 1768, n. 1). The copies fill eight quarto pages. The copied letters are (in the order given here): Voltaire to D 13 July 1768, 'No. 1'; Mme de Choiseul to D 20 July 1768, 'No. 4'; D to Voltaire 23 July 1768, 'No. 2'; and D to Voltaire [22 July 1768], 'No. 5'. 'La lettre de Voltaire à la grand'maman, que je vous ai envoyée en même temps que celle qu'il vous a écrite,' had it been copied, would probably have been labelled 'No. 3.' The numbering of the letters follows neither the chronological order of their dates, nor the order in which they are copied. Perhaps the copy of the letter from D to Voltaire 23 July 1768 is mis-

dated, because it reproaches Voltaire for his treatment of La Bletterie, and is obviously an answer to his letter to her, 13 July 1768, which she had received 17 July.

The order of the correspondence is probably as follows: Voltaire to D 13 July 1768, answered by D to Voltaire ?18 July 1768; Voltaire to Mme de Choiseul 15 July 1768 enclosing Voltaire to HW 15 July 1768; Mme de Choiseul to D 20 July 1768 enclosing Voltaire to HW 15 July 1768, and also sending (apparently at a later date) Voltaire to Mme de Choiseul 15 July 1768; D to HW 21 July 1768 enclosing Voltaire to HW 15 July 1768 and also Voltaire to Mme de Choiseul 15 July 1768; D to Voltaire 22 July 1768 enclosing Mme de Choiseul to D 20 July 1768; D to HW 23 July 1768 enclosing Mme de Choiseul to D 20 July 1768 and also a copy of D to Voltaire 22 July 1768.

This letter was printed in Toynbee i. 633–4.

cet aveu, vous serez charmée de la force que sa douceur a donnée à la discussion littéraire à laquelle ce même aveu avait donné lieu; vous ne le serez pas moins de la chaleur et de l'intérêt que sa seule *raison* a répandu sur cette discussion; moi qui ne suis qu'une pauvre Velche, j'insiste sur ce mot de *raison*, parce que je n'entends rien à l'éloquence, que la déclamation m'ennuie, que je ne partage pas l'emportement, et que la plaisanterie ne me trouve pas toujours prête à rire; mais la raison, la saine raison, revêtue de ses vraies couleurs, telles que M. de Voltaire sait si bien l'en décorer, dans tous les temps, dans tous les lieux, a un pouvoir irrésistible dans tous les cœurs, et sur tous les esprits. Devrait-on jamais employer un autre langage quand on en a naturellement un si sublime? J'ai eu surtout un plaisir infini à lui voir enfin défendre notre pauvre nation, dont il a si souvent dit tant de mal; de cette nation qui lui a donné le jour, à ce titre seul, je l'aurais crue respectable.

Il ne me suffit pas, ma chère enfant, que vous preniez la peine d'envoyer la lettre de M. de Voltaire à M. Walpole, mais il faut encore que vous fassiez ma réponse et mes remercîments à M. de Voltaire; vous savez que je ne me permets pas de lui écrire. Dites-lui que je suis flattée qu'il m'ait prise pour sa médiatrice; je voudrais avoir les talents d'un ministre de paix, je me flatte au moins de ne savoir point emboucher la trompette de la discorde. Dites-lui. . . ah! dites-lui, ma chère enfant, tout ce qu'il vous plaira, tout ce que vous direz vaudra infiniment mieux que ce que je pense; et je ne puis mieux témoigner ma reconnaissance à M. de Voltaire qu'en lui procurant une de vos lettres.

À propos, M. de Voltaire sera bien le maître de vous envoyer, sous mon adresse, tout ce qu'il voudra, mais pourvu que j'aie mes droits de colporteur.

# APPENDIX 23

## [Madame du Deffand to Voltaire 22 July 1768.][1]

JE viens de recevoir une lettre de Madame la Duchesse de Choiseul, malgré ses ordres je vous l'envoie. Je n'ai garde de lui obéir en réduisant sa lettre à un extrait de ma façon, ce serait une profanation envers elle et un vol manifeste que je vous ferais. J'ai fait mon possible pour l'engager à vous écrire directement; je n'ai pu l'y déterminer, vous verrez les raisons qui l'empêchent; jugez combien elles me font sentir ma témérité, mais j'éprouve que plus la distance est grande plus la crainte diminue. Un moucheron n'a point de peur de la main qui peut l'écraser.

Je fis partir hier votre admirable lettre pour M. Walpole; Madame la Duchesse de Choiseul m'avait encouragée à prendre la liberté de la lire. J'avais bien envie de pousser la témérité plus loin, et de ne l'envoyer qu'après en avoir tiré une copie, mais je ne voulus pas retarder d'une poste le plaisir qu'en recevrait M. Walpole.

Je doute, Monsieur, qu'il entre en lice avec vous; son respect, son amour pour son compatriote doivent être satisfaits; j'imagine qu'il n'aura d'autres désirs à présent que de vous marquer son admiration, et combien il est touché de l'extrême politesse avec laquelle vous avez répondu à sa franchise; il y a longtemps que je connais tout ce qu'il pense pour vous, et c'est une conformité que nous avons ensemble, qui est un des plus forts liens de notre amitié.

Vous verrez, Monsieur, dans la lettre de Madame la Duchesse de Choiseul, que vous pouvez lui adresser tous les jolis et charmants ouvrages qui tombent si souvent entre vos mains.

Adieu, mon cher et ancien ami, ayez plus de confiance en moi, et vous ne serez plus embarrassé de m'écrire.

1. Printed from Wiart's copy, enclosed in D's letter of 23 July 1768. Endorsed by Wiart: 'De Madame du Deffand à M. de Voltaire du 22 juillet 1768.' Printed in Toynbee i. 634–5.

# APPENDIX 24

[Letters between Voltaire, Madame du Deffand and Madame de Choiseul, December 1768—January 1769.][1]

Lettre I<sup>ère</sup>

Lettre de Madame la Duchesse de Choiseul à M. Dupuits.

De Versailles, 14 décembre.

JE suis bien fâchée, Monsieur, de n'avoir pas eu le plaisir de vous voir à Paris quand vous avez pris la peine de m'y venir chercher. J'ai, depuis le voyage de Fontainebleau, à vous faire part d'une bonne fortune pour laquelle je voulais que vous fussiez l'interprète de ma reconnaissance. Après une longue disgrâce j'ai été aussi surprise que flattée de recevoir la charmante fable du *Marseillais et du Lion* dont vous m'aviez fait présent manuscrit. Elle était accompagnée d'un fort joli billet en votre nom. Cette marque de souvenir de la part de M. de Voltaire m'a été d'autant plus sensible que, peu de jours auparavant, vous aviez été témoin de mon humiliation. Les bornes de l'estime qu'il m'accordait, vous disais-je, ont été posées au point où j'ai osé n'être pas de son avis. Non, Monsieur, je n'en serai jamais, quand il croira qu'on lui dit qu'il est un radoteur. Si jamais il y eut un génie immortel, c'est le sien assurément, il le prouve tous les jours; La Bletterie en conviendrait, malgré l'injustice dont M. de Voltaire l'accable. Si M. de Voltaire s'était rendu justice à lui-même, il ne se serait point attribué une note contre un Romain qui n'avait point ses talents, et qui n'eut point son immortalité; il n'aurait pas cru surtout qu'on l'eût eu en vue dans une citation tirée de Bayle; Bayle, un des plus grands hommes de son siècle, parce qu'il n'était pas contemporain de M. de Voltaire. Voilà ce qu'on aurait dit à M. de Voltaire s'il avait bien voulu entendre avant de se fâcher; mais il n'y a rien à dire à celui qui se fâche.

Qui pardonne a raison, et la colère a tort.

Ce n'était pas même là le cas de pardonner, et encore moins celui d'être en colère.

1. Enclosed in D's letter of 9 Jan. 1769. The first two letters are in Wiart's hand; the last two in Colmant's. Printed in Toynbee i. 635–40.

L'orgueil de ma nouvelle faveur ne s'est pas soutenu longtemps; j'ai vu paraître les *Trois Empereurs,* le Supplément au *Dictionnaire Philosophique,* l'*A B C,* et même la nouvelle édition du *Siècle de Louis XIV,* sans que rien de tout cela m'ait été adressé. J'ai pourtant acquis le *Siècle de Louis XV,* mais par droit de conquête, c'est-à-dire que je l'ai volé. Je vois que les souverains de l'esprit sont comme les souverains des empires, ils ne pardonnent qu'à demi, et l'on ne racquiert jamais entièrement auprès d'eux la faveur qu'on a commencé à perdre, mais les uns et les autres ne perdent jamais les droits qu'ils ont acquis sur nos hommages.

### 2 Lettre—de M. de Voltaire à M. Dupuits.

26² décembre, à Ferney.

En vous remerciant, mon cher capitaine, de m'avoir envoyé copie de la jolie lettre de cette dame que Madame du Deffand appelle sa petite mère, je dirais volontiers à Madame du Deffand:

> Il se peut bien qu'elle soit votre mère,
> Elle eut un fils assez connu de tous,
> Méchant enfant, aveugle comme vous,
> Dont vous aviez (soit dit sans vous déplaire)
> Et la malice et les attraits si doux
> Quand vous étiez dans l'âge heureux de plaire.

Quoiqu'il en soit, je sais que la petite mère et la petite-fille sont la meilleure compagnie de l'Europe.

Cette dame prétend qu'elle a volé le *Siècle de Louis XV,* elle ne sait donc pas que c'était son bien. J'avais d'abord imaginé que Monsieur le Duc de Choiseul pourrait avoir la bonté de faire présenter un exemplaire à quelqu'un qui n'a pas le temps de lire, mais j'envoyai ce même exemplaire pour être donné à celle qui daigne lire, et il y avait même quatre³ versiculets qui ne valent pas grand'chose: cela se sera perdu dans l'énorme quantité de paperasses qu'on reçoit à chaque poste. La perte n'est pas grande.

Il est vrai que je lui ai envoyé le *Marseillais* de Saint-Didier, et que je n'ai pas osé risquer les *Trois Empereurs*⁴ de l'Abbé de la Caille à cause des notes.

2. Dated 23 Dec. in Voltaire, *Œuvres* xlvi. 199.

3. 'Petits' has been inserted, ibid. 200.
4. '*En Sorbonne*' has been inserted, ibid.

Dieu me garde d'avoir la moindre part à l'*A B C*. C'est un ouvrage anglais traduit et imprimé en 1762. Rien n'est plus hardi et peut-être plus dangereux dans votre pays; c'est un cadran qui n'est fait que pour le méridien de Londres. On m'a fait étranger, et puis on me reproche de penser comme un étranger, cela n'est pas juste.

On m'a su mauvais gré, par exemple, d'avoir dit des fadeurs à Catau;[5] je crois qu'on a eu très grand tort. Catau avait souscrit[6] 5000*l.* pour le *Corneille* de Madame votre femme; Catau m'accablait de bonté, m'écrivait des lettres charmantes. Il faut un peu de reconnaissance; les muses n'ont rien à démêler avec la politique.

Tout cela m'effarouche; cependant si on le veut, si on l'ordonne, s'il n'y a nul risque, je chercherai un *A B C,* et j'en ferai tenir un à la personne du monde qui fait le meilleur usage des vingt-quatre lettres de l'alphabet quand elle parle et quand elle écrit.

Pour La Bletterie, il est certain qu'il a voulu me désigner en deux endroits, et qu'il a désigné cruellement Marmontel dans le temps qu'il était persécuté par l'Archevêque et par la Sorbonne; il a attaqué Linguet; il a insulté de même le Président Hénault, page 125, tome 2:—'En revanche, fixer l'époque des plus petits faits avec exactitude, c'est le sublime de plusieurs prétendus historiens modernes; cela leur tient lieu de génie et de talents historiques.'[7] Ne reconnaissez-vous pas à tous ces traits un Janséniste de l'Université, gonflé d'orgueil et pétri d'âcreté, qui frappe à droite et à gauche? Je ne savais point[8] qu'il eût surpris la religion[9] de Madame la Duchesse de Choiseul. Quelqu'un a dit de moi que je n'avais jamais attaqué personne, mais que je n'avais pardonné à personne. Cependant je pardonne à La Bletterie, puisqu'il est protégé par l'esprit et par les grâces. J'ai même proposé un accord. La Bletterie veut qu'on m'enterre parce que j'ai soixante-quinze ans. Rien ne paraît plus plausible au premier aspect. Je demande qu'il me permette seulement de vivre encore deux ans. C'est beaucoup, dira-t-il? Mais je voudrais bien, moi, savoir quel âge il a; et pourquoi veut-il que je passe le premier?

Mon cher capitaine, vous qui êtes jeune, riez des barbons qui font des façons à la porte du néant.

Je vous embrasse, vous et votre petite femme.

5. 'Catherine' in ibid.
6. 'Fourni' in ibid.
7. Two sentences are inserted here in ibid.
8. 'Du tout' has been inserted here, ibid. 201.
9. 'Protection' in ibid.

Lettre 3[10]

26 décembre 1768.

Ce n'est pas assurément, madame, une lettre de bonne année que je vous écris, car tous les jours m'ont paru toujours fort égaux, et il n'y en a point où je ne vous sois très tendrement attaché.

Je vous écris pour vous dire que votre petite mère, ou grand'mère (je ne sais comment vous l'appelez), a écrit à son protégé Dupuits une lettre où elle met, sans y songer, tout l'esprit et les grâces que vous lui connaissez. Elle prétend qu'elle est disgrâciée à ma cour, parce que je ne lui ai envoyé que le *Marseillais et le Lion* de Saint-Didier, et qu'elle n'a point eu les *Trois Empereurs* de l'Abbé Caille. Mais je n'ai pas osé lui envoyer[11] ces trois têtes couronnées à cause des notes qui sont un peu insolentes, et de plus il m'a paru que vous aimiez mieux le *Marseillais et le Lion*. C'est pourquoi elle n'a eu que ces deux animaux. Il y a pourtant un vers dans les *Trois Empereurs* qui est le meilleur que l'Abbé Caille fera de sa vie. C'est quand Trajan dit aux chats fourrés de Sorbonne:

Dieu n'est ni si méchant, ni si sot que vous dites.

Quand un homme comme Trajan prononce une telle maxime, elle doit faire un très grand effet sur les cocards honnêtes.

Votre petite mère, ou grand'mère, a un cœur généreux et compatissant. Elle daigne proposer la paix entre La Bletterie et moi. Je demande pour premier article qu'il me permette de vivre encore deux ans, attendu que je n'en ai que soixante-quinze, et que pendant ces deux années il me soit loisible de faire une épigramme contre lui tous les six mois; pour lui, il mourra quand il voudra.

Saviez-vous qu'il a outragé le Président Hénault autant que moi? Tout ceci est la guerre des vieillards. Voici comme cet apostat Janséniste s'exprime, page 235, tome 2:—'En revanche, fixer l'époque des plus petits faits avec exactitude, c'est le sublime de plusieurs prétendus historiens modernes; cela leur tient lieu de génie et de talents historiques.' Je vous demande, Madame, si on peut désigner plus clairement votre ami? Ne devait-il pas l'excepter de cette censure aussi générale qu'injuste? Ne devait-il pas faire comme moi qui n'ai perdu aucune occasion de rendre justice à M. Hénault, et qui l'ai cité

10. 'De Voltaire à Madame du Deffand'      11. 'Par la poste' in the printed version.
(HW). Copied by Colmant.

trois fois dans le *Siècle de Louis XIV* avec les plus grands éloges? Par quelle rage ce traducteur pincé du nerveux Tacite outrage-t-il le Président Hénault, Marmontel, un avocat Linguet et moi, dans des notes sur Tibère? Qu'avons-nous à démêler avec Tibère? Quelle pitié! Et pourquoi votre petite mère n'avoue-t-elle pas tout net que l'Abbé de la Bletterie est un mal avisé?

Et vous, madame, il faut que je vous gronde. Pourquoi haïssez-vous les philosophes quand vous pensez comme eux? Vous devriez être leur reine, et vous vous faites leur ennemie. Il y en a un dont vous avez été mécontente, mais faut-il que le corps en souffre? Est-ce à vous de décrier vos sujets?

Permettez-moi de vous faire cette remontrance en qualité de votre avocat général. Tout notre parlement sera à vos genoux quand vous voudrez, mais ne le foulez pas aux pieds quand il s'y jette de bonne grâce.

Votre petite mère et vous, vous me demandez l'*A B C*; je vous proteste à toutes deux, et à l'Archevêque de Paris, et au Syndic de la Sorbonne, que l'*A B C* est un ouvrage anglais composé par un M. Huet très connu; traduit il y a six ans, imprimé en 1762; que c'est un rosbif anglais, très difficile à digérer par beaucoup de petits estomacs de Paris, et sérieusement, je serais au désespoir qu'on me soupçonnât d'avoir été le traducteur de ce livre hardi dans mon jeune âge. Car, en 1762, je n'avais que soixante-neuf ans. Vous n'aurez jamais cette infamie, qu'à condition que vous rendiez partout justice à mon innocence, qui sera furieusement attaquée par les méchants jusqu'à mon dernier jour. Au reste, il y a depuis longtemps un déluge de pareils livres. *La Théologie portative,* pleine d'excellentes plaisanteries et d'assez mauvaises; *L'Imposture sacerdotale,* traduite de Gordon; *La Riforma d'Italia,* ouvrage trop déclamatoire qui n'est pas encore traduit, mais qui sonne le tocsin contre tous les moines; *Les Droits des hommes et les Usurpations des Papes; Le Christianisme dévoilé,* par feu Damilaville; *Le militaire philosophe,* de Saint-Hyacinthe; livres tous[12] de raisonnements, et capables d'ennuyer une tête qui ne voudrait que s'amuser. Enfin, il y a cent mains invisibles qui lancent des flèches contre la superstition. Je souhaite passionnément que leurs traits ne se méprennent point, et ne détruisent pas la religion, que je respecte infiniment, et que je pratique.

Un de mes articles de foi, Madame, est de croire que vous avez un

12. 'Pleins' has been inserted in ibid.

esprit supérieur. Ma charité consiste à vous aimer quand même vous ne m'aimeriez plus. Mais malheureusement je n'ai pas l'espérance de vous revoir.

## Lettre 4[13]

Ce 5 janvier 1769.

Ah! vraiment, vraiment, monsieur, vous vous feriez de belles affaires avec votre livrée s'ils avaient connaissance de votre dernière lettre. Ce sont bien des gens comme eux qui s'embarrassent de ce que pensent et disent des gens comme moi. Si j'entrais en justification avec eux, ils me diraient comme le bœuf au ciron dans les fables de La Mothe, 'Eh! l'ami, qui te savait là?' Vos philosophes, ou plutôt soi-disant philosophes, sont de froids personnages, fastueux sans être riches, téméraires sans être braves, prêchant l'égalité par esprit de domination, se croyant les premiers hommes du monde de penser ce que pensent tous les gens qui pensent. Orgueilleux, haineux, vindicatifs, ils feraient haïr la philosophie.

Est-il possible que votre rancune contre La Bletterie (qui sans doute n'avait point pensé à vous) ne cède pas au désir de plaire et d'obliger ma grand'maman? Ah! monsieur, si vous la connaissiez vous ne pourriez lui résister; l'esprit, la raison, la bonté, les grâces, tout en elle est au même degré, elle est à la tête de ceux de qui le goût n'est point perverti, et qui sentant tout votre mérite se rendent difficiles sur celui des autres. Certainement vous vous trompez, Monsieur; La Bletterie n'a point eu en vue le Président dans la phrase que vous me citez; personne ne lui en a fait l'application. La Bletterie parle des historiens, et le Président n'a prétendu faire qu'une chronologie. Mais en supposant que La Bletterie ou d'autres voulussent attaquer le Président, ils n'y réussiraient pas; son livre a eu trop de succès pour que la critique de quelques particuliers puisse lui paraître fondée, il en attribuerait la cause à une basse jalousie, il la mépriserait, et il aurait raison. Point de guerre entre les vieillards, vous y auriez trop d'avantages, vos écrits n'ont que vingt-cinq ans.

Je consentirai volontiers à dire, à publier, que vous n'êtes ni l'auteur ni le traducteur de l'*A B C*, et de toutes les autres brochures, mais me croira-t-on? Ne m'en rendez pas caution, je vous prie; on s'en rapportera au style; et il est difficile de s'y méprendre. Mais en-

---

13. De Madame du Deffand à Voltaire (HW).

voyez toujours à la grand'maman tout ce qui tombera entre vos mains, et qu'il y ait, je vous supplie, deux exemplaires.

Non, non, n'ayez pas peur, rien n'altérera l'opinion que j'ai de votre religion et de votre piété. Je vous fais mettre en pratique les vertus théologales, mais je ne voudrais pas devoir à la charité l'amitié dont vous m'assurez.

Adieu, mon bon et ancien ami, je n'exerce aucune vertu en vous aimant et en croyant en vous. Ah! pourquoi ne puis-je avoir l'espérance de vous revoir?

[Voltaire's] Épître à l'auteur du livre des trois imposteurs.[1]

INSIPIDE écrivain qui crois à tes lecteurs
Crayonner les portraits de tes trois imposteurs,
D'où vient que sans esprit tu fais le quatrième?
Pourquoi, pauvre ennemi de l'essence suprême,
Confonds-tu Mahomet avec le Créateur
Et les œuvres de l'homme avec Dieu son auteur?
Corrige le valet mais respecte le maître;
Dieu ne doit point pâtir des sottises du prêtre:
Reconnaissons ce Dieu quoique très mal servi.

De lézards et de rats mon logis est rempli
Mais l'architecte existe; et quiconque le nie
Sous le manteau du sage est atteint de manie.
Consulte Zoroastre et Minos et Solon
Et le martyre Socrate et le grand Cicéron:
Ils ont adoré tous un maître, un juge, un père.
Ce système sublime à l'homme est nécessaire.
C'est le faire lien de la société,
Le premier fondement de la sainte équité,
Le frein du scélérat, l'espérance du juste.
Si les cieux, dépouillés de son empreinte auguste,
Pouvaient cesser jamais de la manifester,
Si Dieu n'existait pas, il faudrait l'inventer.
Que les sages l'annoncent, et que les rois le craignent!
Rois, si vous opprimez, si vos grandeurs dédaignent
Les pleurs de l'innocent que vous faites couler,
Mon vengeur est au ciel, apprenez à trembler:
Tel est au moins le fruit d'une utile croyance.
Mais toi, raisonneur faux dont la triste impudence
Dans le chemin du crime ose les rassurer,
De tes beaux arguments quel bien peux-tu tirer?
Tes enfants à ta voix seront-ils plus dociles?
Tes amis, au besoin, plus sûrs et plus utiles?

1. Printed from Colmant's copy, enclosed in D's letter of 7 April 1769. Printed in Voltaire, *Œuvres* x. 404.

Ta femme plus honnête et ton nouveau fermier,
Pour ne pas croire en Dieu, va-t-il mieux te payer?
Ah! laissons aux humains la crainte et l'espérance.
Tu m'objectes en vain l'hypocrite insolence
De ces fiers charlatans à la pourpre[2] élevés,
Nourris de nos travaux, de nos pleurs abreuvés,
Des Césars avilis la grandeur usurpée,
Un prêtre au Capitole où triompha Pompée,
Des faquins en sandale, excréments des humains,
Trempant dans notre sang leurs détestables mains.
Cent villes à leur voix couvertes de ruines
Et de Paris sanglant les horribles matines.
Je connais mieux que toi ces affreux monuments,
Je les ai sous ma plume exposés cinquante ans;
Mais de ce fanatisme ennemi formidable
J'ai fait adorer Dieu quand j'ai vaincu le diable.
Je distinguai toujours de la religion
Les malheurs qu'enfante[3] la superstition.
L'Europe m'en sut gré; vingt têtes couronnées
Daignèrent applaudir mes veilles fortunées
Tandis que Patouillet m'injuriait en vain.

J'ai plus fait en mon temps que Luther et Calvin;
On les vit opposer, par une erreur fatale,
Les abus aux abus, le scandale au scandale.
Parmi les factions ardentes à se jeter,
Ils condamnaient le Pape et voulaient l'imiter.
L'Europe par eux tous fut longtemps désolée,
Ils ont troublé la terre et je l'ai consolée.
J'ai dit aux disputants, l'un sur l'autre acharnés:
'Cessez, impertinents; cessez, infortunés;
Très sots enfants de Dieu, chérissez-vous en frères
Et ne vous mordez plus pour d'absurdes chimères.'
Les gens de bien m'ont cru. Les fripons écrasés
En ont poussé des cris du sage méprisés,
Et dans l'Europe, enfin, l'heureux tolérantisme
De tout esprit bien fait devient le catéchisme.

2. 'Aux honneurs' in Voltaire, *Œuvres*     3. 'Apporta' (ibid.).
x. 404.

Je vois venir de loin ces temps, ces jours sereins
Où la philosophie, éclairant les humains,
Doit les conduire en paix aux pieds du commun maître.
Le fanatisme affreux tremblera d'y paraître;
On aura moins de dogme avec plus de vertu.
Si quelqu'un d'un emploi veut être revêtu
Il n'amènera plus deux témoins à la suite
Jurer quelle est sa foi mais quelle est sa conduite.
À l'attrayante sœur d'un gros bénéficier
Un amant huguenot pourra se marier;
Des trésors de Lorette amassés pour Marie,
On verra l'indigence habillée et nourrie.
Les enfants de Sara que nous traitons de chiens
Mangeront du jambon fumé par les Chrétiens;
Le Turc, sans s'informer si l'Iman lui pardonne,
Chez l'Abbé Tamponet ira boire en Sorbonne.
Mes neveux souperont sans rancune et gaîment
Avec les héritiers des frères Pompignan;
Ils pourront pardonner à ce dur La Bletterie[4]
D'avoir coupé trop tôt la trame de ma vie;
Entre les beaux esprits on verra l'union
Mais qui pourra jamais souper avec Fréron?

4. La Bletterie, à ce qu'on m'a rapporté, a imprimé que j'avais oublié de me faire enterrer.

# APPENDIX 26

## [Madame de Forcalquier's Couplets to Madame du Deffand.][1]

SANS avoir l'âge des amours
Oui je vous aimerai toujours,
Et Walpole en fait la promesse.
L'esprit qui plaît et qui caresse
Quand il le veut, fait le printemps;
Vous avez plus, cent fois plus, d'agréments
Que n'en peut avoir la jeunesse.

Il ne faut point compter le temps
Quand il s'agit de sentiments;
Sympathie vaut la jeunesse,
Et puis l'esprit a son ivresse,
Ses serviteurs et ses amants.
Il fait bien moins, cent fois moins, d'inconstants
Que de Cythère, la déesse.

Oh, vous qui croyez que le cœur
Ne peut goûter qu'une douceur,
Hélas! vous ignorez vos armes;
Faites à la perte des charmes
Succéder un aimable esprit;
Il aura plus, cent fois plus, de crédit
Que la jeunesse sur nos âmes.

1. Printed from Wiart's MS copy, in D's bequest to HW. See D to HW 15 Nov. 1769, n. 7. Unpublished.

# APPENDIX 27

[Madame de Choiseul to Madame du Deffand,
20 Dec. 1769.][1]

LA Maman est affligée
D'apprendre que vous souffrez,
Elle ne sera consolée
Que lorsque vous guérirez
Votre Rhumaton, Rhumaton, Rhumataine.

Voici quelle est son envie:
Elle voudrait bien savoir
Si vous aurez compagnie
Ou si vous n'aurez ce soir
Aucun mirliton.

Êtes-vous en solitude?
Elle ira vous relancer.
N'ayez point d'inquiétude;
Elle vous faira porter
Son grand soupeton.

Il ne faut point de profane.
Le Baron et le dévot
Et Monsieur de Castellane—
Voilà tout ce qu'il nous faut
De bons mirlitons.

### R. S. V. P.

Comme cette poésie est peut-être trop obscure, je vais la mettre en prose.

La grand'maman est très affligée en effet de vos maux, et vous prie de lui marquer si vous n'avez prié personne pour ce soir. Dans ce cas, elle irait souper avec vous. Elle avait prié M. de Gleichen et M. de Souza, et elle comptait sur M. le Marquis de Castellane. Il fau-

1. Now first printed from the original, in D's bequest to HW. See D to HW 20 Dec. 1769, n. 13.

drait alors le leur faire dire. Elle vous propose encore de vous faire porter son souper. Faites-lui vite réponse. Si vous ne pouvez pas adopter ce projet, elle ira vous voir. Vos deux couplets sont jolis, mais *perdre* ne rime pas à *Pedro*.

# APPENDIX 28

[Unsigned Letter about Government Obligations, with Terray's
Letter to Boutin 9 Feb. 1770.][1]

M. NOGUES eut vent qu'on devait toucher aux rescriptions.
Il fut voir M. le Contrôleur Général qui le rassura, et qui
en conséquence écrivit la lettre à M. Boutin. M. le Contrôleur Général
fut voir M. de la Borde, qui lui parla de cette suspension. M. le
Contrôleur Général lui dit qu'il n'en viendrait là qu'à la dernière
extrémité, et dans la supposition que les services ne pourraient pas
se faire. M. de la Borde répondit: que tous les services étaient prêts
pour toute l'année et qu'il s'en chargerait; M. le Contrôleur Général
le remercia vivement, lui serra les mains et lui dit entr'autres choses
qu'il lui rendait la vie. Quelques jours après a paru l'édit.

### Copie de la lettre écrite par M. le Contrôleur Général à M. Boutin, receveur général des finances le 9ᵉ février 1770.

M. Noguez vient de me dire que le bruit se répandait que je
voulais arrêter le payement des rescriptions, et les faire convertir en
contrats; ce sont sans doute des personnes mal intentionnées et
ennemies de la chose publique qui font courir ces mauvais propos;
vous savez quelle est ma façon de penser à cet égard et que je vous ai
proposé mercredi dernier de m'expliquer par une lettre à MM. les
receveurs généraux. Ces discours, contraires à la vérité, tendent à
arrêter toute la circulation et la négociation des rescriptions que je
maintiendrai toujours et à laquelle je suis très éloigné de donner atteinte, puisque c'est la seule ressource pour faire les services. Je vous
prie de me rendre justice sur cet objet et de répandre ma façon de
penser d'une manière qui rassure les personnes qui sont dans l'usage
de cette négociation, dont l'interruption arrêterait les services de
l'État. Je suis, etc.

1. The first letter is now first printed from a copy made by the Abbé Barthé-lemy. The second is in Colmant's hand. Both were enclosed in D's letter of 4 March 1770.

# APPENDIX 29

## [Voltaire's] Traduction du poème de Jean Plokof, Conseiller de Holstein, sur les affaires présentes.[1]

*Memoranda by HW* (unexplained):

| | |
|---|---|
| Bonus[1a] | Bantams — Lord L——ield[2b] |
| Couvercles | Wicks Smith |
| Gray | Horse  Mrs Clive |
| Cumberland[2] | Mr Grenville |
| Lord ——sdale[2a] | Lord Chatham ill because of action[3] |

### 1er.

AUX armes, Princes et Républiques chrétiens, si longtemps acharnés les uns contre les autres pour des intérêts aussi faibles que mal entendus; aux armes contre les ennemis de l'Europe; les usurpateurs du trône des Constantins vous appellent eux-mêmes à leur ruine, ils vous crient sous le fer victorieux des Russes, 'venez, achevez de nous détruire.'

### 2e.

Le Sardanapale de Stamboul endormi dans la mollesse et[4] la barbarie s'est réveillé un moment à la voix de ses insolents satrapes et de ses prêtres ignorants. Ils lui ont dit, 'Viole les droits des nations; loin de respecter les ambassadeurs des monarques, commence par ordonner qu'on les mette aux fers, et ensuite nous instruirons la terre en ton nom que tu vas punir la Russie parce qu'elle t'a désobéi.' —'Je le veux,' a répondu le lourd dominateur des Dardanelles et de Marmora; ses janissaires et ses sophis[5] sont partis, etc.[6] Il s'est rendormi profondément.

### 3e.

Tandis[7] que son âme matérielle se livrait à des songes flatteurs entre deux Géorgiennes aux yeux noirs, arrachées par ses eunuques

1. Edited from Wiart's copy, enclosed in D's letter of 13 May 1770. Printed in Voltaire, *Œuvres* xxviii. 365.
1a. Picture dealer.
2. Lord Grosvenor in July 1770 recovered £10,000 damages from the Duke of Cumberland (*Mem. of Geo. III* iv. 109).
2a. (?) Scarsdale.

2b. (?) Lichfield.
3. Probably a reference to a suit which Lord Chatham lost to Tothill at this time (ibid. iv. 110).
4. 'Dans la' has been inserted in ibid.
5. 'Spahis' in ibid.
6. 'Et' in ibid.
7. 'Pendant' in ibid. 366.

aux bras de leurs mères pour assouvir ses désirs sans amour[8] et sa brutalité sans discernement, le génie de la Russie a déployé ses ailes brillantes. Il a fait entendre sa voix de la *Neva* au *Pont Euxin,* dans la Sarmatie, dans la Dacie, au bord du Danube, au promontoire du Ténare, aux plaines, aux montagnes où régnait autrefois Ménélas. Il a parlé, ce puissant génie, et les barbares enfants du Turkestan ont partout mordu la poussière. Stamboul tremble, la cognée est à la racine de ce grand arbre qui couvre l'Europe, l'Asie, et l'Afrique de ses rameaux funestes, et vous resterez tranquilles, vous Princes tant de fois outragés par cette nation farouche. Vous dormirez comme Mustapha, fils de Mahmoud.

## 4ᵉ.

[9]On ne retrouvera peut-être jamais une occasion si belle de renvoyer dans leurs antiques marais les déprédateurs du monde. La Servie tend les bras au jeune Empereur des Romains, et lui crie, 'Délivrez-moi du joug des Ottomans.' Que ce jeune Prince, qui aime la vertu et la gloire véritable, mette cette gloire à venger les outrages faits à ses augustes ancêtres, qu'il ait toujours devant les yeux *Vienne* assiégé par un vizir, et la Hongrie dévastée pendant deux siècles entiers.

## 5ᵉ.

Que le lion de Saint-Marc ne se contente pas de se voir avec complaisance à la tête d'un Évangile, qu'il coure à sa proie, que ceux qui épousent tranquillement la mer toutes les années fendent ses flots par les proues de cent navires; qu'ils reprennent l'île consacrée à Vénus, et celle où Minos dicta ses lois oubliées par les lois de l'Alcoran.

## 6ᵉ.

La patrie des Thémistocle et des Miltiade secoue ses fers en voyant planer de loin l'aigle de Catherine, mais elle ne peut encore les briser;[10] n'y aurait-il en Europe qu'un petit peuple ignoré, qu'une poignée de Monténégrins, une fourmilière, qui osât suivre les traces que cet aigle triomphant nous montre du haut des airs dans son vol impétueux?

8. The next phrase is omitted in ibid.            10. 'Quoi donc' is inserted here, in ibid.
9. This paragraph is changed in ibid.

7ᵉ.

Les braves Chevaliers du rocher de Malte brûlent d'impatience de se ressaisir de l'île du soleil et des roses que leur enleva Soliman, l'intrépide aïeul de l'imbécile Mustapha. Les nobles et valeureux Espagnols qui n'ont jamais fait de paix avec les barbares, qui ne leur envoient point des consuls de marchands sous le nom d'ambassadeurs pour recevoir des affronts toujours dissimulés; les Espagnols, qui bravent dans Oran les puissances de l'Afrique, souffriront-ils que les sept faibles tours de Byzance osent insulter aux tours de Castille?

8ᵉ.

Dans les temps d'une ignorance grossière, d'une superstition imbécile et d'une chevalerie ridicule, les Pontifes de l'Europe trouvèrent le secret d'armer les Chrétiens contre les Musulmans en leur donnant pour toute récompense une croix sur l'épaule et des bénédictions.

L'éternel Arbitre de l'univers ordonnait, disaient-ils, que les chevaliers et les écuyers, pour plaire à leurs dames, allassent tous tuer dans le territoire pierreux et stérile de Jérusalem et de Bethléhem, comme s'il importait à Dieu et à ces dames que cette misérable contrée appartînt à des Francs, à des Grecs, à des Arabes, à des Turcs, ou à des Corasmins.

9ᵉ.

Le but secret et véritable de ces grands armements était de soumettre l'église grecque à la latine (car il est impie de prier Dieu en grec, il n'entend que le latin). Rome voulait disposer des évêchés de Laodicée, de Nicomédie et du Grand Caire, elle voulait faire couler l'or de l'Asie sur les rivages du Tibre. L'avarice et la rapine, déguisées en religion, firent périr des millions d'hommes, elles appauvrirent ceux mêmes qui croient s'enrichir par le fanatisme qu'ils inspiraient.

10ᵉ.

Princes, il ne s'agit pas ici de croisades; laissez les ruines de Jérusalem, de Sépharvaïm, de Corozaïm, de Sodome et de Gomorrhe, chassez Mustapha et partagez. Ses troupes ont été battues, mais elles s'exercent par leurs défaites. Un vizir montre aux janissaires l'exercice prussien. Ceux qui ont été vaincus dans la Dacie peuvent assiéger

Vienne une seconde fois. Le temps de détruire les Turcs est venu; si vous ne saisissez pas ce temps, si vous laissez discipliner une nation si terrible autrefois sans discipline, elle vous détruira peut-être; mais où sont ceux qui savent prévenir et prévoir?

### 11<sup>e</sup>.

Les politiques disent, 'nous voulons voir de quel côté penchera la balance, nous voulons l'équilibre; l'argent, ce principe de toutes choses, nous manque; nous l'avons prodigué dans des guerres inutiles qui ont épuisé plusieurs nations, et qui n'ont produit des avantages réels à aucune.' Vous n'avez point d'argent, pauvres Princes? Les Turcs en avaient moins que nous[11] quand ils prirent Constantinople. Prenez du fer et marchez.

### 12<sup>e</sup>.

Ainsi parlait dans la Chersonèse cimbrique un citoyen qui aimait les grandes choses; il détestait les Turcs, ennemis de tous les arts; il déplorait le destin de la Grèce, il gémissait sur la Pologne, qui déchirait ses entrailles de ses mains au lieu de se réunir sous le plus sage et le plus éclairé des Rois; il chantait en vers germaniques, mais les Grecs n'en surent rien et les confédérés polonais ne l'écoutèrent point.

### Fin

11. *Sic* in MS; 'vous' in printed version, ibid. 368.

# APPENDIX 30

[Anonymous Account of the *Lit de justice*, 27 June 1770.][1]

LE lit de justice s'est tenu avec assez de tranquillité et de silence, le discours du Roi n'a été qu'un mot, celui de M. le Chancelier l'exposé des lettres patentes, celui de M. le Président assez fort sur ce que le Roi enlevait à sa Cour des Pairs une cause qu'il leur avait renvoyé; celui de M. Séguier soumis et court; les opinions silencieuses et taciturnes; après le lit de justice, le Roi rentré dans son cabinet a dit à M. le Duc d'Orléans qu'il lui défendait de se mêler au parlement de l'affaire de M. d'Aiguillon, et s'il allait au Palais pour autre chose, de se retirer dès qu'il serait question de cette affaire, et Sa Majesté a voulu charger ce Prince de faire part aux autres princes et pairs de cet ordre. M. le Duc d'Orléans a prié le Roi de le dire lui-même aux autres princes. Le Roi le leur a dit. M. le Prince de Conti est le seul qui ait répliqué que cette défense faisait tort aux droits de la pairie, et servirait peu à M. le Duc d'Aiguillon.

Du parlement le 26 juin.

On a ordonné à la séance de ce matin pour ce qui regarde le malheur arrivé au feu, que l'Hôtel de Ville et la police donneraient des mémoires du droit qui leur appartient pour mettre la police dans les jours de fêtes publiques, et que mardi prochain les gens du Roi donneraient leurs conclusions sur le désordre arrivé au feu de la ville.

De plus, les chambres ont délibéré sur l'invitation de se rendre demain au lit de justice, et en rappellant dans leur arrêt celui qu'on a pris à l'occasion de la communication des grosses du procès. On a protesté contre ce qui doit se passer au lit de justice et on s'est convoqué pour après-demain. L'avis a été unanime ayant été ouvert par M. de Montblin; il y avait à la séance quatre Princes du sang, et huit ou dix pairs qui ont été de l'avis de l'arrêt.

1. Printed from a copy, in Wiart's hand, in D's bequest to HW. See D to HW 27 June 1770, n. 4. Unpublished.

# APPENDIX 31

## [Extract from the Chancellor's Speech.][1]

LE Roi, occupé du soin de lever tout obstacle à la tranquillité de sa province de Bretagne, n'avait pas cru devoir permettre à Monsieur le Duc d'Aiguillon de rendre publique la requête qu'il avait présentée l'année dernière; mais lorsqu'il a été compris dans l'information de Bretagne, Sa Majesté a désiré connaître de quelle nature était l'accusation intentée contre lui; la plainte a été reçue avec tout l'appareil des formes judiciaires. Sa Majesté a été étonnée de voir que, dans l'information, plusieurs témoins avaient déposé des faits étrangers à la plainte, avaient annexé à leurs dépositions des arrêts du conseil; enfin que les secrets de l'administration y pouvaient être compromis; que ceux que Sa Majesté charge de ses ordres ne sont comptables qu'à elle seule de leur fidélité et du zèle; qu'elle regarde sa conduite comme irréprochable et conforme aux ordres qu'elle lui avait donnés, dont il ne doit compte qu'à lui seul; que si elle lui doit de se justifier, elle se doit à elle-même de ne point laisser pénétrer dans les secrets de l'administration, et de ne point éterniser, par une instruction criminelle, les troubles qui agitent la Bretagne.

À ces causes, Sa Majesté annule toutes les procédures et les requêtes de l'affaire; ordonne que toutes poursuites soient interrompues, et impose au procureur général et à tous autres le silence le plus absolu.

1. Enclosed by D in her letter of 27 June 1770. Endorsed: 'extrait du discours de M. le Chancelier, et des lettres patentes,' by Wiart, who made this copy. Printed in Toynbee ii. 131.

# APPENDIX 32

### Extrait des Registres du Parlement, du deux juillet mil sept cent soixante-dix.[1]

CE jour la Cour, toutes les chambres assemblées: vu par ladite cour le discours fait par le Chancelier de France à la séance de la Cour tenue à Versailles le quatre avril dernier, les Princes et Pairs y étant, le Roi présidant en icelle: la plainte rendue le 7 dudit mois, par le Procureur Général du Roi en la seconde séance de la Cour à Versailles: l'Arrêt dudit jour, qui donne acte de ladite plainte, et ordonne qu'il sera informé des faits y contenus: les Lettres Patentes publiées au lit de justice, tenu par ledit Seigneur Roi à Versailles le 27 juin dernier: les Lettres adressées à la Cour par les Princes du Sang Royal le 28 dudit mois: l'information faite par les Commissaires de la Cour en exécution du susdit Arrêt du 7 avril, de laquelle information lecture a été faite en la Cour ledit jour vingt-huit dudit mois.

En considérant, ladite Cour, que les Lettres publiées à Versailles ledit jour mercredi 27 juin dernier, quelque couleur qu'on ait affecté de leur donner, sont de véritables lettres d'abolition sous un nom déguisé:

Considérant que lesdites lettres ne sont point conformes aux charges, puisqu'elles déclarent que les accusés n'ont tenu qu'une conduite irréprochable, tandis qu'au contraire les informations contiennent des commencements de preuves graves et multipliées de plusieurs délits:

Considérant que, suivant les dispositions des Ordonnances, des Lettres d'abolition ne peuvent avoir d'effet que lorsqu'elles ont été entérinées en la Cour, après délibération sur le vu et examen des charges, et que si elles ne s'y trouvent point conformes, il doit être passé outre au jugement du procès: que telle est la loi du royaume, dont la Cour ne peut jamais s'écarter: qu'ainsi et l'arrêt du 6 avril qui a reçu la plainte du Procureur Général du Roi contre ledit Duc d'Aiguillon et autres; et l'information faite en exécution dudit arrêt, et les charges qui en résultent, subsistent dans toute leur force contre ledit Duc d'Aiguillon, Pair de France: qu'ainsi le Duc d'Aiguil-

1. An anonymous printed brochure, enclosed in D's letter of 4 July 1770. Printed in Toynbee ii. 638–40.

lon se trouve gravement inculpé et prévenu de soupçons, même de faits qui compromettent son honneur:

Considérant que (suivant que le Roi s'en est expliqué par ses lettres patentes du 28 mars dernier registrées en la cour toutes les chambres assemblées, les Princes et Pairs y séans, le 30 du même mois) la pureté, l'exemption même de tout soupçon sont inséparables de tout membre de la Cour des Pairs, dont ledit Seigneur Roi est le chef. Ouïs les gens du Roi:

La matière mise en déliberation:

LADITE COUR, toutes les chambres assemblées, en sa qualité de Cour des Pairs toujours existante, encore plus spécialement obligée par l'absence forcée des Princes et Pairs d'écarter et prévenir tout ce qui pourrait porter la plus légère atteinte à l'intégrité de l'honneur et dignité de la pairie et de la Cour des Pairs, a déclaré et déclare: que le Duc d'Aiguillon est, et le tiendra ladite cour, suivant la loi, pour inculpé de tous les faits contenus en la plainte du Procureur Général du Roi, reçue par ledit arrêt du 7 avril dernier rendu par la cour garnie de Princes et Pairs le Roi séant et présidant en icelle. En conséquence a ordonné et ordonne que ledit Duc d'Aiguillon sera averti de ne point venir prendre sa séance en icelle cour, et de s'abstenir de faire aucune fonction de pairie, jusqu'à ce que, par un jugement rendu en la Cour des Pairs, dans les formes et avec les solennités prescrites par les lois et ordonnances du royaume que rien ne peut suppléer, il se soit pleinement purgé des soupçons et faits qui entachent son honneur. Ordonné que le présent arrêt sera imprimé dans le jour, et signifié dans l'heure au Duc d'Aiguillon. Fait en Parlement, toutes les chambres assemblées, le deux juillet mil sept cent soixante-dix. Collationné Regnault.

Signé, DUFRANC.

À Paris, chez P. G. Simon, Imprimeur du Parlement, rue de la Harpe, à l'Hercule 1770.

Arrêt du Conseil d'État du Roi, du 3 juillet 1770.
Extrait des Registres du Conseil d'État.

Le Roi s'étant fait rendre compte d'un arrêt rendu par son Parlement de Paris, le 2 de ce mois, à l'occasion des lettres patentes du 27 juin dernier, publiées et enregistrées en présence de Sa Majesté, te-

nant son lit de justice; Sa Majesté aurait reconnu que son Parlement, au mépris desdites lettres patentes, s'est permis de délibérer sur des plaintes et procédures que Sa Majesté, dans la pleine conviction de l'innocence du Duc d'Aiguillon, et pour assoupir à jamais des troubles qu'on s'efforce de renouveler et d'entretenir, avait annulées, par la plénitude de son autorité souveraine, et regardé comme non avenues et sur lesquelles Elle avait imposé le silence le plus absolu à son Procureur Général et à tous autres: que son dit Parlement a entrepris de donner, à des dépositions de témoins, un corps et une existence qu'elles n'ont plus, et de leur attribuer la certitude et l'effet qu'elles ne pouvaient pas même avoir auparavant, dans l'état où elles étaient: et qu'enfin il a osé, hors la présence de Sa Majesté et des Princes et Pairs de son royaume, tenter de priver un Pair, qui n'a pas même été entendu, des fonctions de la pairie. Et Sa Majesté ne pouvant trop se hâter de réprimer un pareil attentat, et de faire rentrer son Parlement dans l'obéissance dont il doit l'exemple à ses sujets: ouï le rapport, et tout considéré; le Roi étant en son Conseil, a cassé et annulé, casse et annule ledit arrêt, rendu par son Parlement le 2 de ce mois, et tout ce qui s'en est ensuivi et pourrait s'ensuivre, comme contraire auxdites lettres patentes du 27 juin dernier, et par-là directement attentatoire à l'autorité de Sa Majesté et au respect qui lui est dû: fait défense à son dit Parlement d'en rendre de semblables à l'avenir. Enjoint au Duc d'Aiguillon, de continuer ses fonctions de Pair de France, à l'effet de quoi le présent Arrêt lui sera notifié de l'ordre de Sa Majesté, ainsi qu'aux Princes et Pairs de son royaume: ordonne que le présent Arrêt sera imprimé et signifié à son Parlement en la personne de son Greffier en chef. Fait au conseil d'État du Roi, Sa Majesté y étant, tenu au château de Saint-Hubert le trois juillet mil sept cent soixante-dix.

Signé Phélypeaux.

À Paris, de l'imprimerie royale. 1770.

# APPENDIX 33

Séance du Roi en son Parlement de Paris, du lundi trois septembre mil sept cent soixante-dix, du matin.[1]

MESSIRE Étienne-François d'Aligre, Chevalier, Premier.
    M. François-de-Paule le Fèvre d'Ormesson.
    M. Jean-Baptiste-Gaspard Bochart.
    M. Chrétien-François de Lamoignon.
    M. Armand-Guillaume-François de Gourgues.
    M. Michel-Étienne le Peletier.
    M. Omer Joly.

## Conseillers de la Grand'Chambre.

| MM. Fermé | MM. Dubois. | MM. De Sahuguet. |
|---|---|---|
| Gaultier | Noblet. | Pourcheresse. |
| Pasquier. | Laguillaumie. | Regnault. |
| Mayneaud. | Boucher | Farjonel. |
| Bretignières. | Boula. | Le Prestre. |
| Brochant. | Poitevin. | Roussel. |
| Degars. | Goislard. | Borry. |
| Rolland. | Robert. | Sauveur. |
| Lemée. | Rolland. | De Bèze. |
| Duport. | Pommyer. | Nigon. |
| Chavannes. | Lenoir. | Goujon. |

Ce jour, les Gardes du Roi s'étant saisis des portes, la Cour instruite que Monsieur le Chancelier arrivait au Parlement, a député pour l'aller recevoir, MM. Pasquier et Lenoir; ils étaient précédés de deux huissiers, et ont trouvé M. le Chancelier au milieu de la grand'salle, sous la voûte; ils se sont mis l'un à sa droite, et l'autre à sa gauche. M. le Chancelier était accompagné de ses secrétaires, de ses gentils-hommes et du Lieutenant de la Prévôté de l'hôtel servant près sa personne. Devant lui marchaient les huissiers de la chancellerie, avec leurs masses; après lui, MM. Bertier, Meulan, Dufour et de Bon-naire, Maîtres des Requêtes. M. le Chancelier a traversé le parquet,

1. An anonymous printed brochure, enclosed in D's letter of 3 Sept. 1770. Printed in Toynbee ii. 641–6.

et a pris sa place sur le banc et à la tête de MM. les Présidents, ayant devant lui le bureau de M. le Premier Président. Les Maîtres des Requêtes qui étaient venus avec lui ont passé sur la gauche derrière les bancs, et se sont placés sur un banc étant dans le parquet à main droite de celui de MM. les Présidents, et devant celui où se placent les Conseillers Présidents des Enquêtes et Requêtes.

Quelque temps après, la Cour instruite que le Roi allait arriver, a députe pour l'aller recevoir et saluer, MM. les Présidents le Fèvre, Bochart, de Lamoignon et de Gourgues; MM. Boucher, De Sahuguet, Conseillers-Clercs; Mayneaud, Laguillaumie, Bretignières et Rolland, Conseillers-Laïcs, précédés de six huissiers et du premier huissier. Ils ont trouvé ledit Seigneur Roi, au haut du perron, vis-à-vis la porte de la Sainte-Chapelle, et l'ont accompagné, le premier huissier marchant immédiatement devant sa personne.

Sa Majesté était précédée de Monsieur le Duc d'Orléans, de Monsieur le Duc de Chartres, de Monsieur le Prince de Condé, de Monsieur le Comte de Clermont et de Monsieur le Comte de la Marche, Princes du Sang, lesquels ont traversé le parquet, sont montés par le petit degré, et ont pris leurs places ordinaires au haut siège. Sur le reste du même banc, et sur un autre qui avait été mis devant, se sont placés MM. les Ducs de Luynes, de Brissac, de Fronsac, de Villeroy, de Tresmes, d'Aumont, Charost, de Saint-Cloud, Rohan-Rohan, Villars-Brancas, de Valentinois, de Nevers, de Biron, de la Vallière, de Fleury, de Duras, de la Vauguyon, de Praslin, Pairs de France; lesquels sont entrés par la lanterne du côté du parquet.

Sur le banc à main gauche du Roi, au haut siège, s'est placé Monsieur l'Archevêque Duc de Reims, Pair de France, lequel était entré par la lanterne du côté du greffe.

Le Roi s'étant assis dans son fauteuil et couvert, Monsieur le Chancelier a dit: *Faites sortir les étrangers et fermez les portes.*

Un instant après, Monsieur le Chancelier a dit: *Le Roi ordonne que chacun prenne sa séance.*

Un instant après, Monsieur le Chancelier a dit: *Le Roi permet qu'on se couvre.*

Monsieur le Chancelier étant ensuite monté vers le Roi, agenouillé à ses pieds pour recevoir ses ordres, descendu, remis en sa place, assis et couvert, a dit: *Le Roi ordonne qu'on aille aux Chambres, et qu'on envoie aux Requêtes du Palais.*

MM. Bourrée, le Moyne, de Murard, Hocquart, Angrand, Rol-

land, Brisson, le Rebours, Chabenat et Anjorrant, Conseillers, Présidents aux Enquêtes et Requêtes; MM. Nau, Berthelot, Pinterel, Bragelongne, Titon, de Glatigni, Louvel, Dubois, Heron, Chavaudon, Frédy, Roualle, Anjorrant, Choart, Dupuis, Robert, Nouet, Malézieu, de Lattaignant, Bertin, le Roy, Maussion, Nouveau, Lambert, Pasquier, Laguillaumie, Dionis, Gayet, Marquette, Bourgogne, Laguillaumie, Amelot, Michau, Barillon, Dupré, Degars, Radix, Bourgevin, Bruant, Lambert, l'Escalopier, Richard, Hocquart, de Maupeou, Fréteau, Serre, de Bretignières, Forien, Oursin, Blondel, Phelippe, le Peletier, Savalette, Malon, Tandeau, le Riche, Clément, Perron, d'Outremont, Langlois, Le Rebours, Maulnoury, Clément, Mauperché, Masson, Joly de Fleury, Nicolaï, Fourmestraux, Brochant, Marquet, Barbier, Dudoyer, Clément, Royer, Desponty, Goujon, Ferrand, de Cotte, de Selle, Cordier, Bourgevin, Fumeron, Oursin, Rollin, Lallemant, Noblet, Tavernier, Dujouanel, Villiers, Conseillers des Enquêtes et Requêtes, sont entrés successivement, et se sont assis et placés en leurs places ordinaires.

Monsieur le Chancelier, étant ensuite monté vers le Roi, agenouillé à ses pieds pour recevoir ses ordres; descendu, remis en sa place; le Roi ayant ôté et remis son chapeau, a dit:

'Messieurs, mon Chancelier va vous expliquer mes intentions.'

Sur quoi Monsieur le Chancelier a dit:

'MESSIEURS,

'Le Roi, après vous avoir fait connaître, par une loi enregistrée en sa présence, qu'il importait au secret et à l'exercice de son administration, ainsi qu'à la tranquillité de sa province de Bretagne, que l'affaire intentée contre Monsieur le Duc d'Aiguillon, honoré de sa confiance et chargé de ses ordres, demeurât ensevelie dans l'oubli, devait penser que, soumis à ses volontés, vous cesseriez de vous occuper de cette affaire.

'Néanmoins, dès le 2 juillet dernier, sur une information anéantie, vous avez rendu un arrêt par lequel, sans autre instruction préalable, sans preuves acquises, et au mépris des règles et des formes judiciaires, vous avez tenté de priver des principales prérogatives de son état un pair du royaume, dont la conduite a été déclarée irréprochable par Sa Majesté elle-même.

'Cet arrêt, que Sa Majesté a cassé par celui de son conseil du 3 juillet, qui vous a été signifié en la personne de votre greffier en chef,

de l'ordre exprès de Sa Majesté, a été suivi de vos arrêtés des 11 juillet et 1er août, par lesquels vous avez persisté dans l'arrêt du 2 juillet.

'Le Roi a écouté vos représentations; il y a reconnu l'esprit de chaleur et d'animosité qui les a dictées.

'Vous avez depuis multiplié les actes contraires aux volontés de Sa Majesté.

'Votre exemple a été le principe et la cause d'actes encore plus irréguliers, émanés de quelques autres Parlements.

'Sa Majesté veut enfin vous rappeler à l'obéissance qui lui est due; elle vient vous faire connaître ses intentions, et vous imposer de nouveau le silence le plus absolu.

'Elle veut bien effacer jusqu'aux traces de votre conduite passée, et vous ôter les moyens de lui désobéir à l'avenir.

'Le Roi ordonne que:

'Les pièces envoyées au Parlement de Paris, en conséquence des arrêts du Parlement de Bretagne, des 21, 18 mars et 26 juillet derniers;

'La minute et les grosses de l'arrêt du 7 avril, qui déclarent nulles les informations faites en Bretagne;

'La plainte rendue par le procureur général du Parlement de Paris;

'Celles rendues par Monsieur le Duc d'Aiguillon, MM. de la Chalotais et le nommé Audouard;

'La minute et les grosses de l'information faite à Paris;

'Les conclusions du procureur général;

'Les arrêtés des 9, 26 mai, 26 et 28 juin;

'Les deux arrêtés du 2 juillet;

'L'arrêt dudit jour;

'La signification qui en a été faite à Monsieur le Duc d'Aiguillon;

'Les représentations arrêtées ledit jour;

'Les arrêtés des 11 et 31 juillet;

'Les deux arrêtés du 1er août;

'Ceux des 3, 8, 9 et 21 août dernier, lui soient remis par les greffiers et ceux qui en sont les dépositaires.'

Sur quoi Monsieur le Chancelier ayant appelé successivement Ysabeau, Dufranc, Fremyn et le Ber, ils se sont approchés, et ont remis les pièces ci-dessus mentionnées.

Ensuite, Monsieur le Chancelier, monté vers le Roi, s'est agenouillé à ses pieds pour recevoir ses ordres, redescendu, remis à sa place, assis et couvert, a dit:

'Le Roi ordonne que lesdits actes et procédures, arrêts et arrêtés, soient supprimés de vos registres.

'Sa Majesté vous fait défense de tenter de les rétablir en votre greffe par copies ou expéditions, si aucunes existent desdits actes, pièces et procédures, ou par procès-verbaux de réminiscence du contenu desdits actes, pièces et procédures, ou par telle autre manière et forme que ce puisse être.

'Sa Majesté ordonne, sous peine de désobéissance, à son premier président et à tout autre président ou officier qui présiderait en son absence, de rompre toute assemblée où il pourrait être question de rétablir, en tout ou en partie, les actes, pièces ou procédures supprimés.

'Elle leur défend, sous les mêmes peines, d'assister aux délibérations que vous pourriez tenter de prendre, malgré eux, à ce sujet, et d'en signer les procès-verbaux.

'À l'égard de vos représentations, Sa Majesté a vu avec étonnement que vous tentiez d'établir des rapports entre les événements de son règne et des événements malheureux qui devraient être effacés du souvenir de tout bon Français, et auxquels son Parlement ne prit alors que trop de part: Elle veut croire qu'il n'y a que de l'imprudence dans vos expressions.

'Sa Majesté persiste dans sa réponse au sujet des défenses qu'Elle a faites aux Princes et aux Pairs; et quoique ce qui se passe en Bretagne vous soit étranger, Elle veut bien vous dire qu'Elle ne souffrira jamais qu'on renouvelle une procédure que des vues de sagesse et de bien public Lui ont fait une loi d'éteindre; que les deux magistrats n'ont été arrêtés que parce qu'Elle a été offensée de leur conduite; et Elle vous avertit que ceux qui se conduiront comme eux ressentiront les effets de son indignation.

'Sa Majesté vous défend, sous peine de désobéissance, toutes délibérations sur ces objets.

'Elle vous défend pareillement de vous occuper de tout ce qui n'intéressera pas votre ressort.

'Elle vous prévient qu'Elle regardera toute correspondance avec les autres parlements comme une confédération criminelle contre son autorité et contre sa personne.

'Elle donne ordre à son premier Président, et à tout autre Président ou officier de son Parlement, qui présiderait en son absence, de rompre toute assemblée où il serait fait aucune proposition tendant

à délibérer sur les objets sur lesquels Elle vous a imposé silence, ainsi que sur tout envoi qui vous serait fait par les autres Parlements.'

Monsieur le Chancelier est ensuite monté vers le Roi, agenouillé à ses pieds pour recevoir ses ordres, descendu, remis en sa place, assis et couvert, a dit:

'Le Roi ordonne aux Présidents et conseillers des Enquêtes et Requêtes de se retirer dans leurs chambres, pour y vaquer à l'expédition des affaires des particuliers.'

Sur quoi les Présidents et conseillers des Enquêtes et Requêtes se sont retirés.

Monsieur le Chancelier étant ensuite remonté vers le Roi et redescendu, le Roi s'est levé et est sorti dans le même ordre qu'il était entré.

À Paris, de l'imprimerie Royale. 1770.

# APPENDIX 34

[The Chevalier de l'Isle to Madame du Deffand,
4 Sept. 1770.]¹

Cirey par Bar-sur-Aube, 24 septembre 1770.

IL faut bien prendre garde, Madame, devant qui vous parlez. Deux sœurs, qui vous ont ramenée de Gennevilliers à Saint-Joseph, viennent de me rendre la conversation que vous avez eue avec elles; je m'y trouve un peu mêlé, et c'est d'une façon qui vous coûtera la peine d'essuyer tous mes remercîments. Je vous en dois, Madame, non seulement pour le bien que vous avez dit de moi, mais encore pour celui que vous faites dire de vous, car l'un me fait autant de plaisir que l'autre, et ces dames me parlent de votre gaîté, de votre grâce, de votre bel et bon esprit, comme si elles avaient la prétention de m'apprendre tout cela.

Il nous est arrivé des anathèmes de toute espèce contre le soi-disant Mirabaud, le réquisitoire de M. Séguier me paraît d'une commodité charmante pour tout plein d'honnêtes gens, qui n'ont pas les moyens de se procurer l'ouvrage condamné, c'en est l'essence qui va se ré-pandre sous la protection des lois. Quant au discours de M. de Tou-louse contre l'incrédulité, personne ne peut disconvenir qu'il ne soit parfaitement beau, mais on dira peut-être que l'homme de France qui parle le mieux économie c'est M. le Duc de Bouillon. Nous at-tendons encore une pastorale de M. l'Archevêque de Paris, et si nous sommes gangrenés ce ne sera pas faute d'antidotes. Je crois, au reste, que toutes les puissances font bien de se liguer contre le nouveau système; je l'ai médité tout l'été, pendant que la cigale chantait, et je me trompe beaucoup, si, tôt ou tard, il ne leur est funeste; dès que la multitude raisonne, l'autorité chancelle, c'est pour cela que vous voyez les Anglais toujours rebelles et les Capucins toujours soumis.

Mme du Châtelet ressent, depuis longtemps, des douleurs de rhu-matismes qui l'obligent d'aller prendre les eaux de Bourbonne où elle m'emmène, de peur que le défaut de société ou la société même ne la livre à un ennui qui gâte le bon effet des eaux; nous partons demain, en laissant ici Mme de Damas, pour y exercer l'hospitalité envers les nobles étrangers, et nous ne comptons guère la rejoindre

1. Enclosed in D's letter of 2 Oct. 1770. Printed in Toynbee ii. 167–8.

avant le milieu du mois prochain; c'est un contretemps bien fâcheux pour Mme du Châtelet, en ce qu'il l'empêche de faire les honneurs de sa maison au camp de Fontainebleau.

Nous n'avons ici de nouvelles que celles qu'on peut imprimer, et nous n'en voulons point savoir d'autres parce que notre curé dit que de bons villageois doivent se borner à faire des vœux pour la prospérité des blés, des vignes, et des honnêtes gens. Il nous est pourtant venu quelques bruits de guerre, et je crois, Madame, que vous êtes bien révoltée en songeant que M. Walpole peut devenir, dans quelques mois, votre ennemi; je vous assure, que, quoiqu'on fasse, je ne serai jamais le sien ni celui de Milord Holdernesse et que je dirai bien

> France, si tu te plains que c'est là te trahir,
> Fais-toi des ennemis que je puisse haïr.

En revanche, Madame, je haïrais bien les vôtres si vous en aviez et que je les connusse, car il me semble qu'ils ne peuvent être honnêtes ni aimables. Recevez, Madame, je vous en supplie, les assurances de ma reconnaissance et de mon respect.

DE LILLE.

Si l'Abbé Boudot est encore aux eaux, je lui donnerai tous les soins que doit attendre de moi l'ami de M. le Président Hénault et de Mme de Jonzac, quand il ne serait pas en même temps le mien.

# APPENDIX 35

[Anonymous Songs on Chancellor Maupeou.][1]

Chanson, air: *M. le Prévôt des marchands.*

LE ROI dans son conseil dernier
   Dit: 'Monseigneur le Chancelier,[2]
Choiseul fait briller ma couronne
De la Baltique à l'Archipel;
C'est lui qui soutiendra mon trône,
Et vous soutiendrez mon Bordel.'[3]


### Réponse.

Le Chancelier lui répondit:
'Grand Roi, que vous avez bien dit!
Du pauvre diable qui chancelle,
Vous raffermissez le crédit;
Que ne puis-je en votre ruelle
Raffermir aussi votre vit!'[4]

1. Dated 1770 by HW. Now first printed from Wiart's copy, in D's bequest to HW. See D to HW 14 Dec. 1770, n. 10.

2. Maupeou (HW).
3. Expanded by HW from Wiart's 'B.'
4. Last word supplied by HW.

# APPENDIX 36

## Épigramme sur M. d'Aiguillon.[1]

LORSQU'AUX abois le bacha d'Aiguillon
Eut de Linget découvert le repaire[2]
Il l'y surprit travaillant au factum
Qu'il a produit en faveur de Tibère,
'Or ça, l'ami,' dit le tyran breton,
'Tu sais mon cas, fais mon apologie.'
'C'est,' reprit l'autre, 'arriver à propos;
'Vous me voyez en haleine et dispos.
'Je pelotais en attendant partie.'[3]

1. Anonymous. Now first printed from Wiart's copy, in D's bequest to HW. See D to HW 14 Dec. 1770, n. 11. HW has written the following notes in pencil at the bottom of these verses (the notes probably refer to Louis XVI and Marie-Antoinette):

'Je ne savais pas que j'avais épousé un maçon.'

'Demandez à Mme de Noailles quelle est l'étiquette pour une Dauphine de France qui tombe d'un âne.'
Duke of Orléans
Duchesse de Gramont
Did not go till Tuesday 9 o'clock.
2. Libraire (HW).
3. Terme du jeu de paume (HW).

# APPENDIX 37

[Anonymous Accounts of the Exile of the Parlement of Paris.][1]

LE Parlement de Paris exilé; tous les membres dispersés dans de mauvais villages ou bourgs. Quelques favorisés cependant sont dans leurs terres. D'autres ont à peine trouvé un asile parmi des paysans inhumains qui les prenaient pour des criminels d'état.

Le conseil du Roi ou d'État est nommé pour faire les fonctions du Parlement. Mais les affaires sont arrêtées parce que les avocats et procureurs ne veulent plus agir. À la première séance, ce nouveau parlement a été hué. Il y a eu quelques clercs mis en prison, mais bientôt relâchés. Le Chancelier et le nouveau parlement sont toujours entourés d'une bonne garde. On dit que les avocats seront forcés d'agir sous peine d'exil et de confiscations de bien, et les procureurs sous celle d'être enfermés le reste de leur vie. On croit que les autres parlements prendront la cause de celui de Paris. Les mousquetaires ont été chargés de lettres de cachet. Ils sont entrés au milieu de la nuit chez les conseillers et présidents, leur offrant de signer un *oui* ou un *non* sur le champ, et sans leur permettre la moindre conférence. L'un d'eux, ayant répondu que le *oui* était contre son serment, son devoir, et son inclination, et le *non* trop dur à dire à son Roi; il a signé le *oui,* mais il s'expliqua le lendemain de manière qu'on a jugé qu'il méritait le sort des autres. L'arrêt du Roi, qu'il était question d'enregistrer, était que le parlement après deux remontrances serait dans tous les cas obligé de se soumettre à la volonté du Roi.

On parle assez librement et l'on voit les esprits très mécontents. Le petit peuple même murmure. On trouve souvent des placards si bien appliqués qu'on a peine à les dérober aux yeux de tout le monde. Dans l'un entr'autres on envoie le Roi loger à la rue de *Vuide Gousses,* M. de Choiseul à l'hôtel des Halles à blé, Mme du Barry à la rue Tire-boudin, M. le Dauphin à la rue Bétizy, Mme la Dauphine à la rue Vivienne, le Chancelier à la rue Judas. Celui-ci a été pendu à fresque au coin d'une rue. On dit qu'un certain grand personnage s'engoue tous les soirs avec sa maîtresse à qui on reproche le plus

1. Three MSS, unpublished. The first, in Colmant's hand, was in the collection acquired by WSL from the Richard Bentley estate. The other two, in Wiart's hand, are in D's bequest to HW. See D to HW 19 Jan. 1771, n. 10.

mauvais ton du monde. Elle lui essuye tendrement la bouche, en lui disant affectueusement *Que je vous essuye la barbe!* Le Duc d'Ayen ayant par hasard marché sur la robe du Chancelier, celui-ci se tourne. 'Prenez garde à votre robe,' lui dit le Duc d'Ayen, 'elle vous fera casser le cou.'

Du 19 au 20 janvier 1771

Cette nuit, à deux heures, deux mousquetaires sont entrés chez Messieurs les conseillers au parlement, et leur ont porté la lettre dont voici les termes:

Je vous fais cette lettre pour que vous ayez à reprendre les fonctions de votre office, et à reprendre le service ordinaire que vous devez à mes sujets, pour l'expédition de leurs affaires dans les chambres où vous êtes distribués, et ce sans interruption ni discontinuation, et que vous ayez à vous expliquer nettement et remettre par écrit au porteur de la présente, sans tergiversation ni détour, par simple déclaration de oui ou de non, votre acquiescement ou votre refus de vous soumettre à nos ordres, vous enjoignant et vous déclarant que je prendrai de vous le refus clairement expliqué et signé comme désobéissance à nos ordres. Sur ce, je prie Dieu qu'il vous ait en sa sainte garde,

> (signé)
> **Louis**
> (et plus bas)
> **Phélypeaux**

Les deux mousquetaires portaient ordre de ne laisser parler à qui que ce soit ceux à qui les lettres étaient enjointes.

Lundi, 21 janvier 1771

Messieurs du parlement qui n'avaient pas eu de lettres d'exil, et qui se sont assemblés aujourd'hui au palais ont arrêté:

La Cour persiste dans son arrêté du 18 de ce mois, elle implore la clémence du Roi pour le rappel des exilés, ou bien elle demande à subir le même sort.

Ils ont été présidés par un de Messieurs les conseillers.

# APPENDIX 38

## [Anonymous Letter to the French Nobility Sending Them a Petition for the Duc d'Orléans.][1]

Du 27 mars 1771.

J'AI l'honneur de vous envoyer, Monsieur, le projet d'une lettre que je crois qu'il est convenable d'écrire dans les circonstances présentes à Monsieur le Duc d'Orléans; ce moyen étant le seul qui nous reste pour porter au Roi nos réclamations, puisqu'il nous est défendu de nous assembler.

J'ai l'honneur de vous avertir que tous les Maréchaux de France qui ne sont pas Pairs, Monsieur le Marquis de Poyanne, Monsieur le Duc de Gontaut, Monsieur le Marquis de Ségur, Monsieur le Prince de Beauvau, Monsieur le Marquis de Castries, Monsieur le Comte de Jarnac, Monsieur le Duc de Liancourt, MM. de Coigny, ainsi qu'un très grand nombre de gentilshommes, reçoivent en même temps semblables projets, et vous pouvez en conférer avec eux; car je crois qu'il est important de ne pas perdre de temps.

Je vous demande pardon, Monsieur, de ne point signer; mais le but de cette démarche doit vous servir de preuve que je suis digne d'être membre d'un corps dont j'ai les droits autant à cœur.

Je suis bien loin de croire, Monsieur, que le style de la lettre que j'ai l'honneur de vous proposer soit le meilleur que vous puissiez prendre, et je suis persuadé que les changements que vous y ferez, si vous jugez à propos d'en faire, seront à l'avantage de la démarche que j'ai l'honneur de vous proposer.

### Projet de la Lettre à Monsieur le Duc d'Orléans.

MONSEIGNEUR,

La noblesse, soumise depuis longtemps au malheur de n'avoir point de chef, de représentant, et de ne pouvoir s'assembler, remet avec confiance ses intérêts dans les mains de Votre Altesse Sérénissime, dans une conjoncture où le renversement des lois et des formes observées jusqu'à présent dans l'État, cause les plus vives alarmes à tous les ordres qui le composent.

1. Enclosed in D's letter of 26 March 1771. See D to HW 10 March 1771, n. 11. Printed in Toynbee ii. 646–8.

Tout gentilhomme vraiment conduit par l'honneur ne peut voir sans une mortelle peine qu'on déshonore pour ainsi dire la nation, en rendant arbitraire, par conséquent tyrannique, un gouvernement doux et réglé qui subsiste avec tant d'éclat depuis tant de siècles.

L'édit du mois de décembre dernier, en attaquant d'abord la magistrature, et en l'anéantissant bientôt après, annonce assez ce que les mauvaises intentions d'un seul peuvent faire éprouver à des sujets qui vivent actuellement sous le meilleur des maîtres, et ce que la postérité doit craindre du despotisme qu'on cherche à établir, et dont le parlement qu'on se propose de substituer à l'ancien serait l'instrument le plus dangereux, en abusant du nom des lois et des formes.

C'est à vous, Monseigneur, que votre rang et vos sentiments approchent si naturellement du trône, de faire valoir les justes réclamations d'un ordre si distingué dans l'État, que Henri IV a daigné se dire le premier gentilhomme de son royaume. Que par vous le Roi soit éclairé sur ses vrais intérêts, et que la noblesse vous doive d'avoir fait entendre une voix qui ne s'élève jamais que pour publier son respect pour le Roi, son attachement aux vrais intérêts de l'État, et sa reconnaissance pour Votre Altesse Sérénissime.

Je suis avec, etc.

# APPENDIX 39

### [Letters by Madame de la Vallière and M. Bonnay to Madame du Deffand Oct. 1771.][1]

*Address:* À Madame Madame la Marquise du Deffand au couvent St-Joseph, *Rue St-Dominique.*

MADAME la Duchesse de la Vallière, à force de soins pour ce qui peut intéresser Mme du Deffand, a appris des nouvelles plus agréables que celles qu'elle lui a fait savoir ce matin au sujet de l'armure. Elle remet à demain à lui en parler plus amplement.

Ce 9 à 4 heures.

*Address:* À Madame Madame la Marquise du Deffand en son hôtel *à Paris.*

MADAME la Duchesse de la Vallière me charge d'avoir l'honneur de vous répondre, Madame, sur le billet que vous venez de lui envoyer. L'armure est chez elle depuis avant-hier. Elle attendait le plaisir de vous voir demain au soir, et elle avait remis à vous en parler dans ce moment-là. C'est un objet très difficile à transporter, cette armure est toute montée sur un homme de bois à charnières qui est posé sur une estrade. Il a fallu quatre hommes pour la transporter chez elle avec un brancard; et on regarde comme impossible de l'envoyer sans la faire encaisser auparavant chez Madame la Duchesse parce que plus on la transporterait sans cette précaution, plus on la gâterait. C'est un superbe morceau d'ouvrage et de curiosité. Elle est dorée de haut en bas; le sabre, la lance, et le front du cheval y sont aussi; j'ai été chez celui qui a estimé tout le mobilier de la maison, il est à sa campagne, mais on m'a dit chez lui qu'il l'avait estimée mille écus, et toutes les personnes qui l'ont vue croient qu'elle vaut plus que cela. Dès que ce monsieur sera revenu il viendra parler à Madame la Duchesse. Elle est d'avis que Mme de Béthune envoie un homme à elle pour estimer cette armure. Elle ne voudra pas qu'elle sortît de chez elle sans avoir auparavant satisfait la famille, soit des mille écus qui est la somme de l'estimation, soit de la somme à laquelle l'homme de Mme de Béthune la fera monter. Madame la Duchesse compte toujours avoir l'honneur de vous voir demain. Elle vous en parlera avec plus de détail.

BONNAY

1. Original letters, enclosed in D's letter of 11 Oct. 1771. Printed in Toynbee ii. 291.

# APPENDIX 40

[Second Stanza of Madame du Deffand's Verses to
Madame de Luxembourg.][1]

SI vous craignez, me dira-t-on,
Pourquoi donc faire une chanson?
C'est donner prise à la censure.
Écoutez, voici ma raison:
La tendre amitié me rassure,
Elle excuse et trouve tout bon.

1. Now first printed from Wiart's copy, in D's bequest to HW. See D to HW 6 May
1772, n. 12.

# APPENDIX 41

## [Madame du Deffand's Correspondence about Annuities.][1]

LA veille que M. de Beauvau partit pour aller à la campagne de M. de la Borde, je lui fis la proposition que vous allez voir, qu'il ne trouva pas déraisonnable; il s'en chargea malgré la répugnance qu'il pouvait avoir à lui faire une nouvelle demande, venant de recevoir de lui des secours très considérables pour l'arrangement de ses affaires.

### Lettre de Mme la Marquise du Deffand à M. de Beauvau du 15 septembre 1772.

Je ne suis point inconnue à M. de la Borde, mon cher Prince. J'ai eu des preuves de sa générosité par une aumône considérable qu'il fit il y a cinq ans à deux pauvres filles pour lesquelles je faisait une quête. J'espère aujourd'hui que sans beaucoup d'indiscrétion je peux lui faire une proposition qui, passant par vous, pourrait être acceptée.

J'ai pour 68,000 francs d'effets royaux convertis en contrats, dont 50 [ooo] d'actions des fermes et 18[ooo] de l'emprunt de cinquante millions. Les contrats des actions rapportent 1800l., les autres 450l., le tout fait 2250l. Je voudrais placer ces papiers en rente viagère à 10%, ce qui ferait 6800l. J'augmenterais par là mon revenu de 4550l.

Si ces effets perdent moitié sur la place, ces 68,000 livres n'en valent que 34[000], mais comme j'ai 76 ans, en supposant que j'en ai encore huit à vivre, ce qui n'est pas vraisemblable, il n'y aurait presque point de perte pour celui qui ferait ce marché. Si vous obtenez de M. de la Borde qu'il me fasse ce plaisir, je vous en aurai une obligation infinie; il fera l'aisance de ma vie. Faites-lui voir, mon cher Prince, l'intérêt que vous voulez bien prendre à moi; dites-lui un mot, si vous le jugez à propos de M. et de Mme de Choiseul; ajoutez que je serai très reconnaissante et même honorée d'être au nombre de tant de personnes qu'il a obligées.

Vous m'avez permis cette importunité, prenez-la pour une marque de confiance, et cependant si vous avez quelque répugnance à faire cette proposition, prenez que je ne vous aie rien dit; je n'en compterai pas moins sur votre amitié.

1. Now first printed from Wiart's copy, in D's bequest to HW, but evidently enclosed in her letter of 15 Nov. 1772. The opening sentence is evidently addressed to HW.

## De M. le Prince de Beauvau, à La Ferté ce 18 septembre

On a commencé par calculer, et par trouver (comme cela est) qu'en ré-alisant les effets en question, vous n'en tireriez qu'environ 25,000 livres, qui ne pourraient jamais produire une rente telle que vous la demandez; mais on m'a dit (en gardant votre lettre) qu'on m'écrirait qu'on avait envie de m'obliger, mais que si cela avait lieu, il faudrait que vous en gar-dassiez le secret.

Je me presse de vous mander ces nouvelles, quelques peu décisives qu'elles soient, parce que j'ai un peu d'espérance que je suis bien aise de vous communiquer; je vous embrasse, Madame, de tout mon cœur en at-tendant lundi.

## (De M. de la Borde à M. le Prince de Beauvau)

Je serai toujours heureux lorsque je trouverai les occasions de marquer à M. le Prince de Beauvau ma respectueuse amitié; celle qu'il m'a fait voir pour Mme du Deffand ne me permet aucun obstacle à l'arrangement qu'elle désire. Je dois seulement lui observer que les 68,000 livres en effets royaux ne produiront en argent effectif qu'un objet de 25,000 livres, qui a raison de 4550*l*. par an rend l'intérêt à 18%, parce que sur les 6800[0]*l*. dont je serais chargé pour ma rente viagère je n'en toucherai du Roi que 2250*l*. L'emprunt de cinquante millions perd plus de 70%. Je n'ai aucune nouvelle des actions des fermes, mais elles doivent perdre environ 60%; si cela est ainsi, les 50,000 livres en actions ne rendront que      .     20,000*l*. les 18,000 livres de l'emprunt de cinquante millions à 70% de perte rendront  .    .    .    .    .    .    .    .    .    .    .    .    .    5,400*l*.

_____

25,400*l*.

Je sais fort bien que lorsqu'on veut obliger noblement on ne calcule pas; aussi je n'ai calculé que pour faire voir à M. le Prince de Beauvau que Mme du Deffand a été mal instruite sur la valeur de ses effets royaux et je finis par accepter purement et simplement un marché qui vraisem-blablement doit contribuer au bonheur de Mme du Deffand, faire un sensible plaisir à M. le Prince de Beauvau, que j'aime et que je respecte de tout mon cœur.

## (Billet de M. de Beauvau en post-scriptum aux lettres précédentes)

Le post-scriptum vaut mieux que la lettre, car voilà ce que M. de la Borde me remet dans le moment et dont je vous fais assurément mon compliment de tout mon cœur.

## Lettre de Mme du Deffand à M. le Prince de Beauvau, ce lundi 21 septembre.

Il est impossible, mon Prince, que je vous écrive, il faut que je vous dise moi-même tout ce que je pense; peut-être ne pourrai-je pas l'exprimer, mais mon embarras sera mon éloquence. Depuis votre départ, il ne s'est point passé de jour que je ne me sois dit, 'J'ai poussé l'indiscrétion à son comble; j'ai abusé de la bonté, de l'amitié de mon Prince; je l'ai commis à faire la demande la plus ridicule, la plus injuste et la plus impossible, mais j'espère qu'il aura la prudence de ne la point faire'; je me préparais à vous marquer ma honte et à vous demander mille pardons. Jugez quelle fut ma surprise hier en recevant votre lettre et celle qui l'accompagnait. Hâtez-vous, hâtez-vous de venir apprendre tout ce que je pense; je ne vous dirai que la vérité en vous assurant que ma plus grande joie a été de voir le respect, la considération et l'attachement qu'on a pour vous. Ce n'a été qu'en second lieu que je me suis réjouie d'avoir été l'occasion des marques que vous en recevez. Je serai bien éloignée d'être ingrate envers M. de la Borde, mais je l'aimerai et l'estimerai toute ma vie par rapport au sentiment qu'il a pour vous.

Il m'est bien doux, mon Prince, d'avoir trouvé en vous plus d'amitié que je n'en ai jamais trouvé en personne; aussi serez-vous à tout jamais ce que j'aimerai le mieux dans le monde. Faites-moi savoir quand je pourrai vous voir!

## De Mme du Deffand à M. de la Borde, ce 22 septembre.

Je me reprochais, Monsieur, d'avoir engagé M. le Prince de Beauvau à vous faire une proposition qu'un peu de réflexion m'avait fait connaître très indiscrète. Je m'attendais que sa prudence ne lui permettrait pas de vous en parler, mais son amitié pour moi et la connaissance qu'il a de votre excessive générosité a trompé mon attente. Jamais je n'ai été plus surprise qu'en apprenant que vous acceptiez sans aucune restriction tout ce que je désirais; il n'y a que mon grand âge qui puisse excuser ce que j'ai osé proposer. Recevez, Monsieur, toutes les assurances de ma reconnaissance. Je garderai bien exactement le secret que vous imposez; il m'en coûtera beaucoup; je me ferai un honneur des obligations que je vous ai, et c'est avec un très grand regret que je me soumets à vous obéir.

Je prierai M. le Prince de Beauvau d'ajouter à l'important service qu'il m'a rendu de me procurer l'honneur et le plaisir de vous dire moi-même tous les sentiments avec lesquels je suis, Monsieur, votre etc.

M. de Beauvau s'était chargé d'envoyer ma lettre à M. de la Borde, il ne la lui voulut rendre qu'après avoir su que l'on faisait le contrat qui a été fait et signé, mercredi 30 de septembre.

## De M. de la Borde à Mme du Deffand à La Ferté-Vidame le 1er octobre 1772.

Je n'ai reçu que ce matin, Madame, la lettre que vous m'avez fait la grâce de m'écrire le 22 du mois dernier, et M. le Prince de Beauvau me prévient du motif qui a retardé le plaisir que j'ai eu à la recevoir. Celui que j'ai senti en acceptant un arrangement qui pouvait contribuer à l'agrément de votre vie, conséquemment à celle de M. le Prince de Beauvau, est inexprimable, et je n'en ai jamais fait de plus utile à mon cœur.

Je vous demande, Madame, la permission de vous le dire moi-même, et de mettre à vos pieds le respect infini avec lequel je suis, Madame, votre etc.

# APPENDIX 42

## [Madame du Deffand to Voltaire 18 Nov. 1772.][1]

Ce 18 novembre 1772

J'AI tout entendu, mon cher Voltaire, et je vous en dois des remercîments infinis. Je doute que les morts soient aussi contents de vous que le sont les vivants. Horace rougira (si tant est que les ombres rougissent) de se voir surpassé; et Minos de se voir si bien jugé et d'être forcé d'avouer qu'il devrait subir les punitions auxquelles il condamne les gens moins coupables que lui. Astérie est très intéressante. Le Roi représente très bien Gustave III. C'est en faire un grand éloge. Sans doute j'aime ce Gustave; j'ai eu le bonheur de le connaître pendant son séjour ici. Je puis vous assurer qu'il est aussi aimable dans la société qu'il est grand et respectable à la tête de la chose publique. C'est le héros que vous devez célébrer et peindre; il n'y aura point d'ombre au tableau. J'ai eu un vrai plaisir à faire les applications que vous avez eues en vue en composant votre pièce. En vérité, mon cher Voltaire, vous n'avez que trente ans! Si c'est grâce à qui vous savez que vous ne vieillissez pas, vous vérifiez bien le proverbe: oignez vilain, etc., etc.

J'ai été très contente de Lekain; il a lu à merveille, mais je ne suis point contente de la distribution des rôles. Je voudrais qu'il fît le roi; il dit que cela ne se peut pas; je n'entends pas les dignités théâtrales; il y en a pourtant bien de cette sorte à la cour et à la ville.

D'où vient ne voulez-vous pas connaître tout cela par vous-même? Cessez donc d'écrire si vous voulez nous persuader que c'est votre âge qui vous empêche de venir. Vous avez quarante ans moins que moi, et j'ai bien été cette année à Chanteloup. Quand l'âme est aussi jeune que l'est la vôtre, le corps s'en ressent. Vous n'avez aucune incommodité positive. Je serais ravie de vous embrasser, de causer avec vous, et de vous trouver d'accord avec ce que je pense sur le mauvais goût, le mauvais ton qui règne dans tout ce qu'on fait, dans tout ce qu'on dit, et dans tout ce qu'on écrit. Donnez-moi de vos nouvelles, envoyez-moi toutes vos productions; ce sont des armes que vous me donnerez pour défendre la bonne cause.

Adieu, aimez-moi toujours un peu, et je vous aimerai toujours infiniment.

1. Printed from Wiart's copy, enclosed in D's letter of 16 Nov. 1772. Printed in Voltaire, *Œuvres* xlviii. 222–3.

# APPENDIX 43

## [Madame de la Marck to Madame du Deffand, March 1773.][1]

MADAME la Comtesse de la Marck a fait faire toutes les perquisitions possibles touchant l'origine, l'état et la résidence de Mme Ward. Les plus anciens Irlandais qui demeurent au château de Saint-Germain ont été interrogés; aucun ne se rappelle d'avoir jamais entendu parler de ce nom, aucun ne sait si cette dame existe; on a de plus feuilleté les registres mortuaires depuis 1750 jusqu'à présent; il ne s'y trouve aucun nom qui approche de celui que l'on cherche; il est cependant une ancienne femme de chambre de Mme de Chambon,[2] nommée Ward, âgée de cinquante ans environ, dont on connaît parfaitement l'origine, qui n'est rien moins qu'illustre: ainsi elle ne peut être la personne dont il est question, puisqu'on la suppose d'ailleurs morte depuis cinq ou six ans; voilà tout ce qu'on a pu découvrir, et le résultat des informations qu'on a faites.

1. Edited from the original, enclosed in D's letter of 10 March 1773. Printed in Toynbee ii. 487–8.

2. Perhaps Marguerite de Sarre, m. (ca 1740) Jacques de Chambon, Comte de Marcillat (Woelmont de Brumagne iv. 209).

# APPENDIX 44

[Anonymous Song about the Duc de Guines.][1]

U N jour que j'étais plus tendre
Qu'on ne l'est communément,
À l'Hymen j'osai prétendre
Et, pour faire mon serment,
J'allai dans une chapelle,
Le cœur plein de sentiment,
Jurer à ma toute belle
De n'être plus impuissant.

1. Printed from a pencil copy in D's bequest to HW. See D to HW 1 June 1773, n. 17. Printed (except for the final word) in Toynbee ii. 504.

# APPENDIX 45

## [Pont-de-Veyle's Verses on Madame de Pompadour.][1]

UNE petite bourgeoise
Élevée à la grivoise,
Mesurant tout à sa toise,
Fait de la cour un taudis.
Le Roi malgré son scrupule
Pour elle froidement brûle,
Cette flamme ridicule
Excite dans tout Paris ris, ris, ris.

Cette catin subalterne
Insolemment le gouverne
Et c'est elle qui décerne
Les honneurs à prix d'argent:
À ses volontés tout plie,
Le courtisan s'humilie,
Il subit cette infamie
Et n'est que plus indigent, gent, gent, gent.

La contenance éventée,
La peau jaune et triulée,
Et chaque dent tâchetée,
Les yeux fades, le cou long:
Sans esprit, sans caractère,
L'âme vile et mercenaire,
Les propos d'une commère,
Tout est bas dans la Poisson, son, son, son.

Si dans les beautés choisies
Elle était des plus jolies,
On pardonne les folies
Quand l'objet est un bijou;

1. Printed from Wiart's MS copy, enclosed in D's letter of 15 May 1774. Not in Toynbee. 'Par M. de Pont-de-Veyle sur Madame de Pompadour. M. de Maurepas fut banni pour l'avoir chanté à souper' (HW).

Mais pour si mince figure
Et si sotte créature
S'attirer tant de murmure
Chacun pense le Roi fou, fou, fou, fou.

Il est vrai que pour lui plaire
Le beau n'est pas nécessaire:
Vintimille sut lui faire
Trouver son minois joli.
Aussi croit-on que Destrades
Si vilaine, si maussade,
Aura bientôt la passade;
Elle en a l'air tout bouffi, fi, fi, fi.

Les grands seigneurs s'avilissent,
Les financiers s'enrichissent,
Tous les Poissons s'agrandissent,
C'est le règne des vauriens;
On épuise la finance
En bâtiments, en dépense,
L'état tombe en décadence,
Le Roi ne met ordre à rien, rien, rien, rien.

# APPENDIX 46

## [Voltaire's] Invitation de souper.[1]

AUTEUR solide, ingénieux,[2]
  Qui du théâtre êtes le maître,
Vous qui fîtes le *Glorieux,*
Il ne tiendrait qu'à vous de l'être.
Je le serai, j'en suis tenté,
Si demain ma table s'honore
D'un convive tant[3] souhaité;
Mais je sentirai plus encore
De plaisir que de vanité.

1. Edited from Wiart's copy, enclosed in D's letter of 4 March 1776. Printed in Voltaire, *Œuvres* xxxvii. 107.

2. Destouches.

3. 'Si' in ibid.

# APPENDIX 47

### Lettre de Voltaire[1] à l'auteur[2] *des Inconvénients des droits féodaux, du 8 mars 1776.*

J'AVAIS lu, Monsieur, l'excellent ouvrage dont vous me faites l'honneur de me parler, et toute ma peine était d'ignorer le nom de l'estimable patriote que je devais remercier. Il me paraissait que les vices[3] de l'auteur ne pouvaient que contribuer au bonheur des peuples et à la gloire du Roi; j'en étais d'autant plus persuadé qu'elles sont[4] conformes à mes projets[5] et à la conduite du meilleur ministre que la France ait jamais eu à la tête de ses finances.[6] Ce grand ministre venait même d'abolir les corvées dans le petit pays dont j'ai fait ma patrie depuis[7] 20 ans. Non seulement nos cultivateurs étaient délivrés de cet horrible esclavage, mais ils venaient[8] d'obtenir la franchise du sel, du tabac, et de l'impôt sur[9] les denrées moyennant une somme modique; toutes nos communautés ont chanté le *Te Deum.* Enfin, j'espérais mourir à mon âge de près de quatre-vingt-trois ans en bénissant le Roi et M. Turgot. Vous m'apprenez[10] que je me suis trompé, que l'idée de faire du bien aux hommes est absurde et criminelle, et que vous avez été justement puni de penser comme M. Turgot et comme le Roi. Je n'ai plus qu'à me repentir de vous avoir cru, et il faut qu'au lieu de mourir en paix mes cheveux blancs descendent au tombeau comme dit l'auteur.[11]

Cependant j'ai[12] peur de mourir dans l'impénitence finale, c'est-à-dire plein d'estime et de reconnaissance pour vous; je pourrais même mourir martyr de votre hérésie; en ce cas je me recommande à vos prières et je vous supplie de me regarder comme un de vos fidèles.

---

1. Edited from Wiart's copy, enclosed in D's letter of 21 March 1776. Printed in Voltaire, *Œuvres* xlix. 547.
2. Pierre-François Boncerf (ca 1745–94).
3. 'Vues' in Voltaire, loc. cit.
4. 'Entièrement' has been inserted in ibid.
5. 'Aux projects' (ibid.).
6. 'Des finances' (ibid.).
7. 'Plus de' has been inserted in ibid.
8. 'Nous venions' (ibid.).
9. 'Toutes les' has been inserted in ibid.
10. 'Monsieur' has been inserted in ibid.
11. 'L'autre' in ibid.
12. 'Bien' has been inserted in ibid.

## Lettre de l'Éditeur.

JE m'empresse, Monsieur, de vous faire part de la charmante lettre de M. de Voltaire à notre digne patriote. Mon amour et mon zèle pour mon Roi et pour le sublime M. Turgot et pour ma patrie sont des devoirs qui m'engagent à la rendre publique, et je crois ne pouvoir mieux faire que de vous l'adresser; je ne doute nullement de votre exactitude et de votre vigilance pour remplir mes vues qui je crois ne tendent qu'à graver de nouveau dans le cœur des vrais Français—leur tendresse et leur amour pour notre jeune monarque à chérir et à immortaliser M. Turgot et ajouter des lauriers de gloire à la couronne que M. de Voltaire a si noblement mérités. Je suis, Monsieur, etc.

R. D. B.

# APPENDIX 48

[Anonymous] Inscription *pour la maison de campagne de M. de Pezay.*[1]

GUERRIER, poète, amant, jardinier, tour à tour,
C'est ici que je rêve, ou médite, ou soupire;
    J'y fais mes projets pour la cour,
    J'y fais des chansons pour l'Amour;
J'y touche le compas, la serpette et la lyre;
Oublié de la cour, seul ici j'en rirai,
Et si l'Amour me trompe, ici je pleurerai.

### Parodie

Politique, rimeur, guerrier, fat, tour à tour,
C'est ici qu'au public de moi je donne à rire;
    J'y fais des placets pour la cour,
    J'y chante à faire enfuir l'Amour;
J'y touche la serpette et n'ai point d'autre lyre;
Ignoré de la cour, ici je rimerai;
Et pour faire un cocu, là je me marierai.

1. Printed from Wiart's copy, enclosed in D's letter of 18 Dec. 1776. Printed in Toynbee iii. 277–8.

# APPENDIX 49

### [Anonymous Extract of the Decision upon the
### Duc de Guines' Law Suit.][1]

LA plainte de Tort, en ce qu'il impute au Duc de Guines de l'avoir fait jouer et de l'avoir fait fuir, injurieuse et calomnieuse.

Le Duc de Guines et M. de Monval déchargés de l'accusation. Tort blâmé. Acte au procureur général de sa plainte sur les pièces fausses produites par Tort, ordonne qu'il en sera informé. Tort condamné en 300 livres de dommages et intérêts envers M. de Guines. 50 livres envers M. de Monval. 100 livres envers M. Desandray. Tort condamné à tous les dépens. Roger et Delpêche, injonction d'être plus circonspect à l'avenir, condamnés de même aux dépens. Suppressions d'injures tant pour M. de Guines que pour M. de Monval et M. Desandray. Les mémoires de Tort supprimés. Défense à Falconnet d'en faire de semblables sous peine de punition exemplaire. Affiche et publication de l'arrêt. Sur la demande de M. de Guines de la suppression du libelle intitulé *Aperçu,* renvoyé le Duc de Guines à se retirer devers le Roi afin d'obtenir la suppression du dit *Aperçu,* dont l'original est au dépôt des affaires étrangères,. comme contenant des faits faux et calomnieux. Sur la plainte portée au Châtelet contre Maître Gerbier, recevoir le procureur général, appelant de l'arrêté du Châtelet, faisant droit sur le dit appel, met le dit Gerbier hors de cour.

1. Printed from Wiart's copy, enclosed in D's letter of 19 March 1777. Printed in Toynbee iii. 315–6.

# APPENDIX 50

## [The Abbé Barthélemy to Madame du Deffand, 18 June 1777.][1]

MADAME la Maréchale vous aura dit sans doute que M. le Comte de Falkenstein devait arriver ici. Vous vous attendez à des détails. Je n'en négligerai aucun; mais vous devez me savoir gré du sacrifice. Ma tête est tiraillée de tous les côtés, chaque mot me coûte un effort. Figurez-vous Bajazet écrivant à la princesse, ayant un nœud coulant autour du cou, que deux muets resserrent de toutes leurs forces à chaque mot qu'il écrit. Voilà ma position. Elle n'est plus si triste depuis que je me suis comparé à Bajazet.

Il faut reprendre les choses de plus haut. M. le Comte de Falkenstein arriva avant-hier à Saumur, excédé du monde qu'il avait trouvé sur sa route, soit en Normandie, soit en Bretagne. Une foule incroyable était assemblée à chaque poste. Pour éviter cette importunité, il avait souvent pris des routes de traverse; mais, depuis Nantes jusqu'à Saumur, l'affluence avait tellement augmenté, qu'il ne lui était plus possible de garder l'incognito. Il arriva donc à Saumur, il y vit les carabiniers, les fit manœuvrer et parut très content. Je vous épargne le récit de toutes les évolutions dont il fut témoin. Pour en venir à ce qui vous intéresse le plus, le soir il alla coucher à Tours, dans une auberge du faubourg, où il ne loge que des charretiers. Il arriva à dix heures; hier matin, à cinq heures, il était sur le pont qu'on vient de construire et qui n'est pas encore achevé; mais il le sera bientôt, et quand il ne le serait pas sitôt, cela ne vous ferait rien, ni à moi non plus.

Ce qu'il y a de certain, c'est qu'il est très beau et très solide, quoiqu'une des piles ait été sur le point de s'écrouler il y a deux ans. Rien n'étonne plus les étrangers que ces ponts qui décorent la capitale et les provinces. Va-t-on se promener du côté de Neuilly, on trouve un pont superbe. Du côté d'Orléans, autre pont; du côté de Tours un autre; du côté de Moulins, vous avez encore la commodité d'un pont. Jamais les Romains n'ont été si magnifiques. Les ponts qui sont à Rome ne valent pas les nôtres. Je n'ai pas vu celui que Trajan avait

1. Printed from Wiart's copy, enclosed in D's letter of 29 June 1777. Endorsed by Wiart: 'copie de la lettre de M. l'Abbé Barthélemy, Chanteloup, 18 juin 1777.' Printed in S–A iii. 271–3.

fait construire sur le Danube, d'abord parce que je n'y ai pas été, en second lieu, parce qu'il ne subsiste plus; mais je parie tout ce que vous voudrez qu'il n'égalait pas ceux qui se font en France. Quoiqu'il en soit, je reviens à ce qui pique le plus votre curiosité. Je serais cependant tenté de renvoyer ce récit à une autre fois, car il me fatigue cruellement; je rougis, je pâlis à sa vue. Essayons néanmoins. J'ai laissé M. le Comte de Falkenstein sur le pont de Tours. Après l'avoir examiné avec l'ingénieur en chef de la province, il se mit dans sa chaise de poste et partit pour Poitiers; il avait perdu quelques jours dans son voyage de Normandie et de Bretagne; il renonça au projet de remonter la Loire jusqu'à Orléans, et puis voilà tout.

Votre grand'maman tousse encore un peu et a commencé à prendre du lait d'ânesse. Grande chasse aujourd'hui et grand dîner aux étangs jumeaux, à deux lieues d'ici. Samedi partiront M. et Madame la Baronne de Talleyrand, Mesdames de Boufflers, M. d'Ossun. Vous croyez qu'après leur départ, il ne restera pas grand monde, dix-huit à dix-neuf personnes seulement. Les deux évêques,[2] Castor et Pollux, sont ici; deux autres frères, MM. de Coigny, sont arrivés avant-hier. On attend aujourd'hui M. l'Évêque de Blois; viendra ensuite M. l'Évêque d'Orléans, sans compter ceux sur lesquels on ne compte pas. Quand ils seront tous réunis, ils auront avec eux l'esprit de Dieu. Ils s'assembleront en concile et ils décideront que mes sentiments pour vous sont tels qu'ils doivent être; que personne n'est aussi aimable que vous, et que personne ne vous aime autant que moi.

Cette dernière proposition souffrira peut-être quelque difficulté, car je vois des gens qui ont les mêmes prétentions. Nous aurons un petit schisme dont vous serez l'objet.

2. L'Archevêque et l'Évêque d'Arras, frères (HW).

# APPENDIX 51

[Mrs Montagu to Madame du Deffand 10 May 1777,
and her Reply.][1]

Madame:                                    Hill Street, 10 mai 1777.

UN souvenir bien tendre des bontés dont vous m'avez honorée à Paris, m'a souvent excitée à vous assurer de ma reconnaissance; mais toutes les fois que j'ai eu occasion de parler de vous à des amis qui ont le bonheur de vous connaître, je trouve que, même dans notre langue maternelle, les expressions nous manquent, et que nous ne savons rendre justice au sujet ni aux sentiments qu'il inspire. Tout l'esprit de M. Walpole, toute l'éloquence de M. Burke n'y suffisent pas; que ferai-je donc moi? Il ne me reste qu'une ressource; c'est de vous adresser, comme à une divinité, et vous offrir simplement de l'encens; c'est le culte le plus pur et le moins téméraire. Je vous prie, madame, de me permettre de vous offrir deux cassolettes, où j'ai mis des aromatiques. Les ignorants et les barbares se servent de signes et de symboles au défaut de paroles; l'encens que je vous présente puisse-t-il vous faire entendre tout le respect, l'attachement et la reconnaissance avec lesquels j'ai l'honneur d'être, Madame, votre très humble et très obéissante servante,

                                                E. MONTAGU.


                                        16 novembre 1777.

Pourrez-vous croire, Madame, que la charmante lettre que vous avez pris la peine de m'écrire, datée du 10 mai, ne m'a été rendue qu'hier 15 novembre? Elle m'a été apporté par M. Boutin, qui s'excusa de ce long retardement par des voyages continuels qu'il a faits depuis son retour d'Angleterre. Je lus votre lettre en sa présence; il fut témoin de mon plaisir et de ma reconnaissance. Rien ne m'a plus surprise que l'annonce d'un présent. Vous en voulez faire un langage; mais quelque charmant qu'il puisse être, on préférera

1. Edited from Mrs Montagu's original letter, and Wiart's copy of D's reply, enclosed in D's letter of 19 Nov. 1777. This letter, and D's reply (labelled by HW: 'Réponse de Madame du Deffand à Madame de Montagu'), are with the MS and are also copied in D's MS *Recueil de lettres*, bequeathed to HW (who, in a note, identifies Mrs Montagu as 'Mrs. Robinson Montagu, authoress of the Defence of Shakespeare against Voltaire'). Printed in Toynbee iii. 383-4.

toujours de vous entendre et de vous lire, à tous les hiéroglyphes les plus ingénieux et les plus admirables. Ce n'est pas seulement par ouï-dire, Madame, que je vous parle de votre éloquence; votre lettre suffirait pour me la faire connaître, indépendamment de tout ce que j'en avais ouï dire. Je viens de lire vos *Trois Dialogues*,[2] que Mme de Meinières a traduits, et qu'elle m'a envoyés. J'ai lu aussi votre *Apologie de Shakespeare*. Je ne doute pas que Voltaire ne reste sans réplique. Je vous dirais tout ce que j'en pense, si mon approbation et mes louanges étaient dignes de vous; mais, Madame, vous avez dû démêler bien promptement que je n'ai ni talent ni savoir, mais je ne renonce pas à prétendre à avoir quelque goût; je suis trop touchée de votre mérite pour avoir cette fausse modestie.

Quand j'aurai reçu ces cassolettes, qui seront pour moi un monument très glorieux, vous voudrez bien que j'aie l'honneur de vous renouveler mes remercîments. Elles courent le monde; elles sont à présent à Ostende; il faut qu'elles arrivent à Rouen, et que de là elles remontent la rivière jusqu'à Paris; il se passera peut-être plus d'un mois avant qu'elles y arrivent; je les attends avec l'impatience qu'on doit nécessairement avoir pour jouir des marques de bonté d'une personne aussi illustre que vous.

Daignez recevoir, Madame, les assurances de tous les sentiments avec lesquels je vous suis très respectueusement attachée.[3] J'ai l'honneur d'être votre, etc.

2. Mrs Montagu wrote three of George, Lord Lyttelton's *Dialogues of the Dead*, published 1760, and translated into French, the same year, by Joncourt and Deschamps (BM Cat. and Bibl. Nat. Cat.).

3. In the copy this reads 'et avec lesquels.'

# APPENDIX 52

[Schuwalof to Madame du Deffand 10 Oct. 1777.][1]

Ce 10 d'octobre 1777, Pétersbourg.

JE vous ai promis, Madame, de vous rendre compte des sensations que j'éprouverais à mon retour dans ma patrie. La permission que vous m'avez donnée de vous entretenir, et de vous réitérer le témoignage de mon attachement et de ma reconnaissance est le seul moyen d'adoucir les regrets que j'ai emportés en m'éloignant de vous.

Occupé pendant ma longue route du souvenir de vos bontés et d'idées vagues sur ce que j'allais trouver après une absence de quatorze ans, je ne me suis arrêté qu'à Berlin. J'ai eu l'honneur de faire ma cour au Roi, il me reçut de la manière la plus gracieuse, il m'entretint près d'une heure d'une façon si familière et si agréable, qu'oubliant presque le Roi, je croyais ne causer qu'avec un homme le plus aimable, le plus instruit. Je ne vous parle pas, Madame, de son armée, de son administration, de sa puissance, tout cela vous est connu.

Une rencontre que j'y fis renouvela mes regrets d'avoir quitté Paris dans ce temps. Ce fut celle du Comte et de la Comtesse Schuvaloff,[2] qui vont passer l'hiver chez vous, qui avaient compté sur moi pour les présenter aux personnes qui avaient des bontés et d'amitié pour moi. Je leur ai donné une lettre de recommandation pour vous. Je vous prie Madame, de les recevoir avec bonté.

Mais il est temps que j'arrive à Pétersbourg. Un étranger qui y viendrait la première fois ne pourrait être plus étonné que moi à la vue de cette ville. Dans quatorze ans de mon absence on a fait des changements très considérables. Hors de la ville, ce chemin superbe orné d'aiguilles de marbre marquant les verstes; de belles maisons de campagne. Dans la ville, de grandes rues bordées de vastes hôtels, des quais de granit les plus beaux de l'Europe; enfin tout si fort changé que je ne reconnaissais pas mon propre quartier.

Dès le lendemain de mon arrivée je fus baiser les mains à Sa Majesté Impériale qui me recevant à sa toilette et m'accueillant de la manière la plus gracieuse, me fit asseoir auprès d'elle, causa beaucoup avec moi, et me retint à sa table le même jour. L'Hermitage, où le

1. Printed from the original, enclosed in D's letter of 1 Dec. 1777. Printed in Toynbee iii. 386–7.

2. So spelled in the MS.

dîner se fit, était encore une nouveauté pour moi. C'est un séjour charmant, cette partie du palais est certainement un des plus jolis morceaux d'architecture qu'on puisse voir, la distribution en est neuve et ingénieuse, une très grande collection de tableaux ornent plusieurs galeries, avec des meubles magnifiques, un jardin toujours vert au milieu de l'hiver, et habité par les oiseaux les plus rares, de toutes les parties du monde. Plusieurs appartements attenants, riches et magnifiques, forment un ensemble superbe et enchanteur.

Mais ce qui enchante le plus dans ce séjour délicieux, c'est le ton d'aisance, de gaîté, de familiarité sur lequel cette grande souveraine y vit avec ceux qui composent sa société. C'est presque l'offenser que de se souvenir de son rang, et la seule loi qu'elle semble imposer à ses convives, c'est de l'oublier; ce qui donne encore plus de prix à cette condescendance de sa part, c'est que, dans cette conversation aisée où elle vous engage, elle développe un esprit, une douceur, une délicatesse, qui feraient rechercher sa société si le sort l'avait placée dans un autre état. Depuis tout le temps de mon séjour elle me permet de lui faire ma cour dans les cabinets, y passer les soirées, et chaque jour elle me donne à l'assurance de sa bienveillance envers moi une tournure nouvelle et flatteuse. Je ne saurais vous dire combien j'ai été charmé du Grand Duc, de son esprit, de ses connaissances. La Princesse qu'il a épousée joint tous les agréments de la figure à la douceur la plus aimable. Leurs Altesses m'honorent de leurs bontés. Adieu, Madame la Marquise, recevez les assurances de mon attachement, d'estime et de reconnaissance.

N. B. Mes respects à Madame la Maréchale de Luxembourg, et faites-lui part de mes nouvelles. Je sais que ses bontés l'intéressent en tout ce qui me regarde.

# APPENDIX 53

[The Abbé Barthélemy to Madame du Deffand
19 June 1778.][1]

À Chanteloup, ce 19 juin 1778.

VOUS n'avez point eu de mes nouvelles depuis quelque temps, parce que j'en ai eu de mes nerfs, qui m'ont fort occupé. Me voilà à présent dans mon bain, et je vous écris du sein des eaux, comme les Tritons quand ils écrivent à leur souveraine. Comme ils voyagent beaucoup, j'imagine qu'ils ont beaucoup de choses à leur dire, mais moi qui ne sors pas de la même place, je ne puis vous parler que de ceux qui vont et qui viennent.

Votre grand-papa arriva lundi à huit heures du soir, gai, content, se portant à merveille, fâché de ne vous avoir pas vue, mais n'ayant passé qu'un instant à Paris. Il trouva votre grand'maman à quelques lieues d'ici, il la trouva en meilleure santé qu'il ne l'avait laissée. Nous avons eu depuis le Président de Cotte, qui nous donna de vos nouvelles. Il a été aujourd'hui voir le pont de Tours, auquel on travaille à force. Quand il sera parfaitement rétabli, il n'inspirera plus d'intérêt, et tout le monde le foulera aux pieds. Il compte passer ici la semaine prochaine, c'est du Président dont je parle. Nous avons de plus M., Mme, et Mlle du Cluzel[2] et puis arriveront lundi Madame la Comtesse de Brionne, Madame la Princesse Charlotte,[3] Mme Chauvelin et sa fille et son gendre,[4] et puis deux jours après Madame la Vicomtesse de Noailles, Mme de la Fayette, Mesdames la Duchesse de Duras et Maréchale de Mouchy, qui passeront aussi vite que la gloire de ce monde. M. Poissonnier a resté deux jours, Monsieur le Comte de Thianges deux heures. En voyant ce flux et reflux de voyageurs je crois être à l'entrée du port de Marseille ou d'Amsterdam. Vous aurez la bonté de suivre la comparaison à l'égard des bâtiments qui entrent et qui sortent à tous moments. Nous avons été contents de la

1. De l'Abbé Barthélemy (HW). Enclosed in D's letter of 5 July 1778. Printed in Toynbee iii. 444–5.

2. François-Pierre du Cluzel (1734–83), Marquis de Montpipeau, intendant of Tours, m. (ca 1760) Marie-Françoise Deflandre de Brunville; their daughter, Marie-Thérèse-Antoinette du Cluzel (b. 1763),

m. (Dec. 1778) Antoine-Marie, Comte du Cluzel de la Chabrerie (Woelmont de Brumagne vi. 420).

3. Princess Anne-Charlotte de Lorraine, dau. of Mme de Brionne.

4. Charlotte-Ferdinande de Chauvelin m. (1 June 1778) Marie-Louis-Charles de Vassinhac (d. 1786), Vicomte d'Imécourt.

lettres[5] du Prieur de Scellières,[6] à quelques répétitions près. Parle-t-on du service de M. de Voltaire et de son successeur? Pense-t-on à une nouvelle édition de ses œuvres? Donnera-t-on ses lettres? Je suis fâché de sa mort; cependant elle est arrivée à point, surtout ayant pris le parti de rester à Paris. M. Poissonnier vous a-t-il parlé des jardins qu'il a vus ici? C'est un nouveau pays. Demandez-lui des détails sur la pagode,[7] et vous verrez que c'est aussi quelque chose de bien nouveau. Je lis le deuxième voyage du Capitaine Cook; l'entreprise est admirable, et la narration ennuyeuse pour tout autre que pour un marin. Il a éclairci un grand problème, il remonte à présent au nord pour en résoudre un second, non moins considérable. Il s'amusa à faire le tour du monde, comme d'autres à faire le tour du bassin des Tuileries; mais il est plus heureux que ces derniers, il a un objet qu'il croit important. J'aime beaucoup ce M. Cook; il est doux, humain, intrépide, et puis l'aveu qu'il fait dans sa préface, aveu qui ne m'a point étonné, mais qui m'a fait un singulier plaisir, en s'excusant sur les inexactitudes du style, il dit qu'il n'a pas eu une longue éducation, et qu'il a commencé par être apprenti mousse dans le commerce du charbon de terre.

Je voudrais bien que vous allassiez une fois aux Bouffons,[8] mais je voudrais y être avec vous. Mille compliments de la part de vos parents, et de la mienne tous les sentiments qui m'attachent à vous.

5. The Prior of Scellières to the Bishop of Troyes 3 June 1778 (Voltaire, *Œuvres* i. 435).

6. Dom Gaspard-Edmé-Germain Potherat de Corbière (ibid.).

7. Pagoda erected at Chanteloup by the Duc de Choiseul, inscribed with the names of those who visited him during his exile (see *post* 29 Nov. 1778). The pagoda survived the destruction of the château of Chanteloup. See Jehanne d'Orliac, *Chanteloup,* [1929].

8. D had written to Mme de Choiseul, 7 June 1778, that the only good theatrical troupes were those of Nicolet and Audinot (S–A iii. 319). Émile Littré, *Dictionnaire de la langue française,* says that the word was sometimes used for the actors in Italian comedy.

## APPENDIX 54

### Lettre du Roi [Louis XVI] à Monsieur l'Amiral [de Penthièvre], pour faire délivrer des commissions en Course.[1]

Du 10 juillet 1778.

MON COUSIN,

L'INSULTE faite à mon pavillon par une frégate du Roi d'Angleterre envers ma frégate la *Belle-Poule,* la saisie faite par une escadre anglaise, au mépris du droit des gens, de mes frégates la *Licorne* et la *Pallas,* et de mon lougre le *Coureur;* la saisie en mer et la confiscation des navires appartenants à mes sujets faites par l'Angleterre contre la foi des traités; le trouble continuel et le dommage que cette puissance apporte au commerce maritime de mon royaume et de mes colonies de l'Amérique, soit par ses bâtiments de guerre, soit par les corsaires, dont elle autorise et excite les déprédations: tous ces procédés injurieux, et principalement l'insulte faite à mon pavillon, m'ont forcé de mettre un terme à la modération que je m'étais proposée, et ne me permettent pas de suspendre plus longtemps les effets de mon ressentiment; la dignité de ma Couronne et la protection que je dois à mes sujets, exigent que j'use enfin de représailles, que j'agisse hostilement contre l'Angleterre, et que mes vaisseaux attaquent et tâchent de s'emparer ou de détruire tous les vaisseaux, frégates ou autres bâtiments appartenants au Roi d'Angleterre; et qu'ils arrêtent et se saisissent pareillement de tous navires marchands anglais, dont ils pourront avoir occasion de s'emparer. Je vous fais donc cette lettre pour vous dire, qu'ayant ordonné en conséquence aux commandants de mes escadres et de mes ports, de prescrire aux capitaines de mes vaisseaux de courre sus à ceux du Roi d'Angleterre; ainsi qu'aux navires appartenant à ses sujets, de s'en emparer et de les conduire dans les ports de mon royaume; mon intention est qu'en représailles des prises faites sur mes sujets par les corsaires et armateurs anglais, vous fassiez délivrer des commissions en course à ceux de mesdits sujets qui en demanderont, et qui seront dans le cas d'en obtenir, en proposant d'armer des navires en guerre avec des forces

---

1. Printed from Wiart's copy, enclosed in D's letter of 29 July 1778. Printed in Toynbee iii. 623–4.

assez considérables pour ne pas compromettre les équipages qui seront employés sur ces bâtiments. Je suis assuré de trouver dans la
justice de ma cause, dans la valeur de mes officiers et des équipages
de mes vaisseaux, dans l'amour de tous mes sujets, les ressources que
j'ai toujours éprouvées de leur part, et je compte principalement sur
la protection du Dieu des armées; et la présente n'étant à autre fin,
je prie Dieu qu'il vous ait, mon Cousin, en sa sainte et digne garde.

Écrit à Versailles le dix de juillet mil sept cent soixante-dix-huit.

Signé, LOUIS.

Et plus bas,
    DE SARTINE.

# APPENDIX 55

## [Letter to Beauvau about Cholmondeley's Passport, 17 Nov. 1778.][1]

QUOIQU'IL soit libre aux Anglais de venir en France et d'y résider sans difficulté, la communication entre les deux États n'étant pas interrompue, cependant on adresse à Monsieur le Prince de Beauvau le passeport qu'il a demandé pour M. Cholmondeley[2] fils, gentilhomme anglais, qui désire entrer dans le royaume pour le rétablissement de sa santé; le bureau des passeports garde la lettre que Monsieur le Prince de Beauvau a envoyée à ce sujet; on croit devoir seulement observer que cet étranger doit éviter d'établir son domicile dans les ports de mer ou sur les côtes maritimes pendant son séjour en France. Le Prince se rappellera qu'on prie que le passeport soit adressé à M. George Cholmondeley, Écuyer, Hertford Street, Mayfair.

Versailles, le 17 novembre 1778.

1. Enclosed in D's letter of 18 Nov. 1778. Printed in Toynbee iii. 472.
2. George James Cholmondeley (1752– 1830), elder son of Mrs Robert Cholmondeley (*Annual Register* lxxii. 277).

# APPENDIX 56

## [Catherine the Great to Madame Denis 15 Oct. 1778.][1]

JE viens d'apprendre, Madame, que vous consentez à remettre entre mes mains ce dépôt précieux que monsieur votre oncle vous a laissé, cette bibliothèque que les âmes sensibles ne verront jamais sans se souvenir que ce grand homme sut inspirer aux humains cette bienveillance universelle que tous ses écrits, même ceux de pur agrément, respirent, parce que son âme en était profondément pénétrée. Personne avant lui n'écrivit comme lui; à la race future il servira d'exemple et d'écueil. Il faudrait unir le génie et la philosophie aux connaissances et à l'agrément, en un mot être M. de Voltaire pour l'égaler. Si j'ai partagé avec toute l'Europe vos regrets, Madame, sur la perte de cet homme incomparable, vous vous êtes mise en droit de participer à la reconnaissance que je dois à ses écrits. Je suis sans doute très sensible à l'estime et à la confiance que vous me marquez; il m'est bien flatteur de voir qu'elles sont héréditaires dans votre famille. La noblesse de vos procédés vous est caution de mes sentiments à votre égard. J'ai chargé M. Grimm de vous en remettre quelques faibles témoignages, dont je vous prie de faire usage.

*Signé:* CATHERINE.'

1. Enclosed in D's letter of 8 Dec. 1778. Copied by Wiart, and endorsed: 'Lettre de l'Impératrice de Russie à Mme Denis. De Pétersbourg, le 15 octobre 1778. Sur l'enveloppe pour adresse, qui est de la propre main de Sa Majesté Impériale, comme le reste de la lettre, il est écrit: *"Pour Madame Denis, nièce d'un grand homme qui m'aimait beaucoup."* ' Printed in Toynbee iii. 477–8.

[M. Necker to Madame du Deffand May 1776.][1]

MADAME,

On est bien loin de Paris à Londres quand on réfléchit sur la prodigieuse différence des usages et des manières, mais on est toujours près de vous, madame, quand on vous aime autant que moi, et en vérité je suis si souvent autour de votre tonneau depuis mon départ que je m'étonne quelquefois d'échapper à la dent cruelle du jaloux Tonton.

J'ai vu vos deux portraits, madame, chez M. Walpole: l'un fait par Carmontelle, et l'autre par vous-même dans cette lettre charmante où vous faites si bien connaître les grâces et la délicatesse de l'esprit de Mme du Deffand. Vous y parlez au nom de Mme de Sévigné, mais je ne crois point à votre patente[2] instruite par l'exemple de Mme de Montespan; elle n'emprunterait pas votre plume pour écrire à ses amants. M. Walpole, après avoir fait voir toutes les curiosités singulières que renferme son cabinet, finit toujours par montrer cette lettre, et s'il ne remplissait pas tout le monde de son sentiment, on pourrait admirer sa conduite.

Cette maison de M. Walpole est vraiment remarquable. La situation est charmante, les appartements sont uniques dans leur genre. Ce n'est pas seulement de l'extraordinaire mais on y voit une multitude de tableaux et de bijoux précieux, et il y règne un goût général dans le choix des ornements et dans toutes les distributions. On se trouve transporté à quelques siècles en arrière, mais l'artiste est digne des plus beaux jours d'Athènes. Le maître de la maison figure à merveille au milieu de toute cette féerie car son esprit et sa politesse tiennent aussi de l'extraordinaire, et pour moi je désespérerais de pouvoir jamais l'imiter en rien s'il ne vous aimait pas éperdument.

Voilà, madame, où j'en étais d'une assez longue lettre que j'avais résolu de vous écrire sur les Anglais et sur l'Angleterre, lorsque je reçois toutes ces nouvelles de Paris qui m'obligent à quelques ré-

1. Now first printed from Wiart's MS copy, in D's MS *Recueil de lettres*, bequeathed to HW. See D to HW 22 May 1776, n. 6. Endorsed by Wiart: 'De M. Necker à Mme la M. du Deffand de Londres au mois de mai 1776.'
2. *Sic.*

ponses nécessaires et qui d'ailleurs me persuadent que les petits détails de ce pays arriveraient assez mal à propos. Quel grand sujet de conversations pour une de vos charmantes soirées du jeudi! Que je regrette de n'en avoir pas ma part! Ne serons-nous plus frondeurs? Ce serait bien dommage.

J'étais à une des plus grandes assemblées de ce pays lorsqu'on a répandu la nouvelle qui regarde M. de Guines, et je puis vous assurer qu'elle a causé une satisfaction générale; on se la répétait comme un événement auquel il était entendu que tout le monde devait prendre part.

Je suis pénétré de reconnaissance des procédés que nous éprouvons dans ce pays. Il me semble que j'ai distribué mon temps à peu près comme je l'aurais souhaité; nous en parlerons à mon retour. Je compte toujours être à Paris à la fin du mois.

Milord Stormont partira peut-être avant nous. Je vous assure qu'il est remarquable dans ce pays comme à Paris. Que je désire qu'il soit heureux par son mariage! Je l'espère. On dit un bien infini du caractère de sa femme et sa figure me paraît charmante.

Madame, je n'ai plus de place pour des compliments, et puis tout le monde en fait. Je suis, je vous assure, madame, le plus tendre, le plus fidèle et le plus respectueux de vos serviteurs,

N.

Mme Necker partage tous mes sentiments, et elle ajouterait sûrement quelque chose à ma lettre si elle savait que je vous écris.

# APPENDIX 58

## Iconography of Madame du Deffand.

MADAME DU DEFFAND is known to have had two portraits painted of herself. The first, by Gobert, was painted for Madame de Luynes before 1753.[1] The second, by Carmontelle, was drawn in 1767 for Walpole.

No trace of the first has been found. A full-face half-length portrait of a young woman, seated, holding a fan, was exhibited at the Trocadéro, in Paris, at the exposition of 1878, in a series called 'portraits nationaux.' It was labelled 'Madame du Deffand,' and it was then in the possession of A. M. Whitelocke of Amboise. Reproductions of it have all been made from a photograph by Braun et Cie Though it may be the Gobert portrait, it is unsigned, and there is no proof that it is a picture of Madame du Deffand.

Née engraved, after Duché, a portrait-gallery of Voltaire's friends —the 'chambre du cœur de Voltaire' printed in the *Description générale et particulière de la France* (1781–96). Among the portraits is a tiny one of Madame du Deffand as a young woman, an enlargement of which is here reproduced opposite iii. 325. It may be an imaginary sketch, but the other portraits in the gallery are recognizable sketches of authentic portraits of the people whom they represent. Perhaps this sketch of Madame du Deffand is done from Gobert's portrait. An artist of the 1780's would be more apt to draw her as an old woman unless he had a real portrait before him.

Carmontelle's water-colour was executed in the autumn of 1767. It shows Madame du Deffand, seated, receiving a doll from Madame de Choiseul. Walpole, to whom it was sent, pronounced it a perfect likeness of Madame du Deffand, but a very poor one of Madame de Choiseul. The French people who saw it before its departure agreed with him. It was sold at the Strawberry Hill Sale of 1842 to 'W. M. Smith,' and its present location is unknown.

From this sketch, Freeman engraved a half-length portrait of Madame du Deffand, alone, as a frontispiece to Miss Berry's edition of Walpole's letters, 1810. It is here reproduced opposite i. 392. Free-

1. See Pierre-Marie-Maurice-Henri, Marquis de Ségur, *Esquisses et récits* [1908], pp. 94–6.

man's engraving was copied in France by Forshel, Fauchery, and others, with ever-increasing variations. Nargeot copied it more accurately.

G. P. Harding made several copies. His small water-colour copy of Madame du Deffand's figure, from Carmontelle's original, is in Walpole's extra-illustrated *Description of Strawberry Hill,* now WSL; another is in Brill's extra-illustrated *Description.* Harding also did a drawing, engraved by W. Greatbach, of the entire Carmontelle sketch, which was printed as the frontispiece of Volume Four of Wright's edition of Walpole's letters (1840), and reprinted in Cunningham's edition as a frontispiece to Volume Seven. This engraving is here reproduced opposite ii. 13.

In 1793, Walpole received from the Prince de Beauvau's executors a copy of Carmontelle's sketch, in which Madame de Choiseul's figure was replaced by that of a footman presenting to Madame du Deffand a portrait of Beauvau himself. Perhaps Walpole destroyed this picture, since it has never appeared, and since it is not mentioned in the Strawberry Hill Sale Catalogue. Its existence shows that Carmontelle must have made a copy of his own sketch, because Beauvau had no way of getting a copy from the original at Strawberry Hill. Walpole had two copies made from Carmontelle's original, to give to Selwyn (see HW to Selwyn ? 1768).

The Strawberry Hill Sale Catalogue mentions a snuff-box with Madame du Deffand's portrait, sold on the twenty-third day, lot twenty-nine. Nothing more is known about it.

A supposed sketch of Madame du Deffand by Carmontelle was bequeathed to the Musée des Vosges at Épinal in 1918 as part of the Oulmont legacy. Its history is unknown, but it may be the sketch of Madame du Deffand by Carmontelle which was sold by the Comte de Bryas in 1897. It is here reproduced opposite iv. 479. Madame du Deffand says that she did not know Carmontelle before he sketched her in 1767. Nevertheless, her blindness would make it possible for her to be sketched unawares, and Carmontelle was known to be making a collection of portraits of all the famous women of his day. In this sketch, her eyes are open (contrary to her usual custom), and she holds a cat in her lap (during her correspondence with Walpole, she seldom speaks of cats, though apparently she still had white angoras in 1769).

If, in the future, any unquestionable portraits of Madame du Def-

fand appear, it is hoped that they may be included in later volumes of the Yale edition. We are deeply grateful to the Frick Art Reference Library of New York (especially to Miss Manning and Miss Farley) for much of the information given here.

W. H. S.

# INDEX

References in bold-face type indicate further biographical information in the footnotes. Women are indexed under their maiden names, titled persons under their family names. Volume numbers refer to the Du Deffand Correspondence, not to the complete Walpole Correspondence. The following abbreviations are used in the index:

| | | | |
|---|---|---|---|
| b. | born | g.-g.-granddau., | great-great-grand-daughter, |
| Bn | Baron | | |
| Bns | Baroness | g.-g.-grandnephew, | great-great-grandnephew, |
| Bt | Baronet | g.-granddau., etc. | great-granddaughter, etc. |
| c. | century | granddau. | granddaughter |
| Col. | Colonel | granddau.-in-law | granddaughter-in-law |
| cr. | created | Hon. | Honourable |
| Cts | Countess | HW | Horace Walpole |
| d. | died | K.B. | Knight of the Order of the Bath |
| D | Mme du Deffand | | |
| D. | Duke | Kt | Knight |
| dau. | daughter | m. | married |
| dau.-in-law | daughter-in-law | M. | Marquess |
| daus | daughters | M.P. | Member of Parliament |
| Ds | Duchess | n.c. | of a new creation |
| E. | Earl | P. | Prince |
| edn | edition | Ps | Princess |
| fl. | flourished | SH | Strawberry Hill |
| G.C.B. | Knight Grand Cross of the Order of the Bath | s.j. | *suo jure* |
| | | stepdau. | stepdaughter |
| Gen. | General | Vct | Viscount |
| | | Vcts | Viscountess |

Abarca de Bolea, Don Pedro Pablo (1718–99), Conde de Aranda; Spanish ambassador to France:
Brunoy's house taken by, iii. 406
courier brings news to, of plot against George III, iv. 230
Fuentes' house too small for, iii. 405–6
has seen no one, iii. 405
member of Ordre du Saint-Esprit, iv. 401
social relations of, with: D, iv. 303, v. 348, 351, 432, 446 (?); Maurepas, Comte and Comtesse de, v. 432; Necker, M. and Mme, iv. 381
Tonton likes, iv. 447
Abbaye:
Echlin imprisoned at, v. 110
prisoners transferred to, iv. 256
'Abbé, le grand.' *See* Barthélemy, Jean-Jacques
Abbeville:
Écu de Brabant (inn), v. 371
HW at, i. 2, iv. 221, v. 259, 314, 324, 333, 334, 353
HW writes from, i. 344, 350, 352, v. 386
Tête de Bœuf (inn), v. 334
*A, B, C, L'. See under* Voltaire
Abélard, Pierre (1079–1142):
D's antipathy for, i. 8

Abimelech:
Biblical misquotation about, v. 375
Abington, Mrs. *See* Barton, Frances
Ablancourt. *See* Perrot d'Ablancourt
Aboul-Cacem (Aboulensem):
(?) HW the heir of, i. 99
Aboulensem. *See* Aboul-Cacem
*Abrégé chronologique de l'histoire de France. See under* Hénault, Charles-Jean-François
*Abrégé de la vie des plus fameux peintres. See under* Dezallier d'Argenville, Antoine-Joseph
Abreu, Chevalier d' (d. 1765), Spanish ambassador to England:
death of, v. 397
Académie des Inscriptions et Belles-Lettres:
Duclos leaves vacancy in, iii. 209
*Histoire* of, v. 357
Joseph II at, iv. 443
Académie des Sciences:
Leroy member of, iv. 211, 442
Pringle defeated by Tronchin for, v. 12
Tronchin elected to Haller's place in, v. 12
visitors to: Brunswick, P. of, i. 49; Gustav III, iii. 36, 39; Joseph II, iv. 440, 443
Académie française:
Aix, Archbishop of, received into, iv. 274

[Académie française, *continued*]
Aix, Archbishop of, replaces Voisenon in, iv. 260, 274
Alembert reads eulogies at public sessions of, iv. 189, v. 68
——'s eulogies read at, *see* Alembert, Jean le Rond d', *Éloges lus* . . .
—— to be secretary of, iii. 209, 211, 222
Batteux candidate for secretary of, iii. 222
Beauvau attends, v. 458
—— received into, iii. 34–5
—— talks at, iii. 354
Boismont's funeral oration for Louis XV given at, iv. 80
Chabanon elected to, v. 438
Chastellux replaces Dupré de Saint-Maur in, iv. 116
Colardeau replaces Saint-Aignan in, iv. 274, 284
Court influence in elections of, iii. 211
D mentions session of, v. 170
D's opinion of members of, v. 68
D's opinion of works of members of, iii. 222
Delille's election to, vetoed, iii. 234
dictionary of, consulted by D, ii. 439
Ducis elected to, v. 100, 104, 118
Duclos leaves vacancy in, iii. 209, 222
Franciscans celebrate Mass at death of members of, v. 48
Gaillard director of, iv. 208
——'s speech before, iii. 46, 58
HW fit for, ii. 255
hall of, iii. 209
La Harpe received into, iv. 324, 333
—— replaces Colardeau in, iv. 333
Lemierre candidate for, v. 240
Louis XV vetoes election to, iii. 234
Louis XVI receives deputation from, iv. 60
members of, dine with P. of Brunswick, i. 41–2
Millot replaces Gresset in, iv. 497, v. 10
Necker's prize address at, iii. 395, 400, 405 (*see also* Necker, Jacques, *Éloge de M. Colbert*)
opening session of, iv. 232
Radonvilliers president of, v. 118
speeches at: iv. 278, 324, 341, 345, v. 10, 118; sent to HW, iii. 46, 48, 57, iv. 277, 281, 324, 325, v. 118, 121
Suard's election to, vetoed, iii. 234
Tressan candidate for, v. 240
vacancies in, ii. 489, v. 240
value of secretaryship of, iii. 209, 222
visitors to: Brunswick, P. of, i. 41–2, 54; Gustav III, iii. 36; Joseph II, iv. 443; Luxembourg, Mme de, iv. 333; Montagu, Mrs, iv. 354, 358; Richmond, iv. 333
Voltaire eulogized at, v. 172
—— receives deputation from, v. 18
——'s place in: Ducis given, 'gratis,' v. 100; no claimants for, v. 51; verses on, v. 85
——'s plans for, v. 53
——'s successor not to be welcomed to, by Abbé de Radonvilliers, v. 48

Académie royale de chirurgie:
(?) HW visits, v. 348
*Account of Corsica, An. See under* Boswell, James
*Account of the Giants Lately Discovered, An;* 'l'écrit des Patagons':
Aiguillon, Duchesse d', reads, i. 172, 177
D reads, i. 176, 187
HW to have copy of translation of, i. 188, 190, 200, 212
Hertford gives, to Duchesse d'Aiguillon, i. 187
*Journal encyclopédique* reviews, ii. 62
Redmond translates, i. 188, 190, 212n
*Account of the voyages undertaken. . . . See under* Hawkesworth, John
Aceuille. *See* Lacueil
Aceville, l'. *See* Lacueil
Achard des Joumards, Angélique-Gabrielle (1716–82), m. (1738) François-Alexandre, Comte de Galard de Béarn; 'la dame présentante':
daughter of, marries, iv. 5
(?) Du Barry, Comtesse, accompanies, to salon, ii. 233
joked about, ii. 194, 203, iv. 5
Achy, Marquise d'. *See* Jubert de Bouville, Marie-Catherine-Jeanne
'Adam.' *See* Beauvau-Craon, Charles-Juste de
Adam, Antoine (b. 1705), priest:
Voltaire's Jesuit friend, v. 278
Adam, l'Isle. *See* Isle-Adam
Adam and Eve:
Teniers' painting of, v. 286
Adamson, John, printer:
Bachaumont's *Mémoires secrets* printed by, iv. 478
Adélaïde, Mme. *See* Marie-Adélaïde
*Adélaïde de Hongrie. See under* Dorat, Claude-Joseph
*Adélaïde du Guesclin. See under* Voltaire
Ader, Augustin (d. 1783), lawyer:
(?) judgment on, in Goëzmann case, iv. 23
*1* Adhémar, Comte d'. *See* Azémar de Montfalcon, Jean-Balthazar d'
*2* Adhémar, Comtesse d', wife of *1. See* Bouthillier, Gabrielle-Pauline
Adhémar de Monteil de Grignan, Françoise-Pauline d' (1674–1737), m. (1695) Louis de Simiane du Claret, Marquis de Truchenu et d'Esparron:
Castellane marries daughter of, v. 320
HW admires letter of Comtesse de Grignan to, ii. **141**
letters of: D disparages, iii. 420; HW defends, iii. 423
*Adieux d'Andromaque et d'Hector, Les. See under* André, Pierre-Nicolas; Gruet, ——
Adolf Fredrik (1710–71), K. of Sweden 1751–71:
Alembert eulogizes, iii. 39
death of, iii. **36**
France may aid, against Russia, ii. 203
Aeacus:
D compares Choiseul to, vi. 122

*Affaires de l'Angleterre et de l'Amérique:*
(?) D prefers, among the journals, iv. 396

Affry, Louis-Auguste-Augustin (1713–93), Comte
d'; colonel of Swiss Guards:
Barthélemy's pension negotiated by, iii. 167–
8, 168
pension of, iii. 168
social relations of, with: Geoffrin, Mme, v.
307; Hénault, v. 317
Swiss Guards administered by, iii. 168

Africa:
Bragança's acquaintance with, v. 9

*Agathocle. See under* Voltaire

Agay, Marie-François-Bruno (1722–1805), Comte
d', intendant of Picardy:
asked to leave house to Lady Fenouilhet, iii.
405, 408
Conzié brothers asked to influence, iii. 399, 402
Fenouilhet, Lady, asked by, to give up house,
iii. 399

Age:
apologia of, by Comtesse de Forcalquier, i. 10
D's reflections on, i. 156, 213, 273, 295, ii. 50,
59–60, 82, 200, 240, 348, 491, iii. 17, 60, 184,
287, 325, iv. 465
D's verses on, iii. 413

Aged:
treatment of, in England and France, iii. 245

Agen, Bishop of. *See* Usson de Bonac, Jean-
Louis d'

Agenois, Duc d'. *See* Vignerot du Plessis-
Richelieu, Armand-Désiré

Agneaux, Charles-Jean-Baptiste d' (1728–92),
Dom Devienne:
*Histoire de la ville de Bordeaux,* offered to
HW by Duchesse d'Aiguillon, iii. 200, 202,
210, 220

Agoult, Marquis d'. *See* Vincens de Saint-
Michel, Louis-Fouquet de

Agrarian laws of Rome:
D mentions, i. 108

Agrippina (d. A.D. 33), m. Germanicus:
Poussin's drawing of, v. 279

'Agrippina,' rôle in Racine's *Britannicus:*
Clairon, Mlle, acts, v. 316

*1* Aguesseau, Henri-Cardin-Jean-Baptiste (1746–
1826), Comte d', grandson of *2:*
(?) D mentions, iv. 168

*2* Aguesseau, Henri-François d' (1668–1751),
Chancellor:
exiled for refusal to sign bull *unigenitus,* v.
276
Jonzac, Marquise de, tells anecdote of, v. 276

*3* Aguesseau, Henriette-Anne-Louise d' (1737–
94), sister of *1,* m. (1755) Jean-Louis-François-
Paul de Noailles, Duc d'Ayen:
La Fayette's departure distresses, iv. 427

*Ah! ma voisine, es-tu fâchée?:*
verses to air of, iv. 407

Aigle, Comtesse de l'. *See* Waës, Anne-Salomé-
Joséphine de

Aigueblanche, Marchese di. *See* Carron, Giuseppe Angelo Maria

*1* Aiguillon, Duc d', son of *3,* husband of *2. See*
Vignerot du Plessis-Richelieu, Emmanuel-
Armand

*2, 3* Aiguillon, Duchesse d'. *See* Bréhant-Plélo,
Louise-Félicité de (1726–96); Crussol de
Florensac, Anne-Charlotte de (1700–72)

Aiguillon:
Aiguillon, Duc d', sent to, iv. 200

Aiguillon, Hôtel d':
Pontchartrain-Béarn marriage at, iv. 5

Ailesbury, Cts of. *See* Campbell, Caroline (1721–
1803)

*1* Aillecourt, Comte d'. *See* Choiseul-Beaupré,
Michel-Félix-Victor de

*2* Aillecourt, Comtesse d', wife of *1. See* Rouillé
du Coudray, Marie-Eugénie

Aire:
HW at, v. 315, 343

Aix, Archbishop of. *See* Boisgelin de Cucé, Jean-
de-Dieu-Raymond de

Aix:
parliament of, reformed, iii. 106

Aix-la-Chapelle:
visitors to: Aubeterre, Vicomtesse d', ii. 259;
Morice, v. 239

Aix-les-Bains:
Villars's country-seat near, v. 365

Alabaster:
Nivernais has vases of, v. 341

*À la façon de Barbarie:*
verses to air of, iv. 411

*À la mémoire de Mme Geoffrin. See under*
Thomas, Antoine-Léonard

Albany, Cts of. *See* Stolberg-Gedern, Luise
Maximiliane of

Albaret. *See* Ponte d'Albaret

*1* Albemarle, Cts of, wife of *2. See* Lennox, Lady
Anne

*2* Albemarle, E. of. *See* Keppel, William Anne

Alberoni, Giulio (1664–1752), cardinal; prime
minister to Philip V of Spain:
Noailles does not discuss, iv. 434

*1* Albert, Charles-Philippe d' (1695–1758), Duc
de Luynes:
widow of, vi. 36–7

*2* Albert, Joseph-François-Ildefonse-Raymond
(1721–90), lieutenant of police:
dismissed, iv. 331
made lieutenant of police, iv. 184
Sartine would not get on with, iv. 300
Turgot's protégé, iv. 184–5, 300

*3* Albert, Louis-Joseph-Marie-Charles-Amable d'
(1748–1807), Duc de Luynes; son of *6:*
attends session of parliament of Paris, vi. 172

*4* Albert d'Ailly, Marie-Joseph-Louis d' (1741–
93), Duc de Pecquigny; later Duc de Chaulnes;
son of *5:*
attacks cabinetmaker, ii. 85
HW mentions, iv. 20

*5* Albert d'Ailly, Michel-Ferdinand d' (1714–69),
Duc de Chaulnes:
chargé des chevau-légers, v. 370
château of, at Picquigny, v. 259

*6* Albert de Luynes, Marie-Charles-Louis d'
(1717–71), Duc de Chevreuse; son of *1:*
daughter of, has smallpox, ii. 321
ill, i. 306

*7* Albert de Luynes, Paul d' (1703–88), cardinal;
brother of *1:*
clarity of, i. 288

*8* Albert de Luynes, Pauline Sophie d' (b. 1756),
dau. of *6:*
smallpox attacks, despite inoculation, ii. 321

*1* Albon, Comtesse d', wife of *2. See* Castellane,
Angélique-Charlotte de

*2* Albon, Claude-Camille-François (1751–89),
Comte d', Prince d'Yvetot; nephew of *3:*
D annoyed by claim of relationship of, iv. 25–6
marriage of, iii. 225
verses of, on D's blindness, iv. 9, 25

*3* Albon de Saint-Marcel, Marie-Camille-Diane
d' (1714–73), m. (1739) Gaspard-Nicolas de
Vichy, Comte de Champrond:
Albon connected with D through, iv. 26
nephew of, marries, iii. 225

Albon family:
Lespinasse, Julie de, mentions, in will, iv. 328

*1* Alby, Comte d'. *See* Sartine, Antoine-Raimond-Jean-Gualbert-Gabriel de

*2* Alby, Comtesse d', wife of *1. See* Hardy du
Plessis, Marie-Anne

*Alceste. See under* Lulli, Jean-Baptiste; Quinault, Philippe

Alcibiades:
D alludes to dog of, i. 225

Alcoforado, Marianna (1640–1723), nun:
*Lettres d'amour d'une religieuse portugaise
. . .:* D disparages, i. 54, 55, 87, ii. 152; D
mentions, i. 143; HW compares D to heroine
of, ii. 152; HW threatens to answer D with,
i. **44**, 54

Alembert, Jean le Rond d' (1717–83), 'phi-
losophe':
Académie française to have, as secretary, iii.
209, 211, 222
Bossuet's eulogy read by, at Académie, iv. 189
Brunswick, P. of, honours, i. **49**
Caracciolo admires, iii. 211
Catherine II's interest in, ii. 214
(?) Châtillon, Duchesse de, and Mlle de Les-
pinasse, friendship of, attributed to, iv. 102
Christian VII hears speech of, ii. 168–9
Crébillon eulogized by, at Académie, v. 68
D alludes to, ii. 217
D fears, will hear of letters of Voltaire to her,
i. 388
D inquired after by, v. 54
D ridicules conspiracy of Cellamare to, v. 278
D's account of speech of, before Gustav III,
iii. 39–40
D's opinion of, ii. 246–7, iv. 382
D's 'portrait' of, vi. 94–5
D's quarrel with, vi. 64
D's remark on *Belle Poule* admired by, v. 54
Duclos leaves diamond to, iii. 211
*Éloges lus dans les séances publiques de*

*l'Académie française:* D offers, to HW, v. 106;
D's opinion of, v. 103; (?) D to send, to HW,
v. 123
Fénelon eulogized by, at Académie, v. 68
Frederick II's correspondence with, iii. 300,
302–3, iv. 363, 382
Geoffrin, Mme, leaves annuities to, iv. 484
good at impersonation, i. 302
Gustav III eulogized by, at Académies, iii. 36,
39
HW speaks of, i. 174
HW's proposed epic about, ii. 214–5, 217
HW's style discussed by, i. 158
Hume's letter to Holbach read by, i. 89
*Influence et l'utilité réciproques de la phi-
losophie envers les princes . . ., L',* ii. 168–9
La Ferté-Imbault, Mme de, asks, not to call
on Mme Geoffrin, iv. 363
La Motte eulogized by, at Académie, v. 68
Lespinasse, Julie de, affair of, with, iii. 209,
iv. 110, 363
—— names, as executor, iv. 328
*Lettre de M. d'Alembert à M. le Marquis de
Condorcet sur Mme Geoffrin:* D receives, from
d'Alembert, iv. 498; D to send, to HW, iv. 498
Marmontel protégé of, i. 229
——'s verses for portrait of, v. 54
office to be given to, iv. 154–5
preface by, to *Exposé succinct de la contestation qui s'est élevée entre M. Hume et M.
Rousseau,* i. 158, 163, 171, 176, 180
Rose eulogized by, at Académie, v. 68
Rousseau attributes letter under name of K.
of Prussia to, i. 97
Sévigné letters transmitted by, iii. 373
social relations of, with Mme Geoffrin, v. 312,
316
speech of, at reception of Millot, v. 10
style and delivery of, v. 68, 102–3
(?) Toulouse eulogized by, at Académie, iv.
189
Voltaire's correspondence with, iii. 307, 338
—— sends epistle to K. of Prussia to, iii. 338
——'s successor to be received into Académie
by, v. 48
—— wishes to show libel to, v. 25

Alet, Bishop of. *See* La Cropte de Chanterac,
Charles de

Alexander VI (Roderigo Borgia) (1431–1503),
pope 1492–1503:
D mentions, ii. 243

Alexander (356–323 B.C.):
D prefers Caesar to, i. 321
HW pardons, i. 318
Le Brun's paintings of battles of, v. 339
Voltaire alludes to, ii. 396

*Alexis Comnène. See* Voltaire, *Irène*

Alford, E. of. *See* Graeme, John

*1* Aligre, Étienne d' (d. 1635), Chancellor:
tomb of, v. 277

*2* Aligre, Étienne d' (1592–1677), Chancellor;
son of *1:*
tomb of, v. 277

*3* Aligre, Étienne-François d' (1726–98), 1st President of Parliament of Paris; g.-g.-grandson of *2*:

anecdote of new councillor and, iv. 72

attends session of parliament of Paris, vi. 171

harangue of, at lit de justice, ii. 183–4

hunts, ii. 179

marriage of, i. 395n

parliament of Paris sends, to Louis XV in Séguier affair, ii. 493

social relations of, with Comtesse de Boufflers, v. 306

*4* Aligre, Mme Étienne-François d', wife of *3*. See Talon, Françoise-Madeleine

Alison, Mrs Archibald. See Gregory, Dorothea

*Alix et Alexis. See under* Poinsinet, Antoine-Alexandre-Henri

Allegri, Antonio (1494–1534), called Correggio; painter:

Julienne has boys' heads by, v. 287

Julienne has sleeping woman by, v. 287

Monaco has 'sainte face' attributed to, v. 335

Allen, Frances (d. 1801), m. (1758) William Mayne, cr. (1763) Bt, cr. (1776) Bn Newhaven:

HW mentions, v. 177

Allestrie, Catherine (d. 1811), m. Henry Lyell [Hendrik Leijel]:

D sends parcel by friends of, iii. **414**, 416

D's opinion of, iii. 414

Alletz, Pons-Augustin (ca 1705–85), writer:

*Esprit des femmes célèbres du siècle de Louis XIV et celui de Louis XV, L'*, ii. 26, 33, 37

*Magasin des adolescents, Le*, D owns, vi. 33n

Alleurs. See Puchot des Alleurs

Alligri, Abbate, Venetian musician:

social relations of, with: Holbach, v. 263; Macdonald, v. 265

Alliteration:

HW's remarks on, v. 373–4

Allonville, Antoine-Charles-Augustin (1733–92), Chevalier d':

social relations of, with HW, v. 268

*Allure, mon cousin, L'*:

verses to air of, iii. 70

Almanac:

Beaune sends, to Gibbon, v. 5, 8

*Almanach de Liége*:

predictions of, iv. 67

*Almanach des Muses*:

Chauvelin's song ascribed to D by, iv. 26

*Almanach royal*:

D offers to send, to HW, iii. 320, 322

Duchesses of Gloucester and Cumberland not included in, iii. 320

Almodóvar del Río, Duque de. See Jiménez de Góngora

Aloes:

in quack medicine, v. 208

Alsace:

military divisions of, iv. 322

*1* Alsace-Hénin-Liétard, Charles-Alexandre-Marc-Marcellin d' (1744–94), Marquis de la Verre; Prince d'Hénin:

colonelcy of grenadiers given to, ii. 330

dances at Mirepoix ball, i. 217

marriage of, i. 123, 127, 136, 152

Mirepoix, Mme de, lacks influence to help, iii. 30

social relations of, with: D, i. **123**, 205; Luxembourg, Mme de, ii. 361; Mirepoix, Mme de, v. 336, 340, 351

to be captain of guards to Artois, iii. 220

*2* Alsace-Hénin-Liétard, Gabrielle-Françoise-Charlotte d' (1729–1809), sister of *1*, m. (1755) Jacques-François-Xavier-Régis-Ignace, Vicomte de Cambis, later Comte de Cambis-Orsan; one of the 'oiseaux de Steinkerque':

Boufflers, Chevalier de, asked by, to write verses for D, iv. 462

—— letters of, shown to D by, ii. 289, 305

Boufflers, Comtesse de, attached to, iii. 226

Boufflers, Marquise de, at odds with, ii. 368, 381, iii. 270

brother-in-law of, marries, v. 84

Caraman, Comte and Comtesse de, visited by, iii. 120, iv. 210, 212, v. 73 (*see also under* Roissy, visitors to)

Caraman, Comtesse de, sister of, v. 213

Chaillot visited by, iv. 357

Chesterfield translated by, iv. 461, 462, 465

Cholmondeley, Mrs, compared with, iv. 280

—— cordially treated by, ii. 477

—— in danger from, ii. 326, 327

Churchill, Lady Mary, acquaintance of, iii. 23

Coke, Lady Mary, relations of, with, iv. 56

'comédie du magistrat' read by, v. 441

Conway's verses for, iv. 138, 151

Craufurd's friendship with, iii. 280, 285, 286, 288, 295, iv. 482, 488, 489

D agrees with HW's cautions against, ii. 273–4, 324, 326, 327

D asks HW to send message to, iv. 227

D discusses Comtesse de Boisgelin's finances with, ii. 366, 368

D has not seen or heard of, ii. 273, 277, 281–2, iii. 170

D leaves books and table ornaments to, vi. 9, 25–6

D leaves tea-set and table to, vi. 9, 24–5, 44

D mentions, ii. 310, 342

D's correspondence with, v. 428

D's informant, v. 34

D's neighbour, iii. 356

D's opinion of, ii. 286, 322, 381, 421, 461, iii. 122, 137–8, 152, 196, 206, 260, 436, iv. 219, 431, 496, v. 65, 150, 213, 222

D's relations with, ii. 322, iii. 137, 142, 148, 152, 154, 426, 434, 436, iv. 227, 241, 356, 431, 499, v. 102, 150, 222

D tells story of 'Mrs Turk' to, iii. 438

D to see less of, ii. 295

D wagers with, on attitude of Duchesse de Châtillon, iv. 223

D wishes fan for, iii. 157

Damer, Mrs, friend of, iii. 267, v. 88

Dunkirk visited by, v. 332

[2 Alsace-Hénin-Liétard, Gabrielle-Françoise-Charlotte d', *continued*]

Durfort, Chevalier de, important to, iii. 434–5, 436, 438, 474n

English studied by, iv. 430, 461

Englishwomen cultivated by, iv. 241

friend of both d'Aiguillon and Choiseul camps, iii. 13

gambles, ii. 316, 317, 326, 328, 337, 367, 461

Gibbon's relations with, iv. 490, v. 222

HW accompanies, to theatre, v. 336, 351

HW admired by, ii. 287

HW claims D is jealous of, iv. 499, v. 65

HW sends compliments to, iv. 234

HW sent messages by, iii. 97, iv. 227

HW's *Gramont* given to, iii. 305

HW's illness distresses, v. 100

HW thanked by, for kindness to Sources, v. 224

health of, v. 449, 461

Isle-Adam visited by, iii. 98, 403

La Vallière, Duchesse de, writes 'portrait' of, iv. 314–5, 318

Lénoncourt, Marquise de, friend of, ii. 338

Le Val visited by, v. 424, 461

Lorraine visited by, iii. 23

Luxembourg, Mme de, attached to, iii. 206, 226

—— visited by, ii. 319

Monaco friend of, iii. 86

Montmorency visited by, ii. 319, iii. 301, iv. 499

Nicolet attended by, v. 336

Port-à-l'Anglois, le, visited by, iii. 396

'portrait' of, by Duchesse de la Vallière, iv. 314–5, 318

Raincy visited by, iv. 232

Richmond's correspondence with, v. 42, 60, 96, 97, 234

——'s friendship with, iv. 331, 338, 356, 372, 430, 441, 444, 446, 458, 461, 474, 496, v. 16, 108, 222

——'s portrait sent to D by, v. 127

Roissy may be visited by, iv. 462

—— visited by, iii. 120, iv. 210, 212, 474, 482, 484, 485, v. 65, 68, 75, 150, 176, 334

Sabran, Comtesse de, friend of, iii. 269

Saint-Ouen visited by, iv. 342

sings, iii. 137, 206, iv. 219, 338, v. 96, 97, 98

social relations of, with: Beauvau, Prince and Princesse de, v. 444; Boufflers, Comtesse de, iv. 225, 241, 265, v. 136, 351; Caraman, Comte de, iii. 312, 320; Caraman, Comtesse de, ii. 368, iii. 312, 320, v. 334, 426, 427; Châtillon, Duchesse de, iv. 221; Cholmondeley, Mrs, ii. 283, 315, 316, 317, 367; D, ii. 283–6, 289, 290, 301, 309, 315, 322, 324, 421, 461, iii. 6, 13, 91, 97, 134, 137–8, 142, 146, 150, 158, 171, 186, 196, 206, 233, 270, 285, 332, iv. 100, 110, 218–20, 222, 228, 229, 232, 240, 267, 268, 303, 304, 329, 357, 441, v. 39, 48, 102, 131, 138, 150, 223, 225, 245, 326, 327, 329, 332, 334, 336–41, 343–5, 347–52, 435, 441, 449, 460, 461; Durfort,

Chevalier de, v. 341; Fitzgerald, Lord Charles, iv. 330; (?) Fitzgerald, Lady Charlotte, iv. 330; Fox, ii. 316; HW, iii. 83, 86, v. 341; La Reynière, Mme de, v. 435; Lauzun, ii. 328; Lauzun, Duchesse de, ii. 328; La Vallière, Duchesse de, iv. 221, v. 344, 349; Leinster, Ds of, iv. 330, v. 160; Luxembourg, Mme de, ii. 315, v. 352, 448; Mirepoix, Mme de, iii. 314, 396, iv. 329, v. 330, 336, 340, 341, 347, 349, 351; Monconseil, Marquise de, v. 332; Montagu, Mrs, iv. 357; Necker, iv. 329, 343, 381, v. 441; Necker, Mme, iv. 329, 343, 381; Ogilvie, iv. 330; Richmond, iv. 330; Rochfords, i. **311**; Rondé, Mme, v. 345; Viry, Contessa di, iv. 310

Stanhope, Lady Harriet, friend of, iv. 240, 241

to leave Paris, iii. 353

to remain in Paris, iv. 462

to return to Paris, iv. 499, v. 75

Valentinois, Comtesse de, formerly friend of, iv. 71

—— leaves 20,000 francs to, iv. 71

verses by, on D's tonneau, ii. 289–90

Villers-Cotterêts may be visited by, iv. 462

—— to be visited by, iv. 342

—— visited by, iv. 466

Walpole, Hon. T., attentive to, v. 222

3 Alsace-Hénin-Liétard, Marie-Anne-Gabrielle-Josèphe-Françoise-Xavière d' (1728–1810), sister of *1*, m. (1750) Victor-Maurice de Riquet, Comte de Caraman:

Boisgelin, Comtesse de, visits, iv. 86

Boufflers, Comtesse de, praised by, i. 18

—— visits, iv. 86

Cambis, Vicomtesse de, sister of, v. 213

—— visits, iii. 120, iv. 210, 212, v. 73

children and servants of, give show, iii. 269

crystal baskets bought by: arrive, i. 219; D asks price of, i. 219, 237, 246, 260, 271, 277, 283

D defends, to Choiseul, i. 369

D may visit, iv. 56, 212

D's correspondence with, v. 425

D's neighbour, v. 213

D's opinion of, i. 17, iii. 233, 426, iv. 431

D's relations with, i. 369, iii. 269, iv. 28, 49, v. 213

D talks with, about Marquise de Bussy, i. 18

D visits, iv. 86, 210

D wishes Selwyn to be kind to son-in-law of, v. 213

D writes letter of introduction for friends of, iv. 28, 29, 32, 34

daughters of, marry, iv. 189, 198, 413, 419

family amity of, iv. 86, 210, v. 73

Greville, Mrs, friend of, iii. 323

HW asked to buy woolen material for, iv. 246

HW may visit, iv. 212

HW's compliments please, i. 26

HW sends compliments to, iv. 419

HW's *Gramont* given to, iii. 306

HW's kindness to son-in-law of, v. 213, 217–8, 221, 223

HW writes about son-in-law of, v. 217

La Salle visits, iv. 86

La Vallière, Duchesse de, puts D in good graces of, i. 369

(?) Mirepoix, Mme de, on bad terms with, iv. 270

Mirepoix, Mme de, visits, iv. 56, 81, 86

not entertaining at Roissy, iv. 373

O'Kelly visits, iv. 210

Pompom sent to call on, in monk's garb, v. 2

returns from country, iii. 120, 122, 426, iv. 237, 380, v. 436

Roissy country-seat of, i. 369

—— occupied by, ii. 243, 256, iii. 260, 269, 353, 370, 404, 413, iv. 56, 72, 210, v. 44, 179, 334, 346, 426, 453, 454, 460

—— to be occupied by, iii. 225, 231, 233, 350, iv. 33, 49, 272, 281

Schuwalof visits, iv. 86

social relations of, with: Adhémar, Comtesse d', v. 448; Anfreville, v. 304; Beauvau, iii. 269; Beauvau, Princesse de, iii. 269, iv. 209, v. 304; Bentheim, Gräfin von, ii. 83; Boisgelin, Comtesse de, iii. 269, v. 455; Boufflers, Chevalier de, v. 439; Boufflers, Comtesse de, i. 250, 253, v. 309; Brancas, ii. 84, v. 298; Broglie, Comte de, iii. 312; Cambis, Vicomtesse de, ii. 368, iii. 312, 320, v. 334, 426, 427; Cantillana, v. 304; Châtillon, Duchesse de, ii. 83; Chimay, Princesse de, iii. 269; Choiseul, Duchesse de, v. 295, 299; Choiseul, Marquise de, v. 448; Churchill, Charles, Lady Mary, and Mary, v. 334; Conolly, Lady Louisa, v. 34; Craufurd, iii. 269; Creutz, ii. 83; D, i. 17, 250, 253, ii. 83, 368, 380, iii. 5, 13, 122, 127, 209, 233, 269, 320, 332, 370, 413, 426, iv. 72, 237, 267, 270, 414, v. 5, 121, 131, 179, 213, 223, 291, 296, 298, 303, 305, 314, 334, 431–3, 436–53, 460; Des Cars, Comtesse, v. 437, 439, 449; Greville, Mrs, iii. 362; HW, v. 292, 307, 312, 334; Hénault, i. 4, v. 293; Lambert, Mme de, v. 300; La Vallière, Duchesse de, ii. 83, iii. 191, v. 426; Leinster, Ds of, v. 34, 150(?); Lennox, Lady George, i. 17, 18; Maurepas, Comte and Comtesse de, v. 291; Mirepoix, Bishop of, ii. 83, iii. 312, 320, iv. 414; Mirepoix, Mme de, i. 253, iii. 13, 127, 209, 269, v. 439, 440, 445–50, 454–5, 460; Narbonne, Vicomtesse de, ii. 83; Noyon, Bishop of, iii. 312; Rochfords, i. 253, 311; Roncherolles, Marquise de, iii. 269; Saint-Omer, Bishop of, iii. 269; Schuwalof, iv. 72, v. 304; Selwyn, v. 131; Spencer, Cts, iii. 362; Stainville, v. 450; Starhemberg, Prince and Princesse de, v. 304, 312; (?) Usson, Comte and Comtesse d', i. 253, iii. 269, v. 293; Valentinois, Comtesse de, v. 304

son born to, iii. 142

Vic, M. and Mme, friends of, iv. 29, 32, 34

visitors to, at Roissy, see Roissy, visitors to

4 Alsace-Hénin-Liétard, Philippe-Gabriel-Maurice-Joseph d' (1736–1804), Prince de Chimay; brother of 1:

England visited by, iv. **366**

(?) Fitzjames thought to have been at odds with, iv. 366

social relations of, with Richmonds, v. 274

1 Althorpe, Vct. See Spencer, George John

2 Althorpe, Vcts, wife of 1. See Bingham, Hon. Lavinia

'Alva, D. of.' See Sackville-Germain, George

Alzire. See under Voltaire

Amadis de Gaule:

D cites, i. 270

D likes, v. 118, 133, 136–7

D offers, to HW, v. 118, 122–3, 128

D refers to, i. 134, iii. 6

D sends, to HW, v. 128, 133

HW severe on, v. 136

Amadis de Gaule, Traduction libre d'. See under La Vergne, Louis-Élisabeth de

Amant bourru, L'. See under Boutet de Monvel, Jacques-Marie

Amant indécis, L'. See under Vichy-Champrond, Marie de

Ambassade, L':

D sings, ii. 277

verses to air of, ii. 289–91

See also Boufflers, Stanislas-Jean de, verses of, on embassy from Stanislas I to Ps Christine

Ambassador:

from Austria to France, see Mercy-Argenteau, Florimond-Claude-Charles, Comte de

from England to France, see Conway, Francis Seymour, E. and M. of Hertford; Harcourt, Simon, E. Harcourt; Lennox, Charles (1735–1806), D. of Richmond; Murray, David, Vct Stormont; Nassau de Zulestein, William Henry, E. of Rochford; Russell, John, D. of Bedford

from England to Spain, see Robinson, Thomas, Bn Grantham

from England to Turkey, see Grenville, Henry; Murray, John (d. 1775)

from France to Austria, see Durfort-Civrac, Émeric-Joseph de, Marquis de Durfort; Le Tonnelier, Louis-Charles-Auguste, Baron de Breteuil; Rohan, Louis-René-Édouard, Cardinal-Prince de

from France to England, see Bonnières, Adrien-Louis de, Comte de Guines; Du Châtelet, Louis-Marie-Florent, Comte; Noailles, Emmanuel-Marie-Louis, Marquis de; Regnier, Claude-Louis-François de, Comte de Guerchy

from France to Holland, see Noailles, Emmanuel-Marie-Louis, Marquis de

from France to Naples, see Choiseul, Renaud-César-Louis, Vicomte de; Clermont, Jean-Baptiste-Charles-François, Chevalier de; Le Tonnelier, Louis-Charles-Auguste, Baron de Breteuil

from France to Portugal, see Blosset, Paul, Marquis de; Clermont, Jean-Baptiste-Charles-François, Chevalier de; O'Dunne, Jacques

from France to Prussia, see Pons, Louis-Marie, Marquis de

[Ambassador, *continued*]
from France to Rome (Holy See), *see* Beauvilliers, Paul-Hippolyte de, Duc de Saint-
Aignan; Bouchard d'Esparbez de Lussan,
Henri-Joseph, Marquis d'Aubeterre; Pierre,
François-Joachim de, Cardinal de Bernis
from France to Spain, *see* Beauvilliers, Paul-
Hippolyte de, Duc de Saint-Aignan; Ossun,
Pierre-Paul, Marquis d'
from France to Sweden, *see* Gravier, Charles,
Comte de Vergennes; Usson, Victor-Timoléon,
Comte d'
from France to Turkey, *see* Puchot, Roland
from Holland to England, *see* Boreel, Jacob
from Holland to France, *see* Berkenroode,
Matthys Lestevenon van
from Malta to Naples, *see* Rosset de Fleury,
Pons-François de
from Naples to France, *see* Baesa e Visentelo,
Don Giuseppe, Conte di Cantillana, (?) Marchese di Castromonte; Caracciolo, Domenico,
Marchese
from Naples to Savoy, *see* (?) Baesa e Visentelo, Don Giuseppe, Conte di Cantillana,
(?) Marchese di Castromonte
from Portugal to France, *see* Souza Coutinho,
Dom Vicente de٭
from Sardinia to France, *see* Ferrero di Biella,
Filippo Francesco Maria, Conte della Marmora; Solaro di Breglio, Roberto Ignazio;
Viry, Francesco Maria Giuseppe Giustino,
Conte di
from Spain to England, *see* Abreu, Chevalier
d'; Ferrero di Biella, Vittorio Filippo, Prin-
cipe di Masserano
from Spain to France, *see* Abarca de Bolea,
Don Pedro Pablo; Pignatelli de Aragón, Juan
Joaquín Atanasio, Conde de Fuentes
from Sweden to France, *see* Creutz, Gustaf
Philip, greve; Scheffer, Carl Fredrik, greve
from Venice to France, *see* Gradenigo, Barto-
lommeo Andrea; Mocenigo, Alvise
*See also* Envoy; Minister
Ambassadorship, British, to France:
Choiseul suggests HW for, ii. 344
HW averse to, ii. 356
Ambition:
crime and, i. 300
Voltaire considers, as natural as love, v. 370
*Ambitious Stepmother, The. See under* Rowe,
Nicholas
Amblimont, Comtesse d'. *See* Chaumont de Qui-
try, Marie-Anne de
Amboise:
Choiseul, Duchesse de, establishes chapter,
college, and manufactures at, ii. 437
couriers between Paris and, iii. 243
doctor from, called to Chanteloup, iii. 254
Amelia Sophia Eleonora (1711–86) Ps:
HW does not mention, v. 173
HW gives portrait of Henri IV to, with verses,
ii. 187, 189, 201
HW plays cards with, iv. 137

HW's acquaintance with, i. 45, ii. 430–1,
431–3
HW's verses in praise of, ii. 432, 435
La Fayette's journey to America known to, iv.
445
Temple entertains, ii. 430, 432–3
*1* Amelot, Antoine-Jean (d. 1795), Marquis de
Chaillou; D's relative; son of *4*:
Court post of, iv. **310**, 311
(?) D's pension signed by, vi. 38
relatives of, iv. 315
ridiculed as secretary for the interior, v. 129
*2* Amelot, Marie-Louise, dau. of *4*, m. (1752)
Claude-Thomas-Sibille-Gaspard-Nicolas-Doro-
thée de Pont Saint-Pierre, Marquis de Roncherolles:
brother of, iv. 315
Craufurd's correspondence with, iv. 73, 76, 88
——'s friendship with, iii. 285, 286, 288, 362,
374, 413, iv. 82, 221, 482, 489
D's opinion of, i. 363, iii. 269
D's relations with, iii. 288, iv. 315
Dijon visited by, iv. 82
Fontainebleau to be visited by, iv. 221, 223
—— visited by, iv. 484, 485
social relations of, with: Caraman, Comte and
Comtesse de, iii. 269; Craufurd, i. 363, iii.
268–9, 288, iv. 223, v. 352–3; D, iii. 269, 285,
301, iv. 220, 278, 483, v. 344–5, 347–9, 351;
(?) Usson, Comte and Comtesse d', iii. 269
'turgotin,' iv. 278
*3* Amelot, Noël-Marie-François (d. 1786):
(?) attends session of parliament of Paris, vi.
173
*4* Amelot de Chaillou, Jean-Jacques (1689–1749),
minister of foreign affairs:
Amezaga, Marquise d', widow of, v. 291
formerly minister of foreign affairs, iv. 315
son of, iv. 315
*5* Amelot de Chaillou, Mme Jean-Jacques, wife
of *4*. *See* Vougny, Marie-Anne de
America:
*Anecdotes* concerning, *see under* Hornot, Antoine
battle in, falsely reported, v. 346
boundaries in, v. 286
British military measures concerning, iv. 138,
139–40
cause of, popular in Paris, iv. 417
Chatham may join in debate on, iv. 38, 138–9,
139
D disapproves of British Government's policy
towards, v. 78
D disturbed by affairs in, iv. 250, 261–2, 354,
385
D mentions, ii. 30, iv. 243, 283
D more interested than HW in, iv. 215
D royalist in affairs of, iv. 386, 392, 472, 492
D's interest in news from, iv. 348, 356, 364,
480, 482, 495, 498
Fitzpatrick goes to, iv. 413
France not thought to have treaty with, v. 4
——'s relations with, v. 12

French officers and men to be sent to, v. 212
French protection for, not heard of by D, iv. 237
French rumours concerning, iv. 366, 427, 452
Grosley's remarks on, singular, iv. 259
HW sends no news of, iv. 411, 498
HW writes of, iv. 412
*History* of, *see under* Robertson, William
La Fayette sails for, iv. 427, 445
Lauzun told he will be king in, iv. 283
Louis XVI gracious about, v. 33
military reverses of, v. 158
minister from, to France, *see under* Minister
naval forces of, v. 158
news from, iv. 200, 368, 386, 387, 409, 415, 417, 424, 452, 470, 472, 497, 500, v. 2
parliamentary discussion of, iv. 138–9, 140, 145–6
rumour of British defeat in, iv. 364
Selwyn on concern with, iv. 151
something new may come from, iii. 356
Spain should not protect, v. 152–3
York had never visited, v. 365
*See also* War, English-American
Amezaga, Marquise d'. *See* Vougny, Marie-Anne de
Amfreville, Chevalier d'. *See* Davy d'Anfreville, Charles-Bernardin
Amfrye de Chaulieu, Guillaume (1639–1720), writer:
D talks to Mme de Genlis of, vi. 64
Voltaire alludes to, iv. 248
Amiens:
Bons Enfants (inn), HW stays at, v. 334, 370–1
cathedral at, v. 259
D mentions, i. 231
Duc de Bourgogne (inn), v. 324, 371
HW buys great-coat at, v. 408
HW writes from, i. 2, 7, v. 381
La Ferrière governor of, ii. 285
visitors to: Elliots, iv. 420; HW, v. 259, 314, 324, 333, 334, 371n
*Amitié scythe, L',* ou histoire secrète de la Conjuration de Thèbes:
D buys, i. 228–9
*À M. de Voltaire sur l'A, B, C. See under* Saurin, Bernard-Joseph
*À Monsieur le Chancelier de Maupeou. See under* Voltaire
*À Monsieur Marmontel. See under* Voltaire
*Amour diable, L'. See under* Legrand, Marc-Antoine
Ampthill, Ossory's seat:
HW at, iv. 257, 262
Amsterdam:
Barthélemy compares Chanteloup to, vi. 207
*Amsterdam, Gazette d'. See* Gazette d'Amsterdam
Anagram:
Choiseul, Duchesse de, sends, to HW, ii. 67
HW compared to, i. 55, 63, ii. 31
*1* Ancezune, Marquise d', wife of *2. See* Colbert de Torcy, Françoise-Félicité

*2* Ancezune de Caderousse, André-Joseph d' (1696–1767), Marquis d'Ancezune:
death of, i. **354**
Ancre, Maréchale d'. *See* Dori, Leonora
Andigné de la Chaise, Joseph-François (d. 1806), Bishop of Saint-Pol-de-Léon 1763–72, of Châlons 1772–81:
(?) social relations of, with Comte and Comtesse de Maurepas, v. 285
Andirons:
Ussé bequeaths, iii. 276
Andouillé, Jean-Baptiste, surgeon:
Louis XV attended by, iv. 48
*1* Andrault, Charles-Claude (1720–92), Marquis de Maulevrier-Langeron:
made lieutenant general, v. 147
*2* Andrault de Langeron, Marie-Louise-Aglaé (1759–1827), dau. of *1*, m. (1779) Joseph-François-Louis-Charles, Comte de Damas:
Brienne, Comtesse de, relative of, v. 124
finances of, v. 124
marriage of, v. **124**
André, Pierre-Nicolas (1754–1815), called Murville:
*Adieux d'Andromaque et d'Hector, Les,* Académie prize won by, iv. 354
Voltaire eulogized by, v. 172
*Andromaque. See under* Racine, Jean
*Anecdotes américaines. See under* Hornot, Antoine
*Anecdotes de la cour et du règne d'Édouard II, roi d'Angleterre. See under* Guérin, Claudine-Alexandrine; Molin-Dumesnil, Anne-Louise
*Anecdotes of Painting in England:*
Forcalquier, Comtesse de, to have, v. 415
*Journal encyclopédique* reviews, i. 138
Mariette translates, v. 269
*Anecdotes sur la révolution de Russie. See under* Rulhière, Claude-Carloman de
*Anecdotes sur la vie de Mme du Barry. See under* Pidansat de Mairobert, Mathieu-François
Anfreville, Chevalier d'. *See* Davy d'Anfreville, Charles-Bernardin
Angélique, Duchesse de Choiseul's femme de chambre. *See* Corbie, Mme (?) Angélique
*1* Angennes, Catherine-Henriette d' (1634–1714), m. Louis de la Tremoïlle, Comte d'Olonne:
anecdote of, i. **169**
portrait of, *see under* Petitot, Jean
*2* Angennes, Madeleine d' (1629–1714), sister of *1*, m. (1655) Henri de Saint-Nectaire, Maréchal-Duc de la Ferté:
D's anecdotes of, i. **169**, v. 275
Fiesque lover of, v. 275
infidelities of, v. 275–6
Longueville illegitimate son of, v. 275
Angers:
Brancas family to visit, iii. 79
Churchills to visit, iii. 60, 65, 79, 80, 83
Angeul. *See* Plumard de Dangeul
*1* Angiviller, Comte de la Billarderie d'. *See* Flahaut, Charles-Claude

*2* Angiviller, Comtesse de la Billarderie d', wife of *1. See* La Borde, Élisabeth-Josèphe de

*Anglais à Bordeaux, L'. See under* Favart, Charles-Simon

*Angleterre, Éléments de l'histoire d'. See under* Millot, Claude-François-Xavier

Angliviel de la Beaumelle, Laurent (1726–73):
  D attributes attack on Voltaire to, iii. 79–80
  *Examen de la nouvelle histoire de Henri IV de M. de Bury . . . ,* ii. 94–5, 158–9, 163, 171
  *Mémoires pour servir à l'histoire de Mme de Maintenon:* (?) D owns, vi. 32; (?) D to reread, iii. 190
  verses on, iv. 274, 277

*Anglomanie, L'. See* Saurin, Bernard-Joseph, *Orpheline léguée, L'*

Angora cats. *See* Cats, Angora

*1* Angosse, Marquise d', wife of *4. See* Usson de Bonac, Louise-Pétronille d'

*2* Angosse, Bernard-Hippolyte d' (ca 1777–9), son of *4:*
  death of, v. 140

*3* Angosse, Claude-Alexandre-Casimir (1779–1838), Comte d', son of *4:*
  birth of, v. 140

*4* Angosse, Jean-Paul (1732–98), Marquis d':
  Béarn to be visited by, v. 140
  D's opinion of, v. 140
  deaths in family of, v. 139–40
  leaves Paris, v. 422, 433
  lives at convent of Saint-Joseph, v. 131
  returns to Paris, v. 431, 455
  social relations of, with D, v. **131**, 140, 431, 432, 460

*5* Angosse, Louise-Pauline-Pétronille-Charlotte-Léontine d' (1770–79), dau. of *4:*
  death of, v. **140–1**

Angoulême, Duchesse d'. *See* Louise de Valois (d. 1696); Marie-Thérèse-Charlotte (1778–1851)

Angoulême:
  Ruffec near, iii. 402

Angoumois:
  Broglie to go to, iv. 358, 363
  Gourville in, ii. 44
  Ruffec in, iv. 358

Angran d'Alleray, Denis-François (1715–94), procureur général du grand-conseil:
  (?) attends session of parliament of Paris, vi. 172
  (?) Keller, Rose, appeals to, ii. 58

Anhalt-Dessau, P. of. *See* Leopold Friedrich Franz

Animals:
  compassion not felt by, v. 360
  D comments on HW's preference for four-footed, ii. 222

'Animaux malades de la peste, Les.' *See under* La Fontaine, Jean de

Anjorrant de Tracy, Claude-Nicolas-Étienne (d. 1781):
  (?) attends session of parliament of Paris, vi. 173

*1* Anlezy, Comte d', son of *2*, husband of *3. See* Damas, Jean-Pierre

*2, 3* Anlezy, Comtesse d'. *See* Gassion, Madeleine-Angélique de (1712–94); Le Veneur de Tillières, Michelle-Pétronille de (b. 1741)

*Annales. See under* Tacitus

Anne (1366–94) of Bohemia, m. (1382) Richard II of England:
  head-dress dates from time of, v. 359

Anne (1476–1514) of Brittany, m. (1) (1491) Charles VIII of France; m. (2) (1499) Louis XII of France:
  looking-glass of, v. 305
  prayer book of, v. 359

Anne (1601–66) of Austria, m. (1615) Louis XIII of France:
  Ennery has medallion of, v. 325

Anne (1665–1714), Q. of England:
  Whigs, in reign of, try to bribe Emperor's ministers, v. 354

Anne (d. 1432) of Burgundy, m. (1423) John of Lancaster, D. of Bedford:
  tomb of, v. 271

Anne (1709–59) of England, m. (1734) William V of Orange:
  death of, v. 354
  Louis XV refused as husband for, v. **354**

Anne-Charlotte (1755–86), Princesse de Lorraine. *See* Lorraine, Anne-Charlotte de

Annecy, Bishop of. *See* Biord, Jean-Pierre

*Année littéraire, L'. See under* Fréron, Élie-Catherine

*Annette à l'âge de quinze ans:*
  verses to air of, iii. 186

*Annual Register:*
  source of HW's death notices, v. 372

Annuities:
  iv. 401, 403, v. 11, 184, 191
  Conti's, ii. 419
  Craon's, iv. 141
  D mentions, iv. 225, 234
  D's, ii. 386–7, vi. 38–41, 43–4, 46, 187–90
  for: D's servants, ii. 365–6, 387, vi. 39–41, 43–4; Denis, Mme, v. 49; Lauzun, v. 33; Maillard, Mme, v. 252, vi. 6, 9–10; Talmond, Princesse de, servants of, iii. 438
  Geoffrin, Mme, leaves, iv. 484
  Valentinois, Comtesse de, leaves, iv. 72

Anquetil, Louis-Pierre (1723–1806), priest:
  *Esprit de la Ligue, L':* D owns, vi. 32; D's opinion of, iv. 84

Ansart, Jean-Baptiste:
  *Henriette:* (?) D owns, vi. 34

Anseaume, Louis (1721–84), dramatist:
  *École de la jeunesse, L',* v. 272
  *Tableau parlant, Le,* v. 331

Anthony, St:
  temptation of, painted by Teniers, v. 335

Antibes:
  Boufflers, Chevalier de, at, vi. 137

Antier, Marie (ca 1687–1747), actress:
  anecdote of, ii. 217

*1* Antigny-Damas, Marquis d'. *See* Damas, Jacques-François de
*2* Antigny-Damas, Marquise d', wife of *1*. *See* Rochechouart, Zéphirine-Félicité de
*1* Antin, Duchesse d', sister-in-law of *2*. *See* Montmorency-Luxembourg, Gillette-Françoise de
*2* Antin, Marquis d'. *See* Pardaillan de Gondrin, Antoine-François de
*3* Antin, Marquise d', wife of *2*. *See* Carbonnel de Canisy, Marie-Françoise-Renée de
Antiques:
D disparages HW's, as uncomfortable, v. 173
insufficient occupation for HW, v. 65
Antiquity:
institutions hampered by, v. 363
Antiscorbutics:
Hénault takes, ii. 5, 7, 13, 182
Antonius, Marcus (Mark Antony) (82 B.C.–30 B.C.):
medal of, iv. 54
Antony, Mark. *See* Antonius, Marcus
*Antony and Cleopatra. See under* Shakespeare, William
*1* Anville, Duc d', son of *2*. *See* La Rochefoucauld d'Anville, Louis-Alexandre de
*2* Anville, Duchesse de. *See* La Rochefoucauld, Marie-Louise-Nicole-Élisabeth de
*Apologie de Shakespeare en réponse à la critique de M. de Voltaire. See* Robinson, Elizabeth, *Essay on the Writings and Genius of Shakespear, An*
*Apophtegmes . . . des anciens, Les. See under* Perrot d'Ablancourt, Nicolas
Apples:
D given, by Baronne de Marchais, iv. 251, 259
cooked, D eats, iv. 132
Apple trees:
HW sees, on Amiens-Clermont road, v. 259
*1* Apremont, Comtesse d', wife of *2*. *See* Mérode, Joséphine-Monique-Mélanie
*2* Apremont, Henri-Ange, Comte d':
(?) social relations of, with Marquise de Coislin, v. 297
Apricots:
peaches and, sugared and chilled, i. 405–6, ii. 3n
Aquitaine, Grand Prior of. *See* Foucault de Saint-Germain-Beaupré, Armand-Louis-Joseph
Arabian tales:
D prefers, iv. 400
Aranda, Conde de. *See* Abarca de Bolea, Don Pedro Pablo
Aranjuez:
Charles III retires to, v. 312
Arbalet. *See* Ponte d'Albaret
Arc, Chevalier d'. *See* Saint-Foix, Philippe-Auguste de
Archer, Bns. *See* West, Sarah
Archiac de Saint-Simon, Comte d'. *See* Desmier, Louis-Étienne

Architecture:
'Saxon,' at Roye, v. 315
Archon. *See* Le Michaud d'Archon
Arclais de Montamy, Didier-François d' (1702–65):
fire-proof colours for enamel discovered by, v. 262
Arcoussy. *See* La Recousse
Arcueil:
scene of Sade's attack on Rose Keller, ii. 58
*Ardent* (ship):
English capture, v. 426
Ardres:
HW at, v. 315
Aremberg, Princesse d'. *See* La Marck-Lumain, Louise-Marguerite de
*Arethusa* (ship):
*Belle Poule's* battle with, v. 52, 54
success of D's remark about, v. 54
*1* Argenson, Comte d'. *See* Voyer, Marc-Pierre de
*2* Argenson, Marquis d', brother of *1*. *See* Voyer, René-Louis de
Argenson, Marquise d'. *See* Rosen-Kleinroop, Sophie de
*1* Argental, Comte d'. *See* Ferriol, Charles-Augustin
*2* Argental, Comtesse d', wife of *1*. *See* Bosc du Bouchet, Jeanne-Grâce
Argenteau. *See* Mercy-Argenteau
Argentré, Du Plessis d'. *See* Du Plessis d'Argentré
Argenville. *See* Dezallier d'Argenville
Argenvillier, Baron d'. *See* Froment-Fromentès de Castille, Gabriel-Joseph de
Arget, d'. *See* Darget
Argilliers, Baron d'. *See* Froment-Fromentès de Castille, Gabriel-Joseph de
Argout, Robert (d. 1780), Comte d', governor of French Leeward Islands:
career of, iv. **403**
Argyll, D. of. *See* Campbell, John
Ariosto, Ludovico (1474–1533), poet:
D mentions, ii. 243
*Orlando Furioso*, D mentions, i. 194n
Arithmetic:
D's poor opinion of, ii. 247
*Arlequin Phénix:*
(?) D cites, i. 247
*Arlequin sauvage. See under* Delisle de la Drévetière, Louis-François
Arles:
visitors to: Boufflers, Comtesses de, iv. 349, 355, 379, 430; Grille, v. 422; Pomme, iv. 349, 355
Arlington Street:
HW's house in: broken open, iii. 52–3, 54, 55, 57; HW arrives at, from Paris, v. 314, 324, 333, 342, 353; HW leaves, for Paris, v. 258, 315, 324, 333, 342
Arlus, Marie-Geneviève-Charlotte d' (1720–1805), m. (1734) Louis-Lazare Tiroux d'Arconville:
*Vie de Marie de Médicis, La*, D to read, iv. 84

Armchairs. *See* Furniture purchased by HW

'Arménien, l'.' *See* Rousseau, Jean-Jacques

*1* Armentières, Maréchal d'. *See* Conflans, Louis de

*2* Armentières, Maréchale d', wife of *1*. *See* Senneterre, Marie-Charlotte de

*1* Armentières, Marquis d'. *See* Conflans, Louis de

*2* Armentières, Marquise d', wife of *1*. *See* Senneterre, Marie-Charlotte de

Armet, ——, notary:
  contracts passed before, vi. 38, 39, 41, 44
  D summons, to add codicil to her will, v. 461
  (?) D works with, v. 442
  Luynes estate settled before, vi. 36–7

*Armide. See under* Gluck, Christoph Willibald; Lulli, Jean-Baptiste; Quinault, Philippe

Armour, HW's, believed to be François I's:
  arrival of, iii. 139
  HW pleased with, iii. 146
  HW sees, v. 373
  price of, iii. 115n, 185, 233, v. 412
  purchase of, iii. 109–17, 119–20, 121, 123, 128, 147, 156, vi. 185
  transportation of, iii. 121, 124, 139, 141, 143, 145, 233

Arms:
  HW sends, to Mason, iv. 202

Arnaud, François (1721–84), abbé; editor:
  Aiguillon ruins, iii. 93, v. 341
  Barthélemy offended at, iv. 366
  *Gazette* taken from, iii. **93**
  Harcourt makes no complaint against, iii. 93, v. 341
  Louis XV angered by article by, iii. 92–3
  *Variétés littéraires:* vi. 32; *Éloge de Richardson* in, iv. 251

Arnauld, Antoine (1612–94), theologian:
  (?) *Logique, La,* D owns, vi. 33n

Arnauld, Simon (1618–89), Marquis de Pomponne:
  letters of Mme de Sévigné to, about Fouquet trial: i. 187–8, 190, 212, 387, ii. 24, iii. 380, 420; copied by Wiart, i. 193, 200
  tomb of, v. 282

Arne, Susannah Maria (1714–66), m. (1734) Theophilus Cibber; actress:
  death of, v. 397

Arnould, Madeleine-Sophie (1744–1803), singer:
  Conti, Princesse de, answered by, v. 369

*1* Arouard du Beignon, ——:
  Paris visited by, v. 447

*2* Arouard du Beignon, Anne-Suzanne, sister of *1*, m. (1764) Denis-François-Marie-Jean de Suarez, Marquis d'Aulan; D's niece:
  Aulan devoted to, v. 72, 116
  bouquet given to, v. 425
  bouquet of, v. 425
  brother of, arrives, v. 447
  D buys dress for, v. 432
  (?) D given purse by, v. 447
  (?) D gives present to, v. 439
  D's arrangement with: v. 116, 122–3, 126, 132,

133, 182; satisfactory, v. 135, 136, 138, 140, 141, 150, 167; unsatisfactory, v. 212
  D's opinion of, v. 116, 167, 219
  HW advises against company of, v. 235
  habits of, v. 136
  health of, v. 429, 430
  Juilly visited by, v. 450
  Montrouge to be visited by, v. 94, 123, 132
  —— visited by, v. 132, 422, 423, 428
  Paris visited by, v. 132
  Plombières to be visited by, v. 219
  —— visited by, v. 235, 454
  relatives of, in Paris, v. 123
  social relations of, with: Champrond, Abbé de, v. 427, 431; D, v. 132, 138, 198, 223
  to leave Paris, v. 219, 225, 227, 230
  to live in Paris, v. 71, 72, 84–5, 94, 115–6, 120, 126
  to return to Avignon, v. 126, 133, 219, 225

*1* Arpajon, Chevalier d', son of *2*. *See* Noailles, Louis-Marc-Antoine de

*2* Arpajon, Marquis d'. *See* Noailles, Philippe de

*3* Arpajon, Anne-Claudine-Louise d' (d. 1794), m. (1741) Philippe de Noailles, Marquis d'Arpajon, Comte de Noailles, later Duc de Mouchy and Maréchal de France:
  balls given by, iii. 191
  breaks arm, v. 179, 428
  Chanteloup visited by, vi. 207
  D's opinion of, v. 179
  daughter of, placed at Court, i. **240**
  follows Court, ii. 351–2
  Marie-Antoinette attended by, iv. 104
  social relations of, with: Hénault, i. 369, v. 307; Louis XVI and Marie-Antoinette, iv. 104
  verses on bulletins about, v. 179

Arras, Bishop of. *See* Conzié, Louis-François-Marc-Hilaire de

Arras:
  Craufurd may visit, iii. 289
  gates of, v. 315
  HW writes from, iii. 90, v. 394
  Hôtel d'Artois, v. 342
  post halts at, i. 343
  visitors to: Bunbury, Lady Sarah, i. 234; HW, iii. 90, 92, v. 315, 342; Lauzun, i. 234

Arsenal:
  Du Muy, Maréchale, has house at, iv. 218

Artaguette d'Iron, Jeanne-Victoire-Marie d', m. (1740) Louis-Nicolas, Marquis de Pérusse:
  (?) social relations of, with Duchesse de Praslin, v. 349

*Artamène, ou le Grand Cyrus. See under* Scudéry, Madeleine de

Artichokes:
  D would compare HW to rosebush rather than to, iv. 334

*1* Artois, Comte d'. *See* Charles (-Philippe) X

*2* Artois, Comtesse d', wife of *1*. *See* Marie-Thérèse (1756–1805)

Artois, 'Évêques d'.' *See* Conzié, Joachim-François-Mamert de; Conzié, Louis-François-Marc-Hilaire de

Artois:
  Comte d'Artois paid for by, v. 241
  Conzié brothers important in, iii. 197
Art poétique, L'. See under Boileau-Despréaux, Nicolas
Arundel, E. of. See Howard, Thomas
Arvillars, Abbé d':
  social relations of, with: Choiseul, Duchesse de, v. 307, 330; D, v. 322; Rochfords, ii. 15; Souza, v. 318, 321; Viry, Contessa di, v. 350
Ashburton, Bn. See Dunning, John
Asia:
  Bragança's acquaintance with, v. 9
Aspremont. See Apremont
Associations to petition Parliament:
  D doubts success of, v. 202
  serious for ministers, v. 210
Assomption, Filles de l'. See Filles de l'Assomption
Asson, Comtesse d'. See Wassenaer, Marguerite-Élisabeth-Barbe de
Assyrian Empire:
  uncertain boundaries of, v. 358
'Astérie,' character in Voltaire's Lois de Minos:
  D praises, vi. 191
Asters:
  HW sees: at Chantilly, v. 260; at Hôtel de Biron, v. 263
1 Aston, Lady, wife of 4. See Pye, Elizabeth
2 Aston, Hervey. See Hervey-Aston
3 Aston, Mrs Hervey, wife of 2. See Dicconson,
———
4 Aston, Sir Willoughby (ca 1715–72), 5th Bt:
  social relations of, with Beaufort, v. 271
Asturia:
  Herbert, Lady Mary, seeks mines in, v. 288
Asturies, Hôtel des:
  Aulan lives at, vi. 11
Athalie. See under Racine, Jean
Atheism:
  suicides attributed to, iv. 1
Athens:
  HW and Voltaire on taste in, ii. 129, vi. 142
Athis, country-seat of Duchesse de Rohan-Chabot:
  La Vallière, Duchesse de, visits, ii. 265
Attaignant. See L'Attaignant
Atterbury, Francis (1662–1732), Bishop of Rochester:
  Scots College has box of papers by, v. 359
Atticus, Titus Pomponius (110–33 B.C.):
  D reads Cicero's letters to, iv. 332
Atys. See under Lulli, Jean-Baptiste; Quinault, Philippe
Aubespine. See L'Aubespine
1 Aubeterre, Marquis d'. See Bouchard d'Esparbez de Lussan, Henri-Joseph
2 Aubeterre, Marquise d', wife of 1. See Bouchard d'Esparbez de Lussan, Marie-Françoise
1 Aubeterre, 'Vicomte' d'. See Bouchard d'Esparbez de Lussan, Henri-Joseph
2 Aubeterre, 'Vicomtesse' d', wife of 1. See

Bouchard d'Esparbez de Lussan, Marie-Françoise
Aubigné, Françoise d' (1635–1719), Marquise de Maintenon, m. (1) (1652) Paul Scarron; m. (2) (1684) Louis XIV:
  D cites: iii. 253; on boredom, ii. 237
  D's opinion of, ii. 60, iv. 50, 434
  D's 'portrait' of, ii. 60
  D to reread, iii. 190
  Du Barry, Mme, contrasted with, v. 369
  HW comments on, ii. 55
  HW given letter of, iv. 144–5, v. 330
  HW sees rooms of, at Saint-Cyr, v. 330
  HW sees Saint-Cyr girls act scenes from plays of, iv. 144–5, v. 330
  letters of, to Cardinal and Duc de Noailles, D reads, iii. 258, 266, 283
  letters of, to her family: D has had, iii. 299; D's opinion of, iii. 299, 330
  letters of, to Princesse des Ursins: Choiseul lends, to D, ii. 44, 62, 68–9, 74, 88; Choiseul takes back, ii. 108, 111; D comments on, ii. 46; D reads, ii. 44, 46; D wishes to keep, for HW, ii. 62, 68–9, 74, 81; HW would like to read, ii. 55
  letters to, of Princesse des Ursins: D reads, iii. 258, 266, 283; HW receives copies of, iii. 283, 299, 320, 326, 327, 330
  Mémoires of, see under Angliviel de la Beaumelle, Laurent
  Noailles's account of, iv. 434
Aubigné, Marie-Joséphine-Marguerite d' (1746–1805), m. (1765) Jean-René-Hippolyte, Marquis de Toulongeon:
  social relations of, with La Marche, Comtesse de, v. 298
Aubigny, duchy of:
  Richmond's claim to: ii. 287, 296–7, 298–9, 417–8, 423, 424, 427–8, 435, iv. 327, 333, 347, 349, 368, 454; granted, iv. 455, 456
Aubigny, Richmond's French country-seat:
  Richmond may have gone to, iv. 312
  ——— occupies, iv. 349, 356, 365
  visitors to: children of Ds of Leinster, iv. 333; Leinster, Ds of, iv. 333, 337, 338, 342, 421, v. 56, 58, 61, 71, 129, 160, 171; Ogilvie, iv. 421
Aubrey, Sir John (1739–1826), 6th Bt, 1786:
  (?) social relations of, with HW, v. 268
Aubusson:
  furniture from, ii. 457, iii. 233
  goods from, iii. 3
  HW's tapestry coverings from, ii. 428, 437, 439, 452, 454–5, 457, 459, 472, iii. 121, 161, 182, 233, v. 181
Aubusson de la Feuillade, Françoise-Catherine-Scholastique d' (b. 1733), m. (1752) François-Henri d'Harcourt, Comte de Lillebonne:
  Brunswick flirted with, by, i. 42
  social relations of, with: Bentheim, Gräfin von, v. 302; D, ii. 75; HW, v. 312; Harcourt, Earl, v. 312; Maurepas, Comte and Comtesse de, v. 285

Auch, Archbishop of. *See* Chabillard de Montillet de Grenaud, Jean-François de
Auckland, Bn. *See* Eden, William
Auction of prints:
HW attends, v. 302
Audouard, ——:
Louis XV suppresses plea made by, vi. 174
Auger, Nicolas (d. 1783), actor:
acts part of 'Lucas' well, i. 289
Auget, Antoine-Jean-Baptiste-Robert (1733–1820), Baron de Montyon; philanthropist:
Bastard replaced by, v. 442
chancellor to Comte d'Artois, v. 442
social relations of, with D, ii. 415
Augusta (1719–72) of Saxe-Gotha, m. (1736) Frederick, P. of Wales:
death of, iii. **183**, 189
illness of, iii. **131**
travels of, ii. **419–20,** 421
Augusta (1737–1813), m. (1764) Karl Wilhelm Ferdinand, Hereditary P. (later D.) of Brunswick:
Wales, Ps of, to visit, ii. **420**
Auguste, Mlle, dancer:
social relations of, with Conti, v. 292
Auguste, Robert-Jacques (*or* -Joseph) (1725–1805), goldsmith to Louis XVI:
snuff-box for HW sought at shop of, iv. 302, 303
Augustine, St (354–430):
D quotes, i. 5, 242, iii. 25
Augustinians, church and convent of. *See* Grands-Augustins
Augustins, Quai des:
Le Clerc lives in, vi. 25, 31
'Aujourd'hui Bacchus et l'amour':
Pont-de-Veyle's verses, vi. 124–5
*1* Aulan, Bailli d', uncle of *3*. *See* Suarez, Henri de
*2* Aulan, 'le petit d',' son of *3*. *See* Suarez d'Aulan, Étienne-Anne-Marie-Bernard-Régis de
*3* Aulan, Marquis d', son of *5*, husband of *4. See* Suarez, Denis-François-Marie-Jean de
*4, 5* Aulan, Marquise d'. *See* Arouard du Beignon, Anne-Suzanne; Vichy, Anne de (1706–69)
Aulnay, Marquise d'. *See* Lamoignon, Olive-Claire de
Aulne, Baron de l'. *See* Turgot, Anne-Robert-Jacques
Aulnoy, Comtesse d'. *See* Berneville, Marie-Catherine-Jumelle de
*1* Aumont, Jeanne-Louise-Constance d' (1731–1816), dau. of *2*, m. (1747) Gabriel-Louis-François de Neufville, Duc de Villeroy:
Boufflers, Comtesse de, not adored by, i. 213–4
Clairon, Mlle, acts for, i. 75, 146, 159, 213, 224, 231, 254, 268–9, 282–3, 294, ii. 154
comedies given for: i. 213, 234, 254, 281, 285, 289, 294, 385, ii. 46–7, 47; D attends, i. 229, 281, 285, 294
D curries favour with, i. 213

D sends to, for news, iii. 161
D's informant, iii. 123
D's opinion of, i. 229, 281
D wagers with, on Comtesse du Barry, ii. 203
HW mentions, i. 342
HW sends mezzotints to, iii. 172
HW to send mezzotints to, v. 416
HW welcome at comedies of, i. 269
L'Isle tells, of HW's cattle, ii. 267
Molé benefit urged by, i. 230
Pont-de-Veyle asks, why D was not invited to comedy, i. 229
social relations of, with: Aiguillon, Duchesse d', v. 309, 326, 337; Brunswick, i. 75; Bunbury, Lady Sarah, i. 224, 231; Christian VII, ii. 154; D, i. 213, 342, v. 316; Damas d'Antigny, Comtesse de, v. 338; Flamarens, Marquise de, v. 337; Forcalquier, Comtesse de, i. 213; HW, v. 316, 337; Hénault, v. 321; La Vallière, Duchesse de, iv. 7, v. 349; Maurepas, Comte and Comtesse de, v. 337; Pont-de-Veyle, i. 75, v. 337; Senneterre, Comtesse de, v. 337; Ussé, v. 337
tragedies given for: i. 75, 224, 231; D attends, ii. 18, 22
wishes HW to bring cow to her, ii. 267
*2* Aumont, Louis-Marie-Augustin (1709–82), Duc d':
attends session of parliament of Paris, vi. 172
Monaco, Ps of, desired by, to sign son's marriage contract, iv. 460
Ussé bequeaths music-stand to, iii. 276
Aumont, Hôtel d':
HW describes, v. 353
HW visits, v. 353
*3* Aumont de Mazarin, Louise-Félicité-Victoire d' (1759–1826), niece of *1*, m. (1) (1777) Honoré-Aimé-Charles-Maurice Goyon-de-Matignon de Grimaldi, Duc de Valentinois; m. (2) (1801) René-François Tirand des Arcis; m. (3) Maître Maine; m. (4) a former procureur au Châtelet; m. (5) a maître clerc:
brought up at Bellechasse, ii. **438**
marriage of, to Valentinois, iv. 460
Monaco, Ps of, uses, as pretext, ii. 438
Auray:
letters of Mme de Sévigné from, v. 87
Austrasie, regiment of:
captured, v. 445
prisoners from, v. 213
Austria:
ambassadors from and to, *see under* Ambassador
envoy from, *see under* Envoy
minister to, *see under* Minister
Auteroche, Jean Chappe d'. *See* Chappe d'Auteroche, Jean
Auteuil:
Boufflers, Comtesses de, have house at, iv. 67, 72, 75, 81, 185, 211, 345, 349, 459, 469, 472, v. 153, 162, 165, 166, 168, 176, 218, 230, 347, 422–30
D mentions, v. 161

visitors to: Beauvau, v. 422; Coke, Lady Mary, v. 347; D, iv. 72, 81, 346, 353, 459, 466, 469, 472, v. 155, 162, 166, 178, 347, 422–30; Gibbon, iv. 459, 469, 472; HW, v. 347; Holdernesse, iv. 185; Lauzun, Duchesse de, v. 162, 347; Luxembourg, Mme de, iv. 211, 345, 347, 348–9, v. 162, 178, 218, 347; Mirepoix, Mme de, v. 427; Sanadon, Mlle, v. 347; Schuwalof, v. 347; Ségur, Vicomte de, v. 348; Toulouse, Archbishop of, v. 422

Authors:
D compares all, to Archbishop of Granada in *Gil Blas*, iii. 409
D not fond of readings by, v. 236
impartial, make poor reading, ii. 406
Louis XIV's, had merit, Louis XV's pretensions, v. 364
vain, i. 201

Autichamp, Marquis d'. *See* Beaumont, Jean-Thérèse-Louis de

Autopsy:
on: Castromonte, ii. 367; Chauvelin, iii. 428; Fitzjames, Maréchale de, iv. 464; Marie Leszczyńska, ii. 93; Saulx, ii. 118; Walpole of Wolterton, ii. 136

Autun, Bishop of. *See* Marbeuf, Yves-Alexandre de (1732–99); Roquette, Gabriel de (1623–1707)

Autun:
D alludes to, iv. 498

Auvergne, Antoine d' (1713–97), director of Opéra:
director of Opéra, iv. 28–9
in country, iv. 51

Auvergne, La Tour d'. *See* La Tour d'Auvergne

Auxerre, Bishop of. *See* Champion de Cicé, Jean-Baptiste-Marie

*Aux mânes de Louis XV. See under* Gudin de la Brenellerie, Paul-Philippe

Avaray, Marquise d'. *See* Mailly-Nesle, Angélique-Adélaïde-Sophie de

*Avare, L'. See under* Molière

Avarice:
canonizes crime, i. 300
destroys taste and sentiment, ii. 242
Voltaire considers, as natural as love, v. 370

*Ave Maria:*
Boufflers's paraphrase of, iv. 249

*Aventures d'Abdalla, Les. See under* Bignon, Jean-Paul

Avignon:
Aulan, Marquis d', from, v. 79
—— to return to, v. 219, 225
—— writes from, v. 440, 459, 461
Aulan, Marquise d', returns to, ii. 229
—— to return to, i. 376, ii. 65
Aulan, Marquise d' (younger), arrives from, v. 132
—— to leave, v. 84–5
—— to return to, v. 126, 133, 219, 225
visitors to: Carlisle, Cts of, v. 84; Elliots, iv. 385; Grave, ii. 310; Montagu, Lady Mary

Wortley, v. 281; Toulouse, Archbishop of, ii. 310; Trudaine de Montigny, M. and Mme, ii. 310

Aydie, François-Odet d' (1703–94), abbé:
(?) D's correspondence with, v. 442
Gennevilliers visited by, ii. 469
social relations of, with Duchesse de Choiseul, ii. 469

*1, 2* Ayen, Duc d'. *See* Noailles, Jean-Louis-François-Paul de (1739–1824); Noailles, Louis de (1713–93)

*3* Ayen, Duchesse d', wife of *1. See* Aguesseau, Henriette-Anne-Louise d'

Aylesbury, Bucks:
meeting at, v. 367

Azémar de Montfalcon, Jean-Balthazar d' (1731–91), Comte d'Adhémar:
Adhémar title taken by, iii. 207–8
marriage of, iii. 145n, **207–8**
social relations of, with D, iii. 208, 210

*Babillard, Le. See under* Boissy, Louis de

Bablot, ——, hotel-keeper:
HW offered quieter lodging by, iv. 81, 209, 210
HW's host, iv. 81
HW to have former lodging with, iv. 210

Baccalan, Joseph, president of parliament of Bordeaux:
social relations of, with: Aiguillon, Duchesse d', v. 278; Hénault, v. 303

*Bacchus and Hegemone. See* Leclerc de la Bruère, Charles-Antoine, *Bacchus et Erigone*

'Bacha, le.' *See* Montmorency-Luxembourg, Charles-Anne-Sigismond de; Vignerot du Plessis-Richelieu, Emmanuel-Armand

Bachaumont. *See* Le Coigneux de Bachaumont, François (1624–1702); Petit de Bachaumont, Louis (1690–1771)

Bache, Benjamin Franklin (1769–98):
Paris visited by, iv. 383

Bachois de Villefort, ——, lieutenant criminel:
Saint-Vincent, Mme de, interrogated by, iv. 157

Backer, Georges de (early 18th c.), printer and bookseller:
*Dictionnaire des proverbes françois,* (?) D owns, vi. 25

Bacon, Francis (1561–1626), Bn Verulam; Vct Saint Albans:
D asks for print of, ii. 241, 266
despicable as magistrate, v. 354

Baeffa, Giuseppe. *See* Baesa e Visentelo, Don Giuseppe

Baesa e Visentelo, Don Giuseppe (d. ?1770), Conte di Cantillana; (?) Marchese di Castromonte; (?) Neapolitan ambassador to Savoy, 1750; Neapolitan ambassador to France:
(?) death of, ii. **366–7**
social relations of, with: Bentheim, Gräfin von, v. 265, 312; Brancas, Marquis de, v. 298, 317(?); Brancas, Marquise de, v. 317(?); Caraman, Comte and Comtesse de, v. 304

Bag:
　D carries, ii. 201
Bagarotti, Mlle, dame d'honneur to dowager
　Princesse de Conti:
　Viry, Contessa di, resembles, iii. 404–5
Bagnolet:
　Orléans 'hunts' at, vi. 127–8
Baillon, Jean-Baptiste:
　D's watch by, left to Mlle Couty, vi. 27
Bajazet II, sultan 1481–1512:
　D mentions, ii. 243
'Bajazet':
　Barthélemy compares headache to that of, vi.
　201
Bajazet. See under Racine, Jean
Balainvilliers. See Bernard de Boulainvilliers
Balbastre, Claude-Louis (1729–99), organist,
　clavecin-player:
　composes airs for Duc and Duchesse de Choi-
　seul, iv. 115
　to play pianoforte at D's Christmas Eve party,
　iv. 115
Balbe-Berton, Louis-Alexandre-Nolasque-Félix
　(1742–1806), Marquis de Crillon:
　D's correspondence with, v. 457, 459
　regiment rejoined by, v. 455
　social relations of, with: Brancas, Marquis
　and Marquise de, v. 302; D, v. 429–30, 441,
　444; Hénault, v. 299, 300, 322; Maurepas,
　Comte and Comtesse de, v. 291, 296; Roche-
　fort, Comtesse de, v. 271, 290, 293, 297–8, 303,
　306, 310, 312
Balbi, Comtesse de. See Caumont-La Force,
　Anne-Jacobé
Balfour, Mrs. William Townley (d. 1789), 'votre
　Irlandaise':
　(?) acts part to fool HW, i. 299, 302
　(?) D alludes to, ii. 104
　(?) social relations of, with Mrs Clive, i. 298–9
Balincourt, Marquise de. See Polignac, Henri-
　ette-Zéphyrine de
Ball; balls:
　after dinner, iii. 322
　Aiguillon's, for Comtesse du Barry, iii. 324
　at London Pantheon, attended by HW, iii.
　230, 235, 239
　at Opéra, ii. 154
　Boltons', for Gloucesters, attended by HW, v.
　212
　children's, v. 442
　Cossé, Duchesse de, gives, iv. 162
　costume: i. 217, iii. 179, iv. 148, 154; popular
　in England, iii. 348
　Court: iv. 148, 162; quadrilles at, iv. 148
　English, do not interest D, iv. 190
　for Christian VII, ii. 154, 159
　for Churchill, Mary, given by Mme de Mire-
　poix, iii. 26–7
　for Maximilian, Archduke, iv. 148
　Guines's, iii. 348
　HW attends, iii. 230, 235, 239, v. 300
　hours of, i. 219, ii. 409, 415, iv. 265
　in honour of Artois's marriage, iii. 421, 425

Louis XV's, in honour of Dauphin's marriage,
　ii. 409–11
Marie-Antoinette's, ii. 488, iv. 142, 154
masked: iii. 421, 427, v. 29; HW attends, v.
　300; popular in England, iii. 348, v. 145; sub-
　scription, at Soho, ii. 371, 375
Mercy-Argenteau's, in honour of Dauphin's
　marriage: ii. 409; D gives party before, ii. 415
Monaco's, ii. 159
Orléans's, ii. 154
Poix's, v. 113
subscription masquerade, at Soho, ii. 371, 375
Ballet:
　at Court, iv. 148, 157
Ballot:
　HW opens, at D's, v. 320
Balneum mariae:
　D asks meaning of, i. 187
Baltimore, Bn. See Calvert, Frederick
Balue. See Magon de la Balue
Balzac d'Entraigues, Catherine-Henriette de
　(1579–1633), Marquise de Verneuil; mistress
　of Henri IV:
　Doumenil has portrait of, v. 313
Banks, Margaret (d. 1793), m. (1757) Henry
　Grenville:
　correspondence of, iv. 231
　Craufurd to bring, to D, iv. 225
　D did not ask Craufurd to bring, to her, iv.
　410
　D drops, iv. 254, 271, 282
　D sends package through, iv. 239
　D's opinion of, iv. 226, 235
　HW accompanies, to theatre, v. 347
　Leroy to be near, iv. 228
　Nancy acquaintances of, iv. 254
　social relations of, with: D, iv. 226, 228, 230,
　231, 235; HW, v. 348; Viry, Contessa di, v.
　347, 350, 352
　unacquainted in Paris, iv. 254
Bar, Confederacy of:
　Young Pretender may head, iii. 111
Baral, Mlle du. See Barral, Louise-Françoise de
Barbançon, Marie de (d. 1601), m. (1587)
　Jacques-Auguste de Thou, Baron de Meslai:
　tomb of, v. 282
1 Barbantane, Marquis de. See Puget, Joseph-
　Pierre-Balthazar-Hilaire de
2 Barbantane, Marquise de, wife of 1. See Du
　Mesnildot de Vierville, Charlotte-Françoise-
　Élisabeth-Catherine
Barbazan. See Barbantane
Barbé-Marbois, François (1745–1837), Marquis
　de:
　Lettres de Mme la Marquise de Pompadour,
　iii. 300, 307, 310
Barberie de Courteilles, Marie-Mélanie-Henri-
　ette de, m. (1764) Aimeri-Louis-Roger,
　Comte de Rochechouart:
　social relations of, with: Brancas, Marquis
　and Marquise de, v. 342; D, v. 428, 434;
　Nivernais, Duc and Duchesse de, v. 341;
　Rochefort, Comtesse de, v. 312

Barber shop:
sign for, v. 357
Barbiano di Belgioioso, Lodovico Carlo Maria
(1728–1802), Conte di:
HW mentions, iii. 75
Joseph II accompanied by, at Necker's, iv. 443
—— dines with, iv. 440
Barbiellini, Carlo:
*Raccolta di lettere sulla pittura . . .*, v. 355
Barbier, ——:
attends session of parliament of Paris, vi. 173
*Barbier de Séville, Le. See under* Beaumarchais,
Pierre-Augustin Caron de
Barèges:
Bute given escort at, v. 367
Choiseul to visit, iv. 64
visitors to: Choiseul-Beaupré, Comtesse de,
iii. 183, 350, 353, 363, 403; Gramont, Du-
chesse de, ii. 407, 421, 444–5, iv. 64, 71; Mire-
poix, Bishop of, iv. 187
water route to, iii. 350, 352–3
Barentin, Charles-Louis-François de Paule de
(1738–1819), advocate general:
(?) D mentions, iv. 168
Baretti, Giuseppe Marc'Antonio (1719–89),
writer:
Cholmondeley, Mrs, friend of, ii. 230, 230–1,
232
D may return HW's letters by, ii. **230**
D sends letters and pamphlet by, ii. 232, 233,
237
suggests customs officials might open packet of
HW's letters, ii. 230–1
Barfort, Chevalier de. *See* Jerningham, Charles
Bari, Comtesse de. *See* Frotier-de-la-Messalière,
Marie-Élisabeth; Urre d'Aiguebonne, Anne-
Marie d' (ca 1633–1724)
*1* Bariatinsky, Ps, wife of *2. See* Holstein-Son-
derburg-Beck, Katharine von
*2* Bariatinsky, Ivan Sergeievitch (1738–1811),
Prince, Russian minister to France:
social relations of, with: D, v. 347–9, 428–30;
Necker, M. and Mme, v. 346
Barillon de Morangis, Antoine-Marie:
(?) attends session of parliament of Paris, vi.
173
Barley sugar:
Beauvau, Prince and Princesse de, send, to
HW, iv. 368, 370
Craufurd says HW does not desire, iv. 487
D sends, to HW, iii. 297, iv. 120, 125, 239
good for chest, ii. 297, iv. 239
Moret sends, v. 425–6
Barlow, Catherine (d. 1782), m. (1758) Sir Wil-
liam Hamilton, K.B.:
D sees, iv. 350
Paris visited by, iv. **345**
*Barmécides, Les. See under* La Harpe, Jean-
François de
Barnewall, Nicholas (1726–1813), later 15th Bn
Trimlestown:
Browne, Lady, knows, v. 358

Barnewall family:
HW unable to secure portraits from, iii. **222**
'Baron, le.' *See* Gleichen, Carl Heinrich
*Baron d'Albikrac, Le. See under* Corneille,
Thomas
*Baron de la Crasse, Le. See under* Poisson, Ray-
mond
Barral, Claude-Martin-Joseph de (d. 1803),
Bishop of Troyes:
social relations of, with D, v. 432
Barral, Louise-Françoise de (b. 1720):
(?) social relations of, with D, v. 433, 435–6,
452
Barral, Pierre (d. 1772), abbé:
*Dictionnaire portatif et historique*, (?) D
owns, vi. 25
*Sévigniana*, D owns, vi. 33n
Barre. *See* La Barre
Barré, Isaac (1726–1802), colonel; politician:
HW mentions, ii. 311
HW sends letters by, v. 377
social relations of, with Craufurd, v. 272
Barreau de Girac, François (1732–1820), Bishop
of Saint-Brieuc:
Châtillon visited by, v. 331
social relations of, with: Choiseul, Duchesse
de, v. 331; D, v. 291, 319; Hénault, v. 308,
316, 320, 325
Barret, Mr:
social relations of, with HW, v. 325
Barrett-Lennard, Thomas (1717–89), 17th Bn
Dacre of the South:
social relations of, with: HW, v. 326, 327,
328, 330; Long, Mrs, v. 330; Tufton, Lady
Charlotte, v. 330
Barrière, Dom Jean. *See* La Barrière, Dom Jean
de
Barrière to Paris:
HW's chaise attacked at, v. 325
Barrington, Vct. *See* Barrington-Shute, William
Wildman
Barrington-Shute, William Wildman (1717–93),
2d Vct Barrington:
HW's correspondence with, v. 378
Barry. *See also* Du Barry
Barry, Anne (d. 1767), m. (1753) John Irwin,
K.B., 1775:
death of, v. 397
Barry, Richard (1745–73), 6th E. of Barrymore:
HW mentions, iii. 75
*1* Barrymore, Cts of, wife of *2. See* Stanhope,
Lady Amelia
*2* Barrymore, E. of. *See* Barry, Richard
*1* Barthélemy, François (1747–1830), Marquis de,
diplomatist; nephew of *2*:
Barthélemy, Abbé, awaits, iv. 183–4
Chanteloup to be visited by, iv. 184
Gustav III talks of D with, iii. **96**
Paris visited by, iv. 184, 198, 200
successful in Swedish post, iv. 198
Venetian post of, iv. 184, 198

2 Barthélemy, Jean-Jacques (1716–95), abbé; antiquarian; numismatist; writer; secretary of the Swiss Guards; 'Sénèque':

Affry aids, iii. 168

Arnaud has offended, iv. 361, 366

asks for book from SH Press, i. 268, 272, 293n, 295, 297, 312

Barthélemy, Marquis de, holds, in Paris, iv. 183–4, 198

breaks collar bone, iii. 275, 276, 297

Chanteloup to be visited by, iii. 63, 168, 173, 404, iv. 184, 291, 295, 349, 353, 441

—— visited by, i. 297, 312, ii. 234, 240, 254, 261, 263, 406, 431, iii. 6, 152, 240, 245, iv. 212, 332, 348, 476, v. 424

Choiseul, Duc de, appoints, secretary of Swiss Guards, ii. 9–10, 16, iii. 155

Choiseul, Duchesse de, accompanied by, i. 359, ii. 254, 261, 338, 431, 450, iii. 412, iv. 167

—— aided by, ii. 372, iii. 170

—— correspondence of, with, v. 151

—— fails to write to, ii. 286

—— relations of, with, i. 302, 337, 359, 372–3, ii. 110, 202, 238, 251, 342, 350, 359, iii. 25, 49, 169, 327, 338, 412, iv. 15, v. 151

Cook's Voyages recommended to D by, v. 52

Cotte offered books by, iv. 40

curator of medals in Bibliothèque du Roi, iii. 108

D aided by, in writing song, ii. 302

D and, count up living authors of tragedies, iv. 42

D attributes mistake to, iii. 88

D cites, iii. 21

D dissuaded by, from supping with Duchesse de Choiseul at Versailles, ii. 362–3

D gives unexpired subscription to Bibliothèque universelle des romans to, iv. 400

D has no letter from, ii. 85, 86

D hears news of Duchesse de Choiseul's health from, ii. 287–8

D hopes, will not go to Compiègne, ii. 256

D lends Mme de Jonzac's medal to, v. 445

D mentions, i. 159, 239, ii. 74, 151

D offered escort of, iii. 108, 109

D received by, at Chanteloup, iii. 240

D receives letter through, v. 450

D's correspondence with, i. 270, 349, 351, 370, ii. 38, 55, 79, 86, 192, 198, 201, 235, 240, 244, 250, 263, 406, 425, iii. 11, 16, 81, 96, 99, 158, 176–7, 196–7, 197, 224, 320, 330, 339, 351, 352, 362, 377, 379, 411, iv. 15, 21, 22, 54, 66, 93, 122, 219, 221, 223, 224, 291, 339, 345, 361, 455, v. 51, 55, 66, 425–33, 435, 436, vi. 136, 201–2, 207–8

D sends HW's letter to, v. 441

D sends letter of, to HW, iv. 142

D's offer of lodging to HW approved by, ii. 391, 398

D's opinion of, i. 255, 280, 302, 337, ii. 39, 244, 251, 263, 342, 369, 372, iii. 25, 49, 164–5, 412, iv. 361, v. 35, 151

D's relations with, ii. 165, 359, 388, iii. 43,

44, 137, 150, 243, 255, 343, 404, 426, iv. 66, 361, 426–7

D suspicious of, ii. 355

D swears, to secrecy about visit to Chanteloup, iii. 237–8, 240, 241

D talks with, about Duchesses de Gramont and de Choiseul, iii. 401

D talks with, about HW and Voltaire, ii. 97, 113, 117, 117–8

D to be helped by, in giving proverbs, ii. 278

D wagers with, on Comtesse du Barry, ii. 203–4

Delos festival described by, v. 114–5, 121

disturbed, ii. 286

English of, weak, v. 213

Entretiens sur l'état de la musique grecque: Barthélemy sends, to HW, v. 24; D finds, unintelligible, v. 24; HW's thanks for, v. 35

finances of, iii. 159

Fontainebleau visited by, ii. 289, 291

forwards pencils to Chanteloup, v. 154

Gatti justified by, in smallpox cases, ii. 321

gay, ii. 238, iii. 426, v. 66

Gennevilliers visited by, ii. 450, v. 326, 328, 332

Gustav III inquires after, iii. 96

HW admired by, i. 21, 62, 256, ii. 275, 276, 304, iv. 54, 246, 247

HW fears opinion of, on Mysterious Mother, iii. 316

HW inquired after by, v. 26

HW offered information on medals by, iv. 40

HW's absence regretted by, iv. 146

HW's book to be sought by, iv. 81

HW's commission executed by, v. 197, 199, 200, 203–5

HW's correspondence with, ii. 23, 25, v. 213, 386, 444

HW's defense of Shakespeare inquired about by, iv. 268

HW sends messages to, iii. 253, iv. 66, 125, 247, 378, v. 26

HW sent messages by, iii. 243, iv. 200, 224, 391

HW's Gramont to be given to, iii. 315, 317

HW's health a matter of concern to, iv. 129

HW's letter to D read to, iii. 162

HW's letter to Duchesse de Choiseul charms, ii. 38

HW's medal of Antony and Octavia interests, iv. 54, 60, 140–1, 142, 150–1

HW spoken of by, iv. 289

HW's portrait desired by, i. 360

HW's portrait to be given to, ii. 23

HW's relations with, iv. 378

HW's verses on D read to, ii. 275

health of, ii. 286, iii. 352, 358, 360, 426, iv. 75, 87, v. 66

jokes of, iii. 426

jokes with D and Duchesse de la Vallière, ii. 70–1

leaves Paris, v. 424

makes researches for HW, ii. 6

Mariette gives book to, iii. 242–3
Mirepoix, Mme de, talks with, at D's, iii. 61, 62
*Othello* pleases, iv. 287–8
Paris visited by, iii. 59, 61, 144, 163, 228, 231, 234, 255–6, 266, 280, 289, 319, 337, 374, iv. 348, v. 438
*Pater*, mock, by, ii. 343
pension of, iii. 167–8, 173
political entanglements of, iii. 108
proverbs acted by, v. 331
remains in Paris, v. 151
Saint-Simon's *Mémoires* done up by, iii. 81
secretary of Swiss Guards, ii. 9–10, 16, iii. 155, 167–8, 173
Shakespeare praised by, iv. 288–9
social relations of, with: Anville, Duchesse d', ii. 16, 469; Choiseul, v. 299, 307, 318–20, 325–6, 328–32; Choiseul, Duchesse de, i. 218, 240, 241, 255–6, 266, 280, 289, 319, 337, 374, ii. 38, 97, 103, 117–8, 161, 264, 272, 294, 301–2, 335, 350, 384, 385, 446, 459, iv. 141, 166, 167, 246, 293, 376, v. 13, 299, 307, 318–20, 325–6, 328–32; Choiseul-Beaupré, Comtesse de, iv. 293, v. 442, 450; D, i. 218, 223, 260, 385, 393, 399, 404, ii. 6, 39, 131, 165, 169, 285, 286, 288, 322, 338, 355, iii. 142, 145, 148, 150, 159, 162, 168, 170, iv. 44, 115, 141, 146, 161, 167, 168, 179, 180, 182, 201, 244, 246, 250, 268, 303, 304, 375(?), 386, v. 131, 138, 139, 316, 325–6, 331, 333, 422–3, 444, 447, 450(?), 455, 459–60; Gramont, Duchesse de, v. 451; Hénault, i. 358; Souza, v. 321
suggests that HW live in Paris, i. 358, 359
to leave Paris, iv. 289, 426
to return to Paris, ii. 200, 253, 264, iii. 130, 137, 158, 224, 343, 395, iv. 22, 66, 75, 87, 121, 240
uncertain when he will go to Chanteloup, after Choiseul's disgrace, iii. 1
Versailles visited by, ii. 6, 9, 169
verses by, on D, i. 289–90, 293
Barton, Frances (1737–1815), m. (1759) —— Abington; actress:
HW mentions, v. 142
Basan. *See also* Bassan
Basan, Pierre-François (1723–97), engraver:
HW calls on, v. 349
Baschi-Saint-Estève, Comtesse de. *See* Riquet de Caraman, Émilie-Rose-Marguerite de
Bassan, ——, collector and curio-dealer:
HW buys through, iv. 238, 245
HW sees collection of, v. 282
HW's purchases at sale of, v. 402
Presle not to outbid, iv. 231, 238
social relations of, with HW, v. 352, 353
Torré described by, iv. 269
Bassan, painter. *See* Ponte, Jacopo da
Basse, ——, grocer:
D's receipt from, vi. 41
Bassompierre, Marquise de. *See* Beauvau-Craon, Charlotte de
Bastard, François (d. 1780), seigneur de la Fitte:
death of, v. 441

(?) hearing granted to, v. 439
Montyon replaces, v. 442
Bastille:
Bussy ill at, iii. 190
D mentions, i. 327
Gourville sent to, ii. 44
Gouvernet in, ii. 33–4
HW mentions, i. 44
La Chalotais in, i. 188, 190
Richelieu in, iv. 38
Royer in, iv. 112
Sigorgne in, ii. 407
Basville, Marquis de. *See* Lamoignon, Chrétien-François de
*1* Batailhe de Francès, ——, sister of *2*, m. (?Louis-Augustin) Blondel:
breaks arm, v. 428
Joseph II calls on, to see Turgot, iv. 443
social relations of, with: Craufurd, v. 352; Damas d'Antigny, Marquise de, v. 338; Villegagnon, Marquise de, v. 352
*2* Batailhe de Francès, Jacques (ca 1724–88):
Craufurd attended by, iii. 280
—— introduces, to D, iii. 267
—— not heard from by, iii. 317, 327
——'s correspondence with, iii. 327, 335, 362
——'s friendship with, iii. 317
D hears rumour of war from, iii. 352
D likes, iii. 267
D may send parcel by, ii. 10
English ways known to, iv. 11
HW sends letter by, iii. 18, v. 392
HW's *Gramont* given to, iii. 306, 315
has not yet returned to Paris, iii. 301
health of, ii. 336, 344
London visited by, i. 237, 278, ii. 42
*Mysterious Mother* may be translated by, iii. 306
—— not to be translated by, iii. 320
seeks translator for D, iii. 325
social relations of, with: D, iii. 267, iv. 278, 483; HW, v. 322(?), 337
'turgotin,' iv. 278
*3* Batailhe de Montval, Jeanne-Marguerite, sister of *2*, m. (1) (1755), —— Durand, Marquis de Villegagnon; m. (2) (1787) Hon. Thomas Walpole:
Craufurd's friendship with, iv. 221
goes to her ill brother, ii. **336**
HW likes, ii. 336
social relations of, with: Blondel, M. and Mme, v. 352; Craufurd, v. 352; HW, v. 332, 352; Malesherbes, v. 352
Bateman, John (1721–1802), 2d Vct Bateman:
HW's correspondence with, v. 395
Bath, E. of. *See* Pulteney, William
Bath, M. of. *See* Thynne, Thomas
Bath, Somerset:
D mentions, i. 152
HW bored by, i. 151
HW hears Wesley at, i. 159n
post between London and, i. 138

[Bath, Somerset, *continued*]
visitors to: Craufurd, i. 234; Gleichen, iii. 359; HW, i. 136, 138, 139, 149, 153, 159, 160, 164, 170
waters of, their effect and season, i. 128, 134, 151, iii. 76
Bath Easton vase. *See under* Miller, Sir John; Riggs, Anna
Baths:
Beauclerk, Lady Diana, returns from, iv. 460
near Venice, ii. 428
therapeutic, i. 349, 368, iii. 183, iv. 482
*See also* Aix-la-Chapelle; Bath; Bourbonne; Luxen; Malvern; Pougues; Saint-Amand-les-Eaux; Spa
*1* Bathurst, Cts, dau.-in-law of *3*. *See* Lennox, Georgiana
*2* Bathurst, Allen (1684–1775), cr. (1772) E. Bathurst:
death of, v. 398
*3* Bathurst, Henry (1714–94), 2d E. Bathurst; Chancellor; son of *2*:
resignation of, v. 49
Batteux, Charles (1713–80), abbé:
Alembert defeats, for secretary of Académie française, iii. 222
death of, v. **240**
Batteville. *See* Buisson, Pierre de, Chevalier de Beauteville
*1* Bauffremont, Marquise de. *See* Courtenay, Hélène de
*1* Bauffremont, 'Princesse' de. *See* Courtenay, Hélène de
*2* Bauffremont, Charles-Roger de (1713–95), Chevalier de Listenois; Prince de Bauffremont, 1769; 'l'incomparable'; son of *1*:
arrives in Paris, ii. 278, 351
becomes Prince de Bauffremont, ii. 238
Boisgelin, Comtesse de, to visit, iv. 281
Boufflers, Marquise de, accompanied by, on journey, iv. 189, 212
—— Dulcinée of, iii. 122
—— friend of, iii. 86, 100, 130, 150, 152, 163, 170, 225, 298, iv. 168
—— to be accompanied by, to Lorraine, iv. 168
—— visits, iv. 281
brother of, dies, ii. 234–5, 238
Chanteloup to be visited by, ii. 411, v. 448
—— visited by, ii. 71, iii. 268(?)
Choiseul, Duchesse de, described by, iii. 152
—— visited by, iii. 152
circle of, iii. 86
D accompanied by, to Sceaux and Montrouge, ii. 442–3
D allots suit to, iv. 258
D conveys, home, ii. 369
D given spaniel by, iii. 422
D has no letter from, ii. 85
D likes, like bread, ii. 254, 256
D mentions, iii. 101
D proposes to join, at Versailles, ii. 362
D sends HW's chain to Duchesse de Choiseul

by, ii. 365
D sends letter by, v. 448
D's opinion of, ii. 64, 71, 254, 256, 351
D's 'portrait' of, ii. 236
epitaph by, for himself, ii. 236
Franche-Comté estate of, v. 246
—— to be visited by, ii. 254, 256, iv. 189, v. 246
HW mentions, iv. 258
HW need not send *Gramont* to, iii. 268
HW's correspondence with Voltaire approved by, ii. 117–8
HW will not find, in Paris, iv. 212
HW would like, ii. 254, 256, 351
*Hamlet* attended by, ii. 281
Le Val visited by, v. 457
Lorraine may be visited by, iii. 225, iv. 168
Marly visited by, ii. 447
Mirepoix, Mme de, to visit, iv. 281
permission to visit Duc and Duchesse de Choiseul sought by, iii. 45
Praslin visited by, v. 426
Rueil visited by, ii. 443, v. 337
Saint-Florentin a close friend of, ii. 354
Saint-Sauveur aided by, v. 246
Scey-sur-Saône occupied by, iii. 97, iv. 281
social relations of, with: Aiguillon, Duchesse d', ii. 393, v. 337 (*see also* Bauffremont, Charles-Roger de, Rueil visited by); Anville, Duchesse d', ii. 469; Beauvau, Princesse de, ii. 447; Boufflers, Marquise de, ii. 283, iii. 210, v. 338–9; Choiseul, v. 320–1; Choiseul, Duchesse de, ii. 117–8, 161, 350–1, 369, 384, 385, 446, 456, 459, v. 320–1; Choiseul-Beaupré, Comtesse de, v. 441, 450; Craon, v. 339; D, i. 404, ii. 131, 236, 253, 278, 279, 283, iii. 5, 13, 100, 101, 122, 130, 139, 140, 210, iv. 115, v. 131, 138, 334–5, 337–9, 423, 437, 449, 455; Du Bois de la Motte, Mme, v. 339; HW, ii. 71, iii. 86, v. 334, 339; Monaco, v. 334; (?) Porquet, v. 339; Sanadon, Mlle, v. 339; Walpole, Hon. Robert, ii. 256
Swedish princes talk of D with, iii. 26
to return to Paris, iii. 163
undecided about marrying, ii. 351
*3* Bauffremont, Joseph de (1714–81), Prince de Listenois; son of *1*:
made vice-admiral, iv. **403**
*4* Bauffremont, Louis (1712–69), Prince de, son of *1*:
death of, ii. **234–5**, 238
*5* Bauffremont, Louise-Françoise-Bénigne-Octavie-Marie-Jacqueline-Laurence de (1750–1803), dau. of *4*, m. (1762) Joseph de Bauffremont, Prince de Listenois:
social relations of, with Hénault, v. 270
Baume. *See* La Baume
Bausset, Comtesse de. *See* Gérente d'Orgeval, Félicité-Justine de
Bausset, 'Marquise' de. *See* Gérente d'Orgeval, Félicité-Justine de
Bausset de Roquefort, Emmanuel-François de (d. 1802), Bishop of Fréjus, 1766:

HW does not know, iv. 219
social relations of, with D, iv. 219
Bavaria, Elector of. *See* Karl Theodor (1724–
99); Maximilian Joseph III (1727–77)
Bavaria, Ps of. *See* Louisa Hollandina
Bavaria:
quarrel over possession of, v. 2
Bavaroise:
for catarrh, i. 306
Bayeux:
Broglie's camp at, v. 68, 72
Bayle, Pierre (1647–1706), lexicographer:
Choiseul, Duchesse de, praises, vi. 148
*1* Baylens, Charles-Léonard-Bernard de (d.
1781), Marquis de Poyanne:
commands carabineers, ii. 330, iv. 78
daughter of, dies, iii. 273
model for letter to Orléans sent to, vi. 183
Saint-Germain second choice of, iv. 228
second in command at Paris, iv. 185
social relations of, with Malherbe, v. 311
*2* Baylens de Poyanne, Henriette-Rosalie de (ca
1750–72), dau. of *1*, m. (1767) Maximilien-
Alexis de Béthune, Duc de Sully:
death of, iii. **273**
Poix, Princesse de, devoted to, iii. 273
Bayly, Lady. *See* Paget, Caroline
Bayonne:
D receives 6 hams from, v. 448
Bazin, Jacques-Gabriel (b. 1725), Marquis de
Bezons:
(?) D cites, ii. 169
marriage of, i. 159n
Beans:
D tempted by, ii. 244, 247, 252, iii. 371
*1* Béarn, Comtesse de. *See* Achard des Jou-
mards, Angélique-Gabrielle
*2* Béarn, Mlle de, dau. of *1*. *See* Galard de
Béarn, Angélique-Marie-Gabrielle de
Béarn:
Angosses to return to estate in, v. 140
Beaton, James (1517–1603), Archbishop of Glas-
gow 1552–1603; founder of Scots College in
Paris:
James I's letters to, v. 359
Mary Stuart's letters to, v. 359
prayer book of, v. 359
Beauchamp, Vct. *See* Seymour-Conway, Francis
(1743–1822)
*1* Beauclerk, Hon. Charles (d. 1775), colonel:
death of, v. 398
*2* Beauclerk, Mrs Charles G., dau.-in-law of *4*.
*See* Ogilvie, Emily Charlotte
*3* Beauclerk, Lady Diana, wife of *4*. *See* Spencer,
Lady Diana
*4* Beauclerk, Topham (1739–80):
absence of, in Brighton, v. 73
Beauclerk, Lady Diana, suffers because of, iv.
79, 286
—— will be consoled for death of, v. 214
Boufflers, Comtesse de, interested in, iv. 367,
v. 218
—— little moved by death of, v. 218

D compares, to Diogenes, iv. 367
D inquires after, iv. 390
D inquires if, is in London, iv. 384
D thinks HW will not regret, v. 214
death of, v. **214**, 218
gambles, i. 27
HW buys cup and saucer for, v. 414
HW does not mention, v. 173
HW's correspondence with, v. 396
library of, iv. 373
Lucans given commissions by, iv. 373
marriage of, iii. 392n
Paris visited by, v. 270
social relations of, with: Beaufort, v. 271;
Craufurd, v. 285; D, v. 272; Gem, v. 285; HW,
v. 272, 279, 284–5; Ossory, v. 274, 281, 283,
285; (?) Panchaud, v. 285; Richmonds, v. 274;
Young, v. 285
*1* Beaufort, Ds of. *See* Berkeley, Elizabeth
(1719–99)
*2* Beaufort, D. of, son of *1*. *See* Somerset, Henry
'Beau-frère,' HW's. *See* Churchill, Charles
Beauharnais, Mme de. *See* Mouchard, Marie-
Anne-Françoise
Beaumanoir. *See* Du Rozel de Beaumanoir
Beaumarchais, Pierre-Augustin Caron de (1732–
99), dramatist:
*Barbier de Séville, Le:* D attends, iv. 162; D's
opinion of, iv. 162, 167–8; D to hear author
read, iv. 21; Donnezan's playing in, iv. 407;
performance of, forbidden, iv. 21; reception
of, iv. 162
carriage of, upsets, iv. 499
Choiseul and Praslin write to Vergennes
about, v. 439
D's opinion of, iv. 21, 53
*Eugénie,* i. 252
Goëzmann affair of: iv. 19, 21, 22–3; mémoires
on, iv. 19, 20, 21, 22, 26, 30, 31, 32, 35, 53, 162;
sentence in, iv. 23, 28, 35
HW's opinion of, iv. 31, 53
health of, iv. 499
jokingly proposed for minister of marine, v.
129
*Observations sur le Mémoire justificatif de la
cour de Londres,* protests against, v. 195
popularity of, iv. 21, 35
social relations of, with Monaco, iv. 21, 22
Beaumelle. *See* Angliviel de la Beaumelle,
Laurent
Beaumont. *See also* Élie de Beaumont; Moreau
de Beaumont
Beaumont, Charles-Geneviève-Louis-Auguste-
André-Timothée de (1728–1810), Chevalier
d'Éon:
Boisgelin, Comtesse de, owed money by, ii.
368
Brissac connected with letters of, v. 277
D entertained over, iii. 77
jokingly proposed as minister of foreign affairs, v. 129
letter attributed to, iii. 80
Musgrave's address answered by, v. 367

[Beaumont, Charles-Geneviève-Louis-Auguste-André-Timothée de, *continued*]
Paris visited by, iv. 472
pension of, iv. 474
rumoured to be ordered to Tonnerre, iv. 474, 476
sex of, doubtful, ii. **494**, iv. 472, 474
Beaumont, Jacques-Abraham (b. 1743), Marquis de:
grandes entrées granted to, iv. 52
Beaumont, Jean-Thérèse-Louis de (1738–1831), Marquis d'Autichamp:
(?) Condé's duel witnessed by, v. 439
(?) ——'s écuyer, iii. 301
Beaumont du Repaire, Christophe de (1703–81), Archbishop of Paris 1746–81; Duc de Saint-Cloud:
Aiguillon supported by, iii. 213
alluded to, i. 361
Cholmondeley girl's expulsion demanded by, ii. 400
Conti visited by, on deathbed, iv. 344–5
dispensation refused by, v. 204
Gaultier's relations with, v. 21
La Vauguyon regretted by, iii. 179
Marmontel persecuted by, vi. 150
Mocenigo's ball opposed by, iv. 277
(?) Monaco, Ps of, permitted by, to visit Bellechasse, ii. 438
new parliament's passing regretted by, iv. 118
opposes Mme Louise in her desire to join Carmelites, ii. 399
parliament of Paris, meeting of, attended by, vi. 172
parliament of Paris to act on letter of, v. 284
pastoral charge expected from, vi. 177
priest's license taken away by, v. 284
sells Princesse de Talmond's burial garments for charity, iii. 438
Voltaire invokes, vi. 152
Beaunay, Mme Charles-Abraham-Laurent de. *See* Desmier d'Archiac de Saint-Simon, Louise-Antoinette
Beaune, Mme de:
social relations of, with D, v. 424
Beaune, Vicomte de. *See* Montaigu-Bouzols, Joachim-Charles-Laure de (1734–1818)
Beaune, Rue de:
D lives in, vi. 52
Villette, Marquis and Marquise de, have house in, v. 17
Beaupoil, François-Joseph de (1643–1742), Marquis de Sainte-Aulaire:
song of, on Newton and Descartes, v. 202
Beaupréon, Hôtel de:
Hume and Mme du Châtelet lived in, v. 267
Beauséjour, seigneur de. *See* Chauvelin, Jacques-Bernard
Beauteville, Chevalier de. *See* Buisson, Pierre de
Beauvais:
tapestry from, at Hôtel de Soubise, v. 283
Beauvau, Chevalier de. *See* Beauvau-Craon, Ferdinand-Jérôme de

Beauvau, Prince de. *See* Beauvau-Craon, Charles-Juste de (1720–93); Beauvau-Craon, Marc-Étienne-Gabriel de (1773–1849)
*1* Beauvau, Princesse de, wife of *6. See* Rohan-Chabot, Marie-Sylvie de
*2* Beauvau, Anne-Agnès de (1699–1743), m. (1717) Agésilas-Gaston de Grossolles, Marquis de Flamarens:
D's friendship with: i. 257, vi. 51; Aiguillon, Duchesse d', jealous of, i. **143–4**
Hénault's 'portrait' of, vi. 97–100
reason's priestess, vi. 51
*3* Beauvau, Anne-Louise-Marie de (1750–1833), dau. of *6*, m. (1767) Philippe-Louis-Marc-Antoine de Noailles, Prince de Poix:
Bordeaux visited by, v. 428
Chanteloup to be visited by, iii. 317
D's neighbour, iv. 308
HW's praise of Poix to be told to, iv. 424
illumination for wedding of, v. 319
Lauzun, Duchesse de, joins, iv. 214
L'Isle's verses on, iii. 186
Marly to be home of, v. 424
—— visited by, ii. 447
marriage of, i. **323**
pregnant, iv. 468
Saint-Amand-les-Eaux visited by, iv. 214
social relations of, with: Beauvau, Prince and Princesse de, v. 318; Boufflers, Comtesse de, v. 351; Choiseul, Duchesse de, ii. 445, 459; D, i. 368, 374, 461, ii. 425, iii. 92, 150, 270, 368, iv. 26, 308, 333, v. 328, 352, 460; Lauzun, ii. 328; Lauzun, Duchesse de, ii. 328
son born to, iii. 27, iv. 472
Sully, Duchesse de, cared for by, iii. 273
*4* Beauvau, Henri (d. 1684), Marquis de:
*Mémoires*, D owns, vi. 34
Beauvau, Hôtel de:
D entertained at, v. 431
Leinster, Ds of, takes house near, v. 24
*5* Beauvau-Craon, Anne-Marguerite-Gabrielle de (1707–91), sister of *6*, m. (1) (1721) Jacques-Henri de Lorraine, Prince de Lixin; m. (2) (1739) Pierre-Louis de Lévis de Lomagne, Duc de Mirepoix, Maréchal de France; 'la petite maréchale':
acts, iii. 117, iv. 466, v. 350, 351
Ailesbury, Cts of, charms, iv. 101, 104, 115, 117
'Archiduchesse,' i. 89
Artois celebrations avoided by, iii. 421
Auteuil visited by, v. 427
ball given by, i. 214, 217, 219, 221
Barthélemy talks with, at D's, iii. 61, 62
Bauffremont to be visited by, iv. 281
Beauvau, Prince de, aided by, iii. 49, 105
—— at odds with, i. 323, ii. 298, 447
—— discussed by D and, iii. 99–100, 105
—— reconciled with, iv. 50–1, 53
Beauvau, Princesse de, hates and is hated by, i. 173, 182n, 323, ii. 298, iii. 105, 269, 353, iv. 26–7, 53, 261
—— reconciled with, iv. 53, 59, 60
Bellevue visited by, i. 27, iii. 142

[5 Beauvau-Craon, Anne-Marguerite-Gabrielle de, *continued*]

Boisgelin, Comtesse de, has apartment with, iv. 349, v. 11, 24

Boufflers, Chevalier de, verses of, on sending of hair of, to Nivernais, iv. 418, 419, 426

Boufflers, Comtesse de, hated by, i. 19

Boufflers, Marquise de, visits, at le Port-à-l'Anglois, iv. 92

Boulevard visited by, v. 336

Broglie, Comte de, aided by, iii. 51

Bussy, Marquise de, retorts to, about Louis XV's gift, v. 369

Caraman, Comte and Comtesse de, at odds with, iv. 270

Caraman, Comte de, proposes building house for, iii. 209, 219

Chaillot visited by, iv. 357

Chantilly visit avoided by, ii. 447

—— visited by, i. 127, ii. 257

children's ball given by, v. 442

Choiseul, Duc de, at odds with, i. 152, 214, 283, ii. 298, 300, 339, iv. 261

—— praised in mot of, ii. 381

Choiseul, Duchesse de, admired by, i. 111

—— in opposing camp to, iv. 261

Choisy visited by, ii. 15, 243, 258, 472, iii. 421

Churchill, Mary, liked by, iii. 56

—— marriage of, pleases, iv. 468

—— to be given ball by, iii. 26–7

Compiègne visited by, i. 319, iii. 264, 394

conduct of, reprehensible, i. 152, 160, 214, ii. 60

Conway liked by, iv. 115, 117

—— takes letter of, to HW, iv. 165

Court accompanied by, iv. 11

Court not always accompanied by, ii. 472

Craon, Prince de, debts of, to be partly paid by, iv. 141

—— disappoints, iv. 134

Craon, Princesse de, has apartment with, iv. 349

—— occupies attention of, iii. 402

D aided by, in request for permission to visit Duc and Duchesse de Choiseul, iii. 43–4

D attends Opéra-Comique with, i. 345

D dislikes company of, ii. 252–3

D disparaged by, v. 295

D has no news of, iii. 386

D lends money to, i. 123

D mentions, i. 267, ii. 139, 272, iv. 197

D not greatly older than, v. 173

D pities, iii. 27, 29–30

D's correspondence with, iii. 259, v. 425

D sends to, for news, ii. 458

D's informant, iii. 61, 161

D's opinion of, i. 47, ii. 80, 109, 381, iii. 30, 49, 434, 435, iv. 67, 134, 149, 441, v. 5, 7, 11, 14, 221

D's 'portrait' of, vi. 64, 78–9

D's relations with, i. 19, 59, 214, ii. 335, 339, 458, 491, iii. 5, 27, 122–3, 269, 353, iv. 6, 100, 103, 149, 164–5, 183, 261, 301, 349, 353, 375, 386, 391, v. 7, 11

D to visit, at le Port-à-l'Anglois, iii. 73

D urged by, to visit Chanteloup, iii. 237–8

Damer, Mrs, charms, iii. 260, 263, iv. 101, 104, 115, 117

—— welcomed by, iii. 259–60, 263

Du Barry, Comtesse, accepted by, ii. 250, 258, iii. 110, 322

—— little influenced by, iii. 380

—— solicits grant for, ii. 339

—— tells, that she does not wish D to visit Duc and Duchesse de Choiseul, iii. 43–4

entrées, grandes, granted to, ii. 330, 339

Ferney to be visited by, iv. 281

finances of, i. 101–2, 122–3, ii. 60, iii. 30, 169–70, 434, iv. 6, 16, 134, 136–7, 141, 149, v. 3, 7, 8–9, 10–11, 14

Fontainebleau may be visited by, ii. 472, iii. 120

—— visited by, iii. 137

Forcalquier, Comtesse de, rumour about, not mentioned by, iv. 19

(?) Fox, Lady Mary, liked by, iii. 219

Franche-Comté to be visited by, iv. 281

gambles, i. 13, 18, 27, 101–2, 122, 127, iv. 67, 134, 168, 393

Gramont, Duchesse de, avoids and is avoided by, iii. 363, iv. 18, 26–7

Greville, Mrs, friend of, i. 124, 163, iii. 323

HW accompanies, to theatre, v. 351

HW aided by, in preserving Lady Fenouilhet's house, iii. 372–3, 375, 379–82, 398–9, 402, 405, 408

HW aids, in financial matters, iii. 434, iv. 2, 6, 11, 12–13, 13, 16, 19, 24, 27, 36, 38, 43, 45, 136–7, 141, 149, 168

HW discusses Beauvau's dismissal with, v. 340

HW praised by, iii. 292

HW's arrival awaited by, iii. 83, 85

HW's break compared by, to *Castle of Otranto*, iii. 54

HW's correspondence with, i. 273, iii. 259, 421, 434, iv. 11, 164–5, 168, v. 382

HW sends compliments to, v. 174, 221

HW sends preserves to, iv. 247, 259, 261

HW sent messages by, i. 26, iv. 468

HW's proposed present from, iv. 391, 401

HW's proposed present to, i. 83, 86, 89, v. 416, 417

HW's relations with, i. 186, iii. 219, 263, 264, 382, 434, iv. 13, 19, 216, v. 176, 226

HW thanked by, for sending kettle, iii. 172

has nothing to do, iv. 371

health of, i. 186, iii. 46, 49, 56, 66, 79, 198, 339, 434, iv. 270, v. 101, 226

(?) Hénault's 'portrait' of, vi. 64

Hénin's wedding garments chosen by, i. 123

(?) Hertford, Cts of, liked by, iii. 219

influence of, small, iii. 30, 45, 169, 380

Isle-Adam trip abandoned by, for D's sake, iv. 100

journeys of, ii. 256

(?) Leinster, Ds of, and family introduced by, to Comte and Comtesse de Caraman, v. 150

Le Val to be visited by, v. 454

[5 Beauvau-Craon, Anne-Marguerite-Gabrielle de, *continued*]

Le Val visited by, v. 457, 459
Lévis introduced to D by, vi. 65
likes fresh air, iv. 192, 237
Louis XV gives carpet to, iii. 170
—— gives money to, v. 369
——'s friendship with, i. 101–2
—— tells anecdote about Ps of Orange to, v. 354
Luxembourg, Mme de, hated by, i. 18, 19, 173, 182n
Meudon apartment occupied by, iv. 349
misfortunes of, i. 186, iv. 134
Molière's *Femmes savantes* acted by, iii. 117, v. 350
——'s *Misanthrope* acted by, iii. 117, v. 351
——'s *Tartuffe* acted by, iv. 466, v. 350
Monconseil, Marquise de, at odds with, i. 152
Montesquieu's 'portrait' of, vi. 64, 78
Montesson, Marquise de, to be visited by, iv. 102
—— visited by, iv. 211 (*see also under* Sainte-Assise, visitors to)
mother of, dies, iii. 264
Nicolet attended by, v. 66
Orléans visited by, at Raincy, iv. 224, 228
Paris residences of, iii. 98–9, 105, 140, 145, 170, 209, 431, 435, 436, iv. 11–2, 42, 67, v. 3, 5, 7, 8–9, 10–11, 14, 24
—— to be visited by, iii. 142, 259, 412
—— visited by, iii. 127, 137, 142, 163, 260, 421, iv. 29, 493
Pitt, Anne, discussed by, iii. 292
—— to be brought to D by, iii. 295
Port-à-l'Anglois, le, occupied by, iii. 66, 69, 73, 97, 350, 396, iv. 53, 92
—— taken by, ii. 472
'portraits' of, by: D, vi. 64, 78–9; (?) Hénault, vi. 64; Montesquieu, vi. 64, 78
relatives of, i. 123n
repeats plays from memory, v. 351
Richelieu killed first husband of, v. 369
—— reconciled to, v. 369
Roissy visited by, iv. 56, 81, 84, 86, v. 66, 454, 460
Rueil visited by, v. 335
sad, ii. 362, iii. 27
Sainte-Assise to be visited by, iv. 368
—— visited by, iv. 211, 236, 237, 491
—— visit of, interfered with, iv. 102, 103
Saint-Hubert to be visited by, iii. 421
Saint-Ouen visited by, i. 122–3, 127
'salle en stuc' in house of, v. 417
Scey-sur-Saône to be visited by, iv. 281
Selwyn gives tea to, ii. 39
social activity of, iv. 149, 305, v. 11, 13
social relations of, with: Agen, Bishop of, iii. 145; Aiguillon, Duchesse d', ii. 362, iii. 56, 60, 68, 78–9, 145, 215, v. 335; Ailesbury, Cts of, iv. 106, 115, 117, 152; Anville, Duchesse d', v. 348; Barrymore, Cts of, v. 347–9, 351; Bassompierre, Marquise de, v. 349; Beauvau, Chevalier de, iii. 145; Beauvau, Prince de, iii. 314, iv. 53, v. 307; Boisgelin, Comtesse de, iii. 269, iv. 466, v. 307(?), 340; Boufflers, Chevalier de, i. 13, v. 307, 445; Boufflers, Comtesse de, iii. 49, v. 297, 302, 307, 427; Boufflers, Marquise de, iii. 26, 27, v. 261 (?), 336, 340–1; Brancas, Marquis and Marquise de, v. 342, 347; Broglie, Comte de, iii. 51, 56, 78–9, 194, 314, v. 335; Broglie, Comtesse de, iii. 194, v. 335; Bussy, Marquise de, iii. 314, v. 302, 307; Cambis, Vicomtesse de, iii. 314, 396, iv. 329, v. 330, 336, 340–1, 347, 349, 351; Caraman, iii. 127, 209, 269, v. 439–40, 445–50, 454–5, 460; Caraman, Comtesse de, i. 253, iii. 13, 127, 209, 269, v. 439–40, 445–50, 454–5, 460; Chartres, vi. 127; Chimay, Princesse de, iii. 269; Choiseul, i. 61; Choiseul, Duchesse de, i. 218, v. 295, 299; Churchills, v. 335, 336; Conti, iii. 49; Conway, iv. 106, 115, 117, 152; Craon, v. 334, 340, 348, 351; Craon, Princesse de, iii. 314, v. 334, 340, 348, 351; Craufurd, iv. 485, v. 349; Creutz, iii. 145, 314; D, i. 13, 19, 24, 53, 58–9, 61, 111, 123, 205, 211, 316, 388, 400, ii. 102, 165, 169, 240, 252, 310, 339, 472, 488, iii. 5, 13, 27, 49, 51, 54, 56, 60, 69, 78–9, 79, 87, 105, 107, 114, 117, 120, 127, 139, 142, 145, 158–9, 160, 163, 164, 183, 191, 198, 206, 212, 215, 223, 225, 226, 236, 256, 260, 261, 314, 339, 370, 396, 401–2, 421, iv. 12, 18, 26–7, 42, 44, 48, 51, 53, 55–6, 71, 92, 96, 100, 106, 110, 127, 141, 152, 164, 169, 182, 183, 191, 201, 211, 212, 216, 222, 232, 235, 260, 267, 270, 273, 302, 329, 349, 357, 371, 386, 450, 466, 468, 483, v. 13, 14, 48, 66, 101, 102, 121, 176, 198, 223, 226, 264, 292, 303, 322, 340–2, 345, 347–53, 422–4, 428–33, 436, 440–5, 447–52, 454–6, 458, 460–1; Damer, Mrs, iv. 106, 115, 117, 152; Des Cars, Comte and Comtesse, v. 447; Du Barry, Comtesse, ii. 288, iii. 97, 110, v. 369; Durfort, Chevalier de, v. 351; Entragues, v. 348; Fitzgerald, Lord Charles, iv. 330; (?) Fitzgerald, Lady Charlotte, iv. 330; Galaizière, v. 341; Gibbon, iv. 450; Goltz, v. 347; Greville, Mrs, iii. 362; HW, v. 260–2, 267, 294, 302, 307, 310, 312, 330, 332, 334–6, 340–1, 347–9, 351, 353, 415; Harcourt, iii. 194; Hénault, i. 4, 18, 240, 244, 347, ii. 80, v. 293, 303; Hénin, v. 336, 340, 351; Hénin, Princesse d', v. 330, 351; Hertford, Cts of, v. 261–2; Hume, v. 262; Keene, v. 262; Lauzun, Duchesse de, ii. 241, iii. 27, v. 341; La Vallière, ii. 472, v. 294; La Ver, v. 312; Leinster, Ds of, iv. 329, 330; Louis XV, ii. 153, 193, 195; Lucans, iv. 371; Luxembourg, Mme de, i. 316, ii. 84, 241, 252, iii. 27, 49, 314, iv. 55–6, 169, 339, v. 221, 286, 294–5, 304, 306, 308, 341, 352, 449; Marchais, Baronne de, iv. 466; Mirepoix, Bishop of, iii. 69, v. 348–9; Monaco, iii. 292; Monconseil, Marquise de, v. 332; Montagu, Mrs, iv. 357; (?) Montrevel, Comtesse de, v. 302, 307, 312, 340, 353; Necker, 435, 441; Nivernais, Duc and Duchesse de, v. 334, 341; Ogilvie, iv. 329, 330; Ossory, v. 262; Polignac, (?) Marquise de, v. 334;

Pont-de-Veyle, iii. 145, v. 335; Praslin, Duchesse de, v. 349; Richmond, iv. 329, 330; Rochefort, Comtesse de, v. 292, 302; Rochfords, i. 283, 311; Rondé, Mme, v. 345; Sanadon, Mlle, iii. 145, iv. 386, 466, v. 348–9, 351; Soubise, i. 13; Souza, v. 318; Spencer, Cts, iii. 362; Suin, Mme, iv. 466; Tavannes, Comtesse de, v. 351; Villars, i. 111; Viry, iv. 294; Viry, Contessa di, iv. 294, 310; Voltaire, iv. 281
Soubise close friend of, ii. 447
spreads tale of a letter by Duchesse de Choiseul, ii. 298
Stormont's aid for, enlisted by D, iv. 11
Sunday suppers of, iv. 127
suppers given up by, iv. 441
Switzerland to be visited by, iv. 281
Taaffe estate pays sum to, iv. 136
——'s aid asked by, iii. 434
——'s correspondence with, iii. 231, iv. 16, 19
teakettle and lamp for, iii. 160, 162, 177, 211
tea procured for, ii. 39, iv. 134, v. 226
Thellusson, Mme, takes house of, v. 8–9, 10–11, 24
Thiard's verses for, i. 129–30
to leave Paris, iv. 29
to lodge at convent of Filles de l'Assomption, v. 3, 7, 11
Trianon visited by, iii. 98
Versailles to be visited by, iii. 49, 421
—— visited by, iii. 198, 260
—— visit of, cancelled, iii. 51
Walpole, Hon. T., asked to bring tea to, v. 233, 234
—— relations of, with, v. 226
—— thanked by, for tea, v. 226
wishes to give present to HW, iii. 160
York's misunderstanding about, i. 333
6 Beauvau-Craon, Charles-Juste de (1720–93), Prince de Beauvau; 'Adam'; g.-g.-grandson of 4:
Académie admits, iii. 34–5, 37
—— deputation to Voltaire headed by, v. 18
—— discussions participated in by, iii. 354
—— meeting attended by, iv. 232, v. 458
—— speech of: D hears, in advance, iii. 34; D sends, to HW, iii. 46, 57; Louis XV does not mention, iii. 52; Walpole, Hon. Robert, would like, iii. 54
armour viewed by, iii. 119
Auteuil visited by, v. 422
away, v. 65
Beauvau, Princesse de, attached to, i. 47
—— does not seem seriously ill to, iv. 16
—— dominates, i. 245, iv. 417
—— joins, at Bayeux, v. 68
—— may have harmed, iii. 47–8, 118, 138, 169
—— reconciliation of, with Mme de Mirepoix pleases, iv. 60
Boufflers, Chevalier de, verses of, for, ii. 123–4, iii. 354
Boufflers, Marquise de, jealous of D and, iii. 123
—— visits, at Le Val, v. 241

Bourbonne to be visited by, v. 220
Brissan, waters of, to be taken by, v. 427
Broglie, Comte de, correspondence of, with, v. 341
Broglie, Duc de, accompanied by, to coast defenses, v. 53
Castries expected by, to be minister, v. 326
——'s promotion incenses, ii. 340
Chanteloup to be visited by, iii. 34, 169, 256, 345, 380, iv. 3, 82, 212, 214
—— visited by, iii. 37, 45, 48, 391, iv. 417
Choiseul, Duc and Duchesse de, visited in exile by, iii. 30, 32, 45, 48
Choiseul, Duc de, promotes and restores seniority of, ii. 340
Choiseul, Duchesse de, mentions, ii. 103
Cholmondeley, Mrs, to be placed by, at Dauphin's marriage festivities, ii. 402, 407
Comédie-Française attended by, v. 458
Compiègne visited by, i. 114, 118, 319
Condé at odds with, ii. 447
Craon's debts to be partly paid by, iv. 141
D allots suit to, iv. 258
D and Mme de Mirepoix discuss, iii. 99–100, 105
D compares Ossory and, v. 111
D consults, on French usage, iii. 319
D discusses Comtesse du Barry's presentation with, ii. 192
D entrusts her legacy for HW to, vi. 7–8
D fears for, iii. 47–8, 50, 74, 76
D given game by, v. 431
D has no news of, iii. 123
D hears Court and political news from, ii. 288, v. 38, 63
D hears from, of: Duchesse de Choiseul's illness, ii. 286, 292, iii. 327; Princesse de Beauvau's illness, ii. 195
D leaves punch-bowl, books, and mantel ornaments to, vi. 7, 26
D mentions, ii. 275, iv. 450
D misses, v. 239
D reads story recommended by, v. 107
D relies on, in Court matters, v. 65
D scolds, for neglect of HW, v. 323
D's correspondence with, i. 5, ii. 88, 286, 303, 417, iii. 81, iv. 295, 434, 461, v. 38, 54, 426–8, 432, 447–50, 453–5, 457–60, vi. 187–9
D sends to HW letter received by, v. 55
D's finances arranged by, ii. 97, 103, iii. 280–1, 297
D's friendship with, i. 133, 225, ii. 256, 491, iii. 6, 51, 353, iv. 3, 33, 48, 60, 82, 100, 142, 183, 191, 192, 259, 266, 391, 417, 470, 472, 492, v. 15, 36, 102, 110, 190, 205, 208, 212–3, 231
D's opinion of, iii. 101, 138, 234, 292, iv. 50, 259, v. 110–1
D's pension continued at request of, ii. 97, 103
D's picture sent to HW by executors of, vi. 216
D's quarrel with Comtesse de Forcalquier known to, ii. 391
D's will permits, to copy her MSS, i. 5n, vi. 8

[6 Beauvau-Craon, Charles-Juste de, *continued*]
D sympathizes with, iii. 101
D to pay debts of, to HW, i. 324
D to secure bowl for, iv. 164
Delille's election to Académie française defended by, iii. 234
disgrace of, iii. 91, 104–5, 118, 127, 138, 214
Du Châtelet's maître d'hôtel given commission by, iv. 173
duties of, as captain of bodyguard, iii. 47
finances of, iii. 105, 151, 169, 214, 220, 225
Fontainebleau to be visited by, iv. 368
—— visited by, iii. 120, 123, 137, iv. 221, 224, 232
Gennevilliers visited by, v. 327
gets up behind Louis XV's chaise, i. 291–2
HW aided by, in preserving Lady Fenouilhet's house, iii. 371, 372, 374, 379, 380
(?) HW mentions, i. 342
HW offers book to, v. 9
HW praises, iii. 297
HW's correspondence with, iv. 266, 270, 425
HW sends excuses to, iv. 266
HW sends information for, iv. 171, 175
HW sends preserves to, iv. 247, 259
HW sent barley sugar by, iv. 368
HW sent parcel by, iv. 408
HW's extraordinary conversation with, v. 341
HW's *Gramont* may be given to, iii. 304
HW's relations with, iv. 259
HW to be cared for by, iv. 215
HW to give Bn Walpole's *Case* to, v. 417
health of, iii. 350, 352, 358, 360, iv. 244, 492, 497, v. 3, 5, 8, 9, 186, 190, 219–20, 225, 231, 235, 239, 451, 453, 454
Hénault eulogized by, iii. 34
Hénin's marriage displeases, i. 123
honey water desired by, iv. 13, 14, 16, 19, 27, 28
James's powders desired by, i. 110, 247, 253, 259
La Borde's correspondence with, vi. 188
Languedoc post taken from, v. 340
—— visited by, ii. 341
La Tuilerie visited by, v. 345
leaves Paris, v. 425, 449, 458
Le Boulingrin exchanged by, for Le Val, iv. 397
letter to, about Cholmondeley's passport, vi. 211
Le Val occupied by, v. 176, 186, 235, 239, 429, 431, 446, 458, 460
lives well, at camp, v. 72
Lorraine visited by, ii. 273, 445, iii. 264, 296, 345, 403, iv. 417
Louis XV accompanied by, on hunt, iii. 47, 50
—— asked by, for grant, iii. 169
—— attended by, iii. 169, 208, 225, 256, 345, 358, iv. 33, 50
—— does not mention Académie speech to, iii. 52
——'s correspondence with, v. 340

Louis XVI attended by, iv. 55, 194, 417, v. 36, 186, 219–20, 235
—— to be attended by, iv. 270, 272, 281, 419
Mirepoix, Mme de, aids, iii. 49
—— at odds with, i. 323, ii. 298, 447
—— reconciled with, iv. 50–1
——, reconciliation of, with Princesse de Beauvau pleases, iv. 60
model for letter to Orléans sent to, vi. 183
Montpellier visited by, i. 186, ii. 310
not on military service, v. 186
Paris may be visited by, iii. 350
—— to be visited by: i. 225, 354, 356, ii. 17, 341, iii. 137, 412, iv. 234, 358, 363, 467, 470, v. 235; weekly, v. 219–20
—— visited by, i. 237, 240, iii. 296, iv. 11, 365, 472, v. 422, 423, 426, 454
pension of, iii. 220, 225
Plombières to be visited by, v. 427
—— visited by, iv. 461
Poix asked by, to bring Linguet's letter to Vergennes, iv. 416
—— to have reversion of captaincy of, of guards, iv. 59, 61
Port-à-l'Anglois, le, visited by, iv. 53, 54
printer's error found by, in HW's *Gramont*, iii. 313
Raincy visited by, v. 440
(?) removal of, predetermined, v. 340
Roissy visited by, v. 454, 455
Saint-Antoine, Abbess of, sister of, v. 346
Sainte-Assise visited by, v. 432
Saint-Lambert's patron, ii. 216–7
Saint-Priest greatly liked by, i. 237
Schelestadt command of, iv. 322, 324–5
—— to be visited by, iv. 324–5, 331
Selwyn aided by, in disagreeable affair, v. 110, 114, 189
——'s passport secured by, v. 36
Sévigné letters talked of by, iii. 301
social relations of, with: Anville, Duchesse d', v. 440; Boufflers, Comtesse de, ii. 100, iv. 277, v. 307, 422; Boufflers, Marquise de, iii. 354; Broglie, Comte de, v. 348, 440, 444; Broglie, Comtesse de, v. 446; Cambis, Vicomtesse de, v. 444; Caracciolo, v. 348, 440; Caraman, Comte and Comtesse de, iii. 269; Chabot, v. 348, 456(?); Choiseul, ii. 391; Choiseul, Duchesse de, v. 327–8; Churchill, Lady Mary, ii. 273; Conways, iv. 118; Craufurd, v. 348; D, i. 27, 240, 244, 323, 368, 374, ii. 196, 245, 251, 253, 261, 272–4, 361, 404, 463, iii. 13, 27, 47, 50, 78, 92, 95, 105, 138–40, 142, 146, 148, 158, 159, 183, 208, 210, 269, 270, 273, 296, 301, 314, 323, 358, iv. 26, 33, 44, 48, 51, 115, 218, 220, 232, 237, 245, 250, 260, 268, 303, 304, 319, 333, 375, 391, 472, v. 36, 102, 186, 310, 316, 318, 321–2, 326–9, 336–8, 340–1, 343–4, 348–53, 440, 444, 451, 456, 460; Geoffrin, Mme, v. 340, 349; (?) Gramont, Duchesse de, v. 456; HW, v. 302, 309, 318, 323, 348, 415; Hénault, i. 240, 369; Huber, iii. 298; La Reynière, M. and Mme de, v. 345; Luxembourg,

Mme de, v. 308; Mirepoix, Mme de, iii. 314, iv. 53, v. 307; Montesson, Marquise de, v. 451; Necker, v. 440, 456(?); Orléans, Duc d', v. 451; Poix, Princesse de, v. 318; Pont-de-Veyle, v. 318; Saint-Lambert, v. 318, 431; Saint-Pierre, Duchesse de, i. 107; Toulouse, Archbishop of, v. 348; (?) Usson, Comtesse d', v. 329; Voltaire, v. 18, 20, 36
Soubise at odds with, ii. 447
Spa not to be visited by, v. 453
Stormont's maître d'hôtel given commission by, iv. 173
Suard's election to Académie française defended by, iii. 234
Suin, Mme, recommended to D by, iv. 237
Tissot attends, v. 235, 453
—— deserts, v. 241
to move to Rue Bergère, iii. 140
Versailles visited by, ii. 404, iii. 210, 350, iv. 434, v. 219, 451, 454
wishes to rent house to Caracciolo, iii. 140
7 Beauvau-Craon, Charlotte de (b. 1717), sister of 6, m. (1734) Léopold-Clément, Marquis de Bassompierre:
social relations of, with Mme de Mirepoix, v. 350
8 Beauvau-Craon, Élisabeth-Charlotte de (1705–87), sister of 6, m. (1723) Charles-François-Ferdinand de la Baume de Montrevel, Marquis de Saint-Martin:
lodges at convent of Filles de l'Assomption, v. 3
9 Beauvau-Craon, Ferdinand-Jérôme de (1723–90), Chevalier de Beauvau; later Prince de Craon; brother of 6:
D accompanied by, to Sceaux and Montrouge, ii. 443
debts of, iv. 134, 141
flees to Malta to escape arrest for debt, iv. 134, 141
marriage of, iii. 314n, iv. 134
Mirepoix, Mme de, lacks influence to help, iii. 30
proposed marriage of, broken off, iii. 170
social relations of, with: Bauffremont, v. 339; Boufflers, Marquise de, v. 338; Brancas, Marquis and Marquise de, v. 338, 342; D, iii. 101, 139, 140, iv. 110, v. 338; HW, v. 290; Lauzun, ii. 328; Lauzun, Duchesse de, ii. 328; Mirepoix, Mme de, iii. 145, v. 334, 340; Praslin, Duchesse de, v. 263; Richmond, v. 290; Richmond, Ds of, v. 292
10 Beauvau-Craon, Gabrielle-Charlotte de (1724–1806), Abbess of Saint-Antoine; sister of 6:
Beauvau's sister, v. 346
Caraman entertains, v. 346
Roissy visited by, v. 346
11 Beauvau-Craon, Gabrielle-Françoise de (1708–58), sister of 6, m. (1725) Alexandre d'Alsace-Hénin-Liétard, Prince de Chimay:
relatives of, i. 123n
12 Beauvau-Craon, Marc-Étienne-Gabriel de

(1773–1849), later Prince de Beauvau; son of 9:
Archiac, Comte d', visited by, iv. 349
birth of, iii. 402
13 Beauvau-Craon, Marie-Françoise-Catherine de (1711–86), sister of 6, m. (1735) Louis-François de Boufflers, Marquis de Remiencourt; 'Marquise de Boufflers'; one of 'les oiseaux de Steinkerque'; 'la Dulcinée':
Bauffremont accompanies, iii. 100, 130, iv. 189, 211
—— friend of, iii. 86, 100, 130, 150, 152, 163, 170, 225, 298, iv. 168
——'s Dulcinée, iii. 122
—— to accompany to Lorraine, iv. 168
—— visited by, iv. 281
Beauvau's attentions to D arouse jealousy of, iii. 123
—— visited by, v. 241
Boufflers's letters shown to D by, ii. 289, 292, 305
Cambis, Vicomtesse de, at odds with, ii. 368, 381, iii. 270
cheats at cards, ii. 381
Cholmondeley, Mrs, consults, on Comtesse de Boisgelin's debt, ii. 360, 368
—— cordially treated by, ii. 477
—— in danger from, ii. 326, 327
—— paid debt from Comtesse de Boisgelin by, ii. 423
Churchill, Lady Mary, acquaintance of, iii. 23
Craufurd liked by, iii. 280
——'s correspondence with, iii. 298, 317
D accompanied by, to Sceaux and Montrouge, ii. 442
D agrees with HW's cautions against, ii. 273–4, 324, 326, 327
D desires fan for, iii. 157
D hears recitation by, iii. 117
D lent letters of Chevalier de Boufflers by, ii. 292
D mentions, ii. 310, 342, iii. 21
D's correspondence with, iii. 239
D sees and hears nothing of, ii. 277, 281–2
D's opinion of, ii. 286, 322, 326, 334, 381, 461, iii. 260
D's relations with, ii. 322, 334–5, iii. 120, 122, 130, 137, 152, 154
D to see less of, ii. 295
death of son of, iv. 92
Dunkirk visited by, v. 332
Ferney to be visited by, iv. 281
Fitzpatrick will be missed by, iii. 8
Fox will be missed by, iii. 8
Franche-Comté may be visited by, iii. 225
friend of both d'Aiguillon and Choiseul camps, iii. 13
gambles, ii. 316, 317, 326, 328, 337, 367, 381, 461, iii. 140, iv. 168
Greville, Mrs, at odds with, iii. 323
—— has scarcely encountered, iii. 362
HW admired by, ii. 287
HW's Gramont given to, iii. 305

[*13* Beauvau-Craon, Marie-Françoise-Catherine de, *continued*]
health of, iii. 159, 163, 164, 170
Huber charms, iii. 298
Lénoncourt, Marquise de, friend and relative of, ii. 338
Le Val visited by, v. 241, 457
Lorraine may be visited by, iii. 225
—— visited by, iii. 23, iv. 168, 189
Luxembourg, Mme de, visited by, at Montmorency, ii. 319
Marly visited by, ii. 447
Mazarin, Hôtel de, visited by, v. 332
Mirepoix, Mme de, visited by, at le Port-à-l'Anglois, iv. 92
Monaco friend of, iii. 86
Nancy residence of, v. 241
Nicolet attended by, v. 336
Rueil visited by, v. 337
Scey-sur-Saône visited by, iv. 281
social relations of, with: Aiguillon, Duchesse d', v. 337; Bauffremont, ii. 283, iii. 210, v. 338–9; Beauvau, iii. 354; Beauvau, Princesse de, ii. 447; Boisgelin, Comtesse de, v. 338; Cholmondeley, Mrs, ii. 283, 315–7, 327, 367, 461; Churchills, iii. 26; Craon, v. 338; Craufurd, ii. 327; D, ii. 273–4, 283–6, 289, 290, 301, 309, 315, 322, 324, 352, 361, 421, 461, 488(?), iii. 5, 6, 13, 26, 91, 100, 101, 117, 130, 138–9, 140, 145, 148, 150, 154, 159, 164, 191, 194, 206, 270, 370, iv. 218, v. 326–8, 332–8, 340, 449(?), 457, 461; Du Bois de la Motte, Mme, v. 338; Fox, ii. 316; HW, iii. 83, 86, v. 338; Hénault, i. 347; La Marche, Comtesse de, ii. 352; Lauzun, ii. 328; Lauzun, Duchesse de, ii. 328; Luxembourg, Mme de, ii. 315, 361, v. 448(?); Meinières, Mme de, ii. 335, 338; Mirepoix, Mme de, iii. 26, v. 261(?), 336, 340–1; Monaco, v. 334; Monconseil, Marquise de, v. 332; Porquet, v. 338; Sanadon, Mlle, v. 338; Voltaire, iv. 281
Spencer, Lord R., in clutches of, iii. 150
—— plays trictrac with, iii. 120
—— will be missed by, iii. 8
Switzerland to be visited by, iv. 281
to move, iii. 150
verses by: iii. 353; on D's tonneau, ii. 289–90; on gambling, iii. 226
verses by Chevalier de Boufflers for, ii. 123–4
verses on Broussin recited by, ii. **284**, 295
*1* Beauvilliers, Charles-Paul-François de (1745–1828), Comte and (1765) Duc de Buzançais; Duc de Saint-Aignan, 1811; grandson of *4:*
Nassau duels with, iii. 175
*2* Beauvilliers, François-Honorat de (1610–87), Duc de Saint-Aignan:
second marriage of, iv. **342**
sons of, iv. 342
*3* Beauvilliers, Paul (1648–1714), Duc de, Dauphin's governor; son of *2:*
brother of, iv. 342
*4* Beauvilliers, Paul-Hippolyte de (1684–1776), Duc de Saint-Aignan; ambassador from France to Rome and Spain; son of *2:*
Académie seat of, goes to Colardeau, iv. 274, 284
D's account of, iv. 342
death of, iv. **274**
Beauvoir de Grimoard du Roure, Louise-Sophie de (b. 1762), m. (1780) Claude-Louis-Joseph, Marquis de Saisseval:
marriage of, v. 453
Beccaria, Marchese di. *See* Bonesana, Cesare
Bec-Crespin. *See* Du Bec-Crespin
Bechameil, Louis de (d. 1703), Marquis de Nointel; superintendent of buildings under Louis XIV:
Voltaire alludes to, ii. 52
Beckford, William (1709–70), alderman and lord mayor:
reëlected lord mayor, v. 368
Bécu, Jeanne (1743–93), m. (1768) Guillaume, Comte du Barry; mistress of Louis XV; 'la dame'; 'la Sultane':
accepted by few, ii. 249, 250, 298, iii. 30
Aiguillon, Duc d', aids and is aided by, ii. 169n, 196–7, 339–40, iii. 45, 69, 285
—— gives ball for, iii. 324, 338
—— on good terms with, ii. 372
—— patent of, carried to, v. 370
—— wishes to use, ii. 339–40
Aiguillon, Duchesse d' (younger), visited by, iv. 48
*Anecdotes sur la vie de, see under* Pidansat de Mairobert, Mathieu-François
apartment of, in palace, given to Thierry, iv. 57
Beauvau, Princesse de, hates, iii. 63
Breteuil's appointment at mercy of, iii. 48, 50, 51
Broglie, Comte de, wishes to use, ii. 339–40
Caraccioli avoids, iii. 110
Castries not aided by, ii. 340–1, 341
Chantilly visited by, ii. 447
Choiseul contrasts, with Mme de Maintenon, v. 369
—— not favoured by, ii. 169n, 185–6, 297–8, 300–1, 381, 447
——'s friends banned by, iii. 48
—— unwise in treatment of, ii. 372
Choisy visited by, ii. 243, 472
Condé's reconciliation not attributed to, iii. 296
Cossé favoured by, iii. 107
D finds application to, in Griffet's book, ii. 343
D mentions, ii. 166n, 169n, 177n, 249
(?) D mentions Choiseul and, ii. 188
D's opinion of, ii. 234, 339, 372, 373, iii. 29, 30, 45
D's visit to Duc and Duchesse de Choiseul not approved by, iii. 43–4
D transfers 'dame de Bordeaux' to, ii. 218
debts of, paid, v. 370
Du Barry, Vicomtesse, given diamonds by, iii. 378

—— thought less beautiful than, iii. 425

Du Châtelet secures increase for Choiseul from, iii. 166

English scrupulously treated by, iii. 379

exiled from Court, iv. 52

family relationships of, iv. 57

fête given by, iii. 338

Fuentes avoids, iii. 108, 110

Gramont, Duchesse de, hates, iii. 63

grandes entrées obtained by, v. 340

HW mentions, iv. 64n

HW sees, v. 330

health of, iii. 179

ladies with, ii. 256–9, 472, iii. 97, 285, 322, iv. 48

La Muette visited by, on eve of Dauphin's marriage, ii. 406

*Lettres originales* purporting to be by, v. 183, 190

L'Isle's verses about, iv. 411

Louis XV reproaches, for 'mauvais ton,' vi. 181–2

—— sends, away during his smallpox, iv. 48

—— still devoted to, ii. 373

Louveciennes pavilion built by, iii. 97

Luxembourg, Mme de, jokes about, ii. 447–8

made comtesse, v. 372

Maillebois wishes to use, ii. 339–40

Marly visited by, ii. 233

Mirepoix, Mme de, accepts, ii. 250, 257, iii. 30, v. 369

—— favoured by, ii. 339

—— has little influence with, iii. 380

Nantes, les boutiques de, revenue from, granted to, ii. 339, v. 370

not to be feared, ii. 341, 464

power of, ii. 380, iii. 29, 45, 48, 285

presentation of, debated, ii. 182, 185–6, 187, 189, 191–6, 198, 200, 203–4, 204, 210, 218, 223–5

presented, ii. 230

Princes may be reconciled with, iii. 214

(?) print of, desired by HW, iv. 344–7, 368

Richelieu loses to, at cards, ii. 250

——'s quotation applied to Louis XV and, ii. 250–1

Rueil visited by, iv. 48, 51

Rue Tire-Boudin assigned to, in joke, vi. 181

Saint-Hubert visited by, ii. 242–3

salon attended by, ii. 233

Schuwalof calls, 'Mme Barbari,' iv. 51

sent to convent of Pont-aux-Dames, iv. 52

social relations of, with: Aiguillon, ii. 288; Aiguillon, Duchesse d', iii. 97, 110, 116; Avaray, Marquise d', ii. 258–9; Bertin, ii. 302; Chauvelin, ii. 288; Choiseul-Beaupré, Marquise de, iii. 110; Condé, ii. 288; Croissy, ii. 288; Duras, Duchesse de, ii. 258; Estissac, ii. 288; Flavacourt, Marquise de, ii. 258, 288; Forcalquier, Comtesse de, iii. 322; Gustav, Prince, iii. 34; Karl, Prince, iii. 34; (?) Kinský, Fürstin, iii. 285; La Vallière, ii. 472;

L'Hôpital-Saint-Mesme, Comtesse de, ii. 256, 258–9, 288, iii. 97; Louis XV, ii. 288, iii. 322; Mazarin, Duchesse de, iii. 285; Mellet, Comtesse de, iii. 97; Mirepoix, Mme de, ii. 288, 472, iii. 97; Montmorency, Princesse de, ii. 298, 472, iii. 30, 97, 110, 285; Noailles, Duc de, ii. 288; officials and diplomats, iii. 108, 110; Richelieu, ii. 288; Saint-Florentin, ii. 288; Saxe, ii. 288; Soubise, ii. 288; Talmond, Princesse de, ii. 258; Valentinois, Comtesse de, ii. 258, iii. 97, 108, 110

Terray at feet of, ii. 371

verses on, iii. 70, iv. 94

Bed, bought by HW:

HW pleased with, iii. 224

transportation of, iii. 111, 113, 116, 121, 128, 134, 139, 143, 146, 148, 151, 156, 182, 184, 193, 198

Bédée. *See* Botherel de Bédée

*1, 2* Bedford, Ds of. *See* Anne (d. 1432) of Burgundy; Leveson-Gower, Gertrude (1719–94)

*3* Bedford, D. of, husband of *2. See* Russell, John

Bedford, Grosvenor (d. 1771), HW's deputy:

D inquires after, ii. 123, 131

death of, iii. **133**

HW's correspondence with, v. 377, 378, 396

HW sends paper for, v. 378

Bedford, Beds:

Bedford, D. of, defeated at, v. 367

Bedford faction:

D inquires about, i. 178, 407

receives offices, i. 407

Bedfordshire militia:

D to have account of, v. 44

Bedoart *or* Bedouart, ——:

social relations of, with D, v. 429, 430

Bedreddin, D's dog:

D's love for, not equal to HW's for his dogs, i. 365

mourned, ii. 25

Beggars, of London:

rise late, v. 258

*Bégueule, La. See under* Voltaire

Beignon. *See* Arouard du Beignon

*1* Beira, P. of. *See* José Francisco Xavier

*2* Beira, Ps of, wife of *1. See* Maria Francisca Benedetta

Bélanger, Mlle de:

dies in fire, ii. 54

*Bel'Endroict, Le:*

D owns, vi. 34

Bélesta, Marquis de. *See* Varagne-Gardouch, François de

Belforte, D. of:

(?) *Omaggio poetico,* v. 264

Belgioioso. *See* Barbiano di Belgioioso

Beliardi, Augustin (1723—living, 1791), abbé:

social relations of, with D, iv. 115

*Bélisaire. See under* Marmontel, Jean-François

Belle, Baron de:

social relations of, with D, v. 428

Bellechasse, convent of the canonesses of the
Holy Sepulchre, Rue Saint-Dominique:
Monaco, Ps of, takes refuge in, ii. 438
Bellecourt, Mlle. *See* Le Roy de la Corbinaye,
Rose-Pétronille
Bellecourt, Colson de. *See* Gille, Jean-Claude
*1* Belle-Isle, Duc and Maréchal de, grandson of
*2. See* Fouquet, Louis-Charles-Auguste
*2* Belle-Isle, Marquis de. *See* Fouquet, Nicolas
*Belle Poule* (ship):
*Arethusa's* battle with: v. 52, 54, vi. 209
success of D's remark about, v. 54
Bellevue, former home of Mme de Pompadour,
bought by Louis XV:
anecdote of lady dining at, v. 121
Louis XV occupies, ii. 169
visitors to: Choiseul, Duchesse de, ii. 137;
Mirepoix, Mme de, i. 27, iii. 142
Bellingham, Lady. *See* Cholmondeley, Hester
Frances
Belloy. *See* Buyrette de Belloy
Beloste, M. *See* Varagne-Gardouch, François de,
Marquis de Bélesta
Belot, Mme. *See* Guichard, Octavie
*1* Belsunce, 'Comtesse' de. *See* Sublet d'Heudicourt, Charlotte-Alexandrine
*1* Belsunce, Mme de. *See* Sublet d'Heudicourt,
Charlotte-Alexandrine
*2, 3* Belsunce, Marquise de. *See* Hallencourt de
Drosménil, Adélaïde-Élisabeth de (1746–70);
Vergès, Marie-Madeleine de (1762–1837)
*4* Belsunce, Antonin-Louis de (1741–96), Marquis de Castelmoron; called Marquis de Belsunce; son of *1*; husband of *2* and *3*:
(?) dances at ball in honour of Dauphin's marriage, ii. 410
grandes entrées granted to, iv. 52
second marriage of, v. **109**
social relations of, with Comtesse de Forcalquier, ii. 317
Belzer de Berensberg, Annette-Marie-Thérèse de
(1747–94), m. (1) Charles-Léopold, Chevalier
(later Marquis) de Jaucourt; m. (2) (1790)
Antoine-Adolphe de Seiglière de Belleforière
de Soyecourt de Pas de Feuquières, Marquis
de Feuquières:
social relations of, with Comtesse de Broglie,
v. 444
Belzunce. *See* Belsunce
Bénavent. *See* Froment de Bénavent
Benedict XIV (Prospero Lambertini) (1675–
1758), pope 1740–58:
HW's inscription for, i. 114–5
Benedictines, English, church of. *See* English
Benedictines, church of
Benn. *See* Du Benn
Benoist, Mme. *See* Puzin de la Martinière,
Françoise-Albine
Benserade, Isaac de (1612–91):
Bussy's correspondence with, iii. 181
Bentheim, Gräfin von. *See* Bournonville, Marie-
Lydie de

Bentheim, Friedrich Karl Philipp (1725–1803),
Graf von:
(?) HW mentions, i. 341
marriage of, ii. 11n
social relations of, with: HW, v. 263; Hénault,
i. 363–4, v. 321, 323
*Triomphe de l'amitié, Le,* read to, i. 364
Bentinck, Mr:
social relations of, with: Boufflers, Comtesse
de, v. 301; Brancas, Marquis de, v. 298; Helvétius, v. 299; Richmonds, v. 294; (?) Usson,
Comte and Comtesse d', v. 293
Bentinck, Lord Edward Charles (1744–1819):
HW's correspondence with, v. 393
social relations of, with: HW, v. 282, 292, 299,
312; (?) Helvétius, v. 289; Massareene, v. 294
Bentivoglio, Cornelio (1668–1732), cardinal,
1719; nuncio to France, 1712:
Aguesseau's conversation with, v. 276–7
*1* Bentley, Richard (1662–1742), scholar:
Warburton attacks, v. **354**
*2* Bentley, Richard (1708–82); son of *1*:
La Borde resembles, v. 280
Ber. *See* Le Ber
Berargaard, Mme de. *See* Bunau, Henrietta
Frederica von
Béraud de la Haie de Riou, Charlotte-Jeanne
(1738–1806), m. (1) (ca 1754), Jean-Baptiste,
Marquis de Montesson; m. (2) (1773) Louis-
Philippe de Bourbon, Duc d'Orléans:
ball given by, v. 443
Chanteloup to be visited by, v. 124, 150
—— visited by, v. 153
D gives bootikins to, for Orléans, iv. 66
D's relations with, iv. 86
*Femme sincère, La,* D comments on, iv. 284
Gourgue, Présidente de, leaves jewels to, iii.
369
—— mourned by, iii. 369
Lauzun, Duchesse de, visits, iv. 329
Luxembourg, Mme de, to visit, iv. 102
—— visits, iv. 329, 330, v. 183 (*see also under*
Sainte-Assise, visitors to)
marriage of, to Duc d'Orléans, iii. 354, 356–
7, 359, 386, iv. 63–4
Mirepoix, Mme de, to visit, iv. 102
—— visits, iv. 211 (*see also under* Sainte-
Assise, visitors to)
Orléans, Duc d', visited by, iii. 369
—— with, iv. 163, v. 126
pious, v. 124
Sainte-Assise (Saint-Port) bought by, iii. 386
—— occupied by, iv. 102, 163, 211, 329, 330,
v. 124, 183
sings, v. 296
social relations of, with: Beauvau, v. 451; (?)
Brancas, Marquis de, v. 296; D, iv. 284; Luxembourg, Mme de, iv. 86
to return to Paris, v. 124
visitors to, at Sainte-Assise, *see* Sainte-Assise,
visitors to
*1* Berchény, Comte de. *See* Bercsény, Ladislas-
Ignace de

2 Berchény, Mme Nicolas-François, dau.-in-law of *1*. See Berthelot de Baye, Agnès-Victoire de
Bercséný, Ladislas-Ignace de (1689–1778), Maréchal and Comte de Berchény:
social relations of, with Maximilian, iv. 156
Bercy:
Chartres rents house at, v. 219
Orléans, Princesses d', inoculated at, v. 451
visitors to: Genlis, Comtesse de, v. 219; Orléans, Princesses d', v. 219
*Bérénice. See under* Racine, Jean
Bergère, Rue:
Mirepoix, Duchesse de, residence of, in, iii. 98–9, 105, 170, 209, 435
*Bergère des Alpes, La. See under* Fouques, François-Georges; Marmontel, Jean-François
Berghem, Nicolas (1620–83), painter:
Loutherbourg's paintings in manner of, v. 317
paintings by, at Julienne's, v. 287
Bergier, Nicolas-Sylvestre (1718–90), abbé:
Voltaire's *Conseils* to, ii. 94, 101, 135
Bergue, M. de:
house of, at Calais, iii. 398
Béringhen, Henri-Camille (ca 1693–1770), Marquis de; premier écuyer de la petite écurie:
Clanbrassill intimate with, ii. 16
death of, ii. **362**
*1* Berkeley, Cts of. See Drax, Elizabeth
*2* Berkeley, Lady, dau.-in-law of *1*: See Lennox, Emilia Charlotte
*3* Berkeley, Lady Elizabeth (1680–1769), m. (1706) Sir John Germain, Bt:
will of, ii. **324**
*4* Berkeley, Elizabeth (1719–99), m. (1740) Charles Noel Somerset, 4th D. of Beaufort:
social relations of, with HW, v. 334
*5* Berkeley, Lady Elizabeth (1750–1828), dau. of *1*, m. (1) (1767) William, 6th Bn Craven; m. (2) (1791) Christian, Margrave of Brandenburg-Anspach:
Guines's affair with, iii. **358**, 360
HW's opinion of, iii. 360
social relations of, with: Beaufort, v. 271; Massareene, v. 294
*6* Berkeley, Frederick Augustus (1745–1810), 5th E. of Berkeley; son of *1*, grandnephew of *3*:
social relations of, with: HW, v. 277; Massareene, v. 294; Richmonds, v. 294
*7* Berkeley, Lady Georgiana Augusta (1749–1820), dau. of *1*, m. (1) (1766) George Forbes, 5th E. of Granard; m. (2) (1781) Rev. Samuel Little:
social relations of, with: Beaufort, v. 271; Massareene, v. 294
Berkeley Castle, Glos:
HW visits, iv. 83n
Berkeley Square:
HW's house in: v. 82, 92, 167; D comments on furnishings of, v. 173, 181; D inquires about, v. 167; removal to, postponed, v. 96
Berkenroode, Matthys Lestevenon van (1719–79), Dutch ambassador to France:
social relations of, with Richmonds, v. 290

Berlan:
Conti and guests play, v. 302
Berlin, ambassador to. *See* Ambassador from France to Prussia
Berlin:
book printed at, i. 138
Schuwalof stops at, vi. 205
Berlin, D's:
D travels to Chanteloup in, iii. 239
described, iii. 238, vi. 12
inventoried, vi. 12
*See also* Carrosse, D's
Bermondet, Philippe-Armand (1730–1806), Chevalier de, later Marquis de Cromières:
HW mistaken by, v. 266
Bernard, Anne-Gabriel-Henri (1722–98), Marquis de Boulainvilliers:
daughter of, marries, v. 109
social relations of, with Marquis de Brancas, v. 347
Bernard, Jean (fl. 16th c.):
*Discours des plus mémorables faits des rois et grands seigneurs d'Angleterre*:
HW's interest in, iv. 76, 77, 80
Bernard, Jean-Frédéric (d. 1752):
*Recueil des voyages au Nord*:
(?) D reads, iii. 184
Bernard, Louise-Olive-Félicité, m. Nicolas-Hyacinthe de Montvallat, Comte d'Entragues:
social relations of, with Duchesse de la Vallière, v. 336
Bernard, North Ludlow (d. 1766), major:
death of, v. 397
Bernard, Pierre-Joseph (1710–75):
*Castor et Pollux*, given for Joseph II, iv. 439, 443
social relations of, with Mme Geoffrin, v. 317
*Surprises de l'amour, Les*, v. 322
Bernard de Boulainvilliers, Anne-Marie-Louise (d. 1781), m. (1779) Gaspard-Paulin, Vicomte de Clermont-Tonnerre:
appearance of, v. 109
Franklin admires, v. 109
marriage of, v. 109
Bernardins:
abbey of, at Picquigny, v. 259
Voltaire buried in church of, v. 48
Berneville, Marie-Catherine-Jumelle de (d. 1705), Comtesse d'Aulnoy:
(?) D adopts style of, ii. **392**
*1* Bernin, Mlle, sister of *2*:
appropriates and distributes brother's effects, iii. 287
Lisieux, Bishop of, keeps, iii. 287
Maurepas given books by, iii. 287
*2* Bernin, Louis-Sébastien (1696–1772), Marquis d'Ussé:
Guérin to operate on, for stone, ii. 300
Hénault's 'portrait' of, vi. 107–8
Lespinasse, Mlle de, championed by, iii. 276
Maurepas's verses sung by, v. 283
Pont-de-Veyle's parody sung by, v. 283

[2 Bernin, Louis-Sébastien, *continued*]
sister appropriates and distributes possessions of, iii. 290
social relations of, with: Aiguillon, Duchesse d', v. 278, 280, 283; Choiseul, Duchesse de, v. 295; D, v. 288, 293, 296, 302, 310; HW, iii. 276; Hénault, iii. 276, v. 300, 301, 320, 321; Maurepas, Comte and Comtesse de, v. 285, 291, 303; Nivernais, Duchesse de, v. 301; Rochefort, Comtesse de, iii. 276; Villeroy, Duchesse de, v. 337
will of, iii. 276
Bernini, Giovanni Lorenzo (1598–1680), sculptor:
Louis XIV's bust by, v. 290
Bernis, Cardinal de. *See* Pierre, François-Joachim de
Bernstorff, Johan Hartvig Ernst (1712–72), greve; Danish prime minister:
Christian VII's mentor, ii. 159
D's opinion of, ii. 132, 156, 159, 163
HW's account of, ii. 128
Paris furiously admires, ii. 130, 132
'Puffendorf,' ii. 130
social relations of, with: Choiseul, Duchesse de, ii. 164; D, ii. 154, 156, 164; Louis XV, ii. 153
Berry, Duchesse de. *See* Bourbon d'Orléans, Marie-Louise-Élisabeth de
Berry, Mary (1763–1852):
(?) HW's cup and saucer later given to, v. 414
Bersin, Claude-Louise-Angélique, m. (1747), Anne-Emmanuel-François-Georges de Crussol d'Uzès d'Amboise d'Aubijoux, Marquis de Crussol d'Amboise:
social relations of, with Duchesse d'Aiguillon, v. 307
Berthelot, Étienne (1720–85):
(?) attends session of parliament of Paris, vi. 173
*1* Berthelot de Baye, Agnès-Victoire de (b. 1741), niece of *2* and *4*, m. (1757) Nicolas-François de Berchény; lady of honour to daughters of Louis XV:
Montbarey's retort to, ii. 134
social relations of, with Marquise de Monconseil, v. 297
*2* Berthelot de Baye, Étienne-Louis-Alexandre (b. 1707), son of *5*:
marriage of, ii. 284n
Prie, Marquise de, sister of, v. 273
(?) social relations of, with: Châtillon, Duchesse de, iii. 95; Geoffrin, Mme, v. 273, 282, 299, 323; La Vallière, Duchesse de, iii. 95
*3* Berthelot de Baye, Mme Étienne-Louis-Alexandre, wife of *2*. *See* Compagnolt, Marie-Anne-Louise-Charlotte de
*4* Berthelot de Pleneuf, Agnès (1698–1727), dau. of *5*, m. (1713) Louis, Marquis de Prie:
Berthelot brother of, v. 273
Bourbon, Duc de, takes, as mistress, v. 273, 275
D has picture of, v. 289

D's anecdote of, v. 275
D's verses for, v. 214
D with, in exile at Courbépine, v. 214
mother of, iv. 423
portrait of: given by D to Conway, iv. 129–30, 136; HW claims, iv. 136, 140, 197
suicide of, v. 275
uncleanly, v. 275
*5* Berthelot de Pleneuf, Mme Jean-Étienne. *See* Rioult de Douilly, Agnès
Berthier de Sauvigny, Mme. *See* Durey d'Harnoncourt, Louise-Bernarde
Berthon de Maisonneuve, Louise-Adélaïde (1746–1823), called Mlle Doligny; actress:
*Fausse Agnès* acted by, v. 275
Bertie, Hon. Albinia (d. 1816), m. (1757) Hon. George Hobart, 3d E. of Buckinghamshire, 1793:
HW mentions, v. 142
Bertier, Louis-Bénigne-François:
(?) attends session of parliament of Paris, vi. 171
Bertin, ——, Choiseul's majordomo:
(?) death of, iv. 110
ill, iv. 97
Bertin, François-Jacques:
(?) attends session of parliament of Paris, vi. 173
Bertin, Henri-Léonard-Jean-Baptiste (1719–92), Chancellor; secretary of state:
advises on choice of controller, ii. 326
anecdote of, and Monclar's pension, ii. 285
D fears influence of, ii. 234
Du Barry, Comtesse, adds, to her circle, ii. 302
Forcalquier, Comtesse de, cites, ii. 382
foreign affairs temporarily assigned to, iv. 60, 61
retirement of, rumoured, v. 192
retires, v. 452
Vergennes given departments of, v. 452–3
Berton, Pierre-Montan (1727–80), director of Opéra:
Bishop sent to, iv. 55
director of Opéra, iv. 28–9
in country, iv. 51
Bérulle, Pierre de (1575–1629), cardinal:
tomb of, v. 280
*1, 2, 3* Berwick, Duchesses of, wife of *4*; wife of *5*; dau.-in-law of *5*. *See* Bulkeley, Anne (d. 1751); Silva, Maria Teresa de (1716–90); Stolberg-Gedern, Karoline Auguste of (1755–1829)
*4, 5* Berwick, D. of. *See* Fitzjames, James (1660–1734); Fitzjames, James Francis Edward Stuart (1718–85)
Berwick:
Watson, Thomas, of, dies, v. 397
*1* Besenval, Jean-Pierre-Victor (1721–91), Baron de:
Artois allowed visits of, in exile, v. 32
(?) Beauvau, Princesse de, takes, to theatre, v. 344
Chanteloup visited by, iii. 238, 243

Chartres's arrival announced to Orléans by, vi. 127

Choiseul consulted by, on troops, iii. 32

(?) La Tuilerie visited by, v. 345

Marie-Antoinette accompanied by, in quarantine, v. 129

social relations of, with: Artois, v. 32; Choiseul, Duchesse de, v. 325; (?) La Reynière, M. and Mme de, v. 345; Luxembourg, Mme de, iv. 404

verses for, at Mme de Luxembourg's supper, iv. 406

*2* Besenval, Théodore-Élisabeth-Catherine de (d. 1777), sister of *1*, m. (1733) Charles-Guillaume-Louis, Marquis de Broglie:

social relations of, with: Bentheim, Gräfin von, v. 270; D, v. 332; HW, v. 332; Hénault, v. 297, 311, 313, 316–7, 321, 323, 325, 332

Besné, Du Chaffault de. *See* Du Chaffault de Besné

*1* Bessborough, Cts of, wife of *2*, dau.-in-law of *3*. *See* Spencer, Lady Henrietta Frances

*2, 3* Bessborough, E. of. *See* Ponsonby, Frederick (1758–1844); Ponsonby, William (1704–93)

*1* Béthizy, Comtesse de, wife of *2*. *See* Du Deffand, Adélaïde-Charlotte-Marie-Octavie

*2* Béthizy, Eugène-Eustache (1739–1823), Comte de, nephew of *5* and *6*:

social relations of, with: Egmont, Comte and Comtesse d', v. 301; Egmont, Comtesse d' (dowager), v. 299

*3* Béthizy, Henri-Benoît-Jules de (ca 1744–1817), Bishop of Uzès, 1779; brother of *2*:

Uzès, see of, given to, v. 435

*4* Béthizy, Jules-Jacques-Éléonor (1747–1816), Vicomte de, brother of *2*:

wounded, v. 438

*5* Béthizy de Mézières, Henriette-Eugénie de (1710–87), m. (1729) Claude-Lamoral-Hyacinthe-Ferdinand, Prince de Ligne:

Chanteloup visited by, iii. 243, 245

Colmant forwards letter by, iii. 240

cousin of, i. 333

(?) HW mentions, i. 341

Orléans, Bishop of, visited by, at Meun, iii. 239–40

social relations of, with: Beauvau, Princesse de, v. 340; Brionne, Comtesse de, v. 295; D, iii. 243; Egmont, Comte and Comtesse d', v. 294, 301; Egmont, Comtesse d' (dowager), v. 299; HW, v. 294, 300, 310; Rochefort, Comtesse de, v. 291

*6* Béthizy de Mézières, Marie-Catherine de (d. 1794), Abbess of Panthémont; sister of *5*:

Abbey of Panthémont under, ii. **230n**

Cholmondeley, H. F., not inquired after by, ii. 374

Cholmondeley, H. M., denied return to Panthémont by, ii. 400

HW refuses to call on, vi. 58

social relations of, with: Cholmondeley, Mrs, v. 328(?); D, v. 325, 458; HW, v. 328

*1* Béthune, Comtesse de, wife of *7*, sister of *3*.

*See* Crozat de Thiers, Antoinette-Louise-Marie

*2, 3* Béthune, Marquises de, wives of *5*. *See* Boullongne, Marie-Edmée de (1725–53); Crozat de Thiers, Louise-Marie-Thérèse

*4* Béthune, Armand-Joseph de (1738–1800), Duc de Charost; grandson of *10*:

attends session of parliament of Paris, vi. 172

*5* Béthune, Armand-Louis (1711–90), Marquis de, brother-in-law and cousin of *7*:

daughter of, iii. 147

HW to buy armour from wife of, iii. 112

marriages of, iii. 109n, 147

*6* Béthune, Catherine-Pauline de (b. 1752), dau. of *5*, m. (1770) Louis-Jean-Baptiste-Antonin Colbert, Marquis de Seignelay:

sister of, iii. 147

*7* Béthune, Joachim-Casimir-Léon (1724–69), Comte de:

social relations of, with Duchesse de Choiseul, v. 297

*8* Béthune, Louis-Joseph de (1681–1709), Marquis de Charost; brother of *10*:

estate of widow of, settled, vi. 37

*9* Béthune, Maximilien de (1559–1641), Baron de Rosny; Duc de Sully; minister of Henri IV:

D has print of, ii. 254

D sends china group of Henri IV and, to HW, ii. 302, 304–5, 307, 311–2, 312, 315, 316, 323, 331, 336, 338, 385

HW contrasts Colbert and, iii. 407

*Mémoires*, reread by D, iii. 146, iv. 189

Turgot compared to, iv. 95

*10* Béthune, Paul-François de (1682–1759), Duc de Charost; g.-g.-grandnephew of *9*:

anecdote of losses of, iv. 73

D cites, v. 159

Béthune:

visitors to: Craufurd, iii. 294; HW, v. 315, 343

wretched inn at, v. 343

*11* Béthune-Chabris, Armande-Jeanne-Claude de (b. 1753), dau. of *5*, m. (1772) Félicité-Jean-Louis-Étienne, Comte de Durfort:

relatives of, iii. 147

rumour of proposed marriage of, iii. 147

Bétizy, Rue:

Louis XVI assigned to, in joke, vi. 181

Betz. *See* Lallemant de Betz

*1* Beuvron, Marquis de. *See* Harcourt, Anne-François d'

*2* Beuvron, Marquise de, wife of *1*. *See* Rouillé, Marie-Catherine

*3* Beuvron, M. de, son of *1*. *See* Harcourt de Beuvron, Marie-François d'

*Béverlei, tragédie bourgeoise imitée de l'anglais. See under* Saurin, Bernard-Joseph

Bèze, —— de:

attends session of parliament of Paris, vi. 171

*1* Bezons, Marquis de. *See* Bazin, Jacques-Gabriel

*2* Bezons, Marquise de, wife of *1*. *See* Briqueville, Anne-Marie de

Bezval. *See* Besenval

Bible:

D cites, i. 88, 128, 332, ii. 36, 112, 274, iii. 89, iv. 347

D quotes, ii. 124, iii. 223, v. 207, 214

D recommends, to HW, iv. 447

D to read, iv. 116

furnishes texts for every sect, i. 155

Voltaire may be trying to show likeness between fable and, iii. 411

*Bibliothèque de Cour:*

D owns, vi. 35

*Bibliothèque des romans. See Bibliothèque universelle des romans*

Bibliothèque du Roi:

Barthélemy curator of medals in, iii. 108

—— secures MS from, to copy miniature for HW, v. 199

books from SH Press given to, i. 72, 260n, 262–3, 263, 268, 297

Duclos leaves vacancy in, iii. 209

HW and Mariette visit, v. 311

HW and Selwyn visit, v. 323

prints and medals in, v. 358

Saint-Simon's *Mémoires* may be at, iii. 88

*Bibliothèques françaises de La Croix du Maine et Du Verdier, Les. See under* Grudé de la Croix du Maine, François

*Bibliothèque universelle des romans:*

D advises HW to subscribe to, iv. 308, 316

D no longer subscribes to, iv. 396, 400

D reads, v. 107

D's opinion of, iv. 396, 400, 471, v. 111, 180

HW's set of, v. 10, 229

HW to have numbers of, iv. 399–400, 401, 408, 409, 410–1, 415, 436, 439, 453, 454, 456, 471, 473, 476, 481, 494, 496, v. 5, 8, 10, 14, 16, 18, 38, 43, 58, 60, 63, 67, 69, 70, 75, 82, 91, 97, 108–9, 121, 126, 128, 151, 171, 180, 183, 196, 203, 213, 227–31, 250, 253, 451

Tressan continues, v. 121, 126

Bidault, Jean-Baptiste (d. 1788), lawyer:

(?) judgment on, in Goëzmann case, iv. 23

Bienassise, Antoine-Charles-Jacomel de (1712–99), commandant at Calais, 1773:

house of Lady Fenouilhet desired for, iii. **366**, 372, 373, 398

Bièvre, Marquis de. *See* Mareschal de Bièvre, Georges-François

*1* Bignon, Armand-Jérôme (1711–72), King's librarian:

leaves vacancy in Académie française, iii. 234

*2* Bignon, Jean-Paul (1662–1743), abbé; uncle of *1:*

*Aventures d'Abdalla, Les,* D owns, vi. 33

Billard du Monceau, ——, caissier des fermes des postes:

bankruptcy of, ii. 356, iii. 190–1

execution of sentence on, iii. 190

Grisel's connection with, ii. 402

Jesuits expected to protect, iii. 190

Billarderie. *See* La Billarderie

Billiards:

played, iv. 161

Poix, Princesse de, plays, iii. 186

Binet, Gérard (ca 1711–80), Baron de Marchais: at Versailles, iv. 49, 56

death of, v. 456

Louis XV's valet de chambre, iv. 49

Louis XVI attended by, iv. 299

marriage of, iv. 43n

*1* Bingham, Lady, wife of *2. See* Smith, Margaret

*2* Bingham, Sir Charles (1735–99), 7th Bt; cr. (1766) Bn and (1795) E. of Lucan:

Beauclerk gives commissions to, iv. 373

D given concerts by, iv. 356–7, 363, 366

D receives letter by, v. 423

D sends letter by, v. 157, 159

D's opinion of, iv. 330, 356, 358, 363, 371

D sorry, is not to come to Paris, v. 32

D's relations with, iv. 366, 371, 373, 375

HW's affairs interest, iv. 373

HW to talk with, iv. 373

Italy to be visited by, iv. 373

leaves Paris, v. 423

Paris may be visited by, v. 13, 28

—— not to be visited by, v. 71

—— visited by, v. 157

races attended by, iv. 366

social relations of, with: D, iv. 335; Fitzgerald, Lord Charles, iv. 330; (?) Fitzgerald, Lady Charlotte, iv. 330; Leinster, Ds of, iv. 330; Mirepoix, Mme de, iv. 371; Ogilvie, iv. 330; Richmond, iv. 330

to leave Paris, iv. 371, 372, v. 157, 159

to return to Paris, iv. 373

*3* Bingham, Hon. Lavinia (1762–1831), dau. of *2,* m. (1781) George John Spencer, styled Vct Althorpe, 2d E. Spencer, 1783:

(?) Marie-Antoinette chooses miniature of, iv. 349

(?) sings for D, iv. 357, 363, 366

*4* Bingham, Hon. Margaret (d. 1839), dau. of *2,* m. (1784) Thomas Lindsay:

(?) sings for D, iv. 357, 363, 366

*5* Bingham, Hon. Richard (1764–1839), son of *2,* styled (1795) Lord Bingham; 2d E. of Lucan, 1799:

Marie-Antoinette chooses miniature of, iv. 349

Biord, Jean-Pierre (d. 1785), Bishop of Annecy (Geneva), 1764:

Voltaire thought by D to be excommunicated by, v. 46

Birch, Dr Thomas (1705–66):

death of, v. 397

Birds:

cardinal, Duchesse de la Vallière's, iii. 245

HW prefers, to men, iii. 346

HW's, i. 76, 80, 105, ii. 77

sent by HW to Duchesse de la Vallière: acquisition of, iii. 123, 125, 126, 128, 134, 141, 151–2, 155–6, 156, 159, 160, 171, 211, 215, 220, 224; admired, iii. 230, 234, 236; arrival of, iii. 229–30; death of, iii. 342, 346; mocking bird no longer sings, iii. 245

transportation of, iii. 129, 134

*See also:* Canary; Cockatoo; Luri; Macaws; Nightingales; Paroquets; Parrots; Sparrows

Biribi:

played, iv. 388, v. 302

Birmingham, Warwick:

wishes war with colonies because of arms trade, iv. 146

*1* Biron, Comte de, nephew of *3*. *See* Gontaut, Armand-Louis de

*2* Biron, Comtesse de, wife of *1*. *See* Boufflers, Amélie de

*1, 3* Biron, Duc de. *See* Gontaut, Armand-Louis de (1747–93); Gontaut, Louis-Antoine de (1700–88)

*2, 4* Biron, Duchesse de. *See* Boufflers, Amélie de (1751–94); La Rochefoucauld de Roye, Pauline-Françoise de (1723–94)

*3* Biron, Maréchal de. *See* Gontaut, Louis-Antoine de

*4* Biron, Maréchale de, wife of *3*. *See* La Rochefoucauld de Roye, Pauline-Françoise de

*5* Biron, Ernst Johann (1690–1772), D. of Courland:

son of, in Bastille, ii. 7

*6* Biron, Karl Ernst (1728–1801), son of *5:*

in Bastille, ii. **7**

Biscay, Bay of (Gulf of Gascony):

British army withdraws from, v. 158

Orvilliers nears, v. 158

Biscuits:

D eats, v. 243

Selwyn sups on, iv. 132

Bishop, ——, actor; dancer:

arrives in Paris, iv. 55

D aids, at HW's request, iv. 28–9, 31n, 45, 46, 51, 55, 77, 160

Pont-de-Veyle aids, iv. 29, 31, 46, 51, 55

social relations of, with HW, v. 344

success of, iv. 160

Bisson, ——, draper:

D's receipt from, vi. 41

Bissy, Comte de. *See* Thiard, Claude de (1721–1810)

Blackburne, Lancelot (1658–1743), Archbishop of York:

buccaneer in West Indies, v. 368

sailors hear sermon by, v. 369

Black Prince. *See* Edward (1330–76)

Blagnac. *See* Blaignac

Blaignac, Comte de. *See* Durfort, François-Aimery de

Blanc, Le. *See* Le Blanc

Blanchefort de Créqui, François de (ca 1624–87), Maréchal de France:

tomb of, v. 281

Blanckart, Marie-Antoinette-Charlotte de (ca 1732–ca 1790), m. (1774) Louis-Nicolas-Victor de Félix, Comte du Muy, later Maréchal de France:

D's account of, iv. 96

finances of, iv. 218

marriage of, iv. **96**

pensions of, iv. 218

Blancmesnil. *See* Lamoignon de Blancmesnil

Blandford, Marchioness of. *See* Jong, Maria Catherina de

*1* Blaquiere, Lady, wife of *2*. *See* Dobson, Eleanor

*2* Blaquiere, John (1732–1812), colonel; cr. (1784) Bt, and (1800) Bn de Blaquiere of Ardkill; secretary of British embassy in Paris:

courier of, reports on HW's birds, iii. 229

D compares Stanley with, iii. 137

D hears of Hon. T. Walpole from, iii. 109

D may send letter by, iii. 110

D sees no other Englishman than, iii. 153

D sends letter by, v. 40

D's opinion of, iii. 137, 189, 212, v. 16

duel of, iii. 334

*Gazette* article on Cts Waldegrave discussed by, iii. 92–3

Guines's affairs discussed by, v. 341

HW mentions, iii. 324

HW to receive parcel by, iii. 264, 266

social relations of, with: Aiguillon, iii. 92; Brancas, Marquis and Marquise de, v. 342; D, iii. **91**, 92, 95, 98, 101, iv. **496**, v. 16, 26; Fox, Lady Mary, iii. 98; HW, v. 341

son born to, v. 16

*1* Blaquiere, Mrs John, wife of *2*. *See* Dobson, Eleanor

*3* Blaquiere, William (1778–1851), 3d Bn de Blaquiere of Ardkill, 1844; son of *2:*

birth of, v. **16**

*1* Blaquiere of Ardkill, Bns de, wife of *2*. *See* Dobson, Eleanor

Blaru, Marquis de. *See* Tilly, François-Bonaventure de

Blassac, Comtesse de. *See* Chauvelin, Louise-Philippe de

Blaye, government of:

Saint-Germain declines to ask for, iv. 251

vacant through Lorges's death, iv. 251

Bleeding:

i. 10, ii. 369, 374, 381, iv. 180

D made more ill by, iv. 105

during confinement, v. 95

following concussion, ii. 248

for: bump on the head, i. 56; cold, iii. 179, v. 15; fever, i. 10, 371, 372, ii. 206, 369, 374, iv. 100, 472–3; gout, i. 125, iv. 134, 232, 233; hemorrhage, i. 372; throat trouble, i. 99

from the foot, i. 330, ii. 50, v. 95

7 times in 6 days, v. 101

Bletterie. *See* La Bletterie

*1* Bloemaert, Abraham (1564–1651), painter:

Poelenburg's first master, v. 355

*2* Bloemaert, Cornelius (1603–80), engraver; son of *1:*

father of, v. 355

Blois, Bishop of. *See* Lauzières de Thémines, Alexandre

Blois:

D stays in Bishop's palace at, iii. 240

D to stay at, iii. 251

Blome, Mme de:
  social relations of, with D, v. 431
Blome, Otto (1735–1803), Baron von:
  social relations of, with D, v. 429, 430
Blondel, ——:
  attends session of parliament of Paris, vi. 173
Blondel, Louis-Augustin (1696—living, 1760),
  minister to Austria 1749–51:
  (?) Joseph II uses, as pretext to see Turgot,
    iv. **443**
  (?) social relations of, with: Damas d'Antigny,
    Marquise de, v. 338; Villegagnon, Marquise
    de, v. 352
Blondel, Mme (?Louis-Augustin). *See* Batailhe
  de Francès, ——
Blondel de Gagny, Augustin (1695–1776):
  sale of effects of, iv. **377**
Blondot, Catherine-Thérèse-Élisabeth-Améline
  (1690–1753), m. (1704) Séraphin Rioult de
  Douilly, Marquis de Curzay:
  D's account of, iv. 423–4
Blosius, C. (d. 132 B.C.), of Cumes:
  D cites, i. 85
Blosset, Paul, Marquis de, diplomatist:
  made ambassador to Portugal, iv. 90
  minister to Denmark, iv. 90
  social relations of, with: Bentheim, Gräfin
    von, v. 282; Boufflers, Comtesse de, v. 299
*1* Blot, Baron de. *See* Chauvigny, Gilbert de
*2* Blot, Baronne de, wife of *1*. *See* Charpentier
  d'Ennery, Marie-Cécile-Pauline
Blount, Mary (ca 1702–73), m. (1727) Edward
  Howard, 14th D. of Norfolk:
  death of, iii. **361**
Blues:
  Conway succeeds Granby in command of, ii.
    478
Boccage. *See* Fiquet du Boccage
Bochart, Jean-Baptiste-Gaspard:
  attends session of parliament of Paris, vi. 171,
    172
Boétie. *See* La Boétie
Boileau-Despréaux, Nicolas (1636–1711), poet:
  alluded to, ii. 290
  *Art poétique, L'*, D quotes, ii. 228
  *Épître au Marquis de Seignelay*, D quotes, iv.
    285
  *Épître au Roi*, D quotes, iv. 292
  *Épîtres*, D cites, i. 403
  *Œuvres*, D owns, vi. 32
Bois de la Motte, Du. *See* Du Bois de la Motte
Boisgelin, Comte de. *See* Boisgelin de Cucé,
  Louis-Bruno de
*1* Boisgelin, Comtesse de, wife of *4*. *See* Bouf-
  flers, Louise-Julie de
*2* Boisgelin, Jean-Baptiste, Vicomte de, cousin
  of *4*:
  (?) gambling losses of, ii. **54**
*3* Boisgelin de Cucé, Jean-de-Dieu-Raymond de
  (1732–1804), Bishop of Lavaur 1765–70; Archbishop of Aix 1770–90; brother of *4*:
  Académie elects, iv. 260
  Châtillon visited by, v. 331

D receives copy of diocesan charge of, v. 436,
  437, 438
D's opinion of, i. 68
Marie-Josèphe's funeral oration by, v. 318
  praised, i. 76
social relations of, with: D, i. 86, 368, 374, iii.
  92, 105, iv. 71, v. 310; Geoffrin, Mme, v. 282,
  308; Rochefort, Comtesse de, v. 310
Stanislas I's funeral oration by, i. 68, 69, 71,
  74, 76, 86, 93
*4* Boisgelin de Cucé, Louis-Bruno de (1733–94),
  later called Comte de Boisgelin; (?) 'Marquis
  de Cucé':
  Boisgelin, Comtesse de, income of, limited by,
    iii. 150
  D makes inquiry of, ii. **5**
  D sends books by, ii. 37
  D talks about HW and Craufurd with, ii.
    88–9
  England visited by, ii. 54
  HW admired by, ii. 89
  made member of Ordre du Saint-Esprit, v. 14
  marriage of, ii. 316n
  master of the wardrobe, v. 14
  social relations of, with: (?) Boufflers, Com-
    tesse de, v. 307; Broglie, Comte de, ii. 88–9;
    (?) Geoffrin, Mme, v. 302, 308
Boislecomte. *See* Martin de Boislecomte
Boismont, Nicolas-Thyrel de (1715–86), abbé:
  funeral oration of, on Louis XV, iv. 80, 81, 83
  social relations of, with M. and Mme Necker,
    iv. 442
Bois Prévu, Prie's villa near Rueil:
  Prie entertains at, v. 293
Boisset de Randon. *See* Randon de Boisset
Boissière. *See also* La Boissière
Boissière, Mme Jean. *See* Poupardin d'Amanzy,
  Marie-Louise-Anne-Constance
Boissy, Louis de (1694–1758):
  *Babillard, Le*, silly, v. 265
  *Homme de jour, L'* (*Les Dehors trompeurs*),
    liked by HW, iv. 44
*1* Bolingbroke, Vct, husband of *2*, uncle-in-law
  of *3*. *See* St John, Henry (1678–1751)
*2, 3* Bolingbroke, Vcts. *See* Des Champs de Mar-
  cilly, Marie-Claire (1675–1750); Spencer, Lady
  Diana (1734–1808)
Bombelles, Comtesse de. *See* Gaudion de la
  Mannerie, Marie-Jeanne-Armande
*1* Bonac, Abbé de. *See* Usson de Bonac, Jean-
  Louis d'
*2* Bonac, Marquis de, brother of *1*. *See* Usson,
  François-Armand d'
Boncerf, Pierre-François (ca 1745–94):
  *Inconvénients des droits féodaux, Les*, Vol-
    taire's letter about censorship of, iv. 287, vi.
    197–8
Bonesana, Cesare (1738–94), Marchese di Bec-
  caria:
  *Trattato dei diletti e delle pene*, i. **173**
Bonfoy, Nicholas (d. 1775), sergeant-at-arms to
  House of Commons:
  death of, v. 398

Bonnaire, ——, maître des requêtes:
attends session of parliament of Paris, vi. 171
Bonnay, Charles-François (1750–1825), Marquis de:
D relies on, iii. 147
D's correspondence with, vi. 185
HW's purchase of armour aided by, iii. 119, 121, 147, vi. 185
Thiers sale investigated by D and, iii. 147–8, 154
Bonnet de Martanges, —— (1722–1806), maréchal de camp:
made secretary of Swiss Guards, iii. 173
Bonnier de la Mosson, Anne-Josèphe (d. ca 1787), m. (1734) Michel-Ferdinand d'Albert d'Ailly, Duc de Chaulnes:
social relations of, with Comtesse de Rochefort, v. 270
*1* Bonnières, Adrien-Louis de (1735–1806), Comte and (1776) Duc de Guines; French ambassador to England, 1770:
ambassadorship of: ii. 416, iii. 111, 121, 134, 139, 143, 146, 151, 169, 215, 365, 388, 434, iv. 7, 11, 68, 89, 192, 196; ended, iv. 263, 264, 290
ball given by, iii. 348
Blaquiere gives bad account of affairs of, v. 341
Boyer steward of, ii. 461
carriage of, broken, iv. 274
Choiseul, Duchesse de, would be eagerly served by, iii. 23
contraband not desired by, ii. 439
courier of, iii. 11, v. 392
Craven, Bns, affair of, with, iii. 358, 360, 365
D interested in arrival of, in London, iv. 198, 199
D may send packages by, iii. 320, 419, iv. 11
D mentions, iv. 66
D sends letter by, iii. 3
D sends pamphlets by, iv. 198–9
D sent copy of Louis XVI's letter to, iv. 313–4
D's money may be sent by, iv. 196
D's opinion of, ii. 483, iv. 129, 160, 172, 177, 179, 265, 283, 290
D suggests that HW send packages through, iii. 20, 23
daughter of: dowered by Louis XVI, v. 53; marries, v. 53, 62
enemies of, iv. 271
England assured by, that French fleet will not attack Russia, iii. 348
—— liked by, ii. 492
English ways not well known to, iv. 11
flautist, iv. 363, 405–6
Gourgue, Présidente de, friend of, iii. 369
HW does not mention, iii. 215
HW mentions, iii. 75
HW sends compliments to, iv. 430
HW sends letter by courier of, v. 392
HW's furniture and tapestries sent with baggage of, ii. 424, 425, 428, 430, 435, 439, 457, 461, 472, 481

HW's furniture may be sent by, iii. 139, 143, 146, 148
HW's opinion of, ii. 492, iii. 348
HW to receive commission through, iii. 162, 164, 173
Le Texier's reception by, disapproved of, iv. 254
Louis XV favours, iii. 93
Louis XVI dowers daughter of, v. 53
—— gives title of Duc to, iv. 311, 313–4, 315
—— said not to favour, iv. 265
—— sees, iv. 277, 290
—— slow to give audience to, iv. 284, 290
Malesherbes speaks against, to Marie-Antoinette, iv. 299, 321
Marie-Antoinette accompanied by, in quarantine, v. 129
—— protects, iv. 299
*Mémoire pour le comte de Guines . . .*, HW must read, iv. 158
Mirepoix, Mme de, might be aided by, iii. 434
Necker pleased by news of, vi. 214
not protected by ministry, iv. 178
Paris to be visited by, iv. 263, 270–1, 272
—— visited by, iv. 274, 276–7
recall of, from England: iv. 263, 264, 290; rumoured, iii. 50
regulations sent to, iv. 251
*Réplique pour le comte de Guines . . .*: D awaits, iv. 166, 168; D receives, iv. 171–2; D sends, to HW, iv. 166, 172, 172–3, 175
royalist in American affairs, iv. 386
social relations of, with: Brancas, Marquis de, v. 296; Broglie, Comte de, v. 305; Choiseul, v. 446; Choiseul, Duchesse de, ii. 483, v. 446; D, iii. 113, 419, iv. 54, 68, 78, 110, 115, 172, 178, 179, 302–4, 386, v. 430, 457; Luxembourg, Mme de, iv. 404, v. 290, 306, 308; Provence, iv. 365
style of, admired by D, iv. 178
to be ambassador, ii. **416**
to leave Paris, ii. 424, 481, iii. 3
to play flute for D, iv. 363
to return to London, iii. 134, 159, 161, 163, 172
Tort de la Sonde suit of: iv. 24, 39, 129, 158, 160, 166–7, 168, 171–3, 175, 176–9, 181, 183, 185–7, 192, 195, 196, 198–9; judgment in, iv. 196, 200; judgment in appeal of, iv. 421, 422, vi. 200
Tort's *Premier mémoire* against, iv. 160, 175
——'s second mémoire about: D awaits, iv. 168, 173, 179; D's opinion of, iv. 181
Versailles visited by, iv. 274, 277, 283, 284, 290
verses for, at Mme de Luxembourg's supper, iv. 405–6
verses on, iii. 365, vi. 193
*2* Bonnières de Souastre, Marie-Louise-Philippine de (d. 1796), dau. of *1*, m. (1778) Armand-Charles-Augustin de la Croix de Castries, Comte de Charlus:
Louis XVI dowers, v. 53
marriage of, v. 53, 62

Bonnot de Condillac, Étienne (1715–80), abbé:
Cours d'étude pour l'instruction du Prince de Parme, quip about, iv. 285
Bonrepos, Mme de. See Maupeou, Marie-Catherine-Charlotte de
Bonrepos, seigneur de. See Riquet, Jean-Gabriel-Amable-Alexandre de
Bonus (fl. 1765–80), picture-dealer:
(?) HW to see, vi. 162
Bonvoust de Prulay, Mlle (d. 1783):
(?) D corresponds with, v. 459
(?) D gives cup to, v. 450
(?) D receives purse from, v. 428, 450
(?) returns to Paris, v. 436
(?) social relations of, with D, v. 425, 426, 428, 429, 444
Bonzi, Pierre de (1631–1703), cardinal; Archbishop of Narbonne:
Pennautier 'étoile' of, i. 64
Books. See Library; Reading
Booth, Peniston (ca 1681–1765), Dean of Windsor:
death of, v. 396
Boothby-Scrimshire, Anne (ca 1727–1814), m. (1758) Hugo Meynell:
(?) Brussels to be visited by, iv. 460
(?) D has seen little of, iv. 460
(?) HW sends fan to D by, iv. **455**
Bootikins (for gout):
D mentions, ii. 151, iii. 286
D thinks, may cause weakness, iv. 203
for Colmant: iv. 409; cancelled, iv. 415, 418
for Orléans, iv. 61–6, 68, 69, 133
HW sends, to Hénault, i. 236, 237, 277
HW uses, ii. 462, iv. 7, 124, 131, 133, 137, 196–7, 203
Borda, Jean-Charles (1733–99), mathematician:
social relations of, with Mme Geoffrin, v. 294
Bordat. See Borda
Borde. See also La Borde
Borde, Charles (1711–81), author:
Docteur Pansophe, Le, i. 178–9, 190
Prédiction tirée d'un ancien manuscrit sur 'La Nouvelle Héloïse,' roman de J.-J. Rousseau, i. 93, 110
Secondat friend of, i. 110
Bordeaux:
Baccalan from, v. 278
Borde from, i. 110
Clugny intendant of, iv. 300
'dame de,' transferred by D to Comtesse du Barry, ii. 218
Gloucesters may visit, v. 28–9
HW plays upon name of, ii. 194, 203, 205, iv. 5
Histoire de la ville de, see under Agneaux, Charles-Jean-Baptiste d'
La Fayette sails from, iv. 427
Mouchy commands at, v. 179
parliament of, reformed, iii. 105–6
Shelburne to visit, iv. 352, 354, 355
Townshend to visit, iv. 352, 354, 355

visitors to: Aiguillon, v. 366; Duras, Marquise de, v. 428; Noailles, Vicomtesse de, v. 428; Poix, Princesse de, v. 428; York, v. 365
'Bordel':
HW's play on Bordeaux and, ii. 194, 203, 205, iv. 5
Bordeu, Théophile (1722–76), physician:
Lespinasse, Mlle de, attended by, iv. 296
Louis XV attended by, iv. 47
Bordier, Jacques (1616–84), artist:
Petitot's medallions completed by, v. 325
Boredom:
D's reflections on, i. 288, 293, 302, ii. 324, 429, 450, 471, 496, iii. 60, 67, 189, 318, 325, 415, 432, iv. 197, 285, 477, v. 180, 216
HW on, iv. 477
Maintenon, Marquise de, on, ii. 237
1 Boreel, Anna Maria (1739–81), dau. of 2, m. (1764) François Fagel:
(?) social relations of, with Comtesse d'Usson, v. 329
2 Boreel, Jacob (1711–78), Dutch ambassador to England:
(?) social relations of, with Comtesse d'Usson, v. 329
Borgia, Roderigo. See Alexander VI
Borry, Jacques:
(?) attends session of parliament of Paris, vi. 171
Bosc du Bouchet, Jeanne-Grâce (1703–74), m. Charles-Augustin Ferriol, Comte d'Argental:
D's opinion of, iv. 116, 120
death of, iv. **116**
Pont-de-Veyle's death desired by, iv. 116, 120
Bosselman de Bellemont, ——:
Maintenoniana, iv. 50, 103, 110–1
Bossuet, Jacques-Bénigne (1627–1704), Bishop of Meaux:
Académie hears eulogies of, iv. 189
Burigny's life of, v. 277
D's opinion of, iv. 435
HW on, iii. 12
Bossut, Charles (1730–1814), abbé:
office to be given to, iv. 155
Boswell, James (1740–95), biographer:
Account of Corsica, An ('histoire de Paoli'):
Choiseul has translation made of, ii. 113, 124, 126; D asks for, ii. 60; D enthusiastic over, ii. 109; D thanks HW for, ii. 82, 109; Wiart translates, ii. 82, 87, 92, 106, 109, 113, 124–5, 126
HW mentions, iv. 297
social relations of, with HW, v. 296
Botherel de Bédée, Françoise-Jacquette-Charlotte-Antoinette (d. 1788):
D's opinion of, ii. 299
Rueil visited by, ii. 443
social relations of, with: Aiguillon, Duchesse d', v. 334; D, ii. 299, iii. 183, v. 340
Botteville. See Buisson, Pierre de
Boucault, Mme. See Moreton de Chabrillan, Jeanne-Marie-Thérèse-Tècle de

*1* Bouchard d'Esparbez de Lussan, François-
Pierre-Charles (b. 1714), Marquis de Jonzac;
Hénault's nephew:
D's opinion of, ii. 131, 486, iii. 56, iv. 7–8, 34
D told by, about Hénault's will, ii. 486
extravagant, iii. 61
Jonzac, Marquise de, relations of, with, ii.
486, iii. 56, 61
—— to accompany, to Jonzac, iii. 56, 61
marriage of, i. 3n
settles on Hénault, ii. 131
social relations of, with: D, ii. 137, iii. 101, v.
331; Hénault, v. 293, 300, 332–3
takes wife out, ii. 131
*2* Bouchard d'Esparbez de Lussan, Henri-Joseph
(1714–88), Marquis ('Vicomte') d'Aubeterre;
ambassador from France to Holy See; cousin
and brother-in-law of *1*:
arrival of, awaited, ii. 259
marriage of, i. 11n
recalled from Rome, ii. **244**
social relations of, with: D, v. 326, Geoffrin,
Mme, v. 336; Hénault, v. 325, 332; Maximilian, iv. 156–7
*3* Bouchard d'Esparbez de Lussan, Marie-Françoise (1720–72), wife and cousin of *2*, m.
(1738) Henri-Joseph Bouchard d'Esparbez de
Lussan, Marquis ('Vicomte') d'Aubeterre;
Hénault's niece:
absent from Paris, i. 130
Aix-la-Chapelle visited by, ii. 259
Comédie attended by, ii. 275
court of 'Roi Guillemot' of, i. 11, 14, 130
D asks HW to send message to, i. 190
D's opinion of, ii. 72n
sings, v. 293
social relations of, with: D, ii. 415, iii. 138;
Hénault, i. 11, 155, v. 273, 284, 293, 296–7,
300, 301, 303, 308, 310–1, 313–4, 316–7, 321,
323–4, 330, 332; Walpole, Hon. Robert, ii.
256, v. 332
to return from Rome, ii. 244, 259
Bouchard d'Esparbez de Lussan, Marie-Louise-
Françoise (d. 1804), m. (1780) Denis-Gabriel-
Adhémar, Vicomte de Polastron:
marriage of, v. 453
Bouchardon, Edmé (1698–1762), artist:
drawings by, of *Cries of Paris*, at Caylus sale,
v. 275
Bouche, La:
edict for reform of, v. 460
Boucher, François (1703–70), painter:
collection of, seen by: Carburi, v. 304; Geoffrin, Mme, v. 304; HW, v. 304
social relations of, with Mme Geoffrin, v. 283
Boucher, Jacques (d. before 1787):
(?) attends session of parliament of Paris, vi.
171, 172
Bouchet, Du. *See* Du Bouchet
Boudot, (?) Étienne-Edmé, procureur at the
Châtelet; councillor to the Comte de Provence:

Valentinois, Comtesse de, leaves annuity to,
iv. **72**
Boudot, Pierre-Jean (1689–1771), abbé; librarian:
Bourbonne visited by, vi. 178
Hénault friend of, vi. 178
Jonzac, Marquise de, friend of, vi. 178
L'Isle to pay respects to, vi. 178
negligent about HW's gift of books, i. **262**,
263
social relations of, with Hénault, v. 323
Boudret, Mme. *See* Radix de Sainte-Foix, Marie-Geneviève
*1, 2* Boufflers, Comtesses de, mother and wife of
*9*. *See* Camps de Saujon, Marie-Charlotte-
Hippolyte de (1725–1800); Puchot des Alleurs,
Amélie-Constance (ca 1750–1825)
*3, 4* Boufflers, Duchesses de, wife and mother of
*7*. *See* Montmorency, Marie-Anne-Philippine-
Thérèse de (d. 1797); Neufville, Madeleine-
Angélique de (1707–87)
*5* Boufflers, Marquise de. *See* Beauvau-Craon,
Marie-Françoise-Catherine de
*6* Boufflers, Amélie de (1751–94), dau. of *7*, m.
(1766) Armand-Louis de Gontaut, Comte
(later Duc) de Biron, Duc de Lauzun; one of
'les Luxembourg':
*Amant bourru, L'*, attended by, iv. 469
Artois's marriage to be attended by, iii. 412
Auteuil visited by, iv. 67, 72, 75, 81, v. 162,
347
Boufflers, Chevalier de, compliments, iv. 249
—— verses of, sung by, v. 200, 221
Boufflers, Comtesse de, friendly with, i. 241
—— visited by, iv. 67, 72, 75, 81, v. 162
Brest visited by, v. 182, 433
Choiseul, Duc and Duchesse de, visited by, iii.
7, 231, 238, 243, 426–7, iv. 441
D mentions, ii. 106
D plays games with, v. 435
D's opinion of, i. 241, v. 33, 183, 200
D's relations with, v. 102
does not dance at ball in honour of Dauphin's
marriage, ii. 411
family of, vi. 83n
father-in-law of, iv. 406
finances of, v. 5–6
(?) HW mentions, i. 342
HW's *Gramont* given to, iii. 305, 308
Haussonville, Comtesse d', not particularly
fond of, v. 107
health of, iv. 67, 72, 75, 81, v. 428
house of, v. 6
inoculation of, iv. 67, 72, 75, 81
Isle-Adam visited by, iii. 403, iv. 324
La Harpe's play at Gonesse seen by, ii. 445
La Tuilerie visited by, v. 345
Luxembourg, Mme de, aids, v. 6, 33
—— attended by, in illness, v. 206
—— correspondence of, with, v. 183
—— relations of, with, v. 33
—— shelters, iii. 394, v. 33

[6 Boufflers, Amélie de, *continued*]
marriage of, v. 299, 300
Montesson, Marquise de, visited by, iv. 329
Poix, Princesse de, joined by, iv. 214
Saint-Amand-les-Eaux visited by, iv. 214
Saint-Cloud to be visited by, iv. 441
Sainte-Assise visited by, iv. 329
social relations of, with: Beauvau, Chevalier de, ii. 328; Boisgelin, Comtesse de, ii. 328; Boufflers, Chevalier de, ii. 328; Boufflers, Comtesse de, ii. 130, iv. 277, v. 301, 304, 307, 309, 347, 351; Boufflers, Marquise de, ii. 328; Broglie, Comte de, v. 305; Bussy, Marquise de, v. 320; Cambis, Vicomtesse de, ii. 328; Choiseul, v. 319; Choiseul, Duchesse de, i. 241, 319, iii. 7, v. 319; Conti, ii. 130; D, i. 24, 58–9, 100n, 210, 374, ii. 361, iii. 69, 91, 145, 305, 320, 368, iv. 115, 191, 220, 232, 267, 303, 304, 308, 310, 319, v. 102, 107, 162, 206, 223, 287, 291, 303, 316, 318, 320, 324, 330, 339, 340, 343, 351–3, 429, 430, 444, 460–1; Fox, ii. 328; Gramont, Duchesse de, iii. 368; HW, v. 300, 320; Harcourt, ii. 241; Hénault, i. 346, 369, v. 303; Hénin, Princesse d', ii. 328; La Marche, Comtesse de, ii. 12; La Reynière, M. and Mme de, v. 345; Luxembourg, Mme de, ii. 84, v. 284, 286, 290, 295, 303–4, 306, 308, 352; Marchais, Baronne de, v. 348; Mirepoix, Mme de, ii. 241, iii. 27, v. 341; Necker, M. and Mme, iv. 381, v. 346; Poix, Princesse de, ii. 328; Rochfords, ii. 15; Souza, v. 318; Stavordale, ii. 328
to return to Paris, v. 183
7 Boufflers, Charles-Joseph (d. 1751), Duc de:
Genoa scene of death of, vi. 83n
Luxembourg, Mme de, mother of, vi. 83n
marriage of, i. 58n
8 Boufflers, Charles-Marc-Jean (1736–74), Marquis de, son of 5:
Choiseul, Duc and Duchesse de, may be visited in exile by, iii. 30
death of, at Chanteloup, iv. 92, 94, 97
social relations of, with: Beauvau, Princesse de, ii. 196; Choiseul, Duchesse de, ii. 456; D, v. 338
9 Boufflers, Louis-Édouard (1746–94), Comte de:
Mann kind to, in Florence, i. 172
marriage of, ii. 58–9, 168, 171
Rueil visited by, ii. 130
(?) social relations of, with Duc and Duchesse de Choiseul, v. 331
travels of, ii. 58
10 Boufflers, Louise-Julie de (1741–94), dau. of 5, m. (1760) Louis-Bruno de Boisgelin de Cucé, Comte de Boisgelin; one of the 'oiseaux de Steinkerque'; (?) 'Mme de Cucé':
anecdote by, of lady at Bellevue, v. 121
apartment of, with Mme de Mirepoix, iv. 349, v. 11, 24
Bauffremont friend of, iii. 86
—— to be visited by, iv. 281
Beaumont owes money to, ii. 368
(?) Boufflers, Chevalier de, letters of, brought to D by, ii. 305

Caraman, Comte and Comtesse de, visited by, iv. 86
Chaillot visited by, iv. 357
Cholmondeley, Mrs, cordially treated by, ii. 477
—— escorted home by, ii. 327
—— in danger from, ii. 326, 327
—— owed money by, ii. 360, 366, 368, 369, 377–8, 423
—— paid debt of, by Marquise de Boufflers, ii. 423
Churchill, Lady Mary, acquainted with, iii. 23
D desires fan for, iii. 157
(?) D mentions, ii. 310, 342
(?) D's opinion of, ii. 286, 322, 326, 381, 461
D's relations with, ii. 324, 327, iii. 152, v. 102
Duras, Marquis de, owes money to, ii. 368
Ferney to be visited by, iv. 281
finances of, ii. 368, iii. 150
Franche-Comté to be visited by, iv. 281
friend of both d'Aiguillon and Choiseul camps, iii. 13
gambles, ii. 316, 317, 367, 461
(?) HW admired by, ii. 287
HW's *Gramont* given to, iii. 305
Lénoncourt, Marquise de, friend and relative of, ii. 338
Lorraine visited by, iii. 23
Monaco friend of, iii. 86, 150, 163, 170
recites for D, iii. 117, iv. 466
Roissy to be visited by, iv. 84, 209, v. 455
—— visited by, iv. 86
Scey-sur-Saône to be visited by, iv. 281
social relations of, with: (?) Beauvau, Princesse de, v. 307; (?) Boufflers, Comtesse de, v. 309; Boufflers, Marquise de, v. 338; (?) Brancas, Marquis de, v. 296, 347; Caraman, iii. 269; Caraman, Comtesse de, iii. 269, v. 455; Cholmondeley, Mrs, ii. 315–6, 317, 367; D, ii. 284, 285, 289, 290, 309, 315, 322, 324, 337(?), 421, 461, iii. 6, 13, 117, 145, 150, 269, 270, 370, iv. 235, 302, 310, 357, 483, v. 102, 121, 223, 303(?), 333, 335, 338, 340, 345, 352, 423, 428, 430–2, 443, 455, 461; Fitzgerald, Lord Charles, iv. 330; (?) Fitzgerald, Lady Charlotte, iv. 330; HW, iii. 83(?), 86(?), v. 340; (?) Hénault, v. 303; (?) Lauzun, Duc and Duchesse de, ii. 328; Leinster, Ds of, iv. 330; Luxembourg, Mme de, ii. 315, 319, v. 308(?); 352; Marchais, Baronne de, iv. 339; Mirepoix, Mme de, iii. 269, iv. 466, v. 307(?), 340; Monaco, v. 334; Montagu, Mrs, iv. 357; Ogilvie, iv. 330; Richmond, iv. 330; Voltaire, iv. 281
Switzerland to be visited by, iv. 281
(?) verses of, on D's tonneau, ii. 289–90
11 Boufflers, Stanislas-Jean de (1737–1815), Chevalier de Boufflers; Marquis de Remiencourt; son of 5:
Antibes visited by, vi. 137
Chanteloup visited by, iii. 238, 245
Choiseul, Duc de, correspondence of, with, ii. 60, vi. 137–8

Choiseul, Duchesse de, may be visited at Chanteloup by, ii. 431

Corsica to be visited by, vi. 137

'Couplets du Vieillard,' vi. 126

D mentions, i. 56, ii. 74

D proposes to take, to Versailles, ii. 362

D's opinion of, i. 13, 77, iii. 410, iv. 237

D to ask, to write verses, iv. 497

'Envoi de Milord Chesterfield à Mme la M. du Deffand,' iv. 462, 465

gambles, ii. 381

Gennevilliers visited by, v. 327

HW admires work of, iv. 137

HW to get a Hogarth for, v. 415

letters of: copied by D, ii. 292, 305; printed, see Boufflers, Stanislas-Jean de, Lettres . . .; read at D's, v. 307; sent to HW by D, iii. 103; shown to D, ii. 289, 292, 305

'Lettre en monosyllabes,' (?) D to send, to HW, iii. 226, 232

Lettres de M. le chevalier de Boufflers pendant son voyage en Suisse à madame sa mère: Aiguillon, Duchesse d', offers, to HW, iii. 108; printed in Voltaire volume, iv. 285

Ligne would like to resemble, i. 333-4

Lorraine to be visited by, vi. 138

Louis XVI refuses to give regiment to, iv. 305

Mirepoix, Mme de, tête-à-tête with, i. 13

'Oculist,' v. 264

Paoli to be visited by, vi. 137

Paris visited by, iii. 206, 226, 410, iv. 213, 237, v. 454

prediction of, concerning writings on religion, ii. 92

regiment given to, iv. 412

social relations of, with: Boufflers, Comtesse de, v. 306-7, 309; Caraman, Comtesse de, v. 439; Choiseul, Duchesse de, ii. 360, v. 328; D, i. 24, 69, ii. 352, 361, iii. 206, 226, iv. 110, v. 326, 345, 449; Forcalquier, Comtesse de, ii. 338; Lauzun, ii. 328; Lauzun, Duchesse de, ii. 328; Luxembourg, Mme de, ii. 361, v. 308; Mirepoix, Mme de, v. 307

style of, compared to Voltaire's by D, ii. 289, 303

talked of, at Gustav III's supper, iii. 40

trained for priesthood, ii. 296

verses of: iii. 353(?), vi. 123; cited by D, i. 117; for Beauvau, ii. 123-4, iii. 354; for D, in name of Chesterfield, iv. 462, 465; for D's Christmas Eve party, iv. 127, 138; gathered by D, i. 69, 71, ii. 281, 283-4; on chestnuts, ii. 370; on embassy from Stanislas I to Ps Christine, i. 40, 53, ii. 277, iii. 40; on Mme de Mirepoix's sending of hair to Nivernais, iv. 418, 419, 426; on pale, ii. 20; on Pigalle's statue of Voltaire, iii. 354; on Voltaire and Tonton, v. 2; sent by D to HW, i. 40, 43, 53, 64, 71-2, 77; sung by Duchesse de Lauzun, v. 200, 221; sung by Vicomtesse de Cambis, v. 96, 97-8; to accompany D's gifts to Mme de Luxembourg, iv. 3-4, 249, 252, 260; to accompany Mme de Luxembourg's gifts to D, iv. 127, 137, v. 2,

97-8, 200, 221; when chided by Stanislas I, ii. 361; written at Saint-Sulpice, ii. 360

verses wrongly ascribed to, ii. 216, 218

with regiment, iv. 213, 462

12 Boufflers, Mme Stanislas-Jean de, wife of 11. See Jean de Manville, Françoise-Éléonore de

Boufflers family:

D entertains, v. 449

Boufflers-Rouverel, Comtesse de. See Camps de Saujon, Marie-Charlotte-Hippolyte de

Bouffons, Les, theatrical troupe:

Barthélemy tells D to visit, vi. 208

Bougainville, Louis-Antoine de (1729-1814), navigator; writer:

(?) HW attends theatre with, v. 303

Bouhours, Dominique (1628-1702), Jesuit:

Manière de bien penser, La, D owns, vi. 33n

1 Bouillon, Chevalier de, grandson of 2, son of 3. See La Tour d'Auvergne, Charles-Godefroy-Louis de

2, 3 Bouillon, Duc de. See La Tour d'Auvergne, Charles-Godefroy de (1706-71); La Tour d'Auvergne, Godefroy-Charles-Henri de (1728-92)

4 Bouillon, Duchesse de, wife of 3. See Lorraine, Louise-Henriette-Gabrielle de

5 Bouillon, Princesse de, sister-in-law of 1. See Hessen-Rheinfels-Rothenburg, Maria Hedwig Eleonore Christine von

Bouillon:

D offers, to invalid, ii. 368, 369

D takes: i. 280, iv. 223, v. 243, 247, 249; at noon, iii. 332, iv. 220, 240, 244; by HW's orders, iv. 219, 221, 224, 240, 242, 244, 270

HW suggests, in place of D's tea, iv. 133

medicine given in, ii. 196

Pomme prescribes, i. 367-8, ii. 127, iii. 183

Bouillon, Hôtel de:

HW visits, v. 317

Bouillon family:

Talmond, Prince de, belongs to, vi. 57

Boula, ——:

attends session of parliament of Paris, vi. 171

Boulainvilliers. See also Bernard de Boulainvilliers

Boulainvilliers, Mlle de:

death of, iv. 323

lodged at convent of Saint-Joseph, iv. 323

Boulainvilliers, Marquis de. See Bernard, Anne-Gabriel-Henri

Boulainvilliers, Henri-Claude de (1753-76), Chevalier:

(?) social relations of, with Marquis de Brancas, v. 347

Boule, André-Charles (1642-1732), carver:

Aumont, Hôtel d', has cabinets by, v. 353

Julienne has cabinets by, v. 286

Presle has carvings by, v. 346

Boulevard:

visitors to: Churchills, v. 334; D, v. 327, 336, 338; HW, v. 314, 316, 317, 327, 334-6, 338; Lennox, Lady George, v. 314; Mirepoix, Mme de, v. 336

Boulevard, new:
HW and D visit, v. 336, 349
Boulingrin, Le. See Le Boulingrin
Boullongne, Bon de (1649–1717), painter:
paintings by, at Invalides, v. 265
*1* Boullongne, Jean-Nicolas de (1726–87), later
Comte de Nogent-sur-Seine:
sister of, iii. 147
social relations of, with Choiseul, iv. 441
spoken of, to succeed Terray, iii. 35
*2* Boullongne, Mme Jean-Nicolas de, wife of *1*.
See Feydeau de Brou, Louise-Julie
*3* Boullongne, Louise-Élisabeth de (1721–67),
sister of *1*, m. (1736) Paul-François Gallucio,
Marquis de l'Hôpital:
death of, i. **354**
social relations of, with Comtesse de la
Marche, v. 301
*4* Boullongne, Marie-Edmée de (1725–53), sister
of *1*, m. (1746) Armand-Louis, Marquis de
Béthune:
relatives of, iii. 147
Boulogne. See also Boullongne
Boulogne, Bois de:
Artois and Bourbon fight in, v. 30
Boulogne-sur-Mer:
American news via, iv. 366
Couty at, iv. 234
goods sent by, iii. 184
HW at, i. 14, v. 258–9, 314, 324, 333, 353
HW's expenses from, to Paris, v. 399
Lion d'Or (inn), v. 258
Boulogne-sur-Seine:
Forcalquier, Comtesse de, entertains at, i. 155,
v. 326, 331
—— to stay at, ii. 267, 270
François I's Madrid castle in, iii. 116, v. 307
Marie-Antoinette attends theatre at, v. 424
Necker, Mme, attends theatre at, v. 424
visitors to: Boucault, (?) Mme, v. 331; D, i.
155, v. 326, 331; Greville, Mrs, i. 155; HW,
v. 326, 331; Irwin, v. 331; La Fare, Comtesse
de, v. 326; Pont-de-Veyle, v. 326; Walpole,
Hon. Robert, v. 326
See also Boulogne, Bois de
Bourbon, Abbé de. See Bourbon, Louis-Aimé de
Bourbon, Duc de. See Bourbon, Louis-Henri de
(1692–1740); Bourbon, Louis-Henri-Joseph
de (1756–1830)
Bourbon, Duchesse de. See Bourbon d'Orléans,
Louise-Marie-Thérèse-Bathilde de
*1* Bourbon, Anne-Geneviève de (1619–79), sister
of *5*, m. (1642) Henri d'Orléans, Duc de
Longueville:
D resembles, ii. **78**
*2* Bourbon, Anne-Louise-Bénédicte de (1676–
1753), granddau. of *5*, m. (1692) Louis-Au-
guste de Bourbon, Duc du Maine:
Biron, Duc de, has hôtel and garden of, v. 263
Clermont's painting of, with court of monkeys, at Sceaux, v. 322, vi. 57, 114
conspiracy of, v. 278, vi. 114

D cites, iv. 228, 401
D quotes, ii. 496, iv. 95
D's 'portrait' of, vi. 56, 113–4
D talks to Mme de Genlis of, vi. 64
death of, vi. 52, 114
HW describes vanity of, vi. 56–7
HW's 'portrait' of, vi. 114
Sandwich, Cts of, disparages, v. 283
Staal, Baronne de, does 'portrait' of, vi. 56,
111–3
tomb of, v. 322
Troy's portrait of, at Sceaux, v. 322
verses composed for, vi. 114
verses of, on Noailles and Law, iv. 432
*3* Bourbon, François-Louis-Antoine de (1722–
95), Comte de Bourbon-Busset:
(?) Choiseul's support lost by, iii. 349
father-in-law of, iii. 349
Forcalquier, Comtesse de, may aid, iii. 349
(?) Gramont, Duchesse de, no longer supports,
iii. 349
grandes entrées granted to, iv. 52
marital relations of, iii. 350
marriage of, iii. 342n, 344–5, 347, 349
social relations of, with Comtesse de Forcalquier, iii. 349
*4* Bourbon, Henri de (1552–88), Prince de
Condé:
(?) Autun escapes attack from, iv. 498
*5* Bourbon, Louis de (1621–86), Prince de
Condé; grandson of *4*:
D cites, iii. 302
D reads war dispatches of, v. 238
pictures of battles of, at Chantilly, v. 260
Ripault Desormeaux's life of, i. 69
Sévigné, Mme de, letter of, about, iii. 423
statue of, at Chantilly, v. 260
*6* Bourbon, Louis de (1703–52), Duc d'Orléans;
son of *22*:
bust of, at Sainte-Geneviève, v. 305
(?) D cites, i. 185
Sainte-Geneviève scene of last years of, v. 305
*7* Bourbon, Louis-Aimé de (1762–87), abbé; son
of Louis XV:
Saint-Germain, Abbey of, may be given to, iv.
**404**, 410
taken away from mother, v. **371**
title of Duc de Vendôme promised to, v. 371
*8* Bourbon, Louis-Alexandre-Joseph-Stanislas de
(1747–68), Prince de Lamballe; son of *16*:
death of, ii. 77
health of, i. **112**, 114, ii. 63
marriage of, i. **225**, 227, 229, 231, 245
*9* Bourbon, Louis-Auguste de (1670–1736), Duc
du Maine; son of Louis XIV:
death of, vi. 52
portrait of, by Troy, at Sceaux, v. 322
tomb of, v. 322
*10* Bourbon, Louis-Auguste de (1700–55),
Prince de Dombes; son of *9* and *2*:
Malézieu secretary of Swiss Guards under, iii.
155

*11* Bourbon, Louis-Charles de (1701-75), Comte d'Eu; son of *9* and *2:*
always hunting, vi. 114
asked to permit drawings of cabinet at Sceaux, i. 363, 367, 373, 375
D permitted by, to show Sceaux to HW, vi. 114
death of, iv. 214
Malézieu secretary of Swiss Guards under, iii. 155
Montglas, Mme de, mistress of, i. 375, iv. 23
Montglas, M. de, secretary of, iv. 23
Montpellier assembly presided over by, iv. 23
*12* Bourbon, Louis-François de (1717-76), Prince de Conti; Grand Prior of Order of Malta; 'l'Altesse Sérénissime'; 'l'Idole'; 'Apollon'; 'le dieu de la Pagode'; son of *28:*
Aligre, Mme d', friend of, i. 395-6
Boufflers, Comtesse de, forgets, v. 218
—— lost attraction for, v. 218
—— mourns, iv. 345, 346, 347
—— provided for by, v. 218
—— relations of, with, i. 15n, 41n, iii. 357, iv. 473
Boufflers-Des Alleurs festivities not attended by, ii. 168
Bourbon visited by, i. 330, 334
Bunbury, Lady Sarah, favoured by, i. 224
Chauvelin's friendship with, iii. 431
Choiseul's reconciliation with, ii. 177, 182, 188(?), 202n, 203
Clermont's executor, iii. 84
climate of, differs from that of Duc and Duchesse de Choiseul, ii. 121
Condé family neglects, in illness, iv. 345
Conti, Princesse de, seeks return of, to Court, iv. 51-2
Cumberland's situation compared to that of, iii. 144
D alludes to years of, ii. 189
D inquires for news of, i. 344
D mentions, i. 229, ii. 139, 159
D occupies theatre box of, i. 236-7, v. 285, 317
D's opinion of, iii. 256
D's relations with, i. 117, 231, 267, ii. 16
D will not give *Cornélie* to, ii. 100
death of, iv. 344-5, 347, 355
exile of, may be ended, iv. 51-2, 67
Fel, Mlle, sings at supper of, v. 302
finances of, ii. 419, iv. 195
Forcalquier, Comtesse de, favoured by, i. 229
gave up house, iv. 355
HW mentions, iv. 64n
HW not disapproved of by, i. 283
HW occupies theatre box of, v. 285, 317
health of, i. 385, ii. 100, 419, iv. 67, 226, 240, 265, 280, 324, 339
Herbert, Lady Mary, protected by, v. 288
Hume's acquaintance with, i. 100
hunts, ii. 179
impoliteness of, at Lamballe wedding, i. 225, 227, 231, 245
inheritance of, iv. 195
Isle-Adam occupied by, i. 127, 285, 292, 303, 338, 389
—— residence of, i. 41n, 56
—— to be occupied by, i. 330, iii. 51
Jéliotte sings at supper of, v. 302
La Borde exhorts, iv. 344-5
La Marche, Comtesse de, at odds with, i. 330, 334
levée of, v. 292, 298
Louis XV's exclusion of Princes from Orléans controversy protested by, vi. 166
Luxembourg, Mme de, attentive to, iv. 339
—— occupies theatre box of, v. 285
Mercœur sold by, ii. 419
Montmorency to be visited by, i. 191, 385, 389
—— visited by, i. 338, ii. 243
mother attended by, in illness, iv. 102, 102-3
Olonne portrait bidden for by, iv. 245
opera by, for Duc de Chartres, ii. 217
Orléans family neglects, in illness, iv. 345
Paris, Archbishop of, visits, on deathbed, iv. 344-5
parliament of Paris attended by, iv. 265, 272, 280
parliament of Paris commissions, to examine edicts, iv. 265
Polish throne sought by, ii. 214, 217
political ambitions of, iii. 296
Pont-de-Veyle attached to, i. 245, 321
—— visits, i. 321
Pougues to be visited by, i. 303, 308-9, 311, ii. 106, iii. 225, 256
—— visited by, i. 319, 330, ii. 253
returns to Paris, i. 191, 334, 365, 385, 389
Rousseau aided by, i. 310
—— does not wish to see, ii. 434
—— never mentioned by, i. 301
rumours of intent of, to marry, i. 329-30
sacraments refused by, iv. 344-5
sale of effects of, iv. 377
Senonches sold by, ii. 419
social relations of, with: Aiguillon, Duchesse d', i. 237, 267; Auguste, Mlle, v. 292; Boufflers, Comtesse de, iv. 265, 277, v. 299, 304, 306-7, 309, 351; Brunswick, i. 41n; Chabrillan, Bailli de, v. 299; Chauvelin, Marquise de, v. 299; D, i. 118, 164-5, 205, 210, 231, 236-7, 267-8, 278, ii. 100, 130, 440, iii. 6, 177, iv. 226; Egmont, Comte and Comtesse d', v. 299; Egmont, Comtesse d' (dowager), v. 299; Forcalquier, Comtesse de, i. 237; Fresnel, v. 299; HW, v. 292, 298-9, 302, 308; Hénault, i. 244; La Marche, Comtesse de, v. 299; Lorenzi, v. 299; Luxembourg, Mme de, i. 164-5, v. 286, 295, 299, 301, 303-4, 306, 308; Maury, Mme de, v. 299; Mirepoix, Mme de, iii. 49; Pont-de-Veyle, i. 334, 365, ii. 253, iii. 177, 225, 256, v. 299; Sabran, Comtesse de, v. 299; Valentinois, Comtesse de, i. 267; Vierville, Marquise de, v. 299
Temple residence of, i. 41n, 245

*13* Bourbon, Louis-Francois-Joseph de (1734–1814), Comte de la Marche; Prince de Conti, 1776; son of *12:*
attends session of parliament of Paris, vi. 172
behaves well towards dying father, iv. 345
Condé's reconciliation negotiated by, iii. 296
Conti, Princesse de, leaves life use of Paris house to, iv. 195
HW presented to, v. 300
lit de justice attended by no Princes except, iii. 61
marriage of, i. 118n
parliament's recall not asked by, iii. 47, 296
verses on, iii. 297

*14* Bourbon, Louis-Henri (1692–1740), Duc de, nephew of *2:*
Chantilly kept as in time of, v. 260
Prie, Mme de, mistress of, v. 273

*15* Bourbon, Louis-Henri-Joseph (1756–1830), Duc de, Prince de Condé; son of *17:*
Artois reconciled with, v. 30
——'s fight with, over insult to Duchesse, v. 29–31, 32
dances at ball in honour of Dauphin's marriage, ii. **410**
Louis XV reconciled with, iii. 303, 304
Louis XVI exiles, to Chantilly, v. 31
verses on, iii. 299–300, 304
Vibraye captain of guards to, v. 30
—— second of, v. 30
Voltaire's *Irène* attended by, v. 30

*16* Bourbon, Louis-Jean-Marie de (1725–93), Duc de Penthièvre; grandson of Louis XIV:
apartment of, at Hôtel de Toulouse, v. 302
Choiseul at house of, i. **360**
*Couronnement d'un Roi* banned by, iv. 153
D asks Comtesse de Forcalquier about, ii. **393**
Forcalquier, Comtesse de, visits, ii. 68
Louis XVI writes to, on naval operations, v. 60, vi. 209–10
Meinières, Mme de, praises, in account of Jacqueline and Jeanneton, i. 362, 364
social relations of, with Comtesse de Forcalquier, v. 317

*17* Bourbon, Louis-Joseph de (1736–1818), Prince de Condé; son of *14:*
abandoned house of, v. 260
Agoult's duel with, v. 438
——'s resignation demanded by, v. 438
Aiguillon opposed by, iii. 45
—— said not to be liked by, iii. 5
attends session of parliament of Paris, vi. 172
Autichamp écuyer of, iii. 301
Beauvau at odds with, ii. 447
Bourbon, Duchesse de, tells, of Artois's insults, v. 29
Chamfort given position by, iv. 374
Chantilly occupied by, iii. 15, iv. 163
Choiseul, opposed by, iii. 45
Choiseul-Meuse, Comte de, made captain of the guard by, v. 441
Clermont's executor, iii. 84

dances at ball in honour of Dauphin's marriage, ii. 410
Escouen château of, v. 260
in disgrace, iii. 15
letters of, repeated by D, iii. 300, 301–2, 303
Louis XV dislikes, iii. 45
—— reconciled with, iii. 296, 297, 299–300, 301–2
Louis XVI summons, to Versailles to settle Artois quarrel, v. 29
made infantry general, v. 448
Maillé in service of, i. 373
marriage of, i. 61n
Monaco, Ps of, aided by, iii. 14n
—— loves, iii. 297
Monteynard chosen by, for ministry of war, iii. 5
power of, iii. 45
Sainte-Hermine given reversion of captaincy of the guard by, v. 441
social relations of, with Comtesse du Barry, ii. 288
Terray head of council of, ii. 325, 326
Versailles visited by, v. 438
verses on, sent by D to HW, iii. 296–7, 297, 299–300, 303–4, iv. 15, 20
wounded in duel, v. 438

*18* Bourbon, Louis-Philippe de (1725–85), Duc d'Orléans; son of *6:*
ancestors of, vi. 125
appeal to, to secure recall of parliament, iii. 40, 48
attends session of parliament of Paris, vi. 172
banished for refusal to recognize new parliament, iv. 64n, 77
Beauvau, Princesse de, has influence with, iii. 296
—— visits, iii. 269
Boufflers, Comtesse de, talks with, i. 396
Chanteloup to be visited by, v. 124, 150
—— visited by, v. 153
Chartres's touching scene with, i. 159, vi. 127–8
D secures bootikins for, iv. 61–6, 86
D's opinion of, iv. 63–4
D's relations with, iv. 86
guests of, at Raincy, *see under* Raincy, visitors to
guests of, at Villers-Cotterêts, *see under* Villers-Cotterêts, visitors to
HW recommends bootikins to, iv. 133
health of, iv. 61, 66, 226
La Marche, Comtesse de, entertains family of, ii. 352
—— to visit, i. 330
Louis XV, reconciliation with, contemplated by, iii. 297
—— forbids, to attend parliamentary discussion of d'Aiguillon, ii. 429–30, vi. 166
——'s letter from, sent by D to Craufurd, iii. 305–6, 307
Luxembourg, Mme de, may visit, at Raincy, iii. 431

marriage of, to Marquise de Montesson, iii. 354, 356–7, 359, 386, iv. 63–4

mistress dismissed by, vi. 127–8

model petition for French nobility to send to, vi. 183–4

Montesson, Marquise de, accompanied by, iv. 163

—— visits, iii. 369

mother-in-law of, ill, iv. 102, 103

pious, v. 124

Pont-de-Veyle's verses to, vi. 125

Raincy occupied by, iii. 269, iv. 29

riding accident of, ii. 248

Sainte-Assise visited by, iv. 163, v. 124

social relations of, with: Beauvau, i. 241, v. 451; Beauvau, Princesse de, i. 241; Christian VII, ii. 154; Gramont, Duchesse de, iv. 29; Luxembourg, Mme de, iv. 86

to return to Paris, v. 124

verses from fête of, i. 121

*19* Bourbon, Louis-Philippe-Joseph de (1747–93), Duc de Chartres; Duc d'Orléans, 1785; son of *18:*

attends session of parliament of Paris, vi. 172

banished for refusal to recognize new parliament, iv. 77

Bunbury, Lady Sarah, admired by, i. 205, 231, 251n

Choiseul, Duc de, acquaintance of, with, iii. 340

—— declines visit of, iii. 333, 340–1

—— letter from, to, iii. 336, 340–1

—— letter to, from, iii. 336, 338, 340

—— to be visited by, iii. 331, 340

Choiseul, Duchesse de, not mentioned by, iii. 338, 341

Conti, Prince de, fête of, for marriage of, ii. 217

Conti, Princesse de, mentions, in her will, iv. 195

cynosure, i. 221

dances at ball in honour of Dauphin's marriage, ii. 410

dances at Mirepoix ball, i. 217, 221

Genlis, Comte de, captain of the guard to, v. 448

Genlis, Comtesse de, educates daughters of, v. 219

Gramont, Duchesse de, acquaintance of, with, iii. 340, 341

health of, iv. 472–3

house of, adjoining Bellechasse, v. 219

house rented by, at Bercy, v. 219

hunts, ii. 179

La Woestyne captain of the guard to, v. 448

Malesherbes's *Discours* to, ii. 190

marriage of, ii. 217, 223

Newmarket not to be visited by, iv. 294

Orléans's marriage to Marquise de Montesson opposed by, iii. 356

——'s reconciliation with Louis XV opposed by, iii. 296

——'s touching scene with, i. 159, vi. 127–8

political ambitions of, iii. 296

Provence does not invite, to Brunoy fête, iv. 365

social relations of, with: Beauvau, Princesse de, i. 241; Mirepoix, Mme de, vi. 127

Toulon to be visited by, iv. 294

*20* Bourbon, Louise-Françoise de (1707–43), Mlle du Maine; dau. of *9* and *2:*

Clermont's painting of, with court of monkeys, at Sceaux, v. 322, vi. 57, 114

*21* Bourbon, Louise-Marie-Adélaïde de (1753–1821), dau. of *16,* m. (1769) Louis-Philippe-Joseph de Bourbon, Duc de Chartres, later Duc d'Orléans:

attendants of, iv. 293, v. 448

dances at ball in honour of Dauphin's marriage, ii. 410

daughters, twin, born to, iv. 469

Genlis, Comtesse de, attends, iv. 293

marriage of, ii. 217

Provence's wedding festivities not attended by, iii. 77

Toulon visited by, iv. 294

*22* Bourbon, Philippe de (1674–1723), Duc d'Orléans; Regent of France; grandson of Louis XIV:

D cites, i. 47

D quotes, v. 41

'Daphnis et Chloé,' v. 288–9

mot of, on Matignon, i. 277–8

on mankind, ii. 374

Orléans's grandfather, vi. 125

Ségur, Comtesse de, daughter of, v. 289

Bourbon:

D alludes to death of Marquise de Montespan at, ii. 445

visitors to: Conti, i. 330, 334; Pont-de-Veyle, i. 334

*Bourbon, Histoire de la maison de. See under* Ripault Desormeaux, Joseph-Louis

Bourbon, Île de. *See* Île de Bourbon

Bourbon, Palais de:

noise of building of, ii. 270

Bourbon, Rue de:

Chauvelin house in, iii. 435

Bourbon-Busset, Comte de. *See* Bourbon, François-Louis-Antoine de

*23, 24* Bourbon-Busset, Comtesses de, wives of *3. See* Clermont-Tonnerre, Madeleine-Louise-Jeanne de (1722–69); Moreton de Chabrillan, Jeanne-Marie-Thérèse-Tècle de (d. 1812)

*25* Bourbon-Charolais, Marie-Marguerite de (b. 1752), m. (1769) Denis-Nicolas, Comte du Puget:

(?) dances at ball in honour of Dauphin's marriage, ii. 410

*26* Bourbon-Condé, Louis de (1709–71), Comte de Clermont; brother of *14:*

attends session of parliament of Paris, vi. 172

death and will of, iii. 84

Marie-Josèphe's funeral oration attended by, v. 318

*27* Bourbon-Condé, Louise-Adélaïde de (1757–1824), later Princesse de Condé and Abbess of Remiremont; dau. of *17:*
Clermont's legacy to, iii. 84
ill, v. 459

*28* Bourbon-Condé, Louise-Élisabeth de (1693–1775), sister of *14*, m. (1713) Louis-Armand de Bourbon, Prince de Conti:
(?) anecdote of guest of, v. 121
auction attended by, v. 369
Clermont's legacy to, iii. 84
Conti's return to Court asked by, iv. 51–2
—— with, iv. 102, 102–3
death of, iv. 194
garden of, v. 327
health of, iv. 102, 103
house of, bought by Comte and Comtesse de Brienne, iv. 250
Isle-Adam to be visited by, i. 330, 338
Orléans with, iv. 102, 103
will of, iv. 195

Bourbon-Condé family:
paintings of, at Sceaux, v. 322

*29* Bourbon d'Orléans, —— de (1777–82), 'Mlle d'Orléans'; dau. of *19*:
Bercy visited by, v. 451
birth of, iv. **469**
Genlis, Comtesse de, governess of, v. 165
inoculated, v. 451

*30* Bourbon d'Orléans, Anne-Marie-Louise de (1627–93), Duchesse de Montpensier; 'Mademoiselle'; niece of Louis XIII:
*Mémoires* of: D owns, vi. 32; style of, pleases D, ii. 482, iii. 47

*31* Bourbon d'Orléans, Louise-Marie-Adélaïde-Eugénie de (1777–1848); dau. of *19:*
Bercy visited by, v. 451
birth of, iv. **469**
Genlis, Comtesse de, governess of, v. 165
inoculated, v. 451

*32* Bourbon d'Orléans, Louise-Marie-Thérèse-Bathilde de (1750–1822), dau. of *18*, m. (1770) Louis-Henri-Joseph, Duc de Bourbon:
Artois reconciled with, v. 30
——'s fight with Bourbon over insult to, v. 29–31
dances at ball in honour of Dauphin's marriage, ii. 410
inheritance of, from Princesse de Conti, iv. 195
Louis XVI reprimands, in Artois affair, v. 29–30
Provence's wedding festivities not attended by, iii. 77
social relations of, with Louis XVI and Marie-Antoinette, iv. 104–5
Voltaire's *Irène* attended by, v. 30

*33* Bourbon d'Orléans, Marie-Louise-Élisabeth de (1695–1719), dau. of *22*, m. (1710) Charles, Duc de Berry:
anecdote of, and lover, ii. 22–3

Bourbonne (watering place):
visitors to: Beauvau, v. 220; Boudot, vi. 178;

Châtillon, Duchesse de, iii. 256, 260, iv. 67, 211; Choiseul, iv. 198; Damas d'Antigny, Marquise de, vi. 177; Du Châtelet, Comtesse, ii. 468–9, vi. 177; Gramont, Duchesse de, iv. 184, 198; L'Isle, ii. 468, vi. 177

Bourbon 'pacte de famille,' 1761:
cited, iii. 214

Bourdeaux, —— (ca 1754–73), dragoon of Belsunce:
suicide of, iv. 1, 4, 6

Bourdelle, Pierre de (1535–1614), Abbé and seigneur de Brantôme:
François I's Court depicted in drawings owned by, v. 307

Bourdieu, James de (d. 1768):
(?) HW sends letter by servant of, v. 396

Bourdonnais. *See* Mahé de la Bourdonnais

Bouret, Étienne-Michel (1710–77), fermier général; administrateur des postes:
(?) D inquires of, about parcel, ii. 22
Mailly, Comtesse de, furnished with money by, v. 279
(?) terrein to, v. 370
Veri's anecdote about, v. 274

Bourgeois de Boynes, Pierre-Étienne-François (1718–83), secretary of state for the marine:
appointed secretary of state, iii. 5n, 59
dismissed from office, iv. 77
duties of chancellor may be given to, iii. 214
social relations of, with Sorba, iii. 83

Bourges, Bishop of. *See* Chastenet, Jean-Auguste de (1740–1815); Phélypeaux d'Herbault, Georges-Louis (1729–87)

Bourgevin, ——:
attends session of parliament of Paris, vi. 173

Bourgogne. *See also* Burgundy

*1* Bourgogne, Duc de. *See* Louis (1682–1712)

*2* Bourgogne, Duchesse de, wife of *1*. *See* Marie-Adélaïde (1685–1712) of Savoy

Bourgogne, André-Joseph:
(?) attends session of parliament of Paris, vi. 173

*Bourgogne, Histoire des Ducs de. See État de la maison des Ducs de Bourgogne*

Bournonville, Marie-Lydie de (1720–91), m. (1746) Friedrich Karl Philipp, Graf von Bentheim:
(?) HW mentions, i. 341
HW thanked by, iii. 172
illumination for Poix wedding seen by, v. 319
lacks common sense, ii. 83–4
Selwyn's business affairs with, ii. 11
social relations of, with: Blosset, v. 282; Breteuil, v. 265; Broglie, Marquise de, v. 270; Cantillana, v. 265, 312; Caraman, Comtesse de, ii. 83; (?) Creutz, v. 311; D, v. 270–1, 317, 319, 321–2, 336; Duras, Comte and Comtesse de, v. 312; Duras, Duc de, v. 265; Gesvres, Duchesse de, v. 349; HW, v. 260, 265, 270, 282, 296, 302, 311–2, 341, 344, 349, 415; Hénault, v. 270, 284, 310, 313, 321, 323; Jonzac, Marquise de, iv. 181; Juliac, Mme de, v. 270; La Trémoïlle, Duc and Duchesse de, v. 312;

Lillebonne, Comtesse de, v. 302; Richmonds, v. 273; Sorba, v. 312; Souza, v. 265; Stainville, Comte de, v. 265; Starhemberg, P. and Ps of, v. 312; (?) Usson, Comte and Comtesse d', v. 265, 267, 270; (?) Uzès, Comte and Duc d', v. 341; Valentinois, Comtesse de, v. 265

Bourrée, ——:
attends session of parliament of Paris, vi. 172

*Bourru bienfaisant, Le. See under* Goldoni, Carlo

Boursault, Edmé (1638–1701), dramatist:
*Mercure galant, Le*, v. 322

Boussières:
Rothe, Comtesse de, canoness of, v. 204

Boutet de Monvel, Jacques-Marie (1745–1813):
*Amant bourru, L'*, D attends, iv. 469

Bouteville. *See* Buisson, Pierre de

Bouthillier, Gabrielle-Pauline (living, 1810), m. (1) (1752) Joseph-Ignace-Come-Alphonse-Roch, Marquis de Valbelle; m. (2) (1772) Jean-Balthazar d'Azémar de Montfalcon, Comte d'Adhémar:
appearance of, iii. 207
cavagnole weekly at house of, iii. 372
circle of, iii. 370
finances of, iii. 207–8
second marriage of, iii. 207–8
social relations of, with: Aiguillon, Duchesse d', iii. 145; Brancas, Marquis and Marquise de, v. 320; Caraman, Comte and Comtesse de, v. 448; D, iii. 208, 210, 370, 372, v. 308, 310, 314, 318, 423, 426, 428–30, 432, 449; Harcourt, Earl, iii. 194; (?) Luppé, Comtesse de, v. 428; Rochefort, Comtesse de, v. 306

*1* Bouthillier de Chavigny, Louise-Françoise (ca 1634–1722), m. Philippe Clerembault, Comte de Palluau:
(?) D quotes, iii. **391**

*2* Bouthillier de Chavigny, Marie (1646–1728), sister of *1*, m. (1) (1669) Nicolas Brulart, Marquis de la Borde; m. (2) (1699) César-Auguste, Duc de Choiseul; D's grandmother:
Bussy's affairs told to D by, iii. 188
D's grandmother, vi. 54
death of, vi. 102
estate of, shared, vi. 35–6

*Bouthillier de Rancé, Le. See* Le Bouthillier de Rancé

Boutigny. *See* Le Vayer de Boutigny

Boutin, Simon-Charles (d. 1794):
HW sees garden of, v. 336
(?) Le Texier's surety, iv. **378**
(?) Montagu, Mrs, sends censers to D by, iv. 486
(?) —— sends letter by, vi. 203
(?) social relations of, with: Geoffrin, Mme, v. 304, 345; Marchais, Baronne de, v. 344
Terray's correspondence with, vi. 161

Boutray, ——, quartenier de Paris:
D's contract with, vi. 41

Boutteville, Chevalier de. *See* Buisson, Pierre de

Bouvard. *See also* Bouvart

*1* Bouvard de Fourqueux, Adélaïde-Agnès-Élisabeth (b. 1745), dau. of *3*, m. (1758) Étienne Maynon d'Invault:
Châtillon visited by, v. 331
social relations of, with Duchesse de Choiseul, v. 331

*2* Bouvard de Fourqueux, Anne-Marie-Rosalie (d. 1776), dau. of *3*, m. Jean-Charles-Philibert Trudaine de Montigny:
Châtillon visited by, v. 331
circle of, ii. 100, iv. 363
Clairon, Mlle, acts for, ii. 30
controller-general brother-in-law of, ii. 189
D's opinion of, ii. 77, 100
D wishes HW to know, ii. 266
death of, iv. **363**
HW's correspondence with, ii. 74, 77, v. **387**
HW's *Gramont* not to be given to, iii. 299, 305
HW's *Gramont* to be given to, iii. 268
*Historic Doubts* given to, ii. 35
journeys to Lyon, Avignon, and Montpellier, ii. 310
leaves Paris, ii. 253
pregnant, i. 57
remarks of, precise, i. 214
social relations of, with: Anville, Duchesse d', ii. 210; Chabot, Comtesse de, ii. 210; Clairon, Mlle, i. 302; D, i. 19, 57, 302, 342, ii. 30, 99, 210–1, 245, 253, iii. 5, 436, v. 282, 307; Hénault, v. 288; Pembrokes, ii. 30; Stormont, iv. 43
Stormont devoted to, iv. 68, 82

*3* Bouvard de Fourqueux, Michel (d. 1789), conseiller d'État:
appointed to committee on finance, iv. 457

Bouvart, Michel-Philippe (1717–87), physician:
Craufurd attended by, iii. 280, 290
D allots suit to, iv. 258
D attended by, i. 33–4(?), iv. 219, 221, 222, 224, 229, 240, 241, 255, 445, v. 243–6, 248
James's powders thought by, to be unsafe for D, v. 248
Pomme joked about by, iii. 183
Pompom attended by, iv. 409
social relations of, with: D, v. 352, 422, 424, 441, 452, 458, 460; Damas d'Antigny, Comtesse de, v. 338

*1* Bouverie, Hon. Edward (1738–1810):
HW mentions, iii. **75**

*2* Bouverie, Hon. Mrs Edward, wife of *1*. *See* Fawkener, Harriet

*1* Bouzols, Chevalier de. *See* Montaigu, ——

*2* Bouzols, Comte de, son of *4*. *See* Montaigu-Bouzols, Anne-Joachim de

*3* Bouzols, Marquis de, son of *4*. *See* Montaigu-Bouzols, Joachim-Charles-Laure de

*4* Bouzols, Marquise de. *See* Fitzjames, Laure-Anne

Box:
to contain HW's letters to D, i. 27, 33, 58, 68, 126, ii. 229, 231
*See also* Snuff-box

Boyer, ——:
social relations of, with Duchesse de Choiseul, v. 307
Boyer, ——, Guines's steward:
Guines's baggage looked after by, ii. 461, 472
Boyer, Mme:
Clarke, Col., rebuked by, v. 357
Boyer, Claude (1618–98):
*Judith*, Racine's epigram on, v. 166
Boynes. *See* Bourgeois de Boynes
Bradshaw, Lucretia (d. 1766), m. (ca 1714) Martin Folkes:
death of, v. 397
Bragança, João de (1719–1806), Duca de Lafoens:
D's account of, v. 9
D's opinion of, v. 26
social relations of, with: D, v. 9; Necker, M. and Mme, v. 9
to leave Paris, v. 26
*Braganza. See under* Jephson, Robert
Bragelongne, Jean-Baptiste-Claude:
(?) attends session of parliament of Paris, vi. 173
*1* Brancas, Comtesse de, wife of *4. See* Lowendal, Marie-Louise de
*2* Brancas, Marquise de, wife of *8. See* Grandhomme de Gizeux, Marie-Anne-Renée-Jacqueline
*3* Brancas, Antoinette-Candide-Pauline de (1756–86), called Mlle de Lauraguais; dau. of *7:*
proposed marriage of, iv. 499
*4* Brancas, Bufile-Antoine-Léon (b. 1735), Comte de, son of *5:*
social relations of, with Hénault, v. 327
*5* Brancas, Louis de (1714–93), Duc de Villars-Brancas:
attends session of parliament of Paris, vi. 172
protests illegal parliament, iii. 61
*6* Brancas, Louis-Bufile de (d. 1753), Comte de Forcalquier; nephew of *10:*
D's 'portrait' by, vi. 51–2, 59
family of, vi. 77n, 100n, 114n
HW's description of, vi. 77
marriage of, i. 5n
*7* Brancas, Louis-Léon-Félicité de (1733–1824), Comte de Lauraguais; Duc de Brancas; son of *5:*
Craufurd attributes wit to, i. 369
——'s friendship with, iii. 120
D considers, a fool, i. 369–70
English imitated by, iii. 199
escape of, from Dijon, i. **188–9**
Forbes races with, v. 304
(?) HW mentions, i. 341
HW sends letters by English coachman of, v. 377
HW sends letters by tailor of, v. 377
London visited by, i. **188**
marriage of, i. 305n
Maurepas's conversation with, i. 370
porcelain manufactured by, v. 262

Roux assists and quarrels with, v. 262
social relations of, with: Berkeley, Cts of, v. 290; Brancas, Marquis and Marquise de, v. 322; Craufurd, i. 369; HW, v. 262, 303
*8* Brancas, Louis-Paul (1718–1802), Marquis de, later Duc de Céreste; brother of *6:*
Angers to be visited by, iii. **79**
family of, vi. 100n, 114n
(?) HW mentions, i. 341
HW's correspondence with, v. 384
HW to give Sheffield box to, v. 416
hôtel of, v. 277
lacks common sense, ii. 84
social relations of, with: Agen, Bishop of, v. 342; Aiguillon, Duchesse d', ii. 393, iii. 145, v. 281, 291, 296, 309; Archon, v. 322; Barrymore, Cts of, v. 347; Bentinck, v. 298; Blaquiere, v. 342; Boisgelin, Comtesse de, v. 296(?), 347; Boulainvilliers, v. 347; Brissac, v. 277; Cantillana, v. 298; Caracciolo, v. 347; Caraman, Comtesse de, ii. 83–4, v. 298; Castries, v. 317; Castromonte, v. 317; Caswall, v. 317; Chabrillan, Marquis de, v. 322; Churchills, iii. 79; Clermont, Chevalier de, v. 298; Colbert, Abbé, v. 302; (?) Courten, v. 277; Craon, v. 342; Crillon, v. 302; Drumgold, v. 277, 302; Duché, M. and Mme, v. 317; Egmont, Comtesse d', v. 305; Egmont, Comtesse d' (dowager), v. 307; Entragues, v. 277, 310, 322; Flamarens, v. 302, 310, 342; Forcalquier, Comtesse de, v. 319, 322; Fronsac, v. 320; Gacé, Comtesse de, v. 298, 302; Guines, v. 296; HW, v. 271, 296, 304, 306, 310, 317, 320, 321, 341–2, 347, 415; Hénault, v. 272, 300; Lauraguais, v. 322; La Vallière, Duchesse de, v. 321; Lennox, Lord and Lady George, v. 298; March, v. 322; Maurepas, Comte and Comtesse de, v. 291; Mirabeau, v. 277; Mirepoix, Mme de, v. 342, 347; Montazet, v. 302, 310; Monteil, v. 317; (?) Montesson, Marquise de, v. 296; Narbonne, Vicomtesse de, v. 322; Nieukirke, Mme de, v. 296, 317, 320; Nivernais, Duc and Duchesse de, v. 277, 297, 310, 341; Pailly, Mme de, v. 277; Polignac, Comte de, v. 320; Redmond, v. 277, 322; Richmonds, v. 298; Rochechouart, Comtesse de, v. 342; Rochefort, Comtesse de, v. 271, 274, 277, 280, 290, 293, 297, 301, 307, 310, 323; Rochford, Cts of, v. 320, 321; Roncée, Comtesse de, v. 310; Rouette, v. 317; (?) Saint-Simon, Comtesse de, v. 302; Séguier, v. 310; Ségur, Marquis de, v. 296; Selwyn, v. 322; Spinola, v. 347; Strogonov, v. 347; Trans, v. 298; (?) Usson, Comte and Comtesse d', v. 293, 298, 320; Valbelle, Marquise de, v. 320; Valentinois, Comtesse de, v. 342; Vaudreuil, Comte de, v. 296, 317(?), 322; Viry, Contessa di, v. 347
*9* Brancas, Marie-Thérèse de (1716–82), sister of *6*, m. (1) (1736) Jean-Anne-Vincent de Larlan de Kercadio, Comte de Rochefort; m. (2) (1782) Louis-Jules-Barbon Mancini-Mazarini, Duc de Nivernais:
D mentions, i. 318

D's relations with, i. **257**
family of, vi. 77n, 100n, 114n
Garrick acts with, v. 281
HW's correspondence with, v. 381, 382
health of, iv. 441
Hénault's 'portrait' of, vi. 100–2
Luxembourg home of, v. 266, vi. 58
mot by, on Princesse de Talmond's pictures of Christ and Young Pretender, vi. 58
Nivernais later marries, vi. 58, 77n, 100n, 114n
social relations of, with: Aiguillon, Duchesse d', v. 302, 309; Anville, Duchesse d', v. 302; Boufflers, Comtesse Amélie de, v. 342; Boufflers, Comtesse de, v. 342; Brancas, Marquis and Marquise de, v. 274, 277, 280, 290, 293, 297–8, 301, 307, 310, 312, 323, 342; Brissac, v. 302; Chaulnes, Duchesse de, v. 270; Choiseul, Duchesse de, v. 266; Clermont d'Amboise, Chevalier de, v. 281; Colbert, Abbé, v. 295, 298, 300; Cossé, Duchesse de, v. 291, 302; (?) Cosson, M. and Mme de, v. 306; Crillon, v. 271, 290, 293, 297–8, 303, 306, 310, 312; (?) Delaître, v. 303, 306, 310, 342, 348; Drumgold, v. 269, 271, 306, 344; Duclos, v. 271, 280, 307; Entragues, v. 266, 271, 290, 293, 297–8, 300, 303, 306–8, 310, 312, 323; Fel, Mlle, v. 298; Flamarens, v. 307; Forcalquier, Comtesse de, v. 292; Gacé, Comtesse de, v. 280, 298, 306, 310; Gatti, v. 266, 280, 290, 312; Guerchy, Comtesse de, v. 347; HW, v. 265–6, 269–70, 270, 274, 280, 284–5, 287, 290–2, 294–5, 297–8, 300–3, 306–8, 310, 312, 323, 342, 344, 348, 415, vi. 58; Hénault, v. 272, 300, 303; Hume, v. 266; Jacinant, Mlle, v. 300; La Rochefoucauld, Duchesse de, v. 294; Lavaur, Bishop of, v. 310; Ligne, Princesse de, v. 291; Lorenzi, v. 266, 280, 308; Lusine, Abbé de, v. 323; Lyon, Archbishop of, v. 291; Malherbe, Abbé, v. 293, 306; Maurepas, Comte and Comtesse de, v. 295–6, 310; Mirabeau, v. 266, 274, 280, 290, 297–8, 301, 306, 308, 310, 323, 348; Mirepoix, Mme de, v. 292, 302; Montazet, v. 290, 295, 297–8, 300, 303, 306, 308, 310, 312; Nivernais, v. 266, 270, 274, 280, 285, 290–2, 294, 297–8, 300–3, 306–8, 312, 323, 341; Nivernais, Duchesse de, v. 341; Pailly, Mme de, v. 280, 290, 293–4, 297–8, 300–1, 306, 308, 310, 312, 323, 342, 344, 348; Pamfili, v. 344; Pont-de-Veyle, v. 300; Praslin, Duchesse de, v. 342; (?) Rochechouart, Comtesse de, v. 312; Roncée, Comtesse de, v. 298, 303; (?) Saint-Chamans, Amans de, v. 270; (?) Saint-Chamans, Comte de, v. 323; (?) Saint-Chamans, Marquise de, v. 270, 274, 298, 301, 323; (?) Sainte-Maure, Mme de, v. 271, 274, 292; Saint-Pierre, Duchesse de, v. 298, 300–1, 303, 306, 308; Surgères, Marquise de, v. 292, 303, 310; Tréguier, Bishop of, v. 294, 300, 306; Ussé, Marquis d', iii. 276; Valbelle, v. 294; Valbelle, Marquise de, v. 306; Veri, v. 269, 274, 293, 297, 301, 303, 306; Vibraye, v. 300, 348; Viry, Contessa di, v. 350; Wall, Comtesse de, v. 297

Brancas, Hôtel de, Richmond's Paris residence:
D mentions, i. 18
D sends to, for news, i. 19
HW at, v. 287, 288, 293, 296–9, 305, 307–10, 312–4
Mirepoix, Mme de, gives ball at, i. 217
10 Brancas de Forcalquier, Bufile-Hyacinthe-Toussaint de (1697–1754), Comte de Céreste:
D's 'portrait' of, vi. 114–5
family of, vi. 114n
Maurepas, Comtesse de, relations of, with, iii. 287
Ussé's ring from, iii. 287
Brand, Thomas (1749–94), M.P.:
HW's correspondence with, v. 377
Brandenburg-Anspach, Margravine of. See Berkeley, Lady Elizabeth
Brantôme, Abbé and seigneur de. See Bourdelle, Pierre de
Brassey, Nathaniel (d. 1765), banker:
death of, v. 397
Bread riots:
French: iv. 184–5, 187, 321; verses on, iv. 192–4
Breath:
like vapour of southeast wind, v. 355
Bregançon. See Ricard de Bregançon
Breglio. See Solaro di Breglio
Bréhant-Plélo, Louise-Félicité de (1726–96), m. (1740) Emmanuel-Armand Vignerot du Plessis-Richelieu, Duc d'Aiguillon:
Aiguillon's guests entertained by, iii. 87
comes to Paris, i. 302
Du Barry, Comtesse, Mlle, and Vicomtesse, visit, at Rueil, iv. 48
social relations of, with: Aiguillon, Duchesse d' (dowager), v. 293, 309, 310, 313, 325–6, 334; Creutz, iii. 40; Gustav III, iii. 39–40, 40; Harcourt, Earl, iii. 194; Hessenstein, iii. 40; Karl, Prince, iii. 40; Maurepas, iii. 40; Richelieu, iii. 40; Scheffer, iii. 40
Brémond d'Ars, Marie-Louise-Madeleine de (d. 1810), m. (1750) Bernard, Marquis de Verdelin:
D mentions, i. 359, ii. 59, 215
moral maxims of, i. 214
social relations of, with: D, v. 338; Hénault, ii. 382, v. 316, 320–3, 325–7
Brenellerie, La. See Gudin de la Brenellerie
Brest:
courier from, v. 52
Dutch fleet arrives at, v. 441
French fleet at, v. 56, 182
rumour that British are to attack, v. 17
(?) Spanish fleet at, v. 182
visitors to: Bouillon, Duchesse de, v. 182, 433; Hénin, Princesse d', v. 182, 433; Lauzun, Duchesse de, v. 182, 433
Bret, Antoine (1717–92):
*Mémoires sur la vie de Mlle de Lenclos:* D discusses, iv. 121, 128–9, 142; HW to have, iv. 128, 129, 136, 137; HW would like to have, iv. 125

*1* Breteuil, Abbé de. *See* Le Tonnelier, Élisabeth-Théodose

*2* Breteuil, Baron de, nephew of *1*, 2d cousin of *3*. *See* Le Tonnelier, Louis-Charles-Auguste

*3* Breteuil, Marquis de. *See* Le Tonnelier, François-Victor

Brétignières, Anne-Charles-René de (d. 1786):
(?) attends session of parliament of Paris, vi. 171, 172, 173

Bretigny, ——:
social relations of, with: Élie de Beaumont, v. 330; HW v. 302

Bretons:
French formerly hated by, v. 360

Briancourt, Mlle (d. 1768):
dies in fire, ii. 54

Brice, Germain (1652–1727):
*Description de Paris*, v. 356

Brichanteau, Louis-Armand de (d. 1742), Marquis de Nangis:
(?) anecdote of, ii. 22–3

Briche, La. *See* La Live de la Briche

Briçonnet d'Auteuil, Mme Jacques-Alexandre. *See* Thibert du Martrais, Marie-Madeleine

Bridges, Thomas:
*Dutchman, The*, v. 417

*1, 2* Brienne, Comte de. *See* Loménie, André-Louis de (1658–1743); Loménie, Athanase-Louis-Marie de (1730–94)

*3* Brienne, Comtesse de, wife of *2*, granddau.-in-law of *1*. *See* Fizeau de Clémont, Marie-Anne-Étiennette

Brienne:
Brienne, Comte and Comtesse de, at, eight months of year, iv. 250
—— to visit, iv. 281, v. 452, 461
Choiseul to visit, iv. 174
Gramont, Duchesse de, to visit, iv. 174, 319

Brienne, Hôtel de:
Brienne, Comte and Comtesse de, entertain at, v. 449, 451, 454, 457–60

Brienne-Conflans, Hubert de (ca 1690–1777), Maréchal de Conflans:
death of, iv. 403
social relations of, with Maximilian, iv. 156
vice-admiral, iv. 403

Brièze:
Maupeou permitted to return to, v. 436

Briges, Marquise de. *See* Radix de Sainte-Foix, Marie-Geneviève

Brignole, Marie-Catherine de (1739–1813), m. (1) (1757) Honoré-Camille-Léonor Goyon-de-Matignon de Grimaldi, P. of Monaco; m. (2) (1808) Louis-Joseph de Bourbon, Prince de Condé:
Assomption convent refuge of, ii. 439, 455
Condé in love with, iii. 14n, 297
Hertford devoted to, i. 72
may join royal 'voyages,' iii. 323
Monaco, separation from, secured by, iii. 14
—— separation from, sought by, ii. 438, 455

—— unwilling to have son's marriage contract signed by, iv. 460
'plus jolie femme de France,' i. 72
social relations of, with: D, iii. 148; Egmont, Comtesse d', v. 305
tries to unlock Marquise de Beuvron's secretary, i. **61–2**, 63, 72

Brill, Paul (1556–1626), painter:
HW has painting by, v. 335
Julienne has paintings by, v. 287
Louvre has painting by, v. 339
Monaco, P. of, has paintings by, v. 335
Presle has painting by, v. 346

Brinet, ——, notary:
D invests with, v. 438

*1* Brionne, Comte de. *See* Lorraine, Charles-Louis de

*2* Brionne, Comtesse de, wife of *1*. *See* Rohan-Montauban, Louise-Julie-Constance de

Briqueville, Anne-Marie de (1735–70), m. (1752) Jacques-Gabriel Bazin, Marquis de Bezons:
death of, ii. 471
ill, i. 159
Pont-de-Veyle's devotion to, i. 159, ii. 471
social relations of, with D, v. 275, 291

*1, 2* Brissac, Duc de. *See* Cossé, Jean-Paul-Timoléon de (1698–1784); Cossé, Louis-Hercule-Timoléon de (1734–92)

*1* Brissac, Maréchal de, father of *2*. *See* Cossé, Jean-Paul-Timoléon de

Brissan, waters of:
Beauvau to take, v. 427

Brisson, François (d. 1780):
(?) attends session of parliament of Paris, vi. 173

*1* Bristol, Cts of, wife of *2*. *See* Chudleigh, Elizabeth

*2* Bristol, E. of. *See* Hervey, Augustus John

Bristol water:
D advises HW to bring, to Paris, i. 234

Bristow, William (d. 1770):
(?) HW's correspondence with, v. 395

*Britannicus. See under* Racine, Jean

Britard, Jean-Baptiste (1721–91), called Brizard; actor:
*Britannicus* acted by, v. 277
*Phèdre* and *Fausse Agnès* acted by, v. 275

Brittany:
affairs of, compromised, v. 296
Aiguillon not to go to (1767–8), i. 370
——'s difficulties in, i. 109n, 118, 302, ii. 340, 493
Broglie, Maréchal de, commands in, v. 45, 47
—— to visit, v. 61
Burgundian parliament's letter on affairs of, ii. 190
butter sent from, v. 436
Choiseul-Beaupré visits, v. 429
Duras loses command of, iii. 106, 113
Dusel des Monts's imprisonment upsets, ii. 493–4
Fitzjames, Duc de, loses command of, iv. 173

—— to command, iii. 106, 113
Grave in, iii. 268
Joseph II travels through, vi. 201-2
Le Prestre's part in affairs of, ii. 442
Louis XV suppresses pleas and arrêts concerning, vi. 174-5
—— tries to quell disputes in, vi. 167
parliament of. *See* Rennes, parliament of
rumoured dispatch of troops to, iv. 360
rumour that all officers are to be sent to, v. 17
Sévigné, Mme de, in, iii. 202
Brixarre, Abbé de:
(?) social relations of, with D, iv. 222
Brizard. *See* Britard, Jean Baptiste
Brochant, André-Joachim:
(?) attends session of parliament of Paris, vi. 171, 173
Brodie, Lady Margaret. *See* Duff, Lady Margaret
*1* Brodrick, George (1730-65), 3d Vct Midleton:
death of, v. 396
*2* Brodrick, Hon. Henry, son of *1*:
(?) HW sails with, v. 353
(?) social relations of, with HW, v. 349-50, 353
*3* Brodrick, Hon. Thomas (b. 1756), son of *1*:
HW sails with, v. 353
social relations of, with: HW, v. 349, 350(?), 353; (?) Viry, Contessa di, v. 350
*1* Broglie, Comtesse de, wife of *7*. *See* Montmorency, Louise-Augustine de
*2* Broglie, Duchesse de, wife of *12*. *See* Crozat de Thiers, Louise-Augustine-Salbigothon
*2* Broglie, Maréchale de, wife of *12*. *See* Crozat de Thiers, Louise-Augustine-Salbigothon
*3* Broglie, Marquise de, niece-in-law of *9*. *See* Besenval, Théodore-Élisabeth-Catherine de
*4* Broglie, Princesse de, wife of *8*. *See* Rosen-Kleinroop, Sophie de
*5* Broglie, Aglaé-Charlotte de (1771-1846), dau. of *12*, m. (1788) Hugues-François-Casimir de Murat, Marquis de Lens-Lestang:
birth of, iii. 112
*6* Broglie, Charles de (1733-77), Bishop of Noyon; nephew of *9*:
Boufflers, Comtesse de, visits, iv. 231
Boufflers, Duchesse de, visits, iv. 231
Craufurd inquired after by, i. 18
D's relations with, iv. 231
death of, iv. **479**
HW inquired after by, i. 18
health of, iv. 358, 363
Pomme attends, ii. 108, 119, 164
social relations of, with: Broglie, Comte de, v. 305; Caraman, Comte and Comtesse de, iii. 312; D, i. 8, 100, iv. 358, v. 266, 296, 331; Hénault, i. 18, v. 330; Luxembourg, Mme de, v. 290
Stanislas II nominates, for cardinalate, i. 102-3
*7* Broglie, Charles-François (1719-81), Comte de, brother of *6*:
(?) Aiguillon, Duchesse d', thought by, to be useful to him, ii. 340

appearance of, i. 50
Artois, Comtesse d', not to be escorted by, iii. 402
—— to be escorted by, iii. 357, 386
Beauvau's correspondence with, v. 341
Brittany, command in, hoped for by, iii. 106
busy, iv. 74, 417
Compiègne to be visited by, iv. 74
D's correspondence with, i. 358, v. 430, 431, 436, 438, 439, 450, 457-9
D sends letter by, v. 448
D's opinion of, ii. 340, iv. 71
D's relations with, i. 133, iv. 74, 231-2, v. 102
D's wagers with, over: lit de justice, iv. 277; Wilkes, ii. 89, 91, 164, 187, 198
Du Barry, Comtesse, aid of, sought by, ii. 339-40
entrées granted to, ii. 330
exiled to Ruffec, iii. 402, 404
exile of, ended by Louis XVI, iv. 64n, 66, 69, 71
(?) Forcalquier, Comtesse de, thought by, to be useful to him, ii. 340
Georgel sued by, v. 164, 166
Gramont, Duchesse de, avoids, iii. 363, 374
leaves Paris, v. 427
leg of, injured, v. 423
Louis XVI gives audience to, v. 424
marriage of, i. 18n
Metz commands of, iv. 110, 232, v. 45-6, 53
—— to be visited by, iv. 272, 281
—— visited by, iv. 232, 324, v. 68
Mirepoix, Mme de, aids, iii. 51
Paris to be visited by, iv. 358, 363
—— visited by, v. 422, 440, 451
political status of, ii. 339-40, 374, iii. 51
quarantines himself with Vassé, v. 443
returns from Metz, iv. 253
Rueil visited by, v. 335
Ruffec occupied by, v. 177, 450, 451
—— to be occupied by, in exile, iii. 402
—— to be visited by, iii. 225, 231, 256, iv. 74, 358
social relations of, with: Aiguillon, Duchesse d', iii. 68, v. 335; (?) Anfreville, v. 305; Beauvau, Prince and Princesse de, v. 348, 440, 443-4; Boisgelin, Comte de, ii. 89; Boufflers, Comtesse de, v. 297, 305; Boufflers, Duchesse de, iii. 194, v. 305; Broglie, Abbé de, v. 305; Caraman, Comte and Comtesse de, iii. 312; D, i. 8, 50, 76, 100, ii. 89, 335, 352, iii. 10, 27, 194, 226, 323, 329, 332, 402, 404, iv. 71, 303, v. 102, 296, 298, 307, 309-10, 327, 330, 334, 348, 423, 426-7; Forcalquier, Comtesse de, ii. 340; Guines, v. 305; HW, v. 305, 335; Hénault, v. 305; Jonzac, Marquise de, iii. 61; Lameth, Comtesse de, v. 305; Lauzun, Duchesse de, v. 305; Luxembourg, Mme de, iii. 194, v. 304-5; Macartney, v. 177; Marchais, Baronne de, v. 348; Mirepoix, Mme de, iii. 51, 56, 78-9, 194, 314, v. 335; Sorba, iii. 83; Viry, Conte and Contessa di, iv. 294

[7 Broglie, Charles-François, *continued*]
Stanislas II writes to, i. 102–3
suit against, v. 423
Versailles to be visited by, v. 448
Walpole, Hon. Robert, arouses indignation of, ii. 374
8 Broglie, Charles-Louis-Victor (1756–94), Prince de, son of *12:*
marriage of, v. **109**
9 Broglie, Charles-Maurice de (ca 1682–1766), Abbé of Mont-Saint-Michel:
death of, i. 8
10 Broglie, Louise-Auguste-Philippine-Charlotte-Françoise de (1760–1827), dau. of 7, m. (1779) Alexis-Bruno-Étienne, Marquis de Vassé:
social relations of, with D, v. 223
son born to, v. 460
11 Broglie, Marie-Thérèse de (b. 1732), sister of 6, m. (1751) Louis-Charles, Comte de Lameth:
social relations of, with Comte de Broglie, v. 305
12 Broglie, Victor-François (1718–1804), Duc de, Maréchal de France; brother of *6:*
Bayeux to be seat of camp of, v. 68
Brittany to be visited by, v. 61
Broglie, Comte de, alleged letters of, to, v. 166
—— not serving with, v. 45–6, 53
commands seaboard forces, v. 43–5, 47, 53, 61
daughter born to, iii. 112
entrée, Dauphin's, given to, ii. 444
HW to buy armour from, iii. **109**, 112–3, 119
in country, iii. 113
lives high at camp, v. 72
Maillebois's appointment protested by, iv. 322–3
Metz command given to, iv. 110
ministry of foreign affairs may be given to, iii. 29
Paris visited by, v. 453
pension of, i. **57**
recalled to Paris, v. 44
Saint-Germain second choice of, iv. 228
social relations of, with: D, i. 8, 100; La Vallière, Duchesse de, v. 312; Maximilian, iv. 156
son of, marries, v. 109
Stanislas II writes to, i. 102
Bronze bull:
Thiers has, v. 373
Bronzes:
at Hôtel de Lambert, v. 337
Broth. *See* Bouillon
Broussin, seigneur de. *See* Brulart, Pierre
1 Brown, Lancelot (1715–83), landscape gardener:
(?) social relations of, with HW, v. 325, 327
2 Brown, Lancelot (fl. 1780–94), son of *1:*
(?) social relations of, with HW, v. 325, 327
Brown, Robert (1728–77), Presbyterian divine:
Hume's enemy, ii. 52
social relations of, with Voltaire, ii. 52
Voltaire attacked by, ii. **52**
Browne, Lady. *See* Sheldon, Frances

Bruant, Jean (d. 1788):
(?) attends session of parliament of Paris, vi. 173
Bruc, Marie-François de (ca 1754–94), Marquis de la Guerche et Montplaisir:
social relations of, with Mme Geoffrin, v. 302, 332
Bruce, Lady Mary (d. 1796), m. (1757) Charles Lennox, 3d D. of Richmond; Conway's step-daughter:
absent from home, iv. 470
Aubigny title of, at French Court, ii. 418
audience of, at Versailles, v. 295
ball, masked, attended by, v. 300
Bouzols, Marquise de, discusses, v. 273
D asks if, is coming to Paris, iv. 286
D at service of, ii. 297
D attends Opéra-Comique with, ii. 274, 275, 276
D sends messages to, iv. 201
D sent tea by, iv. 317
D's opinion of, ii. 274, 276, 277, 278, 292–3, 294, 297
D will be glad to see, ii. 343, 411, 413
D will write to HW by, ii. 274, 278
Damer, Mrs, to accompany, to Paris, ii. 411
HW accompanies, to: opera, v. 271, 328; Palais Marchand, v. 291; Sèvres, v. 271; shops, v. 270, 285, 294, 298; theatre, v. 271, 272, 297
HW expects, v. 270
HW makes purchases for, v. 411
HW sends parcel for, v. 378
HW's friendship with, ii. 294, 297
HW's interest in Richmond's career through, i. 39n
HW's verses on D interest, ii. 275
HW to spend holidays with, ii. 323
*Hamlet* avoided by, ii. 281
Lennox, Lady Cecilia, awaited by, ii. 274, 275, 281
Paris may be visited by, iv. 213, 214, v. 6, 26, 28
—— visited by, ii. 114, v. 270, 327
Poirier's visited by, v. 328
print of, D's, iv. 359–50
returns from France, ii. 313
social relations of, with: Beauclerk, v. 273; Beaufort, v. 271; Bentheim, Gräfin von, v. 273; Bentinck, v. 294; Berkeleys, v. 274, 290, 294; Berkenroode, v. 290; Bouzols, Marquise de, v. 272–3, 286; Brancas, Marquis and Marquise de, v. 290, 298; Brissac, v. 294; Castries, v. 290; Chimay, v. 273; Craon, v. 292; Craufurd, v. 289; D, i. 123, ii. 114, 274, 276–7, 278, 281–3, 291, v. 328, 333; Fitzjames, Marquis de, v. 274; Gordon, Col., v. 289–90; HW, v. 270–4, 283, 285–90, 293, 295, 297, 327–8; Hérouville, v. 294; La Trémoïlle, v. 290; Lennoxes, v. 287; Ligonier, v. 274; Massareene, v. 274; Nivernais, Duc and Duchesse de, v. 297; Oneal, v. 274; Ossory, v. 273–4; Polignac, v. 294; Salm, Prince and Princesse de, v. 274, 290; Schuwalof, v. 294; Solre, v. 290; (?) Us-

son, Comte and Comtesse d', v. 290, 293; Vernon, v. 294
to return by way of Holland, ii. 294
Bruce, Robert (1274–1329), K. of Scotland:
charter of, v. 359
Bruce, Thomas (d. 1782), major:
(?) HW sends letters by, v. 380
Brudenell, Robert (1607–1703), 2d E. of Cardigan:
arms of, in English Benedictines' church, v. 264
Bruère, La. See Leclerc de la Bruère
Brueys, David-Augustin (1640–1723), abbé; dramatist:
*Grondeur, Le*, D cites, i. 194, 309
*Théâtre*, D owns, vi. 33
Brühl, Hans Moritz (ca 1737–1809), Graf von:
HW to receive goods through, iv. 252
*1* (?) Brulart, ——, son of *7*:
mother to live with, at Beauvais, iv. 169
*2* Brulart, Anne, dau. of *6*, m. (1690) Gaspard de Vichy, Comte de Champrond; D's mother:
D's skepticism alarms, vi. 54
family of, ii. 284
*3* Brulart, Charles-Alexis (1737–93), Comte de Genlis; later Marquis de Sillery:
Chartres's captain of the guard, v. 448
La Woestyne announced by, v. 449
—— ceded captaincy of guard by, v. 448
social relations of, with D, v. 449, 450
*4* Brulart, Louis-Philogène (1702–71), Vicomte ('Marquis') de Puisieulx:
(?) behaviour of valet of, i. 152–3
social relations of, with Comtesse d'Egmont, v. 284
*5* Brulart, Marie (ca 1685–1763), dau. of *6*, m. (1) (1704) Louis-Joseph de Béthune, Marquis de Charost; m. (2) (1732) Charles-Philippe d'Albert, Duc de Luynes; D's aunt:
Champrond pays D's legacy from, with annuity, vi. 40, 45
D has herself painted by Gobert for, vi. 215
D's aunt, vi. 55
D's 'portrait' of, vi. 102–3
Du Roure, Mme, sued, i. 379
Marie Leszczyńska's favourite, vi. 55
pension for service of, to Marie Leszczyńska, i. 5n, ii. 354, 386
second marriage of, vi. 102
settlement of estate of, vi. 36–7
*6* Brulart, Nicolas (1627–92), Marquis de la Borde; president of the parliament of Burgundy; D's grandfather:
Bussy's correspondence with, iii. 188
Choiseul, Duchesse de, widow of, vi. 36
*7* Brulart, Nicolas, bourgeois of Paris:
(?) Devreux widow of, vi. 40
*8* Brulart, Mme Nicolas, wife of *7*. See Devreux, (?) Louise-Catherine
*9* Brulart, Pierre, seigneur de Broussin:
Chapelle's friend, ii. 284
(?) verses on, ii. 284
*10* Brulart de Genlis, Caroline-Charlotte-

Jeanne-Séraphine (d. 1786), dau. of *3*, m. (1780) Charles-Ghislain-Antoine-François de Paule-Armand de la Woestyne de Becelaere, Marquis de la Woestyne:
acts plays written by her mother, v. 161, 164–5
Chartres, Duchesse de, to make extra lady in waiting of, v. 448
marriage of, v. 448
*11* Brulart de Genlis, Edmée-Nicole-Pulchérie (1767–1847), dau. of *3*, m. (1784) Jean-Baptiste-Cyrus-Marie-Adélaïde de Timbrune-Thiembronne, Comte de Valence (divorced, 1793):
acts plays written by her mother, v. 161, 164–5
*12* Brulart de Puisieulx de Sillery, Adélaïde-Félicité (1725–86), dau. of *4*, m. (1744) Louis-Charles-César le Tellier de Louvois, Maréchal-Duc d'Estrées:
social relations of, with: D, v. 431; Praslin, Duchesse de, v. 263
Brun, Le. See Le Brun
Brunet, ——, HW's servant:
(?) hired, iv. 214
wages of, v. 413
Brunet, Tressemanes de. See Tressemanes de Brunet
*1, 2* Brunoy, Marquis de. See Paris de Montmartel, Armand-Louis-Joseph (1748–81); Paris de Montmartel, Jean (1690–1766)
*3* Brunoy, Marquise de, wife of *1*, dau.-in-law of *2*. See Pérusse des Cars, Françoise-Émilie
Brunoy, château:
Provence entertains Louis XVI and Marie-Antoinette at, iv. 365, 368
*1* Brunswick, Ds and Ps of, wife of *2*. See Augusta (1737–1813)
*2* Brunswick, D. and P. of. See Karl Wilhelm Ferdinand
Brusati, ——, wife of Gianpietro Brusati, m. (2) Barbon, Conte Millerio:
granddaughter to be taken to Lyon by, v. 77, 133, 135, 317
Brusati, Costanza (d. 1804), m. (1767) Giacomo, Marchese Fagnani:
D's opinion of, v. 145
Fagnani, Maria, not allowed by, to go to England, v. 148
—— to be taken to Lyon by, v. 77, 133, 135, 137
Selwyn dissatisfied with, v. 143
Brusby, James (d. 1786), consul at Madeira:
(?) ball, masked, attended by, v. 300
(?) HW accompanies, to shops, v. 285
Brussels:
D mentions, v. 88
Gleichen to visit, iii. 370
La Borde, Mme, from, v. 280
Montmorency, Mlle de, at convent at, v. 92
Spencers to visit, iii. 367
Teniers's views of, v. 373
'Brutus, dame':
D alludes to, ii. 33
Bruyère. See La Bruyère

Bruyères:
  Maupeou exiled to, iv. 87
Bryas, Comte de:
  D's picture in collection of, vi. 216
Brydges, James (1731–89), 3d D. of Chandos:
  resigns as lord lieutenant of Hampshire, v. 207
Brydone, Patrick (1743–1818):
  *Tour through Sicily and Malta . . ., A*, D
  will attempt, iv. 189
Buc, Du. *See* Du Buc
Buccleuch, D. of. *See* Scott, Henry
*1* Buckinghamshire, Cts of, wife of *2*, sister-in-
  law of *3*. *See* Bertie, Hon. Albinia
*2, 3* Buckinghamshire, E. of. *See* Hobart, George
  (1731–1804); Hobart, John (1723–93)
Buckles, shoe:
  steel, for Duchesse de Châtillon, iii. 114, 129,
  v. 416
Buckner, John (1734–1824), Bishop of Chi-
  chester 1798–1824:
  HW shops with, v. 303
  Richmond's chaplain, v. 281
  Saint-Cloud visited by, v. 314
  social relations of, with HW, v. 281, 305, 310,
  313
Bucquoy von Longueval, Gräfin. *See* Paar,
  Thérèse
Budes, Joseph-Marie-Louis (d. 1734), Comte and
  Marquis de Guébriant:
  (?) Du Châtelet, Marquise, deserted by, v. 267
Budget:
  D's, ii. 386–7
Buffon, Comte de. *See* Leclerc, Jean-Louis
Bugden, Sophia, m. (1) George Drake; m. (2)
  George Morton Pitt, of Twickenham:
  daughter of, dies, v. 397
Buisson, Pierre de (1703—living, 1790), Che-
  valier de Beauteville:
  (?) Chanteloup visited by, v. 423, 448, 456
  (?) D and Duchesse de Choiseul joke about
  wit of, v. 450
  (?) leaves Paris, v. 423
  (?) Limoux visited by, v. 429
  (?) returns to Paris, v. 438, 451
  (?) social relations of, with: Bentheim, Gräfin
  von, v. 265; D, iv. 286, 386, v. 271, 291, 299,
  348, 429, 433, 455; Egmont, v. 286; Forcalquier, Comtesse de, v. 293; Gramont, Duchesse de, v. 451; Lambert, Mme de, v. 300; La
  Vallière, Duchesse de, v. 350
  (?) Tonton likes, iv. 447
*1* Bulkeley, Anne (d. 1751), m. (1700) James
  Fitzjames, 1st D. of Berwick:
  Hamilton's 'Mousseline,' v. 358
*2* Bulkeley, Charlotte, sister of *1*, m. (1) (1697)
  Charles O'Brien, styled 5th Vct Clare; m. (2)
  (1712) Daniel Mahoney:
  Hamilton loved, v. 358
  ——'s 'Clarice' and 'Varice,' v. 358
*3* Bulkeley, Henri-(?)François (1739–?1806),
  Comte de, French minister to Diet of the Em-
  pire 1772–5; nephew of *1, 2, 4*:

Aiguillon, Duchesse d', favours, iii. **134**
  appointed minister to Diet of the Empire, iii.
  134
  Rueil visited by, v. 337
  social relations of, with: Aiguillon, Duchesse
  d', v. 337; D, v. 338; La Vallière, Duchesse de,
  v. 346; Richmond, v. 292
*4* Bulkeley, Henrietta; sister of *1*:
  Hamilton's *Epistle* to, v. 358
Bull, Mr (d. 1775), of Chichester:
  death of, v. 398
Bull, Mrs:
  HW's correspondence with, v. 396
Bullart, Isaac (1599–1672):
  *Académie des sciences et des arts*, (?) Mariette
  finds marginal note in, v. 371
Buller, Mrs. *See* Coxe, Mary
Bullion de Fervaques, Jacqueline-Hortense de,
  m. (1740) Guy-André-Pierre de Montmorency-
  Laval, Duc de Laval:
  admitted to suppers at little château at Com-
  piègne, ii. 441
Bullioud, Marie-Marguerite-Adélaïde de (d.
  1793), m. Louis-François, Comte de Séran:
  presents bouquets at Villers-Cotterêts, i. 129
Bully, Marquis de. *See* Maupeou, René-Ange-
  Augustin de
Bunau, Henrietta Frederica von (d. 1766), m. (1)
  —— de Berargaard; m. (2) (1759) David
  Murray, 7th Vct Stormont:
  death of, v. 397
Bunbury, Lady Sarah. *See* Lennox, Lady Sarah
Bunbury, Sir Thomas Charles (1740–1821), 6th
  Bt:
  Bunbury, Lady S., adorers of, not objected to
  by, i. 208, 231, 239
  —— divorced by, i. 199n, ii. 221
  —— leaves, ii. 207
  —— loves, i. 224
  —— madly loved by, i. 224
  D gives commissions to, i. 224
  D mentions, i. 252
  D sends letters, money, and parcels by, i. 219,
  223–4, 224, 231, ii. 105, 107, 108, 113, 124
  D's good opinion of, i. 210, 224
  expected in Paris, i. 311
  Luxembourg, Mme de, disliked by, i. 229
  marriage of, i. 199n
  Palais-Royal visited by, i. 208
  social relations of, with D, i. 205, 229
Buonarotti, Michelangelo (1475–1564):
  tripod designed by, at Julienne's, v. 287
Buot. *See* Buyot
Burgoyne, Lady Charlotte. *See* Stanley, Lady
  Charlotte
Burgoyne, John (1722–92), general:
  Chanteloup visited by, iii. 269–70
  D inquires about surrender of, v. 185
  D sends parcel by, iii. 272, 276
  defeat of, iv. 486
  Paris visited by, iii. **269**
  Ticonderoga taken by, iv. 470

Burgundians:
French formerly hated by, v. 360
Burgundy, Ds of. *See* Margaret of York; *and also under* Bourgogne, Duchesse de
Burgundy, D. of. *See* Jean (1371–1419); Philippe (1396–1467); *and also under* Bourgogne, Duc de
Burgundy, parliament of. *See* Dijon, parliament of
Buri, Comtesse de. *See* Frotier-de-la-Méssalière, Marie-Élisabeth; Urre-d'Aiguebonne, Anne-Marie d' (ca 1633–1724)
Burigny. *See* Lévesque de Burigny
*1* Burke, Edmund (1729–97):
D desires opinion of, on Necker's *Éloge de M. Colbert*, iii. 395, 405
D's opinion of, iii. 329, 331–2, 334
D's opinion of speech of, v. 216
D to send letter by, iii. 335, 338, 339
French difficult for, iii. 329, 331–2
Guibert's *Connétable* discussed by, iii. 343
——'s *Tactique* admired by, iii. 334, 335, 338
HW talks with, iii. 343
HW to receive book by, iii. 334, 335, 338, 339
La Harpe's *Barmécides* heard by, iii. 338, 339, 343
social relations of, with: D, iii. 329, 331–2, 338; HW, v. 299; Luxembourg, Mme de, iii. 338, 339
to leave Paris, iii. 337, 338
*2* Burke, Richard (1758–94), son of *1:*
D sends letter by, iv. 41, 56
King accompanies, iv. 41
leaves Paris, iv. 41
Burnet, Gilbert (1643–1715), Bishop of Salisbury, 1689:
*Histoire des dernières révolutions d'Angleterre*, D's opinion of, iv. 247, 253
Burnet, great (pimprenelle):
Meinières, Mme de, asks about cultivation of, ii. 124, 130
Burrell, Sir William (1732–96), LL.D.; 2d Bt, 1788; antiquary:
HW sends box by, v. 404
HW sends letter by, v. 377
social relations of, with HW, v. 267
'Burrhus.' *See* Castellane, Jean-Baptiste de
Bury, Comtesse de. *See* Frotier-de-la-Messalière, Marie-Élisabeth; Urre-d'Aiguebonne, Anne-Marie d' (ca 1633–1724)
Bury, Richard de (1730–94), historian:
*Histoire de la vie de Henri IV*, criticism of, ii. **94**, 158–9
social relations of, with Mme Geoffrin, v. 349
Busancy-Pavant, Jeanne-Pérette de, m. (1763) Charles-François-Ferdinand, Marquis de Champagne:
(?) social relations of, with Duchesse d'Anville, v. 311
Bussy, Comte de. *See* Rabutin, Roger de
Bussy, Marquise de. *See* Messey, —— de
*1, 2* Bute, E. of. *See* Stuart, John (1713–92); Stuart, John (1744–1814)

*2* Bute, M. of, son of *1. See* Stuart, John (1744–1814)
Butler, Mme:
social relations of, with Berwicks, v. 272
Butler, Henry Thomas (1746–1813), styled Vct Ikerrin; 2d E. of Carrick, 1774:
HW sends letter by, v. 389
Butler, James (1665–1745), 2d D. of Ormond:
Scots College has box of papers by, v. 359
social relations of, with Lady Browne, v. 311
Butler, Louise-Charlotte (d. 1828), m. (1762) Pierre-Marie, Comte de Luppé:
(?) social relations of, with Comtesse d'Adhémar, v. 428
Butter:
from Brittany, v. 436
good at Abbeville, v. 334
Buyot, ——, deputy lieutenant of police:
HW called on by, v. 267
Louis suspected by, v. 267–8
Buyrette de Belloy, Pierre-Laurent (1727–75), dramatist:
Guerchy receives, coldly, v. 261
*Siège de Calais, Le*, i. 240, v. 262
social relations of, with HW, v. 262
*Zelmire*, discussed, i. 240
Buzançais, Comte (later Duc) de. *See* Beauvilliers, Charles-Paul-François de
Byng, Hon. John (1742–1813), 5th Vct Torrington, 1812:
(?) boxes sent to Craufurd by, ii. 363
(?) box returned through, ii. 365
*1* Byron, Isabella (1721–95), m. (1) (1743) Henry Howard, 4th E. of Carlisle; m. (2) (1759) Sir William Musgrave, 6th Bt:
Avignon to be visited by, v. 84
Carlisle's correspondence with, v. 63
Chaillot residence of, v. 50, 61
D inquires about, v. 50
D's opinion of, v. 50–1, 61
Selwyn's correspondence with, v. 61, 63
social relations of, with D, v. 50, 61
*2* Byron, John (1723–86), rear-admiral; brother of *1:*
Carlisle, Cts of, has no word of, v. **61**
verses mention, v. 179
victory of, not certain, v. 145

*Cabales, Les. See under* Voltaire
Cabaret:
D's, ii. 305, 312, iv. 97
Cabinets:
Boule, v. 286, 353
Florence, v. 353
Cabot (*or* Cabo, *or* Cabau), ——, HW's servant:
D sends letter by, iii. 91, 93
(?) HW may be served by, iii. 89
HW to be served by, ii. 268
wages of, v. 408, 410, 411, 412
Cabriolet:
accident to, iv. 499
Cabriolets (chairs):
Ailesbury, Cts of, to have, v. 411

[Cabriolets (chairs), *continued*]
D receives, v. 430
Cadet, ——, Duchesse de Choiseul's lackey:
Orléans, Bishop of, sought by, i. 360–1
Cadet de Chambine, ——, premier commis to Trudaine:
(?) slow in forwarding case, iv. 181
*1* Cadogan, Bns, wife of *2*. See Churchill, Mary
*2* Cadogan, Charles Sloane (1728–1807), 3d Bn (1776) and 2d E. (1800) Cadogan:
D asks if HW is to visit, v. 42
HW does not mention, iv. 480, v. 173
marriage of, iii. 2n, iv. 467n
Caen:
Churchills to visit, iii. 60, 63, 65
Caesar, Gaius Julius (100–44 B.C.):
D likes, iv. 337
D mentions, iii. 7
D prefers, to Alexander, i. 321
Caffiéri, ——, customs director at Calais, 1771:
goods to be expedited by, iii. **160**, 301
(?) Guines's lawsuit involves, iv. 129
Caher, Bn. See Butler, James
Cahusac, Louis de (d. 1759):
*Fêtes d'Hymen, Les,* v. 298
Cailhava d'Estandoux, Jean-François (1731–1813), dramatist:
*Tuteur dupé, Le ('La Fausse Porte'),* v. 265
'Caille, Abbé de la,' pseudonym of Voltaire. See Voltaire
Caillot, Joseph (1732–1816), actor:
*Déserteur, Le,* played by, iv. 127
has left theatre, iv. 127
Cain, Henri-Louis (1728–78), called Lekain; actor:
*Alzire* acted by, v. 297
*Britannicus* acted by, v. 277
D praises reading of, vi. 191
death of, v. 17, 19
HW sees, in comedies, v. 263
*Lois de Minos* to be read by, to D, iii. 282–3, 287–8, 319
verses on, and his successor, v. 23
Calais:
commandant at, desires Lady Fenouilhet's house, iii. 366, 372, 373, 398
Craufurd may go by, iii. 289
Croÿ governor of, iii. 402, 405
customhouse at, i. 92, iv. 132
customs director at, iii. 160
D mentions HW's route through, iii. 64, 92, 95, 97
Fenouilhet, Lady, lives at, iii. 366, 373
Frenchman willing to endure hell to rescue, from English, v. 360
French troops assembled at, iii. 338
HW fails to land at, v. 258
HW mentions, v. 398
HW's expenses at, v. 409, 412, 413
HW's furniture to go by, ii. 459, 461, 463
HW writes from, i. 7, 8, 14, ii. 273, 276, 277, iii. 94, v. 381, 389, 390, 394
Lion d'Argent (inn), v. 371

officers of garrison at, entertained by Cumberlands, iii. 143
packets sailing to, delayed, v. 38
post between Paris and, i. 5
post by Ostend compared with that by, for speed, v. 159, 162, 163, 172, 227
post from Dover to, stopped, v. 157, 161
postillions of, v. 342
transportation of goods through, iii. 124, 160–1, 162, 163, 206, 212, 229, 301, iv. 36, 39, 252
visitors to: Conways, iv. 159, 162, 163, 165, 169; Craufurd, iii. 292, iv. 228, 231, 489; Cumberlands, iii. 131–2, 143; Greville, Mrs. iii. 394; HW, i. 18, 350, 352, 353, ii. 279, 281, iii. 94, iv. 220, 221, v. 314, 315, 324, 333, 342, 353; Lauzun, i. 311, 314, 316; Lennox, Lady Cecilia, ii. 281; Selwyn, i. 213, 221, v. 85, 86, 88, 89, 151; Spencers, iv. 231; Stormont, iv. 171
Calas family:
Voltaire's efforts for, v. 40
Calera Street, letter to:
HW mentions, v. 407
Callenberg af Huset Muskau, Ursula Margrethe Constantia Louise von (1752–1803), m. (1772) Wilhelm Christopher von Diede; 'Baronne de Diede':
D's opinion of, iv. 347
social relations of, with M. and Mme Necker, iv. 347
Callot, Jacques (1592–1635), painter:
D mentions, i. **195**
*1* Calonne, Charles-Alexandre de (1734–1802), magistrate:
English rumour that Necker is to be replaced by, iv. 473
*Mémoire présenté au roi,* i. **151**, 163, 170
*2* Calonne, Mme Charles-Alexandre de, wife of *1*. See Nettine, Marie-Louise-Josèphe
Calprenède, La. See Costes de la Calprenède
Calvert, Frederick (1731–71), 6th Bn Baltimore:
*Tour to the East, A,* HW sends, to England, v. 407
Calvin, John (1509–64):
HW mentions, iii. 356
*Camaldule, La. See under* La Harpe, Jean-François de
Camasse, Marianne (d. 1807), m. (1757) Christian IV of Bavaria, Duc de Deux-Ponts; called Comtesse de Forbach:
Stormont's landlady, v. **34**
*1* Cambis, Vicomtesse de, wife of *3*. See Alsace-Hénin-Liétard, Gabrielle-Françoise-Charlotte d'
*2* Cambis, Henri-Marc-Amable de (d. 1794), Marquis d'Orsan; brother of *3*:
marriage of, v. **84**
*3* Cambis, Jacques-François-Xavier-Régis-Ignace (b. 1727), Vicomte de, later Comte de Cambis-Orsan:
brother of, marries, v. 84
marriage of, i. 311n
(?) social relations of, with D, iv. 310

*4* Cambis, Marie de (b. 1746—living, 1793), cousin of *3:*
HW admires beauty of, v. 329
Cambis-Orsan, Comte de. *See* Cambis, Jacques-François-Xavier-Régis-Ignace, Vicomte de
Cambis-Orsan, Comtesse de, wife of *3*. *See* Alsace-Hénin-Liétard, Gabrielle-Françoise-Charlotte d'
*1* Cambon, Abbé de, nephew of *2:*
D allots suit to, iv. 258
D talks of Bishop of Mirepoix with, iv. 304
social relations of, with: D, iv. **222**(?), v. 344, 346, 349; Marchais, Baronne de, v. 348
*2* Cambon, François-Tristan de (d. 1790), Bishop of Mirepoix, 1768:
assembly of clergy attended by, iv. 85, 168, 211
Barèges visited by, iv. 187
D provides rooms for, iii. 6, 13
D receives copy of diocesan charge of, v. 435
D's correspondence with, iii. 90–1, v. 168, 426, 436, 438, 447, 450, 454, 458
D's opinion of, ii. 84, iii. 6, 69, 85, iv. 85, 316
D's relations with, iv. 200, 395, v. 100
États de Languedoc to be attended by, iv. 374
HW buys suits for, iv. 235, 243, 246–7, 251–3, 255, 257, 258, v. 414
HW discusses America with, v. 346
HW inquired after by, v. 102
HW liked by, iv. 168, 310, v. 168
HW likes, iii. 90, iv. 174, 200
HW sends messages to, iii. 304, iv. 168, 316
HW sent messages by, iv. 200, 310, v. 168
HW's *Gramont* given to, iii. 304, 306
HW to see, iii. 85, iv. 209, 211, 214
Montpellier visited by, iv. 255
Paris to be visited by, iv. 174, 182, 183, 187, 198, 374
—— visited by, iii. 304, iv. 200, 204, 304, 316, 395, v. 100, 102
Roissy visited by, v. 346
Saint-Ouen visited by, v. 348
Sévigné letters transmitted by, iii. 373
social relations of, with: Caraman, iii. 312, 320, iv. 414, v. 346; Caraman, Comtesse de, ii. **83**, iii. 312, 320, iv. 414; Choiseul-Beaupré, Comtesse de, v. 439(?); D, iii. 323, 329, 332, iv. 201, 209, 214, 216, 218, 219, 222, 228, 232(?), 235, v. 335, 343–8, 350–2; HW, v. 335–6; Luxembourg, Mme de, v. 352; Marchais, Baronne de, v. 348; Mirepoix, Mme de, iii. 69, v. 348–9; Necker, M. and Mme, iv. 216, v. 346–7, 349
to leave Paris, iv. 251, 252–3
Cambrai, Archbishop of. *See* Choiseul-Stainville, Léopold-Charles de (1724–74); Rosset de Ceilhes de Fleury, Henri-Marie-Bernardin de (1718–81); Salignac de la Mothe-Fénelon, François de (1651–1715)
Cambrai:
French troops assembled at, iii. 338
Cambridge University:
*Castle of Otranto* scene taken from college at, iv. 145

Ferne attends, v. 373
HW visits, iv. 145
Walpole, Sir Edward, attends, v. 373
*1* Camden, Cts, dau.-in-law of *2*. *See* Molesworth, Frances
*2* Camden, E. *See* Pratt, Charles
Camden, Marchioness. *See* Molesworth, Frances
*1* Camelford, Bn. *See* Pitt, Thomas
*2* Camelford, Bns, wife of *1*. *See* Wilkinson, Anne
Cameos:
Ennery's collection includes, v. 325
Camœdris:
recommended in gout, iv. 384
Camomile:
D comments on, iii. 80
*1* Campbell, Mr:
HW sends letters by, v. 380
*2* Campbell, Lady Anne (1715–85), dau. of *7*, m. (1741) William Wentworth, 2d E. of Strafford:
HW buys paint-box for, v. 406
*3* Campbell, Lady Caroline (1719–94), dau. of *7*, m. (1) (1742) Francis Scott, styled E. of Dalkeith; m. (2) (1755) Rt. Hon. Charles Townshend; cr. (1767) Bns Greenwich:
marriage of, v. 360
*4* Campbell, Caroline (1721–1803), 2d cousin of *3*, m. (1) (1739) Charles Bruce, 3d E. of Ailesbury; m. (2) (1747) Hon. Henry Seymour Conway:
*Barbier* not heard by, iv. 162
brother of, ill, v. 63
Calais visited by, iv. 159, 162
comedy attended by, iv. 147
Compiègne visited by, iv. 156
D asks, about Stanhope-Stormont affair, iv. 147
D asks HW what present would please, iv. 329
D asks if HW is to visit, v. 42
D desires good opinion of, iv. 135, 143, 156
D given muff made by, iv. 133
D given platters by, iv. 177, 181, 183
D given purse by, v. 28, 29, 35
D given tapestry picture made by, iv. 328, 331, 339
D hopes for news of, iv. 215
D inquires about summer plans of, v. 51
D inquires after, iv. 307, v. 8, 184
D refers to, for confirmation, iv. 103, 104
D's correspondence with, iv. 177
D's efforts on behalf of, iv. 138, 150
D sends cup, saucer, and sharkskin case to, iv. 325
D sends messages to, iv. 158, 161, 164, 175, 177, 187, 201, 202, 223, 250, 263, 291, 339, 344, 352, 355, 358, 457, 484, v. 35, 70, 108
D sent messages by, iv. 452
D's opinion of, iv. 101, 104, 108, 126, 135, 142, 147, 156, 161, 187, 207, 344, 352, 358, v. 5, 111
D's relations with, iv. 138, 141, 147, 156, 161, 165, 315–6, 457

[4 Campbell, Caroline, *continued*]
D suggests that HW might send package by, iv. 85
D wishes, would visit Paris, iv. 250, 254, 282, 485–6, v. 108
D wonders if incense burner was sent by, iv. 341
D would like Duc and Duchesse de Choiseul to know, iv. 115, 118, 126, 133–4, 155, 156
Damer, Mrs, will be consoled by, iv. 351–2
Damer's death distresses, iv. 351
Flanders visited by, iv. 162
Fontainebleau visited by, iv. 106, 112
HW buys chairs for, v. 406, 411
HW buys cup, saucer, and plate for, v. 409
HW buys ruffles for, v. 413
HW does not mention, iv. 111, 238, 250, 480, v. 128, 130, 173
HW mentions, ii. 432, iii. 75
HW misses, iv. 132
HW receives money from, v. 411
HW's correspondence with, iv. 105, 115, 116, 126, 127, 131, 133, 137, v. 376–9, 381, 385, 389, 395, 396
HW sends lappet to, v. 377
HW sends letter by, iv. 100
HW sends parcel to, iv. 116, v. 378
HW's friendship with, ii. 332, iv. 125, 155, 158, 163, 187, 207, 316
HW's letter read to, iv. 101
HW talks of D with, iv. 163
HW to see, iv. 154, 158, 159
HW to visit, iv. 207, 213
HW urged by, to visit Paris, iv. 164, 215
HW visits, iv. 353
health of, iv. 255
La Vallière, Duchesse de, does not meet, iv. 155
leaves Paris, iv. 156
Luxembourg, Mme de, likes, iv. 101, 104, 115, 117
Marie-Antoinette favours, iv. 127
marital felicity of, iv. 108
Mirepoix, Mme de, likes, iv. 101, 104, 115, 117
Montmorency visited by, iv. 116–9
niece of, to marry, iv. 132
Paris pleases, iv. 129, 170
—— visited by, iv. 99, 115
plans to return to Paris, iv. 135, 177
Richmond's correspondence with, iv. 452, 457
Saint-Cyr visited by, iv. 133, 144
Saint-Quentin visited by, iv. 156, 159
Sèvres porcelains purchased by, iv. 125
social relations of, with: Beauvau, Prince and Princesse de, iv. 118; Choiseul, Duchesse de, iv. 127, 155; D, iv. 100, 101, 106, 110, 134, 147, 152, 152–3; Luxembourg, Mme de, iv. 129, 147 (*see also* Campbell, Caroline, Montmorency visited by); Mirepoix, Mme de, iv. 106, 152–3; Stormont, iv. 147, 156; Viry, Contessa di, iv. 152–3
Stormont talks of D with, iv. 250

Stormont to offer lodging to, iv. 291
success of, iv. 112, 115, 118, 119, 126, 132, 143
to leave Paris, iv. 143, 144, 151–5
Tonton spoken of to HW by, iv. 174
travels of, iv. 69, 70, 98
Versailles to be visited by, iv. 148
—— visited by, iv. 127
Viry, Contessa di, likes, iv. 106
—— visited by, iv. 106
5 Campbell, Caroline (d. 1789), dau. of 9:
D sends messages to, iv. 158
HW writes to D about, v. 199
6 Campbell, Lady Henrietta ('Harriot') (d. 1766):
death of, v. 397
7 Campbell, John (1680–1743), 2d D. of Argyll:
Pretender's correspondence with, v. 359
Smith, Adam, describes last years of, v. 360
Tower of London dreaded by, v. 360
8 Campbell, Lady Mary (1727–1811), dau. of 7, m. (1747) Edward, Vct Coke:
American news brought by, v. 346
Auteuil visited by, v. 347
Barrymore, Cts of, discusses servant's health with, v. 350
Boufflers, Comtesse de, displeases, iv. 56
Cambis, Vicomtesse de, relations of, with, iv. 56
curio-dealer visited by, v. 318
D at loss to explain enthusiasm of, for D, ii. 404
D sends parcel by, iv. 58–60
D's opinion of, ii. 439, iv. 39, 60
D's relations with, iv. 56
HW accompanies, to Louvre exposition, v. 346
HW buys candlesticks and flowerpots for, v. 407
HW meets, near Amiens, v. 259
HW mentions, iii. 75
HW not mentioned by, to D, iv. 56, 58
HW's correspondence with, v. 377, 379, 380, 385, 393
HW sends letters by, v. 385
HW sends vases for, v. 407
Marie-Josèphe's funeral oration attended by, v. 317
salon of paintings visited by, v. 318
servant of, leaves, v. 350
social relations of, with: Boufflers, Comtesse de, v. 347; D, iii. 69, iv. 56, 216, v. 318, 345, 347, 349; Forcalquier, Comtesse de, v. 318; Fronsac, v. 319; Geoffrin, Mme, v. 351; HW, v. 317, 319, 343–6, 349–50; Marchais, Baronne de, v. 348; Rochford, Cts of, v. 318–9; Temples, ii. 432; Viry, Contessa di, v. 345
Townshend's death reported to, by HW, v. 319
Versailles visited by, v. 343
9 Campbell, Lord William (d. 1778), brother of 4:
health of, v. 63

Camps de Saujon, Marie-Charlotte-Hippolyte de (1725–1800), m. (1746) Édouard, Comte (Marquis, 1751) de Boufflers-Rouverel; 'l'Idole du Temple':
Arles to be visited by, iv. 349, 355
—— visited by, iv. 379, 430
Auteuil house occupied by, iv. 67, 72, 75, 81, 185, 211, 345, 349, 459, 469, 472, v. 153, 162, 165, 166, 168, 176, 218, 230, 347, 422–30
Beauclerk interests, iv. 367, v. 218
——'s death does not move, v. 218
Boufflers, Comtesse Amélie de, loved by, v. 219
Brunswick, P. of, admires, i. 41
Bunbury, Lady Sarah, annexed by, i. 205, 224, 311
Cambis, Vicomtesse de, attached to, iii. 226
Caraman, Comte and Comtesse de, visited by, iv. 86
Caraman, Comtesse de, admires, i. 18
Chanteloup to be visited by, iv. 33, 41, 430–1, 441
—— visited by, iv. 453, vi. 202
Chauvelin's campaign praised by, ii. 199, 200
Choiseul, Duc de, not on best of terms with, i. 16
—— reconciled with, ii. 177, 182, 188, 202n, 203
Choiseul, Duchesse de, relations of, with, i. 16, iv. 41
Coke, Lady Mary, displeased with, iv. 56
Conti forgotten by, v. 218
—— mourned by, iv. 345, 346, 347, 355
——'s provision for, v. 218
——'s relations with, i. 15n, 41n, iii. 357, iv. 473, v. 218
Craufurd liked by, iii. 280, 288
——'s correspondence with, iii. 403
D compares, with Cts Waldegrave, ii. 19
D driven to and from Versailles by, iv. 48
D hears English news from, ii. 132
D mentions, i. 90, 175, 183, ii. 139, 159, 394, iii. 21
D pays call of condolence on, iv. 345, 346, 347
D's correspondence with, iv. 379, v. 459, 461
D sends Vie de M. Hume to, iv. 425
D's opinion of, i. 26, 48, 76, 80, 109, 111, 172–3, 202, 209, 263, 281, 334, 338, 345, 396, ii. 80, 109, 200, 203, iii. 6, 107, iv. 11, 41, 48, 219, 347, 473, v. 136, 168, 218–9
D's 'portrait' of, vi. 84–7
D's relations with, i. 12, 109, 111, 117, 120, 132, 231, ii. 16, 121, 130, 293, iii. 417, iv. 304, 371, 431, 453, 473, v. 102, 136
D talks of Hume's appointment with, i. 253
D will not give Cornélie to, ii. 100
discards the English for the Italians, i. 26
English celebrity of, i. 133
English garden of, i. 341, v. 316, 347
English predilections of, vi. 87
English ways known to, iv. 11
finances of, v. 218
Forcalquier, Comtesse de, ridicules, i. 50

Genlis, Comtesse de, comedy of, attended by, v. 212
Gramont, Duchesse de, cultivated by, iv. 33, 41
—— praises, iv. 41
Guerchy discusses Hume and Rousseau with, i. 133
Gustav III's correspondence with, iii. 135, 142, v. 427
—— sends son's portrait to, v. 427
——'s relations with, v. 230
—— to be joined by, at Spa, v. 230, 235, 239
HW aids son of, i. 172
HW inquired after by, ii. 293
(?) HW mentions, i. 342
HW not disapproved of by, i. 283
HW praises remark of, iii. 346
HW's correspondence with, v. 381, 382, 387
HW secures kettle for, iii. 417–8, 425, 433, 436, iv. 2, 4, 7, 8–9
HW's letters to Hume and Rousseau discussed by, i. 172, 174, v. 294
HW's lodging with D might shock, i. 108
HW's present to, i. 83, 86, 89, 112, 120
HW's relations with, ii. 293
health of, ii. 100, 106, v. 425
Historic Doubts given to, ii. 31–2, 34
Holdernesse attentive to, i. 24n, 25, 59, 77, 80, 172
—— to visit, iv. 185
homage paid to, ii. 106, 269
Hume's acquaintance with, i. 15–6, 100, 119, 133n, 172, 250–1, 253, ii. 23, 161, 164, 269
——'s correspondence with, i. 105–6, 109, 115, 117, 120, iv. 355
——'s letter to, on Conti's death admired by D, iv. 355
——'s life sent to, by D, iv. 425
——'s pension spoken of by, ii. 87
Isle-Adam to be visited by, i. 172, iii. 51
—— visited by, i. 127, 188, 303, iii. 417, iv. 324
La Borde adores, ii. 188
La Fayette related to, v. 113
La Tuilerie visited by, v. 345
Lauzun, Duc and Duchesse de, cultivated by, i. 241
Lauzun, Duchesse de, visits, iv. 67, 72, 75, 81, v. 162
Lespinasse, Mlle de, supported by, iv. 379
Luxembourg, Mme de, disparages, iii. 107
—— friend of, i. 41, 47, 334, ii. 106
—— looked after by, v. 153
—— shares expenses with, at Auteuil, v. 218
—— visits, iv. 211, v. 153, 162, 218
—— with, after Conti's death, iv. 345, 347, 348–9
Lyon visited by, iv. 371
Mirepoix, Mme de, hates, i. 19
Montmorency to be visited by, i. 191, 334
—— visited by, i. 338, ii. 243
Normandy estate visited by, iv. 462
Orléans talks with, i. 396

[Camps de Saujon, Marie-Charlotte-Hippolyte de, *continued*]

Palais-Royal visited by, i. 396

Plombières to be visited by, v. 47–8, 53

Pont-de-Veyle receives English news from, i. 321

Pougues to be visited by, i. 303, 308–9, 311, ii. 106, 110

—— visited by, i. 59, 100, 319, 334

praised, i. 76

Provence to be visited by, iv. 367

—— visited by, iv. 441

returns to Paris, i. 191, 330, iv. 467, 493

Rochford attentive to, i. 172

Rousseau does not wish to see, ii. 434

—— may be abandoned by, i. 91, 108–9

—— mentioned by, i. 26, 281

——'s follies recounted by, i. 301

——'s patroness, i. 12n, 133, 172, v. 294

—— thought by, to be crazy, i. 172

—— writes to, i. 15, 132, 188, 202

Rueil visited by, ii. 130

Saturday suppers of, v. 135

Shakespeare not liked by, iv. 304

social life of, v. 168

social relations of, with: Aiguillon, Duchesse d', v. 301; Aligre, v. 306; Aulan, v. 135; Barbantane, Marquise de, v. 351; Beaune, v. 136; Beauvau, Prince and Princesse de, ii. 100, iv. 277, v. 306–7, 309, 342; Bentinck, v. 301; Blosset, v. 299; (?) Boisgelin, v. 307; (?) Boisgelin, Comtesse de, v. 309; Boufflers, Chevalier de, v. 306–7, 309; Boufflers, Comtesse Amélie de (Mlle des Alleurs), ii. 106, v. 347, 351; Boufflers, Duchesse de, v. 301; Broglie, Comte and Comtesse de, v. 297, 305; Brunswick, i. 68; Cambis, Vicomtesse de, iv. 225, 241, 265, v. 136, 351; Caracciolo, iv. 469; Caraman, v. 309; Caraman, Comtesse de, i. 250, 253, v. 309; Chabot, v. 304, 306, 351; Choiseul, iv. 277; Coke, Lady Mary, v. 347; Conti, iv. 265, 277, v. 299, 304, 306–7, 309, 351; Craufurd, iv. 225, 485, v. 297, 351–2; Creutz, iv. 469; D, i. 16, 24, 26–7, 65, 68, 69, 83, 100, 109, 111, 111–2, 128, 172–3, 202, 205, 210, 229, 231, 248, 250, 263, 278, 330, 334, 345, 374, 396, ii. 100, 124, 130, 301, 309, iii. 6, 69, 177, 384, 417, 418, iv. 72, 81, 216, 219, 225, 226, 228, 241, 265, 345, 346, 347, 353, 459, 466, 469, 472, 473, v. 102, 135, 141, 153, 162, 165, 166–7, 212, 218, 223, 294, 297, 301, 304, 306–7, 309, 318–9, 324, 327, 329, 347–8, 351, 422–30, 433, 435, 438, 444, 447, 449, 455; Donnezan, v. 297, 304, 306, 309, 351; (?) Dutens, iv. 265; Elliot, Gilbert, jr, and Hugh, v. 299; Froulay, Mlle de, v. 304; Geoffrin, Mme, ii. 31–2; Gibbon, iv. 459, 469, 472; Gramont, Duchesse de, ii. 188, iv. 277; Greville, Mrs, iii. 362; HW, v. 261, 270–1, 293, 297, 299, 301, 304, 306–7, 309, 314, 334, 347, 351, 415; Hénault, i. 244, 330, 369, ii. 80, v. 303; Hénin, Princesse de, v. 351; Jaucourt, v. 351; La Fayette, v. 113; La Reynière, M. and Mme de, v. 345; Lauzun, v. 301, 304, 307, 309, 347, 351; Lauzun, Duchesse de, iv. 277, v. 301, 304, 307, 309, 347, 351; Laval, iv. 277; Lorenzi, v. 304, 309; Luxembourg, Mme de, i. 164–5, 229, 330, ii. 84, iv. 265, 277, 304, v. 136, 286, 295, 297, 301, 303–4, 306–9, 347, 351; Maillebois, v. 309; Mirepoix, Mme de, iii. 49, v. 297, 302, 307, 427; Montmorency, v. 306; Necker, M. and Mme, iv. 216; Noailles, Vicomte de, v. 351; Pembrokes, i. 396; Poix, Princesse de, v. 351; Polignac, Marquise de, v. 309; Pont-de-Veyle, iii. 177, v. 30, 306–7; Rochefort, Comtesse de, v. 341; Rochfords, ii. 15; Sanadon, Mlle, v. 347; Schuwalof, v. 347; Ségur, v. 348, 351; Selwyn, v. 141; Shelburne, iii. 145, 163; Sorba, v. 301; Thiers, v. 297, 309; Toulouse, Archbishop of, ii. 100, iv. 277, v. 306, 422; (?) Usson, Comte d', v. 293, 329; (?) Usson, Comtesse d', iv. 277, v. 293, 329; Valentinois, Comtesse de, v. 297, 304; Vauban, Marquise de, v. 351; Vierville, Marquise de, iv. 469, v. 297, 304, 306–7, 351; Villeroy, v. 301; Viry, Contessa di, iv. 310

son of, marries, ii. 58, 168

Spa to be visited by, v. 230, 235

—— visited by, v. 239

Stormont's misdeed told to, iv. 4, 7

Tavistock's accident and death send, into mourning, i. 271, 278, 381

Temple residence of, i. 41n, iv. 472

to return to Paris, iv. 430–1, 472

Versailles visited by, iv. 48

Vierville, Marquise de, friend of, iii. 384, 422

Villeroy, Duchesse de, not an adorer of, i. 213–4

visitors to, at Auteuil, *see* Auteuil, visitors to

Wiart's translation of Boswell admired by, ii. 113

Camsillon, Baronne de. See Phélipot, Louise-Gabrielle

Camus de Mézières, Louis-Denis le. See Le Camus de Mézières, Louis-Denis

Canada:

Richmond and HW settle affair of bills on, v. 287, 290

Richmond's dispatch on, v. 273

Canary:

D's, ii. 77, 222, 224

Candale, Comte ('Baron') de. See Foix-Candale, Bertrand-Léon de

Candie. See Crete

*1* Canillac, Comte de. See Montboissier-Beaufort, Ignace de

*2* Canillac, Comtesse de, wife of *1*. See Roncherolles, Anne-Michelle-Dorothée de

*3* Canillac, Mlle de, (?) sister of *1*. See Montboissier-Beaufort-Canillac, Louise-Agnès-Élisabeth de

*1* Canillac, Vicomte de. See Montboissier-Beaufort, Ignace de

*2* Canillac, Vicomtesse de, wife of *1*. See Roncherolles, Anne-Michelle-Dorothée de

*1* Canisy, Marquis de. See Carbonnel, Charles-Éléonor-Hervé de

2 Canisy, Marquise de, wife of *1. See* Marguerye
de Vassy, Marie-Marguerite-Louise-Françoise
de

Canning, Ann (1748–1820), later Superior of
English Augustine Nuns at Paris:
(?) social relations of, with Massareene, v. 294

Cannon, Mr:
social relations of, with Beaufort, v. 271

Cannon, Mrs (?)Sarah:
social relations of, with Beaufort, v. 271

*Canonisation de Saint Cucufin, La. See under*
Voltaire

Canterbury:
American Revolution injures trade of, v. 342
attacked, v. 368
cathedral at, v. 258
Fountain (inn), v. 342
HW at, v. 229n, 258, 314, 315, 324, 333, 342
HW writes from, i. 349, 353, 354, v. 386
King's Head (inn), v. 342
St Augustine's (St Austin's) Abbey, v. 258

Cantillana, Conte di. *See* Baesa e Visentelo, Don
Giuseppe

Capital punishment:
D's opinion of, i. 53

Capitation for actors:
*Armide* given as, v. 304

Capperonnier, Jean (1716–75), keeper of the
Bibliothèque du Roi:
negligent about HW's gift of books, i. 262,
263
social relations of, with Mme Geoffrin, v. 338

Capuchins:
church of: HW visits, v. 281; Place Vendôme
in vista from gate of, v. 282
submissive always, vi. 177
Superior of, cuts his throat, i. 50

Caracci, Annibale (1560–1609), painter:
D has portrait after, vi. 20
self-portrait of, at Julienne's, v. 287
Tuileries gallery copied after, v. 308

Caracci, Signora Annibale:
portrait of, at Julienne's, v. 287

Caraccioli, Louis-Antoine de (1721–1803):
*Vie du Pape Clément XIV, La,* (?) D owns, vi.
35n

1 Caracciolo, Carlo Maria (1764–1823), Duca di
San Teodoro; nephew of *2:*
(?) to be educated in Paris, iv. 30

2 Caracciolo, Domenico (1717–89):
Aiguillon supported by, against the Church,
iii. 213–4
Alembert admired by, iii. 211, iv. 288
American news told by, iv. 470
Beauvau, Prince de, wishes to rent house to,
iii. 140
Beauvau, Princesse de, admired by, iii. 232,
311, 381, 432, iv. 218, 288
——, relations of, with, iv. 288
Chanteloup visited by, v. 427
Conway and all Englishmen said by, to get
drunk daily, iv. 350

D attends rehearsal of *Roland* with, v. 9
D has not told, of HW's remarks on Contessa
di Viry, iii. 424
D prefers Stormont to, iv. 68
D's opinion of, iii. 97, 108, 117, 138, 158, 184,
211, 231–2, 311, 381, 405, iv. 30–1, 82, 200, 238,
288
D's relations with, iii. 432
D suffers from aphasia while talking with, iii.
208
Du Barry, Comtesse, avoided by, iii. 110
Frederick II to be seen by, iv. 30
health of, iii. 311, 381, iv. 350
Hume compared to, iv. 22
Lespinasse, Mlle de, admired by, iv. 288
Louis XV cordial to, iii. 405
musicale given by, iv. 445
Naples visited by, iv. 22, 30, 68, 82
nephew to return with, iv. 30
Piccinni aided by, v. 9, 19
popularity of, iv. 22
returns to Paris, iv. 200
Shelburne friend of, iii. 145, 153
social relations of, with: Beauvau, v. 348, 440;
Boufflers, Comtesses de, iv. 469; Brancas, v.
347; Choiseul, Duchesse de, v. 13; D, iii. 97,
108, 117, 138, 153, 158, 184, 225, 270, 311, 323,
329, 368, 405, iv. 26, 54, 218, 268, 303, 304,
445, v. 344, 345, 347–8, 351, 423, 429–30,
453(?); Gibbon, iv. 445; Marchais, Baronne de,
v. 348; Necker, M. and Mme, iv. 381, v. 346
thinks peace likely, v. 139
Thomas's *Essai sur les éloges* delights, iii.
357–8
Tonton likes, iv. 447
to return to Paris, iv. 195
Turgot admired by, iv. 314
Viceroy of Sicily, v. 452
Voltaire epistle admired by, iii. 339–40
——'s work brought to party by, iii. 323

1 Caradeuc de la Chalotais, Aimé-Jean-Raoul de
(1733–94), son of *2:*
omitted from Breton parliament, ii. **259**

2 Caradeuc de la Chalotais, Louis-René de
(1701–85), legislator:
affair of, v. 285
Aiguillon's difficulties with, i. 109n, 118
Calonne's mémoire concerning, i. 151, 153,
163
HW writes letter about, v. 378
in Bastille, i. 188, 190, v. 273
letter of, found, v. 273
Louis XV suppresses plea made by, vi. 174
mémoires of, i. **109**, 112, 128, 131, 151, 224,
301, 429
omitted from Breton parliament, ii. 259
Romans, Mlle de, has letter by, v. 371
trial of, i. 188, 200, 212

Carafes, liqueur:
D buys, through HW, ii. 146, 172, 177n

1 Caraman, Abbé de, uncle of *2. See* Riquet de
Caraman, Jean-Louis de

*2, 3* Caraman, Comte de. *See* Riquet, Victor-Maurice de (1727–1807); Riquet de Caraman, Maurice-Gabriel-Joseph de (1765–1835)

*4* Caraman, Comtesse de, wife of *2*, mother of *3*, *5*. *See* Alsace-Hénin-Liétard, Marie-Anne-Gabrielle-Josèphe-Françoise-Xavière d'

*5* Caraman, Duc de, son of *2*. *See* Riquet de Caraman, Victor-Louis-Charles de

*6* 'Caraman, Mme,' wife of *7*. *See* Maupeou, Marie-Catherine-Charlotte de

Caraman, Hôtel de:
  HW visits, v. 348

*7* 'Caraman the elder,' brother of *1*. *See* Riquet, Jean-Gabriel-Amable-Alexandre de

*1* Carbonnel, Charles-Éléonor-Hervé de (1729–1814), Marquis de Canisy; cousin of *2*:
  marriage of, ii. 242n
  not made brigadier, ii. **382**

*2* Carbonnel de Canisy, Marie-Françoise-Renée de (1725–ca 96), m. (1) (1737) Antoine-François de Pardaillan de Gondrin, Marquis d'Antin; m. (2) (1742) Louis-Bufile de Brancas, Comte de Forcalquier; 'la belle Comtesse'; 'la Bellissima':
  accident to D and, i. 55–6, 61
  account of Jacqueline and Jeanneton sent to and emended by, i. 351, 362, 364
  account of Jacqueline and Jeanneton unpublished by wish of, i. 373
  admitted to royal 'voyages,' iii. 322, 330
  Aiguillon, Duc d', friend of, i. 65n, ii. 197
  always tuning but never playing on her wit, i. 65
  apologia of old age by, i. 10
  Artois, Comtesse d', attended by, iii. 337, 342, 347, 357, 359, 363–4, 412, iv. 18–19, 54, 57, 60, 66
  Boufflers, Comtesse de, ridiculed by, i. 50
  —— will steal, from D, i. 329
  Boulogne house of, i. 155, ii. 267, 270, v. 326, 331
  Bourbon-Busset, Comte de, may be aided by, iii. 349
  Bourbon-Busset, Comtesse de (Mme Boucault), aided by, iii. 347, 349
  —— close friend of, ii. 242, 246, 305, iii. 347
  (?) Broglie, Comte de, hopes to make use of, ii. 340
  Canisy, Mme de, visited by, ii. 242, 245
  —— visits, ii. 242
  *caput mortuum* of HW and Duchesse de Choiseul, i. 112
  Choiseul, Duchesse de, pleases, i. 356
  Cholmondeley, Mrs, coolly treated by, ii. 238, 240–1, 284, 306
  Comédie, box at, rented by D and, ii. 62, 73
  Comédie attended by, i. 237, ii. 115–6
  Conti attentive to, i. 229
  ——'s guest at Comédie, i. 237
  D mentions, i. 319, ii. 139, 208, iii. 363
  D receives paper cut-outs with verses from, ii. 19–20
  D's correspondence with, ii. 254

D's opinion of, i. 9, 47–8, 65, 67, 112, 114, 124, 127, 139, 146, 155, 156, 182, 281, 356, 369, ii. 16, 34, 72n, 83, 94, 124, 197, 242, 246, 247, 256, 299, 305, iii. 330–1, 349
D's quarrel and break with: ii. 382–3, 388–9, 390–1, 394, 395, 399, iii. 368; Aiguillon, Duchesse d', attempts to end, ii. 390, 391, 393; La Vallière, Duchesse de, smooths over, iii. 368
D's relations with, i. 55, 60, 67, 92, 112, 139, 319, 337, 356, ii. 11, 16, 124, 203, 245, 251, 284, 287, 306, 310, 382–3, 388–9, 390–1, 394, 395, iii. 349
D suggests, as author of 'Sévigné' letter, i. 70
D's verses on, ii. 20, 302, 308, 310
D to copy letter from HW for, ii. 155
D to tell, about HW and Voltaire, ii. 97
Dampierre forced to translate English verses for, v. 296
Darget inspires, ii. 307
Du Barry, Comtesse, favoured by, ii. 191
—— with, at Choisy, iii. 322
Dupin, Mme, friend of, i. 10, 47, 65, 67, 369
—— illness of, saddens, ii. 280–1, 281
English understood by, v. 261
Foire Sainte-Ovide visited by, v. 319
Fontainebleau visited by, i. 351, 354, 356
Grave tells, that D approves her conduct, iii. 349
HW called 'Robert' by, ii. 77
HW gives vase to, i. 102
HW has sympathy of, at Bns Hervey's death, ii. 142
HW mentions, i. 342
HW's arrival awaited by, i. 339
HW's correspondence with, i. 47, 48, 50, 77, 86n, 114, 126–7, 135, 136, 151, 170, 171, 362, ii. 77, 106, 115, 124, 132–3, 286, v. 381–3, 386
HW sends compliments to, ii. 68, 73, **77**
HW's gifts of portrait arouse jealousy of, i. 402
HW shown Sévigné portrait by, i. 70, 73
HW's '*mie triste*,' i. 53
HW's opinion of, iii. 348, 359
HW spoken of by, i. 391
HW's portrait desired by, ii. 115
HW's relations with, i. 25, 36, 53, 67, 82, 148, 154–5, 233, 259, 315, 337
HW to give *Fugitive Pieces* to, v. 416
HW to send *Anecdotes of Painting* to, v. 415
Hénault says that Choiseul would have treated, better than Praslin did, vi. 122
——'s portrait painted by, and accompanied by verses, i. 66–7
*Historic Doubts* pleases, ii. 34
Holland, Bns, acquaintance of, ii. 292
illumination for Poix wedding seen by, v. 319
Irwin admired by, ii. 94, 133
—— introduced to D by, ii. 93
—— likes, ii. 232–3, 242
Jacqueline's and Jeanneton's installation attended by, v. 321
*Joueur, Le*, not attended by, ii. 75

Lamballe wedding attended by, i. 229
Lesrocs attended by, v. 321
letter from HW to D read to, i. 86
Luxembourg, Mme de, attentive to, i. 229
marriages of, i. 92n
Meinières, Mme de, influenced by, ii. 11
Normandy visited by, ii. 242, 245
Palais-Royal attended by, ii. 224
Penthièvre visited by, ii. 68
Rambouillet visited by, ii. 207
relatives of, ill, i. 112, 114, 118
resigns as attendant of Comtesse d'Artois, iv. 60
Rochford, Cts of, correspondent of, i. 333
—, relations of, with, i. 303, 309, 311, 315, 333, 337, 392, ii. 207, 211, 231–2
Rochford, E. of, relations of, with, i. 303, 309, 311, 315, 337, 402, ii. 94
Rueil visited by, ii. 130
social relations of, with: Aiguillon, Duchesse d', i. 118, 189, 212, ii. 280, 390, 391, 393, v. 275, 281, 293, 295, 306, 312, 314, 340; (?) Anfreville, v. 275, 306; (?) Beauteville, v. 293; Belsunce, ii. 317; Boufflers, Chevalier de, ii. 338; Bourbon-Busset, Comte de, iii. 349; Bourbon-Busset, Comtesse de (Mme Boucault), iii. 349, v. 331 (?), 340; Brancas, Marquis and Marquise de, v. 319, 321; Broglie, Comte de, ii. 340; Caswall, v. 319; Chabrillan, Bailli de, iii. 349; Chabrillan, Comte de, iii. 349; Chabrillan, Marquis de, ii. 317(?), 340(?), iii. 349, v. 275, 295, 314, 340; Chabrillan, Marquise de, v. 275, 295, 314, 340; Clausonet, v. 340; Clermont-Tonnerre, Abbé de, iii. 349; Coke, Lady Mary, v. 318; Craufurd, James, ii. 293; Craufurd, John, ii. 317, v. 275, 293, 296, 323; Creutz, v. 319; Crussol, Chevalier de, v. 340; D, i. 19, 20, 53, 155, 156, 168, 186, 205, 212, 213, 309, 315, 319, 342, 354, 356, ii. 83, 85, 184, 191, 280, 292, 293, 299, 310, 317, 333, 340, 347, 352, v. 261, 266, 272, 275, 278, 283, 288, 291, 293–9, 302, 305–6, 308–12, 314, 316–7, 319–23, 326, 331; Dampierre, Abbé, v. 295; (?) Delaître, v. 295; Dupin, Mme, i. 4, 10; Fleury, Bailli de, v. 293; Friesendorff, v. 314; Fuentes, v. 317, 318; Gradenigo, v. 317–20; Grave, v. 323; Greville, Mrs, i. 155; HW, v. 262, 275, 293, 295, 302, 306–7, 311–2, 314, 316–20, 323, 326, 331, 334, 336, 340–1, 344–5, 349, 415; Harcourt, Earl, iii. 194; Hénault, i. 356, ii. 382, v. 296, 308, 311, 312, 318, 322; Hessenstein, ii. 280, 317; Irwin, ii. 280, 305, 317, v. 331; La Fare, Marquise de, v. 326; La Marche, Abbé de, v. 295–6, 311; Lambert, Mme de, v. 295; (?) Lauraguais, Comtesse de, v. 317; La Vallière, Duchesse de, ii. 317, iii. 368, v. 293, 295, 306, 312, 319, 323; Marmora, v. 319; Meinières, v. 323; Meinières, Mme de, ii. 335, 338, v. 323; (?) Narbonne, Archbishop of, v. 320; Narbonne, Vicomtesse de, v. 293, 302, 311, 314; Penthièvre, v. 317; Peyre, Comtesse de, v. 295, 311; Pont-de-Veyle, v. 326; Rochefort, Comtesse de, v. 292; Rochford, i.

285, 309, 311, 369, v. 321, 323; Rochford, Cts of, i. 309, 311, ii. 85, v. 321, 323; (?) Saulx, v. 306; Sorba, v. 295, 319; Stormont, ii. 342–3; Tonnerre, iii. 349; Tréguier, Bishop of, v. 311; Villeroy, Duchesse de, i. 213; (?) Wachmeister, v. 319; Walpole, Hon. Robert, ii. 280, 305, v. 326
social success of, i. 229
Stormont attentive to, ii. 348
to return to Paris, ii. 256, 265
Toulouse, Comtesse de, cared for by, i. 114, 118, 124, 136, 146
—— visited by, i. 92, 99, 102
translates HW's inscription for Benedict XIV, i. 114–5
translates Mrs Elliot's letter to D, i. 41
verses by: for D, ii. 19–20, 306–7, 310, vi. 158; for Hénault, i. 66–7; on tonneau, ii. 291, 305
verses for, from Fleury's fête, i. 76
verses on tonneau attributed by D to, ii. 289–91
Walpole, Edward, attentive to, i. 303
Walpole, Hon. Robert, correspondence of, with, ii. 224, 231–2
—— relations of, with, ii. 182–3, 184, 221, 240–1, 245
writes obscurely, ii. 207
Carburi, Jean-Baptiste (d. 1789), Comte de: Boucher's collection visited by, v. 304
social relations of, with HW, v. 303
Carcassonne, Bishop of. See Chastenet, Jean-Auguste de
Card games. See under Games and under their own names
Cardigan, E. of. See Brudenell, Robert
Cards:
foretelling by, ii. 201
Carhampton, E. of. See Luttrell, Henry Lawes
Carignan, Prince de. See Vittorio Amadeo Lodovico Maria Wolfgang
1 Caritat, Jean-Antoine-Nicolas de (1743–94), Marquis de Condorcet; nephew of 2:
Lettre d'un théologien à l'auteur des Trois siècles: D reads, iv. 82; HW reads, iv. 88
office to be given to, iv. 155
2 Caritat de Condorcet, Jacques-Marie de (1703–83), Bishop of Lisieux 1761–83:
Ussé's sister gives ring to, iii. 287
Ussé's sister kept by, iii. 287
1 Carlisle, Cts of. See Byron, Isabella
2 Carlisle, E. of, son of 1. See Howard, Frederick
Carlos, Don (1545–68), of Spain:
Monaco, P. of, has painting of, v. 335
Carmarthen, M. of. See Osborne, Francis Godolphin
Carmelites:
church of, HW visits, v. 264, 336
dowry of, ii. 400
Mme Louise joins, ii. 399–400
prioress of, see Craig, Mme
Carmen, ——, café-keeper in Saragossa:
house of, threatened by mob, vi. 120

Carmichael, William (d. 1795):
(?) La Fayette's agreement with, iv. 427
(?) lives with Franklin, iv. 427
Carmontelle. *See* Carrogis, Louis
Carnavalet, Hôtel de, residence of Mme de Sévigné:
D mentions, i. 309
HW's picture of, by Raguenet, ii. 30, 31, v. 304n, 404
Carnival:
D mentions, i. 236, iii. 197
diversions during, iii. 191
Carolina Augusta Maria (1774–5) of Gloucester, Ps:
birth of, iv. **69**
Carolinas:
English take frigate near, iv. 452
Caroline Matilda (1751–75), m. (1776) Christian VIII, K. of Denmark:
arrested, iii. 183
D alludes to, iii. 203
leaves Denmark, iii. 230
Wales, Ps of, to visit, ii. **420**
Caron de Beaumarchais, Pierre-Augustin. *See* Beaumarchais, Pierre-Augustin Caron de
Carp:
(?) D presented with, v. 444
HW sees, at Chantilly, v. 260
Carpenter, Alicia Maria (d. 1794), m. (1) (1751) Charles Wyndham, 2d E. of Egremont; m. (2) (1767) Hans Moritz, Graf von Brühl:
HW's correspondence with, v. 395
HW to send paper to, v. 416
Carpentier, Antoine-Michel (1709–72), architect:
(?) D's friend, i. 373
Carr. *See* Ker
Carriages:
English, upset easily, v. 139
*See also* Berlin; Carrosse
Carrick, E. of. *See* Butler, Henry Thomas
Carriera, Rosalba. *See* Rosalba Carriera
Carrogis, Louis (1717–1806), called Carmontelle; artist:
D mentions, ii. 10
HW wishes D to have portrait done by, i. 392, 398, 399, ii. 51
portrait by, of D and Duchesse de Choiseul: i. 392n, ii. 13–4, 55, 66, 305, iv. 371, vi. 215–6; Boisgelin sees, ii. 89; Carmontelle refuses copy of, ii. 19, 32; Choiseul, Duchesse de, wishes to surprise HW with, ii. 13–4, 25; copies of, ii. 35, iv. 340, 371, vi. 215–6; D's verses for, ii. 14; HW's opinion of, ii. 26–7, 29–30; HW to have, i. 392n, ii. 6, 15; Necker sees, vi. 213; poor likeness of Duchesse, i. 392n, ii. 13–4, 19, 25, 27, 29–30, 32, 41, 51, vi. 215
proverbs of, ii. 278
social relations of, with D, ii. 2, 13
Carron, Giuseppe Angelo Maria (d. 1796), Marchese di Aigueblanche:
no longer in ministry, iv. 476, 477
Viry's disgrace attributed to, iv. 476, 477

Carrosse:
and 3 horses, expense of, ii. 386
Choiseul, Duchesse de, travels in, ii. 110
Cholmondeley's, ii. 235
D mentions, ii. 253, 442
D's: i. 315, 342, 343, 349, ii. 368, 369, iii. 229, iv. 84; accident to, i. 55–6; *see also* Berlin, D's
Mme Louise orders, ii. 399
of Mme de Mirepoix, v. 66
'Carrousel, dames du.' *See* Compagnolt, Marie-Anne-Louise-Charlotte de; Crussol, Anne-Julie-Françoise de; La Baume le Blanc, Adrienne-Émilie-Félicité de
'Carrousel, Duchesses du.' *See* Crussol, Anne-Julie-Françoise de; La Baume le Blanc, Adrienne-Émilie-Félicité de
Carrousel, Place du:
residence of Mme de la Vallière, i. 18, iii. 125, 145–7, 155, 170, 191, 197, 210, 226, 233, 238, 256, 311, 312, 317, 361, 362, 376, iv. 221, 224, 267, 329, 346
Cars, Des. *See* Des Cars
Carton Dancourt, Florent (1661–1725), dramatist:
*Curieux de Compiègne, Les,* v. 329
*Théâtre,* D owns, vi. 34
Carvalho e Mello, Sebastião-José de (1699–1782), Conde de Oeiras; later Marquès de Pombal; Portuguese prime minister:
Souza receives account from, of attack on José I, ii. 328–9
Casanova, François (1730–1805), painter:
Loutherbourg's paintings in manner of, v. 317
Case. *See* Caus
Caslon, Guillaume (1692–1766), type-founder:
death of, v. 397
*Cassandre. See under* Costes de la Calprenède, Gautier de
Cassanea de Mondonville, Jean-Joseph (1715–73), composer:
*Thésée* produced by, i. 208–9
Cassia:
D takes, i. 378, 389, ii. 275, 287, iii. 80, 93, 94, 170, 196, 208–9, 283–4, iv. 20, 99–100, 105, 229, 270, 448, v. 243, 245, 246, 425, 430, 436, 438, 439, 445, 449, 450, 454, 457, 459, 460
Castelfranco, Princesse de. *See* Stolberg-Gedern, Karoline Auguste of
*1* Castellane, Comtesse de. *See* Rohan-Chabot, Alexandrine-Charlotte-Sophie de
*2* Castellane, Angélique-Charlotte de (b. 1751), dau. of *3,* m. (1772) Claude-Camille-François, Comte d'Albon, Prince d'Yvetot:
marriage of, iii. **225**
*3* Castellane, Jean-Baptiste de (d. 1790), Marquis d'Esparron et de la Garde; 'Marquis de Castellane'; 'Burrhus':
Chanteloup visited by, ii. 234, 238, 245, iv. 75, 476
Choiseul, Duchesse de, accompanied by, from and to Chanteloup, v. 26
—— confides in, ii. 342, 359

—— governed by, ii. 350

D presents HW's compliments to, iii. 253

D's offer of lodging to HW approved by, ii. 391, 398

D's opinion of, i. 255, 280, 303, 337, ii. 302, 342, v. 35

D's relations with, ii. 359, 388, iii. 44, 255, iv. 22

Gennevilliers visited by, v. 328

HW liked by, ii. 302, 304, v. 26

HW sent messages by, iii. 243, v. 26

Paris to be visited by, iv. 22

returns to Provence, iv. 75

Sévigné letter from, ii. **72**

Simiane, Marquise de, mother-in-law of, v. 320

social relations of, with: Choiseul, v. 299, 319–20, 328–31, vi. 159; Choiseul, Duchesse de, i. **255**, 266, 280, 302–3, 337, ii. 38, 302, 350, 385, v. 13, 299, 319–20, 328–31, vi. 159; D, i. 399, 404, ii. 275, 322, v. 331; La Vallière, Duchesse de, v. 333; Souza, v. 321

Castellanos, Don Pedro Pascal, Spanish usurer: house of, pillaged but not burned, vi. 120

threatened by mob, vi. 119

Castellars, Marquis de, commandant général of Saragossa:

mob demands lower food prices from, vi. 119

Castelmaine, Cts of. See Villiers, Barbara

*1* Castelmoron, Marquis de, grandson of *2*, son of *3*, husband of *4*. See Belsunce, Antonin-Louis de

*2, 3, 4* Castelmoron, Marquise de. See Fontanieu, Cécile-Geneviève (d. 1761); Sublet d'Heudicourt, Charlotte-Alexandrine (b. 1722); Vergès, Marie-Madeleine de (1762–1837)

Castera, —— (d. 1783), surgeon:

(?) insane, ii. 416

Castilhon. See Castillon

Castille, Baron de. See Froment-Fromentès de Castille, Gabriel-Joseph de

Castillon *or* Castilhon, Jean (1718–99), writer:

D asks, to keep criticism of Hénault out of *Journal encyclopédique*, ii. 158

*Castle of Otranto, The:*

D desires copy of, ii. 102, 114, 115

D forwards, to Voltaire, ii. 99

D mentions, ii. 6, 8

D wishes Florian to translate, v. 269

dramatization of, see Jephson, Robert, *Count of Narbonne, The*

French translation of, i. 256, 260, 270, ii. 99, 100, 107, 116

HW comments upon, i. 260–1, iii. 316

HW mentions, iii. 398

HW unwilling to have, translated, v. 269

Mirepoix, Mme de, compares breaking into HW's house to, iii. 54

Montigny given copy of, ii. 100, 102, 114, 115

preface to 2d edn of: vi. 143–4; Shakespeare defended in, iv. 268; Voltaire disparaged in, i. 256, 261, 270, ii. 90, 95–9, 102, 107, iv. 268, vi. 144; Wiart translates, ii. 99, 100

scene of, taken from Cambridge college, iv. 145

*See also Château d'Otrante, Le*

'Castor et Pollux.' See Conzié, Joachim-François-Mamert de; Conzié, Louis-François-Marc-Hilaire de

*Castor et Pollux. See under* Bernard, Pierre-Joseph; Rameau, Jean-Philippe

Castres. *See* Sabatier de Castres

Castries, Marquis de. See La Croix, Charles-Eugène-Gabriel de (1727–1801); La Croix, Joseph-François de (d. 1728)

Castromonte, Marchese di. See Baesa e Visentelo, Don Giuseppe

Caswall, Timothy (d. 1802), M.P.:

(?) HW sends letters by, v. 385

(?) Marie-Josèphe's funeral oration attended by, v. 317

(?) Rueil visited by, v. 320

(?) social relations of, with: Aiguillon, Duchesse d', v. 320; Brancas, Marquis and Marquise de, v. 317, 320; D, v. 317, 320–1; Forcalquier, Comtesse de, v. 319; Hénault, v. 320; Rochford, Cts of, v. 321; Wood, v. 320

Cat; Cats:

Angora: D offers, to HW, ii. 319–20; Walpole, Hon. Robert, takes one of, ii. 325

Cochin's engraving of D's, iv. 360

D's, vi. 216

D to have, iii. 67

Englishmen compared to, iv. 58–9, 61

HW's, 'your sovereigns,' i. 12

*See also* 'Mme Brillant'

*Catalogue of Royal and Noble Authors:*

D would like to have, ii. 30

Stormont tells D about, iv. 430

*Catéchisme et décisions de cas de conscience. See under* Vaux de Giry de Saint-Cyr, Claude-Odet-Joseph de

*1* Cathcart, Charles Schaw (1721–76), 9th Bn Cathcart:

hostage after peace of Aix-la-Chapelle, ii. 347

*2* Cathcart, Hon. Charlotte Catherine (1770–94), dau. of *1*:

Paris visited by, iv. 401

*3* Cathcart, Hon. Louisa (1758–1843), Cts of Mansfield, s.j., 1793, dau. of *1*, m. (1776) David Murray, 7th Vct Stormont, 2d E. of Mansfield, 1793:

appearance of, iv. 337

D regrets departure of, v. 28

Greville cousin of, iv. 379

marriage of, iv. **305–8**, 312

pregnant, iv. 344

sings for D, iv. 357

social relations of, with: D, iv. 335, 357; Necker, M. and Mme, iv. 335

son born to, iv. 415

*4* Cathcart, Hon. Mary (1757–92), dau. of *1*, m. (1774) Thomas Graham, cr. (1714) Bn Lynedoch:

Paris visited by, iv. **401**

5 Cathcart, William Schaw (1755–1843), 10th Bn Cathcart; son of *1*:
D asks, to send for Linguet's letter to Vergennes, iv. 416
Paris visited by, iv. **401**
Catherine II (1729–96), the Great, Empress of Russia 1762–96:
Alembert's connections with, ii. 214
box ornamented with portrait of, iii. 183
Buffon's correspondence with, vi. 64
Choiseul, Duc and Duchesse de, do not favour, ii. 483
Choiseul, Duchesse de, talks of, i. 319
D mentioned by, to Schuwalof, v. 72
D's opinion of, iii. 198
D to show Comtesse de Genlis letters by, vi. 64
Danish revolution attributed to, iii. 183
Dashkov, Ps, at odds with, ii. 483
Denis, Mme, letter to, from, v. 90, 91, vi. 212
England may aid, against Turks, ii. 203
Gramont, Duchesse de, compared to, i. 358, 360
Grimm subject of jokes by, vi. 64
HW's horror at praise of, i. 299–300, 319, ii. 6, iii. 396
'Hermitage' of, vi. 205–6
Houghton pictures bought by, v. 159
Schuwalof made grand chamberlain by, v. 72
——'s reception by, iv. 492, v. 72, vi. 205–6
Thiers's pictures sought by, iii. 141, 143, 148, 184
Voltaire and literati basely court, v. 287
—— praises, i. 298, 299, 358, vi. 163
——'s *Corneille* subsidized by, vi. 150
——'s correspondence with, vi. 150
——'s desire to see, objected to by D, ii. 48, 49, 53
Catherine (1519–89) de Médicis, m. (1533) Henri II of France:
cipher of, on Henri II's tomb, v. 260n
painting of, at Sainte-Chapelle, v. 276
Catiline (Lucius Sergius Catilina) (ca 108–62 B.C.):
HW refers to, i. 97
Cato, Marcus Porcius ('Uticensis') (d. 46 B.C.): suicide of, iv. **1**
Cattle:
at SH, ii. 267, 394
Catuelan, ——, Comte de:
*Shakespeare traduit de l'anglois, see under* Le Tourneur, Pierre-Prime-Félicien
Caumont, ——, D's servant. *See* Common
Caumont, Baronne de. *See* Lustrac, Marguerite de
Caumont, Duchesse de. *See* Noailles, Marie-Louise de
Caumont-La Force, Anne-Jacobé (1758–1842), m. (1776) François-Marie-Armand, Comte de Balbi:
Provence, Comtesse de, makes, 'dame d'atour,' v. 455
Caus, Mme de:
Chesterfield writes of, iv. 37

D ignorant of, iv. 41
Caux. *See* Caus
Cavagnole:
played, iii. 56, 101, 138, 206, 370, 372, v. 310, 327, 328, 334–40
played weekly at Marquise de Jonsac's, iii. 13
Cavalry, French:
rumoured reforms in, iv. 379
Cavanac, Marquise de. *See* Couppier, Anne
1 Cavendish, Lady Rachel (1727–1805), m. (1748) Horatio Walpole, 2d Bn Walpole of Wolterton, cr. (1806) E. of Orford:
Devonshire, Ds of, leaves money to, iv. 442
2 Cavendish, William (1593–1676), cr. (1665) D. of Newcastle-on-Tyne:
HW sees print of, by Diepenbeke, v. 269
*Horsemanship, A General System of*, HW gives, to Pont-de-Veyle, iii. 152n, v. 416
3 Cavendish, William (1748–1811), 5th D. of Devonshire; nephew of *1*:
arrival of, in London, ii. 352
D sends letter and parcels by, ii. 327, 329, 330, 332, 333, 335–8, 348, 355
Isabella Clara Eugenia's portrait owned by, v. 269
leaves Paris, ii. 347
social relations of, with D, ii. 333
to leave Paris, ii. 327, 330, 338, 339, 344, 345
Cayenne:
Dumont, M. and Mme, in, ii. 492
parrots from, Duchesse de la Vallière has no, iii. 128
Caylus, Comte de. *See* Thubières de Grimoard de Pestel de Lévis, Anne-Claude-Philippe de
Cazeaux, ——, law student at the University of Toulouse:
trial of, v. **134**
'Cécile, Milady.' *See* Lennox, Lady Cecilia Margaret
Célestins:
HW visits church of, v. 271, 308, 337
*Célibataire, Le. See under* Dorat, Claude-Joseph
Cellamare, conspiracy of:
D ridicules, v. 278
Censers:
D receives, iv. 341
Montagu, Mrs, gives, to D, iv. 486, v. 24, vi. 203–4
Censorship:
of books, i. 109, 224, iii. 308, iv. 287
*Ce qui plaît aux dames. See* Favart, Charles-Simon, *Fée Urgèle, La*
1 Céreste, Comte de. *See* Brancas de Forcalquier, Bufile-Hayacinthe-Toussaint de
2 Céreste, Duc de, nephew of *1*. *See* Brancas, Louis-Paul, Marquis de
Cerigo (Cythère):
D mentions, ii. 186
Cervantes, Miguel de (1547–1616), author:
*Don Quixote:* D hates, iii. 16, v. 72; HW mentions, ii. 211; HW's opinion of, v. 72; *see also* Quixote, Don

Chabannes, Claude-François (1721–86), Marquis de:
social relations of, with Mme Rondé, v. 345
Chabannes, Rochon de. *See* Rochon de Chabannes, Marc-Antoine-Jacques
Chabanon, Michel-Paul-Gui de (1730–92):
Académie française elects, v. 438
*Épître sur la manie des jardins anglais,* D to secure, for HW, iv. 196
Chabenat de Bonneuil, André-Louis-Charles:
(?) attends session of parliament of Paris, vi. 173
Chabillard de Montillet de Grenaud, Jean-François de (ca 1702–76), Archbishop of Auch, 1742:
HW's former lodging taken by, iv. 209
*1, 2* Chabot, Comte de. *See* Chabot, Louis-Charles de (d. 1780); Rohan-Chabot, Louis-Antoine-Auguste de (1733–87)
*3, 4* Chabot, Comtesses de, wife and stepmother of *2. See* La Rochefoucauld, Élisabeth-Louise de (1740–81); Stafford-Howard, Lady Mary Apolonia Scolastica (1721–69)
*2* Chabot, Duc de. *See* Rohan-Chabot, Louis-Antoine-Auguste de
*3* Chabot, Duchesse de, wife of *2. See* La Rochefoucauld, Élisabeth-Louise de
*5* Chabot, Vicomte de, brother of *2. See* Rohan-Chabot, Marie-Charles-Rosalie de
Chabot, Louis-Charles (d. 1780), Comte de:
death of, v. 446
Chabot, Lady Mary. *See* Stafford-Howard, Lady Mary Apolonia Scolastica
*1* Chabrillan, Bailli de, uncle of *3. See* Moreton, Antoine-Apollinaire de Guigues de
*2* Chabrillan, Comte de, 3d cousin of *1. See* Moreton, Jacques-Aimar-Henri de
*3, 4* Chabrillan, Marquis de. *See* Moreton, Joseph-Dominique Guigues de (b. 1744); Moreton de Chabrillan, Hippolyte-César de Guigues de (1767–1835)
*5* Chabrillan, Marquise de, wife of *3,* mother of *4. See* Vignerot du Plessis-Richelieu d'Aiguillon, Innocente-Aglaé
Chadeau de la Clochetterie, ——, naval officer:
frigate of, attacked by British, v. 52
Chaffault. *See* Du Chaffault
Chaillot:
Carlisle, Cts of, settles at, v. 50, 61
convent of the Visitation de Sainte-Marie at, ii. 486
D mentions, i. 285, ii. 268
Meinières, M. and Mme de, live at, iv. 469
Montagu, Mrs, has house at, iv. 357
visitors to: Boisgelin, Comtesse de, iv. 357; Cambis, Vicomtesse de, iv. 357; D, iv. 357, 469; Eglintoun, iv. 357; Gibbon, iv. 469; Gregory, Dorothea, iv. 357; Marchais, Baronne de, iv. 357; Mirepoix, Mme de, iv. 357; Richmond, iv. 357
Chaillou, Marquis de. *See* Amelot, Antoine-Jean

Chain:
HW sends, to Duchesse de Choiseul, ii. 365, 370, 385, 404, 407, 443, 450, 454
Chairmen:
flap their arms in hard frost, v. 333
Chaise, post:
Craufurd travels by, iii. 289, 290
Chaise longue:
Duchesse de Choiseul's, ii. 200
Chalais, Comte de. *See* Talleyrand, Henri de
Challerange. *See* Rolland de Challerange
Châlons, Bishop of. *See* Andigné de la Chaise, Joseph-François
Châlons:
visitors to: Gloucester, iv. 485; Stainville, iv. 485
Chalotais. *See* Caradeuc de la Chalotais
Chambers, Anne (1709–77), m. (1737) Richard Grenville-Temple, 1st E. Temple:
HW visits, ii. 432
Chamblain de Marivaux. *See* Marivaux
Chambon, Mme de. *See* Sarre, Marguerite
Chambors, Comte de. *See* La Boissière, Joseph-Jean-Baptiste de
Chambre des Comptes:
Louis XVI receives deputation from, iv. 60
Richmond's title to be registered in, iv. 455
Chamfort, Sébastien-Roch-Nicolas (1741–94):
Condé gives position to, iv. 374
*Éloge de La Fontaine:* D prefers, to La Harpe's, iv. 115; D sends, to HW, iv. **114**; HW prefers, to La Harpe's, iv. 114, 115
(?) *Éloge de Molière,* v. 326
Marie-Antoinette gives pension to, iv. 374
*Mustapha et Zéangir:* D's opinion of, v. 10; given at Fontainebleau, iv. 374; printed, v. 10
*1* Chamier, Anthony (1725–80), son of *2:*
Arras, Bishop of, to have letter to, ii. 451
Cholmondeley, Mrs, may borrow from, ii. 369
contraband belonging to, ii. 439, 453, 461
courier of, ii. 383
D hears from, of Grafton's resignation, ii. 355
D instructed in English politics by, ii. 374
D may send package by, ii. 422
D mentions, ii. 448
D regrets recall of, iii. 8
D's china group for HW to be packed in case from Mme Dulac for, ii. 302, 305
D sends books by, ii. 425, 427, 428, 429
D sends letter by, ii. 294, 295, 296, 303
D sends message to, ii. 300
D's opinion of, ii. 294, 347, 453, iii. 8
D's relations with, ii. 427, 435, 453, iii. 8
D to send letter through, ii. 377, 379, 383
Dulac, Mme, sends china to, ii. 302, 305
East India Company recalls, ii. 294
Fontainebleau visited by, ii. 301
gardens visited by, v. 329
HW accompanies, to theatre, v. 332
impatient for English mail, ii. 360
leaves Paris, ii. 427
mother visited weekly in London by, ii. 439

[*1* Chamier, Anthony, *continued*]
Paris to be visited by, ii. 347
Presle's correspondence with, iii. 352
social relations of, with: Choiseul, ii. 301; Cholmondeley, Mrs, v. 332; D, ii. **228**, 241, 352, v. 332; HW, ii. 453, v. 327, 329, 332; Irwin, v. 332; Sanadon, Mlle, v. 332; Walpole, Hon. Robert, v. 332
to leave Paris, ii. 424
Walpole, Hon. Robert, says nothing of Choiseul's invitation to, ii. 301
*2* Chamier, Mrs Daniel. *See* La Mejanelle, Suzanne de
Chamillart-la-Suze, Anne-Madeleine de (1753–1820), m. (1767) Louis-Henri de Villeneuve, Marquis de Trans:
Artois, Comtesse d', attended by, iii. 420
dances at ball in honour of Dauphin's marriage, ii. 410
Champagne, Marquise de. *See* Busancy-Pavant, Jeanne-Pérette de
Champagne, Philippe de (1602–74), painter:
paintings by, at Carmelites', v. 264
Champagne:
wines of: iv. 404; D's stock of, vi. 11
Champagne-la-Suze, Anne-Marie de (1713–84), m. (1732) César-Gabriel de Choiseul, Duc de Praslin:
(?) Gaillard's verses to, v. 363
(?) HW mentions, i. 341
social relations of, with: Choiseul, Vicomte and Vicomtesse de, v. 349; Craon, v. 263; D, v. 346, 349, 427(?), 429(?), 431–2, 448(?); Estrées, Maréchal and Maréchale d', v. 263; HW, v. 262–3, 291, 349; Hertford, Cts of, v. 262–3; Lorges, v. 349; Mirepoix, Mme de, v. 349; Montrevel, Comtesse de, v. 263; Pérusse, Marquise de, v. 349; Praslin, Marquise de, v. 349; Rians, Marquise de, v. 349; Richards, v. 263; Rochefort, Comtesse de, v. 342; Rondé, Mme, v. 349; Sanadon, Mlle, v. 349; Selwyn, i. 369
Champagne-Mouton, Comte de. *See* La Rochefoucauld, Frédéric-Guillaume de Roye de
Champcenetz, Marquise de. *See* Nieukirchen de Nyvenheim
Champion de Cicé, Jean-Baptiste-Marie (d. 1805), Bishop of Auxerre:
social relations of, with Maurepas, v. 309
Champion de Cicé, Jérôme-Marie (1735–1810), Bishop of Rodez:
D's opinion of, ii. 469, iii. 13
Gennevilliers visited by, ii. 469
social relations of, with: Choiseul, Duchesse de, ii. **469**; D, iv. 115, 250, v. 351–2
*1* Champlâtreux, Comte de. *See* Molé, Édouard-François-Mathieu
*2* Champlâtreux, Comtesse de, wife of *1*. *See* Lamoignon, Marie-Louise de
*1* Champrond, Abbé de, son of *4*. *See* Vichy, Nicolas-Marie de
*2, 3, 4, 5* Champrond, Comte de. *See* Vichy, Abel-Claude-Marie-Gœric-Cécile de (1765–

1832); Vichy, Abel-Claude-Marthe-Marie-Cécile de (1740–93); Vichy, Gaspard de (d. 1736); Vichy, Gaspard-Nicolas de (1699–1781)
*6, 7, 8* Champrond, Comtesses de, wives of *5, 4, 3*. *See* Albon de Saint-Marcel, Marie-Camille-Diane d' (1714–73); Brulart, Anne (fl. 1690); Saint-Georges, Claude-Josèphe-Marie de (1742–75)
Champrond:
D receives letter from, v. 455
Champs, Des. *See* Des Champs
Champs de Mars:
Condé's duel at, v. 438
'Chancelier, le.' *See* Maupeou, René-Nicolas-Charles-Auguste
Chandos, 3d D. of. *See* Brydges, James
Channel, English:
British army in, v. 158
French officers to be sent to, v. 212
*Chant de l'enfer. See under* Gudin de la Brenellerie, Paul-Philippe
Chanteloup:
Arras, Bishop of, unable to escort D to, iii. 108
Balbastre composes airs for, iv. 115
Boufflers, Marquis de, dies at, iv. 92
Choiseul, Duc de, manages, iii. 253–4
—— occupies, i. 302, ii. 9, 85, 86, 88, 103, 436, 469, iii. 1, 7, 243, 246, 253, 331, iv. 62, 190, 204, 244, 439, v. 44, 365, 447, vi. 207
—— to occupy, i. 338, ii. 134, 243, 266, 463, 464, iii. 42, iv. 163, 174, 196, 198, 272, 281, 319, 441, 445, 468, 476, 478, v. 36, 68–9, 124
Choiseul, Duchesse de, likes life at, ii. 437
—— occupies, i. 57, 59, 284, 286, 289, 319, ii. 61, 68, 70, 79, 110, 234–5, 237, 240, 243, 248, 254, 261, 263, 404, 406, 411, 425, 427, iii. 1, 6, 7, 15–6, 322, 331, 426, iv. 196, 198, 212, 240, 244, 441, v. 44, 447
—— recuperates at, ii. 223
—— to occupy, iv. 163, 272, 281, v. 36, 124
Coigny, Comte and Comtesse de, might settle at, iv. 22
comedies acted at, iii. 382, 385, 388
D consults HW on difficulties of going to, iii. 42–4
D deplores distance of, from Paris, iii. 370, 386
D has news from, iii. 327, 381, 395, 411–2, 426, iv. 8, 110
D has no letters from, ii. 85, 85–6, 88, 93, iii. 15, 80, 84, 185–6
D intends not to visit, for 5 or 6 months, iii. 15
D invited to, ii. 121, 126, iii. 363, 395, 396, iv. 40, 44, 46, 324
D mentions, ii. 120, 266, 296, 298, 453, 470–1, iii. 38, 60, 61, 235, iv. 248, 375, 378, 380, 499, v. 81, 192
D not to visit, iv. 270
D's correspondence with, ii. 238, 244, 263, iii. 11, 23, 81, 109, 129, 144, 153, 224, 270, 281, 300, 305, 336, 337, 351, 373, 377, 385, 388, 416,

iv. 33, 69, 93, 187, 221, 324, 361, v. 48, 155, 435, 457, 461
D's journey from, iii. 251, 257, 259
D's journey to, iii. 237–40
D's proposed visit to, iii. 15, 16, 23, 30, 37, 42, 52, 63, 73, 76, 78, 79, 93, 96–7, 102, 108, 109, 117, 118, 122, 127, 150, 152, 153–4, 156, 158, 168, 170, 195–6, 215, 216, 221, 224, iii. 228, 231, 234
D thinks Choiseul regrets, iv. 127
Du Châtelet sends courier to, iii. 166
flocks at, ii. 437
gardens of, vi. 208
Gramont, Duchesse de, important to life at, iii. 395, 396, 399–400
HW invited to, iv. 167
HW sees model of, v. 331
HW sends messages to, iv. 98
HW unwilling to go to, iv. 376
HW would be welcome at, iii. 41, v. 88
health of company at, iii. 322
Joseph II's proposed visit to, iv. 445, 447, 453, 455
life at, ii. 240, iii. 243, 255–6
occupants of, visit Richelieu, iv. 463
pagoda ('obélisque') at: v. 88, 124, vi. 208; in parfilage, v. 197
peace reigns at, iii. 253
pencils forwarded to, v. 154
postal service to, iii. 242, 243, 244, 246
poultry yard at, ii. 437
runaway horses from, iv. 430
Saint-Simon *Mémoires* at, iii. 6, 57, 78
schedule of hours at, iii. 243
'Strawberry Hill' of Duchesse de Choiseul, ii. 261
time of journey between Paris and, ii. 110, 406, 436, iii. 43, v. 126
tonneau for D ordered to be brought from, iv. 268, 275
Véret 2 leagues from, iv. 196
visitors to, v. 72, 153; Achy, Marquise d', ii. 406; Amblimont, Comtesse d', ii. 469; Anville, Duchesse d', iii. 95, 231; Arras, Bishop of, iii. 234, 253, 254, iv. 373, v. 456; Artois, iv. 445, 450–1; Barthélemy, Abbé, i. 297, 312, ii. 234, 240, 245, 253, 254, 261, 263, 406, iii. 1, 6, 7, 16, 63, 96, 168, 173, 240, 243, 245, 404, 426, iv. 184, 212, 291, 332, 348, 349, 353, 441, v. 424, vi. 201–2, 207–8; Barthélemy, Marquis de, iv. 184; Bauffremont (Listenois), ii. 71, 411, iii. 268(?), v. 448; (?) Beauteville, v. 423, 448, 456; Beauvau, iii. 34, 37, 45, 48, 169, 225, 256, 345, 380, 391, iv. 3, 82, 212, 214, 417; Beauvau, Princesse de, ii. 464, 469, iii. 1, 37, 48, 169, 225, 256, 264, 380, 432, iv. 3, 212, 214; Besenval, iii. 243; Boufflers, Chevalier de, iii. 245; Boufflers, Comtesse Amélie de, iv. 441, 453; Boufflers, Comtesse de, iv. 33, 41, 431, 441, 453; Brienne, iii. 331, iv. 232; Brienne, Comtesse de, iii. 59, 231, 243, 245, 363, v. 150, vi. 207; Burgoyne, iii. 269–70; Caracciolo, v. 427; Castellane, ii. 234, iii. 238, 243, 245, 253;

Chabot, iii. 95; Chabot, Comtesse de, iii. 95, 231; Chartres, iii. 331; Chauvelin, Marquise de, v. 150, vi. 207; Choiseul, Comte de, v. 69, 72, 73; Choiseul-Beaupré, Comtesse de, ii. 234, 425, iii. 7, 183, 350, 352, 363, 403, 426, iv. 330; Choiseul-Beaupré, Marquis de, iii. 7, v. 69; Choiseul-Beaupré, Marquise de, iii. 7; Choiseul-Stainville, Marie-Stéphanie de, v. 69, 72, 73; Corbie, Mme, ii. 416; Cotte, vi. 207; D, iii. 236, 240–58, 259, 261, 270, 284, 331, 396, iv. 312, vi. 191; Du Buc, v. 448; Du Châtelet, iii. 84, 86, 165, 241, 243, 245, 246; Du Châtelet, Comtesse (Duchesse), iii. 84, 86, 165, 241, 243, 245, 246, iv. 450; Du Cluzel, Mlle, vi. 207; Du Hamel, Mlle, ii. 469; Duras, Duchesse de, vi. 207; during exile, numbered 210, iv. 121; Gatti, ii. 234, 261, 263, 406, iii. 7; Gleichen, ii. 250, 252; Gontaut, iii. 7; Gramont, Duchesse de, i. 338, ii. 126, 134, 463, 464, 469, iii. 7, 30, 42, 245, 363, 370, 373, iv. 33, 41, 163, 174, 184, 347, 353, 441, 468, 476, v. 68–9; Imécourt, vi. 207; Imécourt, Vicomtesse de, v. 150–1, vi. 207; La Fayette, Marquise de, vi. 207; La Rochefoucauld, iii. 231; Lauzun, iii. 7, 426; Lauzun, Duchesse de, iii. 7, 231, 243, 426, iv. 441; Ligne, Princesse de, iii. 243, 245; Lorraine, Princesse Anne-Charlotte de, iii. 245, vi. 207; Luxembourg, Mme de, iii. 122, 125, 127, 129, 135, 136, 169, 228, 231, 234, 238, 241, 243, 350, 353, 358, 404, 412, 418, 426, 431, iv. 33, 48–9, 54, 103, 104, 110, 441, 450, 452, 453; Montesson, Marquise de, v. 124, 150, 153; Montpipeau, Marquis and Marquise de, vi. 207; Mouchy, Maréchale de, vi. 207; Noailles, Vicomtesse de, vi. 207; Orléans, v. 124, 150, 153; Poissonnier, vi. 207; Poix, Princesse de, iii. 317; Schomberg, iii. 245; Selwyn, v. 124; servants of, given party by Choiseul, iv. 162–3; Stainville, iii. 7, 15, 30; Stanley, iii. 270; Tessé, Comtesse de, ii. 469, iii. 59; Thianges, vi. 207; Thiers, ii. 234, 240; Tingry, Princesse de, iii. 256; Toulouse, Archbishop of, iii. 331, v. 150, 153; Tours, Archbishop of, v. 450; Valentinois, Duchesse de, iii. 363; Vaudemont, Princesse de, v. 150
water route to, iii. 350, 352–3
wing of, collapses, iii. 122, 128
Chanterac, Charles de la Cropte de. *See* La Cropte de Chanterac, Charles de
Chanteur, Le. *See* Le Chanteur
Chantilly:
Bourbon exiled to, by Louis XVI, v. 31
china from: D has, vi. 24; HW buys, v. 401, 402, 403, 406, 410; HW sends, to England, v. 405, 407
Condé at, iii. 15, iv. 163
D mentions, i. 230, 340
D sends letter to Mlle de Prûlé at, v. 459
five hours from Paris, i. 1
HW's expenses at, v. 399
HW writes from, i. 1, 32, 126, 128, 169, 310, ii. 273, 292, v. 381, 386
Paris robbed of company by, iii. 82

[Chantilly, *continued*]
    trees scarce budded at, v. 314
    visitors to: Brunswick, i. 42; Choiseul, Du-
      chesse de, ii. 130, 134; Christian VII, ii. 154,
      166; Du Barry, Comtesse, ii. 447; HW, i. 1,
      344, 346, v. 260, 314, 324, 334, 353; Louis XV,
      i. 122, 333, ii. 257, 447, 458; Luxembourg,
      Mme de, i. 338; Marie-Antoinette, ii. 447;
      Mesdames, ii. 257, 447; Mirepoix, Mme de, i.
      127, ii. 257; Pars, iv. 236; Pembroke, Cts of,
      ii. 159; Selwyn, v. 151, 152
Chanvalon. *See* Thibaut de Chanvalon
Chapelain, Jean (1595–1674):
    D's verses in manner of, v. 213
    *Pucelle, La,* D mentions, v. 214
Chapelle, Claude-Emmanuel Lhuillier (1626–
    86), poet:
    Broussin's friend, ii. 284
    D repeats verses from, ii. 284
Chaponay, Jacques-Hugues de:
    trial of, i. 35
Chappe d'Auteroche, Jean (1722–69):
    *Voyage en Sibérie,* (?) D reads, iii. 190
Chappuzeau, Samuel (ca 1625–1701):
    *Europe vivante, L',* D owns, vi. 26
Chapt de Rastignac, Pierre-Louis (b. 1713),
    Comte de Puyguilhem:
    (?) social relations of, with Duchesse d'An-
      ville, v. 311
*Characters of Eminent Personages of his own
    time. See under* Stanhope, Philip Dormer
Charades:
    'courage,' v. 374
    'italien,' iv. 340, 344
    'trout,' v. 360
Chardin, Jean (1643–1713):
    *Journal du voyage du Chevalier Chardin en
    Perse et aux Indes,* D quotes, i. 9, 337
Charenton-Saint-Maurice, hospital for insane at:
    patients at, ii. 416
Charette de Montebert, Marie-Madeleine-Élisa-
    beth (1706–78), m. (1) (1733) Louis de Sérent,
    Marquis de Kerfilis; m. (2) (1745) Henri-Fran-
    çois de Bretagne, Comte de Vertus; m. (3)
    (1752) Anne-Léon, Baron de Montmorency:
    death of, v. 6
    social relations of, with Mme Geoffrin, v. 327
Charguion, ——, English attaché at Paris:
    social relations of, with: HW, v. 291; Hel-
      vétius, v. 296; Holbach, v. 304; (?) Usson,
      Comte and Comtesse d', v. 293
Charité, La. *See* Hôpital de la Charité des
    Hommes
'Charlemagne, cour de.' *See under* Colbert,
    Élisabeth-Pauline-Gabrielle
Charles V (1500–58), Holy Roman emperor:
    HW detests, i. 318
*Charles V. See under* Robertson, William
Charles VI (1685–1740), Holy Roman emperor:
    ministers of, offered bribes by Whigs, v. 354
Charles I (1600–49), K. of England 1625–49:
    attempt to remove, from roll of martyrs, iv.
      146

D mentions, iv. 430
Fox's ancestor, iv. 24
Mary of Orange, daughter of, v. 335
Richmond approves of execution of, v. 18
Charles II (1630–85), K. of England 1660–85:
    Waller's answer to, cited by D, i. 81
Charles V (1337–80), K. of France 1364–80:
    Doumenil has portrait of, v. 313
    Joseph II may be like, iv. 447
    *Paris sauvé* deals with minority of, iii. 379
Charles VI (1368–1422), K. of France 1380:
    (?) Mary Stuart's prayer book illuminated in
      reign of, v. 359
Charles VII (1403–61), K. of France 1422–61:
    Choiseul gay as, ii. 327
    Doumenil has portrait of, v. 313
    *Histoire* of, D owns, vi. 34
    (?) Mary Stuart's prayer book illuminated in
      reign of, v. 359
Charles VIII (1470–98), K. of France 1483–98:
    Gudin's poem on, ii. 243
    Henry VII aided by, ii. 4
Charles IX (1550–74), K. of France 1560–74:
    Doumenil has drawing of, v. 313
Charles (-Philippe) X (1757–1836), Comte d'Ar-
    tois; K. of France 1824–30:
    Bastard chancellor to, v. 442
    Besenval allowed to visit, in exile, v. 32
    Bourbon, Duc and Duchesse de, reconciled
      with, v. 30
    Bourbon, Duc de, fights with, over insult to
      Duchesse, v. 29–31, 32
    capitainerie acquired by, iv. 397
    Choiseul to be visited by, at Chanteloup, iv.
      445, 450–1
    Choisy visited by, after Louis XV's death, iv.
      50
    Coigny, Duc de, may serve, iii. 220
    Cossé ball attended by, iv. 162
    Crussol captain of the guard to, v. 30
    —— second of, v. 30
    dances at ball in honour of Dauphin's mar-
      riage, ii. **410**
    Esterhazy allowed to visit, in exile, v. 32
    HW presented to, v. 266
    HW sees, dine, v. 330
    health of, iv. 418
    Hénin to serve, iii. 220
    horse-racing losses of, iv. 418
    household of, iii. 296, 347
    inoculation of, iv. 58, 62, 64, 66, 69
    La Marck, Comtesse de, assisted by, in secur-
      ing another house, iv. 398
    La Vauguyon governor of, iii. 179
    Louis XVI exiles, to Choisy, v. 31, 32
    —— has letter from, in Bourbon affair, v. 32
    Marie-Josèphe's funeral oration attended by,
      v. 318
    Marly visited by, iv. 62
    marriage of: iii. **337**, 342, 412; celebrations
      for, iii. 418, 421, 425, 427
    Montyon chancellor to, v. 442
    Nassau allowed to visit, in exile, v. 32

Polignac, Comte de, may serve, iii. 220
Saint-Germain, new château at, acquired by, iv. 397
social relations of, with Besenval, v. 32
Swiss Guards given to, iii. 161, 167, 209
Versailles to be visited by, iv. 450
Voltaire's *Irène* attended by, v. 30
Charles II (1332–87), the Bad, K. of Navarre:
Sedaine's play about, ii. **384–5**
Charles III (1716–88), K. of Spain:
Aranjuez retreat of, v. 312
rôle of, in *La Passion des Jésuites*, iii. 315
seeks war with England, iii. 355
Squillace dismissed by, v. 312
Charles XII (1682–1718), K. of Sweden:
*Histoire* of, D owns, vi. 34
Porquet alludes to, ii. 325
Charles XIII, K. of Sweden. *See* Karl XIII
Charles Edward (Stuart) (1720–88), the Young Pretender:
Aiguillon, Duchesse d', tells anecdotes of, v. 274
Bar, Confederacy of, may be headed by, iii. 111
Cumberland defended by, v. 274–5
finances of, iii. 218–9
Fitzjames, Marquis de, escorts, iii. 111
Herbert, Lady Mary, rescued by, v. 288
leaves Rome, iii. **111**
Le Moine's bust of, v. 279
marriage of, iii. 218
mot on Princesse de Talmond's miniature of, vi. 58
Talmond, Princesse de, mistress of, vi. 57–8
York, Cardinal of, injures, v. 275
York, D. of, does not mention, v. 364
Charles Emmanuel III (1701–73), K. of Sardinia, 1730:
death of, iii. **337**
mourning for, iii. 339
rôle of, in *La Passion des Jésuites*, iii. 315
Charles Emmanuel IV (1751–1819), P. of Piedmont; D. of Savoy; K. of Sardinia, 1796:
marriage of, iii. **337**
Charleston, South Carolina:
capture of, v. 233
Charlotte Sophia (1744–1818), Q. of George III:
birthday of: celebrated, iv. 139; fog on, iv. 139
*1* Charlus, Comte de. *See* La Croix de Castries, Armand-Charles-Augustin de
*2* Charlus, Comtesse de, wife of *1*. *See* Bonnières de Souastre, Marie-Louise-Philippine de
Charmoisy, Mme Claude de. *See* Duchâtel, Louise
*1, 2* Charost, Duc de. *See* Béthune, Armand-Joseph de (1738–1800); Béthune, Paul-François de (1682–1759)
*3* Charost, Duchesse de, wife of *1*, granddau.-in-law of *2*. *See* Martel, Louise-Suzanne-Edmée
*4* Charost, Marquis de, brother of *2*. *See* Béthune, Louis-Joseph de (1681–1709)
*5* Charost, Marquise de, wife of *4*. *See* Brulart, Marie

*1* Charpentier, Victor-Thérèse (d. 1776), Comte d'Ennery; governor of French Leeward Islands:
death of, ascribed to thunderbolt, iv. 403
ladies mourn, iv. **403**
*2* Charpentier d'Ennery, Marie-Cécile-Pauline (b. ca 1734), sister of *1*, m. (1749) Gilbert de Chauvigny, Baron de Blot:
admired, i. 76, iv. 41
Chartres, Duchesse de, attended by, iv. 293
Chesterfield praises, iv. 37, 41
D's opinion of, iv. 41
social relations of, with Mme de Luxembourg, v. 304
Chartier, Jean:
*Histoire de Charles VII*, (?) D owns, vi. 34
Chartres, Bishop of. *See* Rosset de Rocozel de Fleury, Pierre-Augustin-Bernardin de
*1* Chartres, Duc de. *See* Bourbon, Louis-Philippe-Joseph de
*2* Chartres, Duchesse de, wife of *1*. *See* Bourbon, Louise-Marie-Adélaïde de
Chartres:
Louis XV hunts near, i. 291
Chartreuse, la, Rue de l'Enfer:
HW at, v. 270, 308, 319, 337
HW buys pastilles at, v. 410
*Chasse de Henri IV, La Partie de. See under* Collé, Charles
Châsse de Sainte-Geneviève:
uncovered, v. 286
Chastelet. *See* Hay du Chastelet
Chastellux, François-Jean (1734–88), Chevalier (Marquis, 1784) de:
Académie française elects, iv. 116
anecdote of lady talking with, v. 121
social relations of, with: Helvétius, v. 299; Holbach, v. 267, 272
*1* Chastenet, Barthélemi-Athanase-Hercule de (b. 1729), Vicomte de Puységur:
(?) D's opinion of, ii. 350
(?) social relations of, with Duchesse de Choiseul, ii. 350
*2* Chastenet, Jacques-François-Maxime de (1716–82), Marquis de Puységur:
(?) D's opinion of, ii. 350
(?) social relations of, with Duchesse de Choiseul, ii. 350
*3* Chastenet, Jean-Auguste de (1740–1815), Abbé de Puységur; Bishop of Saint-Omer 1775–8, of Carcassonne 1778–88, and of Bourges 1788–1815; brother of *1*:
Saint-Omer bishopric given to, iv. 98
social relations of, with D, v. 428, 429
*4* Chastenet, Louis-Pierre de (1726–1807), Comte de Puységur; brother of *1*:
(?) D's opinion of, ii. 350
(?) social relations of, with: Choiseul, Duchesse de, ii. 350; Luxembourg, Mme de, v. 301
Chastre, La. *See* La Chastre
Chastres, Marquis de. *See* Du Deffand de la Lande, Jean-Baptiste-Jacques-Charles

Chastres, château of:
  D's rights to, vi. 30
*Château d'Otrante, Le:*
  Choiseul wishes to read, i. 280
  D asks copy of, for Duchesse de la Vallière, iii. 123
  D discusses reception of, i. 256, 260, 270, 271, 283
  D lends, to Duchesse de la Vallière, iii. 123
  D mentions, iii. 115
  D sends, to HW, i. 270, 271, 275, 280
  HW mentions, i. 260
  *See also Castle of Otranto, The*
Château-Giron. *See* Le Prestre de Château-Giron
Châteaurenaud, Marquise de. *See* Montmorency, Anne-Julie de
Châteauroux, Duchesse de. *See* Mailly-Nesle, Marie-Anne de
Châtel. *See* Du Châtel
Châtelet. *See* Du Châtelet
Châtelet, Le:
  arrêté of, vi. 200
  Cazeaux imprisoned in, v. 134
  D's will delivered at, vi. 11
  prisoners transferred to, iv. 256
Chatfield, Mr (d. 1765):
  death of, v. 396
Chatham, E. of. *See* Pitt, William
Châtillon. *See also* Du Plessis-Châtillon
*1, 2* Châtillon, Duchesse de. *See* La Baume le Blanc, Adrienne-Émilie-Félicité de (1740–1812); Le Veneur de Tillières, Anne-Gabrielle (1699-1781)
*3* Châtillon, Amable-Émilie de (1761–1840), dau. of *1*, granddau. of *2*, m. (1777) Marie-François-Emmanuel, Duc de Crussol:
  marriage of, iv. 431, 436, 439
*4* Châtillon, Louis de (1639–1734), painter:
  Ennery has medallion by, v. 325
  Petitot's pupil, v. 325
Châtillon, near Paris:
  visitors to: Chabot, Comte de, v. 331; Choiseul, Duc and Duchesse de, v. 331; D, ii. 245; HW, v. 331; Invault, M. and Mme d', v. 331; Lavaur, Bishop of, v. 331; Mercy-Argenteau, v. 331; Orléans, Bishop of, v. 331; Saint-Brieuc, Bishop of, v. 331; Trudaine de Montigny, M. and Mme, v. 331
Chat qui dort, le (game):
  played, v. 335, 336
Châtre. *See* La Châtre
Chaulieu. *See* Amfrye de Chaulieu
*1, 2* Chaulnes, Duc de. *See* Albert d'Ailly, Marie-Joseph-Louis d' (1741–93); Albert d'Ailly, Michel-Ferdinand d' (1714–69)
*3* Chaulnes, Duchesse de, wife of *2*, mother of *1*. *See* Bonnier de la Mosson, Anne-Josèphe
Chaumont, Antoine-Martin de (1697–1783), Marquis de la Galaizière; conseiller d'État:
  social relations of, with Mme de Mirepoix, v. 341

speech of, at suppression of cour des aides, iii. 58–9
  Stanislas I's chancellor, v. 341
Chaumont de Quitry, Marie-Anne de (1736–1812), m. (1754) Claude-Marguerite-François Renart de Fuchsamberg, Comte d'Amblimont:
  Choiseul and Duchesse de Gramont entertain, at Chanteloup, ii. 469
Chaussée, Nivelle de la. *See* Nivelle de la Chaussée
*1* Chauvelin, Marquise de, wife of *4*. *See* Mazade d'Argeville, Agnès-Thérèse
*2* Chauvelin, Anne-Sabine-Rosalie (b. 1732), m. (1752) Jean-François de la Rochefoucauld, Vicomte de la Rochefoucauld, Comte de Surgères:
  (?) social relations of, with Duchesse d'Anville, v. 311
*3* Chauvelin, Charlotte-Ferdinande de, dau. of *4*, m. (1778) Marie-Louis-Charles de Vassinhac, Vicomte d'Imécourt:
  Chanteloup to be visited by, v. 150–1
  —— visited by, vi. 207
  pension of, iii. 431, 435
*4* Chauvelin, Claude-François (*or* François-Claude *or* Bernard-Louis) (d. 1773), Marquis de, general:
  ambassadorships of, iii. 433
  Argental friend of, iv. 120
  Conti's friendship with, iii. 431
  Corsican campaign of, ii. 64, 66, 199, 200, 202
  D cites song of, iv. 274
  D's opinion of, iii. 428
  D's relations with, iii. 433
  death of, iii. 427, 428
  grandes entrées granted to, ii. 339
  house of, in Rue de Bourbon, iii. 431, 435, 436
  Lauzun leaves for Corsica ahead of, ii. 135
  Louis XV's benefactions to family of, iii. 431, 435
  social relations of, with Comtesse du Barry, ii. 288
  song by, for Ds of Parma: ii. 89–90, 97; attributed to D, iv. 26
*5* Chauvelin, François-Bernard (1766–1832), Marquis de, son of *4:*
  master of the wardrobe at 7, iii. 431, 435
*6* Chauvelin, Henri-Philippe de (1716–70), abbé:
  address of, on pragmatic sanction, i. 293–4
  D compares, to Wilkes, ii. 342
  death of, ii. 342
  'Henri V,' ii. 342
*7* Chauvelin, Jacques-Bernard (1701–67), seigneur de Beauséjour; intendant des finances; brother of *6:*
  death of, from gout, i. 265
*8* Chauvelin, Louise-Philippe de, dau. of *4*, m. (1781) Charles-Esprit-Clair de la Bourdonnaye, Comte de Blassac, Marquis du Timeur:
  pension of, iii. 431, 435
Chauvigny, Gilbert de (1720–85), Baron de Blot:
  marriage of, i. 76n

social relations of, with Marquise de Mon-
conseil, v. 297, 332
Chavannes. *See* Le Rat de Chavannes
Chavaudon, ———:
attends session of parliament of Paris, vi. 173
Chavigny, Théodore de (d. 1771), diplomatist:
(?) social relations of, with: Gray, Sir James,
v. 317; HW, v. 317; Nicol, v. 317; Walpole,
Hon. Robert, v. 317
Chaville, Comtesse de Tessé's seat:
Gramont, Duchesse de, to visit, iii. 363
——— visits, v. 449
Cheese:
Choiseul, Duchesse de, sends, to D, iii. 240
recipe for: ii. 60; offered to HW, i. 394
Chennevières. *See* Nouveau de Chennevières
Chenonceaux:
Dupin, Mme, at, ii. 281
Cherries:
cooked, v. 88
D presented with, v. 458
Chery. *See* Nery
Chesnaye, La. *See* La Chesnaye
Chess:
Craufurd fond of, iv. 56
Malézieu and Mme de Staal play, v. 322
'Chester, Comte du.' *See* Edward Augustus
Chesterfield, E. of. *See* Stanhope, Philip Dormer
Chevalier, John, London merchant:
(?) Walpole, Hon. T., sends parcel to HW by,
v. **205**, 209
'Chevalier, le.' *See* Beauvau-Craon, Ferdinand-
Jérôme de; Boufflers, Stanislas-Jean de
Chevance, ———, wood merchant:
D's receipt from, vi. 41
Chevau-légers:
cost of, to d'Aiguillon, ii. 340
reduced in number, iv. 251
Chevilly. *See* Perrin de Cypierre de Chevilly
Chevreuse, Duc de. *See* Albert de Luynes, Marie-
Charles-Louis d'
Chewton, Lord. *See* Waldegrave, George
Cheylus, Joseph-Dominique de (1719–97),
Bishop of Tréguier:
D's plan to rent apartment to, i. 12, 19
social relations of, with: Aiguillon, Duchesse
d', v. 281, 283, 291, 298, 301, 312; D, v. 309;
Forcalquier, Comtesse de, v. 311; Rochefort,
Comtesse de, v. 294, 300, 306
Chichester, Bishop of. *See* Buckner, John
Chichester:
Bull, Mr, of, v. 398
Chickens:
HW's, i. 80, 105, 107
sent from Le Mans, v. 436
Chicoyneau, Jean-Joseph-François de (d. 1783),
Baron de la Valette:
(?) D has notes signed by, v. 39–40
(?) D's 'rescription' money received by, v. 434
*1, 2* Chimay, Prince de. *See* Alsace-Hénin-Lié-
tard, Philippe-Gabriel-Maurice-Joseph d'
(1736–1804); Riquet de Caraman, François-
Joseph-Philippe de (1771–1842)

*3, 4* Chimay, Princesses de, mother and wife of
*1*. *See* Beauvau-Craon, Gabrielle-Françoise de
(1708–58); Fitzjames, Laure (1744–1814)
China:
Chantilly, *see under* Chantilly
D's, inventoried, vi. 12–13, 24–6
medals of, v. 262
Saxe, *see under* Saxe
Sèvres, *see under* Sèvres
*Chine, Épître au Roi de la. See under* Voltaire
Choart, Gabriel (d. 1787):
(?) attends session of parliament of Paris, vi.
173
*1* Choiseul, Baronne de. *See* Girard de Vannes,
Marie-Françoise de
Choiseul, Cardinal de. *See* Choiseul, Antoine-
Clériadus de
Choiseul, Chevalier de. *See* Choiseul-Beaupré,
Michel-Félix-Victor de (1754–96)
Choiseul, Comte de. *See* Choiseul, Antoine-Cé-
sar de (1756–1808); Choiseul-Beaupré, Claude-
Antoine-Clériadus-Gabriel de (1760–1838);
Choiseul-Beaupré, Marie-Gabriel-Florent-
Auguste de (1752–1817)
*34, 2, 3* Choiseul, Comtesses de, wife of *23*; aunt-
in-law of *23*; wife of *9*. *See* Choiseul-Stainville, Marie-Stéphanie de (1763–1833); Lallemant de Betz, Marie-Françoise de (1793);
O'Brien de Thomond, Charlotte-Antoinette-
Marie-Septimanie (1759–1808)
Choiseul, Duc de. *See* Choiseul, César-Auguste
de (d. 1705); Choiseul-Beaupré, Claude-Antoine-Clériadus-Gabriel de (1760–1838); Choiseul-Stainville, Étienne-François de (1719–85)
*4, 34, 5* Choiseul, Duchesses de, wives of *11, 23*,
and *32*. *See* Bouthillier de Chavigny, Marie
(1646–1728); Choiseul-Stainville, Marie-Stéphanie de (1763–1833); Crozat du Châtel,
Louise-Honorine (1735–1801)
Choiseul, Marquis de. *See* Choiseul, Charles-
Antoine-Étienne de
*6, 7* Choiseul, Marquises de, wives of *14*. *See*
Raby, Louise (ca 1755–72); Walsh de Serrant,
Françoise-Élisabeth-Charlotte de (d. 1793)
Choiseul, Vicomte de. *See* Choiseul, Renaud-
César-Louis de
*8* Choiseul, Vicomtesse de, wife of *19*. *See* Durfort de Lorges, Guyonne-Marguerite-Philippine de
*9* Choiseul, Antoine-César de (1756–1808),
Comte de Choiseul; Comte de Praslin; Duc de
Praslin; son of *19*:
honours given to, v. 448
*10* Choiseul, Antoine-Clériadus (1707–74), Cardinal de:
social relations of, with: HW, v. 262–3; Hertford, Cts of, v. 262–3
*11* Choiseul, César-Auguste (d. 1705), Duc de:
will of widow of, vi. 36
*12* Choiseul, César-Gabriel de (1712–85), Duc de
Praslin; secretary of state:
advises on choice of controller, ii. 326
Aiguillon investigation favoured by, ii. 197

[*12* Choiseul, César-Gabriel de, *continued*]
Beaumarchais subject of letter by, v. 439
Bouillon said to have sold office to, i. 68–9
Choiseul successor of, vi. 122
Clugny served under, iv. 311
D's accident before dwelling of, i. **55–6**, 61, 63, vi. 122
D scolded by Choiseul for telling of discourtesy of, vi. 122
D sends to, for news, iii. 161
D's opinion of, iii. 196
D's relations with, iii. 173
daughter-in-law of, iv. 66
exiled, iii. 5
(?) Gaillard's verses to wife of, v. 363
(?) HW mentions, i. 341
Hénault calls, 'un faquin,' i. 56
Louis XV attended by, ii. 196
marriage of, i. 369n
Opéra attended by, iii. 325, 333
parliament of Paris attended by, vi. 172
Richmond converses with, v. 273
Sanadon, Mlle, a favourite of, iii. 325, 333, iv. 66
social relations of, with: Choiseul, Vicomtesse de, iii. 173; D, iii. 173, 183, 196, v. 348, 429, 430–2; Gramont, Duchesse de, iii. 363; HW, v. 266, 298; Lennox, Lord George, v. 298; Maximilian, iv. 156–7; Richmond, v. 298
'satrape,' i. 63, 69
Vergennes's correspondence with, v. 439

*13* Choiseul, César-Hippolyte de (1757–93), Comte de Choiseul-Praslin; son of *19*:
marriage of, v. 450
social relations of, with D, v. 450

*14* Choiseul, Charles-Antoine-Étienne (b. 1739), Marquis de:
(?) Choiseul, Duc de, enemy of, iii. 110
grandes entrées granted to, iv. 52
wife of, iii. **110**

*15* Choiseul, Claude-Antoine-Clériadus de (1733–94), Marquis de Choiseul-Beaupré; 'Marquis de Choiseul-la-Baume'; nephew of *10*:
Chanteloup to be visited by, v. 69
Choiseul, Duc and Duchesse de, accompanied by, at Chanteloup, after disgrace, iii. **7**
social relations of, with: Choiseul-Beaupré, Comtesse de, v. 439; D, v. 445
son of, marries, v. **69**, 72, 73

*16* Choiseul, Élisabeth-Céleste-Adélaïde de (1737–68), dau. of *12*, m. (1752) Florent-Alexandre-Melchior de la Baume, Comte de Montrevel:
death of, ii. **150**, 151
(?) HW's letter to Rousseau disliked by, v. 294
Sanadon, Mlle, close friend of, ii. 151
social relations of, with: D, i. **53**, v. 270(?), 274(?), 287(?), 289(?), 291(?), 293(?), 308(?), 310(?), 312(?), 322(?), 331(?); (?) HW, v. 295; (?) Hénault, v. 303; (?) Luxembourg, Mme de, v. 284, 286, 290, 295, 303; (?) Mirepoix, Mme

de, v. 302, 307, 312, 340, 353; Praslin, Duchesse de, v. 263

*17* Choiseul, François-Joseph de (1695–1769), Marquis de Stainville:
Choiseul, Duchesse de, in mourning for, ii. 406
death of, ii. **313**, 320
mistress of, generously treated by Duc de Choiseul, ii. 320

*18* Choiseul, Jacques-Philippe de (d. 1789), Comte de Stainville; son of *17*:
Châlons visited by, iv. 485
Chanteloup to be visited by, v. 69
Choiseul, Duc and Duchesse de, accompanied by, at Chanteloup, after disgrace, iii. 7, 15, 30
confines wife in convent at Nancy, i. **217–8**, 218–9, 225, 226–7, 239
D pays, v. 431
D receives dress purchased through, v. 432
D's commissions executed by, v. 430
D sends parcel by friend of, v. 108
D's informant on Barthélemy's pension, iii. 168
D's letters from Chanteloup delayed by, ii. 15, 15–6
daughter of, marries, v. 69, 72, 73
Gloucester seen by, at Châlons, iv. 485
Hobart friend of, v. 108
Lorraine visited by, iv. 222, 485, v. 431
marriage of, i. 217n
*Roussillon* commanded by, v. 151
social relations of, with: Bentheim, Gräfin von, v. 265; Caraman, Comtesse de, v. 450; Choiseul, Duchesse de, v. 13, 299; D, iii. 148, 158, 183, 186, 323, iv. 26, 115, 222, 250, v. 430–1, 444; Gramont, Duchesse de, v. 451; Valentinois, Comtesse de, i. 226
Valentinois, Comtesse de, leaves house at Passy to, iv. 71

*19* Choiseul, Renaud-César-Louis (1735–91), Vicomte de, later Duc de Praslin; ambassador to Naples 1766–72; son of *12*:
arrives in Paris, iii. 141
social relations of, with: D, v. 349, 433, 444, 457; Praslin, Duchesse de, v. 349

Choiseul, Hôtel de:
changes hands, v. 144
D can always go to, iv. 432
D sends letters to, iii. 93
news of Richelieu–Saint-Vincent trial awaited at, iv. 293

Choiseul-Aillecourt, Comte de. See Choiseul-Aillecourt, Gaspard-Marie-Victor de (1779–1854); Choiseul-Beaupré, Michel-Félix-Victor de (1754–96)

*20* Choiseul-Aillecourt, Gaspard-Marie-Victor (1779–1854), Comte de, son of *25*:
birth of, v. 438

Choiseul-Beaupré, Chevalier de. See Choiseul-Beaupré, Michel-Félix-Victor de

Choiseul-Beaupré, Comte de. See Choiseul-Beaupré, Marie-Gabriel-Florent-Auguste de

*21, 2* Choiseul-Beaupré, Comtesses de, wife of *24;* mother of *24* and *25. See* Gouffier d'Heilly, Marie de (1752–1816); Lallemant de Betz, Marie-Françoise (d. 1793)

Choiseul-Beaupré, Marquis de. *See* Choiseul, Claude-Antoine-Clériadus de

*22* Choiseul-Beaupré, Marquise de, wife of *15. See* La Baume-Montrevel, Diane-Gabrielle de

*23* Choiseul-Beaupré, Claude-Antoine-Clériadus-Gabriel de (1760–1838), Comte (Duc, 1785) de Choiseul; son of *15,* husband of *34:*
Chanteloup to be visited by, v. 69, 72, 73
marriage of, v. 69, 72, 73

*24* Choiseul-Beaupré, Marie-Gabriel-Florent-Auguste (1752–1817), Comte de, 'Comte de Choiseul'; 'Comte de Choiseul-Gouffier'; son of *2:*
Brittany visited by, v. 429
D's opinion of, v. 76
HW's approbation pleases, v. 232
(?) Lauzun's taking of Senegal joked about by, v. 125
marriage of, iii. **113**
returns to Paris, v. 190
secretary of, ill, v. 141
social relations of, with Duchesse de la Vallière, iii. 113
*Voyage pittoresque de la Grèce:* Barthélemy furnishes a description for, v. 114–5; D's opinion of, v. 121; HW likes, v. 114; HW to have numbers of, v. **75–6**, 82, 86, 94, 96, 102, 106, 108, 118, 125, 126, 128, 141, 145, 151, 200, 203, 213, 225, 227–30, 250, 253, 451; numbers of, appear, v. 106, 108, 118, 123, 128, 133, 138, 141, 143, 145, 171, 190, 196, 200, 225, 232; success of, v. 76
with regiment, v. 190

*25* Choiseul-Beaupré, Michel-Félix-Victor de (1754–96), Chevalier de Choiseul; Comte d'Aillecourt; son of *2:*
(?) Ducis's Académie election commented on by, v. 100
Flanders visited by, v. 429

*2* Choiseul-Betz, Comtesse de. *See* Lallemant de Betz, Marie-Françoise

*26* Choiseul d'Esguilly, Louise-Joséphine de (b. 1765), m. (1780) César-Hippolyte de Choiseul, Comte de Choiseul-Praslin:
social relations of, with D, v. 450

Choiseul-Gouffier, Comte de. *See* Choiseul-Beaupré, Marie-Gabriel-Florent-Auguste de

*21* Choiseul-Gouffier, Comtesse de. *See* Gouffier d'Heilly, Marie de

*27* Choiseul-Gouffier, Louis-Félix-Octave de (d. 1848), son of *24:*
(?) birth of, v. 429

Choiseul-la-Baume, Marquis de. *See* Choiseul, Claude-Antoine-Clériadus de

*22* Choiseul-la-Baume, Marquise de. *See* La Baume-Montrevel, Diane-Gabrielle de

*28* Choiseul-Meuse, François-Joseph (1736–1816), Comte de:
Condé makes, captain of the guard, v. 441

Choiseul-Praslin, Comte de. *See* Choiseul, César-Hippolyte de

Choiseul-Praslin, Comtesse de. *See* Choiseul d'Esguilly, Louise-Joséphine de

*29* Choiseul-Praslin, Alphonse-Charles-Guy de (1780–1802), son of *9:*
birth of, v. 457

Choiseul-Stainville, Comte de. *See* Choiseul-Beaupré, Claude-Antoine-Clériadus-Gabriel de

Choiseul-Stainville, Comtesse de. *See* Choiseul-Stainville, Marie-Stéphanie de

Choiseul-Stainville, Duc de. *See* Choiseul-Beaupré, Claude-Antoine-Clériadus-Gabriel de (1760–1838); Choiseul-Stainville, Étienne-François de (1719–85)

*30* Choiseul-Stainville, Béatrix de (1730–94), dau. of *17,* m. (1759) Antoine-Antonin, Duc de Gramont:
absorbs attentions, iii. 169
Aiguillon, Duchesse d', shocks, by countenancing Comtesse du Barry, iii. 116
Barèges to be visited by, ii. 407, 421, iv. 64
—— visited by, ii. 444–5, 450
Beauvau, Princesse de, at Chanteloup with, ii. 464
—— dominates, iv. 308
—— hostess in absence of, ii. 195
Boufflers, Comtesse de, attentive to, iv. 33, 41
—— praised by, iv. 41
(?) Bourbon-Busset loses support of, iii. 349
Bourbonne to be visited by, iv. 184, 198
Brienne to be visited by, iv. 174, 319
Broglie, Comte de, avoided by, iii. 363, 374
'Catherine,' after Catherine II, i. 358
Chanteloup to be visited by, i. 338, ii. 126, 134, 463, iii. 42, 245, 363, 370, 373, iv. 41, 93, 163, 174, 184, 347, 441, 468, 476, v. 68–9
—— visited by, ii. 464, 469, iii. 7, 30, iv. 33, 353
—— would lose life without, iii. 395, 396, 399–400, 401
Chartres's acquaintance with, iii. 340, 341
Chaville to be visited by, iii. 363
—— visited by, v. 449
Choiseul, Duc de, correspondence of, with, iii. 241, 246
—— friendship of Comtesse de Boufflers with, accepted by, ii. 188, 202n, 203
—— intrigue of, with, i. 30n
—— relations of, with, ii. 196, 372, iii. 399–400, 401
—— visits, in her illness, iv. 161
Choiseul, Duchesse de, correspondence of, with, iii. 241
—— laughs with D over, i. 358, 360
—— opinion of, of, iv. 149
—— overshadowed by, iii. 169
—— praised by, ii. 196
—— relations of, with, ii. 450, iii. 338
Choiseul-Stainville, Mlle de, marriage contract of, drawn up by, v. 68–9
Cirey to be visited by, iv. 174

[*30* Choiseul-Stainville, Béatrix de, *continued*]
Comédie visited by, iii. 363
D fears HW's letter to Duchesse de Choiseul might displease, iii. 41
D mentions, iv. 197
D receives cup from, v. 440
D's correspondence with, iv. 71, 324, 453
D sends letter by, v. 454
D's opinion of: i. 358, 360, iii. 63, iv. 161; improves, iii. 255, 401, iv. 18, 33, 149
D's relations with, ii. 196, iii. 43, 44, 240, 241, 245, 368, 373, 401, iv. 15, 18, 21, 33, 71, 142, 179, 270, 426–7
D's visit to Chanteloup disclosed by, iii. 240–1
D's visit to Chanteloup disclosed to, iii. 240
D unwilling to visit Chanteloup because of, iii. 42, 158
D urged by, to accept Barthélemy's escort, iii. 108
D wagers with, on Comtesse du Barry, ii. 196, 203–4
death of, would benefit Duchesse de Choiseul, ii. 445
deserts own party to sup with Louis XV, ii. 195
Du Barry, Comtesse, hated by, iii. 63
—— subject of wager by, ii. 196, 203–4
Du Hamel, Mlle, to remain near, ii. 469
foreigners not received by, iv. 155
Gramont, Comtesse de, relationship of, to, ii. 441
HW's lessons on, i. 371
health of, iii. 395, 399, iv. 33, 149, 161, 187, 189–90
kingdom upset by, iii. 63
La Borde to be visited by, iii. 231, 234, 238, 363
La Ferté to be visited by, iii. 363
leaves Paris, iv. 180
letter of, on health of Duchesse de Choiseul, ii. 291
Le Val visited by, v. 454, 458
L'Isle's verses about, iv. 411
Louis XV conducts, out, ii. 193, 195
Luxembourg, Mme de, relations of, with, iv. 21, 26, 29, 33, 42
Mirepoix, Mme de, avoids and is avoided by, iii. 363, iv. 18, 26–7
Orléans, Bishop of, to be visited by, iii. 231, 234, 238, 239, 241
Paris to be visited by, iv. 11, 347, 500, v. 68–9
—— visited by, iii. 363, iv. 15, 21, 33, 175, 348, v. 192
Plombières to be visited by, iv. 295, 319
—— visited by, iv. 324, 347, 348
Poix, Princesse de, confinement of, brings, to Paris, iv. 468, 472
Pompom sent to call on, in monk's garb, v. 2
popularity of, iii. 245, iv. 21, 30, 33
Raincy visited by, iv. 29
said to have gone to Choiseul's bedside, ii. 86
Sainte-Assise visited by, v. 452

social relations of, with: Anville, Duchesse d', iv. 259; Barthélemy, v. 451; Beauteville, v. 451; (?) Beauvau, v. 457; Beauvau, Princesse de, ii. 195, 196, iv. 122; Boufflers, Comtesse de, iv. 277; Brienne, Comte and Comtesse de, v. 454; Castries, ii. 341; Choiseul, iv. 122, 179, 195, 242, 244, 315; Choiseul, Duchesse de, iv. 115, 122, 163, 179, 242, 244, 293; Choiseul-Beaupré, Comtesse de, v. 439; D, i. **30**, iii. 363, 368, 372, 373, iv. 18, 21, 26, 30, 33, 41, 115, 122, 127, 178, 179, 195, 237, 242, 244, 250, 259, 268, 302, 303, 304, 308, 315, 319, 375(?), v. 192, 347, 350–3, 442, 450, 451, 453, 456–7, 459–61; Du Buc, v. 451; Du Châtelet, iv. 174; Du Châtelet, Comtesse, iv. 122, 174; Harcourt, Earl, ii. 241; La Borde, v. 310–1; La Borde, Marquise de, i. 358; Lauzun, Duchesse de, iii. 368; Louis XV, ii. 193, 195; Luxembourg, Mme de, iv. 18, v. 451; Metz, Abbess of, v. 451; Orléans, iv. 29; Praslin, iii. 363; Rochfords, i. 283; (?) Saulx, v. 451; Stainville, v. 451; Tessé, Comtesse de, v. 451; Toulouse, Archbishop of, iv. 18; Villars, i. 111
stays up late, iii. 246, 255, iv. 250
summer (1776) plans of, iv. 295, 319
sups at Temple, ii. 188
Tessé, Comtesse de, to be visited by, iii. 363
(*see also* Choiseul-Stainville, Béatrix de, Chaville visited by)
to leave Paris, iv. 29, 30, 270, 426
Valentinois, Comtesse de, avoided by, iii. 363
Versailles to be visited by, iii. 363
—— visited by, ii. 195
York's misunderstanding about, i. 333
*31* Choiseul-Stainville, Caroline-Eugénie de (1723–1816), Abbess of Metz, dau. of *17*:
lawsuit lost by, v. 456
social relations of, with: Choiseul-Beaupré, Comtesse de, v. 439(?), 442(?), 450; D, v. 452; Gramont, Duchesse de, v. 451
*32* Choiseul-Stainville, Étienne-François de (1719–85), Duc de Choiseul; minister of foreign affairs; 'petit-fils'; 'grand-papa'; son of *17*:
advises on choice of controller, ii. 326
affairs of heart occupy, v. 36
Aiguillon's enemy, i. 349n, ii. 196–7
Alembert's preface to *Exposé succinct* rouses indignation of, i. 171
anecdote by, of king's message to Bishop of Orléans, i. 360–1
(?) anecdote by, on capture of Senegal, v. 123
anecdote of, and Monclar's pension, ii. 285
Arras, Bishop of, appointment of, to Tours pleases, iv. 98
—— wishes to see, iii. 251
Artois to visit, iv. 445, 450–1
Ayen to visit, in exile, iii. 45
bankers saved by, ii. 373, 376, 404
Barèges to be visited by, iv. 64
Barthélemy to visit, iii. 6
Beaumarchais subject of letter by, v. 439

[*32* Choiseul-Stainville, Étienne-François de, *continued*]

Beauvau, Prince de, promoted over Castries by, ii. 340
—— to speak to La Borde about, vi. 187
—— visits, iii. 30, 32
Beauvau, Princesse de, influences, ii. 372, 421
—— visits, ii. 469, iii. 30, 32
Besenval consults, on troops, iii. 32
—— visits, iii. 32
Boswell's *Account of Corsica* translated for, and lent to D by him, ii. 113, 124, 126
Boufflers, Chevalier de, correspondence of, with, ii. 60, vi. 137–8
Boufflers, Comtesse de, not pleasing to, i. 16
—— reconciled with, ii. 177, 182, 188, 202n, 203
Boufflers, Marquis de, death of, afflicts, iv. 92
—— visits, iii. 30, iv. 92
(?) Bourbon-Busset loses support of, iii. 349
Bourbonne to be visited by, iv. 198
breaks bone in hand, iii. 381, 385
Brienne, Comte and Comtesse de, to be visited by, iv. 195
Brienne to be visited by, iv. 174
Brionne, Comtesse de, friend of, ii. 341, 372, iii. 169
—— may be accompanied to Limours by, iv. 473
—— to visit, in exile, iii. 45
—— visited by, iv. 439
Broglie's pension secured by, i. 57
Caraman, Comte and Comtesse de, defended by D to, i. 369
Carmontelle portrait of Duchesse and D expedited by, ii. 14
Castries expected to succeed, v. 326
——'s appointment arranged by, ii. 330, 340–1
——'s relations with, ii. 340–1, 372
Catherine II not favoured by, ii. 483
Chanteloup country-seat of, i. 57n
—— managed by, iii. 253–4
—— occupied by, i. 302, ii. 9, 85, 86, 88, 103, 435, 436, 469, iii. 1, 7, 243, 244, 246, 253, 331, iv. 62, 190, 204, 439, v. 44, 365, 447, vi. 207
—— to be occupied by, i. 338, ii. 134, 243, 266, 431, 463, 464, iii. 42, iv. 163, 174, 196, 198, 272, 281, 319, 441, 445, 468, 476, 478, v. 36, 68–9, 124
Chartres's acquaintance with, iii. 340
——'s letter from, iii. 336, 340–1
——'s letter to, iii. 336, 338, 340
——'s visit declined by, ii. 333, 340–1
—— to visit, iii. 331, 340
Châtillon visited by, v. 331
Chauvelin sent to Corsica by, ii. 200, 202
Choiseul, Duchesse de, brought to Paris by, ii. 294, 445
—— date of return of, set by, ii. 103
—— desired by, to return to Paris, ii. 289
—— entertains friends of, ii. 318
—— greeted by, ii. 110
—— included by, in reply to Chartres, iii. 340, 341

—— relations of, with, i. 23, 59, ii. 10, 188, 298, 299–300, 418, 445, 450, iii. 319, 338, iv. 155, 293, v. 197
—— suppers of, seldom attended by, i. 337–8
Choiseul, Hôtel de, returns to ownership of, v. 144
Choiseul, Marquis de, enemy of, iii. 110
Choiseul-Beaupré, Comtesse de, visits, iii. 7
Choiseul-Beaupré, Marquis and Marquise de, visit, iii. 7
Choiseul-Stainville, Mlle de, marriage contract of, drawn up by, v. 68–9
Choisy visited by, ii. 257
Cholmondeley, Mrs, lent lodging by, for Dauphin's marriage, ii. 402, 407
Cholmondeley, Mrs, talks with, ii. 272
Cirey to be visited by, iv. 174
Compiègne visited by, ii. 445
Condé opposed to, iii. 45
Conti reconciled with, ii. 177, 182, 202n, 203
Conways may see, iv. 115, 118, 126
Corbie offers millions to, ii. 416
Corsican enterprise a mistake of, ii. 202
courier of, i. 215, 219, 220, ii. 42, 66, 73, 74, 91, 94
Court attended by, at end of exile, iv. 62
cousin of, ii. 351
criticism of, ii. 158n
D accused of servility to, ii. 382
D allots suit to, iv. 258
(?) D alludes to Comtesse du Barry and, ii. 188
D asks, about date of wife's return, ii. 97
D asks for mémoire by, ii. 69
D believes, is disturbed, ii. 285
D believes war not desired by, ii. 315
D concerned over affairs of, ii. 185–6, 193, 196, 202–3, 210, 234, 297–8, 300, 304, 311, 318, 327, 329, 341, 347, 371–2, 373, 376–7, 380, 380–1, 441, 444, 447, 449–50, 456, 458, 464, 491, 495, 496, iii. 48, 49, 55–6, 74
D fears HW's letter of 28 Jan. 1771 to Duchesse might displease, iii. 41
D given seat at Comédie by, ii. 272, 275
D invited to Chanteloup by, iv. 204
D lent letters of Marquise de Maintenon by, ii. 44, 62, 68–9, 74, 88, 108
D lent Saint-Simon *Mémoires* by, ii. 478
D may never see, again, iii. 322
D mentions, i. 29, ii. 157, iv. 90, 197, 450
D not seen by, on first return from exile, iv. 62, 64, 66, 71, 97, 115, 123
D not to mention HW to, ii. 60
D occupies opera box of, v. 331
D receives New Year's gift from, i. 205, 405, 406, ii. 7, 7–8, 38
D's Christmas Eve party for, iv. 115, 118, 123, 125, 131, 133
D scolds, over Praslin's conduct over her street accident, i. 61, vi. 122
D's correspondence with, i. 406, ii. 69, 86, 88, 383, 406, 414, iv. 97
D secures book from, for HW, ii. 378

[32 Choiseul-Stainville, Étienne-François de, *continued*]

D sends letter and book through, i. 268, 269, 271

D sends message by, ii. 428

D sent messages by, vi. 208

D's finances a concern of, ii. 91, 103, 315, 354, 355, 358, 361, 362, 364, 365, 375, 379, 383, 385, 406

D's letter to HW will not be opened by, i. 269

D's opinion of, i. 205, 218, 256, 359, 359–60, 371n, ii. 202, 206–7, 298, 315, 342, 360, 365, 379, 407, 437, iii. 14, 49, 253–4, 255, 257, iv. 85, 299

D's presence at supper with Christian VII desired by, ii. 163

D's quarrel with Comtesse de Forcalquier known to, ii. 391

D's relations with, i. 210, 256, 265, 324, 358–60, 406, ii. 2, 6, 121, 137, 174, 177, 183, 191, 375, iii. 43, 44, 61, 107–8, 241–3, iv. 74, 97, 115, 142, 161, 166, 270, 273, 426, v. 36

D's verses for, ii. 178, 183

D's verses on, iv. 122–3

D's visit disclosed to, iii. 241

D's visit to surprise, iii. 238, 240

D talks with, about: Chamier, ii. 301; Guines, ii. 492; Richmond, ii. 297

D thinks Chanteloup regretted by, iv. 127

D to ask, about Ossory, ii. 114

D to receive game from, ii. 445

D unwilling to settle at Chanteloup because of, ii. 42, 60

D wagers with, on Comtesse du Barry, ii. 203–4

D wishes to show HW's letter under name of Émile to, i. 11

D would like Conways to know, iv. 115, 118, 126, 133–4, 156

Dauphin said by, to resemble James II, v. 297

Du Barry, Comtesse, bans friends of, iii. 48

—— contrasted with Mme de Maintenon by, v. 369

—— does not favour, ii. 169n, 185–6, 297–8, 300–1, 381

—— unwisely treated by, ii. 372

Du Châtelet, Comte and Comtesse, to be visited by, iv. 174, 195–6

Du Hamel, Mlle, interests, ii. 469, 470–1

Dupuits to address books to, ii. 21

employees of, ill, iv. 97

exile of, ended by Louis XVI, iv. 50, 52, 53, 56, 57, 59, 60, 62, 64n

fall of, ii. 497, iii. 4, 7, 14

finances of, iii. 155, 159, 162, 165–7, v. 144

Fontainebleau returned to by, ii. 294–5

—— to be visited by, ii. 469

Forcalquier, Comtesse de, opposed to, ii. 382

foreigners not received by, iv. 126, 133–4, 155, 156

Francès' condition alarms, ii. 344

French credit supported by, ii. 376, 378

French foreign-office archives opened by, for *Historic Doubts*, ii. 4

Fréron arouses anger of, over attack on HW, i. 206n, 228

garden of, adjoins house built by Marquise de la Ferrière, iv. 11

Gatti visits, iii. 7

gay in face of trouble, ii. 327, 456, 458, 491, iii. 167

generous to his father's mistress, ii. 320

Gennevilliers visited by, ii. 458

Gibbon meets, iv. 445

——'s acquaintance desired by, iv. 442, 445

——'s *Decline and Fall* may be translated at expense of, iv. 301

——'s *Decline and Fall* pleases, iv. 442, 445

gives party for servants of former guests at Chanteloup, iv. 162–3

Gleichen tells, that D has transferred her affections from HW to Gleichen, ii. 212

Gluck's *Armide* to be attended by, iv. 478

Gontaut visits, iii. 7

governed by self-seekers, ii. 298

Gramont, Comtesse de, banished during absence of, ii. 436–7, 441

—— not close friend of, ii. 441

Gramont, Duchesse de, correspondence of, with, iii. 241, 246

—— intrigue of, with, i. 30n

—— relations of, with, ii. 196, 372, iii. 399–400, 401

—— visited by, in her illness, iv. 161

—— visits, i. 338, ii. 134, 463, 464, 469, iii. 7, 30 (*see also under* Chanteloup, visitors to)

guests delight, iii. 331

guests of, at Chanteloup, *see* Chanteloup, visitors to

Guines approved of by, ii. 492

——'s suit reported on to D by, iv. 168

Gustav III ostensibly regrets absence of, iii. 48

HW and others await, v. 329

HW complimented by, ii. 417

HW concerned over illness of, ii. 101, 102, 103, 133

HW desired by, to visit Chanteloup, iii. 252–3, 255, v. 88

HW esteems, iii. 255

HW indignant at failure of, to help D, ii. 358

HW inquired after by, ii. 294, v. 88

HW introduced to, v. 266

HW liked by, i. 373, ii. 272, 344

HW not in disfavour with, i. 71

HW not to have medallion of, ii. 349–50

HW occupies opera box of, v. 331

HW praised by, i. 359, 404

HW's acquaintance desired by and for, i. 171, 175, 206, 223, 233n, 239, 241–2, 256, 263–4, 267, 280, 324

HW's affairs inquired after by, i. 266, 290, 319, 359, ii. 183

HW sees Flemish pictures of, v. 331

HW sends book on medicine to, ii. 114, 119, 133

[*32* Choiseul-Stainville, Étienne-François de, *continued*]

HW's letter on *Testament politique* discussed by, i. 220, 223

HW's letter to Duchesse charms, ii. 38

HW's letter to Hume charms, i. 171, 175

HW's letter to Rousseau, under name of K. of Prussia, discussed by, i. 22, ii. 183

HW spoken ill of, to, i. 59

HW's proposed epic of war in Mme Geoffrin's salon delights, ii. 217

HW suggested by, as ambassador, ii. 344

HW suspected of secret correspondence with, iii. 55

HW to have medallion of, ii. 25, 333, 338

happy in retirement, iii. 253-4

Harcourt, Earl, unsatisfactory to, ii. 343

health of, i. 236, ii. 4-6, 85, 86, 88, 91, 102n, 133, 136, 257, 311, 360, 400, 437, iii. 1, 7, 15, 37, 297, 381, 385, iv. 92-5, 110, v. 440

Hénault ridicules, i. 56

Hôtel des Halles à blé assigned to, in joke, vi. 181

Hume not highly thought of by, i. 266

hunts, ii. 179, 458, iii. 241

in good humour, ii. 335

Irwin likes, ii. 154

—— occupies opera box of, v. 331

jokes with D and Duchesse de la Vallière, ii. 68, 70-1

Joseph II cordial to, iv. 445

——'s proposed visit to, iv. 445, 447, 453, 455

La Balue's closing remedied by, ii. 373, 376

—— said to be influenced by, ii. 373

La Borde said to be influenced by, ii. 373

—— visited by, at La Ferté, ii. 458, 459

La Harpe translates Suetonius by order of, ii. 482

Lauzun, Duc de, displeases, i. 242

—— visits, iii. 7

Lauzun, Duchesse de, visits, iii. 7

leaves Paris, iv. 426

letter of, on health of Duchesse de Choiseul, ii. 291

Limours may be visited by, iv. 473

—— visited by, iv. 439

L'Isle's verses about, iv. 411

Louis XV attended by, ii. 196, 257

—— gracefully replied to by, ii. 153-4

—— has devotion of, ii. 441

—— sends note to, ii. 195

——'s treatment of Du Châtelet told of by, i. 361

—— tells, of approaching visit to parliament of Paris, ii. 459

Louis XVI cool to, iv. 127

——'s consecration to be attended by, iv. 163, 167, 195, 198

Luxembourg, Mme de, cool to, iii. 122

—— given gold torches by, iv. 174

—— jokes about, ii. 12

—— reconciled with, iii. 169

'Mlle de Montpensier,' i. 270

Marie-Antoinette favours, iv. 397

Marly visited by, ii. 241

marriage and career of, i. **1n**

Maupeou contrasted with, vi. 179

medallions of: ii. 25, 322-3, 333, 338, 349-50; D has, vi. 27; D receives, ii. 322

Meinières, Mme de, praises, i. 364

Mirepoix, Mme de, at odds with, i. 152, 214, 283, ii. 298, 300, 339, iv. 261

Monteynard speaks courteously of, iii. 15

Morfontaine impersonated by, i. 211, 218, 223, 233, 270

niece given watch by, ii. 295, 299

Orléans, Bishop of, may be visited by, iv. 92

Panthémont, Abbess of, asked by, to keep Cholmondeley girl, ii. 400

Paris house of, open, iv. 127

—— to be visited by, ii. 435, 469, iv. 95, 118, 120, 121, 240, 242, 299, 314, 439, 468, 495, 499, 500, v. 68-9, 73, 230

—— visited by: ii. 9, 134, 360, 459, iv. 125, 195, 204, 244, 380, 473, 478, v. 88, 94, 192, 438, 451, 452, 461; on return from exile, iv. 62, 64, 66, 71, 97, 115, 123

party of, desires war, iii. 111

pension for, iii. 155, 159, 162, 166

permission necessary to visit, in exile, iii. 1, 6, 30, 32, 43-4, 45, 48, 76

political changes not to involve, iv. 85

political possibilities for, iv. 299, 311n, 314, 322, 323, 397, v. 58

Pompadour, Marquise de, aided, ii. 301

Praslin's successor, i. 56, vi. 122

public esteems, ii. 377, 381, 389

reports on conduct of departments of war and foreign affairs, ii. 371-2

Richelieu ridiculed by, for reconciliation with Mme de Mirepoix, v. 369

Richelieu-Saint-Vincent trial attended by, iv. 293

Richelieu (place) visited by, iv. 461, 463

Richmond desires favour of, ii. 287, 297, 413, 414

(?) ——'s speech scandalizes, v. 19

——'s status in regard to Aubigny explained to D by, ii. 417-8, 424, 427-8

Rousseau's pension astonishes, i. 320, 322

runaway horses of, iv. 430

Sainte-Assise visited by, v. 452

Saint-Esprit, Ordre du, ceremonies of, attended by, iv. 127, 314, 441

Saint-Hubert to be visited by, vi. 122

Saint-Simon's *Mémoires* guarded by, iii. 78

——'s *Mémoires* lent to D by, ii. 478

——'s *Mémoires* said not to be possessed by, iii. 88

sale of pictures of, iii. 221

Salis consults, on troops, iii. 32

—— visits, iii. 32

Sanadon, Mlle, occupies opera box of, v. 331

Sigorgne aided by, ii. 453

sister-in-law of, i. 217n, 218n

social life of, iv. 161, 378

[*32* Choiseul-Stainville, Étienne-François de, *continued*]

social relations of, with: ambassadors, ii. 212, 328; Amblimont, Comtesse d', ii. 469; Anville, Duchesse d', iv. 123, 259; Barthélemy, v. 319–20, 330–1; Bauffremont, v. 320; Beauvau, ii. 391; Beauvau, Princesse de, i. 266, 377, ii. 195; Beuvron, Marquise de, ii. 241; Boufflers, Comte de, v. 331; Boufflers, Comtesse de, iv. 277; Boullongne, iv. 441; Brionne, Comtesse de, iv. 62; Castellane, v. 320, 331; (?) Cholmondeley, Mrs, ii. 461; Cotte, v. 320; D, i. 30, 241–2, 247, 263–7, 270, 280, 289, 319, 358, 359, 374, 376, 378, 396, 399, 402, 404, ii. 26, 38, 48, 60, 113, 119, 122, 137, 161, 177, 178, 183, 202, 205, 206–7, 251, 253, 272, 294, 311, 314, 315, 327, 333, 335, 347, 360, 365, 378–9, 389, 400, 406, 417, 425, 427, 437, 446, 456, 458, 459, 461, 463, 464, 470, 478, iv. 110, 121, 122, 161, 168, 178, 179, 195, 248, 250, 259, 268, 288, 301, 302, 315, 319, 375, 376, 378, 386, 432, 439, 441, 442, v. 214, 318, 320, 330, 331, 352, 429, 438, 439(?), 442, 446, 453; Dashkov, Ps, ii. 483; Du Châtelet, Comtesse, iv. 62, 115; Du Hamel, Mlle, ii. 469; Gatti, v. 319, 331; Gleichen, ii. 212, v. 331; Gontaut, v. 331; Gramont, Duchesse de, ii. 241, iv. 122, 179, 195, 242, 244, 315; Guines, v. 446; HW, v. 319–20, 329, 330–1; Harcourt, Earl, ii. 241; Haussonville, iv. 441; Irwin, v. 331; La Borde, iv. 404; Lauraguais, Duchesse de, ii. 241(?), v. 331; Lauzun, Duchesse de, ii. 241, v. 319; La Vallière, Duchesse de, v. 330; Luxembourg, Mme de, ii. 241, iv. 404; Maximilian, iv. 158; Monaco, v. 365; Monclar, v. 330–1; Penthièvre, i. 360; Provence, iv. 162; Rochfords, i. 283; Rouillé, Mme, v. 330; Secousse, ii. 373; Tessé, Comtesse de, ii. 469; Thiers, v. 320, 331; Trudaine de Montigny, iv. 441; Walpole, Hon. Robert, ii. 146, 461; Walpole, Hon. T., ii. 461; Wood, v. 319

spirits of, low, iii. 297, 385

Stainville visits, iii. 7, 30

Stanley no longer cared about by, ii. 461

stays up late, iii. 255

Suetonius translated by order of, ii. 482

suppers given for, on return from exile, iv. 118, 120–3

Swiss Guards taken from, iii. 155, 165–7

Terray restores D's pension at request of, ii. 375–6

——'s reforms opposed by, ii. 365

——'s relations with, ii. 358, 372–3, 373

Tessé, Comtesse de, to visit, iii. 45

Tingry, Prince and Princesse de, visit, iii. 32, 45

to leave Paris, iv. 174, 175, 177, 179, 272, 273, 275, 281, 288, 295, 299, 419, v. 214

Vergennes's correspondence with, v. 439

Versailles to be visited by, ii. 86, 360, 383

—— visited by, ii. 88, 253, iv. 127

verses for, at Mme de Luxembourg's supper, iv. 405

verses on, ii. 300–1, iii. 7, iv. 122–3, 194

Versoix favoured by, ii. 396

victory of financial policy of, ii. 376–7

visitors to, at Chanteloup, *see* Chanteloup, visitors to

Voltaire enlists aid of, for Genevese emigrants, ii. 411

——'s letter to, on: La Bletterie, ii. 171, 181; MM. de Pompignan, i. 202, 203

——'s return not to be sought by, v. 329

——'s treatment of La Bletterie scandalizes, ii. 105, 113, 171

—— suspects, of being HW's intermediary, vi. 144

Walpole, Hon. Robert, relations of, with, ii. 306, 311, 344, 378, 461, 480

Walpole, Hon. T., relations of, with, ii. 378, 461

*33* Choiseul-Stainville, Léopold-Charles de (1724–74), Archbishop of Cambrai; son of *17*:

D wagers with, on Comtesse du Barry, ii. 203–4

death of, iv. **94–5**

Gramont, Comtesse de, close friend of, ii. 441

house of, at Arsenal, iv. 218

social relations of, with: Choiseul, Duchesse de, ii. 164; Hénault, i. 240

*34* Choiseul-Stainville, Marie-Stéphanie de (1763–1833), dau. of *18*, m. (1778) Claude-Antoine-Clériadus-Gabriel de Choiseul-Beaupré, Comte (Duc, 1785) de Choiseul:

Chanteloup to be visited by, v. 69, 72, 73

(?) Choiseul gives watch to, ii. 295, 299

(?) D prepares doll for, ii. 280, 295, 299–300

financial provision for, i. 226

health of, ii. 381

marriage of, v. 69, 72, 73

social relations of, with Comtesse de Choiseul-Beaupré, v. 442

*35* Choiseul-Stainville, Thérèse-Félicité de (1767–94), dau. of *18*, m. (1782) Joseph-Marie-Jérôme-Honoré Goyon-de-Matignon de Grimaldi, 'Prince Joseph of Monaco':

financial provision for, i. **226**

Choisy, Abbé de:

trip of, v. 461

*1* Choisy, Marquise de, wife of *2*. See Ourches, Marguerite-Jeanne d'

*2* Choisy, Louis, Marquis de:

(?) social relations of, with: D, v. 274, 289; Hénault, v. 282, 285, 312, 321, 325, 327

(?) Voltaire's pieces read by, v. 274

Choisy:

account of, i. 122n

*Alix et Alexis* given at, ii. 257, 258, 259

Artois, Comte d', exiled to, v. 31, 32

Bauffremont's home at, v. 339

Court at, iii. 71, 322, iv. 476

Court to visit, iv. 460, v. 178

D mentions, i. 337

royal family at, following Louis XV's death, iv. 50

visitors to: Artois, Comtesse d', iii. 421; Avaray, Marquise d', ii. 258–9; Beauvau, Che-

valier de, v. 339; Boufflers, Marquise de, v. 339; Choiseul, ii. 257; Choiseul, Duchesse de, ii. 48, 137, vi. 136; Conti, Princesse de, iv. 51; Du Barry, Comtesse, ii. 258–9, 472; Du Bois de la Motte, Mme, v. 339; Duras, Duchesse de, ii. 258; Flavacourt, Marquise de, ii. 258; Joseph II, iv. 441, 443, 450; L'Hôpital, Comtesse de, ii. 259, 472; Louis XV, i. 35, 122, 291–2, ii. 243, 256–8, 472, iii. 97; Louis XVI, iv. 50–4, v. 431; Maurepas, iv. 53; Mazarin, Duchesse de, ii. 472; Mesdames, iv. 50, 55; ministers, iv. 54; Mirepoix, Mme de, ii. 15, 258, 472, iii. 421; Montmorency, Princesse de, ii. 472; Pons, Vicomtesse de, ii. 259; (?) Porquet, v. 339; Saint-Maigrin, Marquise de, ii. 259; Talmond, Princesse de, ii. 258; Valentinois, Comtesse de, ii. 258, 472

1 Cholmondeley, George (1703–70), 3d E. of Cholmondeley; HW's brother-in-law:
D finds, strange, ii. 211–2
D mentions, ii. 237
Paris visited by, ii. 210
pays granddaughters' board, ii. 235
social relations of, with D, ii. 210, 218, 228
to leave Paris, ii. 233, 235
will of, ii. **423**

2 Cholmondeley, George James (1749–1827), Vct Malpas; 4th E. of Cholmondeley, 1770; HW's grandnephew; grandson of 1:
appearance of, ii. 213, 218–9
Cholmondeley, Mrs, loves, ii. 235
D hears nothing of, v. 103
D may return HW's letters by, ii. 229, 230, 231
D's acquaintance not desired by, ii. 235
D sends letter by, ii. 233
(?) D to send letter by, iv. 114
does not speak in D's presence, ii. 218–9
Gloucester accompanied by, in Paris, iii. 430, 435
(?) HW approves of, ii. 240
Paris visited by, ii. **210**, iii. 430, 435
social relations of, with D, ii. 211–2, 218–9, 228

3 Cholmondeley, George James (1752–1830), son of 7:
Beauvau asks for passport for, vi. 211

4 Cholmondeley, Henrietta Maria (Mary Harriet) (1754–1806); HW's grandniece; dau. of 7:
balls attended by, ii. 445
Comédie attended by, ii. 222
D has not asked to see, ii. 218
D pities, for mother's folly, iii. 69
D's correspondence with, ii. 488, iii. 143, 147
D's opinion of, ii. 415(?), 445
grandfather pays board of, ii. 235
HW to send D's letter to, iii. 143, 147
may be sent to convent of the Presentation, ii. 226
Montrouge visited by, ii. 442
Panthémont school of, ii. 230, 233, v. 328
—— will not allow, to return, ii. 400
Rueil visited by, ii. 443

Saint-Joseph convent school of, ii. **217**, 220, 223, 225, 226, 230, 233
Saint-Joseph convent shocked by, ii. 226
Saint-Joseph convent to be left by, ii. 228, 230
Sceaux visited by, ii. 442
(?) social relations of, with D, ii. 415
to be with her mother, ii. 400
Walpole, Hon. Robert, to give New Year's gift to, ii. 328
with her mother, ii. 369, 381, 404

5 Cholmondeley, Hester Frances (1763–1844), dau. of 7, m. (1783) Sir William Bellingham, cr. (1796) Bt; HW's grandniece:
Choiseul-Stainville child's doll not to be prettier than that of, ii. 280
D has not asked to see, ii. 218
D pities, for mother's folly, iii. 69
grandfather pays board of, ii. 235
health of, ii. 368, 369, 374, 378, 381
Panthémont school of, ii. 230, 233, 400, 404, v. 328
Saint-Joseph convent may be returned to by, ii. 400
Saint-Joseph convent school of, ii. 217, 220, 223, 225, 226, 230, 233
Saint-Joseph convent to be left by, ii. 228, 230
Walpole, Hon. Robert, to give New Year's gift to, ii. 328
with her mother, ii. 369

6 Cholmondeley, Hon. James (1708–75), general; brother of 1:
Cholmondeley, Mrs R., writes of, to D, iii. **203**, 210, 212
D wishes, had left annuity to Mrs R. Cholmondeley, iv. 225
D writes to Mrs R. Cholmondeley on death of, iv. 248
death of, v. 398
HW named executor by, iv. **225**

7 Cholmondeley, Hon. Robert (1727–1804), divine; HW's nephew; son of 1:
finances of, iii. 184, iv. 225
HW's correspondence with, v. 376, 378
social relations of, with Mrs Clive, i. 298–9

8 Cholmondeley, Hon. Mrs Robert, wife of 7. See Woffington, Mary

9 Cholmondeley, Robert Francis (1756–77), son of 7:
death of, iv. **440**
goes to the Indies, iii. **184**
shipwrecked, iii. 364
social relations of, with D, v. 343

Christ:
and Apostles, Poelenburg's paintings of, v. 287
Talmond, Princesse de, wears picture of, vi. 58

'Christ and St John':
painting by Tubi, at Sceaux, v. 322

Christian VII (1749–1808), K. of Denmark; 'le polisson'; 'le petit poinçon'; 'la petite pagode':
Alembert's eulogy of, before Gustav III, iii. 39
——'s speech before, ii. 168–9
D's opinion of, ii. 159, 163, 165–6, iii. 34, 198

[Christian VII, *continued*]
Duras, MM. de, escort, ii. 153, 168
England visited by, ii. **104**, 108, 115, 127, 128, 130, 134
HW's account of: ii. 128, 139; D likes, ii. 132
La Fontaine fable applied to, ii. 146
Montesquieu praised by, ii. 165–6
Paris and Court fête, ii. 153–4, 155, 159, 161, 163, 165–6, 167–8
Paris no longer mentions, ii. 169
—— to be visited by, ii. 108, 134, 138
Swedish princes favourably compared with, iii. 34
verses on, i. 268, ii. 166, 167–8, vi. 131
Voltaire praised by, ii. 165
——'s verses to, i. 268, vi. 131
'votre beau-frère,' ii. 132, 153
*Christianisme dévoilé, Le. See under* Damilaville, Étienne-Noël
Christine, Princesse. *See* Marie-Christine
Christine de Pisan. *See* Pisan, Christine de
Christmas Eve:
HW attends midnight Mass on, v. 289
'Christ Praying in the Garden':
by Filippo Lauri, purchased by HW, i. 306, v. 406
'Chrysostome, la.' *See* Sanadon, Mlle
'Chrysostome, Mlle Saint-.' *See* Sanadon, Mlle
Chudleigh, Elizabeth (ca 1720–88), m. (1) (privately, 1744) Hon. Augustus John Hervey, 3d E. of Bristol; m. (2) (illegally, 1769) Evelyn Pierrepont, 2d D. of Kingston-upon-Hull:
D's opinion of, iv. 197, 250, 305
finances of, iv. 311
HW sends information about, to D, iv. 311
Meadows, Lady Frances, sues, iv. 185
Paris said to be visited by, iv. 311
trial of, for bigamy, iii. **406**, iv. 292, 305, 307
*1* Churchill, Charles (ca 1712–58), divine:
Churchill the poet, curate to, v. 374
Crosse, Sir John, patron of, v. 374
—— preached against by, v. 374
*2* Churchill, Charles (1720–1812), HW's brother-in-law:
Boutin's garden visited by, v. 336
Brienne, Comte and Comtesse de, friends of, iv. 207
D commiserates with, on death of sister, iv. 409
D expects, with letter from HW, iii. 32, 34, 37
D has no news of, iii. 86, 87
D inquires after, iii. 145, 364, 386, v. 8
D sends messages to, iii. 163, 198
D sends word of Fawkener to, iii. 435
D's offer of lodging accepted by, iii. 65, 83, 86
D's opinion of, iii. 51–2, 56
D thinks HW may send parcels by, iii. 23, 27, 28
D would like to have, visit Paris, iv. 462
(?) Dampiers friends of, iv. 207
France may be visited by, iv. 80
French travels of, iii. 60, 63, 65, 79, 80, 83, 89
HW accompanies, to theatre, v. 336

HW buys ruffles for, v. 411
HW does not mention, iv. 480, v. 173
HW pays Wiart for, v. 411
HW sends letter by, iii. 32, 38, v. 392
HW's house, breaking into, astounds, iii. 53
HW to be repaid through, for purchase, iii. 21
HW will find, in Paris, iii. 66, 82
HW with, iv. 76
Harcourt, Earl, to aid, iii. 65, 86
leaves Paris, v. 336
Lillebonne, Comte de, visited by, iii. 83
London visited by, ii. **293**, iii. 2
Mazarin, Hôtel de, visited by, v. 336
Nicolet attended by, v. 336
Paris may be visited by, iv. 213
—— not to be visited by, iv. 217
—— visited by, iii. 2, 38, 46
—— would bore, iv. 84
Roissy visited by, v. 334
Rueil visited by, v. 335
Spa to be visited by, iv. 206–7
social relations of, with: Aiguillon, Duchesse d', v. 335; Brancas, Marquis and Marquise de, iii. 79; Caraman, Comtesse de, v. 334; D, iii. 62, v. 334–6; Harcourt, Earl, iii. 63; Mirepoix, Mme de, v. 335–6; Monaco, v. 334; Rochford, Cts of, v. 318
to leave Paris, iii. 60, 63
Versailles visited by, v. 334
*3* Churchill, Charles (1731–64), poet; son of *1:*
death of, v. 258–9
debaucheries of, v. 374
life of, v. 374
*4* Churchill, Charles, son of *3:*
Churchill the poet's son, v. 374
*5* Churchill, Mrs Charles, wife of *3. See* Scott, Martha
*6* Churchill, Harriet (ca 1726–77), sister of *2*, m. (1) Sir Everard Fawkener; m. (2) (1765) Hon. Thomas Pownall:
death of, iv. **409**
*7* Churchill, John (1650–1722), D. of Marlborough:
Comyns respected by, v. 362
dotage of, v. 362
Oxford's impeachment sought by, v. 362
Pretender's correspondence with, v. 362
Tunbridge visited by, v. 362
*8* Churchill, John, son of *3:*
Churchill the poet's son, v. 374
*9* Churchill, Lady Maria (*or* Mary), wife of *2. See* Walpole, Lady Maria
*10* Churchill, Mary (b. 1750), dau. of *2*, m. (1777) Charles Sloane Cadogan, 3d Bn and 2d E. Cadogan; HW's niece:
Brienne, Comte and Comtesse de, friends of, iv. 206–7
D asks if HW is to visit, v. 42
D desires marriage for, iii. 403
D has no news of, iii. 86, 87
D inquires after, iii. 145, 364, 386, iv. 34
D may send bonnet to, iv. 160

D sends case for netting work to, iv. 325
D sends messages to, iii. 163, 198, 235, iv. 467, v. 51
D's friendship with, iii. 120, v. 111
D's lodging to be occupied by, iii. 65, 83, 86
D's netted purse from, iv. 325
D's opinion of, iii. 52, 56, iv. 27
D suggests, as wife for Orford, iv. 27, 41
D would like to have, visit Paris, iv. 462
(?) Dampiers friends of, iv. 207
France may be visited by, iv. 80
French travels of, iii. 60, 63, 65, 79, 80, 83, 89
HW buys 'head and ruffles' for, v. 411
HW does not mention, iv. 480, v. 6, 130, 173
HW's correspondence with, v. 396
HW will find, in Paris, iii. 66, 82
HW with, iv. 76
happy, v. 73
Harcourt, Earl, to aid, iii. 86
leaves Paris, v. 336
Lillebonne, Comte de, visited by, iii. 83
Marie-Antoinette resembled by, iii. 27
marriage of, iv. 467
Mirepoix, Mme de, fond of, iii. 56
—— to give ball for, iii. 26–7
news of father's arrival affects, iii. 38
Paris may be visited by, iv. 213
—— not to be visited by, iv. 217
—— visited by, iii. 2, 46
pretty, iii. 27
relatives of, v. 177
social relations of, with: Boufflers, Marquise de, iii. 26; Brancas, Marquis and Marquise de, iii. 79; Brienne, Comte and Comtesse de, iii. 26; Caraman, Comtesse de, v. 334; D, iii. 19, 26, 38, 62, v. 334–6; Harcourt, Earl, iii. 63
Spa to be visited by, iv. 206–7
to leave Paris, iii. 60
Versailles visited by, v. 334
11 Churchill, Sophia (d. 1797), dau. of 2, m. (1781) Hon. Horatio Walpole, later 2d E. of Orford, n.c.:
Conway praises, iv. 189
D inquires about, v. 177
Chute, John (1701–76), of the Vyne:
coachman of, killed, v. 398
D asks why HW has never spoken of, iv. 226
death of, iv. **320**
HW mentions, iii. 75
HW's correspondence with, v. 376–9, 385, 389, 393, 396
HW's purchases for: cup and saucer, v. 414; 'déjeuner,' v. 409; pictures, v. 414; vases, v. 401
HW to send pictures to, v. 416
Cibber, Mrs Theophilus. See Arne, Susannah Maria
Cicé. See Champion de Cicé
Cicero, Marcus Tullius (106–43 B.C.):
D mentions, ii. 203
D reads, iv. 324
D's opinion of, iv. 337

HW mentions, ii. 490
letters of, admired by D, iv. 332
life of, read by D, iv. 332
vain, iv. 356
Cid, Le. See under Corneille, Pierre
Cinna. See under Corneille, Pierre
Cinnamon:
in quack medicine, v. 208
Cinquantaine, La. See under Fouques, François-Georges
Cinque Ports:
North appointed to, v. 49
Ciofani, Matthäus, abbé; Prussian agent at Rome:
Frederick II's supposed letter to, iii. 427
Cirey:
visitors to: Choiseul, iv. 174, 198; Gramont, Duchesse de, iv. 174, 198; Tessé, Comtesse de, iv. 198
Cistercians. See Bernardins
Cîteaux, Abbé de. See Trouvé, Dom François
1 Civrac, Duc de. See Durfort-Civrac, Émeric-Joseph de
2 Civrac, Duchesse de, wife of 1. See La Faurie de Monbadon, Marie-Anne de
3 Civrac, Marquis de, cousin of 1. See Durfort, François-Aimery de
Clairien, Françoise (1753–1815), called Mlle Raucourt; actress:
acts at Choisy, iii. 322
anecdote of Villette and, iv. 157
D compares, with other actresses, iii. 312
D's opinion of, iv. 213
no longer at Comédie, iv. 213
Rhadamiste et Zénobie acted by, v. 349
Clairon, Mlle. See Legris de Latude, Claire-Joseph-Hippolyte
Clairval. See Guignard, Jean-Baptiste
Clanbrassill, E. of. See Hamilton, James
Clandestine Marriage, The. See under Colman, George; Garrick, David
1 Clare, Vct, son of 2. See O'Brien, Charles
2 Clare, Vcts. See Bulkeley, Charlotte
Clarges, Sir Thomas (1751–82), 3d Bt:
D sends book by, iv. 129, 137
'Clarice.' See Bulkeley, Charlotte
Clarinets:
played at Comte and Comtesse d'Egmont's, v. 301
Claris de Florian, Philippe-Antoine (b. 1707), Marquis de Florian:
social relations of, with: D, v. 269; Élie de Beaumont, v. 304
Voltaire's nephew, v. 269
Clarisse. See Richardson, Samuel, Clarissa
Clarke, Colonel:
Rochefort fortifications spied upon by, v. 357
Clarke, Mr:
social relations of, with: HW, v. 268, 293; Massareene, v. 294
Clarke, Mrs:
social relations of, with Massareene, v. 294

Claude (1499–1524) of France, m. (1514) Fran-
çois I of France:
    painting of, at Sainte-Chapelle, v. 276
Claude Lorrain. *See* Lorrain, Claude
Clausonet, Marquis de, minister to Württem-
berg:
    (?) social relations of, with Comtesse de For-
    calqùier, v. 340
Claustre, André de (18th c.), abbé:
    *Dictionnaire de Mythologie,* (?) D owns, vi.
    25
Clavecin:
    Balbastre famous player of, iv. 115
    D prefers harp to, ii. 446
    ordered from London by Duchesse de Choi-
    seul, ii. 189
Clavering, Lady Diana. *See* West, Lady Diana
Claveyson, Marquise de. *See* Tournon, Rose-
Marie-Hélène de
Clavières, Comte de. *See* Guasco, Octavien de
*Clélie. See under* Scudéry, Madeleine de
Clement XIII (Carlo Rezzonico) (1693–1769),
pope 1758–69:
    HW comments on D. of Parma and, ii. 36
Clement XIV (Giovanni Vincenzo Antonio Gan-
ganelli) (1705–74), pope 1769–74:
    Choiseul's disgrace not due to, iii. 191
    Jesuits dissolved by, iii. 302, 401
    Norfolk, Ds of, partisan of, iii. 361
    rôle of, in *La Passion des Jésuites,* iii. 315
    verses on, iii. 401
    *Vie de,* D owns, vi. 35n
Clément,     Jean-Marie-Bernard     (1742–1812),
writer:
    *De Despréaux à Voltaire,* D discusses, iii. 195
    *Médée,* D comments on, v. 115
    *Mon dernier mot,* D sends, to HW, iv. 181
Clément de Ris, Louis:
    (?) attends session of parliament of Paris, vi.
    173
Cleopatra (69–39 B.C.), Q. of Egypt:
    loves of, iii. 187
*Cléopâtre. See under* Costes de la Calprenède,
Gautier de
Clerc, Le. *See* Le Clerc
Clérembault, Mlle de, the younger:
    death of, iv. 214
Clérembault, Mlles de:
    (?) D's conversation repeated to L'Isle by, vi.
    177
    D's opinion of, ii. 243
    (?) D taken from Gennevilliers to Paris by, vi.
    177
    D to depend on, for company, i. 385
    Gennevilliers visited by, vi. 177
    social relations of, with: Cholmondeley, Mrs,
    ii. 243; D, i. **350–1,** v. 327; Selwyn, i. 350–1
Clergy:
    assembly of, iii. 214, iv. 85, 168, 183, 190, 211,
    v. 230
*1* Clermont, Bn. *See* Fortescue, William Henry
*2* Clermont, Bns, wife of *1. See* Murray, Frances
Cairnes

Clermont, Comte de. *See* Bourbon-Condé, Louis
de
*2* Clermont, Cts of, wife of *1. See* Murray,
Frances Cairnes
*1* Clermont, E. of. *See* Fortescue, William Henry
Clermont, Marquise de. *See* Lameth, Marie-
Angélique de
*1* Clermont, Vct. *See* Fortescue, William Henry
*2* Clermont, Vcts, wife of *1. See* Murray, Frances
Cairnes
Clermont, Jean-Baptiste-Charles-François (1728–
92), Chevalier de, Marquis de Clermont d'Amboise and de Renel; diplomatist:
    formerly ambassador to Portugal, iv. 89–90
    HW describes, v. 281
    made ambassador to Naples, iv. **89–90**
    sings, v. 281, 297, 298
    social relations of, with: Brancas, v. 298;
    Nivernais, Duc and Duchesse de, v. 297; Rich-
    mond, v. 297; Rochefort, Comtesse de, v. 281
Clermont, Jean-François (1717–1807), painter:
    (?) cabinet at Sceaux painted by, v. 322, vi. 57,
    114
Clermont:
    Au Cigne (*or* Cygne) (inn), v. 353, 370
    HW at, ii. 273, 315, v. 260, 333, 353
    HW buys knife at, v. 399
    HW writes from, ii. 272, 273, iv. 218, 218–9,
    v. 390
*1* Clermont d'Amboise, Marquis de. *See* Clermont, Jean-Baptiste-Charles-François de
*2* Clermont     d'Amboise,     Diane-Jacqueline-
Louise-Josèphe de (1733–1804), sister of *1,* m.
(1) (1753) Marie-François-Auguste de Goyon-
de-Matignon, Comte de Gacé; m. (2) (1766)
Pierre-Charles-Étienne Maignard, Marquis de
la Vaupalière:
    affection of, for husband cools, iii. 210
    Durfort, Chevalier de, embarrassed by visit of,
    iv. 2
    marriage of, to Marquis de la Vaupalière, i.
    84
    Monaco, Ps of, accompanied by, to Belle-
    chasse, ii. 438
    Naples to be visited by, iii. 210
    sings, v. 298
    social relations of, with: Brancas, Marquis
    and Marquise de, v. 298, 302; Nivernais, Duc
    and Duchesse de, v. 297; Rochefort, Com-
    tesse de, v. 280, 298, 306, 310; (?) Usson, Com-
    tesse d', v. 309
    son of, marries, iii. 210, 225
    son's death to be broken to, iv. 2
*3* Clermont d'Amboise, Thomassine-Thérèse de
(b. 1746), niece of *1,* m. (1761) Jacques-Philippe de Choiseul, Comte de Stainville:
    arrested and taken to convent in Nancy, i.
    **217–8,** 218–9, 225, 226–7
    Lauzun's conduct with, i. 242
    social relations of, with Comtesse de Valen-
    tinois, i. 217
    to have danced at Mirepoix ball, i. 217, 218
Clermont-Dampierre,     Claude-Catherine     de

(1543–1603), m. Albert de Gondi, Duc de Retz: tomb of, v. 285

Clermont-Montoison, Marquise de. *See* Cléron, Charlotte-Louise de

*1* Clermont-Tonnerre, Vicomtesse de, wife of *4*. *See* Bernard de Boulainvilliers, Anne-Marie-Louise

*2* Clermont-Tonnerre, Charles-Henri-Jules (1720–94), Comte (later Duc) de, son of *3*: dances at ball in honour of Dauphin's marriage, ii. **410**

*3* Clermont-Tonnerre, Gaspard de (1688–1781), Maréchal de Tonnerre; Marquis de Vauvillars:
Bourbon-Busset's marriage attended by, iii. **349**
grandson of, marries, v. 109
Maillebois's appointment protested by, iv. 322–3
social relations of, with: Forcalquier, Comtesse de, iii. 349; Maximilian, iv. 156

*4* Clermont-Tonnerre, Gaspard-Paulin (1753–1806), Vicomte de, son of *2*:
marriage of, v. 109

*5* Clermont-Tonnerre, Jean-Louis-Aynard de (1724–1800), abbé; son of *3*:
Bourbon-Busset's marriage attended by, iii. 349
social relations of, with Comtesse de Forcalquier, iii. 349

*1* Cléron, Charles-Louis-Bernard de (1770–1846), Comte d'Haussonville; son of *3*:
mother loves, v. 107

*2* Cléron, Charlotte-Louise de (1773–1853), dau. of *3*, m. (1801) Anne-Charles, Marquis de Clermont-Montoison:
mother loves, v. 107

*3* Cléron, Joseph-Louis-Bernard de (d. 1806), Comte d'Haussonville:
D's good opinion of, ii. 63, 68
Haussonville, Comtesse d', loves, v. 107
Lénoncourt, Marquise de, sister of, ii. 338
made grand louvetier, v. 443
marriage of, ii. 63, 68, 72
social relations of, with Choiseul, iv. 441

*4* Cléron, Marie-Anne-Victoire de (d. 1826), dau. of *3*, m. (1803) Gabriel-Elzéar-Joseph de Rosières, Comte de Sorans:
mother loves, v. 107

*5* Cléron, Marie-Jeanne-Thérèse de, sister of *3*, m. (1749) Charles-François-Antoine, Marquis de Lénoncourt:
D's opinion of, ii. 338
relatives of, ii. 338
social relations of, with Mme de Meinières, ii. 338

Cleveland, Ds of. *See* Villiers, Barbara

Clever, Mr:
social relations of, with HW, v. 268

Clèves, Marie de (1553–74), m. (1572) Henri de Bourbon, Prince de Condé:
affairs of, iii. 187

Clignet, Jeanne-Paule-Antoinette (d. 1775), m.

(1760) Vincent-Joseph de la Fontaine-Solar, Comte de Solar:
accused of plot with Cazeaux against son, v. 134

Clinton, Sir Henry (ca 1738–95), colonel; Kt, 1777:
HW sails with, v. 314

Clive, Mrs Catherine. *See* Raftor, Catherine

Clive, Robert (1725–74), 1st Bn Clive:
death of, iv. **115**
vindicated, iii. **360**

Cloaks:
suppressed in Spain, v. 311

Clochetterie. *See* Chadeau de la Clochetterie

Clodius, Publius (ca 93–52 B.C.), 'Pulcher'; demagogue:
Wilkes compared to, ii. 203

Clonfert, Bishop of. *See* Marlay, Richard

Cloth, English:
France considers admitting, v. 375

Clothes, D's:
inventoried, vi. 21–3

Clotilde, Mme. *See* Marie-Adélaïde-Clotilde-Xavière

Clough, Mrs John. *See* Palliser, Alice

Clugny, Jean-Étienne-Bernard de (1729–76), Baron de Nuits-sur-Armançon; intendant of Bordeaux; controller-general:
controller's office given to, iv. 311, 314
D hears nothing about, iv. 326
death of, iv. **369**
health of, iv. 365, 367
influence of, slight, iv. 365
in ministry of marine, iv. 311
rumour that ministry of marine is to go to, iv. **300**
to work with Maurepas, iv. 315

Cluzel. *See* Du Cluzel

Coachman, D's. *See* Decla

Coat, tail:
not suitable at supper, v. 131

Cobenzl, Johann Philipp (1741–1810), Graf von:
Joseph II accompanied by, at Necker's, iv. 443
—— dines with, iv. 440

Cochin, Charles-Nicolas (1715–90), designer; engraver:
engraving by, of D's cats, iv. 360
Hénault's *Abrégé chronologique* illustrated by: ii. 4–5; HW to have copies of, iii. 283
social relations of, with Mme Geoffrin, v. 283, 291, 304, 345

*Cock and the Fox, The. See under* Dryden, John

Cockatoo:
at Bois Prévu, v. 293

Coëtlogon, Comtesse de. See Johanne de la Carre de Saumery, Marie-Madeleine

Coëtlogon, Marquise de. *See* Du Roy de Vacquières, Françoise-Bernarde-Thérèse-Marguerite-Eugénie

Coëtlosquet, Jean-Gilles de (1700–84), Bishop of Limoges:
made member of Ordre du Saint-Esprit, iv. **199**

Coëtquen, Louise-Françoise-Maclovie-Céleste de (d. 1802), m. (1736) Emmanuel-Félicité de Durfort, Duc de Duras:
Chanteloup visited by, vi. 207
Du Barry, Comtesse, at Choisy with, ii. 258
social relations of, with Comtesse de Guerchy, v. 317
Coignet de la Thuillerie de Courson, Mlle (b. ca 1724):
(?) apartment of: vi. 3; D borrows, to entertain, ii. 38
(?) Aulan, Marquis and Marquise d', to have apartment over, v. 94
(?) social relations of, with D, v. 310, 431
Coigneux, Le. See Le Coigneux
1 Coigny, Chevalier de, son of 3. See Franquetot, Jean-Philippe de
2 Coigny, Comte de, son of 3. See Franquetot, Ange-Augustin-Gabriel de
3, 4 Coigny, Comtesses de, mother and wife of 2. See Névet, Marie-Thérèse-Corentine de (d. 1778); Roissy, Anne-Josèphe-Michelle de (ca 1754–75)
5 Coigny, Duc de, son of 3. See Franquetot, Marie-François-Henri de
6 Coigny, Marquis de, son of 5, husband of 7. See Franquetot, François-Marie-Casimir de
7, 3 Coigny, Marquise de. See Conflans, Louise-Marthe de (1759–1825); Névet, Marie-Thérèse-Corentine de (d. 1778)
8 Coigny, Vicomte de, son of 5. See Franquetot, Pierre-Auguste de (b. 1757)
Coislin, Marquise de. See Mailly, Marie-Anne-Louise-Adélaïde de
Coke, Lady Mary. See Campbell, Lady Mary
Colardeau, Charles-Pierre (1732–76), poet:
Académie française elects, iv. **274**, 284
Académie française elects La Harpe to succeed, iv. 333
dying, iv. 284
1 Colbert, Élisabeth-Pauline-Gabrielle (d. 1786), g.-granddau. of 2, m. (1736) François-Pierre-Charles Bouchard d'Esparbez de Lussan, Marquis de Jonzac; 'la nièce':
absent from Paris during HW's visit, iii. 206
account by, of scene between Orléans and Chartres, i. 159, vi. 127–8
addresses of, sent to HW, i. 50
Aguesseau subject of anecdote by, v. 276
Aubeterre's return pleases, ii. 244
bled 7 times in 6 days, v. 101
Boudot friend of, vi. 178
Bouillon, Chevalier de, mourned by, i. 357
Broglie, Comtesse de, visited by, at Ruffec, iv. 211
Chabot, Comtesse de, correspondent of, i. 37, 314, 324
Chaillot refuge of, ii. 486
Cholmondeley, Mrs, conveys messages to HW from, ii. 480
—— cordially treated by, ii. 240, 477, 480
Churchill, Lady Mary, meets, iii. 23

'court of Charlemagne' of, i. 11, 14, 130, 182
Czernieski, Mme, writes to, ii. 49
D asks for HW's portrait for, i. 360
D asks HW what to tell, iii. 367, 375
D entertains Hénault to free, ii. 119, 125, 416
D has message from, ii. 181
D lends medal owned by, to Barthélemy, v. 445
D mentions unhappy situation of, iv. 164, 169
D misses, i. 259, 261–2
D's correspondence with, iii. 238
D's opinion of, i. 47, 182, 225, 244, 247, 309, 314, 319, 356, ii. 16, 72n, 236, 300, 407–8, 486, 492, iii. 56, iv. 130, 164, 436, v. 50
D's relations with, i. 262, 324, ii. 16, 137, iii. 8, 431, iv. 7–8, 130, 211
D talks about HW to, i. **3**
D to consult, ii. 95
D to tell, about HW and Voltaire, ii. 97
D wishes HW to call on, i. 343
D wishes HW to send message for, i. 190, 202, 215, 225
finances of, ii. 486, iii. 61
Forcalquier, Comtesse de, sends Hénault's portrait to, i. 66–7
forgets she has asked D to supper, v. 435
guests of, iii. 61
HW esteemed by, i. 38, 73, 148, 256, 314, 324, 343, 354, 356, iii. 206
HW inquired after by, iv. 130, v. 14
HW omits, from list of presents, i. 83, 85
HW receives bas-relief from, i. 129, 136
HW's correspondence with, i. 78, 86n, 87, 277, 362, iii. 377, v. 382, 386, 388
HW sends messages to, i. 25, 155, 324, iii. 206, iv. 137
HW sent messages by, i. 36, ii. 49, 287, 480
HW's friendship for, ii. 293, iv. 137
HW's *Gramont* given to, by D, iii. 436
HW's letter to Rousseau read by, i. 4
HW solicitous for, ii. 272, v. 105, 107
HW's portrait sent to, i. 399, 402
HW's present to, i. 85, 92, 99
HW's return desired by, ii. 259
HW to have vest embroidered by, ii. 24, 73–4, 82, 85, 143, 154
HW to send mahogany table to, v. 415
HW writes about, i. 247
health of, ii. 275, iii. 61, 436, iv. 34, 35, v. 101, 105, 107
Hénault attended by, for 6 years, ii. 486
—— reassured by, ii. 92
——'s bequest to, ii. 486
Jonzac, Marquis de, relations of, with, ii. 486, iii. 56
—— takes, out, ii. 131
Jonzac to be visited by, iii. 56, 61, 225, 231
letter from HW to D read to, i. 86
L'Isle, Chevalier de, to convey parcel for, ii. 24
Man in the Iron Mask discussed by, v. 270
Necker answers D about protégé of, v. 430

reports on Hénault's health, ii. 36
returns to Paris, iii. 421, iv. 380
Rochford, Cts of, talks with, i. 315
Rosette inquired after by, ii. 233
Rousseau, allegory in *St James's Chronicle* on, read to D by, i. 37
Schuwalof given commission by, i. 129
Sévigné, Mme de, letter under name of, in hand of, i. 51, 73
——— snuff-box with portrait of, prepared by, i. 73
sister-in-law of, dies, i. 259
social relations of, with: Anlezy, Comtesse d', iv. 164, 181; Beauvau, Princesse de, ii. 275; Bentheim, Gräfin von, iv. 181; Bouillon, Duchesse de, iv. 181; (?) Broglie, Comte and Comtesse de, iii. 61; Broglie, Maréchale de, iv. 164; (?) Châtillon, Duchesse de, iii. 61; D, i. 37, 68, 186, 309, 342, ii. 47, 137, 382, 492, iii. 5, 13, 56, 61, 186, 197, 431, 436, iv. 7, 34, 130, 164, 169, 181, 211, 377, 436, v. 13, 50, 107, 331, 347–8, 425, 433, 435–6; Du Roure, Mme, i. 378–9; HW, v. 270, 273, 276, 284–5, 288, 293, 296–7, 300, 301, 303, 305, 307–8, 310–1, 316–25, 327, 330, 332–3, 348, 415; Nicolaï, iv. 35; Thianges, iii. 197; (?) Tillières, iii. 61
tea table of, i. 23, 50, 85, 92, 112, 113
Thursday suppers of, iii. 13
Tillières to be visited by, iv. 211
Torcy educates, v. 270
*Triomphe de l'amitié, Le,* read to, i. 363–4
*2* Colbert, Jean-Baptiste (1619–83), Marquis de Seignelay; minister under Louis XIV:
D compares Terray to, ii. 372–3
D mentions, iv. 95
Doumenil has portraits from collection of, v. 313
HW contrasts Sully and, iii. 407
HW on, iii. 407
Necker's *Éloge* of, iii. 395, 396, 400, 405, 406–7, 408, 409
Sceaux built by, v. 322
tomb of, v. 279
*3* Colbert, Jean-Baptiste (1665–1746), Marquis de Torcy; nephew of *2:*
family of, v. 215–6
Jonzac, Marquise de, 'bred up' by, v. 270
Man in Iron Mask discussed by, v. 270
monument to, v. 279
*4* Colbert, Louis-Jean-Baptiste-Antonin (1731–living, 1780), Marquis de Seignelay; brother of *1:*
wife of, dies, i. **259**
*5* Colbert, Marguerite-Louise (1738–86), sister of *1,* m. (1757) Joseph-Marie, Comte de Lordat:
social relations of, with Hénault, v. 323
*6* Colbert, Marguerite-Thérèse (1682–1769), sister of *3,* m. (1) (1701) Louis de Clermont d'Amboise, Marquis de Renel; m. (2) (1704) François-Marie Spinola, Duc de Saint-Pierre:
death of, ii. 193, 195
Hénault's 'portrait' of, vi. 97

social relations of, with: Beauvau, Prince and Princesse de, i. 107; D, i. 107; Rochefort, Comtesse de, v. 298, 300–1, 303, 306, 308
*7* Colbert, René-Édouard (1706–71), Marquis de Maulévrier; grandnephew of *2:*
apartment of: vi. 3; at D's disposal in Maulévrier's absence, ii. 351, 376, 384, 391, **398**, 403
country-seat of, ii. 351
*8* Colbert de Seignelay, François (1736–1815), abbé; Bishop of Rodez 1781–90:
(?) D's correspondence with, v. 443
(?) Paris visited by, v. 450
(?) social relations of, with: Brancas, Marquis and Marquise de, v. 302; D, v. 450, 459, 460; Rochefort, Comtesse de, v. 295, 298, 300; Usson, Comtesse d', v. 309
*9* Colbert de Torcy, Catherine-Pauline (1699–1773), dau. of *3,* m. (1718) Louis du Plessis, Marquis du Plessis-Châtillon:
daughter of, i. 351
death of, iii. 404
health of, iii. 232
relatives of, v. 215–6
retort of, to husband's regret for his first wife, v. 370
social relations of, with: D, iii. 404, v. 316, 323, 338; Hénault, i. **155**
*10* Colbert de Torcy, Constance (1710–34), dau. of *3,* m. (1732) Augustin-Joseph, Comte de Mailly, Marquis d'Haucourt:
daughter of, v. 216
relatives of, v. 215
*11* Colbert de Torcy, Françoise-Félicité (ca 1699–1749), dau. of *3,* m. (1715) André-Joseph d'Ancezune de Caderousse, Marquis d'Ancezune:
relatives of, v. 215
*12* Colbert de Torcy, Jean-Baptiste-Joachim (1703–77), Marquis de Croissy; son of *3:*
married bliss of, iii. 183
promotion of, in Ordre du Saint-Esprit, expected, iii. 179
social relations of, with D, v. 288; Du Barry, Comtesse, ii. 288; Geoffrin, Mme, v. 352; Hénault, v. 300
wife of, dies, iii. 183
*13* Colbert de Villacerf, Marguerite (1696–1772), m. (1714) François-Emmanuel, Marquis de Crussol:
Aiguillon, Duchesse d', trusted, iii. 175
D mentions, i. 319
D's friendship with, iii. 175
D's opinion of, iii. 175
death of, iii. **175,** 177
Rueil visited by, ii. 443, v. 329
social relations of, with: Aiguillon, Duchesse d', v. 280, 283, 298, 300, 326, 329; D, i. 149, 205, ii. 333, 352, iii. 5, 97, 138, v. 272, 283, 291, 293, 296, 298–9, 302, 305, 310, 314, 326, 334, 336, 338, 340
Cole, William (1714–82), divine; antiquary:
HW accompanies, to Saint-Denis, v. 274
HW's correspondence with, v. 379, 380, 393

[Cole, William, *continued*]
  HW sends box by, v. 404
  HW sends letters by, v. 377
  Johnston, Lady Cecilia, sends parcel by, v. 404
  Paris visited by, v. 268
  social relations of, with HW, v. 273
Colebroke, Josiah (d. 1775), treasurer of Antiquarian Society:
  death of, v. 398
Colic:
  Bunbury, Lady Sarah, has, i. 224
  Choiseul has, ii. 85, 86
Coligny, Marquise de. *See* Rabutin de Bussy, Louise-Françoise de
Coligny, Gaspard de (1519–72), admiral:
  Doumenil has portrait of, v. 313
Coligny, Henriette de (1618–73), m. (1) (1643) Thomas Hamilton, 3d E. of Haddington; m. (2) Gaspard de Champagne, Comte de la Suze:
  D disparages, i. 55, 87, 143
  HW compares D to, i. 44, 54
Colisée (Paris):
  visitors to: Churchills, v. 335; HW, v. 335
Coliseum, (?) Roman:
  in parfilage, v. 197
Collé, Charles (1709–83), dramatist:
  *Île sonnante, L'*, ii. 43n
  *Partie de chasse de Henri IV, La:* D offers, to HW, i. 286; D's opinion of, i. 289; D to hear, i. 285; performed, ii. 154, iv. 116
*Collection d'anciens Évangiles. See under* Voltaire
Collège des Quatre Nations:
  fire at, v. 444
  HW visits, v. 276
Collemant. *See* Colmant
Colloredo-Melz und Wallsee, Joseph Maria (1735–1818), Graf von:
  Joseph II accompanied by, at Necker's, iv. 443
  —— dines with, iv. 440
Colman, George (1732–94), the elder; dramatist:
  *Clandestine Marriage, The*, i. 208
*1* Colmant, Catherine, widow of (?)2:
  D's legacy to, vi. 6
  furniture in bedroom of, vi. 15
  (?) wages of, vi. 46
*2* Colmant, Jean-Godefroy (d. 1778), D's footman:
  comes on duty at 7 A.M., ii. 94
  D arranges Mme and Mlle de Loménie's annuity to, vi. 43
  D awaits 6 A.M. to awaken, iv. 386
  D sends, on errand, iv. 473
  D's morning secretary, iv. 267
  D's verses on, ii. 19–20
  death of, v. 45
  drinks, iii. 384, iv. 418
  forwards letters, iii. 240, 249, 252
  (?) HW pays, v. 412
  health of, iii. 376, iv. 408, 409, 415n, v. 45
  Sanadon, Mlle, quarrels with, iii. 252

writes letter for D, i. 131, 316, 343, ii. 27, 28, 37, 40, 87, 91, 116, 180, 183, 211, 272, 312, 344, 417, 429, iii. 19, 36, 88, 90, 275, 277, 342, 367, iv. 12, 28, 60, 78, 83, 88, 89, 99, 101, 122, 125, 126, 146, 154, 162, 172, 188, 194, 217, 221, 224, 225, 239, 242, 244, 264, 266, 267, 290, 312, 320, 332, 341, 344, 350, 351, 385, 410, 420, 425, 432, 433, 448, 479, 481, 483, 495, 498, 502, v. 3, 7, 22, 27
Colomb, Philip (d. 1799), HW's valet:
  D dislikes naïvetés of, iii. 189
  D intended garment for, iii. 285
  (?) HW may be served by, iii. **89**
  HW pays bills through, v. 405, 406, 410
  HW pays wages of, v. 405, 408, 410, 411, **413**
  HW's companion, iii. 294
  Wiart asks, to buy white flannel, iv. 246
  ——'s correspondence with, iv. 123–4
Colombier, Rue du:
  Doumenil lives near, v. 313
  HW lives in, v. 266
'Colombini, Abbé':
  Frederick II's supposed letter to, iii. 427
Colonels:
  departure of, changed, v. 446
Colonia, ——, fermier général:
  social relations of, with D, v. 236
  Walpole, Hon. T., consults, v. 236
Colonna, Fabrizio (ca 1760–1813):
  (?) appearance and manner of, v. 102, 119, 125
  (?) D may send parcel by, v. 118, 123, 126, 128, 133, 134, 141
  (?) D's account of, v. 99
  (?) D's opinion of, v. 119, 125
  (?) England to be visited by, v. 118, 125
  (?) Gloucester has devotion of, v. 102
  (?) Gloucesters ask HW to recommend, to D, v. 80
  (?) HW hears about D from, v. 149
  (?) HW scarcely known to, v. 102
  (?) health of, v. 99
  (?) social relations of, with: D, v. **99**, 102, 118, 119, 125; Luxembourg, Mme de, v. 119, 125
Colson de Bellecourt. *See* Gille, Jean-Claude
Colville, Camilla (d. 1775), m. (ca 1715) Charles Bennet, 2d E. of Tankerville:
  death of, v. 398
'Comédie du magistrat':
  Cambis, Vicomtesse de, reads, v. 441
Comédie-Française:
  Boufflers mentions, iii. 354
  box at: Choiseul gives seat in, to D, ii. 272, 275, 277; D and Comtesse de Forcalquier rent, ii. 62, 73, 81; D occupies Conti's, i. 236–7; D's, ii. 218, 222; HW to have, iv. 217; Necker, Mme, will lend, to D, iv. 213; poor, iv. 440; small, iv. 469
  Collé's *Partie de chasse de Henri IV* given at, iv. 116
  D attends, i. 234, 236–7, ii. 115–6, 138, 140, 208, iv. 440, 469
  D mentions, i. 201, ii. 276, 445
  direction of, iv. 28

Gibbon attends, iv. 469
Gramont, Duchesse de, attends, iii. 363
Joseph II attends, iv. 443–4
Lauzun, Duchesse de, attends, iv. 469
Louis XVI and Marie-Antoinette attend, iii. 376
Luxembourg, Mme de, attends, iv. 440, 469
Mirepoix, Mme de, suggests going to, ii. 362
Necker, Mme, attends, iv. 440
Pont-de-Veyle frequents, iii. 314
Raucourt, Mlle, no longer acting at, iv. 213
Sanadon, Mlle, attends, iv. 75
Voltaire called on by actors of, v. 18–9
Comédie-Italienne. *See under* Opéra-Comique
Comète:
    played, iv. 378
*Commentaire historique sur les Œuvres de l'auteur de la Henriade. See under* Voltaire
Commentators:
    HW on ingenuity of, iii. 348
Comminges, Bishop of. *See* Médaby d'Osmond, Charles-Antoine-Gabriel
Commissary:
    HW examined by, v. 268
Common, ——, D's servant:
    D read to by, v. 223, 238
    (?) D shares lottery ticket with, v. 422, 455
    D's legacy to, vi. 6
    furniture in bedroom of, vi. 15
    wages of, vi. 46
    writes letters for D, v. 81, 127 (?), 209 (?)
Commons, House of. *See* Parliament, British
Common sense:
    D on, iii. 134–5
    HW on, iii. 132–3
    theatre is pulpit of, v. 361
*Comte d'Essex, Le. See under* Corneille, Thomas
Compagnolt, Marie-Anne-Louise-Charlotte de (1728–1804), m. (1759) Étienne-Louis-Alexandre Berthelot de Baye; 'la complaisante':
    (?) D makes acquaintance of, ii. **284**
    (?) HW admired by, iii. 96, 210
    (?) HW sent messages by, iii. 139, 181
    (?) social relations of, with: Châtillon, Duchesse de, iii. 95; D, iii. 210; Geoffrin, Mme, v. 273, 282, 299, 323, 327; La Vallière, Duchesse de, iii. 95, 210, 234, v. 333, 335, 337–8, 341
Compassion:
    animals do not feel, v. 360
    self-love hopes never to need, v. 361
Compiègne:
    camp at, omitted in 1770, ii. 443
    Court at, i. 338, 340, ii. 440, 441, iii. 82, 386, 391, iv. 84, 85
    Court may omit visit to, ii. 93, iii. 350
    Court returns from, i. 136, ii. 265, iii. 395
    Court to go to, i. 303, 308, 319, ii. 79, 80–1, 198, 231, 235, 243, 253, iii. 76, 83, 86, 225, 256, 378, 380, iv. 60, 73, 80, 81, 281, v. 11
    Court to leave, ii. 447, iii. 394
    Court to omit visit to, iv. 319, 460, v. 136
    D mentions Court visits to, ii. 453

George III forbids York to visit, v. 365
Laval, Duc and Vicomte de, governors of, ii. 441–2
Louis XV occupies, i. 122, 289, 333, ii. 406
    —— to occupy, ii. 73, 404
Louis XVI to occupy, iv. 54, 55, 60, 62, 194–5, 460
Marie-Antoinette occupies, ii. 406
visitors to: Beauchamp, iii. 388; Beauvau, i. 114, 118, 319; Choiseul, ii. 445; Choiseul, Duchesse de, i. 132, 302–3, 319, ii. 117, 130, 137, 250, 256, 259, 267, 269, 407, 427, 437, 439, 443; Conways, iv. 156; Du Barry, Vicomte and Vicomtesse, iii. 381, 382; Guerchy, i. 114, 332; Harcourt, Earl, iii. 86; Mirepoix, Mme de, iii. 264; Rochfords, i. 319, 333; Seymour-Conway, Hon. H., iii. 388; Stormont, iv. 156
York prevented from supping at, v. 364
'Complaisante, la.' *See* Compagnolt, Marie-Anne-Louise-Charlotte de
*Complot découvert, Le:*
    D copies, for HW, iv. 194
*Comte d'Artois* (frigate):
    Arras, Bishop of, pledged province to pay for, v. 241
    captured, v. 241
*Comte de Warwick, Le. See under* La Harpe, Jean-François de
'Comtesse, la belle.' *See* Carbonnel de Canisy, Marie-Françoise-Renée de
'Comtesse, la divine.' *See* Camps de Saujon, Marie-Charlotte-Hippolyte de
*Comtesse d'Escarbagnas, La. See under* Molière
Comyns, Sir John (d. 1740), chief baron of the Exchequer:
    Marlborough shows respect to, at Tunbridge, v. 362
    Oxford's counsel, v. 362
    ——'s mission to Marlborough declined by, v. 362
Conciergerie du Palais:
    Billard at, iii. 190
    fire may have started in, iv. 256
    Lally's property to be confiscated and used for poor people of, i. 30n
*1* Condé, Mlle de, dau. of *5. See* Bourbon-Condé, Louise-Adélaïde de
*2, 3, 4, 5* Condé, Prince de. *See* Bourbon, Henri de (1552–88); Bourbon, Louis de (1621–86); Bourbon, Louis-Henri-Joseph de (1756–1830); Bourbon, Louis-Joseph de (1736–1818)
*1, 6, 7, 8, 9* Condé, Princesses de, sister of *4;* wife of *4;* stepmother of *4;* wife of *2;* wife of *2. See* Bourbon-Condé, Louise-Adélaïde de (1757–1824); Bourbon d'Orléans, Louise-Marie-Thérèse-Bathilde de (1750–1822); Brignole, Marie-Catherine de (1739–1813); Clèves, Marie de (1553–74); La Trémoïlle, Charlotte-Catherine de (1568–1629)
Condillac, Étienne Bonnot de. *See* Bonnot de Condillac, Étienne
Condorcet, Marquis de. *See* Caritat, Jean-Antoine-Nicolas de

*Confessions. See under* Rousseau, Jean-Jacques

Conflans, Maréchal de. *See* Brienne-Conflans, Hubert de

Conflans, Marquis de. *See* Conflans d'Armentières, Louis-Gabriel de

*1* Conflans, Louis de (1711–74), Marquis and Maréchal d'Armentières:
cook of, marries, ii. 345–6
death of, iv. **7**
in command at Metz, iv. 110
social relations of, with: La Vallière, Duchesse de, iii. 233; Luxembourg, Mme de, v. 306; Maurepas, v. 298

*2* Conflans, Louise-Aglaé de (1763–1819), dau. of *4*, m. (1781) Charles-Alain-Gabriel de Rohan-Guéménée, Prince de Guéménée:
Agenois to marry, v. 453

*3* Conflans, Louise-Marthe de (1759–1825), dau. of *4*, m. (1775) François-Marie-Casimir de Franquetot, Marquis de Coigny:
marriage of, iv. **159**
smallpox inoculation of, iv. 336

*4* Conflans d'Armentières, Louis-Gabriel de (1735–89), Marquis de Conflans; son of *1*:
D's opinion of, i. 278
London visited by, i. 237, 278
second in command at Metz, iv. 110

*Connétable de Bourbon, Le. See under* Guibert, Jacques-Antoine-Hippolyte, Comte de

Conolly, Lady Louisa. *See* Lennox, Lady Louisa Augusta

*Conquête de Naples par Charles VIII, La. See under* Gudin de la Brenellerie, Paul-Philippe

*Conquête des Pays-Bas, La. See under* Zambault, ——

Conseil, grand. *See* Council, grand

*Conseils raisonnables à M. Bergier. . . . See under* Voltaire

Conseils supérieurs. *See* Councils, superior

*Considération sur les mœurs de ce siècle. See under* Pinot Duclos, Charles

Constantinople (Turkey):
ambassadors to, *see under* Ambassador
HW said to be envoy to, v. 258

Contades, Louis-Georges-Erasme (1704–93), Marquis de, Maréchal de France:
Saint-Germain second choice of, iv. 228
social relations of, with Maximilian, iv. 156

Contant d'Orville, André-Guillaume (ca 1730–1800):
(?) *Paysan parvenu, Le,* v. 262

*Conte de Joconde. See under* La Fontaine, Jean de

*Contes de fées:*
D owns, vi. 32

*Contes du Tems Passé de ma Mère L'Oye. See under* Perrault, Charles

*Contes marins:*
D owns, vi. 33

*Contes orientaux. See* Saint-Lambert, Jean-François de, *Fables orientales*

*Contes persans. See* Pétis de la Croix, François, *Mille et un jours, Les*

*1, 2* Conti, Prince de. *See* Bourbon, Louis-François de (1717–76); Bourbon, Louis-François-Joseph de (1734–1814)

*3, 4* Conti, Princesses de, mother of *1*, wife of *2*. *See* Bourbon-Condé, Louise-Élisabeth de (1693–1775); Este, Fortunée-Marie d' (1731–1803)

Conti, Hôtel de:
Maulévrier's apartment overlooks garden of, ii. 351, vi. 3

Contraband goods:
D plans to send, ii. 143, 439, 453, 461
flannel, iv. 294

Contradances:
at royal ball, ii. 411

Contrôle général, hôtel du:
Necker to lodge at, iv. 455, 456

Controller-general. *See* Clugny, Jean-Étienne-Bernard de; Peirenc de Moras, François-Marie de; Terray, Joseph-Marie; Turgot, Anne-Robert-Jacques

Conty. *See* Couty

Convent; convents:
D considers retiring to, v. 164
D on existence in, v. 64
D's entering, would be equivalent of burial alive, iv. 253, v. 79
French parliament to regulate, ii. 48
tale of carabineers at, i. 230

*1* Conway, Anne Seymour (d. 1774), m. (1755) John Harris:
recovering, ii. **304**

*2* Conway, Anne Seymour (1749–1828), dau. of *7*, m. (1767) Hon. John Damer; sculptress; HW's 'cousine':
*Barbier* not heard by, iv. 162
(?) Calais to be visited by, v. 91
Calais visited by, iv. 159, 162
Cambis, Vicomtesse de, friend of, iii. 267, v. 88
comedy attended by, iv. 147
Compiègne visited by, iv. 156
D cannot amuse, greatly, iii. 260
D inquires about travels of, iv. 69, 70
D inquires after, v. 184
D interested in marriage of, i. **274**, 275–6, 280, 283, 305, 308
(?) D may send letter by, v. 91
D mentions, iv. 103
D mentions marriage of, i. 312
D pleased at success of, at costume ball, ii. 375
D receives *Lettres de Mme de Pompadour* from, iii. 300, 307, 310
D receives pineapples from, iii. 386
D sends messages to, iv. 158, 164, 175, 344
D's fans procured by, iv. 223–4, 226, 240
D's opinion of, iii. 261, iv. 101, 104, 108, 134–5, 142, 155
D's relations with, iii. 264, 267, iv. 141, 156, v. 71
D talks with, of HW's illness, v. 90
D to send parcel by, v. 91

D will be glad to meet, ii. 411, 413
D wonders if incense burner was sent by, iv. 341
D would like Duc and Duchesse de Choiseul to know, iv. 115, 118, 126, 133–4, 155, 156
Damer disregarded by, i. 314
—— 's death releases, iv. 351–2, 353, 355
—— 's debts partly met by, iv. 354
Du Barry, Vicomtesse, accompanied by, v. 184
—— said to be accompanied by, v. 88
Flanders visited by, iv. 162
Fontainebleau visited by, iv. 106, 112
French travels of, iii. 267
HW describes, iii. 174
HW does not mention, iv. 111
HW mentions, iii. 75, 244
HW misses, iv. 132
HW repays D through, iii. 260, v. 413
HW's affection for, iv. 351–2
HW's correspondence with, iii. 264(?), iv. 115, v. 396
HW sends toast-rack to D by, iv. 101–2, 102, 104
health of, iv. 164
La Vallière, Duchesse de, does not meet, iv. 155
leaves Paris, iv. 156
Luxembourg, Mme de, likes, iv. 101, 104, 115, 117
Marie-Antoinette favours, iv. 127
Mirepoix, Mme de, attentive to, iii. 259–60, 263
—— charmed by, iii. 260, 263, iv. 101, 104, 115, 117
Montmorency visited by, iv. 116–7, 118, 119
Paris may be visited by, v. 6, 58
—— pleases, iv. 129, 170
—— said to be visited by, v. 88
—— to be visited by, iii. 174, 242, 245, 253, iv. 486
—— visited by, iii. 259, iv. 99, 115, v. 90
Pont-de-Veyle admires, iii. 261
print of, given to D by Richmond, iv. 354, 359–60
regrets impossibility of visiting Paris, v. 34
Saint-Cyr visited by, iv. 133, 144
Saint-Quentin visited by, iv. 156, 159
social relations of, with: Beauvau, Prince and Princesse de, iv. 118; Choiseul, Duchesse de, iv. 127; D, iii. 261, iv. 100, 101, 106, 110, 134, 147, 152, 152–3; HW, iii. 348; Heinel, Mlle, iii. 348; Luxembourg, Mme de, iv. 129, 147 (see also Conway, Anne Seymour, Montmorency visited by); Mirepoix, Mme de, iv. 106, 152; Stormont, iv. 147, 156; Viry, Contessa di, iv. 152–3
Spa visited by, v. 160
success of, ii. 375, iii. 263, 267, iv. 112, 115, 118, 119, 126, 132, 143, 147
to leave Paris, iv. 143, 144, 151–5, v. 91
Versailles visited by, iv. 127, 148
vessel carrying, attacked, v. 160
Vesuvius eruption not witnessed by, v. 175

Viry, Contessa di, likes, iv. 106
—— visited by, iv. 106
3 Conway, Lady Frances Seymour, dau. of 4. See Seymour-Conway, Lady Frances
4 Conway, Francis Seymour (1718–94), 1st E. and 1st M. of Hertford; English ambassador to France; viceroy of Ireland; brother of 1:
Aiguillon, Duchesse d', receives HW's pamphlet from, i. 187
Beauchamp loved by, more than Lady Sarah, ii. 440
Chatham ministry maintains, in office, i. 255
continues as viceroy of Ireland, i. 105
D exchanges compliments with, iii. 386
D mentions, iii. 207
(?) D not jealous of, iv. 497
D unimportant to, i. 230
HW mentions, ii. 432, iii. 75
HW's correspondence with, v. 376, 377, 378, 379, 380, 385, 389, 393
HW's devotion to interests of, i. 331, 332
HW to visit country-seat of, iv. 137, 140
Hume's pension increased through, ii. 87
Lord Mayor's letter from, v. 372
marriage of, i. 209n
marriage of daughter of, iii. 139
Master of the Horse, i. 121, 147
Monaco, Ps of, admired by, i. 72
political interest of, i. 261, 266, 331
rumour of loss of post by, i. 147
5 Conway, Francis Seymour (1743–1822), son of 4. See Seymour-Conway, Francis
6 Conway, Lady Gertrude Seymour, dau. of 4. See Seymour-Conway, Lady Gertrude
7 Conway, Hon. Henry Seymour (1719–95), field-marshal; secretary of state; HW's cousin; 'le vivant'; brother of 1:
appointed governor of Jersey, iii. 287
Barbier not heard by, iv. 162
Blues commanded by, ii. 478
Calais visited by, iv. 159, 162, 163, 165, 169
Cambis, Vicomtesse de, sent verses by, iv. 138, 151
Caracciolo's tale of drunkenness of, iv. 350
comedy attended by, iv. 147
Compiègne visited by, iv. 156
D admires dedication of Fugitive Pieces to, iv. 257
D and Stormont discuss, iv. 273
D asks, about Stanhope-Stormont affair, iv. 147
D asks if HW is to visit, v. 42
D curious about opinion of, of her, iv. 109, 113
D desires good opinion of, iv. 135, 143, 153, 156
D distressed at failure of, to aid HW, i. 108
D dreams about, iv. 385
D eager to see, iv. 69, 70, 100, 101
D esteems, i. 275
D given box by, for effilage and verses, iv. 141
D given medallions by, iv. 328, 331, 339
D given platters by, iv. 183, 186

[7 Conway, Hon. Henry Seymour, *continued*]

D gives Prie portrait to, iv. 129–30, 140

D gives purse to, iv. 325

D gives suit made from her effilage to, iv. 149

D has difficulty in talking with, iv. 142, 147

D has news of HW from, iv. 124, 126–7, v. 87–8, 194

D hopes, can take Olonne portrait to HW, iv. 119–20

D hopes for news of, iv. 215

D hopes for news of HW from, iv. 266

D inquires about summer plans of, v. 51

D inquires after, i. **6**, 16, 31, 227, iv. 269, 307, 344, 379, v. 8, 130, 184

D inquires if, would like medal of Louis XVI's consecration, iv. 195, 197

D may pay bill through, iv. 143

D mentions, i. 12, 119, 338, 391

(?) D not jealous of, iv. 497

D opposed to political stand of, i. 200

D pleased with news of, from HW, iv. 241

D refers to, for confirmation, iv. 123, 135, 142, 167

D returns HW's letters by, iv. 114, 126, 135, 148, 152

D's correspondence with, iv. 159, 160, 163–5, 169, 171, 181, 187, 189, 225, 228, 264, 265, 269, 326, 365, 366, 434, 437, v. 38, 87–8, 194

D seeks Saint-Germain's ordinances for, iv. 278

D's efforts on behalf of, iv. 138, 150

D sends letter by, iv. 154

D sends letter through, iv. 107

D sends messages to, iv. 158, 161, 164, 171, 175, 177, 187, 201, 202, 223, 250, 254, 263, 265, 273, 291, 339, 352, 355, 358, 457, 484, v. 28, 35, 70, 108, 194–5

D sends parcels through, iv. 120, 128, 129

D shows her 'portrait' of HW to, iv. 109

D's opinion of, iv. 104, 107, 109, 118, 119, 135, 142, 147, 155, 207, 335, 344, 352, 358, 365, v. 5, 111, 195

D's relations with, iv. 113, 138, 141, 150, 156, 165, 315–6, 457

D tells HW to make amanuensis of, iv. 264

D to give commission to, iv. 146

D to have news of HW from, iv. 140

D to send ordinance to, iv. 331

D to send parcel to, iv. 292

D wishes, to continue in office, i. 301, 314

D wishes, would visit Paris, iv. 250, 254, 282, 335, 485–6, v. 108

D wonders if incense burner was sent by, iv. 341

D would like, to be in London with HW, iv. 384, 385, 392

D would like Duc and Duchesse de Choiseul to know, iv. 115, 118, 126, 131, 133–4, 155, 156

D would like Hume's memoirs from, iv. 379

Damer, John, death of, distresses, iv. 351

Damer, Mrs, will be consoled by, iv. 351–2

does not assure HW's fortune, i. 326

Europe visited by, iv. 61, 69, 70, 78

Flanders visited by, iv. 162

Fontainebleau visited by, iv. 106, 107, 110

George III gives regiment to, ii. 22

HW buys cup and plate for, v. 409

HW claims Prie portrait from, iv. 136, 140, 197

HW delays visit to, v. 63

HW dictates letter to D to, v. 89, 96, 101

HW does not mention, iv. 111, 238, 250, 315, 395, 480, v. 128, 173

HW does not repeat story of, to D, iv. 417

HW may pass D's information on to, iv. 188, 195

HW mentions, ii. **432**, iii. 75, iv. 63

HW misses, iv. 132

HW's correspondence with, iv. 114, 115, 117–26, 128, 137, 141, 143, 144, 152, 376–81, 385, 393, 395, 396

HW sends political news to, iv. 138–40, 151

HW's friendship with, i. 326, 331, ii. 332, iv. 100, 104, 107, 119, 125, 135, 141, 142, 155, 158, 163, 187, 207, 315–6, 344, 365, 458

HW's proposed visit to, iv. 464

HW talks of D with, iv. 163

HW to have pamphlets and memoirs from, iv. 115–6, 120, 143, 153

HW to see, iv. 143, 152, 154, 158, 159

HW to send money through, iv. 136–7, 141

HW to visit, iv. 207, 213, v. 70, 71

HW urged by, to visit Paris, iv. 215, 254, 344, v. 37

HW visits, ii. 112, iv. 353

health of: iv. 350, 351, v. 314; D's anxiety concerning, iv. 343–8

Hume made undersecretary of state by, i. 250

invited to review Poyanne's carabineers, iv. 78, 82

Jersey visited by, v. 235

La Vallière, Duchesse de, does not meet, iv. 155

leaves Paris, iv. 156

Luxembourg, Mme de, likes, iv. 115, 117

Marie-Antoinette favours, iv. 127

marital felicity of, iv. 108

marriage of, ii. 432n

Mirepoix, Mme de, likes, iv. 115, 117

—— sends letter by, iv. 165

Montmorency visited by, iv. 116–9

niece of, to marry, iv. 132, 134

not promoted, v. 39, 41

Opéra-Comique attended by, iv. 109

Paris acquaintance of, iv. 131, 137, 138

—— pleases, iv. 129, 138, 170

—— visited by, iv. 90, 104, 115

parliamentary seat of, iv. 177

plans to return to Paris, iv. 135, 177

refuses salary, i. 365, 371, 372, 382, ii. 349

resignation of, postponed, i. 283n, 284, 317, 337

retires from Government, ii. 11, 15

Richmond may be visiting, v. 71

Rousseau's pension secured by, i. 24n, 94–5, 260n, 281, 322

Royal Marriage Bill opposed by, iii. 207

Saint-Cyr visited by, iv. 133, 144

Saint-Quentin visited by, iv. 156, 159

secretary of state, i. 104, 255, iv. 379

Shelburne's connection with, iv. 235

social relations of, with: Beauvau, Prince and Princesse de, iv. 118; Choiseul, Duchesse de, iv. 127, 155; D, iv. 104, 106, 109, 110, 122, 125, 134, 141, 143, 147, 152, 152–3; HW, v. 58; Luxembourg, Mme de, iv. 129, 147 (see also Conway, Henry Seymour, Montmorency visited by); Mirepoix, Mme de, iv. 106, 152; Stormont, iv. 147, 156; Viry, Contessa di, iv. 152–3

Stormont friend of, iv. 288, v. 28

——'s correspondence with, iv. 82, 90, 96, 388, 457

—— to offer lodging to, iv. 291

—— to send publications to, iv. 160

success of, iv. 115, 118, 119, 126, 132, 143

theft and arson at house of, ii. 40, 43

to be in country, iv. 181

to leave Paris, iv. 140, 143, 144, 151–5

Tonton spoken of to HW by, iv. 174

vacillations of, i. 272, 288, 332

Versailles visited by, iv. 127, 148

verses by, on D, iv. 151, 153–4

Viry, Contessa di, likes, iv. 106

—— visited by, iv. 106

weary of politics, i. 261, 266, 284

8 Conway, Hon. Henry Seymour (1746–1830), son of 4. See Seymour-Conway, Hon. Henry

9 Conway, Lady Sarah Frances Seymour, dau. of 4. See Seymour-Conway, Lady Sarah Frances

1 Conyers, Lady Henrietta, wife of 2. See Fermor, Lady Henrietta

2 Conyers, John (1718–75), M.P. for Essex:
conveys parcel for D, i. 184, 186, 191
death of, v. 398

1 Conzié, Joachim-François-Mamert de (1736–95), Bishop of Saint-Omer 1769–74, Archbishop of Tours 1774–90:
Arras, bishopric of, to be given to, iv. 98
Artois adores, iii. 197
Chanteloup visited by, v. 450, vi. 202
Craufurd recommended to, by D, iii. 290
D accompanied by, to Roissy, iii. 269
D receives prunes from, v. 433
D's opinion of, iii. 197, 205
D's relations with, iv. 183
HW and D enlist aid of, for Lady Fenouilhet, iii. 399, 402
HW comments on, iii. 201
Paris visited by, iv. 183, v. 448, 458
social relations of, with: Caraman, Comte and Comtesse de, iii. 269; Choiseul, Duchesse de, v. 13; Choiseul-Beaupré, Comtesse de, v. 449; D, iii. 197, v. 349, 352, 422–3, 425, 431; Guerchy, Comtesse de, v. 347
Tours, archbishopric of, given to, iv. 98n, 183

2 Conzié, Louis-François-Marc-Hilaire de (1732–1804), Bishop of Saint-Omer 1766–9, and of Arras 1769–90; brother of 1:
Artois adores, iii. 197

—— pays for boat at instigation of, v. 241

capture of Comte d'Artois will distress, v. 241

Chanteloup visited by, iii. 234, 251, 253, 254, iv. 373, v. 456, vi. 202

—— visit postponed by, v. 339

Choiseul, Duchesse de, fond of, ii. 451

Craufurd recommended to, by D, iii. 289, 290

Cumberland to see, iii. 142

D escorted by, to and from Chanteloup, iii. 234, 237–40, 241, 245, 246, 251, 253, 254, 257, iv. 183

D's opinion of, ii. 469, iii. 91, 98, 142, 197, 205, iv. 85

D's relations with, iv. 183

Darras confused with, iii. 347

England to be visited by, ii. 451

Fontainebleau visited by, iv. 373

Gennevilliers visited by, ii. 450–1, 469

HW and D enlist aid of, for Lady Fenouilhet, iii. 399, 402

HW comments on, iii. 201

HW remembers, iv. 85

health of, iii. 254, 257

Marmora talks with, iii. 98

Marmoutier visited by, on business, iii. 241, 245, 251, iv. 183

Orléans, Bishop of, visited by, at Meun, iii. 239–40

Paris visited by, iii. 237, iv. 85, 183, v. 435, 448, 458

social relations of, with: Choiseul, Duchesse de, ii. 450–1, 469, v. 13; Choiseul-Beaupré, Comtesse de, v. 442, 449; D, iii. 91, 98, 197, iv. 26, 201, 228, 268, v. 341, 348, 352, 422, 431, 443, 455, 458(?), 460; Guerchy, Comtesse de, v. 347; Viry, Contessa di, v. 347

Tours, archbishopric of, offered to, iv. 98

unable to escort D to Chanteloup, iii. 108

Cook, James (1728–79), explorer:
Barthélemy praises account of second voyage of, vi. 208
Voyage dans l'hémisphère austral et autour du monde: D thinks of reading, v. 52, 173; HW advises D not to read, v. 178

Copel, Jean-François (1726–83), 'Père Élisée':
Oraison funèbre de Stanislas I . . ., i. 93
social relations of, with Marquise de la Ferté-Imbault, v. 321

Copenhagen:
D mentions, ii. 221
D mentions troubles at, iii. 183
(Denmark), ministers to, see under Minister
English fleet to visit, iii. 228

Coqueley de Chaussepierre, Charles-Georges (1711–90), lawyer; writer:
Roué vertueux, Le, ii. 343

'Coquet sphinxes':
HW sees, v. 357

Coquette, La. See under Regnard, Jean-François

Corbie, ——, husband of Duchesse de Choiseul's femme de chambre; lackey of late Marquise du Châtel:
financial status of, ii. 415–6

[Corbie, ——, *continued*]
    goes mad, ii. 415–6
Corbie, Mme (?)Angélique, favourite femme de
    chambre of Duchesse de Choiseul:
    death of, iii. 403
    husband of, goes mad, ii. 415–6
    (?) Voltaire writes to, ii. 411
Corbière. *See* Potherat de Corbière
Corbinelli, Jean (1615–1716):
    letters of, to Moulceau, dull, iii. 420, 423
Cordeliers. *See* Franciscans
Cordier, ——:
    attends session of parliament of Paris, vi. 173
Cordier de Launay, Marguerite-Jeanne (1684–
    1750), m. (1735) Baron de Staal:
    Clermont's painting of, at Sceaux, v. 322, vi.
    57
    D cites, ii. 48
    D prefers plays of Comtesse de Genlis to those
    of, v. 161
    D's friendship with, iii. 347, v. 278
    D's 'portrait' by, vi. 66
    D talks to Comtesse de Genlis of, vi. 64
    HW reads letters of, v. 338
    Hume's anecdote of, v. 276
    *Mémoires:* D enjoys, iii. 347, iv. 379; D reads,
    iii. 347; D refers to, i. 78, 105, iii. 347; HW
    cites, vi. 114
    'portrait' of Duchesse du Maine by, vi. 56,
    111–3
    self-'portrait' by, vi. 95–6
'Cordon bleu.' *See* Saint-Esprit, Ordre du
Cordonnier, Hyacinthe (1684–1746), Chevalier
    de Themiseul; called Saint-Hyacinthe:
    *Militaire philosophe, Le,* Voltaire's opinion
    of, vi. 152
Cordonnier, Michelle (d. 1780), m. Paul le Nor-
    mand:
    death of, v. 448
'Cordon rouge.' *See* Saint-Louis, Ordre de
*Coriolan. See under* Gudin de la Brenellerie,
    Paul-Philippe
*Coriolanus. See under* Shakespeare, William
Corn:
    grown in Picardy, v. 259
Cornbury, Vct. *See* Hyde, Henry
*1* Corneille, Marie (b. 1742), grandniece of *2,*
    m. (1763) Claude Dupuits:
    D called on by, ii. 47
    husband of, ii. 21, 112
    Voltaire sends, to Paris, ii. 42, 47, 53
*2* Corneille, Pierre (1606–84), dramatist:
    *Cid, Le:* D reads, v. 178; mentioned in verses,
    v. 23
    *Cinna:* D carried away by, iv. 42; D quotes, i.
    207; D paraphrases, i. 269, ii. 175, iv. 422;
    HW likes, iii. 389
    D admires, i. 240, 244, iii. 391, iv. 42
    D finds Voltaire inferior to, v. 180
    D mentions, ii. 87
    D reads, v. 180, 187
    D to read, alternately with Racine and Vol-
    taire, v. 178

    HW's emendation of, v. 267
    HW's opinion of, iv. 44, vi. 142, 144
    *Horace:* D alludes to, i. 396n, v. 56, 212; D
    paraphrases, iv. 313; D reads, v. 178
    La Harpe contrasts his verse with that of, iv.
    409
    *Nicomède,* D quotes, ii. 213, 246
    *Polyeucte:* D likes, iv. 42; D quotes, iii. 149,
    221, v. 80
    *Rodogune:* HW attends, v. 336; HW likes, iii.
    389
    *Sertorius:* i. 302; D quotes, ii. 306
    Voltaire defends, ii. 120, 129, vi. 144
    ——'s edition of, vi. 141–3
*3* Corneille, Thomas (1625–1709), dramatist;
    brother of *2:*
    *Baron d'Albikrac, Le,* v. 272
    *Comte d'Essex, Le,* Voltaire's preface to, vi.
    143
*Cornélie, vestale. See under* Hénault, Charles-
    Jean-François
Correggio. *See* Allegri, Antonio
*Correspondance de Cécile:*
    D owns, vi. 34
*Correspondance de Monsieur le Duc d'Aiguil-
    lon. . . . See under* Vignerot du Plessis-Riche-
    lieu, Emmanuel-Armand
*Correspondance secrète et familière de M. de
    Maupeou avec M. de Sor. . . . See under*
    Pidansat de Mairobert, Mathieu-François
Corsica:
    Boufflers to travel to, vi. 137
    Chauvelin's campaign in, ii. 199, 200, 202
    D's concern over, ii. 64, 73, 202
    'King of,' *see* Neuhof, Théodore-Antoine de
    Lauzun goes to, ii. 106, 135
    —— returns from, ii. 254
    sixteen French battalions sent to, ii. 64, 66
    Vaux supersedes Chauvelin in, ii. 200
    *See also* Boswell, James, *Account of Corsica,
    An*
Cortonna, Pietro (1596–1669), painter:
    paintings by, at Hôtel de Toulouse, v. 302
Cosan. *See* Cosson
*1* Cossé, Comtesse de, wife of *3. See* Wigna-
    court, Marie-Charlotte-Antoinette-Constance-
    Louise-Françoise de
*2* Cossé, Duchesse de, wife of *6. See* Mancini de
    Nevers, Adélaïde-Diane-Hortense-Délie
*1* Cossé, 'Marquise' de, wife of *3. See* Wigna-
    court, Marie-Charlotte-Antoinette-Constance-
    Louise-Françoise de
*3* Cossé,  Hyacinthe-Hugues-Timoléon  (1746–
    1813), Comte de, son of *7:*
    grandes entrées granted to, iv. 52
    (?) social relations of, with Duchesse de Niver-
    nais, v. 274
*4* Cossé,  Jean-Paul-Timoléon de  (1698–1784),
    Duc de Brissac; Maréchal de France:
    attends session of parliament of Paris, vi. 172
    HW describes, v. 277
    Maillebois's appointment protested by, iv.
    322–3

rumour of projected marriage of, iii. 147
social relations of, with: Brancas, Marquis de,
v. 277; Maximilian, iv. 156; Nivernais, Duc
and Duchesse de, v. 341; Richmonds, v. 294;
Rochefort, Comtesse de, v. 302
5 Cossé, Jules-Gabriel-Timoléon de (1771–5),
son of 6:
D mentions, iii. 107
6 Cossé, Louis-Hercule-Timoléon (1734–92), Duc
de, later Duc de Brissac; son of 4:
asks for Court post for his wife, iii. 107
Du Barry, Comtesse, favours, iii. **107**
HW expects, as ambassador, iii. 161
social relations of, with Mme Geoffrin, v. 302
7 Cossé-Brissac, Comtesse de, sister-in-law of 4.
See Hocquart, Marie-Anne
8 Cossé-Brissac, Emmanuelle-Marie-Anne de (b.
1745), dau. of 7, m. (1763) Louis-Marie, Marquis de Pons:
social relations of, with Hénault, v. 301
1 Cosson, Pierre (d. before 1784), inspector of
bridges and causeways:
(?) social relations of, with Comtesse de
Rochefort, v. 306
2 Cosson, Mme Pierre, wife of 1. See Dupeire,
Charlotte
Coste. See also Cotte
Coste, Dr, jr; surgeon of the guards to Frederick the Great:
*Traité pratique sur la goutte et sur les moyens
de guérir cette maladie*, i. 138–9
Coste de Champeron, Marie-Antoinette-Élisa-
beth, m. (1762) Auguste-Louis-Elzéar, Comte
de Sabran:
(?) social relations of, with: Conti, v. 299; La
Marche, Comtesse de, ii. 12
Costes de la Calprenède, Gautier de (1614–63),
novelist; dramatist:
*Cassandre*: D comments on, iii. 432, iv. 381;
D reads, iv. 377, v. 191; D refers to, i. 134;
HW comments on, iii. 436–7; HW refers to
Oroondate in, i. 44
*Cléopâtre*: D comments on, iii. 432; D refers
to, i. 134, v. 191; HW comments on, iii. 437
D disparages, iv. 7, v. 191
D disparages sentiments of heroes of, iii. 392
D misses domestic details in novels of, ii. 255
HW bored by, iii. 397
Costume:
D's wardrobe, vi. 21–3
feathers the rage, iv. 148, 154, 379
Franklin's, at presentation to Louis XVI, v. 33
new fashion in, iv. 144, 148, 152–4, 207
*See also*: Bag; Buckles, shoe; Chain; Cloaks;
Coat, tail; Cuffs; Earrings; Fans; Handker-
chiefs; Hats; Head-dress; Jackets; Lappet;
Muff; Pelisse; Riding hoods; Vest; Watch
Cotes, Humphrey (d. 1775), politician:
Churchill drinks with, v. 258
Cotignac:
Louis XV's daughters desire, i. 361
Cotte, Jules-François (1721–1804), president of

grand council; director of medals; director of
bridges and causeways:
(?) attends session of parliament of Paris, vi.
173
Barthélemy offers duplicate books to, iv. 40
Chanteloup visited by, vi. 207
D allots suit to, iv. 258
director of bridges and causeways, iv. 466
HW offered information on medals by, iv. 40
HW offered medals by, in return for books,
iv. 33, 34–5, 40, 43, 45
HW talked of by D and, iii. 162
social relations of, with: Choiseul, Duc and
Duchesse de, v. 320–1; Choiseul-Beaupré,
Comtesse de, v. 441–2, 450; D, iii. **162**, iv.
182, 201, 250, 268, 303, v. 138, 139, 348(?),
349, 423, 425, 428–9, 431, 433, 455, 459; Souza,
v. 321
Tours, bridge of, visited by, vi. 207
Cotton, Jane (d. 1778), m. Thomas Hart:
Comédie attended by, ii. **275**
social relations of, with: D, v. 326, 332; HW,
v. 327, 349
Versailles visited by, v. 330
1 Coulanges, Marquise de, wife of 2. See Du
Gué Bagnolles, Marie-Angélique
2 Coulanges, Philippe-Emmanuel (1631–1716),
Marquis de, cousin of Mme de Sévigné:
HW's opinion of, ii. 141
letters of, to Mme de Sévigné please D, ii.
**139**
Coulon, ——, Mme Martel:
D's account of, iv. **423**
Council, grand, French:
*London Chronicle* has paper on, v. 300
suppressed, iii. 61, 66n
Council of State, French:
action of, on d'Aiguillon, ii. 430
Councils, superior, French:
D mentions, iii. 33
formed, iii. 30n
Countersigning:
of letter, i. 53
of parcel, i. 132, ii. 99, 101
*Count of Narbonne, The. See under* Jephson,
Robert
Couppier, Anne (1737–1808), called Mlle de
Romans, m. (1772) Gabriel de Siran, Mar-
quis de Cavanac:
La Chalotais's letter found in pocket of, v. 371
son taken away from, v. 371
Courbépine:
D at, v. 214
Prie, Marquise de, exiled to, v. 214
Courbevoie:
D to go to, iii. 370, 372
Courcillon, Marquise de. See Pompadour, Fran-
çoise de
*Cour d'amour, La. See under* Lemonnier, Pierre-
René
Cour des aides:
Richmond satisfies formalities of, iv. 456

[Cour des aides, *continued*]
suppression of, iii. 50n, 58–9, 61, 66n
ten members of, exiled, iii. 59
Cour des Aides (building):
burned, iv. 256
Cour des monnaies:
(?) edict restoring, v. 59
Louis XVI receives deputation from, iv. 60
*Coureur* (ship):
English seize, vi. 209
Courier; couriers:
Chamier's, ii. 383
Choiseul's: i. 215, 219, 220, ii. 42, 66, 73, 74, 91; D always to know when one will leave, ii. 94
Du Châtelet's, ii. 33, 37, 43, 49, 62, 66, 115, 117, 311, 312, 334, 371, 390
from: Brest, v. 52; England, principal events of D's week, iv. 412; Spain to England, ii. 479, 483; Spain to France, iii. 10
Guines's, iii. 11, v. 392
Harcourt's, ii. 212, 377, iii. 16(?), 42, 59, 67(?), 72, 74, 109
Marmora's, v. 379
of Hon. Robert Walpole, ii. 190, 191, 193, 198, 205, 310, 383, iii. 9, 37(?), v. 392(?)
Paris-Amboise, iii. 243
Rochford's, i. 201, 254, ii. 104
Saint Paul's, iv. 178, 244, 306, 308, 332
Selwyn's, v. 82
Stormont's, iii. 395, iv. 245, 386, 388, 400, 498, v. 28
*See also* Post
Courland, D. of. *See* Biron, Ernst Johann
*Couronnement d'un Roi, Le:*
D may send, to HW, iv. 153
representation of, forbidden, iv. 153
*Courrier de l'Europe, Le:*
British parliamentary speeches translated in, v. 19, 114
D quotes, v. 21, 140
D receives copy of, v. 422
Leinster, Ds of, article on, in, v. 173, 177
publication of, temporarily interrupted, v. 44–5
Ray, Martha, account of, in, v. 131
*Cours d'étude pour l'instruction du Prince de Parme. See under* Bonnot de Condillac, Étienne
Courson. *See* Coignet de la Thuillerie de Courson
Court:
artificiality of, i. 225
British, HW finds attendance at, burdensome, iv. 144
French: Brunswick at, i. 49; Gramont, Comtesse de, banished from, ii. 436–7; to have no spectacles, ii. 488
*See also* Courtiers
Courte, Chevalier de. *See* Courten, Maurice de
Courten, Maurice (ca 1692–1766), Comte and Chevalier de:

(?) social relations of, with: Brancas, Marquis de, v. 277; D, v. 270–1; Hénault, v. 284
Courtenay, Hélène de (1689–1768), m. (1712) Louis-Bénigne, Marquis de Bauffremont; 'Princesse de Bauffremont':
social relations of, with: La Marche, Comtesse de, v. 301; (?) Shirley, Mrs, v. 291
Courtiers:
HW on, ii. 431–2, iv. 144
Court plaster:
Choiseul, Duchesse de, desires, ii. 49, 67–8, 70
price of, ii. 68
St John brings, to D, ii. 73
Coutts, Thomas (1735–1822), banker:
(?) Craufurd's porcelains addressed to, iii. 307
1 Couty, ——, cook:
Boulogne visited by, iv. 234
Carlisle takes, as cook, ii. 205
D gives commissions to, iii. 418, iv. 9, 13, 14, 82, 128, 129, 132, 134, 164, 170
D has news of HW through, iv. 117
D may be paid through, iv. 190
D pays bills through, iii. 433, 436, iv. 4, 7, 9, 13, 14, 16, 20, 21, 27, 39, 41, 143, 145, 164
D plans to give commissions to, ii. 205
D sends, to ask news of HW, iv. 70
D sends parcel by, iii. 293, 296, 297, 309, iv. 46
D sent case by, iv. 177
in country, iv. 9
marriage of, iv. 80
Paris visited by, iii. 293, iv. 7, 46, 70, 230, 234
Selwyn's compliments conveyed to D by, iv. 74
sister's correspondence with, iv. 39, 117, 177
to return to England, iv. 80, 81
training of, ii. 346
2 Couty, Mme, wife of 1. *See* La Grange, Mlle
3 Couty, Marie-Élisabeth, sister of 1, m. Gilles du Hallier; D's servant:
brother of, iii. 293, iv. 230
brother of, is Carlisle's cook, ii. 205
brother's correspondence with, iv. 39, 117, 177
'chagrin' of, v. 440
comments on D's fondness for HW, i. 115
D accompanied to Chanteloup by, iii. 237, 243
D arranges annuity from Mme and Mlle de Loménie to, vi. 43–4
D caught by, in fall, iv. 255
D's bequests to, vi. 6, 9, 21, 27
(?) D shares lottery ticket with, v. 422, 455
embroiderer taken to Mme de Luxembourg's by, iv. 192
fears customs office has seized Mrs Cholmondeley's goods, ii. 488, 496
furniture in chamber of, vi. 16
*Opéra-Comique* attended by, v. 453
wages of, vi. 46
weeps over canary, ii. 222–3
Coward, Bridget (d. 1775), m. (1719) Hon. George Hamilton:
death of, v. 398

Coxe, Mary (d. 1812), m. (1770) James Buller:
social relations of, with Saint Paul, v. 351
Coye, Marquis de. *See* Rose, Toussaint
Coyer, Gabriel-François de (1707–82), abbé:
*Lettre au Docteur Maty . . . sur les géants patagons*, (?) D refers to, i. 303
social relations of, with: Geoffrin, Mme, v. 306; HW, v. 291
Coypel, ——, painter:
D mentions, i. 228
Craig, Mme, prioress of the Carmelites:
Mme Louise permitted by, to write to Louis XV, ii. 400
Crammond, Mr:
social relations of, with: Foleys, v. 309; Rochford, Cts of, v. 316
*1* Craon, Prince de. *See* Beauvau-Craon, Ferdinand-Jérôme de
*2, 3* Craon, Princesses de, wife and mother of *1*.
*See* Desmier d'Archiac de St-Simon, Louise-Antoinette; Ligniville, Anne-Marguerite de (1687–1772)
*1* Craufurd, James (d. 1811), soldier; later governor of Bermuda; son of *3:*
Craufurd, John, corresponds with, iii. 236
D aided by, as interpreter, iii. 229, 230
D sends parcel by, iv. 481
D's opinion of, iv. 481
D writes to HW by, ii. 288, 292, 293
finances of, v. 6
gambles, iii. 335–6
Italy visited by, iii. 228
Paris visited by, ii. **283**, iii. 228, iv. 481
social relations of, with: D, ii. 283, 287, iv. 483; Forcalquier, Comtesse de, ii. 293; La Vallière, Duchesse de, iii. 229, 233
*2* Craufurd, John (d. 1814), M.P.; son of *3:*
Aiguillon to be consulted by, iii. 285
Arras, Bishop of, asked to look out for, iii. 289, 290
away from London, ii. 366, 370
baths near Venice visited by, ii. 428
Bath visited by, i. 234, 265
Beauclerk, Lady Diana, admired by, iv. 79
Bedford, D. of, visited by, i. 122
Béthune visited by, iii. 294
Boisgelin, Comte de, conveys compliments of, to D, ii. 89
bored and unsettled, i. 350, 355–6, 363, ii. 317, iii. 60, 353, iv. 486
Boufflers, Comtesse de, attentive to, iii. 280, 288
—— corresponds with, iii. 403
—— should be object of visit of, iv. 488
Boufflers, Marquise de, attentive to, iii. 280
—— corresponds with, iii. 298, 317
Bouvart attends, iii. 280, 290
boxes for, ii. 357, 363, 365
Bussy, Marquise de, attentive to, iii. 280, 288
Calais visited by, iii. 292, 294, iv. 228, 231
Cambis, Vicomtesse de, friendship of, with, iii. 280, 285, 286, 288, 295, iv. 482, 488, 489
charlatan patronized by, iv. 482, 487

chess interests, iv. 56
Choiseul-Beaupré, Comtesse de, unacquainted with, iv. 480
Clanbrassill presented by, to Hénault's circle, i. 347
Craufurd, James, corresponds with, iii. 236
D accused by, of being imprudent, vain, and coquettish, i. 193
D accused by, of being romantic, i. 7
D asks, to go to HW, ii. 149–50, 151, 160
D asks HW to lend Voltaire's *Tactique* to, iii. 428
D denies reports of her by, v. 5, 43
D does not feel like writing to, iv. 400
D does not urge, to visit Paris, iv. 502
D gives commissions to, i. 12, ii. 325–6, iii. 305, 306, 311, 331
D has no letter of thanks from, ii. 28, 30, 32, 41, 43
D has no news of, i. 338, ii. 116, 119, 224, 233, 424, iii. 8, 46, 47, 291, 353, 362, 406, iv. 131, 198, 462, v. 178
D inquired after by, iv. 286
D inquires about, i. 6, 30, 36, 39, 41, 42, 110, ii. 69, 89, 493, iii. 184, 386, 419, iv. 76, v. 168, 187, 214
D invites, to Paris, iv. 73, 76, 88
D may send letter by, iv. 226
D mentions, i. 17, 36, 59, 75, ii. 163, 229, iii. 291, iv. 120
D never asked, to bring anyone to her, iv. 402, 410
D pays for purchases of, iii. 323, 331, 342
D quotes, iii. 13
D receives gift from, i. 406
D resigned to absence of, ii. 435
D's correspondence with, i. 59, 78, 81, 84, 87, 122, 171, 193, 197, 237, 291, 295, 307, 308, 324, 329, ii. 45, 75, 77, 89, 108, 124, 131, 140, 149, 151, 189, 278, 281, 337, 343, 428, 487, iii. 55, 56, 80, 153, 290, 298, 305–6, 331, 362, 368–9, 375, 392, 421, iv. 3, 4, 7, 12, 14, 76, 82, 88, 91, 93, 231, 241, 245, 286, 289, 291, 375, 457, 458, 462, 489, 494, v. 43, 160, 423(?)
D secures cook for friend of, iii. 69, 73, 77
D sends fruit-chiller to, i. 405–6, ii. 3, 32
D sends messages to, iii. 301, 410, 413, iv. 234
D sends parcels by, i. 386, 387, 392, 394, ii. 321, 323–6, 329, 331, iii. 269, 270, 273, 276, 281–2, 283, 287, 289, iv. 487, 500, v. 6
D sends parcels to, i. 405, ii. 3, 10, 13, 17, 28, 30, 32
D sends Voltaire *Épître* to, ii. 489
D's friendship with: i. 171, 221, 355, ii. 156, 189, 315, 316, 319, 322, 325–6, 334, 422, 477, iii. 56, 153, 374, iv. 3, 59, 73, 451, 465, 480, 481, 486, v. 111, 160, 169; cools, i. 349, 350, 360, 375, 382–3, 391, ii. 89, 131, 247, 270, 287, iii. 120, 139, 142, 280, 286, 310, 331, iv. 282, 487, 490–1, v. 5, 12
D's interest in, i. 57, 58, iii. 192–3, 309
D's opinion of, i. 48, 156, 271, 347, 348, 355–6, ii. 41, 161, 317, 319, 322, 324, 325–6,

[2 Craufurd, John, *continued*]
334, 468, 477, 480, iii. 55, 60, 80, 153, 272, 273, 276, 280, 295, 309, 336, 345, 375, 408, iv. 73, 221, 226, 231, 481, 482, 485, 486, 487, v. 169

D suspects, of instigating Hume's letter, i. 122

D talks of HW with, i. 401

D thinks trinket for Bns Lucan has not been delivered by, iv. 500, v. 6

D wishes, would visit Paris, iv. 291

Dalrymple sent to D by, iii. 153, 164, 189

death of, rumoured, i. 156, 157–8, 160, 162, 167, 170, 171, 193

Dover visited by, iii. 294

enamelled box for, ii. 3–4, 28, 30, 32

father at odds with, iii. 419, 421

father gives estate to, iii. 153

father of, dies, v. 12

father of, in Scotland, i. 230

father visited by, on business, iii. 317

fears ridicule from his friendship with D, i. 382–3, ii. 89

feminine acquaintances of, in Paris, iv. 485, 488

Ferney visited by, ii. 468

finances of, iii. 153

Fontainebleau may be visited by, iv. 484

—— not visited by, iv. 490

Forcalquier, Comtesse de, correctly judged by, i. 9–10

Fox charms, ii. 319

—— might be joined in opposition by, iii. 192–3

—— to accompany, ii. 319, 322

Francès attentive to, iii. 280

—— correspondence of, with, iii. 327, 335, 362

—— friendship of, with, iii. 317

—— has not heard from, iii. 317, 327

—— introduced to D by, iii. 267

friendships of, many, iii. 374–5

gambles, i. 27, 48, ii. 270, 317, 326, 327, 480, iii. 335, 386

Gibbon returns to London with, iv. 485–7, 489

Grafton secures appointment for, as chamberlain of Fife, i. 406–7

Grenvilles to be taken to D by, iv. 225

Greville, Mrs, writes to D about, ii. 32, 270, iv. 413

HW accompanies, to theatre, v. 297, 349

HW accompanies, to Versailles, v. 297

HW and, compatibility of, i. 6, 198, 221, 271

HW arouses pretended jealousy in, iv. 245

HW asked by D to aid, iii. 309

HW compares D and, iii. 291

HW does not mention, iv. 282, v. 128

HW might send news of health to, iii. 275

HW misunderstands D concerning, i. 397

HW's correspondence with, v. 380

HW's description of, iii. 291

HW's dispute with, v. 36

HW sends letters by, v. 379

HW sends toothpick cases and egg by, v. 404

HW's friendship desired for, by D, ii. 477

HW's *Gramont* desired by, iii. 270

HW shops with, v. 290

HW's news might be sent to D by, iii. 324

HW's opinion of, iii. 353

HW's phrase approved by, ii. 11

HW talks of D with, v. 187

HW to see, iii. 269, 273, 280, 282, 283, 289, 290, 292, 294, 295

HW unlike, iii. 276

HW well treated by, iv. 390

health of, i. 23, 265, 271, 291, 347, 349, 350, 356, 363, 368, 378, 379, 382, 388, 406, ii. 32, 45, 73, 75, 173, 189, 317, 325–6, 468, 477, 480, iii. 153, 265, 268, 273, 276, 280, 285, 288, 290, 292, 293, 392, 419, iv. 137, 219, 220, 221, 223, 224, 286, 481, 482, 487, v. 268, 351

Holland, Bn, visited by, i. 122

Holland, Bns, visited by, ii. 314

Huber's friendship with, iii. 298, 375

Hume may have misrepresented D to, i. 402

——'s relations with, i. 112, 208, 230, iii. 120

—— visited by, iii. 421

ladies attend, i. 375

Lauraguais said by, to have wit, i. 369

——'s friendship with, iii. 120

leaves Paris, ii. 477, iii. 289, iv. 228, 489

Mallet introduced to D by, i. 394, ii. 11

March attends, i. 363, 368, 369

—— discussed by D and, i. 374

Monaco asks, to secure medicine, iii. 285

Naples to be visited by, ii. 140

Noyon, Bishop of, inquires for, i. 18

Opéra-Comique attended by, i. 345

Ossory, Cts of, friend of, iii. 139

Ossory, E. of, friend of, i. 36, ii. 78, iii. 139, iv. 73

—— and Ds of Grafton arouse sympathy of, ii. 127

—— visited by, i. 122, iii. 306

Ossorys to be visited by, iv. 132

Paris bores, i. 57, iii. 276, iv. 485, 487–90

—— to be visited by, i. 122, 170, 311, ii. 140, 173, 278, 296, 311, iii. 153, 203, 207, 228, 231, 236, 309–10, iv. 18, 93, 131, 214, 375, 451, 457, 458–9, 462, 480

—— visited by, ii. 161, 468, iii. 265, 268, iv. 481, 485, v. 322

Péronne visited by, iii. 294

(?)Philidor receives letter from, v. 423

plans of, constantly change, i. 350, 355–6, 363, ii. 283, 343

Poirier, Mme, sends porcelains to, iii. 307, 323, 327

political interests of, ii. 45

Pomme attends, i. 363, ii. 127

—— suits, i. 360

Redmond's correspondence with, i. 39, 170

robe de chambre purchased by, for lady who died, ii. 324, 370, 394, 439

Robertson aided by D at request of, ii. 343, 357

Roncherolles, Marquise de, correspondence of, with, iv. 73, 76, 88

——, friendship of, with, iii. 285, 286, 288, 362, 374, 413, iv. 82, 221, 482, 489

Roye visited by, iii. 289, 290, 294

Saint-Omer, Bishop of, asked to look out for, iii. 290

Saint-Omer visited by, iii. 294

Scotland may be visited by, iv. 457, 462

—— not pleasing to, i. 230

—— visited by, iv. 3, 76, 82, 93

Selwyn keeps, company, i. 363

Senlis visited by, iii. 290

'Sévigné' letter acknowledged by D to, i. 74, 81, 84

'Sévigné' letter attributed to D by, i. 71

'Sévigné' letter to have been delivered by, i. 73

social relations of, with: Aiguillon, Duchesse d', ii. 327; Barré, v. 272; Beauclerk, v. 285; Beauvau, v. 348; Blondel, Mme, v. 352; Boufflers, Comtesse Amélie de, iv. 485; Boufflers, Comtesse de, iv. 225, 485, v. 297, 351–2; Boufflers, Marquise de, ii. 327; Caraman, Comte and Comtesse de, iii. 269; Choiseul, Duchesse de, v. 297; Cholmondeley, Mrs, ii. 316, 317; Clermont, Cts of, v. 352–3; D, i. 345, 347, 354, 356, 363, 369, 385, 387, ii. 154, 314, 316, 319, 327, iii. 268–9, 270, 272, 276, 280, 285, 288, iv. 218–20, 480, 483, 485, 490, v. 261, 266, 275, 283, 287–9, 292–6, 298, 322–4, 348–53; Du Châtelet, Comtesse, iii. 290; Fife, Cts of, v. 277; Forcalquier, Comtesse de, ii. 317, v. 275, 293, 296, 323; Geoffrin, Mme, v. 289; HW, i. 117, 122, 307, 388, 400, 401, iv. 489, v. 260–1, 265–7, 269–72, 274, 279, 284, 286, 291–2, 296, 323, 348, 350–3; Hénault, i. 157–8, 346, 347, 349, v. 285, 288, 292–3, 296, 322–3; Hollands, ii. 319; La Marche, Comtesse de, v. 293; Lauraguais, i. 369; Lauzun, Duc and Duchesse de, ii. 328; La Vallière, Duchesse de, v. 349; Lorenzi, v. 292; Luxembourg, Mme de, iv. 485, v. 284, 286, 290; Mariette, v. 292; Maury, Mme de, v. 293; Mirepoix, Mme de, iv. 485, v. 349; Mitchell, v. 272; Ossory, v. 274, 281, 283; (?) Panchaud, v. 272; Redmond, v. 292, 294; Richmond, v. 292; Richmond, Ds of, v. 289; Roncherolles, Marquise de, i. 363, iii. 268–9, 269, iv. 223, v. 352–3; Saint Paul, Mrs, v. 351; Spencer, Cts, iv. 218, 221, v. 352; Spencer, Earl, iv. 221, v. 353; Villegagnon, Marquise de, v. 352

social success of, iii. 280, 288, 295, 301, 310

Spa visited by, i. 311, 329, 338, iii. 267, 268

speech of, on Royal Marriage Bill, iii. 207

Spencer, Cts, correspondence of, with, iii. 362

—— visited by, iv. 132, 137

Spencers friends of, iv. 482

Strassburg visited by, ii. 428

Tavistock, M. of, visited by, i. 122

Thomatti, Mme, attracts, i. 349

to leave Paris, i. 347, 349, 381, 382, 386, ii.

319, 322, 328, iii. 275, 283, 285, 287, 288, iv. 224, 226, 227, 485–7

Villegagnon, Marquise de, friendship of, with, iv. 221

Voltaire letters lent by D to, i. 388, 406, ii. 231

—— visited by, ii. 468

wit of, i. 162, 347

would forget to deliver letter, iv. 375

*3* Craufurd, Patrick (d. 1778), M.P.:

Craufurd, John, given estate by, iii. 153

—— to visit, on business, iii. 317

—— visits, i. 230

death of, v. 12

entails property, iii. 336

political career of, ii. **45**

Craven, Bns. *See* Berkeley, Lady Elizabeth

Cream:

bad for D, ii. 244, iii. 81

Cream pitcher:

Lucan, Bns, sends, to D, iv. 395, 400

*1* Crébillon, Claude-Prosper Jolyot de (1707–77), novelist; son of *3*:

Alembert's eulogy of, v. 68

D compared to heroines of, ii. 162, 175, 182, iv. 113

D's opinion of, i. 365, ii. 18, 24, 144, 176, iv. 414, 415, 423, 428, 501, v. 15

*Écumoire, L'*, D horrified at HW's liking for, iv. 414

*Égarements du cœur et de l'esprit, Les*, D dislikes, iv. 423

engagement of, v. 281

HW admires, ii. 18, 27, 144, iv. 414, 423, 501

HW advises D to read, i. 365, ii. 18

(?) HW cites, ii. 128

*Lettres athéniennes*, D dislikes, iv. 423

*Lettres de la Duchesse de —— au Duc de ——*, ii. 176

*Lettres de la marquise de M—— au comte de R——*, D disapproves of HW's liking for, iv. 414, 423, 428

Montagu, Lady Mary Wortley, seeks, as paramour, v. 281

out of fashion, v. 287

social relations of, with: Fortescue, v. 326; HW, v. 287; Hume, v. 287; Veillard, MM., v. 287

*Sopha, Le*, D dislikes, iv. 423

*Tanzaï*, D dislikes, iv. 423

*2* Crébillon, Mme Claude-Prosper Jolyot de, wife of *1*. *See* Stafford-Howard, Lady Henrietta Maria

*3* Crébillon, Prosper Jolyot de (1674–1762):

*Rhadamiste et Zénobie*, v. 274, 349

Crécy, Duc de Penthièvre's seat:

visitors to: Boufflers, Duchesse de, v. 426; Forcalquier, Comtesse de, i. 99, ii. 68; Luxembourg, Mme de, iv. 470, v. 454; Toulouse, Comtesse de, i. 99

*Credo:*

mock, ii. 343

Crémeaux, Louis-César de (d. 1781), Marquis d'Entragues:
anecdote of Monclar told by, ii. 285
D allots suit to, iv. 258
La Vallière, Duchesse de, kept informed by, iv. 19
social relations of, with: Brancas, Marquis and Marquise de, v. 277, 310, 322; D, v. 348–9; La Vallière, Duchesse de, iii. 362; Luxembourg, Mme de, v. 352; Mirepoix, Mme de, v. 348; Pontchartrain, Marquise de, v. 291; Rochefort, Comtesse de, v. 266, 290, 293, 297–8, 300, 303, 306, 308, 310, 312, 323; Rochfords, ii. 15
Crenay, Marquise de. See La Tour du Pin de la Charce, Antoinette-Jeanne-Philis-Victoire de
1 Créqui, Duchesse de. See Saint-Gelais, Armande de
2 Créqui, Maréchal de. See Blanchefort de Créqui, François de
3 Créqui, Marquise de, wife of 4. See Monceaux d'Auxy, Marie-Louise de
4 Créqui, Jacques-Charles (1700–71), Marquis de:
social relations of, with Duchesse d'Anville, v. 311
Crest, Du. See Ducrest
Crete:
rumour that France will give, to England, iii. 230–1
Creuse. See Creutz; Greuze
Creuthen. See Creutz
Creutz, Gustaf Philip (1731–85), greve, Swedish ambassador at Paris 1766–83:
Aiguillon, Duchesse d', suggests sending book to, iii. 130
Choiseul, Duchesse de, described by, ii. 41
D hears English news from, i. 261
D made by, to read book on Greenland, iii. 184
D receives invitation of Gustav III through, iii. 39
D's opinion of, i. 181–2, ii. 83–4, iii. 98
D talks with, iii. 26
D urged by, to write to Gustav III, iii. 270
(?) HW accompanies, to theatre, v. 331
HW sends medals to, iv. 260, 261
health of, iv. 261
Marmontel presented by, to Cts of Rochford, i. 229
Monday suppers of, not attended by D, v. 153
pleased at assembling of French troops, iii. 338
social relations of, with: Aiguillon, iii. 40, 338; Aiguillon, Duchesse d', iii. 145, 338, v. 283, 291, 296; Aiguillon, Duchesse d' (younger), iii. 40; (?) Bentheim, Gräfin von, v. 311; Boufflers, Comtesses de, iv. 469; Caraman, Comtesse de, ii. 83; Choiseul, Duchesse de, ii. 469; D, i. 378–9, ii. 41, 333, 352, iii. 97, 98, 145, 158, 225, 270, v. 184, 316(?), 317, 328, 329(?), 331(?), 334(?), 341(?), 343–4, 347, 351–3, 423, 428–9(?), 429–30; Du Barry, Comtesse, iii. 338; Forcalquier, Comtesse de, v. 319; Geoffrin,

Mme, v. 311, 345; Gustav III, iii. 39–40; Luxembourg, Mme de, v. 450; Marchais, Baronne de, v. 348; Mirepoix, Mme de, iii. 145, 314; Necker, M. and Mme, iv. 381; Rochford, ii. 15; Rochford, Cts of, i. 229, ii. 15; Rondé, Mme, v. 345
Swedes sent to D by, v. 187
Swedish princes send, to enquire after D, iii. 34
Viry, Contessa di, sends message to D by, iii. 426
Creutzen. See Creutz
Creuze. See Creutz; Greuze
1 Crew, John:
HW mentions, iii. 75
2 Crew, Mrs John, wife of 1. See Fawkener, ——
Crew, boat:
HW's fee to, v. 399
Crewe. See also Crew
1 Crewe, Bns, wife of 2. See Greville, Frances
2 Crewe, John (1742–1829), cr. (1806) Bn:
Greville, Mrs, buys snuff-box for, ii. 50
1 Crewe, Mrs John, wife of 2. See Greville, Frances
Cricket match:
HW sees, at Neuilly, v. 307
Cries of Paris:
Bouchardon's drawings for, v. 275
1 Crillon, Marquis de, stepson of 2. See Balbe-Berton, Louis-Alexandre-Nolasque-Félix
2 Crillon, Marquise de. See Roman Garmon Spinosa de los Monteros, Josèphe-Athanase
Criticism, literary:
by D, ii. 18, 209, iii. 47, 390–1
by HW, ii. 214, iii. 389–90, 393, 397, iv. 44
Crofts, Mr:
HW mentions, iii. 88
Croismare, Jacques-François de, écuyer:
Louise, Mme, assisted by, in entering convent, ii. 399
Croismare, Jacques-René de (1699–1773):
Argental friend of, iv. 120
1 Croissy, Marquis de. See Colbert de Torcy, Jean-Baptiste-Joachim
2 Croissy, Marquise de, wife of 1. See Franquetot de Coigny, Charlotte-Henriette-Bibienne de
Croix, La. See La Croix
Croix de Petits-Champs, Rue:
Guillieaumon lives in, vi. 11
Cromelin. See Crommelin
Cromières, Marquis de. See Bermondet, Philippe-Armand de
Crommelin, Isaac-Mathieu (1730–1820):
(?) social relations of, with Geoffrin, Mme, v. 309; Helvétius, v. 301
Cromwell, Oliver (1599–1658):
D mentions, iv. 358
Fox compared to, by D, iv. 500
Vie de, D owns, vi. 34
Crone. See Thiroux de Crosne, Louis
Cropte. See La Cropte
Crosne. See Thiroux de Crosne, Louis

*1* Crosse, Lady, wife and cousin of *2*. *See* Godfrey, Mary
*2* Crosse, Sir John (ca 1700–62), Bt:
Churchill's father preaches sermon against, v.
374
——'s father's patron, v. 374
Crown, Louis XVI's:
beauty of, iv. 195
Crows:
distorted gossip about, v. 374
*1* Croÿ, 'old M. de':
social relations of, with Contessa di Viry, v.
349
*2* Croÿ, Emmanuel (1718–84), Duc de, Prince de
Solre; governor of Calais:
Mirepoix, Mme de, to appeal to, for Lady
Fenouilhet, iii. 402, 405, 408
social relations of, with Richmonds, v. 290
*3* Croÿ-Solre, Adélaïde-Louise-Angélique-Gabrielle de (1741–1822), dau. of *2*, m. (1762)
Joseph-Anne-Auguste-Maximilien de Croÿ,
Duc d'Havré:
social relations of, with Comtesse de Guerchy,
v. 347
*1* Crozat, Louis-Antoine (ca 1699–1770), Baron
de Thiers; 'le petit oncle':
Castera sent to Charenton asylum by, ii. 416
Chanteloup to be visited by, ii. 234
—— visited by, ii. 240
Choiseul, Duchesse de, fails to write to, ii.
286
—— to be visited by, ii. 292
—— to visit, ii. 192, 194
D has no letter from, ii. 85
D's opinion of, i. 280, 337
D talks with, ii. 289
Gennevilliers visited by, v. 326, 328, 332
HW liked by, ii. 304
HW's correspondence with Voltaire approved
by, ii. 117–8
HW sees collection of, iii. 148, v. 263, 309,
336, 372–3
HW's fee to servants of, v. 399
HW's print to be given to, ii. 25
heirs of, to sell armour to HW, iii. 114
print collection of, ii. 25
sale of effects of: iii. 119, 140–1, 143, 147–8,
154; D will secure catalogue of, iii. **15**
social relations of, with: Boufflers, Comtesse
de, v. 297, 309; Choiseul, v. 307, 320, 325,
329–32; Choiseul, Duchesse de, i. **266**, 280,
289, 337, ii. 38, 97, 103, 117–8, 161, 294, 302,
v. 307, 320, 325, 329–32; D, ii. 285, v. 316, 326,
331; Luxembourg, Mme de, v. 301
*2* Crozat, Louis-François (ca 1676–1750), Marquis du Châtel; brother of *1*:
D's 'portrait,' by, vi. 49–51, 59
marriage of, ii. 416n
on the sentiments of the heart, ii. 26
self-'portrait' by, vi. 103–4
*3* Crozat de Thiers, Antoinette-Louise-Marie
(1731–1809), dau. of *1*, m. (1749) Joachim-

Casimir-Léon, Comte de Béthune:
armour mounted by order of, vi. 185
at country-seat, iii. 114, 119, 121
D has no news of, iii. 121
D's correspondence with, iii. 112, 114
D secures consent of, to sale of armour, iii.
112
HW to buy armour from, iii. 109, 112, 114,
119
La Vallière, Duchesse de, to obtain appraiser
from, vi. 185
sisters at odds with, iii. 114
social relations of, with D, v. 338
*4* Crozat de Thiers, Louise-Augustine-Salbigothon (1733–1813), dau. of *1*, m. (1752) Victor-
François, Maréchal-Duc de Broglie:
Béthune, Comtesse de, at odds with, iii. 114
daughter born to, iii. 112
HW to buy armour from, iii. 114
health of, iii. 186
March, E. of, inspires, i. 350
social relations of, with: D, ii. 272; Hénault,
i. 350; Jonzac, Marquise de, iv. 164; La Vallière, Duchesse de, iv. 312
*5* Crozat de Thiers, Louise-Marie-Thérèse, dau.
of *1*, m. (1755) Armand-Louis, Marquis de
Béthune:
Béthune, Comtesse de, at odds with, iii. 114
HW to buy armour from, iii. 109, 112, 114,
119
(?) social relations of, with Mme Geoffrin, v.
299
*6* Crozat du Châtel, Antoinette-Eustochie (1728–
47), dau. of *2*, m. (1744) Charles-Antoine-
Armand, Marquis (later Duc) de Gontaut:
'portraits' by, of: Gontaut, vi. 106–7; La Vallière, Duchesse de, vi. 88–9
*7* Crozat du Châtel, Louise-Honorine (1735–
1801), dau. of *2*, m. (1750) Étienne-François
de Choiseul-Stainville, Duc de Choiseul:
acts, iii. 382, 385
Aiguillon, Duchesse d', shocks, by countenancing Comtesse du Barry, iii. 116
alone at Chanteloup, iv. 198, 441
Anville, Duchesse d', liked by, ii. 50
apartment of, small, iii. 318
Arras, Bishop of, appointment of, to Tours
pleases, iv. 98
—— liked by, ii. 451
—— wishes to see, iii. 251
Artois to visit, at Chanteloup, iv. 445, 450–1
away from Paris, i. 64, ii. 169, 210, 421
Ayen to visit, in exile, iii. 45
Barthélemy accompanies, i. 359, ii. 254, 261,
338, 431, 450, iv. 167, 476
—— aids, ii. 372, iii. 170
—— awaited by, iii. 152
——'s correspondence with, v. 151
——'s relations with, i. 302, 337, 359, 372–3, ii.
110, 202, 238, 251, 342, 350, 359, iii. 25, 49,
169, 327, 338, 412, iv. 15, v. 151
Bauffremont described by, iii. 152

[7 Crozat du Châtel, Louise-Honorine, *continued*]
—— visits, iii. 152
Beauvau, Prince de, to speak to La Borde about, vi. 187
—— visits, iii. 32
Beauvau, Princesse de, could be done without by, ii. 446, iii. 338
Bedford's letter from, ii. 49
Bellevue to be visited by, ii. 137
Besenval visits, iii. 32
boredom afflicts, ii. 450
Boufflers, Chevalier de, may visit, at Chanteloup, ii. 431
Boufflers, Comtesse de, not pleasing to, i. 16
Boufflers, Marquis de, death of, afflicts, iv. 92
Brionne, Comtesse de, to visit, in exile, iii. 45
Cadet lackey of, i. 360
Carmontelle's portrait of, *see under* Carrogis, Louis
Castellane accompanies, from and to Chanteloup, v. 26
—— in confidence of, ii. 342, 359
—— visits, at Chanteloup, iv. 75, 476
Castries does not call on, ii. 341
——'s appointment pleases, ii. 330
Catherine II not favoured by, ii. 483
Chanteloup benefits health of, ii. 223
—— occupied by, i. 57, 59, 284, 286, 289, ii. 61, 68, 70, 79, 110, 234–5, 237, 240, 243, 248, 250, 254, 261, 263, 404, 406, 411, 425, 427, iii. 1, 6, 7, 15–6, 322, 331, 426, iv. 196, 198, 212, 240, 244, 441, v. 44, 447
—— to be occupied by, iv. 163, 272, 281, v. 36, 124
Chantilly to be visited by, ii. 130
Chartres does not mention, iii. 338, 341
——'s marriage keeps, at Court, ii. 223
Châteaurenaud, Marquise de, devoted to, iii. 169
Châtillon visited by, v. 331
Choiseul, Duc de, dependence of, on Duchesse de Gramont benefits, iii. 399–400
—— illness of, distresses, iii. 297
—— includes, in reply to Chartres, iii. 340, 341
—— intimacy of, with Comtesse de Boufflers does not disturb, ii. 182
—— relations of, with, i. 23, 59, ii. 10, 188, 298, 299–300, 418, 445, 450, iii. 319, 338, iv. 155, 293, v. 197
Choiseul, Hôtel de, returns to ownership of, v. 144
Choiseul-Beaupré, Comtesse de, called 'la petite sainte' by, iii. 352
—— devoted to, iii. 169
—— visits, iii. 426 (*see also under* Chanteloup, visitors to)
Choisy to be visited by, ii. 137, vi. 136
—— visited by, ii. 48
Cholmondeley, Mrs, conveys messages to HW from, ii. 480
—— desired by, to make purchases, iii. 20

—— favoured by, ii. 302, 477, 480
—— plays whist with, ii. 301
—— presented to, ii. 228
—— sent message by, ii. 278
Christian VII, entertainments for, occupy, ii. 159
Churchill, Lady Mary, and, would be congenial, iii. 23
clavecin ordered by, ii. 189
Coigny, Comtesse de, friendship of, with, iv. 22
Compiègne to be visited by, i. 302–3, 319, ii. 80, 117, 250, 256, 259, 267, 407, 427, 437, 439
—— visited by, i. 132, ii. 130, 137, 269, 443
Corbie, Mme, favourite femme de chambre of, ii. 415–6
courage of, after Choiseul's disgrace, iii. 14
courier of, calls at HW's, i. 219, 220
*Credo*, mock, shown to, ii. 343
Creutz describes, ii. 41
D accused of jealousy of, i. 100, 102
D accused of servility to, ii. 382
D assured by, of privacy of post, i. 174
D believes, is disturbed, ii. 285
D brought supper and company by, ii. 322
D concerned over future of, ii. 185–6, 193, 210, 231, 234, 235, 329, 441, 444, 449–50, 491, iii. 48, 49, 55–6
D differs with, about a comic opera, ii. 43
D does not speak to, of her friendship with HW, ii. 59, 61, 69, 80
D fears accident to, in riding, ii. 248
D given seat in box of, at Comédie, ii. 272, 275, 277
D has medallion of, vi. 27
D has no news of, i. 50, 254, 356
D invited by, to settle at Chanteloup, iii. 42
D invited by, to visit Chanteloup, iii. 152, 395, 396, iv. 64 (*see also* Chanteloup, D's proposed visit to)
D leaves snuff-box with medallion to, vi. 7, 26
D may give spy-glass to, i. 393, ii. 7
D may never see, again, iii. 322
D mentions, iv. 90
D mentions habit of analysis of, iii. 146
D prepares doll for niece of, ii. 280, 295, 299–300
D received by, at Chanteloup, iii. 240–1
D's Christmas Eve party for, iv. 115, 118, 123, 125, 131, 133
D's correspondence with, i. 14, 50, 58, 61, 68, 71, 74, 78, 80–5, 102, 210, 220, 262, 302, 306, 308, 310, 396, 399, ii. 4, 10, 48, 69, 71, 79, 82, 88, 93, 97, 100–3, 118, 120, 130, 133, 195, 235, 245, 250, 253, 254, 264, 269, 278, 280, 289, 360, 375, 411, 413, 414, iii. 1, 6, 8, 15, 18, 20, 21, 23, 41, 42, 51, 72, 74, 99, 108, 136, 152, 224, 237, 239–40, 262, 270, 277, 281, 305, 313, 377, 379, iv. 66, 75, 95, 223, 244, 291, 332, 335, 338, 461, 478, v. 151, 155, 221, 222, 422, 424–6, 429, 430, 432, 436, 448–52, 454, 458–60, vi. 122, 135, 136, 145–6, 159–60

[7 Crozat du Châtel, Louise-Honorine, *continued*]

D's correspondence with Voltaire to be left to, v. 67

D seldom mentions HW to, iii. 256

D sends copy to, of HW to Voltaire 27 July 1768, ii. 122

D sends letter and brochure through, i. 268–71

D sent messages by, vi. 208

D's excuses to, for leaving Chanteloup, iii. 254–5

D's financial interests neglected by, ii. 358

D's financial interests watched over by, i. 388, ii. 79, 86, 91, 97, 103, 289, 315, 361, 362, 365, 375

D's gifts from: box with medallion of Choiseul, ii. 322–3; cup, v. 440; egg-cups, gold and silver, iv. 168–9; *Guerre Civile de Genève*, i. 273; porcelain, i. 405

D's gifts to: garden tools, i. 385, 393, 405; ring in nested eggs, ii. 175; Selwyn's fan, i. 89, 111

D shows letter to Rousseau to, i. 59

D's letter from Voltaire of 13 July 1768 to be shown to, ii. 112, 113

D's letters to Voltaire please, i. 319–20, ii. 59, 163

D's offer of lodging to HW approved by, ii. 391, 398

D's opinion of, i. 23, 29, 30–1, 58, 81, 83, 120, 175, 205, 216, 225, 241, 244, 247, 277, 281, 284, 302, 309, 314, 319, 321, 337, 359, ii. 6, 56, 60, 72, 87, 97, 109, 110, 121, 137, 142, 164–5, 188, 194, 207, 210, 249–50, 372, 407, 421, 437, iii. 6–7, 25, 49, 56, 162, 243, 297, 319, 337–8, iv. 161, 167, 169, v. 15, 36, 156

D's parody of *Inès de Castro* found by, ii. 321

D speculates on knowledge of, of Choiseul's interest in Mlle du Hamel, ii. 471

D's 'portrait' of, i. 195, 199, 200, 202, 212, vi. 74–5

D's presence at supper with Christian VII desired by, ii. 163

D's quarrel with Comtesse de Forcalquier known to, ii. 391, 393–4

D's quarrel with Comtesse de Forcalquier not mentioned by D to, ii. 389

D's relations with, i. 109, 155, 262, 289, 306, 308, 324, 337, 344, 370, 371n, 384–5, ii. 2, 26, 69, 72, 79, 86, 121, 126, 130, 151, 164–5, 185, 188, 191, 202, 203, 245, 280, 324, 342, 350, 355, 360, 424, 437, 449–50, 484, 486, 488, iii. 6, 21–2, 43, 49, 60, 61, 107–8, 153, 156, 158, 195–6, 240–2, 246, 257, 331, 386, 391, 400, 401, iv. 8, 15, 66, 74, 75, 92, 120, 149, 161, 166, 246, 270, 273, 289, 426, v. 15, 36, 221

D's tonneau ordered to be brought from Chanteloup by, iv. 268, 275

D supplied with tonneau by, at Chanteloup, iii. 79

D's verses for, ii. 175–6

D's visit to Chanteloup to surprise, iii. 238

D tells, about HW and Voltaire, ii. 97, 102–4, 113

D to receive cheese from, iii. 240

D to send parcel through, ii. 307, 309

D visits, at Chanteloup, iii. 236–58

D will leave HW's vase to, ii. 428

D wishes, would ask Mme Mariette to sell Olonne portrait, iv. 140–3, 150

D wishes to give fan to, in HW's name, i. 89

D wishes to see a letter of, to HW, i. 58, 63, 68, 71, 74, 81, 82, 86, 87, 89

D wishes to show HW's suppressed letter to Rousseau to, i. 10–11, 13, 27, 30–1, 50

D would like Conways to know, iv. 115, 118, 126, 131, 133–4, 155, 156

D would like HW to send small gift to, i. 393

debts of, to be paid, iii. 162

disquieted, ii. 282

Du Barry, Comtesse, may affect position of, ii. 185–6

Du Châtelet conveys parcel for, ii. 10, 14, 17

Dumont boy to be placed by, i. 316

Dupuits intermediary between Voltaire and, ii. 112, 181

—— to address books to, ii. 21

Durfort, Marquise de, friend of, iv. 66

employees of: death of, ii. 110, iii. 403; ill, iii. 99, iv. 97

English not understood by, iii. 316, 319

exile of, ended by Louis XVI, iv. 50, 52, 53, 56, 57, 59, 60, 62

*Exposé succinct de la contestation . . . entre M. Hume et M. Rousseau* discussed by, i. 171

father-in-law of: dying, ii. 313; mourned by, ii. 406

Fenouillot called 'Fouille au pot' by, ii. 18

finances of, iii. 162, v. 144

Fontainebleau lodging bad for, ii. 295

—— not to be visited by, ii. 453

—— to be visited by, ii. 137, 147

—— visited by, vi. 148

Forcalquier, Comtesse de, compared with, i. 112

—— likes, i. 356

—— opposed to, ii. 382

foreigners not received by, iv. 126, 133–4, 155, 156

Fox to be presented to, ii. 311

Fréron arouses anger of, over attack on HW, i. 206n, 228, 232

Gatti at Chanteloup with, ii. 234, 261, 431

—— attends, ii. 286, 311, 383

—— deserts, ii. 183

—— inoculates, iv. 340

gay despite politics, ii. 491

Gennevilliers may be visited by, ii. 439

—— visited by, ii. 447, 450, 452, 459, 464, 469, v. 326–8, 332

Gleichen tells, that D has transferred her affections from HW to him, ii. 212

—— visits, at Chanteloup, ii. 250, 252

Gloucester interests, iv. 478

good works of, ii. 437

Gramont, Comtesse de, banished during absence of, ii. 441

—— not close friend of, ii. 441

[7 Crozat du Châtel, Louise-Honorine, *continued*]

Gramont, Duchesse de, corresponds with, ii. 241
—— joked about by, i. 358, 360
—— praises, ii. 196
—— warns, of D's approach to Chanteloup, iii. 240–1
—— with, after Choiseul's fall, iii. 7, 30, 41
—— overshadows, iii. 169
—— relations of, with, ii. 450, iii. 338, iv. 149
Guerchy, Comte de, conveys letter from, to HW, i. 151
guests care little for, iii. 169, 297, 338
guests of: at Chanteloup, after Choiseul's disgrace, iii. 7, 30, 32; *see also* Chanteloup, visitors to
guests weary, iii. 317, 327, 331, 381, 418
Guines and Laval commented on by, iv. 302–3
Guines at service of, iii. 23
HW asked to sell desk for, *see* Desk
HW asks consent of, to marriage with D, v. 321
HW buys fans and silk for, iii. 20, 21, 23, 27, 32, 37, 41, 65
HW buys lead pencils for, v. 144, 146, 152, 154, 172
HW indignant at failure of, to help D, ii. 358
HW in doubt over present for, i. 79, 83
HW inquired after by, ii. 162, 407, iv. 46, 376, v. 26, 88
HW invited to Chanteloup by, iv. 167, v. 88
HW likes D 100 times more than, i. 247, 249–50, 255
HW mentions, ii. 128
HW praises but could not fall in love with, i. 228
HW reported by, to have noticed resemblance between Dauphin and James II, v. 297
HW's acquaintance with Choiseul desired by, i. 239, 256, 264, 324
HW's correspondence with, i. 50, 53, 58–60, 86n, 151, 163, 220, 239, 255, 267, 290, 293n, 306, 308, 310, 351, 358, 359, 362, 384–5, 396, 397, 406, ii. 16, 24, 32, 38, 41, 49, 56, 59, 61, 71, 80, 113, 115–7, 127, 162–3, 173, 174, 178, 183, 184, 188, 205, 286, 304, 313, 314, 316, iii. 11, 15, 18, 21, 25, 32, 35, 310, v. 381, 383, 384, 386–8, 390, 392, vi. 135
HW's dedication of *Gramont* to D pleases, iii. 320, 322
HW sees, dressed for Lauzun's wedding, v. 299
HW sends chain to, ii. 365, 370, 385, 404, 407, 443, 450, 454
HW sends messages to, ii. 310, 330, iv. 66, 125, 129, 247, 378, 436, v. 26, 149, 197
HW sends taffeta instead of court plaster to, ii. 10, 19, 33–4, 36, 39, 41–2, 43, 49, 67–8, 70, 74, 79
HW sent messages by, ii. 480, iii. 74, 243, iv. 376–7, 391, 478
HW's fondness for D mentioned by, ii. 344

HW's *Gramont* given to, iii. 305, 313, 315, 317, 322
HW's interest in affairs of, following Choiseul's disgrace, ii. 497, iii. 8, 11, 18, 21
HW's letter of 28 Jan. 1771 to, suppressed by D, iii. 11, 15, 18, 21, 25, 35, 41, 72, 74
HW's letter to Rousseau in name of K. of Prussia discussed by, i. 22
HW's letter to Voltaire of 27 July 1768 admired by, ii. 126
HW's opinion of, i. 228, ii. 27, 55, 244
HW's portrait delivered to, i. 399, 404
HW's portrait desired by, i. 360, 402
HW's portrait prized by, iii. 313
HW's proposed epic of war in Mme Geoffrin's salon delights, ii. 217
HW's relations with, i. 1, 11, 14, 15, 21, 29, 30–1, 58, 102, 111, 120, 149, 155, 159, 163, 175, 202, 206, 223, 239, 241, 243, 250, 256, 277, 319, 324, 349, 358, 359, 372–3, 396, 404, ii. 97, 102, 103, 113, 133, 142, 164, 184, 264, 272, 276, 278, 289, 293, 302, 304, 318, 378, 384, 407, 414, 439, iii. 18, 41, 74, 255, iv. 46, 129, 141, 146, 155, 246, 247, 289, 378, 484, v. 170, 197
HW's remarks about, copied by D, i. 247, 250, 254, 255
HW's verses for, iv. 133, 138
HW's *Works* desired by, iii. 313, 316, 318–9
HW to have medallion of her husband from, ii. 25
HW to have Saint-Simon's *Mémoires* through, iii. 74
HW to send parcel through, ii. 334
handwriting of, difficult to read, i. 81
health of, i. 211, 302, 349, 351, ii. 133, 161, 169, 200, 223, 248, 269, 277, 286–9, 291, 292, 294, 295, 299, 301, 304, 308–11, 318, 347, 360, 383, 406, 423–4, 425, 431, 437, 443, iii. 1, 7, 15, 37, 153, 224, 317, 320, 327, 337–8, 358, 360, 370, 381, 391, 426, iv. 8, 11, 15, 134, 376, 476, v. 5, 29, 190, 192–3, 441, vi. 202
Hénault's *Cornélie* received by, ii. 103
*Historic Doubts* researches aided by, ii. 1, 4, 11
Hume disliked by, i. 23
Irwin's correspondence with, ii. 164
——'s letter meant for, ii. 232
——'s relations with, ii. 154, 264
La Bletterie defended to Voltaire by, vi. 148, 151
Lauraguais, Duchesse de, devoted to, ii. 321
Lauzun nephew of, i. 238n
Laval and Guines commented on by, iv. 302–3
La Vallière, Duchesse de, jokes in name of, ii. 70–1
La Vrillière blamed by, for permissions not granted to would-be visitors, iii. 43, 45
leaves Paris, i. 62, ii. 66, 195, iv. 180, 426
letter attributed to, by enemies, ii. 298
letter of, on English and HW: forwarded by D to HW, i. 14, 15; HW fails to mention, i. 32, 33
letters of, sent by D to HW, ii. 178, 181

[7 Crozat du Châtel, Louise-Honorine, *continued*]
life of, not happy, iv. 169
lit de justice attended by, ii. 183
lottery tickets of, ii. 11n
Louis XV conducts, out, ii. 193, 195
—— has devotion of, ii. 441
Luxembourg, Mme de, relations of, with, iii. 122, 169
Maroquine's crimes commented on by, ii. 296
Meinières, Mme de, praises, i. 364
migraine cure sought by, iii. 256
Mirepoix, Mme de, relations of, with, i. 111, iv. 261
neglected, iii. 169
niece to have doll from, ii. 280, 299–300
no longer writes by post, iii. 18
Orléans, Bishop of, may be visited by, iv. 92
Palais-Royal visited by, iv. 293
Panthémont visited by, ii. 273
Paris house of, open, iv. 127, 129
—— to be visited by, ii. 256, 259, 260, 263, 264, 271, 355, 404, 407, 425, 427, 435, 445, 453, 469, iv. 53, 56, 64, 66, 74, 95, 110, 115, 118, 120, 121, 240, 242, 299, 476, 495, 499, 500, v. 73, 190, 230
Paris visited by, i. 109, 317, 319, 354, 356, 370, 374, 377, 396, ii. 9, 16, 38, 109, 110, 122, 125, 134, 177, 188, 192, 201, 205, 206, 252, 266, 267, 294, 295, 360, 389, 399, 436, 439, 446, 459, iv. 244, 380, v. 88, 94, 192, 438
pension to come to, iii. 155, 159, 162, 166, 167
permission necessary to visit, in exile, iii. 1, 6, 30, 32, 43–4, 45, 76
plans drawn by, v. 144, 146
political changes not to affect, iv. 85
political possibilities for husband of, iv. 314, 323
Pompom sent to call on, in monk's garb, v. 2
portrait of: by Carmontelle, *see under* Carrogis, Louis; medallion, vi. 27
proverbs acted by, v. 331
respected, i. 219
return of: delayed, ii. 97, 103, 254; dependent on Louis XV's plans, ii. 73, 103
Richelieu (place) visited by, iv. 461, 463
Richmond a connection of, ii. 299
—— charged by, with messages for HW, i. 149
——'s cause forwarded by D with, ii. 287, 318, 413, 414, 418
——'s claim to duchy of Aubigny interests, ii. 297, 414
(?) ——'s speech scandalizes, v. 19
rides, ii. 248, iii. 96
Rousseau commended to, i. 296
—— detested by, i. 102
runaway horses of, iv. 430
sad, i. 358
Saint-Florentin's treatment of HW's gift told to, i. 262–3, 263
Saint-Hubert to be visited by, ii. 137
Salis visits, iii. 32
Schuwalof's letter to D astonishes, i. 365, 381
—— talks with, i. 111

Sedaine's *Maillard* read for, ii. 376, 384–5
Selwyn asked to send court plaster to, ii. 67–8
sentiment defended by, ii. 100–1, 102
Sévigné letter, of 13 Sept. 1679, sent to HW by D and, i. 402, ii. 1, 6, 24
'Sévigné' letter attributed by HW to, i. 73n, 79, 82, 83, 85, 120, 143
'Sévigné' letter forwarded by, i. 73–4, 82
'Sévigné' letter suggested by D to be by, i. 70–1
Sigorgne aided by, ii. 453
silk for filet ordered by, iii. 20, 23, 27, 32
sings, v. 297
social life of, iv. 118, 121, 161, 378, v. 5
social relations of, with: ambassadors, ii. 212, 328; Anville, Duchesse d', ii. 16, 47, 47–8, 350, iv. 123, 259, v. 330; Arras, Bishop of, ii. 450–1, 469, v. 13; Arvillars, v. 307, 330; Barthélemy, i. 62, 218, 240, 241, 255, 266, 280, 289, 319, 337, 374, 378, ii. 38, 97, 103, 117–8, 161, 272, 294, 301–2, 335, 350, 384, 385, 446, 459, iii. 6–7, iv. 141, 166, 167, 376, v. 13, 299, 307, 318–21, 325, 326, 328–32; Bauffremont (Listenois), ii. 117–8, 161, 350–1, 369, 384, 385, 446, 456, 459, v. 320–1; Beauvau, ii. 327–8, 440; Beauvau, Princesse de, ii. 445, 446, 456, 459, iii. 32, v. 327–8, 440; Bernstorff, ii. 164; (?) Besenval, v. 325; Béthune, v. 297; Boufflers, Chevalier de, ii. 360, v. 327–8; Boufflers, Comte de, v. 331; Boufflers, Marquis de, ii. 456; Boyer, v. 307; Bussy, Marquise de, v. 299; Cambrai, Archbishop of, ii. 164; Caracciolo, v. 13; Caraman, Comtesse de, v. 295, 299; Castellane, i. 255, 266, 302–3, 337, ii. 38, 302, 350, 385, v. 13, 299, 319–20, 328–31, vi. 159; Chabot, Comtesse de, v. 330; Châteaurenaud, Marquise de, ii. 117, 272, v. 321, 327–8; Choiseul, friends of, ii. 318; Choiseul-Beaupré, Comtesse de, i. 289, 385, 387, ii. 161, 192, 194, 234, 335, 459, iii. 7, iv. 247, v. 326, 439–42, 444, 447; Choiseul-Beaupré, Marquis de, iii. 7; Choiseul-Beaupré, Marquise de, iii. 7, v. 440; Cholmondeley, Mrs, ii. 272, 294, 295, 304, 310, 318, 350, 360, 369, 378, 400, 450, 458, 461, v. 328, 330–2; Christian VII, ii. 154, 163; Conways, iv. 127, 155; Cotte, v. 320–1; Craufurd, v. 297; Créqui, ii. 350; (?) Crosne, v. 328–9; D, i. 11, 27, 29, 58–9, 62, 109, 111, 149, 151, 155, 168, 170, 171, 192, 205, 211, 218, 223, 236, 238, 240, 241–2, 255–6, 257, 263, 265, 266–7, 270n, 280, 284, 289–90, 319, 338, 358, 359, 365, 374, 376–9, 385, 387, 388, 396, 399, 402, 404, ii. 25, 30, 38, 39, 42, 45, 48, 49, 60, 66, 80, 110, 113, 116, 117–8, 122, 130, 134, 137, 140, 142, 147, 161, 164, 165, 169, 173, 183, 184, 188, 190, 205, 206, 228, 264, 271–3, 294, 295, 301–2, 308, 310, 314, 316–8, 322, 324, 333, 335, 342, 347, 350, 360, 369, 376, 378, 383–6, 400, 404, 406, 445, 446, 450, 456, 458, 459, 461, 463, 464, 469, 486, iv. 110, 121, 122, 127, 129, 134, 141–2, 146, 160–1, 161, 163, 166–8, 178, 180, 246, 248, 250, 255, 256, 259, 268, 282, 288, 293, 297, 302, 375, 376, 378, 432, v. 5, 13, 15, 21, 29, 88, 193, 214, 293, 295, 303, 307, 316, 318–21, 325–33, 438–

[7 Crozat du Châtel, Louise-Honorine, *continued*]

41, 443, 445–6, vi. 159; Damas d'Antigny, Marquise de, ii. 456, 458; Dashkov, Ps, ii. 483; Donnissan, Marquise de, v. 331; Du Châtelet, ii. 456; Du Châtelet, Comtesse, ii. 456, 458; Durfort, Marquise de, v. 331; Fox, ii. 311; Gatti, i. 241, 302, 337, ii. 294, 446, iii. 7, v. 318–9, 329, 331; Geoffrin, Mme, iv. 141–2; Gleichen, ii. 212, 385, v. 328, 330–1, vi. 159; Gontaut, ii. 294, 302, 385, iii. 7, iv. 376, v. 13, 297, 331; Gramont, Duchesse de, iii. 7, iv. 115, 122, 163, 179, 242, 244; Guines, ii. 483, v. 446; HW, ii. 270, v. 295, 297, 299, 307, 318–22, 325–32; Harcourt, Earl, ii. 335; Hénault, i. 58, 186, 358, 402; Invault, Mme d', v. 331; Irwin, ii. 142, 146, 311, v. 330–2; La Rochefoucauld family, ii. 25; Lauraguais, Duchesse de, v. 331; Lauzun, i. 238, 242, 284, iii. 7, v. 299, 330; Lauzun, Duchesse de, i. 241, 319, iii. 7, v. 319; La Vallière, Duchesse de, ii. 272, iv. 128, v. 327, 330–1; Lévis, v. 299; Louis XV, ii. 103, 193, 195; Mercy-Argenteau, ii. 117; Metz, Bishop of, v. 13; Mirepoix, Mme de, i. 218, v. 295, 299; Monclar, v. 330–1; Montbarey, ii. 117–8, v. 330; O'Dunn, ii. 117; Orléans, Bishop of, ii. 39; Poix, Princesse de, ii. 445, 459; Puységur, ii. 350; Rochefort, Comtesse de, v. 266, 310; Rochfords, i. 283; Rodez, Bishop of, ii. 469; Rouillé, Mme, v. 330; Saint-Brieuc, Bishop of, v. 331; Schomberg, v. 328; Souza, i. 392, v. 318, 321, 328, 330, vi. 159; Stainville, iii. 7, v. 13, 299; Talleyrand, Comte de, v. 325; Tessé, Comtesse de, v. 443; Thiers, i. 266, 280, 289, 337, ii. 38, 97, 103, 117–8, 161, 292, 294, 302, v. 207, 320, 325–6, 328–32; Toulouse, Archbishop of, ii. 360; Tours, Archbishop of, v. 13; Trudaine de Montigny, ii. 30; Ussé, v. 295; Walpole, Hon. Robert, ii. 146, 377, 383, 385, 461; Walpole, Hon. T., ii. 461; Wood, v. 295

Solaro di Breglio liked by, i. 359
Souza liked by, i. 392
spirits of, improve, ii. 298
Stanley writes to, i. 243
stays up late, iii. 255
success of suppers of, ii. 169
suppers given for, on return from exile, iv. 118, 120–3
Tessé, Comtesse de, to visit, in exile, iii. 45
Thiers's relations with, i. 266
—— to be visited by, ii. 192, 194
Tingry, Prince and Princesse de, visit, iii. 32, 45, 169
to leave Paris, i. 277, 284, 286, 289, 359, ii. 231, iv. 174, 175, 177, 179, 270, 272, 273, 275, 281, 288, 295, 299, 419, v. 26, 214
Tugny visited by, ii. 192, 193, 194, 198, 205
Versailles to be visited by, ii. 308, 310–1, 324, 335, 486
—— visited by, ii. 6, 173, 174, 190, 313, 337, 360, 360–1, 380, 404, 488

verses by, i. 60, 289–90, 293, ii. 322
visitors of, see Chanteloup, visitors to
Voltaire displeased at, ii. 146
—— indirectly replied to in letter of, to D 20 July 1768, ii. 118, 120
—— not accepted as correspondent by, ii. 111–2, 181, iv. 67
——'s correspondence with: ii. 343, 411, iv. 67, v. 64, 67, vi. 144–50; under name of Guillemet, ii. 207, 223, 244
—— sends book through, ii. 53
—— sends everything he writes to, ii. 208
—— sends letters through, ii. 116, 127, 411, iii. 235, vi. 144–7
—— sends writings to, vi. 148
——'s Genevese emigrants aided by, ii. 411
——'s letter of 15 July 1768 to, ii. 116–20, 123
——'s neglect to send writings to her criticized by, vi. 149, 151
——'s return not solicited by, v. 329
——'s verses on, ii. 408, 416
——'s verses on Versoix sent to, ii. 396–7
Walpole, Hon. Robert, liked by, ii. 161
—— to pay debt of, to HW, iii. 37
whist liked by, ii. 295
writes, i. 241
York's misunderstanding about, i. 333

Crusades:
    D unsympathetic to, iii. 6, 16, 77
    HW defends, iii. 12
1 Crussol, Comtesse de:
    social relations of, with Duchesse d'Aiguillon, v. 278, 298
2 Crussol, Duchesse de, wife of *10.* See Châtillon, Amable-Émilie de (1761–1840)
3 Crussol, Maréchale de. See Colbert de Villacerf, Marguerite
Crussol, Marquis de. See Crussol d'Uzès d'Amboise d'Aubijoux, Anne-Emmanuel-François-Georges
3 Crussol, Marquise de. See Colbert de Villacerf, Marguerite
4 Crussol, Vicomtesse de:
    D would like to silence, ii. 282
    social relations of, with: Anlezy, Comtesse d', v. 339; D, iii. 139, 145, v. 338; Hénault, ii. 282, v. 270; La Vallière, Duchesse de, iii. 145, v. 337–8, 346
5 Crussol, Alexandre-Charles-Emmanuel (1743–1815), Chevalier de, nephew-in-law of *3:*
    Artois's captain of the guard, v. 30
    ——'s second, v. 30
    social relations of, with: Aiguillon, Duchesse d', v. 280, 283, 309; Anlezy, Comtesse d', v. 339; Forcalquier, Comtesse de, v. 340
6 Crussol, Anne-Julie-Françoise de (1713–93), m. (1732) Louis-César de la Baume le Blanc, Duc de la Vallière:
    acts proverbs well, ii. 277
    anecdote of Monclar told by, ii. 285
    apartments of, being repaired, iv. 353
    Barfort conveys messages for, iii. 186

[6 Crussol, Anne-Julie-Françoise de, *continued*]
Bedford, Ds of, admired by, v. 272
Bissy mentioned in connection with, by Chesterfield, iv. 37
bouquet of, v. 425
cardinal bought by, dies, iii. 245
Castille friend of, iv. 444, 463
chairs of, uncomfortable, iv. 268
Châtillon, Duchesse de, friendship of, with Mlle de Lespinasse may not be known to, iv. 102
chatters, i. 156
Cholmondeley, Mrs, well received by, ii. 240, 477
Conways not seen by, iv. 155
Craufurd's enamelled box purchased by, ii. 4
D and Comtesse de Forcalquier invited together by, iii. 368
D gives birthday bouquet to, v. 458
D mentions, i. 319
D put in good graces of Comte and Comtesse de Caraman by, i. 369
D receives bouquet from, v. 459
D's correspondence with, iii. 238, 245, vi. 185
D's informant, ii. 86
D's New Year's gift to, iii. 129
D's one remaining resource, iv. 289, 291
D's opinion of, ii. 83–4, iii. 100, 206, 292, 422, iv. 67, 128, 330, v. 197
D's relations with, iii. 100, 288, 422, iv. 223, 327
Dalrymple's relations with, iv. 497
Damer, Mrs, would be bored by, iii. 260
deaf, ii. 265, iii. 35, 422, iv. 110, v. 51, 149, 189, 197
Entragues informant of, iv. 19
Forcalquier, Comtesse de, rumoured by, to have resigned, iv. 18–9
French guards march around supper tables of, v. 341
Gennevilliers visited by, v. 327
granddaughter of, marries, iv. 431
HW aided by, in attempt to secure Olonne portrait, iv. 97, 102, 119, 128
HW hears story of, v. 262
HW inquired after by, iii. 181, 288, 353, 376, 382, iv. 66–7, 209
HW mentions, i. 342
HW might send fans to, iii. 155, 156
HW's armour cared for by, iii. 119–21
HW's armour negotiated for by, iii. 110, 112–5, 119–20, 123, 125
HW's *Château d'Otrante* read by, iii. 123
HW's correspondence with, iii. 230, 306, 310, iv. 268, 269, 273, 275, 286, v. 384
HW sends birds to, *see* Birds sent by HW to Duchesse de la Vallière
HW sends fans to, i. 236, 277, iv. 330
HW sends messages to, iv. 436
HW sends prints to, iv. 247, 259
HW sent messages by, iii. 186, 191, 288, iv. 497
HW's friendship with, iii. 96, 100, 110, 123,

125, 139, 191, 210, 266, 270, 292, 310, 382, iv. 37, 209, 327
HW's *Gramont* given to, iii. 305
HW to give books to, v. 417
HW to send hourglass to, v. 416
HW writes of, iii. 120
health of, ii. 240, iii. 35, 215, 281, 292, 410, 413, 422, 424, 429, 436, iv. 16, 35, 99, 102, 110, 222, 291, 346, 348, 353, 364, 367, 373, v. 197 (*see also* Crussol, Anne-Julie-Françoise de, deaf)
Henri IV, medallion of, given to, iii. 267
joke of, ii. 70–1
Lennox, Lady George, knows, i. 17
limits visiting hours, iv. 367, 436
Luxembourg, Mme de, quarrels with, v. 283
—— reconciled with, iv. 431, 436
New Year's gifts to, of parfilage, v. 197
Paris ridicules, for attentions to Brunswick, i. 24
Peyre, Mme de, sends her parrot to, i. 302
Pompom sent to call on, in monk's garb, v. 2
'portrait' by, of: Cambis, Vicomtesse de, iv. 314–5, 318; Marchais, Baronne de, iv. 318
'portrait' of, by Marquise de Gontaut, vi. 88–9
proverbs acted by, v. 331
reports on health of Duchesse de Choiseul, ii. 291
Rohan-Chabot, Duchesse de, visited by, ii. 265
Roissy visited by, v. 426
social life of, v. 197
social relations of, with: Aiguillon, Duchesse d', v. 278, 296; Armentières, iii. 233; Armentières, Maréchale d', iii. 233, iv. 221, v. 345, 349, 352; Beauchamp, iii. 388; Beaune, v. 345, 349; (?) Beauteville, v. 350; Berthelot, Mme, iii. 210, 234, v. 333, 335, 337–8, 341; Boullongne, Mme de, v. 273; Bouzols, Comte and Comtesse de, v. 345, 352; Brancas, Marquis and Marquise de, v. 321; Broglie, Duchesse de, v. 312; Brunoy, Marquise de, v. 345; Bulkeley, v. 345; Cambis, Vicomtesse de, iv. 221, 329, v. 344, 349; Caraman, iii. 191, v. 353, 426; Caraman, Comtesse de, i. 17, ii. 83, iii. 191, v. 353, 426; Castellane, v. 333; Castille, iv. 439, v. 344; Chabot, Vicomtesse de, v. 312; Châtillon, Duchesse de, v. 335–8, 341; Choiseul, v. 327, 330–1; Choiseul, Duchesse de, ii. 272, iv. 128, v. 327, 330–1; Choiseul-Beaupré, Comte and Comtesse de, iii. 113; Choiseul-Beaupré, Comtesse de (dowager), iii. 113; Christian VII, ii. 154; Clairon, Mlle, v. 333, 337; Cossé, Marquise de, v. 346; Craufurd, James, iii. 229–30, 233; Craufurd, John, v. 349; Crewe, Mrs, iii. 362; Crussol, Vicomtesse de, v. 337–8, 346, 351; D, i. 17, 18, 156, 205, 323, 342, 356, 388, ii. 224, 240, 277, 283, 284, 291, 333, 352, iii. 95, 100, 113, 114, 122, 133, 141, 145–7, 159, 170, 181, 191, 197, 206, 208, 210, 226, 233, 238–9, 256, 312, 317, 353, 361, 362, 368, 376, 388, 413, iv. 7, 16, 34, 67, 119,

[*6* Crussol, Anne-Julie-Françoise de, *continued*]
221, 224, 229, 267, 272, 308, 317, 319, 329, 346,
364, 463, v. 51, 197, 261, 264, 266, 270–2, 283,
289, 296, 299, 302, 316–7, 322–3, 325, 331, 335–
9, 341, 344–6, 349, 352, 422, 424, 426, 429, 431,
433, 435–6, 439, 441, 446, 449, 453–4, 456–7, 459;
Entragues, iii. 362; Entragues, Comtesse d',
v. 336; Estrées, v. 312; Forcalquier, Comtesse
de, ii. 317, iii. 368, v. 293, 295, 306, 312, 319,
323; Geoffrin, Mme, v. 336; Greville, Mrs, iii.
362; Gurowski, v. 302; HW, iv. 211, v. 262,
273, 302, 312, 321, 325, 333, 335–9, 341, 344–6,
349–50, 352–3, 415; Hénault, i. 346, v. 270,
285, 288, 296, 301, 308, 314, 318, 321–3, 327,
329, 332; Kinský, v. 345–6, 349; La Borde,
Marquise de, i. 358; La Ferté-Imbault, Marquise de, v. 302; Lambert, Mme de, v. 300,
302; La Rochelle, Bishop of, v. 345, 349;
Leinster, Ds of, iv. 330; Marchais, Baronne
de, iv. 308; Marmora, iii. 210, 233, v. 335, 341;
Melfort, v. 273; Nicolaï, v. 336; Ogilvie, iv.
330; Pamfili, v. 353; Pernety, iii. 233–4; Pons,
v. 337; Pont-de-Veyle, iv. 80; Richmond, iv.
317, 319, 329, 330, 346; Rochfords, i. 283, 285,
311; Rose, iii. 362; (?) Rose, Mme de, v. 344;
Saint-Brisson, iii. 191, v. 349–50; Saint-Florentin, v. 312; Senneterre, Comtesse de, iii.
233, iv. 7, v. 345, 349, 352; Senneterre, Marquis de, iii. 233; Seymour-Conway, Hon. H.,
iii. 388; Sorba, iii. 159; Souza, v. 321, 336;
Usson, v. 267; Villeroy, Duchesse de, iv. 7, v.
349
Sorba dies while dining with, iii. 159
tonneau established at house of, for D, iv. 268,
275
*7* Crussol, Émilie de (1732–91), niece of *6*, m.
(1758) Louis-Marie-Bretagne-Dominique, Duc
de Rohan-Chabot:
Chabot, Comtesse de, mourned by, ii. 265
Châtillon-Crussol wedding party entertained
by, iv. 431
La Vallière, Duchesse de, visits, at Athis, ii.
**265**
social relations of, with Lady Mary Chabot,
v. 272
*8* Crussol, François-Emmanuel de (1728–1802),
Duc d'Uzès; brother of *7*:
marriage of, iv. 431n
protests illegal parliament, iii. 61
(?) social relations of, with Gräfin von Bentheim, v. 341
son of, marries, iv. 431
*9* Crussol, Marie de (b. 1751), m. (1764) Joseph
Durey de Sauroy, Marquis du Terrail:
social relations of, with Hénault, v. 323
*10* Crussol, Marie-François-Emmanuel (1756–
1843), Duc de, son of *8*:
marriage of, iv. **431**, 436, 439
*11* Crussol, Marie-Louise-Victoire de, m. (1738)
Henri-Charles, Comte de Senneterre:
social relations of, with: D, v. 431; La Vallière, Duchesse de, iii. 233, iv. 7, v. 345, 349,
352; Villeroy, Duchesse de, v. 337

*12* Crussol, Pierre-Marie de (b. 1746), Comte
d'Uzès; brother of *9:*
(?) social relations of, with Gräfin von Bentheim, v. 341
*13* 'Crussol d'Amboise, Marquise de,' wife of *17.*
*See* Bersin, Claude-Louise-Angélique
*14* Crussol de Florensac, Anne-Charlotte de
(1700–72), sister-in-law of *3*, m. (1718) Armand-Louis Vignerot du Plessis-Richelieu,
Duc d'Aiguillon; 'la grosse Duchesse'; 'la
Grossissima':
Aiguillon's affairs not known to, ii. 197
——'s guests entertained by, iii. 86–7
Boucault, Mme, friend of, ii. 143
(?) Broglie, Comte de, hopes to make use of,
ii. 340
Bulkeley friend of, iii. 134
Chabrillan a favourite of, i. 295
cheese recipe of, i. 394
chokes in bath, ii. 115
Cholmondeley, Mrs, relations of, with, ii. 238,
240, 245, 477
Comédie attended by, i. 237
Crussol, Marquise de, trusted by, iii. 175
D and Comtesse de Forcalquier brought to-
gether by, after quarrel, ii. 390, 391, 393
D and others accompany, to *Hamlet*, ii. 281
D compliments, on d'Aiguillon's success, ii.
428, 430
D given Voltaire bust by, ii. 173–4
D given Voltaire poem by, ii. 408
D gives table to, iii. 134, 137
D glad for pleasure of, in d'Aiguillon's tri-
umph, ii. 427
D lent book of Voltaire's by, iii. 130
D mentions, ii. 139, 208
D mourns death of, iii. 257–8, 260
D put forward by, iii. 39, 40
D's correspondence with, iii. 127, 134, 239
D sends to, for news, ii. 458, 459, iii. 161
D sends verses to, iii. 62, 129
D's opinion of, i. 172, ii. 72n, 362, 400, 427, iii.
27, 30, 84, 87, 107, 122, 138, 220
D's 'portrait' of, vi. 56, 58, 81
D's relations with, i. 319, ii. 16, 203, iii. 5,
13, 18, 40, 137, 138
D suggests, as author of 'Sévigné' letter, i. 70,
71
D suggests that HW compliment, on d'Aiguil-
lon's success and mention D, iii. 8, 18
D suggests that HW write condolence note to,
iii. 177, 182
D's verses on death of monkey of, iii. 62
D to give table to, iii. 124
death of, iii. 256–8, 260
depressed, iii. 134
Du Barry, Comtesse, accepted by, to scandal
of Choiseul's friends, iii. 116
—— favoured by, ii. 191
Egmont, Comtesse d', visited by, i. 130
Flamarens, Marquise de, friend of, i. 143–4
Fronsac conveys letters for, i. 255
gay, i. 118, 156, ii. 362, iii. 27, 30, 107

[*14* Crussol de Florensac, Anne-Charlotte de, *continued*]

gazette article on Gloucester's marriage discussed by, v. 340

gets on with everyone, i. 382

grandson-in-law of, loses at cards, ii. 54

HW may send parcels through, iii. 109, 114

(?) HW mentions, iii. 244

HW occupies opera box of, v. 318

HW offered book by, iii. 200, 202, 210, 220

HW offered Boufflers letters by, iii. 108

HW praises D's 'portrait' of, vi. 56

HW's *Account of the Giants Lately Discovered* possessed by, i. 172, 187, 188, 190

HW said by, to buy copper saints by weight, i. 391

HW's arrival awaited by, i. 339, iii. 83, 87

HW's correspondence with, i. 32, 135, 137, 164, 176, 176–7, 179, 187, 202, 224, 242, 382, 391, 392, ii. 142, 149, 155, 286, 425, iii. 87, v. 381–4, 386–8, 391, 393–5

HW sends letters of, to England, v. 378

HW sends messages to, i. 25, v. ii. 433, 434

HW sent book of, iii. 130, 136, 142

HW sent mémoire by, ii. 425

HW's friendship with, i. 53, 143–4, 233, 235, 337, ii. 142, 293, 433, iii. 85

HW's gifts of portrait arouse jealousy of, i. 402

HW's verses to, on retirement, v. 363

HW thanked by, for book, iii. 173

HW to give *Fugitive Pieces* to, v. 416

HW to send green glass vases to, v. 416

Harcourt's supper for d'Aiguillon commented upon by, iii. 194

harper delivered from prison by, v. 298

health of, i. 99, 267, 269, 277, ii. 400, iii. 46, 169

Hertford sends HW's pamphlet to, i. 187

Hervey, Bns, correspondence of, with, i. 149, 164, 191, 211, 235, 402, ii. 75

—— friend of, i. 70, 71, 143, 148, 187, ii. 142

—— sent pamphlets by, i. 93, 222

*Historic Doubts* discussed by, ii. 38

—— pleases, ii. 34

—— received by, ii. 33

intended visit of, to Pontchartrain, iii. 137, 138

jealous of D, i. 143–4, 148

Keene a favourite of, i. 295

Lennox, Lord George, congratulated by, on Richmond's appointment, i. 39

lives with son, iii. 13

Mailly, Comtesse de, described by, v. 279

Maurepas, Comte de, occupies opera box of, v. 318

Maurepas, Comtesse de, illness of, distresses, iii. 134, 137

Montagu, Lady Mary Wortley, subject of anecdote by, v. 281

Paris visited by, i. 65, 319, 370, ii. 280, iii. 84

Peyre, Mme de, sends her cockatoo to, i. 302

Pontchartrain to be visited by, i. 65, iii. 137

—— visited by, i. 370, iii. 127, 129, 134

'portrait' of, by D, vi. 56, 58, 81

receives paper on English colonies, ii. 207

Redmond's friendship with, i. 186, 295

retirement professedly sought by, v. 363

Rochford, Cts of, exchanges gifts with, ii. 312–3

Rueil occupied by, i. 9, 19, 65, 99, 118, 319, ii. 61, 124, 267, 430, iii. 73, 84, 107, 122, 225, 231, 256, 258, v. 320, 329, 335, 337

satirical ballads sung by, v. 289

(?) snuff-box sent to England by, v. 378

social relations of, with: Agen, Bishop of, v. 335; Aiguillon, Duchesse d' (younger), v. 293, 309–10, 313, 325–6, 334; Alford, v. 310; Baccalan, v. 278; Bauffremont, ii. 393, v. 337; Béarn, Mlle de, v. 301; Bédée, Mlle de, v. 334; Boucault, Mme, ii. 393, v. 320; Boufflers, Comtesse de, v. 301; Boufflers, Marquise de, v. 337; Brancas, iii. 145, v. 281, 291, 296, 309; Brionne, Comtesse de, v. 295; Broglie, Comte de, iii. 68, v. 335; Broglie, Comtesse de, v. 335; Bulkeley, v. 337; Castries, v. 296; Caswall, v. 320; Chabrillan, Marquis de, v. 291, 312, 320, 325–6, 329, 335, 340; Chabrillan, Marquise de (Mlle d'Aiguillon), iii. 138, 145, v. 280, 283, 291, 312, 313, 320, 325–6, 329, 335, 340; Cholmondeley, Mrs, ii. 240, 242, 245, 362, v. 329; Churchill, v. 335; Churchill, Lady Mary, iii. 23, v. 335; Conti, i. 237, 267; Craufurd, ii. 327; Creutz, iii. 40, 145, v. 283, 291, 296; Crussol, Chevalier de, v. 280, 283, 309; Crussol, Comtesse de, v. 278, 298(?); Crussol, Marquise de, v. 280, 283, 298(?), 300(?), 326, 329; Crussol d'Amboise, Marquise de, v. 307; D, i. 8–9, 39, 41, 53, 118, 154, 156, 176, 186, 189, 190, 205, 255, 267, 277, 280–1, 323, 342, 354, ii. 191, 224, 240, 242, 295, 310, 333, 347, 350, 362, 390, 393–4, 400, 488, iii. 5, 13, 27, 68, 73, 87, 105, 107, 114, 122, 134, 137, 138, 145, 183, 191, 206, 210, 215, v. 274, 278, 283, 288, 293–4, 298–9, 302, 305, 309–10, 312, 314, 316, 319–20, 323, 326, 329, 332, 334–5, 337, 340–1; Damas, Comte de, v. 326; Damas d'Antigny, Marquise de, v. 309; Dampierre, v. 291, 296; (?) Delaître, v. 314; Du Barry, Comtesse, iii. 97, 110, 116; Durfort, Marquis de, v. 278, 285, 296, 313; Egmont, Comte and Comtesse d', v. 280, 285, 294, 296, 301, 305, 313; Egmont, Comtesse d' (dowager), v. 285, 296, 313; Flamarens, Marquise de, v. 326; Flavacourt, v. 285; Fleury, Bailli de, v. 285, 296; Forcalquier, Comtesse de, i. 118, 189, 212, ii. 280, 390, 393, v. 275, 281, 293, 295, 306, 312, 314, 340; Friesendorff, v. 303; Fronsac, v. 319; Gustav III, iii. 39–40; HW, ii. 61, v. 274, 278, 280, 281, 283, 285, 287–8, 291, 296–8, 300, 302–3, 307–9, 312–3, 317, 319–21, 325–6, 329, 334–5, 337, 340; Harcourt, Earl, iii. 194; Hénault, v. 296, 320; (?) Héricourt, Comtesse d', v. 303; Hessenstein, iii. 40; Karl, Prince, iii. 40; La Marche, Abbé de, v. 281, 291; Lambert, Mme, v. 278, 300, 302; La Vallière, Duchesse de, v. 278, 296; Malherbe, v. 298, 300, 307–9, 311; Maurepas, iii. 40, v. 278, 285, 291, 295, 300, 308–9, 313,

[*14* Crussol de Florensac, Anne-Charlotte de, *continued*]

325–6; Maurepas, Comtesse de, v. 278, 285, 291, 295, 300, 308–9, 313, 325–6; Mesmes, Marquis and Marquise de, v. 280, 285, 296, 314; Mirepoix, Mme de, ii. 362, iii. 56, 60, 68, 78–9, 145, 215, v. 335; Narbonne, Archbishop of, v. 303; Narbonne, Vicomtesse de, v. 281, 301(?), 309, 312; Nivernais, Duc and Duchesse de, v. 341; Peyre, Marquise de, v. 281; Pont-de-Veyle, iii. 138, 145, v. 314, 326; Portail, v. 291; Redmond, iii. 138, v. 280, 320, 326, 340; Rennes, Bishop of, v. 319, 325–6; Richelieu, iii. 40, 68, v. 280, 302, 309, 335; Rochefort, Comtesse de, v. 302, 309; Rochford, Cts of, v. 320–1; Salm, Ps of, v. 280; Sanadon, Mlle. iii. 138; (?) Saulx, v. 278, 285; Scheffer, iii. 40; Schuwalof, v. 344; Surgères, Marquise de, v. 207; Talmond, Princesse de, v. 295, 319, vi. 58–9; Tréguier, Bishop of, v. 281, 291, 298, 301, 312; Ussé, v. 278, 280, 283; Valbelle, Mme de, iii. 145; Veri, v. 278, 291; Villars, v. 314; Villeroy, Duchesse de, v. 309, 326, 337; Walpole, Hon. Robert, ii. 245, 393; *see also under* Rueil, visitors to
Stormont brought to D by, ii. 357
——'s relations with, ii. 343, 348
Suard's dismissal discussed by, v. 340
summer plans of (1766), i. 9, 19
Talmond, Princesse de, requests introduction to HW from, vi. 58
translates verses of Pope and Prior, i. 190–1
Véret visited by, ii. 253, 256, 265, 270
Versailles to be visited by, i. 65
verses for, from Fleury's fête, i. 76
*Vers présentés à Sa Majesté Le Roi de Suede:*
D wishes, sent to D, iii. 123–4, 124; sent to Duchesse d'Aiguillon, iii. 127, 128(?), 129, 134
Young Pretender discussed by, v. 274
*15* Crussol d'Uzès, Anne-Marie-André de (1738–67), Comte (later Marquis) de Montausier; brother of *9:*
(?) arrives in Paris, i. 277
(?) D has no news of, i. 247, 247–8, 251
(?) Dunkirk visited by, i. 264
(?) with his regiment, i. 259
*16* Crussol d'Uzès, François-Joseph-Emmanuel de (1735–89), Bishop of La Rochelle 1768–89; brother of *11:*
social relations of, with Duchesse de la Vallière, v. 345, 349
*17* Crussol d'Uzès d'Amboise d'Aubijoux, Anne-Emmanuel-François-Georges (b. 1726), Marquis de Crussol:
made maréchal de camp, v. 147
Crystal baskets:
bought by Comtesse de Caraman: arrive, i. 219; D asks price of, i. 219, 237, 246, 260, 271, 277, 283
for Fitzroys, i. 303
Crystals:
unhurt, v. 372
Cucé, Mme de. *See* Boufflers, Louise-Julie de

Cucé, Marquis de. *See* Boisgelin de Cucé, Louis-Bruno de
Cucufin, Saint. *See* Voltaire, *Canonisation de Saint Cucufin, La*
Cuffs:
for mourning, iv. 359
HW orders, iv. 358, 359, 362, 367
Cugnac, Louis-Achille de (1703–78), Abbé de Dampierre:
(?) Forcalquier, Comtesse de, forces, to translate English verses for HW, v. 296
(?) social relations of, with: Aiguillon, Duchesse d', v. 291, 296; Forcalquier, Comtesse de, v. 295
*1* Cumberland, Ds of, wife of *2*, niece-in-law of *3. See* Luttrell, Anne
*2, 3* Cumberland, D. of. *See* Henry Frederick (1745–90); William Augustus (1721–65)
Cumberland, Richard (1732–1811), dramatist:
(?) HW's correspondence with, v. 381
Cup:
from Mme Poirier's, given to D by HW, ii. 331, 333, 338, 352
given to D by: Choiseul, i. 405, 406; Choiseul, Duchesse de, v. 440; HW, i. 25
Cups:
from Mme Poirier's for HW, ii. 335, 338, 348–9, 352, 356, 361, 366, 377, 385
Curchod, Suzanne (1739–94), m. (1764) Jacques Necker:
bears good fortune well, iv. 370
circle of, iv. 191–2
Comédie attended by, iv. 440
Comédie box of, will be lent to D, iv. 213
D awaits return of, with impatience, iv. 315
D complimented by, vi. 214
D hopes, will bring in flannel, iv. 294
D may send parcels by, iv. 292, 295, 303
D rallied by, on omission from Voltaire's *Commentaire,*. iv. 357
D reads mémoire of, on charity shelter, v. 443
D sends letter by, iv. 299, 302, 304
D sends letter through, iv. 392, 395
D sends news to, iv. 311
D's opinion of, iv. 75, 191, 309–10, 318, 327
D's relations with, iv. 43, 75, 310
D suggests that Mrs Macaulay have letter to, iv. 488
D wishes to hear of first visit of, to HW, iv. 307
England to be visited by, iv. 284, 288, 292, 295, 299, 301, 302
Garrick pleases, iv. 316
Geneva visited by, iv. 293
Gibbon not heard from by, v. 108
—— said by, to be coming to Paris, iv. 329
——'s relations with, iv. **293**, 301, 436, 490, v. 108
HW can send letter by, iv. 316
HW may send parcel by, iv. 302
HW praised by, iv. 334
HW sends *Historic Doubts* to, iv. 247, 260, v. 417

HW sends messages to, iv. 293, 463

Marchais, Baronne de, relations of, with, iv. 49, 216–7

mentioned in libel on Necker, v. 225

Saint-Ouen residence of: iii. 388; guests at, *see under* Saint-Ouen, visitors to

social relations of, with: Aranda, iv. 381; Bariatinsky, P. and Ps, v. 346; Beaune, iv. 357, 381; Boismont, iv. 442; Boufflers, Comtesse Amélie de, iv. 216; Boufflers, Comtesse de, iv. 216; Bragança, v. 9; Cambis, Vicomtesse de, iv. 329, 343, 381; Caracciolo, iv. 381, v. 346; Creutz, iv. 381; D, iii. **388**, iv. 51, 67, 81, 167, 169, 191, 216, 240, 255, 260, 267, 288, 310, 329, 335, 337, 343, 347, 353, 357, 370, 375, 381, 392, 414, 441, 442, 447, 453, 462, v. 5, 9, 48, 59, 77, 131, 140, 141, 153, 343, 346, 429, 435, 440–1, 459, 461; Diede, 'Baronne de', iv. 347; Fox, iv. 375, 381, 392; Geoffrin, Mme, v. 292; Gibbon, iv. 441, 442, 447; HW, v. 346; Houdetot, Comtesse de, iv. 343, 381; Joseph II, iv. 442; Lauzun, Duchesse de, iv. 381, v. 346; Leroy, iv. 442, v. 346; Lumley, iv. 357; Luxembourg, Mme de, iv. 216, 343, 381, v. 346; Marmontel, iv. 381, 442; Mirepoix, Bishop of, iv. 216; Mirepoix, Mme de, v. 346; Montagu, Mrs, iv. 337; Richmond, iv. 329, 447; Saint-Lambert, iv. 381; Sanadon, Mlle, iv. 216, 382, v. 346; Schuwalof, iv. 442; Selwyn, v. 77, 131, 141; Stormont, iv. 43, 169, 260, 335; Stormont, Vcts, iv. 335; Strogonov, M. and Mme, v. 346; Voltaire, v. 36

Stormont friend of, iv. 192

—— may accompany, to England, iv. 288

SH visited by, iv. 292, 296, 309, 334

theatre attended by, v. 424

to remain in Paris, iv. 462

to return to Paris, iv. 238, 318

Watelet's isle visited by, v. 346

Curé of Saint-Sulpice. *See* Faydit de Tersac, Jean-Joseph

*Curieux de Compiègne, Les. See* Carton Dancourt, Florent

Curtius, Marcus:
D mentions, iii. 432

*1, 2* Curzay, Marquis de. *See* Rioult de Douilly, Nicolas-Marie-Séraphin (1706–66); Rioult de Douilly, Séraphin (d. 1738)

*3* Curzay, Marquise de, mother of *1*, wife of *2*. *See* Blondot, Catherine-Thérèse-Élisabeth-Améline

Curzon, Nathaniel (1727–1804), 5th Bt, cr. (1761) Bn Scarsdale:
(?) HW mentions, vi. 162

Cussay. *See* Cucé

Customs:
Calais, i. 92, iv. 432
confiscation by, ii. 73, iii. 205, 206, iv. 85
D's boxes at, iii. 3
D's effilage probably not seized at, iii. 276
D wishes to send contraband goods through, ii. 143, 439, 453
delay at, iii. 160–1

Dover, ii. 231, 234, 338, 345, iv. 224
duties at: D mentions, iii. 205, 206, iv. 183; D wishes to spare HW, ii. 312; on bound books, iv. 21; on porcelains, high, iv. 224; on silver, v. 77; said to be 75%, iii. 197
goods addressed to, iii. 371, iv. 39, 125, 252
HW detained at, v. 353
HW pays at, v. 409
HW sends note about, v. 380
HW's fee to officer of, v. 398, 407
London, ii. 312, iv. 125, 252
Paris, iii. 171

Cuvilly:
HW at, v. 316

*Cymbeline. See under* Shakespeare, William

*Cypierre. See* Perrin de Cypierre de Chevilly

Cyrano de Bergerac, Savinien (1619–55), writer:
*Pédant joué, Le*, D paraphrases, i. 331

Cyrus (d. 529 B.C.), K. of Persia:
D mentions, ii. 302

*Cyrus. See* Scudéry, Madeleine de, *Artamène*

Cythère. *See* Cerigo

'Cythère, la nymphe de.' *See* Bécu, Jeanne

Cytherea:
Forcalquier, Comtesse de, mentions, vi. 158

'Czarine, la.' *See* Catherine II

Czernieski, Comte:
(?) social relations of, with Mme Geoffrin, v. 300

Czernieski, Mme, 'Mme de Pologne':
HW's compliments to, i. 28
health of, i. 306
Paris to be visited by, ii. 49
Poland visited by, i. 316
social relations of, with: D, v. 310, 312; (?) Geoffrin, Mme, v. 277, 282, 283, 299, 300; Hénault, v. 310–3

Czernizew, Pierre Grigoriéwicz:
recalled, v. 368

D. *See* Vichy-Champrond, Marie de

Dabren. *See* Abreu

*1* Dacre of the South, Bn. *See* Barrett-Lennard, Thomas

*2* Dacre of the South, Bns, wife of *1*. *See* Pratt, Anna Maria

*Dagobert, Chanson du Roi:*
D cites, i. 193, ii. 152

Daguerre, ——, china merchant:
D's receipt from, vi. 42

Dairolles, Antoine Bertrand:
judgment on, in Goëzmann case, iv. 23

*1* Dalkeith, Cts of, wife of *2*. *See* Campbell, Lady Caroline

*2* Dalkeith, E. of. *See* Scott, Francis

Dalrymple, Mr:
HW sails with, v. 314

*1* Dalrymple, Agnes (d. 1778), m. (1746) Sir Gilbert Elliot, 3d Bt (1766):
D's correspondence with, i. 41, 49, 72, ii. 484, 485
D sends letter and parcel by, iv. 416, 418, **426**

[*1* Dalrymple, Agnes, *continued*]
D's letter from maid of, i. 26
D's opinion of, i. 49, iv. 417
D wishes to write to, i. 57, 59
goes to Scotland, i. 57
husband of servant of, disappears, i. 49
leaves Paris, iv. 418
social relations of, with D, iv. 417
son misses, at Amiens, iv. 420
to leave Paris, iv. 416
*2* Dalrymple, John (d. 1789), 5th E. of Stair:
son of, iii. 153, 164
*3* Dalrymple, Sir John (1726–1810), 4th Bt; 3d
cousin of *4*:
*Mémoires de la Grande Bretagne et d'Irlande
. . .*, iv. 316
*4* Dalrymple, John (1749–1821), Vct Dalrymple;
6th E. of Stair, 1789; son of *2*:
Craufurd friend and cousin of, iii. 153, 164,
189
———'s coming announced by, iv. 480
D recommends, to Caraccioli, iii. 164
D sends parcel by, v. 43
D's opinion of, iii. 164, 189, 363, iv. 68, 483
D's relations with, iv. 68
Gloucesters seen by, iv. 456
Italy visited by, iv. 456
La Vallière, Duchesse de, relations of, with,
iv. 497
Paris visited by, iv. 68, 456
social relations of, with D, iii. **153**, 164, 320,
iv. 68, 483
*1* Damas, Comtesse de, wife of *5*. See Andrault
de Langeron, Marie-Louise-Aglaé
*2* Damas, Jacques-François de (b. 1732), Marquis de Damas d'Antigny:
marriage of, ii. 173n
social relations of, with: Aiguillon, Duchesse
d', v. 326; D, v. 299–300, 310, 314; Lambert,
Mme de, v. 300, 302
*3* Damas, Jean-Baptiste, Chevalier de:
social relations of, with Hénault, v. 319
*4* Damas, Jean-Pierre de (1734–1800), Comte
d'Anlezy; Marquis de Thianges:
Chanteloup visited by, vi. 207
Lespinasse, Mlle de, mourned by, iv. 317
social relations of, with: Aiguillon, Duchesse
d', v. 309; Anville, Duchesse d', v. 311; D, v.
312; Hénault, v. 296, 312; Malherbe, v. 311
*5* Damas, Joseph-François-Louis-Charles (1758–
1829), Comte de, son of *2*:
marriage of, v. **124**
Damascus, Archbishop of. See Giraud, Bernardino
*6* Damas d'Antigny, Marquise de, wife of *2*. See
Rochechouart, Zéphirine-Félicité de
*7* Damas d'Antigny, Alexandrine-Victoire-Éléonore, sister of *2*, m. (1751) Charles-Daniel,
Comte de Talleyrand:
social relations of, with: (?) Damas d'Antigny,
Marquise de, v. 338; Du Châtelet, Comtesse,
v. 325

*8* Damas de Crux, Comtesse de, wife of *9*. See
Ligny, Sophie-Joséphine-Antoinette de
*9* Damas de Crux, Louis-Étienne-François (1735–
1814), Comte de:
grandes entrées granted to, iv. 52
'Dame, la.' See Bécu, Jeanne
*1* Damer, Hon. John (d. 1776):
D asks Mrs Damer to bring, iii. 261
D mentions, iii. 389
D's opinion of, iii. 267
debts of, iv. 353–4
HW mentions, iii. 75
Paris visited by, iii. 384, 386
social relations of, with HW, v. 285, 288, 293
suicide of, iv. 350–1
*2* Damer, Hon. Mrs John, wife of *1*. See Con-
way, Anne Seymour (1749–1828)
Damilaville, Étienne-Noël (ca 1721–68):
*Christianisme dévoilé, Le*, Voltaire mentions,
vi. 152
'Damon.' See Gontaut, Charles-Antoine-Armand
de
*1* Dampier, Rev. Thomas (d. 1777):
(?) Churchill, Lady Mary, friend of, iv. 207
*2* Dampier, Mrs Thomas, wife of *1*. See Walker,
Frances
Dampierre, Abbé de. See Cugnac, Louis-Achille
de
Dances. See Contradances; Mariée, la; Minuet
Danchet, Antoine (1671–1748):
*Sacre de Louis XV, Le*, D would like to send,
to HW, iv. 58, 63, 72
Dancing:
the only part of shows that has improved, iv.
413
Dancourt. See Carton Dancourt
Danemark, Hôtel de:
Conway ladies to stay at, iv. 99
Dangeul. See Plumard de Dangeul
Danican, François-André (1727–95), called Phili-
dor; composer:
(?) Craufurd's letter received by, v. 423
Daniel, Gabriel (1649–1728), priest; historian:
*Histoire de France*, D owns, vi. 34
Danube:
Trajan bridges, vi. 202
Daoustal, ———, notary:
contract passed before, vi. 37
*Daphnis et Chloé*. See under Bourbon, Philippe
de
*1* Darcy, Catherine (1641–1713), m. (1660) Sir
Erasmus Phillips, 3d Bt:
HW's g.-grandmother, vi. 258
*2* Darcy, Dorothy (d. 1729), sister of *1*, m. (1)
(ca 1676) Sir William Rokeby, 2d Bt; m. (2)
Col. the Hon. Thomas Paston:
HW's relationship to, vi. 258
Darcy, Robert (1718–78), 4th E. of Holder-
nesse; diplomatist:
(?) ambassadorship desired by, i. 110
Boufflers, Comtesse de, relations of, with, i.
24n, 25, 59, 77, 80, 172–3

—— to be visited by, at Auteuil, iv. 185
Broglie, Comtesse de, talks with, i. 86–7
D asks if, is to be ambassador to France, i. 42, 59
D does not find, very deaf, iv. 190–1
D's opinion of, i. 77
D's relations with, i. 80
Jenkinson brought by, to see D, i. 104, 152
—— close friend of, i. 110
letter to, from his wife, i. **89–90**
L'Isle admires, ii. 246
—— equally admires HW and, ii. 472
—— will never be enemy of, vi. 178
Paris visited by, i. 70, iv. 187, 190–1
returns to England, i. 117
social relations of, with D, i. 69, 70, 77, 80, 86, 99, 100, 104, 152, iv. 188, 190
spreads tale of Sévigné snuff-box, i. 70, 143
Stanhope, Lady Harriet, discussed by D and, iv. 190
Darget, Claude-Étienne (1712–78), writer:
Forcalquier, Comtesse de, inspired by, ii. 307
Voltaire's letters to, ii. 307
Darras, Claude (d. 1788):
(?) Arras, Bishop of, confused with, iii. **347**
Dashkov, Ps. See Voronzov, Catherine Romanovna
Dashwood, Elizabeth (1740–1832), m. (1762) George Montagu, 4th D. of Manchester:
D's acquaintance with, v. 111
D sends parcels by, iii. 322, 324, 328, 335
D's opinion of, iii. 283, 292, 328–9
social relations of, with: D, iii. 283, 288, 311, 314–5, 320, 322, 328–9; Monaco, iii. 292
success of, iii. 328
Daulceur. See Le Daulceur
Daun. See Dhaun
Dauphin. See Louis (1661–1711); Louis (1729–65); Louis (XVI) (1754–93)
Dauphiné, le:
Coulon, Mlle, from, iv. 423
Dauphiness:
jewels and plate of, go to dame d'atour at death, ii. 321
See also Marie-Antoinette; Marie-Josèphe of Saxe
Davenport, Richard (ca 1705–71):
(?) HW sends letters by, v. 393
Hume's correspondence with, i. 95, 95–6
Rousseau quarrels with, i. 296
—— visits, i. 15, 95, 96, 296
David. See Monnerat, David
Davy d'Anfreville, Charles-Bernardin (d. 1782), Chevalier d'Anfreville:
(?) social relations of, with: Broglie, Comte de, v. 305; Caraman, Comte and Comtesse de, v. 304; D, v. 275, 278, 283, 287, 291, 293, 298, 302, 309, 310; Forcalquier, Comtesse de, v. 275, 306; Hénault, v. 290, 301; Lambert, Mme de, v. 300; Luxembourg, Mme de, v. 284, 290
Dax, Bishop of. See Le Quien de la Neuville, Charles-Auguste
'Day, Mrs.' See Franks, Anne

Day, Catherine (ca 1724–75), natural dau. of Sir Robert Walpole:
death of, iv. **234**, v. 398
HW corresponds with, v. 395
Deafness:
preferable to blindness in old age, iv. 331
1 Deane, Lady. See Tilson, Charlotte
2 Deane, Robert Tilson (1745–1818), Bn Muskerry; son of 1:
(?) Paris visited by, ii. **271**
Deane, Silas (1737–89), American agent:
social relations of, with D, iv. 386
Deane, Kent, Sir Henry Oxenden's seat:
HW visits, v. 229n
Death:
D feels need of, i. 244–5
D's reflections on, i. 296, ii. 138, 219, 446, iii. 325, v. 45
HW on, i. 151
Decla, D's coachman:
(?) accident to, i. 55, 56
D's legacy to, vi. 7
furniture in bedroom of, vi. 12
Decline and Fall of the Roman Empire, The. See under Gibbon, Edward
De Despréaux à Voltaire. See under Clément, Jean-Marie-Bernard
Dedi, Abbé. See Aydie, François-Odet d'
Deffand, Du. See Du Deffand
Deflandre de Brunville, Marie-Françoise, m. François-Pierre du Cluzel, Marquis de Montpipeau:
Chanteloup visited by, vi. 207
Dégars, Jacques-Simon (d. 1788):
(?) attends session of parliament of Paris, vi. 171, 173
Dehors trompeurs, Les. See under Boissy, Louis de
Delaître, Charles-François (fl. 1764–87), painter:
(?) social relations of, with: Aiguillon, Duchesse d', v. 313; Forcalquier, Comtesse de, v. 295; Rochefort, Comtesse de, v. 303, 306, 310, 342, 348
De Lancey, Alice (d. 1832), m. (1767) Ralph Izard:
D sends parcel to HW by, iv. 186
Paris to be visited by, iv. 63
Richmond recommends, to D, iv. 62–3, 68
social relations of, with D, iv. 68
Delaval, Sir Francis Blake (1723–71), K.B:
death of, v. **372**, 398
De la Warr, E. See West, John
De l'Encyclopédie. See under Voltaire
De l'esprit. See under Helvétius, Claude-Adrien
Delille, Jacques (1738–1813), abbé:
Académie française elects, iii. 234
Louis XV vetoes election of, iii. 234
social relations of, with Baronne de Marchais, v. 344
verses by, for D to give to Mme de Luxembourg, iii. 382–3
Virgil translated by, v. 344

*De l'imposture sacerdotale. See under* Gordon, Thomas

Delisle de la Drévetière, Louis-François (d. 1756), dramatist:
Arlequin sauvage, v. 262

Della Marmora, Conte. *See* Ferrero di Biella, Filippo Francesco Maria

Delos:
Barthélemy's description of festival at, v. 114–5, 121

Delpêche, ——:
reprimanded, vi. 200

'Delphi's sleep':
HW mentions, v. 358

Democracy:
D on, iii. 193

Democritus:
D likens HW to, vi. 72

Denis, St:
D's mot on, i. 298, 305, vi. 60

1 Denis, Nicolas-Charles (d. 1744):
commissaire des guerres, v. 206
marriage of, ii. 42n

2 Denis, Mme Nicolas-Charles, wife of 1. *See* Mignot, Marie-Louise

Denmark, K. of. *See* Christian VII (1749–1808); Fredrik V (1722–66)

Denmark, Q. of. *See* Caroline Matilda

Denmark:
D's acquaintance with visitors from, iv. 395
envoys from, *see under* Envoy
ministers to, *see under* Minister
revolution in, iii. 178, 183
Saint-Germain formerly in service of, iv. 226

Dentreville. *See* Davy d'Anfreville

Depuigautier. *See* Pourteiron de Puigautier

Derby, Cts of. *See* Hamilton, Lady Elizabeth

Derby, E. of. *See* Smith-Stanley, Edward

Dericourt, Mme de. *See* Le Fefvre, Marie-Sophie

Deritt, Elizabeth (d. 1766), cr. Cts Gyllenborg, m. Bn Sparre:
death of, v. 397

Des Alleurs. *See also* Puchot des Alleurs

Des Alleurs, Comte. *See* Puchot, Roland

Desandry, ——:
Tort to pay damages to, vi. 200

Desbrugnières, —— (d. ?1788), police officer:
judgment against, iii. **365**, 366

1 Des Cars, Comte. *See* Pérusse des Cars, Louis-François-Marie

2 Des Cars, Comtesse, wife of 1. *See* Harville-Trainel, Marie-Antoinette-Louise-Esprit de

Deschamps, ——, D's kitchen assistant:
wages of, vi. 46

Deschamps, ——, surgeon:
D's receipt from, vi. 42

Des Champs de Marcilly, Marie-Claire (1675–1750), m. (1) Philippe le Valois de Villette, Marquise de Villette; m. (2) (1720), Henry St John, Vct Bolingbroke:
Portsmouth, Ds of, subject of anecdote by, v. 354–5

*Description de Paris. See under* Brice, Germain

*Description des travaux . . . de la statue équestre de Louis XV. See under* Mariette, Pierre-Jean

*Description of the Villa of Mr Horace Walpole, at Strawberry-Hill near Twickenham, A:*
D's letter under name of Mme de Sévigné included in, iii. 397, 399
few copies of, iii. 397–8

*Des délits et des peines. See* Bonesana, Cesare, *Trattato dei diletti e delle pene*

*Déserteur, Le. See under* Sedaine, Michel-Jean

Desfontaines. *See* Fouques, François-Georges; Guydot Desfontaines, Pierre-François

*Des fraises:*
verses to air of, ii. 262

Desk:
drawer of, to be returned, iii. 182, 197, 203, 207
HW asked to sell, for Duchesse de Choiseul, iii. 162, 164, 169–73, 176–7, 177, 182, 193, 200, 256

Des Laurents, Éléonore-Josèphe-Pulchérie (b. 1745), m. (1765) Charles-François-Christian de Montmorency-Luxembourg, Prince de Tingry:
Choiseul, Duc and Duchesse de, visited by, iii. 32, 45, 169, 256
news of Duchesse d'Aiguillon's death brought by, iii. 256–7
social relations of, with Louis XVI and Marie-Antoinette, iv. 104–5

Desmarais, Rue:
Doumenil lives in, v. 313

Desmares, Christine-Antoinette-Charlotte (1682–1753), m. Anton Hœgger, Baron de Presle; actress:
Hœgger's affair with, iv. 424

1 Desmarets, Jean-Baptiste-François (1682–1762), Marquis de Maillebois; Maréchal de France:
Duvivier advanced by, v. 206

2 Desmarets, Yves-Marie (1715–91), Comte de Maillebois; son of 1:
Du Barry, Comtesse, aid of, sought by, ii. 339–40
generally decried, ii. 340
Maillebois, Comtesse de, unhappy with, iii. 56
marriage of, i. 369n
master of the wardrobe, ii. 339
Maurepas protects, iv. 322
Picardy command given to, over protests, iv. 322–3
Polignac, Marquise de, devoted to, iv. 323
position as director of troops taken from, iii. 40–1
possibility for minister of war, ii. 380
Saint-Germain protects, iv. 322
social relations of, with Comtesse de Boufflers, v. 309

1 Desmier, Louis-Étienne, Comte d'Archiac de Saint-Simon:
Craon, Princesse de, and son visit, iv. 349

2 Desmier d'Archiac de Saint-Simon, Louise-Antoinette (living, 1820), dau. of. *1*, m. (1) Charles-Abraham-Laurent de Beaunay; m. (2) (1772) Ferdinand-Jérôme de Beauvau-Craon, Prince de Craon:
apartment of, at Mme de Mirepoix's, iv. 349
birth of son to, iii. 402
Craon's debts to be partly paid by, iv. 141
father visited by, iv. 349
fortune of, small, iv. 134
Mirepoix, Mme de, occupied with, iii. 402
social relations of, with Mme de Mirepoix, iii. 314, v. 348, 351
Desmond, Cts of. *See* Fitzgerald, Catherine
Desnos, Henri-Louis-René, Bishop of Rennes:
joy at Rennes, over restoration of parliament, described by, v. 326
social relations of, with Duchesse d'Aiguillon, v. 319, 325–6
Desnoyers, Mme:
D has adopted style of, ii. 392
Desormeaux. *See* Ripault Desormeaux
Desplas, ——, blacksmith:
D's receipt from, vi. 41
Desponty, ——:
attends session of parliament of Paris, vi. 173
Despréaux. *See* Boileau-Despréaux
Des Roches-Baritaud, Comtesse de. *See* Mouchard, Marie-Anne-Françoise
Dessain, Jean-Baptiste (d. 1782), the younger; bookseller:
HW calls on, v. 326
HW's bill from, v. 400, 401, 406
Dessein. *See* Dessain
Desserteaux, ——, furniture-dealer:
(?) D postpones notifying, iii. 113
HW deals with, iii. 3
HW's furniture from, ii. 457
Destouches. *See* Néricault, Philippe
Destrades, Mme. *See* Huguet de Sémonville, Élisabeth-Catherine
Des Ursins, Princesse. *See* La Trémoïlle, Anne-Marie de
Des Ursins, Marie-Félice (1601–66), m. (1612) Henri II, Duc de Montmorency:
Bussy's correspondence with, iii. 81
*De tous les capucins du monde:*
verses to air of, iv. 249, v. 97
'Deux évêques, les.' *See* Conzié, Joachim-François-Mamert de; Conzié, Louis-François-Marc-Hilaire de
Deux Ponts, Hôtel des:
Stormont rents, iv. 282, 291
Devereux, Robert (1566–1601), 2d E. of Essex:
Corneille, Thomas, writes play about, vi. 143
Devienne, Dom. *See* Agneaux, Charles-Jean-Baptiste d'
*Devin du village, Le. See under* Rousseau, Jean-Jacques
*1, 2* Devonshire, Ds of. *See* Hoskins, Catherine (d. 1777); Spencer, Georgiana (1757–1806)
*3* Devonshire, D. of, husband of *2*, grandson of *1*. *See* Cavendish, William (1748–1811)

Devout, the:
HW on, ii. 426
Devreux (? Louise-Catherine, m. Nicolas Brulart), D's servant:
D arranges Champrond's annuity to, vi. 40
D mentions, i. 173
D's close friend, i. 177
devoted, i. 22
fears customs office has seized Mrs Cholmondeley's goods, ii. 488, 496
HW adored by, i. **166**, 177
health of, i. 330, 338
retires after 38 years of service, iv. 169
to live with son, at Beauvais, iv. 169
Deyme, Comte de. *See* Durfort, Louis-Philippe de
Dezallier d'Argenville, Antoine-Joseph (1680–1765):
*Abrégé de la vie des plus fameux peintres,* v. 356
Dhaun, Leopold Joseph Maria (1705–66), Graf von:
death of, v. 397
Diablotins:
Luxembourg, Mme de, likes, iii. 298
*Dialogue de Pégase et du Vieillard. See under* Voltaire
*Dialogues of the Dead. See under* Robinson, Elizabeth
Diamonds:
annihilated in an hour, v. 372
false, Canterbury landlady wears, v. 342
Diane (d. ca 1765), Princesse de Talmond's greyhound:
Talmond, Princesse de, wishes to get counterpart of, v. 415, vi. 58–9
Diane de Poitiers. *See* Poitiers, Diane de
'Diatribe à l'auteur des Éphémérides.' *See under* Voltaire
Dibutades of Sicyone:
D mentions, iv. 430
Dicconson, —— (d. 1766), m. Henry Hervey-Aston:
death of, v. 397
Dickenson, Duke. *See* Dickenson, John Marsh
Dickenson, John Marsh (d. 1771):
(?) D receives news of Craufurd from, i. 311
(?) death of, v. 372
(?) seeks news of Craufurd for D, i. **156**
(?) social relations of, with: D, v. 270; HW, v. 268, 320
Dickinson. *See* Dickenson
*Dictionnaire de l'Académie française:*
D consults, ii. 439
*Dictionnaire de mythologie. See under* Claustre, André de
*Dictionnaire des hommes illustres. See* Lacombe de Prezel, Honoré, *Dictionnaire des portraits historiques*
*Dictionnaire des portraits historiques. See under* Lacombe de Prezel, Honoré
*Dictionnaire des proverbes. See under* Backer, Georges de; Pancoucke, André-Joseph

*Dictionnaire des rimes. See under* La Noue, Odet de

*Dictionnaire historique. See under* Moréri, Louis

*Dictionnaire mythologique. See* Claustre, André de, *Dictionnaire de mythologie*

*Dictionnaire philosophique, Le. See under* Voltaire

*Dictionnaire portatif et historique. See under* Barral, Pierre; La Croix, Joseph-François de, *Dictionnaire portatif des faits*

Dide. *See* Diede

Diderot, Denis (1713–84), philosopher:
  duels discussed by, v. 283
  *Éloge de Richardson,* HW desires, iv. 247, 251
  HW considers, 'great talker,' v. 262
  *Histoire philosophique et politique des deux Indes, L',* iii. 210–1, 308
  *Pensées philosophiques,* D dislikes, ii. 101
  *Père de famille, Le,* v. 325
  social relations of, with Holbach, v. 262, 267, 272, 296, 299

*Didon. See under* Le Franc, Jean-Jacques

*1* Diede, 'Baronne de,' wife of *2. See* Callenberg af Huset Muskau, Ursula Margrethe Constantia Louise von

*2* Diede, Wilhelm Christopher von (1732–1807), Danish envoy at London:
  speaks of HW's friendship for D, ii. 156
  wife of, iv. **347**

Diepenbeke, Abraham van (1607–75), Dutch painter:
  HW sees print of D. and Ds of Newcastle by, v. 269

Dieppe:
  Conolly, Lady Louisa, embarks at, v. 39
  D inquires why Gloucesters do not visit, v. 29
  Richmond embarks at, iv. 370, 372

Dieskau, Karl Wilhelm (1701–77), Graf von:
  (?) social relations of, with Holbach, v. 272

Diet, Imperial:
  minister to, *see under* Minister

Digestion:
  effect of, on spirits, iii. 81

Dijon:
  Lauraguais's escape from, i. 188–9
  parliament of: Brulart president of, iii. 188; letter of, on Brittany, ii. 190
  Roncherolles, Marquise de, at, iv. 82

*1* Dillon, Mrs Arthur, dau.-in-law of *4. See* Rothe, Louise (*or* Lucie)-Thérèse de

*2* Dillon, Arthur Richard (1721–1806), Archbishop of Narbonne; cousin to Lally:
  Lally's protector, i. **30**
  made member of Ordre du Saint-Esprit, iv. 199
  social relations of, with: Aiguillon, Duchesse d', v. 303; Forcalquier, Comtesse de, v. 320
  Spencers to visit, iii. 367

*3* Dillon, Christine, m. Col. John Drumgold:
  social relations of, with HW, v. 327

*4* Dillon, Henry (1705–87), 11th Vct Dillon; cousin to Lally; brother of *2:*
  Lally's protector, i. 30

Dillons:
  appeal to Louis XV at Versailles, i. 33

*1* Dilly, Charles (1729–1807), bookseller:
  (?) HW mentions, iv. 202

*2* Dilly, Edward (1732–79), bookseller; brother of *1:*
  (?) HW mentions, iv. 202

*Dimanche, Le, ou les Filles de Minée. See under* Voltaire

Dinner:
  D asks HW's preference between supper and, i. 245, 246
  hour of, i. 393, ii. 472, iv. 178, 440
  inconvenient socially, iv. 118
  may suit D better than supper, i. 245

Diogenes (?412–323 B.C.):
  alluded to, ii. 295
  D mentions, i. 313, 353, ii. 347
  D's opinion of, iv. 367

Dionis, ——:
  attends session of parliament of Paris, vi. 173

Dio-Palatin de Montpeyroux, Marie-Antoinette-Éléonore (b. 1704), Abbess of Port Royal:
  Harcourt, Comtesse d', leaves money to physician of, v. 451

*Discours aux confédérés de Pologne. See under* Voltaire

*Discours de l'influence de la philosophie sur les lettres. See under* Mallet du Pan, Jacques

*Discours des plus mémorables faits des rois et grands seigneurs d'Angleterre. See under* Bernard, Jean

*Discours en vers sur l'homme. See under* Voltaire

*Discours sur les Disputes. See under* Rulhière, Claude-Carloman de

*Dispute, La. See* Rulhière, Claude-Carloman de, *Discours sur les Disputes*

*Dissensions des églises de Pologne, Essai historique et critique sur les. See under* Voltaire

Ditches:
  in Caraman's garden, v. 334

Divorces:
  English, v. 109

'Dizain contre votre grand'maman.' *See under* Voltaire

Dobson, Eleanor (1756–1833), m. (1775) John Blaquiere, cr. (1784) Bt, and (1800) Bn de Blaquiere of Ardkill:
  Paris visited by, v. 16
  social relations of, with D, iv. 496, v. 26
  son born to, v. 16

*Docteur Pansophe, Le. See under* Borde, Charles; Voltaire

Doctors:
  D's poor opinion of, i. 135, 139, ii. 150, 177–8, 464, iii. 133, 183, iv. 234, 255, v. 241
  D suggests that HW consult, ii. 464, iii. 322
  HW's poor opinion of, ii. 464, iii. 322n, iv. 144

Dog; dogs:
  act of Parliament for preventing theft of, ii. 405
  D negotiates for, iii. 350

D resolved to have no more, ii. 25–6
D would like to have, iii. 67
HW's, 'your sovereigns,' i. 12
HW to bring, to D, i. 225, 309, 316, 322, 325
love of, the only dependable thing, iii. 425
Mme de La Reynière's, finds way home, iv. 201
offered by Elliot to D, i. 212
verses on, by Duchesse de Choiseul, i. 60
woman burned rescuing, iv. 337
*See also* Bedreddin; Diane; Fanny; Kismi; Lindor; Maroquine; Rosette, Duchesse de Choiseul's dog; Rosette, HW's dog; Tonton; Tulipe
Dogharty, ——, innkeeper of Boulogne:
  (?) HW hears of Churchill's death from, v. 258
Doilot, ——, notary:
  contracts passed before, vi. 37, 40
Doligny, Mlle (actress). *See* Berthon de Maisonneuve, Louise-Adélaïde
Dollond, Peter (1730–1820), optician:
  D acquires spy-glass made by, ii. 36
  D desires spy-glass made by, ii. 27, 31
Dombes, Prince de. *See* Bourbon, Louis-Auguste de
Domenichino (Domenico Zampieri) (1581–1641), painter:
  Julienne has paintings by, v. 287
  Praslin has paintings by, v. 353
Domer, ——, D's servant:
  D employs, v. 223, 448
  D shares lottery ticket with, v. 455
  D's legacy to, vi. 9
  (?) D's reader, v. 238
  furniture in bedroom of, vi. 17
  wages of, vi. 46
Domesain, Don Fernand, Spanish usurer:
  house of, burned by mob, v. 120
  threatened by populace, vi. 119
Domestic details:
  D likes to read of, ii. 255
'Dominations, les.' *See* Choiseul-Stainville, Béatrix de; Rohan-Chabot, Marie-Sylvie de
Dominick, Elizabeth (1732–1813), m. (1752) Saint George Saint George, 2d Bn Saint George:
  social relations of, with: Berkeley, Cts of, v. 271; Richmond, v. 270
*1* Dompierre, Mme Nicolas-Joseph de. *See* Mignot, Marie-Élisabeth
*2* Dompierre d'Hornoy, Alexandre-Marie-François de Paule de (1742–1828), lawyer; son of *1*:
  Voltaire's legacy to, v. 48
*Don Japhet d'Arménie. See under* Scarron, Paul
Donnezan, Marquis de. *See* Usson, Charles-Armand d'
Donnissan, Marquise de. *See* Durfort-Civrac, Marie-Françoise de
*Don Pèdre. See under* Voltaire
*Don Quixote. See under* Cervantes, Miguel de
Doran, Mlle, *Mémoires de. See Mémoires de Mlle Doran*

Dorat, Claude-Joseph (1734–80), poet:
  Académie does not elect, v. 192
  *Adélaïde de Hongrie*, presented, iv. 85
  answer under name of Ninon de Lenclos by, iv. 42
  *Célibataire, Le*, read at D's, iv. 40, 42
  D's opinion of, iv. 40
  *Fables*, Schuwalof sends, to HW, iv. 182
  La Harpe's verses on, ii. 20–1
  *Malheureux imaginaire, Le*, D suspects, is dull, iv. 391
  *Malheurs de l'inconstance, Les*, iii. 311–2
  *Pierre le Grand*, long, v. 192
  Voltaire attacked in verses ascribed to, ii. 171–2
Dorchester:
  Foster, M.P. for, dies, v. 397
Dori, Leonora (d. 1617), Maréchale d'Ancre:
  Doumenil has portrait of, v. 313
Doria Pamfili, Giuseppe (1751–1816), Archbishop of Seleucia; nuncio to Paris:
  social relations of, with: La Vallière, Duchesse de, v. 353; Rochefort, Comtesse de, v. 344
*Dorinda. See under* Fitzpatrick, Hon. Richard
Dorset, D. of. *See* Sackville, John Frederick (1745–99); Sackville, Lionel Cranfield (1688–1765)
Dorville. *See* Contant d'Orville, André-Guillaume
Doublet, Marie (ca 1720–1801), m. (1743) Robert Darcy, 4th E. of Holdernesse:
  Hume entertained by, i. 89–90
  letter of, to her husband, i. 89–90
Doluctor, Mme:
  social relations of, with D, v. 448
Doudenarde, ——:
  social relations of, with D, v. 435
Douglas, George (1761–1827), 16th E. of Morton:
  D's opinion of, v. 172
  French decoration and service of, v. 169
  HW sends parcel to D by, v. 154
  social relations of, with D, v. 169, 425–6, 428–30, 432–3, 457
Douglas, Margaret (d. 1774), m. (1758) Archibald Douglas, cr. (1703) D. of Douglas:
  HW passes, at Amiens, v. 259
  takes servant's corpse to England, v. 259
Douglas, Sylvester (1743–1823), cr. (1800) Bn Glenbervie:
  gambles, ii. 461
  social relations of, with: Cholmondeley, Mrs, ii. 461; D, ii. 461
Douglas, William (1724–1810), 3d E. of March and Ruglen; 7th D. of Queensberry, 1778:
  Broglie, Maréchale de, shines for, i. 350
  Craufurd attended by, i. 363, 368, 369
  D's opinion of, i. 368, 369, iv. 186
  HW mentions, iii. 75
  Isle-Adam visited by, i. 349
  Paris visited by, v. 321
  Selwyn accompanied by, i. 349, 350, 360

[Douglas, William, *continued*]
Selwyn likes, i. 374, iv. 74, v. 174
social relations of, with: Brancas, Marquis and Marquise de, v. 322; D, i. 349, v. 322–3; HW, v. 321–3; Hénault, i. 350, v. 321
Stanhope, Lady Harriet, said to be fond of, iv. 186
Doumeni. *See* Doumenil
Doumenil, ——, collector:
HW sees collection of, v. 313
(?) portrait of Mme de Sévigné by Petitot in possession of, i. 73
*Doutes historiques. See under* Voltaire
*Douze Césars, Les. See under* La Harpe, Jean-François de
Dover:
Churchill buried at, v. 259
coach to, iv. 132
customhouse at, ii. 231, 234, 338, 345, iv. 224
D mentions, iii. 92, 95, 97
delay of packets thought at, to be by government order, v. 38
goods sent by, iii. 307
HW's boat wind-bound at, v. 333
HW's expenses at, v. 412
HW writes from, i. 347, 349, 353, ii. 273, 274, 276–8, 280, 282, iii. 94, 100, v. 386, 390, 394
Minet of, ii. 19
post to Calais from, stopped, v. 157, 161
post to Ostend from, v. 161
Rousseau asks guard to, i. 296
visitors to: Craufurd, iii. 294; HW, i. 21, v. 258, 315, 324, 333, 342
Downs, the:
Russian fleet visits, v. 367
Downshire, M. of. *See* Hill, Wills
Dowry:
D's, ii. 386, vi. 30–1, 35, 44
Doyen, Angélique-Catherine, m. (1724) Pierre-Jean-Mariette:
D wishes Duchesse de Choiseul would ask, to sell Olonne portrait, iv. 140–3, 150
HW fears, will raise price, iv. 150, 153
will not permit private before public sale, iv. 128
Dragées:
L'Isle gives, to Duchesse de Gramont, iv. 411
*1* Drake, Cornelia (d. 1766), dau. of *2*, m. Gen. James Durand:
death of, v. 397
*2* Drake, Mrs George. *See* Bugden, Sophia
Drama:
D on rules in, ii. 135
Dramatic unity of time:
D refers to, i. 131
Draper, Sir William (1721–87), K.B., 1766; military officer:
Junius answered by, v. 367
Drax, Elizabeth (ca 1720–92), m. (1) (1744) Augustus Berkeley, 4th E. of Berkeley; m. (2) (1757) Robert Nugent, 1st E. Nugent:
assembly given by, v. 271, 273, 280
social relations of, with: Aston, Lady, v. 271;

Beaufort, v. 271; Berwick, Ds of, v. 269; HW, v. 269, 271, 273, 280, 283, 289–90, 296, 299, 302, 304, 306; Lauraguais, v. 290; (?) Mathew, Mrs, v. 271; Massareene, v. 294; Richmonds, v. 274, 290; Saint George, Bns, v. 271
Dreux, Louis-Jacques-Aimé-Théodore de (d. 1719), Marquis de Nancré; military officer:
(?) anecdote of Duchesse de Berry and, ii. **22–3**
Drévetière. *See* Delisle de la Drévetière
Droit, Le. *See* Le Droit
*Droits des hommes, Les. See under* Voltaire
'Dromadaire, le.' *See* Rousseau, Jean-Jacques
Drôme, Archives de la:
inventory of D's effects at, vi. 10
Drouais, Le. *See* Le Drouais
Drouet. *See* Le Droit
Drouin, Madeleine-Michelle-Angélique (1731–94), m. (1750) Pierre-Louis Dubus, called Préville; actress:
*Legs, Le,* acted by, v. 274
*Tartuffe* acted by, v. 265
Dru, Mme. *See* Genest Delaunay, Madeleine
*1* Drumgold, Mr, brother of *2*:
social relations of, with HW, v. 327
*2* Drumgold, John (1720–81), colonel:
director of education at École Royale Militaire, iii. **435**
Dryden's *The Cock and the Fox* translated by, v. 270
Garrick acts scenes translated by, v. 281
Gower translated by, v. 270
HW mentions, i. 342
HW's correspondence with, v. 395
HW to send brawn to, v. 416
social relations of, with: Brancas, Marquis and Marquise de, v. 277, 302; HW, v. 266, 269–70, 282, 300, 303, 318–9, 327, 346, 415; Lambert, v. 327; Nivernais, Duc and Duchesse de, v. 341; Rochefort, Comtesse de, v. 269, 271, 306, 344
Vanbrugh's scenes translated by, v. 281
*3* Drumgold, Mrs John, wife of *2*. *See* Dillon, Christine
*1* Drummond, James (1648–1716), 4th E. of Perth, cr. (1696) titular D. of Perth:
buried at Scots College, v. 308
*2* Drummond, James (ca 1673–1720), 2d titular D. of Perth; son of *1*:
buried at Scots College, v. 308
*3* Drummond, Louis-Jean-Édouard (1721–88), Comte de Melfort; grandnephew of *1*:
(?) made maréchal de camp, v. 147
(?) social relations of, with Duchesse de la Vallière, v. 273
Drums:
in music at Nicolet, v. 66
Dryden, John (1631–1700), poet:
*Cock and the Fox, The,* v. 270
Du Baral, Mlle. *See* Barral, Louise-Françoise de
*1* Du Barry, Comtesse, wife of *5. See* Bécu, Jeanne

*2* Du Barry, Marquise, sister-in-law of *4. See* Fumel, Marie-Louise-Michelle-Élisabeth de

*3* Du Barry, Vicomtesse, wife of *7. See* Tournon, Rose-Marie-Hélène de

Du Barry, Adolphe, Vicomte. *See* Du Barry, Jean-Baptiste (1749–78)

*4* Du Barry, Françoise-Claire (1733–1809):
Aiguillon, Duchesse d' (younger), visited by, at Rueil, iv. 48
Du Barry, Vicomte and Vicomtesse, to live with, iii. **378**
exiled from Court, iv. 52
former apartment of, in palace, given to Maurepas, iv. 57

*5* Du Barry, Guillaume (d. 1811), Comte, brother of *4:*
exiled from Court, iv. 52
family relationships of, iv. 57

*6* Du Barry, Jean-Baptiste (1722–94), Comte, brother of *4:*
arrest of, ordered, iv. 52
exiled from Court, iv. 52
family relationships of, iv. 57
financial arrangements of, with son, iii. **378**

*7* Du Barry, Jean-Baptiste (1749–78), called Vicomte Adolphe du Barry; son of *6:*
Compiègne to be visited by, iii. 381, 382
exiled from Court, iv. 52
family relationships of, iv. 57
marriage of, iii. **374**, 376, 378, 381, 382
may be écuyer to Louis XV, iii. 220
rumour of proposed marriage of, iii. **147**
social relations of, with D, v. 443

*8* Du Barry, Jeanne-Marie-Marthe (1727–1801), sister of *4:*
sister of *4*, iii. 378n

Du Béar, Mme. *See* Achard des Joumards, Angélique-Gabrielle

Du Bec-Crespin, François-René (ca 1620–88), Marquis de Vardes:
Sévigné, Mme de, letter of, about, iii. 423

Du Benn, ——:
social relations of, with D, v. 428–30, 432

*1* Du Boccage, Mme, wife of *2. See* Le Page, Anne-Marie

*2* Du Boccage, M. *See* Fiquet du Boccage, Pierre-Joseph

Dubois. *See also* Thibault Dubois

Dubois, Guillaume (1656–1723), cardinal:
tomb of, v. 280

Dubois, Louis-Charles:
(?) attends session of parliament of Paris, vi. 171, 173

Du Bois de la Motte, Mme:
social relations of, with: Bauffremont, v. 339; Boufflers, Marquise de, v. 338; D, v. 337, 346

*1* Du Bouchet, Jean-Louis (1750–ca 82), Vicomte (later Comte) de Sourches; son of *3:*
captured, v. 445
D asks Selwyn to see, while prisoner of war, v. 213
D's account of, iv. 413, v. 213
D's opinion of, v. 213, 218

HW's kindness to, while prisoner of war, v. 213, 217–8, 221, 224
Île de Bourbon destination of, v. 445
marriage of, iv. **413**
prisoner in England, v. 213, 217–8, 221, 224, 447
returns to Paris, v. 224, 449
ugly, iv. 413, 419, v. 213, 218

*2* Du Bouchet, Louis (1711–88), Marquis de Sourches; cousin of *3:*
cousin of, marries, iv. 413
D mentions, by mistake for Vicomte de Sourches, v. 213
promotion of, in Ordre du Saint-Esprit, expected, iii. **179**

*3* Du Bouchet, Louis-Hilaire (1716–88), Comte de Sourches:
D's account of, iv. 413

Du Buc, Jean-Baptiste (1717–95), economist:
Chanteloup visited by, v. 448
D and Duchesse de Choiseul joke about wit of, v. 450
D renews acquaintance with, iii. 258
D's opinion of, iii. 332
D to secure MSS from, for HW's perusal, iii. 258
on possibility of war, v. 12
social relations of, with: D, iii. **332**, v. 429; Gramont, Duchesse de, v. 451

*1* Dubus, Pierre-Louis (1721–99), called Préville; actor:
acts in: *Fausse Agnès*, v. 275; *Legs, Le*, v. 274; *Mercure galant, Le*, v. 322; *Philanthrope, Le*, v. 265; *Surprises de l'amour, Les*, v. 322; *Tuteur dupé, Le*, v. 265

*2* Dubus, Mme Pierre-Louis, wife of *1. See* Drouin, Madeleine-Michelle-Angélique

'Duc, le jeune.' *See* Lennox, Charles (1735–1806)

Duce. *See* Duché

Du Chaffault de Besné, Louis-Charles (1708–94), Comte; admiral:
French fleet commanded by, v. **176**, 179, 429

*1* Du Châtel, Marquis. *See* Crozat, Louis-François

*2* Du Châtel, Marquise, wife of *1. See* Gouffier, Marie-Thérèse-Catherine

Duchâtel, Louise (d. 1645), m. (1600) Claude de Charmoisy; 'Philothée':
D to imitate, i. **8**

*1* Du Châtelet, Comtesse (later Duchesse), wife of *3. See* Rochechouart, Diane-Adélaïde de

*2* Du Châtelet, Marquise, mother of *3. See* Le Tonnelier de Breteuil, Gabrielle-Émilie

*3* Du Châtelet, Louis-Marie-Florent (1727–94), Comte and (1777) Duc, French ambassador to England:
Aiguillon contradicts, iii. 166–7
balls, after-dinner, given by, iii. 322
Chanteloup visited by, iii. 84, 86, 165, 243, 245, 246
Choiseul, Duc de, finances of, arranged by, iii. 165–7

[*3* Du Châtelet, Louis-Marie-Florent, *continued*]
Choiseul, Duc de, resignation of, negotiated by, iii. 165–7
—— to visit, iv. 174, 195–6, 198
Choiseul, Duchesse de, sends parcel by, ii. 10, 14, 17
courier of: ii. 49, 117, 334; conveys D's parcels and letters, ii. 33, 37, 43, 62, 66, 117, 311–2, 312, 371, 390; conveys HW's parcels and letters, ii. 115
D awaits news from, iii. 88
D given advice by, on HW's furniture, ii. 456
D mentions, ii. 42
D receives nothing through, iii. 88
D sends letter by, i. 405, ii. 3, 5, 10, 11, 13, 15, 28
D sends parcels by, i. 405, ii. 3, 10, 13, 17, 28, 73
D's opinion of, i. 278, ii. 107, 235–6
D thinks, will suit as ambassador, i. 323
delay in arrival of goods of, ii. 23, 25
departure of, postponed, ii. 3, 8, 10, 12, 13, 19
Du Barry, Comtesse, appealed to by, iii. 166
Gramont, Duchesse de, to visit, iv. 174, 198
Greville, Mrs, reports boredom of, ii. 60
(?) HW mentions, i. 342
health of, ii. 3
Hénault sends book to HW by, ii. 4
King's regiment given to, i. 359, 361–2
leaves Paris, ii. 15
L'Isle admires, ii. 246
—— friend of, ii. 322
London visited by, i. **237**, 278, ii. 17
made duc, iv. 401
(?) made maréchal de camp, v. 147
marriage of, ii. **43n**
may convey drawing to HW, i. 386, 389
Saint-Germain second choice of, iv. 228
social relations of, with: Choiseul, Duchesse de, ii. 456; HW, iii. 253, v. 328, 415; Maximilian, iv. 156–7, 158
spoken of for minister of war, iv. 222
Tessé, Comtesse de, to visit, iv. 198
uncertain of tenure, ii. 250
Voltaire's letter to be sent to HW by, vi. 144
Du Châtelet, Hôtel:
HW visits, v. 348
*1* Duché, Mme, wife of (?)*2*; Genoese:
sings, v. 317
social relations of, with Marquis and Marquise de Brancas, v. 317
*2* Duché, Claude (d. 1779):
(?) social relations of, with Marquis and Marquise de Brancas, v. 317
Duché de Vancy, Gaspard (d. 1788):
D's picture by, vi. 215
(?) social relations of, with Marquis and Marquise de Brancas, v. 317
Ducis, Jean-François (1733–1816), dramatist:
Académie elects, v. 100, 104
Académie speech of, to be sent to HW, v. 118, 121(?)
Académie welcomes, v. 118

*Hamlet* adaptation of, seen by D and HW, iv. 339, v. 100, 332
*Œdipe chez Admète:* HW to have, v. 92; read at Baronne de Marchais's, iv. 339; success of, v. 92, 100; verses on, v. 104
Duclos. *See* Pinot Duclos
*1* Du Cluzel, Marquise, wife of *2. See* Deflandre de Brunville, Marie-Françoise
*2* Du Cluzel, François-Pierre (1734–83), Marquis de Montpipeau:
Chanteloup visited by, vi. 207
*3* Du Cluzel, Marie-Thérèse-Antoinette (b. 1763), dau. of *2*, m. (1778) Antoine-Marie, Comte du Cluzel de la Chabrerie:
Chanteloup visited by, vi. 207
Du Cluzel de la Chabrerie, Comtesse. *See* Du Cluzel, Marie-Thérèse-Antoinette
Ducquetot, Mme. *See* Hocquetot, Mme d'
*1* Ducrest, Charles-Louis (1747–1824), Marquis: social relations of, with D, v. 446
*2* Ducrest de Saint-Aubin, Stéphanie-Félicité (1746–1830), sister of *1*, m. (1763) Charles-Alexis Brulart, Comte de Genlis; dramatist; attendant of Duchesse de Chartres:
Bercy to be visited by, v. 219
children of, act her plays, v. 161, 164–5
comedy of, charming, v. 213
D connected with, v. 203
D receives ticket from, for comedy, v. 212, 445
D's account of, iv. **293**
D's correspondence with, v. 203, 445, 446, 451, 453, 456, 457, 459, 460
D's opinion of, v. 212, 219
D's 'portrait' by, vi. 62–5
D's relations with, v. 212, 219, 228
D stays home from comedy of, v. 212, 213, 445
D to write about, v. 224
Hénault's pious death discussed with D by, vi. 65
*Ingénue, L'* (or *La Fille ingénue*), D attends reading of, v. 219, 447
Orléans, Princesses de, to be educated by, v. 165, 219
retires at ten, v. 219
social relations of, with D, v. 434, 443, 446, 448–50, 460
*Théâtre à l'usage des jeunes personnes:* D approves of HW's opinion of, v. 228; D offers, to HW, v. 164; D's opinion of, v. 161, 164–5, 203; HW praises, v. 219
*1* Du Deffand, Marquise, wife of *3. See* Vichy-Champrond, Marie de
*2* Du Deffand, Adélaïde-Charlotte-Marie-Octavie, m. (1767) Eugène-Eustache, Comte de Béthizy:
(?) social relations of, with D, v. 325, 458
*3* Du Deffand de la Lande, Jean-Baptiste-Jacques-Charles (ca 1688–1750), Marquis de Chastres:
baptismal certificate of, vi. 44
D's fortune increased by death of, vi. 53
D's marriage to, vi. 54–5
D widow of, vi. 5, 8

genealogy of, vi. 44
marriage contract of, vi. 30
separation contract of, vi. 30–1, 35, 44
Dudley, Robert (ca 1531–88), cr. (1564) E. of Leicester:
Voltaire's confusion about, vi. 143
Dudoyer, ——:
attends session of parliament of Paris, vi. 173
Duels:
occurrence of, iii. 175, iv. 17
suppressed by Louis XIV, v. 283
1 Duff, James (1729–1809), 2d E. of Fife:
HW accompanies, to Gobelin factory, v. 286
HW occupies theatre box of, v. 302
Paris visited by, v. 270
social relations of, with: Beaufort, v. 271;
Chabot, Lady Mary, v. 272; HW, v. 286;
Massareene, v. 294
2 Duff, Lady Margaret (d. 1786), sister of 1, m.
(1768) James Brodie:
social relations of, with Massareene, v. 294
Du Four de Longuerue, Louis (1651–1733), abbé;
archaeologist:
D mentions, i. 295
Dufour de Villeneuve, Jean-Baptiste-Claude (d.
1781), conseiller d'État:
appointed to committee on finance, iv. 457
(?) attends session of parliament of Paris, vi.
171
Dufranc, François-Louis:
(?) parliament of Paris, minutes of, signed by,
vi. 169
(?) parliament of Paris, session of, attended
by, vi. 174
Du Fresnel, Pierre-François:
(?) social relations of, with: Conti, v. 299;
Luxembourg, Mme de, v. 303
Du Fresnoy, Lenglet. See Lenglet du Fresnoy
Dufresny, Charles Rivière (1648–1724), drama-
tist:
Esprit de contradiction, L', D cites, i. 302
Malade sans maladie, La, (?) D cites, i. 40
Réconciliation normande, La, D cites, iv. 53
Du Gué Bagnolles, Marie-Angélique (1641–
1723), m. (1659) Philippe-Emmanuel, Mar-
quis de Coulanges:
D's talk with HW about, ii. 62, 480–1, iv. 145
D would not have liked, ii. 144
letters of, to Mme de Sévigné: D enjoys, ii.
139; D thinks, are to be published, iii. 380;
HW disparages, ii. 141; printed, iv. 275
Sévigné, Mme de, characterizes, i. 100
Du Guesclin, Bertrand (ca 1320–80), soldier:
Histoire de, D owns, vi. 35
Du Guesclin, Marie-Françoise-Marguerite
(1737–1828), m. (1758) Louis-Joachim-Paris-
René Potier, Marquis (later Duc) de Gesvres:
social relations of, with Gräfin von Bentheim,
v. 349
1 Du Hallier, Gilles, sieur:
annuity for wife of, vi. 44
2 Du Hallier, Mme Gilles, wife of 1. See Couty,
Marie-Élisabeth

Du Hamel de Saint-Rémy, Marie-Charlotte-
Félicité-Amélie (1752–77), m. (1770) Philippe-
Louis-Maximilien-Ernest-Marie, Comte de
Sainte-Aldegonde-Noircarmes:
Choiseul and Duchesse de Gramont entertain,
at Chanteloup, ii. 469
Choiseul interested in, ii. 469, 470–1
D's account of, ii. 351(?), 469
Gramont, Duchesse de, to keep, near her, ii.
469
Du Han de Crèvecœur, Marguerite-Suzanne
(1701–73), Superior of Saint-Cyr 1755–61,
1767–73:
D recommends HW to, v. 330
Du haut en bas:
verses to air of, ii. 290
Du Hautoy, Charles, Comte:
(?) loses lawsuit, ii. 134
Du Jonquay. See Liégard du Jonquay
Dujouanel, ——:
attends session of parliament of Paris, vi. 173
Dukes and peers:
secretary to, iii. 142
Dulac, Mme, china merchant:
D to send china group to HW in case of, for
Chamier, ii. 302, 305
HW calls on, v. 262, 269, 271, 273, 288, 291,
297, 301, 303, 308, 310, 314, 325, 345, 348
HW's bill from, v. 401, 408, 411, 413
HW's purchases from, sent to England, v.
405
packing by assistants of, ii. 338
Du Lau d'Allemans, Suzanne-Anne, m. (1734)
Pierre-Louis Chapt de Rastignac, Comte de
Puyguilhem:
(?) social relations of, with Duchesse d'An-
ville, v. 311
'Dulcinée.' See Beauvau-Craon, Marie-Fran-
çoise-Catherine de
1 Du Maine, Duc. See Bourbon, Louis-Auguste
de
2 Du Maine, Duchesse, wife of 1. See Bourbon,
Anne-Louise-Bénédicte de
3 Du Maine, Mlle, dau. of 1. See Bourbon,
Louise-Françoise de
Dumesnil, Marie-Françoise (1711–1803), actress:
acts in: Andromaque, v. 265; Britannicus, v.
277; Fausse Agnès, v. 275; Orpheline léguée,
L', v. 271; Phèdre, v. 275; Rhadamiste et
Zénobie, v. 274
D compares Mlle Raucourt with, iii. 312
D's opinion of, ii. 197, 282, iii. 312
Du Mesnildot de Vierville, Charlotte-Françoise-
Élisabeth-Catherine, m. (1753) Joseph-Pierre-
Balthasar-Hilaire de Puget, Marquis de Bar-
bantane:
free of D's suppers, v. 102
La Tuilerie visited by, v. 345
social relations of, with: Boufflers, Comtesse
de, v. 351; D, v. 430; La Reynière, M. and
Mme de, v. 345; Luxembourg, Mme de, v.
301, 306, 308; Rondé, Mme, v. 345

*1* Dumont, ——:
D aids, i. 49, ii. 492
disappearance of, i. 49
in Cayenne, ii. 492
in East Indies, ii. 492
letter to, from his wife, i. 57
returns, ii. 492
sells son's clothes, i. 49
Wiart asked by, for news of wife and son, ii. 492
*2* Dumont, ——, son of *1:*
at Sèvres, ii. 492
Choiseul, Duchesse de, assists, i. 316, ii. 22
conduct and character of, i. 316, ii. 21–2, 484–5, 491–2
D aids, i. 49, ii. 485, 492
D will learn news of, ii. 413, 427
Durfort takes, as page, i. 159, 316, ii. 22, 492
future of, discussed by D, ii. 484–5, 491–2
letter from, to D, ii. 21
Mons visited by, ii. 425
searches for title of nobility to become page, ii. 425
*3* Dumont, Mme, wife of *1;* 'Mlle Dumont'; maid to Mrs Elliot:
brother of: at Sèvres, ii. 492; Dumont, father and son, with, ii. 492
D formerly employed, ii. 492
D likes, i. 389, ii. 485, iv. 260
D places, with Mrs Elliot, ii. 492
D's correspondence with, i. 26(?), ii. 21, 427, iv. 4
D sends message to, by HW, ii. 21, iv. 260
D sorry for, ii. 491, 492
D to have Wiart write to, i. 389
goes to Scotland, i. 316
HW mentions, iv. 258
HW to forward letter to, iv. 4
husband of: disappears, i. 49; letter to, from Mme Dumont, i. 57; returns, ii. 492
in Cayenne, ii. 492
Jackson, Will, sent to England with, v. 290
son of: D aids, i. 49, ii. 485, 492; D wishes Mme Dumont to send for, ii. 484–5, 488; writes of his promotion, ii. 413
Dumont de Valdagou, MM., surgeons:
Luynes, Duchesse de, cured by one of, ii. 352–3
skill of, ii. 352–3
Du Montcel de Martinvast, Marie-Madeleine (ca 1627–1711), m. (1654) Georges de Scudéry:
Bussy's correspondence with, i. 387–8, iii. 180–1, 201
D compares her letters to those of, iii. 188, iv. 233
D's opinion of, iii. 187, iv. 233
relatives of, iii. 187–8
Du Motier, Marie-Joseph-Paul-Yves-Roch-Gilbert (1757–1834), Marquis de la Fayette:
America destination of, iv. 427, 445, v. 212
Boufflers, Comtesse de, relative of, v. 113
(?) Carmichael's negotiations with, iv. 427
England visited by, iv. 427
family of, iv. 427
halted at Saint-Sébastien, iv. 435
Louis XVI not seen by, v. 113
Maurepas gives interview to, v. 113
Paris visited by, v. 113
returns to France, v. 113
social relations of, with: Boufflers, Comtesse de, v. 113; Poix, v. 113
Toulon place of detention of, iv. 435
Versailles visited by, v. 113
*1* Du Muy, Comte and Maréchal. *See* Félix, Louis-Nicolas-Victor de
*2* Du Muy, Comtesse and Maréchale, wife of *1.* *See* Blanckart, Marie-Antoinette-Charlotte de
Duncannon, Lord. *See* Ponsonby, Frederick
Dundas, Sir Lawrence (ca 1710–81), 1st Bt:
D secures cook for, at Craufurd's request, iii. 69, 73, 77
Duni, Égide-Romuald (1709–75), Neapolitan musician:
*Fée Urgèle, La, see under* Favart
plays and sings, v. 263
sings at Holbach's, v. 304
Dunkirk:
French troops assembled at, iii. 338
Richmond's dispatch on, v. 273
visitors to: Boufflers, Marquise de, v. 332; Cambis, Vicomtesse de, v. 332; Damer, Mrs, v. 160; Leinster, Ds of, v. 160; Montausier, i. 264
*1* Dunmore, Cts of, wife of *2. See* Stewart, Charlotte
*2* Dunmore, E. of. *See* Murray, John
Dunning, John (1731–83), cr. (1782) Bn Ashburton:
Cumberland favours, iii. 265
Dunquerque, au petit, shop:
Dalrymple and Duchesse de la Vallière meet at, iv. 497
Du Pan. *See* Mallet du Pan
Dupeire, Charlotte (d. 1784), m. Pierre Cosson:
(?) social relations of, with Comtesse de Rochefort, v. 306
*1* Dupin, Mme Claude. *See* Fontaine, Louise-Marie-Madeleine
*2* Dupin de Chenonceaux, Jacques-Armand (1730–67), son of *1:*
death of, i. **369**
Du Plessis, Armand-Jean (1585–1642), Cardinal de Richelieu:
D's opinion of, iv. 343
Doumenil has portrait of, riding to Rochelle, v. 313
Gaillard's eulogy of, iii. 57–8
HW's opinion of, iii. 12, iv. 343
Louis XIII's remark about beard of, v. 299
Pétry's hatred of, ii. 471
tomb of, v. 264, 279
*Vie de,* D owns, vi. 34
*1* Du Plessis, Louis (1678–1754), Marquis du Plessis-Châtillon:
second wife's answer to lament of, for first wife, v. 370
*2, 3* Du Plessis-Châtillon, Marquises, wives of *1.*

*See* Colbert de Torcy, Catherine-Pauline (1699–1773); Neyret de la Ravoie, Anne (1697–1718)
*4* Du Plessis-Châtillon, Marie-Félicité (1723–94), dau. of *1*, m. (1) (1745) François-Antoine, Comte de Chabannes, m. (2) (1760) Charles-Bernard-Martial, Comte (later Duc) de Narbonne-Pelet:
anecdote of child taught to read by, i. 351
D makes acquaintance of, i. **351**
(?) purchases trousseau for doll for Duchesse de Choiseul, ii. 299
(?) social relations of, with D, v. 344
Du Plessis d'Argenté, Angélique (1641–1720):
(?) falseness of, i. 26
Duport, ——:
attends session of parliament of Paris, vi. 171
Dupré, Charles-François:
(?) attends session of parliament of Paris, vi. 173
Dupré, Guillaume (ca 1576–1643), sculptor:
Jeannin portrayed in medallion by, v. 313
Dupré de Saint-Maur, Nicolas-François (ca 1695–1774), translator; economist:
death of, iv. **116**
Du Puget, Comtesse. *See* Bourbon-Charolais, Marie-Marguerite de
Dupuis, ——, notary:
contract drawn before, vi. 37
Dupuis, ——, police inspector:
judgment in case of, iii. 365, 366
Dupuis, Jean (d. 1783):
(?) attends session of parliament of Paris, vi. 173
*1* Dupuits, Claude (b. 1740), military officer:
D's acquaintance with, ii. 21
leaves Voltaire, ii. 42, 47
marriage of, ii. 21
Paris visited by, ii. 21
social relations of, with D, ii. 47
Voltaire's pretended intermediary in correspondence with Duchesse de Choiseul, ii. 112, 181, 223, vi. 148–9
*2* Dupuits, Mme Claude, wife of *1*. *See* Corneille, Marie
Du Quélart, ——:
Condé's duel witnessed by, v. 439
Duquesnoy, François (1594–1643), called Fiammingo or Le Flamand; sculptor:
(?) painting of boys by, at Julienne's, v. 286
vase with ivory boys by, v. 287
Duquetot. *See* Hocquetot
Durand, Mrs James. *See* Drake, Cornelia
Durand de Distroff, François-Marie (1714–78), diplomatist:
D's letter to be delivered by, i. **134**, 136
HW sends parcel by, which is delayed, i. 404, ii. 5, 15, 19, 23–4
(?) Saint-Simon's style praised by, ii. 489
social relations of, with HW, v. 268
Treffonds awaits parcel from, ii. 23–4
*1* Duras, Comte de. *See* Durfort, Charles-Armand-Fidèle de

*2* Duras, Comtesse de, wife of *1*. *See* Rigaud de Vaudreuil, Marie-Josèphe
*3, 4* Duras, Duchesses de, wives of *6* and *5*. *See* Coëtquen, Louise-Françoise-Maclovie-Céleste de (d. 1802); Noailles, Louise-Henriette-Charlotte-Philippine de (1745–1832)
*5, 6* Duras, Ducs de, brother and father of *1*. *See* Durfort, Emmanuel-Céleste-Augustin de (1741–1800); Durfort, Emmanuel-Félicité de (1715–89)
*6* Duras, Maréchal de. *See* Durfort, Emmanuel-Félicité de
*4* Duras, 'Maréchale' de, wife of *5*. *See* Noailles, Louise-Henriette-Charlotte-Philippine de
*5* Duras, Marquis de. *See* Durfort, Emmanuel-Céleste-Augustin de
*4* Duras, Marquise de, wife of *5*. *See* Noailles, Louise-Henriette-Charlotte-Philippine de
Durey de Meinières, Jean-Baptiste-François (1705–87), president of the 'seconde chambre des enquêtes du parlement de Paris':
Chaillot home of, iv. 469
marriage of, i. 351n
social relations of, with: D, iv. 469; Forcalquier, Comtesse de, v. 323; Gibbon, iv. 469; Helvétius, ii. 257
wishes violinist's execution were impossible, ii. 257
Durey d'Harnoncourt, Louise-Bernarde (d. ca 1791), m. (1736) Louis-Jean Berthier de Sauvigny, intendant of Paris:
concert given by, ii. **422**
*1, 2* Durfort, Comtesses de. *See* Béthune-Chabris, Armande-Jeanne-Claude de (b. 1753); Seymour, Georgiana (b. 1755)
Durfort, Marquis de. *See* Durfort-Civrac, Émeric-Joseph de
*3* Durfort, Marquise de, wife of *12*. *See* La Faurie de Monbadon, Marie-Anne de
*4* Durfort, Charles, Chevalier de:
Cambis, Vicomtesse de, devoted to, iii. 434–5, 436, 438, 474n
health of, iii. 434, 436, 438
social relations of, with: Cambis, Vicomtesse de, v. 341; D, v. 337; Mirepoix, Mme de, v. 351; Monconseil, Marquise de, v. 332
*5* Durfort, Charles-Armand-Fidèle de (1743–1804), Comte de Duras; son of *7*:
regiment given to, iv. **412**
social relations of, with Gräfin von Bentheim, v. 312
*6* Durfort, Emmanuel-Céleste-Augustin de (1741–1800), Marquis (later Duc) de Duras; son of *7*:
Boisgelin, Comtesse de, owed money by, ii. 368
Christian VII escorted by, ii. 168
marriage of, i. 240n
*7* Durfort, Emmanuel-Félicité de (1715–89), Duc de Duras; Maréchal de France; nephew of *17*:
assembly of peers and nobility at dwelling of, ii. 409

[7 Durfort, Emmanuel-Félicité de, *continued*]
attends session of parliament of Paris, vi. 172
Brittany, command of, taken from, iii. 106, 113
Christian VII escorted by, ii. 153, 168
Joseph II lent apartment by, iv. 435–6
Louis XV informed by, of Scheffer's arrival, iii. 36
lustful, iv. 175
made maréchal, iv. 173, 175
Maillebois's appointment approved by, iv. 323
protests illegal parliament, iii. 61
social relations of, with: Beauvau, Princesse de, v. 340; Bentheim, Gräfin von, v. 265; Christian VII, ii. 154

8 Durfort, François-Aimery de (ca 1724–73), Marquis de Civrac; Comte de Blaignac:
(?) dances at ball in honour of Dauphin's marriage, ii. 410

9 Durfort, Guy-Michel de (1704–73), Duc de Lorges:
social relations of, with: Anlezy, Comtesse d', v. 339; Praslin, Duchesse de, v. 349

10 Durfort, Louis de (1714–75), Duc de Lorges; brother of 9:
Blaye governed by, iv. 251
daughter of, iv. 66
death of, iv. 251
social relations of, with: D, v. 344; Praslin, Duchesse de, v. 349

11 Durfort, Louis-Philippe de, Comte de Deyme; cousin of 4, father-in-law of 1:
(?) made maréchal de camp, v. 147

12 Durfort-Civrac, Émeric-Joseph de (1716–87), Marquis de Durfort; Duc de Civrac; French ambassador to Austria; French minister to Parma; cousin of 8:
chevalier d'honneur to Mesdames Victoire and Sophie, ii. 442
(?) Gatti attends, for fistula, v. 281
rumoured removal of, from Parma to Holland, iii. 209
social relations of, with: Aiguillon, Duchesse d', v. 278, 296, 313; Egmont, Comte and Comtesse d', v. 294, 301, 305; Egmont, Comtesse d' (dowager), v. 299; Maximilian, iv. 156–7
takes D's protégé as page, i. 159, 316, ii. 22, 492
talk of recall of, ii. **380**

13 Durfort-Civrac, Jean-Laurent de (1746–1826), Comte de Lorges; Duc de Quintin; Duc de Lorges, 1775; son of 12:
grandes entrées granted to, iv. 52
marriage of, iii. 412n
regiment given to, iv. 412n
relatives of, iv. 66

14 Durfort-Civrac, Marie-Françoise de (1747–1839), dau. of 12, m. (1760) Guy-Joseph, Marquis de Donnissan:
dances at ball in honour of Dauphin's marriage, ii. 410

social relations of, with Duchesse de Choiseul, v. 331

15 Durfort de Lorges, Adélaïde-Philippine de (1744–1819), dau. of 10, wife of 13, m. (1762) Jean-Laurent de Durfort-Civrac, Comte de Lorges, Duc de Quintin, Duc de Lorges, 1775:
Artois, Comtesse d', attended by, iii. 412, iv. 60, 66, 105
relatives and titles of, iv. 66
social relations of, with: Anlezy, Comtesse d', v. 339; Louis XVI and Marie-Antoinette, iv. 104–5

16 Durfort de Lorges, Guyonne-Marguerite-Philippine de (1739–1806), dau. of 10, m. (1754) Renaud-César-Louis, Vicomte de Choiseul, later Duc de Praslin:
Praslin followed into exile by, iii. 5
——'s daughter-in-law, iv. 66
returns to Paris, v. 432
Sanadon, Mlle, friend of, iii. 5, 130, 141
sister of, iv. 66
social relations of, with: Anlezy, Comtesse d', v. 339; D, iii. 130, 173, v. 346, 349, 427, 433, 452, 459; Praslin, iii. 173; Praslin, Duchesse de, v. 349; Sanadon, Mlle, iii. 141

17 Durfort-Duras, Henriette-Julie de (1696–1779), m. (1717) Procope-Charles-Nicolas-Augustin-Léopold Pignatelli, Comte d'Egmont:
death of, v. 108, 110
HW to send cucumber-cutter and milk-pots to, v. 416
Hervey, Bns, given seeds by, v. 379
ill, iii. 232
social relations of, with: Aiguillon, Duchesse d', v. 285, 296, 313; Béthizy, v. 299; Beuvron, Marquise de, v. 299; Brancas, Marquis de, v. 307; Brionne, Comtesse de, v. 299; Conti, v. 299; Durfort, v. 299; Egmont, Comte and Comtesse (younger) d', v. 299, 301, 305; Grimaldi, v. 299; HW, v. 284, 299, 307, 312; Juigné, v. 299; Lambert, Mme de, v. 302; Ligne, Princesse de, v. 299; Puisieulx, v. 284; Rohan, Prince Louis de, v. 284, 299; (?) Saulx, v. 307; Serrant, v. 299

18 Durfort-Duras, Louise-Jeanne de (1735–81), dau. of 7, m. (1747) Louis-Marie-Guy d'Aumont, Duc de Mazarin:
admitted to petits voyages, iii. 192
Choisy visited by, ii. 472
daughter of, marries, iv. 460
Du Barry, Comtesse, courted by, iii. 285
grandes entrées obtained by, v. 340
Mirepoix, Mme de, hears news from, iii. 161
Montmorency, Princesse de, avoids, iii. 285
social relations of, with: La Marche, Comtesse de, v. 301; La Vallière, ii. 472
stout, i. 357

Durival, Jean (1725–1810), first commissioner of foreign affairs:
passport situation explained by, v. 123

Du Rollet, Bailli. *See* Gand-Leblanc, Marie-François-Louis

Du Roure, Comtesse. *See* Gontaut de Biron, Marie-Antoinette-Victoire de

Du Roure, Mlle. *See* Beauvoir de Grimoard du Roure, Louise-Sophie de

Du Roy de Vacquières, Françoise-Bernarde-Thérèse-Marguerite-Eugénie (1747–1811), m. (1764) Alain-Emmanuel-Félicité, Marquis de Coëtlogon:
(?) social relations of, with: Anlezy, Comtesse d', v. 339; Hénault, v. 325

Du Rozel de Beaumanoir, Nicolas-François:
made member of order of Saint-Louis, iv. 412

Du Rumain, Comtesse. *See* Rouault de Gamaches, Constance-Simonne-Flore-Gabrielle

Du Sauçay. *See* Du Sauzay

Du Sault. *See* Saulx

Du Sauzay, Jean-Baptiste (b. 1716), Marquis, military officer:
becomes governor of Landrecies, ii. 285
D's friend, ii. 285

Dusel des Monts, ——:
imprisoned for libel against d'Aiguillon, ii. 493–4

Dutant. *See* Dutens

Dutens, Louis (1730–1812), antiquary:
HW's letter to Contessa di Viry translated for D by, iv. 308, 310
(?) social relations of, with Comtesse de Boufflers, iv. 265

Du Terrail, Marquise. *See* Crussol, Marie de

Du Tillot, Guillaume-Léon (1711–74), Marquis de Felino; minister to Parma:
Argental friend of, iv. 120
death of, iv. **120**

Du Timeur, Marquise. *See* Chauvelin, Louise-Philippe de

Du Trousset d'Héricourt, Bénigne-Jérôme (1691–1770), intendant of galleries, 1729:
Simiane, Marquise de, uses influence with, iii. 423
(?) social relations of, with: HW, v. 327; Hénault, v. 310, 314

Du Vaure, Jacques (ca 1694–1778), dramatist:
*Faux savant, Le*, v. 332

Du Verdier, Antoine (1544–1600):
*Bibliothèques françaises de la Croix du Maine et Du Verdier, Les:* HW cites, iv. 76; HW orders, iv. 17, 19–20

Du Vigier, Élisabeth-Olympe-Félicité-Louise-Armande (living, 1801), m. (1767) Agésilas-Joseph de Grossolles, Marquis de Flamarens:
social relations of, with: Aiguillon, Duchesse d', v. 326; Harcourt, Earl, iii. 194; Villeroy, Duchesse de, v. 337

*1* Duvivier, Nicolas (? François) (ca 1725—living, ca 1794):
career and circumstances of, v. 206
marriage of, v. 206, 442

*2* Duvivier, Mme Nicolas (? François), wife of *1*.
*See* Mignot, Marie-Louise

'Duzel, Marquis.' *See* Dusel des Monts

Dysentery:
Craufurd threatened with, iii. 280

Eagle, marble, from Rome:
in print of HW, i. 405

Earl Marischal. *See* Keith, George

Earrings:
wedding present, ii. 168

Easter communion:
girls poisoned by, v. 448

East India Company (British):
bill to regulate, iii. 360
Chamier recalled by, ii. 294
'nos pilleurs des Indes,' iii. 355
proposed restitution by, iii. 354–5

Eating:
D would give 22 hours to sleep and 2 to, ii. 496

Ecclesiastes:
D cites, ii. 48

Echlin, Sir Henry (1740–99), 3d Bt:
asks for more money, v. 122, 131, 135
ball, masked, attended by, v. 300
D aids, at HW's request, v. **110**, 115, 118, 119, 121–2, 127
HW accompanies, to theatre, v. 305
HW gives money to, v. 413
HW's instructions about, awaited, v. 114, 122
Richmond, news of, awaited by, v. 146
—— the occasion of HW's knowing, v. 115
social relations of, with: HW, v. 308; Lennox, Lady George, v. 301; Macclesfield, Cts of, v. 310
still in Paris, v. 146

École de chirurgie:
(?) HW visits, v. 348

*École de la jeunesse, L'*. *See under* Anseaume, Louis

*École des femmes, L'*. *See under* Molière

*École des maris, L'*. *See under* Molière

*École militaire*. *See under* Raynal, Guillaume-Thomas-François

École Royale Militaire:
D speculates on Saint-Germain's policy about, iv. 251, 261
Drumgold director of education at, iii. 435
Gatti inoculates, iv. 340
governorship of, sought for Montazet, iii. 435
laying of cornerstone of church of, ii. 257
lottery for, iv. 278, v. 62
reformed, iv. 261n
Saint-Lazare promoted to, v. 423
Timbrune governor of, iii. 431, 435

École vétérinaire:
Necker receives charge of, v. 453

*Écosse, Histoire d'*. *See under* Robertson, William

*Écumoire, L'*. *See under* Crébillon, Claude-Prosper Jolyot de

Eden, William (1744–1814), cr. (1789) Bn Auckland:
peace commissioner, v. 28

*1* Edgcumbe, Bns, sister-in-law of *3. See* Gilbert, Emma

*2* Edgcumbe (?), Miss, dau. of *3*, m. —— de Prades:
education of, iii. **366**, 373
marriage of, iii. 398–9

*3* Edgcumbe, Richard (1716–61), 2d Bn Edg-
cumbe:
　HW asked by, to look after his mistress and
　children, iii. 366
Edicts:
　damaging, iii. 82
　'emprunt viager,' v. 436
　Louis XVI's first, iv. 59, 60, 64, 65, 71, 73
　of 7 Dec. 1770, parliament of Paris objects to,
　ii. 493, iii. 14
Edinburgh:
　anti-Catholic riots in, v. 112–3
　Stewart, Archibald, provost of, v. 360
Edmondson, Joseph (d. 1786):
　(?) HW sends book by, v. 393
　(?) HW sends letters by, v. 389, 393, 396
　(?) social relations of, with HW, v. 345
Education:
　HW compares, to inoculation, ii. 244–5, 247
　HW skeptical about, iii. 346
Edward II (1284–1327), K. of England 1307–27:
　*Anecdotes* of the Court of, iv. 284, 294
Edward III (1312–77), K. of England 1327–77:
　D has account of, read to her, ii. 30
　Gaillard's account of, iii. 69
Edward IV (1442–83), K. of England 1461–70,
　1471–83:
　French foreign-office mention of, ii. 4
Edward V (1470–83), K. of England 1483:
　murder of, i. 287, ii. 4
Edward (1330–76), the Black Prince:
　HW's interest in, iii. 220
Edward Augustus (1739–67), D. of York; E. of
Ulster; 'Comte du Chester':
　Aiguillon overtakes, v. 366
　America not visited by, v. 365
　body of, corrupted, v. 366
　Bordeaux visited by, v. 365
　Compiègne visited by, i. **323**
　conduct and reception of, i. 333
　death of, v. 321, 365–6, 398
　Egmont, Comtesse d', admired by, i. 341
　French journey of, v. 364–6
　gallantry of, v. 365
　Genoa destination of, v. 365
　George III's letter to, v. 365
　Gloucester given letter from, v. 366
　HW notes anecdotes of, i. 341
　Louis XV converses with, v. 364–5
　Marseilles visited by, v. 365
　misunderstanding by, i. 333
　Pretender not mentioned by, v. 364
　Provence visited by, v. 365
　Richelieu's letter to, v. 366
　Rome visited by, v. 364
　two opinions of conversation of, i. 329
　Ulster, E. of, chosen as designation by, v. 364
　Waldegrave, Cts of, not discussed by, v. 364
　will dictated by, v. 366
Edwardes, Hester (ca 1727–94), m. (1747)
George Cholmondeley, styled Vct Malpas:
　HW's correspondence with, v. 377

Effilage:
　Conway gives D box for, iv. 141
　D occupied in, i. 45, 173, ii. 436, 442, iii. 272,
　276, 284, iv. 11, 15, 34, 41, 42, 75, 149, v.
　118, 164, 200, 229, 235
*Égarements du cœur et de l'esprit, Les. See un-
der* Crébillon, Claude-Prosper Jolyot de
Ege. *See* Von Ege
Egg-cups, silver and gold:
　Choiseul, Duchesse de, gives, to D, iv. 168–9
Eggs:
　à l'eau, iv. 343
　as invalid food, ii. 393
　scrambled, iv. 219
Eglintoun, E. of. *See* Montgomerie, Archibald
*1* Egmont, Comte d'. *See* Pignatelli d'Egmont,
Casimir
*2, 3* Egmont, Comtesses d', mother and wife of
*1. See* Durfort-Duras, Henriette-Julie de
(1696–1779); Vignerot du Plessis-Richelieu,
Jeanne - Sophie - Élisabeth - Louise - Armande -
Septimanie (1740–73)
Egmont, E. of. *See* Perceval, John
*4* Egmont, Mlle d', dau. of *1. See* Pignatelli
d'Egmont, Alphonsine-Louise-Julie-Félicie
*1* Egremont, Cts of. *See* Carpenter, Alicia Maria
*2* Egremont, E. of, son of *1. See* Wyndham,
George O'Brien
*1* Elbeuf, Duc d'. *See* Lorraine d'Elbeuf, Marie-
Joseph de
*2* Elbeuf, Duchesse d', wife of *1. See* Montmo-
rency, Louise-Auguste-Élisabeth-Marie-Co-
lette de
'Éléazar.' *See* Irwin, John
Elections:
　Selwyn occupied with, i. 268
*Éléments de l'histoire d'Angleterre. See under*
Millot, Claude-François-Xavier
Elias, Matthew (1658–1741), painter:
　designs by, v. 282
*1* Élie de Beaumont, Jean-Baptiste-Jacques
(1732–86), jurist:
　Cazeaux defended by, v. 134
　D's opinion of, ii. 72
　(?) HW mentions, i. 341
　HW's correspondence with, v. 382, 384, 386
　*Historic Doubts* praised by, ii. 72
　mémoire by, on Sirvens, i. 251, 252
　mémoires by, on Solar case, v. 134
　*Question d'identité d'individu et de suppres-
sion d'état du Comte de Solar:* D likes, v. 134
　social relations of, with: Bretigny, v. 300; Du
Boccage, M. and Mme, v. 304; Florian, Marquis and Marquise de, v. 304; Geoffrin, Mme,
v. 292; HW, v. 278–9, 283, 285–6, 288, 291,
300, 302, 304, 317–8, 329, 346, 415; La Harpe,
v. 286; Matta, v. 302; (?) Mignot, Abbé, v. 286;
Rochford, Cts of, ii. 72; Walpole, Hon. T., v.
286; Wilkes, v. 286
　(?) Soubise, Hôtel de, home of, v. 415
　SH visited by, i. 100n
*2* Élie de Beaumont, Mme Jean-Baptiste-

Jacques, wife of *1. See* Molin-Dumesnil, Anne-Louise

*Élisabeth. See under* Puzin de la Martinière, Françoise-Albine

Élisabeth-Philippine-Marie-Hélène (1764–94), younger sister of Louis XVI:
Louis XVI's consecration attended by, iv. **198**

Élisée, Père. *See* Copel, Jean-François

Elizabeth I (1709–61), Empress of Russia 1741–61:
Schuwalof a favourite of, i. 129n

Elizabeth (1533–1603), Q. of England 1558–1603:
D has account of, read to her, ii. 30
Du Maine, Duchesse, compared to, vi. 57
favourites of, vi. 143

Elizabeth (1692–1766) Farnese of Parma, m. (1714) Philip V, K. of Spain:
marriage of, ii. 44
Noailles does not discuss, iv. 434

*1* Elliot, Lady, wife of *3. See* Dalrymple, Agnes

*2* Elliot, Anne, lodginghouse-keeper:
Rousseau's landlady, i. **97**

*3* Elliot, Sir Gilbert (d. 1777), 3d Bt, 1766:
Avignon visited by, iv. 385
D has letter from, ii. 427
D offered dog by, i. 212
death of, iv. **407**
Grafton's meeting attended by, v. 367
HW accompanies, to Hôtel de Biron, v. 263
HW sends letters by, v. 376
HW shops with, v. 263
marriage of, i. **26**n
Marseille visited by, iv. 385, 407
Scotland visited by, ii. 435
social relations of, with: D, v. 261, 266; Geoffrin, Mme, v. 261; HW, v. 261, 265, 268
wife of, i. 49n, 57n

*4* Elliot, Gilbert (1751–1814), 4th Bt, 1777; cr. (1797) Bn and (1813) E. of Minto; son of *3:*
Amiens visited by, iv. 420
Avignon visited by, iv. 385
Brussels may be visited by, iv. 392
D accompanied by, to Sceaux and Montrouge, ii. 442
D has not time to write by, iv. 422
D mentions, iv. 398
D sends letters and parcels by, iv. 364–5, 367, 369, 385, 387, 392, 395, 420, 423, 426
D's opinion of, ii. 435, iv. 366
HW sends letters by, v. 380
HW will have seen, iv. 368
leaves Paris, iv. 426
misses mother and sister at Amiens, iv. 420
social relations of, with: Boufflers, Comtesse de, v. 299; Cholmondeley, Mrs, ii. 461; D, ii. 427, 435, iv. 385, 386, 420, 422, v. 304; HW, v. 288–9; Richmond, Ds of, v. 288

*5* Elliot, Hugh (1752–1830), son of *3:*
British minister to Berlin, v. 213
D's opinion of, ii. 435
D to have been accompanied by, ii. 443
HW sends letters by, v. 380
health of, v. 213

Paris visited by, v. 445
social relations of, with: Boufflers, Comtesse de, v. 299; Cholmondeley, Mrs, ii. 461; D, ii. **427**, 435, v. 213, 304, 446(?); HW, v. 288–9; Richmond, Ds of, v. 288

*6* Elliot, Isabella (1749–1803), dau. of *3:*
brother misses, at Amiens, iv. 420
D hears from, of Elliot's death, iv. 407
D sends letter and parcel by, iv. 415, 416, 418, 426
D's opinion of, iv. 417
leaves Paris, iv. 418
social relations of, with D, iv. 415, 417
to leave Paris, iv. 416

Elliot family:
HW does not know, iv. 426

*Éloge de l'Abbé Suger. See under* Garat, Dominique-Joseph

*Éloge de la Fontaine. See under* Chamfort, Sébastien-Roch-Nicolas; La Harpe, Jean-François de

*Éloge de l'hypocrisie. See under* Voltaire

*Éloge de Marc-Aurèle. See under* Thomas, Antoine-Léonard

*Éloge de Molière. See under* Chamfort, Sébastien-Roch-Nicolas

*Éloge de M. Colbert. See under* Necker, Jacques

*Éloge de M. de Voltaire. See under* Palissot de Montenoy, Charles

*Éloge de Richardson. See under* Diderot, Denis

*Éloge des femmes. See* Thomas, Antoine-Léonard, *Essai sur le caractère . . . des femmes*

*Éloge de Voltaire. See under* La Harpe, Jean-François de

*Éloge du Chancelier de L'Hospital. See* Guibert, Jacques-Antoine-Hippolyte de, *Éloge historique de Michel de L'Hospital*; Rémi, Joseph-Honoré, *Éloge historique de Michel de L'Hospital*

*Éloge funèbre de Louis XV. See under* Voltaire

*Éloge historique de la raison. See under* Voltaire

*Éloge historique de Michel de L'Hospital. See under* Guibert, Jacques-Antoine-Hippolyte de; Rémi, Joseph-Honoré

*Éloges lus dans les séances publiques de l'Académie française. See under* Alembert, Jean le Rond d'

*Eloisa to Abelard. See under* Pope, Alexander

Elsheimer, Adam (1578–1610), painter:
Poelenburg's second master, v. 355

Embargo:
(?) British, on gunpowder and saltpetre, iv. 234

Embroiderer:
HW ready to help, iv. 184, 186–7, 188, 190
Luxembourg, Mme de, helps, iv. 187, 188, 192

Emeralds:
made pale, v. 372

Emetic:
prescribed, iii. 254

*Émile. See under* Rousseau, Jean-Jacques

Émile, HW's letter under name of. *See under* Rousseau, Jean-Jacques

'Émilie,' Voltaire's. *See* Le Tonnelier de Breteuil, Gabrielle-Émilie

Emperor, Holy Roman. *See* Joseph II

Enamel:
portrait of Comtesse d'Olonne in, *see under* Petitot, Jean

*Encyclopédie:*
HW reads, while ill, ii. 158
Voltaire's *Questions* on. *See under* Voltaire

Encyclopedists:
D does not esteem, ii. 158
D ill-treated by, iii. 338
HW jokes about, ii. 214, 220
kings badly educated by, iii. 346
Lespinasse, Mlle de, responsible for D's quarrels with, iv. 77
suicides may be due to, iv. 6
think they invented atheism, ii. 209

Enfant-Jésus, Hôpital de l':
D's nephews lodge near, iv. 188

*Enfant prodigue, L'. See under* Voltaire

Enfants trouvés:
Talmond, Princesse de, leaves money to, iii. 438

*Enfer, Chant de l'. See under* Gudin de la Brenellerie, Paul-Philippe

England:
*passim*
ambassadors from and to, *see under* Ambassador
Angora cats rare in, ii. 319–20
arms of, i. 192
D would like to visit, i. 353
disarms vessels, iii. 66
envoys to, *see under* Envoy
fleet of: Caroline Matilda escorted by frigates and corvette of, iii. 230; Copenhagen not to be visited by, iii. 228, 230; *see also under* War, English-French
France at odds with, over Russia, iii. 348, 349, 352, 355
French rumours of changes in Government of, v. 49
'ineffable,' ii. 209
Irish concessions of, v. 198
ministers from and to, *see under* Minister
papers from, ii. 30
Russia may be aided by, ii. 203
securities of, fall, v. 7
Spain at odds with, over Falkland Islands, ii. 479, 482, 488, iii. 16
Swedish princes' visit to: cancelled, iii. 37, 40; proposed, iii. 34
*See also* Politics, English; War, English-French; War, English-Spanish

English:
D would like to be, i. 90
HW would like D to be, i. 90

English, the:
Caracciolo's belief in drunkenness of, iv. 350

caricatured, ii. 211
characteristics of, i. 7–8, 52, 63, 65, 91, 131, 207, 226, 282, 283, 317, 325, 348, ii. 61, 175, 315, iii. 212, iv. 326–7, 376, 436, v. 43, 191, vi. 177
Choiseul, Mme de, opinion of, of, i. 15
D mentions, i. 192
D's fondness for, i. 36, 44, ii. 323–4, iii. 130, 189, v. 190
D's verses on, i. 204
French cannot understand, i. 379
French compared with: i. 47; by D, i. 7, 41, 63, 121, 131, 209, 293–4, 337, 368, 375, 390, 391, ii. 79, 80, iii. 193, 200, 245, 383, iv. 380, 381–2, 410; by HW, i. 43–4, iii. 199, iv. 410
French hated by, v. 360
French imitate manners of, iv. 412
HW on, iii. 355
'ineffable,' ii. 209
strange, i. 309, ii. 30, 31
suicide attributed to, i. 50, v. 139
their brand of kindness, i. 99

English Benedictines, church of:
HW visits, v. 264, 304

English pottery:
D has, vi. 13

English women:
excessive in modesty and misbehaviour, ii. 207
furiously fond of pleasure, ii. 159

Engravings:
HW purchases, iii. 75

Ennery, Comte d'. *See* Charpentier, Victor-Thérèse

Ennery, Michelet d' (1709–86), numismatist; collector:
HW fears competition of, for Olonne portrait, iv. 136
HW visits collection of, v. 325
Petitot's work collected by, iv. 136
residence of, iv. 136

Entertainer for guests:
imitations by, ii. 210–1

Entragues, Comtesse d'. *See* Bernard, Louise-Olive-Félicité

Entragues, Marquis d'. *See* Crémeaux, Louis-César de

Entrées:
many, at Jonzac's, iv. 8

Entrées to royal presence:
granted, ii. 330, 339, iv. 52

Entremets:
many, at Jonzac's, iv. 8

*Entretiens sur l'état de la musique grecque. See under* Barthélemy, Jean-Jacques

Entreville, Chevalier d'. *See* Davy d'Anfreville, Charles-Bernardin

Entrian, M. d'. *See* Le Héricy, Charles-Jacques-Robert, Marquis d'Estrehan

Envoy:
from: Austria to France for Marie-Antoinette's wedding, *see* Starhemberg, Georg Adam, Fürst von; Denmark to England, *see*

Diede, Wilhelm Christopher von; Denmark to France, *see* Gleichen, Carl Heinrich, Bn; Holland to England, *see* Welderen, Jan Walrad, Count van; Sweden to England, *see* Nolcken, Gustaf Adam von

Éon, Chevalier de. *See* Beaumont, Charles-Geneviève-Louis-Auguste-André-Timothée de

Épée. *See* L'Épée

*Épigrammes. See under* Racine, Jean

'Épigramme sur M. le Marquis de Villette':
  D sends, to HW, v. 23

'Epilogue, spoken by Mrs Clive':
  D asks for, ii. 222
  Wiart to translate, for D, ii. 222, 233, 237–8

Épinal:
  D's supposed portrait in Musée des Vosges at, vi. 216

*Épître à Boileau. See under* Voltaire

*Épître à Horace. See under* Voltaire

*Épître à l'auteur des Trois imposteurs. See under* Voltaire

*Épître à M. Marmontel. See under* Voltaire

*Épître à M. Pigalle. See under* Voltaire

*Épître à mon vaisseau. See under* Voltaire

*Épître à Ninon de l'Enclos. See under* Schuwalof, André

*Épître au Marquis de Seignelay. See under* Boileau-Despréaux, Nicolas

*Épître au Roi. See under* Boileau-Despréaux, Nicolas

*Épître au Roi de la Chine. See under* Voltaire

*Épître à Voltaire. See under* Schuwalof, André

*Épître d'un moine de la Trappe. See* La Harpe, Jean-François de, *Réponse d'un solitaire*

*Épître sur la manie des jardins anglais. See under* Chabanon, Michel-Paul-Gui de

Erne, Bns, Cts, and Vcts. *See* Hervey, Mary Caroline

*Ernestine. See under* Laboras de Mézières, Marie-Jeanne

Ernst August (1629–98), Elector of Hanover:
  Platen, Mme de, mistress of, v. 278

Errington, Henry (ca 1738–1819); *or* John (ca 1738–1827):
  (?) HW mentions, v. **142**

Erskine, Lady Frances (d. 1776), m. (1740) James Erskine:
  HW's correspondence with, v. 376

Erysipelas:
  occurrences of, ii. 78, iv. 296
  *See also* St Anthony's Fire

Escalopier. *See* L'Escalopier

Escouen:
  HW at, v. 260

Espagnac. *See* Sahuguet d'Espagnac

Esparbez de Lussan. *See* Bouchard d'Esparbez de Lussan

*1* Esparron et de la Garde, Marquis d'. *See* Castellane, Jean-Baptiste de

*2* Esparron et de la Garde, Marquise d'. *See* Simiane, Julie de

Espinois, Jacques-Philippes-Renée d' (d. 1780),

m. Jean-Baptiste-Thomas, Marquis de Pange: death of, v. 445

*Esprit de contradiction, L'. See under* Dufresny, Charles Rivière

*Esprit de la Fronde, L'. See under* Mailly, Jean-Baptiste

*Esprit de la Ligue, L'. See under* Anquetil, Louis-Pierre

*Esprit des femmes célèbres du siècle de Louis XIV et celui de Louis XV, L'. See under* Alletz, Pons-Augustin

*Esprit des lois. See under* Secondat, Charles de

*Essai général de Tactique, L'. See under* Guibert, Jacques-Antoine-Hippolyte de

*Essai historique et critique sur les dissensions des églises de Pologne. See under* Voltaire

*Essais. See under* Montaigne

*Essais de morale. See under* Nicole, Pierre

*Essai sur la nécessité et sur les moyens de plaire. See under* Paradis de Moncrif, François-Augustin

*Essai sur le caractère . . . des femmes. See under* Thomas, Antoine-Léonard

*Essai sur les éloges. See under* Thomas, Antoine-Léonard

*Essai sur les jardins. See under* Watelet, Claude-Henri

*Essai sur l'homme. See* Pope, Alexander, *Essay on Man*

*Essay on Modern Gardening*:
  D hears of, iii. 195

*Essay on the virtues of Lime-Water in the cure of the Stone, An. See under* Whytt, Robert

*Essay on the Writings and Genius of Shakespear, An. See under* Robinson, Elizabeth

Essex, E. of. *See* Devereux, Robert

Essex:
  Churchill lived in, v. 374
  Conyers M.P. for, v. 398

Estaing, Jean-Baptiste-Charles (1729–94), Comte d', naval officer:
  Grenada taken by, v. 427
  made vice-admiral, iv. **403**
  news awaited from, v. 56, 68
  on crutches, v. 195
  Pontchartrain stopping-place of, v. 439
  reported successes of, v. 75, 81
  returns to Paris, v. 195, 438
  Saint Lucia not retaken by, v. 117
  satisfaction with, v. 173, 174–5
  social relations of, with Sartine, v. 439
  superior forces of, v. 158
  Versailles visited by, v. 439
  verses mention, v. 179

*1* Este, Elisabetta Ernestina d' (1741–74), Ps of Modena; dau. of *3*:
  rumour of Conti's intent to marry, i. 329–30

*2* Este, Fortunée-Marie d' (1731–1803), dau. of *3*, m. (1759) Louis-François-Joseph de Bourbon, Comte de la Marche, Prince de Conti, 1776:
  (?) anecdote of guest of, v. 121
  Conti at odds with, i. 330, 334

[2 Este, Fortunée-Marie d', *continued*]
Conti's daughter-in-law, i. 118n, 127, 329–30
guard given to, at Barèges, v. 367
Isle-Adam visited by, i. 127
Luxembourg, Mme de, jokes at, ii. 12
Maury, Mme de, lady in waiting to, v. 293
Pougues to be visited by, i. 303
social relations of, with: Bauffremont, Princesse de, v. 301; Boufflers, Marquise de, ii. 352; Choisy, Marquise de, v. 298; Conti, i. 118, v. 299; Craufurd, v. 293; HW, v. 293, 298; Kinský, Fürstin, v. 298; Lauzun, Duchesse de, ii. 12; L'Hôpital, Marquise de, v. 301; Lorenzi, v. 293; Luxembourg, Mme de, ii. 12; Maury, Mme de, v. 298; Mazarin, Duchesse de, v. 301; Miran, Marquise de, v. 301; Montauban, Comtesse de, v. 298; Oisi, Comtesse d', ii. 12; Orléans, family of Duc d', ii. 352; Puisieulx, Marquise de, v. 301; Sabran, Comtesse de, ii. 12; Sparre, v. 298; Toulongeon, Marquise de, v. 298; Vierville, Marquise de, ii. 12
Villers-Cotterêts visited by, i. 330, 334
3 Este, Francisco d'. See Francis III
Esteban, Bartolomé. See Murillo
Esterházy, ——, Comte:
D's account of, iv. 30
duel of, with P. of Nassau over Mme de Monglas, iv. 23
Esterhazy, Valentin-Ladislas (1740–1805), Comte:
Artois allowed visits of, in exile, v. 32
Choiseul's permission sent to Boufflers by, vi. 137
D's account of, iv. 30
D's opinion of, iv. 30, 75
D's relations with, iv. 75
Marie-Antoinette accompanied by, in quarantine, v. 129
social relations of, with: Du Châtelet, Comtesse, v. 325; Provence, iv. 365
*Esther. See under* Racine, Jean
1 Estissac, Duc d'. See La Rochefoucauld de Roye, Louis-François-Armand de
2 Estissac, Duchesse d', wife of 1. See La Rochefoucauld, Marie de
Estoile, L'. See L'Estoile
Estrabonne. See Pourcheresse d'Estrabonne
Estrades, Comtesse d'. See Huguet de Sémonville, Élisabeth-Catherine
1 Estrées, Duc and Maréchal d'. See Le Tellier de Louvois, Louis-Charles-César
2 Estrées, Duchesse and Maréchale d', wife of 1. See Brulart de Puisieulx de Sillery, Adélaïde-Félicité
3 Estrées, César (1628–1714), cardinal:
anecdote of Marquise de Courcillon and, ii. 56
Estrehan, Marquis d'. See Le Héricy, Charles-Jacques-Robert
Étampes, Duchesse d'. See Pisseleu, Anne
Étampes:
on way to Chanteloup, iii. 108

visitors to: D, iii. 239, 251; Arras, Bishop of, iii. 239, 251
*État de la maison des Ducs de Bourgogne:*
HW's interest in, iv. 76, 77, 80
*État ou tableau de la ville de Paris. See under* Jèze, ——
Eton:
Sleech, Dr, provost of, dies, v. 397
Etrian, M. d'. See Le Héricy, Charles-Jacques-Robert
Eu, Comte d'. See Bourbon, Louis-Charles de
*Eugénie. See under* Beaumarchais, Pierre-Augustin Caron de
Eulogies:
D detests, iv. 247
Europe:
Bragança's acquaintance with courts of, v. 9
decline of, iii. 356
*Europe vivante, L'. See under* Chappuzeau, Samuel
Euston, Cts of. See Waldegrave, Lady Charlotte Maria
*Évangile du jour, L'. See* Voltaire, *Collection d'anciens Évangiles par l'Abbé B——*
'Ève.' See Rohan-Chabot, Marie-Sylvie de
*Examen de la nouvelle histoire de Henri IV, de M. de Bury, par le Marquis de B. See under* Angliviel de la Beaumelle, Laurent
Exchange:
rate of, iv. 258
Exercise and idleness:
HW on, ii. 263
Exeter, Bishop of. See Keppel, Hon. Frederick
Exiles. See Prévost d'Exiles
*Exposé des motifs de la conduite du Roi relativement à l'Angleterre:*
appears, v. 159
*Exposé succinct de la contestation qui s'est élevée entre M. Hume et M. Rousseau. See under* Hume, David, Rousseau's quarrel with
*Expulsion des Jésuites de la Chine, L'. See* Voltaire, *Relation du bannissement des Jésuites de la Chine*
*Extrait du discours de M. le Chancelier:*
D sends, to HW, ii. 428
Eynard de Ravanne, Benoîte-Marie-Louise (b. 1722), m. (1741) Jacques-Raymond de Galluccio de l'Hôpital, Comte de l'Hôpital-Saint-Mesme:
(?) Choisy visited by, ii. 256, 258–9
(?) Du Barry, Comtesse, at Choisy with, ii. 258–9, 472
(?) social relations of, with: Du Barry, Comtesse, ii. 288, iii. 97; La Marche, Comtesse de, v. 301; La Vallière, Duchesse de, ii. 472

F——t, Abbé:
social relations of, with Helvétius, v. 289
Fables:
tragedy contrasted with, i. 119
*See also under* Houdart de la Motte, Antoine; La Fontaine, Jean de

*Fables orientales. See under* Saint-Lambert, Jean-François, Marquis de
*Fable trouvée dans un vieux recueil, dont on fait l'application au moment présent:*
  D copies, for HW, iv. 192–3
*Fabliaux ou contes du douzième et du treizième siècle. See under* Le Grand d'Aussy, Pierre-Jean-Baptiste
*Facardins, Les. See under* Hamilton, Anthony
Factories:
  Necker receives charge of, v. 453
Fagan, Christophe-Barthélemy (1702–55), dramatist:
  *Pupille, La:* D compares play by Comtesse de Genlis with, v. 219; HW sees, v. 263
*1* Fagel, François (1740–73), writer:
  (?) social relations of, with Comtesse d'Usson, v. 329
*2* Fagel, Mme François, wife of *1. See* Boreel, Anna Maria
*1* Fagnani, Marchesa, wife of *2. See* Brusati, Costanza
*2* Fagnani, Giacomo, Marchese:
  daughter to be taken to Lyon by, v. **77**, 133, 135, 137
  health of, v. 137
  Lyon visited by, v. 137
  Selwyn awaits, v. 131, 137
  —— given full power over daughter by, v. 152
  ——'s correspondence with, v. 146
*3* Fagnani, Maria Emily (1771–1856), dau. of *1*, m. (1798) Francis William Seymour-Conway, 3d M. of Hertford; 'Mimie':
  D to be kind to, v. 92
  D would look after, for Selwyn, v. 148
  finances of, v. 154
  Lyon to be visited by, v. 77, 80, 133, 135
  —— visited by, v. 137
  Matson visited by, v. 162
  Panthémont takes, v. 141, 145, 148
  Paris to be visited by, v. 77–8, 80, 83, 133
  —— visited by, v. 137
  Selwyn brings, to Paris, v. 137
  —— commissions D to buy trinket for, iv. 482
  —— devoted to, iii. **387**, iv. 482, v. 43, 77–8, 80, 83, 130, 131, 133, 135, 137, 139, 145–8, 150, 154, 174, 178, 181, 189, 198, 217
  —— given full power over, v. 152
  ——'s troubles over, v. 143, 148
  —— wishes to take, to England, v. 131, 133, 137, 143, 145, 146, 148, 155
  social relations of, with D, v. 137
Faïence factories:
  HW visits, v. 337
*1* Fairborne, Lady, wife of *2. See* Paston, Rebecca
*2* Fairborne, Sir Stafford (d. 1742), Kt:
  HW's relationship to, vi. 258
  (?) St Catherine's Hospital, Rochester, built by, vi. 258
Fairy tales:
  Choiseul, Duc and Duchesse de, ask for, iii. 11

D prefers to read, iv. 396, 400, v. 17
Faith:
  D on, ii. 219
  D would like to have, iii. 282, iv. 89, v. 70, 126, 138
  *See also* God; Life, future
Faithorne, William (1656–ca 1701), engraver:
  Gethin, Lady Grace, engraved by, v. 358
Falconnet, ——:
  forbidden to publish Tort's *mémoires*, vi. 200
'Falkenstein, Comte de.' *See* Joseph II
Falkland Islands:
  Spanish seizure of, ii. 479, 482, iii. 16
Fane, Charles (d. 1766), 2d Vct Fane:
  death of, v. 397
Fanny, HW's dog:
  D mentions, ii. 6
  HW's love for, i. 365
Fans:
  D gives, to Duchesse de Choiseul, i. 111
  D orders, iii. 203, 205, 207, 225, iv. 223–4, 226, 238, 240
  D orders ('immortelles'), i. 308, 317, iii. 157, 172, 173
  HW buys 6 for Duchesse de Choiseul, iii. 20, 21, 23, 27, 32, 37, 41, 65
  HW might give, to Duchesse de la Vallière, iii. 156
  HW sends, to: D, iv. 455, v. 392; D and Duchesse de la Vallière, iv. 327, 328, 330
  HW's gifts of, i. 83, 86, 120, 236, 277, v. 392
  price of, i. 308, iii. 20, 23, 172n
  Selwyn gives, to D, i. 87, 89, v. 131
*1* Fanshawe, Simon (1716–77), M.P.:
  (?) D does not remember who introduced, iv. 402
  (?) D's opinion of, ii. 242, 247
  (?) Selwyn recommends, to D, ii. **238**
  (?) social relations of, with D, ii. **241**, 242
*2* Fanshawe, Mrs Simon, wife of *1. See* Snelling, Althea
Fare, La. *See* La Fare
Farjonel, Jean-Jacques:
  (?) attends session of parliament of Paris, vi. 171
Farmain de Rozoi, Barnabé (1743–92), dramatist:
  *Henri IV, ou la Bataille d'Ivry*, performed, iv. **116**
  *Réduction de Paris, La*, HW sees, v. 351
Farnese, Elizabeth. *See* Elizabeth (1692–1766) Farnese
Farnham, E. of. *See* Maxwell, Robert
Faro. *See* Pharaoh
Farrington, Mary (ca 1690–1777), m. Col. John Selwyn:
  good health of, ii. 73, 80
  Midleton, Vct, grandson-in-law of, v. 396
*Fastes Militaires:*
  D owns, vi. 33
*Fat puni, Le. See under* Ferriol, Antoine

Faubourg Saint-Antoine, Rue du:
furniture-dealer of, ii. 457
Faubourg Saint-Honoré, Rue du:
Geoffrin, Mme, lives in, ii. 214
Leinster, Ds of, takes house in, v. 24, 26
Faubourg Saint-Jacques, Rue du:
Filles de Sainte-Marie in, v. 308
superior of Capucin convent in, found with throat cut, i. 50
Fauchery, Jean-Claude-Auguste (1798–1843):
D's picture engraved by, vi. 216
Faurie, La. See La Faurie
*Faussans:*
Pont-de-Veyle sings to tune of, v. 289
*Fausse Agnès. See under* Néricault, Philippe
*Fausse Porte, La. See* Cailhava d'Estandoux, Jean-François, *Tuteur dupé, Le*
Faustina, Anna Galeria (104–141), m. Antoninus Pius, Emperor of Rome:
Ennery has medal of, v. 325
*Faux Savant, Le. See under* Du Vaure, Jacques
Favart, Charles-Simon (1710–92), dramatist:
*Anglais à Bordeaux, L':* HW sees, v. 345; (?) HW to see, iv. 217
*Fée Urgèle, La (Ce qui plaît aux Dames):* attributed to Abbé de Voisenon, ii. 166; D compares herself to, ii. 182; D parodies, i. 28, 40–1, 60; draws from Song of Solomon, i. 158; Duni sings airs from, v. 263; HW sees, v. 282, 297; verses to air from, iii. 67, 70, vi. 125
*Isabelle et Gertrude:* airs from, sung, v. 281; attributed to Abbé de Voisenon, ii. 166; HW sees, v. 260, 272
verses by, for Mme Olivier, i. 129
Favre, ——, HW's servant:
(?) fever of, v. 378
HW corresponds with, v. 376–81, 385
HW sends honey water to, v. 380
HW writes about scissors to, v. 379
snuff-box to be delivered to, v. 404
*1* Fawkener, Lady. See Churchill, Harriet
*2* Fawkener, Miss, dau. of *1*, m. (1764) John Crew:
HW mentions, iii. 75
*3* Fawkener, Harriet (d. 1825), dau. of *1*, m. (1) (1764) Hon. Edward Bouverie; m. (2) (1811) Lord Robert Spencer:
HW mentions, iii. 75
*4* Fawkener, William Augustus (1747–1811), clerk of the Privy Council; son of *1*:
D receives HW's compliments and Lady Mary Churchill's tea by, iii. **429**
D's opinion of, iii. 432, 435
Italy to be visited by, iii. 435
social relations of, with: D, iii. 435; Voltaire, iii. 435
success of, iii. 435
Faydit de Tersac, Jean-Joseph (d. 1788), curé of Saint-Sulpice:
D called on by, v. 252, 424, 440, 460
Voltaire refused burial by, v. 46, 48
——'s correspondence with, v. 26, 34
Fayette. See La Fayette

Fécamp, Abbey of:
aspirants to succeed La Roche-Aymon at, iv. 404
La Rochefoucauld, Cardinal de, given, v. 50
value of, v. 50
Fector, Peter:
(?) goods sent through, iii. 307
*1* Féderbe de Maudave, Mlle, dau. of (?)*2:*
(?) escapes from fire, ii. **54**
*2* Féderbe de Maudave, Marquis de:
Johnston, Lady Cecilia, brought snuff-box by, v. 284
Minorca commanded by, v. 284
*Fée Urgèle, La. See under* Duni, Égide-Romuald; Favart, Charles-Simon
Fefvre, Le. See Le Fefvre
Fel, Marie (1713–89), singer:
sings at Conti's supper, v. 302
sings at Comtesse de Rochefort's, v. 298
Felino, Marquis de. See Du Tillot, Guillaume-Léon
Félix, Louis-Nicolas-Victor de (1711–75), Comte du Muy; Maréchal de France:
death of, iv. 218n
health of, iv. 178
made director of troops, iii. 41
made maréchal, iv. 173, 175
marriage of, iv. 96
ministry of war declined by, iii. 1
ministry of war given to, iv. 60–1
wrathful, iv. 175
*Femme, La. See under* Lafont, Joseph; Mouret, Jean-Joseph
*Femmes célèbres du siècle de Louis XIV et de Louis XV. See* Alletz, Pons-Augustin, *Esprit des femmes célèbres . . ., L'*
*Femme sincère, La. See under* Béraud de la Haie de Riou, Charlotte-Jeanne
*Femmes savantes, Les. See under* Molière
Fénelon. See Salignac de la Mothe Fénelon, François de
*1* Fenouilhet, Lady, wife of *2. See* Franks, Anne
*2* Fenouilhet, Sir Peter (d. 1774), Kt:
marriage of, iii. 366
Fenouillot de Falbaire de Quingey, Charles-Georges (1727–1800), dramatist:
*Honnête criminel, L' (Le Galérien):* D comments on, ii. **18**, 22–3; D sends, to HW, ii. 25, 33, 34, 44; HW's opinion of, ii. 39–40; played, ii. **18**, 47
Ferchault de Réaumur, René-Antoine (1683–1757), scientist:
D mentions, i. **328**
Ferdinand I (1751–1825), K. of Naples:
rôle of, in *La Passion des Jésuites*, ii. 315
Ferdinand-Marie-Philippe-Louis (1751–1802), D. of Parma, 1765:
Condillac's 17th volume, iv. 285
rumoured excommunication of, ii. **29**, 36, iii. 213
*Ferdinand et Isabelle, Histoire des rois. See under* Mignot, Vincent

Fermé, ——:
attends session of parliament of Paris, vi. 171
Fermes et hospitaux:
decrees on, v. 441
Fermier général:
parcel for D addressed to, ii. 15, 19
Fermiers généraux:
reform of, v. 447
*1* Fermor, Lady Henrietta (Harriet) (1727–93), m. (1747) John Conyers:
HW corrects D's reference to, i. **184n**
*2* Fermor, Lady Juliana (b. 1729), sister of *1*, m. (1751) Thomas Penn:
D mentions, i. **184**
Fermor, Mrs William. *See* Sheldon, Frances
Ferne, Dean of. *See* Marlay, Richard
Ferne, George:
(?) deluge, subject of poem by, v. 373
Ferney:
D alludes to, ii. 405
visitors to: Boisgelin, Comtesse de, iv. 281; Boufflers, Marquise de, iv. 281; Craufurd, ii. 468; Mirepoix, Mme de, iv. 281; Villette, Marquis and Marquise de, v. 12
Voltaire may not return to, v. 24
—— plans to spend summers at, v. 39
——'s body may be sent to, v. 46
Ferraille, Quai de la:
print-sellers on, iv. 346, v. 303, 307
Ferrand, ——:
attends session of parliament of Paris, vi. 173
Ferrero di Biella, Filippo Francesco Maria (1719–89), Conte della Marmora; ambassador from Sardinia to France:
Arras, Bishop of, talks with, iii. 98
D describes, i. 147
D told by, of book on gout, ii. 307
English connections of, i. 314
gout of, treated with leeches, ii. 307
HW sends letters by courier of, v. 379
recalled as ambassador, iii. 357
social relations of, with: D, iii. 98, v. 320, 326, 328, 341; Forcalquier, Comtesse de, v. 319; Harcourt, Earl, iii. 194; La Vallière, Duchesse de, iii. 95–6, 210, 233, v. 335, 341; Rochford, i. 285; (?) Usson, Comte and Comtesse d', v. 293
viceroy of Sardinia, iii. 357
Ferrero di Biella, Vittorio Filippo (1713–77), Principe di Masserano; Spanish ambassador to England:
Castille to visit, iv. 438
health of, iv. 203, 468
Ferrière. *See* La Ferrière
*1* Ferriol, Antoine (1697–1774), Comte de Pont-de-Veyle; poetaster:
Argental, Comte d', brother of, v. 173, 346
—— reconciled with D during illness of, iv. 361
Argental, Comtesse d', desired death of, iv. 116, 120
Beauvau, Princesse de, sends message to D by, ii. 195

Bezons, Marquise de, death of, afflicts, ii. 471
—— looked after by, i. 159
Bishop aided by, iv. 29, 31, 46, 51, 55
Boufflers, Comtesse de, gives English news to, i. 321
Boulogne visited by, vi. 326
Bourbon visited by, i. 334
Cholmondeley, Mrs, lowly birth of, known to, ii. 231
Comédie frequented by, iii. 314
Conti accompanied by, i. 334, 365, ii. 253, iii. 225
—— liked by, i. 245, 321
—— visited by, i. 321
D accompanied by, to Sceaux and Montrouge, ii. 443
D asks for SH book for, i. 264, 272, 295, 297, 312
D gives *Lettres de Mme de Pompadour* to, iii. 307, 310
D left girandoles by, iv. 97
D misses, iv. 92, 94, 95, 106, 113, 120, 166, 320, 353
D's correspondence with, i. 321, iii. 249
D sends verses by, to Duchesse d'Aiguillon, iii. 129
D's excuses to be made by, i. 68
D's friendship with, i. 26, 133, 173, 262, 321, 356, ii. 78, 151, 406, iii. 27, 51, 94, 102–3, 152, 175, 195, 208, 282, 413, iv. 40, 45, 56, 73, 88–9, **91**, 106, 159, 166, 479, v. 70, vi. 77
D's offer of lodging to HW approved by, i. 108
D's opinion of, i. 26, iii. 27–8, 282, 304, iv. 73, 95, 106, 113, 166, v. 70
D's 'portrait' of, vi. 82
D's trip to Chanteloup opposed by, iii. 238
D's will made in presence of, iii. 28
D talks of HW with, i. 357
D to go to Versailles with, i. 27
D to tell, about HW and Voltaire, ii. 97
D unwilling to leave, iv. 80, 81, 83
D would have entrusted HW's letters to, at her death, ii. 229, iv. 108
death of, iv. 91
declines to write verses, iii. 298
desires entertainment, i. 245, 321, iii. 311, 418, iv. 73
*Fat puni, Le:* D quotes, v. 113
HW asked to transmit letter of, iii. 185
HW buys book for, iii. 152, 156
HW inquires after, iii. 51, 182, iv. 49
HW may be aided by, with Monteynard, iii. 371
HW praises, mildly, iii. 102
HW sends compliments to, i. 366, iii. 375(?)
HW sent messages by, iii. 97, 139, 382, iv. 51
HW's *Gramont* given to, iii. 305, 310
HW's letters to D to have been returned by, ii. 229, iv. 108
HW's letter to Rousseau defended by, v. 294
HW's relations with, i. 25, 29, 256, 356, iii. 87, 218
HW's style criticized by, iii. 218

[*1* Ferriol, Antoine, *continued*]

HW submits introduction and dedication to memoirs of Gramont to, iii. 217, 221–2

HW to send Newcastle's *Horsemanship* to, v. 416

health of, ii. 8, 406, 411, iii. 27, 51, 81, 85, 87, 109, 117, 120, 152, 175, 177, 179, 181, 182, 195, 258, 265, 304, 311, 314, 350, 352, 381, 410, 418, 422, 424, iv. 35, 40, 42–3, 45, 46, 48, 51, 53, 56, 66, 73, 75, 80–2, 86, 88–9, 91

Heinel, Mlle, correspondence of, with, iii. 185

—— gives someone's compliments to, iii. 375

—— inquired after, by, iii. 320

Isle-Adam to be visited by, iii. 51, 94, iv. 34, 87

—— visited by, i. 297, 354, ii. 471, iii. 98, 226, 403, 404, iv. 35

*Malheurs de l'amour, Les,* partly written by, iii. 218

Montmorency visited by, iii. 304

Opéra-Comique frequented by, iii. 117, iv. 75

Opéra frequented by, iii. 418, 424

parody by, of characters of love, v. 283

parody sung by, v. 288

*Philosophe ignorant, Le,* discussed by, i. 113

Pomme attends, iii. 183

Pompadour, Marquise de, subject of verses by, vi. 194–5

Pontchartrain visited by, ii. 471, iii. 410, 413

'portrait' of, by D, vi. 82

Pougues to be visited by, iii. 225, 256

—— visited by, ii. 253

relative of, related to Monteynard, iii. 371

returns to Paris, i. 365

Rueil visited by, ii. 130

*Savoyards* sung by, v. 289

*Siège de Calais, Le,* partly written by, iii. 218

social relations of, with: Aiguillon, Duchesse d', iii. 138, 145, v. 314, 326; Beauvau, i. 241, v. 318; Beauvau, Princesse de, i. 241, ii. 446, v. 318; Boufflers, Comtesse de, ii. 130, iii. 177, v. 301, 306–7; Conti, ii. 130, iii. 177, v. 299; D, i. **11**, 27, 58–9, 75, 76, 159, 205, 244, 342, 345, 366, 368, 374, 385, 387, ii. 272–4, 277–9, 304, 314, 333, 352, 406, 461, iii. 5, 13, 91, 94, 97, 109, 117, 120, 122, 137, 142, 145, 146, 148, 152, 177, 182, 186, 196, 210, 226, 261, 270, 323, 326, 350, 351, 368, 384, 417, 418, 424, iv. 26, 43, 56, 80, 82, v. 270–1, 275, 287–8, 291–2, 296, 298, 303, 307, 310, 312, 316–7, 319–20, 322, 328, 333–42; Forcalquier, Comtesse de, v. 326; HW, iii. 87; Hénault, i. 159, v. 284, 296, 303, 308, 317–8, 321, 325, 330; Lambert, Mme de, v. 300; La Vallière, Duchesse de, iv. 80; Luxembourg, Mme de, v. 284, 301, 303–4, 306, 308; Maurepas, iii. 141; Mirepoix, Mme de, iii. 145, v. 335; Rochefort, Comtesse de, v. 300; Rochfords, ii. 15; Souza, v. 318; Villeroy, Duchesse de, i. 75, ii. 22, v. 337

Ussé leaves books of music to, iii. 276

verses by, i. 405, iii. 129, iv. 3, 6, vi. 124–6

Villeroy, Duchesse de, talks with, about D, i. 229

writes Mme de Tencin's works for her, vi. 77

2 Ferriol, Charles-Augustin (1700–88), Comte d'Argental; brother of *1:*

Argental, Comtesse d', death of, does not greatly afflict, iv. 120

Barthélemy may be offended with, iv. 361

—— not offended with, iv. 366

Chauvelin friend of, iv. 120

Croismare friend of, iv. 120

D sends message to Voltaire by, iv. 242

D's opinion of, iv. 120

D's relations with, iv. 361

D's sole remaining contemporary, v. 173

Felino mourned by, iv. 120

Pont-de-Veyle's brother, v. 346

social relations of, with: D, iv. 120, v. 346; Voltaire, v. 24

Ussé leaves books of music to, iii. **276**

Voltaire sends word to D by, v. 35

Ferté, La. *See* La Ferté

Fervantcour, ——:

(?) social relations of, with D, v. 310

*Fêtes d'Hymen, Les. See under* Cahusac, Louis de; Rameau, Jean-Philippe

*Feuillantines:*

verses to air of, iv. 249

Feuillants, church of:

HW visits, v. 282

Feuquières, Comtesse de. *See* Mignard, Catherine-Marguerite

Feuquières, Marquise de. *See* Belzer de Berensberg, Annette-Marie-Thérèse de

Fever:

epidemic of, in London, ii. 332

kinds of, iv. 45, 409, 472–3

spotted, Churchill has, v. 258

*See also* Tertian fever

Fevre. *See* Le Fevre

*1* Feydeau de Brou, Anne-Marie-Henriette (d. 1819), m. (1749) Joseph de Mesmes, cr. (1781) Marquis de Mesmes:

social relations of, with: Aiguillon, Duchesse d', v. 280, 285, 296, 314; Egmont, Comte and Comtesse d', v. 301, 305; Maurepas, Comte and Comtesse de, v. 285

2 Feydeau de Brou, Louise-Julie, sister of *1,* m. (1753) Jean-Nicolas de Boullongne:

HW's armour negotiated for by, iii. 112

(?) social relations of, with Duchesse de la Vallière, v. 273

Fiammingo. *See* Duquesnoy, François

Ficheses:

HW mentions, iv. 297

*1* Fielding, Henry (1707–54), novelist:

HW comments on work of, iii. 390

*Tom Jones:* D comments on, iii. 383, 390–1; HW comments on, iii. 390, 393

2 Fielding, Sarah (1710–68), novelist, sister of *1:* *Orpheline angloise, L',* D owns, vi. 34

Fiesque, Jean-Louis-Marie (1647–1708), Comte de:

La Ferté, Maréchale de, loves, v. 275

*1* Fife, Cts of, wife of *2. See* Sinclair, Dorothea

2 Fife, E. of. *See* Duff, James

Fig trees:
HW sees, at Hôtel de Biron, v. 264

Filet:
silk for, iii. 20, 23, 27, 32, 65

*Fille ingénue, La. See* Ducrest de Saint-Aubin, Stéphanie-Félicité, *Ingénue, L'*

Filleron, ——, hay and grain merchant:
D's receipt from, vi. 41

Filles de l'Assomption, convent of, Rue Saint-Honoré:
closed by 9 P.M., v. 13
Mirepoix, Mme de, to lodge at, v. 3, 7, 11
Monaco, Ps of, takes refuge at, ii. 438–9, 455
Saint-Martin, Marquise de, lodges at, v. 3

Filles de l'Ave Maria, church of:
HW visits, v. 285

Filles de Sainte-Marie:
at Nancy, Comtesse de Stainville committed to, i. 226
Paris church of: HW thinks he is visiting, v. 285; HW visits, v. 308

Filleul, Marie-Françoise-Julie-Constance (1751–1804), m. (1766) Abel-François Poisson, Marquis de Marigny:
(?) has robe ordered by Craufurd, ii. 370

1 Fiquet du Boccage, Pierre-Joseph (1700–67):
social relations of, with: Élie de Beaumont, v. 304; HW, v. 292

2 Fiquet du Boccage, Mme Pierre-Joseph, wife of 1. *See* Le Page, Anne-Marie

Firemen:
D's fire extinguished by, iv. 176

Fire shovel:
Ussé leaves, to Mme Rondé, iii. 276

Fireworks:
to celebrate Dauphin's marriage: ii. 402, 407, 409, 411, 416; disaster at, ii. 418–9, 420, 424

Firmin, ——, D's servant:
(?) D read to by, v. 223
(?) D shares lottery ticket with, v. 422, 455
D's legacy to, vi. 7
wages of, vi. 46

Fismes:
Louis XVI to go to, iv. 195

Fistula:
case of, ii. 419

Fitte, La. *See* La Fitte

Fitz de James. *See* Fitzjames

1 Fitzgerald, Catherine (d. 1604), m. Thomas Fitzthomas Fitzgerald, 11th E. of Desmond:
Chabrillan's joke about death of, v. 370

2 Fitzgerald, Lord Charles James (1756–1810), cr. (1800) Bn Lecale of Ardglass:
lodges at Hôtel de Modène, iv. 330
social relations of, with: Beaune, iv. 330; Bingham, Sir Charles and Lady, iv. 330; Boisgelin, Comtesse de, iv. 330; Cambis, Vicomtesse de, iv. 330; D, iv. 330; Mirepoix, Mme de, iv. 330; Monaco, iv. 330; Sanadon, Mlle, iv. 330; Viry, Contessa di, iv. 330

3 Fitzgerald, Lady Charlotte Mary Gertrude (1758–1836), sister of 2, cr. (1821) Bns Rayleigh, m. (1789) Joseph Holden Strutt:
Aubigny visited by, iv. 333
(?) social relations of, with: Beaune, iv. 330; Bingham, Sir Charles and Lady, iv. 330; Boisgelin, Comtesse de, iv. 330; Cambis, Vicomtesse de, iv. 330; D, iv. 330; Mirepoix, Mme de, iv. 330; Monaco, iv. 330; Sanadon, Mlle, iv. 330; Viry, Contessa di, iv. 330

4 Fitzgerald, Lord Edward (1763–98), brother of 2:
Aubigny visited by, iv. 333

5 Fitzgerald, George (1748–65), styled E. of Offaly; brother of 2:
death of, v. 397

6 Fitzgerald, Lord George Simon (1773–83), brother of 2:
Aubigny visited by, iv. 333

7 Fitzgerald, Lord Gerald (1766–88), brother of 2:
Aubigny visited by, iv. 333

8 Fitzgerald, Lord Henry (1761–1829), brother of 2:
Aubigny visited by, iv. 333

9 Fitzgerald, Lady Lucy Anne (1771–1851), sister of 2, m. (1802) Sir Thomas Foley, G.C.B.:
Aubigny visited by, iv. 333

10 Fitzgerald, Margaretta (1729–66), aunt of 2, m. (1748) Wills Hill, cr. (1751) E. of Hillsborough and (1789) M. of Downshire:
death of, v. 397
social relations of, with HW, v. 263–4

11 Fitzgerald, Lady Mary Rebecca (1777–1842), dau. of 14, m. (1799) Sir Charles Ross:
birth of, iv. **421**

12 Fitzgerald, Lord Robert Stephen (1765–1833), brother of 2:
Aubigny visited by, iv. 333

13 Fitzgerald, Lady Sophia Mary (1762–1845), sister of 2:
Aubigny visited by, iv. 333

14 Fitzgerald, William Robert (1749–1804), styled M. of Kildare; 2d D. of Leinster, 1773; brother of 2:
mother of, to visit, iv. **421**
social relations of, with Fortescue, v. 326

Fitzherbert, William (d. 1772), M.P.:
(?) D sends letter by, ii. 345
(?) D sends model for vase cover by, ii. 343
(?) D will send letter by, ii. 327
(?) social relations of, with: Beaufort, v. 271; D, ii. 333
(?) to leave Paris, ii. 327, 344, 345

1 Fitzjames, Duchesse and Maréchale de, wife of 3. *See* Goyon-de-Matignon, Victoire-Louise-Sophie de

2 Fitzjames, Marquise de, wife of 7. *See* Thiard, Marie-Claudine-Sylvie de

3 Fitzjames, Charles (1712–87), Duc de, Maréchal de France; son of 5:
Castromonte's death witnessed by, ii. **366–7**
château of, v. 260

[*3* Fitzjames, Charles, *continued*]
(?) Chimay thought to have been at odds with, iv. 366
command in Brittany given to, iii. 106, 113
command in Brittany taken from, iv. 173
(?) England visited by, iv. 366
envious, iv. 175
Louis XV prevents, from wearing mourning for Old Pretender, v. 298
made maréchal, iv. 173, 175
Maillebois's appointment protested by, iv. 322–3
social relations of, with: Beaune, v. 300; Bouzols, Marquise de, v. 300, 307; Geoffrin, Mme, v. 277, 313; HW, v. 277, 287, 300; Ossun, v. 300; Richmond, v. 292, 297
*4* Fitzjames, Édouard (1750–1823), Chevalier (later Comte) de, son of *3:*
(?) social relations of, with Richmond, v. 292
*5* Fitzjames, James (1660–1734), cr. D. of Berwick:
Bouzols, Marquise de, daughter of, v. 261
Clermont-d'Amboise, Chevalier de, grandson of, v. 281
Gacé, Comtesse de, granddaughter of, v. 281
*6* Fitzjames, James Francis Edward Stuart (1718–85), 3d D. of Berwick; nephew of *3:*
HW entertains, in England, v. 290
Louis expects, as Dauphin's successor, v. 290
social relations of, with: Butler, Mme, v. 272; Geoffrin, Mme, v. 320; HW, v. 261, 272, 290; Richmond, v. 292
*7* Fitzjames, Jean-Charles (1743–1805), Marquis de, son of *3:*
ball, masked, attended by, v. 300
dances at ball in honour of Dauphin's marriage, ii. 410
marriage of, iv. 71n
social relations of, with Richmonds, v. 274
travels of, i. **259**, 264
Valentinois, Comtesse de, entails property to, iv. 71
Young Pretender escorted by, iii. 111
*8* Fitzjames, Laure (1744–1814), dau. of *3*, m. (1762) Philippe-Gabriel-Maurice-Joseph d'Alsace-Hénin-Liétard, Prince de Chimay:
Castromonte's death witnessed by, ii. **366–7**
social relations of, with Comte and Comtesse de Caraman, iii. 269
*9* Fitzjames, Laure-Anne (ca 1710–66), dau. of *5*, m. (1732) Joachim-Louis de Montaigu, Marquis de Bouzols:
HW's conversation with, about George III, v. 261
Hamilton's epistles explained to HW by, v. 358
Richmonds discussed by, v. 273
social relations of, with: Chabot, Lady Mary, v. 312; Fitzjames, Duc and Duchesse de, v. 300, 307; Guerchy, v. 261; HW, v. 261, 272–3, 307, 314; (?) La Vallière, Duchesse de, v. 345; Richmonds, v. 272–3, 286

Fitzjames, château:
Beaune at, v. 426, 461
Fitzjames, Maréchale de, dies at, iv. 464
Fitzjames regiment:
Frederick II mentions, iii. 302, 308
Fitzmaurice, Vcts. *See* Fitzmaurice, Mary
Fitzmaurice, Mary (d. 1780), m. (1734) John Fitzmaurice (later, Petty), cr. (1751) Vct Fitzmaurice and (1753) E. of Shelburne:
HW mentions, iii. 88
*1* Fitzpatrick, John (1745–1818), 2d E. of Upper Ossory:
Craufurd's friendship with, i. 36, ii. 78, iii. 139, iv. 73
—— to visit, i. **122**
—— visits, iii. 306
D approves HW's friendship with, i. 270–1
D asks if HW is to visit, v. 42
D desires gossip about, ii. 113–4, 119, 122
D inquires about summer plans of, v. 51
D sends messages to, iv. 502
D's good opinion of, i. 270–1, ii. 78, iv. 73, 502, v. 111
D would like, to come to Paris, ii. 205
HW does not mention, v. 130, 173
HW's friendship with, iii. 139, iv. 73
HW's proposed visit to, iv. 464, 502, v. 1, 4, 5, 7, 230
HW visits, iv. 257, 262
Ireland visited by, ii. 78
marriage of, ii. 122n, 205n
social relations of, with: Beauclerk, v. 274, 281, 283, 285; Beaufort, v. 271; Craufurd, v. 274, 281, 283; D, v. 261, 266, 270, 272, 283; HW, v. 261, 266–7, 272, 274, 279, 284; Mirepoix, Mme de, v. 262; (?) Panchaud, v. 283; Richmonds, v. 273–4; Stevenson, v. 283; Young, v. 284
Tavistock's accident afflicts, i. 270
*2* Fitzpatrick, Lady Louisa (1755–89), sister of *1*, m. (1779) William Petty, 2d E. of Shelburne, cr. (1784) M. of Lansdowne:
D forgets maiden name of, v. 190
*3* Fitzpatrick, Lady Mary (d. 1778), sister of *1*, m. (1766) Hon. Stephen Fox, 2d Bn Holland, 1774:
Craufurd liked, v. 60, 79
D's opinion of, iv. 80
D to send letter by, iii. **102**
death of, v. **79**
family trials of, iv. 72–3
health of, v. 60, 63
lightning strikes room of, iii. 215, 219(?)
(?) Mirepoix, Mme de, fond of, iii. 219
social relations of, with: Blaquiere, iii. **98**; D, iii. 98, 100, 101
voice of, imperceptible, iii. 98
*4* Fitzpatrick, Hon. Richard (1747–1813), brother of *1:*
D astonished by HW's views on, iv. 399
D has said little about HW to, iii. 21
D mentions, iv. 386

D praised by, iv. 409
D sends letter by, iv. 390, 396, 399
D's opinion of, iii. 10, 11, iv. 385, 388–9, 390–1, 399, 403
D to write to HW about, iv. 385, 386
*Dorinda,* D asks for, iv. 199
finances of, iv. 388, 391
Fox brings, to D, iii. 2
——'s influence on, iv. 403
gambles, iv. 388, 391
goes to America, iv. 413
Greville, Mrs, likes, iv. 413
HW mentions, iii. 75
leaves Paris, iv. 399
social relations of, with: D, iii. 10, iv. 409; Marchais, Baronne de, iv. 385
to leave Paris, iii. 8, 11, iv. 390
*1* Fitzroy, Augustus Henry (1735–1811), 3d D. of Grafton; secretary of state; prime minister:
Craufurd's appointment secured by, i. 406–7
D does not dare address parcel for HW to, ii. 312
first lord of Treasury, i. 104
Garter awarded to, v. 368
HW's notes on, ii. 311
marriage of, ii. 122n
meeting held by, at Wakefield lodge, v. 367
Parsons, Anne, mistress of, iii. **132**
remains in office, i. 337
resignation of: as prime minister, ii. 355, 356; as secretary of state, i. **38–9**
Richmond succeeds, as secretary of state, i. 39, 53
*2* Fitzroy, Charles (1737–97), cr. (1780) Bn Southampton; brother of *1*:
D does not talk of HW to, i. 174, 186
D mentions, iv. 154
D receives letter through, i. 227
D's commission executed by, i. 219, 237, 246, 297, 303
D's correspondence with, i. 226
D sends messages to, iv. 96, 98
D's opinion of, i. 157, 162, iv. 90, 98
D's relations with, iv. 96
D thanks, for mustard, iv. 96
D to send letter by, i. 167, iv. 89
HW sees, i. 174, 186, iv. 89
HW slow to see, iv. 98
Jenkinson communicates with, i. 163
marriage of, i. 149n
social relations of, with: D, i. **152**, 154, 156, 157, iv. 86, 89; Marchais, Baronne de, iv. 86
to leave Paris, iv. 89
*3* Fitzroy, Mrs Charles, wife of *2. See* Warren, Anne
*4* Fitzroy, Mrs George Ferdinand, dau.-in-law of *2. See* Keppel, Laura
*5* Fitzroy, Lady Isabella (1726–82), sister of *1*, m. (1741) Francis Seymour Conway, cr. (1750) E. and (1793) M. of Hertford:
Beauchamp loved by, more than Lady Sarah, ii. 440
D comments on miscarriage of, i. 325

D exchanges compliments with, iii. 386
D mentions, iii. 219
D receives parcels through, iv. 335
D unimportant to, i. 230
daughter of, to marry, iii. 139
HW buys candlesticks for, v. 414
HW buys cup, saucer, and plate for, v. 409
HW buys lace for, v. 410
HW's correspondence with, v. 376–8, 381, 393, 395, 396
HW sends letter by, v. 376
HW sends snuff-box by, v. 404
HW's fee to servants of, v. 399
Hervey, Bns, compared with, i. 209
leaves Paris, v. 263
lorgnette of, repaired, iv. 175, 183, 185, 186
(?) Mirepoix, Mme de, fond of, iii. 219
snuff-box purchased for, iv. 173, 175, 181, 183, 185, 186, 188, 190, 196
social relations of, with: Choiseul, Cardinal de, v. 263; Fortescue, Mrs, v. 262; HW, v. 262–3; Hume, v. 262; Keene, v. 262; Mirepoix, Mme de, v. 261–2; Praslin, Duchesse de, v. 262–3; Richards, v. 262
*1* Fitzwilliam, Cts, wife of *2. See* Watson-Wentworth, Anne
*2* Fitzwilliam, E. *See* Wentworth-Fitzwilliam, William
Fitzwilliam, Hon. Mary (d. 1769), m. (1) (1733) Henry Herbert, 9th E. of Pembroke; m. (2) (1751) Maj. North Ludlow Bernard:
death of husband of, v. 397
Fizeau de Clémont, Marie-Anne-Étiennette (1741–1812), m. (1757) Athanase-Louis-Marie de Loménie, Comte de Brienne:
balls, after-dinner, given by, iii. 322
Brienne occupied by: v. 461; 8 months of year, iv. 250
—— to be occupied by, iii. 208, 210, iv. 281
Choiseul to visit, iv. 195 (*see also* Brienne, Choiseul to visit)
D lent carriage by, v. 447
D's neighbour, iv. 374
D's opinion of, iii. 208
house of Princesse de Conti bought by, iv. 250, 374
Langeron, Mlle de, relative of, v. 124
Paris to be visited by, v. 230
—— visited by, v. 436
social relations of, with: Churchill, Lady Mary, iii. 23, 26; Churchills, iii. 26; D, iii. 5, 13, 23, 26, 39, 158, 208, 210, 320, iv. 7, 18, 255, v. 5, 293, 343, 444, 449, 451, 454, 457–60; Gramont, Duchesse de, v. 454; Hénault, v. 316
to leave Paris for estate, iii. 208, 210
*1* Flahaut, Charles-Claude (1730–1809), Comte de la Billarderie d'Angiviller; director of buildings:
Louis XVI favours, iv. 299
Marchais, Baronne de, admired by, iv. 217, 232
—— given fruit by, iv. **217**
Saxe's bust ordered by, for Marigny, v. 23

[*1* Flahaut, Charles-Claude, *continued*]
social relations of, with Baronne de Marchais, v. 348, 352
Turgot supported by, iv. 299
Voltaire's bust ordered by, for Marigny, v. 23
2 Flahaut de la Billarderie, Alexandre-Sébastien (1726–80), Chevalier de la Billarderie; brother of *1*:
death of, v. 440
*1* Flamarens, Marquis de. See Grossolles, Agési-las-Joseph de
*2, 3* Flamarens, Marquises de, aunt-in-law and wife of *1*. See Beauvau, Anne-Agnès de (1699–1743); Du Vigier, Élisabeth-Olympe-Félicité-Louise-Armande
Flanders:
Ligne offers Rousseau asylum in, ii. 434
visitors to; Choiseul-Aillecourt, v. 429; Conways, iv. 162; Lauraguais, Comtesse de, iii. 95
Flannel:
contraband, iv. 294
Flavacourt, Marquise de. See Mailly-Nesle, Hor-tense-Félicité de
Flax:
culture of, in Picardy, v. 259
Flayosc. See Villeneuve-Flayosc
Fleur-de-lis:
branches of, for candles, at Nivernais's, v. 341
Fleuriau d'Armenonville de Morville, Jacquette-Jeanne-Thérèse (1712–69), m. (1728) Ale-xandre-Nicolas de la Rochefoucauld-Surgères, Marquis de Surgères:
social relations of, with: Aiguillon, Duchesse d', v. 307; Hénault, v. 272, 300, 301, 306; Mal-herbe, v. 311; Maurepas, Comte and Com-tesse de, v. 285; Rochefort, Comtesse de, v. 292, 303, 310
Surgères who died is not son of, i. 288–9
Fleurigny. See Le Clerc de Fleurigny
Fleury. See also Rosset de Ceilhes de Fleury; Rosset de Rocozel de Fleury
*1* Fleury, Bailli de, grandnephew of *4*. See Ros-set de Fleury, Pons-François de
*2* Fleury, Commandeur de, brother of *1*. See Rosset, Jean-André-Hercule de
*3* Fleury, Duc de, brother of *1*. See Rosset, André-Hercule de (1715–88)
*4* Fleury, André-Hercule de (1653–1743), cardi-nal; minister of Louis XV:
D mentions, iv. 207
Du Barry, Comtesse, more powerful than, iii. 48
good government of, v. 16
(?) Louis XV made 'roi fainéant' by, v. 354
nephew of, dies, v. 199
tomb of, v. 280
Fleury:
Wood entertains at, v. 320
Fleury de la Gorgendière, Louise-Thérèse, m. Marquis de Vaudreuil:
social relations of, with Comte and Comtesse de Maurepas, v. 291

Florence:
HW's friend (Mann) in, i. 172
Montesquieu's letters sent to HW from, i. 335
mosaics from, iii. 176
Turgot's system used at, iv. 443
*Florentin, Le. See under* La Fontaine, Jean de
*1* Florian, Marquis de. See Claris de Florian, Philippe-Antoine
*2* Florian, Marquise de, wife of *1*. See Mignot, Marie-Élisabeth
Flowers. *See under* Asters; Burnet, great; Honeysuckles; Iris roots; Lilies; Lily bulbs; Lily-of-the-valley; Marjoram; Pimpernel
Flute:
Guines plays, iv. 363, 405–6
Lucan plays, iv. 357
Fochet, ——, grocer:
D's receipt from, vi. 41
Foire Sainte-Ovide, Paris:
visitors to: Cholmondeley, Mrs, v. 329; D, v. 318, 319, 329; Forcalquier, Comtesse de, v. 319; Grave, v. 319; HW, v. 317–9, 321, 327, 329; Sanadon, Mlle, v. 329; Selwyn, v. 321
Foire Saint-Germain:
HW and others attend, v. 309
Foix, Madeleine-Louise-Charlotte de (ca 1693–1768), m. (1714) Jean-Honoré, Comte de Sabran:
(?) social relations of, with Comtesse de la Marche, ii. 12
Foix-Candale, Bertrand-Léon de (1713–82), Comte de Candale and Baron de Lau:
social relations of, with Baronne de Marchais, v. 348
*1* Foley, Bns, wife of *7*. See Stanhope, Lady Har-riet
Foley, Lady. See Hinchcliff, Dorothy
*2* Foley, Lady Lucy. See Fitzgerald, Lady Lucy Anne
*3* Foley, Sir Robert Ralph (ca 1727–82), cr. (1767) Bt; Paris banker:
social relations of, with: Crammond, v. 309; HW, v. 261, 293, 300, 304, 305, 307, 309; (?) Panchaud, Isabella, v. 307, 309
*4* Foley, Mrs Robert Ralph, wife of *3*. See Hinch-cliff, Dorothy
*5* Foley, Thomas (ca 1703–66), 2d Bn Foley:
death of, v. 397
*6* Foley, Thomas (1716–77), cr. (1776) 1st Bn Foley, n.c.; 3d cousin of *3* and *5*:
son obtains consent of, to marriage, iv. 245
*7* Foley, Hon. Thomas (1742–93), 2d Bn Foley, n.c., 1777; son of *6*:
engagement of, rumoured, iv. **240**
marriage of, iv. 245
Foley, Hon. Mrs Thomas, wife of *7*. See Stan-hope, Lady Harriet
*Folies d'Espagne, Les:*
verses to air of, iii. 382
Folkes, Mrs Martin. See Bradshaw, Lucretia
Foncemagne. See Lauréault de Foncemagne, Étienne

Fontaine, La. *See* La Fontaine

Fontaine, Louise-Marie-Madeleine (1707–99), m. (1724) Claude Dupin:
Chesterfield praises, iv. 37, 41
D mentions, ii. 132
D's opinion of, i. 65, 67
Forcalquier, Comtesse de, friend of, i. 4, 10, 47, 65, 67, 369, ii. 280–1
HW alludes to, ii. 128
has smallpox, ii. 281
social relations of, with D, i. 4, 10
son of, dies, i. 369

Fontainebleau:
Barthélemy cancels visit to, ii. 288
Chamfort's *Mustapha et Zéangir* given at, iv. 374
Choiseul, Duchesse de, to remain away from, ii. 453
Court at, iii. 117, 120, 128, 276–7, 281, iv. 99, 299, 367, 373
Court may omit visit to, iv. 353, v. 176
Court not to visit, v. 178, 430
Court returns from, i. 356, iii. 134, 137, 141
Court to go to, iii. 404, iv. 96, 358, 363, 419, 476
Court to leave, iv. 225, 490, 491
Du Châtelet, Comtesse, prevented from staying at, vi. 178
Craufurd's proposed visit to, iv. 484, 490
D mentions, ii. 177
Favart's *Fée Urgèle* to be acted at, v. 263
malaria thrives at, iv. 353
Valentinois, Comtesse de, not at, ii. 298
visitors to: Ailesbury, Cts of, iv. 106, 112; Arras, Bishop of, iv. 373; Barthélemy, ii. 289; Beauvau, Prince and Princesse de, iii. 123, iv. 221, 224, 232, 368; Caraman, iv. 226; Chamier, ii. 301; Choiseul, ii. 294–5, 469; Choiseul, Duchesse de, ii. 137, 147, 295, vi. 148; Christian VII, ii. 153–5; Conway, iv. 106, 107, 110, 112; Damer, Mrs, iv. 106, 112; Forcalquier, Comtesse de, i. 351, 354, 356; Gibbon, iv. 476, 481; Louis XV, ii. 469, 472, iii. 71, 121; Louis XVI, iv. 54, 235; Marchais, Baronne de, iv. 231, 232, 370, 373; Maurepas, iv. 236; Necker, iv. 372; Provence, Comtesse de, iii. 71; Richmond, v. 286, 287; Roncherolles, Marquise de, iv. 221, 484, 485; Spencers, iv. 484, 488, 490; Turgot, iv. 235, 236; Walpole, Hon. Robert, ii. 301, 305
York, D. of, promises to visit, v. 365

Fontaine-Malherbe, Jean (ca 1740–80):
*Shakespeare traduit de l'anglois. See under* Le Tourneur, Pierre-Prime-Félicien

Fontaine-Solar. *See* La Fontaine-Solar

Fontanges, Duchesse de. *See* Scorailles de Roussilhe, Marie-Angélique

Fontanges, François (d. 1822), Vicomte de: wounded, v. 438

Fontanieu, Cécile-Geneviève (d. 1761), m. (1715) Charles-Gabriel de Belsunce, Marquis de Castelmoron:
Hénault's affair with, vi. 77

Fontenelle. *See* Le Bovier de Fontenelle, Bernard

Food:
cost of D's, ii. 386
*See also:* Apples; Apricots; Artichokes; Barley sugar; Beans; Biscuits; Bouillon; Butter; Cheese; Cherries; Chicken; Cotignac; Cream; Diablotins; Dragées; Eggs; Entrées; Entremets; Fruit; Game; Gimblettes; Grapes; Ham; Melon; Mercherbeze; Mulberries; Mustard; Mutton; Orange jelly; Oysters; Partridges; Paté; Peaches; Pears; Peas; Pheasants; Pike; Pineapples; Plums; Preserves; Rice; Roast; Soup; Strawberries; Sugar; Tea; Wine

Foolishness:
HW compares, to universality of smallpox, ii. 244–5

Fools:
D on kinds of, i. 326, 329, 378

Foote, Samuel (1720–77), comedian:
anecdote of Sandwich and, iii. 192

Footman:
sex of newly born child revealed by, v. 375

Forbach, Comtesse de. *See* Camasse, Marianne

Forbes, George (1740–80), styled Vct Forbes; 5th E. of Granard, 1769:
Lauraguais races with, v. 304
social relations of, with: Beaufort, v. 271; Massareene, v. 294

1 Forcalquier, Comte de. *See* Brancas, Louis-Bufile de

2 Forcalquier, Comtesse de, wife of 1. *See* Carbonnel de Canisy, Marie-Françoise-Renée de

Force, La. *See* La Force

Forien, ——:
attends session of parliament of Paris, vi. 173

Formont, Jean-Baptiste-Nicolas de (d. 1758), writer; councillor:
acquaintance of, interested only in own concerns, ii. 48, 210
Beauvau, Princesse de, devoted to, i. 29
D's friendship with, i. 29, 46, 144, 257n, ii. 202
D's opinion of, i. 46
D's 'portrait' of, vi. 92–4
Fontenelle compared to, vi. 93

Forshel, ——:
D's picture engraved by, vi. 216

1 Fortescue, William Henry (1722–1806), Bn (1770), Vct (1776), and E. (1777) of Clermont:
(?) Cholmondeley, Mrs, acquaintance of, ii. 271
D not called on by, iv. 395
D sends parcel by, iv. 172, 175
D unacquainted with, iv. 172
(?) Paris visited by, ii. 271
(?) social relations of, with: Carmarthen, v. 326; Crébillon, v. 326; HW, v. 261, 325–6, 328; Kildare, v. 326
to leave Paris, iv. 282

2 Fortescue, Mrs William Henry, wife of 1. *See* Murray, Frances Cairnes

Forth, Mrs (d. 1765):
death of, v. 397

Fort-l'Évêque, prison:
Craon flees Paris to avoid, iv. 134
Fortune-telling:
by cards, ii. 201
Fosse, La. *See* La Fosse
Fosseux, Marquis de. *See* Montmorency, Anne-Léon (II) de
Foster, Thomas (d. 1765), M.P. for Dorchester:
death of, v. 397
Foucault de Saint-Germain-Beaupré, Armand-Louis-Joseph (1680–1767), Chevalier de Saint-Germain; Grand Prior of Aquitaine:
death of, i. **354**
Foucq de Garnetot, Marie-Louise-Sophie de (d. 1798), m. (1748) Antoine-Adrien-Charles, Comte de Gramont:
banished from Court and Paris, ii. **436–7**, 438, 441
D's account of, ii. 441
dame du palais, iv. 54
recalled from exile, iv. 54
son of, secures Court post and wife, v. 153
Fougières, Comtesse de. *See* Jourda de Vaux, Adélaïde-Françoise-Jeanne-Marie-Louise
Fouques, François-Georges (1733–1825), called Desfontaines:
(?) *Bergère des Alpes, La*, v. 297
*Cinquantaine, La*, v. 338
*1* Fouquet, Louis-Charles-Auguste (1684–1761), Duc de Belle-Isle; Maréchal de France; minister of war; grandson of *2*:
Castries promoted over Beauvau by, ii. 340
ransomed, v. 206, 211
*2* Fouquet, Nicolas (1615–80), Marquis de Belle-Isle; minister of finance:
D fears fate of, for Choiseul, ii. 373
Sévigné letters about trial of, i. 187–8, 190, 193, 200, 212, 387, ii. 24, iii. 380, 420
*Fourberies de Scapin, Les. See under* Molière
Fourmestraux, ——:
attends session of parliament of Paris, vi. 173
Fourqueux. *See* Bouvard de Fourqueux
*1* Fox, Hon. Charles James (1749–1806), son of *2*:
American sympathies of, iv. 424
Charles I ancestor of, iv. 24
Craufurd might join, in opposition, iii. 192–3
——'s admiration for, ii. 319
—— to accompany, ii. 319, 322
D astonished by HW's views on, iv. 399
D has said little about HW to, iii. 21
D hopes, will not inherit title, iv. 116
D may send letter and parcel by, iv. 383, 385, 388, 389, 391
D mentions, iv. 386
D's letter not called for by, iv. 392
D's opinion of, ii. 306, 319, 322, 326, 327, 334, 345, iii. 10, 11, 192, iv. 8, 27, 73, 79–80, 88, 375, 376, 380, 385, 388–91, 395, 395–6, 399, 403, 500, v. 6
D to send parcel by, ii. 313
D to write to HW about, iv. 385, 386
Elliot, Gilbert, the opposite of, iv. 366

finances of, iv. 388–91, 393
Fitzpatrick brought to D by, iii. 2
—— influenced by, iv. 403
gambles, ii. 316, 317, 324, 326, 337, 367, iii. 10, iv. 388–91, 395
HW does not mention seeing, iv. 400
HW mentions, iii. 75
HW to see, iv. 390
HW writes about, ii. 324
Irwin to present, to Duchesse de Choiseul, ii. 311
Lauzun's companion, v. 6
Lucan's address forgotten by, iv. 375
North attacked by, on American policies, iv. 145
——'s quarrel with, iv. 24
Paris pleases, iv. 379
Richmond might join, iii. 193
social relations of, with: Cholmondeley, Mrs, ii. 316, 317; D, ii. 301, 310, 314, iii. 2, 10, iv. 375, 376, 409; HW, v. 342; Lauzun, ii. 328; Lauzun, Duchesse de, ii. 328; Marchais, Baronne de, iv. 385; Monconseil, Marquise de, ii. 314; Necker, M. and Mme, iv. 375, 381, 392
to leave Paris, ii. 319, 322, 328, iii. 8, 11, iv. 383, 388
*To Mrs Crewe*: D asks for, iv. 196, 199; D has, translated, iv. 201, 204–6; D receives, iv. 199
*2* Fox, Henry (1705–74), 1st Bn Holland:
Bedford faction's rigorous restraint of king described by, v. 369
Blackburne, Lancelot, described to, by Sir Charles Wager, v. 368
Craufurd to visit, i. **122**
D inquires about title of, iv. 10–11, 11
D's opinion of, ii. 326, iv. 8
death of, iv. 72
HW's fee to servants of, v. 407
HW visits, v. 324
leaves Paris, i. 375
marriage of, i. 369n
Nice to be visited by, ii. 327
Selwyn devoted to, i. 375
social relations of, with D, ii. 319, 326
*3* Fox, Hon. Henry Richard (later, Vassall) (1773–1840), 3d Bn Holland, 1774; son of *5*:
D hopes, will live, iv. **116**
*4* Fox, Lady Mary, wife of *5*. *See* Fitzpatrick, Lady Mary
*5* Fox, Hon. Stephen (1745–74), 2d Bn Holland, 1774; son of *2*:
D inquires about title of, iv. 10–11, 11
D's opinion of, iv. 8, 73, 79–80
*6* Fox-Strangways, Henry Thomas (1747–1802), Lord Stavordale; later 2d E. of Ilchester; nephew of *2*:
social relations of, with Duc and Duchesse de Lauzun, ii. **328**
*Fragments historiques sur l'Inde. . . . See under* Voltaire
Fraignes, Marquise de. *See* Rouault de Gamaches, Constance-Simonne-Flore-Gabrielle

Franc, Chevalier de:
  gambling winnings of, ii. 54
Franc, Le. *See* Lefranc
France:
  *passim*
  ambassadors from and to, *see under* Ambassador
  America not thought to have treaty with, v. 4
  army of, changes in, iv. 251
  assembly, national, of, established, v. 424
  attitude in, to English-Spanish war, ii. 482, 488
  Chesterfield prefers, to England, iv. 37
  England at odds with, over Russia, iii. 348, 349, 352, 355
  ——'s war with, *see* War, English-French
  Englishmen remain in and visit, during war, v. 60–1, 169
  envoys to, *see under* Envoy
  finances of: ii. 183, 351, 362, iv. 54, 463, 465, 470–1; bankruptcy threatened, ii. 449; credit, ii. 373, 376, 378, 404, 449, iv. 459, v. 184, 191; edicts, ii. 349, 353, 356, 365, 370, 373, 377, 382, iii, 67; foreign-affairs administration, ii. 371; notes, iv. 364, 369–70, 370; taxes, ii. 184, iv. 240, v. 138, 139; war department, ii. 371–2
  foreign-affairs administration of, cost of, ii. 371
  hostages in, after peace of Aix-la-Chapelle, ii. 347
  ministers from and to, *see under* Minister
  'Sévigné, Mme de,' urges HW to visit, i. 51
  Sweden may be aided against Russia by, ii. 203
  war department of: artillery to belong to, iv. 15, 17; costs of, ii. 371–2; council proposed as substitute for minister in, iv. 222
France, Île de. *See* Île de France
*France littéraire, La. See under* Hébrail, Jacques; La Porte, Joseph
Francès. *See* Batailhe de Francès
Franche-Comté:
  Saint-Germain from, iv. 226
  visitors to: Bauffremont, iii. 225, iv. 189, v. 246; Boisgelin, Comtesse de, iv. 281; Mirepoix, Mme de, iv. 281
Francis, St (1567–1622), of Sales:
  D discusses letters of, ii. 104
  D likes, i. 8
Francis I. *See* François I
Francis III (Francesco d'Este) (1698–1780), D. of Modena:
  death of, v. 445
Franciscan, drunken:
  HW's chaise attacked by, v. 325
Franciscans:
  community of, at Saragossa, opposes mob, vi. 120
  Voltaire refused requiem Mass by, v. 48
François. *See also* Batailhe de Francès
François I (1494–1547), K. of France 1515–47:
  armour believed to have belonged to, *see under* Armour
  costumes of time of, vi. 259

D mentions, i. 374
life of, *see under* Gaillard, Gabriel-Henri
painting of, at Sainte-Chapelle, v. 276
portraits of Court of, v. 307
*François II. See under* Hénault, Charles-Jean-François
*1* Franklin, Benjamin (1706–90):
  American minister to France, v. 33
  Bernard de Boulainvilliers, Mlle, admired by, v. 109
  (?) Carmichael lives with, iv. 427
  costume of: iv. 386; at presentation to Louis XVI, v. 33
  D anathematizes, for war of France and England v. 170, 171
  D could not have much to do with, iv. 387
  Louis XVI receives, graciously, v. 33
  Paris visited by, iv. 380–1, 383
  rumoured offer by, of payment for abolition of taxes and edicts concerning America, iv. 139
  social relations of, with: D, iv. 385, 386, 395, 398, v. 86; Pringle, v. 320
  Versailles visited by, iv. 383
  verses to go under engraving of, iv. 413–4, 418
*2* Franklin, William Temple (ca 1759–1823), grandson of *1*:
  Paris visited by, iv. 383
Franks, Anne ('Mrs Day'), m. Sir Peter Fenouilhet:
  D has gratitude of, iii. 379
  HW and D seek to keep house of, from commandant, iii. 366, 371, 372–5, 379–82, 386, 398–9, 402, 405, 408, 417
  HW looks after affairs of, iii. 366
  HW's account of, iii. **366**
  Louis XV's gallantry appealed to by, iii. 398–9, 399
  thought to be Catholic, iii. 399
Franks, Moses (1718–89):
  HW mentions, ii. 475
*1* Franquetot, Ange-Augustin-Gabriel de (1740–1817), Comte de Coigny; nephew of *6*:
  affairs of, iv. 22
  Chanteloup visited by, vi. 202
  Fronsac fights duel with, v. 444
  might settle at Chanteloup, iv. 22
  model for letter to Orléans sent to, vi. 183
  retires to country, iv. 22
  social relations of, with: Brionne, Comtesse de, v. 295; Egmont, Comte d', v. 286; Geoffrin, Mme, v. 291, 310; Provence, iv. 365
  wounded, v. 444
*2* Franquetot, François-Marie-Casimir de (1756–1816), Marquis de Coigny; son of *4*:
  England visited by, iv. 293, 296
  HW speaks well of, iv. 305, 316
  marriage of, iv. **159**
  smallpox attack of, iv. 336, 340
*3* Franquetot, Jean-Philippe de (1743–ca 1806), Chevalier de Coigny; brother of *1*:
  Chanteloup visited by, vi. 202

[*3* Franquetot, Jean-Philippe de, *continued*]
social relations of, with: Luxembourg, Mme
de, v. 295, 306; Provence, iv. 365
*4* Franquetot, Marie-François-Henri de (1737–
1821), Duc de Coigny; brother of *1:*
dances at ball in honour of Dauphin's marriage, ii. 410
Marie-Antoinette accompanied by, in quarantine, v. 129
may join Artois's household, iii. 220
model for letter to Orléans sent to, vi. 183
son of, iv. 293
*5* Franquetot, Pierre-Auguste de (b. 1757), Vicomte de Coigny; son of *4:*
smallpox attack of, iv. 336, 340
*6* Franquetot de Coigny, Charlotte-Henriette-
Bibienne de (1703–72), m. (1726) Jean-Baptiste-Joachim Colbert de Torcy, Marquis de
Croissy:
death of, iii. **183**
married bliss of, iii. 183
Franz Xaver (1730–1806), P. of Saxe; 'Comte de
Lusace':
social relations of, with Comtesse du Barry,
ii. 288
Frederic, Prince (1750–65), brother of George
III:
death of, v. 397
Frederick II (1712–86), the Great, K. of Prussia:
Alembert eulogizes, iii. 39
——'s correspondence with, iii. 300, 302–3, iv.
363, 382
Caracciolo to see, iv. 30
Chesterfield admires, iv. 38
D hears extract on, iii. 210–1
Gloucester's offer to serve in army declined
by, v. 71
HW's letter to Rousseau under name of, *see
under* Rousseau, Jean-Jacques
HW's opinion of, iii. 396
indifference of, to HW's letter under his
name, vi. 117
Jesuits approach, iii. 302–3
Jesuits supposedly defended by, in fictitious
letter, iii. 427
Joseph II interviews, v. 367
—— may be unlike, iv. 447
rôle of, in *La Passion des Jésuites*, iii. 315
Rousseau granted pension by, i. 94
Schuwalof visits, iv. 492, vi. 205
suggested for Académie, v. 51
Thiériot correspondent of, iii. 340
—— pensioned by, iii. 340
verses on, iii. 340
Voltaire asks asylum of, i. 110
——'s correspondence with, iii. 307–8, 338, iv.
307
—— sends 'Épître' to, iii. 338–40
—— sent porcelain bowl by, iii. 307
*See also* Prussia, K. of, letter under name of,
to Colombini

Frederick III (1699–1772), D. of Saxe-Gotha:
Wales, Ps of, to visit, ii. 420
Fredrik V (1722–66), K. of Denmark 1746–66:
death of, v. 397
Fredrik Adolf (1750–1803), Swedish prince:
Alembert eulogizes, iii. 39
Roslin's portrait of, v. 339
Frédy, ——:
attends session of parliament of Paris, vi. 173
Freedom of press:
HW's love of, i. 232
Freeman, Samuel (1773–1857):
D's picture engraved by, vi. 215–6
Fréjus, Bishop of. *See* Bausset de Roquefort,
Emmanuel-François de
Fréjus:
Boufflers, Chevalier de, writes from, v. 137
Fremyn, ——:
attends session of parliament of Paris, vi. 174
French, the:
children of art, i. 294
D compares HW with, i. 7
D's poor opinion of, i. 38, 47, 49, 50, 209, iv.
410
D would not wish HW to have character of,
i. 6
delicacy of taste of, iii. 325
English compared with: by D, i. 7, 41, 63,
121, 131, 209, 293–4, 337, 368, 375, 390, 391,
ii. 79, 80, iii. 193, 200, 245, 383, iv. 380–2,
410; by HW, i. 43–4, iii. 199, iv. 410
English manners imitated by, iv. 412
English, Spaniards, Bretons, and Burgundians
hated by, v. 360
'Iroquois,' i. 43
not the only ones with airs, i. 383
opinion of, of English, i. 7–8
weakness of, i. 207, 244
French guards:
parade around Duchesse de la Vallière's supper party, v. 341
French language:
HW's difficulty with, i. 79, 93, 94, 113, 118,
347, iv. 188, v. 110
HW's use of, praised by D, i. 34, 93, 113, 118,
141, ii. 255, iv. 117, 170
*1* Fréron, Élie-Catherine (1719–76), critic; journalist:
*Année littéraire* of: article in, on HW's letter to Rousseau, i. 21; attack on HW in, i.
206n, 228, 232, 235; Fréron, Mme, continues,
iv. 284; review in, of *Testament politique du
Chevalier Robert Walpole*, i. 209, 212
Choiseul, Duc and Duchesse de, angry with, i.
206n, 228, 232
D mentions, iii. 310
D suggests, as author of article, iii. 314
death of, iv. **284**
marriage of, iv. 284n
vain, i. 201
verses on, iv. 274, 277
Voltaire disliked by, i. 256, iii. 327, 354
——'s thrust at, vi. 157

2 Fréron, Mme Élie-Catherine, wife of *1*. See Royou-Pennanrun, Annetic

1 Fresnel, M. See Du Fresnel, Pierre-François

2 Fresnel, Françoise-Élisabeth de, sister of *1*, m. Charles-Bernardin du Mesnildot, Marquis de Vierville:
Boufflers, Comtesses de, friends of, iii. 384, 422
D's relations with, v. 102
La Tuilerie visited by, v. 345
social relations of, with: Boufflers, Comtesse Amélie de, iv. 469; Boufflers, Comtesse de, iv. 469, v. 297, 304, 306–7, 351; Conti, v. 299; D, iii. 384, 422, v. 102, 430; La Marche, Comtesse de, ii. 12; La Reynière, M. and Mme de, v. 345; Luxembourg, Mme de, v. 301, 303, 304, 306, 308; Rondé, Mme, v. 345

Fresnoy. See Lenglet du Fresnoy

Fretaud de Gadeville, Armand-Antonin-François-Édouard (d. 1786):
trial of, i. 35

Fréteau, ——:
attends session of parliament of Paris, vi. 173

Friday:
superstition of Mme de Luxembourg about, iii. 122, 129, 180, iv. 216, v. 97

Friends:
acquaintances not to be sacrificed to, ii. 310
so-called, iii. 9–10
would not impede assassins, i. 255

Friendship:
D reflects on expressions of, iii. 21

Friesendorff, Fredrik von (1707–70), friherre:
ball attended by, v. 300
social relations of, with: Aiguillon, Duchesse d', v. 303; Forcalquier, Comtesse de, v. 314

Froissy, Philippe-Angélique de (1700–85), m. (1718) Henri-François, Comte de Ségur:
Beauvau, Princesse de, takes, to theatre, v. 344
La Tuilerie visited by, v. 345
mother of, iv. **424**
Orléans (regent) father of, v. 289
social relations of, with: D, v. 272, 289, 302, 308, 310, 312, 319, 433, 444; Hénault, v. 300, 323; La Reynière, M. and Mme de, v. 345

Froment de Bénavent, ——, abbé:
reprimanded in Richelieu–Saint-Vincent judgment, iv. 339n

Froment-Fromentès de Castille, Gabriel-Joseph de (b. 1747), Baron de Castille; 'Baron d'Argenvillier':
D recommends, to HW, iv. **438**
D's account of, iv. 444
D's opinion of, iv. 449, 451
England delights, iv. 468
HW cordial to, iv. 449
HW likes, iv. 451
HW to see, iv. 439, 440, 444
La Vallière, Duchesse de, friend of, iv. 444, 463
Richmond sends messages by, v. 41
social relations of, with: D, v. 429, 433; La

Vallière, Duchesse de, iv. 439, v. 344; Masserano, iv. 438, 468; Masserano, Principessa di, iv. 438

Wilkes, Mary, correspondence of, with, v. 10

'Frondeurs':
Lally upheld by, i. 38

1 Fronsac, Duc de. See Vignerot du Plessis-Richelieu, Louis-Antoine-Sophie

2 Fronsac, Duchesse de, wife of *1*. See Hautefort, Adélaïde-Gabrielle de

Frotier-de-la-Messalière, Marie-Élisabeth, m. (1727) Jacques-Marin-Alexandre Peruchon-de-Varax, Comte de Bury:
(?) print of, desired by HW, iv. 344–7, 368

Froulay, Mlle de:
social relations of, with Comtesse de Boufflers, v. 304

Froulay, René-Mans de (1736–1814), Comte de Tessé:
Italy to be visited by, iv. 435
marriage of, ii. 264n

Fruit:
abundant at Jonzac's, iv. 8
at Mme de Luxembourg's supper, iv. 405
D eats too much, iv. 341
Marchais, Baronne de, supplies D with, iv. 217, 232, 250, 251, 259

1, 2 Fuentes, Conde de. See Pignatelli, Luís (1749–1801); Pignatelli de Aragón, Juan Joaquín Atanasio (1724–76)

3, 4 Fuentes, Condesas de, wives of *2* and *1*. See Gonzaga, María Luisa (1726–73); Pignatelli d'Egmont, Alphonsine-Louise-Julie-Félicie (1751–86)

*Fugitive Pieces in Prose and Verse:*
D admires dedication of, iv. 257
D receives, i. 152
D to read, i. 136–7
HW gives copies of, v. 416, 417

Fullarton, William (1754–1808), secretary of British embassy at Paris:
D given Etruscan vases by, v. 81
D interested in duel of, with Shelburne, v. 218
D's correspondence with, v. 71, 81
D sends letters by, v. 32, 34–8
D sends parcels through, iv. 473, 476, 494
D's opinion of, iv. 494, v. 35, 71, 218
D's relations with, v. 218
D to have news from, v. 35–6
recalled from Paris, v. 32, 34
social relations of, with D, v. 16, 26, 218

Fumel, Marie-Louise-Michelle-Élisabeth de (1749–94), m. (1773) Jean-Baptiste-Nicolas-Guillaume-Élie, Marquis du Barry, later Marquis d'Hargicourt:
Artois, Comtesse d', attended by, iii. 420
exiled from Court, iv. 52

Fumeron, ——:
attends session of parliament of Paris, vi. 173

Fumigations:
finished, v. 448

Furniture:
D's, inventory of, vi. 12–21
purchased by HW: iii. 141; awaited, ii. 452,
454–5; delay in matching of, ii. 457, 459; di-
mensions of, ii. 457; Du Châtelet helps D
about, ii. 456; HW pleased with, ii. 477; not
matching, ii. 437–8, 457; prices of, ii. 435;
transportation of, ii. 424, 425, 430, 435, 457,
459, 461, 463, 472, iii. 116, 121, 128, 139, 146,
148, 151, 156, 182, 233; see also Bed
See also Andirons; Cabinets; Cabriolets;
Chaise longue
Fuser, (?) Lewis, captain:
social relations of, with HW, v. 306
Fuzée, Claude-Henri de (1708–75), Abbé de
Voisenon:
Académie responses of, iii. 46
Académie seat of, goes to Archbishop of Aix,
iv. 260, 274
Fée Urgèle, La, attributed to, ii. 166
Isabelle et Gertrude attributed to, ii. 166
popularity of, ii. 166
verses of, for Christian VII, ii. 166
Voltaire's epitaph for, iv. 248
Fyot, Suzanne-Marguerite (d. 1784), m. (1741)
Marc-Antoine-René de Voyer, Marquis de
Paulmy:
social relations of, with Hénault, v. 288, 311,
326

Gabrielle de Vergi:
verses to air of, ii. 370
Gacé, Comtesse de. See Clermont d'Amboise,
Diane-Jacqueline-Louise-Josèphe de
Gaddi, Niccolò (1537–91), art collector:
Hoefnagel's letter to, v. 356
Gadeville. See Fretaud de Gadeville
Gage, Joseph Edward (1678–1766), Count, gen-
eral in Spanish army:
Herbert, Lady Mary, meets, v. 288
Gageure imprévue, La. See under Sedaine,
Michel-Jean
Gagny. See Blondel de Gagny
Gaillard, Gabriel-Henri (1726–1806), historian:
Académie speech of, iii. 46, 67–8
D aids, iii. 142
Histoire de François Iᵉʳ, ii. 238, v. 310
Histoire de la rivalité de la France et de
l'Angleterre: D enjoys, iii. 67–8, 69, 72, 77,
iv. 53; D owns, vi. 32; later volumes of, iv. 18,
46, 53
Louis XVI addressed by, on consecration, iv.
208
secretaryship to dukes and peers sought by, iii.
142
social relations of, with: D, v. 441, 457; Du
Boccage, Mme, v. 310
verses by, to Comtesse de Choiseul, v. 363
Gaillard, Geneviève, m. Nicolas Romain:
judgment in favour of, iii. 365
Galaisière. See La Galaisière
Galard de Béarn, Angélique-Marie-Gabrielle de

(b. 1744), m. (1774) Paul-Jérôme Phélypeaux,
Marquis de Pontchartrain:
D's account of, iv. 5
marriage of, iv. 5
(?) social relations of, with Duchesse d'Aiguil-
lon, v. 301
Galard de Brassac de Béarn, Adélaïde-Luce-
Madeleine de (1739–1825), m. (1757) Ber-
trand-Nompar de Caumont, Marquis de la
Force:
social relations of, with: Louis XVI and
Marie-Antoinette, iv. 105; (?) Usson, Comte
and Comtesse d', v. 293
Galérien, Le. See under Fenouillot de Falbaire
de Quingey, Charles-Georges
Galimatias pindarique . . . See under Voltaire
Galissonnière, Comtesse de la. See Poisson de
Malvoisin, Jeanne-Charlotte
Galissonnière, Marquise de la. See Jacques de
la Borde, Marie-Anne de (1712–73); Lauzon,
Marie-Juliette-Antoinette de (1698–1786);
Mauger, Bonne-Laurence-Élisabeth de (1740–
1825); Menon de Turbilly, Marie-Anne de (b.
ca 1720)
Galland, Antoine (1646–1715), orientalist:
Mille et une nuits, Les, ii. 248n
Galles. See Wales
Gamaches. See Rouault de Gamaches
Gambling:
at loto, v. 145, 189
cheating in, ii. 381
D horrified at excessive, i. 101, ii. 54, 75,
326–8, 461, iii. 177, iv. 289, 393, 395
D prefers not to have, at home, ii. 324
D's, ii. 191, 315, v. 422–34, 436–7, see also un-
der Lottery
English increase, at Paris, iv. 395, 397
mentioned, i. 13, 18, 27, 36, 38, 48, 101–2, 122,
127, 208, 308, ii. 191, 250, 315–6, 317, 328, 331,
337, 352, 367, 461, iii. 321, 335–6, 386, iv. 67,
282, 371, 388, 389, 391, v. 6, 121, 172
Game:
D receives, v. 440
sent to D by: Beauvau, v. 431; Choiseul, ii.
445; Leinster, Ds of, iv. 395; Ogilvie, v. 108
Games:
counters for, ii. 313
of convent variety, i. 155
'tirer dans les sibylles,' ii. 470
See also: Anagram; Berlan; Billiards; Biribi;
Cavagnole; Charades; Chat qui dort, le;
Chess; Comète; Gambling; Hazard; Lansquenet; Loo; Loto; Macao; Patience; Pharaoh;
Piquet; Proverbs; Quinquina; Quinze; Rid-
dles; Trente et quarante; Tré-sept; Trictrac;
Trille; Vingt et un; Whist
Gamester:
anecdote about, v. 358
Gamester, The. See under Moore, Edward
1 Gamon, Richard (1748–1818), cr. (1795) Bt:
HW mentions, v. 142
2 Gamon, Mrs Richard, wife of 1. See Jeffreys,
Grace

*1* Gand, François-Charles-Gabriel (1752–1818), Chevalier (later Vicomte) de:
(?) proposed marriage of, to Mlle de Lauraguais, iv. **499**

*2* Gand, Guillaume-Louis-Camille (1751–1818), Comte de, brother of *1:*
(?) proposed marriage of, to Mlle de Montbarey, iv. **499**

*1* Gand-de-Mérode de Montmorency, Élisabeth-Pauline de (1737–94), niece of *2*, m. (1755) Louis-Léon-Félicité de Brancas, Comte de Lauraguais, later Duc de Brancas:
Isenghien's bequest to, i. **305**
recalled from Flanders by sister's death, iii. 95
(?) social relations of, with: Forcalquier, Comtesse de, v. 317; Harcourt, Earl, ii. 241

*2* Gand-de-Mérode de Montmorency, Louis de (1678–1767), Prince d'Isenghien:
death and will of, i. 305

*3* Gand-de-Mérode de Montmorency d'Isenghien, Louise-Pauline de (1747–71), sister of *1*, m. (1762) Louis-Alexandre de la Rochefoucauld-d'Anville, Duc de la Rochefoucauld:
accident of, iii. 95
D has no news of, iii. 99
death of, iii. **95n**, 100
health of, iii. 96
Isenghien's bequest to, i. 305
social relations of, with: Guerchy, Comtesse de, v. 330; Hénault, v. 327; Malherbe, v. 311; Maurepas, Comte and Comtesse de, v. 291, 309; Rochefort, Comtesse de, v. 294

Gand-Leblanc, Marie-François-Louis (1716–86), Bailli du Rollet:
*Iphigénie en Aulide,* D hears, iv. 39–40

Ganganelli, Giovanni Vincenzo Antonio. *See* Clement XIV

Garat, Dominique-Joseph (1749–1833):
*Éloge de l'Abbé Suger,* v. 426

Garcia Mañero, Ludovico (d. 1767), Bishop of Tortosa 1759–64; Archbishop of Saragossa 1764–7:
unable to quell mob, vi. 120

Garde. *See* La Garde

Garde, gendarmes de la:
reduced in number, iv. 251

Garden; gardens:
at: Chanteloup, vi. 208; Sceaux, v. 322
of: Biron, v. 263–4; Boutin, v. 336; Caraman, at Roissy, v. 334; Conti, Princesse de, v. 327; La Boissière, v. 329; La Vallière, v. 329

Garguille, Gaultier. *See* Guérin, Hugues

Garlic:
medicinal use of, i. 125

Garrick, David (1717–79), actor; dramatist:
Clairon, Mlle, describes, v. 337
*Clandestine Marriage, The,* i. 208
funeral of, v. 111
Necker, Mme, admires, iv. 316
Necker, M. and Mme, wish to see, iv. 292
Nivernais and Drumgold translate Vanbrugh's scenes for, v. 281

rumour of death of, v. 58

Garter, Order of the:
Lincoln member of, v. 177

Gascony, Gulf of. *See* Biscay, Bay of

*1* Gassion, Jeanne de (ca 1710–67), m. (1723) Henri-Aimar de Moret, Comte de Peyre:
death of, i. 302
social relations of, with: Aiguillon, Duchesse d', v. 281; Forcalquier, Comtesse de, v. 295, 311; Lambert, Mme de, v. 302

*2* Gassion, Madeleine-Angélique de (1712–94), sister of *1*, m. (1732) Louis-François de Damas, Comte d'Anlezy:
social relations of, with: (?) Coëtlogon, Marquise de, v. 339; Choiseul, Vicomtesse de, v. 339; Crussol, Chevalier de, v. 339; D, iii. **422**, v. 328, 340, 343; HW, v. 339, 341; Hénault, v. 290, 300–1; Jonzac, Marquise de, iv. 164, 181; Lambert, Mme de, v. 300; (?) Le Droit, Mme, v. 339; Lorges, Comtesse de, v. 339; Lorges, Duc and Duchesse de, v. 339; Sanadon, Mlle, v. 339

Gatti, Angelo Giuseppe Maria (1730–98), physician:
Chanteloup visited by, ii. 234, 261, 263, 406, 431, iii. 7
Choiseul, Duchesse de, attended by, ii. 286, 311, 383
—— deserted by, iii. 183
—— inoculated by, iv. 340
—— visited by, i. 302–3, ii. 431, iii. 7
Coigny, Marquis de, inoculated by, iv. 336, 340
D's opinion of, i. 241, 337
Durfort attended by, v. 281
École Royale Militaire inoculated by, iv. 340
HW sends letter by, v. 379
inoculations by: distrusted, iv. 67, 75, 340; unsuccessful, ii. 321, iv. 336, 340, v. 266
Naples visited by, iii. 183
social relations of, with: Choiseul, v. 318–9, 329, 331; Choiseul, Duchesse de, i. **241**, 337, ii. 294, 446, v. 318–9, 329, 331; HW, v. 267, 279; Helvétius, v. 279, 289; Holbach, v. 263; Rochefort, Comtesse de, v. 266, 280, 290, 312; Souza, v. 321; Victoire, Mme, v. 281
teased for mistake in French, v. 281
Victoire, Mme, converses with, v. 281

Gaudion de la Mannerie, Marie-Jeanne-Armande, m. (1773) Joseph-Henry, Comte de Bombelles:
(?) Artois, Comtesse d', attended by, iii. 420

Gauls:
Bussy's *Histoire amoureuse* of, iii. 185

Gaultier, Abbé, chaplain of Incurables:
account of, v. 21
L'Attaignant aided by, v. 21, 31
verses on Voltaire's and L'Attaignant's reconciliations through, v. 31
Voltaire accepts services of, v. **21**
—— outwardly reconciled to Church by, v. 25, 27, 31

Gaultier, Jacques-André (d. 1780):
(?) attends session of parliament of Paris, vi. 171
Gautier, Mlle:
acts in: *Baron d'Albikrac, Le*, v. 272; *Fausse Agnès*, v. 275
Gayet, ——:
attends session of parliament of Paris, vi. 173
Gayot, ——, Choiseul's servant:
escapes injury, iii. 122
Gayot, ——, doyen of cour des aides:
Richelieu gives precedence to, iii. 58
Gazeau de Champagné, Paule-Henriette, m. (1748) Joseph-Louis-Dominique, Marquis de la Fare:
social relations of, with Comtesse de Forcalquier, v. 326
*Gazetteer, Court. See Gazette de France*
Gazetteers. *See* Arnaud, François; Suard, Jean-Baptiste-Antoine
Gazette; gazettes:
American news in, iv. 200
D avidly reads London news in, ii. 346–7
D mentions, i. 246, 249, 258, 261, 269, 277, 283, 284, 286, 303, 404, ii. 5, 48, 80, 131, 132, 164, 173, 203, 246, 373, 374, 442, 478, 482, 493, iii. 1, 62, 63, 65, 106, 189, iv. 199, 231, 236, 251, 261, 336, v. 45, 179, 204, 206, 228, 235
D reads, iv. 234
Gloucester's marriage reported by, iii. 248
*Gazette d'Amsterdam:*
article on Wilkes in, ii. 155
*Gazette de France:*
Arnaud and Suard deprived of, iii. 93
Conway spoken of by, iv. 235
Guines's appointment rumoured by, iii. 121
Hume's coming to Paris rumoured by, ii. 161
Marin made editor of, iii. 93
receipt for D's subscription to, vi. 42
*Supplément* to, iii. 203–4
Waldegrave, Cts, discussed in, iii. 92–3, v. 340–1
*Gazette de littérature. See Gazette littéraire*
*Gazette d'Utrecht:*
Geoffrin, Mme, discussed in, i. 373
*Gazette littéraire:*
always contains a little verse, iv. 68
Suard editor of, v. 263
Gédoyn, Nicolas (1667–1744), abbé:
Lenclos, Ninon de, affair of, with, iv. 128–9
Gelée, Claude. *See* Lorrain, Claude
Gem, Richard (ca 1716–1800), physician:
case detains, v. 43
HW pays, v. 410, 411
Monnerat, David, attended by, v. 410
Selwyn hopes, will accompany him to Italy, v. 43
social relations of, with: Beauclerk, v. 285; HW, v. 267, 272, 306, 326, 345–6, 350–1, 353; Holbach, v. 283, 296, 304; Saint Paul, v. 351–2
Gendarmerie:
Castries first to command, ii. 330, 341

reorganization of, ii. 341
*General History of . . . Music. See under* Hawkins, Sir John
Général la Motte (medicine):
Louis XV takes, ii. 196
Genest Delaunay, Madeleine (d. 1777), Mme Le Droit:
D mentions, i. **359**
(?) social relations of, with: Anlezy, Comtesse d', v. 339; Damas d'Antigny, Marquise de, v. 338; Hénault, v. 317, 323, 325, 331
Geneva, Bishop of. *See* Biord, Jean-Pierre
Geneva:
books ordered from, iv. 21
D's acquaintance with visitors from, iv. 395
Lullin, Mme de, of, iv. 25
officer of, ordered to suppress books, v. 292
Pompignan's brother at, i. 202
Versoix to rival, i. 392–3
visitors to: Gibbon, iv. 293; Necker, Mme, iv. 293; Stanhopes, iv. 29
Voltaire markets watches made by emigrants from, ii. 411
——'s verses addressed to gentlemen of, iv. 130
Geneviève, Ste:
châsse de, uncovered for Dauphin's illness, v. 286
Genius:
HW compares, to monarch, ii. 213
*1* Genlis, Comte de. *See* Brulart, Charles-Alexis
*2* Genlis, Comtesse de, wife of *1. See* Ducrest de Saint-Aubin, Stéphanie-Félicité
Gennevilliers, country house of Duchesse de Choiseul:
Choiseul, Duc de, occupies, ii. 458
Choiseul, Duchesse de, occupies, ii. 439, 447, 450, 452, 459, 464, 469, v. 326–8, 332
Creutz's proposed visit to, ii. 469
D mentions, ii. 359
D to have game from, ii. 445
visitors to: Arras, Bishop of, ii. 450, 469; Aydie, ii. 469; Barthélemy, ii. 450, v. 326, 328, 332; Beauvau, v. 327; Boufflers, Chevalier de, v. 327; Castellane, v. 328; Châteaurenaud, Marquise de, v. 327; Choiseul-Beaupré, Comtesse de, v. 326; Cholmondeley, Mrs, ii. 447, 450, 451, 458, 469; (?) Clérembault, Mlles de, vi. 177; D, ii. 447, 450–2, 458, 469, v. 326–8, 332, vi. 177; Damas d'Antigny, Marquise de, ii. 458; Du Châtelet, Comtesse, ii. 458; Gleichen, v. 328; HW, v. 326–8, 332; La Vallière, Duchesse de, v. 327; Rodez, Bishop of, ii. 469; Souza, v. 328; Thiers, v. 326, 328, 332; Walpole, Hon. Robert, ii. 469; Walpole, Hon. T., ii. 469
Genoa:
Boufflers, Duc de, dies at, vi. 83n
ministers from, *see under* Minister
Schuwalof at, i. 365
York has 'passion' at, v. 365
—— sets out for, v. 365
'Geoffrin, Prince.' *See* Stanislas II

*1* Geoffrin, Mme François. *See* Rodet, Marie-Thérèse

*2* Geoffrin, Marie-Thérèse (1715–91), dau. of *1*, m. (1731) Philippe-Charles d'Estampes, Marquis de la Ferté-Imbault:
Alembert asked by, not to call on Mme Geoffrin, iv. **363**
Geoffrin, Mme, guarded by, iv. 367
—— leaves income to, iv. 484
HW's correspondence with, v. 382
social relations of, with: Élisée, v. 321; Geoffrin, Mme, v. 273, 294, 316, 327; HW, v. 318, 321; La Trémoïlle, Duchesse de, v. 318; La Vallière, Duchesse de, v. 302; Maurepas, v. 303

'Geoffrinska.' *See* Rodet, Marie-Thérèse

George I (1660–1727), K. of England 1714–27:
Chesterfield's sketch of, translated by Vicomtesse de Cambis, iv. 462, 465
Königsmarck murdered at instigation of, v. 278
William III told that Hanover is not to be relinquished by, v. 362

George II (1683–1760), K. of England 1727–60:
Chesterfield's disrespect towards, iv. 462
La Rochefoucauld, Charlotte de, dies in reign of, v. 315

George III (1738–1820), K. of England 1760–1820:
Bouzols, Marquise de, disparages, v. 261
brothers of, reconciled with, v. 234
Chatham unable to see, i. 290
Cumberland, Henry Frederick, D. of, informs, of marriage, iii. 131
Cumberland, William Augustus, D. of, asks Bedford faction to respect, v. 369
D asks about Gloucesters' relations with, iv. 494
D asks reaction of, to Conway's refusal of salary, i. 372
D dreams that HW is favourite of, iii. 272
D's opinion of, iii. 134, iv. 477, v. 232
France apologizes to, for *Gazette* article, iii. 92–3
Gloucester, Ds of, coolly treated by, iii. 309
Gloucester, D. of, children of, recognized by, v. 40
—— kindly treated by, iv. 477
Grenville and Bedford faction forced upon, v. 369
HW defends, v. 261
Macartney allowed by Louis XVI to serve, v. 445
*Memoirs of the Reign of*, see *Memoirs of the Reign of King George the Third*
plot against, iv. 230, 231
Rousseau granted pension by, i. 94–5, 260n, 281
ship of, insults the French, vi. 209
York given orders by, v. 365
—— hopes French troops will not be seen by, v. 365
—— said to have written last letter to, v. 366

George (IV) (1762–1830), P. of Wales; K. of England 1820–30:
birthday festivities of, iv. 354
household of, changed, iv. 326

George and Star:
York bequeaths, to Cumberland, v. 366

*George Barnwell. See under* Lillo, George

Georgel, Jean-François (1731–1813), abbé:
Broglie's suit against, v. 164, 166

Georgia:
Estaing's attack on, repulsed, v. 438

Gerbier de la Massillaye, Pierre-Jean-Baptiste (1725–88), lawyer:
complaint against, vi. 200
Monaco, Ps of, employs, ii. 438
poisoned by quack medicine, iii. 192
Richmond consults, ii. 287, 297

Geré-de-Rancé, Françoise (ca 1642–1728), m. (1680) François-Honorat de Beauvilliers, Duc de Saint-Aignan; 'Mlle de Lucé':
marriage of, iv. 342

*1* Gérente de la Bruyère, Louis-Sextius de (d. 1788), Bishop of Orléans 1755–88; cousin of *2*:
Arras, Bishop of, promises to revisit, iii. 240
—— visits, iii. 239–40
Chanteloup visited by, vi. 202
Châtillon visited by, v. 331
Choiseul, Duc and Duchesse de, may visit, iv. 92
D alludes to, ii. 285
D and Bishop of Arras decide not to visit, iii. 239
D's avoidance of him displeases, iii. 240
Du Châtelet, Comtesse, visits, iii. 239
good-humoured, ii. 39
Gramont, Duchesse de, to visit, iii. 231, 234, 238
—— visits, iii. 239–40
Ligne, Princesse de, visits, iii. 239–40
Louis XV asks, to secure marmalade, i. 360–1
retires in disfavour to faubourg of Le Mans, iii. 47
social relations of, with: Choiseul, Duchesse de, ii. 39; D, v. 443; La Reynière, Mme de, v. 432
Toulouse, Archbishop of, has influence with, ii. 453

*2* Gérente d'Orgeval, Félicité-Justine de (b. 1744), m. the Comte de Bausset; 'Marquise de Bausset':
D describes, iii. 392
D rents apartment to, iii. **369–70**, 392

*3* Gérente d'Orgeval, Louis de (b. 1746), abbé; brother of *2*:
La Reynière, Mme de, sister of, v. 346
Roissy visited by, v. 346
social relations of, with: Caraman, v. 346; D, v. 348

*4* Gérente d'Orgeval, Suzanne-Françoise de (b. 1736), sister of *2*, m. (1758) Laurent Grimod de la Reynière:
D always welcome at house of, iv. 432
dog finds way home to, iv. 201

[4 Gérente d'Orgeval, Suzanne-Françoise de, *continued*]
Gérente, Abbé, brother of, v. 346
Grange-Batelière, Rue de la, residence of, iv. 201
HW admires, iv. 224–5
La Tuilerie occupied by, v. 345, 429(?)
—— residence of, iv. 339
—— to be residence of, v. 459
Luxembourg, Mme de, visits, iv. 339
Luxen visited by, iv. 460
sister of, iii. **370**, 392
social relations of, with: Barbantane, Marquise de, v. 345; Beauvau, Prince and Princesse de, v. 345; Besenval, v. 345; Boufflers, Comtesses de, v. 345; Cambis, Vicomtesse de, v. 435; Clermont, Mme de, v. 345; D, iv. 220, 224, 228, 229, 241, 267, 270, 353, 373, 414, 432, v. 344–5, 353, 423, 429, 432, 435, 452, 458; HW, v. 345; Lauzun, Duchesse de, v. 345; Luxembourg, Mme de, v. 153, 345, 432, 435; Orléans, Bishop of, v. 432; Ségur, Comtesse de, v. 345; (?) Ségur, Marquis de, v. 345; Sénac, v. 345; (?) Usson, Comtesse d', v. 345; Vauban, Marquise de, v. 345; Vierville, Marquise de, v. 345
Gergà, Mme de. *See* Henry, Anne
Gergy, Comtesse de. *See* Henry, Anne
Germain. *See also* Sackville-Germain
Germain, ——, glass merchant:
HW's dealings with, v. 296–7, 303, 306, 313, 404
Germain, Lady Elizabeth. *See* Berkeley, Lady Elizabeth
Germanicus (d. A.D. 19):
Poussin's drawing of death of, v. 279
Germans:
D does not care for, iv. 238
Germany, Emperor of. *See* Joseph II
Germany, Empress of. *See* Maria Theresa
Germany:
at war, v. 67
Peace of Teschen for, v. 132
*Gertrude and Isabelle. See* Favart, Charles-Simon, *Isabelle et Gertrude*
1 Gesvres, Duc de. *See* Potier, Louis-Joachim-Paris-René
2 Gesvres, Marquise (later Duchesse) de, wife of 1. *See* Du Guesclin, Marie-Françoise-Marguerite
Gethin, Lady. *See* Norton, Grace
Gévaudan:
beast of, HW sees, at Versailles, v. 266
nobility of, Voltaire's letters to, on behalf of Morangiès, iii. 400–1
Ghistelle. *See* Guistelle
Gibbon, Edward (1737–94), historian:
*Amant bourru, L'*, attended by, iv. 469
Auteuil visited by, iv. 459, 469, 472
Beauclerk, Lady Diana, gown for, not bought by, iv. 483–4
Beaune sends almanac to, v. 5

Beauvau, Princesse de, praised by, vi. 90
—— relations of, with, iv. 490
Cambis, Vicomtesse de, relations of, with, iv. 490, v. 222
Chaillot visited by, iv. 469
Choiseul meets, iv. 445
—— wishes to meet, iv. 442, 445
Craufurd returns to London with, iv. 485–7, 489
D fails to see, iv. 460
D inquires about, v. 173
D refers to, for confirmation, iv. 492, 499
D's correspondence with, iv. 492, 494
D's opinion of, iv. 442, 446, 450, 451, 454, 459, 466, 472, 474, 476, 477, 482–7, 491
D's relations with, iv. 446, 449–52, 486, 487, 490, 491
D would like to know opinion of, of her, iv. 450
D would like to meet, iv. **436**
*Decline and Fall of the Roman Empire*: Choiseul admires, iv. 442, 445; D finishes first volume of, iv. 474, 492; D has, iv. 390; D has not finished, iv. 454, 465, 469; D's opinion of, iv. 396, 400, 426, 465–6, 469, 474, 492, v. 69, 74, 107, 187; HW likes, iv. 469, v. 17, 69; Necker, Mme, may bring back, iv. 293; translation of, pleases Gibbon, iv. 492; translation of, to be made, iv. 301–2
Fontainebleau to be visited by, iv. 476, 481
France liked by, iv. 482, 490
Geneva visited by, iv. 293
Guibert's *Éloge historique de Michel de L'Hospital* lent by D to, iv. 469
HW does not mention, v. 173
HW sends messages to, iv. 483
HW to see, iv. 489
leaves Paris, iv. 489
*Mémoire justificatif pour servir de Réponse à l'Exposé des Motifs de la Conduite du Roi de France relativement à l'Angleterre*, style of, v. 187
Necker, Mme, knows, iv. **293**, 301
—— relations of, with, iv. 490, v. 107–8
Necker, M. and Mme, suited to, iv. 436
no one hears from, v. 107–8
Paris to be visited by, iv. 329, **333**, 441
snuff-box ordered by, iv. 296, 297, 302–6, 308–9, 312, 316, 319, 325, 329, 331, 333, 341, 371
social relations of, with: Beauvau, Princesse de, vi. 90; Boufflers, Comtesse Amélie de, iv. 469, 472; Boufflers, Comtesse de, iv. 459, 469, 472; Caracciolo, iv. 445; D, iv. 442, 445, 450, 454, 474; Meinières, M. and Mme de, iv. 469; Mirepoix, Mme de, iv. 450; Necker, M. and Mme, iv. 441, 442, 447
success of, iv. 449, 476, 477, 481, 482, 490
to leave France, iv. 476, 481–7
to remain in Paris, iv. 451–2, 462, 474, 476
to revisit Paris, iv. 490, 491
translator of, marries, v. 17

Gibbs, Sir Philip (1730–1815), cr. Bt:
  social relations of, with: HW, v. 352; Saint Paul, v. 344, 352
Gibraltar:
  false report of capture of, v. 439
Gibson, Anne (d. 1777), m. (ca 1738) Sir Thomas Webb, 4th Bt:
  (?) social relations of, with: Beaufort, v. 271; Richmond, v. 270
Gibson, William (d. 1771), actor:
  death of, v. 372, 398
Gilbert, Emma (1729–1807), m. (1761) George Edgcumbe, Bn Edgcumbe, cr. (1781) Vct and (1789) E. of Mount Edgcumbe:
  HW's correspondence with, v. 393
Gil Blas. See under Le Sage, Alain-René
Gille, ——, wine merchant:
  D's receipt from, vi. 41
Gille, Jean-Claude (1725–78), called Colson de Bellecourt; actor:
  social relations of, with Voltaire, v. 18
Giloust, Marie-Suzanne (1734–72), m. Alexandre Roslin; artist:
  Louvre exhibits crayon portrait by, v. 339
Gimblettes:
  Rosette to have, ii. 259
Girac. See Barreau de Girac
Girard, Mlles (d. 1772), 'les vieilles demoiselles':
  death of, iii. 301
  Sévigné letters in possession of, ii. 74, 144, iii. 301, 307, vi. 139
Girard, Pierre-Maurice-Emmanuel de (b. 1718), Marquis de Pézennes:
  (?) Sévigné letters copied by, iii. 307
Girard de Vannes, Marie-Françoise de (b. 1741), m. (1760) Louis-Marie-Gabriel-César, Baron de Choiseul:
  social relations of, with D, v. 450
Girardin, René-Louis (1735–1808), Marquis de:
  Rousseau dies at house of, v. 68
  ——'s Mémoires said to have been suppressed by, v. 68
Girardon, François (1628–1715), sculptor:
  Poussin's figures borrowed by, v. 279
  Praslin has paintings by, v. 353
  Richelieu's tomb by, v. 279
Girardot, Marie-Jeanne (d. 1781), m. Georges-Tobie Thellusson:
  Mirepoix, Mme de, disposes of house to, v. 9, 11
Giraud, Bernardino, Archbishop of Damascus; nuncio to France:
  social relations of, with Hénault, v. 327
Gisors, Comtesse de. See Mancini-Mazarini, Hélène-Julie-Rosalie
Glacière:
  D sends, to Craufurd, i. 405–6, ii. 3
Glandèves, Bishop of. See Tressemanes de Brunet, Gaspard
Glasgow, Archbishop of. See Beaton, James
Glasgow:
  Beaton's prayer book printed at, v. 359

Glass, green:
  desired for friend of D's, iv. 85, 89, 91, 97, 116, 117, 125, 128, 129, 131–2, 132, 135, 140, 145, 146, 159
  given to D by HW, i. 98–9, 102, 111, iv. 85
  out of style, iv. 132
  price of, iv. 140
Glass, painted. See Elias, Matthew; Michu, Benoît; Sempy, P. A.; Stained glass
Glasses, liqueur:
  D buys, through HW, iii. 146, 172, 177, 203, 205–7
Glatigni, ——:
  attends session of parliament of Paris, vi. 173
Gleichen, Carl Heinrich (1733–1807), Bn, Danish envoy to France; 'Trufaldin':
  Bath to be visited by, iii. 359
  Brussels to be visited by, iii. 370
  Choiseul, Duchesse de, visited by, at Chanteloup, ii. 250, 252
  D avoids recommending, to HW, iii. 351
  D hears from, of Duchesse de Choiseul's illness, ii. 292
  D's correspondence with, ii. 250, 285, 295, iii. 144, 351, 357, 369, 370
  D's 'husband,' ii. 212, 221
  D's opinion of, ii. 163, 165, 347, iii. 351–2, 357, 372
  D will miss, ii. 347, 351, 421
  Gennevilliers visited by, v. 328
  HW accompanies, to theatre, v. 331
  HW and, not suited to each other, iii. 372
  HW attentive to, iii. 351
  HW hears of Orléans's marriage from, iii. 354
  HW likens, to Trifaldin, ii. 212
  HW sends books to, ii. 295, 309
  HW's opinion of, ii. 357, iii. 355
  Harrogate may be visited by, iii. 370
  Italy visited by, iii. 360
  London to be visited by, iii. 351
  Naples visited by, iii. 144
  proverbs acted by, v. 331
  races attended by, iii. 355
  recalled from Paris, ii. 347, 421
  social relations of, with: Choiseul, ii. 212, v. 328, 330–1, vi. 159; Choiseul, Duchesse de, ii. 212, 385, v. 328, 330–1, vi. 159; D, ii. 108, 165, 203, 212, 272, v. 326, 328–9, 331; Geoffrin, Mme, v. 283, 306; HW, iii. 369; Helvétius, v. 279; Holbach, v. 283; Shelburne, iii. 144
  Thomas's Essai sur les éloges will charm, iii. 357–8
  Yorkshire to be visited by, iii. 351
Glenbervie, Bn. See Douglas, Sylvester
Glenorchy, Bns. See Maxwell, Willielma
Globes, purple:
  Presle has, v. 346
Glorieux, Le. See under Néricault, Philippe
Glory:
  desire for, ii. 219
Gloucester, Bishop of. See Warburton, William

*1* Gloucester, Ds of, wife of *2*. *See* Walpole, Maria

*2* Gloucester, D. of. *See* William Henry

*3, 4* Gloucester, Princesses of, daughters of *2*. *See* Carolina Augusta Maria; Sophia Matilda

Gloucester, Glos:
attacked, v. 368

Gluck, Christoph Willibald (1714–87), composer:
*Armide:* Choiseul to attend, iv. 478; D attends, iv. 478; success of, v. 9
*Iphigénie en Aulide:* D hears, iv. 39–40; D's opinion of, iv. 167–8
older generation does not care for, v. 19
*Orphée et Eurydice,* D's opinion of, iv. 167–8
Piccinni's rivalry with v. 9, 19

Gobelin tapestry:
HW buys screen of, v. 403
HW visits factory of, v. 286, 308, 310
La Borde has chairs of, v. 280
Louis XVI gives, to Joseph II, iv. 449

Gobert, ——, portrait-painter:
D painted by, vi. 215

Goblet, of rock crystal:
D orders box for, v. 438

Gobriant. *See* Budes, Joseph-Marie-Louis

God:
D's attitude towards, i. 48
HW's views on, i. 300, ii. 220
*See also* Faith

Goddard, ——, m. (1762) Edward Morant:
(?) social relations of, with: HW, v. 350, 352; Mountmorres, v. 353

*1* Godfrey, ——, mercer:
daughter of, v. 374

*2* Godfrey, Mary (d. 1770), dau. of *1*, m. (1746) Sir John Crosse, 2d Bt:
Crosse, Sir John, tricked into marriage by, v. 374

Godolphin, Francis (1678–1766), cr. (1734) Bn Godolphin:
death of, v. 397

*1* Goëzmann, Louis-Valentin (1730–94), councillor:
account of, iv. 19n
Aiguillon abandons, iv. 35
court does not hold, in bribery case, iv. 23
HW inquires about, iv. 31
marriage of, iv. 22n
sentenced in matter of baptism, iv. 35
trial of wife of, *see under* Jamart, Gabrielle-Julie

*2* Goëzmann, Mme Louis-Valentin, wife of *1*. *See* Jamart, Gabrielle-Julie

Goislard, ——:
attends session of parliament of Paris, vi. 171

Golden Fleece, Order of the:
Karl Theodor receives, v. 23

Goldoni, Carlo (1707–93):
*Bourru bienfaisant, Le,* read to D by, iii. 117

Goldsmith, Oliver (1728–74), author:
*She Stoops to Conquer,* Lloyd, Rachel, satirized in, iii. 386

Golowski. *See* Gurowski

Goltz, Bernhard (ca 1730–95), Freiherr von der, Prussian minister to France:
social relations of, with: D, v. 345–8; Mirepoix, Mme de, v. 347

Gondi de Retz, Jean-François-Paul de (1614–79), Cardinal de Retz:
HW admires letter of, ii. 141
letters of, printed, iv. 275

*Gondoliers Vénitiens:*
HW sees, v. 260

Gondrin, Marquise de. *See* Noailles, Marie-Victoire-Sophie de

Gonesse:
D and party attend play at, ii. 445

*1* Gontaut, Marquise de, wife of *3*. *See* Crozat du Châtel, Antoinette-Eustochie

*2* Gontaut, Armand-Louis de (1747–93), Comte and (1788) Duc de Biron; Duc de Lauzun, 1766; son of *3*:
Boufflers, Comtesse de, friendly with, i. 241
Bunbury, Lady Sarah, accompanied by, i. 230, 231, 234
—— awaited at Calais by, i. 311, 314, 316
—— pursued by, i. 231, 234, 237, 239, 242, 251n, 254
Choiseul, Duc and Duchesse de, visited by, at Chanteloup, iii. 7, 426
Choiseul, Duc de, displeased with, i. 242
Choiseul, Duchesse de, aunt of, i. 238n
Corsican voyage of, ii. 106, 135, 254
D mentions, i. 252, 259
D's letter from Duchesse de Choiseul delayed by, iii. 99
D's letters conveyed by, i. 238
D's opinion of, i. 231, 239, 242, 284–5, ii. 254, v. 6
England to be visited by, iii. 296, iv. 283
—— visited by, i. 316, v. 6
finances of, iv. 383, 393, v. 5–6, 32–3
Fox's companion, v. 6
Guéménée's financial arrangement with, v. 32–3
Guerchy asked to supervise, i. 242
London visited by, i. 234, 237–9, 242, 248n, iii. 378
Luxembourg, Mme de, generous to, iv. 393
—— receives letter from, i. 251
marriage of, i. 24n
returns from travels, iv. 174
Richmond must be cool to, iii. 309
rumoured resignation of, from Guards, iii. 378
Senegal taken by, v. 123
social relations of, with: Beauvau, Chevalier de, ii. 328; Boisgelin, Comtesse de, ii. 328; Boufflers, Chevalier de, ii. 328; Boufflers, Comtesse de, v. 301, 304, 307; Boufflers, Marquise de, ii. 328; Cambis, Vicomtesse de, ii. 328; Choiseul, Duchesse de, i. 238, 242, 284, iii. 7, v. 299, 330; D, iii. 186, v. 322, 324; HW, i. 284, v. 300; Hénault, v. 303; Hénin, Princesse d', ii. 328; Luxembourg, Mme de,

ii. 361, v. 284, 290, 295, 301, 303, 306, 352;
Poix, Princesse de, ii. 328; Rochford, i. 285;
Souza, v. 318; Stavordale, ii. 328
Stainville, Comtesse de, confides in, i. 242
Stanley imitated by, i. 239
3 Gontaut,   Charles-Antoine-Armand   (1708–
1800), Marquis (later Duc) de:
Choiseul, Duc and Duchesse de, accompanied
by, at Chanteloup, iii. 7
D's relations with, iii. 182–3
Damon, wife's name for, vi. 106
Dauphin's entrée given to, ii. 444
letters to, on health of Duchesse de Choiseul,
ii. 291
Luxembourg, Duchesse de, characterized by,
iii. 106
model for letter to Orléans sent to, vi. 183
out of favour at Court, ii. 298
'portrait' of, by Marquise de Gontaut, vi.
106–7
question of his having been invited by Comtesse du Barry to sup with Louis XV, ii.
288–9
social relations of, with: Choiseul, v. 297, 331;
Choiseul, Duchesse de, ii. 294, 302, 385, iv.
376, v. 13, 297, 331; D, iii. 182–3, 186, iv.
115, 220, v. 350, 352; La Vallière, Duchesse de,
ii. 291; Luxembourg, Mme de, iv. 404, v. 295,
300, 352
son of, i. 238n
verses for, at Mme de Luxembourg's supper,
iv. 406
4 Gontaut, Louis-Antoine de (1700–88), Duc de
Biron; Maréchal de France; brother of 3:
attends session of parliament of Paris, vi. 172
Biron, Maréchale de, separated from, iii. 151
brother of, iv. 406
commands Paris troops, iv. 185
Dauphin's entrée given to, ii. 444
government grant to, iii. 151
HW sees hôtel of, v. 263
Languedoc governed by, iv. 214
Maillebois's appointment protested by, iv.
322–3
marriage of, i. 364n
social relations of, with Maximilian, iv. 156
verses on, during bread riots, iv. 193–4
5 Gontaut de Biron, Marie-Antoinette-Victoire
de (d. 1770), sister of 3, m. (1721) Louis-
Claude-Scipion de Beauvoir de Grimoard,
Comte du Roure:
(?) Luynes, Duchesse de, sued by, i. 379
(?) social relations of, with Hénault, i. 378–9
Gonzaga, María Luisa (1726–73) Duquesa de
Solferino, m. (1741) Don Juan Joaquín Atana-
sio Pignatelli de Aragón, Conde de Fuentes:
Paris residence of, iii. 405–6
Goodwood, Sussex, Richmond's estate:
Dieppe convenient for, iv. 370
Richmond to visit, iv. 372
Gordianus, Marcus Antoninus (192–238):
D mentions, iv. 474
Gordien. See Gordianus

Gordon, Colonel:
HW sends letters by, v. 379
social relations of, with: HW, v. 288; Helvé-
tius, v. 289; Richmonds, v. 289–90
Gordon, Alexander (d. 1769), army officer:
Harcourt, Earl, suspected of aiding, ii. 343
Gordon, Lord George (1751–93):
D expects acquittal of, v. 239
Gordon, John (d. 1777), priest; head of Scots
College in Paris:
James II's papers perhaps to be published by,
v. 358–9
social relations of, with HW, v. 307
Gordon, Thomas (d. 1750):
De l'imposture sacerdotale, vi. 152
Gordon, Lord William (1744–1823):
HW sends letter and parcel by, v. 378
social relations of, with: Beaufort, v. 271;
Fife, Cts of, v. 277; HW, v. 267
Gordon Riots:
D asks for news of, v. 235
D's horror at, v. 232
ended, v. 239
Stormont attacked in, v. 231
Gosse, ——, curio-dealer:
social relations of, with HW, v. 287
Gothic:
Gleichen not interested in, iii. 360
HW's interest in, i. 75
in Mysterious Mother, ii. 40
Gouffier, Jean-Timoléon (1645–1729), Marquis
de Thois:
marriage of, ii. 299
1 Gouffier, Marie-Thérèse-Catherine (d. 1758),
m. (1722) Louis-François Crozat, Marquis du
Châtel; mother of Duchesse de Choiseul:
D's 'portrait' of, vi. 109–11
former lackey of, ii. 416
2 Gouffier d'Heilly, Marie de (1752–1816), niece
of 1, m. (1771) Marie-Gabriel-Florent-Auguste, Comte de Choiseul-Beaupré; 'Comtesse
de Choiseul-Gouffier':
husband of, v. 76
leaves Paris, v. 454
marriage of, iii. 113
social relations of, with Duchesse de la Vallière, iii. 113
son born to, v. 429
Gouffier family:
alliances of, ii. 299
Goujon, Denis-Louis:
(?) attends session of parliament of Paris, vi.
171, 173
Goulet de Rugy, Madeleine-Suzanne de (ca
1723–77), m. Marquis de Saint-Sauveur:
(?) social relations of, with D, v. 344, 347
Gourgaud, Françoise-Rose (1743–1803), m. (ca
1767) Angiolo Vestris; actress:
D considers, mediocre, ii. 197, iii. 312
Raucourt, Mlle, compared with, iii. 312
Gourgue, Présidente de. See Lamoignon, Olive-
Claire de

Gourgues, Armand-Guillaume-François de:
attends session of parliament of Paris, vi. 171,
172
Gournay, Marquis de. *See* Raigecourt-Gournay,
Joseph de
Gournay:
Choiseul, Duchesse de, invests in property at,
vi. 36–7
HW at, v. 316
Gourville. *See* Hérault de Gourville
Gout:
and gravel the greatest ills, v. 210
Bièvre's quip on, iv. 236
bleeding for, i. 125, iv. 134, 232, 233
book on, sent by D to HW, ii. 307, 309, 315
bootikins for, *see* Bootikins
camœdris for, iv. 384
Colmant's, iii. 376, iv. 408, 409, v. 45
Coste's *Traité* on, i. 138–9
Craufurd's, iii. 392, 421, iv. 137, 220, 223, 224
curer of, at Versailles, iv. 197
dampness bad for, iv. 371
does not preserve from other ills, i. 139
gloves for, iv. 133, 137
in stomach, i. 265
leeches for, ii. 307, 315
Luxembourg, Mme de, thought to be ill of,
v. 205, 208, 210, 219
milk for, i. 121, ii. 467
occurrences of, ii. 357, 400, 451, iv. 203, 233,
235, 261, 370, 372, 418, v. 81, 84, 106, 153(?),
195, 234
theories of, iv. 101
treatment for, i. 121, 124–5, 134, 135, 139, ii.
307, 467, iii. 279, v. 106, 210
*See also under* Walpole, Horatio (1717–97),
health of
Gouthière, Pierre (1732–1814), carver:
ormolu by, at Hôtel d'Aumont, v. 353
Gouvernet. *See* La Tour du Pin de Gouvernet
Gower, E. *See* Leveson-Gower, Granville
Gower, John (ca 1325–1408), poet:
Drumgold translates, v. 270
Gowroski. *See* Gurowski
*1* Goyon-de-Matignon, Louis-Charles de (1755–
73), Comte de Matignon; nephew of *3:*
death of, iv. 1–2
marriage of, iii. **209–10**, 225
Naples to be visited by, iii. 210
*2* Goyon-de-Matignon, Marie-Thomas-Auguste
de (1684–1766), Marquis de Matignon:
Regent's mot on, i. 277–8
*3* Goyon-de-Matignon, Victoire-Louise-Sophie
de (1722–77), dau. of *2,* m. (1741) Charles,
Duc de Fitzjames, Maréchal de France:
death of, iv. **464**
social relations of, with: Beaune, v. 300; Bouzols, Marquise de, v. 300, 307; HW, v. 287,
300; Ossun, v. 300; Richmond, v. 270, 292,
297
Valentinois, Comtesse de, makes, residuary
legatee, iv. 71
*4* Goyon-de-Matignon de Grimaldi, Honoré-

Aimé-Charles-Maurice (1758–1819), Duc de
Valentinois; later P. of Monaco; son of *5:*
attends meeting of parliament of Paris, vi. 172
HW to send sword to, v. 416
marriage of, ii. 438n, iv. 460
protests illegal parliament, iii. **61**
*5* Goyon-de-Matignon de Grimaldi, Honoré-
Camille-Léonor (1720–95), P. of Monaco:
ball given by, ii. 159, iii. 322
Boisgelin, Comtesse de, friend of, iii. 86, 150,
163, 170
D does not know, ii. 71
D sends parcel by, ii. 50
D's opinion of, ii. 71
HW given portrait of Mary of Orange by, v.
335
HW's gift to, iii. 172
HW talked of by D and, iii. 140
HW to give swords to sons of, v. 416
HW told not to give *Gramont* to, iii. 268
HW to see, iii. 86
marriage of, i. 61n
Mrs Stephens' medicine sought by, iii. 285
Monaco, Ps of, not wished by, to sign son's
marriage contract, iv. 460
—— secures separation from, ii. 438, 455, iii.
14
—— sues for separation from, ii. 438–9
Monaco occupied by, iii. 268, iv. 212
social relations of, with: Bauffremont, v. 334;
Beaumarchais, iv. 21, 22; Boisgelin, Comtesse
de, v. 334; Boufflers, Marquise de, v. 334;
Choiseul, v. 365; Churchills, v. 334; D, iii.
139, 140, 145, 163, 292, iv. 21, v. 334–6; Fitz-
gerald, Lord Charles, iv. 330; (?) Fitzgerald,
Lady Charlotte, iv. 330; HW, v. 334; Leinster,
Ds of, iv. 330; Manchesters, iii. 292; Mirepoix, Mme de, iii. 292; Ogilvie, iv. 330; Richmond, iv. 330; Wirter, v. 334
son's marriage contract debated by, iv. 460
York tended by, v. 365–6
*6* Goyon-de-Matignon de Grimaldi, Joseph-
Marie-Jérôme-Honoré (1763–1816), 'Prince
Joseph of Monaco'; son of *5:*
HW to send sword to, v. 416
Gracchi:
D mentions, i. 85
*Gracieuse* (ship):
capture of, v. 7
Gradenigo, Bartolommeo Andrea, ambassador
from Venice to France:
D describes, i. **147**
social relations of, with: Aiguillon, Duchesse
d', i. 237; D, i. 237; Forcalquier, Comtesse de,
i. 237, v. 317–20; Rochford, i. 285
Graeme, John (d. 1773), E. of Alford (Jacobite
peerage):
social relations of, with Duchesse d'Aiguillon,
v. 310
*1, 2* Grafton, Duchesses of, wife and dau.-in-law
of *3. See* Liddell, Anne (1738–1804); Waldegrave, Lady Charlotte Maria (1761–1808)
*3* Grafton, D. of. *See* Fitzroy, Augustus Henry

Grafts, Mr, merchant:
HW sends letters by, v. 377
*1* Graham, Thomas (1748–1843), cr. (1814) Bn Lynedoch:
Paris visited by, iv. **401**
*2* Graham, Hon. Mrs Thomas, wife of *1. See* Cathcart, Hon. Mary
Graham, Mrs William. *See* Sawbridge, Catherine
*1, 2* Gramont, Comtesse de. *See* Foucq de Garnetot, Marie-Louise-Sophie (d. 1798); Hamilton, Elizabeth (1641–1708)
*3, 4, 5* Gramont, Duchesses de, wife of *7;* dau.-in-law of *7;* wife of *8. See* Choiseul-Stainville, Béatrix de (1730–94); Noailles, Philippine-Louise-Catherine de (1745–91); Polignac, Louise-Gabrielle-Aglaé de (ca 1768–1803)
*6* Gramont, Antoine-Adrien-Charles (1726–62), Comte de, g.-g.-grandnephew of *10,* husband of *1:*
marriage of, ii. **436**n, 441
*7* Gramont, Antoine-Antonin (1722–99), Duc de, brother of *6:*
marriage of, i. 30n
relatives of, ii. 441
*8* Gramont, Antoine-Louis-Marie de (1755–1836), Comte de Louvigny; Duc de Guiche, 1780; Duc de Gramont, 1799; son of *6:*
has reversion of captaincy of king's bodyguard, v. **153**
marriage of, v. 153, 456
*9* Gramont, Claude-Charlotte de (ca 1659–1739), dau. of *10,* m. (1694) Henry Stafford-Howard, E. of Stafford:
Richmond and Duchesse de Créqui reconciled by, v. 357
Richmond's relations with, v. 357
*10* Gramont, Philibert, Comte de (1621–1707), husband of *2:*
anecdote of, v. 289
marriage of, iii. 221n
memoirs of, *see under* Hamilton, Anthony
portraits of, iii. 221–2, v. 276, 283, 284, 402
*1* Granard, Cts of, wife of *2. See* Berkeley, Lady Georgiana Augusta
*2* Granard, E. of. *See* Forbes, George
Granby, M. of. *See* Manners, Charles (1754–87); Manners, John (1721–70)
Grand, Le. *See* Le Grand
*Grand Cyrus, Le. See* Scudéry, Madeleine de, *Artamène*
Grande Écurie:
fête thought to be at, iv. 162
Grandhomme de Gizeux, Marie-Anne-Renée-Jacqueline (b. 1718), m. (1747) Louis-Paul, Marquis de Brancas:
Angers visited by, iii. 79
ball, masked, attended by, v. 300
sings, v. 298
social relations of, with: Agen, Bishop of, v. 342; Archon, v. 322; Bentinck, v. 298; Blaquiere, v. 342; Cantillana, v. 298; Caraman, Comtesse de, v. 298; Castries, v. 317; Castro-

monte, v. 317; Caswall, v. 317, 320; Chabrillan, Marquis de, v. 322; Churchills, iii. 79; Clermont, Chevalier de, v. 298; Colbert, Abbé, v. 302; Craon, v. 342; Crillon, v. 302; Drumgold, v. 302; Duché, M. and Mme, v. 317; Entragues, v. 322; Flamarens, v. 302, 342; Forcalquier, Comtesse de, v. 319, 321; Fronsac, v. 320; Gacé, Comtesse de, v. 298, 302; HW, v. 274, 302, 307, 317, 320–1, 341–2; Lauraguais, v. 322; La Vallière, Duchesse de, v. 321; Lennox, Lord and Lady George, v. 298; March, v. 322; Mirepoix, Mme de, v. 342; Montazet, v. 302; Monteil, v. 317; Narbonne, Vicomtesse de, v. 322; Nieukerke, Mme de, v. 317, 320; Nivernais, Duc and Duchesse de, v. 341; Polignac, Comte de, v. 320; Redmond, v. 321; Richmonds, v. 290, 298; Rochechouart, Comtesse de, v. 342; Rochefort, Comtesse de, v. 274, 280, 290, 293, 298, 312, 323, 342; Rochford, Cts of, v. 320–1; Rouette, v. 317; (?) Saint-Simon, Comtesse de, v. 302; Selwyn, v. 322; Trans, v. 298; Usson, v. 293, 298, 320; (?) Usson, Comtesse d', v. 293; Valbelle, Marquise de, v. 320; Valentinois, Comtesse de, v. 342; Vaudreuil, Comte de, v. 317, 320–1
Grandison, Cts of. *See* Seymour-Conway, Lady Gertrude
'Grandison, Sir Charles':
D cites conduct of, ii. 320
D compares HW to, ii. 109, iv. 14, v. 200
Lauzun, Duchesse de, the female of, v. 200
sentiments of, iii. 392
'Grand'maman.' *See* Crozat du Châtel, Louise-Honorine
'Grand-papa.' *See* Choiseul-Stainville, Étienne-François de
Grands-Augustins, church of:
HW visits, v. 282, 336
Grands-Augustins, convent of:
Gramont's portrait in hall of the Chevaliers du Saint-Esprit at, iii. 222
HW visits, v. 276, 284, 336
Grands-Augustins, Rue des:
Plumard de Dangeul lives near, v. 417
*Grands hommes vengés, Les:*
D owns, vi. 33
'Grand Thomas.' *See* Thomas, Jean
Grandval, François-Charles (1710–84), actor:
HW sees, in comedies, v. 263
Grange, La. *See* La Grange
Grange-Batelière, Rue de la:
La Reynière, Mme de, lives in, iv. 201
Mirepoix, Mme de, lives near, iii. 435
Granges de Puiguyon, Louis-Armand-François de (ca 1744–67), Comte de Surgères:
death of, i. **288–9**
Grantham, Bn. *See* Robinson, Thomas
Grantley, Bn. *See* Norton, Sir Fletcher (1716–89); Norton, William (1742–1822)
Grapes:
Marchais, Baronne de, sends, to D, iv. 232, 251, 259

Grave, Comtesse de. *See* Grave de Solas, Marie-Anne-Éléonore de

*1* Grave, Augustine de (b. 1759), dau. of *2*, m. (1778) Henri-Marc-Amable de Cambis, Marquis d'Orsan:
marriage of, v. 84

*2* Grave, Charles-François (1726–88), Comte de, 'le voisin':
acts proverbs well, ii. 277
(?) Brittany visited by, iii. 268
Cholmondeley, Mrs, lowly birth of, known to, ii. 231
Comédie attended by, ii. 275
conveys message for D, i. 367
D forwards parcels between HW and, ii. 63, 64, 74
D's correspondence with, ii. 17, 35, 310, v. 437, vi. 139–40
D's relations with, i. 211, 361
daughter of, marries, v. 84
Foire Sainte-Ovide visited by, v. 319
Forcalquier, Comtesse de, talks of D with, iii. 349
Grave, Comtesse de, correspondence of, with, vi. 140
HW may be aided by, iv. 147
HW mentions, i. 341
HW's correspondence with, v. 387, vi. 140
HW's *Gramont* to be given to, iii. 299
HW told not to give *Gramont* to, iii. 268
illumination for Poix wedding seen by, v. 319
Jacqueline's and Jeanneton's installation attended by, v. 321
journeys to Lyon, Avignon, and Montpellier, ii. 310
marriage of, ii. 5n
may spend year in Languedoc, ii. 300
reports Duchesse de Choiseul is not well, i. 351
returns to Paris, ii. 144, iv. 147
*Roi et le fermier, Le*, attended by, v. 320
Saint-Joseph dwelling of, i. 211, v. 84
Sévigné letter sent to HW by, ii. 63, 72, iii. 301
—— letters sought by, ii. 35, 63, 72, 74, 144, vi. 139
social relations of, with: D, i. 211, 356, ii. 277, 283, iii. 146, 147, v. 316–7, 319, 321–3, 327, 331; Forcalquier, Comtesse de, v. 323; HW, v. 325; Hénault, v. 316–7, 319, 322, 327, 332; Walpole, Hon. Robert, ii. 256, v. 332
Versailles visited by, v. 330

*3* Grave, Edmé-Charles-François (d. 1795), Marquis de, son of *2*:
Louvre shown to, by Abbé Lambert, v. 339

*4* Grave de Solas, Marie-Anne-Éléonore de (b. 1730), wife of *2*, m. (1749) Charles-François, Comte de Grave:
does not attend ball, ii. 415
Grave's correspondence with, vi. 140
Louvre shown to, by Abbé Lambert, v. 339
paints picture of vase given to D by HW, ii. 343

pencils for, ii. 5
social relations of, with: D, v. 318, 331, 344; HW, v. 345

Gravel. *See* Stone

Gravier, Charles (1717–87), Comte de Vergennes; French ambassador to Sweden; minister of foreign affairs:
Beaumarchais subject of letters to, v. 439
Beauvau's informant, v. 38
Bertin's departments given to, v. 452–3
Choiseul's correspondence with, v. 439
D grateful to, for not stopping posts to England, v. 155
Linguet's letter to, iv. 416, 429
Louis XVI writes to Guines by, iv. 195
Malesherbes led by, to speak against Guines, iv. 299, 321
ministry of foreign affairs given to, iv. 61
named ambassador to Sweden, iii. 46, 48
Praslin's correspondence with, v. 439
returns to Paris, iv. 73
war parley said to have been attended by, iv. 459

Gray, Sir James (ca 1708–73), 2d Bt:
HW mentions, i. 342
social relations of, with: Chavigny, v. 317; HW, v. 316, 319–20; Rochford, Cts of, v. 318, 321

Gray, Thomas (1716–71), poet:
(?) D's conduct at news of death of, iv. 171
HW cites, on letter-writing, iii. 199
HW hears of death of, v. 338, 372, 398
HW's correspondence with, v. 377, 379
HW's engravings from, iii. 75

Greatbach, William (b. 1802):
D's picture engraved by, vi. 216

Greece:
seven wise men of, D mentions, ii. 394, iii. 125

Greeks:
HW bored by, ii. 479

Greenhouse:
at Chantilly, v. 260

Greenland:
D reads book on, iii. 184, 190

Grégoire, Hyacinthe-Philémon de (d. 1784), Chevalier (later Comte) de Saint-Sauveur:
(?) HW writes to D about, v. 246

Gregorio, Leopoldo de (d. 1785), Marquès de Squillace; Spanish statesman:
dismissed, v. 312

Gregory, Dorothea (d. 1830), m. (1784) Rev. Archibald Alison:
Chaillot visited by, iv. 357
social relations of, with Montagu, Mrs, iv. 357

Grenada:
HW expects engagement at, v. 172
taken by French, v. 172n, 176, 427, 428, 431
*Te Deum* for taking of, v. 173, 174
Walpole, Hon. T., interests of, in, v. 431

Grenelle, Plaine de:
Conti's house at, i. 118

Grenelle, Rue de:
  houses in, v. 24
  Mirepoix, Mme de, to take house in, v. 9
  Richmond to take house in, v. 24, 26
*1* Grenville, George (1712–70), prime minister 1763–5:
  D expected, to replace Grafton, ii. 356
  George III forced to accept ministry of, v. 369
  (?) HW refers to, vi. 162
  Luttrell's charge against, ii. 311
  union of, with Temple and Chatham, v. 367
*2* Grenville, Henry (1717–84), English ambassador to Turkey 1761–5; brother of *1*:
  correspondence of, iv. 231
  Craufurd to bring, to D, iv. **225**
  D did not ask Craufurd to bring, to her, iv. 410
  D drops, iv. 254, 271, 282
  D sends package through, iv. 239
  D's opinion of, iv. 235
  HW accompanies, to theatre, v. 347
  HW said to be replacing, v. **258**
  Leroy to be near, iv. 228
  Nancy acquaintances of, iv. 254
  social relations of, with: D, iv. 228, 230, 231, 235; HW, v. 348; Viry, Contessa di, v. 347–8, 350, 352
  unacquainted in Paris, iv. 254
*3* Grenville, Mrs Henry, wife of *2*. See Banks, Margaret
*4* Grenville, Louisa (1758–1829), dau. of *2*, m. (1781) Charles Stanhope, 3d E. Stanhope:
  correspondence of, iv. 231
  Craufurd to bring, to D, iv. **225**
  D did not ask Craufurd to bring, to her, iv. 410
  D drops, iv. 254, 271, 282
  HW accompanies, to theatre, v. 347
  Leroy to be near, iv. 228
  Nancy acquaintances of, iv. 254
  social relations of, with: D, iv. 228, 230, 231, 235; HW, v. 348; Viry, Contessa di, v. 347
  unacquainted in Paris, iv. 254
*5* Grenville-Temple, Richard (1711–79), 1st E. Temple; brother of *1*:
  Amelia, Ps, visits, ii. 430, 432–3
  Bedford makes overtures to, v. 367
  HW visits, ii. 430, **432–3**
  Pitt refused aid by, v. 273
  political activity of, i. 101
  Stowe country-seat of, ii. 432
  union of, with Grenville and Chatham, v. 367
  Wilkes's pension instigated by, v. 279
Gresset, Jean-Baptiste-Louis (1709–77):
  Millot elected to Académie in place of, iv. 497
Greuse. See Greuze
Greuze, Jean-Baptiste (1725–1805), painter:
  Bingham, Lady, astonishes, with her talent, iv. 333
  social relations of, with: (?) Bentheim, Gräfin von, v. 311; (?) D, v. 316, 329, 331, 334; Geoffrin, Mme, v. 329

Grève, Place de:
  Lally executed in, i. 30n
  pillory at, iii. 190
*1* Greville, Algernon (d. 1768), son of *4*:
  death of, ii. 85
*2* Greville, Hon. Charles Francis (1749–1809):
  D's portrait thought by, to be like her, iv. **379**
  relatives of, iv. 379
  SH has been visited by, iv. 379
*3* Greville, Frances (d. 1818), dau. of *4*, m. (1766) John Crewe, (1806) Bn Crewe:
  beauty of, iii. 362, 367
  D receives tea from, iv. 56
  D's correspondence with, iii. 392
  D's opinion of, iii. 367, 373, 380
  D's relations with, iii. 377, 392
  Fox's verses to, iv. 196, 199, 201, 204–6
  leaves Paris, iii. 380
  mother adores, iii. 367
  Opéra-Comique visited by, iii. 361, 376
  Parc-Royal hotel of, iii. 361
  Paris visited by, iii. 358, 361
  Roissy visited by, iii. 367
  social relations of, with: D, iii. 361, 362; La Vallière, Duchesse de, iii. 362
  success of, iii. 377
  to leave Paris, iii. 362, 373, 376, 377
  to return to London, iii. 367
*4* Greville, Fulke (b. 1717 or –18), author; diplomatist:
  marriage of, i. 124n
  Munich residence of, i. **124**
  Spa to be visited by, iii. 351, 362
*5* Greville, Mrs Fulke, wife of *4*. See Macartney, Frances
Greyhound, Princesse de Talmond's. See Diane
Gribouille:
  D mentions, i. 198, ii. 234, iii. 388, v. 113, 216
Griffet, Henri (1698–1771), Jesuit historian:
  *Recueil de lettres pour servir d'éclaircissement à l'histoire militaire du règne de Louis XIV*, v. 238, vi. 33n
  *Traité des différentes sortes de preuves qui servent à établir la vérité dans l'histoire*, ii. 330, 333n, 343
Griffith, Elizabeth (ca 1720–93), m. (ca 1752) Richard Griffith; writer:
  comedies of, i. 299
  social relations of, with Mrs Clive, i. 298–9
  'très précieuse,' i. 299
Griffith, Mrs Richard. See Griffith, Elizabeth
Grignan, Comtesse de. See Sévigné, Françoise-Marguerite de
Grignan:
  Selwyn's visit to, v. 80
Grignan family:
  portraits of, v. 80
Grille, Charles-Gaspard-Hyacinthe (1751–1837), Chevalier de:
  Arles visited by, v. 422
  returns to Paris, v. 450
  social relations of, with D, v. 430

Grimaldi, Don Jerónimo (1720–86), minister of foreign affairs in Spain:
said to desire peace, iv. 376
social relations of, with: Egmont, Comte and Comtesse d', v. 301; Egmont, Comtesse d' (dowager), v. 299
Grimm, Friedrich Melchior (1723–1807), author:
Catherine II sends gifts to Mme Denis by, vi. 212
——'s jokes on, vi. 64
*Docteur Pansophe, Le,* suspected to be by, i. 179
*Petit prophète de Boemischbroda, Le,* D cites, i. 179
*1* Grimod de la Reynière, Mme Gaspard. *See* Mazade, Marie-Madeleine
*2* Grimod de la Reynière, Laurent, stepson of *1*:
Genlis, Comtesse de, introduced to D by, iv. 293
La Tuilerie occupied by, v. 345
Luxembourg, Mme de, visits, iv. 339
marriage of, iii. **370n**
medals received by, iv. 331
medals sought by, iv. 305, 312
Mirepoix, Mme de, makes financial arrangement with, v. 11
social relations of, with: Barbantane, Marquise de, v. 345; Beauvau, Prince and Princesse de, v. 345; Besenval, v. 345; Boufflers, Comtesses de, v. 345; Clermont, Mme de, v. 345; D, iv. 353, 373, 414, 460, v. 345; HW, v. 345; Lauzun, Duchesse de, v. 345; Luxembourg, Mme de, iv. 460, v. 345; Ségur, Comtesse de, v. 345; (?) Ségur, Marquis de, v. 345; Sénac, v. 345; (?) Usson, Comtesse d', v. 345; Vauban, Marquise de, v. 345; Vierville, Marquise de, v. 345
Thellusson, Mme, makes financial arrangement with, v. 11
*3* Grimod de la Reynière, Mme Laurent, wife of *2. See* Gérente d'Orgeval, Suzanne-Françoise de
Grippe, la:
epidemic of (1775), iv. 245, 249
Grisel, Joseph (1703–87), abbé:
Billard's connection with, ii. **402**
*Grondeur, Le. See under* Brueys, David-Augustin; Palaprat, Jean
Groot, Hugo (1583–1645), called Grotius; Dutch writer; statesman:
Burigny's life of, v. 277
James I tired by pedantry of, v. 354
Voltaire's discussion of, ii. 171
Grose, Francis (ca 1731–91), antiquary:
HW mentions, iv. 202
Grosett, Diana (d. 1784), m. (1780) Hon. Robert Walpole:
marriage of, v. **228**
Grosley, Pierre-Jean (1718–85):
*Londres,* D reads, iv. 253, 259
'Grossissima.' *See* Crussol de Florensac, Anne-Charlotte de

Grossolles, Agésilas-Joseph de (b. 1732), Marquis de Flamarens:
social relations of, with: Brancas, Marquis and Marquise de, v. 302, 310, 342; Nivernais, Duc and Duchesse de, v. 341; Rochefort, Comtesse de, v. 307
*1* Grosvenor, Bns and Cts, wife of *2. See* Vernon, Henrietta
*2* Grosvenor, Richard (1731–1802), cr. (1761) Bn, (1784) E. Grosvenor:
(?) Cumberland sued by, vi. 162
Grotius. *See* Groot, Hugo
Grovestein, Mme. *See* Grovestins, Anna Wilhelmina van
Grovestins, Anna Wilhelmina van (ca 1738–1820), wife of ——, Baron Sirtema van Grovestins:
Gloucester's name linked with, iii. 430
Grudé de la Croix du Maine, François (1552–92), antiquarian:
*Bibliothèques françaises de La Croix du Maine et Du Verdier, Les:* HW cites, iv. 76; HW orders, iv. 17, 19–20
Gruet, ——:
*Adieux d'Andromaque et d'Hector, Les,* Académie prize won by, iv. 354
Guard:
D takes, v. 460
Guasco, Octavien de (1712–81), Comte de Clavières; abbé:
Montesquieu's letters to, i. 334, 335
notes by, on Mme Geoffrin, i. 335
social relations of, with Malherbe, v. 311
Gudain. *See* Gudin
Gudin de la Brenellerie, Paul-Philippe (1738–1812), poet:
*Aux Mânes de Louis XV:* D comments on, iv. 383; D reads, iv. 382; D sends, to HW, iv. 382, 383, 385
*Chant de l'enfer,* ii. 243
*Conquête de Naples par Charles VIII, La,* ii. 243
*Coriolan,* unsuccessful, iv. 383
D would like proverbs dramatised by, ii. 278
enjoys life, iv. 230
(?) reads poem, v. 328, 331
social relations of, with D, iv. 383, v. 326(?), 328(?), 331(?), 334(?)
Gué. *See* Du Gué
Guébriant, Comte and Marquis de. *See* Budes, Joseph-Marie-Louis
'Guéménée, Cardinal de.' *See* Rohan, Louis-René-Édouard, Cardinal-Prince de
*1* Guéménée, Mlle de, dau. of *2. See* Rohan-Guéménée, Marie-Louise-Joséphine de
*2* Guéménée, Prince de, son of *4,* g.-g.-grandson of *5,* father-in-law of *3. See* Rohan, Henri-Louis-Mériadec de
*3, 4, 5* Guéménée, Princesse de. *See* Conflans, Louise-Aglaé de (1763–1819); La Tour d'Auvergne, Marie-Louise-Henriette-Jeanne de (d. 1781); Schomberg, Jeanne-Armande (ca 1632–1704)

Guerche, Marquis de la. *See* Bruc, Marie-François de

*1* Guerchy, Comte de. *See* Regnier, Claude-Louis-François de

*2* Guerchy, Comtesse de, wife of *1*. *See* Harcourt, Gabrielle-Lydie d'

Gueret, ——, notary:
contracts passed before, vi. 42–3

Guérin, ——, surgeon:
to operate for stone, ii. 300

Guérin, Charles-Antoine de (1720–82), Marquis de Lugeac:
made lieutenant general, v. 147

Guérin, Claudine-Alexandrine (1681–1749), Marquise de Tencin:
*Anecdotes de la cour et du règne d'Édouard II, roi d'Angleterre:* D comments on, iv. 294; D to send, to HW, iv. 292, 294, 296; published, iv. 284
HW mentions, iv. 297
*Malheurs de l'amour, Les:* D reads, iv. 285; Pont-de-Veyle assists in writing, iii. 218
Pont-de-Veyle writes works of, vi. 77
*Siège de Calais, Le,* Pont-de-Veyle assists in writing, iii. **218**

Guérin, Hugues (ca 1574–ca 1634), called Gaultier Garguille; comedian:
verses mention, v. 31

Guérin, Marie de, m. (1739) Louis, Marquis de Sainte-Maure:
(?) social relations of, with: D, iii. 138, 139–40, v. 272, 310; Rochefort, Comtesse de, v. 271, 274, 292

*Guerre civile de Genève, La. See under* Voltaire
*Guerres et Traités d'entre le Roi Charles Huitième et les Anglais, Des:*
extract from, ii. 4

Guesclin. *See* Du Guesclin

Gueulette, Thomas-Simon (1683–1766):
*Mille et un quarts d'heure, Les,* D reads, iii. 190

Guibert, Jacques-Antoine-Hippolyte (1743–90), Comte de:
*Connétable de Bourbon, Le:* Burke speaks of, to HW, iii. 343; D mentions, iv. 478; performed at Versailles, iv. 212, 214–5, v. 344
*Éloge historique de Michel de L'Hospital:* anonymous, iv. 469, 471–2, 474; D lends, to Gibbon, iv. 469; D sends, to HW, iv. 469, 471, 473, 474, 476, 477–8; D's opinion of, iv. 478; Guibert believed to be the author of, iv. 478; not on sale, iv. 474
*Essai général de Tactique, L':* Burke admires, iii. 334, 335, 338; Burke to take, to HW, iii. 334, 335, 338; D desires HW's opinion on, iii. 338; HW's opinion of, iii. 341; Voltaire's verses on, *see* Voltaire, *Tactique, La*
Lespinasse, Julie de, affair of, with, iv. 472

Guichard, Éléonore:
*Mémoires de Cécile,* D owns, vi. 33

Guichard, Octavie (1719–1804), m. (1) (1738) —— Belot; m. (2) (1765) Jean-Baptiste-François Durey de Meinières:
burnet, great, culture of, interests, ii. 124, 130

Chaillot home of, iv. 469
D mentions, ii. 307
D on good terms with, ii. 18
D would like to give *Historic Doubts* to, ii. 22, 28, 32
Forcalquier, Comtesse de, influences, ii. 11
HW's 'portrait' of D translated by, ii. 286
*Historic Doubts* could be translated by, ii. 11, 32
Hume translated by, v. 296
Montagu, Elizabeth, *Dialogues* of, translated by, vi. 204
pedantic, ii. 335
social relations of, with: Boufflers, Marquise de, ii. 335, 338; D, ii. 335, 338, iv. 469; Forcalquier, Comtesse de, ii. 335, 338, v. 323; Gibbon, iv. 469; HW, v. 298, 303; Helvétius, v. 296; Lénoncourt, Marquise de, ii. 338
Suard suggested by, to translate *Historic Doubts,* ii. 18, 28–9, 32
Swift's letters to be translated by, ii. 335
*Triomphe de l'amitié, Le, ou l'histoire de Jacqueline et Jeanneton:* D's opinion of, i. 362, 364; D to hear, i. 351; Forcalquier, Comtesse de, reads and emends, i. 351, 362, 364; HW to have copy of, for correction, i. 362, 364, 373; not to be published, i. 364, 373, 376; read at Hénault's, i. 364

*1* Guiche, Comtesse de, wife of *2*'s cousin. *See* Noailles, Philippine-Louise-Catherine de

*2* Guiche, Duc de. *See* Gramont, Antoine-Louis-Marie de

*3* Guiche, Duchesse de, wife of *2*. *See* Polignac, Louise-Gabrielle-Aglaé de

Guido Reni (1575–1642), painter:
Carmelites have painting by, v. 264
Julienne has painting by, v. 286
painting by, at Houghton, v. 259
Presle has 'Magdalen' by, v. 246

Guignard, François-Emmanuel de (1735–1821), Chevalier de Saint-Priest:
Beauvau fond of, i. 237
HW writes of, i. 237

Guignard, Jean-Baptiste (1735–95), called Clairval; actor:
Louis XVI and Marie-Antoinette saluted by, iii. 378

Guignot de Monconseil, Étiennette (ca 1750–1824), m. (1766) Charles-Alexandre-Marc-Marcellin d'Alsace-Hénin-Liétard, Prince d'Hénin:
account of, i. 123
Brest visited by, v. 182, 433
herpes of, i. 219
looks of, i. 123, 160
marriage of, i. 123, 136, 160
Mirepoix ball planned for, i. 219
social relations of, with: Boufflers, Comtesse de, v. 351; D, i. 205, 210; Lauzun, Duc and Duchesse de, ii. 328; Mirepoix, Mme de, v. 330, 351; Monconseil, Marquise de, v. 332
to return to Paris, v. 183

Guilford, E. of. *See* North, Francis (1704–90); North, Frederick (1732–92)

*Guillaume Tell. See under* Lemierre, Antoine-Marin

Guillemet:

letters to and from Voltaire under name of, ii. 207, 223, 244

'Guillemot, cour du Roi.' *See under* Bouchard d'Esparbez de Lussan, Marie-Françoise

Guillieaumon, Claude-François, appraiser:

D's effects inventoried by, vi. 11, 25, 31

*1* Guillouet, —— (d. 1779), naval lieutenant; son of *2*:

death of, v. **176**

*2* Guillouet, Louis (1708–92), Comte d'Orvilliers; admiral:

Jamaica fleet in danger from, v. **158**

movements of, v. 158

retirement of, regretted, v. 179

retires, v. **176**, 179, 429

returns to Paris, v. 441

Rochechouart, Vicomte de, disobeys, v. 179

son of, dies, v. 176

Guines, Comte and Duc de. *See* Bonnières, Adrien-Louis de

Guistelle, Princesse de. *See* Melun, Louise-Élisabeth de

*Gulliver's Travels. See under* Swift, Jonathan

Gurowski, Count:

social relations of, with: Hénault, v. 312, 313; La Vallière, Duchesse de, v. 302

Gustav (III) (1746–92), Prince; K. of Sweden 1771–92:

Académies visited by, iii. 36

Aiguillon aided by, iii. 48

Bauffremont talks of D with, iii. 26

becomes king, iii. 36

Boufflers, Comtesse de, correspondence of, with, iii. 135, 142

——, relations of, with, v. 230

Choiseul's absence ostensibly regretted by, iii. 48

Court, French, likes, iii. 34

D inquired after by, iii. 34

D receives marks of courtesy from, iii. 34, 39

D's correspondence with, iii. 270, 439

D's opinion of, iii. 26, 34, 37, 39–40, 40, vi. 191

D talked of by, iii. 26, 96

D to be received by, iii. 36–7

English visit of: iii. 34; cancelled, iii. 37, 39

HW's poor opinion of, iii. 396, 439

ladies received by, iii. 36

leaves Paris, iii. 48

Luxembourg, Mme de, correspondence of, with, iii. 135

Nolcken envoy of, to England, iv. 276

Princes of the Blood uncivil to, iii. 36

return of, delayed by brother's illness, iii. 45, 46

Roslin's portrait of, v. 339

Rueil visited by, iii. 40

social relations of, with: Aiguillon, iii. 40; Aiguillon, Duchesses d', iii. 39, 40; Creutz,

iii. 39; D, iii. 26, 34, 39–40; Du Barry, Comtesse, iii. 34; Hessenstein, iii. 39; Luxembourg, Mme de, iii. 34; Scheffer, iii. 39

Spa to be visited by, v. 230, 235, 239

supper party of, described, iii. 39–40

to return to Sweden, iii. 37, 40, 46

verses presented by Duchesse d'Aiguillon to, iii. 123–4, 124

Voltaire's *Lois de Minos* represent, vi. 191

Gustav (IV) (1778–1837), Prince; K. of Sweden 1792–1809:

Boufflers, Comtesse de, receives portrait of, v. 427

*Gustave Wasa. See under* La Harpe, Jean-François de

Guydot Desfontaines, Pierre-François (1685–1745), abbé:

translation of *Gulliver's Travels* by, dedicated to D, v. 237

Guyot de la Mirande, Marie-Claire-Françoise, m. Marquis de Vaudreuil:

(?) social relations of, with Comte and Comtesse de Maurepas, v. 291

Gyllenborg, Cts. *See* Deritt, Elizabeth

HW. *See* Walpole, Horatio (1717–97)

Haddington, Cts of. *See* Coligny, Henriette de

Hagenau, bailiwick of:

Choiseul's interest in, iii. 166

Hair in jewelry:

D dislikes vogue of, v. 98

*1* Hallencourt de Drosménil, Adélaïde-Élisabeth de (1746–70), m. (1763) Antonin-Louis, Marquis de Belsunce:

health of, ii. 381–2

social relations of, with Hénault, v. 327

*2* Hallencourt de Drosménil, Charlotte-Françoise de (b. 1745), sister of *1*, m. (1762) Emmanuel-Marie-Louis, Marquis de Noailles:

London visited by, iv. 461, 465

Haller, Albert (1708–77), Baron de:

Tronchin takes place of, in Académie des Sciences, v. 12

Halles à blé, Hôtel de:

Choiseul assigned to, in joke, vi. 181

Ham:

D receives, from Bayonne, v. 448

Hambourg, Hôtel de, Rue de l'Université:

Clermont, Bns, at, iv. 383

Franklin and companions at, iv. 383

Hamel, Du. *See* Du Hamel

*1* Hamilton, Comtesse, wife of *6. See* Jennings, Frances

*2* Hamilton, Lady, wife of *9. See* Barlow, Catherine

*3* Hamilton, Anthony (ca 1645–1720), author:

Clare, Vcts, loved by, v. 358

D's opinion of, iv. 423

*Epistles*, v. 358

*Facardins, Les*, D cites, i. 270, 280

HW compares D with, iii. 222

HW corrects confusion about, iii. 221

memoirs of Gramont by: Choiseul, Duchesse

de, pleased by dedication of, iii. 320, 322; Crébillon imitates, ii. 176, iv. 423; D praises style of, iii. 47; D rereads, v. 224–5; D wishes her name omitted from dedication of, iii. 314, 319–21; distribution of, iii. 268, 270, 299, 304–6, 313, 315, 436, v. 416; errata in, iii. 313, 319; HW submits introduction and dedication of, to D and Pont-de-Veyle, iii. 217–8, 221–2, 232; HW to dedicate, to D, iii. 217–8, 222, 228, 314, 319–21; Paris opinion of, iii. 311, 314, 319, 321 portraits of, iii. 221–2

4 Hamilton, Elizabeth (1641–1708), sister of 3, m. (1663) Philibert, Comte de Gramont:
portrait of, iii. 221
Sévigné, Mme de, calls, 'grande femme,' v. 357

5 Hamilton, Lady Elizabeth (1753–97), m. (1774) Edward Smith-Stanley, 12th E. of Derby, 1776:
marriage of, iv. 68

6 Hamilton, George (d. 1676), Comte, styled 'Sir George'; brother of 3:
HW corrects confusion about, iii. 221
portrait of, iii. 222

7 Hamilton, Hon. Mrs George. See Coward, Bridget

8 Hamilton, James (1730–98), 2d E. of Clanbrassill:
Béringhen intimate with, ii. 16
Craufurd presents, to Hénault's circle, i. 347
social relations of, with: D, ii. 16; Hénault, i. 347; Rochford, i. 369

9 Hamilton, Sir William (1730–1803), K.B.:
D's opinion of, iv. 364
Greville nephew of, iv. 379
HW's correspondence with, v. 378
marriage of, iv. 345n
Paris visited by, iv. 345
social relations of, with D, iv. 350

Hamilton family:
Douglas, Ds of, lawsuit of, with, v. 259

Hamlet. See under Ducis, Jean-François; Shakespeare, William

Hampton Court:
SH near, v. 52

Han, Du. See Du Han

Hanbury, Mr:
HW sends letters by servant of, v. 393

Hanbury, Capel (d. 1765), M.P. for Monmouth:
death of, v. 397

Handkerchiefs:
HW buys, for D, iii. 172

Hanover, Elector of. See Ernst August

Hanover, Electress of. See Sophia (1630–1714); Sophia Dorothea (1666–1726) of Celle

Hanover, House of:
William III asks, to relinquish German lands, v. 362

Hanovre, Pavillon d':
HW sees, v. 284

Happiness:
D comments on HW's views on, iii. 66–7
D has abandoned attempts at, ii. 421, 426, iii. 67
HW on, ii. 426, iii. 64

Haran. See Harenc de Presle

Harcéo, Père, Dominican missionary:
house in Saragossa saved by, vi. 120

Harcourt, Comte d'. See Harcourt, Henri-Claude d' (1704–69); Harcourt de Beuvron, Marie-François d' (1755–1839)

1, 2 Harcourt, Comtesses d', wives of 10 and 8. See Le Veneur de Tillières, Madeleine-Jacqueline de (1764–1825); Thibert du Martrais, Marie-Madeleine (d. 1780)

Harcourt, Duc d'. See Harcourt, Anne-Pierre d' (1701–83); Harcourt, François-Henri d' (1726–1804); Harcourt de Beuvron, Marie-François d' (1755–1839)

1 Harcourt, Duchesse d'. See Le Veneur de Tillières, Madeleine-Jacqueline de

Harcourt, E. See Harcourt, George Simon (1736–1809); Harcourt, Simon (1714–77)

3 Harcourt, Anne-François d' (1727–97), Marquis de Beuvron; son of 4:
marriage of, i. 62n
social relations of, with Comte and Comtesse d'Egmont, v. 301

4 Harcourt, Anne-Pierre (1701–83), Duc d':
command given to, v. 147
lazy, iv. 175
made maréchal de France, iv. 173
Maillebois favoured by, iv. 323
social relations of, with Comtesse de Lillebonne, v. 312
stroke suffered by, iv. 350

5 Harcourt, François-Henri d' (1726–1804), Comte de Lillebonne; Duc d'Harcourt; son of 4:
Churchills visit, at Chitry, iii. 83
HW sends letters by, v. 380
Harcourt, Earl, correspondence of, with, iii. 83
social relations of, with: Brionne, Comtesse de, v. 295; Coislin, Marquise de, v. 294, 303; Maurepas, Comte and Comtesse de, v. 285
SH visited by, i. 42

6 Harcourt, Gabrielle-Lydie d' (b. 1722), niece of 4, m. (1740) Claude-Louis-François de Regnier, Comte de Guerchy:
cook of, makes orange jelly for D, ii. 45, 63
D related to, i. 114
D secures news of, following Guerchy's death, i. 349, 362
D's opinion of, ii. 242
D to be remembered to, i. 163–4, 191, 226
daughter fond of, v. 107
daughter of, marries, ii. 63, 68, 72, 75
Fitzroy, Mrs, brought to D by, i. 149, 152
Fronsac, Duchesse de, friend of, i. 226
Grafton's and Conway's affairs interest, i. 337
HW inquires after, ii. 325
HW's correspondence with, i. 332, v. 384
HW's friendship with, i. 133, 337, 349, ii. 75
HW tells D about, i. 123, 133
health of, ii. 321, 325
Hervey, Bns, hears from, ii. 75
Lloyd, Rachel, brought to D by, i. 149, 152

[6 Harcourt, Gabrielle-Lydie d', *continued*]
proposes to visit HW at Bath, i. 138, 149
returns to Paris, i. 332
sees no one, following Guerchy's death, i. 362, ii. 63, 68, 71–2, 75
social relations of, with: Arras, Bishop of, v. 347; Brunswick, i. 287; Comminges, Bishop of, v. 317; D, i. 133, 149, 152, 332, 337; Duras, Duchesse de, v. 317; HW, i. 287, v. 260, 264, 266–7, 316–7, 327, 330, 333, 343–4, 347, 415; Havré, Duchesse d', v. 347; La Rouchefoucauld, Duchesse de, v. 330; Mercy-Argenteau, v. 317; Rochefort, Comtesse de, v. 347; Tours, Archbishop of, v. 347; Viry, Contessa di, v. 347
writes of HW's going to Paris, i. 247
7 Harcourt, George Simon (1736–1809), Vct Nuneham; 2d E. Harcourt, 1777; son of *9:*
HW to visit, v. 74
La Rochefoucauld-d'Anville friend of, ii. 226
8 Harcourt, Henri-Claude (1704–69), Comte d', brother of *4:*
(?) social relations of, with Mme de Lambert, v. 300
widow provides for sweeping tomb of, v. 451
9 Harcourt, Simon (1714–77), 1st E. Harcourt; English ambassador to France:
Aiguillon discusses *Gazette* article with, iii. 92–3
ambassadorship of, iii. 215
appearance of, ii. 205
Blaquiere secretary of embassy under, v. 16
Choiseul dissatisfied with, ii. 343
Churchills to be aided by, iii. 65, 86
Compiègne to be visited by, iii. 86
courier of, ii. 212, 377, iii. 16(?), 42, 59, 67(?), 72, 74, 109
D advised by, on avoiding customs, iii. 206
D has not yet seen, ii. 311
D mentions, ii. 380
D sends letters through, iii. 69, 74
D's opinion of, ii. 205, 241, iii. 13, 54–5, 69, 86, 189, iv. 481
D's relations with, iii. 69
D suggests that HW send letter by, iii. 163
D suggests that HW send packages through, iii. 20
D to send book through, iii. 264
D to send letter through, iii. 42
death of, iv. 480
England to be visited by, iii. 76
Gordon said to have had approval of, ii. 343
HW sends letter by, iii. 173, v. 394
HW's furniture may be sent with baggage of, ii. 424, 425
in country, iii. 54, 59
Lillebonne's correspondence with, iii. 83
Miller, Sir John and Lady, presented to D by, iv. 402
ordered to stay in Paris, iii. 72
recalled, iii. 258
retires always at 11 o'clock, ii. 241
Rochford, Cts of, sends gift to D by, ii. 312

social relations of, with: Aiguillon, iii. 194; Aiguillon, Duchesses d', iii. 194; Avaray, Marquise d', iii. 194; Beuvron, Marquise de, ii. 241; Chabrillan, Marquise de, iii. 194; Choiseul, ii. 241; Choiseul, Duchesse de, ii. 335; Churchills, iii. 63; D, ii. 199, 205, 335, iii. 10, 13, 63, 86, 87, 194; Flamarens, Marquise de, iii. 194; Forcalquier, Comtesse de, iii. 194; Gramont, Duchesse de, ii. 241; HW, v. 342; L'Aigle, Comtesse de, iii. 194; Lauraguais, Comtesse de, ii. 241; Lauzun, Duchesse de, ii. 241; Luxembourg, Mme de, ii. 241; Marmora, iii. 194; Maurepas, iii. 194; Mirepoix, Mme de, iii. 194; Nesle, Marquise de, iii. 194; Richelieu, iii. 194; Valbelle, Marquise de, iii. 194
son of, ii. 226
Stormont brought to D by, ii. 342
Suard and Arnaud not complained about by, iii. 93, v. 341
to leave Paris, ii. 414, 424
to return to Paris, ii. 481, iii. 134, 159, 161, 163
Versailles visited by, iii. 74
10 Harcourt de Beuvron, Marie-François d' (1755–1839), Comte (later Duc) d'Harcourt; son of *3:*
marriage of, arranged, v. 453
11 Harcourt de Lillebonne, Anne-Catherine-Gabrielle d' (1750–78), dau. of *5*, m. (1772) Victurnien-Jean-Baptiste-Marie de Rochechouart, Duc de Mortemart:
death of, v. 41
Harding, George Perfect (d. 1853):
D's picture engraved by, vi. 216
Hardware, English:
France considers admitting, v. 375
Hardwicke, Bn. *See* Yorke, Philip (1690–1764)
Hardwicke, E. of. *See* Yorke, Philip (1690–1764); Yorke, Philip (1720–90)
Hardy, Sir Charles (ca 1716–80), Kt; admiral:
English fleet commanded by, v. 158
Hardy du Plessis, Marie-Anne (d. 1784), m. (1759) Antoine-Raimond-Jean-Gualbert-Gabriel de Sartine, Comte d'Alby:
social relations of, with Mme Geoffrin, v. 292
Harenc de Presle, ——, banker; collector:
Bassan not to be outbid by, iv. 231, 238
Bingham, Lady, copies miniatures of, iv. 333
D consults, about Petitot's 'Mme d'Olonne,' iv. 142, 143, 150, 153, 168, 181, 215, 217, 231, 239
D hears war rumour from, iii. 352
HW describes, iv. 136
HW sees collection of, v. 346
HW to receive sale catalogues from, iv. 377, 382, 453
Petitot's work collected by, iv. 136
(?) social relations of, with: D, v. 320, 346, 352; Geoffrin, Mme, v. 303
Hargicourt, Marquise d'. *See* Fumel, Marie-Louise-Michelle-Élisabeth de

Harley, Lord Edward (1699–1741), 2d E. of Oxford:
Comyns recommends, to carry message to Marlborough, v. 362
Harley, Robert (1661–1724), cr. (1711) E. of Oxford:
Comyns counsel to, v. 362
Marlborough seeks to impeach, v. 362
——'s letter to Pretender intercepted by, v. 362
Swift insolent to, v. 354
Harp:
Boufflers, Comtesse Amélie de, plays, iv. 363, 469
D likes, ii. 446
HW to send music for, to Lady Mary Churchill, v. 416
played at Comte and Comtesse d'Egmont's, v. 301
Harpe. See La Harpe
Harpsichord:
played at Baronne de Marchais's, v. 344
Harrington, E. of. See Stanhope, William
Harris, Mrs John. See Conway, Anne Seymour (d. 1774)
Harrison, Etheldreda (ca 1703–88), m. (1723) Charles Townshend, 3d Vct Townshend:
(?) HW buys cup and saucer for, v. 414
HW buys knives for, v. 399
HW's correspondence with, v. 376, 379
Harrison, Maria, 'Maria Nassau':
(?) adopted by Cts of Rochford, i. **325**
Harrogate, Yorks:
Gleichen to visit, iii. 351(?), 370
Hart, Mrs Thomas. See Cotton, Jane
Harte, Walter (1709–74), tutor of Philip Stanhope:
(?) D mentions, iv. 36
Hartley, David:
(?) social relations of, with HW, v. 328, 329
Harville-Trainel, Marie-Antoinette-Louise-Esprit de, m. (1) Fulgence-Auguste, Comte de Rosen Ropp; m. (2) (1779) Louis-François-Marie de Pérusse, Comte des Cars:
(?) social relations of, with: Caraman, Comtesse de, v. 437, 440, 449; Mirepoix, Mme de, v. 447
'Hasard.' See Hazard
Hats:
slouched, suppressed in Spain, v. 311
1 Haucourt, Marquis d'. See Mailly, Augustin-Joseph, Comte de
2, 3, 4 Haucourt, Marquises d', wives of 1. See Colbert de Torcy, Constance (1710–34); Narbonne-Pelet, Blanche-Charlotte-Marie-Félicité de (1760–1840); Séricourt, Marie-Michelle de (1713–78)
'Haughton, Mrs.' See Parsons, Anne
1, 2 Haussonville, Comtes d', son and husband of 3. See Cléron, Charles-Louis-Bernard de (1770–1846); Cléron, Joseph-Louis-Bernard de (d. 1806)

3 Haussonville, Comtesse d'. See Regnier de Guerchy, Victoire-Félicité de
Hautebois:
Praslin, Duchesse de, has, at supper party, v. 349
Hautefort, ——:
Brionne's duel with, iv. 17
1 Hautefort, Adélaïde-Gabrielle de (1742–67), dau. of 4, m. (1764) Louis-Antoine-Sophie Vignerot du Plessis-Richelieu, Duc de Fronsac:
death of, i. 226
much loved, i. 226
social relations of, with Hénault, v. 296
2 Hautefort, Adélaïde-Julie de (1743–83), dau. of 4, m. (1765) Louis-Joseph-Augustin-Marie de Mailly-Nesle, Marquis de Nesle:
social relations of, with Harcourt, Earl, iii. 194
3 Hautefort, Angélique-Rosalie de (b. 1745), dau. of 4, m. (1767) Jacques-Gabriel Chapt, Comte de Rastignac:
(?) social relations of, with D, v. 429
4 Hautefort, Emmanuel-Dieudonné (1700–77), Marquis de:
Brionne's duel with relative of, iv. 17
social relations of, with: Brionne, Comtesse de, v. 295; Egmont, Comte and Comtesse d', v. 305; Maurepas, Comte and Comtesse de, v. 291; Maximilian, iv. 156–7
Haute-Sierck, Baron de. See Richard, François-Marie
Hautoy. See Du Hautoy
Havré, Duchesse d'. See Croÿ-Solre, Adélaïde-Louise-Angélique-Gabrielle de
Hawkesbury, Bn. See Jenkinson, Charles
Hawkesworth, John (ca 1715–73):
*Account of the voyages undertaken . . . by Commodore Byron, Captain Wallis, Captain Carteret and Captain Cook,* (?) D not to read, iii. 383
Hawkins, Lady. See Storer, Sidney
1 Hawkins, Sir John (1719–89), Kt, 1772:
*General History of . . . Music,* HW reads, iv. 377
HW buys mug and saucer for, v. 409
2 Hawkins, Mrs John, wife of 1. See Storer, Sidney
Hay, Sir George (1715–78), cr. (1773) Kt; lawyer; politician:
social relations of, with HW, v. 261
Hay, Lady Grace (1752–71):
death of, v. **372**, 398
Hay du Chastelet, Paul (b. ca 1630):
*Histoire de Bertrand du Guesclin,* D owns, vi. 35
Hayes. See Hays
Haymarket Theatre:
Heinel, Mlle, dispute of, with, iii. 195
Hays, Mrs:
social relations of, with: HW, v. 265, 272, 311; Richmond, Ds of, v. 272

Hazard, Jean-Louis (b. 1736), glass-painter:
  (?) box by, ii. **325–6**
Hazard:
  Craufurd's interest in, i. 36
  silver, D and guests play, v. 264
Head-dress:
  with piked horns, v. 359
Heads, painters', (?) engravings of:
  HW mentions, ii. 475
Heathcote, Lady Margaret. *See* Yorke, Lady Margaret
Heating:
  at Choiseul's, iv. 378
Hébert, Thomas-Joachim, designer; merchant of bric-à-brac:
  vase form named for, ii. 349
Hébrail, Jacques (b. 1716):
  *France littéraire, La,* D owns, vi. 26
Heinel (Heynel), Anne-Frédérique (1752–1808), m. Gaetano Appolino Baldassare Vestris; dancer:
  D inquires after success of, iii. 161, 320
  HW does not mention, iii. **154**, 195
  HW's opinion of, iii. 348
  Haymarket Theatre's dispute with, iii. 195
  Lambert in love with, iii. 205
  Pont-de-Veyle given compliments through, iii. 375
  —— inquires after success of, iii. 320
  ——'s correspondence with, iii. 185
Héloïse (1101–64):
  letters of, D's antipathy for, i. 8, 44, 87, ii. 32
*Héloïse, La Nouvelle. See* Rousseau, Jean-Jacques, *Julie*
*1* Helvétius, Claude-Adrien (1715–71), philosopher:
  anecdote of musicale given by, ii. 257
  Bordeaux and Humain martyrs to system of, iv. 1
  *De l'esprit,* v. 292
  HW attends theatre with, v. 303
  HW mentions, i. 341
  HW's correspondence with, v. 382
  HW to send SH editions to, v. 416
  social relations of, with: Bentinck, v. 289, 299; Chastellux, v. 299; (?) Crommelin, v. 301; F——t, Abbé, v. 289; Gatti, v. 279, 289; Geoffrin, Mme, v. 282, 289, 292, 299, 301, 308; Gleichen, v. 279; Gordon, Col., v. 289; HW, v. 279, 289, 296, 299, 301, 304, 306; Holbach, v. 296, 299, 301, 304; Hume, v. 289; Lorenzi, v. 296, 299; Marmontel, v. 299; Meinières, Mme de, v. 296; Morellet, v. 289, 299; Raynal, v. 279, 289; Saurin, v. 299; Stuart, v. 279; Suard, v. 299; Vernon, v. 299; Wilkes, v. 289; Young, v. 289, 296, 299, 301
*2* Helvétius, Mme Claude-Adrien, wife of *1. See* Ligniville, Anne-Catherine de
Hemorrhage:
  treatment for, i. 372
  Voltaire has, v. 24
Hénault, Charles-Jean-François (1685–1770),

président de la première chambre des enquêtes; 'l'oncle':
  *Abrégé chronologique de l'histoire de France:* v. 448; criticism of, ii. 94–5, 146, 158–9, 163, 171; D owns, vi. 25, 33n; engravings for, ii. 4–5, iii. 283, 289, 439, v. 211, 213, 225; Hénault sends, to HW, ii. 4
  Argenson bequeaths Henri IV's letters to, v. 267
  Aubeterre's return pleases, ii. 244
  Beauvau succeeds, in Académie, iii. 34
  Boudot friend of, vi. 178
  Boufflers, Comtesse de, mentions, i. 59
  Choiseul ridiculed by, i. 56
  *Chronologie, see* Hénault, *Abrégé chronologique*
  circle of: ii. 415; D deplores, i. 9, 18, 28, 209, 259, ii. 136, 169, 490, iii. 8
  *Cornélie, vestale:* arrival of copies of, ii. 100, 101; Choiseul, Duchesse de, receives, ii. 103; D sends, to Voltaire, ii. 99–100, 111; dedicatory epistle of, to HW, i. 385, 386, 394, 405, ii. 7, 76–7; HW's remarks on, flatter Hénault, i. 398; Hénault fears criticism of, ii. 92, 94; Hénault writes to D about, i. 405, 407; printing of, at SH, i. 376, 385–6, 386, ii. 24, 32, 73, 84, 88, 99, 103
  D has little regret for, ii. 484, 485–6, 490, iii. 8
  D less unfortunate than, ii. 428
  D mentions, i. 78, 319, ii. 253
  D's accident before Duc de Praslin's related to, i. 55–6, 61, vi. 122
  D's aging follows pattern of, iii. 43
  D's annuity from, ii. 386, vi. 40, 46
  D's opinion of, i. 237, 240–1, 351, ii. 95, 127, 130, 211
  D's 'portrait' by, vi. 52–3
  D's 'portrait' of, vi. 75–7
  D's relations with, i. 18, 356, 385, 394, ii. 62, 78, 127, 130–1, 137, 181, 182, 188, 236, 436, 484, 485–6, 490
  D talks about HW to, i. **3**
  D to tell, about HW and Voltaire, ii. 97
  D wishes HW to call on, i. 343, 344
  D wishes HW to send message for, i. 190, 202, 215
  D wishes HW to thank, ii. 30
  death of: ii. **485–6**, 488; pious, discussed by D and Comtesse de Genlis, vi. 65
  drafts in house of, ii. 109
  Forcalquier, Comtesse de, sends portrait and verses to, i. 66–7
  *François II:* D owns, vi. 35n; D sends, to HW, ii. 166, 167; D's opinion of, ii. 167
  Friday suppers of, i. 12, 205, 229, ii. 48
  HW calls, D's lover, vi. 77
  HW gives SH *Lucan* to, i. 99, v. 416
  HW has no print of himself to send to, i. 402
  HW liked by, i. 206, 233, 347
  HW mentions, i. 342
  HW remembered to, i. 155

[Hénault, Charles-Jean-François, *continued*]
HW's acquaintance with, mentioned, ii. 237
HW's anecdote about, vi. 77
HW's correspondence with, i. 130, 131, 135, 136, ii. 40, 41, v. 382, 387
HW sees works of, v. 267
HW sends bootikins to, i. 236, 237, 277
HW sent messages by, i. 25
HW's letter to Rousseau read by, i. 4
HW's return desired by, ii. 259
health of: ii. 73, 80, 108, 125, 130, 169, 186, 188, 191, 200, 205, 211, 233, 237, 263, 300, 348, 407, 431, 436, 440; arm, i. 383; black marks on flesh, ii. 5, 13, 14; bled, i. 371, 372, ii. 206; bleeding advised, ii. 50; chill, ii. 115; cold, i. 388, ii. 261, 262; deafness, ii. 165, 422, iii. 35; dying, ii. 484; erysipelas, ii. 78; fall, ii. 259; fever, i. 54, 56, 211, 371, 383, 388, ii. 78, 115, 261, 262, 338, 342, 346; hemorrhage, i. 372; leg, i. 402, ii. 5, 13, 78; mind failing, i. 136, 213, 314, ii. 165, 179, 181, 182, 184, 188, 205, 206, 211, 300, 342, 346, 348, 484; recovery, i. 373, 376, 378, ii. 7, 13, 36, 62, 69, 443–4; unwell, i. 112, 130, 133, 155, 177, 211, ii. 4, 35–6, 47, 50, 54, 60, 64, 114, 115; weakness, i. 385, ii. 36, 94–5, 206, 405
Jéliotte sings at supper of, v. 293
Jonzac, Marquis de, settles on, ii. 131
Jonzac, Marquise de, attends, for 6 years, ii. 486
—— mourns, ii. 485
La Bletterie said to have attacked, vi. 150–2
La Grange servant to, iv. 80
Le Prestre heir to charge of, ii. 442
Marie Leszczyńska receives, i. 35
——'s correspondence with, i. 130
Noailles, Comtesse de, acquainted with, i. 240
*Pièces de théâtre en vers et en prose*, ii. 329
piquet played by, daily, ii. 443–4
Pont-de-Veyle resembles, in illness, iv. 86
portrait of, by Comtesse de Forcalquier, i. 66–7
'portrait' of, by D, vi. 75–7
'portrait' by, of: D, vi. 52–3; Flamarens, Marquise de, vi. 97–100; (?) Mirepoix, Mme de, vi. 64; Rochefort, Comtesse de, vi. 100–2; Saint-Pierre, Duchesse · de, vi. 97; Ussé, vi. 107–8
Praslin called 'un faquin' by, i. 56
Selwyn sends compliments to, ii. 125
social relations of, with: Affry, v. 317; Aiguillon, Duchesse d', v. 296, 320; Alet, Bishop of, v. 314; Amezaga, Marquise d', v. 318; (?) Anfreville, v. 290, 301; Anhalt, P. of, and tutor, v. 322; Anlezy, Comtesse d', v. 290, 300–1; Anville, Duchesse d', v. 317; Argenson, Mlle d', v. 326; Aubeterre, v. 325, 332; Aubeterre, Marquise d', i. 155, v. 273, 284, 293, 296–7, 300–1, 303, 308, 310–1, 313–4, 316–7, 321, 323–4, 330, 332; Baccalan, v. 303; Barthélemy, i. 358; Beauvau, i. 240, 369; Beauvau, Princesse de, i. 369; Belsunce, Marquise de (elder), i. 346, v. 323, 325; Belsunce, Marquise de
(younger), v. 327; Bentheim, i. 363–4, v. 270, 284, 310, 313, 321, 323; Bentheim, Gräfin von, v. 270, 284, 310, 313, 321, 323; Betz, v. 301; Biron, Maréchale de, i. 363–4, 369, v. 330; (?) Boisgelin, Comtesse de, v. 303; Boudot, v. 323; Boufflers, Comtesse de, i. 244, 330, 369, ii. 80, v. 303; Boufflers, Marquise de, i. 347; Bouillon, Princesse de, v. 320–2, 330; Brancas, Marquis and Marquise de, v. 272, 300, 327; Brienne, Comte and Comtesse de, v. 316; Broglie, Comte de, v. 305; Broglie, Comtesse de, i. 18, 346, 354, 363–4, 369; Broglie, Maréchale de, i. 350; Broglie, Marquise de, v. 297, 311, 313, 316–7, 321–3, 325, 332; Brunswick, i. 41–2, 49, 54; Bussy, Marquise de, v. 276, 303; Cambrai, Archbishop of, i. 240; Caraman, i. 4; Caraman, Comtesse de, i. 4, v. 293; Caswall, v. 320; Chabot, v. 293; Chabot, Lady Mary, v. 273; Chabrillan, v. 296; Châtillon, Duchesse de (dowager), v. 325; Choiseul, Comtesse de, v. 301; Choiseul, Duchesse de, i. 58, 186, 358, 402; Choisy, v. 282, 285, 312, 321, 325, 327; Cholmondeley, Mrs, ii. 272, 328, 360, 361, v. 325, 327, 329, 332–3; Clanbrassill, i. 347; (?) Coëtlogon, Marquise de, v. 325; Conti, i. 244; (?) Courten, v. 284; Craufurd, i. 157–8, 345–6, 347, 349, v. 285, 288, 292–3, 296, 323; Crillon, v. 299–300, 322; Croissy, v. 300; Crussol, Vicomtesse de, v. 270; Czernieski, Comtesse, v. 310, 312–3; D, i. 4, 9, 11, 13, 18, 20, 37, 58, 68, 112, 118, 133, 155, 170, 204, 213, 215, 240, 244, 261–2, 309, 315, 330, 342, 345–6, 349, 351, 354, 356, 363–4, 368–9, 369, 371, 372, 377, 378–9, 385, 387, 402, ii. 41, 47, 59, 64, 78, 80, 116, 119, 125, 131, 136, 140, 156, 165, 169, 188, 191, 194–6, 201, 216, 233, 272, 282, 283, 315, 322, 324, 335, 360, 361, 382, 416, 443–4, 446, v. 261, 266, 284–5, 288, 293, 296–7, 299–301, 303, 305, 307–8, 310–1, 313–4, 316–27, 329–33; Damas, Chevalier de, v. 319; Damascus, Archbishop of, v. 327; Du Plessis-Châtillon, Marquise, i. 155; Duras, Marquise de, i. 369, v. 270, 329; Du Roure, Mme, i. 378; (?) Du Terrail, Marquise, v. 323; Egmont, Comtesse d', v. 296; Fleury, Bailli de, v. 270, 285, 288, 321; Foncemagne, v. 273; Forcalquier, Comtesse de, i. 356, ii. 382, v. 296, 308, 311, 318, 322; Fronsac, Duchesse de, v. 296; Girac, Abbé de, v. 308, 316; Grave, v. 316–7, 319, 322, 327, 332; Gurowski, v. 312–3; HW, i. 337, ii. 266, 270, iii. 276, v. 267, 270, 272–3, 276, 282, 284–5, 288, 290, 292–3, 296–7, 299–301, 303, 305–8, 310–4, 316–33; Héricourt, v. 310, 314; Hessenstein, v. 330; Hocquetot, Mme d', v. 308, 323(?), 331(?); Irwin, v. 333; Jarnac, v. 303; (?) Jerningham, v. 273; Jonzac, v. 293, 300, 332, 333; La Briche, v. 311; Lambert, Mme, v. 296; La Rochefoucauld, Duchesse de, v. 327; La Trémoïlle, Duchesse de, v. 273; Lauzun, v. 303; Lauzun, Duchesse de, i. 346, 369, v. 303; La Vallière, Duchesse de, i. 346, v. 285, 288, 290, 296, 301, 308, 314, 318, 321–3, 327, 330, 332; (?) Le Droit, Mme, v. 317,

[Hénault, Charles-Jean-François, *continued*]
323, 325, 331; Lespinasse, Mlle de, i. 394;
L'Isle, v. 325, 327; (?) Listenois, Marquise de,
v. 270; Lloyd, Miss, ii. 59; Loménie, Marquis
and Marquise de, v. 303, 316; Lordat, Comtesse de, v. 323; Lubomirska, Ps, v. 323; Luxembourg, Mme de, i. 18, 186, 240, 244, 346,
369, ii. 47, 80, 143, v. 293, 303; Maillebois,
Comtesse de, i. 369; Malherbe, v. 300, 306;
March, i. 350, v. 321; Mirepoix, Mme de, i. 4,
18, 240, 244, 347, ii. 80, v. 293, 303; Molé, v.
299; Montazet, v. 311; (?) Montrevel, Comtesse
de, v. 303; Narbonne, Vicomte de, ii. 47(?);
Narbonne, Vicomtesse de, ii. 47(?), v. 321; Nicolaï, v. 276; Nivernais, v. 299, 300; Noailles,
Comtesse de, i. 369, v. 307; Noyon, Bishop
of, i. 18, v. 330; (?) Paar, i. 214, v. 313, 325,
332; Pailly, Mme de, v. 272, 300; Paulmy,
Marquis and Marquise de, v. 288, 303, 311,
326; Pembroke, Cts of, ii. 59; Polignac, Mlle
de, v. 332; Polignac, Marquise de, v. 311, 322;
Pons, Marquis and Marquise de, v. 301; Pontchartrain, v. 303; Pont-de-Veyle, i. 159, v.
284, 296, 303, 308, 311, 317–8, 321, 325, 330;
Redmond, v. 320, 325; Richelieu, v. 296;
Rochefort, Comtesse de, v. 272, 300, 303;
Rochfords, i. 311, 314; Saint-Brieuc, Bishop
of, v. 320, 325; Saint-Laurent, v. 316, 320, 323;
Sanadon, Mlle, v. 327, 332–3; Sarsfield, v. 270;
Saulx, ii. 108, v. 301(?), 305(?), 317(?), 320;
Sauvigny, Mme de, ii. 422; Schuwalof, i. 4,
v. 301; Ségur, Comtesse de, v. 300, 323; Selwyn, i. 204, 345–6, 350, 358, v. 321–3; Sigorgne, ii. 416; Surgères, Marquise de, v. 272,
300–1, 306; Thianges, v. 296, 312; Thianges,
Marquise de, v. 290, 300, 307; Torcy, v. 332;
Toulouse, Archbishop of, v. 316; Tourville,
v. 297, 312; Trudaine, v. 305; Trudaine de
Montigny, ii. 31, v. 288, 305; Trudaine de
Montigny, Mme, v. 288; Turenne, Princesse
de, v. 313, 320–2; Ussé, iii. 276, v. 300–1, 320–
1; Valentinois, Comtesse de, i. 4, v. 290, 308,
316, 318, 330; Verdelin, Marquise de, ii. 382,
v. 316, 320–3, 325–7; Veri, v. 296, 300; Vernage, M. and Mme de, v. 300; Villeroy, Duchesse de, v. 321; Walpole, Hon. Robert, ii.
143
superintendent of households of Marie
Leszczyńska and Marie-Antoinette, ii. 442
*Triomphe de l'amitié, Le*, read to, i. 363–4
Vernage attends, i. 371, ii. 13n, 50, 342
Voltaire said to have praised, vi. 151
——'s correspondence with, v. 65
—— urges, to enter controversy, ii. 146, 158–9
will of, ii. 486
Heneri. *See* Ennery
1 Hénin, Prince d'. *See* Alsace-Hénin-Liétard,
Charles-Alexandre-Marc-Marcellin d'
2 Hénin, Princesse d', wife of 1. *See* Guignot de
Monconseil, Étiennette
Henley, Robert (ca 1708–72), 1st E. of Northing-
ton; statesman:
president of council, i. 104

Hennery, Comte d'. *See* Charpentier, Victor-
Thérèse, Comte d'Ennery
Henri II (1519–59), K. of France 1547–59:
HW buys miniature of, v. 406
painting of, at Sainte-Chapelle, v. 276
tomb of, at Saint-Denis, v. 260
Henri III (1551–89), K. of France 1574–89:
costume of period of, may be revived, iv. 148
*Journal of, see under* L'Estoile, Pierre de
portraits of, in glass, at church of Feuillants,
v. 282
Henri IV (1553–1610), K. of France 1589–1610:
Bury's life of, criticized, ii. 94, 158–9
D sends china group of Sully and, to HW, ii.
302, 304–5, 307, 311–2, 312, 315, 316, 323, 331,
336, 338, 385
D sends Sèvres medallion of, to HW, iii. 265,
267, 270
(?) HW buys snuff-box with picture of, v. 405
HW compared with, by D, iii. 146
HW compares Louis XIV with, iii. 407
HW gives portrait of, to Ps Amelia, ii. 187,
189
HW's fondness for, iii. 146
letters of, bequeathed to Hénault, v. 267
Lucan, Bns, copies portraits of, iv. 340
magistracy highly regarded by, vi. 184
Orléans's ancestor, vi. 125
portraits of, at: Amiens, v. 259; convent of
Grands-Augustins, v. 276; church of Feuil-
lants (in glass), v. 282
*Resurrexit* on statue of, iv. 64
Sully's treatment of, iii. 407
Turgot would have been ignored by, iv. 343
*Henri IV, La Partie de chasse de. See under*
Collé, Charles
*Henri IV, ou la Bataille d'Ivry. See under* Far-
main de Rozoi, Barnabé; Martini, Jean-Paul-
Égide
Henri, M. d'. *See* Ennery, Michelet d'
*Henriade, La. See under* Voltaire
Henrietta Anne (1644–70) of England, m. (1661)
Philippe, Duc d'Orléans:
said to be represented in *Bérénice*, ii. **120**
Henrietta Maria (1605–69) of France, m. (1625)
Charles I of England:
Doumenil has portraits of, v. 313
*Henriette. See under* Ansart, Jean-Baptiste;
Lennox, Charlotte
Henry II (1133–89), K. of England 1154–89:
Gaillard's account of, iii. 68
Henry IV (1367–1413), K. of England 1399–1413:
HW sees tomb of, v. 258
*Henry VI. See under* Shakespeare, William
Henry VII (1457–1509), K. of England 1485–
1509:
Charles VIII aids, ii. 4
*Histoire* of, *see under* Marsollier, Jacques
Joseph II resembles, iv. 447
Henry Benedict Maria Clement (Stuart) (1725–
1807), Cardinal of York; called Henry IX:
York, D. of, does not mention, v. 364
Young Pretender injured by, v. 275

Henry Frederick (1745–90), D. of Cumberland:
Arras, Bishop of, to see, iii. 142
Calais officers entertained by, iii. 143
—— visited by, iii. **131-2**
Court appearance denied to, iii. 143–4
Dunning favoured by, iii. 265
George III reconciled with, v. 234
Gloucester gives up house to, v. 366
(?) Grosvenor, Bn, action of, against, vi. 162
Grosvenor, Bns, has relations with, iii. 131
HW writes to D about, v. 394
journeys of, iii. 146
marriage of, iii. 131–2
marriage verification not demanded by, iii. 365
York leaves diamond to, v. 366
Henry, Anne (1695–1775), m. (1715) Jacques-Vincent Languet, Comte de Gergy:
(?) Panthémont visited by, v. 332
(?) social relations of, with Mrs Hays, v. 311
*Heptaméron. See under* Marguerite d'Angoulême
Hérault de Gourville, Jean (1625–1703):
*Mémoires* of, discussed by D, ii. 44
Hérault de Sechelles, Marie-Jean (1760–94):
(?) house of, at Cuvilly, v. 316
*1* Herbert, Lady Caroline. *See* Montagu, Lady Caroline
*2* Herbert, Edward (1582–1648), cr. (1629) Bn Herbert of Cherbury:
*Life* of, given by HW to D, v. 417
*3* Herbert, George Augustus (1759–1827), styled Bn Herbert; 11th E. of Pembroke, 1794; son of *5:*
D's account of, ii. 86
D sends parcel to England by, v. 453
D to send parcels by, v. 230–1
London to be visited by, v. 453
*4* Herbert, Lady Henrietta Antonia (1758–1830), grandniece of *6,* m. (1784) Edward Clive, cr. (1804) E. of Powis:
(?) HW to send chenille to, v. 417
*5* Herbert, Henry (1734–94), 10th E. of Pembroke:
D discreet in conversation with, ii. 82
D has not yet seen, i. 406
D's parcels to be conveyed by, ii. 28, 30, 33, 37
health of, ii. 26
Italy to be visited by, ii. 116
marital relations of, iii. 309
Paris visited by, i. 396, ii. 116, 139
resigns, v. 207
social relations of, with: Boufflers, Comtesse de, i. **396**; D, ii. 7, 16; Trudaine de Montigny, M. and Mme, ii. 30
to go to London, ii. 28, 30
to travel, ii. 139
*6* Herbert, Lady Mary (ca 1685–1775):
account of, v. 288
death of, v. 398
(?) HW to send chenille to, v. 417
Young Pretender rescues, v. 288

*7* Herbert, William (ca 1629–96), cr. (1674) E. and (1687) M. of Powis:
arms of, at English Benedictines' church, v. 264
*8* Herbert, William (ca 1698–1748), 3d M. of Powis; grandson of *7,* brother of *6:*
Herbert, Lady Mary, sister of, v. 288
Herb juices:
Beauvau takes, v. 8
Creutz uses, v. 106
'Hercule gaulois':
statue at Sceaux, v. 322
Hercules:
choice of, iv. 285
Hereford:
attacked, v. 368
*1* Héricourt, Comte d'. *See* Du Trousset, Bénigne-Jérôme
*2* Héricourt, Comtesse d', niece-in-law of *1. See* Le Fefvre, Marie-Sophie
Héricy, Le. *See* Le Héricy
*1* Hérisée, ——:
banished, iii. 366
*2* Hérisée, Mlle, dau. of *1:*
sentenced, iii. 366
Hérissant des Carrières, Jean-Thomas (1742–1820):
*Histoire d'Angleterre,* (?) D owns, vi. 34
Hermitage, The (Catherine II's):
Catherine II entertains at, v. 205–6
Hermitage, The (Louis XV's):
Louis XV and York sup at, v. 364
'Héro.' *See* Lennox, Lady Sarah
Herodotus (ca 484–ca 425 B.C.), historian:
*Histoire,* D owns, vi. 35
Heron, ——:
attends session of parliament of Paris, vi. 173
Hérouville de Claye, Comte d'. *See* Ricouart, Antoine de
Herpes:
Hénin, Princesse d', suffers from, i. 219
*1* Hertford, Cts of, wife of *2. See* Fitzroy, Lady Isabella
*2* Hertford, E. of. *See* Conway, Francis Seymour (1718–94)
*2, 3* Hertford, M. of. *See* Conway, Francis Seymour (1718–94); Seymour-Conway, Francis (1743–1822)
*4* Hertford, Marchioness of, dau.-in-law of *3. See* Fagnani, Maria Emily
Hertford Street:
Cholmondeley, George James, lives in, vi. 211
*1* Hervey, Bns. *See* Lepell, Mary
*2* Hervey, Lady Anne (d. 1771), sister-in-law of *1:*
death of, v. 372
*3* Hervey, Augustus John (1724–79), 3d E. of Bristol, 1775; son of *1:*
D inquires about, iv. **307,** 311
marriage of, iii. 406
*4* Hervey, Hon. Felton (1710–75), brother of *2:*
D admired by, ii. 388
D said by, to be in love with HW, ii. 388, 395

[4 Hervey, Hon. Felton, *continued*]
D's opinion of, ii. 357
gout cripples, ii. 357
social relations of, with D, ii. **333**
5 Hervey, Mary Caroline (before 1766–1842), niece of *3*, m. (1776) John Creighton, 2d Bn, 1st Vct (1781), and 1st E. (1789) Erne of Crom Castle:
D's opinion of, v. 14–5
Paris visited by, v. 14
6 Hervey-Aston, Henry, cousin of *3*:
social relations of, with Richmond, v. 301
7 Hervey-Aston, Mrs Henry, wife of *6*. *See* Dicconson, ——
'Hesse, Mme.' *See* Mary (1723–72) of England
Hesse-Cassel, Ps of. *See* Mary (1723–72) of England
Hessen-Rheinfels-Rothenburg, Maria Hedwig Eleonore Christine von (1748–1801), m. (1766) Jacques-Léopold-Charles-Godefroy de la Tour d'Auvergne, Prince de Bouillon:
ball in honour of Dauphin's marriage attended by, ii. 409, 410
social relations of, with Hénault, v. 320–2, 330
1 Hessenstein, Edvard von (1738–69):
social relations of, with D, v. **328**
2 Hessenstein, Fredrik Wilhelm von (1735–1808), furste, brother of *1*:
social relations of, with: Aiguillon, Duc and Duchesses d', iii. 40; D, ii. 333, v. 319, 333, 336; Forcalquier, Comtesse de, ii. **280**, 317; Gustav III, iii. 39–40; Hénault, v. 330
Heudicourt. *See* Sublet d'Heudicourt
*Heureusement. See under* Rochon de Chabannes, Marc-Antoine-Jacques
Heynel. *See* Heinel
*Hieroglyphic Tales:*
D considers, mad, iii. 215
Hilair, Jean-Baptiste (1753–1822):
(?) health of, v. 141
'Hill,' Mr. *See* Carmichael, William
Hill, Wills (1718–93), cr. (1751) E. of Hillsborough and (1789) M. of Downshire:
HW attends opera with, v. 263
social relations of, with HW, v. 263, 264
1 Hillsborough, Cts of, wife of *2*. *See* Fitzgerald, Margaretta
2 Hillsborough, E. of. *See* Hill, Wills
Hinchcliff, Dorothy (ca 1720–1804), m. (1765) Robert Ralph Foley, cr. (1767) Bt:
social relations of, with: Crammond, v. 309; HW, v. 293, 300, 309; (?) Panchaud, Isabella, v. 309
Hindley, John Atherton, deputy teller of the Exchequer:
(?) HW mentions, iii. 88
1 Hippolyte, Comte. *See* Choiseul, César-Hippolyte
2 Hippolyte, Comtesse, wife of *1*. *See* Choiseul d'Esguilly, Louise-Joséphine de
Hire, La. *See* La Hire
Hissing at dull play:
D's mot on, vi. 60

*Histoire. See under* Herodotus
*Histoire ancienne. See under* Rollin, Charles
*Histoire d'Angleterre. See under* Hérissant de Carrières, Jean-Thomas; Hume, David; Rapin, Paul de
*Histoire de Bertrand du Guesclin. See under* Hay du Chastelet, Paul
*Histoire de Charles VII. See under* Chartier, Jean
*Histoire de Charles XII. See under* Voltaire
*Histoire de Clarisse. See* Richardson, Samuel, *Clarissa*
*Histoire d'Écosse sous les règnes de Marie Stuart et de Jacques VI. See under* Robertson, William
*Histoire de Du Guesclin. See* Hay du Chastelet, Paul, *Histoire de Bertrand du Guesclin*
*Histoire de France. See under* Daniel, Gabriel; Hénault, Charles-Jean-François, *Abrégé;* Mézeray, François de
*Histoire de François I*er*. See under* Gaillard, Gabriel-Henri
*Histoire de Grandison. See* Richardson, Samuel, *Sir Charles Grandison*
*Histoire de Henri VII, L'. See under* Marsollier, Jacques
*Histoire de la Jamaïque. See under* Sloane, Sir Hans
*Histoire de la maison de Bourbon. See under* Ripault Desormeaux, Joseph-Louis
*Histoire de la maison de Montmorenci. See under* Ripault Desormeaux, Joseph-Louis
*Histoire de la reine Marguerite de Valois. See under* Mongez, Antoine
*Histoire de la rivalité de la France et de l'Angleterre. See under* Gaillard, Gabriel-Henri
*Histoire de la vie de Henri IV. See under* Bury, Richard de
*Histoire de la ville de Bordeaux. See under* Agneaux, Charles-Jean-Baptiste d'
*Histoire de l'empereur. See under* Massuet, Pierre
*Histoire de l'ordre du Saint-Esprit. See under* Poullain de Saint-Foix, Germain-François
*Histoire de Louis XIII. See under* Le Vassor, Michel
*Histoire de Louis de Bourbon, Prince de Condé, L'. See under* Ripault Desormeaux, Joseph-Louis
*Histoire de Malte. See* Vertot, René Aubert de, *Histoire des chevaliers . . .*
*Histoire de Marguerite de Valois. See* Mongez, Antoine, *Histoire de la reine Marguerite . . .*
*Histoire de Miss Beville:*
D owns, vi. 34
*Histoire des anciens peuples de l'Europe:*
HW orders, through D, iv. 17
*Histoire des chevaliers de Malte. See* Vertot, René Aubert de, *Histoire des chevaliers . . .*
*Histoire des chevaliers hospitaliers de St Jean de Jérusalem . . . , L'. See under* Vertot, René Aubert de

*Histoire des dernières révolutions d'Angleterre.*
See under Burnet, Gilbert
*Histoire des Ducs de Bourgogne.* See *État de la
maison des Ducs de Bourgogne*
*Histoire des Gaules.* See Rabutin, Roger de,
*Histoire amoureuse des Gaules*
*Histoire des révolutions . . . de la République
romaine.* See under Vertot, René Aubert de
*Histoire des révolutions de Suède, L'.* See under
Vertot, René Aubert de
*Histoire des rois . . . Ferdinand et Isabelle.* See
under Mignot, Vincent
*Histoire d'Herodote.* See Herodotus, *Histoire*
*Histoire du Bas-Empire:*
D owns, vi. 35
*Histoire du théâtre français.* See under Parfaict,
Claude; Parfaict, François
*Histoire espagnole:*
HW mentions, iv. 20
*Histoire et chronique du . . . roy S. Loys IX, L'.*
See under Joinville, Jean de
*Histoire généalogique, L':*
D owns, vi. 34
*Histoire merveilleuse et mémorable des prou-
esses et des amours de Don Ursino le Navarin,
et de Dona Inez d'Oviedo:*
D's opinion of, v. 107, 109, 111, 114
*Histoire naturelle.* See under Leclerc, Jean-
Louis; Pliny the Elder, *Natural History*
*Histoire philosophique et politique des . . .
Européens dans les deux Indes.* See under
Raynal, Guillaume-Thomas-François
*Histoire romaine.* See under Rollin, Charles
*Histoire universelle.* See under Thou, Jacques-
Auguste de
*Historia naturalis.* See Pliny the Elder, *Natural
History*
*Historic Doubts on the Life and Reign of King
Richard III:*
Aiguillon, Duchesse d', receives, ii. 33
Chabot, Comtesse de, receives, ii. 33
D admires preface of, ii. 42, 43, 131
D distributes, ii. 25, 31-2
D mentions, ii. 6, 8
D would like more than one copy of, ii. 22,
28, 30, 43
French foreign-office information for, ii. 4
HW sends, to Mme Necker, iv. 247, 260, v. 417
*Journal encyclopédique* reviews, ii. 111
Mallet to read, to D, i. 394, 395
published, i. 287n
reception of, ii. 23, 26, 30, 33, 34, 72
Redmond translates preface of, ii. 38, 42, 43
researches for, ii. 1, 4, 6, 10, 11
to be printed, i. 394
translators for, i. 406, ii. 11, 18-9, 25, 28-9, 32
Voltaire asks for, ii. 120, iii. 316
—— praises, ii. 131
—— receives, through D, ii. 99, vi. 144
History:
D cannot read, other than memoirs, ii. 406,
426, iii. 17, 51, 432

D dislikes, when limited to battles, iii. 77-8,
350
D reads, for intrigues only, ii. 482, iii. 16-7
HW on, iii. 12
of one's own time, D on, iv. 253
See also Reading, D's; Reading, HW's
*History of America.* See under Robertson, Wil-
liam
*History of England . . . , The.* See under Hume,
David; Sawbridge, Catherine
*History of the Life of Marcus Tullius Cicero.*
See under Middleton, Conyers
1 Hobart, Hon. George (1731–1804), 3d E. of
Buckinghamshire, 1793; director of Hay-
market Theatre; nephew of 3:
brother of, iv. 364, v. 108
Cromwell said to be ancestor of, iv. 358
D's opinion of, iv. 348, 358
D to send parcels by, v. 108-9, 109
(?) HW mentions, v. 142
Heinel, Mlle, has dispute with, iii. 195
social relations of, with D, iv. 358
2 Hobart, Hon. Mrs George, wife of 1. See
Bertie, Hon. Albinia
3 Hobart, Henrietta (ca 1681–1767), m. (1)
(1706) Charles Howard, 9th E. of Suffolk; m.
(2) (1735) Hon. George Berkeley:
D inquires after, i. 302
D's opinion of, ii. 142
deaf, i. 75
death of, i. 331, 337, 340, ii. 140, 142, 145
erysipelas of, i. 297
Guerchy speaks of, i. 115
HW buys cup, saucer, and plate for, v. 402
HW buys snuff-box for, v. 404
HW's affection for, pleases D, i. 328-9, 331
HW's correspondence with, v. 376-8
HW's 'sourde,' i. 75, 77, 80, 105, 107, 115,
118, 195, 262, 297, 302, 309, 328, 331, iii.
433
4 Hobart, John (1723–93), 2d E. of Buckingham-
shire; half-brother of 1:
brother of, iv. 364, v. 108
HW mentions, iii. 88
Hobbes, Thomas (1588–1679), philosopher:
Voltaire's discussion of, ii. 171
Hocquart, Jean-Hyacinthe-Emmanuel (b. 1727):
(?) attends session of parliament of Paris, vi.
171, 173
Hocquart, Marie-Anne (1726–79), m. (1744)
René-Hugues-Timoléon de Cossé, Comte de
Cossé-Brissac:
social relations of, with Duchesse de Nivernais, v. 274
Hocquetot, Mme d':
(?) social relations of, with Hénault, v. 308,
323, 332
Hoefnagel, George (1542–1600), painter:
Barbiellini prints letter from, v. 356
Gaddi addressed by, v. 356
Hœgger, Anton (1682–1767), Baron de Presle:
career of, iv. 424

Hogarth, William (1697–1764), painter:
Boufflers, Chevalier de, to receive picture by, v. 415
Hoicochea, Don Lucas de, Spanish usurer:
escape of, vi. 120
house of, pillaged, vi. 119
threatened by mob, vi. 119
Holbach, Baron d'. See Thiry, Paul-Henri
Holbein, Hans (1497–1543), painter:
drawings by, at Kensington, v. 307
drawings in manner of, v. 313
heads by, at Mariette's, v. 269
heads in manner of, v. 259
Holck, Frederik Vilhelm Conrad (1745–1800), greve; favourite of Christian VII:
HW's account of, ii. 128
1 Holdernesse, Cts of, wife of 2. See Doublet, Marie
2 Holdernesse, 4th E. of. See Darcy, Robert
Holke. See Holck
1, 2, 3 Holland, Bn. See Fox, Henry (1705–74); Fox, Henry Richard Vassall (1773–1840); Fox, Stephen (1745–74)
4, 5 Holland, Baronesses, wives of 1 and 3. See Lennox, Lady Georgiana Caroline (1723–74); Fitzpatrick, Lady Mary (d. 1778)
Holland:
ambassadors from and to, see under Ambassador
book from, ii. 53
correspondence through, in wartime, iii. 1, v. 44, 61, 165, 169
D dislikes poetic account of, iii. 211
envoy from, see under Envoy
fleet of, reaches Brest, v. 441
French credit in, supported, ii. 378
Gouvernet in, ii. 33–4
Montesson, Marquise de, to visit, iii. 356
rumour of change of French envoy to, iii. 209
Staunton may visit, v. 213
Hollar, Wenceslaus (1607–77), engraver:
HW buys print of house by, v. 402
Holmes, Anne (d. 1794), m. (ca 1728) Sir John Lambert, 2d Bt:
social relations of, with: Beaufort, v. 271; Rochford, Cts of, v. 322
Holstein-Sonderburg-Beck, Katharine von (1750–1811), m. (1767) Prince Ivan Sergeievitch Bariatinsky:
social relations of, with: D, v. 345; Necker, M. and Mme, v. 346, 349
Holy ampulla:
hostages for, iv. 199–200
Holy Land. See Crusades
Holy See:
ambassadors to, see under Ambassador
nuncios from, see under Nuncio
Homer:
D owns works of, vi. 33
HW mentions, ii. 215
Iliad: D bored by, iii. 210; D reads, v. 176, 181
Odyssey, D reads, v. 181

Shakespeare compared to, v. 181
Homme aux quarante écus, L'. See under Voltaire
Homme du jour, L'. See under Boissy, Louis de
Hommes illustres. See under Perrault, Charles
Hondius, Hendrik (1597–ca 1644), painter:
pictures by, at Chantilly, v. 260
print by, admired by HW, v. 269
Honeysuckles:
HW sees, at Hôtel de Biron, v. 264
Honey water:
Beauvau desires, iv. 13, 14, 16, 19, 27, 28
HW sends, to Favre, v. 380
price of (for 1½ pints), iv. 19
Honnête criminel, L'. See under Fenouillot de Falbaire de Quingey, Charles-Georges
1 Honywood, Philip (d. 1785), military officer:
Marie-Josèphe's funeral oration attended by, v. 318
2 Honywood, Mrs Philip, wife of 1. See Wastell, Elizabeth
Hop ground:
at Dover, v. 258
near Arras, v. 315
Hôpital, L'. See L'Hôpital
Hôpital de la Charité des Hommes:
D's lackey sent to, i. 330
Hôpital des Invalides. See Invalides
Horace (Quintus Horatius Flaccus) (65 B.C.—8 B.C.), Roman poet:
D does not know, i. 88
D says that Voltaire surpasses, vi. 191
La Harpe's reply to Voltaire under name of, iii. 293
Horace. See under Corneille, Pierre
Horace, Épitre à. See under Voltaire
1 Hornes, Élisabeth-Philippine-Claudine de (1753–1826), m. (1751) Gustav Adolf, P. of Stolberg-Gedern:
Paris visited by, iii. 218
2 Hornes, Marie-Thérèse-Josèphe de (1726–83), sister of 1, m. (1742) Philipp Joseph, P. of Salm:
(?) Créqui, Marquise de, visits, after duel, iv. 279
social relations of, with: Aiguillon, Duchesse d', v. 280; Richmonds, v. 290; Talmond, Princesse de, v. 295
Hornot, Antoine:
Anecdotes américaines . . . , iv. 416
Hornoy. See Dompierre d'Hornoy
Horse-chestnut tree:
HW sees, blooming in Sept., v. 261
Horse-racing:
Artois promotes, iv. 418
HW calls, folly, iii. 355
Horses:
D's: ii. 458, iv. 229; three, ii. 386; two, iii. 79, vi. 12
from livery-stable, D rents, iv. 229
Horton, Mrs Christopher. See Luttrell, Anne
'Horton, Mrs.' See Parsons, Anne

Hoskins, Catherine (d. 1777), m. (1718) William Cavendish, 3d D. of Devonshire:
daughter inherits from, iv. 442
Hospital, L'. *See* L'Hospital
Hôtel de Ville:
D's rentes viagères on, ii. 386, vi. 39
Houdart de la Motte, Antoine (1672–1731), poet:
Alembert's eulogy of, v. 68
*Fables*, ii. 379, vi. 32, 153
*Inès de Castro*, D's parody of ('les mirlitons'), ii. 321, 322, 330n, 333, 335, 343, v. 322
*Œuvres*, D owns, vi. 33
Houdetot, Comtesse de. *See* La Live de Belle-garde, Élisabeth-Françoise-Sophie de
'Houghton, Mrs.' *See* Luttrell, Anne; Parsons, Anne
Houghton, Norfolk:
HW visits, iii. 391, 393, 394, iv. 27, 30
painting by Guido Reni at, v. 259
Hounslow, Middlx:
explosion of powder mills at, iii. 172, 173
Hours:
schedule of, at Chanteloup, iii. 243, 255
*See also under* Ball; Dinner; Post, Paris; Supper; Tea
*1* Howard, Mrs:
lawsuit of, v. 289
social relations of, with HW, v. 288–9, 297
*2* Howard, Lady Ann (1744–99), lady in waiting to Ps Amelia:
social relations of, with Temples, ii. **432**
*3* Howard, Anne (d. 1775), m. (1729) Sir William Yonge, 4th Bt:
death of, v. 398
*4* Howard, Bernard Edward (1765–1842) 17th D. of Norfolk, 1815:
of Catholic branch of family, iii. 361
*5* Howard, Charles (1720–86), 15th D. of Norfolk, 1777:
HW's opinion of, iii. 361
*6* Howard, Charles (1746–1815), 16th D. of Norfolk, 1786; son of *5:*
HW's opinion of, iii. **361**
*7* Howard, Edward (1686–1777), 14th D. of Norfolk:
HW's opinion of, iii. 361
*8* Howard, Frederick (1748–1825), 5th E. of Carlisle; statesman; brother of *2:*
Boufflers, Comtesse de, may receive teakettle by, iii. 425
Bunbury, Lady Sarah, attended by, i. 208, 230, 231, 239
—— in love with, i. 224, 231
—— supplanted in thoughts of, ii. 190, 199, 205
cook of, *see* Couty, ——
Couty with, in country, iv. 9
D inquires after, iii. 406, v. 165, 174
D sends letter by, iii. 212, 213, 216
D's opinion of, ii. 190, 201, 212
D supplies cook for, ii. 205
gambling excesses of, iv. 187

HW accompanies, to shops, v. 323
HW discussed by D and, iii. 207
HW might send packages by, iii. 205, 206
HW sends drawer by, iii. 207
leaves Paris, ii. 205
mother of, v. 50
mother's correspondence with, v. 61, 63
Norfolk, D. of, related to, iii. 361
Paris visited by, v. 321
peace commissioner, v. 28
Pembroke, Cts of, attracts, ii. 190, 199, 200, 205
Philadelphia visited by, v. 63
Selwyn accompanied by, in Paris, i. 152, 154, 170
—— expected by, ii. 170
——'s friendship with, iii. 361, iv. 74, v. 185
(?) SH visited by Cts of Pembroke and, ii. 249
social relations of, with: D, i. 152, 154, 170, ii. 190, 192, 193, iii. 212, 215; Forcalquier, Comtesse de, ii. 192; HW, v. 321, 323; Rochford, i. 369; Walpole, Hon. Robert, ii. 193
to leave Paris, iii. 212, 213
valet de chambre of, conveys letters for D, i. 251–2, 252
*9* Howard, Thomas (1585–1646), 14th E. of Arundel, cr. (1644) E. of Norfolk:
Parmeggiano's drawings sought by, v. 356
Howard family:
HW gives genealogy of, iii. 361
*1* Howe, Richard (1726–99), 4th Vct Howe, 1758; cr. (1788) E. Howe; treasurer of the navy; admiral:
English fleet rumoured to be commanded by, v. 112
(?) HW mentions, ii. 423
silence of, iv. **493**
*2* Howe, Hon. Sir William (1729–1814), 5th Vct Howe, 1799; brother of *1:*
silence of, iv. **493**
Huber, Jean (1722–90), Swiss artist:
friends of, iii. 298, 375
HW mentions, iii. 439
silhouette by, iii. **285–6**, 438, 439
Thérèse to be painted by, iii. 298
Huchette, Rue de la:
furniture-dealer in, iii. 113n, 116, 120
Hue de Miromesnil, Armand-Thomas (1723–96), président de Rouen:
Guines's judges receive letter from, iv. 195
vice-chancellor, iv. 88
'Huet, M.':
Voltaire attributes *L'A, B, C* to, ii. 181
Huguet de Sémonville, Élisabeth-Catherine (d. 1784), m. (1) Charles-Jean, Comte d'Estrades; m. (2) Nicolas-Maximilien Séguier, Comte de Saint-Brisson:
husband of, iii. 192
(?) Louis XV favours, vi. 195
Humain, —— (ca 1750–73), drum-major of the dragoons:
Marmontel not author of farewell letter of, iv. 6
suicide of, iv. 1, 4, 6

Humbert, Pierre-Hubert, abbé:
*Instructions chrétiennes pour les jeunes gens,*
(?) D owns, vi. 33
Hume, Alexander (d. 1765), M.P. for Southwark:
death of, v. 396
Hume, David (1711–76), secretary at English em-
bassy; 'le Paysan du Danube':
*Autobiography:* Boufflers, Comtesse de, to re-
ceive, iv. 425; D asks for, iv. 379, 383; Suard
translates, iv. 425
Bath's anecdote about Peace of Utrecht re-
told by, v. 354
Boufflers, Comtesse de, correspondence of,
with, i. 105, 109, 115, 117, 120, iv. 355
—— friend of, i. 15–6, 100, 108–9, 119, 133,
172, 250–1, 253, ii. 23, 161, 164, 269
Brown an enemy of, ii. 52
Caracciolo resembles, iv. 22
Choiseul, Duc de, does not think highly of, i.
266
Choiseul, Duchesse de, dislikes, i. 23
clergy averse to, i. 97
Conti's acquaintance with, i. 100
Conway makes, undersecretary of state, i. 250,
254–5
Craufurd's relations with, i. 112, 208, 230, iii.
120
—— visits, iii. 421
D fears, will see letters of Voltaire, i. 388
D has work of, read to her, i. 90
D inquires about, i. 6, 42, ii. 2
D's correspondence with, i. 112, 115, 117, 120,
122
D's friendship sought in letter by, i. 112
D's mot to, vi. 60
D's opinion of, i. 108–9, ii. 23, 269
D suspects, of misrepresenting D, i. 402
Davenport's correspondence with, i. 95, 95–6
*Essays,* discussed by Dauphin, v. 290
French of, bad, vi. 60
Gibbon's success compared to that of, iv. 481
Guerchy's anecdote about, v. 261
HW avoids presentation at Court by, v. 261
HW called 'notre ami' by, i. 112
HW consults, about theft of clothes, v. 266
HW escorted from Versailles by, v. 266
HW loyal to, iii. 115, 120
HW mentions, i. 133n
HW receives attestations from, v. 269
HW sends letters by, v. 378
HW's letter of 26 July 1766 to, i. 128, 171,
172, 175, 179
HW's letter of 6 Nov. 1766 to, i. 186, 187
HW's letter of 11 Nov. 1766 to, i. 186, 187
HW's letters to, read to D, v. 320
HW talks with, v. 262
*History of England (Histoire d'Angleterre):*
(?) D owns, vi. 32; D reads, i. 338, iii. 350
Holbach's letter from, attacking Rousseau, i.
89, 91
Luxembourg, Mme de, not fond of, i. 91
marriage of, rumoured, ii. 419

Meinières, Mme de, translator of, v. 296
Mirepoix, Mme de, discussed by, vi. 60
—— tells anecdote to, about Louis XV's proposal to Ps of Orange, v. 354
not to come to Paris as secretary of embassy,
ii. 161
pension of, increased through Hertford, ii. 87,
92
return of, to Paris, expected, i. 15–6
Rochford criticizes, i. 253
——'s aide, ii. 213
Rousseau commended to, by Comtesse de
Boufflers, i. 172
Rousseau's pension procured by, i. 24n, 91,
94–5, 98, 257, 259–60, 281, 322
——'s quarrel with: i. 89–90, 91, 94–8, 100,
108–9, 112, 117, 131, 132–3, 207, 211, 256;
*Exposé succinct . . .* concerning ('la petite
brochure'), i. 128, 131, 158, 160, 161, 163, 170,
171, 179, 180; *Justification de Jean-Jacques
Rousseau* in, i. 183, 190; *Réflexions posthumes*
on, i. 207, 212, 222, 224, 231
Scotland visited by, i. 137, ii. 269
settles in Scotland, i. 207, 208, 230
social relations of, with: Crébillon, v. 287; D,
v. 270, 289, 291–2; HW, v. 266–7, 270, 284;
Helvétius, v. 289; Hertford, Cts of, v. 262;
Holbach, v. 262, 269; Holdernesse, Cts of, i.
89; Luxembourg, Mme de, v. 284, 286; Mirepoix, Mme de, v. 262; Ramsays, v. 266;
Rochefort, Comtesse de, v. 266
Staal, Baronne de, anecdote of, by, v. 276
success of, depreciated, i. 23, 30
Versailles visited by, v. 266
views of, on authorship of 'Sévigné' letter, i.
70
Voltaire's letter of 24 Oct. 1766 to, i. 178–9,
190
Walpole, Sir Robert, hated by, for neglect of
scholars, v. 354
Hungary, Q. of. *See* Maria Theresa
Hungary:
Esterházy marries in, iv. 30
Hunter, William (1718–83), anatomist:
HW's correspondence with, v. 378
*1* Hurault, Charles-François (1739–1828), Vicomte de Vibraye; son of *3:*
social relations of, with: D, v. 346; Rochefort,
Comtesse de, v. 348
*2* Hurault, Louis (1733–1802), Comte (later Marquis) de Vibraye; son of *3:*
Bourbon's second at duel, v. 30
*3* Hurault, Paul-Maximilien (1701–71), Marquis
de Vibraye:
social relations of, with Comtesse de Rochefort, v. 300
*4* Hurault de Vibraye, Adélaïde-Julie-Sophie,
dau. of *3,* m. (1751) Paul-Jean-Baptiste-
Alexis Barjot, Comte de Roncée:
Artois, Comtesse d', includes, in household,
iii. 420
Opéra-Comique attended by, iii. 361
sings, v. 298

social relations of, with: Brancas, Marquis de, v. 310; Geoffrin, Mme, v. 298; Greville, Mrs, iii. 362; Rochefort, Comtesse de, v. 298, 303; Spencer, Cts, iii. 362

Hussey, Mrs Thomas. See Walpole, Hon. Mary

Husson's 'eau médicinale':
(?) Creutz takes, for gout, v. 106

Hutchins, John (1698–1773), historian:
HW's correspondence with, v. 376

HW. See Walpole, Horatio (1717–97)

*1* Hyde, Catherine (1701–77), m. (1720) Charles Douglas, 3d E. of Queensberry:
eccentric, iii. 193
HW buys umbrella for, v. 414
HW to send umbrella to, v. 416
social relations of, with HW, iii. **193**

*2* Hyde, Henry (1710–53), Vct Cornbury; Bn Hyde; brother of *1:*
sister of, iii. **193**

*Hypermnestre. See under* Lemierre, Antoine-Marin

*Hypocrisie, De l'. See* Voltaire, *Maître Guignard*

*Hypocrisie, Éloge de l'. See under* Voltaire

'Idole du Temple, l'.' *See* Camps de Saujon, Marie-Charlotte-Hippolyte de

'Idoles, les.' *See* Bourbon, Louis-François de; Camps de Saujon, Marie-Charlotte-Hippolyte de; Puchot des Alleurs, Amélie-Constance

'Ifs' (parliament of Rennes):
D tells of, iii. 164
laurels sold in opposition to, v. 326

'Ignatiens.' *See* Jesuits

Ikerrin, Vct. *See* Butler, Henry Thomas

Ilchester, E. of. *See* Fox-Strangways, Henry Thomas

Île de Bourbon (Réunion):
visitors to: Sourches, Vicomte de, v. 445; Sourches, Vicomtesse de, v. 442

Île de France (Mauritius):
Dupin de Rochefort exiled to, i. 369

*Île sonnante. See under* Collé, Charles

*Il faut quand on s'aime une fois:*
D's verses to air of, i. 126
Favart's verses to air of, i. 129

*Iliad, The. See under* Homer

*1* Imécourt, Vicomte d'. *See* Vassinhac, Marie-Louis-Charles de

*2* Imécourt, Vicomtesse d', wife of *1. See* Chauvelin, Charlotte-Ferdinande de

Immortelles:
D compares her soul to, iv. 275

*Imposture sacerdotale, De l'. See under* Gordon, Thomas

'Impromptu écrit de Genève à Messieurs mes ennemis au sujet de mon portrait en Apollon.' *See under* Voltaire

*Incas, Les. See under* Marmontel, Jean-François

Incense burners:
D receives, iv. 341, 486, v. 24, vi. 203–4

'Incomparable, l'.' *See* Bauffremont, Charles-Roger de

*Inconvénients des droits féodaux, Les. See under* Boncerf, Pierre-François

Incurables, les:
Gaultier chaplain to, v. 31

Indes, Compagnie française des:
ceases, ii. 294
Lally's acts against, i. 38
mémoires of Morellet and Necker on, iii. 400

India:
Cholmondeley, R. F., goes to, iii. 184
Clive's conduct in, iii. 360
Lally, evidence against, sent from, i. 53
'pillagers of,' *see* East India Company (British)

India Company, British. *See* East India Company (British)

India Company, French. *See* Indes, Compagnie française des

Indies, (?) East:
British fleet from: in danger, v. 158; reported to be captured, v. 61

Indies, East:
Dumont in, ii. 492

*Indigent, L'. See under* Mercier, Louis-Sébastien

*Inès de Castro. See under* Houdart de la Motte, Antoine

*Influence et l'utilité réciproques de la philosophie envers les princes . . ., L'. See under* Alembert, Jean le Rond d'

Influenza:
epidemic of (1775), iv. 245

*Ingénu, L'. See under* Voltaire

*Ingénue, L'. See under* Ducrest de Saint-Aubin, Stéphanie-Félicité

Inns:
HW's list of, v. 370–1

Inoculation for smallpox:
dangers of, ii. 244–5
HW compares education to, ii. 244–5, 247
occurrences of, iii. 226, iv. 67, 81, 336, 340, v. 451
of royal family, iv. 57, 62, 64, 66, 67, 69
powders taken during, iv. 75
Suttons' methods for, iv. 75
unsuccessful, ii. 321, iv. 67, 336, 340, v. 266

Inquisition:
endured in Spain, v. 311

Insanity:
theories of, iv. 17

'Inscription pour une statue de l'Amour, dans les jardins de maisons.' *See under* Voltaire

Inscriptions, Academy of. *See* Académie des Inscriptions et Belles-Lettres

Institutions:
deterioration of, v. 363

*Institutions de physique. See under* Le Tonnelier de Breteuil, Gabrielle-Émilie

*Instructions pour les jeunes dames. See* Humbert, Pierre-Hubert, *Instructions chrétiennes pour les jeunes gens*

Intaglios:
Ennery's collection includes, v. 325

'Invalide, l'.' *See* Pétry, Nicolas-Antoine
Invalides:
D speculates on Saint-Germain's policy about,
iv. 251
D's reader from, ii. 471
Gloucester and Cholmondeley visit, iii. 430
HW visits, v. 265
reformed, iv. 336
*1* Invault, Étienne Maynon d'. *See* Maynon d'In-
vault, Étienne
*2* Invault, Mme Étienne Maynon d', wife of *1*.
*See* Bouvard de Fourqueux, Adélaïde-Agnès-
Élisabeth
Inventory of D's possessions:
vi. 10–47
'Invitation de souper.' *See under* Voltaire
*Iphigénie en Aulide. See under* Gand-Leblanc,
Marie-François-Louis; Gluck, Christoph Wil-
libald; Racine, Jean
Ireland:
Balfour, Mrs, born in, i. 299
England's relations with, settled, v. 441
Fitzjames in, i. 259, 264
Irwin to go to, ii. 232
Leinster, Ds of, may return to, v. 56
—— to visit, iv. 421
reconciled with England by 'quieting bill,' i.
198
Rochford's appointment as viceroy of, ru-
moured, i. 246
Touchet had lived in, v. 327
*Irène (Alexis Comnène). See under* Voltaire
Iris roots:
D receives, iii. 182
delayed at customs, iii. 160–1
Iron Mask, Man in the:
D discusses, ii. 114–5
*See also under* Poullain de Saint-Foix, Ger-
main-François
Iroquois:
French compared to, i. 43
HW mentions, i. 299
Irval. *See* Regnault d'Irval
*1* Irwin, John (1728–88), major general; K.B.,
1775; 'Éléazar':
Boucault, Mme, liked by, ii. 232–3, 242
—— picked by D to marry, ii. 142–3, 146
Boulogne visited by, v. 331
Choiseul, Duc de, liked by, ii. 154
—— opera box of, occupied by, v. 331
Choiseul, Duchesse de, correspondence of,
with, ii. 164
—— in thoughts of, ii. 232
—— relations of, with, ii. 154, 264
—— sends messages to HW by, ii. 162–3
Comédie attended by, ii. 115–6, 275
D gives commissions to, ii. 189
D hears gossip from, ii. 122
D hears nothing of, ii. 224, 270
D's correspondence with, ii. 163, 166, 229, 232
D sends letter by, ii. 155, 156, 160
D's opinion of, ii. 93, 113–4, 122, 130, 133,
142, 156–7, 274, 296, 300

Dorset to be presented to D by, ii. 296
fears that D shows his letters about, ii. 229
Forcalquier, Comtesse de, introduces, to D, ii.
93
—— relations of, with, ii. 94, 133, 232–3, 242
Fox to be presented to Duchesse de Choiseul
by, ii. 311
HW accompanies, to theatre, v. 331, 332
of time of Louis XII or Louis XIII, ii. 106–7
Paris liked by, ii. 199
robe ordered by, for woman now dead, ii. 370
Rueil visited by, ii. 130
Sèvres visited by, v. 331
social relations of, with: Chamier, v. 332;
Choiseul, v. 330–1; Choiseul, Duchesse de, ii.
142, 146, 311, v. 330–1; D, ii. 93, 94, 154, 156,
277, 283, 296, 310, v. 329, 331; Dorset, ii. 296;
Forcalquier, Comtesse de, ii. 280, 305, 317, v.
331; Fox, ii. 311; HW, v. 331–2; Hénault, v.
333; Monconseil, Marquise de, v. 332; Walpole, Hon. Robert, v. 334
success of, in Paris, ii. 157, 163
talks of visit to HW, ii. 94
to go to Ireland, ii. 232
to leave France, ii. 154
to see HW, ii. 154
to stay at Parc-Royal, ii. 258
Véret visited by, ii. 146
*2* Irwin, Mrs John, wife of *1*. *See* Barry, Anne
Isabella (1389–1409) of France, m. (1) (1396)
Richard II, K. of England; m. (2) (1406)
Charles d'Angoulême, later Duc d'Orléans:
tomb of, v. 308
Isabella Clara Eugenia (1566–1633) of Spain, m.
(1599) Albert of Austria:
HW sees print of, by Hondius, v. 269
*Isabelle et Gertrude. See under* Favart, Charles-
Simon; Fuzée, Claude-Henri
Isenghien, Prince d'. *See* Gand-de-Mérode de
Montmorency, Louis de
*Isis. See under* Lulli, Jean-Baptiste; Quinault,
Philippe
Isle, L'. *See* L'Isle
Isle-Adam, residence of Prince de Conti:
Conti occupies, i. 127, 285, 292, 340, 389, iii.
226, iv. 324
——'s opera may be given at, ii. 217
—— to occupy, i. 330, 338, iii. 51, 395, iv. 34
HW fears necessity of visiting, i. 233
Luxembourg, Mme de, enjoys, i. 91
Mirepoix, Mme de, abandons trip to, iv. 100
not visited before Easter, i. 233
'paganism' of, iii. 226
Paris robbed of good company by, iv. 99
September visitation of, ii. 130
visitors to: Boufflers, Comtesse Amélie de, iv.
324; Boufflers, Comtesse de, i. 127, 172, 188,
iii. 51, 226, 417, iv. 324; Cambis, Vicomtesse
de, iii. 98, 226, 403; Conti, Princesse de, i.
330, 338; La Marche, Comtesse de, i. 127; Lauzun, Duchesse de, iii. 403, iv. 324; Luxembourg, Mme de, i. 41, 56, 127–8, 186, iii. 51,
403, iv. 324; March, i. 349; Pembroke, Cts of,

ii. 54, 69, 159; Pont-de-Veyle, i. 159, 297, 354,
ii. 471, iii. 51, 98, 226, 395, 403, 404, iv. 34,
35, 87; Selwyn, i. 345, 349; Spencers, iii. 403
Italian Comedy. *See* Opéra-Comique
Italiens, Théâtre des:
 D mentions, ii. 217
Italy:
 anecdotes of, read to D, ii. 261
 visitors to: Craufurd, James, iii. 228; Dalrymple, iv. 456; Fawkener, iii. 432, 435;
 Gloucester, iii. 265, iv. 174; Gloucester, Ds of,
 iv. 174; Lucans, iv. 373; Millers, iii. 189; Pembrokes, ii. 116; Riggs, Mrs, iii. 189; Selwyn,
 v. 6, 37, 43, 44
*1* Izard, Ralph (1742–1804):
 D receives letter by, iv. 63
 D sends parcel by, iv. 186
 Richmond recommends, to D, iv. 63, 68, 186
 social relations of, with D, iv. 68, 186
*2* Izard, Mrs Ralph, wife of *1*. *See* De Lancey,
 Alice


J——, Mr (d. 1769). *See* Jenkins, Thomas
Jabac, curio shop:
 D mentions, ii. 187
 HW mentions, i. 341
 HW shops at, v. 264
 HW visits, v. 285, 314, 327
Jabach, Evrard (d. 1695):
 Louis XIV buys drawings collected by, v. 356
Jablonowska, Marie-Louise (1701–73), m. (1730)
 Antoine-Charles-Frédéric de la Trémoïlle,
 Prince de Talmond:
 D's 'portrait' of: vi. 104–6; HW praises, vi. 56
 deathbed scene of, iii. 437–8
 Du Barry, Comtesse, at Choisy with, ii. **258**
 frivolity of, vi. 57–8
 HW mentions, i. 341
 HW's correspondence with, vi. 58–9
 HW's description of, vi. 57–9
 HW to get greyhound for, v. 308, 415, vi. 58–9
 Luxembourg, Palais du, home of, vi. 58
 pretended piety of, vi. 57–9
 social relations of, with: Aiguillon, Duchesse
 d', v. 295, 319, vi. 58–9; Gisors, Comtesse de,
 v. 295; HW, v. 295, 310, vi. 58; Salm, Ps of,
 v. 295
 will of, iii. 438
 Young Pretender's affair with, vi. 57–8
 ——'s picture worn in bracelet by, vi. 58
Jacinant, Mlle, actress:
 social relations of, with Comtesse de Roche-
 fort, v. 300
Jackets:
 men's, iv. 379
Jackson, Will, 'poor boy':
 HW sends, to England, v. 290
Jacob:
 HW mentions cattle streaked by, vi. 59
Jacobins, church of:
 HW visits, v. 281, 352
Jacqueline. *See* Pourblay, Jacqueline

*Jacqueline et Jeanneton, L'Histoire de. See* Guichard, Octavie, *Triomphe de l'amitié, Le*
Jacques, ——, innkeeper of Boulogne:
 (?) HW hears of Churchill's death from, v. 258
Jacques de la Borde, Marie-Anne de (1712–73),
 m. (1730) Charles-Vincent Barrin, Marquis de
 la Galissonnière:
 (?) apartment of, in convent of Saint-Joseph,
 i. **19**
 (?) does not attend ball, ii. 415
 (?) social relations of, with D, v. **331**
Jacquet, Mme Victoire's servant:
 sent on errand, i. 360
Jaillot, Bernard-Jean-Hyacinthe (b. 1673):
 map of Paris by, vi. 3–4
*J'aime mieux ma mie:*
 verses to air of, iv. 15
 *See also Si le Roi m'avait donné Paris*
Jamaica:
 English fleet based on, threatened by French,
 v. 158
 history of, *see* Sloane, Sir Hans, *Histoire de la
 Jamaïque*
Jamaïque, Marquise de la. *See* Stolberg-Gedern,
 Karoline Auguste of
Jamart, Gabrielle-Julie (living, 1794), m. Louis-
 Valentin Goëzmann:
 HW inquires about, iv. 32
 (?) HW mentions, iv. 20
 HW wishes punishment for, iv. 31
 reprimanded, iv. 22, 23, 35
James I (1566–1625), K. of England 1603–25:
 letters of, to Bishop of Glasgow, v. 359
 pedantry of, useless, v. 354
James II (1633–1701), K. of England 1685–8:
 coffin of, v. 264
 Dauphin said to resemble, v. 297
 papers of: HW sees, v. 358; publication of,
 discussed, v. 358–9
 Sévigné, Marquise de, describes arrival of, vi.
 139
 strong box of, v. 359
 tomb of, v. 308
 Ward, Mrs, reputed daughter of, iii. 332, 334
James III (1453–88), K. of Scotland 1460–88:
 Beaton's prayer book has doubtful portrait of,
 v. 359
James Francis Edward (Stuart) (1688–1766),
 Chevalier de Saint George; the Old Pre-
 tender:
 Argyll's correspondence with, v. 360
 death of, v. 297, 397
 Scots College has box of papers of, v. 359
James, Robert (1705–76), physician:
 attends friend of HW's, ii. 345
 Cholmondeley, Mrs, cites, ii. 369
 D asks why, is not given letter to her, ii. 451
 powders of, *see* James's powders
James's powders:
 D advises HW to take, ii. 304
 D asks about keeping qualities of, v. 141
 HW wants, given to D in her last illness, v. 248
 (?) Hilair cured by, v. 141

[James's powders, *continued*]
two kinds of, desired by Beauvau, i. 110, 247, 253, 259
Janes, Mr, 'the clergyman':
social relations of, with Saint Paul, v. 352, 353
Janin, Joseph (1715–94), painter:
(?) Hôtel de Lambert has painting by, of peasants with ram, v. 337
Jansenism:
HW on, iii. 12
Saint-Aignan, Duchesse de, adherent of, iv. 342
Voltaire accuses La Bletterie of following, vi. 150
Janssen, Cornelius (1593–1664), painter:
(?) Hôtel de Lambert has painting by, of peasants with ram, v. 337
Janssen, Sir Henry (d. 1766), 3d Bt:
death of, v. 397
HW sees garden of, v. 312
social relations of, with D, v. 282
Jardin Royal:
HW visits, v. 310
Jarente. *See* Gérente
*1* Jarnac, Comte de. *See* Rohan-Chabot, Marie-Charles-Rosalie de
*2* Jarnac, Comtesse de, wife of *1. See* Smyth, Elizabeth
Jarretière, Ordre de la. *See* Garter, Order of the
Jarzé. *See* Savary-Brèves de Jarzé
*1* Jaucourt, Mme de, wife of *2. See* Belzer de Berensberg, Annette-Marie-Thérèse de
*1* Jaucourt, Marquise de. *See* Belzer de Berensberg, Annette-Marie-Thérèse de
*2* Jaucourt, Charles-Léopold (1736–99), Chevalier (later Marquis) de:
(?) social relations of, with: Boufflers, Comtesse de, v. 351; Broglie, Comtesse de, v. 444; Prie, v. 293; Shirley, Mrs, v. 291
Jaucourt, Pierre-Antoine (1687–1780), Marquis de:
house at Roye belonging to, v. 315
Jay. *See* Le Jay
Jean (1371–1419), D. of Burgundy, 1404:
Doumenil has portrait of, v. 313
Jean de Manville, Françoise-Éléonore de (1750–1827), m. (1) Joseph, Comte de Sabran; m. (2) Stanislas-Jean, Chevalier de Boufflers:
Cambis, Vicomtesse de, friend of, iii. 269
social relations of, with D, iii. 269, v. 339
Jeanneton. *See* Milet, Jeanneton
Jeannin, Pierre (1540–1622), président:
Doumenil has Dupré's medallion of, v. 313
Jefferies, John (d. 1766), M.P. for Dartmouth:
death of, v. 397
*1* Jeffreys, Miss ——:
(?) HW mentions, v. 142
*2* Jeffreys, Grace (d. 1794), (?) sister of *1*, m. Richard Gamon, cr. (1795) Bt:
HW mentions, v. 142
Jehosaphat, valley of:
Marchais, Baronne de, gives supper resembling, iv. 347

Jéliotte, Pierre (1711–82), singer:
sings at Conti's supper, v. 302
sings at Hénault's supper, v. 293
'Je n'ai reconnu mon fils . . .':
D's remark about, v. 321
Jenkins, Thomas (d. 1769), of Windsor:
(?) death of, v. 398
Jenkinson, Charles (1727–1808), 1st Bn Hawkesbury; 1st E. of Liverpool:
Bute favours, i. 110
D sends parcel to HW by, i. 152, 153, 163
Fitzroy hears from, i. 163
Holdernesse introduces, to D, i. 104, 110, 152
——'s close friend, i. 110
political activities of, i. 105
social relations of, with D, i. 104, **152**
Jennings, Mr:
HW sends letters by, v. 380
social relations of, with: HW, v. 300, 348; Richmond, v. 301; Saint Paul, v. 344, 351
Versailles visited by, v. 343
*1* Jennings, Frances (ca 1650–1731), m. (1) (1665) George, Comte Hamilton; m. (2) (1679) Richard Talbot, titular D. of Tyrconnel:
HW unable to secure copy of portrait of, iii. **222**
*2* Jennings, Sarah (1660–1744), sister of *1*, m. (1678) John Churchill, cr. (1702) D. of Marlborough:
Marlborough taken to Tunbridge by, v. 362
Jephson, Robert (1736–1803), dramatist:
*Braganza*, HW writes epilogue for, iv. 151–2, 160
*Count of Narbonne, The*, v. 226
Jernegan. *See* Jerningham
*1* Jerningham, Lady. *See* Plowden, Mary
*2* Jerningham, Charles (d. 1814), Chevalier de Barfort; son of *1*:
D considers sending letter to HW by, iii. 186
D receives things from HW through, iv. 45
goes to England, i. **301**
HW mentions, iii. 324
La Vallière, Duchesse de, sends messages to HW by, iii. 186
social relations of, with: Chabot, Lady Mary, v. 300, 312; D, iv. 43, 45, v. 302; HW, v. 290, 303, 330; Richmond, v. 297
*3* Jerningham, Edward (1737–1812); son of *1*:
(?) D angry with, v. 58
social relations of, with: Chabot, Lady Mary, v. 272; HW, v. 269; Hénault, v. 273
Jersey, E. of. *See* Villiers, William
Jersey:
Conway governor of, iii. 287
—— in, v. 235
Nassau-Siegen to attack, v. 135
Jesuits:
Aiguillon no longer protects, iii. 213
Billard is expected to be protected by, iii. 190
defrocked, regret La Vauguyon, iii. 179
expulsion of, by parliament of Paris, i. 291, 293–4, ii. 158, vi. 133–4
Frederick II besought to protect, iii. 302–3

general of, *see* Ricci, Lorenzo
HW alludes to fall of, iii. 356
HW on, iii. 12
HW visits church of, v. 302
HW writes note about, v. 380
Schuwalof sympathizes with, i. 365, 381
Spanish, not permitted to land at Genoa, i. 365
Voltaire's epigram on destruction of, iii. 401
*See also Passion des Jésuites, La*
Jeunesse, La. *See* La Jeunesse
Jèze, ——:
*État ou tableau de la ville de Paris*, D owns, vi. 25
*Journal du citoyen*, D owns, vi. 26
Jiménez de Góngora, Pedro (d. 1794), Duque de Almodóvar del Río:
social relations of, with D, v. 428–31
Jirac. *See* Barreau de Girac
Joan (ca 1370–1437) of Navarre, m. (1) (1386) John IV of Brittany; m. (2) (1401) Henry IV of England:
HW sees tomb of, v. 258
*Joconde:*
verses to air of, i. 71, iv. 3, 182, 193, 405–7, v. 98
*Joconde, Conte de. See under* La Fontaine, Jean de
Johanne de la Carre de Saumery, Marie-Madeleine (d. 1784), m. Louis, Comte de Coëtlogon:
(?) social relations of, with: Anlezy, Comtesse d', v. 339; Hénault, v. 325
John, St, evangelist:
D approves of precept of, i. 198
John, D. of Burgundy. *See* Jean
*John, King. See* Shakespeare, William, *King John*
Johnson, Mr:
social relations of, with HW, v. 268
Johnson, Ann. *See* Labbel, Ann
*1* Johnston, Lady Cecilia, wife of *2. See* West, Lady Henrietta Cecilia
*2* Johnston, James (d. 1797), army officer:
HW visited by, v. 268
Johnstone, George (1730–87):
peace commissioner, v. 28
Joinville, Jean (1224–1319), Sire de:
*L'Histoire et chronique du très chrétien roy S. Loys IX*, (?) D owns, vi. 34
Joley, Mr:
HW's correspondence with, v. 385
Joliveau, Nicolas-René:
director of Opéra, iv. 28–9
in country, iv. 51
Joly, Mr:
HW sends letter by, v. 376
Joly, Mme François-Joseph-Alexis. *See* Riquet de Caraman, Gabrielle-Françoise-Marie-Victoire de
*1* Joly de Fleury, Guillaume-François-Louis (1709–87), procureur général 1740–78:
(?) exiled, iv. 112
Jesuits to be suppressed by, vi. 134

*2* Joly de Fleury, Jean-François (1718–1802), brother of *1:*
(?) attends session of parliament of Paris, vi. 173
*3* Joly de Fleury, Omer (1715–1810), brother of *1:*
attends session of parliament of Paris, vi. 173
Jolyot de Crébillon, Claude-Prosper. *See* Crébillon, Claude-Prosper Jolyot de
Jones, Captain:
ball, masked, attended by, v. 300
HW accompanies, to theatre, v. 305
Jong, Maria Catherina de (ca 1697–1779), m. (1) (1729) William Godolphin, M. of Blandford; m. (2) (1734) Sir William Wyndham, 3d Bt:
D sorry about accident to, iv. 241
death of, v. 170, 173, 175
HW buys cup and saucer for, v. 414
HW's friendship with, iv. 470
Jonquay, Du. *See* Liégeard du Jonquay
*1* Jonzac, Marquis de. *See* Bouchard d'Esparbez de Lussan, François-Pierre-Charles
*2* Jonzac, Marquise de, wife of *1. See* Colbert, Élisabeth-Pauline-Gabrielle
Jonzac:
Jonzac, Marquis de, to go to, iii. 56, 61
Jonzac, Marquise de, to go to, iii. 56, 61, 225, 231
Jordaens, Jacob (1593–1678), painter:
painting by, at Julienne's, v. 287
Jorry, ——:
*Œuvres*, D owns, vi. 33
José I (José Manoel) (1714–77), K. of Portugal 1750–77:
attacked by assassins, ii. 327, 328–9
death of, iv. 418
rôle of, in *La Passion des Jésuites*, iii. 315
José Francisco Xavier (1761–88), P. of Beira:
marriage of, iv. 418
Joseph II (1741–90), Holy Roman emperor:
Académie des Belles-Lettres visited by, iv. 443
Académie des Sciences visited by, iv. 440, 443
Académie française visited by, iv. 443
asks for honour for Princesse de Lorraine, ii. 412
*Castor et Pollux* given for, iv. 439, 443
Chanteloup may be visited by, iv. 447
—— not visited by, iv. 453, 455
Choiseul, Duc and Duchesse de, prepare for visit of, iv. 450–1
Choisy to be visited by, iv. 441, 443
—— visited by, iv. 450
Comédie-Française attended by, iv. 443
conversation of, with man who did not know him, iv. 448
D presented to, iv. 442, 450
Du Châtelet, Duchesse, converses with, about D, iv. 450
Duras, Duc de, lends apartment to, iv. 435–6
'Flakemberg' (Falkenstein) the assumed name of, iv. 436

[Joseph II, *continued*]
France visited by, vi. 201–2
Frederick II interviewed by, v. 367
French visit of, predicted, iv. 39
Geoffrin, Mme, requests visit from, iv. 448
HW dislikes letter of, to Stanislas II, iii. 346
leaves Paris, iv. 449
Loire not visited by, iv. 453
—— to be visited by, iv. 447
Louis XVI's gifts to, iv. 449
Marie-Antoinette has comedies given for, iv. 443
Mercy-Argenteau lodges, iv. 440
Paris to be visited by, iv. 434
—— visited by, iv. 435
—— visit of, prevented, iv. 394, 396–7
Poitiers visited by, iv. 454
resemblance of, to former sovereigns, iv. 447
rôle of, in *La Passion des Jésuites*, iii. 315
Schuwalof enthusiastic about, i. 248
Servia appeals to, vi. 163
sight-seeing of, iv. 440
social relations of, with: ambassadors, iv. 435; Anville, Duchesse d', iv. 443; Blondel, Mme, iv. 443; Geoffrin, Mme, iv. 448; Gibbon, iv. 445; Mercy-Argenteau, iv. 435; Necker, M. and Mme, iv. 442, 450; Princes of the Blood, iv. 435
success of, iv. 443
talk concerning, iv. 437
Touchet to have lodged, iv. 435
Tours visited by, iv. 453
Trianon to be visited by, iv. 441
—— visited by, iv. 443
Turgot converses with, iv. 443
Versailles visited by, iv. 435, 443
verses on, v. 23
Voltaire's *Œdipe* attended by, iv. 443
Joseph (ca 1762–ca 1792), called Comte de Solar:
lawsuit about, v. 134
L'Épée, Abbé de, champions, v. 133–4
Joseph and Mary:
Bourbon-Busset marriage to be modelled on that of, iii. 350
Josseran de Mâcon:
(?) portrayed in *Paris sauvé*, ii. 385
Joubert, —— de, treasurer of government of Languedoc:
receipt authorized by, vi. 38
*Joueur, Le. See under* Moore, Edward; Regnard, Jean-François; Saurin, Bernard-Joseph
Joulain. *See* Joullain
Joullain, François (1697–1778); *or* François-Charles (d. 1790); print-seller:
HW visits, v. 303, 307, 326, 330, 334, 348
Wiart seeks engraving from, iv. 346
*1* Jourda, Noël de (1705–88), Comte de Vaux:
command given to, v. 147
Corsican campaign entrusted to, ii. 200
*2* Jourda de Vaux, Adélaïde-Françoise-Jeanne-Marie-Louise (d. 1836), dau. of *1*, m. (1) (1770) François-Marie, Comte de Fougières; m. (2) (1789) Charles-Albert, Comte de Moré:

Artois, Comtesse d', includes, in household, iii. 420
Jourdain, ——, notary:
contracts made before, vi. 38
D's separation drawn up by, vi. 30
*Journal de Henri III. See under* L'Estoile, Pierre de
*Journal de Paris:*
receipt for D's subscription to, vi. 42
*Journal des Dames:*
Albon's verses to D printed in, iv. 25
*Journal du citoyen. See under* Jèze
*Journal du voyage de Michel de Montaigne en Italie. See under* Montaigne, Michel Eyquem de
*Journal du voyage du Chevalier Chardin en Perse et aux Indes. See under* Chardin, Jean
*Journal encyclopédique:*
*Account of the Giants Lately Discovered* reviewed in, ii. 62
*Anecdotes of Painting in England* reviewed in, i. 138
Castillon on staff of, ii. 158
D cites, i. 119, 138
D keeps criticism of Hénault out of, ii. 158
D reads, ii. 482
D recommends, to HW, ii. 111
editor of, *see* Weissenbruch
*Historic Doubts* reviewed in, ii. 111
Voltaire's verses to Mme Lullin (entitled 'Vers . . . à Madame la Marquise du Duffand') in, iv. 25
*Journal étranger de littérature, des spectacles, et de politique:*
(?) D enjoys, iv. 396
*Journal politique et littéraire. See under* Linguet, Simon-Nicolas-Henri
Jubert de Bouville, Marie-Catherine-Jeanne (1736–80), m. (1757) Jacques-François de Carvoisin, Marquis d'Achy:
Choiseul, Duchesse de, accompanied by, to Chanteloup, ii. 406
death of, v. 443
Jubilee of 1775:
extended for 1776, iv. 284, 291, 319
Judas, Rue:
Maupeou assigned to, in joke, vi. 181
*Judith. See under* Boyer, Claude
Juigné, Baron de. *See* Le Clerc de Juigné, Jacques-Gabriel-Louis (1727–1807); Le Clerc de Juigné, Léon-Marguerite (1733–1810)
Juilly:
Aulan, Marquis and Marquise d', stay at, v. 450
Jules, Comtesse. *See* Polastron, Gabrielle-Yolande-Claude-Martine de
Juliac, Mme de:
social relations of, with: Bentheim, Gräfin von, v. 270; HW, v. 266–7, 273, 309
Julian (331–63), the Apostate, Roman emperor 361–3:
D mentions, ii. 80
La Bletterie's life of, ii. 59

*Julie, ou la nouvelle Héloïse. See under* Rousseau, Jean-Jacques

Julienne, Jean de (1686–1766), chevalier; director of Gobelin factory; art collector:
HW sees collections of, v. 286
sale of collection of: i. 173, 233, 236, 245, 248, 259, 264; catalogue of, i. 245, 246, 252; HW's purchases at, i. 304, 306, 316, 343

*Julius Caesar. See under* Shakespeare

Junius letters:
Bedford riot treated by, as attempted assassination, v. 367
Burke said to have written, iii. 331
discussed in France, ii. 327

*Justification de Jean-Jacques Rousseau dans la contestation qui lui est survenue avec M. Hume:*
D reads, i. 183
D sends, to HW, i. 190

Juvigny. *See* Rolland de Juvigny

Karl XII, K. of Sweden. *See* Charles XII

Karl (XIII) (1748–1818), D. of Sudermania; later K. of Sweden:
Alembert eulogizes, iii. 39
at supper with Gustav III, iii. 39–40
Bauffremont talks of D with, iii. 26
Court, French, likes, iii. 34
D inquired after by, iii. 34
D's opinion of, iii. 34
English visit of: iii. 34; cancelled, iii. 37
health of, iii. 45, 46
Louis XV receives, iii. 36
Roslin's portrait of, v. 339
social relations of, with: Aiguillon, Duc and Duchesses d', iii. 40; D, iii. 26, 34; Du Barry, Comtesse, iii. 34; Luxembourg, Mme de, iii. 34
to return to Sweden, iii. 37, 40

Karl Theodor (1724–99), Elector of Bavaria 1778–99:
verses on, v. 23

Karl Wilhelm Ferdinand (1735–1806), P. and D. of Brunswick:
Alembert eulogizes, iii. 39
—— honoured by, i. 49
Chantilly visited by, i. 42
D's opinion of, i. 38, 42
Egmont, Comtesse d', flirts with, i. 42
HW meets and is cordially treated by, i. 287, 288
La Vallière, Duchesse de, attentive to, i. 24
Lillebonne, Comtesse de, flirts with, i. 42
marriage of, ii. 420n
Paris visited by, i. 13, 16
popularity of: i. 16, 38, 41–2, 49, 333; wanes, i. 24
social relations of, with: Boufflers, Comtesse de, i. 41, 68; Conti, i. 41n; Guerchy, Comte and Comtesse de, i. 287; Hénault, i. 41–2, 49, 54; Luxembourg, Mme de, i. 56; Nieukerke, Mme de, i. 13; Orléans, i. 41n; Paulmy, i.

41–2, 49; Soubise, i. 13; Villeroy, Duchesse de, i. 75
York advised by, not to go to Compiègne, v. 365

Kauffmann, Angelica. *See* Bruce, Lady Mary, print of

Keene, Whitshed (ca 1732–1822), M.P. for Montgomery; colonel:
Aiguillon, Duchesse d', fond of, i. 295
compared with HW, i. **47**
D's commissions to be given to, i. 115–6, 125, 129, 131
HW to send snuff-box to, v. 416
leaves without D's commissions, i. 132
silent, i. 124
social relations of, with: HW, v. 261; Hertford, Cts of, v. 262; Mirepoix, Mme de, v. 262

Keet, Elizabeth (ca 1721–76), m. (1745) James Cecil, 6th E. of Salisbury:
HW sends letter for, v. 407

Keith, George (ca 1693–1778), 10th E. Marischal of Scotland:
Rousseau granted pension by Frederick II through efforts of, i. 94

Keller, Rose (b. ca 1738), widow of Valentin Keller:
Sade's treatment of, iii. 56–8

Kensington:
Holbein's drawings at, v. 307

*1* Keppel, Anna Maria (1759–1836), dau. of *4*, m. (1790) William Stapleton:
D inquires about, v. 53, 130, 177

*2* Keppel, Hon. Augustus (1725–86), cr. (1782) Vct Keppel; son of *7*:
D's opinion of, v. 116
English fleet commanded by, v. 56
Palliser brings charges against, v. 106, 111, 112, 116

*3* Keppel, Elizabeth (1739–68), dau. of *7*, m. (1764) Francis Russell, M. of Tavistock:
death of, rumoured, ii. 132

*4* Keppel, Hon. Frederick (1729–77), Bishop of Exeter, 1762; son of *7*:
D inquires after, iv. **446**
daughters of, v. 53, 177
death of, v. 1
HW buys cup and saucer for, v. 402
(?) HW's medals seen by, iii. 235

*5* Keppel, Hon. Mrs Frederick, wife of *4*. *See* Walpole, Laura

*6* Keppel, Laura (1765–98), dau. of *4*, m. (1784) George Ferdinand Fitzroy, 2d Bn Southampton, 1797:
D inquires about, v. 53, 130, 177

*7* Keppel, William Anne Van (1702–54), 2d E. of Albemarle:
Chesterfield disparages, iv. 37

Ker, Mr:
(?) Foire Saint-Germain attended by, v. 309
(?) social relations of, with: Lennox, Lady George, v. 304; Richmond, v. 301

Ker, Mrs:
(?) Foire Saint-Germain attended by, v. 309

[Ker, Mrs, *continued*]
(?) Sèvres visited by, v. 309
(?) social relations of, with Lady George Lennox, v. 304
Ker, Louisa (1739–1830), m. (1759) Lord George Henry Lennox:
ball, masked, attended by, v. 300
Buccleuch lodges with, i. 157
D asks, for news of Craufurd, i. 160
D hears no news of, i. 147
D mentions, i. 131
D sends parcel by, i. 160–1, 163, 167
D sends political news to, i. 101
D's opinion of, i. 101, 162–3
D talks of HW with, i. 177
Foire Saint-Germain attended by, v. 309
fond of her country-seat, i. 92
HW accompanies, to: horse race, v. 304; shops, v. 285, 303, 308; theatre, v. 305
HW expects, v. 313
HW mentioned by, i. 38
HW's acquaintance with, i. 92, 101
HW's correspondence with, i. 18, v. 381
La Vallière, Mme de, acquainted with, i. 17
out of town, i. 56–7
Richmond's loss of office displeases, i. 108
Saint-Cloud visited by, v. 314
Sèvres visited by, v. 309
sings, v. 298
social relations of, with: Brancas, Marquis de, v. 298; Caraman, Comtesse de, i. 17, 18; D, i. 13, 16, 17, 36, 38, 57, 92, 99, 123, ii. 114; Echlin, Sir Henry, v. 304; HW, v. 302–4, 306, 308–9, 313; (?) Ker, Mr and Mrs, v. 304; Macclesfield, Cts of, v. 309; Richmond, Ds of, v. 287
Kerfilis, Marquise de. *See* Charette de Montebert, Marie-Madeleine-Élisabeth
Keroualle. *See* Penancoët de Keroualle
Kerr. *See also* Ker
Kerr, William John (1737–1815), 5th M. of Lothian:
HW mentions, iv. 297
K'ien Lung (1710–99), Emperor of China:
Voltaire's *Épitre* to, ii. 489
*1* Kildare, Cts and Marchioness of. *See* Lennox, Lady Emilia Mary
*2* Kildare, M. of, son of *1*. *See* Fitzgerald, William Robert
*1* King, James (1750–84), explorer:
(?) Stormont sends HW's suit through, iv. 41
*2* King, Thomas (1746–1801), divine; brother of *1*:
(?) Stormont sends HW's suit through, iv. 41
Kingdom, Mrs Jenny (d. 1766):
death of, v. 397
*King John. See under* Shakespeare, William
*King Lear. See under* Shakespeare, William
Kingsgate, Kent:
HW visits Lord Holland at, v. 324
Touchet asks road to, v. 327
**King's Library.** *See* Bibliothèque du Roi

*1* Kingston-upon-Hull, Ds of, wife of *2*. *See* Chudleigh, Elizabeth
*2* Kingston-upon-Hull, D. of. *See* Pierrepont, Evelyn
Kinski, Princesse. *See* Pálffy, Maria Leopoldine
*1* Kinský, ——, dau. of *2*:
consumptive, v. 292
Maria Theresa obtains property of, v. 292
*2* Kinský, Fürstin. *See* Pálffy, Maria Leopoldine
*3* Kinský, Franz de Paule Ulrich (1726–92), Fürst:
social relations of, with Duchesse de la Vallière, v. 345, 349
Kirgate, Thomas (1734–1810), HW's printer:
(?) HW's letter dictated to, iii. 271
postscript of HW's letter dictated to, iv. 124
Kismi, D's dog:
D's memory of, iv. 334
D the only object in life of, iv. 206
Tonton successor to, iv. 206
Kitchen linen:
D buys, v. 432
Kitchen utensils, D's:
inventoried, vi. 11–2
Klingstedt, Karl Gustav (1657–1734), painter:
Ennery has pictures by, v. 325
Knight, Mrs William. *See* Panchaud, Isabella
Knives:
HW seeks, iv. 359, 362, 367
Knole, Kent:
HW visits, v. 229
Koch, Johann Baptist (1733–80), Freiherr von:
D's opinion of, iv. 316, 362
social relations of, with: D, v. 344–6; HW, iv. 362
Königsmarck, Philipp Christoph (1665–94), Graf von:
murder of, v. 278
Platen, Mme de, in love with, v. 278
Sophia Dorothea's affair with, v. 278
Krasicki, Ignatz von (1735–1801), Bishop of Warmia (Ermland), 1766:
social relations of, with Mme Geoffrin, v. 329

L——, Cts ('the Rena'):
social relations of, with HW, v. 312
Laage, Marie-Anne de (ca 1711–89), m. Jean-Marie, Comte de Saint-Julien:
social relations of, with Marquise de Monconseil, v. 297
La Balue. *See* Magon de la Balue
La Barre, Chevalier de. *See* Lefèvre, Jean-François
La Barrière, Dom Jean de (1544–1600):
Feuillants founded by, v. 282
La Baume, M. de. *See* Choiseul, Claude-Antoine-Clériadus de
*1* La Baume le Blanc, Adrienne-Émilie-Félicité de (1740–1812), dau. of *4*, m. (1756) Louis-Gaucher, Duc de Châtillon:
Alembert friend of, iv. 102, 110
Bourbonne to be visited by, iv. 67

—— visited by, iii. 256, 260, iv. 211
D's opinion of, ii. 83–4, iii. 100, 206, iv. 128
D's relations with, iii. 100, iv. 34, 223, 436
daughter of, inoculated, iii. 226
fichus for, iii. 129
HW inquired after by, iii. 181, 191, 266, 270, 288, 353, 376, 382, iv. 67
HW meets, v. 273
HW performs commissions for, iii. 141, v. 413
HW's correspondence with, iii. 129, 317, 451
HW secures steel shoe buckles for, iii. 114, 129, v. 416
HW's *Gramont* given to, iii. 305
HW's proposed gift of birds to her mother confided to, iii. 151–2, 156, 171
HW's relations with, iii. 96, 110, 125, 139, 181, 186, 191, 266, 270, 376
HW writes of, iii. 120, 292
health of, iii. 292, iv. 102
Lespinasse, Mlle de, friend of, iv. 102, 436
—— mourned by, iv. 317, 327
Roissy visited by, iii. 270
social relations of, with: Armentières, Maréchale d', iv. 221; Berthelot, M. and Mme. iii. 95; Caraman, iii. 270; Caraman, Comtesse de, ii. 83, iii. 270; Clairon, Mlle, iii. 95–6; D, iii. 181, 206, 208, 210, 226, 234, 256, 353, iv. 221, 273, v. 303–4; Geoffrin, Mme, v. 323; HW, v. 351; Jonzac, Marquise de, iii. 61; La Vallière, Duchesse de, v. 334, 336, 341; Marmora, iii. 95–6
Voltaire visited by, iv. 223
*2* La Baume le Blanc, Charles-François de (ca 1669–1739), Duc de la Vallière; nephew of *3*:
vapours and gravel diseases of, iv. 291, v. 105
*3* La Baume le Blanc, Françoise-Louise de (1644–1710), Duchesse de la Vallière; mistress of Louis XIV:
(?) Ennery has medallion of, v. 325
*Lettres* of, D owns, vi. 33
Montespan, Marquise de, talks with, iv. 378
*4* La Baume le Blanc, Louis-César de (1708–80), Duc de la Vallière; son of *2*:
attends session of parliament of Paris, vi. 172
Châteaurenaud, Comtesse de, ridiculed by, v. 363
diseases of father of, iv. 291
gardens of, v. 329
HW hears story of, from Duchesse, v. 262
offers to buy armour, iii. 119
protests illegal parliament, iii. 61, 63
social relations of, with: Aiguillon, ii. 472; Du Barry, Comtesse, ii. 472; L'Hôpital, Marquise de, ii. 472; Maupeou, ii. 472; Mazarin, Duchesse de, ii. 472; Mirepoix, Mme de, ii. 472; Montmorency, Princesse de, ii. 472; Terray, ii. 472; Valentinois, Comtesse de, ii. 472
La Baume-Montrevel, Diane-Gabrielle de, m. (1755) Claude-Antoine-Clériadus de Choiseul, Marquis de Choiseul-Beaupré; 'Marquise de Choiseul-la-Baume':
Choiseul, Duc and Duchesse de, accompanied by, at Chanteloup, after disgrace, iii. 7

social relations of, with: Choiseul, Duchesse de, v. 440; Choiseul-Beaupré, Comtesse de, v. 439; D, v. 445
Labbel, Ann, also called L'Abbee, Labbee, Johnson, and Nassau; illegitimate dau. of E. of Rochford:
(?) adopted by Cts of Rochford, i. **325**
La Beaumelle. *See* Angliviel de la Beaumelle, Laurent
*1* La Billarderie, Chevalier de. *See* Flahaut de la Billarderie, Alexandre-Sébastien
*2* La Billarderie d'Angiviller, Comte de, brother of *1*. *See* Flahaut, Charles-Claude
*3* La Billarderie d'Angiviller, Comtesse de, wife of *2*. *See* La Borde, Élisabeth-Josèphe de
La Bletterie, Jean-Philippe-René de (1696–1772), abbé; historian:
Choiseul, Duchesse de, defends, to Voltaire, vi. 148, 151
D defends, to Voltaire, vi. 153
Hénault said to have been attacked by, vi. 150–2
Linguet said to have been attacked by, vi. 150, 152
Marmontel said to have been attacked by, vi. 150, 152
Tacitus, *Annals* of, translation of, by, ii. 59, 62, 75, 105, v. 141, vi. 152
*Traduction de la Vie d'Agricola*, ii. 75
*Vie de l'empereur Julien l'apostat*, ii. 59
Voltaire claims to have been attacked by, vi. 150, 152
—— said by, to have forgotten to bury himself, vi. 150, 151, 157
——'s rudeness to, ii. 105, 111–2, 118, 123, 127, 171
La Boétie, Étienne de (1530–63), author:
Montaigne's friend, i. 226
La Boissière, Joseph-Jean-Baptiste de (d. 1767), Comte de Chambors:
gardens of, v. 329
Laboras de Mézières, Marie-Jeanne (1714–92), m. (1735) Antonio Francesco Riccoboni:
*Ernestine*, iv. 285
*Lettres d'Adélaïde de Dammartin, Comtesse de Sancerre*, dramatized, iv. 469
*Lettres de My-Lord Rivers à Sir Charles Cardigan*: D sends, to HW, iv. 391, 392; D's opinion of, iv. 400
*1, 6* La Borde, Marquis de. *See* Brulart, Nicolas (1627–92); La Borde, Jean-Joseph de (1724–94)
*2, 3* La Borde, Marquises de, wives of *1* and *6*. *See* Bouthillier de Chavigny, Marie (1646–1728); Nettine, Rosalie-Claire
*4* La Borde, Élisabeth-Josèphe de (ca 1725–1808), m. (1) (1747) Gérard Binet, Baron de Marchais; m. (2) (1781) Charles-Claude Flahaut, Comte de la Billarderie d'Angiviller; 'Flore'; 'Pomone':
Angiviller devoted to, iv. 217, 232
brother of, iv. 56
Chaillot visited by, iv. 357

[*4* La Borde, Élisabeth-Josèphe de, *continued*]
D given fruit by, iv. 217, 232, 250, 251, 259, 306–7
D receives *Lettre d'un théologien* from, iv. 82
D's correspondence with, v. 456
D's opinion of, iv. 49, 75, 80, 232–3, 259
D's relations with, iv. 75, 80, 81, 250, 251, 299, 310, 312
'Flore-Pomone,' iv. 339, 370, 373, 385
Fontainebleau visited by, iv. 231, 232, 299, 370, 373
(?) green glassware desired by, iv. 85, 89, 91, 97, 116, 117, 125, 128, 129, 131–2, 140, 146, 159
(?) green glassware rejected by, iv. 159
HW mentions, i. 341
HW's correspondence with, iv. 244, 247, 250
HW's lily bulbs from, iv. 231, 232, 238, 239, 244, 247, 250, 347, 359, 363–4, 369, 373, v. 375
health of, iv. 251, 253, 259, 299, 306
La Vallière, Duchesse de, does 'portrait' of, iv. 318
lofty diction of, iv. 306–7
Necker, Mme, friend of, iv. 49
Necker, M. and Mme, at odds with, iv. 217
political changes unwelcome to, iv. 315
'Pomone,' iv. 312, 315, 318
social relations of, iv. 347
social relations of, with: Angiviller, v. 348, 352; Barrymore, Cts of, v. 348; Boisgelin, Comtesse de, iv. 339; Boutin, v. 344; Broglie, Comte de, v. 348; Broglie, Comtesse de, iv. 358; Cambon, Abbé, v. 348; Candale, v. 348; Caracciolo, v. 348; Coke, Lady Mary, v. 348; Creutz, v. 348; D, iv. 56, 67, 75, 80, 86, 231, 232, 306, 339, 341, 360, 385, 413, 414, v. 345, 347–8, 350–2, 426, 431(?); Delille, v. 344; Fitzpatrick, iv. 385; Fitzroys, iv. 86; Fox, iv. 385; HW, v. 344, 348, 352; La Harpe, v. 344; Lauzun, Duchesse de, v. 348; La Vallière, Duchesse de, iv. 308; Luxembourg, Mme de, iv. 339, v. 348, 352; Mirepoix, Bishop of, v. 348; Mirepoix, Mme de, iv. 466; Montagu, Mrs, iv. 357; Necker, Mme, iv. 81; Noyon, Bishop of, iv. 358; Sanadon, Mlle, iv. 339, v. 348; Schuwalof, v. 348; Stormont, iv. **43**
Versailles visited by, iv. 56, 247
*5* La Borde, Jean-Benjamin de (1734–94), valet de chambre to Louis XV; brother of *4*:
*Alix et Alexis*, given at Choisy, ii. 257, **258**, 259
banished from Court, iv. 56
HW attributes operas of, to banker, ii. 266
sister of, iv. 56
*6* La Borde, Jean-Joseph (1724–94), Marquis de; banker:
annuities discussed by, vi. 188–90
Beauvau's correspondence with, vi. 188
Bentley resembles, v. 280
Boufflers, Comtesse de, adored by, ii. 188
—— assisted by, in promoting reconciliations, ii. 188, 203
Choiseul, Duc and Duchesse de, sell their house to, and buy it back, v. 144

Choiseul, Duc de, illness of, known to, ii. 86
—— said to influence policy of, ii. 373
—— visits, ii. 458, 459
(?) Conti, on deathbed, exhorted by, iv. 344–5
D's correspondence with, vi. 189–90
D's investment with, iii. 281–2, 295n, v. 424, vi. 40, 46, 189–90
expenses of, v. 280
Gramont, Duchesse de, to visit, iii. 231, 234, 238, 363
HW supposes valet de chambre's operas to be by, ii. 266
hôtel of, v. 280
hunts, ii. 179
Jacqueline and Jeanneton befriended by, vi. 187
marriage of, i. 358n
Meinières, Mme de, praises, i. 364
Richard to talk with HW's cousin at house of, ii. 133
social relations of, with: Du Châtelet, Comtesse, v. 311; Geoffrin, Mme, v. 293, 317; Gramont, Duchesse de, v. 310–1; HW, v. 280, 293, 310, 317
Terray consults, on payment of obligations, vi. 161
wealthy, i. **101**
La Bourdonnais. *See* Mahé de la Bourdonnais
La Bourdonnaye, Charles-Bertrand de, Marquis de Liré:
marriage of, i. 354n, ii. 58
La Brenellerie. *See* Gudin de la Brenellerie
La Briche. *See* La Live de la Briche
La Bruère. *See* Leclerc de la Bruère
La Bruyère, Jean de (1645–96), moralist:
D attributes maxim of, to La Rochefoucauld, i. 278, v. 120
La Bruyère, Louis-Sextius de. *See* Gérente de la Bruyère, Louis-Sextius de
'La Caille, Abbé de.' *See under* Voltaire
La Calprenède. *See* Costes de la Calprenède, Gautier de
Lace:
Brussels, v. 400
Mechlin, v. 400
point d'Argentan, v. 436, vi. 23
used on mourning cuffs, iv. 359
Valenciennes, false, v. 410
L'Aceuille; L'Aceville; Laceville. *See* Lacueil
La Chalotais. *See* Caradeuc de la Chalotais
La Chastre, Gasparde de (1577–ca 1617), m. (1605) Jacques-Auguste de Thou, Baron de Meslai:
tomb of, v. 282
La Châtre, Claude-Louis (1745–1824), Comte (later Duc) de:
Laval replaced by, v. 439
La Chaussée. *See* Nivelle de la Chaussée
La Chesnaye Desbois, François-Alexandre Aubert de (1699–1784):
*Calendrier des princes et de la noblesse*, D owns, vi. 25
Lackeys. *See under* Servants

La Clochetterie. *See* Chadeau de la Clochetterie

Lacombe, ——, publisher:
Sévigné letters edited by, iii. 419

Lacombe de Prezel, Honoré:
*Dictionnaire des portraits historiques*, ii. 26, 30, 33, 37, 42n, vi. 33n, 34

La Coste, Président. *See* Cotte, Jules-François

La Croix. *See also* Grudé de la Croix du Maine; Pétis de la Croix

*1* La Croix, Charles-Eugène-Gabriel de (1727–1801), Marquis de Castries; afterwards minister of marine; son of *2:*
Beauvau expects, as Choiseul's successor, v. 326
Belle-Isle promotes, over Beauvau, ii. 340
Brionne, Comtesse de, friend of, ii. 341, 372
Choiseul, Duc de, relations of, and, ii. 340–1, 372
Choiseul, Duchesse de, not called on by, ii. 341
D's opinion of, ii. 340–1, 341
Du Barry, Comtesse, not responsible for honour to, ii. 340–1, 341
gendarmerie command given to, ii. 330, 331–2, 340–1
Gramont, Duchesse de, not called on by, ii. 341
model for letter to Orléans sent to, vi. 183
possibility for minister of war, ii. 380, iv. 220, 222, v. 326(?)
Saint-Germain second choice of, iv. 228
social relations of, with: Aiguillon, Duchesse d', v. 296; Beauvau, Princesse de, v. 443; Brancas, Marquis and Marquise de, v. 317; Brionne, Comtesse de, v. 295; Egmont, Comte and Comtesse d', v. 294; Luxembourg, Mme de, v. 302; Monconseil, Marquise de, v. 332; Richmonds, v. 290
son of, iv. 293
Soubise friend of, ii. 341

*2* La Croix, Joseph-François de (d. 1728), Marquis de Castries:
*Dictionnaire portatif des faits et dits mémorables de l'histoire ancienne et moderne*, (?) D owns, vi. 25

*3* La Croix de Castries, Armand-Charles-Augustin de (1756–1842), Comte de Charlus; son of *1:*
D does not know, iv. 296
England to be visited by, iv. 293
marriage of, v. **53**, 62

La Cropte de Chanterac, Charles de (d. 1793), Bishop of Alet 1763–93:
social relations of, with Hénault, v. 314

*1* Lacueil, ——:
social relations of, with D, v. 435, 443

*2* Lacueil, Mme, (?) wife of *1:*
social relations of, with D, vi. 426, 435, 443

La Drévetière. *See* Delisle de la Drévetière

*1* La Fare, Comtesse de, wife of *5. See* Riquet de Caraman, Gabrielle-Françoise-Marie-Victoire de

*2* La Fare, Mlle de, dau. of *5:*
birth of, v. 425

*3* La Fare, Marquise de. *See* Gazeau de Champagné, Paule-Henriette

*4* La Fare, Charles-Auguste (1644–1712), Marquis de:
D talks to Mme to Genlis of, vi. 64

*5* La Fare, Joseph-Gabriel-Henri (1749–86), Comte de; son of *3:*
marriage of, iv. 189, 196–8
Roissy to be home of, iv. 196

La Faurie de Monbadon, Marie-Anne de (1720–86), m. (1744) Émeric-Joseph de Durfort-Civrac, Marquis de Durfort, Duc de Civrac:
daughter-in-law of, iv. 66
social relations of, with Duchesse de Choiseul, v. 331

La Fayette, Comtesse de. *See* Pioche de la Vergne, Marie-Madeleine

*1* La Fayette, Marquis de. *See* Du Motier, Marie-Joseph-Paul-Yves-Roch-Gilbert

*2* La Fayette, Marquise de, wife of *1. See* Noailles, Marie-Adrienne-Françoise de

La Ferraille, Quai de. *See* Ferraille

La Ferrière, Chevalier de. *See* Masso, Augustin de

La Ferrière, Marquise de. *See* Mazade, Marie-Madeleine

*1* La Ferté, Maréchal de. *See* Saint-Nectaire, Henri de

*2* La Ferté, Maréchale de, wife of *1. See* Angennes, Madeleine d'

La Ferté-Imbault, Marquise de. *See* Geoffrin, Marie-Thérèse

La Ferté-Vidame, La Borde's seat:
La Borde occupies, iii. 231
—— writes from, vi. 190
visitors to: Beauvau, iii. 282, vi. 187–8; Choiseul, ii. 458, 459; Gramont, Duchesse de, iii. 231, 363

La Fitte, seigneur de. *See* Bastard, François

Lafoens, Duca de. *See* Bragança, João de

Lafont, Joseph de (1686–1725), dramatist:
*Femme, La*, v. 260

La Fontaine, Jean de (1621–95), poet:
'Animaux malades de la peste, Les,' D cites, iv. 232
*Conte de Joconde*, iv. 102, 110, 128
D's opinion of style of, iv. 116
*éloges* of, *see under* Chamfort, Sébastien-Roch-Nicolas; La Harpe, Jean-François de
fables of: D cites, i. 82, 257, ii. 137, 146, 175, iii. 31, iv. 148, 318, 453, v. 54; D mentions, i. 82, 229n, 273, 348, ii. 62, 176, iii. 388, 404, iv. 6, 396, v. 214; D paraphrases, i. 21n; the language of nature, i. 119
*Florentin, Le*, D quotes, ii. 355
Louis XIV temporarily excludes, from Académie française, iii. 234
*Œuvres*, D owns, vi. 34

La Fontaine-Solar, Vincent-Joseph de (d. 1772), Comte de Solar:
Joseph, the deaf-mute, claims to be the son of, v. **134**

La Force, Marquise de. *See* Galard de Brassac de Béarn, Adélaïde-Luce-Madeleine de

La Fosse, Charles de (1636–1716), painter:
painting by, of Virgin, v. 279
paintings by, at Invalides, v. 265
La Frenaye, Léonor or Pierre (d. before 1778), jeweller:
D entrusts cover for vase to, ii. 428
D entrusts vase to, ii. **307**
D to see, about vase covers, ii. 422, 423
inquires about Craufurd's boxes, ii. 363
La Galaizière, Marquis de. See Chaumont, Antoine-Martin de
La Galissonnière, Comtesse de. See Poisson de Malvoisin, Jeanne-Charlotte
La Galissonnière, Marquise de. See Jacques de la Borde, Marie-Anne de (1712–73); Lauzon, Marie-Juliette-Antoinette de (1698–1786); Mauger, Bonne-Laurence-Élisabeth de (1740–1825); Menon de Turbilly, Marie-Anne de (b. ca 1720)
La Garde, Baronne de:
Terray dismisses, iii. **107**
La Garde, Marie-Louise de (d. 1779), m. (1742) François-Camille, Marquis de Polignac:
D mentions, iii. 194
social relations of, with: Boufflers, Comtesse de, v. 309; D, ii. 415, iii. 215; Hénault, v. 311, 332; Mirepoix, Mme de, v. 334
La Garde, château de. See Notre-Dame de la Garde
1 La Grange, ——, Hénault's servant:
daughter of, marries, ii. 345–6, iv. 80
2 La Grange, Mlle, dau. of 1:
marriage of, ii. 345–6
3 La Grange, Mlle, dau. of 1, m. —— Couty:
Couty weds, iv. 80
England destination of, iv. 80, 81
La Guerche, Marquis de. See Bruc, Marie-François de
Laguillaumie, —— (d. 1788):
(?) attends session of parliament of Paris, vi. 171–3
1 La Harpe, Jean-François de (1739–1803):
Académie française receives, iv. 333
Barmécides, Les: Burke to hear, iii. 338; D's opinion of, iii. 322; La Harpe to recite, at Mme de Luxembourg's supper, iii. 322, 338–9
Camaldule, La, ——Réponse d'un solitaire de la Trappe . . ., i. 286, 295, 301
Comte de Warwick, Le, v. 286
Corneille and Racine criticized by, iv. 409
D brought verses by, v. 457
D's correspondence with, v. 456, 457
Douze Césars, Les, traduits du latin de Suétone: D sends, to HW, ii. 482, 484; D to finish, ii. 492; HW comments on, ii. 487
Éloge de La Fontaine: D sends, to HW, iv. 114; D's opinion of, iv. 115; HW's opinion of, iv. 114, 116
Éloge de Voltaire, v. 172, 426
Gustave Wasa, v. 286
HW disagrees with, on Linguet, ii. 487
Luxembourg, Mme de, protects, iii. 373
marriage of, ii. 42n

Mélanie, ou la religieuse: D comments on, ii. 445; D sends, to HW, ii. 366n, 369–70, 390; Pezay mentions, iv. 65
Menzikoff: Necker, M. and Mme, to have performance of, iv. 167, 169; performed at Fontainebleau, iv. 232
Mercure de France edited by, v. 68
Muses rivales, Les, v. 111
Racine and Corneille criticized by, iv. 409
Réponse de M. de la Harpe, iii. 296n
Séguier censures, v. 375
Sévigné letters to be edited by, iii. 373, 419
social relations of, with: D, v. 456–7; Élie de Beaumont, v. 286; Marchais, Baronne de, v. 344
Sophocles' Philoctète, translation of, by, read at D's by La Harpe, v. 236, 456
'Vers à sa Majesté Louis XVI sur l'édit du 31 mai 1774': D has not sent, to HW, iv. 71; Pezay's verses to D, enclosing, iv. 65, 71
verses by, on: Dorat, ii. 19–20; Tonton and Voltaire, v. 2, 8
Voltaire and Tonton subject of verses by, v. 2, 8
—— answered by, iii. 293, 296
—— at odds with, ii. 42
—— eulogized by, v. 172
——'s diatribe in the Mercure commended by, v. 375
2 La Harpe, Mme Jean-François de. See Monmayeux, Marie-Marthe
La Hire, Laurent de (1606–56), painter:
Hôtel de Lambert has panels by, v. 337
paintings by, at Carmelites', v. 264
Laideguière, ——, notary:
Luynes estate settled before, vi. 36, 41
L'Aigle, Comtesse de. See Waës, Anne-Salomé-Joséphine de
La Jamaïque, Marquise de. See Stolberg-Gedern, Karoline Auguste of
La Jeunesse, HW's servant:
D sees, i. 21
eager for HW's return to Paris, i. 201, 340
HW wishes services of, ii. 258, 259
Stanley's concierge, i. 24
unable to come to HW, ii. 268
will supply substitute to HW, ii. 259, 265, 268
La Lande. See Du Deffand de la Lande
La Live de Bellegarde, Élisabeth-Françoise-Sophie de (1730–1813), m. (1748) Claude-Constant-César, Comte d'Houdetot:
bluestocking, i. **214**
social relations of, with M. and Mme Necker, iv. 343, 381
1 La Live de Juilly, Ange-Laurent de (1725–79):
HW mentions, i. 341
social relations of, with: Geoffrin, Mme, v. 291, 295, 305; HW, v. 295; Valori family, v. 295
2 La Live de Juilly, Mme Ange-Laurent de, wife of 1. See Nettine, Marie-Louise-Josèphe
La Live de la Briche, Alexis-Janvier de (b. 1735):
(?) social relations of, with Hénault, v. 311

*1* Lallemant de Betz, Marie-Françoise (d. 1793), dau. of *2*, m. (1749) Marie-Gabriel-Florent, Comte de Choiseul-Beaupré; 'Mme de Choiseul-Betz'; 'la petite Choiseul'; 'la petite sainte':
Barèges to be visited by, iii. 353, 363
—— visited by, iii. 183, 403
Chanteloup to be visited by, ii. 234, iii. 350, 352, 403
—— visited by, ii. 425, iii. 7, 169, 183, 363
D's correspondence with, v. 424, 426, 428, 429, 458
D's opinion of, iv. 289
father of, dies, iii. 403
Gennevilliers visited by, v. 326
HW spoken of by, iv. 289
health of, iii. 164, 183, v. 426
leaves Paris, v. 454
nephew of, ambassador to Berlin, iii. 147
Paris visited by, iii. 426, v. 436
Seine embarked upon by, iii. 352
social relations of, with: Arras, Bishop of, v. 442, 449; Aulan, v. 136; Barthélemy, iv. 293, v. 442, 450; Bauffremont, v. 441, 450; Choiseul, Duchesse de, i. 289, 385, 387, ii. 161, 192, 194, 234, 335, 459, iii. 7, iv. 247, v. 326, 439–40, 442, 444, 447; Choiseul-Beaupré, Marquis and Marquise de, v. 439; Choiseul-Stainville, Comtesse de, v. 442; Cotte, v. 441–2, 450; D, i. 385, 387, ii. 192, 194, 201, iii. 100, 146, iv. 18, 247, 255, 293, 453–4, 480, v. 48, 131, 136, 147, 153, 278, 314, 316, 436–49, 451–4; Gramont, Duchesse de, v. 439; Haussonville, Comtesse d', v. 441; Hénault, v. 301; La Vallière, Duchesse de, iii. 113; Loménie, Marquise de, v. 450; Metz, Abbess of, v. 439(?), 442(?), 450; Metz, Bishop of, v. 450; (?) Mirepoix, Bishop of, v. 439; Selwyn, v. 131, 147; Toulouse, Archbishop of, v. 450; Tours, Archbishop of, v. 449
son of: v. 76, 100; marries, iii. 113
Ussé leaves violin to, iii. 276
*2* Lallemant de Betz, Michel-Joseph-Hyacinthe (d. 1773):
(?) attends session of parliament of Paris, vi. 173
death of, iii. 403
social relations of, with: D, v. 278; Hénault, v. 301
Lally, Thomas Arthur (1702–66), Baron de Tollendal:
attempts to kill himself, i. 35
D's opinion of, i. 36, 38, 41, 52–3
execution of, i. 30n, 35–6, 53
HW's opinion of: i. 43; D's comment on, i. 52–3
property of, to be used for poor of Conciergerie and Pondichéry, i. 30n
public interest in case of, i. 35–6, 38
trial of, for treason, i. **30**, 32, 64
verdict of judges on, i. 33
La Louptière. *See* Relongue de la Louptière
La Madelaine. *See* Philipon la Madelaine

*1* La Marche, Comte de. *See* Bourbon, Louis-François-Joseph de
*2* La Marche, Comtesse de, wife of *1*. *See* Este, Fortunée-Marie d'
La Marche, Anne-Françoise, m. (ca 1724) Claude de Saint-Maur:
(?) social relations of, with: D, iii. 138–40, v. 272, 310; Rochefort, Comtesse de, v. 271, 274, 292
La Marche, Jean-François de (1729–1806), abbé; later Bishop of Saint-Pol-de-Léon:
social relations of, with: Aiguillon, Duchesse d', v. 281, 291; Forcalquier, Comtesse de, v. 295–6, 311
La Marche, Marguerite de, m. Antoine de Saint-Maur:
(?) social relations of, with: D, iii. 138–40, v. 272, 310; Rochefort, Comtesse de, v. 271, 274, 292
La Marche, Marie-Anne de, m. Sylvain de Saint-Maur:
(?) social relations of, with: D, iii. 138–40, v. 272, 310; Rochefort, Comtesse de, v. 271, 274, 292
*1* La Marck, Comtesse de. *See* Noailles, Marie-Anne-Françoise de
*2* La Marck-Lumain, Louise-Marguerite de (1730–1820), step-dau. of *1*, m. (1748) Charles-Léopold-Marie-Raymond de Ligne, Prince d'Aremberg:
Spencers to visit, iii. 367
La Martinière. *See* Pichault de la Martinière; Puzin de la Martinière
*1* Lamballe, Prince de. *See* Bourbon, Louis-Alexandre-Joseph-Stanislas de
*2* Lamballe, Princesse de, wife of *1*. *See* Savoie Carignan, Marie-Thérèse-Louise de
*1* Lambert, Lady, wife of *5*. *See* Holmes, Anne
*2* Lambert, Bernard (1738–1813), abbé:
(?) Grave, Comtesse and Marquis de, shown the Louvre by, v. 339
(?) HW shown the Louvre by, v. 339
(?) Sanadon, Mlle, shown the Louvre by, v. 339
(?) social relations of, with: Drumgold, v. 327; HW, v. 337
*3* Lambert, Claude-Guillaume:
(?) attends session of parliament of Paris, vi. 173
*4* Lambert, Mme Henri-François de. *See* Menou, Louise-Thérèse de
*5* Lambert, Sir John (1690–1772), 2nd Bt; banker at Paris:
D receives letter and package through, ii. 35
HW gets money from, v. 408
HW's armour not to be paid for by, iii. 121
HW's purchases paid for by, ii. 356, 439, 443, 477, iii. 156
(?) Heinel, Mlle, attracts, iii. 205
social relations of, with HW, v. 329
*6* Lambert, Sir John (1728–99), 3d Bt; son of *5*:
Ennery lives near, iv. 136
HW sends money to D through, v. 133

[*6* Lambert, Sir John, *continued*]
(?) Heinel, Mlle, attracts, iii. 205
Lambert, Hôtel de:
HW visits, v. 337
Lambesc, Prince de. *See* Lorraine d'Elbeuf, Charles-Eugène de
La Mejanelle, Suzanne de (? ca 1701–87), m. Daniel Chamier:
son visits, weekly in London, ii. **439**
*1* Lameth, Comtesse de. *See* Broglie, Marie-Thérèse de
*2* Lameth, Marie-Angélique de, sister-in-law of *1*, m. (1750) Charles-Louis-Joseph, Marquis de Clermont:
(?) social relations of, with: D, v. 424, 437, 453, 455; La Reynière, M. and Mme de, v. 345
La Meute. *See* La Muette
'La Michelle.' *See* Michel de Tharon, Gabrielle-Augustine
*1* Lamoignon, Antoinette-Thérèse de (1756–94), dau. of *6*, m. (1769) Louis le Pelletier de Rosambo:
at Malesherbes with family, iii. **58**
*2* Lamoignon, Chrétien-François de (1735–89), Marquis de Basville; president; grandnephew of *5*:
attends session of parliament of Paris, vi. 171, 172
sister's bequest to, iii. 369
*3* Lamoignon, Olive-Claire de (1738–73), sister of *2*, m. (1756) Armand-Guillaume-François de Gourgue, Marquis de Vayres and d'Aulnay:
bequests of, iii. 369
death of, iii. 369
Guines friend of, iii. 369
Montesson, Marquise de, friend of, iii. 369
*4* Lamoignon de Basville, Marie-Louise-Élisabeth de (d. 1825), dau. of *2*, m. (1779) Édouard-François-Mathieu Molé, Comte de Champlâtreux; Marquis de Méry:
marriage of, v. **109**
*5* Lamoignon de Blancmesnil, Guillaume de (1683–1772), Chancellor 1750–68:
Malesherbes son of, iii. 50
with family at Malesherbes, iii. 58
*6* Lamoignon de Malesherbes, Chrétien-Guillaume de (1721–94), president of the cour des aides; son of *5*:
Amelot replaces, iv. 311
Chancellor's place suggested for, iv. 278
Chartres's *Discours* from, ii. 190
cousin's bequest to, iii. 369
D's account of, iii. **50**
D's opinion of, iv. 299, 321
exiled, iii. 58
family with, at Malesherbes, iii. 58
HW admires, iv. 296, 299, 318
has no confidence in anything, iv. 278
La Vrillière succeeded by, iv. 207, 212–3
lettre de cachet expected by, iii. 48, 50
Marie-Antoinette admonished about Guines by, iv. 299, 321

minister of foreign affairs, iv. 207, 212–3
Protestants obtain indulgences from, v. 375
retirement of, rumoured, iv. 300, 308
Saint-Germain said to be favoured by, iv. 227
Sartine rumoured to be chosen to succeed, iv. 300
social relations of, with Marquise de Villegagnon, v. 352
Turgot forces interview with Marie-Antoinette upon, iv. 321
Voltaire's letter to Boncerf sent to, iv. 287
wishes to spare Hénault distress, ii. **94–5**
La Mothe, ——:
D talks to Comtesse de Genlis about, vi. 64
La Mothe, Hôtel de:
Richmond to occupy, v. 24
La Motte. *See also* Du Bois de la Motte; Houdart de la Motte; Picquet de la Motte
La Motte, Françoise, m. (ca 1770) Jean-François Wiart; D's chambermaid:
Chanteloup visited by, iii. 237–58
D accompanied to Chanteloup by, iii. 237, 243
D leaves Pompom's miniature to, vi. 9, 26
D leaves wardrobe to, vi. 6, 21
D's financial provision for, v. 252, vi. 6, 43, 44
(?) D shares lottery ticket with, v. 422, 455
HW's snuff-box found by, iv. 312
health of, iii. 278, 280, 288, v. 439
Opéra-Comique attended by, v. 453
social relations of, with Choiseul, iv. 162–3
son of, ill, iv. 408
wages of, vi. 46
La Motte:
Terray exiled to, iv. 87
La Motte Picquet. *See* Picquet de la Motte, Toussaint-Guillaume
La Mottraye, Aubry de (ca 1674–1743), traveler:
(?) HW seeks relatives of, iii. 301, **439**
La Muette, royal château:
account of, i. 122n
Court at, on eve of Dauphin's marriage, ii. 406
Louis XV at, i. 122
Louis XVI at, iv. 55, 60, v. 452
Maximilian at, iv. 156
Lancey. *See* De Lancey
Lande, La. *See* Du Deffand de la Lande
Landrecies:
Du Sauzay governor of, ii. 285
La Neuville. *See* Le Quien de la Neuville
*1* Langeron, Mlle de, dau. of *2*. *See* Andrault de Langeron, Marie-Louise-Aglaé
*2* Langeron, Maulevrier-, Marquis de. *See* Andrault, Charles-Claude
Langlade, Jean-Antoine-Marie (b. ca 1714), abbé; vicar-general; canon of Le Puy:
social relations of, with Malherbe, v. 311
Langley, William, mayor of Lynn:
HW's letter to, of 13 March 1767, i. 304–5, 312
Langlois, André-François (d. 1781):
(?) attends session of parliament of Paris, vi. 173

Languedoc:
  Beauvau, Prince and Princesse de, in, ii. 341
  Beauvau, Prince de, removed from government of, v. 340
  Biron made governor of, iv. 214
  D's investment with government of, vi. 6, 9–10, 38, 46
  Grave to go to, ii. 300
  parliament of, *see* Toulouse, parliament of
  Périgord made governor of, v. 340
Lanjamet, Louis-François-Georges (d. 1829), Chevalier de:
  Salm's duel with, iv. 278–9, 289
Lannion, Félicité-Sophie de (1745–1830), m. (1764) François-Alexandre-Frédéric, Duc de la Rochefoucauld-Liancourt:
  (?) D makes acquaintance of, ii. 265
  social relations of, with Comte and Comtesse de Maurepas, v. 291
Lannoy, François-Ferdinand (1732–90), Comte de, later Baron de Wasmes:
  social relations of, with Comtesse d'Egmont, v. 305
Lanopret:
  fête given for, v. 457
'La Noue.' *See* Sauvé, Jean-Baptiste
La Noue, Odet de (d. 1618), seigneur de Téligny:
  *Dictionnaire des rimes françoises*, (?) D owns, vi. 26
*1* Lansdowne, Marchioness of, wife of *2. See* Fitzpatrick, Lady Louisa
*2* Lansdowne, M. of. *See* Petty, William
Lansquenet:
  Richelieu teaches, to Comtesse du Barry, ii. 250
Lany, Jean-Barthélemy (d. 1786), dancer:
  Bishop taught by, iv. 55
Laon, Bishop of. *See* Sabran, Louis-Hector-Honoré-Maxime de
La Peyrère, Isaac de (1594–1676):
  *Relation du Groenland*, (?) D reads, iii. 184
La Peyrousse. *See* Maury de la Peyrousse
La Place, Pierre-Antoine de (1707–93), translator of English books:
  *Mémoires de Cécile* revised by, vi. 33
  *Orpheline Angloise, L'*, translated by, vi. 34
  Shakespeare edns by, ii. 174
  *Théâtre anglais*, iv. 290
La Porte, Armand-Charles de (1632–1713), Duc de Mazarin:
  (?) *Mémoires* of, vi. 34
  servants rotated by, iii. **39**, v. 375
La Porte, Joseph de (1713–79), abbé:
  *France littéraire, La*, D owns, vi. 26
  *Voyageur françois, Le*, D owns, vi. 35
Lappet:
  HW sends, to Lady Ailesbury, v. 378
La Ravoye. *See* Neyret de la Ravoye
La Recousse:
  (?) postillions of, v. 342–3
La Reynardière. *See* Grimod de la Reynière
La Reynière. *See* Grimod de la Reynière

Largillière, Nicolas de (1656–1746), painter:
  paintings by, at Abbey of Sainte-Geneviève, v. 305
La Rive. *See* Mauduit de la Rive
La Rivière, Mme Henri-François de. *See* Rabutin de Bussy, Louise-Françoise de
*1* La Roche-Aymon, Antoine-Charles-Guillaume (1751–1831), Marquis de, son of *2:*
  Louis XVI gives grandes entrées to, iv. **52**
*2* La Roche-Aymon, Antoine-Louis-François (1714–89), Comte de, nephew of *3:*
  made member of Ordre du Saint-Esprit, iv. 200
*3* La Roche-Aymon, Charles-Antoine de (1692–1777), Archbishop of Reims, 1762; cardinal, 1771:
  Aiguillon supported by, iii. 213
  attends session of parliament of Paris, vi. 172
  Dauphin's death announced to Louis XV by, v. 288
  health of, iv. 399, 404, 410, 418, 463
  Louis XV's public confession spoken by, iv. 48
  positions of, coveted, iv. 404, 410
  roll of benefices committed to, iii. 59, iv. 399, 404
  social relations of, with Contessa di Viry, v. 352
La Rochefoucauld, Duc de. *See* La Rochefoucauld-d'Anville, Louis-Alexandre de
*1, 2* La Rochefoucauld, Duchesses de, wives of *12. See* Gand-de-Mérode de Montmorency d'Isenghien, Louise-Pauline de (1747–71); Rohan-Chabot, Alexandrine-Charlotte-Sophie de (1763–1839)
*3* La Rochefoucauld, Charlotte de Roye de Roucy de (ca 1653–1743), governess to George II's children:
  proposed to William III, v. 315
  signature of, v. 315
*4* La Rochefoucauld, Dominique de (1713–1800), Archbishop of Rouen 1759–90; cardinal, 1778:
  Fécamp, Abbey of, given to, v. 50
  may be cardinal, iv. 410
  may be grand aumônier, iv. 404
*5* La Rochefoucauld, Élisabeth-Louise de (1740–86), dau. of *11*, m. (1757) Louis-Antoine-Auguste de Rohan-Chabot, Comte (later Duc) de Chabot, Duc de Rohan, 1791:
  Chanteloup visited by, iii. 95, 231
  D's opinion of, ii. 318
  'portrait' of Princesse de Beauvau by, vi. 89–91
  recalled by death of relative, iii. 95
  social relations of, with: Anville, Duchesse d', v. 311; Choiseul, Duchesse de, v. 330; D, v. 428, 432, 435–6, 458; (?) HW, v. 267, 285, 293; La Vallière, Duchesse de, v. 312
*6* La Rochefoucauld, Émilie-Alexandrine de (1742–1814), dau. of *13*, m. (1761) Anne-Louis-Alexandre de Montmorency, Prince de Robecque:
  social relations of, with Maurepas, v. 309

*7* La Rochefoucauld, François (1613–80), Duc de, author; 2d cousin of *3:*
D cites, ii. 174
D misattributes maxim to, i. 278, iii. 103, v. 120
D's opinion of, iv. 435
D thinks HW superior to, i. **249**
Hénault disproves theory of, vi. 76
letters of, published, iv. 275
*Maximes et réflexions morales du duc de la Rochefoucauld,* new edition of, sent to HW by Princesse de Beauvau, v. 28, 31, 36, 37
*8* La Rochefoucauld, Frédéric-Guillaume de Roye de (1666–1749), Comte de Champagne-Mouton; cr. (1699) E. of Lifford; brother of *3:*
sister of, proposed to William III, v. 315
*9* La Rochefoucauld, Jean-François de (1735–89), Vicomte de la Rochefoucauld; Comte de Surgères:
made member of Ordre du Saint-Esprit, iv. 199–200
social relations of, with Malherbe, v. 311
*10* La Rochefoucauld, Marie de (b. 1718), m. (1737) Louis-François-Armand de la Rochefoucauld de Roye, Duc d'Estissac:
La Rochefoucauld, Duchesse de, has accident while visiting, iii. 95
nephew of, iii. 95
social relations of, with Comte and Comtesse de Maurepas, v. 291
*11* La Rochefoucauld, Marie-Louise-Nicole-Élisabeth de (1716–94), sister of *10*, niece-in-law of *3*, m. (1732) Jean-Baptiste-Louis-Frédéric de la Rochefoucauld de Roye, Duc d'Anville:
Chanteloup visited by, iii. 95, 231
Choiseul, Duc and Duchesse de, not allowed visit from, iii. 76
Choiseul, Duchesse de, likes, ii. 50
D hears Lady Sarah Bunbury's story from, ii. 207
D's opinion of, ii. 47, 318
HW mentions, i. 342
health of, iii. 164
La Roche-Guyon occupied by, ii. 469
La Roche-Guyon to be occupied by, iv. 316
(?) Necker to visit, iv. 316
Paris visited by, iv. 316
recalled by death of relative, iii. 95
social relations of, with: Barthélemy, ii. 16, 469; Bauffremont, ii. 469; Beauvau, Prince and Princesse de, v. 440; Biron, Maréchale de, v. 311; Chabot, Comtesse de, v. 311; (?) Champagne, Marquise de, v. 311; Choiseul, iv. 123, 259; Choiseul, Duchesse de, ii. 16, 47, 47–8, 318, 350, 469, iv. 123, 259, v. 330; Créqui, Marquis de, v. 311; D, i. 399, 404, ii. 16, 47, 47–8, iii. 5, 13, iv. 12, 39, 259, 310, v. 226, 440, 447, 450; Gramont, Duchesse de, iv. 259; HW, v. 311, 330, 415; Hénault, v. 317; Joseph II, iv. 443; (?) La Rochefoucauld, Duc de, v. 311; La Rochefoucauld, Vicomtesse de, v. 311;

Luxembourg, Mme de, v. 440; Malherbe, v. 311; Maurepas, v. 309, 330; Mirepoix, Mme de, v. 348; (?) Puyguilhem, Comte and Comtesse de, v. 311; Rochefort, Comtesse de, v. 302; Roye, Mme de, v. 311; Sarsfield, v. 311; (?) Saulx, v. 311; Stanhope, iv. 39; Tavannes, v. 311; Thianges, v. 311; Tronchin, v. 311; Trudaine de Montigny, M. and Mme, ii. 210
La Rochefoucauld, Hôtel de:
D entertained at, iv. 26, v. 226
D excuses herself from visiting, v. 450
Gramont, Duchesse de, entertained at, iv. 26
(?) La Rochefoucauld, Duc de, entertains at, v. 456
Luxembourg, Mme de, entertained at, iv. 26
*12* La Rochefoucauld-d'Anville, Louis-Alexandre de (1743–92), Duc de la Rochefoucauld; son of *11:*
aunt of, iii. 95
Chanteloup visited by, iii. 231
D commends, warmly to HW, ii. 180–1
D sends letters by, ii. 177–80, 187
D's opinion of, ii. 235, 318
London visited by, ii. 177, 180, 226
marriage of, i. 305n, v. 447
military service of, iii. 95
Nuneham friend of, ii. 226
protests illegal parliament, iii. 61
social relations of, with: Anville, Duchesse d', v. 311; Choiseul, Duchesse de, ii. 318; (?) D, v. 456
SH visited by, ii. 226
Sweden visited by, ii. 235
wife of, suffers accident, iii. 95
*13* La Rochefoucauld de Roye, Louis-François-Armand de (1695–1783), Duc d'Estissac; nephew of *3:*
social relations of, with: Du Barry, Comtesse, ii. 288; Egmont, Comte and Comtesse d', v. 301
*14* La Rochefoucauld de Roye, Pauline-Françoise de (1723–94), grandniece of *3*, m. (1740) Louis-Antoine de Gontaut, Duc de Biron, Maréchal de France:
Biron separates from, iii. 151
social relations of, with: Anville, Duchesse d', v. 311; Hénault, i. 363–4, 369, v. 330
*Triomphe de l'Amitié, Le,* read to, i. **364**
La Rochefoucauld family:
D approves of, ii. 50
social relations of, with Duchesse de Choiseul, ii. 25
*15* La Rochefoucauld-Liancourt, Duchesse de, wife of *16. See* Lannion, Félicité-Sophie de
*16* La Rochefoucauld-Liancourt, François-Alexandre-Frédéric (1747–1827), Duc de, son of *13:*
D makes acquaintance of, ii. 240, **265**
D's opinion of, ii. 240
D talks with, ii. 240
D unacquainted with, ii. 235
HW likes and is liked by, ii. 240
HW meets, at Chantilly, v. **324**

HW's opinion of, ii. 244, 246
model for letter to Orléans sent to, vi. 183
La Roche-Guyon, Duchesse d'Anville's château:
Anville, Duchesse d', to entertain at, ii. 469
—— to occupy, iv. 316
visitors to: Barthélemy, ii. 469; Bauffremont, ii. 469; Choiseul, Duchesse de, ii. 469; (?) Necker, iv. 316
La Rochelle, Bishop of. See Crussol d'Uzès, François-Joseph-Emmanuel de
La Rochelle:
picture of Louis XIII and Richelieu riding to siege of, v. 313
La Roche Saint-André, Mme Augustin-Joseph-Alexandre de. See Regnon de la Ranconnière, Ursule-Suzanne-Véronique de
La Roue. See Larue
Larue, Philibert-Benoît de (d. 1780), painter:
(?) collection of drawings owned by, v. 356
La Salle, Adrien-Nicolas-Piédefer (1735–1818), Marquis de:
(?) Roissy visited by, v. 346
(?) social relations of, with Comte and Comtesse de Caraman, iv. 86, v. 346
La Savonnerie:
tapestry of, iii. 170, iv. 449
Lascelles, Mr:
social relations of, with Beaufort, v. 271
La Sonde. See Tort de la Sonde
La Sourdière. See Meulan de la Sourdière
Lassone, Joseph-Marie-François de (1717–88), physician:
Louis XV treated by, iv. 47
Louis XVI gives reversion to, iv. 52
La Suze, Comtesse de. See Coligny, Henriette de
Latin:
D must have, translated, i. 78
D's knowledge of, i. 78
D's lackey learning, i. 148
HW quotes, ii. 214
HW weak in, iv. 47
HW writes in, i. 78
La Tour, Comte de. See La Tour d'Auvergne d'Apchier, Nicolas-François-Jules de
La Tour, Père de:
D says that she resembles, iv. 191
1 La Tour d'Auvergne, Charles-Godefroy de (1706–71), Duc de Bouillon; Grand Chambellan de France; governor of Auvergne; g.-grandnephew of 4:
box of, with portrait of Mme de Sévigné, i. 73
death of, iii. 128
Herbert, Lady Mary, refuses to marry, v. 288
L'Isle praises, vi. 177
said to have sold his office to Duc de Praslin, i. 68–9
sale of effects of, iii. 128
will of, broken, iii. 364
2 La Tour d'Auvergne, Charles-Godefroy-Louis de (1749–67), Chevalier de Bouillon; son of 3:
death of, i. 357
deformed, i. 357

3 La Tour d'Auvergne, Godefroy-Charles-Henri de (1728–92), Prince de Turenne; Duc de Bouillon, 1771; son of 1:
lawsuit of, iii. 364
(?) Praslin, Duchesse de, loved by, v. 363
social relations of, with Mme Geoffrin, v. 292
(?) state secret betrayed by, v. 363
4 La Tour d'Auvergne, Henri de (1611–75), Vicomte de Turenne:
correspondence of, v. 238
D has print of, ii. 254, iv. 339
horse of, v. 85
5 La Tour d'Auvergne, Marie-Louise-Henriette-Jeanne de (d. 1781), dau. of 1, m. (1743) Jules-Hercule-Mériadec de Rohan, Prince de Guéménée:
fête given by, at Versailles, v. 457
La Tour d'Auvergne d'Apchier, Nicolas-François-Jules de (1720–90), Comte de la Tour:
lawsuit of, iii. 364
La Tour du Pin de Gouvernet, Louis-René de (ca 1731–84):
(?) HW sends taffeta by, ii. 33
(?) in Bastille for larceny in Holland, ii. 33–4
La Tour du Pin de la Charce, Antoinette-Jeanne-Philis-Victoire de (1749–1810), m. (1765) Sébastien-Anne-Jules de Poilvillain, Marquis de Crenay:
Artois, Comtesse d', to be met by, iii. 412
La Tournelle, Marquise de. See Mailly-Nesle, Marie-Anne de
La Tournemine, Comtesse de. See Phélipot, Louise-Gabrielle
Latre, M. de. See Delaître, Charles-François
1 La Trémoïlle, Duchesse de, wife of 5. See Salm Kyrbourg, Maria Maximiliane Luise von
2 La Trémoïlle, Anne-Marie de (ca 1641–1722), Princesse des Ursins, m. (1) (1659) Adrien-Blaise de Talleyrand, Prince de Chalais; m. (2) (1675) Flavio Orsini, D. of Bracciano:
D agrees with HW about, ii. 60
D's opinion of, iv. 429, 433–4
HW comments on, ii. 55
letters of, to Marquise de Maintenon: D has, copied for HW, iii. 299; D reads, iii. 258, 266, 283; D to send, to HW, iii. 313, 320, 326, 439; HW dislikes, iii. 330
letters to, from Marquise de Maintenon, D reads, ii. 44, 62
3 La Trémoïlle, Antoine-Charles-Frédéric de (1711–59), Prince de Talmond:
marriage of, vi. 57
4 La Trémoïlle, Charlotte-Catherine de (1568–1629), m. (1586) Henri de Bourbon, Prince de Condé:
tomb of, v. 285
5 La Trémoïlle, Jean-Bretagne-Charles-Godefroy (1737–92), Duc de:
gambling losses of, ii. 54
protests illegal parliament, iii. 61
social relations of, with: Bentheim, Gräfin von, v. 312; Richmonds, v. 290

La Trinité, Comte de:
Wharton calls, 'Conte,' v. 361
L'Attaignant, Gabriel-Charles de (1697–1779), abbé:
Martin, Abbé, friend of, v. 21
(?) Relongue de la Louptière's verses on, v. 32
Lattaignant, Pierre de (d. 1787):
(?) attends session of parliament of Paris, vi. 173
La Tuilerie, country home of M. and Mme de la Reynière:
La Reynière, Mme de, moves to, v. 459
visitors to: Barbantane, Marquise de, v. 345; Beauvau, Prince and Princesse de, v. 345; (?) Besenval, v. 345; Boufflers, Comtesses de, v. 345; (?) Clermont-Tonnerre, Maréchale de, v. 345; D, iv. 353, v. 344, 429, 432, 435; HW, v. 345; La Reynière, iv. 339, 353, v. 345, 429(?); La Reynière, Mme de, v. 345, 429(?); Lauzun, Duchesse de, v. 345; Luxembourg, Mme de, v. 345; Ségur, Comtesse de, v. 345; Ségur, Marquis de, v. 345; Sénac, v. 345; (?) Usson, Comtesse d', v. 345; Vauban, Marquise de, v. 345; Vierville, Marquise de, v. 345
La Tulipe. See Tulipe
Lau, Baron de. See Foix-Candale, Bertrand-Léon de
L'Aubespine, Hélène-Rosalie-Angélique de (ca 1690–1770), m. (1713) Jérôme Phélypeaux, Comte de Pontchartrain:
social relations of, with Duchesse de Nivernais, v. 291
Laujon, Pierre (1727–1811), dramatist:
(?) Sylvie, ii. 166n
L'Aulne, Baron de. See Turgot, Anne-Robert-Jacques
Launay. See Cordier de Launay
Laune, —— de:
HW's correspondence with, v. 382
Laura, Petrarch's:
D's opinion of, ii. 46
1 Lauraguais, Comte de, son of 3. See Brancas, Louis-Léon-Félicité de
2 Lauraguais, Comtesse de, wife of 1. See Gand-de-Mérode de Montmorency, Élisabeth-Pauline de
3 Lauraguais, Duchesse de. See Mailly-Nesle, Diane-Adélaïde de
4 Lauraguais, Mlle de, dau. of 1. See Brancas, Antoinette-Candide-Pauline de
Lauréault de Foncemagne, Étienne (1694–1779), historian:
death of, v. 430
Lettre sur le testament de Richelieu, D owns, vi. 35
social relations of, with Hénault, v. 273
Laurels:
sold at Rennes in opposition to 'Ifs,' v. 326
Lauri, Filippo (1623–94), painter:
'Christ Praying in the Garden,' purchased by HW, i. 306, v. 406

Lausille, ——, Spanish usurer:
(?) house of, saved, vi. 120
threatened by mob, vi. 119
Lauzières de Thémines, Alexandre (d. 1829), Bishop of Blois 1776–1801:
Chanteloup visited by, vi. 202
Lauzon, Marie-Juliette-Antoinette de (1698–1786), m. Roland-Michel Barrin, Marquis de la Galissonnière:
(?) apartment of, in convent of Saint-Joseph, i. 19
(?) does not attend ball, ii. 415
(?) social relations of, with D, v. 331, 426
1 Lauzun, Duc de. See Gontaut, Armand-Louis de
2 Lauzun, Duchesse de, wife of 1. See Boufflers, Amélie de
1, 2 Laval, Duc de. See Montmorency-Laval, Anne-Alexandre-Marie-Sulpice-Joseph de (1747–1817); Montmorency-Laval, Guy-André-Pierre de (1723–98)
3 Laval, Duchesse de, wife of 2, mother of 1. See Bullion de Fervacques, Jacqueline-Hortense de
1 Laval, Marquis de. See Montmorency-Laval, Anne-Alexandre-Marie-Sulpice-Joseph de
4 Laval, Vicomte de, son of 2. See Montmorency-Laval, Mathieu-Paul-Louis de
5 Laval, Vicomtesse de, wife of 4. See Tavernier de Boullongne, Catherine-Jeanne
Lavalette or La Valette, Baron de. See Chicoyneau, Jean-Joseph-François de
La Vallière, Duc de. See La Baume le Blanc, Charles-François de (ca 1669–1739); La Baume le Blanc, Louis-César de (1708–80)
La Vallière, Duchesse de. See Crussol, Anne-Julie-Françoise de (1713–93); La Baume le Blanc, Françoise-Louise de (1644–1710)
1, 2 La Vauguyon, Duc de. See Quélen de Stuer de Caussade, Antoine-Paul-Jacques de (1706–72); Quélen de Stuer de Caussade, Paul-François de (1746–1828)
3 La Vauguyon, Duchesse de, wife of 2, dau.-in-law of 1. See Pons, Antoinette-Rosalie de
Lavaulx de Sommerecourt, Jeanne-Catherine-Josèphe de (1738–1816), m. (1) (1764) Edmond, Comte de Rothe; m. (2) (1780) Louis-François-Armand Vignerot du Plessis, Duc de Richelieu:
former canoness of Boussières, v. 204
marriage of, v. 204
social relations of, with: D, v. 230; Necker, v. 230, 452; Necker, Mme, v. 230
to be presented at Court, v. 208
1 La Vaupalière, Marquis de. See Maignard, Pierre-Charles-Étienne de
2 La Vaupalière, Marquise de, wife of 1. See Clermont d'Amboise, Diane-Jacqueline-Louise-Josèphe de
Lavaur, Bishop of. See Boisgelin de Cucé, Jean-de-Dieu-Raymond de
La Ver. See Le Ver

La Vergne. *See also* Pioche de la Vergne
La Vergne, Louis-Élisabeth de (1705–83), Comte de Tressan:
Académie française considers, v. 240
*Amadis de Gaule* translated by, v. 121, 126, 128, 133, 136–7
*Bibliothèque universelle des romans* edited by, v. 121, 126
D's correspondence with, v. 121
song by, iii. 270
La Verre, Marquis de. *See* Alsace-Hénin-Liétard, Charles-Alexandre-Marc-Marcellin d'
La Vieuville, Charles-Marie (1697–1771), Comte de:
(?) social relations of, with Comtesse de Maurepas, v. 296
La Ville, Jean-Ignace de (ca 1690–1774), abbé:
D mentions secretaryship of, i. **253**
La Vrillière, Duc de. *See* Phélypeaux, Louis
Law, John (1671–1729):
Du Maine, Duchesse, writes song about, iv. **432**
La Woestyne, Marquis de. *See* La Woestyne de Becelaere, Charles-Ghislain-Antoine-François de Paule-Armand de
*1* La Woestyne, Marquise de, wife of *2. See* Brulart de Genlis, Caroline-Charlotte-Jeanne-Séraphine
*2* La Woestyne de Becelaere, Charles-Ghislain-Antoine-François de Paule-Armand de (b. 1759), Marquis de la Woestyne:
Chartres's captain of the guard, v. 448
Genlis cedes captaincy of guard to, v. 448
Genlis presents, to D, v. 449
marriage of, v. 448
'Léandre.' *See* Gontaut, Armand-Louis de
Learned men:
HW thinks, useless, v. 354
Learning:
fails to polish its possessors, v. 354
Lebas, Jacques-Philippe (1707–83), engraver:
HW calls on, v. 349
Le Ber, Ithier:
(?) attends session of parliament of Paris, vi. 174
Le Blanc, Jean-Bernard (1707–ca 74), abbé:
(?) *Lettres d'un François*, D owns, vi. 35
Le Bossu. *See* Bossut, Charles
Le Boulingrin:
Artois takes over, iv. 397–8
Beauvau, Prince and Princesse de, exchange, with Comtesse de la Marck, iv. 397
La Marck, Comtesse de, improves, iv. 398
Saint-Germain (new château) controls, iv. 397
Le Bouthillier de Rancé, Dom Armand-Jean (1626–1700), abbé:
La Harpe's epistle to, i. **286**
Le Bovier de Fontenelle, Bernard (1657–1757), writer:
Boufflers, Chevalier de, disparages verses of school of, vi. 138
D cites, ii. 171, iii. 118
D the opposite of, iii. **202**

Formont compared to, vi. 93
Voltaire argues with, on naturalness of passions, v. 370
*1* Le Brun, Charles (1619–90), painter; son of *2:*
Hôtel de Lambert has ceiling by, v. 337
Louvre gallery designed by, v. 339
'Magdalen' by, v. 264
Pavillon d'Aurore by, v. 322
Silvestre, Mme, portrayed in marble by, v. 277
tomb of, v. 274
*2* Le Brun, Mme Nicolas:
tomb of, v. 274
Lecale of Ardglass, Bn. *See* Fitzgerald, Lord Charles James
Le Camus de Mézières, Louis-Denis (1721–89), Choiseul's architect:
(?) escapes injury, iii. 122
Le Chanteur, ——, notary:
Choiseul estate settled before, v. 35–6
Le Clerc, Charles-Guillaume, bookseller:
D's books appraised by, vi. 25, 31
Le Clerc, Jean (1657–1736):
*Vie du Cardinal Duc de Richelieu, La,* D owns, vi. 34
Le Clerc, Jean-Louis (1707–88), Comte de Buffon:
Catherine II's correspondence with, vi. 64
D's opinion of, iv. 414
*Histoire naturelle,* iv. 58, 61
*Œuvres,* D owns, vi. 33
social relations of, with: HW, v. 306; Young, v. 306
Le Clerc de Fleurigny, Louise-Thérèse, m. Chevalier de Vaudreuil:
(?) social relations of, with Comte and Comtesse de Maurepas, v. 291
*1* Le Clerc de Juigné, Jacques-Gabriel-Louis (1727–1807), Baron de Juigné:
social relations of, with: Egmont, Comte and Comtesse d', v. 301, 305(?); Egmont, Comtesse d' (dowager), v. 299
*2* Le Clerc de Juigné, Léon-Marguerite (1733–1810), Baron de Juigné; brother of *1:*
social relations of, with Comte and Comtesse d'Egmont, v. 301, 305(?)
Le Clerc de la Bruère, Charles-Antoine (ca 1714–54), dramatist:
(?) *Bacchus et Erigone,* v. 260
Le Clerc de Lesseville, Eustache-Auguste (1702–?85), maître des comptes 1724–85:
D's pension paid after letter to, iii. **29**
pensions to be paid by, iii. 169
*1* Le Clerc de Septchênes, N. (d. 1788):
marriage of, v. 17
translates Gibbon's *Decline and Fall,* iv. 301, 390
*2* Le Clerc de Septchênes, Mme N. (d. ca 1787), wife of *1:*
marriage of, v. 17
Le Coigneux de Bachaumont, François (1624–1702):
*Voyage en Provence,* D cites, iii. 188

Le Daulceur, Élisabeth-Mélanie (d. 1793), m. Louis-Raphaël-Lucie, Comte de Mellet:
social relations of, with Comtesse du Barry, iii. 97
Le Droit, Mme. *See* Genest Delaunay, Madeleine
Le Drouais, Mme. *See* Genest Delaunay, Madeleine
Leduc, ——, tailor:
D receives incense burner through, iv. 341
Lee, Mr:
HW sends letters by, v. 385
Lee, Arthur (1740–92):
(?) social relations of, with D, iv. **69**
Lee, George Henry (1718–72), 3d E. of Lichfield:
(?) HW mentions, vi. 162
Lee, Kent, Barrett's seat:
HW visits, v. 229
Leeches:
gout treated with, ii. 307, 315
Leeds, D. of. *See* Osborne, Francis Godolphin
Le Fefvre, Marie-Sophie (d. 1774), m. Louis-Bénigne-Pantaléon du Trousset, Comte d'Héricourt:
social relations of, with: Aiguillon, Duchesse d', v. 303; Maurepas, Comte and Comtesse de, v. 291, 296
Lefèvre, Jean-François (1747–66), Chevalier de la Barre:
Voltaire's *Relation* concerning, ii. **101**, 135
Le Fèvre, Marie-François de Paule (1710–74), Marquis d'Ormesson; conseiller d'État, 1744:
attends session of parliament of Paris, vi. 171, 172
Richelieu accompanied by, at suppression of cour des aides, iii. 58
*1* Lefranc, Jean-Baptiste (b. 1718), military officer:
(?) Voltaire's letter concerning, i. **202**, 203
*2* Lefranc, Jean-Jacques (1709–84), Marquis de Pompignan; brother of *1:*
D suspects, of doing Voltaire and Pompignan articles for Sabatier de Castres, iii. 314
*Didon,* ii. 154
Voltaire's letter concerning, i. **202**, 203
Voltaire's nephews to eat with heirs of, in age of tolerance, vi. 157
*3* Lefranc de Pompignan, Jean-Georges (1715–90), Bishop of Le Puy, 1742; Archbishop of Vienne 1774–89; brother of *1:*
funeral oration by, on Marie Leszczyńska, ii. 134
(?) Voltaire alludes to, ii. 52
Leghorn:
courier from, iii. 131
Legrand, Marc-Antoine (1673–1728), dramatist:
*Amour Diable, L',* v. 265
*Philanthrope, Le,* v. 265
Le Grand d'Aussy, Pierre-Jean-Baptiste (1737–1800):
*Fabliaux ou contes du douzième et du treizième siècle,* v. 197–8, 202, 213, 221

Legris de Latude, Claire-Joseph-Hippolyte (1723–1803), called Mlle Clairon; actress:
acts before: Brunswick, i. 75; Christian VII, ii. 154; Villeroy, Duchesse de, i. 75, 159, 213, 224, 231, 254, 268–9, 282–3, 294, ii. 154
acts four scenes, v. 337
acts frequently for Duchesse de Villeroy, i. 146
D admires acting of, i. 240, 282–3, 294, 302, ii. 197
D considers Mlle Raucourt inferior to, iii. 312
D's acquaintance with, i. 340
D wishes HW to know, i. 340
Garrick described by, v. 337
HW notes name of, i. 341
HW to send *Gramont* to, v. 416
Molé benefit given by: i. 201, 212, 218, 230, 234, 237, 240; song on, vi. 129
Poland to be visited by, i. 268
retired from theatre, i. **146**
social relations of, with: D, i. 342, ii. 132, iii. 96, v. 316, 337; Geoffrin, Mme, v. 335, 352; La Vallière, Duchesse de, iii. 95–6, v. 333, 337; Trudaine de Montigny, M. and Mme, i. 302, 305, ii. 30
vain, i. 201
Voltaire's verses to, sent by D to HW, iii. 273–4, 439
*Legs, Le. See under* Marivaux, Pierre Carlet de Chamblain de
Lehaup, Mrs Montgomery (d. 1769):
death of, v. 398
Le Héricy, Charles-Jacques-Robert (b. ca 1710), Marquis d'Estrehan:
social relations of, with: (?) Beauvau, Princesse de, v. 340; Luxembourg, Mme de, iv. 404; (?) Monconseil, Marquise de, v. 297
verses on, iv. 407
Leicester, E. of. *See* Dudley, Robert
*1, 2* Leinster, Ds of. *See* Lennox, Lady Emilia Mary (1731–1814); Saint George, Hon. Emilia Olivia (d. 1798)
*3* Leinster, D. of, son of *1,* husband of *2. See* Fitzgerald, William Robert
Le Jay, Edmé-Jean (d. ca 1794), bookseller:
admonished, iv. **23**
Voltaire's verses on picture by, iv. 274n
Lekain. *See* Cain, Henri-Louis
Lely, Sir Peter (1618–80), painter:
painting by, of Ds of Cleveland, v. 287
Le Maletête, ——:
D's opinion of, ii. 235
Leman, Mrs Margaret (d. 1646):
Ennery has medallion of, v. 325
portraits of, by Van Dyck, at Julienne's and at SH, v. 287
Le Mans:
chickens sent from, v. 436
Orléans, Bishop of, retires to Abbey of St-Vincent in faubourg of, iii. 47
Le Marguetel de Saint-Denis de Saint-Évremond, Charles (1616–1703):
letters of, iv. 122

Le Marquis, Mlle, Duc d'Orléans's mistress:
dismissal of, vi. 127–8
Lemaure, Catherine-Nicole (1704–86), m. Chevalier Jean-Baptiste Molin; singer:
concert by, ii. 422
D enjoys, v. 15
D quotes, v. 109
Lemée, ——:
attends session of parliament of Paris, vi. 171
Le Michaud d'Archon, Jean-Claude-Éléonore (1733–1800), engineer:
social relations of, with Marquis and Marquise de Brancas, v. 322
Lemierre, Antoine-Marin (1723–93), dramatist:
Académie française considers, v. 240
*Guillaume Tell*, i. 208
*Hypermnestre*, i. 254
*Veuve du Malabar, La*, joke on, v. 240
Le Moine. *See also* Lemoyne
Le Moine, François (1688–1737), painter:
La Borde has paintings by, v. 280
Le Moine de Sérigny, Catherine-Élisabeth, m. Marquis de Vaudreuil:
social relations of, with Comte and Comtesse de Maurepas, v. 291
*1* Le Monnier, Louis-Guillaume (1717–99), physician:
Louis XV treated by, iv. 47
*2* Le Monnier, Pierre-Charles (1715–99), astronomer; brother of *1*:
(?) D receives information from, iv. 396
examines spy-glass for D, ii. 27
(?) social relations of, with: D, v. 295, 296, 304, 327, 338, 339, 348; Luxembourg, Mme de, i. 17
Lemonnier, Pierre-René (1731–96):
(?) *Cour d'Amour, La*, v. 282
Lemoyne, Jean-Baptiste (1704–78), sculptor:
social relations of, with Mme Geoffrin, v. 329
Young Pretender's bust by, v. 279
Le Moyne, Simon-Charles (d. 1778):
(?) attends session of parliament of Paris, vi. 172
Le Nain, ——:
(?) painting by, v. 337
Le Nain fils, furniture-dealer:
(?) D talks with, ii. 457
Lenclos, Ninon de (1615–1705), courtesan:
D admires wit of, iv. 122
Ennery says medallion is of, v. 325
Gédoyn's affair with, iv. 128–9
*Mémoires sur la vie de, see under* Bret, Antoine
Schuwalof's *Épître* to, iv. 28, 42
Lenfant, Alexandre-Charles-Anne (1726–93), ex-Jesuit:
D's correspondence with, v. 434, 443
ill, v. 429
social relations of, with D, v. 137–8, 422, 424–6, 430–3, 449
Lenglet du Fresnoy, Nicolas (1674–1755), abbé:
*Tablette chronologique*, (?) D owns, vi. 25

*1* Lennox, Lady Anne (1703–89), dau. of *3*, m. (1723) William Anne Van Keppel, 2d E. of Albemarle:
HW buys box for, v. 408
HW sends box to, v. 380
*2* Lennox, Lady Cecilia Margaret (1750–69), dau. of *4*:
illness and death of, ii. 292, 306
Richmonds await, at Paris, ii. 274, 275
*3* Lennox, Charles (1672–1723), 1st D. of Richmond:
Aubigny duchy of, ii. 417
Créqui, Duchesse de, quarrels with, v. 357
*4* Lennox, Charles (1701–50), 2d D. of Richmond; son of *3*:
Aubigny duchy of, ii. 417
*5* Lennox, Charles (1735–1806), 3d D. of Richmond; English ambassador to France; secretary of state; 'le jeune duc'; son of *4*:
absent from London, iii. 193
Académie française to be visited by, iv. 333
Ailesbury, Cts of, corresponds with, iv. 452
Aubigny, duchy of, claimed by, ii. 287, 296–9, 417–8, 423, 424, 427–8, 435, iv. 327, 333, 347, 349, 352, 368, 450, 454, 455
—— to be visited by, iv. 349, 355
—— visited by, iv. 356, 365
becomes secretary of state, i. 39, 53
Bouzols, Marquise de, discusses, v. 273
Brancas, Hôtel de, Paris residence of, i. 18, 19
Buckner chaplain to, v. 281
Bunbury, Lady Sarah, to live with, ii. 297
Cambis, Vicomtesse de, correspondence of, with, v. 42, 60, 96, 97, 234
—— liked by, iv. 331, 338, 441, 444, 446, 458, 461, v. 16, 222
Canada affair settled by, with HW, v. 287, 290
Caracciolo's scandal about Conway told to HW at request of, iv. 350
Castille entrusted with compliments by, v. 41
Chaillot visited by, iv. 357
Charles I's execution approved by, v. 18, 19
Choiseul, Duc de, explains status of Aubigny claim of, ii. 417–8
Choiseul, Duchesse de, a connection of, ii. 299
—— charges, with messages to HW, i. 149
—— enlisted by D in aid of, ii. 287, 318, 413, 414, 418
Conway to be visited by, v. 71
—— and Lady Ailesbury send messages by, iv. 457
cour des aides to be consulted by, iv. 456
*Courrier de l'Europe* attacks sister of, v. 173
D and Ds of Leinster can talk about, v. 61
D attends Opéra-Comique with, ii. 274–6
D disappointed by failure of, to see HW, iv. 346
D eager to aid, ii. 287, 297, 413, 414
D inquires after, ii. 313, 315, iii. 184, 386, 395, iv. 400, 403, 408, v. 60, 128, 130, 238
D mentions, i. 104, ii. 306

[5 Lennox, Charles, *continued*]

D receives Mrs Damer's portrait from, iv. 354, 359

D receives no regrets from, about delayed Paris visit, v. 34

D receives presents through, iv. 317, 438

D's affairs of concern to, iii. 21

D's aid with Choiseul sought by, ii. 287, 297

D's correspondence with, iii. 144, iv. 62–3, 64, 68, 375, 454, 464, 496, v. 40–1, 108, 450–1(?)

D sends compliments to, iv. 201, 326, v. 112

D sends letter by, iv. 338

D's opinion of, ii. 274, 276–8, 292–3, 294, 297, 304, iv. 319, 326–7, 338, 344, 375, 453, 458, v. 60

D speaks of, to Duchesse de Choiseul, ii. 318

D's relations with, iv. 449–50, 456, v. 39, 166, 191

D to send letter by, ii. 274, 278, iv. 320, 324, 326, 334, 335, 337, 368, 370, 457–9

D to send parcels by, iv. 325, 331, 333, 347–8, 359, 362, 369, 370, 373, 453, 456, 457

D will be glad to see, ii. 343, 411, 413, iv. 309, 411, 433, v. 11, 16

D would like to see, iii. 179

Dieppe to be visited by, iv. 370

Dunkirk and Canada, dispatch on, of, v. 273

Dunmore, Cts of, mentions, iv. 284

Echlin awaits word from, v. 146

—— not aided by, v. 115

employee of, dies, iv. 417

Fontainebleau visited by, ii. 287, v. 286, 287

Fox might be joined by, iii. 193

gazettes give poor picture of, ii. 374

Gerbier consulted by, ii. 287

girl brought up by, dies, iv. 352, 355

HW accompanies, to: opera, v. 328; Palais Marchand, v. 291; Sèvres, v. 271; shops, v. 294, 298; theatre, v. 271, 297

HW aids, with Duc and Duchesse de Choiseul, ii. 414, 417, 418

HW expects, v. 261, 270

HW gives commissions to, iv. 441

HW liked by, ii. 275

HW may not be seen by, iv. 342

HW mentions, ii. 311(?), 408

HW said to be sent to assist, v. 262

HW's correspondence with, iv. 352, 454, v. 161, 378, 380, 381, 393

HW seeks house for, v. 266

HW sends box by courier of, v. 404

HW sends letters by, v. 379, 391

HW sends letters by servant of, v. 377

HW's friendship for, ii. 249, 294, 297, 318, iv. 315

HW shows his 'portrait' of D to, iv. 109–10

HW's opinion of, iv. 444, 446

HW's 'portrait' of, ii. 304

HW's verses on D interest, ii. 275

HW to receive news by, iv. 336, 368–9, 371

HW to send parcels by, iv. 409, 428, v. 26

HW to spend holidays with, ii. 323

HW to visit, ii. 456, 470, 472, 474

HW visits, ii. 112

*Hamlet* declined by, ii. 281

health of, iii. 179, 189, 193, iv. 335, 362, 367, v. 272

Hôtel de la Mothe in Rue de Grenelle rented by, v. 24, 26

Izard, Mr and Mrs, recommended by, iv. 63, 68, 186

Lauzun to be coolly treated by, iii. 309

Lennox, Lady Cecilia, awaited by, ii. 274, 275

letter of, on public affairs, v. 67

London not to be visited by, immediately, iv. 460

North and Necker contrasted by, v. 95

out of office, i. 103n, 108

Paris may be visited by, iv. 204, 213, 214, 286, 309, 312, 315, 337, 362, 411, 417, 418, 421, 433, 434, 436, 437, 464, v. 6, 11, 14, 16, 26

—— visited by, ii. 114, iv. 346, 438, v. 270, 327

parliamentary activities of, ii. 347, v. 35

patriot, v. 56

peace would bring, to Paris, v. 127

Praslin's conversation with, v. 273

returns from France, ii. 313

sad, iv. 352, 353, 356, 362, 365, 367, 438, 441, 444

Sèvres visited by, iv. 441

sister of, divorced, iv. 294

social relations of, with: Aston, v. 301; Beauclerk, v. 273–4; Beaufort, v. 271; Beaune, iv. 330; Bentheim, Gräfin von, v. 273; Bentinck, v. 294; Berkeley, v. 294; Berkeley, Cts of, v. 274, 290; Berkenroode, v. 290; Berwick, D and Ds of, v. 292; Binghams, iv. 330; Boisgelin, Comtesse de, iv. 330; Bouzols, v. 292; Bouzols, Marquise de, v. 273, 292; Brancas, Marquis de, v. 298; Brancas, Marquise de, v. 290; Brissac, v. 294; Bulkeley, v. 292; Cambis, Vicomtesse de, iv. 330; Castries, v. 290; Chabot, Lady Mary, v. 297; Chimay, v. 274; Clermont, Chevalier de, v. 297; Craon, v. 291; Craufurd, v. 292; D, i. 123, ii. 114, 274, 276–8, 282, 283, 287, iv. 317, 319, 329, 333, 357, 362, 439, 441, 444, 455, v. 328; Fitzjames, Chevalier de, v. 292; Fitzjames, Duc and Duchesse de, v. 292, 297; Fitzjames, Marquis de, v. 274; Gordon, Col., v. 290; HW, v. 270–4, 283, 287–8, 290, 293–7, 299–302, 327–8, 332; Hérouville, v. 294; Jennings, v. 301; Jerningham, v. 297; (?) Ker, v. 301; La Trémoïlle, Duc de, v. 290; La Vallière, Duchesse de, iv. 317, 319, 329, 330, 346; Ligonier, v. 274; Luxembourg, Mme de, iv. 330; Massareene, v. 274; Mirepoix, Mme de, iv. 329, 330; Monaco, iv. 330; Montagu, Mrs, iv. 357; Necker, M. and Mme, iv. 329; Nivernais, Duc and Duchesse de, v. 297; Oneal, v. 274; Ossory, v. 273–4; Polignac, Comte de, v. 294; Praslin, v. 298; Princes of the Blood, iv. 456; Rochefort, Comtesse de, v. 270; Saint-Brisson, v. 301; Saint George, Bns, v. 270; Salm, P. and Ps of, v. 274, 290; Sanadon, Mlle, iv. 330; Sarsfield, v. 292; Schuwalof,

v. 294; Solre, v. 290; (?) Usson, Comte and Comtesse d', v. 290, 293; Vernon, v. 294; Viry, Contessa di, iv. 330; Webb, Lady, v. 270
Stafford, Cts of, relations of, with, v. 357
success of, v. 112
to leave Paris, iv. 353
to return by way of Holland, ii. 294
Versailles visited by, iv. 439, 460
war may prevent Paris visit of, v. 26, 27, 32
Watson's engraving of Romney's mezzotint of, v. 127
6 Lennox, Charles (1764–1819), 4th D. of Richmond, 1806; son of 10:
in succession to Aubigny duchy, ii. 418
7 Lennox, Charlotte (1720–84), novelist:
Henriette, (?) D owns, vi. 34
8 Lennox, Emilia Charlotte (d. 1832), dau. of 10, m. (1784) Hon. Sir G. Cranfield Berkeley:
family of, ii. 418
9 Lennox, Lady Emilia Mary (1731–1814), dau. of 4, m. (1) (1747) James Fitzgerald, 20th E. of Kildare, cr. (1761) M. of Kildare and (1766) D. of Leinster; m. (2) (1774) William Ogilvie:
Aubigny to be visited by, iv. 333, 337, 338, v. 56, 129, 160, 171
—— visited by, iv. 342, 421, v. 58, 61, 71
captors not rewarded by, v. 173
child-bearing the pastime of, iv. 337
Courrier de l'Europe attacks, v. 173, 177
D can discuss brother of, with her, v. 61
D has no news of, iv. 436
D inquires after, iv. 408, v. 47, 159
D receives partridges from, iv. 395, v. 108
D says goodbye to, v. 451
D's correspondence with, v. 108, 166, 171, 424, 425
D sends books to England by, v. 451
D sends letter by, v. 133
D sends parcels by, v. 228, 229
D's opinion of, iv. 319, 328, 342, 375, v. 14, 61, 128, 138, 156
D to send parcels by, v. 128, 133, 225, 227
HW ignorant of departure of, v. 161
HW to hear news of D from, v. 128–9
health of, iv. 330, 331, 338
house in Faubourg Saint-Honoré rented by, v. 24, 26
house near Paris sought by, iv. 333 .
Ireland to be visited by, iv. 421
leaves Paris, v. 451
Ogilvie gives D news of, iv. 421
Paris to be visited by, iv. 388, 395, 400, v. 129, 155, 156, 171
Paris visited by, v. 14, 19, 120, 127, 160, 449
pregnant, v. 16, 19, 32
ship of, taken by French in Channel, v. 160
sister to visit, v. 19
social relations of, with: Beaune, iv. 330; Binghams, iv. 330; Boisgelin, Comtesse de, iv. 330; Cambis, Vicomtesse de, iv. 330, v. 160; (?) Caraman, v. 150; Caraman, Comtesse de, v. 34, 150(?); D, iv. 319, 330, v. 32, 128, 223, 225, 449; Mirepoix, Mme de, iv. 329, 330; Monaco,

iv. 330; Sanadon, Mlle, iv. 330; Viry, Contessa di, iv. 330
to leave Paris, v. 128
10 Lennox, Lord George Henry (1737–1805); son of 4:
Aiguillon, Duchesse d', congratulates, on D. of Richmond's appointment, i. 39
ball, masked, attended by, v. 300
Buccleuch lives with, i. 157
D exchanges political news with, i. 38–9, 101
D hears no news of, i. 147
D's opinion of, i. 92, 101
Foire Saint-Germain attended by, v. 309
fond of his country-seat, i. 92
HW accompanies, to: shops, v. 285, 303; theatre, v. 305
HW expects, v. 313
in succession to Aubigny title, ii. 418
marriage of, i. 13n
out of town, i. 56–7
Richmond's loss of office displeases, i. 108
Saint-Cloud visited by, v. 314
social relations of, with: Brancas, Marquis de, v. 298; Buccleuch, v. 310; Chabot, Lady Mary, v. 303; D, i. 38, 57, 92, 99, 123, ii. 114; Fitzwilliam, v. 310; HW, v. 288, 303–7, 309–10, 313–4; Mariette, v. 303; Praslin, v. 298; Richmond, Ds of, v. 287
talks with D about HW, i. 80, 92
11 Lennox, Lady George Henry, wife of 10. See Ker, Louisa
12 Lennox, Georgiana (d. 1841), dau. of 10, m. (1789) Henry Bathurst, 3d E. Bathurst:
family of, ii. 418
13 Lennox, Lady Georgiana Caroline (1723–74), dau. of 4, m. (1744) Henry Fox, 1st Bn Holland:
Craufurd visits, ii. 314
D does not suit, ii. 306
D's opinion of, ii. 306, 326, iv. 8, 72–3, 79–80
death of, iv. 72–3, 79–80
delirium of, iv. 79
Forcalquier, Comtesse de, acquainted with, ii. 292
leaves Paris, i. 375
Nice to be visited by, ii. 327
Selwyn attentive to, i. 375
social relations of, with: D, ii. 283, 287, 291, 301, 310, 314, 319; Monconseil, Marquise de, ii. 314; Rochford, i. 369
14 Lennox, Lady Louisa Augusta (1743–1821), dau. of 4, m. (1758) Right Hon. Thomas Conolly:
D to send parcels by, v. 38
Dieppe visited by, v. 39
HW sends parcels by, iv. 28
leaves Paris, v. 39
Leinster, Ds of, to be visited by, v. 19
social relations of, with: Caraman, Comtesse de, v. 34; D, v. 32
to leave Paris, v. 32, 38
15 Lennox, Maria Louisa (d. 1843), dau. of 10:
family of, ii. 418

*16* Lennox, Lady Sarah (1745–1826), dau. of *4*,
m. (1) (1762) Sir Thomas Charles Bunbury,
6th Bt (divorced, 1776); m. (2) (1781) Hon.
George Napier; 'Héro':
beauty of, i. 406
Boufflers, Comtesse de, annexes, i. 205, 224,
311
Bunbury deserted by, ii. **207**, 209, 212
—— divorces, ii. 221, iv. 294
—— liked by, i. 224
—— madly in love with, i. 224
Carlisle attends, i. 208, 230, 231, 239
—— forgets, ii. 190, 199, 205
—— loved by, i. 224, 230, 231
Chartres devoted to, i. 205, 231, 251n
Clairon, Mlle, to be seen by, i. 224, 231
colic of, i. 224
Conti favours, i. 224
coquette, i. 228, 231, ii. 209
D mentions, i. 252
D offers to send to HW by, i. 212
D's opinion of, i. 210, 231, 254, ii. 209
D sends book and parcel by, i. 200, 223–4,
224, 231, 234
departure of, postponed, i. 223–4, 224, 230–1
expected in Paris, i. 311, 314
'Héro,' i. 248
Lauzun accompanies, i. 230, 231, 234
—— awaits, at Calais, i. 311, 314, 316
—— pursues, i. 231, 234, 237, 239, 242, 251n,
254, iii. 309
popularity of, i. 204–5, 210, 231
pregnant, ii. 113
returns to England, i. 234
Selwyn accompanies, i. 201, 208
social relations of, with: D, i. **199**, 205, 210,
212, 224; Villeroy, Duchesse de, i. 224, 231
Spa to be visited by, i. 314
Lenoir, ——:
attends session of parliament of Paris, vi. 171
Lenoir, Jean-Charles-Pierre (1732–1807):
lieutenant of police, iv. 184
Lénoncourt, Marquise de. See Cléron, Marie-
Jeanne-Thérèse de
Le Normand, Mme Paul. See Cordonnier, Mi-
chelle
Lens-Lestang, Marquis de. See Broglie, Aglaé-
Charlotte de
Leopold Friedrich Franz (1740–1817), P. of An-
halt-Dessau; 'l'étranger':
(?) England visited by, i. **125**
Marie-Josèphe's funeral oration attended by,
v. 318
social relations of, with Hénault, v. 322
Le Page, Anne-Marie (1710–1802), m. (1727)
Pierre-Joseph Fiquet du Boccage:
Chesterfield recommends, iv. **37**
(?) HW mentions, i. 341
social relations of, with: Élie de Beaumont, v.
304; Gaillard, v. 310; HW, v. 296, 302, 307,
310
Le Paon, J.-B. (called Louis) (1738–85), painter:
HW buys drawing by, v. 403

L'Épée, Charles-Michel de (1712–89), abbé:
Joseph, the deaf-mute, championed by, v. 134
Le Peletier. See also Le Pelletier
Le Peletier de Morfontaine, Louis (1730–1814),
intendant of Soissons:
Choiseul impersonates, i. 211, 218, 223, 233
desires catalogue of natural-history books, ii.
31
Selwyn can tell HW about, i. 219
social relations of, with: D, i. 205; Lambert,
Mme de, v. 302
Lepell, Mary (1706–68), m. (1720) John Hervey,
styled Bn Hervey:
Aiguillon, Duchesse d', correspondence of,
with, i. 149, 164, 191, 211, 235, 402, ii. 75
—— friend of, i. 70, 71, 143–4, 148, 187, ii.
142
—— sends pamphlets to, i. 93, 222
Collé's *Partie de chasse de Henri IV* pos-
sessed by, i. 289
D annoys HW by mentioning, ii. 360
D sends pamphlets to, i. 93
D's opinion of, i. 209, 239
D suspects, of misrepresenting D, i. 402
D transmits letter for, i. 211, 212
death of, ii. 140, 142, 145
Egmont, Comtesse d', sends seeds to, v. 379
Geoffrin, Mme, admired by, i. 239, 335
granddaughter of, v. 14–5
Guerchy, Comtesse de, writes to, ii. 75
HW's correspondence with, v. 376–80, 385
HW sends books to, v. 380
HW sends seeds to, v. 379
HW's friendship with, i. **12**, 28, 40, 239, ii.
140, 142, 145
unable to aid Fronsac, i. 277
writes of HW's going to Paris, i. 247
Le Pelletier. See also Le Peletier
Le Pelletier, Michel-Étienne (1736–78), Comte
de Saint-Fargeau; président à mortier de la
cour du parlement de Paris:
Aiguillon said to have support of, ii. 197
attends session of parliament of Paris, vi. 171,
173
*1* Le Pelletier de Rosambo, Louis (1747–94):
at Malesherbes, with family, iii. **58**
*2* Le Pelletier de Rosambo, Mme Louis, wife of
*1*. See Lamoignon, Antoinette-Thérèse de
Le Prestre de Château-Giron, Auguste-Félicité
(1728–82), councillor of Breton parliament;
superintendent of finances to Dauphiness'
household 1770–3:
(?) attends session of parliament of Paris, vi.
171
heir to Hénault's charge, ii. 442
offices of, ii. 442
Le Prince, Jean-Baptiste (1733–81), painter:
social relations of, with Mme Geoffrin, v. 345
Le Puy, Bishop of. See Le Franc de Pompignan,
Jean-Georges
Le Quien de la Neuville, Charles-Auguste (d.
1805), Bishop of Dax:
D's correspondence with, v. 440

Le Rat de Chavannes, Denis (d. 1780):
(?) attends session of parliament of Paris, vi. 171
Le Rebours, Jean-Baptiste:
(?) attends session of parliament of Paris, vi. 173
Le Riche, ——:
attends session of parliament of Paris, vi. 173
Lerouge, Jean-Nicolas (d. 1776), engraver:
HW visits, v. 349
Le Roux. See Roux
Le Roy, Charles (1726–79):
(?) attends session of parliament of Paris, vi. 173
Le Roy, Charles-George (1723–89):
Lettres sur l'instinct des animaux, ii. 200
Le Roy, Cl.:
Traité de l'orthographe françoise, D owns, vi. 25, 32
*1* Leroy, Jean-Baptiste (1719–1800), son of *2:*
away from Paris, iv. 228
D consults, on disposal of extra suits, iv. 257, 258
D's correspondence with, v. 66
death of, reported, v. 438
Franklin and Deane presented to D by, iv. 386
Grenvilles to be near, iv. 228
HW seeks genealogical information from, iv. 247, 276, 281, 284, 286
HW sends Mysterious Mother to, iv. 247, 260
HW sent messages by, iv. 240
HW's future cicerone, iv. 211
HW to give Fugitive Pieces to, v. 417
Nicolet attended by, v. 66
Panchaud knows, iv. 255
social relations of, with: D, iv. 268, 280, 386, v. 66, 343–4, 346–7, 432; Necker, v. 346; Necker, Mme, iv. 442, v. 346
*2* Leroy, Julien (1686–1759), clockmaker:
son of, iv. 211
Le Roy de la Corbinaye, Rose-Pétronille (1730–99), Dame Bellecourt; actress:
Tartuffe acted by, v. 265
Le Sage, Alain-René (1668–1747), novelist:
Gil Blas: D alludes to, iii. 400, 409, iv. 400; D enjoys, iii. 47; D owns, vi. 32; HW praises, iii. 390, 393
L'Escalopier, ——:
attends session of parliament of Paris, vi. 173
Le Seigneur, Claude, 'commissaire enquêteur examinateur du Châtelet':
D's effects inventoried by, vi. 11, 47
L'Espar or Lesparre, Mme de. See Noailles, Philippine-Louise-Catherine de
Lespinasse, Julie-Jeanne-Éléonore de (1732–76):
Alembert's affair with, iii. 209, iv. 110
Aligre, Mme d', befriends, i. 395
Bordeu physician of, iv. 296
Boufflers, Comtesse de, friend of, iv. 379
Caracciolo venerates, iv. 288
Carmontelle's portrait of Duchesse de Choiseul said to resemble, i. 392n
Châtillon, Duchesse de, friend of, iv. 102, 436

D mentions, ii. 222, iv. 100
D's 'portrait' by, vi. 66–70
death of, iv. 295, 296, 316, 317, 318, 355, 363
Encyclopedists taken from D's circle by, iv. 77
Frederick II sends d'Alembert condolences on death of, iv. 363
Guibert friend of, iv. 472
HW jokes about, ii. 215
HW meets, v. 321
ill, iii. 404
mourners of, iv. 317–8, 327
social relations of, with: Geoffrin, Mme, v. 321; Hénault, i. 394
Taaffe not to see, iii. 231
Turgot taken from D's circle by, iv. 77, 95, 96, 155
Ussé's bequest to, iii. 276
——'s friendship with, iii. 276
verses pretended to be by, i. **289–90**
will of, iv. 327–8
Lesrocs, (?) theatre:
visitors to: D, v. 321; Forcalquier, Comtesse de, v. 321; HW, v. 321; Narbonne, Vicomtesse de, v. 321
Lesseville. See Le Clerc de Lesseville
L'Estoile, Pierre de (1546–1611):
Journal . . . de Henry III, (?) D owns, vi. 34
Le Sueur, ——, Choiseul's servant:
escapes injury, iii. 122
Le Sueur, Eustache (1616–55), painter:
Hôtel de Lambert has painting by, v. 337
*1* Leszczyńska, Marie, dau. of *2*. See Marie-Catherine-Sophie-Félicité
*2* Leszczyński, Stanislas. See Stanislas I
*1* Le Tellier, François-Louis (1704–67), Marquis de Souvré; grandson of *2:*
master of the wardrobe, ii. **339**
*2* Le Tellier, François-Michel (1639–91), Marquis de Louvois:
correspondence of, with generals, v. 238
HW mentions, iii. 396
Necker does not mention, iii. 400
tomb of, v. 281
*3* Le Tellier de Louvois, Louis-Charles-César (1695–1771), Maréchal d'Estrées; cousin of *1:*
social relations of, with: La Vallière, Duchesse de, v. 312; Praslin, Duchesse de, v. 263
*4* Le Tellier de Louvois de Rebenac, Charlotte-Félicité (1707–82), sister of *1*, m. (1722) Louis-Philogène Brulart, Marquis de Sillery, Vicomte de Puisieulx:
social relations of, with Comtesse de la Marche, v. 301
Le Texier, A.-A. (d. ca 1814), actor:
Boutin robbed by, iv. 378
—— surety for, iv. 378
D hears performance of, iv. 32, 41
D mentions, iv. 35
D's opinion of, iv. 241, 254, 383
D to hear, again, iv. 35
Guines blamed for receiving, iv. 254
HW mentions, v. 142
HW pleased by, iv. 241, 254

[Le Texier, A.-A., *continued*]
*Lettre d'un théologien* read by, at Mme Necker's, iv. 82
*Mysterious Mother* may be given by, iv. 365
theft by, iv. 378
verses by, for HW, iv. 334

Leti, Gregorio (1630–1701):
*Vie de Philippe II, La,* D owns, vi. 34

*1* Le Tonnelier, Élisabeth-Théodose (1710–81), Abbé de Breteuil:
social relations of, with Princesse de Beauvau, ii. 196

*2* Le Tonnelier, François-Victor (1715–71), Marquis de Breteuil:
(?) social relations of, with: Lambert, Mme de, v. 302; Maurepas, v. 303

*3* Le Tonnelier, Louis-Charles-Auguste (1733–1807), Baron de Breteuil; French ambassador to Austria; French ambassador to Naples; nephew of *1*, 2d cousin of *2*:
appointed ambassador to Austria, iv. 87, 89
appointed ambassador to Naples, iii. 134, 143
D disagrees with HW's opinion of, ii. 71
D may send bed by, iii. 113
D's opinion of, ii. 71
D's relations with, ii. 71, 89
daughter of, marries, iii. 209–10, 225
departure of, for Naples, postponed, iii. 209–10
may be ambassador to England, ii. 380, iii. 83, 93, 108, 111
may be minister of war, iv. 222
recall of, from Vienna at mercy of Comtesse du Barry, iii. 48, 50, 51
Saint-Germain second choice of, iv. 223
social relations of, with: Bentheim, Gräfin von, v. 265; D, v. 336; Maximilian, iv. 156–7; Sorba, iii. 83

*4* Le Tonnelier de Breteuil, Angélique-Élisabeth (d. 1833), dau. of *3*, m. (1772) Louis-Charles de Goyon-de-Matignon, Comte de Matignon:
marriage of, iii. **209–10**, 225
Naples to be visited by, iii. 210

*5* Le Tonnelier de Breteuil, Gabrielle-Émilie (1706–49), sister of *1*, m. (1725) Florent-Claude, Marquis du Châtelet:
D's 'portrait' of: vi. 56, 116; HW praises, vi. 56
(?) Guébriant's affair with, v. 267
*Institutions de physique,* D owns, vi. 33
suicide attempted by, v. 267
Voltaire mentions, iv. 357
——'s relations with, v. 293, vi. 56, 116

*6* Le Tonnelier de Breteuil, Louise-Gabrielle-Rosalie (1725–92), sister of *2*, m. (1) (1743) Claude-Armand de Pons, Comte de Roquefort, Vicomte de Pons; m. (2) Louis-Armand-Constantin, Prince de Montbazon:
health of, ii. 259
invited to Choisy, ii. 258–9

Le Tourneur, Pierre-Prime-Félicien (1737–88):
(?) Barthélemy seeks HW's defense of Shakespeare for, iv. 268

*Shakespeare traduit de l'anglois:* D inquires about, iv. 348; first two volumes of, appear, iv. 287, 298, 306; introduction to, dull, iv. 289; second two volumes of, announced, iv. 298; second two volumes of, appear, v. 69; seventh and eighth volumes of, appear, v. 448; translations in, disputed, iv. 309, 311

L'Etre *or* Letre, M. de. *See* Delaître, Charles-François

Letters:
enclosed in others, ii. 73
envelope for, i. 34, 72
sealed, i. 34
*See also* Courier; Post

*Letters on the Study and Use of History. See under* St John, Henry (1678–1751)

*Letter to Sir William Windham written in the Year 1717, A. See under* St John, Henry (1678–1751)

*Lettre au Docteur Maty . . . sur les géants patagons. See under* Coyer, Gabriel-François

*Lettre au sujet de l'homme au masque de fer. See under* Poullain de Saint-Foix, Germain-François

*Lettre de M. d'Alembert à M. le Marquis de Condorcet sur Mme Geoffrin. See under* Alembert, Jean le Rond d'

*Lettre de M. de Voltaire à l'Académie française. See under* Voltaire

*Lettre de M. Turgot à M. Necker:*
D reads, v. 450
Necker libelled by, v. 225, 227

*Lettre d'Héloïse. See* Pope, Alexander, *Eloisa to Abelard*

*Lettre d'un théologien à l'auteur des Trois siècles. See under* Caritat, Jean-Antoine-Nicolas de

'Lettre en monosyllabes.' *See under* Boufflers, Stanislas-Jean de

*Lettres athéniennes. See under* Crébillon, Claude-Prosper Jolyot de

*Lettres chinoises, indiennes et tartares à M. Paw par un Bénédictin. See under* Voltaire

*Lettres d'Adélaïde de Dammartin, Comtesse de Sancerre. See under* Laboras de Mézières, Marie-Jeanne

*Lettres d'amour d'une religieuse portugaise, écrites au Chevalier de C . . . officier français en Portugal. See under* Alcoforado, Marianna

*Lettres de la Comtesse de Sancerre. See* Laboras de Mézières, Marie-Jeanne, *Lettres d'Adélaïde de Dammartin*

*Lettres de la Duchesse de —— au Duc de ——. See under* Crébillon, Claude-Prosper Jolyot de

*Lettres de la Marquise de M. . . . See under* Crébillon, Claude-Prosper Jolyot de

*Lettres de la Vallière. See under* La Baume le Blanc, Françoise-Louise de

*Lettres de Mme la Marquise de Pompadour. See under* Barbé-Marbois, François de

*Lettres de Milord Rivers. See* Laboras de Mé-

zières, Marie-Jeanne, *Lettres de My-Lord Rivers*

*Lettres de M. le chevalier de Boufflers pendant son voyage en Suisse à madame sa mère. See under* Boufflers, Stanislas-Jean de

*Lettres de My-Lord Rivers à Sir Charles Cardigan. See under* Laboras de Mézières, Marie-Jeanne

*Lettres de Voltaire à messieurs la noblesse de Gévaudan. See under* Voltaire

*Lettres d'Osman. See under* Saint-Foix, Philippe-Auguste de

*Lettres d'un Français. See under* Le Blanc, Jean-Bernard; Marescot, Michel; Pithou, François

*Lettres d'un homme à un autre homme. See under* Target, Gui-Jean-Baptiste

*Lettres familières. . . . See under* Secondat, Charles de

*Lettres nouvelles ou nouvellement recouvrées. See under* Rabutin-Chantal, Marie de

*Lettres originales de Mme du Barry . . . :* D's opinion of, v. 183, 190

*Lettres portugaises. See* Alcoforado, Marianna, *Lettres d'amour . . .*

*Lettres posthumes. See* Hume, David, Rousseau's quarrel with, *Réflexions posthumes* on

*Lettre sur les panégyriques, par Irénée Alethès. See under* Voltaire

*Lettre sur le testament de Richelieu. See under* Lauréault de Foncemagne, Étienne

*Lettres sur l'instinct des animaux. See under* Le Roy, Charles-Georges

Le Val, country-seat of Comtesse de la Marck and later of Prince de Beauvau:
La Marck, Comtesse de, exchanges, with Prince and Princesse de Beauvau, iv. 397, v. 176
visitors to: Bauffremont, v. 457; Beauvau, v. 176, 186, 235, 239, 429, 431, 446, 458, 460; Beauvau, Princesse de, v. 176, 186, 239, 429, 446; Boufflers, Marquise de, v. 241, 457; Cambis, Vicomtesse de, v. 424, 461; Gramont, Duchesse de, v. 454, 458; Luxembourg, Mme de, iv. 232; Mirepoix, Mme de, v. 454, 457, 458; Toulouse, Archbishop of, v. 458

Le Vassor, Michel (1646–1718), historian:
*Histoire de Louis XIII:* D discusses, ii. 471, 482, 488–9; D owns, vi. 34; D reads, ii. 447, 482, 488, 492, iii. 12, v. 223

Le Vayer de Boutigny, Roland (d. 1685):
*Tarsis et Zélie,* iv. 452

*1* Le Veneur, Vicomtesse, wife of *2. See* Verdelin, Henriette-Charlotte de

*2* Le Veneur, Alexis-Paul-Michel (1746–1833), Vicomte le Veneur; Comte de Tillières, 1811; nephew of *4:*
marriage of, v. 50

*3* Le Veneur, François-Jacques-Tannegui (1739–1811), Marquis de Tillières; brother of *2:*
(?) social relations of, with Marquise de Jonzac, iii. 61

*4* Le Veneur de Tillières, Anne-Gabrielle (1699–1781), m. (1) (1723) Roger-Constant de Madaillan, Comte de Manicamp; m. (2) (1725) Alexis-Madeleine-Rosalie, Duc de Châtillon:
social relations of, with Hénault, v. 325

*5* Le Veneur de Tillières, Madeleine-Jacqueline de (1764–1825), dau. of *3,* m. (1780) Marie-François d'Harcourt de Beuvron, Comte (later Duc) d'Harcourt:
marriage of, arranged, v. 453

*6* Le Veneur de Tillières, Michelle-Pétronille (b. 1741), sister of *2,* m. (1758) Jean-Pierre de Damas, Marquis de Thianges; 'Mme d'Anlezy':
social relations of, with: D, iii. 422, v. 293, 343; Hénault, v. 290, 300, 308; Jonzac, Marquise de, iii. **197**

Levenhop. *See* Lewenhaupt

Lévêque, ——, saddler:
D's receipt from, vi. 42

Lévêque Lefebvre, ——, cloth merchant:
D's receipt from, vi. 41

Le Ver, Jean-François-Hubert (b. 1704):
social relations of, with: Luxembourg, Mme de, v. 306; Mirepoix, Mme de, v. 312

*1* Leveson-Gower, Gertrude (1719–94), m. (1737) John Russell, 4th D. of Bedford:
La Vallière, Duchesse de, likes, v. 272
unpopular in England, v. 272

*2* Leveson-Gower, Granville (1721–1803), 2d E. Gower; cr. (1786) M. of Stafford; brother of *1:*
Grafton's meeting attended by, v. 367
North may be succeeded by, v. 49

*1* Lévesque de Burigny, Jean (1692–1785):
(?) HW asked for more information by, iv. 284
Leroy to hear from, about HW's genealogical quest, iv. **281**
social relations of, with Mme Geoffrin, v. 273, 277, 282, 294, 302, 306, 311, 327

*2* Lévesque de Pouilly, ——, of Reims; brother of *1:*
brother of, v. **282**

Le Vicomte du Rumain de Coëtanfao, Constance-Gabrielle-Bonne (ca 1747–83), m. (1767) Louis-Marie-Alexandre, Comte de Polignac:
Chartres, Duchesse de, accompanied by, iv. 293

*1* Lévis, Marquise de, wife of *2. See* Michel de Tharon, Gabrielle-Augustine

*2* Lévis, François-Gaston (1720–87), Marquis (later Duc) de:
made Provence's captain of the guard, ii. 442
promotion of, in Ordre du Saint-Esprit expected, iii. 179
(?) social relations of, with Duchesse de Choiseul, v. 299

*3* Lévis, Gabrielle-Augustine-Françoise de (b. 1762), dau. of *2,* m. (1780) Cristoforo Vincenzo, Marchese di Spinola:
(?) marriage of, arranged, v. 453

*4* Lévis, Pierre-Marie-Gaston (1755–1830), Duc de, son of *2:*
D's 'portrait,' by, vi. 65–6
social relations of, with D, vi. 65

*1* Lévis-Châteaumorand,    Marie-Éléonore-Eugénie de, m. (1759) Charles-François-Casimir
de Saulx, Comte de Tavannes, Duc (1786) de
Saulx-Tavannes:
    HW to send tea to, v. 417
    Nicolet attended by, v. 66
    social relations of, with: D, v. 66, 459; Mire-
    poix, Mme de, v. 66, 351
*2* Lévis-Châteaumorand, Marie-Odette de (ca
1741–66), sister of *1*, m. (1760) Achille-Joseph
Robert, Marquis de Lignerac:
    death of, i. **201**
    social relations of, with Maurepas, v. 298
Le Voyer, Louise-Françoise, m. (1747) Louis-
Hilaire du Bouchet, Comte de Sourches:
    marital relations of, iv. 413
    son of, marries, iv. 413
Lewenhaupt, August Fredric (d. 1809):
    (?) social relations of, with D, v. 433
Leweston *or* Le Weston. *See* Livingston
Lhomley, Lord. *See* Lumley-Saunderson, George
L'Hôpital, Marquise de. *See* Boullongne,
Louise-Élisabeth de
L'Hôpital-Saint-Mesme, Comtesse de. *See* Ey-
nard de Ravanne, Benoîte-Marie-Louise
L'Hospital, Michel de (1507–73), Chancellor:
    Doumenil has drawing of, v. 313
    *Éloges* of, *see under* Guibert, Jacques-Antoine-
    Hippolyte de; Remi, Joseph-Honoré
*1* Liancourt, Duc de. *See* La Rochefoucauld-
Liancourt, François-Alexandre-Frédéric, Duc
de
*2* Liancourt, Duchesse de, wife of *1*. *See* Lan-
nion, Félicité-Sophie de
Liancourt:
    Estissac estate at, iii. 95
    Maurepas, Comte and Comtesse de, at, iii. 95
Liberty:
    D on, iii. 60, 193
Library:
    D's, ii. 426, vi. 25–6, 31–5
    HW's, iv. 17n
License and genius:
    D on, ii. 135
Lichfield, E. of. *See* Lee, George Henry
*Licorne* (ship):
    English seize, vi. 209
Liddell, Anne (1738–1804), m. (1) (1756) Augus-
tus Henry Fitzroy, 3d D. of Grafton (divorced,
1769); m. (2) (1769) John Fitzpatrick, 2d E.
of Upper Ossory:
    Craufurd's friendship with, iii. 139
    —— visits, iv. 132
    D inquires about, v. 51, 130, 173
    D pities, ii. 127
    D would like, to come to Paris, ii. **205**
    HW buys cup and saucer for, v. 414
    HW may visit, v. 230
    HW mentions, iii. 439
    HW not to visit, v. 7
    HW pays bill for, v. 410
    HW's correspondence with, v. 376, 377, 379,
    393, 395, 396

    HW sends gifts to, v. 378
    HW's friendship with, iii. 139
    HW to send bobbins to, v. 416
    HW to visit, iv. 464, v. 1, 4, 5, 42
    Marie-Antoinette said to resemble, ii. **122**
Liégard du Jonquay, François:
    Morangiès sentenced to pay money to, iii. 365,
    401
Liége, Almanach de. *See Almanach de Liége*
Lieutaud, Joseph (1703–80), physician:
    Louis XVI's chief physician, iv. 52
Life:
    D detests, i. 246, 296, ii. 219
    D's speculations on, i. 156–7
    D's views on, ii. 139, 174–5, 219–20, 323, 495,
    iii. 9–10, 49, 133, 149, 202, iv. 179, 254, 262,
    272, 286–7, 436–7
    future, i. 296, 300, ii. 219, 227, 380, iii. 56
    HW's views on, ii. 227n
    to be divided between sleeping and eating, ii.
    496
*Life of Lord Herbert of Cherbury. See under*
Herbert, Edward
Lifford, E. of. *See* La Rochefoucauld, Frédéric-
Guillaume de Roye de
*1* Ligne, Princesse de, wife of *2*. *See* Béthizy de
Mézières, Henriette-Eugénie de
*2* Ligne, Charles-Joseph (1735–1814), Prince de:
    D's opinion of, i. 333–4, ii. 434
    (?) HW mentions, i. 341
    *Réponse de M. le Prince de Ligne à une lettre
    de Voltaire*, iv. 426
    Rousseau offered asylum by, ii. 434
    social relations of, with D, iii. 186
*1* Lignerac, Marquis de. *See* Robert, Achille-
Joseph
*2* Lignerac, Marquise de, wife of *1*. *See* Lévis-
Châteaumorand, Marie-Odette de
Ligniville, Anne-Catherine de (1719–1800), m.
(1751) Claude-Adrien Helvétius:
    HW attends theatre with, v. 303
    social relations of, with Holbach, v. 296, 299,
    304
Ligniville, Anne-Marguerite de (1687–1772), m.
(1704) Marc de Beauvau, Prince de Craon:
    death of, iii. 264
Ligny, Claude-Adrien, Comte de:
    daughters of, caught in fire, ii. 54
Ligny,    Sophie-Joséphine-Antoinette    de    (d.
1785),    m.    (1775)    Louis-Étienne-François,
Comte de Damas de Crux:
    (?) escapes from fire, ii. 54
*1* Ligonier, Vcts, wife of *2*. *See* Pitt, Hon. Penelope
*2* Ligonier, Edward (1740–82), 2d Vct Ligonier,
1770; cr. (1776) E. Ligonier; colonel:
    HW sends letters by, v. 377
    Paris visited by, v. 270
    social relations of, with: Beaufort, v. 271;
    Richmonds, v. 274
Lilies:
    red, iv. 239; red and white, iv. 239
    *See also* Lily bulbs

Lilium:
D mentions, ii. 167
Lille, Chevalier de. *See* L'Isle, Jean-Baptiste-Nicolas de
Lille:
Baretti in, ii. 232
*1* Lillebonne, Comte de. *See* Harcourt, François-Henri d'
*2* Lillebonne, Comtesse de, wife of *1*. *See* Aubusson de la Feuillade, Françoise-Catherine-Scholastique d'
Lillers:
HW has accident near, v. 315
Lillo, George (1693–1739), dramatist:
*George Barnwell*, v. 272
Lily bulbs:
HW secures, iv. 231, 232, 234, 238–40, 244, 247, 250, 253, 305(?), 347, 359, 363–4, 369, 373
*See also* Lilies
Lily-of-the-valley:
D gives Mme de Luxembourg bouquet of, iii. 225, 232
Limehouse:
fire at, iv. 177
Limoges, Bishop of. *See* Coëtlosquet, Jean-Gilles de
Limoges:
Macartney at, v. 177
Limours, Comtesse de Brionne's seat:
Choiseul to visit, iv. 439, 473
Limoux:
Beauteville stays at, v. 430
*1* Lincoln, Cts of, dau.-in-law of *2*, mother of *3*. *See* Seymour-Conway, Lady Frances
*2, 3* Lincoln, E. of. *See* Pelham-Clinton, Henry (1720–94); Pelham-Clinton, Henry (1777–9)
'Lindor.' *See* Selwyn, George Augustus
Lindor:
Duchesse de Choiseul's dog, iii. 245
Lindsay, Hon. Mrs. *See* Bingham, Hon. Margaret
Lindsay, Margaret (d. 1782), m. Allan Ramsay:
social relations of, with: D, v. 344; HW, v. 268; Hume, v. 266
Linen:
D's, inventoried, vi. 23–4
kitchen, D buys, v. 432
Linguet, Simon-Nicolas-Henri (1736–94), lawyer; publicist:
D's opinion of, iv. 416
England visited by, iv. 416
epigram about Aiguillon and, vi. 180
*Histoire des révolutions de l'empire romain . . ., L'*, HW thinks La Harpe's comments on, unjust, ii. 487
jokingly proposed as minister, v. 129
*Journal politique et littéraire* of, iv. 416n
La Bletterie said to have attacked, vi. 150, 152
letter of, iv. 429
*Mémoire pour le Duc d'Aiguillon*, ii. 425, 427, 428
rumoured to be peace commissioner, v. 125
sentenced, iv. 171

*Théâtre espagnol:* D owns, vi. 32; D sends, to HW, ii. 366, 369–70, 371, 390, 396
*Théorie des lois civiles*, D owns, vi. 34
Tiberius subject of work by, vi. 180
Vergennes's letter from, iv. 416
Liotard, Jean-Étienne (1702–89), painter:
HW mentions, iii. 439
Liqueurs:
D serves, iii. 146
*See also* Glasses, liqueur
*1* Liré, Marquis de. *See* La Bourdonnaye, Charles-Bertrand de
*2* Liré, Marquise de, wife of *1*. *See* Lubomirska, Frédérique-Constance
Lisbon:
Walpole, Hon. Robert, at, iii. 212
Lisieux, Bishop of. *See* Caritat de Condorcet, Jacques-Marie de
Lisieux, Hôtel de:
HW's purchases at, v. 410
L'Isle, Chevalier Jean-Baptiste-Nicolas de (d. 1784), poet:
*Avis aux princes:* attributed to Voltaire, iii. 428; D sends, to HW, iii. 428–9
Bourbonne visited by, ii. 468–9
Chanteloup visited by, iii. 253
(?) Clérembault, Mlles de, talk with, vi. 177
D corresponds with, ii. 468–9, iii. 426n, vi. 177–8
D sends books through, ii. 369–70, 390
D sends letter of, to HW, ii. 468–70, 483
D's opinion of, ii. 246
D to send parcel by, ii. 24
D unacquainted with, ii. 235
Du Châtelet, Comte, admired by, ii. 246
Du Châtelet, Comte and Comtesse, friends of, ii. 322
Du Châtelet, Comtesse, sends messages to D by, iii. 13
—— visited by, ii. 468–9
HW and Holdernesse equally admired by, ii. 472
HW liked by, ii. 246, vi. 178
HW praises, ii. 255
HW's correspondence with, ii. 255
HW's habits reported by, iii. 253
Hénault's health reported on by, ii. 188
Holdernesse and HW equally admired by, ii. 472
Holdernesse liked by, ii. 246, vi. 178
Jonzac, Marquise de, to send parcel by, ii. 24
reputation of, ii. 235
Rulhière's *Discours sur les Disputes* given to D by, ii. 319, 322
—— recited by, ii. 313
social relations of, with: Cholmondeley, Mrs, ii. 317; D, ii. 246, 257, 262, iii. 13; Hénault, v. 325, 327
SH visited by, ii. 246
verses by: on Princesse de Poix, iii. 186; to accompany forks, ii. 262–3; to Duchesse de Gramont, iv. 411
Villeroy, Duchesse de, hears of HW's cattle from, ii. 267

*1* Listenois, Chevalier de. *See* Bauffremont, Charles-Roger de

*2* Listenois, Princesse de, niece and wife of *3*. *See* Bauffremont, Louise-Françoise-Bénigne-Octavie-Marie-Jacqueline-Laurence de

*3* Listenois, Prince de, brother of *1*. *See* Bauffremont, Joseph de

Liston, Sir Robert (1742–1836), K.B., 1816; diplomatist:
    D sends letters and book by, ii. **481–2**, 483–5
    Elliots' tutor, v. 289
    leaves Paris, ii. 484
    social relations of, with: D, v. 304; HW, v. 289

Lit de justice:
    concerning d'Aiguillon, ii. 427–30
    concerning finances, ii. 183, 183–4
    concerning Séguier, ii. 491n, 493
    edicts of, registered, ii. 190, iii. 61, 66n
    expected (1776), iv. 274, 277, 283
    of 13 April 1771: iii. 60, 61, 63, 65–6, 67; Princes fail to attend, iii. 61, 70n
    of 12 March 1776, iv. 284, 291, 296, 314

Litt, Mr, Devonshire's tutor:
    D aided by, ii. 329

Live, La. *See* La Live

Liver:
    Beauvau suffers from swollen, v. 3

Liverpool, E. of. *See* Jenkinson, Charles

Living, cost of:
    D's, ii. 386–7

Livingston, ——, French officer:
    D receives Stoughton's drops from, v. 172, 427
    D's opinion of, v. 172
    HW sends pencils by, v. 154
    Morton's tutor, v. 169, 171
    social relations of, with: D, v. 169, 172, 428–30(?), 432(?), 433(?); Luxembourg, Mme de, v. 172

Livingstone. *See* Livingston

Livoy, Timothée de (1715–77), priest:
    *Voyage d'Espagne*, HW desires, iv. 17

Livry, Abbé de. *See* Malherbe, Jean-Baptiste-Antoine de

Livry:
    HW's pilgrimage to, i. 7n, 51n, iv. 145, v. 311
    'sainte de, la,' *see* Rabutin-Chantal, Marie de

Livy (Titus Livius) (59 B.C.–A.D. 17), historian:
    HW comments on, ii. 490

Lixin, Princesse de. *See* Beauvau-Craon, Anne-Marguerite-Gabrielle de

Lloyd, Rachel (ca 1720–1803), housekeeper of Kensington Palace:
    bowl for, i. 374
    D asks to be remembered to, i. 188n
    D discreet in conversation with, ii. 82
    D liked by, ii. 16, 26, 37, 59, 173
    D misses slightly, ii. 93
    D's correspondence with, ii. 116, 173, 176
    D sends messages to, ii. 207
    D sends muff to, ii. 330, 333, 365
    D's opinion of, ii. 69, 78, 82, 86, 93, 116, 238, 440
    D to send books and letter by, ii. 159, 163, 164
    Goldsmith satirizes, iii. 386
    HW buys porringer and plate for, v. 406
    HW could have sent crayons and spy-glass by, i. 404, ii. 22
    HW fails to speak of, ii. 440
    HW mentions, iii. 75
    HW's prints conveyed to D by, i. 396
    handshake of, ii. 16, 26, 37, 59, 163
    not at HW's fête, 9 May 1769, ii. 238
    not received everywhere, ii. 16, 54, 69, 78
    Pembroke, Cts of, accompanied by, i. 406, ii. 7, 37, 59, 66, 86
    —— liked by, ii. 78
    social relations of, with: D, i. 149, 152, 154, 156n, 406, ii. 7, 66, 86; HW, ii. 173; Hénault, ii. 59
    Spa visited by, ii. 116
    subdued, i. 157n
    to go to London, ii. 116
    to leave Paris, ii. 86, 159, 163

Locilla, house of. *See under* Lausille

Lock, Mrs Charles. *See* Ogilvie, Cecilia Margaret

Lock, Mrs William. *See* Schaub, Frederica Augusta

Locke, John (1632–1704), philosopher:
    *Œuvres*, D owns, vi. 32

Locks:
    Caraman orders, from Hon. T. Walpole, v. 233

Lodgings, dirty:
    sign for, v. 357

*Logique, La. See under* Arnauld, Antoine; Nicole, Pierre

Loire, —— de:
    HW mentions, v. 142

Loire Valley:
    Joseph II does not visit, iv. 454, vi. 202
    —— wishes to see, iv. 447

*Lois de Minos, Les. See under* Voltaire

Loiseau de Mauléon, Alexandre-Jérôme, attorney:
    (?) Monaco, Ps of, employs, ii. 438

*1* Loménie, Marquise de, wife of *4*. *See* Poupardin d'Amanzy, Marie-Louise-Anne-Constance

Loménie, Vicomte de. *See* Loménie de Brienne, François-Alexandre-Antoine de

*2* Loménie, André-Louis de (1658–1743), Comte de Brienne; D's half-uncle by marriage:
    anecdote of, i. **166**

*3* Loménie, Athanase-Louis-Marie de (1730–94), Comte de Brienne; D's cousin; grandson of *2*:
    balls, after-dinner, given by, iii. 322
    Brienne occupied by, 8 months of year, iv. 250
    —— to be visited by, iv. 281
    —— visited by, v. 452, 461
    Chanteloup to be visited by, iv. 232
    —— visited by, iii. 331
    D lent carriage by, v. 447
    D's correspondence with, v. 425
    D's opinion of, iii. 208
    D's partner at loto, v. 453

D to be brought an upholsterer by, v. 447
Hôtel de Conti bought by, iv. 250
—— to be occupied by, iv. 374
Paris to be visited by, v. 230
returns to Paris, v. 436
social relations of, with: Choiseul, iv. 195;
Churchill, iii. 26, iv. 207; Churchill, Lady
Mary, iii. 23, 26, iv. 207; D, iii. 5, 13, 23, 26,
39, 158, 208, 210, 320, iv. 7, 18, 250, 255, v. 5,
293, 325, 349, 444, 449, 451, 454, 457–60;
Gramont, Duchesse de, v. 454; Hénault, v.
316; Toulouse, Archbishop of, iv. 18
to leave Paris for estate, iii. 208, 210
4 Loménie, Paul-Charles-Marie (1738–86), Marquis de, cousin of 2:
social relations of, with: D, iv. 219, 220; Hénault, v. 303
wife of, sells annuity to D, vi. 43
5 Loménie de Brienne, Anne-Marie-Charlotte
de, dau. of 4:
D's annuities from, vi. 43
6 Loménie de Brienne, Étienne-Charles de
(1727–94), Archbishop of Toulouse, 1763;
Archbishop of Sens, 1788; cardinal, 1789; D's
cousin; brother of 3:
(?) Alembert eulogizes, iv. 189
Alembert's eulogy of Mme Geoffrin given to
D through, iv. 498
assembly of clergy governed by, v. 375
assembly of clergy to be attended by, v. 230
'atheist and lover of his niece,' v. 375
Auteuil visited by, v. 422
career of, iii. 105
Chanteloup to be visited by, v. 150
—— visited by, iii. 331, v. 153
Choiseul favours, iv. 397
D 'aunt' of, i. 166, vi. 54, 91n
D buys spy-glasses for, i. 393, 404, ii. 27, 36
D complains to, about delayed publication of
Sévigné letters, iii. 419
D promised first copies of Sévigné letters by,
iii. 405
D's correspondence with, iii. 90, 239, 313, v.
424, 426, 432
D sends letter by, v. 455
D's opinion of, i. 245, ii. 84, iv. 232
D's 'portrait' of, i. 166, 186, 195, vi. 91–2
D wonders about political success of, iv. 311
discourse by, on doubt, vi. 177
HW mentions, i. 341
health of, iv. 232, 277, 314
journeys of, to Lyon, Avignon, and Mont-
pellier, ii. 310
lettre de cachet expected by, iii. 48
Le Val visited by, v. 458
Loménie, Marquise de, mistress of, ii. 448
Marly visited by, ii. 448
Maurepas may be replaced by, iv. 323
nephew of, v. 103
Noailles's Mémoires disliked by, iv. 429
Orléans, Bishop of, influenced by, ii. 453
Paris to be visited by, iv. 174, v. 230
—— visited by, v. 422, 441, 461

pastoral letter of, sent to HW by D, iv. 153
possible head of finances, iv. 397
regulation of convents occupies, ii. 48
Sainte-Assise visited by, v. 452
Sévigné letters sent to La Harpe through, iii.
373
Sigorgne aided by, ii. 453
social relations of, with: Beauvau, v. 348, 443;
Beauvau, Princesse de, ii. 195, 196, 448, v.
348, 443; Boufflers, Comtesse de, ii. 100, iv.
277, v. 306, 422; Brienne, Comte and Comtesse de, iv. 18; Choiseul, Duchesse de, ii. 360;
Choiseul-Beaupré, Comtesse de, v. 450; D, i.
27, 109, 244, ii. 251, 253, 261, 406, 425, iii. 27,
105, 158, 186, 196, 320, 368, iv. 18, 26, 71, 178,
250, v. 184, 300, 316, 328, 338, 350, 422, 433–4,
443, 460–1; Gramont, Duchesse de, iv. 18;
Hénault, v. 316; Luxembourg, Mme de, ii.
84, v. 303–4, 306
speech of, to assembly of clergy, v. 375
suggested for controller, ii. 326
talents of, i. 227
Toulouse, parliament of, to be attended by,
iv. 374
Turgot may be succeeded by, iv. 322
——'s friendship with, iv. 277, 299
7 Loménie de Brienne, François-Alexandre-Antoine de (1758–94), Vicomte de Loménie;
adopted son of 3:
(?) D wishes Selwyn to aid, v. 103
(?) English capture, v. 103
London:
passim
article on, in gazette, ii. 346–7
beggars of, v. 258
customs office at, ii. 312
D wishes to be liked by all, ii. 277
HW affected by parliamentary storms of, ii.
394
HW arrives in, from Paris, v. 314, 324, 333,
342, 353
impertinent pamphlets in, i. 202
Livery of the City of, sends petition, v. 367
natural-history books in, ii. 31
post to and from, see under Post
riots in, v. 112 (see also Gordon Riots)
Saint Helena, woman of, imagines, to be deserted when fleet has left it, v. 364
Spanish uprising resembles riot of, v. 311
Tower of, dreaded by Argyll, v. 360
London Chronicle:
paper in, about parliaments and Grand Conseil, v. 300
Londres. See under Grosley, Pierre-Jean
Long, Mrs:
social relations of, with Bn and Bns Dacre, v.
330
Longepierre, Baron de. See Requeleyne, Hilaire-
Bernard de
Longuerue, Abbé de. See Du Four de Longuerue, Louis
1 Longueville, Chevalier de, son of 2. See Or-
léans, ——

2 Longueville, Duc de, stepson of *3*. *See* Orléans, Charles-Paris d'
*3* Longueville, Duchesse de. *See* Bourbon, Anne-Geneviève de
Loo:
  played, v. 273, 274, 287–9, 336
Lordat, Comtesse de. *See* Colbert, Marguerite-Louise
Lord Mayor of London:
  election of, v. 368
Lorenzi, Chevalier de. *See* Roland, Jacques
*1* Lorges, Comte de. *See* Durfort-Civrac, Jean-Laurent de
*2* Lorges, Comtesse de, dau. of *3*, wife of *1*. *See* Durfort de Lorges, Adélaïde-Philippine de
*3, 1* Lorges, Duc de. *See* Durfort, Louis de (1714–75); Durfort-Civrac, Jean-Laurent de (1746–1826)
*2, 4* Lorges, Duchesses de, dau. and sister-in-law of *3*. *See* Durfort de Lorges, Adélaïde-Philippine de (1744–1819); Poitiers-de-Rye, Élisabeth-Philippine de (1715–73)
Lorgnette:
  HW orders, through D, iv. 174–5, 185, 186
Lorrain, Claude (Claude Gelée) (1600–82), landscape painter:
  Hôtel de Bouillon has paintings by, v. 317
  Julienne has paintings by, v. 286
  Praslin has paintings by, v. 353
*1* Lorraine, Anne-Charlotte (1755–86), Princesse de, afterwards Abbess of Remiremont; dau. of *3*:
  Chanteloup visited by, iii. 238, 245, vi. 207
  protests over opening of ball by, at Dauphin's marriage, ii. 408–10, 412
*2* Lorraine, Camille-Louis de (1725–82), Prince de Marsan; nephew of *4*:
  guests of, accidentally poisoned, iii. 192
  social relations of, with Comte and Comtesse de Maurepas, v. 291
*3* Lorraine, Charles-Louis de (1725–61), Comte de Brionne:
  Hautefort's duel with, iv. 17
  marriage of, ii. 25
*4* Lorraine, Jacques-Henri de (1698–1734), Prince de Lixin:
  marriage of, i. 4n
  Richelieu kills, v. 369
*5* Lorraine, Louise-Henriette-Gabrielle de (1718–84), sister of *2*, m. Godefroy-Charles-Henri de la Tour d'Auvergne, Prince de Turenne, later Duc de Bouillon:
  Brest visited by, v. 182, 183, 433
  lends box with portrait of Mme de Sévigné to D, i. 73
  loses and mourns her second son, i. 357, 366
  social relations of, with: D, iv. 181; HW, v. 313; Hénault, v. 313, 320–2
Lorraine:
  Valdageoux surgeons, of, ii. 352
  visitors to: Bauffremont, iv. 168; Beauvau, ii. 273, 445, iii. 264, 345, 403, 417; Beauvau, Princesse de, ii. 253, iii. 296, 403; Boisgelin,

Comtesse de, iii. 23; Boufflers, Chevalier de, vi. 138; Boufflers, Marquise de, iii. 23, 225, iv. 168, 189; Cambis, Vicomtesse de, iii. 23; Churchill, Lady Mary, iii. 23; Haussonville, ii. 68; Stainville, Comte de, iv. 222, 485, v. 431
*6* Lorraine d'Elbeuf, Charles-Eugène de (1751–1825), Prince de Lambesc; son of *3*:
  Brionne, Comtesse de, fills position of, v. 365
  dances at ball in honour of Dauphin's marriage, ii. 410
  falls from horse, v. 84
  rumour of proposed marriage of, iii. 147
*7* Lorraine d'Elbeuf, Marie-Joseph de (1759–1812), Duc d'Elbeuf; Prince de Vaudemont; son of *3*:
  coachman and postillion dismissed by, v. 447
  compensation given by, to injured priest, v. 447
  Host upset by, v. 447
  marriage of, v. **92**
Lorraine family:
  claims of, protested, ii. 408–9, 412
Lorry, Anne-Charles (1726–83), physician:
  Louis XV treated by, iv. 47
Lort, Michael (1725–90), antiquary:
  HW mentions, iv. 202
  *Projecte Conteyning the State . . . of the University of Cambridge, A,* (?) HW mentions, iv. 202
Lortiz, Don Joseph de:
  leads attack on Saragossa rioters, vi. 120
Los. *See* Loss
*1* Loss, Gräfin von, wife of *2*:
  (?) social relations of, with Necker, v. 349
*2* Loss, Johann Adolf (1731–1811), Graf von:
  (?) social relations of, with Necker, v. 349
Lothian, M. of. *See* Kerr, William John
Loto:
  D describes, v. 62
  played: v. 47, 58, 62, 64, 68, 75, 121, 131, 135–6, 139, 179, 223, 235, 422, 423, 425–7, 436, 452, 456; during D's illness, v. 245, 246
*Lot supposé, Le:*
  HW sees, v. 271
Lottery:
  D buys tickets for, iv. 278, 390
  D desires tickets in, i. 297, 314, ii. 90, 104, iii. 128
  D expected nothing from, iii. 170
  D invests in, v. 429
  (?) D refers to, ii. 11n
  D wins double number at, v. 456
  edict of 7 Jan. 1777 for, iv. 390, 392, 394, 403
  HW purchases half-ticket in, iii. 157, 172
  loto copied from, v. 62
  of purses, Duchesse d'Aiguillon and guests draw, v. 329
  price of ticket in, iii. 157n
  prospectus for, iv. 385
  royal, Necker receives charge of, v. 453
Louis VII (1119–80), K. of France 1137–80:
  D stops at, in Vertot's history, iii. **6**

Gaillard's account of, iii. 68

Louis IX (St) (1214–70), K. of France 1226–70:
picture dating from time of, v. 276

Louis XI (1423–83), K. of France 1461–83:
ceiling of time of, at Palais, v. 276
D dates by, ii. 174

Louis XII (1462–1515), K. of France 1498–1515:
Doumenil has portrait of, with verses, v. 313

Louis XIII (1601–43), K. of France 1610–43:
ballet danced by, v. 279
D does not care about, ii. 488
Doumenil has equestrian portrait of, riding to Rochelle, v. 313
HW on, and his reign, iii. 12
*Histoire de, see under* Le Vassor, Michel
house in style of, near Roye, v. 316
portrait of, at Amiens, v. 259
Richelieu's black beard explained by, v. 299
white beard and black hair of, v. 299

Louis XIV (1638–1715), K. of France 1643–1715:
Arras gates from time of, v. 315
Aubigny title given to Ds of Portsmouth by, ii. 417, 418
'black daughter' of, v. 305
Boileau's ode to, on Rhine crossing, iv. 292
Brancas's house in style of, v. 277
Bussy's letters to, iii. 180, 181
bust of, by Bernini, v. 290
Colbert's treatment of, iii. 407
D prefers literature of the age of, iv. 162, v. 107, 171
duels suppressed by, i. 160, v. 283
Gramont's reply to, v. 289–90
HW compares Henri IV to, iii. 407
HW mentions, v. 358
HW on, and his reign, iii. 12
HW says D's 'portraits' belong to best period of, vi. 56
HW's interest in, i. 368, ii. 450, iii. 104, iv. 46
inscriptions approved by, v. 357
La Fontaine temporarily barred from Académie française by, iii. 234
Maintenon, Marquise de, did not love, ii. 46
Marie-Louise-Gabrielle's correspondence with, iv. 433
medals of: Ennery's, v. 325; La Borde's, v. 280
medals of mistresses of, Ennery's, v. 325
medals of reign of, offered by Cotte to HW, iv. 45
men of letters in reign of, v. 364
military correspondence of time of, v. 238
Montespan, Marquise de, children of, legitimated without mention of, v. 276
Noailles receives MSS from, iv. 433
——'s *Mémoires* favourable to, iv. 426, 429
Philip V's correspondence with, iv. 433
portraits of, and of his family at Hôtel de Soubise, v. 283
portrayed in needlework at Sceaux, v. 322
said to be represented in *Bérénice*, ii. 120
Saint-Simon's anecdotes of days of, ii. 478, 480–1
son of, tutored by Beauvilliers, iv. 342

Soubise, Princesse de, borrows slippers to visit, v. 357

Voltaire approves of era of, iii. 397
—— wrongly says, objected to pompous epithets, v. 356–7

Louis XV (1710–74), K. of France 1715–74; 'le patron'; 'le maître':
Académie française elections vetoed by, iii. 234
Aiguillon appeals to, against Comte de Broglie, iii. 402
—— not favoured by, for minister of foreign affairs, iii. 48
—— supported by, against parliament of Paris, ii. 427–30, 449n, 458, 459, vi. 168–70, 173–5
Alembert eulogizes, iii. 39
art collection of, at Luxembourg, v. 285
Artois's marriage proclaimed by, iii. 342
ball attended by, after Dauphin's wedding, ii. 409, 410
bankruptcy of, proposed, ii. 449
Beauvau, Prince and Princesse de, secure permission from, to visit Choiseul, iii. 48
Beauvau, Prince de, asks grant from, iii. 169
—— attends, iii. 169
—— dismissed by, iii. 104–5
——'s correspondence with, v. 340
——'s speech not mentioned by, iii. 52
Bellevue bought by, i. 27n
—— visited by, ii. 169, 416
Boismont's funeral oration on, iv. 80, 81
Brittany, affairs of, dealt with by, i. 212, ii. 429–30, 458, 459, v. 280, 303, vi. 169–75
Broglie, Comte de, receives letter of banishment from, iii. 402
Caracciolo's mot to, iii. 405
—— well treated by, iii. 405
Castries's appointment to gendarmerie planned by, ii. 341
catafalque of, at: Notre-Dame, iv. 90; Saint-Denis, iv. 77
Chantilly visited by, i. 122, 333, ii. 257, 447, 458
Chauvelin's family recompensed by, iii. 431, 435
Chesterfield disparages, iv. 37
Choiseul, Duc and Duchesse de, relations of, with, ii. 193, 195, 441, 444, 459
Choiseul, Duc de, asked by, to resign Swiss Guards, iii. 165–7, 168
Choiseul, Duc de, spoken of by, to Monteynard, iii. 15
Choiseul, Duchesse de, conducted out by, ii. 193, 195
Choisy visited by, i. 35, 122, 291–2, ii. 243, 256–8, 472, iii. 97
Compiègne occupied by, i. 122, 333
—— to be occupied by, ii. 73, 404
Condé disliked by, iii. 45
—— reconciled with, iii. 296
——'s and Bourbon's letter of Dec. 1772 to, iii. 299

[Louis XV, *continued*]

consecration of, depicted, *see* Danchet, Antoine, *Sacre de Louis XV, Le*

cour des aides suppressed by, iii. 58–9

D's projected appeal to, for new pension, ii. 354–5

daughters of: desire cotignac, i. 361; tend father in illness, iv. 50

Dauphin, mourning not worn for, by, v. 290

Dauphin's death announced to, v. 287

deals with protest against honour to house of Lorraine, ii. 409, 412

death of, iv. 50

drawings collected by, v. 356

Du Barry, Comtesse, given revenue of les boutiques de Nantes by, ii. 339

—— presentation of, to, debated, ii. 182, 185–6, 187, 189, 191–6, 198, 200, 203–4, 204, 210, 218, 223–5, 230

—— relations of, with, *see under* Bécu, Jeanne

—— reproached by, for 'mauvais ton,' vi. 181–2

—— sent to Rueil by, iv. 48

—— still attracts, ii. 373

Du Barry, Vicomte, may be écuyer to, iii. 220

duelling obsolescent in reign of, v. 283

Ennery has medals not in collection of, v. 325

'epitaph' upon, v. 375

Fenouilhet, Lady, seeks protection of, iii. 398–9

fireworks viewed by, ii. 416

Fitzjames not permitted by, to go into mourning for Old Pretender, v. 298

Fontainebleau to be visited by, ii. 469, 472, iii. 71

—— visited by, iii. 121

Frederick II mentions, iii. 302

gambles, i. 101–2

*Gazette* article angers, iii. 92

gives to victims of disaster at fireworks, ii. 419

Gramont, Duchesse de, conducted out by, ii. 193, 195

Guines favoured by, iii. 93

Gustav III delighted with, iii. 36

—— visits, iii. 36

HW presented to, v. 266

health of, iii. 175–6, 177, 179, iv. 46, 47–8

Hénault presents *Abrégé chronologique* to, ii. 4

Henri IV ancestor of, vi. 125

hussar whipped for failures of, ii. 298

journeys of, i. 277, iii. 324

La Borde valet de chambre of, ii. 266

Lally's execution advanced by, i. 35

La Muette occupied by, i. 122

La Roche-Aymon, Cardinal de, delivers public confession of, iv. 48

La Vrillière receives letter from, dismissing Monteynard, iv. 12

lays cornerstone of church of École Royale Militaire, ii. 257

(?) letters of, iv. 434

levée of, v. 288

lit de justice held by, ii. 183, 183–4, 427–30, iii. 61, vi. 168

lost while hunting, i. 291–2

Louis XVI adjured to love and imitate, ii. 413

——'s respect for memory of, iv. 51

Louise, Mme, confides in, concerning her vocation, ii. 399–400, 401

—— will be seen by, at convent, ii. 404

Maillé, Comtesse de, favoured by, i. 373

Mailly, Comtesse de, refuses to ask money from, v. 279

Mailly sisters, mistresses of, iii. 386n

Marie Leszczyńska's conversation with, ii. 35

——'s death moves, ii. 93

Marly visited by, i. 263, 277, ii. 73, 91, 93, iii. 7

marriage of, i. 5n

men of letters in reign of, v. 364

Mercœur and Senonches purchased by, ii. 419

Mirepoix, Mme de, given carpet by, iii. 170

—— in favour with, i. 101–2

—— told anecdote by, v. 354

Monclar's pension from, ii. 285

Monteynard dismissed by, iv. 10, 12

—— replies to, about Choiseul, iii. 15

——'s appearance at council surprises, iii. 53

Old Pretender's death not mourned by, v. 298

Orange, Ps of, refuses to wed, v. 354

Orléans, Bishop of, asked by, to secure cotignac, i. 360–1

Orléans, Duc d', forbidden by, to enter Aiguillon controversy, vi. 166

——, marriage of, with Marquise de Montesson not recognized by, iii. 356

—— may be reconciled with, iii. 296

—— writes letter to, iii. 305–6

parliament of Paris, new, established by, iii. 17, 58–9, 61, 62–3, 66n

parliament of Paris, recall of, asked of, iii. 40, 47

parliament of Paris at odds with, over: Aiguillon, ii. 427, 429–30, 449n, 458, 459, vi. 168–70, 173–5; Brittany, ii. 429–30, 458, 459, v. 279–80, 303, vi. 168–75; edict of 7 Dec. 1770, ii. 493, iii. 14; Séguier affair, ii. 450n, 470, 491

parliament of Paris exiled by, iii. 17, vi. 181–2

parliament of Paris suddenly visited by, v. 306

Peers, Court of, deprived by, of case he had given them, vi. 166

Pompadour, Marquise de, mistress of, vi. 194

—— persuades, that Maurepas poisoned Duchesse de Châteauroux, v. 278

Princes forbidden by, to attend parliamentary deliberation on d'Aiguillon, ii. 429–30, vi. 166

print of, coloured, i. 395

regiment of, appointment of colonel of, i. 349, 354, 356–7, 359, 361–2, 367

Reims, Archbishop of, announces Dauphin's death to, v. 287

Richelieu's quotation to, concerning Comtesse du Barry, ii. 250–1

riding accident of, ii. 195–6, 197, 200, 248

rôle of, in *La Passion des Jésuites,* iii. 315

Rue de Vuide Gousses assigned to, in joke, vi. 181

sacraments received by, iv. 48

*Sacre de, see under* Danchet, Antoine

Saint-Denis burial place of, iv. 51

Saint-Hubert to be visited by, i. 292, ii. 238, 243, iii. 84, 421

—— visited by, ii. 242–3, 430, vi. 170

Saint-Ouen visited by, i. 122

Scheffer received by, iii. 36

seals of, to be taken from cabinet, iv. 60

Shelburne talks with, iii. 162

silence enjoined by, in religious dispute, v. 284

smallpox of, iv. 46, 47–8

social relations of, with: Choiseul, Duchesse de, ii. 103, 193, 195; Christian VII, ii. 153–4, 159; Du Barry, Comtesse, ii. 288, iii. 322; Gramont, Duchesse de, ii. 193, 195; Mirepoix, Mme de, ii. 153, 193, 195

Sorba family receive pensions from, iii. 170

speech of, at lit de justice of 27 June 1770, brief, vi. 166

Stainville, Comtesse de, arrested by order of, i. 218–9

subscribes 2000 louis in bank crisis, ii. 376–7

Swiss Guards reassigned by, iii. 155, 161, 165–8

Talmond, Princesse de, related to wife of, vi. 57

Terray appointed by, ii. 326–7

—— mentions, ii. 376

Tingry, Prince and Princesse de, obtain permission from, to visit Choiseul, iii. 45

Trévoux jokes with, about K. of Corsica, v. 364

Trianon to be occupied by, ii. 195

Versailles to be visited by, iii. 84

—— visited by, i. 122, 292, ii. 169, 196, 458, iii. 36

verses on Comtesse du Barry and, iii. 70

verses on letter of, to Princes, iii. 70

verses on Maupeou and, vi. 179

Voltaire's *Éloge* of, iv. 67

—— wishes to sell Genevese watches to, ii. 411

York conducts himself well with, i. 333, v. 364–5

Louis XVI (1754–93), Dauphin; K. of France 1774–92:

appointments of, on accession, iv. 52

Artois's letter to, v. 32

—— 's quarrel with Bourbon-Condé family suppressed by, v. 29–31

Beauvau may be needed by, iv. 215

Boufflers, Chevalier de, rejected by, iv. 305–6

Broglie, Comte de, given audience by, v. 424

cheered at Opéra-Comique, iii. 378

chevau-légers retained for, iv. 251

Choisy to be visited by, iv. 54, v. 431

—— visited by, iv. 50–3, v. 431

Comédie-Française attended by, iii. 376

Compiègne to be visited by, iv. 54, 55, 60, 62, 194, 195, 460

consecration of, iv. 58, 163, 167, 195, 198

Conti, Prince de, not seen by, iv. 67

Conti, Princesse de, intercedes for son with, iv. 51–2

coronation of, *see* Louis XVI, consecration of

crown of, iv. 195

D's pension from, vi. 38

dances at ball in honour of his marriage, ii. 409

deputations received by, iv. 60, 277

Du Muy, Comte, made secretary of war by, iv. 60–1

Du Muy, Maréchale, pensioned by, iv. 218

entrées, grandes, awarded by, iv. 52

entrées to, given and withdrawn, ii. 444

first edict of: iv. 59, 60, 64; HW does not want, iv. 73; La Harpe's verses on, iv. 65

Fismes to be visited by, iv. 195

Fontainebleau to be visited by, iv. 54, 235

Franklin presented to, v. 33

Gaillard's compliment to, iv. 208

Guines not favoured by, iv. 265, 277, 283, 284, 290

—— receives letter from, iv. 195, 311, 313, 314

—— 's daughter given dowry by, v. 53

—— 's defense facilitated by, iv. 168

—— sees, iv. 277, 290

(?) HW calls, 'Louis le Sévère,' iv. 64n

HW presented to, v. 266

HW sees, dine, v. 330

health of, iv. 418

household of: reformed, v. 442; to be reformed, iv. 278, 295, 394, v. 241

inoculation of, iv. 58, 62

instructions of, iv. 64n

jokes on ministers of, v. 129

La Fayette does not see, v. 113

La Ferrière sous-gouverneur of, ii. 285

La Muette visited by, iv. 55, 60, v. 452

La Vrillière delivers Maurepas's letter from, iv. 52

Le Tourneur's *Shakespeare traduit de l'anglois* contains epistle to, iv. 287

Louis XV respected by, iv. 51

—— 's seals to be removed by, iv. 60

Macartney permitted by, to serve in English army, v. 211, 445

Maillebois given Picardy command at order of, iv. 323

marshals created by, iv. 173, 175

Maria Theresa's supposed letter to, ii. 412–3

Marie-Antoinette and royal family sup with, once a week, iv. 104

—— entertains, at Petit Trianon, iv. 60

—— given Petit Trianon by, iv. 57

—— obtains Aiguillon's return from, iv. 332

—— with, iv. 51

Marie-Josèphe's funeral oration attended by, v. 318

[Louis XVI, *continued*]
marital relations of, ii. 444, iii. 50, iv. 64n, v. 129
Marly to be visited by, iv. 54
—— visited by, vi. 62, 67
marriage of: ii. 407; alluded to, ii. 246; festivities for, ii. 406–12, 415, 416, 418, 420; preparations for, ii. 401, 402, 404
Maurepas not promoted by, iv. 59
—— 's letters from, asking advice, iv. 52–3
—— to be present when each minister works with, iv. 315
Mesdames to see, iv. 60
ministers to be seen by, in 9 days from Louis XV's death, iv. 50
ministers work with, iv. 67
Necker to work with, iv. 369, 372
Opéra-Comique attended by, iii. 378
—— to be attended by, iii. 376
Orléans and Chartres banished by, iv. 64n, 77
parliament of Paris answered by, iv. 61
parliament of Paris sends deputies to, iv. 60, 277
peace desired by, v. 40, 114
Penthièvre's letter from, iv. 60, vi. 209–10
recompenses owed by, iv. 251
Reims to be visited by, iv. 195
remonstrance of clergy against impious writings, presented to, v. 375
Richelieu, Duchesse de, to be presented to, v. 208
Rue Bétizy assigned to, in joke, vi. 181
Saint-Esprit, Ordre du, makes, grand master, iv. 199
Saint-Germain sees, iv. 228, 295
Sartine reads news of Senegal capture to, v. 123
sends money, after disaster at fireworks, ii. 419
ships of, ordered to attack English ships, vi. 209–10
sister of, marries, ii. 337
social relations of, with: Artois, Comtesse d', iv. 105; Beauvau, Princesse de, iv. 303; Bourbon, Duchesse de, iv. 105; La Force, Marquise de, iv. 105; La Vauguyon, Duchesse de, iv. 105; Montmorency, Princesse de, iv. 105; Noailles, Comtesse de, iv. 104; Provence, iv. 365; Provence, Comtesse de, iv. 105; Quintin, Duchesse de, iv. 105; Sérent-Kerfily, Marquise de, iv. 105; Tingry, Princesse de, iv. 105
statues of Voltaire and Maréchal de Saxe said to be ordered by, v. 23
Toulouse, Archbishop of, displeases, by speech, v. 375
Vergennes made secretary of foreign affairs by, iv. 61
Versailles to be visited by, iv. 54, 60, 67, 195
—— visited by, iv. 277
Voltaire praises reforms of, vi. 197–8
—— wishes to see, v. 21
Louis (-Stanislas-Xavier) XVIII (1755–1824), Comte de Provence; K. of France 1814–24:
Brunoy château of, iv. 365, 368

Chartres not invited by, iv. 365
Choisy visited by, iv. 50
dances at ball in honour of Dauphin's marriage, ii. **410**
exposed to smallpox, iii. 123
HW presented to, v. 266
HW sees, dine, v. 330
health of, iv. 418
inoculation of, iv. 58, 62
Laval, Duc and Vicomte de, give resignations to, v. 439
Lévis captain of the guard to, ii. 442
(?) *Mannequins, Les,* see *Mannequins, Les*
Marie-Antoinette's verses from, iv. 94
Marie-Josèphe's funeral oration attended by, v. 318
Marly visited by, iv. 62
marriage of: ii. 442n, iii. 71, 77; festivities for, curtailed, iii. 71
Rosières chancellor of, ii. 442
rumour that Swiss Guards are to be given to, iii. 155, 167
scarred, iii. 71
social relations of, with: Choiseul, iv. 162; Coigny, Chevalier de, iv. 365; Coigny, Comte de, iv. 365; Cossé, Duchesse de, iv. 162; Esterhazy, iv. 365; Guines, iv. 365; Louis XVI, iv. 365; Marie-Antoinette, iv. 162, 365, 368
Louis (1661–1711), Dauphin:
Beauvilliers governor of, iv. 342
Louis (1729–65), Dauphin:
children of, i. 10
courage of, v. 284
death of: v. 288; falsely reported, v. 287
HW presented to, v. 266
HW sees catafalque for funeral oration of, v. 304
household of, i. 289
Hume's *Essays* discussed by, v. 290
illness of: v. 272, 284, 286, 287; discussed at supper, v. 272
James II said to resemble, v. 297
letters of, iv. 434
marriages of, i. 10n, ii. 321n
medicines ordered for, v. 290
Nivernais converses with, v. 290
Louis (1682–1712), Duc de Bourgogne:
letters of, iv. 434
marriage of, iv. 38n
'Louis, Prince.' *See* Rohan, Louis-René-Édouard de
Louis —— (d. 1767), HW's valet:
Buyot suspects, of theft, v. 267–8
commissary suspects, of theft, v. 268–9
Dauphin confused with Berwick by, v. 290
death of, i. **201**, 206
HW's bills paid through, v. 400
HW sends letters by cousin of, v. 378
ill, v. 313
light-headed, v. 314
picture of Princesse de Talmond's greyhound brought by, vi. 58

Rochester innkeeper asks, about HW, v. 258
wages of, v. 400, 401
Louis XV, Place de:
fireworks in, ii. 402
HW sees, v. 264
Mirepoix, Mme de, considers house in, iii. 436
musketeers fill, ii. 458
Louisa Hollandina (1623–1709), Ps of Bavaria; Abbess of Maubuisson:
painting by, v. **356**
Louisa Maria Theresa (1692–1712) of England:
entrails of, v. 308
Louise (d. 1696) de Valois, Duchesse d'Angoulême:
Doumenil has portrait of, v. 313
Louise-Élisabeth (1727–59), m. (1738) Filippo, D. of Parma:
Chauvelin's song for: ii. **89–90**, 97; attributed to D, iv. 26
Louise-Marie (1737–87), youngest dau. of Louis XV; 'Madame Louise'; Sœur Thérèse de Saint-Augustin:
Aiguillon supported by, iii. 213
D's opinion of, ii. 404
enters Carmelite convent, ii. **399–400**, 401, 404
HW presented to, v. 266
HW sees, dine, v. 330
(?) Marie-Josèphe's funeral oration attended by, v. 318
Louptière. See Relongue de la Louptière
Loutherbourg, Philipp Jakob (1698–1768):
Louvre has paintings by, v. 339
paintings by, at salon, v. 317
Louveciennes:
Aiguillon, Duchesse d', dines with Comtesse du Barry at, iii. 110
Du Barry, Comtesse, builds pavilion at, iii. 97
—— entertains at, iii. 116
Louvel, ——:
attends sessions of parliament of Paris, vi. 173
Louvet, ——:
Churchill, Lady Mary, to pay, iv. 268–9, 271, 273
Louvigny, Comte de. See Gramont, Antoine-Louis-Marie de
Louvois, Marquis de. See Le Tellier, François-Michel
Louvre:
apartment at, for secretary of Académie française, iii. 209, 222
Guines given privileges of, iv. 314
HW sees exhibition at, v. 261, 317(?), 318(?), 339, 346
Julienne's sale at, i. 236
La Rochefoucauld's maxims printed at, v. 28
poor condition of, v. 339
Poussin's sketches for, v. 279
(?) salon of paintings at, mentioned by HW, i. 341
statues said to be ordered for, v. 23

Love:
blindness of, ii. 450
Fontenelle calls, the only natural passion, v. 370
verses on, by Duchesse de Choiseul, i. 60
Lowendal, Marie-Louise de (1746–1834), m. (1766) Bufile-Antoine-Léon, Comte de Brancas:
social relations of, with Hénault, v. 327
1 Lubomirska, Frédérique-Constance (1721–87), Ps, m. (1) (1744) Roland Puchot, Comte des Alleurs; m. (2) (1760) Charles-Bertrand de la Bourdonnaye, Marquis de Liré:
D's relations with, i. 394, ii. 93
daughter of, marries, ii. 58
marriages of, ii. 58
social relations of, with: D, i. **354**, 356; Geoffrin, Mme, v. 323; Hénault, v. 323
to return to Poland, i. 394
2 Lubomirska, Marja, Ps, sister of 1, m. (divorced, 1763) Prince Karol Stanislaw Radziwill:
D unenthusiastic about, ii. 93
1 Lucan, Bn. See Bingham, Sir Charles
2 Lucan, Bns, wife of 1, mother of 3. See Smith, Margaret
2 Lucan, Cts of. See Smith, Margaret
1, 3 Lucan, E. of. See Bingham, Sir Charles (1735–99); Bingham, Hon. Richard (1764–1839)
Lucan (Marcus Annaeus Lucanus) (A.D. 39–65):
HW's edition of, v. 415, 416
Lucas, Margaret (1617–73), m. (1645) William Cavendish, cr. (1665) D. of Newcastle-upon-Tyne:
HW sees print of, by Diepenbeke, v. 269
Lucca:
rôle of, in La Passion des Jésuites, iii. 315
Lucé, Mlle de. See Geré-de-Rancé, Françoise
Luciennes. See Louveciennes
Lucile. See under Marmontel, Jean-François
Ludolf, Constance-Guillelmine de (d. 1807), m. François-Emmanuel Guignard, Comte de Saint-Priest:
D's correspondence with, v. 426
Lugeac, Marquis de. See Guérin, Charles-Antoine de
Luise Ulrike (1720–82) of Prussia, m. (1744) Adolf Fredrik, K. of Sweden, 1751:
Alembert eulogizes, iii. 39
Lulli, Jean-Baptiste (1633–87), composer:
Alceste, i. 119
Armide, iv. 478
Atys, i. 119
D praises operas of, i. 119, v. 15
Isis, i. 119
La Fontaine's epistle concerning, cited by D, ii. 355
Thésée, i. 208, v. 285
Lullin, Mme, of Geneva:
Voltaire's verses to, mistakenly thought to be addressed to D, iv. 25
Lumley, Vct. See Lumley-Saunderson, George Augusta

*1* Lumley, Hon. James (d. 1766):
death of, v. 397
*2* Lumley-Saunderson, George Augusta (1753–1807), styled Vct Lumley; 5th E. of Scarbrough; grandnephew of *1*:
D's opinion of, iv. 357
(?) Saint-Ouen visited by, iv. 357
social relations of, with: D, iv. 362; (?) Necker, M. and Mme, iv. 357; Richmond, iv. 362
Lupé. *See* Luppé
Luppé, Comtesse de. *See* Butler, Louise-Charlotte
Luri:
Hôtel de Bouillon has, v. 317
Lusace, Comte de. *See* Franz Xaver
Lusignan, ——, Chevalier de:
social relations of, with Marquise de Monconseil, v. 332
Lusignan, Mlle:
dies in fire, ii. 54
Lusine, Abbé de:
social relations of, with Comtesse de Rochefort, v. 323
Lussan. *See* Bouchard d'Esparbez de Lussan
Lustrac, Marguerite de (d. 1568), m. (1) Jacques d'Albon, Maréchal de Saint-André; m. (2) Geffroi, Baron de Caumont:
Doumenil has portrait of, v. 313
Luther, Martin (1483–1546), religious reformer:
D reads Robertson on, iii. 47
HW mentions, iii. 356
Voltaire compares himself to, vi. 156
*1* Luttrell, Anne (1753–1809), m. (1) (1765) Christopher Horton; m. (2) (1771) Henry Frederick, D. of Cumberland:
*Almanach royal* omits name of, iii. 320
Calais officers entertained by, iii. 143
—— visited by, iii. 131-2
Cumberland's mistress, iii. 132
D hopes that Ds of Gloucester will be distinguished from, iii. 268
HW describes, iii. 132
Luttrell's sister, iii. 131
marriage of, iii. 131-2
Wilkes connection of, iii. 131
*2* Luttrell, Henry Lawes (1743–1821), 2d E. of Carhampton, 1787; brother of *1*:
Grenville attacked by, ii. 311
sister of, marries Cumberland, iii. **131-2**
*1, 2* Luxembourg, Duc de. *See* Montmorency-Luxembourg, Anne-Charles-Sigismond de (1737–1803); Montmorency-Luxembourg, Charles-François-Frédéric de (d. 1764)
*3, 4* Luxembourg, Duchesses de, wives of *2* and *1*. *See* Neufville, Madeleine-Angélique de (1707–87); Voyer d'Argenson de Paulmy, Madeleine-Suzanne-Adélaïde de (1752–1813)
*3* Luxembourg, Maréchale de. *See* Neufville, Madeleine-Angélique de
Luxembourg, Hôtel de, home of the Maréchale de Luxembourg:
D does not go to, ii. 382
gambling at, ii. 381

guests at: Boufflers, Comtesse de, i. 164-5; Cholmondeley, Mrs, ii. 360, 361; Conti, i. 164-5; D, i. 22, 114, 164-5, ii. 360, 361; Guerchy, i. 114
location of, i. 22n
Luxembourg Palace:
HW's letter to Rousseau first mentioned at, v. 295
HW sups at, v. 310
HW visits, v. 285, 294, 312, vi. 58
Hôtel de Tréville near, v. 14
lodgers in: Ligne, Princesse de, i. 333, v. 294; Rochefort, Comtesse de, vi. 58; Talmond, Princesse de, vi. 58
Marie de Médicis married in, v. 335
murder at, v. 139
Luxen:
La Reynière, Mme de, at, iv. 460
*1* Luynes, Cardinal de, brother of *2*, granduncle of *3*. *See* Albert de Luynes, Paul d'
*2, 3* Luynes, Duc de. *See* Albert, Charles-Philippe d' (1695–1758); Albert, Louis-Joseph-Marie-Charles-Amable d' (1748–1807)
*4, 5* Luynes, Duchesses de, wives of *2* and *3*. *See* Brulart, Marie (ca 1685–1763); Montmorency-Laval, Guyonne-Josèphe-Élisabeth de (1755–1830)
Luynes, Hôtel de:
surgeon at, ii. 353
Lyell, Mrs Henry. *See* Allestrie, Catherine
*1* Lynedoch, Bn. *See* Graham, Thomas
*2* Lynedoch, Bns, wife of *1*. *See* Cathcart, Hon. Mary
Lynn, Mayor of. *See* Langley, William
Lyon, Archbishop of. *See* Malvin de Montazet, Antoine de (1713–88); Marbeuf, Yves-Alexandre de (1732–99)
Lyon:
D mentions, ii. 223
Le Texier official of, iv. 32
Turgot ruins trade of, iv. 321
visitors to: Boufflers, Comtesse de, iv. 371; Fagnani, Maria, v. 80, 133, 135, 137; Fagnani family, v. 133, 135, 137; Grave, ii. 310; Nanny, v. 133; Selwyn, v. 80, 133, 135, 137; Toulouse, Archbishop of, ii. 310; Trudaine de Montigny, M. and Mme, ii. 310; Webb, Mrs, v. 133, 137
Lysarde de Radonvilliers, Claude-François (1709–89), abbé; director of Académie française:
speech of, at Ducis's reception into Académie, v. 118, 121(?)
Voltaire's successor not to be received into Académie by, v. 48
Lyte, Henry (b. 1727), fellow of Queen's College, Cambridge:
social relations of, with HW, v. 268
*1* Lyttelton, Bns. *See* Rich, Elizabeth
*2* Lyttelton, Thomas (1744–79), 2d Bn Lyttelton; stepson of *1*:
D not called on by, iv. 395
social relations of, with HW, v. 309

Macao:

 played, iv. 161

Macartney, Frances (d. 1789), m. Fulke Greville; poetess:

 alarmed to hear that D preserves letters, ii. 224–5, 281

 Boufflers, Marquise de, at odds with, iii. 323

 —— has scarcely encountered, iii. 362

 Calais visited by, iii. 394

 Caraman, Comte and Comtesse de, friends of, iii. 323

 Comédie-Française attended by, iii. 362

 Craufurd sends money by, iii. 342

 ——'s movements not to be predicted by, iv. 137

 Crewe, Mrs, to join, iii. 358

 D given commission by, iii. 130, 136, 142

 D hears of Craufurd from, ii. 32, 270, iv. 413

 D hears of Fitzpatrick from, iv. 413

 D's correspondence with, ii. 83, 85, 224–5, 229–30, 231, 233, 236, 239, 270, 281, iii. 130, 323, iv. 56, 131, 413, v. 188, 222, 433, 449

 D sends cup to, ii. 326

 D sends snuff to, ii. 37

 D's lodging may be offered to, iii. 323

 D's lodging not to be offered to, iii. 330

 D's lodging occupied by, iii. 351

 D's opinion of: i. 133, 163, ii. 236, 239, 281, iii. 373, 380; D will not write, i. 147, 155

 D's relations with, iii. 330, 334, 351, 362, 380, 392

 D wishes copy of *Cornélie* to go to, ii. 92

 departure of, delayed, iii. 376, 377

 Du Châtelet's boredom reported by, ii. 60

 Esterhazy friend of, iv. 30

 Greville to be joined by, iii. 362

 HW little acquainted with, i. 124, 178, iii. 369

 HW mentions, ii. 229, v. 389

 HW's verses for, i. 178

 HW talks of D with, i. 340

 HW unwilling to deliver D's letter to, ii. 233

 leaves Paris, iii. 373

 Mirepoix, Mme de, friend of, i. 124, 163, iii. 323

 Munich to be visited by, i. 124

 Opéra-Comique attended by, iii. 361

 Parc-Royal, Hôtel du, lodged in by, iii. 361

 Parc-Royal, Hôtel du, to be lodged in by, iii. 358

 Roissy to be visited by, iii. 367

 snuff-box for son-in-law of, ii. 50

 social relations of, with: Boufflers, Comtesse de, iii. 362; Bussy, Marquise de, iii. 362; Caraman, Comtesse de, iii. 362; D, i. 124, 149, 152; Du Châtelet, Comtesse, iii. 362; Forcalquier, Comtesse de, i. 155; La Vallière, Duchesse de, iii. 362; Mirepoix, Mme de, iii. 362; Roncée, Comtesse de, iii. 362

 son of, dies, ii. 85

 Spa to be visited by, iii. 362

 Spencer, Cts, friend of, iii. 362

 to leave Paris, i. 147

Macartney, George (1737–1806), cr. (1776) Bn, (1792) Vct, and (1794) E. Macartney:

 captured, v. **177**

 D's correspondence with, v. 218, 447, 448

 D sends letter by, v. 183, 184, 186, 188, 433

 D sends parcels by, v. 183, 186, 188

 D's opinion of, v. 184, 188

 D to facilitate exchange of, v. 206, 210, 211

 HW hears D described by, v. 189

 HW recommends, to D, v. 177, 181

 HW's opinion of, v. 188

 imprudence of, v. 178

 Limoges visited by, v. 177

 Louis XVI permits, to serve George III, v. 445

 Necker intercedes with Sartine for, v. 211

 —— to intercede with Maurepas for, v. 210

 permitted to return to London, v. 433

 social relations of, with: Broglie, Comte de, v. 177; D, v. 183, 184, 433

 Staunton friend of, v. 206

 ——'s correspondence with, v. 211

Macaulay, Mrs George. *See* Sawbridge, Catherine

Macaws:

 at Bois Prévu, v. 293

*Macbeth. See under* Shakespeare, William

Maccabees:

 Paoli's favourite passage from, ii. 109

Macclesfield, Cts of. *See* Nesbitt, Dorothy

Macdonald, Sir James (ca 1742–66), 8th Bt:

 HW's correspondence with, v. 379

 HW shops with, v. 263

 illness and death of, i. 110, 119

 social relations of, with: D, v. 261, 266; HW, v. 265

'Macédoine' (entertainment):

 Choiseul, Duc and Duchesse de, give, iv. 378

Macguire, Hugh (d. 1766), colonel:

 death of, v. 397

Machault, Jean-Baptiste de (1701–94), controller-general:

 Veri's anecdote about, v. 274, 279

Mackenzie. *See* Stuart-Mackenzie

Mâcon, Josseran de. *See* Josseran

Mâcon:

 D receives letter (? from Sigorgne) from, v. 440

 Sigorgne from, ii. 407, 411, v. 47

'Madame.' *See* Marie-Adélaïde (1732–1800); Marie-Joséphine-Louise (1753–1810)

Madame Brillant (ca 1757–72), Mme de Luxembourg's cat:

 dies, iii. 180

Madelaine. *See* Philipon la Madelaine

Madeleine de Tresnel, Filles de la, convent of:

 D educated at, vi. 54

 HW visits, v. 310

'Mademoiselle.' *See* Bourbon d'Orléans, Anne-Marie-Louise de

Madrid, château:

 D mentions, iii. 116

 HW visits, v. 307

Maecenas:
D alludes to, ii. 217
Maffei, Francisco Scipione (1675–1755), Marchese:
Voltaire's epistle to, vi. 141
Magasin, le:
Clairon, Mlle, wishes to act at, i. 201
*Magasin des adolescents, Le. See under* Alletz, Pons-Augustin
'Magdalen':
by Le Brun, v. 264
by Vanloo, v. 280
Magon de Boisgarin, Marie-Josèphe (d. 1838), m. (ca 1784) Jean-Baptiste-Antoine-Clément Agard, Marquis de Maupas:
(?) marriage of, reported, v. 439
Magon de la Balue, Jean-Baptiste (1713–94), banker:
Choiseul's support of, ii. 373, 376
closes doors temporarily, ii. **373**
gossip about loan by, ii. 373
Mahé de la Bourdonnais, Bertrand-François (1699–1751):
*Mémoires historiques,* D owns, vi. 33
Mahieu, ——, mercer:
D's receipt from, vi. 42
*Mahomet. See under* Voltaire
Mahon, Vct. *See* Stanhope, Charles
Maignard, Pierre-Charles-Étienne de (1730–1817), Marquis de la Vaupalière:
breaks news of Matignon's death to wife, iv. 2
marriage of, i. **84n**
wife's affection for, cools, iii. 210
Maillard, Mme, D's dressmaker:
D's annuity to, v. 252, vi. 6, 9–10
*Maillard, ou Paris sauvé. See under* Sedaine, Michel-Jean
Maillart, Jean (fl. 1358), magistrate:
Sedaine's play about, ii. **384–5**
*1* Maillé, Baron, Comte, and Duc de. *See* Maillé de la Tour-Landry, Charles-René de
*2* Maillé, Comtesse de, wife of *1. See* Savary-Brèves de Jarzé, Marie-Renée-Bonne-Félicité de
*1* Maillebois, Comte de, son of *3. See* Desmarets, Yves-Marie
*2* Maillebois, Comtesse de, wife of *1. See* Voyer, Marie-Madeleine-Catherine de
*3* Maillebois, Maréchal and Marquis de. *See* Desmarets, Jean-Baptiste-François
Maillé de la Tour-Landry, Charles-René de (1732–91), Baron, Comte, and (1784) Duc de Maillé:
Condé served by, i. 373
spoken of for King's regiment, i. 367
wife of, i. **373**
*1, 15, 2, 3* Mailly, Comtesses de, wives of *5, 9, 5, 5. See* Colbert de Torcy, Constance (1710–34); Mailly-Nesle, Louise-Julie de (1710–51); Narbonne-Pelet, Blanche-Charlotte-Marie-Félicité de (1760–1840); Séricourt, Marie-Michelle de (1713–78)

*4* Mailly, Duchesse de. *See* Talleyrand-Périgord, Marie-Jeanne de
*5* Mailly, Maréchal de. *See* Mailly, Augustin-Joseph de
*15* Mailly, 'Marquise' de. *See* Mailly-Nesle, Louise-Julie de
*4* Mailly, Marquise de. *See* Talleyrand-Périgord, Marie-Jeanne de
*5* Mailly, Augustin-Joseph (1707–94), Comte and Maréchal de; Marquis d'Haucourt:
made director of troops, iii. **41**
marriages of, v. 215–6, 220, 449
(?) social relations of, with Comte and Comtesse de Maurepas, v. 296, 303:
*6* Mailly, Jean-Baptiste (1744–94):
*Esprit de la Fronde, L',* HW desires, iv. 17
*7* Mailly, Jeanne-Marie-Constance de (1734–83), dau. of *5*, m. (1747) Marc-René, Marquis de Voyer:
father of, v. 216
*8* Mailly, Louis de (1689–1767), Marquis de Nesle:
daughters of, iii. 386n
*9* Mailly, Louis-Alexandre de (d. 1747), Comte de Mailly-Rubempré; cousin of *8*, husband of *15*:
forces wife to seek money from Louis XV, v. 279
*10* Mailly, Louis-Marie (1744–92), Marquis (later Duc) de, son of *5*:
father of, v. 216
made duc, iv. 401
*11* Mailly, Marie-Anne-Louise-Adélaïde de (ca 1732–ca 1829), niece of *9*, m. (1750) Charles-Georges-René du Cambout, Marquis de Coislin:
HW mentions, i. 341
Louis XV's mistress, iii. 386n
social relations of, with: Apremont, M. and Mme d', v. 297; HW, v. 294, 297, 303, 311; Lillebonne, v. 294, 303; Lorenzi, v. 294; Maurepas, Comtesse de, v. 296; Meade, v. 297; Polignac, Comte de, v. 294; Veri, v. 297
*12* Mailly-Nesle, Angélique-Adélaïde-Sophie de (d. 1823), sister of *11*, m. (1758) Claude-Antoine de Bésiade, Marquis d'Avaray:
Du Barry, Comtesse, at Choisy with, ii. 258–9
social relations of, with Earl Harcourt, iii. 194
*13* Mailly-Nesle, Diane-Adélaïde de (1714–69), dau. of *8*, m. (1742) Louis de Brancas, Duc de Lauraguais; Dauphinesses' attendant:
Choiseul, Duchesse de, had devotion of, ii. 321
D's poor opinion of, ii. 320–1
death of, ii. **320–1**
Du Châtelet, Comtesse, a friend of, ii. 321
epigram of, on Marie-Josèphe, i. 258
Louis XV's mistress, iii. 386n
social relations of, with: Choiseul, Duc and Duchesse de, v. 331; Egmont, Comte and Comtesse d', v. 301, 305; (?) Harcourt, Earl, ii. 241; Rochfords, i. 283

*14* Mailly-Nesle, Hortense-Félicité de (1715–99), dau. of *8*, m. (1739) François-Marie de Fouil-leuse, Marquis de Flavacourt:
Choisy visited by, ii. 243, 258
Du Barry, Comtesse, at Choisy with, ii. 258
health of, ii. 193
not Louis XV's mistress, iii. 386n
Saint-Hubert visited by, ii. 242–3
social relations of, with: Aiguillon, Duchesse d', v. 285; D, v. 310; Du Barry, Comtesse, ii. 288; Maurepas, v. 298, 309; Maurepas, Comtesse de, v. 296
youthful looking, ii. 154

*15* Mailly-Nesle, Louise-Julie de (1710–51), Comtesse de Mailly, dau. of *8*, m. (1726) Louis-Alexandre, Comte de Mailly-Rubem-pré:
Bouret furnishes money for, v. 279
brutal officers rebuked by, v. 364
disinterestedness of, v. 279
Louis XV's mistress, iii. 386n

*16* Mailly-Nesle, Marie-Anne de (1717–44), Du-chesse de Châteauroux, dau. of *8*, m. (1734) Louis, Marquis de la Tournelle:
Du Barry, Vicomtesse, resembles, iii. 386
Maurepas said to have poisoned, v. 278
Louis XV's mistress, iii. 386n

*17* Mailly-Nesle, Pauline-Félicité de (1712–41), dau. of *8*, m. (1739) Jean-Baptiste-Félix-Hu-bert, Marquis de Vintimille:
Louis XV's mistress, iii. 386n

Mailly-Rubempré, Comte de. *See* Mailly, Louis-Alexandre de

Mailly-Rubempré, Comtesse de. *See* Mailly-Nesle, Louise-Julie de

Maine, ——:
bouquet ordered from, v. 422

*1* Maine, Duc du. *See* Bourbon, Louis-Auguste de

*2* Maine, Duchesse du, wife of *1*. *See* Bourbon, Anne-Louise-Bénédicte de

*3* Maine, Mme. *See* Aumont de Mazarin, Louise-Félicité-Victoire d'

*4* Maine, Mlle du, dau. of *1*. *See* Bourbon, Louise-Françoise de

Maintenon, Marquise de. *See* Aubigné, Fran-çoise d'

*Maintenoniana. See under* Bosselman de Belle-mont, ——

Mairan, Jean-Jacques (1678–1771):
(?) Voltaire not read by, v. 326

Mairobert. *See* Pidansat de Mairobert

*Maison de Bourbon. See* Ripault Desormeaux, Joseph-Louis, *Histoire de la maison de Bour-bon*

Maisonneuve. *See* Berthon de Maisonneuve

*Maître Guignard, ou De l'hypocrisie. See under* Voltaire

Maittaire, Michael (1688–1747):
tutor of Philip Stanhope, iv. 36

Major, Thomas (1720–90), engraver:
Presle's Murillo resembles one owned by, v. 346

Major, daughter of:
Gontaut's anecdote about, iii. 106

Mala, ——, furniture-dealer:
D's receipt from, vi. 41

*Malade sans maladie, La. See under* Dufresny, Charles Rivière

Malaria. *See* Tertian fever

Malbeste, ——, lawyer:
forbidden to sign future mémoires, iv. 23

Malebranche, Nicolas de (1638–1715), theolo-gian:
only verses of: D criticizes, i. 348; D quotes, i. 347

Maleherbe, Abbé. *See* Malherbe, Jean-Baptiste-Antoine de

Malesherbes. *See* Lamoignon de Malesherbes

Malesherbes:
Malesherbes, M. de, exiled to, iii. 58

Maletête. *See* Le Maletête

Malevieux, Marie (d. after 1792), m. —— Pailly; mistress of Mirabeau the elder:
social relations of, with: Brancas, Marquis de, v. 277; Hénault, v. 272, 300; Rochefort, Com-tesse de, v. 280, 290, 293–4, 297–8, 300–1, 306, 308, 310, 312, 323, 342, 344

Malézieu, ——:
attends session of parliament of Paris, vi. 173

*1* Malézieu, Louise-Françoise-Charlotte de (1718–92), dau. of *3*, m. (1731) Louis, Marquis de Saint-Chamans:
(?) apartment of, at Saint-Joseph taken by: Angosse family, v. 139; Du Barry, Vicomtesse, v. 184
pension of, ii. **12**
(?) social relations of, with Comtesse de Rochefort, v. 270, 274, 298, 301, 323

*2* Malézieu, Nicolas de (1650–1727), secretary of the Swiss Guards:
position of, ii. **12**

*3* Malézieu, Pierre de (d. 1756), secretary of the Swiss Guards; son of *2*:
Clermont's painting of, at chess, at Sceaux, v. 322, vi. 57
position of, ii. **12**, iii. 155

*Malgré la fuite des amours:*
verses to air of, iii. 225–6

Malherbe, Jean-Baptiste-Antoine de (1712–71), abbé:
HW to send *Fugitive Pieces* to, v. 416
*London Chronicle* dispatch discussed by, v. 300
social relations of, with: Aiguillon, Duchesse d', v. 298, 300, 307–9, 311; Anville, Duchesse d', v. 311; Guasco, v. 311; HW, v. 311, 318; Hénault, v. 272(?), 300, 306; Langlade, v. 311; La Rochefoucauld, Duchesse de, v. 311; La Rochefoucauld, Vicomte de, v. 311; Maure-pas, v. 298; Poyanne, v. 311; Rochefort, Com-tesse de, v. 293, 306; Sarsfield, v. 311; Sur-gères, Marquise de, v. 311; Thianges, v. 311

*Malheureux imaginaire, Le. See under* Dorat, Claude-Joseph

*Malheurs de l'amour, Les. See under* Ferriol, Antoine; Guérin, Claudine-Alexandrine

*Malheurs de l'inconstance, Les. See under* Dorat, Claude-Joseph

Mallet, Paul-Henri (1730–1807), Swiss historian:
Craufurd introduces, to D, i. 394
D forsaken by, ii. 11
D's opinion of, i. 385
*Historic Doubts* could be translated by, i. 406
—— to be read to D by, i. 394

Mallet du Pan, Jacques (1749–1800):
*Discours de l'influence de la philosophie sur les lettres,* iv. 17

Malnoury, Claude-Bénoît de:
(?) attends session of parliament of Paris, vi. 173

Malon, ——:
attends session of parliament of Paris, vi. 173

*1* Malpas, Vct, son of *2. See* Cholmondeley, George James

*2* Malpas, Vcts. *See* Edwardes, Hester

Malta:
ambassador from, *see under* Ambassador
Craon flees to, iv. 141

Malta, Order of:
Conti Grand Prior of, i. 15n
history of, *see* Vertot, René Aubert de, *Histoire des chevaliers hospitaliers de St Jean de Jérusalem . . . , L'*

Maltzan, Joachim Karl (1733–1817), Graf von, Prussian minister to England:
English guard attacked by valet of, iv. 139

Malvern, Worcs:
HW to visit, v. 234

*1* Malvin, Charles de (1739–1825), Marquis de Montazet; nephew of *2:*
Monteynard wishes to make, director of education, iii. 435
social relations of, with: Brancas, Marquis and Marquise de, v. 302, 310; Geoffrin, Mme, v. 307; Hénault, v. 311; Rochefort, Comtesse de, v. 290, 295, 297–8, 300, 303, 306, 308, 310, 312; Souza, v. 318

*2* Malvin de Montazet, Antoine de (1713–88), Archbishop of Lyon 1758–88:
Académie speech mentions, iv. 345
'head of bigots,' v. 375
social relations of, with: Nivernais, Duchesse de, v. 291; Rochefort, Comtesse de, v. 291

Malvoisin. *See* Poisson de Malvoisin, Jeanne-Charlotte

*1* Manchester, Ds of, wife of *2. See* Dashwood, Elizabeth

*2* Manchester, D. of. *See* Montagu, George

Mancini, Hortense (1646–99), m. (1661) Armand-Charles de la Porte, Duc de Mazarin:
*Mémoires de La Porte,* D owns, vi. 34

*1* Mancini de Nevers, Adélaïde-Diane-Hortense-Délie (1742—living, 1800), dau. of *3,* m. (1760) Louis-Hercule-Timoléon, Duc de Cossé:
social relations of, with: Artois, iv. 162; Geoffrin, Mme, v. 266, 299; Marie-Antoinette, iv. 162; Maurepas, Comte and Comtesse de, v. 291; Nivernais, Duchesse de, v. 301; Provence, iv. 162; Rochefort, Comtesse de, v. 291, 302

Villars, Duchesse de, replaced by, as dame d'atour to Dauphiness, iii. 106

*2* Mancini-Mazarini, Hélène-Julie-Rosalie (1740–80), dau. of *3,* m. (1753) Louis-Marie Fouquet de Belle-Isle, Comte de Gisors:
social relations of, with: Nivernais, Duc and Duchesse de, v. 301, 341; Talmond, Princesse de, v. 295

*3* Mancini-Mazarini, Louis-Jules-Barbon (1716–98), Duc de Nivernais; 'Duc de Nevers'; diplomatist; writer:
attends session of parliament of Paris, vi. 172
Chesterfield eulogized by, iii. 413
—— praises, iv. 38
Cossé, Duchesse de, daughter of, iii. 106
D compares, to Comtesse de Boufflers, ii. 72
Dauphin's conversation with, on Hume's *Essays,* v. 290
fables read by, v. 290
Garrick acts scenes translated by, v. 281
HW describes salon of, v. 341
HW mentions, iv. 64
HW presented to Comte de la Marche by, v. 300
HW's correspondence with, v. 381
HW's letter under name of K. of Prussia corrected by, i. **174**
marriage of, i. 257n
Maurepas's possible colleague, iv. 397
Mirepoix, Mme de, sends hair, with Boufflers's verses, to, iv. 418, 419
protests illegal parliament, iii. 61
social relations of, with: Aiguillon, Duchesse d', v. 341; Brancas, Marquis and Marquise de, v. 277, 297, 310, 341; Brissac, v. 341; Clermont, Chevalier de, v. 297; Drumgold, v. 341; Flamarens, v. 341; Gacé, Comtesse de, v. 297; Gisors, Comtesse de, v. 341; HW, v. 267, 269, 272, 297, 306, 341, 415, vi. 59; Hénault, v. 299–300; Maurepas, Comte and Comtesse de, v. 291, 296, 341; Mirepoix, Mme de, v. 334, 341; Richmonds, v. 297; Rochechouart, Comtesse de, v. 341; Rochefort, Comtesse de, v. 266, 270, 274, 280, 290–2, 294, 296–8, 300–3, 306–8, 310, 312, 323, 341; (?) Usson, Comte and Comtesse d', v. 297
Vanbrugh, scenes from, translated by, v. 281

Mañero. *See* Garcia Mañero, Ludovico

*Mânes de Louis XV, Aux. See under* Gudin de la Brenellerie, Paul-Philippe

Manicamp, Comtesse de. *See* Le Veneur de Tillières, Anne-Gabrielle

*Manière de bien penser, La. See under* Bouhours, Dominique

*1* Mann, Edward Louisa (d. 1775), HW's deputy:
HW's correspondence with, v. 336, 393
(?) HW sends bill on, v. 377

*2* Mann, Sir Horace (1701–86), Bt; HW's friend; brother of *1:*
kind to Comte de Boufflers, i. 172n
may return to England, iv. 249

*Mannequins, Les:*
D sends, to HW, iv. 324, 325
*1* Manners, Charles (1754–87), styled M. of Granby; 4th D. of Rutland, 1779; son of *2:* 'a child,' iv. 190
engagement of, rumoured, iv. 190
*2* Manners, John (1721–70), styled M. of Granby:
Conway succeeds, in command of Blues, ii. **478**
Manneville, Charlotte-Jacqueline-Françoise de (d. 1794), m. (1754) René-Édouard Colbert, Marquis de Maulévrier:
apartment of, at D's disposal, ii. 391, 398, 403
Mans, Le. *See* Le Mans
*1* Mansfield, Bn. *See* Murray, William
*2* Mansfield, Cts of, wife of *3,* mother of *4,* niece-in-law of *1. See* Cathcart, Hon. Louisa
*3, 4, 1* Mansfield, E. of. *See* Murray, David (1727–96); Murray, David William (1777–1840); Murray, William (1705–93)
*Manuel lexique. See under* Prévost d'Exiles, Antoine-François
Marbeuf, Yves-Alexandre de (1732–99), Bishop of Autun; Archbishop of Lyon, 1788:
roll of benefices probably to go to, iv. 404, 410, 463
Marcel, Étienne (d. 1358), merchant:
Sedaine's play about, ii. **384–5,** iii. 379
March, E. of. *See* Douglas, William
*1* Marchais, Baron de. *See* Binet, Gérard
*2* Marchais, Baronne de, wife of *1. See* La Borde, Élisabeth-Josèphe de
Marchand, Jean-Henri (d. ca 1785):
*Testament politique de M. de V——,* ii. 484, 493, 494, iii. 8
March and Ruglen, E. of. *See* Douglas, William
Marche, La. *See* La Marche
Marcillat, Comtesse de. *See* Sarre, Marguerite
Marcilly. *See* Des Champs de Marcilly
Marck, Comtesse de la. *See* Noailles, Marie-Anne-Françoise de
Marcus Antoninus Gordianus. *See* Gordianus, Marcus Antoninus
Marcus Antonius. *See* Antonius, Marcus
Marcus Aurelius (A.D. 121–80), Roman emperor:
Thomas's eulogy of, iv. 177
Marcus Julius Philippus (d. 249), Roman emperor:
Gibbon treats of, iv. 474
'Maréchal, Milord.' *See* Keith, George, 10th E. Marischal
'Maréchale, la petite.' *See* Beauvau-Craon, Anne-Marguerite-Gabrielle de
'Maréchales, les.' *See* Beauvau-Craon, Anne-Marguerite-Gabrielle de; Neufville, Madeleine-Angélique de
Maréchaux de France:
jokes about, iv. 175, 177
tribunal of, iv. 322–3
Mareschal de Bièvre, Georges-François (1747–89), Marquis de Bièvre:
D contrasts Selwyn and, iv. 241

jokingly proposed as prime minister, v. 129
quip of, on gouty ministers, iv. 236
Marescot, Michel:
*Lettres d'un François,* (?) D owns, vi. 35
Margaret (1446–1503) of York, m. (1468) Charles the Bold, D. of Burgundy:
Richard III's relations with, iv. 76
'Marguerite.' *See* Young, Margaret
Marguerite (1492–1549) d'Angoulême, m. (1527) Henri d'Albret, K. of Navarre:
(?) HW mentions, iv. 418
*Heptaméron:* ii. 71; HW's *Mysterious Mother* akin to tale in, ii. 93, 94
Marguerite (1552–1615) de Valois, m. (1572) Henri IV, K. of France:
(?) HW mentions, iv. 418
Mongez's life of, iv. 412
Marguerite (1523–74) de Valois, m. (1559) Philibert Emmanuel, D. of Savoy:
Doumenil has portrait of, v. 313
Marguerye de Vassy, Marie-Marguerite-Louise-Françoise de, m. (1750) Charles-Éléonor-Hervé de Carbonnel, Marquis de Canisy:
(?) Boucault, Mme, visits, ii. 242
(?) D's opinion of, ii. 242
(?) Forcalquier, Comtesse de, visited by, ii. 242
(?) —— visits, ii. **242**
Maria. *See also* Marie; Mary
Maria Feodorovna. *See* Sofie Dorothea Auguste of Württemberg
Maria Francisca Benedetta (1746–1829) of Portugal, m. (1777) José Francisco Xavier, P. of Beira:
marriage of, iv. 418
*Mariage clandestin, Le. See* Colman, George (1732–94), *Clandestine Marriage;* Garrick, David, *Clandestine Marriage*
*Mariage de Julie, Le. See under* Saurin, Bernard-Joseph
*Marianne. See* Marivaux, Pierre Carlet de Chamblain de, *Vie de Marianne, La*
Maria Theresa (1717–80) of Austria, Empress of Germany 1740–80; Q. of Hungary; mother of Marie-Antoinette:
asks for honour for Princesse de Lorraine, ii. 412
health of, iv. 397
Kinský, Fürstin, cheated of inheritance by, v. 292
letter to Dauphin attributed to, ii. 412–3
rôle of, in *La Passion des Jésuites,* iii. 315
Marie. *See also* Maria; Mary
Marie (1573–1642) de Médicis, m. (1600) Henri IV, K. of France:
Doumenil has portraits of, v. 313
Monaco, P. of, has painting of, v. 335
Orange, Ps of, in dress of, v. 260
portrait of, at Amiens, v. 259
Poussin commissioned by, to make drawings, v. 279
Rubens' portrait of, v. 335

Marie-Adélaïde (1685–1712) of Savoy, m. (1697) Louis, Duc de Bourgogne; mother of Louis XV:
Richelieu said by Chesterfield to have had affair with, iv. 38
Marie-Adélaïde (1732–1800), 4th dau. of Louis XV; 'Madame Adélaïde':
announcement to, of coming presentation of Comtesse du Barry, ii. 191, 192, 196
Boisgelin, Comtesse de, tells anecdote about, v. 121
Choisy visited by, iv. 50, 55
dances at ball in honour of Dauphin's marriage, ii. 410
HW mentions, iv. 64n
HW presented to, v. 266
HW sees, dine, v. 330
Louis XV tended by, in illness, iv. 50
Louis XVI to see, at Compiègne, iv. 60
Luxembourg, Mme de, jokes about, ii. 12
(?) Marie-Josèphe's funeral oration attended by, v. 318
plans for presentation of Comtesse du Barry to, ii. 191–2
smallpox of: iv. 55, 57; cured, iv. 60
Talmond, Princesse de, makes, residuary heir, iii. 438
Marie-Adélaïde-Clotilde-Xavière (1759–1802), m. (1775) Charles Emmanuel, P. of Piedmont, later Charles Emmanuel IV of Sardinia; 'Madame Clotilde':
HW presented to, v. 266
Louis XVI's consecration attended by, iv. 198
marriage of, iii. 337, iv. 212
Marie-Antoinette (1755–93), m. (1770) Louis (XVI), Dauphin, K. of France, 1774:
Aiguillon favoured by, iv. 323, 332
Ailesbury, Cts of, receives attentions from, iv. 127
ball to be given by, iii. 191
ballet to be participated in by, iv. 148
balls given by, ii. 488, iv. 142
Barbier de Séville, Le, to have been seen by, iv. 21
Bellevue visited by, ii. 416
Boufflers, Duchesse de, resigns position with, iii. 106
Chamfort pensioned by, iv. 374
Chantilly visited by, ii. 447
Chartres, Bishop of, almoner to, iv. 52, v. 199
Choiseul favoured by, iv. 397
Churchill, Mary, resembles, iii. 27
Clermont, Bns, receives attentions from, iv. 282
Comédie-Française attended by, iii. 376
Cossé, Duchesse de, appointed against wish of, iii. 107
D mentions, ii. 458
Damer, Mrs, receives attentions from, iv. 127
dances at ball in honour of her marriage, ii. 409
daughter born to, v. 95
Guines protected by, iv. 299

——'s daughter's marriage facilitated by, v. 53
HW sees, v. 334, 345
HW's remarks about Ds of Grafton and, ii. 122
health of, iv. 353, 358
Hénault superintendent of household of, ii. 442
Joseph II shown comedies at direction of, iv. 443
Laon, Bishop of, almoner to, iv. 52, v. 199
Le Prestre superintendent of finances to household of, ii. 442
Louis XVI's consecration attended by, iv. 198
——'s intermediary after Louis XV's death, iv. 50
—— to dine with, at Petit Trianon, iv. 60
Lucan, Bns, gives miniatures to, iv. 349
Luxembourg, Duchesse de, joins household of, iii. 106
Mailly, Duchesse de, dame d'atour to, v. 216
Malesherbes discusses Guines with, iv. 299, 321
Maria Theresa's supposed letter to Dauphin about, ii. 412–3
marital relations of, ii. 444, iii. 50, iv. 64n, v. 129
marriage of: ii. 407; festivities for, ii. 406–12, 415, 416, 418, 420; preparations for, ii. 401, 402, 404
Maurepas received by, iv. 53
——'s relations with, iv. 314, 323, 333
Maximilian kept by, from calling on princes, iv. 163
not to be crowned, iv. 58
Opéra-Comique attended by, iii. 378
Opéra-Comique to be attended by, iii. 376
Petit Trianon given to, iv. 57
Polignac, Comtesse Jules de, friend of, v. 153
popularity of: ii. 488, iii. 35; maintained, iv. 326
pregnant, v. 38, 41, 44, 81, 88, 90, 93, 423
Provence, Comte de, writes verses to, iv. 94
quarantined for measles, v. 129
response of, to parliament of Paris, iv. 61
Rue Vivienne assigned to, in joke, vi. 181
'Sabine, la,' iv. 314
Saint-Germain questioned by, on chevau-légers, iv. 251
Schuwalof enthusiastic about, i. 248
sends money after disaster at fireworks, ii. 419
social relations of, with: Artois, Comtesse d', iv. 105; Bourbon, Duchesse de, iv. 105; Cossé, Duchesse de, iv. 162; La Force, (?) Marquise de, iv. 105; La Vauguyon, Duchesse de, iv. 105; Montmorency, Princesse de, iv. 105; Noailles, Comtesse de, iv. 104; Polignac, Comtesse Jules de, v. 453; Provence, iv. 162, 365, 368; Provence, Comtesse de, iv. 105; Quintin, Duchesse de, iv. 105; Sérent-Kerfily, Marquise de, iv. 105; Tingry, Princesse de, iv. 105
Stanhope, Lady Harriet, receives attentions from, iv. 127

theatre attended by, v. 345, 424
theatricals given *gratis* because of daughter born to, v. 100
Trianon visited by, v. 129
Voltaire wishes to see, v. 21
Marie-Catherine-Sophie-Félicité (Leszczyńska) (1703–68), m. (1725) Louis XV, K. of France:
chagrin killing, ii. 32
D pays respects to, but does not see, i. 27–9
D should go to see, i. 382
D's pension through: i. 5n, 378, ii. 79, 86, 91, 354; to be continued after Queen's death, ii. 97, 103; *see also* Pension, D's
D's 'portrait' of, vi. 80
Dauphin, mourning not worn for, by, v. 290
——'s danger not believed by, v. 284
death of, ii. 91, 93
funeral oration on, by Bishop of Le Puy, ii. 134
Glandèves, Bishop of, reassures, v. 284–5
HW presented to, v. 266
health of, i. **5**, 10, 23, 29, 35, 366, 376, 378, 382, 383, 388, ii. 8, 32, 42, 54, 60, 73, 79, 80, 82, 85, 88, 90, v. 306
Hénault asks when D can visit, i. 35
——'s correspondence with, i. 130
—— superintendent of household of, ii. 442
Louis XV talks with, ii. 35
Luynes, Duchesse de, favourite of, vi. 55
—— served, i. 5n, ii. 354
Marly visited by, i. 263
piety of, vi. 57–9
'portrait' of, by D, vi. 80
Sainte-Geneviève, châsse de, uncovered for, v. 286
social relations of, with: Aulan, Marquise d', i. 382, 383; D, v. 297; Hénault, i. 35
Stanislas I visited by, v. 259
Talmond, Princesse de, related to, vi. 57–9
'Thémire' D's name for, vi. 80
Vernage attends, i. 5
will of, ii. 93
Marie-Christine (1735–82), Ps; Abbess of Remiremont; sister of Marie-Josèphe:
Stanislas I sends Chevalier de Boufflers to, i. **40**, 53
Mariée, la:
danced at royal ball, ii. 411
Marie-Josèphe (1731–67) of Saxe, m. (1747) Louis, Dauphin:
children of, i. 10
D alludes to, ii. 153
death and burial of, i. 263
few regrets for, i. 257–8, 260
former apartment of, given to Madame Victoire, i. 286
funeral oration of, v. 317–8
gossip concerning, i. 122
HW presented to, v. 266
health of, i. **10**, 236, 248, 254, 257–8, 260
Lauraguais, Duchesse de, received jewels and plate of, ii. 321
Marie-Christine sister of, i. 40n

Marie-Joséphine-Louise (1753–1810) of Savoy, m. (1771) Louis-Stanislas-Xavier, Comte de Provence, later Louis XVIII:
Artois, Comtesse d', compared with, iii. 430
Balbi, Comtesse de, made dame d'atour to, v. 455
costs and prerequisites of being page to, ii. 484–5, 491–2
HW sees, v. 334
Laval, Vicomtesse de, dismissed by, v. 439
Louis XVI's consecration attended by, iv. 198
marriage of: iii. 71, 77; festivities for, curtailed, iii. 71; public cool to, iii. 73
Paris formally entered by, iii. 382
personal appearance of, iii. 71, 73, 77
sister of, married, iii. 337
smallpox of, iii. 121, 123
social relations of, with: Louis XVI and Marie-Antoinette, iv. 105; Valentinois, Comtesse de, iii. 147
Valentinois, Comtesse de, dame d'atour to, ii. 442
—— to attend, iii. 30
Marie-Louise-Gabrielle (1688–1714), m. (1701) Philip V, K. of Spain:
D's opinion of, iv. 433
death of, iv. 434
Louis XIV's correspondence with, iv. 433
Noailles's account of, iv. 429, 433
Marie-Louise-Gabrielle (1729–67) of Savoy:
death of, v. 398
Marie-Thérèse of Austria, empress. *See* Maria Theresa
Marie-Thérèse (1638–83) of Austria, m. (1660) Louis XIV, K. of France:
Ennery has medallion of, v. 325
Marie-Thérèse (1756–1805) of Savoy, m. (1773) Charles-Philippe, Comte d'Artois, later Charles X:
Broglie, Comte de, to receive, iii. 357, 386, 402
Choisy visited by, iii. 421
French of, scanty, iii. 430
household of: Boucault, Mme (Comtesse de Bourbon-Busset), to join, iii. 342, 347; Bourbon-Busset, Comtesse de (Mme Boucault), joins, iii. 357, 412; Crenay, Marquise de, joins, iii. 412; Forcalquier, Comtesse de, joins, iii. 337, 342, 347, 357; Forcalquier, Comtesse de, leaves, iv. 60; goes to meet Marie-Thérèse, iii. 412; not announced, iii. 342, 347, 349, 352; Quintin, Duchesse de, joins, iii. 412, iv. 60, 66
letter from Pont-de-Beauvoisin about, iii. 420
marriage of: iii. 337, 342; fêtes for, iii. 418, 421, 425, 427
personal appearance of, iii. 425, 430
Provence, Comtesse de, compared with, iii. 430
social relations of, with Louis XVI and Marie-Antoinette, iv. 105
Marie-Thérèse-Antoinette (1726–46) of Spain, m. (1745) Louis, Dauphin:
Lauraguais, Duchesse de, received jewels and plate of, ii. 321

Marie-Thérèse-Charlotte (1778–1851), m. (1799) Louis-Antoine de Bourbon, Duc d'Angoulême:
birth of, v. 38, 95
*1* Mariette, Jean-Pierre (b. 1725), son of *2:*
D to apply to, for picture, iii. 417
*2* Mariette, Pierre-Jean (1694–1774), collector:
*Anecdotes of Painting* translated by, v. 269
Barthélemy given books by, iii. 243
Bibliothèque du Roi visited by, v. 311
Brantôme's portraits of Court of François I owned by, v. 307
Carmontelle portrait packed by, ii. 14
collection of: HW sees, v. 269, 273, 279, 307; sold, iv. 238, 239; to be sold, iv. 97, 168, 181, 212, 231
country-seat of, iii. 410
D consults, about draughtsman, i. 367, 373, 375, 378, 381, 384, 386, 389, ii. 10
D entrusts prints to, for framing, i. 396
D likes, ii. 14
D pays, for HW, i. 304, 306
death of: iv. 95–6; expected, iii. 417
*Description des travaux . . . de la statue équestre de Louis XV,* (?) Mariette sends, to HW through D, iii. 232, 242, 264, 266
Duncannon visits sale of, v. 350
HW liked by, i. 375
HW mentions, i. 341
HW's correspondence with, ii. 14, v. 382, 384, 386
HW sends brochure to, ii. 309
HW sent catalogue by, i. 252
HW visits sale of, v. 350, 352
health of, iii. 410
heirs of, approached for Petitot miniature, iv. 102
Monaco, Hôtel de, visited by, v. 337
(?) Pompadour, Mme de, sought Petitot miniature from, v. 269
*Recueil d'estampes . . . dans le cabinet du Roi,* (?) Mariette sends, to HW through D, iii. 232, 242, 264, 266
social relations of, with: Craufurd, v. 292; D, i. 393, ii. 131; Geoffrin, Mme, v. 304, 329, 338; HW, v. 268–9, 292, 294, 296, 305, 323, 333, 336, 338; Lennox, Lord George, v. 303; Reynolds, Sir Joshua, v. 338
Thompson visits sale of, v. 350
Van Dyck anecdote told by, v. 371
Wood liked by, i. 375
*3* Mariette, Mme Pierre-Jean, wife of *2. See* Doyen, Angélique-Catherine
*1* Marigny, Marquis de. *See* Poisson, Abel-François
*2* Marigny, Marquise de, wife of *1. See* Filleul, Marie-Françoise-Julie-Constance
Marillac, Louis (ca 1572–1632), Maréchal de: tomb of, v. 282
Marin, François-Louis-Claude (1721–1809), journalist:
*Gazette de France* to be edited by, iii. **93**
HW mentions, iv. 20

Marivaux, Pierre Carlet de Chamblain de (1688–1763), dramatist:
Crébillon mimics, iv. 423
D quotes, i. 17
D's opinion of, iv. 423, 476
Holbach and guests dispute about, v. 267
*Legs, Le,* HW sees, v. 274
*Paysan parvenu, Le:* D criticizes, iv. 414; D mentions, iv. 400; D owns, vi. 33n; D quotes, iii. 160
*Spectateur français, Le,* D owns, vi. 35n
*Surprise de l'amour, La,* D attends, ii. 208
*Théâtre,* D owns, vi. 33
*Vie de Marianne, La,* D likes, iv. 400, 414
Marjoram:
D gives Mme de Luxembourg bouquet of, iii. 225, 232
Mark Antony. *See* Antonius, Marcus
Marlay, Richard (d. 1802), Dean of Ferne 1769–87; Bishop of Clonfert 1787–95, and of Waterford, 1795:
Praslin, Hôtel de, visited by, v. 353
social relations of, with HW, v. 351, 352
*1, 2* Marlborough, Ds of. *See* Jennings, Sarah (1660–1744); Russell, Caroline (1743–1811)
*3* Marlborough, D. of, husband of *1. See* Churchill, John
*Marlborough* (ship):
Rochechouart fails to attack, v. 179
Marly:
Court at, ii. 241, v. 44, 136, 184
Court to visit, v. 72, 178
festivities at, cancelled, iii. 71
visitors to: Artois, iv. 62; Beauvau, Princesse de, ii. 447, 448; Choiseul, ii. 243; D, ii. 447, 448; Du Barry, Comtesse, ii. 233; Loménie, Marquise de, ii. 448; Louis XV, i. 263, 277, 284, 286, 292, ii. 73, 91, 93, 224, 238, 243, iii. 7; Louis XVI, iv. 54, 62, 67; Marie Leszczyńska, i. 263, 277, 284, 286, 292; Maurepas, iv. 67; Mesdames, ii. 93; Poix, Princesse de, ii. 447, v. 424; Provence, iv. 62; Toulouse, Archbishop of, ii. 448; Wiart, August-Nicolas-Marie and Jean-François, v. 142
Marmet, M., vice-director of Sèvres factory:
HW's cups sent by, ii. **348**
Marmontel, Jean-François (1723–99), author:
Alembert interested in, i. 229
*Bélisaire:* i. 229; D owns, vi. 32; verses on, i. 268, vi. 132
*Bergère des Alpes, La,* v. 303
Creutz presents, to Cts of Rochford, i. 229
D agrees with HW on, i. 246
D alludes to her dislike of, ii. 215, 217
D's opinion of, iv. 414
HW accuses, of writing farewell letters of Bourdeaux and Humain, iv. 6
HW jokes about, ii. 214
HW's opinion of, iv. 414, 424
*Incas, Les,* D owns, vi. 34
La Bletterie said to have attacked, vi. 150, 152
La Harpe received into Académie by, iv. 333
*Lucile,* Caraman family acts, iii. 269

Paris, Archbishop of, persecutes, vi. 150
Quinault's operas revised by, for Piccinni's
music, iv. 413, 445, v. 22
*Réponse de Marmontel à Voltaire*, iii. 395,
397, 407, 409
Saint-Ouen visited by, iv. 229
social relations of, with: Geoffrin, Mme, v.
277; Helvétius, v. 299; Holbach, v. 299;
Necker, iv. 381; Necker, Mme, iv. 381, 442
*Soliman II*, D quotes, iii. 126
Sorbonne persecutes, vi. 132, 150
verses by: v. 423; for Alembert's portrait, v.
54; (?) on Schuwalof, iv. 415, 424
verses on, attributed to Voltaire, v. 22–3, 27
Voltaire's *Épître* to, iii. 395, 397, 407
—— subject of ode by, iii. 273
Marmora, Conte della. *See* Ferrero di Biella,
Filippo Francesco Maria
Marmoutier, Abbey of:
Arras, Bishop of, reforms monks at, iii. 245,
iv. 183
—— visits, iii. 241
Marolles, Michel de (1600–81), abbé:
tomb of, v. 274
Maroquine, Duchesse de Choiseul's dog:
crimes of, ii. 296
Marquet, ——:
attends session of parliament of Paris, vi. 173
Marquetel, Le. *See* Le Marquetel
Marquette, ——:
attends session of parliament of Paris, vi. 173
Marquis, Le. *See* Le Marquis
Marquise (mistress of Duc d'Orléans). *See* Le
Marquis
Marriages:
rush of, v. 109, 118, 128, 135
Married woman and her lover:
anecdote of, v. 355
*1* Marsan, Comtesse de, sister-in-law of *2*. *See*
Rohan-Soubise, Marie-Louise-Geneviève de
*2* Marsan, Prince de. *See* Lorraine, Camille-
Louis de
*Marseillais et le lion, Le. See under* Voltaire
Marseille:
Barthélemy compares Chanteloup to, vi. 207
D receives letter from, (?) from Abbesse de
Saint-Sauveur, v. 440
Elliot, Sir Gilbert, dies at, iv. 407
—— to visit, iv. 385
Elliot, Isabella, writes from, iv. 407
Richelieu honoured by masquerade at, v. 281
Villars's country-seat near, v. 365
York receives letter at, v. 365
Marshals of France:
Maillebois's appointment protested by, iii.
40–1
model of petition to Orléans sent to, vi. 183
Marsollier, Jacques (1647–1724), abbé:
*Histoire de Henri VII, L'*, D reads, iii. 350
Martanges. *See* Bonnet de Martanges
Martel, Mme. *See* Coulon, ——
Martel, Louise-Suzanne-Edmée (1745–79), m.

(1760) Armand-Joseph de Béthune, Duc de
Charost:
death of, v. 432
social relations of, with Duchesse de Nivernais, v. 274
Marti, Bruno, Jesuit priest:
houses in Saragossa saved by, vi. 120
Martial (Marcus Valerius Martialis) (A.D. 43–
104), Roman poet:
Mme de Sévigné quotes, iii. 424
Martin, St (ca 316–ca 396):
verses on, by Mme de Luxembourg, iii. 431
Martin, ——:
social relations of, with D, iii. 95, v. 337–8,
341
Martin, Abbé:
(?) Voltaire visited by, v. 21
Martin, Mrs William (d. 1765), widow of Ad-
miral Martin:
death of, v. 397
Martin de Boislecomte, Mme. *See* Rothe, Made-
leine-Josèphe de
Martini, Jean-Paul-Égide (1741–1816), com-
poser:
*Henri IV, ou la Bataille d'Ivry*, iv. **116**
Martinière. *See* Pichaut de la Martinière; Puzin
de la Martinière
Martinique:
Argout commander at, iv. 403
Mary. *See also* Maria; Marie
Mary (1658–1718) of Modena, m. (1673) James
II, K. of England:
entrails of, v. 308
Mary (Stuart) (1542–87), Q. of Scots, m. (1)
(1558) François II, K. of France; m. (2)
(1565) Henry Stewart, E. of Darnley; m. (3)
(1567) James Hepburn, 4th E. of Bothwell:
Elizabeth's jealousy of, vi. 57
HW to give life of, to Duchesse de la Vallière,
v. 417
letters of, to Bishop of Glasgow, v. 359
prayer book of, v. 359
Scots College has doubtful portrait of, v. 359
will of, v. 359
Mary (1631–60) of England, m. (1641) William
II of Orange:
portrait of, at Chantilly, v. 260
portrait of, given to HW, v. 335
Mary (1723–72) of England, dau. of George II,
m. (1740) Friedrich II of Hesse-Cassel:
death of, v. 398
(?) Ward resembles, iii. 329
Mary, HW's servant:
housebreaker not heard by, iii. 53
Mary Magdalene, St:
feast of, iii. 382
painting of, by: Le Brun, v. 264; Vanloo, v.
280
*Mary Stuart:*
HW to give, to Duchesse de la Vallière, v. 417
'Mascarille, Marquis.' *See* Villette, Charles de
Mascaron, Jules de (1634–1703):
(?) D to be converted by, vi. 54

Mason, William (1725–97), divine:
  HW mentions, iii. 439
  HW's correspondence with, v. 396
  HW sends armorial bearings to, iv. 202
*Masque de fer, Lettre au sujet de l'homme au.*
  See under Poullain de Saint-Foix, Germain-
  François
Mass:
  attended in D's tribune, iii. 54, 73, 159
  Geoffrin, Mme, attends, iv. 296
  Luxembourg, Mme de, to attend, iii. 431, 436
  Wiart to attend, iv. 293
Massareene, E. of. See Skeffington, Clotworthy
*1* Masserano, Principe di. See Ferrero di Biella,
  Vittorio Filippo
*2* Masserano, Principessa di, wife of *1.* See
  Rohan-Guéménée, Charlotte-Louise de
Massillon, Jean-Baptiste (1663–1742), preacher:
  (?) D to be converted by, vi. 54
Masso, Augustin de (ca 1706–82), Chevalier de
  la Ferrière; governor of Amiens; Dauphin's
  sub-tutor:
  becomes governor of Amiens, ii. 285
Masson, Alexandre-Frédéric-Jacques de (1741–
  77), Marquis de Pezay:
  death of, iv. 498–9
  disgrace of, iv. 499
  inscription for country house of: vi. 199;
  parody of, vi. 199
  jokes about, iv. 381
  Lucan, Bns, to obtain Henri IV's portraits
  through, iv. 340
  marriage of, iv. 381
  verses of, to D, with La Harpe's *Vers,* iv. 65,
  499
Masson de Saint-Amand, Amand-Claude:
  (?) attends session of parliament of Paris, vi.
  173
Massuau, Bénigne de (d. 1783), m. (1719)
  Charles-Joseph-Eugène de Tournai d'Assi-
  gnies, Comte d'Oisi:
  (?) social relations of, with Comtesse de la
  Marche, ii. 12
Massuet, Pierre (1698–1776):
  (?) *Histoire de l'empereur Charles VI,* D owns,
  vi. 35
Mast, Mrs:
  HW buys snuff-boxes for, v. 410
Mathew, Mrs. See Smyth, Ellis
*1* Matignon, Comte de, grandson of *3.* See
  Goyon-de-Matignon, Louis-Charles de
*2* Matignon, Comtesse de, wife of *1.* See Le
  Tonnelier de Breteuil, Angélique-Élisabeth
*3* Matignon, Marquis de. See Goyon-de-Mati-
  gnon, Marie-Thomas-Auguste de
Matignon family:
  fools, i. 277–8
Matson, Glos, Selwyn's seat:
  Selwyn occupies, v. 162, 168, 169
  visitors to: Fagnani, Maria, v. 162; HW, iv. 83n
Matta, Comte de:
  social relations of, with Élie de Beaumont, v.
  302

Matthews, Mrs. See Smyth, Ellis
Maubeuge:
  (?) Joly de Fleury exiled to, iv. 112
Maubuisson, Abbess of. See Louisa Hollandina
Maudave. See Féderbe de Maudave
Mauduit de la Rive, Jean (1747–1827), actor:
  *Rhadamiste et Zénobie* acted by, v. 349
  verses on, v. 23
Mauger, Bonne-Laurence-Élisabeth de (1740–
  1825), m. Athanase-Scipion Barrin, Marquis
  de la Galissonnière:
  (?) apartment of, in convent of Saint-Joseph,
  i. **19**
  (?) does not attend ball, ii. 415
  (?) social relations of, with D, v. 331, 426
Mauléon. See Loiseau de Mauléon
*1* Maulévrier, Marquis de. See Colbert, René-
  Édouard
*2* Maulévrier, Marquise de, wife of *1.* See
  Manneville, Charlotte-Jacqueline-Françoise de
Maulévrier-Langeron, Marquis de. See Andrault, Charles-Claude
Maulnoury. See Malnoury
Maupas, Marquise de. See Magon de Boisgarin,
  Marie-Josèphe
*1* Maupeou, Marie-Catherine-Charlotte de (b.
  1718), m. (1737) Jean-Gabriel-Amable-Alexandre de Riquet, seigneur de Bonrepos,
  (?) 'Caraman the elder':
  (?) social relations of, with Comte and Comtesse de Maurepas, v. 291
*2* Maupeou, René-Ange-Augustin de (1746–94),
  Marquis de Bully; Marquis de Maupeou; son
  of *4:*
  (?) attends session of parliament of Paris, vi.
  173
  dukedom suggested for, iv. 278
*3* Maupeou, René-Charles de (1688–1775), vice-
  chancellor:
  death of, iv. 178
  social relations of, with HW, v. 266
*4* Maupeou, René-Nicolas-Charles-Augustin de
  (1714–92), first president of parliament of
  Paris; Chancellor; son of *3:*
  Aiguillon opposes, iii. 213, 285
  anecdote of, and Monclar's pension, ii. 285
  appointment of minister of foreign affairs delayed by, iii. 72
  Ayen's warning to, vi. 182
  Boynes predicted as successor to, iii. 214
  Bruyères temporary place of exile of, iv. 87
  Choiseul contrasted with, vi. 179
  Condé's reconciliation with Louis XV not
  negotiated by, iii. 296
  *Correspondance secrète et familière de,* see
  under Pidansat de Mairobert, Mathieu-François
  D's opinion of, ii. 202–3, iii. 33, 59, 67
  disgrace of, predicted, iii. 45, 214
  exiled, iv. 64n, 87
  father of, dies, iv. 178
  guard given to, vi. 181
  HW sees, v. 334

has stirred up trouble, iii. 67
influence of, ii. 326, 341, 464
Louis XVI permits, to return to Brièze, v.
436
Monteynard supports, iii. 285
papal domination upheld by, iii. 213, 214
parliamentary edict on papal decrees opposed
by, iii. 213
parliamentary indignation against, ii. 449
parliamentary suppression upheld by, iii. 61,
105–6
parliament of Paris meets with, vi. 171–5
resignation of, may be purchased by dukedom
for son of, iv. 278
Rue Judas assigned to, in joke, vi. 181
social relations of, with: Aiguillon, Duchesse
d', iii. 110; La Vallière, ii. 472
speech of, at lit de justice: vi. 166; extract
from, vi. 167
spoken of, for minister of foreign affairs, iii.
67
supporters of, iii. 213
Terray selected by, for controller, ii. 326
unpopularity of, iii. 5, iv. 93
verses on, ii. 452, iv. 194, vi. 179
Voltaire's verses to, iii. 196
Mauperché, ——:
attends session of parliament of Paris, vi. 173
*1* Maurepas, Comte de. See Phélypeaux, Jean-
Frédéric
*2* Maurepas, Comtesse de, wife of *1*. See Phélypeaux de la Vrillière, Marie-Jeanne
Maurepas, Hôtel de:
Hôtel de la Mothe near, v. 24
Maurevel, Mme de. See Choiseul, Élisabeth-Cé-
leste-Adélaïde de
Mauritius. See Île de France
Maury, Mme de. See Moreau de Champlois, Ma-
rie-Madeleine de
Maussion, ——:
attends session of parliament of Paris, vi. 173
*Maximes et réflexions morales du duc de la
Rochefoucauld. See under* La Rochefoucauld,
François de
Maximilian (1756–1801), Archduke:
ball to be given for arrival of, iv. 148
fêtes for, iv. 161
La Muette visited by, iv. 156
leaves Paris, iv. 163
Paris visited by, iv. 156
Princes of the Blood not called on by, iv. 163
social relations of, with: Aubeterre, Marquis
d', iv. 156–7; Berchény, iv. 156; Bernis, iv.
156–7; Biron, Maréchal de, iv. 156; Breteuil,
Baron de, iv. 156–7; Brissac, Maréchal de, iv.
156; Broglie, Maréchal de, iv. 156; Choiseul,
iv. 158; Clermont-Tonnerre, Maréchal de, iv.
156; Conflans, Maréchal de, iv. 156; Contades,
iv. 156; Du Châtelet, iv. 156–7, 158; Du
Châtelet, Comtesse, iv. 158; Durfort, Marquis de, iv. 156–7; Hautefort, Marquis d', iv.
156–7; Praslin, Duc de, iv. 156–7; Richelieu,

iv. 156; Rohan, Cardinal de, iv. 156–7; Sou-
bise, iv. 156
Versailles visited by, iv. 156
Maximilian Joseph III (1727–77), Elector of
Bavaria:
death of, v. **6**
Maxwell, Robert (d. 1779), 1st E. of Farnham:
D may send parcel by, ii. **74**
Maxwell, Willielma (ca 1742–86), m. (1761) John
Campbell, styled Lord Glenorchy:
social relations of, with HW, v. 270
Maynard, Vcts. See Parsons, Anne
Mayne, William (1722–94), cr. (1763) Bt; cr.
(1776) Bn Newhaven:
marriage of, v. 177n
Mayneaud, ——:
attends session of parliament of Paris, vi. 171,
172
Maynon d'Invault, Étienne (1721–1801), controller-general:
Châtillon visited by, v. 331
made controller-general, ii. 144
resigns, ii. 321, 326
Trudaine de Montigny, Mme, sister-in-law of,
ii. **189**
*1* Mazade, Marie-Madeleine (1716–73), m. (1)
Gaspard Grimod de la Reynière; m. (2) (1756)
Charles de Masso, Marquis de la Ferrière:
death of, expected, iii. 342
Mirepoix, Mme de, takes house of, iv. 11
social relations of, with D, i. 385
*2* Mazade d'Argeville, Agnès-Thérèse, niece of *1*,
m. (1758) Claude-François (*or* Bernard-Louis
*or* François-Claude), Marquis de Chauvelin:
Chanteloup to be visited by, v. 150–1
—— visited by, vi. 207
house of, vacated at husband's death, iii. 431,
435
Italian sung by, v. 299
social relations of, with: Beauvau, Princesse
de, v. 340; Conti, v. 299; D, i. 210; Luxembourg, Mme de, v. 301
*1* Mazarin, Duc de, g.-g.-grandfather of *2*, husband of *3*. See La Porte, Armand-Charles de
*2, 3* Mazarin, Duchesse de. See Durfort-Duras,
Louise-Jeanne de (1735–81); Mancini, Hortense (1646–99)
*4* Mazarin, Jules (1602–61), cardinal; uncle of *3*:
audiences given by, in gallery, v. 311
Bibliothèque du Roi occupies house of, v. 311
tomb of, v. 276
will of, ii. 324
Mazarin, Hôtel de:
visitors to: Boufflers, Marquise de, v. 332;
Cholmondeley, Mrs, v. 332; Churchills, v.
336; HW, v. 332, 336
Meade, Peter:
(?) social relations of, with Marquise de Coislin, v. 297
Meals. See Dinner; Supper; Tea
Measles:
Leinster, Ds of, thought to have, iv. 330, 331
quarantine for, v. 129

Meat:
> in gout, i. 121

Meath, Bishop of. *See* Pococke, Richard

Meaux, Bishop of. *See* Bossuet, Jacques-Bénigne

Médaby d'Osmond, Charles-Antoine-Gabriel (d. 1806), Bishop of Comminges:
> social relations of, with: Geoffrin, Mme, v. 352; Guerchy, Comtesse de, v. 317

Medal; medals:
> Barthélemy curator of, iii. 108
> china, v. 262
> Cotte director of, iv. 33, 34
> D seeks, for HW, iv. 27, 33, 34, 40, 45
> Ennery's collection of, v. 325
> HW asks Schuwalof about, iv. 400
> HW's: iv. 355, v. 215; (?) Keppel sees, iii. 235
> HW sends, to: Caraman, iv. 247, 259; Creutz, iv. 260
> La Reynière receives, iv. 331
> —— seeks, from HW, iv. 305, 312
> of Louis XVI's consecration, iv. 195, 197
> of Mark Antony, iv. 54, 60, 140, 150–1

Medallion; medallions:
> (?) Conway sends, to D, iv. 328, 331, 339
> with hair, given by Mme de Luxembourg to D, v. 97–8

*Médée. See under* Clément, Jean-Marie-Bernard

Medici:
> device of, v. 279

Medici, Catherine de'. *See* Catherine de Médicis

Medici, Marie de'. *See* Marie de Médicis

Medicine:
> D has little confidence in, iv. 234
> D takes, iv. 244
> food the best, iii. 313
> Gerbier burned by, iii. 192
> HW sends book on, to Choiseul, ii. 114
> Luxembourg, Mme de, takes, v. 208
> Pomme's system of, i. 367–8
> water, i. 234 (*see also* Bath, waters of)
> *See also:* Antiscorbutics; Autopsy; Barley sugar; Baths; Bavaroise; Bleeding; Camœdris; Camomile; Cassia; Colic; Court plaster; Doctors; Dysentery; Emetic; Erysipelas; Fever; Fistula; Général la Motte; Gout; Grippe, la; Hemorrhage; Herb juices; Herpes; Influenza; Inoculation for smallpox; Insanity; James's powders; Leeches; Lilium; Liver; Measles; Migraine; Milk; Miscarriage; Nephritis; Opium; Pleurisy; Pneumonia; Poultice; Quinine; Rheumatism; Rhubarb; St Anthony's Fire; Sanitation; Sciatica; Smallpox; Soap pills; Stone; Stoughton's drops; Strangury; Sugar of mercury; Suttons' powders; Symphysis; Tapeworm; Tertian fever; Thermometer, clinical; Tonsilitis; Tuberculosis; Tumour; Ulcer; Whitlow

Médicis, Catherine de. *See* Catherine de Médicis

Médicis, Marie de. *See* Marie de Médicis

Mediterranean:
> English fleet ordered to, iii. 348

Meilhan, Sénac de. *See* Sénac de Meilhan

*1* Meinières, Jean-Baptiste-François Durey de. *See* Durey de Meinières, Jean-Baptiste-François

*2* Meinières, Mme Jean-Baptiste-François Durey de, wife of *1. See* Guichard, Octavie

Mejanelle. *See* La Mejanelle

*Mélanie. See under* La Harpe, Jean-François de

Melfort, Comte de. *See* Drummond, Louis-Jean-Édouard

Mellet, Comtesse de. *See* Le Daulceur, Élisabeth-Mélanie

Mello e Castro, Dom Martinho (d. 1795), Portuguese minister to England:
> D mentions, ii. 329

Melon:
> D attributes insomnia to, iii. 371

Melun, Louise-Élisabeth de (b. 1738), m. (1758) Philippe-Alexandre-Emmanuel-François-Joseph, Prince de Guistelle:
> accompanies Madame Louise to convent, ii. **399**

*Mémoire justificatif pour servir de Réponse à l'Exposé des Motifs de la Conduite du Roi de France relativement à l'Angleterre. See under* Gibbon, Edward

*Mémoire pour le comte de Guines. . . . See under* Bonnières, Adrien-Louis de

*Mémoire pour le Duc d'Aiguillon. See under* Linguet, Simon-Nicolas-Henri

*Mémoire pour le Sieur de La Bourdonnais. See under* Gennes, Pierre de

*Mémoires. See under:* Hérault de Gourville, Jean; Hume, David, *Autobiography;* Rabutin, Roger de

*Mémoires de Beauvau. See under* Beauvau, Henri de

*Mémoires de Cécile. See under* Guichard, Éléonore; La Place, Pierre-Antoine de

*Mémoires de Grammont. See* Hamilton, Anthony, memoirs of Gramont by

*Mémoires de la Grande Bretagne et d'Irlande. See under* Dalrymple, Sir John

*Mémoires de La Porte. See under* Mancini, Hortense

*Mémoires de Mlle Doran:*
> D owns, vi. 33

*Mémoires de Maintenon. See* Angliviel de la Beaumelle, Laurent, *Mémoires pour servir . . .*

*Mémoires de M. de Saint-Germain. See under* Saint-Germain, Claude-Louis de

*Mémoires de Montpensier. See under* Bourbon d'Orléans, Anne-Marie-Louise de

*Mémoires de Montyon:*
> D owns, vi. 32

*Mémoires de Nemours. See under* Orléans de Longueville, Marie d'

*Mémoires de Norden:*
> D owns, vi. 34

*Mémoires de Sully. See under* Béthune, Maximilien de

*Mémoires du Maréchal de Noailles. See* Noailles, Adrien-Maurice, Duc de, *Mémoires politiques et militaires*

*Mémoires historiques. See under* Mahé de la Bourdonnais, Bertrand-François

*Mémoires politiques et militaires pour servir à l'histoire de Louis XIV et de Louis XV. See under* Noailles, Adrien-Maurice, Duc de

*Mémoires pour la vie de François Pétrarque. See under* Sade, Jacques-François-Paul-Aldonce de

*Mémoires pour servir à l'histoire de France et de Bourgogne:*
HW desires second volume of, iv. 76

*Mémoires pour servir à l'histoire de Mme de Maintenon. See under* Angliviel de la Beaumelle, Laurent

*Mémoires secrets. . . . See under* Petit de Bachaumont, Louis; Pidansat de Mairobert, Mathieu-François; St John, Henry (1678–1751)

*Mémoires sur la vie de Mlle de Lenclos. See under* Bret, Antoine

*Mémoire sur la situation actuelle de la Compagnie des Indes. See under* Morellet, André

*Memoirs of the Reign of King George the Third:*
(?) D inquires about progress of, ii. 374

Memory:
D on, ii. 420–1

*1* Menard, ——, proprietor of Hôtel du Saint-Esprit:
Buyot defends, v. 267
reputation of, v. 269

*2* Menard, Mme, wife of *1*; mistress of Hôtel du Saint-Esprit:
Buyot defends, v. 267
lies told by, v. 268

Mendez, Jael (d. 1782), m. (1) (1762) John Neil Campbell; m. (2) (1766) Robert Hampden Pye:
D does not know, iv. 117

Menier (?Meunière), ——, clockmaker:
D's receipt from, vi. 41

Ménilmontant:
landslide at, v. 61–2

Menon de Turbilly, Marie-Anne de (b. ca 1720), m. Charles-Joseph-René-Éléonor-Henri Barrin, Marquis de la Galissonnière:
(?) apartment of, in convent of Saint-Joseph, i. **19**
(?) does not attend ball, ii. 415
(?) social relations of, with D, v. 331, 426

Menou, Louise-Thérèse de (1714–66), m. (1740) Henri-François de Lambert:
social relations of, with: Aiguillon, Duchesse d', v. 278, 300, 302; (?) Anfreville, v. 300; (?) Beauteville, v. 300; Breteuil, v. 302; Caraman, Comtesse de, v. 300; D, v. 271, 287, 292, 299, 300; Damas, Comte de, v. 300, 302; Egmont, Comtesse d' (dowager), v. 302; Fleury, Bailli de, v. 302; Forcalquier, Comtesse de, v. 295; HW, v. 300, 302; Harcourt, Comte d', v. 300; Hénault, v. 296; La Vallière, Duchesse de, v. 300, 302; Maurepas, Comte and Comtesse de, v. 285, 302; Morfontaine, v. 302; Peyre,

Comtesse de, v. 300, 302; Pont-de-Veyle, v. 300; Richelieu, v. 300; (?) Saulx, v. 300, 302; Valentinois, Comtesse de, v. 300; Vougny, Mme de, v. 302

Menshikov, Alexander Danilovich (1673–1729), Prince:
La Harpe's tragedy about, iv. 167

*Menzikoff. See under* La Harpe, Jean-François de

Mercherbeze:
sauce called, v. 446

Mercier, Louis-Sébastien (1740–1814):
*Indigent, L':* D hears Le Texier act, iv. 32, 41; D promises, to HW, iv. 35; D wishes HW had heard, iv. 241

Mercœur, duchy of:
Louis XV purchases, ii. 419

*Mercure de France:*
Albon's verses to D in, iv. 25
Catherine II's letter to Mme Denis in, v. 90, 91
D receives copy of, v. 422
D's opinion of, v. 68
'Du style épistolaire et de Mme de Sévigné' in, v. 96, 99, 106, 111, 113
receipt for D's subscription to, vi. 42
Voltaire's 'Diatribe' in, v. 375
——'s 'Impromptu' in, iv. 130
—— to HW 15 July 1768 in, ii. 237

*Mercure galant, Le. See under* Boursault, Edmé

Mercury:
statue of, at Hôtel de Biron, v. 263

Mercy-Argenteau, Florimond-Claude-Charles (1727–94), Comte de, Austrian ambassador to France 1766–90:
ball given by, ii. 409, 415
Châtillon visited by, v. 331
D in neighbourhood of, ii. 415
HW's correspondence with Voltaire approved by, ii. 117–8
health of, iv. 435
Joseph II lodges with, iv. 440
—— sends news to, iv. 394
request of, for honour to Princesse de Lorraine, ii. 409, 412
social relations of, with: Choiseul, Duchesse de, ii. 117; Guerchy, Comtesse de, v. 317; Joseph II, iv. 435; Maximilian, iv. 156; Necker, iv. 443; Rochfords, ii. 15

*Mère L'Oye, Contes du Tems Passé de ma. See under* Perrault, Charles

Mérode, Joséphine-Monique-Mélanie (ca 1686–1771), m. (1) (1714) Antoine-Christophe, Comte des Ursins; m. (2) (1741) Henri-Ange, Comte d'Apremont:
(?) social relations of, with Marquise de Coislin, v. 297

*Mérope. See under* Voltaire

*1* Méry, Marquis de. *See* Molé, Édouard-François-Mathieu

*2* Méry, Marquise de, wife of *1*. *See* Lamoignon de Basville, Marie-Louise-Élisabeth de

Mesdames de France (daughters of Louis XV):
  Bellevue visited by, ii. 416
  card-playing of, ii. 134
  Chantilly visited by, ii. 257, 447
  Choisy visited by, iv. 50
  Du Hautoy pitied by, ii. 134
  Louis XV tended in illness by, iv. 50
  Louise, Madame, to see, ii. 404
  —— writes to, on entering convent, ii. 400
  Marly visited by, ii. 93
  Maurepas received by, iv. 53
  send money to d'Alby after disaster at fire-
    works, ii. 419
  social relations of, with Louis XV, ii. 154
  Talmond, Princesse de, leaves jewels to, iii.
    438
  Timbrune recommended by, iii. 431
  See also Marie-Adélaïde; Louise-Marie;
    Sophie-Philippine-Élisabeth-Justine; Victoire-
    Louise-Marie-Thérèse
1 Meslai, Baron de. See Thou, Jacques-Auguste
    de
2, 3 Meslai, Baronnes de, wives of 1. See Bar-
    bançon, Marie de (d. 1601); La Chastre, Gas-
    parde de (1577–ca 1617)
Mesmes, Marquise de. See Feydeau de Brou,
    Anne-Marie-Henriette
1 Mesmes, Joseph (d. 1804), cr. (1781) Marquis
    de Mesmes:
  social relations of, with: Aiguillon, Duchesse
    d', v. 285, 296, 314; Egmont, Comtesse d', v.
    305
2 Mesmes, Mme Joseph, wife of 1. See Feydeau
    de Brou, Anne-Marie-Henriette
Mesnildot de Vierville, Du. See Du Mesnildot de
    Vierville
'Messaline.' See Pitt, Penelope
Messey, —— de, m. (1765) Charles, Marquis de
    Bussy:
  Craufurd to discuss, with HW, iii. 292
  D mentions, i. 18
  Mirepoix, Mme de, tries to explain to, about
    Louis XV's gift, v. 369
  Opéra-Comique attended by, iii. 361
  social relations of, with: Beauvau, Princesse
    de, v. 307; Choiseul, Duchesse de, v. 299;
    Craufurd, iii. 280, 288; D, iii. 280; Greville,
    Mrs, iii. 362; Hénault, v. 276, 303; Lauzun,
    Duchesse de, v. 321; Luxembourg, Mme de,
    v. 301, 303; Mirepoix, Mme de, iii. 314, v. 302,
    307; Spencer, Cts, iii. 362
  Spencer, Cts, friend of, iii. 351
Methodism:
  Anglican church not to be upset by, iii. 356
  D jokes at HW about, i. 158–9, 159
Metz, Abbess of. See Choiseul-Stainville, Caro-
    line-Eugénie de
Metz, Bishop of. See Montmorency-Laval, Louis-
    Joseph de
Metz:
  Broglie, Comte de, second in command at,
    iv. 110, 232
  —— to command at, v. 45–6, 53

  visitors to: Broglie, Comte de, iv. 232, 253,
    272, 281, 324, v. 68; Broglie, Comtesse de, iv.
    272, 281; Conway, iv. 78
Metzu, Gabriel (1630–67), painter:
  paintings by, at Julienne's, v. 287
Meudon:
  Mirepoix, Mme de, has apartment at, iv. 349
Meulan de la Sourdière, Claude-Marie-Nicolas
    (d. 1786):
  (?) attends session of parliament of Paris, vi.
    171
Meun. See also Mun
Meun, country-seat of Bishop of Orléans:
  Choiseul, Duc and Duchesse de, to visit, iv. 92
  Orléans, Bishop of, occupies, iii. 239–40
Meunière, Paul-Toussaint (or -Nicolas), gold-
    smith:
  (?) D orders saltcellar from, v. 452
  (?) D's receipt from, vi. 41
  D to have snuff-box made by, for Duchesse de
    Choiseul's portrait, iv. 371
  Gibbon's snuff-box made by, iv. 371
Meute, La. See La Muette
1 Meynell, Hugo (1735–1808):
  (?) HW mentions, iii. 75
2 Meynell, Hugo (1759–1800), son of 1:
  (?) social relations of, with HW, iv. 455
3 Meynell, Mrs Hugo, wife of 1. See Boothby-
    Scrimshire, Anne
Mézeray, François de (1610–83), historian:
  Histoire de France, (?) D owns, vi. 34
Mézières, Marquise de. See Oglethorpe, Eleo-
    nora
Mezzotints:
  HW gives, to Duchesse de Villeroy, iii. 172,
    v. 416
Michalin, Pierre (d. ca 1790), Selwyn's valet:
  D receives Selwyn's commission from, iv. 482
Michaud. See Le Michaud
Michau de Monteran, Jacques-Marie-Jérôme (d.
    before 1785):
  (?) attends session of parliament of Paris, vi.
    173
Michaux de Montaran de Montblin, Hippolyte-
    Louis:
  moves protest in parliament of Paris against
    Louis XV's action, vi. 166
Michel de Tharon, Gabrielle-Augustine (1744–
    94), m. (1762) François-Gaston, Marquis
    (later Duc) de Lévis:
  daughter of, to marry, v. 453
Michelet (Selwyn's valet). See Michalin, Pierre
Michelin, ——, notary:
  contract passed before, vi. 40
'Michelle, la.' See Michel de Tharon, Gabrielle-
    Augustine
Michu, Benoît (d. 1730), glass-painter:
  Elias' designs executed by, v. 282
Midas's barber:
  D alludes to, ii. 390
Middleton, Catherine (d. 1784), lady in waiting
    to Ps Amelia:
  Temples entertain, ii. 432

Middleton, Conyers (1683–1750):
*History of the Life of Marcus Tullius Cicero*
(translated by Prévost d'Exiles), D reads, iv.
332
Midleton, Vct. *See* Brodrick, George
'Migas Frias,' of Fundão:
José I attacked by, ii. 329
Mignard, Catherine-Marguerite (1652–1742), m.
Jules de Pas, Comte de Feuquières:
tomb of, v. 281
Mignard, Nicolas (1606–68), *or* Pierre (1610–
95), painter:
Louvre has bust of, v. 339
miniatures by, at Sceaux, v. 322
Monaco, P. of, has paintings by, v. 335
tomb of, v. 281
*1* Mignot, Alexandre-Jean (b. 1725), Voltaire's
nephew:
Pompignan heirs to eat with, in age of tolerance, vi. 157
*2* Mignot, Marie-Élisabeth (1715–71), sister of *1*,
m. (1) (1738) Nicolas-Joseph de Dompierre,
seigneur de Fontaine-Hornoy; m. (2) (1762)
Philippe-Antoine Claris de Florian, Marquis
de Florian; Voltaire's niece:
social relations of, with: D, v. 269; Élie de
Beaumont, v. 304
*3* Mignot, Marie-Louise (ca 1712–90), sister of *1*,
m. (1) (1738) Nicolas-Charles Denis; m. (2)
(1780) Nicolas (?François) Duvivier; Voltaire's
niece:
Catherine II's correspondence with, v. 90, 91,
vi. 212
D's opinion of, v. 20, 35, 49
Duvivier marries, v. 206, 207, 442
Paris may become home of, v. 24
permission for Voltaire's return sought by,
v. 329
social relations of, with D, ii. 47, v. 49, 206,
329, 427, 443
Voltaire accompanied to Paris by, v. 17
—— addresses letter to, to Choiseul, ii. 171,
181
—— joined by, ii. 293
——'s correspondence with D returned to D
by, v. 109
—— sends, to Paris, ii. 42, 47, 52, 53
——'s residuary heir, v. 48, 49
*4* Mignot, Vincent (1725–91), abbé; Voltaire's
nephew; brother of *1*:
(?) *Histoire des rois . . . Ferdinand et Isabelle*, v. 286
Pompignan heirs to eat with, in age of tolerance, vi. 157
(?) social relations of, with Élie de Beaumont,
v. 286
Voltaire's burial arranged by, v. 48
——'s confession signed by, v. 25, 26
——'s legacy to, v. 48
Migraine:
Choiseul, Duchesse de, has, iv. 376
—— seeks medicine for, iii. 256
Wiart has, iv. 432, 483, v. 209

Milan:
Selwyn at, v. 65
—— to visit, v. 44, 50
Mildmay, Sir William (ca 1705–71), cr. (1765)
Bt:
death of, v. **372**, 398
Milet, Jeanneton:
account of, by Mme de Meinières, i. **351** (*see
also* Guichard, Octavie, *Triomphe de l'amitié,
Le*)
D's 'quête' for, v. 318
installation of, v. 321
La Borde gives money to, vi. 187
social relations of, with D, v. 318
*Militaire philosophe, Le. See under* Cordonnier,
Hyacinthe
Milk:
disagrees with HW, iii. 318
for gout, i. 121, ii. 467
*Mille et une folies, Les. See under* Nougaret,
Pierre-Jean-Baptiste
*Mille et une nuits, Les:*
D likes, iii. 77
D owns, vi. 32
D reads, ii. 248
*See also under* Galland, Antoine
*Mille et un jours, Les. See under* Pétis de la
Croix, François
*Mille et un quarts d'heure, Les. See under*
Gueulette, Thomas-Simon
*1* Miller, Lady, wife of *3. See* Riggs, Anna
*2* Miller, (?) Charles, Earl Harcourt's secretary:
Versailles visited by, iii. **74**
*3* Miller, Sir John (d. 1798), cr. (1778) Bt;
brother of *2*:
Bath Easton vase and poetical circle of, iv. 137
D dislikes, iii. 205
social relations of, with D, iii. 189, 197, iv. 402
*1* Miller, Mrs John, wife of *3. See* Riggs, Anna
Millerio, Contessa. *See* Brusati, ——, wife of
Gianpietro Brusati
Millot, Claude-François-Xavier (1726–85), abbé:
Académie française elects, iv. 497
Académie française receives, v. 10
edits the Duc de Noailles's *Mémoires*, iv. 412
*Éléments de l'histoire d'Angleterre*, iv. 447
'Mimie.' *See* Fagnani, Maria Emily
Mines:
Necker receives charge of, v. 453
Minet, Hugues (1731–1813), importer:
HW could have sent taffeta through, ii. **19**
HW pays, for boat, v. 398
tea to be sent through, iii. 307
Minimes:
church of, visited by HW, v. 302
sacristan of: D admired by, i. 166, 183; D pre-
fers, to solitude, v. 132
Minister:
from American colonies to France, *see* Franklin, Benjamin
from Elector Palatine to France, *see* Sickingen, Karl Heinrich Joseph, Reichsgraf von
from England to: France, *see* Saint Paul,

[Minister, *continued*]
Horace; Naples, *see* Hamilton, Sir William; Poland, *see* Wroughton, Sir Thomas; Portugal, *see* Walpole, Hon. Robert (1736–1810); Prussia, *see* Elliot, Hugh; Sweden, *see* Wroughton, Sir Thomas; Switzerland, *see* Norton, William

from France to: Austria, *see* Blondel, Louis-Augustin; Denmark, *see* Blosset, Paul, Marquis de, *and* Saint-Georges, Charles-Olivier de, Marquis de Vérac; Diet of the Empire, *see* Bulkeley, Henri-(?)François, Comte de; Elector Palatine at Mannheim, *see* O'Dunne, Jacques, Comte; Parma, *see* Durfort-Civrac, Émeric-Joseph de, Marquis de Durfort, *and* Du Tillot, Guillaume-Léon, Marquis de Felino; Prussia, *see* Pons, Louis-Marie, Marquis de

from Genoa to France, *see* Sorba, Agostino Paolo Domenico, Marchese di; Spinola, Cristoforo Vincenzo, Marchese di

from Portugal to: England, *see* Mello e Castro, Dom Martinho; France, *see* Souza Coutinho, Dom Vicente de

from Prussia to: England, *see* Maltzan, Joachim Karl, Graf von; France, *see* Goltz, Bernhard, Freiherr von der

from Russia to France, *see* Bariatinsky, Ivan Sergeievitch, Prince

from Saxony to France, *see* Wirter, ——

*See also* Ambassador

Ministry, French:
ludicrous changes proposed for, v. 129

Ministry of War, French:
site of convent of Saint-Joseph occupied by, vi. 4

Minorca:
Modave commanded at, v. 284

Minos, K. of Crete:
D compares Choiseul to, vi. 122
*See also* Voltaire, *Lois de Minos, Les*

Minto, Bn and E. of. *See* Elliot, Gilbert

Minuel, ——, clockmaker:
D has clock by, vi. 20

Minuet:
ii. 408, 410

Mirabaud:
anathemas against, vi. 177

Mirabeau, Marquis de. *See* Riquetti, Victor

Miran, Marquise de. *See* Selle, Marie-Françoise de

Mirepoix, Bishop of. *See* Cambon, François-Tristan de

Mirepoix, Duchesse and Maréchale de. *See* Beauvau-Craon, Anne-Marguerite-Gabrielle de

Mirepoix, diocese of:
Bishop to return to, iv. 251–3

Mirlitons:
D puts *Inès de Castro* into, v. 322

Miromesnil. *See* Hue de Miromesnil

*Misanthrope, Le. See under* Molière

Miscarriage:
D comments on, i. 325, iv. 331, 338

Miser:
story of, v. 301

Mississippi bubble:
HW mentions, iv. 432
Herbert, Lady Mary, makes and loses fortune in, v. 288

Mitchell, Andrew, captain:
(?) social relations of, with Craufurd, v. 272

*Mithridate. See under* Racine, Jean

Mocenigo, Alvise (living, 1797), ambassador from Venice to France:
ball given by, iv. 277

Mocking-bird. *See* Birds, sent by HW to Duchesse de la Vallière

Modave. *See* Féderbe de Maudave

*Modèles de lettres. See* Philipon la Madelaine, Louis

Modena, D. of. *See* Francis III

Modena, Ps of. *See* Este, Elisabetta Ernestina d'

Modène, Hôtel de:
Fitzgerald, Lord Charles, lodges at, iv. 330
visitors to: Beaune, iv. 330; Binghams, iv. 330; Boisgelin, Comtesse de, iv. 330; Cambis, Vicomtesse de, iv. 330; D, iv. 330; (?) Fitzgerald, Lady Charlotte, iv. 330; Mirepoix, Mme de, iv. 330; Monaco, iv. 330; Ogilvie, iv. 330; Sanadon, Mlle, iv. 330; Viry, Contessa di, iv. 330

'Modern Gardening, On':
D hears of, iii. 195

Mohair:
HW to send, to D, iv. 13, 14, 16

Moine, Le. *See* Le Moine

*Mois d'Auguste, Le. See under* Neufchâteau, Nicolas-Louis-François de

Mola, Pier Francesco (1612–68), painter:
paintings by, at Julienne's, v. 287

*1* Molé, Édouard-François-Mathieu (1760–94), Comte de Champlâtreux; Marquis de Méry; son of *3*:
marriage of, v. **109**

*2* Molé, François-René (1734–1802), actor:
acts in: *Britannicus*, v. 277; *Fausse Agnès*, v. 275; *Honnête criminel, L'*, ii. 22; *Phèdre*, v. 275
Clairon, Mlle, gives benefit for, i. 201, 230, 234, 237, 240
D admires Hamlet of, ii. 282
HW sees, in comedies, v. 263
song for Clairon's performance for, vi. 129–30

*3* Molé, Mathieu-François (1705–93), president:
social relations of, with Hénault, v. 299
son of, v. 109

Molesworth, Frances (before 1766–1829), m. (1785) John Jeffreys Pratt, 2d E. Camden, cr. (1812) M. of Camden:
Shelburne rejected by, v. 13

Molette, Jean-François-Charles de (b. 1726), Comte de Morangiès:
sentenced, iii. 364, 401
sentence of, iii. 365–6
Voltaire defends, iii. 400–1, 419

Molière (Jean-Baptiste Poquelin) (1622–73), dramatist:
  Avare, L', D cites, ii. 393
  (?) Chamfort eulogizes, v. 326
  Comtesse d'Escarbagnas, La, v. 317
  École des femmes, L', D quotes, ii. 495, iii. 412, v. 39
  École des maris, L', v. 277
  Femmes savantes, Les: D cites, i. 262; D's guests recite, iii. 117, v. 350
  Fourberies de Scapin, Les, D paraphrases, i. 331, ii. 267, 274
  HW likes, iv. 44
  Misanthrope, Le: D absents self from, ii. 131; D cites, i. 126, ii. 18, 422, iv. 339; D paraphrases song in, i. 91; D's guests to recite, iii. 117; HW paraphrases song in, i. 44; HW sees, v. 345; (?) HW to see, iv. 217
  Précieuses ridicules, Les, v. 272
  Tartuffe, Le: ii. 222, v. 265; ladies recite, iv. 466, v. 350
Molin, Mme. See Lemaure, Catherine-Nicole
Molin-Dumesnil, Anne-Louise (1729–83), m. Jean-Baptiste-Jacques Élie de Beaumont:
  Anecdotes de la cour et du règne d'Édouard II, roi d'Angleterre finished by, iv. 284, 294
  D to be read unpublished novel by, i. 114
  (?) HW mentions, i. 341
  HW's account of Hume-Rousseau quarrel to be read by, i. 99–100
  HW's correspondence with, v. 382, 383
  Historic Doubts praised by, ii. 72
  lawsuit won by, v. 323
  social relations of, with: D, i. 114, 118, v. 316; HW, v. 279, 307, 309, 320, 323; Rochford, Cts of, ii. 72
Molyneux, Charles William (1748–94), 8th Vct Molyneux, cr. (1771) E. of Sefton:
  HW mentions, iii. 75
1, 2 Monaco, P. of. See Goyon-de-Matignon de Grimaldi, Honoré-Aimé-Charles-Maurice (1758–1819); Goyon-de-Matignon de Grimaldi, Honoré-Camille-Léonor (1720–95)
3 Monaco, 'Prince Joseph of,' brother of 1, son of 2. See Goyon-de-Matignon de Grimaldi, Joseph-Marie-Jérôme-Honoré
4, 5 Monaco, Princesses of, wives of 1 and 2. See Aumont de Mazarin, Louise-Félicité-Victoire d' (1759–1826); Brignole, Marie-Catherine de (1739–1813)
6 Monaco, 'Princess Joseph of,' wife of 3. See Choiseul-Stainville, Thérèse-Félicité de
Monaco:
  Monaco, P. of, at, iv. 212
  York dies at, v. 321, 365–6
Monaco, Hôtel de, Rue de Varenne:
  HW and Mariette visit, v. 337
  Monaco, Ps of, does not return to, ii. 438
Monceaux d'Auxy, Marie-Louise de (ca 1706–83), m. (1720) Jacques-Charles, Marquis de Créqui:
  (?) Salm, Ps of, called on by, after duel, iv. 279

Monclar, Marquis de. See Ripert, Jean-Pierre-François de
1 Monconseil, Marquise de. See Rioult de Douilly, Claire-Cécile-Thérèse-Pauline
2 Monconseil, Étiennette Guignot de, dau. of 1. See Guignot de Monconseil, Étiennette
Moncrif. See Paradis de Moncrif
Mon dernier mot. See under Clément, Jean-Marie-Bernard
Mondomaine, ——, Choiseul's servant:
  escapes injury, iii. 122
Mondonville. See Cassanea de Mondonville
'Monfort, M. de.' See Phélypeaux, Jean-Frédéric
Mongez, Antoine (1747–1835):
  Histoire de la reine Marguerite de Valois: D owns, vi. 34; (?) D reads, iv. 412
Monier. See Le Monnier
Monmayeux, Marie-Marthe (d. 1794), m. (1764) Jean-François de la Harpe:
  leaves Voltaire, ii. 42
Monmouth, D. of. See Scott, James
Monnerat, David (d. 1785), HW's servant:
  (?) D sends letter by, iii. 91, 93
  Gem, Dr, attends, v. 410
  HW employs, in Paris, iv. 214n
  HW leaves money with, v. 412
  wages of, paid, v. 410, 413
Monnier, Le. See Le Monnier
Monomotapa:
  D mentions, i. 163
Mons:
  Dumont at, ii. 425
'Monsieur.' See Louis (-Stanislas-Xavier) XVIII
Monsieur le prévôt des marchands:
  verses to air of, iii. 232, iv. 406, 407, v. 98
1 Montagu, Lady Caroline (1736–1818), m. (1775) Hon. Charles Herbert:
  social relations of, with D, iii. 283
2 Montagu, Mrs Edward. See Robinson, Elizabeth
3 Montagu, Edward Wortley (1713–76); son of 10:
  Mirepoix, Mme de, holds note of, iii. 434
4 Montagu, George (ca 1713–80):
  D considers, HW's intimate friend, i. 403, ii. 6
  D eager to know, i. 392
  D glad of appointment of, i. 352
  D sends messages to, i. 113, 354, 357, 394, ii. 345
  HW's correspondence with, v. 376, 377, 379–81, 385, 389
  HW sends compliments of, to D, ii. 366
  HW visited by, i. 113
  SH visited by, ii. 345
5 Montagu, George (Brudenell) (ca 1713–90), cr. (1766) D. of Montagu:
  HW buys porringer for, v. 409
  Presle has Rubens landscape like that of, v. 346
6 Montagu, George (1737–88), 4th D. of Manchester, brother of 1:
  D mentions, v. 111

[*6* Montagu, George, *continued*]
D to send letter by, iii. 324, 328
D to send parcels by, iii. 322, 324–5
HW receives D's letter through, iii. 335
social relations of, with: D, iii. 283, 288, 311, 315, 320; Monaco, iii. 292
*7* Montagu, Lady Henrietta ('Harriot') Brudenell (ca 1748–66), dau. of *5:*
death of, v. 397
*8* Montagu, John, brother of *4:*
(?) HW sends box to, v. 404
*9* Montagu, John (1718–92), 4th E. of Sandwich:
Foote's retort to, iii. 192
mistress of, murdered, v. 131
resignation of, from Admiralty rumoured, v. 112
*10* Montagu, Lady Mary Wortley, cousin-in-law of *2. See* Pierrepont, Lady Mary
Montaigne, Michel Eyquem de (1533–92), philosopher; essayist:
D mentions, i. 174
*Essais:* D bored by, i. 246; D defends, i. 155, 160, 164, 226, 227, 246; D owns, vi. 32; HW comments on, i. 151
*Journal du voyage de Michel de Montaigne en Italie:* D dislikes, iv. 53, 58; D sends, to HW, iv. 60, 63
*1* Montaigu, ——, Chevalier de Bouzols:
social relations of, with: HW, v. 290; Richmond, v. 292
*2* Montaigu-Bouzols, Anne-Joachim de (1737–1825), Comte de Bouzols:
after-dinner balls given by, iii. 322
health of, v. 138
social relations of, with: D, iv. 100; La Vallière, Duchesse de, v. 345, 352
*3* Montaigu-Bouzols, Joachim-Charles-Laure de (1734–1818), Vicomte de Beaune; Marquis de Bouzols; brother of *2:*
brother of, v. 138
D given cup by, v. 439
D's correspondence with, v. 431
D writes to Necker about, v. 452
Fitzjames visited by, v. 426, 461
Gibbon given almanac by, v. 5
leaves Paris, v. 426
Paris visited by, v. 432
Praslin visited by, v. 461
regiments to be reviewed by, v. 427
social relations of, with: Boufflers, Comtesse de, v. 136; D, iv. 100, 386, v. 138, 423, 432–3, 441, 447–8, 450, 461; Fitzgerald, Lord Charles, iv. 330; (?) Fitzgerald, Lady Charlotte, iv. 330; Fitzjames, Duc and Duchesse de, v. 300; Geoffrin, Mme, v. 290; La Vallière, Duchesse de, v. 345, 349; Leinster, Ds of, iv. 330; Necker, iv. 357, 381; Ogilvie, iv. 330; Richmond, iv. 330
Strassburg visited by, v. 427
Montamy. *See* Arclais de Montamy
Montaran. *See* Michaux de Montaran de Montblin
Montauban, Comtesse de. *See* Vaulserre des Adretz, Marie-Olympe de

Montauban, généralité de:
establishment of, v. 424
Montausier, Comte (later Marquis) de. *See* Crussol d'Uzès, Anne-Marie-André de
*1* Montazet, Marquis de, nephew of *2. See* Malvin, Charles de
*2* Montazet, Antoine de Malvin de. *See* Malvin de Montazet, Antoine de
*1* Montbarey, Chevalier de. *See* Saint-Mauris, Claude-Anne-François de
*2* Montbarey, Mlle de, dau. of *3. See* Saint-Mauris, Marie-Françoise-Maximilienne de
*3* Montbarey, Prince de, nephew of *1. See* Saint-Mauris, Alexandre-Marie-Léonor de
*2* Montbarey, Princesse de. *See* Saint-Mauris, Marie-Françoise-Maximilienne de
Montbazon, Princesse de. *See* Le Tonnelier de Breteuil, Louise-Gabrielle-Rosalie
Montblin. *See* Michaux de Montaran de Montblin
*1* Montboissier-Beaufort, Ignace de (1750–1812), Vicomte (later Comte) de Canillac:
marriage of, iii. **225**
*2* Montboissier-Beaufort-Canillac, Louise-Agnès-Élisabeth de (1755–92), (?) sister of *1*, m. (1773) Dom Vicente de Souza Coutinho:
marriage of, iii. **342**
*1* Monteil, Charles-François-Just (b. 1718):
may be appointed minister to Parma, iii. 209
*2* Monteil, François-Louis, Chevalier de, brother of *1:*
social relations of, with: Brancas, Marquis and Marquise de, v. 317; Geoffrin, Mme, v. 300, 309
Montel. *See* Vedel-Montel
Montenoy. *See* Palissot de Montenoy
Monteran. *See* Michau de Monteran
Montesan, Mme de. *See* Béraud de la Haie de Riou, Charlotte-Jeanne
Montespan, Marquise de. *See* Rochechouart, Françoise-Athénaïs
Montesquieu, Baron de. *See* Secondat, Charles de
*1* Montesson, Marquise de, wife of *2. See* Béraud de la Haie de Riou, Charlotte-Jeanne
*2* Montesson, Jean-Baptiste (ca 1676–1769), Marquis de:
widow of, to marry again, iii. 357
Montessuy, ——:
receipt signed by, vi. 38
Monteynard, Marquise de. *See* Monteynard, Marie-Françoise de
Monteynard, Louis-François (b. 1716), Marquis de, minister of war:
affairs of, iii. 402, 436
becomes minister of war, ii. 380n, iii. 4–5
Boufflers, Comtesse Amélie de, makes remark on, iv. 11
Choiseul courteously spoken of by, iii. 15
dismissed, iv. 10, 12, 15
Fenouilhet, Lady, aided by appeals to, of: Beauvau, iii. 380; D, iii. 371, 373; Mirepoix, Mme de, iii. 376, 380, 402, 405

Fenouilhet, Lady, appeals to, iii. 366, 373
—— has indicated suitable houses to, iii. 379
—— to be protected by, iii. 372, 375
La Vrillière brings dismissal to, iv. 10, 12
Maupeou supported by, iii. 285
may become member of Ordre du Saint-Esprit, iv. 11
mistakenly invited to council, iii. 53
Montazet recommended by, iii. 435–6
relatives of, iii. 377
Stormont does not know, iii. 372, 373, 379
thought to be insecure, iii. 45
Monteynard, Marie-Françoise de (b. 1734), m. (1753) Louis-François, Marquis de Monteynard:
Monteynard tells, of invitation to council, iii. 53
Montfaucon, Bernard de (1655–1741), priest:
Marguerite de Valois, Ds of Savoy, in print by, v. 313
1 Montglas or Montglat, —— de, secretary to Comte d'Eu:
D's account of, iv. 23
sends desired permission to D, i. 375
wife of, escapes on way to convent, iv. 23
2 Montglas or Montglat, Mme de, wife of 1:
duel fought over, iv. 23, 30
escapes on way to convent, iv. 23
Eu's mistress, i. 375, iv. 23
Montgomerie, Archibald (1726–96), 11th E. of Eglintoun:
Chaillot visited by, iv. 357
social relations of, with Mrs Montagu, iv. 357
1 Montigny, Jean-Charles-Philibert Trudaine de. See Trudaine de Montigny, Jean-Charles-Philibert
2 Montigny, Mme Jean-Charles-Philibert Trudaine de, wife of 1. See Bouvard de Fourqueux, Anne-Marie-Rosalie de
3 Montigny, Louise-Fidèle-Sainte-Eugénie de (1738–1809), m. (1763) Louis-Marie-Anne de Talleyrand-Périgord, Baron de Talleyrand:
Chanteloup visited by, vi. 202
4 Montigny, Marie-Anne de (1748–67), m. (1766) Louis-Jean-Baptiste-Antonin Colbert, Marquis de Seignelay:
death of, i. 259
Montijon, ——:
social relations of, with D, v. 340
Montmartel. See Paris de Montmartel
Montmartre:
Denis, St, martyred on, i. 305
Montmartre, Rue:
Mouchard lives in, vi. 8, 11
1 Montmorency, Baronne de, wife of 6. See Charette de Montebert, Marie-Madeleine-Élisabeth
Montmorency, Duc de. See Montmorency, Anne de; Montmorency, Anne-Léon (II) de; Montmorency, Henri de; Montmorency-Luxembourg, Anne-François de
2, 26, 28 Montmorency, Duchesse de. See Des

Ursins, Marie-Félice (1601–66); Montmorency-Luxembourg, Charlotte-Anne-Françoise de (b. 1757); Montmorency-Luxembourg, Louise-Françoise-Pauline de (1734–1818)
Montmorency, 'Marquis' de. See Montmorency, Anne-Léon (II) de
28, 3 Montmorency, Princesses de, sister-in-law and wife of 9. See Montmorency-Luxembourg, Louise-Françoise-Pauline de (1734–1818); Wassenaer, Marguerite-Élisabeth-Barbe de (1749–76)
4 Montmorency, Anne (1492–1567), Duc de; Constable:
portrait of, in enamel, v. 284
5 Montmorency, Anne-Julie de (1704–78), m. (1724) Emmanuel Rousselet, Marquis de Châteaurenaud:
Choiseul, Duc and Duchesse de, visited by, in exile, iii. 169
D awaits arrival of, iii. 88
D receives nothing through, iii. 88
death of, v. 88
Gennevilliers visited by, v. 327
HW's correspondence with Voltaire approved by, ii. 117–8
health of, ii. 193
scientific affectations of, v. 363
sister-in-law of, dies, v. 6
social relations of, with: Choiseul, Duchesse de, ii. 117, 272, v. 321, 327–8; D, iii. 138, v. 336
York's misunderstanding about, i. 333
6 Montmorency, Anne-Léon (1705–85), Baron de, brother of 5:
wife of, dies, v. 6
7 Montmorency, Anne-Léon (II) (1731–99), Duc de; formerly Marquis de Fosseux; son of 6, husband of 26:
social relations of, with: Hénault, i. 345–6; (?) Luxembourg, Mme de, v. 284, 286
8 Montmorency, Henri (1534–1614), Duc de, father-in-law of 2, son of 4:
statue of, at Chantilly, v. 260
9 Montmorency, Louis-Ernest-Gabriel (1735–68), Prince de:
daughter of, marries, v. 92
10 Montmorency, Louise-Auguste-Élisabeth-Marie-Colette de (1763–1831), dau. of 9, m. (1778) Marie-Joseph de Lorraine d'Elbeuf, Duc d'Elbeuf, Prince de Vaudemont:
Chanteloup to be visited by, v. 150
marriage of: v. 92; rumoured, iii. 147
11 Montmorency, Louise-Augustine de (b. 1735), sister of 9, m. (1759) Charles-François, Comte de Broglie:
Cholmondeley, Mrs, liked by, ii. 240
D's opinion of, i. 356, 369, 377
D's relations with, i. 369, 377, iv. 231, v. 48, 102
HW finds, witty, i. 377
HW liked by, i. 354, 356
HW thanked for sending seeds to, i. 363

[*11* Montmorency, Louise-Augustine de, *continued*]
  Holdernesse talks to, i. 86–7
  Jonzac, Marquise de, visits, iv. 211
  lawsuit lost by, v. 425
  leaves Paris, v. 427
  Metz to be visited by, iv. 272, 281
  Noyon, Bishop of, visited by, iv. 231
  Rueil visited by, v. 335
  Ruffec occupied by, iii. 225, 231, 256, iv. 211
  social relations of, with: Aiguillon, Duchesse d', v. 335; Beauvau, Prince and Princesse de, v. 446; Boufflers, Comtesse de, v. 297; Boufflers, Duchesse de, iii. 194; D, i. 86, 356, ii. 335, iii. 194, 226, 402, iv. 71, 267, v. 102, 223, 296, 298, 309–10, 424–5, 427, 444, 446, 452–3; Hénault, i. 18, 346, 354, 363–4, 369; Luxembourg, Mme de, iii. 194; Marchais, Baronne de, iv. 358; Mirepoix, Mme de, iii. 194, v. 335; Viry, Conte and Contessa di, iv. 294
  *Triomphe de l'amitié, Le,* read to, i. 363–4
*12* Montmorency,  Marie-Anne-Philippine-Thérèse de (d. 1797), sister of *9*, m. (1747) Charles-Joseph, Duc de Boufflers:
  Court position resigned by, iii. 106
  Crécy visited by, v. 426
  D's relations with, iv. 231, v. 48, 102
  Gatti unsuccessfully inoculates, v. 266
  health of, v. 458
  (?) La Harpe's play at Gonesse seen by, ii. 445
  leaves Paris, v. 423
  Noyon, Bishop of, visited by, iv. 231
  social relations of, with: Boufflers, Comtesse de, v. 301; Broglie, Comte de, iii. 194, v. 305; Broglie, Comtesse de, iii. 194; D, i. **58–9**, 100n, 374, 378, ii. 327, 361, iii. 101, 122, 139, 145, 226, 312, iv. 7, 71, 231, 267, v. 102, 223, 287, 291, 316, 319, 324, 328, 340, 428–32, 438, 444, 452, 457–8, 461; Luxembourg, Mme de, ii. 84, v. 284, 286, 290, 295, 300–1, 303–4, 306; Rochfords, ii. 15
Montmorency, Mme de Luxembourg's seat:
  Luxembourg, Mme de, occupies, i. 334, 338, ii. 168, 243, 319, 446, iii. 66, 350, 353, 427, 431, 436, iv. 49, 116–7, 118, 182, 375, 377, 378–9, 495, 500, v. 143
  occupants of, return to Paris, i. 10, 11, iv. 378–9, 499
  visitors to: ii. 168, 319; Ailesbury, Cts of, iv. 117–9; Boufflers, Comtesse de, i. 191, 334, 338, ii. 243; Boufflers, Marquise de, ii. 319; Cambis, Vicomtesse de, ii. 319, iii. 301, iv. 499; Conti, i. 191, 338, 385, 389, ii. 243; Conway, iv. 117–9; D, i. 4, 9, 61, 62, 65, 334, ii. 84, 168, 245, 319, iii. 78, 80–1, v. 145; Damer, Mrs, iv. 117–9; Geoffrin, Mme, ii. 87; Pont-de-Veyle, iii. 302; Princes of the Blood, iii. 304
Montmorency family:
  Desormeaux's history of, i. 69
*13* Montmorency-Laval, Comtesse de, wife of *18. See* Tavernier de Boullongne, Catherine-Jeanne

*14* Montmorency-Laval, Anne-Alexandre-Marie-Sulpice-Joseph de (1747–1817), Marquis (later Duc) de Laval; son of *15*:
  Choiseul, Duchesse de, describes, iv. 303
  D's opinion of, iv. 302–3
  social relations of, with: Boufflers, Comtesse de, iv. 277; D, iv. 302; Luxembourg, Mme de, iv. 404
  verses on, iv. 406
*15* Montmorency-Laval,  Guy-André-Pierre  de (1723–98), Duc de Laval:
  governor of Compiègne, ii. **441–2**
  Provence receives resignation of, v. 439
  social relations of, with Rochfords, ii. 15
*16* Montmorency-Laval, Guyonne-Josèphe-Élisabeth de (1755–1830), dau. of *15*, m. (1768) Louis-Joseph-Marie-Charles-Amable d'Albert, Duc de Luynes:
  cure of dislocated arm of, ii. 352–3
*17* Montmorency-Laval, Louis-Joseph de (1724–1808), Bishop of Metz 1761–90; cardinal, 1779; brother of *15*:
  D given purse by, v. 447
  D's correspondence with, v. 437
  Louis XVI nominates for cardinalate, v. 437
  social relations of, with: Choiseul, Duchesse de, v. 13; Choiseul-Beaupré, Comtesse de, v. 450; D, v. 436, 444, 449
*18* Montmorency-Laval, Mathieu-Paul-Louis de (1748–1809), Vicomte de Laval; later Comte de Montmorency-Laval; son of *15*:
  heir to governorship of Compiègne, ii. 441–2
  marriage of, ii. 410n
  Provence receives resignation of, v. 439
Montmorency-Logny, Princesse de. *See* Montmorency-Luxembourg, Louise-Françoise-Pauline de
*19* Montmorency-Logny, Louis-François-Joseph (b. 1737), Prince de, brother of *9*, husband of *28*:
  desires to be attached to Dauphin's service, ii. **298**
  Louis XVI gives grandes entrées to, vi. 52
  social relations of, with: Boufflers, Comtesse de, v. 306; (?) D, v. 292; Luxembourg, Mme de, v. 306
*20* Montmorency-Luxembourg,     Anne-Charles-Sigismond de (1737–1803), Duc de Luxembourg; son of *23*:
  Versailles lodging given to, iii. 129
*21* Montmorency-Luxembourg,    Anne-François de (1735–61), Duc de Montmorency; son of *25*:
  Doumenil has portrait of, v. 313
*22* Montmorency-Luxembourg,     Bonne-Marie-Félicité de (1739–1823), dau. of *23*, m. (1754) Armand-Louis, Marquis (later Duc) de Sérent-Kerfily:
  social relations of, with Louis XVI and Marie-Antoinette, iv. 105
*23* Montmorency-Luxembourg,    Charles-Anne-Sigismond de (1721–77), Duc d'Olonne; 'Bacha'; 2d cousin of *21*:
  anecdote of, i. **43**

*24* Montmorency-Luxembourg, Charles-François-Christian de (1713–87), Prince de Tingry:
Beauvau replaced by, iv. 50
Choiseul, Duc and Duchesse de, visited by, after disgrace, iii. **32**, 45, 169
*25* Montmorency-Luxembourg, Charles-François-Frédéric de (d. 1764), Duc de Luxembourg; Maréchal de France; cousin of *24*:
death of sister of, ii. 47
Luxembourg, Mme de, widow of, vi. 83n
marriage of, i. 12n
*26* Montmorency-Luxembourg, Charlotte-Anne-Françoise de (b. 1757), dau. of *21* and *28*, m. (1767) Anne-Léon (II), Duc de Montmorency:
social relations of, with Hénault, i. **345–6**
*27* Montmorency-Luxembourg, Gillette-Françoise de (1704–68), sister of *25*, m. (1722) Louis de Pardaillan de Gondrin, Duc d'Antin:
death of, ii. **47**
*28* Montmorency-Luxembourg, Louise-Françoise-Pauline de (1734–1818), dau. of *24*, wife of *21* and *19*, m. (1) (1752) Anne-François de Montmorency-Luxembourg, Duc de Montmorency; m. (2) (1764) Louis-François-Joseph, Prince de Montmorency-Logny:
Choisy visited by, ii. 472
Crécy home of, iv. 470
daughter of, may be married, iii. 147
Du Barry, Comtesse, accompanied by, ii. 298, 472, iii. 30
grandes entrées obtained by, v. 340
Luxembourg, Mme de, to visit, iv. 470
retires from Court, iii. 285
social relations of, with: (?) D, v. 292; Du Barry, Comtesse, iii. 97, 110; Hénault, i. **345–6**; La Vallière, ii. 472; Louis XVI and Marie-Antoinette, iv. 105; (?) Luxembourg, Princesse de, v. 306; Selwyn, i. 346
Montmorin, Jean-Baptiste-François de (1704–79), Marquis de Saint-Hérem:
Louis XVI gives grandes entrées to, iv. 52
said to be promoted, iii. **179**
Montpellier:
'demoiselles de,' see Girard, Mlles
Eu presides over assembly at, iv. 23
Girard, Mlles, of, iii. 301
Montglas, Mme de, consigned to convent in, iv. 23
Montglas, M. de, formerly president of chambre des comptes at, iv. 23
visitors to: Beauvau, Prince and Princesse de, i. 186, ii. 310; Grave, ii. 310, vi. 139; Mirepoix, Bishop of, iv. 255; Toulouse, Archbishop of, ii. 310; Trudaine de Montigny, M. and Mme, ii. 310
Montpensier, Duchesse de. See Bourbon d'Orléans, Anne-Marie-Louise de
Montpeyroux. See Dio-Palatin de Montpeyroux
*1* Montpipeau, Marquis de. See Du Cluzel, François-Pierre

*2* Montpipeau, Marquise de, wife of *1*. See Deflandre de Brunville, Marie-Françoise
Montreuil:
Cour de France, La (inn), v. 333
HW at, v. 259, 324, 333–4
Montrevel, Comtesse de. See Choiseul, Élisabeth-Céleste-Adélaïde de
Montrouge:
Champrond, Abbé de, entertains at, ii. 243, 442–3, 445, 446, 451, v. 337, 422–9, 432, 433, 453–6, 458, 459
—— spends summers at, v. 123, 132
visitors to: Aulan, v. 427, 431; Aulan, Marquise d', v. 94, 123, 132, 422, 423, 427, 428, 431; Bauffremont, ii. 443; Beauvau, Chevalier de, ii. 443; Boufflers, Marquise de, ii. 442–3; Cholmondeley, Henrietta Maria, ii. 442–3; Cholmondeley, Mrs, ii. 243, 442–3; D, ii. 243, 442–3, 445, 446, 451, iv. 353, v. 62, 337, 422–9, 432, 433, 453–6, 458, 459; Elliot, Gilbert (the younger), ii. 442–3; Elliot, Hugh, ii. 443; HW, v. 337; Sanadon, Mlle, ii. 443, v. 337; Sickingen, ii. 442–3; Sigorgne, ii. 443
Montyon, Baron de. See Auget, Antoine-Jean-Baptiste-Robert
Monument (London):
illumination of, i. 108
Monval, ——:
acquitted, vi. 200
Tort to pay damages to, vi. 200
Monvel. See Boutet de Monvel
*1* Moore, Misses, sisters (?nieces) of *3*:
(?) social relations of, with Beaufort, v. 271
*2* Moore, Edward (1712–57), dramatist:
*Gamester, The (Le Joueur)*, ii. 44
*3* Moore, Helen, m. Sir John Webb, 3d Bt:
(?) social relations of, with: Beaufort, v. 271; Richmond, v. 270
Mora, Marqués de. See Pignatelli y Gonzaga, José
Morangiès, Comte de. See Molette, Jean-François-Charles de
*1* Morant, Edward:
(?) Churchill lived near, in Essex, v. 374
(?) ——'s history told by, v. 374
(?) social relations of, with HW, v. 350, 352
*2* Morant, Mrs Edward, wife of *1*. See Goddard, ——
Moras. See Peirenc de Moras
Moré, Comtesse de. See Jourda de Vaux, Adélaïde-Françoise-Jeanne-Marie-Louise
Moreau de Beaumont, Jean-Louis (1715–85):
finance-committee member, iv. 457
signing to be done by, iv. 457
Moreau de Champlois, Marie-Madeleine de, m. (1760) Joseph-Gabriel de Maury de la Peyrousse:
(?) La Marche, Comtesse de, employs, v. 293
(?) social relations of, with: Conti, v. 299; Craufurd, v. 293; HW, v. 293; La Marche, Comtesse de, v. 298
Morel, Mme Marie-Josèphe:
(?) Wiart receives letter from, iv. 39

Morel du Faux, Mme:
HW's correspondence with, v. 389
Morellet, André (1727–1819), abbé; encyclopedist:
admires violinist's execution, ii. 257
Geoffrin, Mme, leaves annuity to, iv. 484
*Mémoire sur la situation actuelle de la Com-
pagnie des Indes,* iii. 400
*Portrait de Mme Geoffrin,* iv. 496, 497
(?) sings, v. 299
social relations of, with: (?) Geoffrin, Mme, v.
338; Helvétius, ii. 257, v. 289, 299(?)
Moréri, Louis (1643–80), abbé:
*Dictionnaire historique:* box of the size of, v.
97; D owns, vi. 32; Ussé leaves, to Mlle de
Lespinasse, iii. 276
Moret:
barley sugar from, v. 426
*1* Moreton, Antoine-Apollinaire de Guigues de
(1708–83), Bailli de Chabrillan; Conti's captain of the guard and head of the stables:
Boucault, Mme, wedding of, attended by, iii.
349
D inquires of, about Conti, i. 344
Desmond, Cts of, subject of joke by, v. 370
(?) HW mentions, i. 342
social relations of, with: Conti, v. 299; D, v.
325; Forcalquier, Comtesse de, iii. 349
*2* Moreton, Jacques-Aimar-Henri de, Comte de
Chabrillan; cousin of *1:*
Boucault, Mme, wedding of, attended by, iii.
349
D's opinion of, ii. 256
social relations of, with Comtesse de Forcal-
quier, iii. 349
to return to Paris, ii. 256
Véret visited by, ii. 146
*3* Moreton, Joseph-Dominique Guigues de (b.
1744), Marquis de Chabrillan; nephew of *1:*
Aiguillon, Duchesse d', fond of, i. 295
Boucault, Mme, wedding of, attended by, iii.
349
D hears about SH and House of Commons
from, i. 306
D sends letter by, i. 278, 280
(?) D's opinion of, ii. 340
D told by, that she is to know of couriers' de-
parture, ii. 94
D to send toy by, i. 272
gambling losses of, ii. 54
HW likes, i. 295
HW sends books by, i. 297
Holdernesse compared to, i. 77
London visited by, i. 237, 278
marriage of, i. 130, 183
Rueil visited by, v. 320, 329, 335
social relations of, with: Aiguillon, Duchesse
d', v. 291, 312, 320, 325–6, 329, 335; Brancas,
Marquis and Marquise de, v. 322; D, iii. 183,
v. 273, 294, 300, 316, 320, 448(?); Forcalquier,
Comtesse de, ii. 317(?), 340(?), iii. 349, v. 275,
295, 340; Hénault, v. 296

*4* Moreton de Chabrillan, Hippolyte-César de
Guigues de (1767–1835), later Marquis de
Chabrillan; son of *3:*
birth of, i. **382**
*5* Moreton de Chabrillan, Jeanne-Marie-Thé-
rèse-Tècle de (d. 1812), sister of *2,* m. (1)
—— Boucault; m. (2) (1773) François-Louis-
Antoine de Bourbon, Comte de Bourbon-Bus-
set:
Aiguillon, Duchesse d', friend of, ii. 143
Artois, Comtesse d', includes, in household,
iii. 357
—— may include in household, iii. 342
—— to be met by, iii. 412
Boulogne-sur-Seine visited by, v. 331
Bourbon-Busset marries, iii. 344, 347, 349
Canisy, Mme de, visited by, ii. 242
D's opinion of, ii. 242, 246, 256, 305
Forcalquier, Comtesse de, friend of, ii. 242,
246, 305
husband sought for, iii. 342
Irwin devoted to, ii. 232–3, 242
—— picked by D to marry, ii. 142–3, 146
marital relations of, iii. 350
Rueil visited by, ii. 130, v. 320
social relations of, with: Aiguillon, Duchesse
d', ii. 393, v. 320; D, ii. 284, 333, v. 430,
448(?); Forcalquier, Comtesse de, iii. 349, v.
331(?), 340
to return to Paris, ii. 256
Véret visited by, ii. 146, 270
Versailles visited by, iii. 357
Morfontaine. *See* Le Peletier de Morfontaine
Morgan, Mr:
HW sends letters by, v. 396
Morice, Humphrey (1723–85):
Aix-la-Chapelle visited by, v. 239
D sends letter by, iii. 266
D to send parcel by, iii. 265
health of, v. 234
Paris visited by, v. 234
social relations of, with D, v. 234, 425(?)
Morin, ——:
social relations of, with HW, v. 329
Morlaix. *See* Morellet
Morres, Hervey Redmond (ca 1743–97), 2d Vct
Mountmorres of Castelmorres:
social relations of, with: D, iii. 320; Morant,
Mrs, v. 353
Morris. *See* Morice
Morrison, George (ca 1704–99), colonel:
ball, masked, attended by, v. 300
York's body accompanied by, v. 366
Mortemart, Duchesse de. *See* Harcourt de Lille-
bonne, Anne-Catherine-Gabrielle d'
Morton, E. of. *See* Douglas, George
Mosaics:
iii. 176
Mothe, La. *See* La Mothe
Mother Goose:
HW mentions, ii. 220
Motte, La. *See* La Motte
Mottraye. *See* La Mottraye

Mouchard, Mlle:
social relations of, with D, v. 460
Mouchard, François-Abraham-Marie:
Armet brought to D by, v. 461
custodian of D's cash, vi. 31
D leaves snuff-box and set of Voltaire to, vi. 8, 26, 32
D names, as her executor, vi. 8, 11, 47
social relations of, with: Aulan, v. 448; D, v. 428, 432, 434–7, 441, 458, 460–1
Mouchard, Marie-Anne-Françoise (1737–1813), m. (1753) Claude de Beauharnais, Comte des Roches-Baritaud:
D mentions, iv. 428
1, 2 Mouchy, Duc de. See Noailles, Artus-Charles-Jean-Tristan-Languedoc de (1771–1834); Noailles, Philippe de (1715–94)
3 Mouchy, Duchesse de, wife of 2, grandmother of 1. See Arpajon, Anne-Claudine-Louise d'
2 Mouchy, Maréchal de. See Noailles, Philippe de
3 Mouchy, Maréchale de. See Arpajon, Anne-Claudine-Louise d'
2 Mouchy, Marquis de. See Noailles, Philippe de
Mouchy, Hôtel de:
D's apartment faces, vi. 15
Mouin, ——:
social relations of, with HW, v. 306
Moulceau, ——, president of the chambre des comptes at Montpellier:
Sévigné letters to, iii. 423–4 (see also Rabutin-Chantel, Marie de, Lettres nouvelles)
Moulin-Joli, Watelet's isle:
visitors to: Bingham, Lady (Bns Lucan), iv. 333, 349; Gibbon, iv. 459; HW, v. 346; Marie-Antoinette, iv. 349; Necker, M. and Mme, v. 346; Thomas, iv. 459
Moulins:
Barthélemy praises bridge at, vi. 201
Mount Edgcumbe, Vcts (later Cts) of. See Gilbert, Emma
Mountmorres, Vct. See Morres, Hervey Redmond
Mount Stuart, Vct. See Stuart, John (1744–1814)
Mouret, Jean-Joseph (1682–1738):
Femme, La, v. 260
Mourning:
attendance at Court omitted during, ii. 193, 195
attendance at other than Court functions permitted by, ii. 195
condolence letters during, iv. 352, 355
cuffs for, iv. 359
for: Chabot, Comtesse de, ii. 265; Conti, iv. 346; Conti, Princesse de, iv. 194; father-in-law, six months, ii. 406; Louis XV, iv. 50, 51; Marie Leszczyńska, ii. 80–1, 169
Guerchy, Comtesse de, sees no one during, i. 362, ii. 63, 75
Louis XV and Marie Leszczyńska do not go into, for Dauphin, v. 290
possibility of, for Gloucester, iv. 483

'Mousseline la sérieuse.' See Bulkeley, Anne
Moyne, Le. See Le Moyne
Muette, La. See La Muette
Muff:
Ailesbury, Cts of, gives, to D, iv. 133
D sends, to Miss Lloyd, ii. 330, 333, 365
Walpole, Hon. Robert, sends, to his niece, ii. 335, 365
Mulberries:
forks for, ii. 262, 263
Mulberry trees:
Minorca not planted with, v. 284
1, 2 Mulgrave, Bn. See Phipps, Constantine John (1722–75); Phipps, Hon. Henry (1755–1831)
2 Mulgrave, E. of, son of 1. See Phipps, Hon. Henry
Mun, Alexandre-François (d. 1816), Comte de:
(?) Beauvau, Princesse de, takes, to theatre, v. 344
social relations of, with Mme de Luxembourg, iv. 404
verses on, iv. 407
Munich:
Grevilles in, i. 124
Murard, ——:
attends session of parliament of Paris, vi. 172
Murat, Charlotte (living, 1834), m. (1776) Alexandre-Frédéric-Jacques de Masson, Marquis de Pezay:
husband of, dies, iv. 499
marriage of, iv. 381
social relations of, with D, v. 439
Murillo (Bartolomé Esteban) (1617–82), painter:
Julienne has painting by, v. 286
Presle has paintings by, v. 346
1 Murray, David (1727–96), 7th Vct Stormont; 2d E. of Mansfield, 1793; English ambassador to France, 1772; nephew of 6:
absences from Paris expected of, iv. 301
Aiguillon, Duc d', confers with, iii. 345
Aiguillon, Duchesse d', admires, ii. 342–3
—— brings, to D, ii. 357
—— courted by, ii. 348
Ailesbury, Cts of, correspondence of, with, iv. 291
—— sends messages by, iv. 457
—— talks of D with, iv. 250
ambassador to France, iii. 258
Barrymore, Cts of, borrows house of, iv. 265
—— paid attentions by, iv. 282
Beaumarchais mémoires said by, to be current in London, iv. 20, 26
Beauvau does errand through, iv. 173
Calais to be visited by, iv. 171
Chesterfield's letters may be obtained through, iv. 38, 41
Conway and his party to be escorted from Paris by, iv. 156
Conway friend of, v. 28
——'s correspondence with, iv. 82, 90, 96, 388
—— sends messages by, iv. 457
—— to receive current writings from, iv. 160

[*1* Murray, David, *continued*]
D a royalist from politeness to, iv. 492
D asks if HW has seen, iii. 386
D discusses Conway with, iv. 273
D given information by, iv. 283
D hears Conway party's impression of Paris from, iv. 170
D hopes HW will repeat her compliments to, iii. 324
D inquires about, iv. 177, 315, v. 34
D may not see, before his departure, iii. 371
D may receive goods through, iii. 307, 331, 334, iv. 226
D promises not to write about, iv. 321
D receives letter through, iv. 63
D's correspondence with, iv. 312, v. 32
D seeks book from, iv. 423, 427
D sends HW's suit through, iv. 41
D sends letter by, v. 36, 37
D sends letter through, iv. 190, 304–5
D sends message to, iv. 171
D sends parcels by, v. 14, 16, 36–9
D's opinion of: iii. 320, 323, 363, 380, iv. 18, 60, 68, 96, 179, 238, 260, 288, 459–60; Stormont indifferent to, iii. 334
D's relations with, ii. 348, iii. 323, iv. 238, v. 28, 185, 237
D to appeal to, for Lady Fenouilhet, iii. 371
D to send letter by, iii. 375, iv. 169, 171, v. 4
D to send parcels by, iv. 292, 295, 296, v. 8, 18, 32, 33
D to send volume of Sévigné letters through, iii. 373, 395
disobliging, iv. 18
Forbach, Comtesse de, disputes with, v. 34
Forcalquier, Comtesse de, courted by, ii. 348
HW and D may settle accounts through, iv. 196
HW sends parcels by, iv. 335
HW's health reported on by, iv. 7
HW's opinion of, iii. 379, 380
HW to ask, about Sévigné letters, iii. 376
HW to get Guines's mémoire from, iv. 188
HW to see, iv. 172
HW to send letter through, iv. 388, 389
Harcourt, Earl, brings, to D, ii. 342
Harrington friend of, iv. 118, 120
Hôtel des Deux Ponts taken by, iv. 282, 291
London may be visited by, iv. 284
—— to be visited by, iii. 307, iv. 166, 169, 291, 292
—— visited by, iv. 172
Louis XVI's consecration not to be attended by, iv. 195
marriage of, iv. 305, 306–8, 312
misdeed of, iv. 4, 18
mob attacks, v. 231
Monteynard does not know, iii. 372, 373, 379
Necker, Mme, correspondence of, with, iv. 203
Necker, M., gives book to, iv. 183
Necker, M. and Mme, friends of, iv. 192
—— may be accompanied by, iv. 288

Paris said to be visited by, iii. 345, 433, 436
—— to be visited by, vi. 214
—— visited by, iv. 7
plaque of, stolen, iv. 203
recall of: v. 31; rumoured, iv. 445
return of, rumoured, v. 41
Scotland to be visited by, iv. 203
secretary of state, v. 185, 435
social relations of, with: Craufurd, iv. 480; D, ii. 342, 348, iii. 311, 320, 323, iv. 7, 11, 15, 43, 60, 68, 78, 90, 96, 162, 165, 169, 198, 225–6, 240, 260, 268, 335, 357, 388, 445, 459–60, v. 16, 26, 33–4; Fitzpatrick, iv. 388; Forcalquier, Comtesse de, ii. 342–3; Fox, iv. 388; Marchais, Baronne de, iv. 43; Necker, M. and Mme, iv. 43, 169, 260, 335; Trudaine de Montigny, M. and Mme, iv. 43, 68; Viry, Conte and Contessa di, iv. 294
Stanhope, Lady Harriet, liked by, iv. 134, 147, 160, 170, 175, 265(?)
—— said to have rejected, iv. 179, 186, 197, 200, 203, 240
Trudaine de Montigny, Mme, said to attract, iv. 82
war parley attended by, iv. 459
*2* Murray, David William (1777–1840), 3d E. of Mansfield, 1796; son of *1*:
birth of, iv. **415**
*3* Murray, Frances Cairnes (ca 1734–1820), m. (1752) William Henry Fortescue, cr. Bn (1770), Vct (1776), and E. (1777) of Clermont:
(?) Cholmondeley, Mrs, acquaintance of, ii. 271
D not called on by, iv. 395
Hôtel d'Hambourg occupied by, iv. 383
Marie-Antoinette's attentions to, iv. 282
(?) Paris visited by, ii. **271**
social relations of, with: Craufurd, v. 352–3; HW, v. 260, 329; Hertford, Cts of, v. 262
success of, iv. 282
*4* Murray, John (d. 1775), English ambassador to Constantinople:
death of, v. 398
*5* Murray, John (1730–1809), 4th E. of Dunmore:
D at Opéra-Comique with, ii. 276
HW mentions, iv. 297
social relations of, with D, ii. 276–7, **283**
*6* Murray, William (1705–93), cr. (1756) Bn and (1776) E. of Mansfield; lord chief justice:
D's opinion of, iv. 96
house of, burned by mob, v. 232
Luxembourg, Mme de, pleased by, iv. 96
Paris said to be visited by, v. 7, 9
social relations of, with D, iv. **90**, 93, 96
Murville. See André, Pierre-Nicolas
'Muse de l'Encyclopédie, la.' See Lespinasse, Julie-Jeanne-Éléonore de
*Muses rivales, Les. See under* La Harpe, Jean-François de
Musgrave, Dr Samuel (1732–80):
address by, v. 367

Music:

books of, left by Ussé to Pont-de-Veyle and Argental, iii. 276

D's ideas on, iv. 413, v. 16, 66

*See also:* Clarinets; Clavecin; Harp; Harpsichord; Hautebois; Organ; Pianoforte; Serpent; Singers, French; Violin

Music-stand:

Ussé leaves, to Aumont, iii. 276

Muskerry, Bn. *See* Deane, Robert Tilson

Musketeers:

abolished, iv. 251

*Mustapha et Zéangir. See under* Chamfort, Sébastien-Roch-Nicolas

Mustard:

D receives, from Fitzroys, iv. 96

Mutton:

from Vernon, v. 436

Muy. *See* Du Muy

*Mysterious Mother, The,* HW's 'tragédie':

akin to tale in Marguerite of Navarre's *Heptaméron,* ii. 93, 94

Choiseul, Duchesse de, not to receive, iii. 316

D asks for, ii. 32, 35, 36, 43, 44, 62, 84, 93–4, iii. 267, 270

D inquires about, ii. 32, 35, 36

D promises to keep, secret, iii. 299, 325

D thanks HW for details of, ii. 51

D wishes to have, translated, iii. 267, 293, iv. 365

Francès not to translate, iii. 320

—— seeks translator for, iii. 325

—— to translate, iii. 306

HW discusses, ii. 40, iii. 336–7

HW disparages, iii. 270

HW fears Barthélemy's displeasure for, iii. 316

HW promises, to D, iii. 293

HW said to be printing, iii. 267

HW sends, to Leroy, iv. 247

Wiart to supervise translation of, iii. 299

—— to translate, ii. 106, iii. 270

Nain, Le. *See* Le Nain

Nancé, — de:

anecdote of Duchesse de Berry and, ii. 22–3

Nancré, Marquis de. *See* Dreux, Louis-Jacques-Aimé-Théodore de

Nancy, Bishop of. *See* Sabran, Louis-Hector-Honoré-Maxime de

Nancy:

Artois obtains capitainerie of, iv. 397

china figures from, ii. 338, v. 335

Filles de Sainte-Marie at, i. 226

Grenvilles acquainted in, iv. 254

Guerchy to join his regiment at, i. 332

pastilles of, iv. 325

Stainville, Comtesse de, in convent at, i. 217–9, 226

visitors to: Boufflers, Marquise de, v. 241; Marie Leszczyńska, v. 259

Nangis, Marquis de. *See* Brichanteau, Louis-Armand de

*Nanine. See under* Voltaire

Nanny, Selwyn's servant:

Lyon to be visited by, v. **133**, 137

Selwyn accompanied by, v. 133

Nantes:

American news from, iv. 366

boutiques de, les, Comtesse du Barry receives revenue of, ii. 339

edict revoking edict of, ii. 418

Joseph II passes through, vi. 202

Napier, Lady Sarah. *See* Lennox, Lady Sarah

Naples, K. of. *See* Ferdinand I

Naples:

ambassadors from and to, *see under* Ambassador

Caracciolo's joke to Louis XV on insects and volcanoes in, iii. 405

Craufurd to winter in, ii. 140

D's acquaintance with visitors from, iv. 395

La Vauguyon reported to be French ambassador to, iv. 87

minister to, *see under* Minister

Van Dyck threatened with galleys at, v. 371

visitors to: Breteuil, iii. 209–10; Caracciolo, iv. 82; Gatti, iii. 183; Gleichen, iii. 144; Matignon, Comte and Comtesse de, iii. 210; La Vaupalière, Marquise de, iii. 210; Shelburne, iii. 144

Narbonne, Archbishop of. *See* Bonzi, Pierre de (1631–1703); Dillon, Arthur Richard (1721–1806)

Narbonne, Vicomte de. *See* Narbonne-Pelet-Alais-Melguel-Bermond, François-Raymond-Joseph-Hermenigilde-Amalric de

*1* Narbonne, Vicomtesse de, wife of *7. See* Ricard de Bregançon, Marie-Anne-Pauline de

*2* Narbonne-Pelet, Comtesse (later Duchesse) de, sister-in-law of *7. See* Du Plessis-Châtillon, Marie-Félicité

*3* Narbonne-Pelet, Blanche-Charlotte-Marie-Félicité de (1760–1840), dau. of *7,* m. (1780) Augustin-Joseph, Comte de Mailly, Marquis d'Haucourt:

marriage of, v. **215**, 216, 449

*4* Narbonne-Pelet, Jean-Denis-Hercule de:

(?) provincial glory of, ii. **104**

*5* Narbonne-Pelet, Mme Jean-Denis-Hercule de, wife of *4:*

(?) provincial glory of, ii. **104**

*6* Narbonne-Pelet, Jean-François (1725–1804), Comte de:

social relations of, with D, v. 328, 332, 344, 347

*7* Narbonne-Pelet-Alais-Melguel-Bermond, François-Raymond-Joseph-Hermenigilde-Amalric de (1715–ca 1780), Vicomte de Narbonne:

marriage of, i. 285n

(?) social relations of, with: D, ii. 335; Geoffrin, Mme, v. 338; Hénault, ii. **47**

Nargeot, Jean-Denis (1795–ca 1865), engraver:

D's picture engraved by, vi. 216

Nash, William (d. ?1773), lord mayor of London:

Hertford's letter to, v. 372

*1* Nassau, Ann, dau. of *3. See* Labbel, Ann

*2* Nassau, Maria, dau. of *3. See* Harrison, Maria
*3* Nassau de Zulestein, William Henry (1717–81),
4th E. of Rochford; English ambassador to
France 1766–8:
anti-Pitt, i. 254
Choiseul's reprimand of Fréron known to, i.
228
Compiègne visited by, i. 319, 323
courier of, i. 201, 254, ii. 104
D may send parcel by, ii. 82, 85
D mentions, ii. 107
D politely treated by, i. 311
D receives New Year's gift from, ii. 7
D sends parcel by, ii. 139
D sends to, for news, i. 272
D's opinion of, i. 263, 278, 286, ii. 16, 102
expected to go to London, i. 303, 315, 323, ii.
85
expected to have post in ministry, i. 313–5
explains English political situation to D, i. 261
Forcalquier, Comtesse de, friend of, i. 303,
309, 311, 315, 337, 402, ii. 94
French dislike, ii. **157**
goes to London, i. 333
health of, ii. 68, 73, 82, 85
Hume aide to, ii. 213
—— severely criticized by, i. 253
letters for, i. 379
lives near D, i. 199
Louis XV consults York through, v. 364
made knight of the Garter, v. 49
marriage of, i. 172n
natural daughter of, i. 325
not HW's kind, i. 267
pension for, i. 392
rumoured appointment of, as viceroy, i. 246
social relations of, with: Arvillars, ii. 15;
Boufflers, Comtesse de, i. 172, ii. 15; Boufflers,
Duchesse de, ii. 15; Bunbury, Lady Sarah, i.
224; Cambis, Vicomtesse de, i. 311; Caraman,
Comtesse de, i. 253, 311; Carlisle, i. 369; Choiseul, i. 283; Choiseul, Duchesse de, i. 283;
Clanbrassill, i. 369; Creutz, ii. 15; D, i. 199,
208, 212, 244, 258–9, 261, 263, 283, 285, 291,
303, 311, 315, 317, 323, 369, 392, ii. 66, 102,
135, 138, v. 322; Entragues, ii. 15; Forcalquier,
Comtesse de, i. 285, 309, 311, 369, v. 323;
Gradenigo, i. 285; Gramont, Duchesse de, i.
283; Hénault, i. 311, 314; Holland, Bns, i.
369; Lauraguais, Comtesse de, i. 283; Lauzun,
i. 285, ii. 15; Laval, ii. 15; La Vallière, Duchesse de, i. 283, 285, 311; Luxembourg, Mme
de, ii. 26; Marmora, i. 285; Mercy, ii. 15;
Mirepoix, Mme de, i. 283, 311; Narbonne,
Vicomtesse de, i. 285, 311; Pont-de-Veyle, ii.
15; Selwyn, i. 369; Souza, ii. 15; Walpole, Edward, i. 285; Walpole, Hon. T., ii. 135–6
thought not to care about ambassadorship, i.
**110**
unwilling to take vest to HW, ii. 143
Walpole, Edward, takes attention of, i. 253
*1* Nassau-Saarbrücken, Ps of, wife of *2. See*

Saint-Mauris,   Marie-Françoise-Maximilienne
de
*2* Nassau-Saarbrücken, Heinrich Karl Ludwig
(1768–97), P. of:
marriage of, v. 180–1
Nassau-Siegen, Karl Heinrich Nicolaus Otto
(1745–1808), P. of:
Artois permitted to receive, v. 32
Buzançais fights duel with, iii. 175
Esterházy fights duel with, iv. 23
HW's opinion of, v. 142
Jersey to be attacked by, v. 135
*Natural History. See under* Pliny the Elder
Nau, Pierre (d. before 1779):
(?) attends session of parliament of Paris, vi.
173
Navarre, Q. of. *See* Marguerite d'Angoulême
Navette:
D begins, v. 430
*1* Necker,   Anne-Louise-Germaine   (1766–1817),
dau. of *2*, m. (1786) Eric-Magnus, Baron de
Staël-Holstein:
social relations of, with: D, v. 430; Voltaire,
v. 36
*2* Necker, Jacques (1732–1804), Swiss banker:
Bertin's departments given to, v. 453
Burke describes administration of, v. 216
controller-general's work given to, iv. 369,
370, 454
D receives anonymous reply to libel against,
v. 457
D's acquaintance desired by, iii. 388
D's correspondence with, iv. 318, v. 445, 452,
457, vi. 213–4
D sends MS to, v. 457
D sends messages to, iv. 316
D's opinion of, iv. 49, 75, 191, 309–10, 318,
327, 343, 372
D's pension payments to be facilitated by, iv.
372
D's relations with, iv. 370, 391
D to receive news of HW from, iv. 307
D to receive tea through, iv. 302
D to send letter by, iv. 297, 299, 304
D to send parcels by, iv. 292, 294, 295, 302, 303
difficulties of, v. 221
director of finance, iv. 455
*Éloge de M. Colbert:* D defends, iii. 400, 405;
D not to repeat HW's opinion of, iii. 409; D
to send, to HW, iii. 395; Encyclopedists op-
pose, iii. 405; HW does not want, iii. 396;
HW's opinion of, iii. 406–7; HW to show, to
Burke, iii. 405
England to be visited by, iv. 284, 292, 296, 302
Fontainebleau visited by, iv. 372
Garrick to be seen by, iv. 292
Gibbon's friendship with, iv. 436
Guines's acquittal pleases, vi. 214
——'s letter to be shown to, iv. 313, 314
HW sends letter by, iv. 320
HW sends messages to, iv. 293
HW sent messages by, iv. 337

HW's opinion of, iv. 318, 327
HW visited by, iv. 307, 309
Kingston bigamy trial to be attended by, iv. 292
La Harpe's *Menzikoff* to be given at house of, iv. 167, 169
Le Texier not esteemed by, iv. 378
Louis XVI's permission to let Macartney serve in army given to D by, v. 445
—— to work with, iv. 369, 372
Macartney's exchange to be facilitated by, v. 210, 211
Marchais, Baronne de, at odds with, iv. 217
Maurepas's support needed by, iv. 459
—— to be solicited by, for Macartney, v. 210
Newmarket not to be visited by, iv. 292
Paris to be visited by, iv. 315
peace sought by, to prevent new taxes, v. 139
reforms of, v. 240–2
regulations of 22 Dec. 1776 of, iv. 385, 386, 392
religion of, prevents his being controller-general, iv. 454
*Réponse au mémoire de . . . Morellet*, iii. 400
retirement of, rumoured, v. 11, 16
Richmond contrasts North with, v. 95
Saint-Ouen home of: iii. 388, iv. 51, 191, 216, 318, v. 346, 348; guests at, *see* Saint-Ouen, visitors to
Sartine solicited by, for Macartney, v. 211
signing not to be done by, iv. 457
social relations of, with: (?) Albaret, v. 348; Aranda, iv. 381; Bariatinsky, P. and Ps, v. 346, 349; Beaune, iv. 357, 381; Beauvau, Prince and Princesse de, v. 440, 443, 456(?); Belgioioso, iv. 443; Boufflers, Comtesses de, iv. 216; Bragança, v. 9; Cambis, Vicomtesse de, iv. 319, 342, 343, 381, v. 441; Caraccioli, iv. 381, v. 346; Cobenzl, iv. 443; Colloredo, iv. 443; Craufurd, v. 349; Creutz, iv. 381; D, iii. 388, iv. 51, 67, 75, 167, 169, 191, 201, 212, 216, 220, 240, 255, 260, 267, 268, 288, 303, 320, 329, 335, 337, 342, 343, 347, 353, 375, 378, 381, 392, 414, 441, 442, 447, 450, 453, 462, v. 5, 48, 59, 77, 131, 140, 153, 230, 231, 244, 344, 346–52, 423–36, 438–61; Diede, Baronne de, iv. 347; Fox, iv. 375, 381, 392; Geoffrin, Mme, v. 292; Gibbon, iv. 441, 447; HW, v. 346, 348–9; Houdetot, Comtesse d', iv. 343, 381; Joseph II, iv. 442; Lauzun, Duchesse de, iv. 381, v. 346; Le Roy, v. 346; (?) Loss, Comte and Comtesse de, v. 349; Lumley, iv. 357; Luxembourg, Mme de, iv. 216, 339, 342, 343, 381, v. 346, 441, 449; Marmontel, iv. 381; Maurepas, iv. 493; Mercy-Argenteau, iv. 443; Mirepoix, Bishop of, iv. 216, v. 346, 348–9, 435, 441; Montagu, Mrs, iv. 337; Richelieu, Duc and Duchesse de, v. 230, 452; Richmond, iv. 329; Saint-Lambert, iv. 381; Sanadon, Mlle, iv. 216, 382, v. 346; Selwyn, v. 77, 131, 141; Stormont, iv. 43, 169, 260, 335; Stormont, Cts of,

iv. 335; Strogonov, M. and Mme, v. 346, 349; Viry, Conte and Contessa di, iv. 294
Stormont friend of, iv. 192
—— may accompany, iv. 288
—— receives book from, iv. 183
SH described by, vi. 213
SH praised by, iv. 334
SH to be visited by, iv. 292, 296
success of, iv. 459, 471, v. 184, 191, 200–1
*Sur la législation et le commerce des grains*, iv. 183, 187, 189, 191
Thomas influences style of, iii. 400
to return to Paris, iv. 238
Turgot's supposed letter to: D reads, v. 450; Necker libelled by, v. 225, 227
Walpole, Hon. T., correspondence of, with, v. 228, 229, 231
—— friend of, v. 184, 198, 200, 211, 221, 233, 240
Watelet's isle visited by, v. 346
3 Necker, Mme Jacques, wife of 2. *See* Curchod, Suzanne
Née, François-Denis (d. 1817):
D's picture engraved by, vi. 215
Negroes:
Senegal traffic in, v. 123
Nemours, Duchesse de. *See* Orléans de Longueville, Marie d'
Nephritis:
Choiseul's, i. 236
Nepos, Cornelius (ca 99–24 B.C.), Roman historian:
D has works of, vi. 34
Néricault, Philippe (1680–1754), called Destouches; dramatist:
*Fausse Agnès*, v. 275
*Glorieux, Le*, iv. 279, vi. 196
*Philosophe marié, Le, ou le mari honteux de l'être*, D quotes, i. 88
Voltaire's 'Invitation de souper' to, iv. 279, vi. 196
Nery. *See* Nery
Nery, ——, carriage-maker:
D's contract with, vi. 42
Nesbitt, Mr:
HW sends letters by, v. 380
Nesbitt, Dorothy (d. 1779), m. (1757) George Parker, 5th E. of Macclesfield:
social relations of, with: Echlin, v. 310; HW, v. 309–10; Lennox, Lady George, v. 309
Nesle, Marquis de. *See* Mailly, Louis de
Nesle, Marquise de. *See* Hautefort, Adélaïde-Julie de
Netscher, Caspar (ca 1639–84), painter:
paintings by, at Julienne's, v. 287
Nettancourt, Charles-Jean-François de (1726–1822), Marquis de Vaubecourt:
(?) command given to, v. 147
Nettine, Marie-Louise-Josèphe (d. 1808), m. (1) (1762) Ange-Laurent de la Live de Juilly; m. (2) Charles-Alexandre de Calonne:
social relations of, with Mme Geoffrin, v. 305

Nettine, Rosalie-Claire de, m. (1760) Jean-Joseph, Marquis de la Borde:
social relations of, with: D, i. 358; Gramont, Duchesse de, i. 358; HW, v. 280
Neufchâteau, Nicolas-Louis-François de (1752–1828):
*Mois d'Auguste, Le,* iv. 285
Neufchâtel. *See* Pinterel de Neufchâtel
*1* Neufville, Gabriel-Louis-François de (1731–94), Duc de Villeroy; nephew of *2:*
attends session of parliament of Paris, vi. 172
marriage of, i. 75n
promoted, iii. **179**
reversion of position of, granted, v. 153
(?) social relations of, with Comtesse de Boufflers, v. 301
*2* Neufville, Louis-François-Anne de (1695–1766), Duc de Villeroy:
Luxembourg, Mme de, sister of, vi. 83n
*3* Neufville, Madeleine-Angélique de (1707–87), sister of *2,* m. (1) (1721) Joseph-Marie, Duc de Boufflers; m. (2) (1750) Charles-François-Frédéric de Montmorency-Luxembourg, Duc de Luxembourg, Maréchal de France:
Académie française to be visited by, iv. 333
Ailesbury, Cts of, liked by, iv. 101, 104, 115, 117
Antin, Duchesse d', death of, indifferent to, ii. 47
'Archiduchesse,' i. 89
Auteuil expenses of Comtesse de Boufflers shared by, v. 218
—— to be visited by, v. 153
—— visited by, iv. 211, 345, 347, 349, v. 162, 178, 218, 347
Beauvau, Princesse de, hates and is hated by, i. 173, 182n
birthday of, iii. 203, 225, 382, 394
bled in the foot, v. 456
Boufflers, Chevalier de, verses of, to accompany gifts to, iv. 3–4, 249, 252, 260
Boufflers, Comtesse de, relations of, with, i. 41, 47, 91, 115, 127, 334, iii. 107, v. 153
—— to be visited by, v. 153
—— visited by, v. 218 (*see also under* Auteuil, visitors to)
Boufflers, Marquise de, visits, at Montmorency, ii. 319
Boufflers–des Alleurs wedding party entertained by, ii. 168, 171
bouquet of, v. 425
Briges, Marquise de, to be visited by, iv. 470
Bunbury dislikes, i. 229
Cambis, Vicomtesse de, relations of, with, iii. 206, 226
—— visits, at Montmorency, ii. 319
cat of, dies, iii. 180
Chanteloup to be visited by, iii. 122, 125, 404, 412, iv. 29, 103, 104, 441
—— visited by, iii. 127, 129, 135, 169, 228, 231, 234, 238, 240–3, 350, 353, 358, 418, 426, iv. 33, 48, 54, 450, 452, 453
Chantilly to be visited by, i. 338

charity of, to D's embroiderer, iv. 187, 188, 192
Choiseul, Duc and Duchesse de, return of, predicted by, iv. 110
—— visited by, in exile, iii. 122, 125, 127, 129, 135, 169, 228, 231, 234, 238, 240–3
Choiseul, Duchesse de, sends letter by, iii. 136
conduct of, i. 160, 229
contemporary with D, v. 173
Conti given attentions by, iv. 339
——'s circle necessary to, i. 91
Conway liked by, iv. 104, 117
Craufurd's opinion of, iv. 485
——'s relations with, iv. 488
Crécy to be visited by, iv. 470
—— visited by, v. 454
Croÿ, Duc de, to be given D's mémoire for Lady Fenouilhet by, iii. 405, 408
D always escorted to supper table by, iv. 26
D asks HW to send message to, iv. 227
D assisted by, i. 111
D attends Opéra-Comique with, i. 345
D attends theatre with, i. 133, iv. 440, 469
D cites, iv. 290, 361
D confides in, about Christmas party for Duc and Duchesse de Choiseul, iv. 115
(?) D does not rely on perseverance of, iii. 408
D hopes not to survive, v. 153–4
D leaves girandoles to, vi. 8, 19
D mentions, i. 267, ii. 139, 342, iv. 197
D's correspondence with, iv. 129, 360, 450, v. 454
D's gifts from: bouquet, v. 459; cup, iv. 3, 127, v. 440; hair in medallion with Pompom's miniature, v. 97–8, vi. 9, 26–7; New Year's gifts, blue, with verses, v. 197, 200, 203; silverware, iv. 3; snuff-box, with Tonton's portrait, v. 2; Voltaire quartos, ii. 131, v. 2
D's gifts to: bouquet, iii. 203, v. 457; box, iii. 298; box, red morocco, v. 97; chair, iii. 431, iv. 3; fan, with verses, iii. 225, v. 413; forks, with L'Isle's verses, ii. 262–3; gold braid, iii. 382, 394, iv. 249, v. 1(?); Pompom presents, iv. 249, 496–7, v. 1; rock crystal goblet, v. 439
D's opinion of, i. 77, ii. 80, 102, 109
D's 'portraits' of, vi. 83–4
D's relations with, i. **11–2**, 16, 59, 87, 91, 109, 117, 132, 191, 214, 385, ii. 48, 252–3, 335, 446, iii. 353, 368, 431, iv. 67, 183, 192, 268, 273, 349, 353, 358, 361, 363, 391, 417, 431, 432, v. 15, 75, 102, 145, 153, 176, 178, 205, 208, 213
D's supper for, omitted, ii. 38
D's verses for, on Saint Martin, iii. 431
D's verses to, iii. 225–6, 232, 298, iv. 249, vi. 186
D's Wednesday supper transferred to, v. 101
D talks with, about wit, iii. 107
D to establish weekly supper for, iii. 13
Damer, Mrs, liked by, iv. 101, 104, 115, 117
Des Alleurs, Mlle, receives earrings from, ii. 168
Du Barry, Comtesse, subject of joke by, ii. 447–8
Du Châtelet, Comtesse, converses with, iv. 450

[*3* Neufville, Madeleine-Angélique de, *continued*]

entrée, Dauphin's, given to, ii. 444

Forcalquier, Comtesse de, flattered by, i. 229

Friday unlucky day for, iii. 122, 129, 180, 216, v. 97

gambles, i. 18, ii. 337, iv. 371

Gramont, Duchesse de, relations of, with, iv. 21, 26, 29, 33, 41–2

Gustav III's correspondence with, iii. 135

HW accompanies, to theatre, v. 285

HW buys fan for D to give to, v. 413

HW mentions, i. 342

HW pleases, i. 385

HW sends compliments to, iv. 234, v. 174

HW sent regards by, i. 26

HW's *Gramont* given to, iii. 305

HW's letter to Rousseau disliked by, v. 294–5

HW's present to, i. 83, 86, 89, 102, 109, 112, 113, 132, 142

HW's remarks on d'Alembert not shown to, i. 174

HW to be welcomed by, iv. 211, 216

hair of, in medallion with Pompom's miniature, v. 98, vi. 9, 26–7

health of, ii. 124, 446, 451, iv. 67, 72, 75, 172, 174, 270, 280, 304, 305, 307, 308, 310, v. 153, 205, 207, 208, 210, 212, 213, 219, 221, 225, 444, 447

Hôtel de Luxembourg house of, i. 22, v. 284

Hume credited by, with preface to *Exposé succinct . . .*, i. 158

—— not liked by, i. 91

Hume-Rousseau quarrel discussed by, i. 158

in country, i. 319

Isle-Adam to be visited by, iii. 51

—— visited by, i. 41, 56, 127–8, 186, iii. 403, iv. 324

joke of, on Conti–La Marche coolness, ii. 12

journeys of, ii. 256, iv. 349, 353, 356, 358, v. 46

La Harpe's play at Gonesse seen by, ii. 445

—— to recite *Barmécides* at supper of, iii. 322, 338–9

La Marck, Comtesse de, visited by, iv. 232

large supper parties of, iii. 6

La Tuilerie visited by, iv. 339, v. 345

Lauzun, Duc de, affairs of, not discussed by, iv. 383

—— correspondence of, with, i. 251

—— said to be generously treated by, iv. 393

Lauzun, Duchesse de, correspondence of, with, v. 183

—— sheltered by, v. 6, 33

La Vallière, Duchesse de, quarrels with, v. 283

—— reconciled to, iv. 431, 436

leaves Paris, iv. 472

Le Val visited by, iv. 232

Mansfield pleases, iv. 96

midnight Mass attended by, iii. 159

midnight Mass to be attended by, iii. 431, 436

Mirepoix, Mme de, hates, i. 18, 19, 173, 182n

Montauban, Comtesse de, writes verses to, iii. 394

Montesson, Marquise de, visited by, v. 183

Montmorency, Princesse de, to be visited by, iv. 470

Montmorency, home of, *see* Montmorency

Paris to be visited by, iv. 331, 473, 495, 500, v. 66, 68, 235

—— visited by, i. 127, 354, 356, 365, ii. 446, iv. 348, 453, 466, 493, v. 456

Pompom bearer of gifts to, iv. 249, 496–7, v. 1

—— given watch by, v. 99

—— pet of, v. 98

Pont-de-Veyle's grief reported by, ii. 471

Port-à-l'Anglois, le, to be visited by, iv. 56

'portraits' of, by D, vi. 83–4

Marie Leszczyńska's health reported on by, i. 376

Raincy visited by, iv. 224, 228, 229, v. 425, 428, 459

Rousseau a protégé of, i. 91, 133

Saint-Cloud to be visited by, iv. 441

—— visited by, iv. 304

Sainte-Assise to be visited by, iv. 363, 365

—— visited by, iv. 236, 329, 330, 368, 371, 491, v. 47, 183, 432, 433, 436

Saint-Ouen to be visited by, iv. 224

—— visited by, iv. 229

Schuwalof exchanges gifts with, iv. 415

—— sends respects to, vi. 206

Ségur, Vicomte de, friend of, v. 200

—— writes verses for, v. 200

snuff-box to be selected by, iv. 302, 303

social relations of, with: Ailesbury, Cts of, iv. 129, 147; (?) Anfreville, v. 284, 290; Anville, Duchesse d', iv. 26(?), v. 440; Armentières, v. 306; Barbantane, Marquis and Marquise de, v. 301, 306, 308; Beauvau, v. 306, 308; Beauvau, Princesse de, iv. 339, v. 306, 308; Besenval, iv. 404; Blot, Baronne de, v. 304; Boisgelin, Comtesse de, ii. 315, 319, v. 308(?), 352; Boufflers, Chevalier de, ii. 361, v. 308; Boufflers, Comtesse de, i. 164–5, 229, 330, ii. 84, 130, iv. 265, v. 136, 286, 295, 297, 301, 303, 304, 306–9, 347, 351; Boufflers, Duchesse de, ii. 84, v. 284, 286, 290, 295, 300–1, 303–4, 306; Boufflers, Marquise de, ii. 315, v. 448(?); Broglie, Abbé de, v. 290; Broglie, Comte de, iii. 194, v. 304–5; Broglie, Comtesse de, iii. 194; Brunswick, i. 56; Burke, iii. 338; Bussy, Marquise de, v. 301, 303; Cambis, Vicomtesse de, ii. 315, v. 352, 448; Castries, v. 302; Chabot, v. 295, 301, 303–4, 352; Chauvelin, Marquise de, v. 301; Choiseul, iii. 136, iv. 404; Choiseul, Duchesse de, iii. 136; Cholmondeley, Mrs, ii. 319, 361; Coigny, Chevalier de, v. 295, 306; Coigny, Comtesse de, v. 308; Colonna, v. 102, 119, 125; Conti, ii. 47, 130, v. 286, 295, 299, 301, 303–4, 306, 308; Conway, iv. 129, 147; Craufurd, v. 284, 286, 290; Creutz, v. 450; D, i. 4, 6, 9, 17, 22, 24, 41, 58–9, 69, 100, 111, 114, 205, 229, 240, 323, 330, 345, 374, 396, ii. 64, 84, 102, 361, 446, iii. 34, 69, 91, 95, 136, 145, 146, 150, 159, 186, 196, 305, 320, 322, 323, 338, 339, 368, 413, iv. 7, 18, 72, 86,

[3 Neufville, Madeleine-Angélique de, *continued*]
96, 115, 129, 191, 212, 216, 220, 222, 232, 235, 245, 250, 267, 270, 303, 319, 333, 339, 375, 386, 402, 480, v. 102, 119, 125, 145, 162, 178–9, 207, 223, 245, 283–4, 286, 290, 292, 294, 298, 300–1, 303–4, 306, 308–9, 316, 318, 324, 328–30, 332, 335, 338–40, 343–4, 348, 351–3, 428–32, 435, 444, 446, 448–9, 456–8, 460–1; Damer, Mrs, iv. 129, 147; Donnezan, iv. 404, v. 301, 303, 306, 308; Entragues, v. 352; Estrehan, iv. 404; Fresnel, v. 302; Gontaut, iv. 404, v. 295, 300, 352; Gramont, Duchesse de, iii. 368, iv. 18, v. 451; Guerchy, i. 114; Guines, iv. 404, v. 290, 306, 308; Gustav, Prince, iii. 34; HW, v. 284, 286, 290, 295, 300–1, 303, 304, 306, 308, 312, 341, 352; Harcourt, Earl, ii. 241; Hénault, i. 18, 186, 240, 244, 346, 369, ii. 47, 80, 143, v. 293, 303; Hénin, ii. 361; Hume, v. 284, 286; Jarnac, v. 303; Karl, Prince, iii. 34; La Marche, Comtesse de, ii. 12; La Marck, Comtesse de, v. 431; La Reynière, iv. 460, v. 345, 435; La Reynière, Mme de, v. 153, 345, 435; Lauzun, ii. 361, v. 284, 286, 290, 295, 301, 303–4, 306, 308, 352; Lauzun, Duchesse de, ii. 84, v. 284, 286, 290, 295, 301, 303–4, 306, 308, 352; Laval, iv. 404; La Vallière, Duchesse de, iv. 431; La Ver, v. 306; Livingston, v. 172; Loménie, Marquise de, ii. 84, v. 290; Marchais, Baronne de, iv. 339, v. 348, 352; Mirepoix, Bishop of, v. 352; Mirepoix, Mme de, i. 316, ii. 84, 241, 252, iii. 27, 49, 314, iv. 55–6, 169, v. 221, 286, 294–5, 304, 306, 308, 341, 352, 449; Montesson, Marquise de, iv. 86; Montmorency, Marquis de, v. 284, 286; (?) Montmorency, Prince and Princesse de, v. 306; Montrevel, Comtesse de, v. 284(?), 286(?), 290(?), 295(?), 303; Mun, iv. 404; Necker, iv. 216, 339, 342, 343, v. 346, 441, 449; Necker, Mme, iv. 216, 342, 343, v. 346, 441, 449; Orléans, iv. 86; Osmond, v. 351; Pont-de-Veyle, v. 284, 301, 303–4, 306, 308; Puységur, v. 301; Rochfords, ii. 26; Rohan, Duchesse de, iv. 431; Rondé, Mme, v. 345, 438; Sanadon, Mlle, v. 352; (?) Saulx, v. 290; Ségur, v. 352; Souza, v. 318; Thiard, v. 352; Thiers, v. 301; Toulouse, Archbishop of, ii. 84, v. 303–4, 306; (?) Usson, Comte and Comtesse d', v. 306, 308; Uzès, Duchesse d', iv. 431; Valentinois, Comtesse de, v. 290, 306; Vierville, Marquise de, v. 301, 303, 304, 306, 308; Villars, v. 308; Viry, Conte and Contessa di, iv. 294; Wimpffen, v. 284(?), 286, 290, 295, 301, 304, 306, 308, 352
spirits of, iii. 95
Stanhope, Lady Harriet, liked by, iv. 101, 104, 115
suppers of, ended, v. 443
Tonton likes, iv. 447
Tronchin attends, ii. 446, iv. 304, v. 205, 207, 208, 444
Versailles lodging taken from, iii. 129
—— visited by, i. 376, iv. 191

verses by: for Schuwalof, iv. 415; on saints, iii. 431
verses for dinner given by, iv. 405–6
Villers-Cotterêts to be visited by, iii. 380, 382, iv. 342, 462
—— visited by, iii. 394, iv. 466
visitors to, *see* Montmorency, visitors to
vow of, to let Duchesse de Gramont precede her, iv. 26
Neuhof, Théodore-Antoine (1690–1756), Baron de, self-styled K. of Corsica:
HW erects monument to, vi. 73
HW's article on, i. 182–3
Trévoux and Louis XV joke about, v. 364
Neuilly:
bridge at: Barthélemy praises, vi. 201; medal of, to be sent by D to HW, iv. 27, 28
Plaine de, cricket match at, v. 307
Neuville. *See* Le Quien de la Neuville
'Nevers, Duc de.' *See* Mancini-Mazarini, Louis-Jules-Barbon
Névet, Marie-Thérèse-Corentine de (d. 1778), m. (1729) Jean-Antoine-François de Franquetot, Comte (called Marquis) de Coigny:
social relations of, with Mme de Luxembourg, v. 308
'Neveu, votre.' *See* Cholmondeley, George James; Walpole, Edward; Walpole, George; William Henry, D. of Gloucester
*Ne v'là-t-il pas que j'aime:*
verses to air of, v. 98
*1, 2, 3* Newcastle, D. of. *See* Cavendish, William (1593–1676); Pelham-Clinton, Henry (1720–94); Pelham-Holles, Thomas (1693–1768)
*4* Newcastle, Ds of, wife of *1*. *See* Lucas, Margaret
Newcastle:
attacked, v. 368
*1* Newhaven, Bn. *See* Mayne, William
*2* Newhaven, Bns, wife of *1*. *See* Allen, Frances
Newmarket:
Chartres not to visit, iv. 294
Necker, M. and Mme, not to visit, iv. 292
Orford resumes connections with, iv. 24
Selwyn at, i. 291
Newton, Sir Isaac (1642–1727):
D mentions, v. 202
New Year's Day:
confectioners' shops in Paris decorated for, v. 291
gifts on, i. 205, 385, 393, 405, 406, ii. 7, 7–8, 174, 175, 179, 331, iii. 124, 298, 431, iv. 3, 127, 249, 496–7, v. 1, 2, 97–8, 197, 200, 203, 439, 440
post delayed around, iii. 3, 9, 162, 163, 306, iv. 126, 257, 388
Neyret de la Ravoye, Anne (1697–1718), m. (1712) Louis du Plessis, Marquis du Plessis-Châtillon:
death of, regretted by her husband and his second wife, v. 370
Nice:
Colonna told not to visit, v. 99

Hollands to go to, ii. 327
Macaulay, Mrs, not to visit, iv. 497
Nicholson, Mr:
Foire Saint-Germain attended by, v. 309
HW accompanies, to shops, v. 308
Nicol, Mr:
social relations of, with Chavigny, v. 317
*1* Nicolaï, Aimar-Charles-François de (1737–94), president; son of *3:*
Beaumarchais mentions, iv. **35**
(?) HW mentions, iv. 20
*2* Nicolaï, Aimar-François-Chrétien-Michel de (1721–69), Bishop of Verdun 1754–69:
Marie-Josèphe will be regretted by, i. **257–8**
*3* Nicolaï, Aimar-Jean de (1709–85), brother of *2:*
(?) attends session of parliament of Paris, vi. 173
D's opinion of, iv. **35**
HW describes, v. 276
HW has met, iv. 35
social relations of, with: Hénault, v. 276; La Vallière, Duchesse de, v. 336
son of, iv. 35
*4* Nicolaï, Antoine-Chrétien (1712–77), Comte de, brother of *2:*
gluttonous, iv. 175
made maréchal de France, iv. 173
Maillebois favoured by, iv. 323
Nicole, Pierre (1625–95):
*Essais de morale,* D alludes to, iv. 89
(?) *Logique, La,* D owns, vi. 33n
Nicolet (theatre):
Rousseau compared to shows at, ii. 434
*Siège d'Orléans* given at, v. 66
visitors to: Aulan, v. 66; Boufflers, Marquise de, v. 336; Cambis, Vicomtesse de, v. 336; Churchills, v. 336; D, v. 66; Hénin, v. 336; Leroy, v. 66; Mirepoix, Mme de, v. 66; Tavannes, Comtesse de, v. 66
*Nicomède. See under* Corneille, Pierre
'Nièce, la.' *See* Colbert, Élisabeth-Pauline-Gabrielle
'Nièce, votre,' *or* 'vos nièces.' *See* Carolina Augusta Maria; Cholmondeley, Henrietta Maria; Cholmondeley, Hester Frances; Churchill, Mary; Churchill, Sophia; Keppel, Anna Maria; Keppel, Laura; Sophia Matilda; Waldegrave, Lady Anna Horatia; Waldegrave, Lady Charlotte Maria; Waldegrave, Lady Elizabeth Laura; Walpole, Laura; Walpole, Maria; Woffington, Mary
Nieukerke. *See* Nieukirchen
Nieukirchen de Nyvenheim, Sophie-Gertrude-Adélaïde-Dorothée-Catherine-Albertine-Frédérique-Élisabeth de (1733–1805), m. (1) (1760) Gerhard Pater; m. (2) (1779) Jean-Louis Quentin de Richebourg, Marquis de Champcenetz:
social relations of, with: Brancas, Marquis and Marquise de, v. 296, 317, 320; Brunswick, i. **13**
Nieukircke *or* Nieukirke. *See* Nieukirchen

Nightingales:
D mentions, i. 292
HW's, ii. 77, 239
Nightmare:
D has, v. 117
Nigon, ——:
attends session of parliament of Paris, vi. 171
Nivelle de la Chaussée, Pierre-Claude (1692–1754), dramatist:
Mercier's *Indigent* in style of, iv. **32**
*Préjugé à la mode, Le:* HW likes, iv. 44; HW sees, v. 274
*1* Nivernais, Duc de. *See* Mancini-Mazarini, Louis-Jules-Barbon
*2, 3* Nivernais, Duchesses de, wives of *1. See* Brancas, Marie-Thérèse de (1716–82); Phélypeaux de Pontchartrain, Hélène-Angélique-Françoise (1715–82)
*1* Noailles, Comtesse de, wife of *20. See* Arpajon, Anne-Claudine-Louise d'
*2* Noailles, Marquise de, wife of *10. See* Hallencourt de Drosménil, Charlotte-Françoise de
Noailles, Vicomtesse de, wife of *14. See* Noailles, Anne-Jeanne-Baptiste-Pauline-Adrienne-Louise-Catherine-Dominique de
*3* Noailles, Adrien-Maurice (1678–1766), Duc de, maréchal; son of *7:*
D's opinion of, iv. 433
death of, i. 84
Du Maine, Duchesse, writes song about, iv. 432
HW's opinion of, iv. 433, 435
Louis XIV entrusts MSS to, iv. 433
*Mémoires politiques et militaires pour servir à l'histoire de Louis XIV et de Louis XV,* iv. 412, 416, 418, 420, 423, 425, 428, 429, 432–5
*4* Noailles, Adrienne-Catherine (1741–1814), dau. of *12,* m. (1755) René-Mans de Froulay, Comte de Tessé:
Bourbonne to be visited by, iv. 198
Chaville home of, iii. 363
Choiseul, Duc and Duchesse de, visited by, at Chanteloup, ii. 469, iii. 45, 59
Cirey to be visited by, iv. 198
(?) D unacquainted with, ii. 264
Gramont, Duchesse de, to accompany, iv. 198
—— to visit, iii. 363 (*see also under* Chaville)
Italy to be visited by, iv. 435
social relations of, with: Choiseul, Duchesse de, v. 443; Du Châtelet, Comte and Comtesse, iv. 198; Gramont, Duchesse de, ii. 469, v. 451
*5* Noailles, Amable-Gabrielle de (1706–71), dau. of *3,* m. (1721) Honoré-Armand, Duc de Villars:
Cossé, Duchesse de, replaces, as dame d'atour to Dauphiness, iii. 106
death of, iii. **106**
*6* Noailles, Anne-Jeanne-Baptiste-Pauline-Adrienne-Louise-Catherine-Dominique de (d. 1794), dau. of *11,* m. (1773) Louis-Marc-Antoine, Vicomte de Noailles:
Bordeaux visited by, v. 428
Chanteloup visited by, vi. 207

*7* Noailles, Anne-Jules (1650–1706), Duc de:
Maintenon, Marquise de, correspondence of,
with, iii. 266, 283

*8* Noailles,      Antonin-Claude-Dominique-Juste
(1777–1846), Comte de, later Prince de Poix;
son of *21:*
birth of, iv. 472

*9* Noailles, Artus-Charles-Jean-Tristan-Languedoc (1771–1834), Comte de, later Duc de
Mouchy; son of *21:*
birth of, iii. **27**

*10* Noailles,    Emmanuel-Marie-Louis    (1743–
1822), Marquis de, French ambassador to Holland and to England; son of *12:*
Chanteloup visited by, iv. 311
ambassador to Holland, iii. 209
appointment of, as ambassador to England,
rumoured, iii. 143, 146, 169, 209
D does not know, iv. 424
English treat, well, despite war prospects, v.
36
social relations of, with HW, iv. 427

*11* Noailles, Jean-Louis-François-Paul de (1739–
1824), Duc d'Ayen, 1766; Duc de Noailles,
1793; son of *12:*
Choiseul, Duc and Duchesse de, to be visited
by, in exile, iii. 45
(?) command given to, v. 147
D unacquainted with, ii. 264
Italy to be visited by, iv. 435
La Fayette forced to await, iv. 435
——'s departure regretted by, iv. 427
Maupeou warned by, vi. 182
social relations of, with HW, v. 292

*12* Noailles, Louis de (1713–93), Duc d'Ayen,
1737; Duc de Noailles, 1766; son of *3:*
avaricious, iv. 175
D requests from, the memoirs of his father,
iv. 412, 420
entrée, Dauphin's, given to, ii. 444
La Marck, Comtesse de, sister of, iv. 397–8
made maréchal de France, iv. 173
Maillebois favoured by, iv. 323
protests illegal parliament, iii. 61, 63
Saint-Germain-en-Laye familiar to, iii. 337
social relations of, with: D, v. 440; Du Barry,
Comtesse, ii. **288**

*13* Noailles, Louis-Antoine de (1651–1729), cardinal; brother of *7:*
Maintenon, Marquise de, correspondence of,
with, iii. 258, 266, 283

*14* Noailles, Louis-Marc-Antoine de (1756–1804),
Chevalier d'Arpajon; Vicomte de Noailles;
son of *20:*
D does not know, iv. 296
D to send commissions to HW by, iv. 290
England to be visited by, iv. 293
regiment assigned to, v. **212**
Salm Kyrbourg, P. of, fights duel with, iii.
175
social relations of, with Comtesse de Boufflers,
v. 351

*15* Noailles,    Louise-Henriette-Charlotte-Philippine de (1745–1832), dau. of *20,* m. (1760)
Emmanuel-Céleste-Augustin de Durfort, Marquis (later Duc) de Duras:
Bordeaux visited by, v. 428
dances at ball in honour of Dauphin's marriage, ii. 410, 411
position of, at Court, i. **240**
social relations of, with Hénault, i. 369, v.
270, 329

*16* Noailles, Marie-Adrienne-Françoise de (1759–
1807), dau. of *11,* m. (1774) Marie-Joseph-
Paul-Yves-Roch-Gilbert du Motier, Marquis
de la Fayette:
Chanteloup visited by, vi. 207
husband's departure regretted by, iv. 427

*17* Noailles, Marie-Anne-Françoise de (1719–93),
dau. of *3,* m. (1744) Louis-Engelbert, Comte
de la Marck:
Beauvau, Prince and Princesse de, exchange
houses with, iv. 397
brother of, necessary to, iv. 397–8
D's correspondence with, about Mrs Ward, iii.
337, 342, vi. 192
Le Val country house of, iv. 232
—— exchanged by, for Le Boulingrin, iv. 397
Luxembourg, Mme de, to visit, iv. 232
—— visits, v. 431
Spa visited by, v. 239

*18* Noailles, Marie-Louise de (1710–82), dau. of
*3,* m. (1730) Jacques-Nompar, Duc de Caumont:
Marie-Josèphe will be regretted by, i. **257**
Valentinois,. Comtesse de, leaves money to, iv.
71

*19* Noailles,    Marie-Victoire-Sophie de (1688–
1766), sister of *3,* m. (1) (1707) Louis de Pardaillan d'Antin, Marquis de Gondrin; m. (2)
(1723) Louis-Alexandre de Bourbon, Comte
de Toulouse:
death of, i. 146
Forcalquier, Comtesse de, visits, i. **92**, 99, 102
ill, i. 112, 114, 118, 124, 136

*20* Noailles, Philippe de (1715–94), Marquis
d'Arpajon; Comte de Noailles; later Duc de
Mouchy and Maréchal de France; husband of
*1,* son of *3:*
Bordeaux commanded by, v. 179
entrée, Dauphin's, given to, ii. 444
follows Court, ii. 351–2
illumination for Poix wedding in garden of,
v. 319
made maréchal de France, iv. 173
marriage of, i. 240n
proud, iv. 175
Ramillon's chamber faces garden of, vi. 13
servant of, finds gout remedy, iv. 197
son of (Poix): HW's compliments about, to be
repeated to father, iv. 424; marriage of, i.
**323**
son of (Vicomte de Noailles), goes to England,
iv. 293

*21* Noailles, Philippe-Louis-Marc-Antoine de (1752–1819), Prince de Poix; son of *20:*
Beauvau to receive MSS through, iv. 416
D hardly knows, iv. 424
HW's compliments about, to be repeated to his wife and father, iv. 424
marriage of: i. 323; illumination for, v. 319
reversion of Beauvau's position granted to, iv. 59, 61
social relations of, with La Fayette, v. 113
*22* Noailles, Philippine-Louise-Catherine de (1745–91), dau. of *12*, m. (1763) Louis-Antoine-Armand de Gramont, Comte de Guiche, later Duc de Lesparre and de Gramont:
(?) D unacquainted with, ii. 264
resignation of, v. 455
Noailles, Hôtel de:
garden of: D has freedom of, ii. 351; Ramillon's chamber faces, vi. 13
Nobility, French:
Crown supported by, to save mental effort, v. 360
families of: founders of, have merit, successors the titles and pretensions, v. 364; gens de lettres compared with, v. 364
polished but ignorant, v. 354
protest honour to house of Lorraine, ii. 408–9, 412
recall of parliament asked by, iii. 47
Noblet de Romery, Louis-Antoine:
(?) attends session of parliament of Paris, vi. 171, 173
Noels:
Rouette plays, v. 317
Nogent-sur-Seine, Comte de. *See* Boullongne, Jean-Nicolas de
Nogues, ——:
rumour about government obligations reported by, vi. 161
Nointel, Marquis de. *See* Bechameil, Louis de
Noizet de Saint-Paul, Antoine-Gaspard de (ca 1699–1775):
(?) social relations of, with Comte and Comtesse de Maurepas, v. 285
Nolcken, Gustaf Adam von (1733–1812), Swedish envoy to England:
D sends parcel by, iv. 281–2, 283
D to send letter by, iv. 276
Norden, ——:
*Mémoires* of, D owns, vi. 34
*1* Norfolk, Ds of, wife of *5*. *See* Blount, Mary
*2, 3, 4, 5* Norfolk, D. of. *See* Howard, Bernard Edward (1765–1842); Howard, Charles (1720–86); Howard, Charles (1746–1815); Howard, Edward (1686–1777)
*6* Norfolk, E. of. *See* Howard, Thomas
Normand, Le. *See* Le Normand
Normandy:
Boufflers, Comtesses de, to visit, iv. 462
Broglie, Maréchal de, commands troops of, v. 45, 47
Canisy, Mme de, lives in, ii. 242, 245

Gramont, Comtesse de, from, ii. 441
Joseph II travels through, vi. 201–2
*1* North, Francis (1704–90), cr. (1752) E. of Guilford:
son of, v. 237n
*2* North, Frederick (1732–92), styled Bn North; 2d E. of Guilford, 1790; prime minister 1770–82; son of *1*:
American papers sent to Parliament by, iv. 139
attacked in House of Commons, v. 216
Cinque Ports' government given to, v. 49
D interested in, iv. 200
D's opinion of, v. 221, 222, 226, 236, 237
Fox's attack on, in Parliament, iv. **24**, 145
Gower rumoured successor of, v. 49
HW's fête not attended by, v. 78, 81
HW's notes on, ii. 311
Richmond contrasts Necker with, v. 95
Northington, E. of. *See* Henley, Robert
*1* Northumberland, Ds of, wife of *2*. *See* Seymour, Lady Elizabeth
*2* Northumberland, D. of. *See* Percy, Hugh Smithson
*1* Norton, Sir Fletcher (1716–89), cr. (1782) Baron Grantley:
Grafton's meeting attended by, v. 367
(?) HW mentions, iii. 439
Pitt's return desired by, v. 273
*2* Norton, Grace (ca 1676–97), m. (1697) Sir Richard Gethin, 2d Bt:
Bibliothèque du Roi has Faithorne's print of, v. 358
*3* Norton, William (1742–1822), 2d Bn Grantley, 1789; minister to the Swiss cantons 1765–82; 'un Anglais'; son of *1*:
D's account of, ii. 65
D sends parcels by, ii. 62, 64, 66, 69
social relations of, with: D, ii. 66; Rochford, Cts of, ii. 64
'Nos dames doivent leurs attraits':
D quotes, iv. 379
Nos filles de Sainte-Marie, church of. *See under* Filles de Sainte-Marie
Notre-Dame de la Garde:
Scudéry governor of, iii. 188
Notre-Dame de Paris:
catafalque at: iv. 90; for Dauphin's funeral oration, v. 304
D mentions, ii. 458
HW visits, v. 274, 304
sweeper of, left annuity, v. 451
*Te Deum* sung at, v. 428
Noue, La. *See* La Noue
Nouet, ——:
attends session of parliament of Paris, vi. 173
Nougaret, Pierre-Jean-Baptiste (1742–1823):
*Mille et une folies, Les*, D owns, vi. 33
Nouveau de Chennevières, Barthélemy-Antoine:
(?) attends session of parliament of Paris, vi. 173
*Nouveau théâtre français, Le:*
Hénault's *François II* in, *see under* Hénault, Charles-Jean-François

*Nouvel abrégé de l'histoire de France. See* Hénault, Charles-Jean-François, *Abrégé chronologique*

*Nouvelle Héloïse, La. See* Rousseau, Jean-Jacques, *Julie*

Noyon, Bishop of. *See* Broglie, Charles de

Nugent, Cts. *See* Drax, Elizabeth

Nugent, Miss (d. 1775):
 death of, v. 398

*Nuits, Les. See* Young, Edward, *Night Thoughts*

Nuits-sur-Armançon, Baron de. *See* Clugny, Jean-Étienne-Bernard de

Nun, negro:
 Louis XIV's alleged daughter, v. 305
 picture of, v. 305

Nuncio. *See* Bentivoglio, Cornelio (1668–1732); Doria Pamfili, Giuseppe (1751–1816); Giraud, Bernardino

Nuneham, Vct. *See* Harcourt, George Simon

Nuneham Courtenay:
 HW visits, iii. 385, 391

Obelisk at Chanteloup. *See* Chanteloup, pagoda ('obélisque') at

Oboe. *See* Hautebois

*1* O'Brien, Charles (1699–1761), Vct Clare; Comte de Thomond; Maréchal de France: Choiseul, Comtesse de, daughter of, v. 346

*2* O'Brien de Thomond, Charlotte-Antoinette-Marie-Septimanie (1759–1808), dau. of *1*, m. (1775) Antoine-César de Choiseul, Comte de Praslin, Comte de Choiseul, later Duc de Praslin:
 social relations of, with: D, v. 346, 349, 426, 430, 451; Praslin, Duchesse de, v. 349
 son born to, v. 457
 Thomond's daughter, v. 346

*Observations sur le Cid. See under* Scudéry, Georges de

*Observations sur le Mémoire justificatif de la cour de Londres. See under* Beaumarchais, Pierre-Augustin Caron de

Octavia (ca 69–11 B.C.), m. (1) (before 54 B.C.) C. Claudius Marcellus; m. (2) (40 B.C.) Marcus Antonius (Mark Antony):
 medal of, iv. 54

O'Dunn. *See* O'Dunne

O'Dunne, Jacques, Comte, French ambassador to Portugal; minister to Elector Palatine at Mannheim:
 (?) HW's correspondence with Voltaire approved by, ii. **117–8**
 (?) social relations of, with Duchesse de Choiseul, ii. 117

*Œdipe. See under* Voltaire

*Œdipe chez Admète. See under* Ducis, Jean-François

Oeiras, Conde de. *See* Carvalho e Mello, Sebastião-José de

Oels. *See* Württemberg-Oels

Oeyras (Oeiras). *See* Carvalho e Mello, Sebastião-José de

Offaly, E. of. *See* Fitzgerald, George

*O filii:*
 verses to air of, iii. 354

Ogier, Jean-François (1704–75), president of parliament of Paris:
 Breton parliament to be attended by, i. 370
 Le Prestre secures office expected by, ii. 442

*1* Ogilvie, Cecilia Margaret (b. 1775), dau. of *3*, m. (1795) Charles Lock:
 Aubigny visited by, iv. 333

*2* Ogilvie, Emily Charlotte (b. 1778), dau. of *3*, m. (1799) Charles G. Beauclerk:
 birth of, v. 16

*3* Ogilvie, William (1740–1832):
 D has no news of, iv. 436
 D hears from, of Ds of Leinster's miscarriage, iv. 331
 D mistakes, for O'Kelly, iv. 421
 (?) D's correspondence with, v. 155
 D's opinion of, iv. 319, 328, 338, 342, v. 128, 156
 D to receive partridges from, v. 108
 HW asks for news of D from, v. 231–2
 Paris to be visited by, v. 19
 social relations of, with: Beaune, iv. 330; Binghams, iv. 330; Boisgelin, Comtesse de, iv. 330; Cambis, Vicomtesse de, iv. 330; D, iv. 319, 330, 421; Mirepoix, Mme de, iv. 329, 330; Monaco, iv. 330; Sanadon, Mlle, iv. 330; Viry, Contessa di, iv. 330

Oglethorpe, Eleonora (ca 1683–1775), m. Eugène-Marie de Béthizy, Marquis de Mézières: death of, iv. **213**

'Oiseaux de Steinkerque, les.' *See* Alsace-Hénin-Liétard, Gabrielle-Françoise-Charlotte d'; Beauvau-Craon, Marie-Françoise-Catherine de; Boufflers, Louise-Julie de

Oisi, Comtesse d'. *See* Massuau, Bénigne de

O'Kelly-Farrell, Jean-Jacques (1749–1800), cr. (1776) Comte O'Kelly:
 D mistakes Ogilvie for, iv. 421
 Roissy visited by, iv. **210**
 social relations of, with Caraman, v. 346

Old Pretender. *See* James Francis Edward

Olivet, Abbé d'. *See* Thoulier, Pierre-Joseph

Olivier, Mme:
 Favart's verses for, i. 129

*1* Olivier, Jean-Antoine, Comte de Sénozan: heiress of, v. **92**

*2* Olivier de Sénozan de Viriville, Madeleine-Henriette-Sabine (ca 1763–94), granddau. of *1*, m. (1778) Archambaud-Joseph de Talleyrand, Vicomte de Périgord, Duc de Talleyrand-Périgord:
 marriage of, v. **92**

Olonne, Comtesse d'. *See* Angennes, Catherine-Henriette d'

Olonne, Duc d'. *See* Montmorency-Luxembourg, Charles-Anne-Sigismond de

*Omaggio poetico. See under* Belforte, D. of

Omer, d'. *See* Domer

'Oncle, l'.' *See* Hénault, Charles-Jean-François

'Oncle, le petit.' *See* Crozat, Louis-Antoine

One:
pronunciation of, v. 373
Oneal, Mr:
social relations of, with: Beaufort, v. 271; Richmonds, v. 274
Onslow, Arthur (1691–1768), Speaker of the House of Commons:
anecdotes by, v. 362
Opéra:
attended by: D, v. 339; HW, v. 328, 334, 339; Maurepas, iv. 194; Pont-de-Veyle, iii. 418, 424; Richmonds, v. 328; Sanadon, Mlle, iii. 155, 325, v. 339
ball at, ii. 154, iii. 179
directors of, see Auvergne, Antoine d'; Berton, Pierre-Montan; Joliveau, Nicolas-René; Rebel, François
Opera, French:
HW disparages, ii. 128
Opéra-Comique (Comédie-Italienne):
attended by: Christian VII, ii. 154; Bussy, Marquise de, iii. 361; Conway, iv. 109; Craufurd, i. 345; Crewe, Mrs, iii. 361, 376; D, i. 345, ii. 274–6; D's women servants, v. 453; Dunmore, ii. 276; Greville, Mrs, iii. 361, 376; HW, v. 260, 262, 272, 305, 316, 319, 331, 351; Louis XVI, iii. 376, 377; Luxembourg, Mme de, i. 345; Marie-Antoinette, iii. 376, 378; Mirepoix, Mme de, i. 345; Richmonds, ii. 274–6; Roncée, Comtesse de, iii. 361; Selwyn, i. 345
D invited to, ii. 281
D mentions, i. 239
Farmain de Rozoi's Henri IV given at, iv. 116
(?) HW to have box at, iv. 217
management of, iv. 28
Pont-de-Veyle frequents, iii. 117, iv. 75
Sedaine's Déserteur to be given at, iii. 376
Opera girl:
auction of, v. 369
'Opiner':
D's anecdote on, iv. 72
Opium:
Voltaire takes, v. 44, 46
Oracles des sibylles:
D owns, vi. 26
Oraison funèbre de Stanislas I roi de Pologne.
. . . See under Copel, Jean-François
Orange jelly:
cost of ingredients of, ii. 45
D asks for recipe of, ii. 45
D makes, according to HW's recipe, ii. 63
Orangerie:
at Sceaux, v. 322
Orange trees:
HW sees, at Chantilly, v. 260
Oratoire, l'. See Pères de l'Oratoire
Ordre de Saint-Louis. See Saint-Louis, Ordre de
Ordre du Saint-Esprit. See Saint-Esprit, Ordre du
Ordre du Saint-Esprit. See Poullain de Saint-Foix, Germain-François, Histoire de l'ordre du Saint-Esprit

1 Orford, Cts of, mother of 2, sister-in-law of 3, dau.-in-law of 6. See Rolle, Margaret
2, 3, 4, 5, 6 Orford, E. of. See Walpole, George (1730–91); Walpole, Horatio [HW] (1717–97); Walpole, Horatio (1723–1809); Walpole, Horatio (1752–1822); Walpole, Sir Robert (1676–1745)
Organ:
at Mass, ii. 211
Oriuna:
uncertainty about, v. 358
Orlando Furioso. See under Ariosto, Ludovico
1 Orléans, —— d' (d. 1688), Chevalier de Longueville; son of 11:
legitimated, v. 276
2 Orléans, Bishop of. See Gérente de la Bruyère, Louis-Sextius de
3, 4, 5, 6 Orléans, Duc d'. See Bourbon, Louis de (1703–52); Bourbon, Louis-Philippe de (1725–85); Bourbon, Louis-Philippe-Joseph de (1747–93); Bourbon, Philippe de (1674–1723)
7, 8 Orléans, Duchesse d'. See Bourbon, Louise-Marie-Adélaïde de (1753–1821); Henrietta Anne (1644–70) of England
9 Orléans, Mlle d'. See Bourbon d'Orléans, —— de
9, 10 Orléans, Princesses d', daus of 5 and 7. See Bourbon d'Orléans, —— de (1777–82); Bourbon d'Orléans, Louise-Marie-Adélaïde-Eugénie de (1777–1848)
6 Orléans, Régent d'. See Bourbon, Philippe de
11 Orléans, Charles-Paris d' (1640–72), Duc de Longueville:
La Ferté, Duchesse de, mistress of, v. 276
Orléans:
Barthélemy praises bridge at, vi. 201
cotignac from, i. 361
Joseph II not to visit, vi. 202
visitors to: Arras, Bishop of, iii. 239–40; D, iii. 239–40, 251; Du Châtelet, Comtesse, iii. 239; Gramont, Duchesse de, iii. 239–41; Ligne, Princesse de, iii. 239–40
Orléans, Hôtel d':
Craufurd, James, lodges at, ii. 283
Orléans, Siège d'. See Siège d'Orléans
Orléans chapel:
at Célestins' church, v. 308
12 Orléans de Longueville, Marie d' (1625–1707), sister of 11, m. (1657) Henri de Savoie, Duc de Nemours:
Mémoires of, D owns, vi. 34
Ormesson, Marquis d'. See Le Fèvre, Marie-François de Paule
Ormond, D. of. See Butler, James
Orphée et Eurydice. See under Gluck, Christoph Willibald
Orpheline angloise, L'. See under Fielding, Sarah; La Place, Pierre-Antoine de
Orpheline léguée, L'. See under Saurin, Bernard-Joseph
Orris root:
D receives, iii. 182
delayed at customs, iii. 160–1

*1* Orsan, Marquis d'. *See* Cambis, Henri-Marc-Amable de

*2* Orsan, Marquise d', wife of *1. See* Grave, Augustine de

Orvilliers, Comte d'. *See* Guillouet, Louis

Orwell, Bn and Vct. *See* Vernon, Francis

Osborne, Francis Godolphin (1751–99), styled M. of Carmarthen; 5th D. of Leeds, 1789:
engagement of, rumoured, v. 128
HW accompanies, to theatre, v. 331
social relations of, with Fortescue, v. 326

Osborne, Thomas (d. 1767), bookseller:
death of, v. 397

*Osman, Lettres d'. See under* Saint-Foix, Philippe-Auguste de

Osmond. *See also* Médaby d'Osmond

Osmond, René-Eustache (1751–1838), Marquis d':
(?) social relations of, with Mme de Luxembourg, v. 352

Ossian:
Holbach and guests dispute about, v. 267

Ossory, Bishop of. *See* Pococke, Richard

*1* Ossory, Cts of Upper, wife of *2. See* Liddell, Anne

*2* Ossory, E. of Upper. *See* Fitzpatrick, John

Ossun, Pierre-Paul (1713–88), Marquis d', French ambassador to Spain; minister of state, 1778:
Chanteloup visited by, vi. 202
social relations of, with Duc and Duchesse de Fitzjames, v. 300
talk of recall of, ii. 380

Ostade, Adrien (1610–85), *or* Isaac (1621–57), painter:
Praslin has paintings by, v. 353

Ostend:
letters go by way of, in war time, v. 157, 159, 161–3, 165, 169, 170, 172, 227, 232, 422, 423, 426
Robinson, Mrs Elizabeth, sends cassolettes by way of, vi. 204

*Othello. See under* Shakespeare, William

Otho, Marcus Salvius (A.D. 32–69), Roman emperor, A.D. 69:
D admires suicide of, iv. 1

'Otranto, castle of':
(?) modelled on Trinity College, Cambridge, iv. 145

Oudry, Jean-Baptiste (1686–1755), painter:
HW buys pictures by, v. 403

Ouel *or* Ouells *or* Ouels. *See* Württemberg-Oels

Oulmont, ——:
D's picture in legacy of, vi. 216

Ourches, Marguerite-Jeanne d', m. (1751) Louis, Marquis de Choisy:
social relations of, with: La Marche, Comtesse de, v. 298; (?) Usson, Comtesse d', v. 329

Oursin, ——:
attends session of parliament of Paris, vi. 173

Outremont, ——:
attends session of parliament of Paris, vi. 173

Ovid (Publius Ovidius Naso) (43 B.C.–A.D. ca 18), Roman poet:
Guibert's comparisons resemble those of, iii. 341

Oxford, E. of. *See* Harley, Edward (1699–1741); Harley, Robert (1661–1724)

Oysters:
forks for, ii. 262

Paar, Thérèse, m. Johann, Graf Bucquoy von Longueval:
Spa to be visited by, iv. 460

Paar, Wenzel Johann Joseph (1719–92), Count (later Prince):
(?) manner of speaking of, i. 269
(?) mistake of, in speaking of Socrates, i. **214**
social relations of, with Hénault, i. 214(?), v. 313(?), 325(?), 332

Packing:
i. 297, iii. 125, 233
*See also* Transportation

'Pacte de famille,' Bourbon:
Aiguillon and ambassadors uphold, iii. 214

Paduans:
Ennery has medals of, in silver, v. 325

Paetus, Cecina (d. A.D. 42):
suicide of, iii. 424

Page:
Court, title of nobility necessary for, ii. 413n, 425, 491–2
to Comtesse de Province, costs and prerequisites of being, ii. 484–5, 491–2

Paget, Caroline (d. 1766), m. (1737) Sir Nicholas Bayly, 2d Bt:
death of, v. 397

Pagoda. *See* Chanteloup, pagoda ('obélisque') at

'Pagode, la grande.' *See under* Temple, le

'Pagode, le dieu de la.' *See* Bourbon, Louis-François de

Pailly, Mme. *See* Malevieux, Marie

Pajet, Mme de:
dances at ball in honour of Dauphin's marriage, ii. **410**

Palais:
fire at, iv. 256–7
HW visits, v. 276

Palais Marchand:
damaged by fire, iv. 256
HW visits, v. 291

Palais-Royal:
Bingham, Lady, given studio at, iv. 333
D dreams she is shopping at, iii. 272
'dame du,' *see* Vaulserre des Adretz, Marie-Olympe de
Genlis, Comtesse de, lives at, iv. 293
Orléan's little house next to, vi. 127
Polignac, Mme de, of, i. 123
Raphael painting at, v. 287
Selwyn loses money at, i. 208
visitors to: Boufflers, Comtesse de, i. 396; Choiseul, Duchesse de, iv. 293; Forcalquier,

Comtesse de, ii. 224; HW, v. 272, 336; Pembroke, Cts of, ii. 159

Palaprat, Jean (1650–1721), dramatist:
Grondeur, Le, D cites, i. 194, 309, v. 55

Palatinate, ministers from and to. See under Minister

'Palatine, la.' See Rodet, Marie-Thérèse

Palazzo, Count:
(?) Montagu, Lady Mary Wortley, keeps, as lover, v. 281

Pálffy, Maria Leopoldine (b. 1729), m. Franz Joseph, Fürst Kinský:
(?) Louis XV rejects, iii. 285
(?) Maria Theresa cheats, of daughter's property, v. 292
Paris adopted as residence by, v. 292
social relations of, with: Geoffrin, Mme, v. 292; La Marche, Comtesse de, v. 298; La Vallière, Duchesse de, v. 346; Monconseil, Marquise de, v. 297

Palgrave, William (ca 1735–99), divine:
(?) HW mentions, iv. 202

Palissot de Montenoy, Charles (1730–1814):
article on Voltaire in Sabatier de Castres's Trois Siècles may be by, iii. **314**
Éloge de M. de Voltaire, v. 82, 94, 96–7, 180

Pallas (ship):
English seize, vi. 209

1 Palliser, Alice, m. John Clough of York:
(?) D pities, v. 116

2 Palliser, Sir Hugh (1723–96), cr. (1773) Bt; brother of 1:
Keppel exonerated from charges of, v. 106, 112, 116
wounded in leg, v. 112

Pall Mall:
Gloucester gives up house in, to Cumberland, v. 366

Palluau, Comtesse de. See Bouthillier de Chavigny, Louise-Françoise

Palmerston, Vct. See Temple, Henry

'Pamela' (of Richardson's Pamela):
D's 'portrait' of, ii. 32–3

Pamfili. See Doria Pamfili, Giuseppe

Pamphlets:
impertinent, i. 202

Pan and Syrinx:
HW buys cup and saucer decorated with, v. 414

1 Panchaud, Isaac (1726–89), banker:
(?) D hopes, can dispose of Bishop of Mirepoix's purchase, iv. 252, 255, 257
(?) D paid by, iv. 349
(?) Echlin's debt guaranteed by, v. 122
(?) HW to pay money to: for Gibbon's snuffbox, iv. 303; for Mme de Mirepoix, iv. **136**, 149
(?) Leroy knows, iv. 255
social relations of, with: (?) Beauclerk, v. 285; (?) Craufurd, v. 272; HW, v. 284(?), 353; (?) Massareene, v. 294

2 Panchaud, Isabella, sister of 1, m. (1767) William Knight (brother of 'E. of Catherlough'):

(?) social relations of, with: Foleys, v. 307, 309; Massareene, v. 294

Panchot. See Panchaud

Pancoucke, André-Joseph (1700–53), bookseller:
(?) D owns Dictionnaire des proverbes françois published by, vi. 25

Pange, Marquise de. See Espinois, Jacques-Philippes-Renée d'

Pantagruel. See under Rabelais, François

Panthémont, Abbess of. See Béthizy de Mézières, Marie-Catherine de

Panthémont, Abbey of:
Cholmondeley, Henrietta Maria, denied return to, ii. 400
—— to be pupil at, ii. 230, 233
Cholmondeley, Hester Frances, remains at, ii. 404
—— to be pupil at, ii. 230, 233
D to send to, for news of Maria Fagnani, v. 148
Fagnani, Maria, at, v. 145
—— to be pupil at, v. 80, 141
visitors to: Choiseul, Duchesse de, ii. 273; Cholmondeley, Mrs, v. 332; D, ii. 300; (?) Gergy, Comtesse de, v. 332; HW, v. 332

Pantheon (London):
masquerade at, iii. 230

Paoli, Pasquale (1726–1807), Corsican patriot:
Boswell's account of, see Boswell, James, Account of Corsica, An
Boufflers, Chevalier de, intended to see, vi. 137
D's enthusiasm for, ii. 109
London visited by, v. 368

Papacy:
Fénélon submits to, iv. 435
power of, restrained by parliament of Paris, iii. 213–4

Papefigues. See Rabelais, François, Pantagruel

Papefiguière. See Rabelais, François, Pantagruel

Paphos, 'la nymphe de.' See Bécu, Jeanne

Paradis de Moncrif, François-Augustin (1687–1770), member of Académie française:
Essai sur la nécessité et sur les moyens de plaire, D alludes to, iii. 43
social relations of, with Marquise de Monconseil, v. 296, 297

Parc-Royal, Hôtel du:
enlarged, iv. 81
guests of: Crewe, Mrs, iii. 358, 361; Greville, Mrs, iii. 358, 361; HW, ii. 258, 268, iv. 81, v. 266, 267
HW's apartment at, i. 340, ii. 258, 270–1, 384, iii. 85, iv. 209, 210, 214
Simonetti, Mme, landlady of, i. 342

1 Pardaillan de Gondrin, Antoine-François de (1709–41), Marquis d'Antin:
marriage of, i. 5n, 92n, 99n

2 Pardaillan de Gondrin, Madeleine-Julie-Victoire de (b. 1731), niece of 1, m. (1753) François-Emmanuel de Crussol, Duc d'Uzès:
social relations of, with Luxembourg, Mme de, iv. 431

*1* Parfaict, Claude (ca 1701–77):
  *Histoire du Théâtre-françois,* D owns, vi. 33n
*2* Parfaict, François (1698–1753), brother of *1:*
  *Histoire du Théâtre-françois,* D owns, vi. 33n
Parfilage:
  D gives Mme de Luxembourg a box of, iii. 298
  (?) D makes suit for HW with, iii. 270, 439
  D orders, v. 438
  verses on, iii. 439
  vogue of, i. 45n, iii. 284, 295, 383, 431, v. 197
Paris, ——, butcher:
  D's receipt from, vi. 42
Paris, Archbishop of. *See* Beaumont du Repaire, Christophe de
Paris:
  celebrations of, for Dauphin's marriage, ii. 402, 418–20, 424
  Chantilly five hours from, i. 1
  D plans trips with HW in suburbs of, ii. 266
  D's annuities from, vi. 38, 39, 45–6
  deserted, ii. 242, 265, 411, 440
  fire at fête in, vi. 166
  Gramont, Comtesse de, banished from, ii. 436–7
  HW and Voltaire on men of taste in, ii. 129
  HW arrives at, i. 342, ii. 272n, iii. 42n, 87n, v. 260, 316, 324–5, 334, 343
  HW leaves, i. 1, 344, ii. 272, iii. 90, v. 314, 324, 333, 342, 353
  HW's reasons for visiting, i. 104
  parliament of, *see* Parliament of Paris
  post to and from, *see under* Post
  riot at, iv. 184, 187
  sensational news from, ii. 407
  'Sévigné, Mme de,' urges HW to visit, i. 51
  Turgot rumoured to be in charge of, iv. 300
  Vaugirard barrière of, ii. 211, 212
  Voltaire banished from, ii. 293, 307
  —— praises dramatic appreciation of, vi. 142
*1* Paris de Montmartel, Mlle:
  (?) engagement of, rumoured, iii. 147
*2* Paris de Montmartel, Armand-Louis-Joseph (1748–81), Marquis de Brunoy; son of *3:*
  Aranda takes house of, iii. 406
*3* Paris de Montmartel, Jean (1690–1766), Marquis de Brunoy; banker:
  wealthy, i. 101
Paris de Treffonds, Louis (d. before 1779), receiver-general of finances for Rouen:
  D inquires of, about parcel, ii. 22–4
  Durand sends parcel to, ii. 23–4
*Paris sauvé. See* Sedaine, Michel-Jean, *Maillard, ou Paris sauvé*
Park Place, Berks, Conway's seat:
  HW may visit, iv. 181
  HW visits, iv. 83n
  Parliament may keep Conway away from, iv. 177
Parley, Mrs:
  HW mentions, iv. 297
Parliament, British:
  act of, for preventing theft of dogs, ii. 405
  Admiralty attacked in, v. 112, 114
  American affairs before, iv. 138–40, 145–6
  associations to petition, v. 202, 210
  Chatham may appear in, iv. 38, 138–9
  Conway elected to, iv. 177
  *Courrier de l'Europe* translates speeches of, v. 19, 114
  D comments on singularity and beauties of, i. 306
  D mentions, ii. 332
  D's interest in, ii. 336, 342, 346, v. 189
  doing nothing, iii. 321
  duration of, i. 267, 288, 290, 311, 315, 317, ii. 232, iii. 355, iv. 83, 352, 354
  (?) Gloucester's marriage to be announced to, iii. 265
  HW in, i. 266
  HW retires from, ii. 39, 80, 178
  HW sends news of, to Conway, iv. 151
  La Rochefoucauld, Duc de, interested in, ii. 180
  ministry wins in, v. 220
  strain of life in, i. 161, 166, 168, 258, 265, 286, ii. 480
  'Test act' of, ii. 424
  Westminster electors desire dissolution of, v. 367
  Wilkes's seat in, ii. 89, 91, 198, 204, 205, iii. 131
Parliament of Aix. *See* Aix, parliament of
Parliament of Bordeaux. *See* Bordeaux, parliament of
Parliament of Brittany. *See* Rennes, parliament of
Parliament of Dijon. *See* Dijon, parliament of
Parliament of Paris:
  affairs of, prominent, ii. 491, iii. 30
  Aiguillon asks investigation by, ii. 197–9
  —— suit in: ii. 427, 429–30, 459, 470; judgment in, ii. 430, vi. 168–9; Louis XV reverses decision and suppresses documents in, ii. 427–30, 449n, 459, vi. 169–70, 173–5
  arrêt of, of 14 March 1772, condemning books, iii. 203
  Aubigny peerage registered by, iv. 455
  characterized by D, i. 261
  Choiseul desires support of, ii. 202
  convents to be regulated by, ii. 48
  D and HW indifferent to, iv. 82
  D mentions, ii. 29, 326, iii. 33
  declaration of, of 8 March 1772, iii. 213
  edicts presented to, 9 Feb. 1776, iv. 265, 274
  financial remonstrances of, ii. 377
  Goëzmann case decided by, iv. 23
  Guines judged by, iv. 421
  Jesuits expelled by, i. 291, 293–4, vi. 133–4
  letters to ask recall of, iii. 40, 47
  lettres de cachet expected for, iii. 15
  Louis XV at odds with, over: Aiguillon, ii. 427–30, 449n, 458, 459, vi. 168–70, 173–5; Brittany, ii. 429–30, 458, 459, v. 279–80, 303, vi. 168–75; edict of 7 Dec. 1770, ii. 493, iii. 14; Séguier affair, ii. 450n, 470, 491

Louis XV divides, into 6 courts, iii. 30n, 52, 58
—— establishes new, iii. 17, 58–9, 61–3, 66n
—— suddenly visits, v. 306
Louis XVI expected to make, submit, iv. 278
—— receives deputation from, iv. 60, 277
——'s response to, iv. 61
Marie-Antoinette's response to, iv. 61
members of: exiled, iii. 17, vi. 181–2; return, iv. 108, 110–2
Monaco, P. and Ps of, separated by act of, iii. 14
Morangiès to appeal to, iii. 364
Orléans, Duc de, and Duc de Chartres refuse to recognize new, iv. 77
Papal power restrained by declaration of, iii. 213
Paris, Archbishop of, at odds with, v. 284
policy of diminishing influence of, ii. 197
Princes and nobles ask recall of, iii. 40, 47
recess of, ii. 430
religious requirement for registry of title in, ii. 297, 418, 423, 424, 428
Richelieu–Saint-Vincent trial attended by, iv. 292–3
Rousseau proscribed by, i. 310
Séguier at odds with, ii. 450n, 470, 491
suppressed, iii. 61, 66n
suspends sessions, iii. 14
temporary tribunal replaces banished members of, iii. 17–8
threatens to resign, ii. 493
verses on division of, iii. 52
verses on expulsion of new members of, iv. 118
Parliament of Pau. See Pau, parliament of
Parliament of Rennes. See Rennes, parliament of
Parliament of Rouen. See Rouen, parliament of
Parliament of Saragossa. See Saragossa, parliament of
Parliament of Toulouse. See Toulouse, parliament of
Parliaments, French:
  aroused over Louis XV's action in d'Aiguillon affair, ii. 449
  D mentions, iii. 35
  edict of 7 Dec. 1770 affecting, ii. 493, iii. 14
  London Chronicle has paper on, v. 300
  Louis XV getting the better of, v. 285
1 Parma, Ds of. See Louise-Élisabeth
2 Parma, D. of, son of 1. See Ferdinand-Marie-Philippe-Louis
Parma:
  ministers to, see under Minister
  Monteil predicted as French minister to, iii. 209
Parmeggiano, Girolamo, painter:
  (?) Larue has drawings by, v. 356
  Mariette has drawings by, v. 273
  Monaco, P. of, has painting of Venus and Cupid by, v. 335
Parodies du théâtre italien:
  D owns, vi. 33

Paroquets:
  at Bois Prévu, v. 293
Parre. See Paar
Parrots:
  Cayenne, Duchesse de la Vallière lacks, iii. 128
  death of Duchesse de la Vallière's, iii. 342
  Hôtel de Bouillon has, v. 317
  Lespinasse, Mlle de, said to have bequeathed, to Vichy, iv. 328
Pars, William (1742–82), artist:
  account of, iv. 236
  HW gives letters of recommendation to, iv. 236
  HW writes to, through D, iv. 235(?), 238
  loses trunk and letters, iv. 236, 238, 240–1
Parsons, Anne ('Nancy,' 'Mrs Haughton' or 'Houghton') (ca 1735–ca 1814), m. (1776) Charles, 2d Vct Maynard:
  Cumberland, Ds of, had same name as, iii. 132
Partie de chasse de Henri IV, La. See under Collé, Charles
Partridges:
  Leinster, Ds of, sends, to D, iv. 395
  Ogilvie sends, to D, v. 108
Pascal, Blaise (1623–62):
  hallucination of, v. 117
Pasquier, Denis-Louis:
  (?) attends session of parliament of Paris, vi. 171, 173
Passion des Jésuites, La:
  D sends, to HW, iii. 314–5
Passions:
  D asks HW's opinion on, iv. 446
  D on, i. 296, ii. 247
Passport:
  Cholmondeley, George James, needs, v. 87
  Selwyn needs, v. 36–8, 40, 65, 66, 67, 123, 152
Passy:
  Valentinois, Comtesse de, entertains at, iii. 147
Pastilles:
  de Nancy, D sends, to Lady Mary Churchill, iv. 325
  HW mentions, iv. 297
  Stormont to take, to HW, iv. 292, 294, 296, 305
1 Paston, Rebecca, dau. of 2, m. (1708) Sir Stafford Fairborne, Kt:
  HW's relationship to, v. 258
2 Paston, Mrs Thomas. See Darcy, Dorothy
Patagonians:
  HW's satire on accounts of, see Account of the Giants Lately Discovered, An
  See also under Coyer, Gabriel-François
Paté:
  Périgueux, ii. 152, 155
  pineapple, recipe for, sent by HW to D, iv. 269
Pater, Mme Gerhard. See Nieukirchen de Nyvenheim, Sophie-Gertrude-Adélaïde-Dorothée-Catherine-Albertine-Frédérique-Élisabeth de

*Pater:*
mock, by Barthélemy, ii. 343
Patience (card game):
HW likes, i. 21, 337
Patouillet, Louis (1699–1779), Jesuit:
Voltaire's enemy, vi. 156
Patriotism:
self-love constitutes, v. 360
'Patty.' *See* 'Turk, Mrs'
Pau, parliament of:
reduced by Louis XV, v. 285
Paul, St:
D cites, ii. 83
D mentions, i. 146
Paul, Saint (surname). *See* Saint Paul
Paul (I) (1754–1801), grand duke; Emperor of
Russia, 1796:
Schuwalof praises, vi. 206
—— received by, iv. 492
*1* Paulmy, Marquis de. *See* Voyer, Marc-An-
toine-René de
*2* Paulmy, Marquise de, wife of *1*. *See* Fyot, Su-
zanne-Marguerite
Paume, ——:
Paris visited by, v. 458
Pavée de Villevieille, Philippe-Charles (d. 1825),
Marquis de Villevieille:
Voltaire's confession of faith signed by, v.
25–6
Pavilions, The, Ds of Gloucester's seat:
D inquires about, v. 63–4
Pavillon d'Aurore:
at Sceaux, v. 322
'Paysan du Danube.' *See* Hume, David
*Paysan gentilhomme, Le. See* Contant d'Orville,
André-Guillaume, *Paysan parvenu, Le*
*Paysan parvenu, Le. See under* Contant d'Or-
ville, André-Guillaume; Marivaux, Pierre
Carlet de Chamblain de
Peace:
D wishes, to conclude English-French war, v.
103, 112, 114, 126–7, 129, 132, 138, 149, 157,
163, 164, 168–70, 172, 174, 194, 212, 221, 222,
226, 233, 239 (*see also* War, D's fear of)
'Peace as long as the moon endureth':
Churchill's father's text, v. 374
Peaches:
apricots and, sugared and chilled, i. 405–6, ii.
3n
Pears:
Marchais, Baronne de, sends, to D, iv. 232,
251, 259
Peas:
cost 4 livres, v. 452
D cannot resist, ii. 244, 247, 252, iii. 371
Peasants:
ball for, at Roissy, v. 334
Peaux d'âne. *See* Fairy tales
Pecquigny, Duc de. *See* Albert d'Ailly, Marie-
Joseph-Louis d'
Peers, French:
not at session of parliament where d'Aiguillon
was discussed, ii. 429–30

parliamentary business of, ii. 429
protest honour to house of Lorraine, ii. 408–9,
412
protest illegal parliament, iii. 61, 63
summoned to lit de justice, ii. 427, 429, iii. 61
Peirenc de Moras, François-Marie de (1718–71),
controller-general:
satire on, v. 331
Pelée de Varennes, Marie-Louise-Antoinette-
Anne, m. Barthélemy de Vougny:
social relations of, with Mme de Lambert, v.
302
Peletier, Le. *See* Le Peletier; Le Pelletier
*1* Pelham-Clinton, Henry (1720–94), styled E.
of Lincoln; 2d D. of Newcastle, 1768; nephew
of *3:*
social relations of, with Cts of Rochford, v.
177
*2* Pelham-Clinton, Henry (1777–9), styled E. of
Lincoln; grandson of *1:*
death of, v. **177**
*3* Pelham-Holles, Thomas (1693–1768), 1st D. of
Newcastle-on-Tyne; prime minister:
dinner given by, i. **84**
Pelisse:
of blue fox, sent to D by Schuwalof, v. 72,
80–1
Pelletier, Le. *See* Le Peletier; Le Pelletier
*Pélopides, Les. See under* Voltaire
*1, 2, 3* Pembroke, Countesses of, mother, great-
aunt-in-law, and wife of *5. See* Fitzwilliam,
Hon. Mary (d. 1769) Penancoët de Keroualle,
Henriette-Mauricette de (ca 1649–1728); Spencer, Lady Elizabeth (1737–1831)
*4, 5* Pembroke, Earls of, son and husband of *3.*
*See* Herbert, George Augustus (1759–1827);
Herbert, Henry (1734–94)
'Pembroke, le petit.' *See* Herbert, George Augustus
*1* Penancoët de Keroualle, Henriette-Mauricette
de (ca 1649–1728), m. (1) (1675) Philip Herbert, 7th E. of Pembroke; m. (2) (1685) Jean-
Timoléon Gouffier, Marquis de Thois:
second marriage of, ii. **299**
*2* Penancoët de Keroualle, Louise-Renée de (ca
1647–1734), sister of *1*; Duchess of Portsmouth:
Aubigny duchy of, ii. 417–8, 423, 424
marriage of sister of, ii. **299**
Rochester accuses, of having bad breath, v.
355
Villette, Marquise de, tells anecdote of, v.
354–5
Penancoët de Keroualle (Querouaille) family:
alliances of, ii. 299
Penautier. *See* Reich de Pennautier
Pencils:
Choiseul, Duchesse de, wants, from HW, v.
144, 146, 152, 154
HW sends, to D, i. 404, ii. 5, 10, 19, iii. 145,
172
Penet, ——, of Nantes:
Franklin accompanied by, iv. 383

Penn, Lady Juliana. *See* Fermor, Lady Juliana
Pennautier. *See* Reich de Pennautier
*Pensées de Pope. See under* Pope, Alexander
*Pensées philosophiques. See under* Diderot, Denis
Pension; pensions:
Affry's, iii. 168
Alembert's, iii. 209, 222
Barthélemy's, iii. 168, 173
Beauvau's, iii. 220, 225
Broglie's, i. 57
Chamfort's, iv. 374
Chauvelin family's, iii. 431, 435
Choiseul's, iii. 155, 159, 162, 166–7
D interested in, ii. 48
D's: i. 378, 397, ii. 79, 91, 315, 317–8, 379; amount of, i. 5n, ii. 354, 375; because of services of her aunt, i. 5n, ii. 354, 386; Choiseul secures payment of, ii. 406; continued after Marie Leszczyńska's death, ii. 97, 103, 107; D seeks addition to, ii. 354–5, 359, 364; delay in payment of, ii. 183, 189, 235, 289, iii. 29; Du Barry, Comtesse, threatens to stop, if D visits Duc and Duchesse de Choiseul, iii. 43–4; HW's offer to supplement, ii. 358–9, 364–6, 375; Louis XVI may cancel, iv. 306; —— not to cancel, iv. 307; Necker to facilitate payment of, iv. 370, 372; paid after Choiseul's fall, iii. 29, 175, iv. 100; reduced, ii. 353–5, 364; taxed, ii. 386; Terray might not continue, ii. 334, 341–2, 351; —— restores, to full amount, ii. 375–6; through Marie Leszczyńska, i. 5n, ii. 354
Du Muy, Maréchale, granted, iv. 218
Éon's, iv. 474
French: may not be paid, iii. 214, 344; rulings about, iv. 394; to be paid, iii. 169; reduced, ii. 353, iv. 218; taxed, ii. 353, 386
Hume's, ii. 87, 92
Monclar's, ii. 285
Montazet's, iii. 435–6
Rochford's, i. 392
Rousseau's, from Frederick II, i. 94
——'s, from George III, i. 24, 57, 91, 94–5, 98, 250, 257, 259–60, 267, 281, 320, 322, ii. 434
Saint-Germain's, iv. 226
Sorba family's, iii. 170
Tourville's, ii. 353–4
Penthièvre, Duc de. *See* Bourbon, Louis-Jean-Marie de
People, the:
D detests, i. 108, v. 232
Peppermint water:
HW sends, to England, v. 379
Perceval, John (1711–70), 2d E. of Egmont; statesman:
continues as first commissioner of the Admiralty, i. 104–5
Percy, Hugh Smithson (1715–86), cr. (1766) D. of Northumberland:
HW mentions, iii. 88
*Père de famille, Le. See under* Diderot, Denis

Pères de l'Oratoire, church of:
HW visits, v. 280
Perfume:
Gontaut's anecdote about, iii. 106
*1* Périgord, Comte de. *See* Talleyrand, Gabriel-Marie de
*2* Périgord, Vicomte de, nephew of *1*. *See* Talleyrand, Archambaud-Joseph de
*3* Périgord, Vicomtesse de, wife of *2*. *See* Olivier de Sénozan de Viriville, Madeleine-Henriette-Sabine
Périgueux patés:
Wilkes fears his, are poisoned, ii. 152, 155
Periwig-maker:
Menard, Mme, suspects, of theft, v. 268
Pernety, Jacques (1696–1777), abbé:
letter to, sent by D to HW, iv. 98
social relations of, with Duchesse de la Vallière, iii. 234
Péronne:
Joseph, the deaf-mute, found near, v. 134
visitors to: Craufurd, iii. 294; HW, v. 315, 342, 343
Perpignan:
Du Barry, Jean-Baptiste, to be imprisoned in, iv. 52
Perrault, Charles (1628–1703), writer:
*Contes du Tems Passé de ma Mère L'Oye*, ii. 220
*Hommes illustres*, v. 356
*Tales of Passed Times by Mother Goose*, ii. 220
Perrin de Cypierre de Chevilly, Adrien-Philibert:
(?) attends session of parliament of Paris, vi. 173
Perron. *See* Perrin
Perrot d'Ablancourt, Nicolas (1606–64):
*Apophtegmes des anciens, Les*, vi. 33
*Persée. See under* Quinault, Philippe
*Persian and Turkish Tales. See* Pétis de la Croix, François, *Mille et un jours, Les*
'Persians':
in England, iii. 199
*1, 2* Perth, D. of. *See* Drummond, James (1648–1716); Drummond, James (ca 1673–1720)
*1* Perth, E. of, father of *2*. *See* Drummond, James (1648–1716)
Pertinax (d. A.D. 193), Roman emperor:
death of, iv. 465
*1* Pérusse, Marquise de. *See* Artaguette d'Iron, Jeanne-Victoire-Marie d'
*2* Pérusse des Cars, Françoise-Émilie (1747–1823), m. (1767) Armand-Louis-Joseph Paris de Montmartel, Marquis de Brunoy:
social relations of, with Duchesse de la Vallière, v. 345
*3* Pérusse des Cars, Louis-François-Marie (1737–1813), Comte des Cars; brother of *2*:
social relations of, with: D, v. 446; Mirepoix, Mme de, v. 447
Peter I (1672–1725), the Great, Czar of Russia 1682–1725:
portrait of, offered to HW, iv. 305

Peter III (1728–62), Czar of Russia, 1762:
Catherine II's treatment of, i. 298, 299
Pétis de la Croix, François (1653–1713), ori-
entalist:
*Mille et un jours, Les,* ii. 261, iii. 261
Petit, ——, priest:
song about, ii. 164
Petit de Bachaumont, Louis (1690–1771):
*Mémoires secrets . . . ,* iv. 478, 483
Petites-Maisons (Paris insane asylum):
D mentions, i. 326, 329
Selwyn fit for, iii. 189
Petitot, Jean (1607–91), miniature-painter:
Ennery collects paintings by, iv. 136, v. 325
Harenc de Presle collects paintings by, iv. 136
portrait by, of Mme de Sévigné, i. 73, v. 313
portrait by, of Mme d'Olonne: D to get, for
HW from Mariette's heirs, iv. 96–8, 102, 111,
116, 119, 125, 128, 129, 140–2, 150, 153, 168,
181, 215, 217, 239; HW mentions, iv. 258; HW
receives, iv. 280, 288; HW secures, iv. 245,
247; HW sees, v. 269; price of, iv. 245, 282–3,
368; Saint Paul to convey, to HW, iv. 251, 254,
255, 260, 262, 263, 266, 267, 269, 271, 274–5
*Petit prophète de Boemischbroda, Le. See un-
der* Grimm, Friedrich Melchior
Petits-Augustins, Rue des:
Craufurd, James, lodges in, ii. 283
Petits-Champs, Rue des:
Aranda and Brunoy live in, iii. 406
Petit Trianon:
HW visits, v. 334
Louis XVI gives, to Marie-Antoinette, iv. 57
Marie-Antoinette entertains at, iv. 60
Petrarch, Francis (1304–74), poet:
D's opinion of, ii. 46
Sade's life of: ii. 56; D sends, to HW, ii. 22n,
24, 28, 33, 37n, 46
Pétry, Nicolas-Antoine (ca 1734–1812), D's
reader; 'mon Invalide':
D dictates letter to, v. 75–7, 89, 96, 104–6,
119–20, 142–3, 156–7, 159, 160, 204, 430
D dictates morning letters to, v. 81, 223
D dictates part of letter to, iii. 376, v. 62–4,
81–4, 131–4, 146–7
D settles annuity on, v. 39, 192
D's services from, as reader, begin: 6–7 A.M.,
ii. 471, iv. 428; 7 A.M., v. 217; 7–8 A.M., v.
204
D to dictate letter to, v. 83
D wears out, iv. 445
reads well, ii. **471**
Richelieu, Cardinal de, hated by, ii. 471
Petty, William (1737–1805), 2d E. of Shelburne;
cr. (1784) M. of Lansdowne; prime minister:
Bedford defeated by, v. 367
Bordeaux to be visited by, iv. 352, 354, 355
Caracciolo friend of, iii. 145
Conway's connection with, iv. 235
D has not met, iii. 153, 157, 163
engagement of, rumoured, iv. 456, 460
Fullarton's duel with, v. 218n

HW not friend of, iii. 157
London to be visited by, iv. 352, 354, 355
Louis XV talks to, iii. 163
Molesworth, Frances, rejects, iv. 13
Paris to be visited by, iv. 352, 354, 355
Paris visited by, iii. 144–5
secretary of state, i. 103n, **104**
social relations of, with D, iv. 100, 352, 354,
355
Pevol, Choiseul's servant:
escapes injury, iii. 122
Peyre, Comtesse de. *See* Gassion, Jeanne de
Peyrère, La. *See* La Peyrère
Peyrousse. *See* Maury de la Peyrousse
*1* Pezay, Marquis de. *See* Masson, Alexandre-
Frédéric-Jacques de
*2* Pezay, Marquise de, wife of *1. See* Murat,
Charlotte
Pézennes, Marquis de. *See* Girard, Pierre-Mau-
rice-Emmanuel de
Phaeton:
Necker's reference to, iii. 407
*Phaéton. See under* Quinault, Philippe
Pharaoh:
D and Hume joke about Mme de Mirepoix's
losses at, vi. 60
played, ii. 433, iii. 165, iv. 388, v. 135, 302, 349
popularity of, iv. 393
Pheasants:
D receives, v. 440
'Phèdre,' rôle in Racine's *Phèdre:*
Clairon, Mlle, acts, v. 316
*Phèdre. See under* Racine, Jean
Phélipot, Louise-Gabrielle, m. (1712) Louis-
Ignace Tournemine, Baron de Camsillon:
(?) social relations of, with Mme Geoffrin, v.
273
Phelippe, ——:
attends session of parliament of Paris, vi. 173
*1* Phélypeaux, Jean-Frédéric (1701–81), Comte
de Maurepas:
Aiguillon, Duc d', nephew of, iv. 251, 314,
315
—— return of, asked by, iv. 314, 315, 323
—— return of, to be announced to, iv. 333
Aiguillon, Duchesse d', shares opera box with,
v. 318
Bernin, Mlle, to give brother's books to, iii.
287
—— writes to, iii. 287
bled for gout, iv. 232, 233
brother of, married, iv. 5
Châteauroux, Duchesse de, said to have been
poisoned by, v. 278
Choisy visited by, iv. 53
Clugny to work under supervision of, iv. 315
council attended by, iv. 55
D approves of conduct of, iv. 85
D mentions, i. **318**
Dorat's *Adélaïde* hails return of, iv. 85
Du Barry, Mlle, former occupant of apart-
ment given to, iv. 57

Fontainebleau visited by, iv. 236
Forcalquier, Comtesse de, reproved by, for quarrel with D, ii. 390
HW accompanies, to opera, v. 318
HW converses with, on Seven Years' War, v. 285–6
HW mentions, iv. 64n
health of, iv. 134, 232, 233, 235, 236, 238(?), 240, 370, 372, 418, v. 58, 81, 84(?), 195, 448
indecisions of, iv. 365
jokes made about Pezay and, iv. 381
jokes made about successor to, v. 129
Joseph II's absence said to please, iv. 397
La Fayette interviews, v. 113
Lauraguais's conversation with, i. 370
Liancourt visited by, iii. 95
Louis XVI hesitates to promote, iv. 59
——'s letter soliciting advice from, iv. 52–3
——'s meetings with ministers to be attended by, iv. 315, 372
——'s reception of Senegal news attended by, v. 123
made head of finance council, iv. 315, 317
Maillebois protected by, iv. 322
Malesherbes undertakes awkward mission for, iv. 299
Marie-Antoinette receives, iv. 53
——'s relations with, iv. 314, 323, 333
Marly visited by, iv. 67
Maurepas, Comtesse de, illness of, distresses, iii. 137, 141
Mesdames receive, iv. 53
mocks at everything, iv. 278
'Monfort, M. de,' v. 84
Necker needs support of, iv. 459
—— to intercede with, for Macartney, v. 210
Pompadour, Marquise de, caused disgrace of, v. 278
—— lampooned by, v. 283
Pontchartrain, Marquis de, has accident riding with, ii. 248
Pontchartrain seat of, i. 65n
possible colleagues of, iv. 397
Rueil visited by, iii. 40
Saint-Germain confers with, iv. 228
—— defers to, iv. 251, 300
secrecy maintained by, v. 67–8
social relations of, with: Aiguillon, iii. 40; Aiguillon, Duchesse d', iii. 40, v. 278, 291, 308–9, 313, 325–6; Aiguillon, Duchesse d' (the younger), iii. 40; Aiguillon, Mlle d', v. 285; Amezaga, Marquis d', v. 291, 298, 303; Anville, Duchesse d', v. 309, 330; Aranda, v. 432; Armentières, v. 298; Auxerre, Bishop of, v. 309; Brancas, Marquis de, v. 291; Breteuil, v. 303; Caraman (?Riquet), v. 291; Caraman (?Riquet), Mme de, v. 291; Cossé, Duchesse de, v. 291; Crillon, v. 291; Estissac, Duchesse d', v. 291; Flavacourt, Marquise de, v. 298, 309; Fleury, Bailli de, v. 285; Gesvres, v. 309; HW, v. 285, 291, 298, 303, 309, 415; Harcourt, Earl, iii. 194; Hautefort, v. 291; (?) Héricourt, Comtesse d', v. 291; La Ferté-

Imbault, Marquise de, v. 303; Lambert, Mme de, v. 285, 302; La Rochefoucauld, Duchesse de, v. 291, 309; Liancourt, Duchesse de, v. 291; Lignerac, Marquis and Marquise de, v. 298; Lillebonne, Comte and Comtesse de, v. 285; Mailly, v. 303; Malherbe, v. 298; Marsan, v. 291; Mesmes, Mme de, v. 285; Necker, iv. 493; Nivernais, Duc and Duchesse de, v. 291, 301; Pontchartrain, v. 303; Portail, v. 291; Robecque, Princesse de, v. 309; Rochefort, Comtesse de, v. 310; Saint-Florentin, v. 291, 298, 309; Saint-Pol, v. 285; Surgères, Marquise de, v. 285; Ussé, v. 285, 291, 303; Vaudreuil, v. 291, 303; Vaudreuil, Mmes de, v. 291; Veri, v. 285, 291, 298, 303; Villars, v. 309; Villeroy, Duchesse de, v. 337
success of, iv. 85, 154, 323, 326, v. 58
Talmond, Princesse de, leaves porcelain and a watch to, iii. 438
Toulouse, Archbishop of, would profit by death of, iv. 299
Turgot's friendship with, iv. 77
verses on, at time of Versailles revolt, iv. 194
weak, iv. 277
Wilkes inquired about by, v. 337
2 Phélypeaux, Louis (1705–77), Comte de Saint-Florentin; Duc de la Vrillière; statesman; 'le lord-trésorier'; 4th cousin and brother-in-law of 1:
advises on choice of controller, ii. 326
anecdote of, and Monclar's pension, ii. 285
Bauffremont close friend of, ii. 354
copy of Louis XV's answer certified by, ii. 412
D asks, to seek new pension for her, ii. 354, 359
D's pension continued by appeal to, ii. 97, 103
Dauphin stays with, before marriage, ii. 406
dismissal of, expected, iv. 59
dukedom given to, ii. 425
envoys at house of, iii. 7
envoys work with, iii. 30
health of, iv. 55, 308
Louis XV's letter of banishment delivered to Comte de Broglie by, iii. 402
Louis XV's letter to, dismissing Monteynard, iv. 12
——'s letter to exiled members of parliament of Paris signed by, vi. 182
——'s orders signed by, vi. 170
Louis XVI's letter to Maurepas delivered by, iv. 52
Malesherbes replaces, iv. 207, 213
Monteynard's dismissal brought by, iv. 10, 12
not at fault in matter of HW's books, i. 262–3, 263
permission to visit Duc and Duchesse de Choiseul may be held up by, iii. 43, 45
resigns as minister of foreign affairs, iv. 207
social relations of, with: Du Barry, Comtesse, ii. 288; La Vallière, Duchesse de, v. 312; Maurepas, Comte and Comtesse de, v. 291, 298, 309

*3* Phélypeaux, Paul-Jérôme (1703–75), Marquis de Pontchartrain; brother of *1:*
accident to, ii. **248**, 251, 254, 261
health of, iv. 178
marriage of, iv. 5
Maurepas brother of, iv. 5
social relations of, with: Geoffrin, Mme, v. 339; Hénault, v. 303; Maurepas, v. 303
*4* Phélypeaux de la Vrillière, Marie-Jeanne (1704–93), wife and 4th cousin of *1*, sister of *2*, m. (1718) Jean-Frédéric Phélypeaux, Comte de Maurepas:
Bernin, Mlle, not to give brother's ring to, iii. 287
Céreste's relations with, iii. 287
D mentions, i. 318
D's opinion of, iv. 370
ill, iii. 129, 134, 137, 141, 169, iv. 180
Liancourt visited by, iii. 95
Necker entertains friends of, iv. 493
Paris visited by, iii. 141
Pontchartrain visited by, iv. 53
social relations of, with: Aiguillon, Duchesse d', v. 278, 285, 291, 300, 313, 326; Aiguillon, Mlle d', v. 285; Amezaga, Marquise d', v. 291; Aranda, v. 432; Brancas, Marquis de, v. 291; Caraman (?Riquet), v. 291; Caraman (?Riquet), Mme de, v. 291; Coislin, Marquise de, v. 296; Cossé, Duchesse de, v. 291; Crillon, v. 291, 296; Estissac, Duchesse d', v. 291; Flavacourt, Marquise de, v. 296; Fleury, Bailli de, v. 285; HW, v. 285, 291, 296; Hautefort, v. 291; (?) Héricourt, Comtesse d', v. 291; Lambert, Mme de, v. 285, 302; La Rochefoucauld, Duchesse de, v. 291; (?) La Vieuville, Comte de, v. 296; Liancourt, Duchesse de, v. 291; Lillebonne, Comte and Comtesse de, v. 285; Mailly, v. 296; Marsan, v. 291; Mesmes, Mme de, v. 285; Nivernais, Duc and Duchesse de, v. 291, 296, 301; Portail, v. 291; Rochefort, Comtesse de, v. 295–6, 310; Saint-Florentin, v. 291; Saint-Pol, v. 285; Surgères, Marquise de, v. 285; Ussé, v. 285, 291; Vaudreuil, v. 291; Vaudreuil, Mmes de, v. 291; Veri, v. 285, 291, 296; Vieuville, Mme de, v. 296; Villeroy, Duchesse de, v. 337
*5* Phélypeaux de Pontchartrain, Hélène-Angélique-Françoise (1715–82), sister of *1*, m. (1730) Louis-Jules-Barbon Mancini-Mazarini, Duc de Nivernais:
social relations of, with: Aiguillon, Duchesse d', v. 341; Brancas, Marquis and Marquise de, v. 297, 341; Brissac, v. 341; Charost, Duchesse de, v. 274; Clermont, v. 297; Cossé, Comte and Comtesse de, v. 274; Cossé, Duchesse de, v. 301; Drumgold, v. 341; Entragues, v. 291; Flamarens, v. 341; Fleury, v. 301; Gacé, Comtesse de, v. 297; Gisors, Comtesse de, v. 301, 341; HW, v. 271, 274, 291, 297, 301, 312, 341; Lyon, Archbishop of, v. 291; Maurepas, v. 291, 301, 341; Maurepas, Comtesse de, v. 301; Mirepoix, Mme de, v. 341; (?) Narbonne, Vicomtesse de, v. 301; Pontchartrain, Comtesse

de, v. 291; Richmonds, v. 297; Rochechouart, Comtesse de, v. 341; Rochefort, Comtesse de, v. 341; Ussé, v. 301; (?) Usson, Comte and Comtesse d', v. 297
*6* Phélypeaux d'Herbault, Georges-Louis (1729–87), Bishop of Bourges 1757–87; 3d cousin of *2:*
may be grand aumônier, iv. 404
Philadelphia:
Carlisle writes from, v. 63
Franklin of, v. 320
*Philanthrope, Le. See under* Legrand, Marc-Antoine
Philidor *or* Philidore. *See* Danican, François-André
Philip, Roman emperor. *See* Marcus Julius Philippus
Philip, K. of France. *See* Philippe
Philip II (1527–98), K. of Spain 1556–98:
HW detests, i. 318
Titian calls, K. of England, v. 355
*Vie de, see under* Leti, Gregorio
Philip V (1683–1746), K. of Spain 1700–46:
Louis XIV's correspondence with, iv. 433
marriage of, ii. 44
Vendôme aids, iv. 429
Philip (HW's servant). *See* Colomb, Philip
Philipon la Madelaine, Louis:
*Modèles de lettres,* D owns, vi. 35
Philippe, Roman emperor. *See* Marcus Julius Philippus
Philippe, K. of Spain. *See* Philip
Philippe II (1165–1223), K. of France 1180–1223:
Gaillard's account of, iii. 68
*Vie de,* (?) D owns, vi. 34
Philippe VI (1293–1350) (de Valois), K. of France 1328–50:
Gaillard's account of, iii. 69
Philippe (1396–1467), D. of Burgundy 1419–67:
Doumenil has portrait of, v. 313
Philippe (HW's servant). *See* Colomb, Philip
Philippe-Auguste. *See* Philippe II
Philipson. *See* Phillipson
Philistis, Queen:
medal of, v. 358
Phillips, Lady. *See* Darcy, Catherine
Phillipson, Richard Burton (d. 1792):
(?) HW sends letters by, v. 389
*Philoctète. See under* La Harpe, Jean-François de, Sophocles' *Philoctète;* Sophocles
*Philosophe, Le. See under* Voltaire
*Philosophe ignorant, Le. See under* Voltaire
*Philosophe marié, Le, ou le mari honteux de l'être. See under* Néricault, Philippe
Philosophers:
D sings her song on, for Gustav III, iii. 40
modern: D disparages, i. 207; mot on, attributed to D, ii. 53
statesmen and, contrasted by D, i. 101
Philosopher's stone:
indifference, ii. 314

*Philosophe sans le savoir, Le. See under* Sedaine, Michel-Jean
Philosophy:
  HW and D discuss, ii. 213
  HW on, ii. 357
'Philothée.' *See* Duchâtel, Louise
*1* Phipps, Constantine John (1722–75), cr. (1767) Bn Mulgrave:
  death of, v. 398
*2* Phipps, Hon. Henry (1755–1831), 3d Bn Mulgrave, 1792; cr. (1812) E. of Mulgrave; son of *1:*
  (?) HW mentions, v. 142
Physicians. *See* Doctors
Pianoforte:
  D enthusiastic over, ii. 451
  D to have Balbastre play, iv. 115, 118
  Lucans bring, to D, iv. 356–7
Picardy:
  flax cultivated in, v. 259
  intendant of, *see* Agay, Marie-François-Bruno d'
  Maillebois to command in, iv. 322
Picardy Canal. *See* Saint-Quentin Canal
Piccinni, Niccolò (1728–1800), composer:
  Caracciolo defends, v. 19
  Gluck's rivalry with, v. 9, 19
  Marmontel revises Quinault's operas for music of, iv. 413
  *Roland,* iv. 445, v. 9
Pichault de la Martinière, Germain (1696–1783), surgeon:
  Louis XV treated by, iv. 48
Pickering, William (d. 1770) *and* John, tea merchants:
  (?) D sends address of, to Craufurd, iii. 331
Picquet de la Motte, Toussaint-Guillaume (1720–91), Comte:
  wounded, v. 451
Picquigny:
  HW visits, v. 259
Pidansat de Mairobert, Mathieu-François (1707–79):
  *Anecdotes sur la vie de Mme du Barry,* iv. 273, 283
  (?) *Correspondance secrète et familière de M. de Maupeou avec M. de Sor . . .,* iii. 104, v. 335
  *Mémoires secrets . . .,* iv. 478
  (?) *Suite de la correspondance entre M. le Chancelier . . .,* iii. 203
*Pie, La. See under* La Motte, Antoine Houdart de, *Fables*
*Pièces de théâtre. See under* Hénault, Charles-Jean-François
*Pièces fugitives.* See *Fugitive Pieces in Prose and Verse*
Piedmont, P. of. *See* Charles Emmanuel IV
Pierre, François-Joachim de (1715–94), Cardinal de Bernis:
  appointed ambassador to Holy See, ii. **243–4**
  Chesterfield disparages, iv. 37
  cost of administration of foreign affairs under, ii. 371

Maurepas may be replaced by, iv. 323
——'s possible colleague, iv. 397
social relations of, with Maximilian, iv. 156–7
Pierrecourt, Marquise de. *See* Rothe, Antoinette-Catherine-Josèphe de
*Pierre le Grand. See under* Dorat, Claude-Joseph
*1* Pierrepont, Evelyn (1711–73), 2d D. of Kingston-upon-Hull; nephew of *2:*
  widow of, tried for bigamy, iii. 406
*2* Pierrepont, Lady Mary (1689–1762), m. (1712) Edward Wortley Montagu:
  Crébillon fils sought as paramour by, v. 281
  letters of, iv. 282
  masquerade attended by, v. 281
  (?) Palazzo, Count, attentive to, v. 281
  Richelieu converses with, v. 281
Pierson, Mr:
  social relations of, with Beaufort, v. 271
Pigalle, Jean-Baptiste (1714–85), sculptor:
  verses on statue of Voltaire by, iii. 354
  Voltaire's verses to, iii. **327–8**, v. 20–1, 23
*1* Pignatelli, Luís (1749–1801), Conde de Fuentes; Duque de Solferino:
  Fuentes' house shared by, iii. 405–6
*2* Pignatelli de Aragón, Juan Joaquín Atanasio (1724–76), Conde de Fuentes; Spanish ambassador to France:
  Aiguillon supported by, against Church, iii. 213–4
  Aranda in house of, iii. 405
  Castromonte planned to call on, ii. **367**
  Du Barry, Comtesse, avoided by, iii. 108, 110
  social relations of, with Comtesse de Forcalquier, v. 317, 318
*3* Pignatelli d'Egmont, Alphonsine-Louise-Julie-Félicie (1751–86), wife of *1*, dau. of *4*, m. Luís Pignatelli, Conde de Fuentes, Duque de Solferino:
  social relations of, with: Egmont, Comte and Comtesse d', v. 301; HW, v. 286
*4* Pignatelli d'Egmont, Casimir (1727–1801), Comte d'Egmont:
  command rumoured to be given to, v. 151
  D mentions, i. 318
  marriage of, i. 42n
  social relations of, with: Aiguillon, Duchesse d', v. 280, 285, 294, 313; (?) Beauteville, v. 286; Béthizy, v. 301; Beuvron, Marquis and Marquise de, v. 301; Brionne, Comtesse de, v. 295, 301; Castries, v. 294; Coigny, v. 286; Conti, v. 299; Durfort, v. 294, 301; Egmont, Comtesse d' (dowager), v. 299, 301; Egmont, Mlle d', v. 301; Estissac, v. 301; Fleury, Bailli de, v. 294; Geoffrin, Mme, v. 310; Grimaldi, v. 301; HW, v. 286, 294, 301; Juigné, MM. de, v. 301; Lauraguais, Duchesse de, v. 301; Ligne, Princess de, v. 294, 301; Mesmes, Mme de, v. 301; Rohan, Prince Louis de, v. 294, 301; Sorba, v. 294, 301
*5* Pignatelli y Gonzaga, José (1744–74), Marqués de Mora; son of *2:*
  Fuentes' house shared by, iii. 406
  social relations of, with D, iii. 158

Pigot, Mrs Hugh. *See* Wrottesley, Frances
Pigott, Margaret (ca 1714–88), m. Edward Riggs:
chatters metaphysics, iii. 205
D dislikes, iii. 205
social relations of, with D, iii. 189, 197
Pike:
ragoût of, v. 446
Pillory:
Billard in, iii. 190
D mentions, iv. 21
Pimpernel:
HW mentions, i. 341
Pineapples:
Churchill, Lady Mary, sends, to D, iv. 325
Damer, Mrs, sends, to D, iii. 386
preserves of, iv. 368, v. 417
recipe for paté of, sent by HW to D, iv. 269
Pinot Duclos, Charles (1704–72):
Académie française member and secretary, iii. 209, 222, 234
Alembert bequeathed diamond by, iii. 211
—— replaces, as secretary, iii. 222
*Considération sur les mœurs de ce siècle*, iii. 209n, vi. 35n
death of, iii. 209
five vacancies left by, iii. 209
Quinault, Olympe, receives bequest from, iii. 211
social relations of, with: HW, v. 267; Rochefort, Comtesse de, v. 271, 280, 307
Suard elected to replace, iii. 234
Pinterel de Neufchâtel, Oger (d. 1781), chevalier:
(?) attends session of parliament of Paris, vi. 173
Pioche de la Vergne, Marie-Madeleine (1634–93), m. (1655) François, Comte de la Fayette; novelist:
D's letters resemble those of, iv. 286
letters of, printed, iv. 275
letters of, to Mme de Sévigné: D enjoys, ii. 139, 144; HW finds, dry, ii. 141, 144
*Princesse de Clèves, La*, ii. 24, 32, 71, iv. 284, 476
Piquet:
Hénault plays, daily, ii. 444
played, ii. 201, 393, iii. 140, iv. 378, v. 135
Pirated editions: ii. 29
Piron, Alexis (1689–1773), dramatist; poet:
verses of, on ship *Voltaire*, ii. 122
Pisan, Christine de (ca 1363–1431), author:
HW secures copy of miniature of, v. 197, 199, 200, 203–5, 226
Pisseleu, Anne de (1508–ca 76), m. (1536) Jean de Brosse, Duc d'Étampes; mistress of François I:
Doumenil has portrait of, v. 313
Pithou, François (1543–1621):
*Lettres d'un François*, (?) D owns, vi. 35
*1* Pitt, Anne (1712–81):
D's opinion of, iii. 309, 406
HW mentions, iii. 439

HW's correspondence with, v. 376–80
HW sends plan to, v. 380
(?) HW's ill health alarms, ii. 160
health of, iii. 314, 318
Mirepoix, Mme de, gives opinion of, iii. 292
—— may recover E. W. Montagu's note through, iii. 434
Paris visited by, iii. 292
social relations of, with D, iii. 295, 309, 311, 317, 318
Rochefort, Comtesse de, consulted by HW about room for, v. 287
*2* Pitt, Mrs George Morton. *See* Bugden, Sophia
*3* Pitt, Hon. Penelope (b. 1749), m. (1) (1766) Edward, 2d Vct Ligonier; m. (2) (1784) Captain Smith:
adultery of, iii. **77**
*4* Pitt, Thomas (1737–93), cr. (1784) Bn Camelford; nephew of *6:*
D to meet, iii. 130
Greville, Mrs, praises, iii. 130
*5* Pitt, Mrs Thomas, wife of *4. See* Wilkinson, Anne
*6* Pitt, William (1708–78), 1st E. of Chatham; statesman; brother of *1:*
American offer to George III may be transmitted by, iv. 139
Bedford's overture refused by, v. 279
Bute to be ousted by, v. 273
Chesterfield discusses, iv. 38
Clarke, Col., describes Rochefort fortifications to, v. 357
D fears return of, ii. 264
D inquires after, i. 16, 227
D mentions, i. 119, 120
D receives word of, i. 249
D's hatred for, i. 22
D's knowledge of, i. 107–8
D's opinion of: i. 64; uncertain, i. 104
family reconciliations of, v. 272, 367
Fox and Richmond may join with, iii. 193
funeral of, v. 44
Greville, Mrs, compares, with Thomas Pitt, iii. 130
HW mentions, i. 90
HW writes to D about, v. 382
health of, i. 290, 365, v. 42, vi. 162
House of Lords may be attended by, with a proposal, iv. 138–9
illumination in honour of, countermanded, i. 108
lord privy seal (1766), i. 104
ministry of, i. 254–5
Norton desires return of, to power, v. 273
Parliament said to be object of London visit of, iv. 38
peerage for, i. 105
Pitt, Thomas, nephew of, iii. 130
Rochford opposed to, i. 254
Temple refuses aid to, v. 273
(?) Tothill's suit against, vi. 162
union of, with Temple and Grenville, v. 367
Walpole, Hon. T., converses with, v. 273

—— writes letter to, v. 272

Place. *See* La Place

*Plaideurs, Les. See under* Racine, Jean

Platen, Mme de (living, 1690), mistress of Elector Ernst August:
Königsmarck loved and betrayed by, v. 278

Platter:
HW sends, to D, iii. 172

Plautus, Titus Maccius (ca 250–184 B.C.), dramatist:
*Comédies,* D owns, vi. 33

Pleneuf, Mme Jean-Étienne Berthelot de. *See* Rioult de Douilly, Agnès

Plessis, Du. *See* Du Plessis

Plessis-Châtillon, Du. *See* Du Plessis-Châtillon

Pleurisy *or* pneumonia:
D's lackey ill of, i. 330

*1* Pliny the Elder (Caius Plinius Secundus) (A.D. ca 23–79):
*Natural History,* HW amused by, iv. 47, 69

*2* Pliny the Younger (Caius Plinius Caecilius Secundus) (A.D. ca 61–ca 114), nephew of *1*:
*Letters* of: D likes, and compares to HW's, i. 303, iv. 68, 73; HW dislikes, iv. 69–70, 73

Plokof, Jean. *See* Voltaire, *Traduction du poème de Jean Plokof*

Plombières:
visitors to: Aulan, v. 53, 219, 235, 454; Aulan, Marquise d', v. 235, 454; Beauvau, iv. 461, v. 427; Boufflers, Comtesse Amélie de, v. 53; Boufflers, Comtesse de, v. 48, 53; Gramont, Duchesse de, iv. 124, 295, 319, 347, 348

Plowden, Mary (d. 1785), m. (1733) Sir George Jerningham, 5th Bt:
(?) D angry with, v. 58

Plumard de Dangeul, René-Joseph (b. 1722), maître des comptes:
(?) HW sends seal to, iv. **260**
lives in Rue Saint-André-des-Arts, v. 417
social relations of, with: HW, v. 291, 336, 344; Prie, v. 293; Shirley, Mrs, v. 291, 298; Viry, Contessa di, v. 352

Plumes:
song about, iv. 379
vogue of, in England, iv. 139, 148

Plums, green:
HW to send, to Princesse de Beauvau, v. 417

Plum trees:
HW sees, on Amiens-Clermont road, v. 259

Plutarch (A.D. ca 46–ca 120), biographer:
*Œuvres,* D owns, vi. 32

Pneumonia:
(?) D's lackey ill of, i. 330
(?) Toulouse, Comtesse de, ill of, i. 112

Pococke, Richard (1704–65), Bishop of Ossory 1756–65, of Meath, 1765:
death of, v. 396

Poelenburg, Cornelius van (1586–1667), painter:
'Adoration of Magi' by, at Julienne's, v. 287
Bloemaert's pupil, v. 355
Elsheimer's pupil, v. 355
paintings of Christ and apostles by, at Julienne's, v. 287

*Poème sur la loi naturelle. See under* Voltaire

'Poinçon, Roi.' *See* Christian VII

Poinsinet, Antoine-Alexandre-Henri (1735–69), dramatist:
*Alix et Alexis,* given at Choisy, ii. 257–9
*Tom Jones,* v. 305, 319

Poirier, Mme, china merchant:
armour 'of François I' to be packed by, iii. 121, 124
Craufurd to receive porcelain from, iii. 307, 323
D buys bowl from, iii. 223
D pays, for Craufurd, iii. 331, 342
D seeks information from, iv. 97
D to pay, for: Craufurd, iii. 323; HW, ii. 356, 361, 365
HW buys from, v. 262
HW calls on, v. 269–71, 296, 310, 326, 328, 334
HW's bill from, v. 401, 408, 412, 413
HW's cups from, ii. 335, 338, 348–9, 352, 356, 361, 366, 377, 385
HW sends cup to D from, ii. **331**, 333, 338, 352
HW's purchases from, sent to England, v. 405
Henri IV, medallion of, sold by, iii. 267

Poison, rat:
Marsan's guests eat, iii. 192

*1* Poisson, Abel-François (1727–81), Marquis de Marigny:
HW permitted by, to copy Gramont's portrait, iii. 222, v. 283
HW sees collection of, v. 266
HW to send *Lucan* to, v. 415
social relations of, with Mme Geoffrin, v. 283, 291, 304, 345
statues ordered by, v. 23

*2* Poisson, Jeanne-Antoinette (1721–64), sister of *1,* Marquise de Pompadour; mistress of Louis XV:
Bellevue château of, i. 27n
Capuchins' chapel made for, v. 281
Choiseul owed his favour to, ii. 301n
Du Barry, Comtesse, more powerful than, iii. 48
former apartment of, i. 286
letters attributed to, *see Lettres de Mme la Marquise de Pompadour*
Maurepas's disgrace caused by, v. 278
—— writes scurrilous verses on, v. 283
(?) Petitot miniature sought by, v. 269
Pont-de-Veyle's verses on, vi. 194–5
Presle has china formerly owned by, v. 346

Poisson, Raymond (1633–90):
*Baron de la Crasse, Le,* iv. 381

Poisson de Malvoisin, Jeanne-Charlotte (d. 1814), m. (1779) Alexandre-Paul-Augustin-Félix-Élisabeth Barrin, Comte de la Galissonnière:
(?) social relations of, with D, v. 426

Poissonnier, Pierre (1720–98), physician; chemist:
Chanteloup visited by, vi. 207, 208
D asks HW's good offices for, i. 338
D continues with Bouvart instead of, iv. 241

[Poissonnier, Pierre, *continued*]
D introduces, to HW, iii. 359
D's account of, i. 334
D's consulting physician, iii. 359, 401, iv. 106
D's correspondence with, iii. 369
D sees, iii. 377, v. 299
D sends book to HW by, i. 334
D sends messages to, iii. 369
HW described to D by, iii. 381
HW receives parcel by, iii. 377
HW sends D news of return of, iii. 372
leaves Paris, iv. 106, 222
London to be visited by, iii. 359
returns to Paris, iv. 234
social relations of, with D, iii. 384, iv. 182
Poissy:
Artois obtains capitainerie of, iv. 397
Poitevin de Villiers, Jacques (d. 1780):
(?) attends session of parliament of Paris, vi. 171
Poitiers, Diane de (1499–1566), m. (1512) Louis de Brézé, Comte de Maulevrier; cr. Duchesse de Valentinois; mistress of Henri II:
Doumenil has portrait of, v. 313
HW mistakes cipher for that of, v. 260
Poitiers:
Joseph II visits, iv. 453, vi. 202
Ruffec near, iii. 402
Poitiers-de-Rye, Élisabeth-Philippine de (1715–73), m. (1728) Guy-Michel de Durfort, Duc de Lorges:
social relations of, with: Anlezy, Comtesse d', v. 339; Chabot, Lady Mary, v. 272
*1, 2* Poix, Prince de. *See* Noailles, Antonin-Claude-Dominique-Juste de (1777–1846); Noailles, Philippe-Louis-Marc-Antoine de (1752–1819)
*3* Poix, Princesse de, mother of *1*, wife of *2*. *See* Beauvau, Anne-Louise-Marie de
Poland, K. of. *See* Stanislas I; Stanislas II
Poland:
Clairon, Mlle, to visit, i. 268
confederates of, *see* Bar, Confederacy of
Conti seeks throne of, ii. 214
dissension in, vi. 165
minister to, *see under* Minister
partition of, iii. 346
'Queen-Mother' of, *see* Rodet, Marie-Thérèse
*1* Polastron, Vicomtesse de, wife of *2*. *See* Bouchard d'Esparbez de Lussan, Marie-Louise-Françoise
*2* Polastron, Denis-Gabriel-Adhémar (1762–1812), Vicomte (later Comte) de:
marriage of, v. 453
*3* Polastron, Gabrielle-Yolande-Claude-Martine de (d. 1793), m. (1767) Armand-Jules-François, Comte de Polignac:
dances at ball in honour of Dauphin's marriage, ii. **410**
Marie-Antoinette's friendship for, v. 153
social relations of, with: Dillon, Mme, v. 453; Marie-Antoinette, v. 453
son born to, v. 452

Pole, Reginald (1500–58), cardinal:
portrait of: D wishes to send, to HW, iii. 178; HW fortunate to have escaped getting, iii. 184; Thiers has, v. 372
Police, Parisian:
reformed, iv. 184
*1, 2* Polignac, Comtesse de. *See* Le Vicomte du Rumain de Coëtanfao, Constance-Gabrielle-Bonne (ca 1747–83); Polastron, Gabrielle-Yolande-Claude-Martine de (d. 1793)
*3, 4* Polignac, Marquise de. *See* La Garde, Marie-Louise de (d. 1779); Rioult de Douilly, Marie (1712–84)
*5* Polignac, Armand-Jules-François (1747–1817), Comte and (1780) Duc de, grandnephew of *9*, husband of *2*, nephew-in-law of *3*:
Artois's premier écuyer, iii. 220
social relations of, with: Brancas, Marquis and Marquise de, v. 320; Coislin, Marquise de, v. 294; Monconseil, Marquise de, v. 332; Richmonds, v. 294
*6* Polignac, Auguste-Jules-Armand-Marie (1780–1847), Prince de, son of *5*:
birth of, v. 452
*7* Polignac, Henriette-Zéphyrine de (b. 1753), dau. of *3*, cousin of *5*, m. (1776) Amédée-Claude-Rosalie Testu, Marquis de Balincourt:
(?) D plans supper party for, before ball, ii. 415
(?) social relations of, with Hénault, v. 332
*8* Polignac, Louise-Gabrielle-Aglaé de (ca 1768–1803), dau. of *5*, m. (1780) Antoine-Louis-Marie de Gramont, Duc de Guiche, Duc de Gramont:
marriage of, v. 153, 456
*9* Polignac, Melchior de (1661–1742), cardinal:
D's mot to, on St Denis, i. 305, vi. 60
*Political Register:*
HW sends, to England, v. 407
Politics, English:
D's interest in: i. 33, 64, 69, 90, 100–1, 104–5, 105, 107–8, 110, 119–21, 137, 160, 163, 178, 188, 227, 252, 254–5, 258, 261, 273, 316, 326, 355, 365, 399–400, 407, ii. 144, 204, 336, 342, 344, 349, 374, iii. 56, iv. 235, 241, 259, 261; limited to connection with HW, ii. 255
HW's interest in, ii. 480
HW's part in, i. 29, 35, 53, 69, 101, 103–4, 161, 164, 167, 181, 184, 185, 222, 265, 266, 271, 301–2, 306, 311, 326–7, 331, 343, 391, 404, ii. 2, 175, 178, 344
Rochford explains, to D, i. 261
*See also* Elections
Politics, French:
D characterizes, ii. 480
HW indifferent to, ii. 144
'Pologne, Mme de.' *See* Czernieski, Mme
'Polonaise, sa majesté.' *See* Bourbon, Louis-François de
*Polyeucte. See under* Corneille, Pierre
Pombal, Marqués de. *See* Carvalho e Mello, Sebastião-José de

Pomme, Pierre (1735–1812), physician:
Arles to be visited by, iv. 349, 355
Boufflers, Comtesse Amélie de, attended by, iv. 349, 355
Craufurd attended by, i. 363
—— suited by, i. 360
D alludes to, i. 367
(?) D attended by, iv. 100
D considers consulting, ii. 168, 170, 177, 224
D talks with, i. 363
Noyon, Bishop of, attended by, ii. 108, 119
Provence visited by, iii. 183
system of, i. 367–8, ii. 127, iii. 183
Pommyer, ——:
attends session of parliament of Paris, vi. 171
'Pomone.' See La Borde, Élisabeth-Josèphe de
Pompadour, Marquise de. See Poisson, Jeanne-Antoinette
Pompadour, Françoise de (d. 1777), m. (1708) Philippe-Égon, Marquis de Courcillon:
anecdote of Cardinal d'Estrées and, ii. 56
Pompey (Cneius Pompeius Magnus) (106–48 B.C.):
Roman Capitol scene of triumph of, vi. 156
Pompignan, Marquis de. See Le Franc, Jean-Jacques
Pompom. See Wiart, Auguste-Nicolas-Marie
Pomponne, Marquis de. See Arnauld, Simon
Pondichéry:
Lally's administration of, i. 30n
——'s alleged treason at, i. 52–3
——'s property to be confiscated and used for poor of, i. 30n
Pondisi, ——:
social relations of, with Marquise de Monconseil, v. 297
Poniatowski, Stanislas Augustus. See Stanislas II
1 Pons, Marquise de, wife of 5. See Cossé-Brissac, Emmanuelle-Marie-Anne de
2 Pons, Vicomtesse de. See Le Tonnelier de Breteuil, Louise-Gabrielle-Rosalie
3 Pons, Antoinette-Rosalie de (1751–1824), dau. of 2, m. (1766) Paul-François de Quélen de Stuer de Caussade, Marquis (later Duc) de Saint-Maigrin, later Duc de la Vauguyon:
invited to Choisy, ii. 259
Mirepoix ball attended by, i. 219, 221
social relations of, with Louis XVI and Marie-Antoinette, iv. 105
4 Pons, Charles-Armand-Augustin (1744–94), Comte de, son of 2:
Louis XVI gives grandes entrées to, iv. 52
5 Pons, Louis-Marie (1744–ca 86), Marquis de:
French minister to Prussia, iii. 146–7
social relations of, with: Hénault, v. 301; La Vallière, Duchesse de, v. 337
1 Ponsonby, Frederick (1758–1844), styled Lord Duncannon; 3d E. of Bessborough, 1793; son of 2:
HW sends letter by, v. 396
Mariette's sale attended by, v. 350
social relations of, with HW, v. 344, 348–9
2 Ponsonby, William (1704–93), 2d E. of Bessborough:
social relations of, with Temples, ii. 432
Pont-aux-Dames, convent of:
Du Barry, Comtesse, exiled to, iv. 52
1 Pontchartrain, Comtesse de. See L'Aubespine, Hélène-Rosalie-Angélique de
2 Pontchartrain, Marquis de, stepson of 1. See Phélypeaux, Paul-Jérôme
3 Pontchartrain, Marquise de, wife of 2. See Galard de Béarn, Angélique-Marie-Gabrielle de
Pontchartrain, Comte de Maurepas's seat:
Aiguillon, Duchesse d', not at, iii. 138
Maurepas, Comtesse de, returns from, iv. 53
Pontchartrain's accident at, ii. 248
visitors to: Agen, Bishop of, iii. 98; Aiguillon, Duchesse d', i. 65, 370, iii. 127, 129, 134, 137; Estaing, v. 439; Pont-de-Veyle, ii. 471, iii. 410, 413
Pont-de-Beauvoisin:
Artois, Comtesse d', to be received at, iii. 402
letter to Louis XV from, about Comtesse d'Artois, iii. 420
Pont-de-Veyle, Comte de. See Ferriol, Antoine
Ponte, Jacopo da (1510–92), called Bassan; Italian painter:
Hôtel de Lambert has painting by, v. 337
Monaco, P. of, has paintings by, v. 335
Ponte d'Albaret, Joseph de (d. 1792):
(?) D learns song from, ii. 77
(?) Saint-Ouen visited by, iv. 229, v. 348
(?) social relations of, with: D, i. 24, 100; Souza, v. 321; Viry, Contessa di, v. 348
Pont-Neuf:
D mentions, iv. 102
Thomas stationed at, i. 250, iii. 202
Pont-Sainte-Maxence:
HW visits, v. 316
Pope, Alexander (1688–1744), poet:
D asks for print of, ii. 241, 266
D cites letters of, iv. 146–7
Eloisa to Abelard, translated by Duchesse d'Aiguillon, i. 190–1
Essay on Man, ii. 84
Herbert, Lady Mary, and Gage satirized by, v. 288
Pensées de, D owns, vi. 33n
Pope:
York's mot on kissing toe of, v. 365
See also Alexander VI (1431–1503); Benedict XIV (1675–1758); Clement XIII (1693–1769); Clement XIV (1705–74)
Porcelain:
English, HW sends, to D, iv. 429
Louis XVI gives, to Joseph II, iv. 449
Porchet. See Porquet
Porquet, Pierre-Charles-François (1728–96), abbé; tutor of Chevalier de Boufflers:
Cholmondeley, Mrs, gives book to, ii. 454
social relations of, with: (?) Bauffremont, v. 339; Boufflers, Marquise de, v. 338

[Porquet, Pierre-Charles-François, *continued*]
verses by: for bust of Stanislas I, ii. 325;
HW mentions, iii. 439; on D, with rhymes in
'ec' and 'eugle,' ii. 454; on D's tonneau, ii. 454;
on Holbach's *Système de la nature.* ii. 454
(?) verses from, ii. 295–6
(?) wit of, ii. 296
Portail, Jean-Louis (1705–ca 81), president:
social relations of, with: Aiguillon, Duchesse
d', v. 291; Maurepas, Comte and Comtesse de,
v. 291
Port-à-l'Anglois, le, house near Choisy:
D cancels visit to, iii. 73, 79, 402
location of, iii. 79
Mirepoix, Mme de, occupies, iii. 66, 69, 73,
97, 264, 370, 396, 402, iv. 53, 55, 92
—— takes, ii. 472
visitors to: Beauvau, iv. 53, 54; Cambis, Vicomtesse de, iii. 396; D, iii. 69, 78, 396, iv.
55, 92, 93; Luxembourg, Mme de, iv. 56
Porte, La. *See* La Porte
Porten, Sir Stanier (d. 1789), Kt (1772); secre-
tary of embassy at Paris 1766–8:
HW mentions, i. 341
in London, i. **313**
social relations of, with Cts of Rochford, v.
318
Porters:
HW's fee to, v. 399
Porte Sainte-Antoine:
HW visits faïence factories near, v. 337
Portfolio, D's:
D asks return of, ii. 228
HW returns, ii. 233, 237
lent to Craufurd, i. 356
lent to HW, i. 356, 367, 383, 384
*Portrait de Mme Geoffrin. See under* Morellet,
André
Port Royal, Abbess of. *See* Dio-Palatin de
Montpeyroux, Marie-Antoinette-Éléonore
Portsmouth, Ds of. *See* Penancoët de Keroualle,
Louise-Renée de
'Portugaise, la religieuse.' *See* Alcoforado, Mari-
anna
Portugal, K. of. *See* José I
Portugal:
ambassadors from and to, *see under* Ambassa-
dor
ministers from and to, *see under* Minister
revolution in, treated in Jephson's *Braganza,*
iv. 151
Souza imports birds from, iii. 129
Spain at odds with, iv. 339
'votre cousin de,' *see* Walpole, Hon. Robert
Walpole, Hon. Robert, to go to, iii. 163
Post:
administrators of, suppressed, iv. 470, 483
ambassadors', not opened, iii. 70, 74
Bath-London, i. 138
book of, i. 5, 10n
Calais-Paris, arrives Tuesday and Saturday,
i. 5
cancellation mark of, ii. 428

Chanteloup, arrival of, iii. 243, 246, 255
——, departure of, iii. 244
Choiseul, Duchesse de, ceases to write by, iii.
18
cost of, i. 86, ii. 355n
countersigning of letter, i. 53
countersigning of parcel, i. 132, ii. 99, 101
courier, private, swifter than, ii. 91
Dover-Calais, stopped, v. 157, 161
lack of privacy of, i. 174, 328n, ii. 3, 10, 73,
107, 143, 151, 152, 246, 256, 264, 274, 334, 370,
395, 489, iii. 3–4, 18, 38, 42, 44, 72, 98, 113,
174, 244, 247, 261–3, 290, 296, 324, iv. 113,
169, 266, 372, 396, v. 79, 122, 124, 151, 156,
169, 237
letters copied by employees of, iii. 131–2, 143–
4, 247–8, 261–2, 306–7, 334–5, 343–6, 354–5,
359–61, 376–9, 379, 396–8, 398–9, 414–6, iv. 24,
31–8
local (la petite poste): i. 344, ii. 290, 295, iv.
98, 241; Necker receives charge of, v. 453
London-Paris: arrives Friday (via Ostend), v.
187–8; arrives irregularly, ii. 48, 76, iv. 306,
*and passim;* arrives ordinarily on Sunday, i.
353, v. 117, *and passim;* arrives ordinarily on
Wednesday, i. 213, v. 117, *and passim;* departs
Friday, v. 155
Ostend route followed by, in war time, v. 157,
159, 161–3, 165, 169, 170, 172, 227, 232, 422,
423, 426
Paris: delayed at New Year's, iii. 3, 9, 162,
163, 306, iv. 126, 257, 388; distributed day
after arrival, i. 61, 157, ii. 176; hour of collection of, iii. 88, 343, v. 77; hour of delivery
of, i. 99, 176, 179, ii. 38, 83, 88, 164, 174, 481,
iii. 11, 18, 101, 125, 156, 162, 430, iv. 235;
hour of departure of, ii. 38, 94
Paris-Calais, departs Sunday only, i. 5
Paris-London: departs Monday, i. 167, 184,
213, 243, 378, ii. 167, 176, 177, 281, 337, 352,
364, 467, 494, iii. 9, 32, 150, iv. 244, 257, 425,
v. 22; departs Sunday, i. 16; departs Thursday, i. 378, ii. 116–7, 312, 316, 384, iii. 22, iv.
28, 88, v. 4, 22; hour of departure of, ii. 38,
94
Pompom wishes live horse sent by, iv. 336
speed of: i. 13, 79–80, 237, 258, 336, ii. 116–7,
226, 269, 270, 281, 312, 383, iii. 19, 20, 22,
55, iv. 129, 190, 237, 267, 306, v. 196; by Ostend compared with that by Calais, v. 159,
162, 163, 172, 227
to be prepaid during war, v. 159
*See also* Courier; Letters; Post office; Travel
Posterity:
D's indifference to, ii. 251–2
Postillions:
flap their arms, from cold v. 333
saucy at Calais and La Recousse, v. 342
Postman (facteur):
*passim*
Post office:
London, i. 53
Paris, central: Colmant readdresses letters at,

iii. 249; D capable of seizing Mlle Sanadon's
mail at, iii. 250; letters taken to, ii. 94, 275;
prepayment of letters at, v. 159; Wiart goes to,
to get letter earlier, i. 352, ii. 465
Posts:
short from Roye to Paris, v. 316
Potherat de Corbière, Dom Gaspard-Edmé-Germain, Prior of Scellières:
Troyes, Bishop of, correspondence of, with, vi.
208
*1* Potier, Louis-Joachim-Paris-René (1733–94),
Duc de Gesvres; son of *2*:
social relations of, with Maurepas, v. 309
*2* Potier, Louis-Léon (1695–1774), Duc de
Tresmes:
attends session of parliament of Paris, vi. 172
said to be promoted, iii. **179**
(?) social relations of, with Comtesse de
Brionne, v. 295
'Pot Pourri.' *See under* Voltaire
Potter, Paul (1625–54), painter:
Thiers has cows painted by, v. 373
Pottery dishes:
Ailesbury, Cts of, sends, to D, iv. 177, 181,
183, 186
*1* Pouget, Mlle, sister of *2*:
Wiart seeks engraving from, iv. 346
*2* Pouget, Jean-Henri-Prosper (d. 1769), jeweler:
Wiart seeks engraving from heirs of, iv. 346
Pougues:
visitors to: Boufflers, Comtesse de, i. 59, 100,
303, 308–9, 319, 334, ii. 106, 110; Conti, i. 303,
308–9, 311, 319, ii. 106, 253, iii. 225, 256; La
Marche, Comtesse de, i. 303; Pont-de-Veyle,
ii. 253, iii. 225, 256
Pouilly. *See* Lévesque de Pouilly; Poully
'Poule au pot,' la:
verses on, iv. 64, 93
Poullain de Saint-Foix, Germain-François
(1698–1776), author:
Frenchman in book by, v. 360
*Histoire de l'ordre du Saint-Esprit:* D reads,
iv. 189; HW orders, iv. 17, 45
*Lettre au sujet de l'homme au masque de fer,*
ii. 114, 116, 135
social relations of, with Mme Geoffrin, v. 309
'Poullayon, M. de':
D mentions, ii. 89
Poully, Jacques:
trial of, i. 35
Poultice:
for gout, i. 125
prescribed for: D, iv. 219, 221; Mme de
Luxembourg, v. 209
Poupardin d'Amanzy, Marie-Louise-Anne-Con-
stance, m. (1) Jean Boissière; m. (2) Paul-
Charles-Marie, Marquis de Loménie:
D paid interest by, v. 456
D's annuities from, vi. 43
social relations of, with: Beauvau, Princesse
de, ii. 448; Choiseul-Beaupré, Comtesse de,
v. 450; D, iv. 222, v. 288, 316, 351; Hénault,
v. 303, 316; Luxembourg, Mme de, ii. 84, v. 290

successful at loto, v. 458
sups at Montmorency, ii. 84
Toulouse, Archbishop of, has, as mistress, ii.
448, v. 375
Pourblay, Jacqueline:
account of, by Mme de Meinières, i. **351** (*see
also* Guichard, Octavie, *Triomphe de l'amitié,
Le*)
health of, i. 366
installation of, v. 321
La Borde gives money to, vi. 187
social relations of, with D, v. 318
Pourcheresse d'Estrabonne, Claude-François:
(?) attends session of parliament of Paris, vi.
171
Pourteiron de Puigautier, Jean-Guillaume:
legal representative of D's brothers, at taking
of her inventory, vi. 11, 46–7
Poussin, Nicolas (1594–1665), painter:
Mariette shows drawings by, v. 279
Monaco, P. of, has painting by, v. 335
Poutier de Sone, Gabrielle-Antoinette de, m.
(1734) François-Nicolas, Marquis de Rose-
Dammartin:
(?) social relations of, with Duchesse de la
Vallière, v. 344
Powder mills. *See under* Hounslow
Powis, Bns. *See* Somerset, Elizabeth
*1, 2* Powis, Cts of. *See* Herbert, Lady Henrietta
Antonia (1758–1830); Somerset, Elizabeth (d.
1691)
*2* Powis, Marchioness of, wife of *3*, grandmother
of *4*. *See* Somerset, Elizabeth
*3, 4* Powis, M. of. *See* Herbert, William (ca
1629–96); Herbert, William (ca 1698–1748)
Poyanne, Marquis de. *See* Baylens, Charles-
Léonard-Bernard de
Poyntz, Margaret Georgiana (1737–1814), m.
(1755) John Spencer, 1st E. Spencer:
Bussy, Marquise de, friend of, iii. 351
Calais visited by, iv. 231
captured by French, v. 177
character of, iii. 280
Craufurd's correspondence with, iii. 362
—— visits, iv. 132, 137
D mentions, v. 111
D's opinion of, iii. 377, 406
Fontainebleau to be visited by, iv. 484
—— visited by, iv. 488, 490
HW does not know, iii. 369
HW's opinion of, iii. 377
Greville, Mrs, friend of, iii. 362
Isle-Adam to be visited by, iii. 403
Montpellier visited by, iii. 280
Paris visited by, iii. 280, 351, iv. 482
Roissy to be visited by, iii. 367
social relations of, with: Bussy, Marquise de,
iii. 362; Caraman, Comtesse de, iii. 362; Crau-
furd, iv. 218, 221, v. 352; D, iii. 352, 403, iv.
219, 483, 488; Du Châtelet, Comtesse, iii. 362;
Mirepoix, Mme de, iii. 362; Roncée, Com-
tesse de, iii. 362
Spa to be visited by, iii. 351, 352, 362

[Poyntz, Margaret Georgiana, *continued*]
Spa visited by, iv. 488
success of, iii. 352, 369
*1* Prades, —— de:
Fenouilhet, Lady, mother-in-law of, iii. 398
*2* Prades, Mme de, wife of *1*. See Edgcumbe (?), Miss
Prado, Mrs Abraham:
HW mentions, iii. 88
*1* Praslin, Comte de, son of *4*, grandson of *3*. See Choiseul, Antoine-César de
*2* Praslin, Comtesse de, wife of *1*. See O'Brien de Thomond, Charlotte-Antoinette-Marie-Septimanie
*1, 3, 4* Praslin, Duc de. See Choiseul, Antoine-César de (1756–1808); Choiseul, César-Gabriel de (1712–85); Choiseul, Renaud-César-Louis de (1735–91)
*5, 6, 2* Praslin, Duchesses de, wives of *3, 4,* and *1*. See Champagne-la-Suze, Anne-Marie de (1713–84); Durfort de Lorges, Guyonne-Marguerite-Philippine de (1739–1806); O'Brien de Thomond, Charlotte-Antoinette-Marie-Septimanie (1759–1808)
*2* Praslin, 'Marquise' de. See O'Brien de Thomond, Charlotte-Antoinette-Marie-Septimanie
Praslin:
Sanadon, Mlle, gives up visit to, iii. 249–50
visitors to: Bauffremont, v. 426; Beaune, v. 461; Sanadon, Mlle, iii. 376, 380, 382, iv. 78, 80, 81, 84, 87, 356, 358, 359, v. 64, 66, 68, 219, 426, 461
Praslin, Hôtel de:
HW describes, v. 353
view from Grand Cabinet of, v. 353
visitors to: D, v. 432; HW, v. 353
'Praslinage':
Sanadon, Mlle, liked by, iv. 356
'Prasline':
'airs à la,' iv. 290, 361
'Praslin-Thomond, Marquise de.' See O'Brien de Thomond, Charlotte-Antoinette-Marie-Septimanie
Pratt, Anna Maria (d. 1806), m. (1739) Thomas Barrett-Lennard, 17th Bn Dacre of the South:
HW shops with, v. 327
social relations of, with: HW, v. 326–8, 330; Long, Mrs, v. 330; Tufton, Lady Charlotte, v. 330
Pratt, Charles (1714–94), 1st E. Camden; statesman:
HW's note on removal of, as lord chancellor, ii. 311
lord chancellor, i. 104
Pratt, Samuel Jackson (1749–1814), writer:
HW's correspondence with, v. 389
Prault, Laurent-François (d. 1780), bookseller:
(?) HW calls on, v. 298
*Précieuses ridicules, Les.* See under Molière
*Précis du procès du Comte de Morangiès.* See under Voltaire

*Prédiction tirée d'un ancien manuscrit.* See under Borde, Charles
Preile. See Harenc de Presle
*Préjugé à la mode, Le.* See Nivelle de la Chaussée, Pierre-Claude
*Premier mémoire contre le comte de Guines.* See under Tort de la Sonde, Barthélemy
Presentation, convent of the:
Cholmondeley, Henrietta, may go to, ii. 226
fire in, ii. 53–4
Preserves:
HW sends, to: Beauvau, iv. 247, 259; Beauvau, Princesse de, iv. 368; Mirepoix, Mme de, iv. 247, 259
Lucan, Bns, sends, to D, iv. 395, 400
'Président, le.' See Hénault, Charles-Jean-François
*1* Presle, Baron de. See Hœgger, Anton
*2* Presle, Baronne de, wife of *1*. See Desmares, Christine-Antoinette-Charlotte
Presle, M. de. See Harenc de Presle
Press, freedom of:
English defend, iii. 92–3
HW's love of, i. 232
Prestre de Château-Giron. See Le Prestre de Château-Giron
'Prétendant, le.' See Charles Edward
Pretender, Old. See James Francis Edward
Pretender, Young. See Charles Edward
*1* Préville. See Dubus, Pierre-Louis
*2* Préville, Mlle or Mme, wife of *1*. See Drouin, Madeleine-Michelle-Angélique
Prevost de Traversay, Jean-François (d. 1776):
death of, iv. **403**
Prévost d'Exiles, Antoine-François (1697–1763):
*Clarissa* translated by, iii. 196n, 204
*Manuel lexique,* D owns, vi. 25
Middleton's life of Cicero well translated by, iv. 332
Prévôt, the:
HW summons, v. 266
*Prévôt des Marchands, Le.* See *Monsieur le prévôt des marchands*
Prévôté de l'hôtel, lieutenant de la:
attends meeting of parliament of Paris, vi. 171
Prezel. See Lacombe de Prezel
Price, Uvedale (1747–1829), cr. (1828) Bt:
(?) HW sends tea by, iii. 317
Prices:
armchairs, ii. 435
armour, iii. 115n, 185, 233, v. 412
bed and chairs, iii. 233
books, iv. 306
cost of ingredients of orange jelly, ii. 63
court plaster, ii. 68
desk, iii. 176
D's budget, ii. 386–7
dolls, i. 377
fans, i. 308, iii. 20, 23, 172n
green glass compotes and bowl, iv. 140
HW's expenses at Paris, v. 399–401, 405–8, 410–4

honey water, iv. 19
house of Princesse de Conti, iv. 250
lottery ticket, iii. 157n
mosaics, iii. 176
Olonne portrait, iv. 245
snuff-box, ii. 50, iv. 325, 329
sofa, ii. 435
suits, iv. 243, 252, 258
swords, iii. 114
tea-kettles, iii. 211
tortoise-shell box, iv. 181
transportation costs, iii. 233, 257
trousers, iii. 233
*See also* Inventory of D's possessions; Rent;
Travel, expenses of
Pride of family:
self-pride nurses, v. 364
*1* Prie, Marquise de, aunt-in-law of *2*. *See*
Berthelot de Pleneuf, Agnès
*2* Prie, Louis de (1734–82), Marquis and Comte
de Prie de Bourbon-Lairey:
entertains at Bois Prévu, v. 293
social relations of, with: HW, v. 293; Jaucourt, v. 293; Plumard de Dangeul, v. 293;
Ritberg, v. 293; Shirley, Mrs, v. 293, 298
Prie de Bourbon-Lairey, Comte de. *See* Prie,
Louis de
Prie de Bourbon-Lairey, Marquis de. *See* Prie,
Louis de
'Prière':
quoted, ii. 216
wrongly ascribed to Chevalier de Boufflers, ii.
216, 218
Prince, Le. *See* Le Prince
'Prince, le.' *See* Beauvau-Craon, Charles-Juste
de; Bourbon, Louis-François de
'Prince héréditaire, le.' *See* Karl Wilhelm Ferdi-
nand
'Prince noir, le.' *See* Edward, the Black Prince
Princes of the Blood:
'bourgeois of Rue Saint-Denis,' iii. 296
Christian VII and, sup with Louis XV, ii. 154
——'s visit may make trouble with, ii. 138
Condé explains his desertion from, iii. 301–2
Court attendance denied to, iii. 62, 70, 77
Du Barry, Comtesse, may make valets of, iii.
214
guests of, at country-seats, iii. 277
Gustav III treated with scant civility by, iii.
36
libel against Necker sent to, v. 225
lit de justice of 13 April 1771 not attended by,
iii. 61, 70n
Louis XV forbids attendance of, at parliamentary discussion of d'Aiguillon, ii. 429–30
—— may be reconciled with, iii. 214
Maximilian coolly treated by, iv. 163
may be exiled for asking recall of parliament,
iii. 47
Montmorency visited by, iii. 304
protest of, against King's edicts: iii. 69, 296;
*Examen analytique et raisonné* of, iii. 71–2

Richelieu–Saint-Vincent trial attended by, iv.
292
Richmond to call on, iv. 456
rights of, iii. 58
social relations of, with Joseph II, iv. 435
verses on: D sends, to Chanteloup, iii. 336;
HW disparages, iii. 335
Voltaire's *Irène* attended by, v. 30
wives not exiled with, iii. 71, 77
'Princesse, la.' *See* Rohan-Chabot, Marie-Sylvie
de
*Princesse de Babylone, La. See under* Voltaire
*Princesse de Clèves, La. See under* Pioche de la
Vergne, Marie-Madeleine
Pringle, Sir John (1707–82), cr. (1766) Bt; Presi-
dent of the Royal Society:
Académie des Sciences fails to elect, v. 12
social relations of, with: Franklin, v. 320;
Geoffrin, Mme, v. 319; HW, v. 320
Prints:
D's, vi. 20
HW attends auction of, v. 302
*See also* Mezzotints
Prior, Matthew (1664–1721), poet:
*Solomon on the Vanity of the World,* trans-
lated by Duchesse d'Aiguillon, i. 190–1
Prior, a:
social relations of, with Mme Geoffrin, v. 316
Privy Councillors:
Gloucester's child's birth to be witnessed by,
iii. 265
'Professeur, le.' *See* Sigorgne, Pierre
*Profession de foi des théistes, La, par —— au
R. D. See under* Voltaire
*Projecte conteyning the State . . . of the Uni-
versity of Cambridge, A. See under* Lort,
Michael
Promontorio, Nicolas:
*Vie de Saint-Louis, La,* (?) D owns, vi. 34
Promotion, (?) Army:
declared at Paris, v. 445
*Proserpine. See under* Quinault, Philippe
Protestants:
Malesherbes protects, v. 375
*Prothée* (ship):
Sartine writes letter on loss of, v. 446
'Provençal, le.' *See* Barthélemy, Jean-Jacques
*1* Provence, Comte de. *See* Louis XVIII
*2* Provence, Comtesse de, wife of *1*. *See* Marie-
Joséphine-Louise
Provence:
accent of, ii. 244
D mentions, ii. 285
visitors to: Boufflers, Comtesses de, iv. 367,
441; Pomme, iii. 183; York, v. 365
Proverbs:
acted, ii. 12, 272, 277, 278, iv. 493, v. 331
*Provoked Wife, The. See under* Vanbrugh, Sir
John
Prudence:
D compliments HW on remarks on, i. 164
D has no further use for, i. 161–2
HW on, i. 153

Prûlé. *See* Bonvoust de Prulay

Prussia, K. of:

HW's letter to Rousseau under name of, *see under* Rousseau, Jean-Jacques

letter under name of, to Colombini, iii. 427

*See also* Frederick II

Prussia:

ambassador to, *see under* Ambassador

D's acquaintance with visitors from, iv. 395

ministers from and to, *see under* Minister

*Pucelle, La. See under* Chapelain, Jean; Voltaire

*Pucelle d'Orléans, La. See under* Voltaire

*1* Puchot, Roland (d. 1755), Comte des Alleurs; French ambassador at Constantinople:

marriage of, ii. 58n

marriage of daughter of, ii. 58–9

*2* Puchot des Alleurs, Amélie-Constance (ca 1750–1825), dau. of *1*, m. (1768) Louis-Édouard, Comte de Boufflers (later separated):

Arles to be visited by, iv. 349, 355

Auteuil occupied by, iv. 67, 469, 472, v. 162, 176, 347

Chanteloup left by, iv. 453

—— to be visited by, iv. 441

—— visited by, vi. 202

Craufurd's opinion of, iv. 485

D's account of, ii. 58, 106

D's opinion of, v. 219

D's relations with, v. 102

family and circumstances of, ii. 58–9

harp played by, iv. 363, 469

health of, iii. 417, 425, 426

Isle-Adam visited by, iv. 324

La Tuilerie visited by, v. 345

marriage of, ii. 58–9, 168, 171

Normandy to be visited by, iv. 462

Paris visited by, iv. 453, 467, 493

Plombières to be visited by, v. 53

Pomme attends, iv. 349, 355

Provence to be visited by, iv. 367

—— visited by, iv. 441

sings, iv. 469

social relations of, with: Boufflers, Comtesse de, ii. 106, v. 347, 351; Caracciolo, iv. 469; Creutz, iv. 469; D, iii. 69, 384, iv. 9, 11, 216, 469, 472, 473, v. 102, 162, 223, 346, 435, 449(?), 455; Gibbon, iv. 469, 472; La Reynière, M. and Mme de, v. 345; Necker, M. and Mme, iv. 216; Rochefort, Comtesse de, v. 342; (?) Usson, Comtesse d', v. 329; Vierville, Marquise de, iv. 469

Spa to be visited by, v. 235

teakettle desired by, iv. 9, 13, 33, 36, 39, 42

Temple to be occupied by, iv. 472

'Trognon, le,' iii. 69

*3* Puchot des Alleurs, Marie-Sophie (d. 1786), sister of *1*, m. (1728) Louis-Auguste Sonning:

marriage of niece of, ii. 58–9

*1* Puget, Joseph-Pierre-Balthazar-Hilaire de, Marquis de Barbantane:

social relations of, with: Luxembourg, Mme de, v. 308; (?) Usson, Comtesse d', v. 309

*2* Puget de Barbantane, Henriette de, dau. of *1*,

m. (1775) Jacques-Anne-Joseph le Prestre, Marquis de Vauban:

breaks arm, v. 139

La Tuilerie visited by, v. 345

social relations of, with: Boufflers, Comtesse de, v. 351; La Reynière, M. and Mme de, v. 345; Rondé, Mme, v. 345

Puigautier. *See* Pourteiron de Puigautier

Puiguyon. *See* Granges de Puiguyon

*1* Puisieulx, Vicomte ('Marquis') de. *See* Brulart, Louis-Philogène

*2* Puisieulx, Vicomtesse de, wife of *1*. *See* Le Tellier de Louvois de Rebenac, Charlotte-Félicité

*1* Pulteney, Harry (d. 1767), general:

death and legacies of, i. **365**

*2* Pulteney, William (1684–1764), cr. (1742) E. of Bath; brother of *1*:

Bolingbroke told anecdote by, v. 354

Utrecht, Peace of, described by, v. 354

Punch bowl:

Choiseul gives, to D, ii. 7, 7–8

D leaves, to Beauvau, vi. 7, 26

*Pupille, La. See under* Fagan, Christophe-Barthélemy

Puy, Le. *See* Le Puy

*1* Puyguilhem, Comte de. *See* Chapt de Rastignac, Pierre-Louis

*2* Puyguilhem, Comtesse de, wife of *1*. *See* Du Lau d'Allemans, Suzanne-Anne

Puyguions. *See* Puyguilhem

*1* Puységur, Abbé de. *See* Chastenet, Jean-Auguste de

*2* Puységur, Comte de, brother of *1*. *See* Chastenet, Louis-Pierre de

*3* Puységur, Marquis de. *See* Chastenet, Jacques-François-Maxime de

*4* Puységur, Vicomte de, brother of *1*. *See* Chastenet, Barthélemi-Athanase-Hercule de

Puzin de la Martinière, Françoise-Albine, m. —— Benoist:

*Élisabeth*, D owns, vi. 33

Pye, Elizabeth, m. (1744) Sir Willoughby Aston, 5th Bt:

social relations of, with: Beaufort, v. 271; Berkeley, Cts of, v. 271

Pye, Henry (1709–66) of Faringdon, Berks:

death of, v. 397

Pye, Mrs Robert Hampden. *See* Mendez, Jael

Pynsent, Leonora Ann (d. 1763):

(?) 'femme de cinquante ans,' i. 64

Quadrilles:

danced at French Court, iv. 148

Quakers:

D mentions, ii. 301

*Quand Moïse fit défense:*

verses to air of, v. 214

Quarantine. *See under* Measles; Smallpox

Quatre Nations. *See* Collège des Quatre Nations

Queensberry, Ds of. *See* Hyde, Catherine

Queensberry, D. of. *See* Douglas, William

Quélart, Du. *See* Du Quélart

*1* Quélen de Stuer de Caussade, Antoine-Paul-Jacques de (1706–72), Duc de la Vauguyon; courtier:
announces to Mesdames the coming presentation of Comtesse du Barry, ii. 191, 192, 196
attends session of parliament of Paris, vi. 172
Choiseul's dismissal from Swiss Guards said to have been sought by, iii. 167
death of, iii. **179**
health of, iii. 35
Marie-Josèphe will be regretted by, i. **257**
Rochford, Cts of, suspected of complicity with, ii. 199, 203
*2* Quélen de Stuer de Caussade, Paul-François de (1746–1828), Marquis (later Duc) de Saint-Maigrin; Duc de la Vauguyon, 1772; governor of the 'enfants de France'; son of *1*:
entrées, Dauphin's, given and withdrawn by, ii. 444
HW mentions, iv. 64n
Louis XVI gives grandes entrées to, iv. 52
marriage of, i. 219n
said to be appointed French ambassador to Naples, iv. 87
verses on, iv. 68
Quentin, ——, stationer:
D's receipt from, vi. 42
Querouaille. *See* Penancoët de Kerouaille
*Question d'identité d'individu et de suppression d'état du Comte de Solar. See under* Élie de Beaumont, Jean-Baptiste-Jacques
*Questions sur l'encyclopédie. See under* Voltaire
Quien de la Neuville, Le. *See* Le Quien de la Neuville
Quietism:
HW on, iii. 12
Quin, James (1693–1766), actor:
death of, v. 397
*1* Quinault, Jeanne-Françoise (1700–83), actress:
niece of, receives bequest, iii. 211
*2* Quinault, Olympe, niece of *1*:
Duclos leaves bequest to, iii. 211
Quinault, Philippe (1635–88), dramatist:
*Alceste*, D praises, i. 119
*Armide*, i. 119, v. 304
*Atys*: D praises, i. 119; D quotes, iv. 242, v. 105
D admires, iii. 392, v. 15
D mentions, iii. 43
HW does not value operas of, i. 58, 133, 346, 363, ii. 1, 51
*Isis*, D praises, i. 119
Marmontel revises operas of, for Piccinni's music, iv. 413, 444
*Persée*: D quotes, i. 88; given to celebrate Dauphin's marriage, ii. 407, 409
*Phaéton*, D cites, iv. 366
*Proserpine*, D paraphrases, ii. 302
*Roland*, Marmontel's version of, to Piccinni's music, iv. 445, v. 9
*Thésée*: D praises, i. 119; D quotes, ii. 296; HW sees, v. 285; Mondonville's version of, i.

208–9; Richelieu quotes, ii. 251; Voltaire quotes, iv. 243
(?) Voltaire defends, against Marmontel, v. 22–3
Quinine:
D mentions, ii. 13
for malaria, iii. 352, 358
Quinquina:
D and guests play, v. 264
*1* Quintin, Duc de. *See* Durfort-Civrac, Jean-Laurent de
*2* Quintin, Duchesse de, wife of *1*. *See* Durfort de Lorges, Adélaïde-Philippine de
'Quinze':
Craufurd plays, i. 36
'Quinze-Vingt':
D calls herself a, iii. 433, iv. 121
Quinze-Vingts, Hospice des:
Voltaire's *Petite digression* on, i. 113
'Quixote, Don':
D compares HW to, ii. 304, 306, 309
*See also under* Cervantes, Miguel de

Rabelais, François (d. 1553):
*Pantagruel*, D alludes to Papefigues of, ii. 28, v. 176
*1* Rabutin, Roger de (1618–93), Comte de Bussy:
Bastille imprisonment of, iii. 190
D's opinion of, iii. 187, iv. 27
daughter of, said to have been his mistress, iii. 188
*Histoire amoureuse des Gaules*, iii. 185
illness, occupation of, iii. 190
*Lettres* of: D enjoys, iii. 180–1, 185, 187, 189, 203–4, iv. 223; HW dislikes, iii. 185, 201, 204
*Mémoires* of, ii. 135, iii. 185, 189, 190
Scudéry, Mme de, correspondence of, with, i. **387–8**, iii. 187
—— persecutes, iii. 201
Sévigné, Marquise de, not intentionally imitated by, iii. 188
'singe de Mme de Sévigné,' iii. 185
style of writing of, compared to HW's, iii. 180–1
*2* Rabutin-Chantal, Marie de (1626–96), cousin of *1*, m. (1644) Henri, Marquis de Sévigné; 'Sainte de Livry':
Auray visited by, v. 87
Bussy monkey of, iii. 185
——'s correspondence with, iii. 181, 185, iv. 223
D admires, i. 273, ii. 32, 408, iii. 202, v. 27, 83
D cites, i. 26, 87, 100, 196, 249, 281, 387, ii. 56, 249
D defends herself by comparison with, i. 127, 144, iii. 262
D does not resemble, i. 273, ii. 408, iii. 63, 168, 175, 202, iv. 27, 135, 197, 228, 272, 286, 319, 462–3, 491, 500, v. 27, 83, 205
D tells story about, v. 288
ebony cabinet of: D stores, v. 82; Selwyn receives, v. 80
(?) Ennery has medallion of, v. 325

[2 Rabutin-Chantal, Marie de, *continued*]
Gramont, Comtesse de, is 'grande femme' of, v. 357
HW mentions, ii. 55
HW's enthusiasm for, i. 51, 71, 77, 88, 144, ii. 18, 24, 141
HW thinks he is visiting convent of, v. 285
interested in everything, i. 273, ii. 408, iii. 63, iv. 27, 272, 319, 462, 491, v. 83, 205
(?) La Harpe ignores maternal affection of, iii. 420
letter of: of 2 March 1689, sent to HW by Grave, ii. 63, 69, 72, 301, 307; to Mme de Grignan 13 Sept. 1679, sent to HW by Duchesse de Choiseul, i. 402, 405, ii. 1, 2–3, 6, 24, 72
letters of: activity reflected in, ii. 46; D and HW prefer, to those of Bussy, iii. 181, 185, 187; D prefers HW's letters to her to, i. 27; Girard, Mlles, have, ii. 74, 144, iii. 301, 307, vi. 139; (?) Girard, Marquis de, has copied, iii. 307; Hénault compares D's letters to, vi. 53; please D with domestic details, ii. 255; sought by Grave, ii. 35, 63, 72, 74, 144, vi. 139–40; style of, reason for their popularity, iii. 47; to Pomponne about Fouquet trial, i. 187–8, 190, 193, 200, 212, 387, ii. 24, iii. 380, 420; (vol. ix), iv. 286
letter under name of, from D to HW: i. 51; copy of, by HW, i. 86; D disclaims knowledge of, i. 70–1; D disparages, iii. 399; D expects criticism of, i. 77, 83, 86; finding of, by HW, i. 70n, 72, 86; HW attributes, to Duchesse de Choiseul, i. 73n, 79, 82, 83, 85, 120, 143; HW fears talk because of, i. 134, 143; HW in doubt over authorship of, i. 71, 73–5, 80–4; HW praises, iii. 397, vi. 59, 213; HW prints, iii. 397; Jonzac, Marquise de, transcribes, i. 51, 73; Luxembourg, Mme de, not to see, i. 77; method of delivering, i. 73–4; praised, i. 81, 83
*Lettres nouvelles ou nouvellement recouvrées:* D's opinion of, iii. 419; HW's opinion of, iii. 423; La Harpe to edit, iii. 373, 419; Stormont knows all about, iii. 376; to be printed, iii. 301n, 330, 350, 373, 380, 395, 405, 408, 413, 419
Moulceau's correspondence with, iii. 423–4
portraits of: i. 50n, 51, 70, 73; Petitot's, i. 73n, v. 313
*Recueil de lettres choisies, pour servir de suite aux lettres de Mme de Sévigné à Mme de Grignan, sa fille,* iv. 275
*Recueil de lettres de diverses personnes amies de* ('le huitième tome'): D enjoys, ii. 139, 144; HW finds, mediocre, ii. 141, 144
Scarron compared to, iii. 390
Selwyn's interest in, i. 405
—— visits death chamber of, at Grignan, v. 80
'siège' pun by, v. 288
snuff-box with miniature of, given by D to HW: i. 51, 70, 73, 81, 86; Choiseul, Duchesse de, credited by HW with gift of, i. 79;

Choiseul, Duchesse de, forwards, i. 73–4; delivery of, i. 73–4; finding of, by HW, i. 70n, 72, 86; Jonzac, Marquise de, prepares, i. 73
Soubise, Princesse de, is 'bonne femme' of, v. 357
spends her wit in small change, iii. 202
style of: D admires, i. 127, 144, 273, iii. 47, 181, iv. 197, 223, 319, v. 87; HW's style compared with, ii. 236, 317; *Mercure de France* praises, v. 96, 99, 106, 111, 113
3 Rabutin de Bussy, Louise-Françoise de (1646–1716), dau. of *1*, m. (1) (1675) Gilbert-Allyre de Langeac, Marquis de Coligny; m. (2) (1681) Henri-François de la Rivière:
father of, said to be her lover, iii. 188
Raby, Louise (ca 1755–72), m. (1770) Charles-Antoine-Étienne, Marquis de Choiseul:
D's opinion of, iii. 110
social relations of, with Duchesse d'Aiguillon, iii. 110
Racine, Jean (1639–99), dramatist:
*Andromaque:* acted at Choisy, iii. 322; D praises, iii. 391; D quotes, iv. 372; HW sees, v. 265
*Athalie:* D knows, by heart, v. 203; D mentions, i. 302; D praises, iii. 391; D quotes, i. 175, 177, iv. 137; HW likes, iii. 393; HW prefers, to Corneille, iv. 44; HW sees, v. 324; HW to reread, iii. 389
*Bajazet:* i. 224n; D sees, i. 294
*Bérénice:* Voltaire and HW differ over lines from, ii. 119–20, 129; Voltaire's views on, ii. 120
*Britannicus:* Clairon, Mlle, acts in, i. 341; D mentions, ii. 342; HW prefers, to Corneille, iv. 44; HW sees, v. 277; HW to reread, iii. 389
D attributes verses to, iii. 221
D paraphrases, ii. 77
D praises style of, iii. 391
D quotes, as Corneille, ii. 87
D reads, v. 178, 180, 187
*Épigrammes,* D cites, v. 166
*Esther:* D knows, by heart, v. 203; D quotes, i. 356, iv. 287
HW compares, with Corneille, Shakespeare, Voltaire, iv. 44
HW prefers Shakespeare to, iv. 44, vi. 142, 144
*Iphigénie en Aulide:* D reads, v. 178; Du Rollet revises, iv. 39; HW dislikes, iii. 389, iv. 44; Voltaire likes, iii. 389
La Harpe criticizes, iv. 409
letters of, please D because of domestic details, ii. 255
*Mithridate,* HW dislikes, iii. 389, iv. 44
*Phèdre:* Clairon, Mlle, acts in, i. 341, ii. 30, 132; D paraphrases, ii. 279; HW fails to see, v. 265; HW prefers, to Corneille, iv. 44; HW sees, v. 275; HW to reread, iii. 389
*Plaideurs, Les,* D quotes, ii. 184, iv. 94
Voltaire defends, ii. 129, vi. 142–3
Radix, ——:
attends session of parliament of Paris, vi. 173

Radix de Sainte-Foix, Marie-Geneviève (b. 1729), m. (1) —— Boudret; m. (2) (1760) Nicolas-Augustin de Malbec de Montjoc, Marquis de Briges:
Luxembourg, Mme de, to visit, iv. 470
social relations of, with Mme Geoffrin, v. 317
stables of, iv. 470
Radonvilliers. See Lysarde de Radonvilliers
Radziwill, Ps. See Lubomirska, Marja
*1* Raftor, Catherine ('Kitty') (1711–85), m. (1732) George Clive; actress; HW's 'comédienne':
comments on HW's fondness for D and Cts of Suffolk, i. 75
HW buys cup and saucer for, v. 409, 410, 414
HW mentions, vi. 162
HW's 'comédienne,' i. 75, 77, 80, 105, 107, 115, 262, 298, ii. 222, 238, 333, 465
HW's correspondence with, v. 376–80, 389, 393, 395
HW's 'Epilogue' for, ii. 222, 233, 238
Little Strawberry Hill occupied by, ii. 465
social relations of, with: Balfour, Mrs, i. 299; Cholmondeley, Mr and Mrs Robert, i. 298–9; Griffith, Mrs, i. 299; HW, i. 298–9
*2* Raftor, James (d. 1790), brother of *1:*
HW buys snuff-boxes for, v. 410
HW mentions, ii. **475**
Raguenet, Jean-Baptiste (*or* -Nicolas) (ca 1750–75):
HW buys views by, v. 304, 404
HW's picture by, of Hôtel de Carnavalet, ii. 30, 31, v. 304n, 404
Raigecourt-Gournay, Joseph, Marquis de:
(?) house of, at Gournay, v. 316
Raimond:
story of priest and, ii. 57
Raincy, Orléans's seat:
Paris robbed of good company by, iv. 100
visitors to: Beauvau, v. 440; Beauvau, Princesse de, iii. 269; Cambis, Vicomtesse de, iv. 232; Gramont, Duchesse de, iv. 29; Luxembourg, Mme de, iii. 431, iv. 224, 228, v. 425, 428, 459; Mirepoix, Mme de, iv. 224, 228; Montesson, Marquise de, iii. 369
Rainham:
Churchill's father vicar of, v. 374
Rambouillet:
visitors to: Forcalquier, Comtesse de, ii. 207; Louis XV, i. 292
Rambouillet, Hôtel de:
D mentions, ii. 56
Rameau, Jean-Philippe (1683–1764), composer:
*Castor et Pollux,* iv. 439, 443
*Fêtes d'Hymen, Les,* v. 298
*Surprises de l'amour, Les,* v. 322
Ramillon, ——, D's cook:
cooks well, v. 119
furniture in chamber of, vi. 13–4
wages of, vi. 46
Rampart:
Churchills visit, v. 336
D visits, v. 336
HW visits, v. 336

Mirepoix, Mme de, takes house on, iv. 11
Stormont's house abuts upon, iv. 282
*1* Ramsay, Allan (1713–84), painter:
HW sends box by, v. 404
HW sends letters by, v. 376
(?) social relations of, with: D, v. 344; HW, v. 266, 268; Holbach, v. 267; Hume, v. 266
*2* Ramsay, Mrs Allan, wife of *1.* See Lindsay, Margaret
*3* Ramsay, Miss Jenny, sister of *1:*
(?) social relations of, with: D, v. 344; HW, v. 268
Rancé. See Le Bouthillier de Rancé
Randon de Boisset, Paul (1708–76), art collector:
sale of effects of, iv. **377**
Ranelagh:
Conway said to be drunk at, iv. 350
*Raoul de Courcy:*
verses to air of, iv. 4, v. 98
Raphael Sanzio (1483–1520), painter:
D mentions, i. 228, ii. 304
HW mentions, ii. 27
'St John' by, at Palais-Royal, v. 287
Rapin, Paul de (1661–1725), sieur de Thoyras:
*Histoire d'Angleterre:* (?) D owns, vi. 34; D reads, i. 338
Rapin, René (1621–87), priest:
letters of, iii. 181
Rastignac, Comtesse de. See Hautefort, Angélique-Rosalie de
Rat, Le. See Le Rat
Ratisbon:
Bulkeley minister to, iii. 134
Rat poison. See Poison, rat
Raucourt, Mlle; Raucoux, Mlle. See Clairien, Françoise
Ravanne. See Eynard de Ravanne
Ravenel, Marquise de. See Rothe, Marguerite-Josèphe de
Ravoie. See Neyret de la Ravoye
Ray, Martha (d. 1779):
murder of, v. **131**
Sandwich's mistress, v. 131
Rayleigh, Bns. See Fitzgerald, Lady Charlotte Mary Gertrude
Raynal, Guillaume-Thomas-François (1713–96), abbé:
*École militaire,* D owns, vi. 34
*Histoire philosophique et politique des . . . Européens dans les deux Indes:* censored, iii. 308; D comments on, iii. 210–1; HW's opinion of, iii. 308
Saint-Ouen visited by, iv. 229
social relations of, with: Geoffrin, Mme, v. 299, 302; Helvétius, v. 279, 289; Holbach, v. 267
Razors:
Selwyn procures, for Aulan, v. 131
Razoumovsky. See Rosamouski
Ré, Île de:
Aulan, Bailli d', governs, i. 366

Readers, D's:
Pétry and 4 lackeys, v. 235, 238
Reading:
D's, ii. 426, 447, 478, 482, 488, 489, 491, 492,
iii. 6, 47, 51, 67–9, 72, 180, 184, 190, 308, 350,
383, 432, iv. 22, 162, 203, 247–8, 253, 259, 286,
288–9, 298, 316, 324, 332, 347–8, 396, 416,
429–30, 447, 452, 469–70, 474, v. 67, 70, 72,
107, 133, 178, 181, 191, 202, 216, 235, 237–8
D's preferences in, ii. 406, 426, 482, iii. 16–7,
51, 77–8, iv. 74, 247–8
HW's, ii. 478–9, v. 202
HW's advice for D's, iii. 355–6
See also Criticism, literary; Library
Reaping:
at Arras, v. 315
Reason:
D on, iii. 9, 325
D on taste and, ii. 268
Réaumur. See Ferchault de Réaumur
Réaux. See Taboureau des Réaux
Rebel, François (1701–75), administrator-gen-
eral of Opéra 1772–4:
Bishop told to present himself to, iv. 55
director of Opéra, iv. 28, 51
Rebours. See Le Rebours
Rebout, Marie-Thérèse (1728–1805), m. Joseph-
Marie Vien; painter:
(?) social relations of, with HW, v. 308
Receivers-general:
edict suppresses, v. 449
Réconciliation normande, La. See under Du-
fresny, Charles Rivière
Recousse, La. See La Recousse
Recueil de lettres, D's:
bequeathed to HW, i. 4n, ii. 225
D's letters copied in, v. 237–8
fears of printing of, ii. 224–5, 232
Greville, Mrs, alarmed about, ii. 224–5
Recueil de lettres choisies, pour servir de suite
aux lettres de Mme de Sévigné à Mme de
Grignan, sa fille. See under Rabutin-Chantal,
Marie de
Recueil de lettres de diverses personnes amies de
Mme de Sévigné. See under Rabutin-Chantal,
Marie de
Recueil de lettres militaires. See Griffet, Henri,
Recueil de lettres pour servir . . .
Recueil de lettres pour servir d'éclaircissement
à l'histoire militaire du règne de Louis XIV.
See under Griffet, Henri
Recueil d'estampes . . . dans le Cabinet du Roi.
See under Mariette, Pierre-Jean
Recueil des voyages au Nord. See under Ber-
nard, Jean-Frédéric
Recueil d'opéras, D owns, vi. 33
Redmond, Jean de (ca 1709–78), lieutenant gen-
eral; chevalier:
Aiguillon, Duc d', fond of, i. 295
Aiguillon, Duchesse d', friend of, i. 186, 295
Craufurd's correspondence with, i. 39, 170
D buys gift for HW from, i. 129
D hears from, of HW, ii. 252, 255

D's opinion of, ii. 300
D wishes to see, ii. 253
'fool,' v. 340
HW's Account of the Giants Lately Discovered translated by, i. 188, 190, 193, 212n
HW's preface to Historic Doubts translated
by, ii. 38, 42, 43
HW told by, to punish Suard, v. 340–1
London visited by, ii. 252
Rueil visited by, v. 320
social relations of, with: Aiguillon, Duchesse
d', iii. 138, v. 280, 320, 326, 340; Brancas, Mar-
quis and Marquise de, v. 277, 322; Craufurd,
v. 292, 294; D, ii. 218, v. 320; HW, v. 279,
281, 294, 317, 325, 331, 415; Hénault, v. 320,
325; Lorenzi, v. 294
Young Pretender's bust owned by, v. 279
Réduction de Paris, La. See under Farmain de
Rozoi, Barnabé
Réflexions posthumes sur le grand procès de
Jean-Jacques avec David ('Lettre posthume'):
Aiguillon, Duchesse d', sends, to Bns Hervey,
i. 222
D sends, to HW, i. 207, 212, 222, 224, 231
Réflexions sur la poésie et la peinture:
D owns, vi. 32
Regency:
war council in time of, iv. 222
Regent. See Bourbon, Philippe de, Duc d'Or-
léans
Regnard, Jean-François (1655–1709):
Coquette, La, D and HW see, v. 317
Joueur, Le, D cites, iv. 381
Richelieu quotes, v. 369
Regnault, Louise (1698–1788), m. (1719) Gas-
pard, Marquis de Sabran:
(?) social relations of, with Comtesse de la
Marche, ii. 12
Regnault d'Irval, Nicolas-Pierre-Joseph:
(?) attends session of parliament of Paris, vi.
171
(?) minutes of parliament of Paris certified
by, vi. 169
1 Regnier, Claude-Louis-François de (1715–67),
Comte de Guerchy; French ambassador to
England:
Boufflers, Comtesse de, talks of Hume and
Rousseau with, i. 133
Buyrette de Belloy wishes to dedicate play to,
v. 261
Choiseul, Duc de, asks, to supervise Lauzun, i.
242
Choiseul, Duchesse de, sends letter by, to HW,
i. 151
Compiègne visited by, i. 114, 332
D approves of, i. 114, 123
D makes acquaintance of, i. 114
D may not see, for some time, i. 329
D's commissions could be expedited by, i. 297
D sends parcels by, i. 136, 160, 268, 271, 280
D talks of HW with, i. 114, 118, 123, 138, 177
D to be remembered to, i. 163–4, 191, 226
death of, v. 398

Fronsac, Duchesse de, friend of, i. 226
HW avoids presentation at Court by, v. 261
HW led by, to attribute 'Sévigné' letter to Duchesse de Choiseul, i. 120
HW mentions, i. 341, 342
HW's correspondence with, v. 377, 378, 381, 383
HW sends letters by, v. 377
HW's friendship with, i. 337
HW's presents expedited by, i. 92
HW taken to archives by, v. 266
health of, v. 316
Hume discussed by, v. 261
Nancy to be visited by, i. 332
not to take charge of D's purchases, i. 328
possible successor of, i. 278
proposes to visit HW at Bath, i. 138, 149, 152
returns to France, i. 317
Sévigné snuff-box delivered by, i. 73–4, 81, 82
social relations of, with: Bouzols, Mme de, v. 261; Brunswick, i. 287; D, i. 123, 133; HW, i. 287, v. 261, 265, 267, 316; Luxembourg, Mme de, i. 114
Suffolk, Cts of, spoken of by, i. 115
writes of HW's going to Paris, i. 247
2 Regnier de Guerchy, Victoire-Félicité de (ca 1749–1838), dau. of 1, m. (1768) Joseph-Louis-Bernard de Cléron, Comte d'Haussonville:
D discusses Comtesse de Guerchy's mourning with, ii. 74–5
D's opinion of, v. 107
D's relations with, v. 102
family amity of, v. 107
HW inquires after, ii. 325
Lauzun, Duchesse de, at odds with, v. 107
marriage of, ii. 63, 68, 72, 75
social relations of, with: Choiseul-Beaupré, Comtesse de, v. 441; D, v. 102, 107, 423, 429(?); HW, v. 327, 330
Regnon de la Ranconnière, Ursule-Suzanne-Véronique de (b. 1761), m. (1774) Augustin-Joseph-Alexandre de la Roch-Saint-André:
social relations of, with D, v. 434, 436, 449, 453, 455
Regulus, M. Atilius (fl. ca 267 B.C.), Roman officer:
D mentions, iii. 432
Reich de Pennautier, Pierre-Louis (d. 1711), financier:
Bonzi's 'étoile,' i. 64
Reims, Archbishop of. See La Roche-Aymon, Charles-Antoine de
Reims:
Louis XVI's consecration at, iv. 195, 197, 198
Pouilly of, v. 282
visitors to: Beauchamp, iii. 388, 394, 395, 401; Choiseul, iv. 198; Louis XVI, iv. 195; Seymour-Conway, Hon. H., iii. 388, 394, 395, 401
Relation de la mort du Chevalier de la Barre. See under Voltaire
Relation de la révolution de Russie. See Rulhière, Claude-Carloman de, Anecdotes sur la révolution de Russie

Relation du bannissement des Jésuites de la Chine. See under Voltaire
Relation du Groenland. See under La Peyrère, Isaac de
Religieuse, La. See La Harpe, Jean-François de, Mélanie, ou la religieuse
Religion:
D indifferent to, iii. 361
D takes name of, in vain, ii. 116
disputes about, in Poland, iii. 111
HW indifferent to, iii. 361
HW's opinions on, i. 300, ii. 220
See also Faith; God; Life, future; Religious disabilities
Religious disabilities:
English, ii. 424
French, ii. 297, 418, 423, 424, 428, iv. 454
Relongue de la Louptière, Jean-Charles de (1727–84):
(?) verses by, on Voltaire and L'Attaignant, v. 31
Rembrandt van Rhyn, Paul (1606–69), painter:
paintings by, in possession of: Julienne, v. 287; Monaco, v. 335; Praslin, v. 353
Remi, Joseph-Honoré (1738–82), abbé:
Éloge historique de Michel de L'Hospital, iv. 471, 473, 474, 476
1 Remiencourt, Marquis de, son of 2. See Boufflers, Stanislas-Jean de
2 Remiencourt, Marquise de. See Beauvau-Craon, Marie-Françoise-Catherine de
Remiremont, Abbess of. See Lorraine, Anne-Charlotte de
Remiremont:
Christine, Ps, at, i. 40
'Remy, Mme' (character in Paysan parvenu):
D mentions, iii. 160
'Rena, the.' See L——, Cts
Rendu, ——, notary:
D's lease signed before, vi. 41
René (1409–80), K. of Sicily:
Doumenil has portrait of, v. 313
1 Renel, Marquis de. See Clermont, Jean-Baptiste-Charles-François de
2, 3 Renel, Marquises de, grandmother and stepmother of 1. See Colbert, Marguerite-Thérèse (1682–1769); Rohan-Chabot, Marie-Sylvie de (1729–1807)
Reni. See Guido Reni
Rennes, Bishop of. See Desnos, Henri-Louis-René
Rennes:
Breton parliament to meet at Saint-Brieuc instead of, i. 370
Couronnement d'un Roi acted at, iv. 153
joy at, on restoration of parliament, v. 326
obelisk erected in church at, v. 326
parliament of: exiled, v. 273; members of, called 'ifs,' iii. 164; mentioned, i. 109n, 118, 370; parliament of Paris remonstrates for, v. 280; recalled, ii. 259, v. 326; suppressed, iii. 106
procureurs of, forced to plead, v. 285

Renoux, ——, saddler:
  D's contract with, vi. 42
Rent:
  Choiseul's, v. 144
  D's, ii. 386
  in Rue Bergère, iii. 140
  in Rue de Bourbon, iii. 435
  in Rue Neuve Saint-Augustin, iv. 282
*Réplique pour le Comte de Guines*. . . . *See under* Bonnières, Adrien-Louis de
*Réponse au mémoire de . . . Morellet*. . . . *See under* Necker, Jacques
*Réponse de Marmontel à Voltaire. See under* Marmontel, Jean-François
*Réponse de M. de la Harpe. See under* La Harpe, Jean-François de
*Réponse de M. le Prince de Ligne à une lettre de Voltaire. See under* Ligne, Charles-Joseph de
*Réponse d'un solitaire de la Trappe. See* La Harpe, Jean-François de, *Camaldule, La, — Réponse* . . .
Requeleyne, Hilaire-Bernard de (1659–1721), Baron de Longepierre; translator of Greek classics:
  Rousseau's verses against, quoted by D, ii. 448, iii. 422
Rescription; rescriptions:
  D receives payment on, v. 424
  D sells, v. 434
  D sells half of, v. 433
  suspension of payments on, ii. 373
Retz, Cardinal de. *See* Gondi de Retz, Jean-François-Paul de
Retz, Duchesse de. *See* Clermont-Dampierre, Claude-Catherine de
Réunion. *See* Île de Bourbon
*Réveillez-vous, belle endormie:*
  verses to air of: iv. 194; Boufflers's, ii. 361, iv. 3; D's, iii. 298; La Harpe's, v. 2
*Révolutions de Portugal. See under* Vertot, René Aubert de
*Révolutions romaines. See under* Vertot, René Aubert de
Reynardière, La. *See* Grimod de la Reynière
Reynière, La. *See* Grimod de la Reynière
Reynolds, Sir Joshua (1723–92), painter:
  Hôtel de Thiers visited by, v. 338
  social relations of, with Mariette, v. 338
Rezzonico, Carlo. *See* Clement XIII
Rhadamanthe:
  D compares Choiseul to, vi. 122
*Rhadamiste et Zénobie. See under* Crébillon, Prosper-Jolyot de
Rhadel, ——, merchant:
  HW sends letters by, v. 377
Rheims. *See* Reims
Rheumatism:
  occurrences of, i. 269, 316, iv. 432, v. 202
Rhine, River:
  Louis XIV crosses, iv. 292
Rhodes:
  D likes Vertot's account of siege of, iii. 17

Rhubarb:
  Arras, Bishop of, takes, iii. 254
Rians, Marquise de. *See* Valbelle, Marguerite-Delphine de
Ribot, Ambroise (d. 1787), intendant of Chanteloup:
  ill, iii. 403
  said to be dying, iv. 97
Ricard de Brégançon, Marie-Anne-Pauline de, m. (1759) François-Raymond-Joseph-Hermenigilde-Amalric de Narbonne-Pelet-Alais-Melguel-Bermond, Vicomte de Narbonne:
  (?) buys doll's trousseau for Choiseul niece, ii. 299
  daughter of, v. 215
  lacks common sense, ii. 83–4
  (?) Lesrocs attended by, v. 321
  Rochford, Cts of, friend of, i. 333
  sister-in-law of, i. 351
  social relations of, with: Aiguillon, Duchesse d', v. 281, 301(?), 309, 312; Brancas, Marquis and Marquise de, v. 322; Caraman, Comtesse de, ii. 83; D, ii. 335(?), v. 318, 328; Forcalquier, Comtesse de, v. 293, 302, 311; Hénault, ii. 47(?), v. 321; Nivernais, Duchesse de, v. 301; Rochford, i. 285, 311
Ricci, Lorenzo (1703–75), general of the Jesuits:
  Billard to be protected by, iii. 190
  Frederick II appealed to by, iii. 302–3
  rôle of, in *La Passion des Jésuites*, iii. 315
Riccoboni, Mme Antonio Francesco. *See* Laboras de Mézières, Marie-Jeanne
Rice, cream of:
  for D, in illness, v. 247
Rich, Elizabeth (ca 1716–95), m. (1749) George Lyttelton, cr. (1756) Bn Lyttelton:
  HW's correspondence with, v. 376, 377, 379
  Johnston, Lady Cecilia, sends parcel to, v. 404
Richard I (1157–99), Cœur de Lion, K. of England 1189–99:
  Gaillard's account of, iii. 68
Richard II (1367–1400), K. of England 1377–99:
  Anne of Bohemia wife of, iv. 359
  tomb of second wife of, v. 308
Richard III (1452–85), K. of England 1483–5:
  coronation roll of, i. 287
  D reads about, in Shakespeare's play, ii. 171
  *État de la maison des Ducs de Bourgogne* may give HW information about, iv. 76
  HW's *Historic Doubts* on, *see Historic Doubts on the Life and Reign of King Richard III*
  HW's interest in, i. 287, 288, 291, 292, 295, 302, 309, 338, 391, ii. 19, 171
  Hume's and Rapin's accounts of, read by D, i. 338
*Richard III. See under* Shakespeare, William
Richard (1472–83), D. of York:
  murder of, i. 287, ii. 4
Richard, ——:
  attends session of parliament of Paris, vi. 173
Richard, François-Marie (1712–89), Baron de Haute-Sierck; physician:
  Choiseul, Duc de, attended by, ii. **133**

Choiseul, Duchesse de, lacks confidence in, ii. 133
Richards, Mr:
social relations of, with: HW, v. 261; Hertford, Cts of, v. 262; Praslin, Duchesse de, v. 263
Richardson, Samuel (1689–1761), novelist:
*Clarissa* (*Histoire de Clarisse*): D bored by, iii. 196, 204; D mentions, iii. 392; D owns, vi. 32
D defends, iii. 392
D pleased by domestic details in novels of, ii. 255
D pleased by nuances in, iii. 391
D reads novel in style of, iv. 316
D's fondness for characters of, ii. 32–3, 109
Diderot's *Éloge* of, iv. 247, 251
Holbach and guests dispute about, v. 267
*Sir Charles Grandison* (*Histoire de Grandison*): D mentions hero of, ii. 109, 320, iii. 392, iv. 14, v. 200; D owns, iii. 392n, vi. 33n
Riche. *See* Le Riche
*1* Richelieu, Cardinal de. *See* Du Plessis, Armand-Jean
*2* Richelieu, Duc de, g.-grandnephew of *1*. *See* Vignerot du Plessis, Louis-François-Armand
*3* Richelieu, Duchesse de, wife of *2*. *See* Lavaulx de Sommerecourt, Jeanne-Catherine-Josèphe de
*2* Richelieu, Maréchal de. *See* Vignerot du Plessis, Louis-François-Armand
Richelieu:
Choiseul, Duchesse de, visits, iv. 461
visit of Duc and Duchesse de Choiseul to, enrages Duc de Richelieu, iv. 463
Richelieu, Hôtel de:
Ennery lives near, iv. 135
HW visits, v. 265
Richelieu quarter:
Voltaire buys house in, v. 39
*1* Richmond, Ds of, wife of *4*, dau.-in-law of *3*, granddau.-in-law of *2*, aunt-in-law of *5*. *See* Bruce, Lady Mary
*2, 3, 4, 5* Richmond, D. of. *See* Lennox, Charles (1672–1723); Lennox, Charles (1701–50); Lennox, Charles (1735–1806); Lennox, Charles (1764–1819)
Richmond:
regatta at, iv. 200
Ricouart, Antoine de (ca 1713–82), Comte d'Hérouville de Claye:
made director of troops, iii. 41
social relations of, with Richmonds, v. 294
Riddles:
guessing of, iii. 91
Riding hoods:
HW sees, at Boulogne, v. 259
*Riforma d'Italia, La*:
Voltaire criticizes, vi. 152
*1* Rigaud, Joseph-Hyacinthe-François de Paule (1740–1817), Comte de Vaudreuil:
(?) dances at ball in honour of Dauphin's marriage, ii. **410**

(?) sings, v. 296
(?) social relations of, with: Brancas, Marquis and Marquise de, v. 296, 317, 320–1; Maurepas, Comte and Comtesse de, v. 291, 303
*2* Rigaud de Vaudreuil, Marie-Josèphe (1743–81), sister of *1*, m. (1765) Charles-Armand-Fidèle de Durfort, Comte de Duras:
social relations of, with Gräfin von Bentheim, v. 312
Rigby, Richard (1722–88), Bedford's secretary:
Cumberland answered by, v. 369
George III forced to accept ministry of, v. 369
Grafton's meeting attended by, v. 367
Temple receives overtures from, v. 367
Riggs, Anna (1741–81), m. (1765) John Miller, cr. (1778) Bt:
Bath Easton vase and poetical circle of, iv. 137
D dislikes, iii. 205
social relations of, with D, iii. 189, 197, iv. 402
Riggs, Mrs Edward. *See* Pigott, Margaret
Ring:
D gives, to Duchesse de Choiseul, ii. 175
given by Mrs Cholmondeley to D and by D to HW, ii. 487
Riots:
in: London, v. 112; Paris and Versailles, iv. 184, 187, 321; provinces, iv. 185
*See also* Gordon Riots
*1* Rioult de Douilly, Agnès (1681–1758), m. Jean-Étienne Berthelot de Pleneuf:
family of, iv. 423
*2* Rioult de Douilly, Claire-Cécile-Thérèse-Pauline (1706–87), dau. of *5*, m. (1725) Étienne-Louis-Antoine Guignot, Marquis de Monconseil:
appearance of, iv. 424
Chesterfield's correspondence with, iv. 423
family of, iv. 423
Mirepoix, Mme de, at odds with, i. 152
poor reputation of, i. **123**
relatives of, i. 123, iv. 323
social relations of, with: Berchény, Mme de, v. 297; Blot, v. 297, 332; Boufflers, Marquise de, v. 332; Cambis, Vicomtesse de, v. 332; Castries, v. 332; Durfort, Chevalier de, v. 332; (?) Estrehan, v. 297; Fox, ii. 314; HW, v. 296–7, 332, 415; Hénin, Princesse d', v. 332; Holland, Bns, ii. 314; Irwin, v. 332; Kinský, Fürstin, v. 297; Lusignan, v. 332; Mirepoix, Mme de, v. 332; Moncrif, v. 296–7; Paulmy, v. 296, 332; Polignac, v. 332; Pondisi, v. 297; Richelieu, v. 332; Saint-Julien, Comtesse de, v. 297; Saint-Simon, Comtesse de, v. 297; Saurin, Mme, v. 297; Tavannes, v. 332; Triand, v. 297
*3* Rioult de Douilly, Marie (1712–84), dau. of *5*, m. François-Francillon, Marquis de Polignac:
Maillebois loved by, iv. 323
of Palais-Royal, i. 123, 194
relatives of, i. 123, iv. 323
social relations of, with D, iii. 194, iv. 323

*4* Rioult de Douilly, Nicolas-Marie-Séraphin (1706–66), Marquis de Curzay; son of *5:*
commanded in Corsica, i. 123
sisters of, i. 123
*5* Rioult de Douilly, Séraphin (d. 1738), Marquis de Curzay; brother of *1:*
family of, iv. 423
Ripault Desormeaux, Joseph-Louis (1724–93), historian:
*Histoire de la maison de Bourbon,* iv. 17, 21, 189, 306, 308, 310
*Histoire de la maison de Montmorenci,* i. 69
*Histoire de Louis de Bourbon, Prince de Condé,* i. 69
Ripert, Jean-Pierre-François de (1711–73), Marquis de Monclar; diplomatist:
anecdote of pension of, ii. **285**
HW's acquaintance, ii. 285
social relations of, with Duc and Duchesse de Choiseul, v. 330, 331
*1* Riquet, Jean-Gabriel-Amable-Alexandre de, seigneur de Bonrepos; (?) 'Caraman the elder':
(?) social relations of, with Comte and Comtesse de Maurepas, v. 291
*2* Riquet, Victor-Maurice de (1727–1807), Comte de Caraman; nephew of *1:*
Cambis, Vicomtesse de, visits, v. 73
command given to, v. 147
D defends, to Choiseul, i. 369
D likes, iv. 28, 49
D's correspondence with, v. 158, 425, 426, 428, 430, 432, 433, 459
D's neighbour, v. 213
D's opinion of, iv. 431
D to inform, of HW's kindness to Sourches, v. 221
daughters of, married, iv. 189, 413, 431
family amity of, iv. 86, 210, 431, v. 73
glass door at house of, v. 417
Greville, Mrs, friend of, iii. 323
HW pleases, by aiding Sourches, v. 223
HW's correspondence with, v. 217(?)
HW sends compliments to, i. 26, iv. 419
HW sends medals to, iv. 247, 259
HW's *Gramont* given to, iii. 306
HW's letter about Sourches shown to, v. 217
La Vallière, Duchesse de, puts D in good graces of, i. 369
locks ordered by, from Hon. T. Walpole, v. 233
(?) Mirepoix, Mme de, on bad terms with, iv. 270
Mirepoix, Mme de, house to be built for, by, iii. 209, 219
parade arranged by, at Roissy, iii. 269
Paris to be visited by, iii. 120
—— visited by, iii. 426, iv. 380, v. 436
Roissy country-seat of, i. 369, iii. 312
—— occupied by, ii. 243, 256, iii. 225, 231, 260, 269, 404, iv. 72, v. 44, 179
—— to be occupied by, iii. 350, 353, iv. 33, 49, 272, 281
—— to have been occupied by, v. 150

Selwyn's correspondence with, v. 217
social relations of, with: Adhémar, Mme d', v. 448; (?) Anfreville, v. 304; Beauvau, iii. 269; Beauvau, Princesse de, iii. 269, v. 304; Boisgelin, Comtesse de, iii. 269, iv. 86; Boufflers, Comtesse de, v. 309; Cambis, Vicomtesse de, iii. 320; Cantillana, v. 304; Caraman, Abbé de, v. 346; Châtillon, Duchesse de, iii. 270; Chimay, Princesse de, iii. 269; Choiseul, Marquise de, v. 448; D, ii. 380, iii. 13, 122, 127, 209, 269, 312, 320, 332, 370, 413, iv. 72, 86, 267, 270, 414, v. 5, 131, 179, 223, 303, 305, 314, 346, 438, 441–9, 451, 453; Gérente, Abbé, v. 346; HW, v. 346; Hénault, i. 4; La Fare, Comtesse de, v. 346; La Salle, iv. 86, v. 346; La Vallière, Duchesse de, iii. 191, v. 353; (?) Leinster, Ds of, v. 150; Maurepas, Comte and Comtesse de, v. 291; Mirepoix, Bishop of, iii. 320, iv. 414, v. 346; Mirepoix, Mme de, iii. 127, 269, iv. 86, v. 445–8, 454; O'Kelly, v. 346; Roncherolles, Marquise de, iii. 269; Saint-Antoine, Abbess of, v. 346; Saint-Omer, Bishop of, iii. 269; Schuwalof, iv. 72, 86, v. 304, 346; Selwyn, v. 131; Starhemberg, Fürst and Fürstin von, v. 304; (?) Usson, Comte and Comtesse d', iii. 269; Valentinois, Comtesse de, v. 304
Sourches's only merit is his connection with, v. 218
Toulouse visited by, iv. 373
Vic recommended by, iv. 30
Vic, Mme, recommended by, iv. 28, 30, 32
visitors to, at Roissy, *see* Roissy, visitors to
*3* Riquet de Caraman, Cécile-Agathe-Adélaïde de (1768–1847), dau. of *2,* m. (1786) Armand-Jean-Étienne du Mesniel, Comte de Somméry:
ball attended by, v. 334, 346
family amity of, iv. 86, 210, v. 73
*4* Riquet de Caraman, Émilie-Rose-Marguerite de (1767–1847), dau. of *2,* m. (1786) Charles-François Reinier, Comte de Baschi-Saint-Estève:
ball attended by, v. 334, 346
family amity of, iv. 86, 210, v. 73
*5* Riquet de Caraman, François-Joseph-Philippe de (1771–1842), Prince de Chimay; son of *2:*
birth of, iii. 142
family amity of, iv. 86, 210, v. 73
*6* Riquet de Caraman, Gabrielle-Françoise-Marie-Victoire de (1755–1841), dau. of *2,* m. (1) (1775) Gabriel-Marie-Joseph-Henri, Comte de la Fare; m. (2) (ca 1796) François-Joseph-Alexis Joly:
ball attended by, v. 334, 346
Caraman's daughter, v. 346
Court presentation of, iv. 198
daughter born to, v. 425
family amity of, iv. 86, 210, v. 73
marriage of, iv. 189, 196–8
Roissy to be home of, iv. 196
social relations of, with: Caraman, v. 334, 346; D, iv. 414, v. 430; Mirepoix, Bishop of, iv. 414

7 Riquet de Caraman, Jean-Louis de (1713–83), Abbé de Caraman; brother of *1:*
Roissy visited by, v. 346
social relations of, with Caraman, v. 346

8 Riquet de Caraman, Marie-Anne-Antoinette de (1757–1846), dau. of *2*, m. (1777) Jean-Louis du Bouchet, Vicomte (later Comte) de Sourches:
ball attended by, v. 334, 346
D's opinion of, v. 213
family amity of, iv. 86, 210, v. 73
husband of, v. 213
Île de Bourbon visited by, v. 442
marriage of, iv. **413**, 419
social relations of, with: D, iv. 414, v. 427, 430; Mirepoix, Bishop of, iv. 414

9 Riquet de Caraman, Maurice-Gabriel-Joseph de (1765–1835), Comte de Caraman; son of *2:*
ball attended by, v. 334, 346
family amity of, iv. 86, 210, v. 73

10 Riquet de Caraman, Pauline-Victoire de (1764–1834), dau. of *2*, m. (1781) Jean-Louis de Rigaud, Vicomte de Vaudreuil:
ball attended by, v. 334, 346
family amity of, iv. 86, 210, v. 73

11 Riquet de Caraman, Victor-Louis-Charles de (1762–1835), Duc de Caraman; son of *2:*
ball attended by, v. 334, 346
family amity of, iv. 86, 210, v. 73

Riquetti, Victor (1715–89), Marquis de Mirabeau:
social relations of, with: Brancas, Marquis de, v. 277; HW, v. 269; Rochefort, Comtesse de, v. 266, 280, 290, 297–8, 301, 306, 308, 310, 323, 348

Ritberg, ——:
social relations of, with Prie, v. 293

*Rivalité de France et d'Angleterre.* See Gaillard, Gabriel-Henri, *Histoire de la rivalité de la France et de l'Angleterre*

*Rivalité des Anglais et des Français.* See Gaillard, Gabriel-Henri, *Histoire de la rivalité de la France et de l'Angleterre*

Rive, La. See Mauduit de la Rive

Rivière, Mme de la. See Rabutin de Bussy, Louise-Françoise de

Roast:
Jonzac provides, in quantity, iv. 8

Robecque, Princesse de. See La Rochefoucauld, Émilie-Alexandrine de

Robert, Achille-Joseph (d. ?1790), Marquis de Lignerac:
enemy of the Capuchins, i. 201
social relations of, with Maurepas, v. 298

Robert, Georges (d. 1777):
(?) attends session of parliament of Paris, vi. 173

Robertson, William (1721–93), historian:
*Charles V:* D reads, iii. 47, 51; D sends, to Voltaire, ii. 357
*Histoire d'Écosse sous les règnes de Marie Stuart et de Jacques VI,* D reads, i. 64
*History of America,* D reads, v. 65, 67

wishes to send works to Voltaire, ii. 343

1 Robinson, Elizabeth (1720–1800), m. (1742) Edward Montagu:
Académie française attended by, iv. 354, 358
*Apologie de Shakespeare,* iv. 486, 488, vi. 204
Burke's eloquence praised by, vi. 203
Chaillot residence of, iv. 357
D receives censers from, v. 24, vi. 203–4
D's correspondence with, iv. 494, v. 24, vi. 203–4
D's opinion of, iv. 345, 349–50, 366
D to receive censers from, iv. 486
D to send parcels by, iv. 362
*Dialogues of the Dead,* vi. 204
*Essay on the Writings and Genius of Shakespear, An (Apologie de Shakespeare),* iv. 486, 488, vi. 204
HW dictates D's treatment of, v. 29
HW's wit praised by, vi. 203
social relations of, with: Boisgelin, Comtesse de, iv. 357; Cambis, Vicomtesse de, iv. 357; D, iv. 357; Eglintoun, iv. 357; Gregory, Miss, iv. 357; Marchais, Baronne de, iv. 357; Mirepoix, Mme de, iv. 357; Necker, M. and Mme, iv. **337**; Richmond, iv. 357
Voltaire discussed by, iv. 345

2 Robinson, Hon. Frederick (1746–92), brother of *5:*
social relations of, with D, iii. 87

3 Robinson, John (1727–1802), M.P.; secretary of the Treasury:
(?) HW mentions, ii. **423**

4 Robinson, Sir Septimus (1710–65), Kt:
death of, v. 396

5 Robinson, Thomas (1738–86), 2d Bn Grantham; English ambassador to Spain:
recalled, v. 149
social relations of, with D, iii. 87

6 Robinson, W. (d. 1775), secretary to Board of Works:
death of, v. 398

Roche-Aymon. See La Roche-Aymon

1 Rochechouart, Comtesse de, sister-in-law of *2.* See Barberie de Courteilles, Marie-Mélanie-Henriette de

Rochechouart, Vicomte de. See Rochechouart, Pierre-Paul-Étienne de (1723–99); Rochechouart-Pontville, Louis-François-Marie-Honorine de (ca 1733–79)

2 Rochechouart, Diane-Adélaïde de (d. 1794), niece of *4*, m. (1751) Louis-Marie-Florent, Comte (later Duc) du Châtelet; 'notre ambassadrice':
after-dinner balls given by, iii. 322
Bourbonne visited by, ii. 468–9, v. 177
Chanteloup left by, iii. 246
—— visited by, iii. 84, 86, 241, 245, iv. 450
D awaits news from, iii. 88
D does not know, ii. **173**, 177
D leaves overtures to, iii. 13
(?) D mentions, ii. 409
D notified by, of courier, ii. **43**
D receives nothing through, iii. 88

[2 Rochechouart, Diane-Adélaïde de, *continued*]
D's opinion of, ii. 173, 177, 246
D talks about HW with, ii. 456–7
D to be notified of departing couriers by order of, ii. 94
Esterhazy lodges with, iv. 30
Fontainebleau not to be visited by, vi. 178
Gramont, Comtesse de, close friend of, ii. 441
HW discusses Comtesse du Barry's presentation with, ii. 194
HW inquired about by, ii. 456
HW lent book by, ii. 213
HW likes, ii. 378
HW mentions, i. 342(?), iii. 439
has left London, ii. 256
health of, vi. 177
Joseph II converses with, about D, iv. 450
Lauraguais, Duchesse de, friend of, ii. 321
leaves England, ii. 420
L'Isle brings messages to D from, iii. 13
——— friend of, ii. 322
Luxembourg, Mme de, converses with, iv. 450
Orléans visited by, iii. 239
sister of, v. 124
social relations of, with: Choiseul, iv. 62, 116, 196; Choiseul, Duchesse de, ii. 456, 458; Craufurd, iii. 290; Damas d'Antigny, Comtesse de, v. 325, 338; Esterhazy, v. 325; Gramont, Duchesse de, iv. 122, 174; Greville, Mrs, iii. 362; HW, v. 325–6, 328; La Borde, v. 311; L'Isle, ii. 468–9; Spencer, Cts iii. 362; (?) Talleyrand, Comtesse de, v. 325
SH visited by, ii. 176–7
uncertain of husband's tenure, ii. 250
*3* Rochechouart, Françoise-Athénaïs de (1641–1707), Marquise de Montespan; mistress of Louis XIV:
arms of, on D's chimney, v. 289
children of, legitimated, v. 276
D alludes to death of, ii. **445**
D's apartment built for, vi. 3
(?) Ennery has medallion of, v. 325
founder of convent of Saint-Joseph, i. 12n, v. 289
La Vallière, Duchesse de, converses with, iv. 378
Necker mentions, vi. 213
*4* Rochechouart, Jean-Louis-Roger (1717–76), Marquis de:
made member of Ordre du Saint-Esprit, iv. 199
*5* Rochechouart, Pierre-Paul-Étienne (1723–99), Vicomte de, brother of *4:*
court-martialed, v. 179, 431
*6* Rochechouart, Zéphirine-Félicité de (1733–76), sister of *2*, m. (1755) Jacques-François, Marquis de Damas d'Antigny:
Bourbonne visited by, vi. 177
confinement of, iii. 84
D does not know, ii. **173**, 177
D inquires after, iv. 30
D's opinion of, ii. 173, 177
social relations of, with: Blondel, M. and

Mme, v. 338; Bouvart, v. 338; Choiseul, Duchesse de, ii. 456, 458; D, v. 334; Du Châtelet, Comtesse, v. 325, 338; HW, v. 326, 338; (?) Le Droit, Mme, v. 338; (?) Talleyrand, Chevalier de, v. 338; (?) Talleyrand, Comte and Comtesse de, v. 338; Villeroy, Duchesse de, v. 338
son of, v. 124
SH visited by, ii. 176–7
*7* Rochechouart-Pontville, Louis-François-Marie-Honorine de (ca 1733–79), Vicomte de Rochechouart:
(?) D does not know, ii. 71
(?) Selwyn taken by, ii. 71
Rochefort, Comtesse de. *See* Brancas, Marie-Thérèse de
Rochefort, Prince de Rohan-. *See* Rohan, Charles-Louis-Gaspard de
Rochefort:
Clarke spies upon fortifications at, v. 357
fleet arrives at, v. 446
governor of, Clarke trusted by, v. 357
Rochefoucauld. *See* La Rochefoucauld
Roche-Guyon, La. *See* La Roche-Guyon
Rochelle. *See* La Rochelle
Roche Saint-André, Mme de la. *See* Regnon de la Ranconnière, Ursule-Suzanne-Véronique de
Roches-Baritaud, Comtesse des. *See* Mouchard, Marie-Anne-Françoise
Rochester, Bishop of. *See* Atterbury, Francis (1662–1732); Thomas, John (1712–93)
Rochester, E. of. *See* Wilmot, John
Rochester:
HW sends letters by postillion of, v. 379
HW visits, v. 258, 353
innkeeper at, v. 258
(?) St Catherine's Hospital, v. 258
*1* Rochford, Cts of, wife of *2*. *See* Young, Lucy
*2* Rochford, E. of. *See* Nassau de Zulestein, William Henry
Rochon de Chabannes, Marc-Antoine-Jacques (1730–1800):
*Heureusement*, v. 274
Rockingham, M. of. *See* Watson-Wentworth, Charles
Rockingham faction ('ex-ministres'):
moves of, i. 261
Rodet, Marie-Thérèse (1699–1777), m. (1713) François Geoffrin; 'Princesse Geoffrinska':
Alembert's eulogy of, iv. 498
Boucher's collection visited by, v. 304
D does not emulate, v. 9
D meets, iv. 141–2
D's opinion of, i. 178, 209
D's verses on, finished by HW, iv. 495, 497
D thought to hate, ii. 87
daughter excludes 'philosophes' from bedside of, iv. 363, 367
death of, iv. 484
esteemed in London, ii. 65
*Gazette d'Utrecht* comments on, i. 373
HW mentions, i. 342, iv. 97
HW's correspondence with, v. 381

HW's letter to Rousseau first mentioned at house of, v. 295
HW's proposed epic about civil war in salon of, ii. 214–5, 217
HW to give seal to, v. 415
HW to send Gramont's memoirs to, v. 416
health of, iv. 296, 308, 354–5, 359, 363, 367
Hervey, Bns, admires, i. 239, 335
Joseph II asked by, to call on her, iv. 448
La Vallière, Duchesse de, approaches Mariette's heirs through, iv. 102
Montesquieu's letters to Guasco about, i. 335
Montmorency visited by, ii. 87
Morellet's eulogy of, iv. 496, 497
'Queen-Mother' of Poland, ii. 214
Saint-Honoré, Rue, lived in by, ii. 214
Saint-Roch, church of, attended by, iv. 296
social life of, busy, ii. 94
social relations of, with: Affry, v. 307; Alembert, v. 312; Aubeterre, v. 336; Barrymore, Cts of, v. 351; Beaune, v. 290; Beauvau, v. 340, 349; Bernard, v. 317; Berthelot, M. and Mme, v. 273, 282, 299, 323, 327; Berwick, v. 320; (?) Béthune, Marquise de, v. 299; (?) Boisgelin, v. 302, 308; (?) Borda, v. 294; Boucher, v. 283; Boufflers, Comtesse de, ii. 31–2; Bouillon, v. 292; Boutin, v. 304, 345; Briges, Marquise de, v. 317; Burigny, v. 273, 277, 282, 294, 302, 306, 311, 327; Bury, v. 349; (?) Camsillon, Baronne de, v. 273; Capperonnier, v. 338; Châtillon, Duchesse de, v. 323; Choiseul, Duchesse de, iv. 141–2; Clairon, Mlle, v. 335, 352; Cochin, v. 283, 291, 304, 345; Coigny, v. 291, 310; Coke, Lady Mary, v. 351; Comminges, Bishop of, v. 352; Cossé, Duc de, v. 302; Cossé, Duchesse de, v. 266, 299; Coyer, v. 306; Craufurd, v. 289; Creutz, v. 311, 345; Croissy, v. 352; Crommelin, v. 309; (?) Czernieski, Comtesse, v. 277, 282, 283, 299, 300; Egmont, Comte and Comtesse d', v. 289, 310; Élie de Beaumont, v. 292; Elliot, Gilbert, v. 261; Fitzjames, Duc de, v. 277, 313; Fronsac, v. 293; Gleichen, v. 283, 306; Greuze, v. 329; HW, v. 261–4, 266–70, 277, 282–4, 288–94, 296, 298–314, 316–21, 323, 327–30, 332, 335–6, 338–40, 345, 347–9, 351–3, 415; (?) Harenc, v. 303; Helvétius, v. 282, 289, 292, 299, 301, 308; Joseph II, iv. 448; Kinský, Fürstin, v. 292; La Borde, J.-J., v. 293, 318; La Ferté-Imbault, Marquise de, v. 273, 294, 316, 327; La Guerche, v. 302, 332; La Live, v. 291, 295, 305; La Live, Mme, v. 305; La Tournemine, Comtesse de, v. 273; La Vallière, Duchesse de, v. 336; Lavaur, Bishop of, v. 282, 308; Lemoine, v. 329; Le Prince, v. 345; Lespinasse, Mlle de, v. 321; Lorenzi, v. 273, 301, 303, 306; Lubomirska, Ps, v. 323; Mariette, v. 304, 329, 338; Marigny, v. 283, 291, 304, 345; Marmontel, v. 277; Montazet, v. 307; Monteil, v. 300, 309; Montmorency, Baronne de, v. 327; (?) Morellet, v. 338; Narbonne, Vicomte de, v. 338; Necker, M. and Mme, v. 292; Pembroke, Cts

of, ii. 31–2; Pontchartrain, v. 339; Pringle, v. 319; Raynal, v. 299, 302; Roncée, Comtesse de, v. 298; (?) Rzewuski, v. 327, 329; Saint-Foix, v. 309; Saint-Lambert, v. 329; Sartine, Mme, v. 292; Schuwalof, v. 300, 308; Selwyn, v. 321; Sérent, v. 327; Soufflot, v. 291, 304; Thomas, v. 261; Tourville, v. 298; Tresmes, Comtesse de, v. 277; Veri, v. 306, 330; Vernet, v. 283, 304, 345; Vernon, v. 298; Vien, v. 345; (?) Wall, Comtesse de, v. 298; Warmia, Bishop of, v. 329; Watelet, v. 298; Werthern, v. 306
Stanislas II rescued by, from debtors' prison, i. 109n
success of, i. 178
Thomas's eulogy of, iv. 494, 497
Voltaire mentions, iv. 357
will of, iv. 484
Rodez, Bishop of. See Champion de Cicé, Jérôme-Marie (1735–1810); Colbert de Seignelay, François (1736–1815)
Rodogune. See under Corneille, Pierre
Roger, ——, Guines's secretary:
(?) D to send furniture by, iii. 139, 148
reprimanded, vi. 200
Rohan, Duc de. See Rohan-Chabot, Louis-Antoine-Auguste de (1733–1807); Rohan-Chabot, Louis-Marie-Bretagne-Dominique de (1710–1801)
Rohan, Mlle de. See Rohan-Guéménée, Charlotte-Victoire-Josèphe-Henriette de
Rohan, Princesse de. See Rohan-Guéménée, Charlotte-Victoire-Josèphe-Henriette de (1761–71); Rohan-Guéménée, Marie-Louise-Joséphine de (1765–1839)
1 Rohan, Charles de (1715–87), Prince de Soubise; g.-grandson of 3:
bankers aided by, ii. 376
Beauvau at odds with, ii. 447
Castries friend of, ii. 341
Condé's reconciliation with Louis XV negotiated by, iii. 296
entrée, Dauphin's, given to, ii. 444
fête given by, ii. 159, v. 457
German warfare of, iii. 303–4
Maillebois favoured by, iv. 323
Mazarin, Duchesse de, learns news from, iii. 161
Saint-Ouen château of, i. 122
social relations of, with: Brunswick, i. 13; Du Barry, Comtesse, ii. 288; Maximilian, iv. 156; Mirepoix, Mme de, i. 13
verses on, iii. 303–4
2 Rohan, Charles-Louis-Gaspard de (1765–1843), Prince de Rohan-Rochefort; nephew of 17, husband of 16:
engagement and marriage of, v. 456
3 Rohan, François de (1631–1712), Prince de Soubise; husband of 9:
slippers lent by, v. 357
4 Rohan, Henri-Louis-Mériadec de (1745–1802), Prince de Guéménée; nephew of 5:
Lauzun's bargain with, v. 32–3

*5* Rohan, Louis-René-Édouard (1734–1803), Cardinal-Prince de, Bishop coadjutor of Strassburg; French ambassador to Austria; 'Cardinal de Guéménée'; g.-g.-grandnephew of *3:*
grand aumônier, iv. 404, 410, v. 50
made cardinal, v. 50
social relations of, with: Egmont, Comte and Comtesse d', v. 284, 294, 301; Egmont, Comtesse d' (dowager), v. 299; Maximilian, iv. 156–7; Sorba, iii. **83**
spoken of for ambassador to Vienna, iii. 83

*6, 7* Rohan-Chabot, Duchesses de, wives of *11* and *10. See* Crussol, Émilie de (1732–91); La Rochefoucauld, Élisabeth-Louise de (1740–86)

*8* Rohan-Chabot, Alexandrine-Charlotte-Sophie de (1763–1839), dau. of *10*, m. (1) (1780) Louis-Alexandre, Duc de la Rochefoucauld; m. (2) (1810) Boniface-Louis-André, Comte de Castellane:
marriage of, v. 447
social relations of, with D, v. 447

*9* Rohan-Chabot, Anne-Julie de (1648–1709), m. (1663) François de Rohan, Prince de Soubise:
husband's slippers borrowed by, to visit Louis XIV, v. 357
(?) portrait of, v. 283
Sévigné, Mme de, calls, 'bonne femme,' v. 357

*10* Rohan-Chabot, Louis-Antoine-Auguste de (1733–1807), Comte and (1775) Duc de Chabot; Duc de Rohan, 1791:
Chanteloup visited by, iii. 95
Châtillon visited by, v. 331
recalled by relative's death, iii. 95
social relations of, with: Beauvau, v. 348, 456(?); Boufflers, Comtesse de, v. 304, 306, 351; D, ii. 253, iv. 26, v. 350, 352, 457; Hénault, v. 293; Luxembourg, Mme de, v. 295, 301, 303–4, 352

*11* Rohan-Chabot, Louis-Marie-Bretagne-Dominique de (1710–1801), Duc de Rohan; cousin of *10:*
attends meeting of parliament of Paris, vi. 172
protests illegal parliament, iii. 61
social relations of, with Lady Mary Chabot, v. 272

*12* Rohan-Chabot, Marie-Charles-Rosalie de (1740–1813), Vicomte de Chabot; later Comte de Jarnac; brother of *10:*
D to send parcels by, iv. 496, 498
HW's attentions to, iv. **452**
model for letter to Orléans sent to, vi. 183
social relations of, with: Beauvau, Princesse de, ii. 196; D, iv. 268; Hénault, v. 303; Luxembourg, Mme de, v. 303

*13* Rohan-Chabot, Marie-Sylvie de (1729–1807), sister of *10*, m. (1) (1749) Jean-Baptiste-Louis de Clermont d'Amboise, Marquis de Renel; m. (2) (1764) Charles-Juste de Beauvau-Craon, Prince de Beauvau:
Aiguillon, Duchesse d', shocks, by countenancing Comtesse du Barry, iii. 116

always arrives late, i. 75
Bayeux to be visited by, v. 68
Beauvau endangered by imprudence of, iii. 47–8, 118, 138, 169
——'s relations with, i. 47, 245, iv. 417
(?) Besenval occupies theatre box of, v. 344
Broglie avoided by, iii. 363, 374
——'s camp visited by, v. 72
Caracciolo's friendship with: iii. 232, 311, 381; cools, iv. 288
Chanteloup to be visited by, iii. 1, 32, 256, 380, 432, iv. 212, 214
—— visited by, ii. 464, 469, iii. 37, 48, 264, 338, iv. 3, 8
Choiseul, Duc and Duchesse de, visited in exile by, iii. 30, 32, 48 (*see also* Rohan-Chabot, Marie-Sylvie de, Chanteloup visited by)
Choiseul, Duc de, influenced by, ii. 372, 421
Choiseul, Duchesse de, could do without, ii. 446, iii. 338
Cholmondeley, Mrs, avoids, ii. 461
—— liked by, ii. 279–80
Compiègne visited by, i. 319
Craufurd's relations with, iv. 487–8, 490
D considers going to, for news, ii. 458
D's correspondence with, i. 127, 356, ii. 195, iii. 90, 238–9, v. 458
D's opinion of, i. 59, 173, 182n, 225, 245, ii. 109, 256, 421, 446, iii. 48, 50, 63, 118, 148–9, iv. 308
D's quarrel with Comtesse de Forcalquier known to, ii. 391
D's relations with, i. 368, 369, ii. 195, 196, 256, 491, iii. 353, iv. 261, v. 102
D's youthfulness complimented by, iii. 204
D wagers with, on Comtesse du Barry, ii. 196, 203–4
desire of, for popularity, i. 47
dominating, i. 245, ii. 421, iv. 417
Du Barry, Comtesse, hated by, iii. 63, 116
—— wagered on by, ii. 196, 203–4
'Ève,' iii. 138, 139
Fontainebleau to be visited by, iv. 368
—— visited by, iii. 120, 123, 137, iv. 221, 224, 232
Formont adored by, i. 29
Gibbon's opinion of, vi. 90
Gramont, Duchesse de, visited by, at Chanteloup, ii. 464, 469
HW admired by, i. 29, 368
HW occupies theatre box of, v. 344
HW prefers society of, to convent life, iv. 44
HW's dispute with Craufurd remembered by, v. 36
HW's extraordinary conversation with, v. 341
HW's gift to, of: Gramont's memoirs, iii. 304; pineapple preserves, iv. 368, v. 417; saltcellars, i. 83n, 118, 136, v. 416
HW thanked by, iv. 452
HW to receive barley sugar from, iv. 368
HW to receive book from, v. 28, 31, 36, 37
HW to send green plums to, v. 417
HW to thank, v. 32, 39

health of, ii. 195, 253, iii. 49, iv. 8, 11, 15–6, v. 186, 444

Hénin's marriage displeases, i. 123, 127

hostess in absence of Duchesse de Gramont, ii. 195

in mourning for mother-in-law, ii. 193, 195

kingdom upset by, iii. 63

La Marck, Comtesse de, exchanges houses with, iv. 397

Languedoc visited by, ii. 341

La Tuilerie visited by, v. 345

leaves Paris, v. 449

Le Boulingrin exchanged by, for Le Val, iv. 397

Le Val occupied by, v. 176, 186, 239, 429, 446

Lorraine trip of, postponed, ii. 253

—— visited by, iii. 296, 403

Luxembourg, Mme de, hates and is hated by, i. 173, 182n

Marly visited by, ii. 447

midnight Mass to be attended by, iii. 159

Mirepoix, Mme de, avoided by, iii. 363

—— hates and is hated by, i. 173, 182n, 323, ii. 298, iii. 105, 269, 353, iv. 27, 261

—— reconciled with, iv. 59, 60

*Misanthrope, Le,* acted by, v. 351

Montpellier visited by, i. 186, ii. 310

(?) Mun occupies theatre box of, v. 344

Orléans, Duc d', visited by, iii. 269

Paris to be visited by, i. 225, ii. 17, 341, iii. 412, iv. 232, 234, 358, 363, 467, 470

—— visited by, i. 225, 237, 240, 354, iv. 11, 365, 472, 493

Poix, Princesse de, visits, at Marly, ii. 447

Pont-de-Veyle given message for D by, ii. 195

'portrait' of, by Duchesse de Chabot, vi. 89–91

Raincy visited by, iii. 269

Roissy to be visited by, iv. 209

Saint-Lambert's patron, ii. 216–7

Ségur, Comtesse de, occupies theatre box of, v. 344

self-laudatory anecdotes told by, iii. 323

Sévigné letters discussed by, iii. 301

social relations of, with: Ailesbury, Cts of, iv. 118; Anville, Duchesse d', v. 440; Bauffremont, ii. 447; (?) Boisgelin, Comtesse de, v. 307; Boufflers, Comtesse de, ii. 100, iv. 277, v. 306, 307, 309; Boufflers, Marquis de, ii. 196; Boufflers, Marquise de, ii. 447; Breteuil, Abbé de, ii. 196; Broglie, Comte de, v. 443, 444; Broglie, Comtesse de, v. 446; Bussy, Marquise de, v. 307; Cambis, Vicomtesse de, v. 444; Caraman, Comte and Comtesse de, iii. 269, v. 304; Castries, v. 443; Chartres, i. 241; Chauvelin, Marquise de, v. 340; Choiseul, i. 241, 266, 377, ii. 195, 391, iv. 293; Choiseul, Duchesse de, ii. 445, 446, 456, 459, iv. 293, v. 440; Conway, iv. 118; D, i. 27, 29, 50, 75, 76, 107, 111, 159, 240, 241, 244, 323, 366, 368, ii. 88, 102, 195, 196, 245, 251, 253, 261, 273, 274, 277–80, 304, 361, 404, 406, 425, 445–7, 461, 463, iii. 6, 13, 27, 49, 50, 78, 92, 100, 105, 139, 142, 145, 148, 150, 158, 159, 183, 210, 270, 273, 296, 301, 314, 320, 323, 358, 368, iv. 26, 27, 51, 53, 54, 71, 115, 218, 220, 237, 250, 260, 268, 303, 304, 308, 319, 333, 368, v. 102, 131, 223, 310, 312, 318, 328, 340–1, 344, 347–8, 350–2, 423, 426, 429, 436, 438, 443, 444, 447, 449, 451, 456, 460; Damer, Mrs, iv. 118; Duras, v. 340; (?) Estrehan, v. 340; Gibbon, vi. 90; Gramont, Duchesse de, ii. 195, 196, iv. 122; HW, v. 307, 318, 323, 340, 344; Hénault, i. 369; Jonzac, Marquise de, ii. 275; La Reynière, M. and Mme de, v. 345; Ligne, Princesse de, v. 340; Loménie, Marquise de, ii. 448; Lorenzi, v. 307; Louis XVI, iv. 303; Luxembourg, Mme de, iv. 339, v. 306, 308; Necker, v. 443; Orléans, i. 241; Poix, Princesse de, v. 318; Pont-de-Veyle, i. 241, ii. 446, v. 318; Saint-Lambert, v. 318; Saint-Pierre, Duchesse de, i. 107; Saint-Prie, Mme de, v. 307; Toulouse, Archbishop of, ii. 195, 196, 448, v. 443; Villars, i. 111

tea ordered by, from Hon. T. Walpole, v. 233, 234

to leave Paris, iv. 270, 272, 281, 419

Tronchin physician of, i. 114

(?) Usson, Comtesse d', occupies theatre box of, v. 344

Valentinois, Comtesse de, avoided by, iii. 363

Versailles visited by, ii. 404, iii. 210, 225

Villers-Cotterêts visited by, i. 114, 123

York's misunderstanding about, i. 333

Rohan family:

portraits of early members of, v. 283

*14* Rohan-Guéménée, Charlotte-Louise de (1722–86), sister of *5,* m. (1737) Vittorio Filippo Ferrero di Biella, Principe di Masserano:

social relations of, with: Castille, iv. 438; HW, v. 343, 347, 353, 414

*15* Rohan-Guéménée, Charlotte-Victoire-Josèphe-Henriette (1761–71), Princesse de, dau. of *4:*

(?) ball in honour of Dauphin's marriage attended by, ii. 409, 410

*16* Rohan-Guéménée, Marie-Louise-Joséphine de (1765–1839), dau. of *4,* m. (1780) Charles-Louis-Gaspard de Rohan, Prince de Rohan-Rochefort:

engagement and marriage of, v. 456

*17* Rohan-Montauban, Louise-Julie-Constance de (1734–1815), cousin of *5,* m. (1748) Charles-Louis de Lorraine, Comte de Brionne:

bust of, v. 294

Castries and Choiseul reconciled by, ii. 341, 372

Castries friend of, ii. 341

Chanteloup to be visited by, iii. 231, 234, v. 150

—— visited by, iii. 238, 243, 245, 363, vi. 207

Choiseul, Duc and Duchesse de, visited by, in exile, iii. 45, 59, 169

Choiseul, Duc de, and Castries reconciled by, ii. 341, 372

—— friend of, ii. 341, 372

[*17* Rohan-Montauban, Louise-Julie-Constance de, *continued*]

Choiseul, Duc de, to visit, iv. 439, 473
compensation given by, to injured priest, v. 447
D's opinion of, iii. 243
Damas, Comtesse de, cousin of, v. 126
entrées, grandes, granted to, ii. 330
Limours seat of, iv. 439, 473
social relations of, with: Aiguillon, Duchesse d', v. 295; Castries, v. 295; Choiseul, iv. 62; Coigny, Comte de, v. 295; Egmont, Comte and Comtesse d', v. 295, 301; Egmont, Comtesse d' (dowager), v. 299; HW, v. 295; Hautefort, v. 295; Ligne, Princesse de, v. 295; Lillebonne, v. 295; (?) Tresmes, Duc and Duchesse de, v. 295
son of, marries, v. 92
tall, ii. **25**
York makes joke about, v. 365
Rohan-Rochefort, Prince de. *See* Rohan, Charles-Louis-Gaspard de
Rohan-Rochefort, Princesse de. *See* Rohan-Guéménée, Marie-Louise-Joséphine de
*18* Rohan-Soubise, Marie-Louise-Geneviève de (1720–1803), sister of *1*, m. (1736) Gaston-Jean-Baptiste-Charles de Lorraine, Comte de Marsan:

Choiseul's dismissal from Swiss Guards said to have been sought by, iii. 167
Marie-Josèphe will be regretted by, i. **257**
social relations of, with: HW, v. 266; Viry, Contessa di, v. 350
Roi de la fève, le (Twelfth Night King):
D and guests draw for, v. 293
*Roi et le fermier, Le. See under* Sedaine, Michel-Jean
Rois fainéants:
pensions of, v. 354
Roissy, Anne-Josèphe-Michelle de (ca 1754–75), m. (1767) Ange-Augustin-Gabriel de Franquetot, Comte de Coigny:
affairs of, iv. 22
Chanteloup to be visited by, iv. 22
Choiseul, Duchesse de, loves, iv. 22
Roissy, country-seat of Comte and Comtesse de Caraman:
Caraman, Comte de, occupies, ii. 243, 256, iii. 260, 269, 404, iv. 72, 210, v. 44, 179
—— to have occupied, v. 150
—— to occupy, iii. 225, 231, 350, iv. 33, 49, 272, 281
Caraman, Comtesse de, occupies, ii. 243, 256, iii. 260, 269, 370, 404, 413, iv. 56, 72, 210, 237, v. 44, 179, 334, 346, 426, 453, 454, 460
—— to occupy, iii. 225, 231, 233, 350, iv. 33, 49, 272, 281
D mentions, iii. 85
plays acted by Caraman family at, iii. 269
visitors to: Beauvau, Princesse de, iv. 210; Boisgelin, Comtesse de, iv. 84, 86, 209, v. 455; Boufflers, Comtesse de, iv. 86; Cambis, Vicomtesse de, iv. 211, 212, 462, 474, 482, 484,

485, v. 65, 68, 75, 150, 176, 334; Caraman, Abbé de, v. 346; Churchills, v. 334; Crewe, Mrs, iii. 367; D, ii. 83, iii. 81, 269, 370, 413, 413–4, iv. 56, 72, 80, 81, 83, 84, 86, 198, 209, 210, 212, 214, 215, 217, 273, v. 54, 66, 334, 346; Gérente, Abbé de, v. 346; Gibbon, iv. 485; Greville, Mrs, iii. 367; HW, iii. 82, v. 334, 346; La Fare, Comte and Comtesse de, iv. 196; La Salle, v. 346; La Vallière, Duchesse de, v. 426; Mirepoix, Bishop of, v. 346; Mirepoix, Mme de, iv. 56, 81, 84, 86, v. 66, 454, 460; Saint-Antoine, Abbess of, v. 346; Schuwalof, iv. 72; Schuwalof, Comte and Comtesse André, v. 54; Spencer, E., Cts, and Lady Georgiana, iii. 367
Rokeby, Lady. *See* Darcy, Dorothy
*Roland. See under* Piccinni, Niccolò; Quinault, Philippe
Roland, ——, tailor:
D's receipt from, vi. 41
Roland, Mme, of Reims:
HW's correspondence with, v. 386
HW to send SH editions to, v. 416
social relations of, with HW, v. 311
Roland, Jacques (d. 1784), Chevalier de Lorenzi:
social relations of, with: Beauvau, Princesse de, v. 307; Boufflers, Comtesse de, v. 304, 309; Coislin, Marquise de, v. 294; Conti, v. 299; Craufurd, v. 292; D, v. 344; Geoffrin, Mme, v. 273, 301, 303, 306; HW, v. 267, 270, 294; Helvétius, v. 296, 299; La Marche, Comtesse de, v. 293; Redmond, v. 294; Rochefort, Comtesse de, v. 266, 280, 308
Rolland de Challerange, Jean-François (d. 1786):
(?) attends session of parliament of Paris, vi. 171–3
Rolland de Juvigny, Charles:
(?) attends session of parliament of Paris, vi. 171–3
Rolle, Margaret (1709–81), Bns Clinton, s.j., 1760, m. (1) (1727) Robert Walpole, 2d E. of Orford; m. (2) (1751) Hon. Sewallis Shirley:
Orford neglected by, iii. 360
Rollet, Bailli du. *See* Gand-Leblanc, Marie-François-Louis
Rollin, ——:
attends session of parliament of Paris, vi. 173
Rollin, Charles (1661–1741), historian:
*Histoire ancienne*, (?) D owns, vi. 35
*Histoire romaine*, (?) D owns, vi. 35
Romain, Mme Nicolas. *See* Gaillard, Geneviève
'Romain, le.' *See* Phélypeaux, Jean-Frédéric
Roman Catholic Church:
riots against, v. 112–3
*Romancier homme d'affaires, Le*:
HW to write comedy about himself called, iii. 398
Romanelli, Giovanni Francesco (1617–63), painter:
ceiling by, at Bibliothèque du Roi, v. 311
Roman faïence:
HW buys, v. 402

Roman Garmon Spinosa de los Monteros, Josèphe-Athanase, m. Louis Balbe-Berton, Marquis de Crillon:
social relations of, with D, v. 426, 427, 433
Romans, Mlle de. *See* Couppier, Anne
Romans:
Barthélemy compares French bridges to those of, vi. 201
HW bored by, ii. 479
*Romans, Bibliothèque des.* See *Bibliothèque universelle des romans*
Rome:
ambassadors to, *see under* Ambassador
Billard to visit, iii. 190
D mentions, iv. 325
decrees from, must be passed by parliament of Paris, iii. 213–4
girandole de, la, ii. 402
HW mentions, i. 243n
Kingston, Ds of, invests money at, iv. 311
Macdonald ill at, i. 110
nuncios from, *see under* Nuncio
owl replaces eagle at, iv. 426
Poussin's sketches from, v. 279
Prussian resident in, *see* Ciofani, Matthäus
Young Pretender leaves, iii. 111
Romes, ——:
house of, in Saragossa, sacked, vi. 120
Roncée, Comtesse de. *See* Hurault de Vibraye, Adélaïde-Julie-Sophie
Roncherolles, Marquise de. *See* Amelot, Marie-Louise
Roncherolles, Anne-Michelle-Dorothée de (1752–1844), m. (1772) Ignace de Montboissier-Beaufort, Vicomte (later Comte) de Canillac:
marriage of, iii. **225**
Rondé, Mme:
social relations of, with: Barbantane, Marquise de, v. 345; Cambis, Vicomtesse de, v. 345; Chabannes, v. 345; Creutz, v. 345; D, iv. 229, v. 351, 427, 431, 434, 438; HW, v. 345; Luxembourg, Mme de, v. 345, 438; Mirepoix, Mme de, v. 345; Praslin, Duchesse de, v. 349; Sanadon, Mlle, v. 345; Vauban, Comtesse de, v. 345; Vierville, Marquise de, v. 345
Ussé leaves andirons, shovel, and tongs to, iii. 276
Roos, Philipp Peter (ca 1655–1706), called Rosa di Tivoli; painter:
Hôtel de Bouillon has paintings by, v. 317
Roots. *See* Iris roots
Roots for the teeth:
HW desires, iv. 358, 359, 362, 367
Roquefort. *See also* Bausset de Roquefort
Roquefort, Comtesse de. *See* Le Tonnelier de Breteuil, Louise-Gabrielle-Rosalie
Roquette, Gabriel de (1623–1707), Bishop of Autun 1667–1707:
Sévigné, Marquise de, praises, iii. 181
Roquette, Rue de la:
play given in, iv. 147

Rosa, Salvator (1615–73), painter:
painting by, at Julienne's, v. 286
Rosa di Tivoli. *See* Roos, Philipp Peter
Rosalba Carriera (1671–1757), called la Rosalba; painter:
Ennery has poor examples of, v. 325
Julienne has paintings by, v. 287
Rosambo. *See* Le Pelletier de Rosambo
Rosamouski, Cyrille Grigoriewicz (1728–1803), hetman of the Cossacks:
(?) *Britannicus* fails to move, v. 277
Rose, Toussaint (1611–1701), Marquis de Coye:
Alembert's eulogy of, v. 68
*1* Rose-Dammartin, Marquise de, wife of *2. See* Poutier de Sone, Gabrielle-Antoinette de
*2* Rose-Dammartin, François-Nicolas, Marquis de:
(?) social relations of, with Duchesse de la Vallière, iii. 362
*3* Rose-Dammartin, François-Nicolas (b. ca 1735), Marquis de, son of *2*:
(?) social relations of, with Duchesse de la Vallière, iii. 362
*Rose et Colas. See under* Sedaine, Michel-Jean
Rosen-Kleinroop, Sophie de (1764–1828), m. (1) (1779) Charles-Louis-Victor, Prince de Broglie; m. (2) Marc-René-Marie de Voyer, Marquis d'Argenson:
marriage of, v. 109
Rosen Ropp, Comtesse de. *See* Harville-Trainel, Marie-Antoinette-Louise-Esprit de
Rosette, Duchesse de Choiseul's dog:
wants no puppies, iii. 245
Rosette (d. 1773), HW's dog:
D alludes to, i. 372, ii. 6, 156, iii. 171, 350
D fears for, iii. 46
D inquires after, ii. 281, 293, 456, iii. 56, 139, 200, 235, 347, 395, 401
D resigns, to HW, i. 340
D sends compliments to, i. 334, 354, ii. 296, 394, iii. 184
D to have pastry for, ii. 259
D to renew acquaintance with, iii. 82
D would like puppy of, ii. 394, 405
death of, iii. 393, 413, 415, 417, iv. 13, 30
goes calling with HW, i. 299
HW distressed over, ii. 222
HW recovers, iii. 128
HW's account of, amuses D, i. 329
HW's love for, i. 365, ii. 152, 363, iv. 67, 84, 110, 206, 334, 430, v. 171
Jonzac, Marquise de, inquires after, ii. 233
not to imitate Maroquine, ii. 296
recovers from illness, iii. 387
rheumatism of, iii. 53, 56
(?) 'vachette,' ii. 233, 255
whelps, ii. 146, 152
*See also* Dog, HW to bring, to D
'Rosette,' Selwyn's. *See* Fagnani, Maria Emily
Rosières, seigneur de. *See* Terray, Pierre
*1* Roslin, Alexandre (1718–93), painter:
Swedish princes painted by, v. 339

*2* Roslin, Mme Alexandre, wife of *1. See* Giloust, Marie-Suzanne

Rosny, Baron de. *See* Béthune, Maximilien de

Ross, Lady. *See* Fitzgerald, Lady Mary Rebecca

*1* Rosset, André-Hercule de (1715–88), Duc de Fleury:
(?) Aiguillon said to have support of, ii. **197**
attends session of parliament of Paris, vi. 172
Chartres, Bishop of, brother of, iv. 52
protests illegal parliament, iii. 61

*2* Rosset, Jean-André-Hercule de (1726–81), Commandeur de Fleury; brother of *1:*
(?) Aiguillon said to have support of, ii. 197

*3* Rosset de Ceilhes de Fleury, Henri-Marie-Bernardin de (1718–81), Archbishop of Tours 1751–74, of Cambrai 1775–81; brother of *1:*
(?) Aiguillon said to have support of, ii. **197**
appointed Archbishop of Cambrai, iv. 98

*4* Rosset de Fleury, Pons-François de (1727–74), Bailli de Fleury; ambassador from Malta to Naples; brother of *1:*
(?) Aiguillon said to have support of, ii. 197
Holdernesse compared to, i. 77
social relations of, with: Aiguillon, Duchesse d', v. 285, 296; D, v. 282, 312, 321; Egmont, Comte and Comtesse d', v. 294; Forcalquier, Comtesse de, v. 293; HW, v. 268; Hénault, v. 270, 285, 288, 321; Lambert, Mme de, v. 302; Maurepas, Comte and Comtesse de, v. 285; Nivernais, Duchesse de, v. 301; Souza, v. 318, 321
verses from fête given by, i. 76, 78

*5* Rosset de Rocozel de Fleury, Pierre-Augustin-Bernardin de (1717–80), Bishop of Chartres; brother of *1:*
(?) Aiguillon said to have support of, ii. **197**
death of, by, v. **199**, 441
Fleury, Duc de, brother of, iv. 52
HW admitted to Saint-Cyr by order from, v. 330
Marie-Antoinette's grand aumônier, iv. 52

Rostaing, house of:
tombs of, v. 282

*1* Rothe, Comtesse de. *See* Lavaulx de Sommerecourt, Jeanne-Catherine-Josèphe de

*2* Rothe, Antoine-Edmond-Joseph (1765–1842), Comte de, son of *1:*
mother of, v. 204

*3* Rothe, Antoinette-Catherine-Josèphe de (b. 1766), dau. of *1*, m. (1785) Abel-Alexis-François le Conte de Nonant, Marquis de Pierrecourt:
mother of, v. 204

*4* Rothe, Edmond-Joseph de (b. 1768), son of *1:*
mother of, v. 204

*5* Rothe, Louise (*or* Lucie)-Thérèse de (1750–82), niece-in-law of *1*, m. (1769) Col. Arthur Dillon:
dances at ball in honour of Dauphin's marriage, ii. 410
social relations of, with Comtesse Jules de Polignac, v. 453

*6* Rothe, Madeleine-Josèphe de (1769–1847), dau. of *1*, m. (1792) Louis-Alexandre-Marie Martin de Boislecomte:
mother of, v. 204

*7* Rothe, Marguerite-Josèphe de (1767–1852), dau. of. *1*, m. (1786) Louis-Ernest Prondre, Marquis de Ravenel:
mother of, v. 204

Roualle, ——:
attends session of parliament of Paris, vi. 173

Rouault de Gamaches, Constance-Simonne-Flore-Gabrielle (1725–81), m. (1) (1746) Charles-Yves le Vicomte, Comte du Rumain; m. (2) (ca 1771) Jacques-Gilbert, Marquis de Fraignes:
(?) D to depend on, for company, i. 385
(?) social relations of, with D, i. 345

Roucy, Charlotte de. *See* La Rochefoucauld, Charlotte de Roye de Roucy de

Roue. *See* Larue

Rouelle, ——, apothecary:
D's receipt from, vi. 41

Rouen, Archbishop of. *See* La Rochefoucauld, Dominique de

Rouen:
D receives bill of exchange from, v. 442, 459
D's annuities from city of, ii. 387, v. 39
Formont's residence, i. 144
HW's packages go by way of, iv. 411, v. 405
Hue de Miromesnil, former first president of, iv. 88
parliament of, to be abolished, iii. 106
Robinson, Mrs Elizabeth, sends censers by way of, iv. 486, vi. 204

Rouette, ——:
noels played by, v. 317
social relations of, with Marquis and Marquise de Brancas, v. 317

*Roué vertueux, Le. See under* Coqueley de Chaussepierre, Charles-Georges

Rouillé, Mme:
social relations of, with Duc and Duchesse de Choiseul, v. 330

Rouillé, Marie-Catherine, m. (1749) Anne-François d'Harcourt, Marquis de Beuvron:
social relations of, with: Egmont, Comte and Comtesse d', v. 301; Egmont, Comtesse d' (dowager), v. 301; Harcourt, Earl, ii. 241
Thiard and Ps of Monaco try to unlock secretary of, i. 61–2

Rouillé du Coudray, Marie-Eugénie, m. (1777) Michel-Félix-Victor de Choiseul-Beaupré, Comte d'Aillecourt:
son born to, v. 438

Rouph de Varicourt, Reine-Philiberte (1757–1822), m. (1777) Charles, Marquis de Villette:
D's opinion of, v. **20**
Ferney visited by, v. **12**
Voltaire accompanied to Paris by, v. 17

Roure, Du. *See* Du Roure

Rousseau, Jean-Baptiste (1671–1741), poet:
D quotes, ii. 112, 448, iii. 422

*Épîtres*, D quotes, ii. 355
Longepierre, verses against, by: ii. 448, iii. 422; alluded to, ii. 454
Rousseau, Jean-Jacques (1712–78), 'l'Arménien'; 'le Dromadaire':
Armenian costume of, i. 96
Arnaud resembles, iv. 366
Boufflers, Comtesse de, avoided by, ii. 434
—— favours, i. 133, 172
—— may abandon, i. 91, 109
—— receives letter from, i. 15, 132, 188, 202
—— speaks of, i. 26, 281
—— spreads tale of follies of, i. 301
—— thinks, crazy, i. 172
Choiseul, Duchesse de, asked to protect, i. 296
—— detests, i. 102
*Confessions*, v. 48, 51, 64, 68
Conti aids, i. 310
—— avoided by, ii. 434
—— discusses with HW his letter to, v. 295
—— never mentions, i. 301
D cites, i. 128
D compares Fox with, ii. 322
D jokes about novels of, ii. 212
D said to have corrected HW's letter to, v. 294–5
D's poor opinion of, i. 91, 108, 298, 300–1, iv. 414
D's 'portrait' by, vi. 53–4
Davenport's quarrel with, i. 296, 300–1
—— visited by, at Wootton, i. 15, 95, 96, 296
death of, v. 57
*Devin du village, Le*, ii. 89, v. 260
*Émile*, used for education of Veillard's son, v. 287
England may be visited by, ii. 173
——'s reception of, i. 96–7
HW copies work of, for D, ii. 173
HW does not answer D's questions about, ii. 440
HW seeks pension for, i. 250, 257, 259–60, 322
HW's letter to, under name of Émile: vi. 117–8; D advises suppressing, i. 9, 10–11; D no longer wishes to show, to Duchesse de Choiseul, i. 50; D shows, to Duchesse de Choiseul, i. 59; D's opinion of, i. 6, 9, 10; D wishes to show, to Duc de Choiseul, i. 11; D wishes to show, to Duchesse de Choiseul, i. 10–11, 13, 27, 30–1; Hénault reads, i. 4; Jonzac, Mme de, reads, i. 4
HW's letter to, under name of K. of Prussia: i. 95n, 179, 232n, ii. 96, v. 290; *Année littéraire* has article on, i. 21–2; Boufflers, Comtesse de, discusses, i. 172, 174, v. 294; Choiseul admires, ii. 183; Conti discusses, with HW, v. 295; D wishes copy of, v. 19; Frederick II indifferent to, vi. 117; HW remorseful over, i. 298, 314; imitation of, iii. 427–8; Ligne tries to equal, ii. 434; Luxembourg, Mme de, dislikes, v. 294–5; Nivernais thought to have corrected, i. 174; Pont-de-Veyle defends D from charge of having corrected, v.

294; Rousseau attributes, to d'Alembert, i. 97; Talmond, Princesse de, likes, vi. 58
HW's opinion of, vi. 55
HW wishes to help, i. 95, 308
HW writes to D about, v. 382
hated by the devout, vi. 58
Holland rumoured to be refuge of, v. 48
Hume asked by Comtesse de Boufflers to aid, i. 172
——'s quarrel with: i. 89–90, 91, 94–8, 100, 108–9, 112, 117, 131, 132–3, 207, 211, 256; *Exposé succinct . . .* concerning ('la petite brochure'), i. 128, 131, 158, 160, 161, 163, 170, 171, 179, 180; *Justification de Jean-Jacques Rousseau* in, i. 183, 190; *Réflexions posthumes* on, i. 207, 212, 222, 224, 231
*Julie, ou la nouvelle Héloïse:* ii. 56, 92, v. 78; Borde's *Prédiction . . .* analyzing, i. 93, 110; (?) HW to give, to Duchesse de la Vallière, v. 417; Hume displays copy of, i. 96
leaves England, i. 296, 300n
letter of, to editor of *St James's Chronicle*, i. 9, 22, 26
letter to, called *Le Docteur Pansophe*, i. 178–9, 190
Ligne offers asylum to, ii. 434
Luxembourg, Mme de, a protectress of, i. 91, 133
music copied by, ii. 434
not discussed, i. 253
not in Paris, i. 314, 317
*Nouvelle Héloïse, La, see* Rousseau, Jean-Jacques, *Julie*
Paris visited by: ii. 434; incognito, i. 310
pension for, from Frederick II, i. 94
pension for, from George III: i. 24, 57, 91, 94–5, 98, 250, 257, 259–60, 267, 281, 320, 322; procured by Hume, i. 24n, 91, 94–5, 98, 257, 259–60, 281, 322; Rousseau tries to do without, ii. 434
proscribed by French parliament, i. 310, 314
*St James's Chronicle*, letter to editor of, by, i. 9, 22, 26
—— prints allegory on, i. 37
spectacle like those of Nicolet, ii. 434
Roussel, Louis-Nicolas:
(?) attends session of parliament of Paris, vi. 171
Roussillon:
troops rumoured to be sent to, v. 151
*1* Rouvroy, Louis de (1675–1755), Duc de Saint-Simon:
*Mémoires* of: at Chanteloup, iii. 6, 57; Bibliothèque du Roi said to possess, iii. 88; Choiseul, Duc de, lends, to D, ii. 478; —— said not to possess, iii. 88; Choiseul, Duchesse de, will lend, to HW, iii. 74, 78, 81, 86; D comments on, ii. 489; iii. 6; D mentions, iii. 109, 110, 283; D not to receive, iii. 88; D would like HW to read, ii. 480–1, 482, 489, iii. 6, 51, 63, 72, 78, 85; HW curious about, ii. 489; HW mentions D's pleasure in, iii. 12; HW to read, iii. 81, 82

2 Rouvroy de Saint-Simon, Blanche-Marie-Élisabeth de (b. 1737), m. (ca 1762) Balthazar-Henri de Rouvroy, Comte de Saint-Simon-Sandricourt:
(?) social relations of, with: Brancas, Marquis and Marquise de, v. 302; Monconseil, Marquise de, v. 297
3 Rouvroy de Saint-Simon, Marie-Christine-Chrétienne de (1728–74), granddau. of *1*, m. (1749) Charles-Maurice Goyon-de-Matignon de Grimaldi, Comte de Valentinois:
Cambis, Vicomtesse de, former friend of, iv. 71
D and Comtesse de Forcalquier rescued by, i. 56
D's opinion of, ii. 121
D suggests, as author of 'Sévigné' letter, i. 71
death of, iv. 71
(?) Du Barry, Comtesse, has same title as, v. 372
entertains dancers at Mirepoix ball, i. 217
Fontainebleau not visited by, ii. 298
Gramont, Duchesse de, wishes to avoid, iii. 363
hatred of, for the English, i. 4n
health of, ii. 104, 106, 108, 119, 121, 298
Passy home of, iv. 71
Provence, Comtesse de, attended by, ii. 442, iii. 30
social relations of, with: Bentheim, Gräfin von, v. 265; Boufflers, Comtesse de, v. 297, 304; Brancas, Marquis and Marquise de, v. 342; Caraman, Comte and Comtesse de, i. 369, v. 304; Conti, i. 267; D, i. 69, 86, 226, 267, 368–9, v. 271, 289, 292, 299, 312, 321–2; Du Barry, Comtesse, ii. 258, 472, iii. 30, 97, 108; Fuentes, iii. 108; Hénault, i. 4, v. 290, 308, 316, 318, 329; Lambert, Mme de, v. 300; La Vallière, ii. 472; Luxembourg, Mme de, v. 290, 306; Provence, Comtesse de, iii. 147; Stainville, Comte de, i. 226; Usson, v. 267
Thiard friend of, iv. 71
will of, iv. 71–2
Roux, Augustin (1726–76), chemist:
Lauraguais assisted by, v. 262
—— quarrels with, v. 262
social relations of, with Holbach, v. 262, 272, 299
Rowe, Nicholas (1674–1718), dramatist:
*Ambitious Stepmother, The*, v. 261
'Roxane' (character in Racine's *Bajazet*):
Clairon, Mlle, plays, i. 224, 231
Roy, Le. See Le Roy; Leroy
*Royal and Noble Authors*. See *Catalogue of Royal and Noble Authors*
Royal Marriage Bill:
opponents of, iii. 207
Roy de Vacquières. See Du Roy de Vacquières
Roye, Mme de:
social relations of, with Duchesse d'Anville, v. 311
Roye, Charlotte de. See La Rochefoucauld, Charlotte de Roye de Roucy de

Roye:
church at, 'Saxon,' v. 315
Soleil d'Or (inn), v. 343
visitors to: Craufurd, iii. 289–90, 294; HW, v. 315, 343
Roye family:
from town of Roye, v. 315
Royer, ——:
attends session of parliament of Paris, vi. 173
Royer de Surbois, Jean-François, secretary to the procureur général:
imprisoned in the Bastille, iv. 112
Royou-Pennanrun, Annetic (ca 1748–1814), m. (1766) Élie-Catherine Fréron:
*Année littéraire* to be edited by, iv. 284
Roze. See Rose
Rozel de Beaumanoir. See Du Rozel de Beaumanoir
Rozoi. See Farmain de Rozoi
Rubens, Peter Paul (1577–1640), painter:
HW buys print of house of, v. 402
HW's figure of child by, iii. 65, v. 335
Julienne has landscape by, v. 286
—— has sketches by, v. 287
Marie de Médicis painted by, v. 335
Monaco, P. of, has design and painting by, v. 335
—— has painting of little girl by, v. 335
Montagu, D. of, has landscape by, v. 346
Presle has landscape by, v. 346
Rubies:
unhurt, v. 372
Rueil:
Aiguillon, Duc d', occupies, iii. 40
Aiguillon, Duchesse d', dies at, iii. 256, 258
—— occupies, i. 9, 19, 65, 99, 118, 319, ii. 61, 124, 245, 267, 430, iii. 40, 73, 107, 122, 225, 231, v. 320, 329, 335, 337
—— seeks verses for, v. 363
Aiguillon, Duchesse d' (younger), occupies, iii. 40, iv. 48
Bois Prévu near, v. 293
D mentions, ii. 115, iii. 85
Du Barry, Comtesse, sent to, by Louis XV, iv. 48, 51
HW's verses for, v. 363
visitors to: Agen, Bishop of, v. 335; Bauffremont, ii. 443, v. 337; Bédée, Mlle de, ii. 443; Boucault, Mme, ii. 130, v. 320; Boufflers, Comte de, ii. 130; Boufflers, Comtesse de, ii. 130; Boufflers, Marquise de, v. 337; Broglie, Comte and Comtesse de, v. 335; Bulkeley, v. 337; Caswall, v. 320; Chabrillan, Marquis de, v. 320, 329, 335; Cholmondeley, Mrs, ii. 242, 245, 443, v. 329; Cholmondeley, Henrietta Maria, ii. 443; Churchills, v. 335; Creutz, iii. 40; Crussol, Marquise de, ii. 443, v. 329; D, i. 19, ii. 130, 240, 242, 245, 266, 270, 443, iii. 40, 73, 78, 80, v. 320, 329, 335, 337; Du Barry, Mlle, iv. 48; Du Barry, Vicomtesse, iv. 48; Forcalquier, Comtesse de, ii. 130; Gustav III, iii. 40; HW, i. 337, ii. 61, 266, 270, iii. 82, 87, v. 320, 329, 335, 337; Hessenstein, iii. 40; Ir-

win, ii. 130; Karl, Prince, iii. 40; Maurepas, iii. 40; Mirepoix, Mme de, v. 335; Pont-de-Veyle, ii. 130; Redmond, v. 320; Richelieu, iii. 40, v. 335; Rochford, Cts of, v. 320; Scheffer, iii. 40; Walpole, Hon. Robert, ii. 245

Ruffec:
Broglie, Comte de, exiled to, iii. 402
—— occupies, v. 177, 450, 451
—— to occupy, iii. 225, 256, iv. 74, 358
Broglie, Comtesse de, occupies, iii. 225, 256, iv. 211
D's opinion of, iv. 74
position of, iii. 402
visitors to: Jonzac, Marquise de, iv. 211; Macartney, v. 177

Rules:
D on, ii. 135, 167
Rulhière, Claude-Carloman de (1735–91), poet:
Anecdotes sur la révolution de Russie, ii. **319**
Discours sur les disputes, ii. **313**, 319, 322, 324
Rumain, Comtesse du. See Rouault de Gamaches, Constance-Simonne-Flore-Gabrielle
Rumain de Coëtanfao. See Le Vicomte du Rumain de Coëtanfao
1 Russell, Caroline (1743–1811), dau. of 3, m. (1762) George Spencer, 3d D. of Marlborough:
HW's lassitude at house of, iii. 65
2 Russell, Francis (1739–67), styled M. of Tavistock; son of 3:
accident to, i. 270, 274, 277
Bedford mourns, ii. 132
Boufflers, Comtesse de, concerned over accident and death of, i. 271, 278, 281, ii. 132
Craufurd to visit, i. **122**
HW sends letters by, v. 381
social relations of, with HW, v. 312
3 Russell, John (1710–71), 4th D. of Bedford; English ambassador to France:
Choiseul, Duchesse de, writes to, ii. 49
Conways aided by, i. 255
Craufurd to visit, i. **122**
George III forced to accept ministry of, v. 369
health of, ii. 336, 348
Junius letter about, v. 367
Pitt meeting proposed by, v. 279
Shelburne defeats, v. 367
Stanley writes to Duchesse de Choiseul about, i. 243
Tavistock mourned by, ii. 132
Temple rejects overtures from, v. 367
wealthy, i. **101**
Russia, Emperor of. See Paul; Peter I; Peter III
Russia, Empress of. See Catherine II; Elizabeth (1709–61); Sofie Dorothea Auguste
Russia:
D's acquaintance with visitors from, iv. 56, 268, 395
England expected to aid, ii. 203
fleet of: may be attacked by France, iii. 348; visits Downs, v. 367
minister from, to France, see under Minister
Poissonnier visits, i. 334

Turkish war with, ii. 188, 203, iii. 344, iv. 397, v. 162
Rutland, D. of. See Manners, Charles
Rwiski; Rwski. See Rzewuski
Rzewuski, Count Adam Wawrzyniec (d. 1825):
(?) social relations of, with Mme Geoffrin, v. 327, 329

Sabatier de Castres, Antoine (1742–1817), abbé:
Condorcet's Lettre to, iv. 82
Tableau philosophique de l'esprit de Voltaire, iii. 79–80
Trois siècles de notre littérature: D offers, to HW, iii. 320, 322, 325; D's opinion of, iii. 313; HW's opinion of, iii. 335; philosophers treated in, iii. 335; 'Pompignan' article in, iii. 314; theologians treated in, iii. 335; 'Voltaire' article in, iii. 313–4, 335
'Sabine, la.' See Marie-Antoinette
Sablon, Plaine de:
HW sees horse race at, v. 304
1, 2, 3 Sabran, Comtesse de. See Coste de Champeron, Marie-Antoinette-Élisabeth; Foix, Madeleine-Louise-Charlotte de (ca 1693–1768); Jean de Manville, Françoise-Éléonore de (1750–1827)
4 Sabran, Marquise de, sister-in-law of 2. See Regnault, Louise
5 Sabran, Louis-Hector-Honoré-Maxime de (1739–1811), Bishop of Nancy, 1774, of Laon, 1778:
Marie-Antoinette's premier aumônier, iv. **52**, v. 199
social relations of, with D, v. 437, 453
Sachets:
D sends, to HW, ii. 461
Sackville, Vct. See Sackville-Germain, Lord George
1 Sackville, Lord John (d. 1765), son of 3:
death of, v. 397
2 Sackville, John Frederick (1745–99), 3d D. of Dorset; nephew of 1:
D has not seen, ii. 306
D inquires about, ii. 296
D not called on by, iv. 395
(?) HW sends letters by, v. 380
(?) HW sends red snuff-box by, v. 404
Parsons, Anne, mistress of, iii. **132**
3 Sackville, Lionel Cranfield (1688–1765), cr. (1720) D. of Dorset:
death of, v. 397
Sackville-Germain, Lord George (1716–85), cr. (1782) Vct Sackville:
Court party defended by, in Parliament, iv. 146
'Duke of Alva,' iv. **146**
Sacre de Louis XV, Le. See under Dànchet, Antoine
1 Sade, Donatien-Alphonse-François (1740–1814), Comte (known as 'Marquis') de, nephew of 2:
encounter of, with Rose Keller, ii. 56–7, 58, 85
2 Sade, Jacques-François-Paul-Aldonce de (1705–78), abbé:
conduct of nephew of, ii. 56–7

[2 Sade, Jacques-François-Paul-Aldonce de, *continued*]
Mémoires pour la vie de François Pétrarque, sent to HW, ii. 22n, 24, 28, 33, 37n, 46, 56
Sage, Le. *See* Le Sage
Sahuguet d'Espagnac, Léonard de (d. 1781):
(?) attends session of parliament of Paris, vi. 171, 172
Said. *See* Sayde
Sailly, Félicité de (1716—living, 1805), m. (1767) François-Louis le Tellier, Marquis de Souvré:
entrées, grandes, granted to, ii. 339
*1, 2, 3* Saint-Aignan, Duc de. *See* Beauvilliers, Charles-Paul-François de (1745–1828); Beauvilliers, François-Honorat de (1610–87); Beauvilliers, Paul-Hippolyte de (1684–1776)
*4, 5* Saint-Aignan, Duchesses de, wives of 2 and 3. *See* Geré-de-Rancé, Françoise (ca 1642–1728); Turgot, Hélène-Françoise-Étiennette (1729–84)
Saint-Amand-les-Eaux:
visitors to: Lauzun, Duchesse de, iv. 214; Poix, Princesse de, iv. 214
Saint-André. *See also* La Roche Saint-André
Saint-André, Maréchale de. *See* Lustrac, Marguerite de
Saint-André des Arts, church of:
HW visits, v. 282
Saint-André-des-Arts, Rue:
Plumard de Dangeul lives in, v. 417
St Anthony's Fire:
D unacquainted with name of, i. 297
*See also* Erysipelas
Saint-Antoine, Abbess of. *See* Beauvau-Craon, Gabrielle-Charlotte de
Saint-Antoine, convent of:
Mirepoix, Mme de, does not lodge at, v. 3
Saint-Antoine, Rue du Faubourg. *See* Faubourg Saint-Antoine, Rue du
Saint-Aubin. *See* Ducrest de Saint-Aubin
Saint-Benoît, Rue:
HW lives in, v. 263
Saint-Brieuc, Bishop of. *See* Barreau de Girac, François
Saint-Brieuc:
Breton parliament to meet at, i. 370
*1* Saint-Brisson, Comte de. *See* Séguier, Nicolas-Maximilien
*2* Saint-Brisson, Comtesse de, wife of *1*. *See* Huguet de Sémonville, Élisabeth-Catherine
*3* Saint-Brisson, Marquis de. *See* Séguier, Sidoine-Charles-François
Saint-Cast:
York alludes to battle of, v. 366
*1* Saint-Chamans, Marquise de. *See* Malézieu, Louise-Françoise-Charlotte de
*2* Saint-Chamans, Joseph-Louis (b. 1747), Vicomte de, son of *1*:
(?) social relations of, with Comtesse de Rochefort, v. 270, 323
Saint-Christophe, Marquis de. *See* Ténay, Chevalier Marc-Jean de
'Saint-Chrysostome, Mlle.' *See* Sanadon, Mlle

Saint-Cloud, Duc de. *See* Beaumont du Repaire, Christophe de
Saint-Cloud:
visitors to: Buckner, v. 314; Cholmondeley, Mrs, ii. 466; HW, v. 314; Lauzun, Duchesse de, iv. 441; Lennox, Lord and Lady George, v. 314; Luxembourg, Mme de, iv. 182, 441
Saint-Cyr:
superior of, *see* Du Han de Crévecœur, Marie-Suzanne
visitors to: Ailesbury, Cts of, iv. 133, 144; Conway, iv. 133, 144; Damer, Mrs, iv. 133, 144; HW, iv. 144–5, v. 330
Saint-Denis:
Carmelite convent at, ii. 399
HW at, v. 260, 274
HW's expenses at, v. 399
Louis XV to be buried at, iv. 51
Orléans, Duc d', and Duc de Chartres refuse to visit, iv. 77
St Denis' journey to, i. 305
soldiers of, *see* Bourdeaux, ——; Humain, ——
Saint-Denis, Rue:
Princes become bourgeois of, iii. 296
Saint-Domingue. *See* Santo Domingo
Saint-Dominique, Rue:
D's convent in, vi. 3–5, 9, 11
Rue Bergère distant from, iii. 99
'Sainte, la petite.' *See* Lallemant de Betz, Marie-Françoise
Sainte-Aldegonde-Noircarmes, Comtesse de. *See* Du Hamel de Saint-Rémy, Marie-Charlotte-Félicité-Amélie
Sainte-Assise (Saint-Port), Marquise de Montesson's seat:
Montesson, Marquise de, buys, iii. 386
—— occupies, iv. 102, 163, 211, 329, 330, v. 124, 183
Paris emptied of good company by, iv. 367
visitors to: Choiseul, v. 452; Gramont, Duchesse de, v. 452; Lauzun, Duchesse de, iv. 329; Luxembourg, Mme de, iv. 102, 236, 329, 330, 363, 365, 368, 371, 491, v. 47, 432, 433; Mirepoix, Mme de, iv. 102, 211, 236, 237, 368, 491; Orléans, iv. 163, v. 124; Toulouse, Archbishop of, v. 452; *see also under* Béraud de la Haie de Riou
Sainte-Aulaire, Marquis de. *See* Beaupoil, François-Joseph de
Sainte-Chapelle:
D would like to send HW the windows of, iii. 172
HW visits, v. 276
Louis XV goes to parliament of Paris from, vi. 172
Sainte-Geneviève, Abbey of:
HW visits, v. 305, 337, 348
Orléans passed last years at, v. 305
Sainte-Hermine, Henri-René-Louis (1743–87), Vicomte de, Marquis de Vervant:
Condé gives reversion of captaincy of the guard to, v. 441

Sainte-Marie, Filles de. *See* Filles de Sainte-Marie

Sainte-Maure, Mme de. *See* Guérin, Marie de; Sauvage, Victoire-Françoise de; *and also* Saint-Maur, Mme de

Sainte-Ovide, Foire. *See* Foire Sainte-Ovide

Sainte-Pélagie:
prison, i. 219

Saint-Esprit, Hôtel du:
HW lives at, v. 263
HW's expenses at, v. 399
proprietors of, *see* Menard, ——; Menard, Mme

Saint-Esprit, Ordre du:
ceremony of, at Versailles, iv. 127, 314, 441
'cordon bleu,' ii. 452, iv. 2
costume of, imitated, iv. 144, 152
hall of, at convent of Grands-Augustins, *see under* Grands-Augustins, convent of
investments in, iv. 401, 403, vi. 6, 37, 44, 46
promotion in, expected, iii. 179, iv. 2
reception of Knights of, picture of, at convent of Grands-Augustins, v. 276

Saint-Eustache, church of:
curé of, *see* Secousse, Jean-François-Robert
HW visits, v. 279
suicide in, iii. 205

Saint-Évremond. *See* Le Marguetel de Saint-Denis de Saint-Évremond

Saint-Fargeau, Comte de. *See* Le Pelletier, Michel-Étienne

Saint-Florentin, Comte de. *See* Phélypeaux, Louis

Saint-Foix. *See also* Poullain de Saint-Foix

Saint-Foix, Philippe-Auguste de (d. 1779), Chevalier d'Arc:
*Lettres d'Osman,* D owns, vi. 35

Saint Francis de Paule, order of. *See* Minimes

Saint-Gelais, Armande de (d. 1709), m. Charles, Duc de Créqui:
Richmond quarrels with, v. 357

Saint George, Bns. *See* Dominick, Elizabeth

Saint George, Chevalier de. *See* James Francis Edward

Saint George, Hon. Emilia Olivia (d. 1798), m. (1775) William Robert Fitzgerald, 2d D. of Leinster:
daughter born to, iv. 421

Saint-Georges, Charles-Olivier de (1743–1828), Marquis de Vérac:
appointed French minister to Denmark, iv. **90**

Saint-Georges, Claude-Josèphe-Marie de (1742–75), m. (1764) Abel-Claude-Marthe-Marie-Cécile, Comte de Champrond and Marquis de Vichy:
Paris visited by, ii. 464–5, iv. 188, 283
social relations of, with D, iv. 188, 283
Wiart takes, walking, iv. 283

Saint-Germain, Chevalier de. *See* Foucault de Saint-Germain-Beaupré, Armand-Louis-Joseph

Saint-Germain, Claude-Louis (1707–78), Comte de, minister of war:
Blaye office not sought by, iv. 251
Boufflers recommended by, iv. 305–6
D describes, iv. 226, 227
health of, iv. 277
Louis XVI sees, iv. 228, 295
Maillebois protected by, iv. 322
Malesherbes said to favour, iv. 227
Marie-Antoinette questions, about chevau-légers, iv. 251
Maurepas confers with, iv. 228
—— deferred to by, iv. 251, 300
*Mémoires,* v. 166, 172, 183
minister of war, iv. 226
ordinances of, sought by D for Conway, iv. 278, 331
pension of, iv. 226
popularity of: iv. 228, 230, 254, 277; diminishes, iv. 272, 277, 365
projects of, ruined, v. 225
reforms of, iv. 251, 254, 261, v. 226
resignation of, expected, iv. 326, 365
retires, iv. 479, 483
war parley attended by, iv. 459

Saint-Germain, Abbey of:
Bourbon, Abbé de, may obtain, iv. 410
La Roche-Aymon controls, iv. 404

Saint-Germain, faubourg:
'Sévigné, Mme de,' urges HW to live in, i. 51

Saint-Germain, Foire. *See* Foire Saint-Germain

Saint-Germain, forest of:
Le Val in, v. 235

Saint-Germain-des-Prés, church of:
HW visits, v. 290

Saint-Germain-en-Laye:
Artois obtains new château at, iv. 397
Hœgger at, iv. 424
La Marck, Comtesse de, questions the Irish at, vi. 192
—— resident of, iii. 337, v. 431
Le Boulingrin belongs to new château of, iv. 397
Le Val near, iv. 232, v. 176, 186, 239
Louis XV's accident near, ii. 195–6
Noailles, Duc de, may be exiled to, iii. 63
Ward, Mrs, said to have died at, iii. 332

Saint-Germain l'Auxerrois, church of:
HW visits, v. 277

Saint-Gervais, church of:
HW visits, v. 285

Saint Helena:
woman of, naïvely talks of London, v. 364

Saint-Hérem, Marquis de. *See* Montmorin, Jean-Baptiste-François de

Saint-Honoré, church of:
HW visits, v. 280

Saint-Honoré, faubourg:
Mirepoix, Mme de, may rent house beyond, v. 5

Saint-Honoré, Rue. *See* Faubourg Saint-Honoré, Rue du

Saint-Hubert:
  D mentions, i. 337, ii. 257
  Louis XV holds council at, vi. 169–70
  visitors to: Choiseul, vi. 122; Choiseul, Du-
    chesse de, ii. 137; Louis XV, i. 292, ii. 238,
    242–3, 430, iii. 84, 421; Louis XVI, iv. 110;
    Mirepoix, Mme de, iii. 421
Saint-Hyacinthe. See Cordonnier, Hyacinthe
Saint-Jacques, Capuchin convent of:
  superior of, found with throat cut, i. 50
Saint-Jacques, Rue du Faubourg. See Faubourg
  Saint-Jacques, Rue du
Saint James's Chronicle:
  allegory on Rousseau from, read by Marquise
    de Jonzac to D, i. 37
  Rousseau's letter of 7 April 1766 to editor of,
    i. 9n, 22, 26
Saint James's Coffeehouse:
  D mentions, i. 229, 235
Saint-Jean, ——, D's servant:
  D dictates afternoon letters to, in Wiart's ab-
    sence, v. 81
  D shares lottery ticket with, v. 422, 455
  D's legacy to, vi. 6
  (?) D's reader, v. 238
  furniture in bedroom of, vi. 17
  (?) letters in handwriting of, v. 127–8, 232–3
  wages of, vi. 46
Saint-Jean-en-Grève, church of:
  HW visits, v. 285
1 St John, Henry (1678–1751), 1st Vct Boling-
  broke:
  Bath tells anecdote to, v. 354
  Chesterfield discusses, iv. 38
  friend of, gives HW information, ii. 10
  Letters on the Study and Use of History, D
    asks HW's opinion of, iv. 167
  Letter to Sir William Windham written in
    the Year 1717, A, iv. 167
  Mémoires secrets, D owns, vi. 35n
  Swift insolent to, v. 354
  Villette, Marquise de, second wife of, v. 354
2 St John, Hon. Henry (d. 1818), nephew of 1:
  conveys parcels to D, ii. 73
  D assisted by, in sending parcel, ii. 77
  D discreet in conversation with, ii. 82
  social relations of, with D, ii. 73
  York considers, favourite servant, v. 366
  —— dictates letter to, v. 366
  ——'s body attended by, v. 366
Saint-Joseph, church of:
  Choiseul-Beaupré, Comte Hippolyte de, mar-
    ried in, v. 450
Saint-Joseph, convent of:
  Angosse, Marquis and Marquise d', live at,
    v. 131, 139–40
  buildings demolished on right-hand side of
    court at, iv. 72, 207
  buildings erected on right-hand side of court
    at: iv. 176, 207; filled, iv. 348, 431
  chapel of: v. 289; D's tribunes opening into,
    iii. 54, 73, 159n, iv. 180; HW's bootikins to
    hang in, iv. 124

'chez l'époux de Marie,' ii. 291
Cholmondeley, H. F., to return to, ii. 400
Cholmondeley girls at, ii. 217, 220, 223, 225
company at, ii. 294
D moves to, vi. 53
D rents apartment at, for Marquis and Mar-
  quise d'Aulan, v. 84–5, 94, 122, 126
D's apartment at: i. 12n, 55, 104, ii. 88, 217,
  221, vi. 3–4, 5, 8; blue cabinet in, v. 314; lease
  of, vi. 41; plan of, iv. 180
D's 'compatriots' of, ii. 275
D's horses return to, after accident, i. 55
D's tribunes opening into chapel of, iii. 54,
  73, 159n, iv. 180
description of, vi. 3–4, 56
Du Barry, Vicomtesse, to live at, v. 184, 434
fire-escape facilities at, iv. 180
fire in D's apartment at, iv. 176, 180
gateman at, i. 55, v. 412
Grave lives at, i. 210
HW describes, vi. 56
HW hears midnight Mass at, v. 289
HW mentions, i. 113
La Galissonnière, Mme de, rents apartment
  in, i. 19
lodging at, offered by D to: Greville, Mrs. iii.
  323, 330, 351, 358; HW, i. 108, 113, 115, 119–
  20, ii. 376, 391, 395; Taaffe, iii. 231, 242, vi. 3
lodging at, to be sublet, iii. 330, 358, 369–70
Maulévrier's apartment in, at D's disposal, ii.
  351, 376, 391
occupants of, attend ball, ii. 415
privies of, emptied, ii. 37–8
Saint-Chamans, Mme de, lives at, v. 139, 184
society in, v. 51
stables of, demolished, iv. 5
vacant apartment at, i. 12, 19
Wiart to remain at, temporarily, after D's
  death, v. 250, 253
Saint-Julien, Comtesse de. See Laage, Marie-
  Anne de
Saint-Lambert, Jean-François (1716–1803), Mar-
  quis de:
  Beauvau, Prince and Princesse de, patrons of,
    ii. 216–7
  Clément's attack upon, iii. 195
  D mentions, ii. 217
  D's opinion of, ii. 216
  Fables orientales, HW comments on, ii. 214
  HW attends theatre with, v. 303
  Saisons, Les: D cites, v. 31, 74, 94, 170, 190; D
    comments on, ii. 205, 209, 216; D sends, to
    HW, ii. 205, 207, 212; Du Châtelet, Comtesse,
    lends, to HW, ii. 213; HW comments on, ii.
    213–4
  social relations of, with: Beauvau, Prince and
    Princesse de, v. 318, 431; D, iv. 268, 303;
    Geoffrin, Mme, v. 329; Holbach, v. 304;
    Necker, M. and Mme, iv. 381
  verses by: for D's gift to Mme de Luxem-
    bourg, v. 2(?), 97; (?) sung by Pompom at D's,
    v. 2

Saint-Landri, church of:
HW visits, v. 277
Saint-Laurent, Mme de:
social relations of, with D, v. 323
Saint-Laurent, Jean-Baptiste (d. 1782), Chevalier de:
(?) D's opinion of, i. 369
(?) social relations of, with: D, ii. 279, v. 272, 322, 332; Hénault, v. 316, 320, 323
Saint-Lazare, Chevaliers de:
promotion of, v. 423
Saint Leger, Anthony (d. 1786), military officer:
(?) HW mentions, v. 142
Saint Leger, John Hayes (b. 1756):
(?) HW mentions, v. 142
Saint Leonard's Hill:
Gloucesters at, iii. 346
Saint-Louis, Île:
Hôtel de Lambert on, v. 337
Saint-Louis, Ordre de:
elections to, iv. 412
Saint-Louis du Louvre, church of:
HW visits, v. 280
Richelieu's statue in, ii. 471
Saint Lucia:
English capture, v. 135
Estaing does not capture, v. 117
1 Saint-Maigrin, Marquis (later Duc) de. See Quélen de Stuer de Caussade, Paul-François de
2 Saint-Maigrin, Marquise (later Duchesse) de, wife of 1. See Pons, Antoinette-Rosalie de
Saint-Malo:
commission at, relinquished by Louis XV, v. 303
D's letters from Caraman at, v. 158, 425, 426, 428, 430, 432, 433, 459
Montbarey visits, v. 422
Saint-Marc:
Œuvres, D owns, vi. 33
Saint-Martin, Marquise de. See Beauvau-Craon, Élisabeth-Charlotte de
Saint-Maur, Mme de. See La Marche, Anne-Françoise de; La Marche, Marguerite de; La Marche, Marie-Anne de; and also Sainte-Maure, Mme de
1 Saint-Mauris, Alexandre-Marie-Léonor de (1732–96), Prince de Montbarey; nephew of 2:
department of stables granted to, v. 453
dispatch council joined by, iv. 359
health of, v. 124
leaves Paris, v. 422
made member of Ordre du Saint-Esprit, v. 14
Saint-Germain's associate, iv. 277
Saint-Malo visited by, v. 422
social relations of, with Duchesse de Choiseul, v. 330
war parley attended by, iv. 459
2 Saint-Mauris, Claude-Anne-François de (1701–81), Chevalier de Montbarey:
HW's correspondence with Voltaire approved by, ii. 117–8
retort of, ii. 134

social relations of, with: Choiseul, Duchesse de, ii. 117–8; D, v. 332, 334
3 Saint-Mauris, Marie-Françoise-Maximilienne de (1761–1838), Princesse de Montbarey, dau. of 1, m. (1779) Heinrich Karl Ludwig, P. of Nassau-Saarbrücken:
marriage of, v. 180–1
(?) marriage of, rumoured, iv. 499
Saint-Merry, church of:
HW visits, v. 282
Saint-Mesme. See L'Hôpital-Saint-Mesme
Saint-Nectaire. See also Senneterre
Saint-Nectaire, Henri de (1600–81), Maréchal de la Ferté:
jealousy of, v. 275–6
Saint-Nicolas-du-Chardonnet, church of:
Du Deffand baptized at, vi. 44
HW visits, v. 274
Saint-Omer, Bishop of. See Chastenet, Jean-Auguste de (1740–1815); Conzié, Joachim-François-Mamert de (1736–95); Conzié, Louis-François-Marc-Hilaire de (1732–1804)
Saint-Omer:
Thicknesse's abuse on inn window at, v. 315
visitors to: Craufurd, iii. 294; HW, v. 315, 342
Saintonge:
regiment of, assigned, v. 212
Saint-Ouen (town):
Necker's home at, iii. 388, iv. 51, 191, 216, 318, v. 346, 348
visitors to: (?) Albaret, iv. 229, v. 348; Beaune, iv. 357; D, iii. 388, iv. 51, 81, 82, 191, 216, 224, 229, 320, 342, 357; Le Texier, iv. 82; Luxembourg, Mme de, iv. 224, 229; Marchais, Baronne de, iv. 82; Marmontel, iv. 229; Mirepoix, Bishop of, v. 348; Mirepoix, Mme de, i. 122–3, 127; Raynal, iv. 229; Strogonov, M. and Mme, iv. 229
Saint-Ouen, château of Prince de Soubise:
account of, i. 122n
Louis XV at, i. 122
Saint-Paul. See also Noizet de Saint-Paul
1 Saint Paul, Horace (1729–1812), colonel; secretary of English embassy at Paris:
Channel crossing of, stormy, iv. 280
Craufurd instructed by, as to how to send tea, iii. 305, 307
D may appeal to, for Lady Fenouilhet, iii. 371
D never sees, iv. 178
D receives news from, iv. 41, 198, 392
D's commissions will be attended to by, iv. 248
D seeks information from, iv. 262
D sends letter through, iii. 326, iv. 190, 313
D sends parcels through, iii. 326, 420, iv. 23, 26, 179, 182, 185, 197, 308, 411, v. 10
D's opinion of, iii. 363, iv. 18, 310
D to have sent letter by, iv. 271, 272, 276
D to send letter by, iv. 266
D to send parcels through, iii. 320, 411, iv. 401, 418
departure of, imminent, iv. 262, 263, 266
HW receives Olonne portrait from, iv. 280
HW sends goods through, iii. 317

[*1* Saint Paul, Horace, *continued*]
HW sends letter by, iv. 297
HW sends letter through, iii. 308, 332
HW to receive Olonne portrait by, iv. 251, 254, 255, 260, 262, 263, 266, 267, 269, 271
HW to send letter by, iv. 291, 295
health of, iv. 231
marriage of, iv. 18
minister plenipotentiary to France, iv. 301
Orford's condition reported to, iii. 403
Paris to be visited by, iv. 291, 292
—— visited by, iv. 297
social relations of, with: Buller, Mrs, v. 351; D, iii. 320, 433, 436, iv. 230, 231, 306, 335, v. 351; Gem, v. 351-2; Gibbs, v. 344, 352; HW, v. 343-4, 348, 351-3; Janes, v. 352-3; Jennings, v. 344, 351
Stormont asks, to tell D of his engagement, iv. 308
Versailles visited by, v. 343
*2* Saint Paul, Mrs Horace, wife of *1. See* Weston, Anne
Saint-Paul, church of:
D married at, vi. 30
HW visits, v. 310
Saint Petersburg:
Schuwalof visits, iv. 492, v. 72, vi. 205-6
Saint-Pierre, Duchesse de. *See* Colbert, Marguerite-Thérèse
Saint-Pol. *See* Noizet de Saint-Paul
Saint-Pol-de-Léon, Bishop of. *See* Andigné de la Chaise, Joseph-François (d. 1806); La Marche, Jean-François de (1729-1806)
Saint-Port. *See* Sainte-Assise
Saint-Prie, Mme de:
social relations of, with Princesse de Beauvau, v. 307
Saint-Priest, Chevalier de. *See* Guignard, François-Emmanuel de
Saint-Priest, Comtesse de. *See* Ludolf, Constance-Guillelmine de
Saint-Quentin:
Conway and his party see, iv. 159
Conway and his party to visit, iv. 156, 159
Saint-Roch, church of:
visitors to: HW, v. 263, 308, 317; Lennox, Lady George, v. 308; Nicholson, v. 308
Saint-Sauveur, Abbess of. *See* Suarez d'Aulan, Anne-Gabrielle-Françoise de
Saint-Sauveur, Chevalier (later Comte) de. *See* Grégoire, Hyacinthe-Philémon de
Saint-Sauveur, Marquise de. *See* Goulet de Rugy, Madeleine-Suzanne de
Saint-Sébastien:
La Fayette stopped at, iv. 435
Saint-Simon, Duc de. *See* Rouvroy, Louis de
Saint-Simon-Sandricourt, Comtesse de. *See* Rouvroy de Saint-Simon, Blanche-Marie-Élisabeth de
Saint-Sulpice, church of:
curé of, *see* Faydit de Tersac, Jean-Joseph
D buried in, v. 252
La Fare wedding at, iv. 196

visitors to: HW, v. 274; Mailly, Comtesse de, v. 364
Voltaire refused burial in, v. 48
Saint-Vincent, Présidente de. *See* Villeneuve, Julie de
*Saisons, Les. See under* Saint-Lambert, Jean-François, Marquis de
'Saisons, Les' (verses):
quoted, ii. 216
wrongly ascribed to Chevalier de Boufflers, ii. 216, 218
*1* Saisseval, Marquise de, wife of *2. See* Beauvoir de Grimoard du Roure, Louise-Sophie de
*2* Saisseval, Claude-Louis-Joseph (1754-1825), Marquis de:
marriage of, v. 453
'Salamalec':
D explains meaning of, ii. 448
Salignac de la Mothe Fénelon, François de (1651-1715), Archbishop of Cambrai:
Alembert's eulogy of, v. 68
D's opinion of, iv. 435
Saurin defends, against Voltaire, ii. 180
*Télémaque,* i. 209
Salis, Rodolphe-Antoine-Hubert (1732-1807), Baron de:
Choiseul consulted by, on troops, iii. 32
Salisbury, Bishop of. *See* Burnet, Gilbert
Salisbury, Cts of. *See* Keet, Elizabeth
Salle. *See* La Salle
Sallers de Montlor, Mme. *See* Vaulserre des Adretz, Marie-Olympe de
*1* Salm, Ps of, wife of *2. See* Hornes, Marie-Thérèse-Josèphe de
*2* Salm, Philipp Joseph (1709-79), P. of:
social relations of, with: Richmonds, v. 274, 290; Viry, Contessa di, v. 352
son of, fights duel, iii. 175
*3* Salm Kyrbourg, Friedrich Johann Otto (1745-94), P. of, son of *2:*
Arpajon's duel with, iii. 175
Lanjamet's duel with, iv. 278-9, 289
*4* Salm Kyrbourg, Maria Maximiliane Luise von (b. 1744), dau. of *2,* m. (1763) Jean-Bretagne-Charles-Godefroy, Duc de la Trémoïlle:
social relations of, with: Bentheim, Gräfin von, v. 312; Chabot, Lady Mary, v. 300; Hénault, v. 273; La Ferté-Imbault, Marquise de, v. 318
Salm-Salm, Maria Franziska von (1731-1806), m. (1761) George Adam, Fürst von Starhemberg:
social relations of, with: Bentheim, Gräfin von, v. 312; Caraman, Comte and Comtesse de, v. 301, 312; Usson, v. 267; Viry, Contessa di, v. 352
Salon (of paintings):
HW visits, v. 317, 318
*See also* Louvre
Saltcellar; saltcellars:
D orders, from Meunière, v. 452
HW sends, to D, iii. 156, 162, 172
Salt-shaker:
D receives, from Lady Mary Churchill, iv. 102

Saltykov, Catherine Petrovna (1743–1817), m. Comte André Schuwalof:
D's opinion of, iv. 496, v. 26, 54, 73
Paris to be visited by, vi. 205
Roissy to be visited by, v. 54
social relations of, with D, iv. 496, v. 431

Salvin, Mary (d. 1782), m. (ca 1760) Sir John Webb, 5th Bt:
(?) social relations of, with: Beaufort, v. 271; Richmond, v. 270

Samson, ——:
Buyrette de Belloy's *Siège de Calais* to be translated by, v. 262

Sanadon, Mlle, D's companion; 'Mlle Saint-Chrysostome'; 'la Sanadona':
acts proverbs well, ii. 277
apartment of, vi. 3
apartment of Marquise d'Aulan to be taken by, ii. 65
Auteuil visited by, v. 347
Bagarotti, Mlle, and Contessa di Viry compared by, iii. 404–5
Caracciolo talks better than, iii. 108
Choiseul, Duc de, opera box of, occupied by, v. 331
Choiseul, Vicomtesse de, friend of, iii. 5, 130
Cholmondeley, Mrs, compared with, iv. 280
Cholmondeleys' stay in convent arranged by, ii. 220
Colmant disputes with, about letters, iii. 252
Comédie attended by, ii. 275, 277, iv. 75
D accompanied by: at *Le Joueur*, ii. 75; to Mme de Mirepoix's, iv. 386; to Sceaux and Montrouge, ii. 443
D asks HW to send message to, iv. 227
D bored by, iii. 224–5, 282, iv. 179, 426
D copied by, iii. 5–6
D leaves diamond to, vi. 7
D mentions, iii. 73
D not displeased by Praslin's attentions to, iii. 333
D reproached by, for going to Chanteloup, iii. 238
D's arrangements made with, i. 393, 406
D's correspondence with, iii. 249, 251, v. 460
D's opinion of, ii. 484, 490, iii. 5, 44, 137, iv. 466
D's relations with, iii. 248–50, iv. 40, 44, 66, 382, 466, v. 349
D takes refuge with, after fire, iv. 176
D to depend on, for company, i. 385, ii. 8, 65, 412, iii. 117, 152, 353, iv. 356, 367, 436, 476, 488, v. 62, 198
dines in town, ii. 45, 47
'donna Sanadona, la,' ii. 275
Foire Sainte-Ovide visited by, v. 329
grateful and happy, ii. 8
HW accompanies, to: opera, v. 339, 349; theatre, v. 326, 331, 332
HW inquired after by, iii. 139, 382
HW's correspondence with, iii. 244, 248–52, 254, v. 395
HW sends compliments to, i. **366**, iv. 234

HW's *Gramont* given to, iii. 305
Louvre shown to, by Abbé Lambert, v. 339
Montrevel, Comtesse de, mourned by, ii. 151
opera attended by, iii. 155, 325, 333, v. 339, 349
Praslin, Duc de, favours, iii. 325, 333, iv. 66, 219
Praslin to be visited by, iii. 376, 380, iv. 78, 80, 356, v. 64, 219
—— visited by, iii. 382, iv. 81, 84, 87, 358–60, v. 64, 66, 68, 426, 461
—— visit forgone by, iii. 249–50
return of, iii. 388, iv. 361
Sceaux visited by, v. 322
smallpox feared by, v. 138
social relations of, with: Aiguillon, Duchesse d', iii. 138; Anlezy, Comtesse d', v. 339; Bauffremont, v. 339; Boufflers, Comtesse de, v. 347; Boufflers, Marquise de, v. 338; Chamier, v. 332; Champrond, Abbé de, v. 337; Choiseul, Vicomtesse de, iii. 141; Cholmondeley, Mrs, ii. 317; D, i. 385, 393, ii. 131, 228, 277–9, 283, 299, 314, 333, 352, iii. 5, 13, 94, 98, 100, 101, 137, 139, 140, 146, 148, 171, 196, 210, 384, 402, iv. 26, 115, 216, 250, 256, 303, 353, 371, 377, 426, 474, v. 39, 131, 138, 184, 223, 274, 282, 295–6, 298, 303–4, 317, 323, 325–8, 331–2, 335–53, 455; Fitzgerald, Lord Charles, iv. 330; (?) Fitzgerald, Lady Charlotte, iv. 330; HW, iii. 82; Hénault, v. 327, 332–3; Jonzac, Marquise de, iii. 197; Leinster, Ds of, iv. 330; Luxembourg, Mme de, v. 352; Marchais, Baronne de, iv. 339, v. 348; Mirepoix, Mme de, iii. 145(?), iv. 466, v. 348–9, 351; Necker, M. and Mme, iv. 216, 382, v. 346; Ogilvie, iv. 330; Praslin, Duchesse de, v. 349; Richmond, iv. 330; Rondé, Mme, v. 345; Walpole, Hon. Robert, ii. 256, v. 334

Sandras, Marie-Anne-Jeanne (b. 1734), m. (1761) Bernard-Joseph Saurin:
social relations of, with Marquise de Monconseil, v. 297

Sand walks:
HW sees, at Chantilly, v. 260

*1* Sandwich, Cts of. See Wilmot, Elizabeth

*2* Sandwich, E. of, grandson of *1*. See Montagu, John

Sanitation:
emptying of privies, ii. 37–8

*Sans dépit, sans légèreté:*
Cambis, Vicomtesse de, sings, iii. 137, 152, iv. 338

San Teodoro, Duca di. See Caracciolo, Carlo Maria

Santeul, Jean de (1630–97), poet:
verses by, at Chantilly, v. 260

Santo Domingo:
earthquake of 3 July 1770 in, ii. 440

Saragossa, Archbishop of. See Garcia Mañero, Ludovico

Saragossa:
account of happenings at: vi. 119–21; sent by D to HW, i. 19

[Saragossa, *continued*]
parliament of, ordinance of, vi. 119
'Sarah, Milady.' *See* Lennox, Lady Sarah
'Sardaignais, le.' *See* Viry, Francesco Maria Giuseppe Giustino
Sardinia, K. of. *See* Charles Emmanuel III (1701–73); Charles Emmanuel IV (1751–1819); Victor Amadeus III (1726–96)
Sardinia, Q. of. *See* Marie-Adélaïde-Clotilde-Xavière
Sardinia:
ambassadors from, *see under* Ambassador
viceroy of, *see* Ferrero di Biella, Filippo Francesco Maria, Conte della Marmora
'Sardinière, la belle.' *See* La Baume le Blanc, Françoise-Louise de; Scorailles de Roussilhe, Marie-Angélique
Sarre, Marguerite, m. (ca 1740) Jacques de Chambon, Comte de Marcillat:
Ward, Mrs, femme de chambre of, vi. 192
Sarsfield, Guy-Claude (d. 1789), Comte de, *or* Jacques-Hyacinthe (d. 1785), Chevalier (later Vicomte) de:
D gives parcel from, to Hon. T. Walpole, v. 446
social relations of, with: Anville, Duchesse d', v. 311; HW, v. 292, 307; Hénault, v. 270; Malherbe, v. 311; Richmond, v. 292
to go to England, i. **286**
*1* Sartine, Mme de, wife of *2*. *See* Hardy du Plessis, Marie-Anne
*2* Sartine, Antoine-Raimond-Jean-Gualbert-Gabriel de (1729–1801), Comte d'Alby; lieutenant of police:
Albert uncongenial to, iv. 300
Estaing entertained by, v. 439
HW consults, about theft, v. 267
letters and money sent to, after disaster at fireworks, ii. 419
lettre de cachet expected by, iii. 48, 50
Louis XVI receives news of Senegal capture from, v. 123
——'s letter to Penthièvre signed by, vi. 210
——'s permission for Macartney to serve in army declared in letter by, v. 445
Malesherbes may be succeeded by, iv. 300
naval news brought by courier to, v. 52
Necker intercedes with, for Macartney, v. 211
police position regained by, iv. 331
*Prothée's* loss subject of letter by, v. 446
Sade arrested by, ii. 58
secretary of the marine, iv. 87
war desired by, v. 40
war parley attended by, iv. 459
Sault, Du. *See* Saulx
Saulx, Marquis de. *See* Saulx-Tavannes, Charles-Henri de
*1* Saulx, Charles-François-Casimir de (1739–92), Comte de Tavannes; later Duc de Saulx-Tavannes; son of *2*:
(?) social relations of, with: Anville, Duchesse d', v. 311; Monconseil, Marquise de, v. 332

*2* Saulx, Charles-Michel-Gaspard (1713–84), Comte de, nephew of *4*:
(?) social relations of, with Duchesse de Gramont, v. 451
*3* Saulx-Tavannes, Duchesse de, wife of *1*. *See* Lévis-Châteaumorand, Marie-Éléonore-Eugénie de
*4* Saulx-Tavannes, Charles-Henri de (1697–1768), Marquis de Saulx:
D likes March better than, i. 369
D's acquaintance with, i. 197
D's opinion of, i. 48, 55, ii. 121
death of, ii. 118, 121
health of, ii. 108, 118
Holdernesse compared to, i. 77
social relations of, with: (?) Aiguillon, Duchesse d', v. 278, 285, 314; (?) Anville, Duchesse d', v. 311; D, i. 205, 342, 356, ii. 108, v. 282–3(?), 287(?), 289(?), 293(?), 296(?), 298–9(?), 302(?), 305(?), 308–10(?), 314(?), 316–7(?), 320; (?) Egmont, Comtesse d', v. 305; (?) Egmont, Comtesse d' (dowager), v. 307; (?) Forcalquier, Comtesse de, v. 306; Hénault, ii. 108, v. 301(?), 305(?), 317(?), 320; Lambert, Mme de, v. 300(?), 302(?); Luxembourg, Mme de, v. 290(?)
Saumur:
carabineers at, i. 230
Joseph II at, vi. 201
Sade said to be imprisoned at, ii. 57
Saunders, Sir Charles (ca 1713–75), K.B.; naval officer:
named commander of the fleet, iii. 348
*1* Saurin, Bernard-Joseph (1706–81), dramatist:
*A M. de Voltaire sur l'A, B, C,* ii. 179–80
*Béverlei (Le Joueur),* ii. 44n, 75, 91–2, 94, 105, 107
brings play and verses to D, ii. 92, 105
*Mariage de Julie, Le,* D prefers *L'Indigent* to, iv. 241
*Orpheline léguée, L',* v. 271
social relations of, with Helvétius, v. 299
*2* Saurin, Mme Bernard-Joseph, wife of *1*. *See* Sandras, Marie-Anne-Jeanne
Sauvage, Victoire-Françoise, m. (1771) Louis-Marie-Cécile, Comte de Saint-Maure:
(?) social relations of, with D, iii. 138–40
Sauvé, Jean-Baptiste (1701–61), called La Noue; actor:
*Œuvres,* D owns, vi. 33
Sauveur, ——:
attends session of parliament of Paris, vi. 171
Sauvigny, Mme Louis-Jean Berthier de. *See* Durey d'Harnoncourt, Louise-Bernarde
Sauzay, Marquis du. *See* Du Sauzay, Jean-Baptiste
Savalette, ——:
attends session of parliament of Paris, vi. 173
Savary-Brèves de Jarzé, Marie-Renée-Bonne-Félicité de (ca 1743–68), m. (1755) Charles-René de Maillé de la Tour-Landry, Comte de Maillé:
Louis XV favours, i. 373

ugly and disgusting, i. 373
Saverin, château de:
  burned, v. 428
Savoie, Princesses de. *See* Marie-Joséphine-
  Louise of Savoy; Marie-Thérèse of Savoy
Savoie Carignan, Marie-Thérèse-Louise de
  (1749–92), m. (1767) Louis-Alexandre-Joseph-
  Stanislas de Bourbon, Prince de Lamballe:
  dances at ball in honour of Dauphin's mar-
    riage, ii. 410
  marriage of, i. **225**, 227, 229, 231, 245
Savonnerie, La. *See* La Savonnerie
Savoy, Ds of. *See* Marguerite (1523–74) de Valois
Savoy, D. of. *See* Charles Emmanuel IV
Savoy:
  ambassador to, *see under* Ambassador
*Savoyards*, the:
  Pont-de-Veyle sings, v. 289
Sawbridge, Catherine (1731–91), m. (1) (1760)
  George Macaulay; m. (2) (1778) William
  Graham:
  D wishes HW to recommend, to Mme Necker,
    iv. 488
  D would like to have, bring tea, iv. 489
  (?) HW alludes to, iii. 199
  HW recommends, to D, iv. 486
  HW's relations with, iv. 495
  health of, iv. 495, 497
  *History of England . . . , The*, iv. 497
  Nice not to be visited by, iv. 497
  social relations of, with D, iv. 495, 497
  suppers not liked by, iv. 488
Saxe, P. of. *See* Franz Xaver
Saxe, Ps of. *See* Marie-Christine
Saxe, Marie-Josèphe of. *See* Marie-Josèphe
Saxe, Maurice (1696–1750), Maréchal de:
  Bellecourt, Mlle, mistress of, v. 265
  Louis XVI said to have ordered statue of, v.
    23
  manuscript of, about Königsmarck's murder,
    v. 278
  Marigny orders statue of, v. 23
Saxe:
  D's china from, vi. 13, 24
Saxe-Gotha, D. of. *See* Frederick III
Saxe-Gotha:
  Wales, Ps of, to visit, ii. 420
'Saxon' architecture. *See under* Architecture
Saxony:
  minister from, *see under* Minister
Sayde, ——, china merchant:
  HW's bill from, v. 408, 413
Sayre, Stephen, banker; former sheriff:
  George III said to be object of plot of, iv.
    **230**, 231
Scarbrough, E. of. *See* Lumley-Saunderson,
  George Augusta
Scarron, Paul (1610–60), dramatist:
  *Don Japhet d'Arménie*, v. 302
  *Œuvres*, D owns, vi. 33
  Sévigné, Marquise de, compared with, iii. 390
Scarsdale, Bn. *See* Curzon, Nathaniel

Sceaux, M. de. *See* Saulx-Tavannes, Charles-
  Henri de
Sceaux, château of the Duc du Maine:
  ceiling of cabinet at: HW admires, v. 322;
    HW secures drawing of, i. 363n, 367, 373, 375,
    378, 381, 384, 386, 389, 399, ii. 1, 10
  curé of, social relations of, with: D, v. 322;
    HW, v. 322; Sanadon, Mlle, v. 322; Selwyn, v.
    322
  D lives at, vi. 52, 56, 66
  Du Maine, Duchesse, assembles court at, vi.
    114
  Pavillon d'Aurore at, v. 322
  visitors to: Bauffremont, ii. 442–3; Beauvau,
    Chevalier de, ii. 443; Boufflers, Marquise de,
    ii. 442; Cholmondeley, Mrs, ii. 243, 442; Chol-
    mondeley, Henrietta Maria, ii. 442; D, ii.
    243, 442–3, iv. 145, v. 322; Elliot, Gilbert, ii.
    442; Elliot, Hugh, ii. 443; HW, iv. 145, v.
    322; Sickingen, ii. 442; Sigorgne, ii. 443; Sana-
    don, Mlle, ii. 443, v. 322; Selwyn, v. 322
Scellières, Abbey of:
  prior of, *see* Potherat de Corbière, Dom Gas-
    pard-Edmé-Germain
  Voltaire buried from, v. 48
Scey-sur-Saône, château of Prince de Bauffre-
  mont:
  Bauffremont occupies, iii. 97, iv. 281, v. 246
  visitors to: Boisgelin, Comtesse de, iv. 281;
    Boufflers, Marquise de, iv. 281; Mirepoix,
    Mme de, iv. 281
Schaub, Frederica Augusta, m. (1767) William
  Lock:
  (?) HW sends parcel to, v. 378
Scheffer, Carl Fredrik (1715–86), greve; former
  ambassador from Sweden to France:
  at supper with Gustav III, iii. 39–40
  D hears from, that Gustav III wishes to re-
    ceive her, iii. 36–7
  Louis XV receives: iii. 36; after going to bed,
    iii. 36
  social relations of, with Duc and Duchesse
    d'Aiguillon, iii. 40
  Swedish princes brought to D by, iii. 26
  to return to Sweden, iii. 37, 40
Scheherezade:
  D a new, iv. 398
Schelestadt:
  Beauvau to command at, iv. 322
  —— to visit, iv. 325, 331
  military division of Alsace, iv. 322
Schomberg, Gottlob-Louis (d. ca 1792), Comte
  de:
  (?) Chanteloup visited by, iii. **245**
  social relations of, with Duchesse de Choiseul,
    v. 328
Schomberg, Jeanne-Armande (ca 1632–1704), m.
  Charles de Rohan, Prince de Guéménée:
  tomb of, v. 282
Schutz, Mr:
  D sends parcel by, ii. 77
*1* Schuwalof, Comtesse, wife of *2*. *See* Saltykov,
  Catherine Petrovna

2 Schuwalof, André (1744–89), Comte, nephew of 3:
D's opinion of, iv. 496, v. 26, 54, 73
Épître à Ninon de l'Enclos: D attributes, to Voltaire, iv. 28; D sends, to HW, iv. 28, 42
Épître à Voltaire, v. 175, 426, 428
Paris to be visited by, vi. 205
Roissy to be visited by, v. 54
social relations of, with D, iv. 496, v. 429, 431
uncle of, v. 55, 175
3 Schuwalof, Ivan Ivanovitch (1727–97):
absent from Paris, v. 176
Auteuil visited by, v. 347
Britannicus applauded by, v. 277
Catherine II makes, grand chamberlain, v. 72
—— receives, iv. 492, vi. 205–6
Choiseul, Duchesse de, pleasantly surprised by, i. 365, 381
—— talks with, i. 111
D's blue-fox mantle given by, v. 72, 80–1
D's correspondence with, i. 248, 290, 365, iii. 144, iv. 492, 496, v. 72, 80, vi. 205
D's friendship with, i. 9
D to be accompanied by, i. 13, 16
Du Barry, Comtesse, called 'Mme Barbari' by, iv. 51
Elizabeth of Russia's favourite, i. 129n
England to be visited by, i. 111, 112
Frederick II visited by, iv. 492, vi. 205
Genoa visited by, i. 365
HW and D discuss, iv. 335
HW given Dorat's Fables by, iv. 182
HW's correspondence with, iv. 307, 308, 310
HW sends parcels to, iv. 335
HW sent messages by, i. 290
HW's remarks on Marmontel to be repeated to, iv. 424
HW to consult, about medal, iv. 400
Jesuits' sufferings pain, i. 365, 381
Jonzac, Marquise de, gives commission to, i. 129
London visited by, i. 129
Luxembourg, Mme de, exchanges presents with, iv. 415
(?) —— writes verses to, iv. 415
(?) Marmontel's verses to, iv. 424
nephew and niece of, v. 55
Paul I receives, iv. 492
Roissy visited by, iv. 72
Saint Petersburg visited by, iv. 492, v. 72
social relations of, with: Boufflers, Comtesse de, v. 347; Caraman, Comte and Comtesse de, iv. 72, 86, v. 304, 346; Catherine II, v. 72; Craufurd, i. 157–8; D, i. 9, 111, v. 308, 314, 347–8; Geoffrin, Mme, v. 300, 308; HW, v. 263, 270, 298, 306, 310, 344, 352–3, 415; Hénault, i. 4, v. 301; La Vallière, Duchesse de, v. 344; Lennox, Lady George, i. 13, 16; Luxembourg, Mme de, vi. 206; Marchais, Baronne de, v. 348; Necker, Mme, iv. 442; Richmonds, v. 294; Spencer, Lord Robert, iii. 144
Sofie Dorothea receives, iv. 492
Vienna visited by, i. 248

Sciatica:
D's lackey has, iv. 408
Sciences:
D's poor opinion of, ii. 247
Scissors:
D loses, v. 119
HW seeks, iv. 359, 367
Selwyn procures, for D, v. 131
Scorailles de Roussilhe, Marie-Angélique (1661–81), Duchesse de Fontanges:
(?) Ennery has medallion of, v. 325
Scot. See Scott
Scotland:
Craufurd does not care for, i. 230
E. Marischal of, see Keith, George
history of, see Robertson, William, Histoire d'Écosse
Hume settles in, i. 207, 208, 230
kings of, Scots College has charters of, v. 359
visitors to: Craufurd, i. 23, 156, iv. 3, 4, 76, 82, 93, 457, 462; Elliot, ii. 435; Fitzjames, i. 259, 264; Hume, i. 137, ii. 269; Stormont, iv. 203
Scots College:
Gordon principal of, v. 307
HW describes, v. 358
HW visits, v. 307, 308
James II and entrails of his wife and daughter buried at, v. 308
Smith, Adam, visits, v. 307
1 Scott, Hon. Campbell (1747–66), son of 2:
death of, i. 157n
(?) Foire Saint-Germain attended by, v. 309
Sèvres visited by, v. 309
2 Scott, Francis (1720–50), styled E. of Dalkeith; g.-grandson of 4:
marriage of, v. 360
3 Scott, Henry (1746–1812), 3d D. of Buccleuch; son of 2:
brother of, dies, i. 157
Foire Saint-Germain attended by, v. 309
goods of, detained at Calais, i. 92
HW accompanies, to theatre, v. 305
lodges with Lennoxes, i. 157
servant of, to convey D's parcel, i. 160
Sèvres visited by, v. 309
social relations of, with: HW, v. 306, 308, 309; (?) Usson, Comtesse d', v. 309
4 Scott, James (1649–85), D. of Monmouth and Buccleuch:
suggested as Man in the Iron Mask, ii. 114
Scott, Martha, m. (1748) Charles Churchill:
Churchill parts with, v. 374
Tatton's mistress, v. 374
Screens:
in La Borde's dining room, v. 280
1 Scudéry, Georges de (1601–67):
Bachaumont mentions, iii. 187–8
Observations of, on the Cid, iii. 188
sister of, iii. 188
wife of, iii. 187
2 Scudéry, Mme Georges de, wife of 1. See Du Montcel de Martinvast, Marie-Madeleine

*3* Scudéry, Madeleine de (1607–1701), novelist; sister of *1:*
*Artamène, ou le Grand Cyrus,* D alludes to, i. 272, iii. 188
*Clélie,* D alludes to, i. 272, ii. 71, iii. 188
D admits resemblance to, i. 142
D annoyed by charge that she resembles, i. 55, 142, 248, 272, 273, 276, 279, 294, 312, 346, 363, ii. 51, 304, 305, 374, 391, 441, iii. 43, iv. 428
D dislikes, iii. 392
D has never read, i. 248, ii. 304
Scudéry brother of, iii. 188
*Scythes, Les. See under* Voltaire
Seals:
(?) HW's, iv. 355
Sechelles. *See* Hérault de Sechelles
*1* Secondat, Charles de (1689–1755), Baron de Montesquieu:
Christian VII praises, ii. 165–6
*Esprit des lois, L',* D owns, vi. 33
HW praises, iii. 397
*Lettres familières du Président de Montesquieu . . . à divers amis d'Italie, Les:* D sends, to HW, i. 334; HW receives, from Florence, i. 335; HW's opinion of, i. 335
'portrait' of Mme de Mirepoix by, vi. 78
Saurin defends, against Voltaire, ii. 180
Voltaire's discussion of, ii. 171, 180
*2* Secondat, Jean-Baptiste (1716–96), Baron de, son of *1:*
Borde friend of, i. **110**
Secousse, Jean-François-Robert (ca 1696–1771), curé of Saint-Eustache:
social relations of, with Choiseul, ii. 373
Sedaine, Michel-Jean (1719–97), dramatist:
*Déserteur, Le:* ii. 274, 276, 278, iii. 376, 378, 379; HW sees, iii. 378; Louis XVI and Marie-Antoinette see, iii. 378; parodied, ii. 301n; played at Versailles, iv. 127; verses to air from, iii. 226
*Gageure imprévue, La,* ii. 84
*Maillard, ou Paris sauvé,* D hears, ii. 376, 384–5, iii. 379
*Philosophe sans le savoir, Le,* ii. 274, 275, 384, iii. 379, v. 280, 283, 285
*Roi et le fermier, Le,* v. 314, 320
*Rose et Colas:* Caraman family acts, iii. 269; HW sees, v. 316
Seeds:
HW orders, through D, iv. 305, 306, 308
Sefton, E. of. *See* Molyneux, Charles William
Séguier, Antoine-Louis (1726–92), advocate-general of parliament of Paris:
(?) D mentions, iv. 168
indictment of, against condemned books: D sends, to HW, ii. 470, 472, 483; essence of condemned books in, vi. 177; parliament declines to publish, ii. 450n, 470
La Galaisière answered by, for cour des aides, iii. 59
La Harpe censured by, v. 375
parliament at odds with, ii. **450**, 470, 491
speaks at lit de justice, iii. 61, vi. 166

Séguier, Nicolas-Maximilien, Comte de Saint-Brisson:
social relations of, with: Brancas, Marquis de, v. 310; La Vallière, Duchesse de, iii. 191, v. 349–50
Séguier, Sidoine-Charles-François (1738–73), Marquis de Saint-Brisson:
social relations of, with Richmond, v. 301
*1* Ségur, Comtesse de. *See* Froissy, Philippe-Angélique de
*2* Ségur, Joseph-Alexandre-Pierre (1756–1805), Vicomte de, son of *3:*
Auteuil visited by, v. 348
Luxembourg, Mme de, fond of, v. 200
social relations of, with: Boufflers, Comtesse de, v. 348, 351; D, v. 348; Luxembourg, Mme de, v. 352
verses by, v. 200
*3* Ségur, Philippe-Henri (1724–1801), Marquis de, son of *1:*
La Tuilerie visited by, v. 345
model for letter to Orléans sent to, vi. 183
social relations of, with: Brancas, Marquis de, v. 296; (?) La Reynière, M. and Mme de, v. 345
*1, 2* Seignelay, Marquis de. *See* Colbert, Jean-Baptiste (1619–83); Colbert, Louis-Jean-Baptiste-Antonin (1731—living, 1780)
*3, 4* Seignelay, Marquises de, wives of *2. See* Béthune, Catherine-Pauline de (b. 1752); Montigny, Marie-Anne de (1748–67)
Seigneur, Le. *See* Le Seigneur
Seine, River:
Choiseul-Beaupré, Comtesse de, embarks on, iii. 352
floods, ii. 331
water of, injurious, i. 234
Seleucia, Archbishop of. *See* Doria Pamfili, Giuseppe
Self-love:
hopes never to want compassion, v. 361
(?) Selincart, Henriette (ca 1644–80), m. (1662) Israel Silvestre:
tablet to, v. 277
*1* Selle, Charles de (1730–86):
(?) attends session of parliament of Paris, vi. 173
*2* Selle, Marie-Françoise de (b. 1746), niece of *1,* m. (1763) Anne-Joseph-Marie de Verdusan, Marquis de Miran:
social relations of, with Comtesse de la Marche, v. 301
Sellières. *See* Scellières
*1* Selwyn, George Augustus (1719–91), wit; 'Lindor'; son of *2:*
Bath visited by, i. 265
Bentheim, Gräfin von, business affairs of, with, ii. 11
Bibliothèque du Roi visited by, v. 323
Bunbury, Lady Sarah, accompanied by, i. 201, 208
Calais to be visited by, v. 85, 86, 88, 151
—— visited by, v. 89

[*I* Selwyn, George Augustus, *continued*]
Caraman's correspondence with, v. 217
Carlisle, Cts of, correspondence of, with, v. 63
Carlisle, E. of, friendship of, with, iii. 361, iv. 74, v. 185
—— in Paris with, i. 152, 154, 170
Chanteloup to be visited by, v. 124
Chantilly to be visited by, v. 151, 152
Choiseul's reprimand of Fréron known to, i. 228
Conway's refusal of salary told to, i. 371, 372
Craufurd attended by, i. 363
—— says HW finds, witty, i. 374
——'s death rumoured by, i. 156, 160, 162, 171, 193
D assisted by, in: purchases, ii. 27, 28, 39; sending parcels and letters, i. 160, 183, 184, 191, 199, 200, 201, 203, 210, 213, 219, 221, 364, 367, 371, 373, 374
D believes, to be at Newmarket, i. 291
D buys porcelains for, ii. 69
D confided in by, v. 146-7, 150, 189
D contrasts Bièvre and, i. 241
D does not know plans of, ii. 131
D gives commissions to, i. 292, 295, 297, ii. 28, 67-8, 189, v. 120, 123, 124-5
D gives fan of, to Duchesse de Choiseul, i. 89, 111
D hears nothing of, i. 291, 389, ii. 32, 116, 119, 124, 224, 229, 233, 428, v. 88, 167
D hopes, will write about HW, i. 220
D hopes to see, iii. 406, 413
D inquires about, ii. 69, iii. 184, 228, 351, iv. 187, 214, 381, v. 6, 168, 174, 187, 235
D mentions, i. 46, ii. 163, 180, v. 132
D permitted to speak of HW to, i. 157
D receives compliments of, iv. 74
D receives fan from, i. 87, 89
D receives presents from, v. 131
D receives regrets from, about delayed Paris visit, v. 34
D receives tea from, i. 87, v. 423
D's correspondence with, i. 41, 49, 57, 59, 87, 213, 221, 222, 227, 231-2, 237, 238, 252, 258, 265, 268, 291, 292, 295, 297, 317, 324, 329, 380, 381, 384, 387, 395, 401, 407, ii. 17, 19, 21, 35-7, 62, 67-8, 73, 83, 84, 108, 124, 125, 189, 191, 229, 236, 332, iii. 8, 127, 309, iv. 116, 296, 302, v. 36, 37, 65, 72, 89-91, 93-5, 99, 101, 102, 105, 106-7, 108, 112-4, 117, 119-20, 124, 126, 127, 156, 190-4, 196, 198, 206, 207, 213, 217, 226-8, 233, 422, 438, 440-2, 444, 446-8, 458, 460
D's debts to: i. 308; to be paid by HW, i. 324
D seldom talks of HW with, i. 186
D sends letter through, v. 82
D sends parcels by, v. 96-7, 101
D's French criticized by, iii. 316, 319
D's opinion of, i. 162, 168, 170, 181-2, 191, 199, 204, 205, 210-1, 252, 355, 360, 374, 376-7, 381, ii. 125-6, 249, iii. 189, 193, 421, iv. 390, v. 67, 78, 105-6, 130, 146, 150, 154-5, 155, 195
D's portrait copied for, vi. 216

D's portrait desired by, ii. 32, 35
D's relations with, i. 355, 360, 391, ii. 33, 156, 267, 435, iv. 390, v. 199
D's verses applied to, i. 204
D talks with, i. 162, 184, 353
D to receive news of HW from, i. 182, v. 84, 87
D to send letter by, v. 40, 87
D to send parcels by, v. 75-6, 82, 86, 141, 143, 151
difficulties of, in Paris, v. 110, 112, 114, 189
dolls suggested as joke between D and, i. 377
ebony cabinet of Mme de Sévigné's given to, v. 80
Fagnani, Marchesa, vexes, v. 143, 148
Fagnani, Marchese, correspondence of, with, v. 133(?), 135(?), 137, 145(?), 146, 152
Fagnani, Maria, adored by, v. 43, 50, 77, 130, 131, 133, 139, 145-8, 150, 154, 174, 178, 181, 198, 217
—— entrusted to, v. 152
—— given money by, v. 145, 154
—— suspected of being daughter of, v. 145
—— to be taken by, to England, v. 133, 137, 145, 146, 150
—— to receive gift from, iv. 482
Fagnani family, correspondence of, with, v. 133
Fagnani family makes agreement with, v. 77-8
Fanshawe recommended to D by, ii. 238
Fitzroy's letter to D forwarded by, i. 227
Foire Sainte-Ovide visited by, v. 322
Fox considers his letter of dismissal a trick by, iv. 24
French of, i. 161, 170, v. 150
gambles, i. 208, 308, ii. 75, 282, 289
gambles no more, ii. 191
Gem to accompany, v. 43
Grignan visited by, v. 80
HW accompanies, to shops, v. 323
HW angry at, for expressions used in dictated letter, v. 93
HW discusses America with, iv. 151
HW mentions, iii. 75
HW misunderstands D concerning, i. 397
HW receives money from, v. 411
HW scolds, ii. 84
HW's correspondence with, v. 378-81, 396
HW sends letter by, v. 43
HW sends money to D through, v. 131, 133, 135
HW sends parcel by, v. 131
HW's inclusion in public prayers hoped for by, iii. 247
HW's letter explained by, v. 145
HW's letter to be explained by, v. 146
HW's letter translated by, v. 84
HW's opinion of, iii. 201
HW's pendant in his letters, ii. 31
HW to dictate letters to, v. 192, 197
HW to have news of D from, v. 83, 154
HW to send parcels by, iii. 205, 207, v. 40
HW to talk with, i. 374, 375, 400

HW visits, iv. 83n, 86
health of, iii. 227, v. 138, 140, 147
Hénault sent message by, ii. 125
Hollands attract, i. 375
inquires about soldier, ii. 5
in the country, i. 394
Isle-Adam visited by, i. 345, 349
Italy to be visited by, v. 6, 37, 43, 44
leaves Paris, i. 204, 205, 210, 213, 371–4, 376, v. 44, 46
London to be visited by, v. 151, 155
Lyon to be visited by, v. 80, 133
Maillé spoken of to HW by, i. 373
March accompanies, i. 349, 350, 360
—— liked by, i. 374, iv. 74, 186
Matson occupied by, v. 162, 168, 169
may fear that D shows his letters about, ii. 229, 231
Milan to be visited by, v. 44, 50
—— visited by, v. 65
Morfontaine known to, i. 219
mot of, ii. 23, iv. 64
Opéra-Comique attended by, i. 345
Paris may be visited by, ii. 173, iv. 204
—— pleases, i. 374, 376–7, ii. 199
—— to be visited by, i. 83, 119, 137, 317, 324, 338, 376, ii. 170, 343, iii. 55, v. 36–9, 42, 63, 70–3, 75, 124, 126, 127, 130
—— visited by, v. 76, 131, 321
passport desired by, v. 36–8, 40, 65, 66, 123, 152
Pièces fugitives sent to D through, i. 152
plans of, i. 268
political interests of, ii. 189
Pulteney's death to be told to, by D, i. 365
Rochechouart attracts, ii. 71
Sceaux visited by, v. 322
Sévigné, Mme de, admired by, i. 405
silver of, stopped at customs, v. 77
sleeps when bored, iii. 205, v. 86
social relations of, with: Brancas, Marquis and Marquise de, v. 322; Choiseul-Beaupré, Comtesse de, v. 131, 147; Clérembault, Mlles de, i. 350–1; D, i. 152, 154, 156, 170, 210, 345, 349, 354–6, 360, v. 131, 138–40, 143, 147, 321–4; Geoffrin, Mme, v. 322; HW, ii. 126, iv. 132, v. 207, 321–3; Hénault, i. 204, 345, 350, 358, v. 321–3; Mirepoix, Mme de, ii. 39; Montmorency, Princesse de, i. 346; Necker, v. 77; Praslin, Duchesse de, i. 369; Rochford, i. 369
suggests that D send him Wiart, i. 393
to be in London, i. 384
to leave Paris, v. 83–6
(?) Usson, Comtesse d', disparages friend of, v. 94
war may prevent Paris visit of, v. 27, 32
Wiart's correspondence with, iv. 225
—— sends wine to, iii. 370–1
—— to get lodging and carriage for, v. 127
wit of, i. 161, 162, 168, 204, 374
2 Selwyn, Mrs John. See Farrington, Mary
Sémiramis. See under Voltaire

Sempy, P. A. (living, 1720), glass-painter:
Elias' designs executed by, v. 282
Sénac de Meilhan, Gabriel de (1736–1803):
intendant of war, iv. 311
La Tuilerie visited by, v. 345
social relations of, with: D, v. 345; La Reynière, M. and Mme de, v. 345
Seneca, Lucius Annaeus (ca 4 B.C.—A.D. 65), philosopher:
D mentions, i. 328
HW mentions, i. 151
Senegal:
Lauzun captures, v. 123
'Sénèque.' See Barthélemy, Jean-Jacques
Senlis:
D receives letter sent from, iv. 235
Grand Cerf, Le (inn), v. 342
visitors to: Craufurd, iii. 290; HW, iii. 90, v. 316, 342
1 Senneterre, Comtesse de. See Crussol, Marie-Louise-Victoire de
2 Senneterre, Charles-Emmanuel (1752–83), Marquis de, son of 1:
social relations of, with Duchesse de la Vallière, iii. 233
3 Senneterre, Marie-Charlotte de (1750–94), dau. of 1, m. (1770) Louis de Conflans, Maréchal d'Armentières:
social relations of, with: Châtillon, Duchesse de, iv. 221; La Vallière, Duchesse de, iii. 233, iv. 221, v. 345, 349, 352
Senonches:
Louis XV purchases, ii. 419
Sénozan, Comte de. See Olivier, Jean-Antoine
Sens, Archbishop of. See Loménie de Brienne, Étienne-Charles de
Sens:
Marie-Josèphe buried at, i. 263
Sentiment:
D defends, ii. 289
D on, i. 381
HW annoyed by word, ii. 303
Septchênes. See Le Clerc de Septchênes
Sépulcre, Rue du:
Aulan lives in, vi. 11
Séran, Comtesse de. See Bullioud, Marie-Marguerite-Adélaïde de
1 Sérent-Kerfily, Armand-Louis (1736–1822), Marquis (later Duc) de:
social relations of, with Mme Geoffrin, v. 327
2 Sérent-Kerfily, Marquise (later Duchesse) de, wife of 1. See Montmorency-Luxembourg, Bonne-Marie-Félicité de
Séricourt, Marie-Michelle de (1713–78), m. (1737) Augustin-Joseph, Comte de Mailly, Marquis d'Haucourt:
marriage of, v. 216
Sérigny. See Le Moine de Sérigny
Serpent (musical instrument):
accompanying chanters at Mass, ii. 210–1
Serrant, Comte de. See Walsh, François-Jacques de

Serre, Étienne de (b. 1698):
  (?) attends session of parliament of Paris, vi. 173
Sertorius. See under Corneille, Pierre
Servandoni, Chevalier Jean-Jérôme (1695–1766), architect; scene-painter:
  death of, v. 397
  spectacles of, ii. 211
Servant; servants:
  coachman, D's, accident to, i. 55, 56
  D has 10 or 12, ii. 386
  D's annuities for, ii. 365–6, 387
  gatekeeper at convent of Saint-Joseph, i. 55
  gratuities to, HW's, v. 399, 407, 412
  HW's, HW's correspondence with, v. 389, 393
  HW's, ill, i. 325
  lackey, Praslin's, i. 56
  lackeys, D's: i. 330, 338; three, iv. 408; three, behind D's coach, i. 55
  suisse of: Choiseul, Duchesse de, ii. 423–4; Praslin, i. 55–6
  valet de chambre of: Beuvron, Marquise de, i. 62; Choiseul, Duchesse de, ii. 309; Guerchy, Comtesse de, i. 349, 362
  women, D's, i. 115
  See also Bertin, ——; Brunet, ——; Cabot, ——; Cadet, ——; Colmant, Catherine; Colmant, Jean-Godefroy; Colomb, Philip; Common, ——; Corbie, ——; Corbie, Mme (?) Angélique; Couty, ——; Couty, Marie-Élisabeth; Decla, ——; Deschamps, ——; Devreux, (?) Louise-Catherine; Domer, ——; Dumont, Mme; Favre, ——; Firmin, ——; Gayot, ——; Jacquet; La Jeunesse; La Motte, Françoise; Le Sueur, ——; Louis; Mary; Michalin, Pierre; Mondomaine, ——; Monnerat, David; Nanny; Pétry, Nicolas-Antoine; Pevol, ——; Ramillon, ——; Ribot, Ambroise; Saint-Jean, ——; Thérèse; Toinette; Ward, Mrs; Webb, Mrs; Wiart, Jean-François
Sésostris. See under Voltaire
Sève. See Sèvres
Seven Years' War:
  causes of, v. 285–6
1 Sévigné, Marquise de. See Rabutin-Chantal, Marie de
2 Sévigné, Françoise-Marguerite de (1648–1705), dau. of 1, m. (1669) François Adhémar de Monteil, Comte de Grignan:
  affectionate remarks of her mother to, i. 127, 196, ii. 24, iii. 420
  D mentions, iii. 330
  Ennery has medallion of, v. 325
  HW admires letter of, ii. 141, 144
  (?) La Harpe ignores mother's affection for, iii. 420
  letter of Mme de Sévigné to, 13 Sept. 1679, sent to HW, i. 402, 405, ii. 1–3, 6, 24
  letters of, printed, iv. 275
  portrait of: i. 70; at Grignan, v. 80
Sévigniana. See under Barral, Pierre
Sèvres:
  china from: D's, vi. 12–3, 24–6; HW's, v. 402, 404–7

Dumont, Mme, brother of, lives at, ii. 492
  factory at: ii. 348, 356; HW visits, ii. 348; Necker to retain charge of, for a few months, v. 453
  horses changed at, ii. 399
  visitors to: Dumont and son, ii. 492; HW, ii. 348, v. 271, 309, 331; Irwin, v. 331; Richmond, iv. 441
Seymour, Lady Elizabeth (1716–76), m. (1740) Hugh Smithson Percy, D. of Northumberland:
  in Paris, i. 191
Seymour, Georgiana (b. 1755), m. (1794) Comte Louis de Durfort:
  (?) Gem attends, v. 43
1 Seymour, Lady Hugh, sister-in-law of 2. See Waldegrave, Lady Anna Horatia
2 Seymour-Conway, Lady Frances (1751–1820), m. (1775) Henry Fiennes Pelham-Clinton, styled E. of Lincoln:
  marriage of, iv. 132, 134
3 Seymour-Conway, Francis (1743–1822), styled Vct Beauchamp; 2d M. of Hertford; brother of 2:
  Compiègne to be visited by, iii. 388
  D cannot procure society for, iii. 385
  D pities, for death of wife, iii. 189, 219
  D's opinion of, iii. 387–8
  HW sends box by, v. 404
  HW sends letter by, iii. 384, 387, v. 376
  HW sends tooth-powder by, iii. 387
  HW to hear about D from, iii. 401
  Hertfords' interest centered in, ii. 440
  Hertfords send compliments to D by, iii. 386
  leaves Paris, iii. 219
  London probably reached by, iii. 395
  Paris visited by, v. 265
  Reims to be visited by, iii. 388
  —— visited by, iii. 394, 395, 401
  rumoured to be war secretary, v. 49
  social relations of, with: D, iii. 384, 388; La Vallière, Duchesse de, iii. 388
4 Seymour-Conway, Lady Gertrude (1750–93), sister of 2, m. (1772) George Mason-Villiers, Vct Villiers, cr. (1782) E. of Grandison:
  marriage of, iii. 139
5 Seymour-Conway, Hon. (later Lord) Henry (1746–1830), brother of 2:
  Compiègne to be visited by, iii. 388
  D cannot procure society for, iii. 385
  D inquires about, v. 229–30
  D's opinion of, iii. 387–8
  HW sends letter by, iii. 387
  Hertfords send compliments to D by, iii. 386
  London probably reached by, iii. 395
  Reims to be visited by, iii. 388
  —— visited by, iii. 394, 395
  social relations of, with: D, iii. 384, 388; La Vallière, Duchesse de, iii. 388
6 Seymour-Conway, Lady Sarah Frances (1747–70), sister of 2, m. (1766) Robert Stewart, later Bn, E., and M. of Londonderry:
  D thinks Hertfords will scarcely regret, ii. 440

Shakespeare, William (1564–1616):
*Antony and Cleopatra*, D cites, v. 162
Boufflers, Comtesse de, dislikes, iv. 304
*Coriolanus*: to be translated, iv. 298; translated, v. 69
*Cymbeline*, v. 70
D compares work of Sedaine to that of, ii. 384
D does not appreciate, iii. 390
D influenced by, ii. 174
D mentions, ii. 168
D praises, ii 167, 174
D reads, iii. 347
D's acquaintance with, i. 270, ii. 167, 171, 174
HW guides D's reading of, ii. 174
HW praises, ii. 98, 119, iii. 389–90
HW prefers, to French dramatists, iv. 44
HW prefers, to Voltaire, i. 256, 261, 270, ii. 96, 98, 129
HW's correspondence with Voltaire on, ii. 90, 95–6, 98–9, 101–4, 106, 113, 116–20, 122–3, 126, 127, 129, 146, 237, 286, iv. 361, v. 387, vi. 144–6
HW's defense of, in *Castle of Otranto*: vi. 141–3; Barthélemy inquires about, iv. 268
HW's opinion of, iv. 303
*Hamlet*: ii. 281, 282, vi. 141; Ducis's adaptation of, v. 332
*Henry VI*, ii. 167, 174
Homer compared to, v. 181
jubilee of, Le Tourneur's *Shakespeare traduit de l'anglois* describes, iv. 287
*Julius Caesar*: D cites, iv. 298; D's opinion of, iv. 298, 304
*King John*, ii. 174
*King Lear*: D's opinion of, v. 162, 165, 167; to be translated, iv. 298
La Place makes poor translation of, iv. 290
life of, in Le Tourneur's *Shakespeare traduit de l'anglois*, iv. 287
*Macbeth*, v. 69
Montagu, Mrs Elizabeth, defends, vi. 204
*Œuvres*, D owns, vi. 34
*Othello*: Barthélemy likes, iv. 287–8, 288; D likes, ii. 167, iv. 288, 291, 298, 304
*Richard III*, D reads, ii. 171
*Tempest, The*, D's opinion of, iv. 298
*Timon of Athens*, to be translated, iv. 298
Voltaire attacks, iv. 345, 348, 354, vi. 141
*Shakespeare traduit de l'anglois. See under* Le Tourneur, Pierre-Prime-Félicien
Sharkskin case:
D sends, to Lady Ailesbury, iv. 325
Sheep:
at SH, ii. 394
Sheffield silver:
box of, v. 416
*1, 2* Shelburne, Cts of. *See* Fitzmaurice, Mary (d. 1780); Fitzpatrick, Lady Louisa (1755–89)
*3* Shelburne, E. of, son of *1*, husband of *2*. *See* Petty, William
Sheldon, Frances (d. 1790), m. (1) William Fer-

mor; m. (2) Sir George Browne, of Kiddington, 3d Bt:
Barnewall known by, v. 358
'Catholic, the,' v. 358
HW buys cup and saucer for, v. 414
social relations of, with: Beaufort, v. 271; Caher, v. 311; Chabot, Lady Mary, v. 300, 312; Fife, Cts of, v. 277; HW, v. 260, 269, 274, 285, 292, 311; Massareene, v. 294
Sheriffs, London:
insolence of, to George III, iv. 31
*She Stoops to Conquer. See under* Goldsmith, Oliver
Shipbrook, E. of. *See* Vernon, Francis
*1* Shirley, Hon. George (1705–87):
HW mentions, iii. 88
*2* Shirley, Hon. Mrs George, wife of *1*. *See* Sturt, Mary
*3* Shirley, Hon. Sewallis (1709–65), brother of *1*:
death of, v. 397
Short, James (1710–68), optician:
D mentions, ii. 31
Shorter, Catherine (1682–1737), m. (1700) Sir Robert Walpole; HW's mother:
HW embarrassed by affection of, ii. 59
Shuvalov. *See* Schuwalof
Siberia:
Menshikov's death in, iv. 167
travels in, *see* Chappe d'Auteroche, Jean, *Voyage en Sibérie*
'viceroy of,' iii. 357
Sicily, K. of. *See* René
Sicily:
Caracciolo to be viceroy of, v. 452
travels in, *see* Brydone, Patrick, *Tour through Sicily*
Van Dyck sails from, v. 371
Sickingen, Karl Heinrich Joseph (1737–91), Reichsgraf von, minister from Elector Palatine to France:
D accompanied by, to Sceaux and Montrouge, ii. **442**
social relations of, with D, iii. 5
*Siècle de Louis XIV, Le, nouvelle édition . . ., à laquelle on a ajouté un Précis du siècle de Louis XV. See under* Voltaire
*Siècle de Louis XV, Le. See under* Voltaire
*Siège de Calais, Le. See under* Buyrette de Belloy, Pierre-Laurent; Guérin, Claudine-Alexandrine
*Siège d'Orléans, Le*:
given at Nicolet theatre, v. 66
Sigorgne, Pierre (1719–1809), abbé; philosopher; 'un grand vicaire de Mâcon'; D's 'professeur':
Bastille imprisonment of, ii. 407
D accompanied by, to Sceaux and Montrouge, ii. 443
D's correspondence with, v. 440, 456
D's efforts in behalf of, ii. 407, 421, 453, 484
D's opinion of, ii. 411–2, 421, 435, 453, 484, 490, v. 56
D takes, to Hénault's, ii. 416

[Sigorgne, Pierre, *continued*]
HW hopes D may keep, in Paris, ii. 453
leaves Paris, v. 62
Paris to be visited by, yearly, ii. 453
—— visited by, ii. **407**, 439, v. 46
professor at Collège du Plessis, ii. 421
social relations of, with D, iv. 182
to leave Paris, v. 51
*Si le Roi m'avait donné Paris:*
verses to air of, iii. 353, v. 104
*See also J'aime mieux ma mie*
Silhouettes:
Huber's, iii. 285-6
Silk:
for filet, iii. 20, 23, 27, 32, 65, v. 392
Sillery, Marquis de. *See* Brulart, Charles-Alexis
Sillery, Marquise de. *See* Le Tellier de Louvois de Rebenac, Charlotte-Félicité
Silva, Jean-Baptiste (1684-1742), physician:
D quotes, iv. 79
Silva, Maria Teresa de (1716-90), m. (1738) James Francis Edward Stuart Fitzjames, 3d D. of Berwick:
social relations of, with: Berkeley, Cts of, v. 269; Butler, Mme, v. 272; HW, v. 261, 272, 311; Richmond, v. 292
Silver:
D's, inventoried, vi. 27-9
dutiable, v. 77
Sheffield, v. 416
Silver hazard. *See under* Hazard
*1* Silvestre, Israel (1621-91), engraver:
tablet for wife of, v. 277
*2* Silvestre, Mme Israel, wife of *1*. *See* Selincart, Henriette
*1* Simiane, Marquise de. *See* Adhémar de Monteil de Grignan, Françoise-Pauline d'
*2* Simiane, Julie de (1704-28), dau. of *1*, m. (1725) Jean-Baptiste de Castellane, Marquis d'Esparron et de la Garde:
Simiane, Marquise de, mother of, v. 320
Simon, P. G.:
printer to parliament of Paris, vi. 169
Simonetti, Mme, hotel-keeper:
D asks, to notify her of HW's arrival, i. 342
HW to lodge with, ii. 258, 270
Sinclair, Dorothea (1739-1818), m. (1759) James Duff, 2d E. of Fife:
social relations of, with: Beaufort, v. 271; Browne, Lady, v. 277; Craufurd, v. 277; Gordon, Lord William, v. 277; HW, v. 271, 277, 292; Massareene, v. 294
Singers, French:
distressed at not squalling, v. 338
Sirtema van Grovestins, Baroness. *See* Grovestins, Anna Wilhelmina van
Sirven, father and daughter:
Élie de Beaumont's mémoire on, i. 251
Skeffington, Clotworthy (1742-1805), 2d E. of Massareene:
social relations of, with: Beaufort, v. 271; Bentinck, Lord Edward, v. 294; Berkeley, E. and Cts of, v. 294; Berkeley, Ladies Elizabeth

and Georgiana, v. 294; Browne, Lady, v. 294; Canning, Miss, v. 294; Clarkes, v. 294; Duff, Lady Margaret, v. 294; Fifes, v. 294; Forbes, v. 294; HW, v. 294; (?) Mathew, Mrs, v. 294; (?) Panchaud, v. 294; (?) Panchaud, Isabella, v. 294; Richmonds, v. 274; Wenman, v. 294
Skreene, Mrs. *See* Sumner, Miss
Sleech, Dr Stephen (1705-65), provost of Eton:
death of, v. 397
Sleep:
D would give 22 hours to, and 2 to eating, ii. 496
Sloane, Mr:
social relations of, with HW, v. 266
Sloane, Sir Hans (1660-1753), 1st Bt:
*Histoire de la Jamaïque*, D owns, vi. 34
Smallpox:
despite inoculation, ii. 321, iv. 336
Louis XV's, iv. 46-8
Mesdames have, iv. 55, 57
occurrences of, i. 112, 114, 306, ii. 281, 321, iii. 121, 123, v. 41, 138, 443
precautions against, iv. 50
quarantine for, iv. 50
treatment of, iv. 47
*See also* Inoculation for smallpox
Smith. *See also* Smyth
Smith, Mrs. *See* Pitt, Hon. Penelope
Smith, Adam (1723-90), political economist:
Argyll's last years described by, v. 360
HW accompanies, to theatre, v. 305
Scots College visited by, v. 307
social relations of, with HW, v. 302, 306-8, 310, 312
Smith, Joseph (ca 1733-90), general:
(?) gambling success of, v. **6**
Smith, Margaret (d. 1814), m. (1760) Sir Charles Bingham, 7th Bt, cr. (1776) Bn and (1795) E. of Lucan:
Beauclerk, Lady Diana, admired by, for artistic skill, iv. 340
Beauclerk, Topham, gives book commissions to, iv. 373
Choiseul, Duchesse de, portrayed by, iv. 371
Craufurd to deliver D's gift to, iv. 500, v. 6
D given presents by, iv. 395, 400
D's correspondence with, iv. 375, 395, 400
D sends letter by, v. 159
D sends regards to, v. 51
D's opinion of, iv. 330, 340, 350, 356, 358, 363, 366
D to receive parcels by, iv. 328
D to send letter by, v. 157
Greuze surprised by artistic talent of, iv. 333
HW's correspondence with, v. 396
HW's cuffs to be chosen by, iv. 358
HW's translation verified by, iv. 359
Harenc de Presle's miniatures seen by, iv. 333
Henri IV's portraits copied by, iv. 340
Italy may be visited by, iv. 373
leaves Paris, v. 423
Marie-Antoinette befriends, at horse race, iv. 366

—— given miniatures by, iv. 349
Moulin-Joli visited by, iv. 333
musicale given at D's by family of, iv. 356–7, 363, 366
Paris may be revisited by, iv. 373, v. 13, 71
—— visited by, v. 157
social relations of, with: D, iv. 330, 335, 356–8, v. 157, 423; Fitzgerald, Lord Charles, iv. 330; (?) Fitzgerald, Lady Charlotte, iv. 330; Leinster, Ds of, iv. 330; Mirepoix, Mme de, iv. 371; Ogilvie, iv. 330; Richmond, iv. 330
studio at Palais-Royal given to, iv. 333
to leave Paris, iv. 372
war may prevent Paris visit of, v. 27, 32
Smith, W. M. (fl. ca 1842):
D's picture purchased by, vi. 215
Smith-Stanley, Edward (1752–1834), 12th E. of Derby, 1776; 'Milord Stanley':
(?) fêtes for, iv. 64
marriage of, iv. **68**
Smuggling:
of Chamier's parcels, ii. 439, 453
of vest for HW, ii. 143
*1* Smyth, Sir Edward Skeffington (1745–97), cr. (1776) Bt; son of *4:*
(?) lodges at Parc-Royal, ii. **258**
*2* Smyth, Elizabeth (d. 1843), dau. of *4*, m. (1776) Marie-Charles-Rosalie de Rohan-Chabot, Comte de Jarnac:
HW's attentions to, iv. **452**
*3* Smyth, Ellis (ca 1743–81), dau. of *4*, m. Francis Mathew, cr. (1783) Bn, (1793) Vct, and (1797) E. of Landaff:
(?) social relations of, with: Beaufort, v. 271; Berkeley, Cts of, v. 271; Massareene, v. 294
*4* Smyth, James (d. 1771):
(?) lodges at Parc-Royal, ii. **258**
*1* Snelling, Miss, (?) sister of *2:*
social relations of, with D, ii. 241
*2* Snelling, Althea (d. 1805), m. (1753) Simon Fanshawe:
(?) D's opinion of, ii. 242, 247
(?) social relations of, with D, ii. 241, 242
Snow:
HW confined by, at Ampthill, iv. 262
in Paris, v. 6
Snuff:
D arranges for, iii. 231
D sends, to Mrs Greville, ii. 37
'tabac vert,' from Portugal, ii. 55, 62, 64
Snuff-box; snuff-boxes:
D's, inventoried, vi. 26, 27
Gibbon orders, through D, iv. 296, 297, 302–6, 308–9, 316, 319, 325, 329, 331, 333, 341
HW's: jubilee causes restitution of, iv. 319; Richmond to take, to HW, iv. 325, 331; Wiart, Mme, finds, iv. 312
Lucan, Bns, gives, to D, iv. 400
price of, ii. 50
Schuwalof gives, to Mme de Luxembourg, iv. 415
tortoiseshell, for Cts of Hertford, iv. 173, 175, 181, 183, 185, 186, 188, 190, 196

with miniature of Mme de Sévigné, i. 51, 70, 73
with Tonton's portrait: D leaves, to HW, vi. 26; given to D, v. 2
Snuffers:
D's, i. 345
Snyders, François (1579–1657), painter:
paintings by, at: Chantilly, v. 260; Monaco's, v. 335
Soap pills:
Beauvau takes, v. 3, 8
Society:
high, solitude of, iii. 13
*Socrate. See under* Voltaire
Socrates (?470–399 B.C.):
D cites, i. 214
D mentions, ii. 41, 42, v. 176
Paar's mistake in speaking of, i. 214
Sofa. *See* Furniture purchased by HW
Sofie Dorothea Auguste (1759–1828) of Württemberg, m. (1776) Paul I of Russia:
Schuwalof praises, vi. 206
—— received by, iv. 492
Soho:
subscription masquerade at, ii. 371, 375
Soissons:
Morfontaine intendant of, i. 205
visitors to: Gloucester, i. 117; Marie-Antoinette, ii. 406
Soisy, Marquis de (d. 1789):
(?) social relations of, with D, ii. 415
*1* Solar, Comte de. *See* La Fontaine-Solar, Vincent-Joseph de
'Solar, Comte de.' *See* Joseph (ca 1762–ca 1792)
*2* Solar, Comtesse de, wife of *1. See* Clignet, Jeanne-Paule-Antoinette
*3* Solar, Guillaume-Jean-Joseph de (1762–74), son of *1:*
Joseph, the deaf-mute, claims to be, v. 134
Solaro di Breglio, Roberto Ignazio (ca 1715–65), ambassador from Sardinia to France:
Choiseul, Duc and Duchesse de, aided by, i. 373
Choiseul, Duchesse de, liked, i. 359, ii. 302
Soldini, —— (d. 1775), abbé; Dauphin's confessor:
Dauphin guided by, in marital relations, iii. 50
*1* Solferino, Duque de. *See* Pignatelli, Luís
*2, 3* Solferino, Duquesas de, mother and wife of *1. See* Gonzaga, María Luisa (1726–73); Pignatelli d'Egmont, Alphonsine-Louise-Julie-Félicie (1751–86)
*Soliman II. See under* Marmontel, Jean-François
Solimena, Francesco (1657–1747), painter:
Mariette has drawings by, v. 273
Solomon:
D cites, i. 158, ii. 48
*Solomon on the Vanity of the World. See under* Prior, Matthew
Solre, Prince de. *See* Croÿ, Emmanuel de

Somers, John (1651–1716), cr. (1697) Bn; lord chancellor:
Sophia's letter among papers of, v. 362
Somerset, Elizabeth (d. 1691), m. (1654) William Herbert, 3d Bn Powis, cr. (1674) E. and (1687) M. of Powis:
marriage of, v. 265
Somerset, Henry (1744–1803), 5th D. of Beaufort:
ball given by, v. 271
social relations of, with: Aston, Sir Willoughby, Lady, and family, v. 271; Beauclerk, v. 271; Berkeley, Cts of, v. 271; Berkeley, Ladies Elizabeth and Georgiana, v. 271; Browne, Lady, and niece, v. 271; Cannon, Mr, Mrs, and family, v. 271; Fifes, v. 271; Fitzherbert, v. 271; Forbes, v. 271; Gordon, Lord William, v. 271; HW, v. 268, 271; Lambert, Lady, v. 271; Lascelles, v. 271; Ligonier, v. 271; Massareene, v. 271; (?) Mathew, Mrs, v. 271; (?) Moore, Misses, v. 271; Oneal, v. 271; Ossory, v. 271; Pierson, v. 271; Richmonds, v. 271; Webb, Lady, v. 271
Somméry, Comtesse de. See Riquet de Caraman, Cécile-Agathe-Adélaïde de
Sonde. See Tort de la Sonde
Sone. See Poutier de Sone
Sonetete, Mme de:
Monaco, Ps of, accompanied to Bellechasse by, ii. 438
Song of Solomon:
D mentions, i. 158
Sonning, Mme Louis-Auguste. See Puchot des Alleurs, Marie-Sophie
Sopha, Le. See under Crébillon, Claude-Prosper Jolyot de
Sophia (1630–1714), m. (1658) Ernst August I of Hanover:
Pretender recommended by, for K. of England, v. 362
William III plays loo with, v. 362
Sophia Dorothea (1666–1726) of Celle, m. (1682) George of Hanover, later George I of England:
Königsmarck's affair with, v. 278
Sophia Matilda (1773–1844) of Gloucester, Ps:
birth of, iii. 346
D inquires about, iv. 328, v. 130, 177
Sophie-Philippine-Élisabeth-Justine (1734–82), 'Madame Sophie'; dau. of Louis XV:
announcement to, of coming presentation of Comtesse du Barry, ii. 191, 192
Boisgelin, Comtesse de, tells anecdote about, v. 121
Choisy visited by, iv. 50, 55
by, v. 318
HW presented to, v. 266
HW sees, dine, v. 330
household of, ii. 442
Louis XV tended by, in last illness, iv. 50
Louis XVI to see, at Compiègne, iv. 60
(?) Marie-Josèphe's funeral oration attended

plans for presentation of Comtesse du Barry to, ii. 191–2
smallpox of: iv. 55, 57; cured, iv. 60
Sophocles:
Philoctète (translation by La Harpe), v. 236
Sorans, Comtesse de. See Cléron, Marie-Anne-Victoire de
1 Sorba, Mlle, sister of 2:
brother of, dies, iii. 159
Louis XV gives pension to, iii. 170
2 Sorba, Agostino Paolo Domenico (1715–71), Marchese di, Genoese minister to France:
death of, iii. 159
social relations of, with: Aiguillon, iii. 83; Bentheim, Gräfin von, v. 312; Boufflers, Comtesse de, v. 301; Caracciolo, iii. 97; D, iii. 97, 145, v. 298; Egmont, Comte and Comtesse d', v. 294, 301, 305; Forcalquier, Comtesse de, v. 295, 319; (?) Usson, Comtesse d', v. 329
3 Sorba, Julie-Thérèse-Mélanie (d. 1784), (?) sister of 2:
(?) brother of, dies, iii. 159
(?) Louis XV gives pension to, iii. 170
Sorbonne, la:
alluded to, ii. 454
HW visits, v. 264
Marmontel persecuted by, vi. 132, 150
——'s Bélisaire condemned by, vi. 132
Syndic of, Voltaire invokes, vi. 152
'Trajan' flays, vi. 151
Voltaire ignored by, v. 36
Sorel, Agnès (1422–50), favourite of Charles VII:
Doumenil has portrait of, v. 313
Hôtel de Bouillon has painting of, v. 317
Sorhouet, ——:
Correspondance secrète de. See Pidansat de Mairobert, Mathieu-François, Suite de la correspondance . . .
Sotheby, William (d. 1766), colonel:
death of, v. 397
1, 2 Soubise, Prince de. See Rohan, Charles de (1715–87); Rohan, François de (1631–1712)
3 Soubise, Princesse de, wife of 2. See Rohan, Anne-Julie de
Soubise, Hôtel de:
fête at, v. 457
HW visits, v. 283
Soufflot, ——:
social relations of, with Mme Geoffrin, v. 291, 304
Soup:
D takes, ii. 393, iv. 219, 343, v. 129, 243, 245
D to take, i. 281
1, 2 Sourches, Comte de. See Du Bouchet, Jean-Louis (1750–ca 1782); Du Bouchet, Louis-Hilaire (1716–88)
3, 4 Sourches, Comtesses de, wives of 2 and 1. See Le Voyer, Louise-Françoise; Riquet de Caraman, Marie-Anne-Antoinette de (1757–1846)
5 Sourches, Marquis de, cousin of 2. See Du Bouchet, Louis
Sourches, Vicomte de. See Du Bouchet, Jean-Louis

Sourches, Vicomtesse de. *See* Riquet de Cara-man, Marie-Anne-Antoinette de

Sourdière. *See* Meulan de la Sourdière

*1* Southampton, Bn, husband of *3*, father-in-law of *2*. *See* Fitzroy, Charles

*2, 3* Southampton, Bns. *See* Keppel, Laura (1765–98); Warren, Anne (d. 1807)

Southwark:
Hume, M.P. for, dies, v. 396

'Souvenir':
Luxembourg, Mme de, gives, to Schuwalof, iv. 415

*1* Souvré, Marquis de. *See* Le Tellier, François-Louis

*2* Souvré, Marquise de, wife of *1*. *See* Sailly, Félicité de

*1* Souza Coutinho, Mme de, wife of *2*. *See* Montboissier-Beaufort-Canillac, Louise-Agnès-Élisabeth de

*2* Souza Coutinho, Dom Vicente de (ca 1726–92), Portuguese minister (1763–74) and ambassador (1774–92) to France:
birds imported by, iii. 129
Choiseul, Duchesse de, fond of, i. 392
D receives account from, of attack on José I, ii. 328–9
D receives snuff from, ii. 55, 64
Gennevilliers visited by, v. 328
marriage of, iii. 342
Mirepoix, Mme de, yields house to, iii. 105
Oeiras writes to, of attack on José I, ii. 328–9
social relations of, with: Albaret, v. 321; Arvillars, v. 318, 321; Barthélemy, v. 321; Bentheim, Gräfin von, v. 265; Castellane, v. 321; Choiseul, Duchesse de, i. 392, v. 318, 321, 328, 330, vi. 159; Cotte, v. 321; (?) Crosne, v. 321; D, i. 392, ii. 322, v. 318, 321–2; Fleury, Bailli de, v. 318, 321; Gatti, v. 321; HW, v. 318, 321; Lauzun, Duc and Duchesse de, v. 318; La Vallière, Duchesse de, v. 321, 336; Luxembourg, Mme de, v. 318; Mirepoix, Mme de, v. 318; Montazet, v. 318; Pont-de-Veyle, v. 318; Rochfords, ii. 15; (?) Usson, Comte and Comtesse d', v. 293

Soyecourt, Hôtel de:
Fuentes and Aranda occupy, iii. 405–6

Spa:
Beauvau not to visit, v. 453
visitors to: Boufflers, Comtesse Amélie de, v. 235, 239; Boufflers, Comtesse de, v. 230, 235, 239, 459, 461; Bucquoy, Gräfin, iv. 460; Bunbury, Lady Sarah, i. 314; Churchills, iv. 207; Craufurd, i. 311, 338, iii. 267, 268; Damer, Mrs, v. 160; Greville, iii. 351, 362; Greville, Mrs, iii. 362; Gustav III, v. 230, 235, 239; La Marck, Comtesse de, v. 239; Lloyd, Rachel, ii. 116; Montesson, Marquise de, iii. 356; Spencer, Cts, iii. 351, 362, iv. 488; Spencers, iv. 488; (?) Usson, Comtesse d', v. 239

Spain, K. of. *See* Charles III; Philip II; Philip V

Spain, Q. of. *See* Elizabeth (1692–1766); Marie-Louise-Gabrielle (1688–1714)

Spain:
ambassadors from and to, *see under* Ambassador
courier from, to: England, ii. 479, 483; France, iii. 10
D mentions, i. 16, ii. 46
England at odds with, over Falkland Islands, ii. 479, 482, 488, iii. 16
fleet of, joins French fleet, v. 425
HW hopes for war with, ii. 479, 483
Herbert, Lady Mary, in, v. 288
Jesuits expelled from, i. 365
Portugal at odds with, iv. 339
tumult in, over suppression of slouched hats, v. 311
war of, with France rumoured, v. 127–9
Young Pretender in, v. 288
*See also* War, English-Spanish

Spaniards:
French hated by, v. 360

Sparre, Alexandre-Séraphin-Joseph-Magnus (b. 1736), Comte de, *or* Ernest-Louis-Joseph (b. 1738), Comte de:
(?) social relations of, with Comtesse de la Marche, v. 298

Sparrows:
D's, i. 76

'Spartans':
in England, iii. 199

Spectacles:
cease at Marie-Josèphe's death, i. 263
Christian VII attends all, ii. 154
forbidden at Eastertide, i. 264

*Spectateur français, Le. See under* Marivaux, Pierre-Carlet de Chamblain de

*Spectator*:
D reads, ii. 261

Speed, Henrietta Jane (1728–83), m. (1761) Francesco Maria Giuseppe Giustino, Conte di Viry:
Aigueblanche enemy of, iv. 477
Ailesbury, Cts of, to visit, iv. 106
Bagarotti, Mlle, resembles, iii. 404
Conway to visit, iv. 106
Creutz brings regrets of, to D, iii. 426
D scolded by HW for writing the name of, iii. 416–7, 424
D's opinion of, iv. 15
D's relations with, iv. 106, 294–5
Damer, Mrs, to visit, iv. 106
HW accompanies, to theatre, v. 347
HW's correspondence with, iv. 308, 310
HW's opinion of, iii. 360
HW warns D against, iii. 360, 364, 409
husband of: arrested, iv. 474; disgraced, iv. 470, 483
presented at Court, iii. 401
social relations of, with: Ailesbury, Cts of, iv. 152–3; (?) Albaret, v. 348; Arras, Bishop of, v. 347; Arvillars, v. 350; Boisgelin, Comtesse de, iv. 310; Boufflers, Comtesse de, iv. 310; Brancas, Marquis de, v. 347; (?) Brodrick, Thomas, v. 350; Broglie, Comte and Comtesse de, iv. 294; Cambis, Vicomtesse de, iv.

[Speed, Henrietta Jane, *continued*]
310; Carignan, v. 352; Coke, Lady Mary, v. 345–50; Conway, iv. 152–3; Croÿ, v. 349; D, iii. 403, 404, 409, iv. 15, 152–3, 294, 301, 310, 364; Damer, Mrs, iv. 152–3; Fitzgerald, Lord Charles, iv. 330; (?) Fitzgerald, Lady Charlotte, iv. 330; Grenville, iv. 347, 348, 350, 352; Grenville, Miss, v. 347; Grenville, Mrs, v. 347, 350, 352; Guerchy, Comtesse de, v. 347; HW, v. 345, 347–50, 352, 414; La Roche-Aymon, Cardinal de, v. 352; Lauzun, Duchesse de, iv. 310; Leinster, Ds of, iv. 330; Luxembourg, Mme de, iv. 294; Marsan, Comtesse de, v. 350; Mirepoix, Mme de, iv. 294, 310; Necker, M. and Mme, iv. 294; Ogilvie, iv. 330; Plumard de Dangeul, v. 352; Richmond, iv. 330; Rochefort, Comtesse de, v. 350; Salm, v. 352; Stormont, iv. 294; Torcy, v. 350; Vernon, Lady Henrietta, iv. 364; Vintimille, Marquise de, v. 350; Welderen, v. 350, 352
Stanhope, Lady Harriet, to visit, iv. 106
Stormont, Cts of, may be presented by, iv. 306
success of, iii. 410

*1, 2* Spencer, Countesses, wives of *5* and *8*. See Bingham, Hon. Lavinia (1762–1831); Poyntz, Margaret Georgiana (1737–1814)

*3* Spencer, Lady Diana (1734–1808), cousin of *8*, m. (1) (1757) Frederick St John, 2d Vct Bolingbroke; m. (2) (1768) Topham Beauclerk:
Bath visited by, iv. 460
Brighton visited by, v. 73
D hears of, iii. 392, iv. 460
D inquires about, iv. 384, 390, 471, v. 6, 42, 173
gown desired by, iv. 480, 483
HW does 'portrait' of, iv. 79, 80
HW's correspondence with, v. 395, 396
HW to console, for husband's loss, v. 214, 215, 239(?)
Lucan, Bns, admires artistic talent of, iv. 340
marital infelicity of, iv. 286
SH to be visited by, iv. 460

*4* Spencer, Lady Elizabeth (1737–1831), sister of *3*, m. (1756) Henry Herbert, 10th E. of Pembroke:
attends balls, ii. 26
beauty of, i. 406, ii. 26
Carlisle attentive to, ii. 190, 199, 200, 205
Chantilly visited by, ii. 159
D misses, slightly, ii. 93, 205
D's correspondence with, ii. 223–4
D sends messages to, ii. 207
D's opinion of, ii. 16, 26, 37, 59, 86, 93, 116, 201, 205, 223–4
*Historic Doubts* sent to, ii. 31–2
Isle-Adam visited by, ii. 54, 69, 159
Italy to be visited by, ii. 116
Lloyd, Rachel, accompanies, i. 406, ii. 7, 37, 59, 66, 86
—— fond of, ii. 78
Palais-Royal visited by, ii. 159
Paris to be visited by, ii. 116
—— visited by, i. 396

Pembroke's relations with, iii. 309
social relations of, with: Boufflers, Comtesse de, i. 396; D, i. 396, 406, ii. 7, 37, 66, 86, 159, 169, 200, 201; Geoffrin, Mme, ii. 31–2; Hénault, ii. 59; Monaco, ii. 159; Soubise, ii. 159; Trudaine de Montigny, M. and Mme, ii. 30; Walpole, Hon. Robert, ii. 201
(?) SH visited by Carlisle and, ii. 249
to leave Paris, ii. 86, 159, 199, 200
to winter in Paris (1768–9), ii. 139

*5* Spencer, George John (1758–1834), styled Vct Althorpe; 2d E. Spencer, 1783; son of *8*:
D mentions, v. 111
Fontainebleau to be visited by, iv. 484
—— visited by, iv. 488, 490
Paris visited by, iv. 482
social relations of, with D, iv. 219, 483, 488
Spa visited by, iv. 488

*6* Spencer, Georgiana (1757–1806), dau. of *8*, m. (1774) William Cavendish, 5th D. of Devonshire:
beauty of, iii. 280, 292, 358, 362
captured by French, v. 177
Crewe, Mrs, compared with, iii. 362, 367
Isle-Adam to be visited by, iii. 403
Montpellier visited by, iii. 280
Paris visited by, iii. 280
Roissy to be visited by, iii. 367
social relations of, with D, iii. 358, 403

*7* Spencer, Lady Henrietta Frances (1761–1821), dau. of *8*, m. (1780) Frederick Ponsonby, 3d E. of Bessborough:
Fontainebleau to be visited by, iv. 484
—— visited by, iv. 488, 490
Paris visited by, iv. 482
social relations of, with D, iv. 483, 488
Spa visited by, iv. 488

*8* Spencer, John (1734–83), 1st E. Spencer:
Calais visited by, iv. 231
captured by French, v. 177
D mentions, v. 111
Fontainebleau to be visited by, iv. 484
—— visited by, iv. 488, 490
health of, iii. 351
Isle-Adam to be visited by, iii. 403
Montpellier visited by, iii. 280
Paris visited by, iii. 280, iv. 482
Roissy to be visited by, iii. 367
social relations of, with: Craufurd, iv. 221, v. 353; D, iii. 404, iv. 219, 483, 488; Stanley, v. 442
Spa visited by, iv. 488

*9* Spencer, Lady Robert, wife of *10*. See Fawkener, Harriet

*10* Spencer, Lord Robert (1747–1831), brother of *3*:
Boufflers, Marquise de, tries to fleece, iii. 150
collar bone of, broken, iii. 170
D has said little about HW to, iii. 21
D sends parcels by, ii. 22, 37, iii. 136, 142, 150
D to send letter by, iii. 8
gambles, iii. 140
leaves Paris, iii. 142

marriage of, iii. 75n
social relations of, with: Boufflers, Marquise de, iii. 140; D, i. **396**, 406, ii. 16, 31, iii. 10, 120, 135, 139, 140; Schuwalof, iii. 144
to leave Paris, iii. 8, 11, 128, 130, 135–6

*1* Spinola, Marchesa di, wife of *2. See* Lévis, Gabrielle-Augustine-Françoise de

*2* Spinola, Cristoforo Vincenzo, Marchese di, Genoese minister to France:
marriage of, arranged, v. 453
social relations of, with: Brancas, v. 347; D, v. 344, 348, 351, 460

Spy-glass:
purchased by D, i. 393, 404, ii. 5, 7, 10, 19, 27, 28, 30–1, 36

Squillace, Marquès de. *See* Gregorio, Leopoldo de

Staal, Baronne de. *See* Cordier de Launay, Marguerite-Jeanne

*1* Staël-Holstein, Baronne de, wife of *2. See* Necker, Anne-Louise-Germaine

*2* Staël-Holstein, Eric Magnus (d. 1802), Baron de:
social relations of, with D, v. 430

*1* Stafford, Cts of. *See* Gramont, Claude-Charlotte de

Stafford, E. of. *See* Stafford-Howard, William Matthias

Stafford, M. of. *See* Leveson-Gower, Granville

*2* Stafford-Howard, Lady Henrietta Maria (d. 1756), niece-in-law of *1*, m. (1748) Claude-Prosper Jolyot de Crébillon:
E. of Stafford's aunt, v. 281

*3* Stafford-Howard, Lady Mary Apolonia Scolastica (1721–69), niece of *2*, m. (1744) Guy-Auguste de Rohan-Chabot, Comte de Chabot:
affairs of, v. 285
England to be visited by, i. 301
*Historic Doubts* received by, ii. 33
Jonzac, Marquise de, receives allegory on Rousseau from, i. **37**
—— receives news of HW from, i. 314, 324
Rohan-Chabot, Duchesse de, mourns, ii. **265**
social relations of, with: Barfort, v. 300, 312; Bouzols, Marquise de, v. 312; Browne, Lady, v. 300, 312; D, i. 374; Fife, v. 272; HW, v. 267, 272, 277, 285(?), 293(?), 299–301, 312, 320; Hénault, v. 273; Jerningham, v. 272; La Trémoïlle, Duchesse de, v. 300; Lennox, Lord George, v. 303; Lorges, Duchesse de, v. 272; Richmond, v. 297; Rohan, Duc and Duchesse de, v. 272; Smith, Adam, v. 312; Trudaine de Montigny, M. and Mme, ii. 210

*4* Stafford-Howard, William Matthias (1719–51), 3d E. of Stafford; brother of *3*:
Crébillon marries aunt of, v. 281

Stained glass:
D wishes to send, to HW, iii. 172
windows of, at SH, ii. 439, iii. 172, 224, 235
*See also* Elias, Matthew; Michu, Benoît; Sempy, P. A.

*1* Stainville, Comte de, son of *3. See* Choiseul, Jacques-Philippe de

*2* Stainville, Comtesse de, wife of *1. See* Clermont d'Amboise, Thomassine-Thérèse de

*3* Stainville, Marquis de. *See* Choiseul, François-Joseph de

Stair, E. of. *See* Dalrymple, John (d. 1789); Dalrymple, John (1749–1821)

Staley, ——, messenger:
HW sends letter and parcel by, v. 378

*1* Stanhope, Cts, wife of *3. See* Grenville, Louisa

*2* Stanhope, Lady Amelia (1749–80), dau. of *8*, m. (1767) Richard Barry, 6th E. of Barrymore:
ball given by, iv. 265
Coke, Lady Mary, discusses servant's health with, v. 350
French sojourn contemplated by, iv. 317
social relations of, with: Brancas, Marquis de, v. 347; D, iv. 229, 232, 273, 282, v. 345, 347; Geoffrin, Mme, v. 351; HW, v. 350; Marchais, Baronne de, v. 348; Mirepoix, Mme de, v. 347–9, 351
Stormont attentive to, iv. 282
—— lends house to, iv. 265

*3* Stanhope, Charles (1753–1816), styled Vct Mahon; 3d E. Stanhope, 1786; son of *5*:
Geneva scene of education of, iv. 29
Paris visited by, iv. 29
Voltaire not seen by, iv. 29

*4* Stanhope, Lady Harriet (1750–81), dau. of *8*, m. (1776), Hon. Thomas Foley, 2d Bn Foley, 1777:
Calais visited by, iv. 165
Cambis, Vicomtesse de, friend of, iv. 240, 241
D inquires about, iv. 282
D sends compliments to, iv. 158
D's opinion of, iv. 104, 108, 134–5, 142, 155, 160, 190
engagements of, rumoured, iv. 190, **240**, 241
Fontainebleau to be visited by, iv. 106
—— visited by, iv. 112
HW's opinion of, iv. 173
HW writes to D about, iv. 124
leaves Paris, iv. 156, 240
Luxembourg, Mme de, likes and is liked by, iv. 101, 104, 115
Marie-Antoinette gracious to, iv. 127
marriage of, iv. 245, 269
Mirepoix, Mme de, likes and is liked by, iv. 101, 115
Paris visited by, iv. 99
silent, iv. 134–5, 235
social relations of, with: D, iv. 106, 110, 229, 232, 235, 240; Mirepoix, Mme de, iv. 106
Stormont attentive to, iv. 134, 147, 160, 170, 175, 265(?)
—— escorts, from Paris, iv. 156
—— said to have been rejected by, iv. 179, 186, 200, 203, 240
Versailles visited by, iv. 127
Viry, Contessa di, to be visited by, iv. 106

*5* Stanhope, Philip (1717–86), 2d E. Stanhope:
Geneva residence of, iv. 29
Paris visited by, iv. 29

[5 Stanhope, Philip, *continued*]
social relations of, with: Anville, Duchesse
d', iv. 39; D, iv. 39
Voltaire not seen by, iv. 29
6 Stanhope, Philip (1732–68), son of 7:
Chesterfield's letters to, iv. 36
HW's opinion of, iv. 36
tutors of, iv. 36
7 Stanhope, Philip Dormer (1694–1773), 4th E.
of Chesterfield:
Boufflers writes 'envoi' in name of, for D, iv.
462
*Characters of Eminent Personages of his own
time:* iv. 465; Cambis, Vicomtesse de, translates, iv. 461–2, 465
death of, iii. **413**
HW mocks, in epilogue to Jephson's *Braganza*, iv. 152
*Letters* of: D wants, iv. 40–1; French translation of, improbable, iv. 37; HW's opinion
of, iv. 36–8
*Miscellaneous Works:* iv. 423, 427, 438; D
wants translation of, iv. 427, 429
Monconseil, Marquise de, correspondence of,
with, iv. 423
Nivernais's eulogy of, iii. 413
*World, The,* contains contributions of, v. 319
8 Stanhope, William (1719–79), 2d E. of Harrington:
social relations of, with D, iv. 118
Stormont friend of, iv. 118, 120
to leave Paris, iv. 240
Stanislas I (Leszczyński) (1677–1766), ex-K. of
Poland; father of Q. of France:
Boufflers chided by, ii. 361
—— sent to Ps Christine by, i. 40, 53
death of, v. 304, 356, 397
funeral oration on, by: Élisée, Père, i. 93;
Lavaur, Bishop of, i. 68, 69, 71, 74, 76, 86, 93
Galaizière chancellor to, v. 341
Marie Leszczyńska visits, v. 259
Stanislas II contemporary with, v. 356
verses by Porquet for bust of, ii. 325
virtues of, v. 356
Stanislas II (Augustus Poniatowski) (1732–98),
K. of Poland; 'Prince Geoffrin':
Clairon, Mlle, to play for, i. 268
letters of, to Broglie brothers, i. **102–3**, 109
(?) letter to, from Joseph II, iii. 346
Noyon, Bishop of, nominated for cardinalate
by, i. 102–3
Stanislas I contemporary with, v. 356
(?) Voltaire calls, best of kings, vi. 165
1 'Stanley, Milord,' nephew of 2. *See* Smith-
Stanley, Edward
2 Stanley, Lady Charlotte (d. 1776), m. (1743)
Gen. John Burgoyne:
Choiseul, Duchesse de, friend of, i. **243n**
D asks for news of, iii. 272
HW sends news of, iv. 282
Stanley, Hans, writes to Duchesse de Choiseul
about, i. 243

3 Stanley, George (d. 1734):
suicide of, v. **201**, 442
4 Stanley, Hans (ca 1720–80), English chargé
d'affaires at Paris; son of 3:
Blaquiere resembles, iii. 137
Chanteloup to be visited by, iii. 270
Choiseul, Duc de, no longer cares about, ii.
461
Choiseul, Duchesse de, inconvenienced by, i.
251
—— receives letter from, i. 243
D inquires about embassy of, i. 251
D mentions, ii. 242
(?) HW mentions, v. 368
HW sails with, v. 324
HW sends letter by, v. 376
HW taken by, to see archives, v. 266
house of, in Paris, i. 24, 358, 372
Lauzun imitates, i. 239
social relations of, with: Bentheim, Gräfin
von, v. 265; Choiseul, Duc and Duchesse de,
ii. 461; D, v. 318, 322; HW, v. 261, 316, 318;
Marsan, Mme de, v. 266; Maupeou, v. 266;
Spencer, v. 442
suicide of, v. **201**, 442
Usson mimics, v. 297
Stapleton, Mrs William. *See* Keppel, Anna
Maria
1 Starhemberg, Fürstin von, wife of 2. *See* Salm-
Salm, Maria Franziska von
2 Starhemberg, Georg Adam (1724–1807), Fürst
von; envoy extraordinary from Austria to
France:
dances at ball in honour of Dauphin's marriage, ii. **410**
social relations of, with: Bentheim, Gräfin
von, v. 312; Caraman, Comte and Comtesse
de, v. 301, 312; Usson, v. 267
Staunton, Sir George Leonard (1737–1801), cr.
(1785) Bt:
D gives Necker mémoire by, for Macartney,
v. 210
D to have sent parcels by, v. 213
D urged by, to ask Macartney's exchange, v.
211
Holland may be visited by, v. 213
Macartney friend of, v. 206
——'s correspondence with, v. 211
social relations of, with D, v. 206
Stavordale, Lord. *See* Fox-Strangways, Henry
Thomas
'Steinkerque, les oiseaux de.' *See* Alsace-Hénin-
Liétard, Gabrielle-Françoise-Charlotte d';
Beauvau-Craon, Marie-Françoise-Catherine
de; Boufflers, Louise-Julie de
Stella, Jacques (1596–1657):
(?) paintings by, at Carmelites', v. 264
Stephens, Mrs Joanna (d. 1774):
cure of, for stone, ii. **133**, iii. 285, 439
Stephenson, Mr:
social relations of, with HW, v. 288
*See also* Stevenson

Stepney, George (1663–1707):
William III orders, to sound George I on giv-
ing up Hanover, v. 362
Sterne, Lawrence (1713–68), divine; novelist:
*Sentimental Journey,* D owns, vi. 33n
Stevenson, Mr:
social relations of, with Ossory, v. 283
*See also* Stephenson
Stewart, Archibald (d. 1780), provost of Edin-
burgh:
Argyll's terror of prison described by, v. 360
Stewart, Charlotte (d. 1818), m. (1759) John
Murray, 4th E. of Dunmore:
D to send letter by, ii. 371, 374
social relations of, with D, ii. 283, iv. 284
Stewart, Lady Sarah. *See* Seymour-Conway, Lady
Sarah Frances
Stockholm:
French troops may go to, iii. 338
*1* Stolberg-Gedern, Ps of. *See* Hornes, Élisabeth-
Philippine-Claudine de
*2* Stolberg-Gedern, Karoline Auguste of (1755–
1829), dau. of *1*, m. (1) (1771) Charles-Ber-
nard-Pascal-Janvier Fitzjames, Marquis de la
Jamaïque, D. of Berwick; m. (2) (1793) Dominique, Prince de Castelfranco:
sister of, marries, iii. 218
*3* Stolberg-Gedern, Luise Maximiliane of (1752–
1824), dau. of *1*, m. (1772) Charles Edward
Stuart, the Young Pretender; called Cts of
Albany:
marriage of, iii. **218**
Stone:
occurrences of, i. 236, ii. 85, 86, 118, 133, 135–
6, 257, 300, iv. 178, 291
operation for, ii. 300
treatment for, ii. 114n, 119n, 133, 136, 285
worst evil, v. 210
Storer, Anthony Morris (1746–91):
social relations of, with HW, v. 342
Storer, Sidney (d. 1793), m. (1753) John Haw-
kins, Kt, 1772:
HW buys cup, saucer, and plate for, v. 409
*1* Stormont, Vct. *See* Murray, David
*2, 3* Stormont, Viscountesses, wives of *1*. *See*
Bunau, Henrietta Frederica von (d. 1766);
Cathcart, Hon. Louisa (1758–1843)
Stoughton's drops:
D orders, from England, iv. 226, v. 26, 40, 43,
120, 125, 135, 170
D receives, from HW, v. 131, 180, 226, 240, 431
D's digestion aided by, v. 170
D takes, iv. 222, 223, 240, v. 125, 170
D takes 6 drops of, a day, v. 180
Livingston procures, for D, v. 172, 427
Stoves:
Choiseul, Duc and Duchesse de, have, in their
gallery, iv. 378
Stowe, E. Temple's seat:
Bedford makes overtures at, v. 367
HW describes, ii. 432
HW visits, ii. 432–3

*1* Strafford, Cts of, wife of *3. See* Campbell, Lady
Anne
*2, 3* Strafford, E. of. *See* Wentworth, Thomas
(1593–1641); Wentworth, William (1722–91)
Strange, Sir Robert (1721–92), Kt, 1787; en-
graver:
(?) Mariette sends drawing to HW by, i. 389
social relations of, with HW, v. 262, 314
Strangury:
Voltaire has, v. 44, 46
Strassburg, Bishop of. *See* Rohan, Louis-René-
Édouard de
Strassburg:
military division of Alsace, iv. 322
visitors to: Beaune, v. 427; Craufurd, ii. 428
Strawberries:
D tempted by, ii. 244, 252
disagree with D, ii. 244, 252, iii. 81, 371
Strawberry Hill [SH], HW's seat:
animals at, ii. 439
Beauclerk tower at, iv. 348, 352
birds at, i. 76, 80, 105, ii. 77, 239
building at: ii. 251n; D inquires about, ii. 104,
105, 147, 251, 255
cattle at, ii. 267, 394
chickens at, i. 80, 105, 107
Churchill, Lady Mary, admires, iii. 34
Cottage (across the road): D charmed by account of, ii. 268; D inquires about, ii. 147,
251, 255; decorated in pea green, ii. 268
D asks about location of, v. 52
D comments on, i. 306
D compares HW to, iii. 34
D inquires if Grosvenor Bedford is at, ii. 123
D lacks a, iii. 117
D mentions: i. 21, 26, 27, 45, 75, 78, 101, 104,
105, 109, 118, 165, 167, 169, 191, 195, 199,
207, 226, 238, 275, 338, 340, 353, 354, ii. 82, 137,
140, 141, 147, 221, 239, 253, 275, 455, iii. 82,
139; in parody, i. 28, 40
D prefers HW at, rather than London, ii. 394,
iv. 85
D says, belongs in *Thousand and One Nights,*
ii. 248
D threatens to visit, ii. 66, 69
D to ask questions about, ii. 266
D worried by HW's being alone and ill at, ii.
148, 150, 151, 160, iii. 294, iv. 281
D worries about dampness of, iii. 294, 416, iv.
17, 63, 98, 197, 271, 281, 384, 401
D would like to be at, ii. 345
description of, see *Description of the Villa of
Mr Horace Walpole . . .*
fête at: 9 May 1769, ii. 234, 236–8, 246; 8
Oct. 1778, v. 78
gardens at, i. 367
HW declines D's offer of cabaret for, ii. 312
HW pays Philip at, v. 410
HW's absorption in, i. 331, ii. 267, 283, iii.
268, iv. 183
HW's hospitality at, i. 264–5
HW would send, to Duchesse de Choiseul, i.
79

[Strawberry Hill, *continued*]
　Necker describes, vi. 213
　Press: Barthélemy asks for book from, i. 268, 272, 293n, 295, 297, 312; books from, given to Bibliothèque du Roi, i. 26on, 262–3, 263, 268, 297; *Cornélie, vestale* printed at, i. 376, 385–6, 386, ii. 24, 32, 73, 84, 88, 99, 103; D asks for book from, i. 112–3; D asks for book from, for Pont-de-Veyle, i. 264, 272, 295, 297, 312; D mentions, ii. 99; Gramont's memoirs printed at, *see under* Hamilton, Anthony; HW to send books from, to Duchesse de Choiseul, iii. 316; Voyer given complete publications of, ii. 264
　proposed highway near, i. 313–4, 316
　round chamber, building of, ii. 104, 105, 251
　round drawing-room: D mentions, ii. 248; furnishings of, ii. 249, 260
　sheep at, ii. 394
　stained-glass windows at: ii. 439; broken by explosion, iii. 172, 224, 235
　taste of, ii. 41, vi. 213
　turkeys at, ii. 394
　visitors to: ii. 439; Beauclerk, Lady Diana, iv. 460; (?) Carlisle, ii. 249; Castille, iv. 444; Chabrillan, Marquis de, i. 306; D says HW is pleased by, ii. 249, 260; Damas d'Antigny, Marquise de, ii. 176–7; Du Châtelet, Comtesse, ii. 176–7; Gleichen, iii. 360; Gloucester, Ds of, iv. 329; Greville, C. F., iv. 379; La Rochefoucauld, Duc de, ii. 226; Lillebonne, i. 42; L'Isle, ii. 246; Montagu, ii. 345; Necker, M. and Mme, iv. 292, 296, 334, vi. 213; (?) Pembroke, Cts of, ii. 249; Poissonnier, iii. 381; Selwyn and others, ii. 249
　wet, iv. 24
Strawberry Hill Sale:
　D's picture sold at, vi. 215–6
*1* Strogonov, Cts, wife of *2. See* Troubetskoi, Catherine Petrovna
*2* Strogonov, Alexander Sergeievitch (1734–1811):
　Saint-Ouen visited by, iv. 229
　social relations of, with: Brancas, Marquis de, v. 347; D, iv. 228; Necker, M. and Mme, v. 346, 349
Struensee, Johann Friedrich (1737–72), greve; physician:
　imprisoned for affair with Q. of Denmark, iii. 183
Strutt, Lady Charlotte Mary Gertrude. *See* Fitzgerald, Lady Charlotte Mary Gertrude
Stuart, Alexander:
　HW sends letters by, v. 378
　social relations of, with: HW, v. 284; Helvétius, v. 279
*1* Stuart, Charles Edward (the Young Pretender), son of *3. See* Charles Edward
*2* Stuart, Henry Benedict Maria Clement, Cardinal of York; son of *3. See* Henry Benedict Maria Clement
*3* Stuart, James Francis Edward (the Old Pretender). *See* James Francis Edward

*4* Stuart, John (1713–92), 3d E. of Bute; prime minister 1762–3:
　Chatham's relations with, i. 120
　Chesterfield mentions, iv. 37
　guard given to, at Barèges, v. 367
　Jenkinson a favourite of, i. 110
　Paris to be visited by, ii. 127
　Pitt hopes to oust, v. 273
*5* Stuart, John (1744–1814), Vct Mount Stuart; 4th E. of Bute, 1792; cr. (1796) M. of Bute; son of *4:*
　HW mentions, iii. 126
*6* Stuart-Mackenzie, Hon. James (d. 1800), statesman; brother of *4:*
　lord privy seal for Scotland, i. 104
Sturt, Mary (d. 1800), m. (1749) Hon. George Shirley, of Twickenham:
　(?) HW sends letters by, v. 379
　(?) HW sends snuff-box by, v. 404
　(?) social relations of, with: Bauffremont, Princesse de, v. 291; HW, v. 277, 291, 298; Jaucourt, v. 291; Plumard de Dangeul, v. 291, 298; Prie, v. 293, 298
Suard, Jean-Baptiste-Antoine (1733–1817), journalist:
　Académie française's election of, vetoed by Louis XV, iii. 234
　Aiguillon ruins, v. 341
　D does not know, iv. 317
　documents in Hume-Rousseau quarrel translated by, i. 128n, **158**
　English journal edited by, iv. 396
　epigram on, iv. 131
　*Gazette de France* taken from, for calling Lady Waldegrave Gloucester's wife, iii. 93, v. 340
　Harcourt, Earl, makes no complaint against, iii. 93, v. 341
　Hume's *Autobiography* translated by, iv. 425
　Louis XV angry at article by, iii. 92
　—— dislikes liaisons of, iii. 234
　—— vetoes election of, iii. 234
　Redmond wants punishment for, v. 341
　secretaryship to dukes and peers sought by, iii. 142
　social relations of, with: Helvétius, v. 299; Holbach, v. 263
　(?) suggested as translator for *Historic Doubts,* ii. 18, 28–9, 32
　*Variétés littéraires:* D owns, vi. 32; *Éloge de Richardson* in, iv. 251
*1* Suarez, Denis-François-Marie-Jean de (1729–90), Marquis d'Aulan; D's nephew; nephew of *2:*
　Aulan, Marquise d', fetched by, v. 132
　—— loved by, v. 72
　—— to be brought to Paris by, v. 71, 72
　Avignon home of, v. 79, 219
　—— to be visited by, v. 219, 225, 227
　D accompanied by, v. 64, 71, 73, 198
　D bored by, v. 212
　D gives tapestry chairs to, v. 430
　D mentions, v. 81

D names, as her executor, vi. 5, 8, 11, 47
D's correspondence with, v. 440(?), 455–7, 459, 461(?)
D's expenses augmented by, v. 115–6, 117, 123, 125
D's opinion of, v. 71–2, 120–1, 167, 219
D's residuary legatee, vi. 8
D to have, as companion: iv. 487, 488, 490, v. 8, 14, 16, 46, 47, 51, 53–4, 62, 64, 75, 79, 85, 94, 115–6, 120–1, 122–3; against HW's advice, v. 125–6
D visited by, iv. 492
Juilly visited by, v. 450
marriage of, v. 71n
Nicolet attended by, v. 66
Panthémont to be visited by, for news of Maria Fagnani, v. 148
(?) Paris visited by, i. **400**
Plombières to be visited by, v. 53, 219
—— visited by, v. 235, 454
Selwyn procures razors for, v. 131
social relations of, with: Boufflers, Comtesse de, v. 135; Champrond, Abbé de, v. 427, 431; Choiseul-Beaupré, Comtesse de, v. 136; D, v. 66, 131, 138, 162, 429; Mouchard, v. 448
Versailles visited by, v. 451
2 Suarez, Henri de (b. 1704), Bailli d'Aulan:
Paris visited by, i. **366**
3 Suarez d'Aulan, Anne-Gabrielle-Françoise de (b. 1726), sister of *1*; Abbess of Saint-Sauveur, at Marseille:
D leaves annuity to, vi. 7
D's correspondence with, v. 440
4 Suarez d'Aulan, Étienne-Anne-Marie-Bernard-Régis de (b. 1767), son of *1*:
leaves for school, v. 431
Paris visited by, v. 426
Sublet d'Heudicourt, Charlotte-Alexandrine (b. 1722), m. (1737) Antonin-Armand de Belsunce, Marquis de Castelmoron:
HW likes, i. 346
Lauraguais's answer to Maurepas told by, i. 370
social relations of, with Hénault, i. 346, v. 323(?), 325(?)
Sudbourne, Suffolk:
(?) HW may visit, iv. 137
Sudermania, D. of. *See* Karl (XIII)
Suer. *See* Suard
Suetonius Tranquillus, Caius (A.D. ca 69—ca 141), historian:
translation of: HW comments on, ii. 487; sent by D to HW, ii. 482, 484
Sueur, Le. *See* Le Sueur
Suffolk, Cts of. *See* Hobart, Henrietta
Sugar:
HW's gifts of candied, iv. 235
Sugar of mercury:
D takes, v. 458
Suger, Abbé (ca 1082–1152):
D receives eulogy of, v. 426
Suicide:
English trait, i. 50, iii. 321, iv. 6

popular at Paris, iii. 175, 205, v. 62
Suin, Mme. *See* Vriot, Marie-Denise
Suit; suits:
D makes, for: Conway, iv. 149; HW, iv. 11, 15, 34, 41
price of, iv. 243, 246–7, 252, 258
sent by HW to Bishop of Mirepoix: iv. 235, 243, 246–7, 251–3, 255, 257; disposed of, iv. 258, 263
*Suite de la correspondance entre M. le Chancelier. . . . See under* Pidansat de Mairobert, Mathieu-François
Sully, Duc de. *See* Béthune, Maximilien de
Sully, Duchesse de. *See* Baylens de Poyanne, Henriette-Rosalie de
'Sultane, la.' *See* Bécu, Jeanne
Sumner, Miss (d. 1766), m. (1764) Mr Skreene: death of, v. 397
Supper; suppers:
D may give up, iv. 118, 133
D places, among four ends of life, v. 138–9
D's established: a score of frequenters of, iv. 207; Friday, i. 12, 205, 229, 278, ii. 38, 110, v. 13, 102, 166, 168; New Year's, ii. 324, iv. 3; Saturday, iii. 5, 13, 27; Sunday, i. 5n, 19, 64–5, 170, 173, 191, 205, 206, 244, 303, ii. 37, 38, 46, 69, 80, 112, 140, 163, 191, 205; Thursday, iv. 200–1, 240, 267–8, 353; twice weekly, iv. 200–1, 240, 267–8, 353, v. 13, 102, 166, 168; Wednesday, iv. 134, 200–1, 240, 267–8, 353, v. 13, 102, 166, 168
D's menu for, iii. 73
D takes, at home: alone, iii. 122; rarely, iii. 180; scarcely twice a week, iii. 13; usually, v. 80; with a few guests, iii. 73, 83, 351
D will send, to HW's hotel, i. 342
hour of: i. 280, 387, ii. 66, 153, 314, iv. 178, v. 13; in country, ii. 447
*Supplément à la correspondance de M. le Duc d'Aiguillon. See under* Vignerot du Plessis-Richelieu, Emmanuel-Armand
*Supplément à la Gazette de France. See under Gazette de France*
Surbois. *See* Royer de Surbois
*1, 2* Surgères, Comte de. *See* Granges de Puiguyon, Louis-Armand-François de (ca 1744–67); La Rochefoucauld, Jean-François de (1735–89)
*3* Surgères, Comtesse de, wife of *2. See* Chauvelin, Anne-Sabine-Rosalie
*4* Surgères, Marquise de, mother of *2. See* Fleuriau d'Armenonville de Morville, Jacquette-Jeanne-Thérèse
*Sur la destruction des Jésuites. See under* Voltaire
*Sur la législation et le commerce des grains. See under* Necker, Jacques
'Sur la poule au pot':
D quotes, iv. 93
*Surprise de l'amour, La. See under* Marivaux, Pierre Carlet de Chamblain de
*Surprises de l'amour, Les. See under* Bernard, Pierre-Joseph; Rameau, Jean-Philippe

Susa:
Viry arrested at, iv. 474
Sutton, Robert (?ca 1731–97), quack:
(?) Lauzun, Duchesse de, inoculated by, iv. 75
Suttons' powders:
taken during inoculation for smallpox, iv. 75
Suze. *See* La Suze
Swan, double-beaked:
HW mentions, iv. 297
Swanevelt, Herman (b. 1620), painter:
Hôtel de Lambert has panels by, v. 337
Swede, a:
social relations of, with D, v. 187
Sweden, K. of. *See* Adolf Fredrik (1710–71); Gustav (III) (1746–92); Gustav (IV) (1778–1837); Karl (XIII) (1748–1818)
Sweden, Q. of. *See* Luise Ulrike of Prussia
Sweden:
ambassadors from and to, *see under* Ambassador
Barthélemy, Marquis de, secretary of French embassy in, iv. 183, 198
D's acquaintance with visitors from, iv. 395
English fleet may transport French troops to, iii. 338
envoy from, *see under* Envoy
France may aid, against Russia, ii. 203
—— may intervene in revolution in, iii. 338
minister to, *see under* Minister
princes of, *see* Gustav (III); Gustav (IV); Karl (XIII)
Raynal's account of, iii. 211
revolution in, iii. 267, 338
Vergennes appointed ambassador to, iii. 46, 48
Swift, Jonathan (1667–1745), divine; satirist:
Bolingbroke insolently treated by, v. 354
*Gulliver's Travels:* Desfontaines's translation of, dedicated to D, v. 237; HW alludes to, iv. 47, 49
*Letters* of: D inquires about, i. 133; Meinières, Mme de, wishes to translate, ii. 335
Oxford insolently treated by, v. 354
Swiss Guards:
Artois received as general of, iii. 209
—— said to be commander of, iii. 161
at Soissons, i. 117
Choiseul deprived of command of, iii. 155, 165–7
command of, not decided, iii. 159, 161
secretaryship of: Barthélemy appointed to, ii. 9–10; —— loses, iii. 168; —— may lose, iii. 155, 168; holders of, ii. 9, 12; to be suppressed, iii. 168; value of, ii. 12
Switzerland:
minister to, *see under* Minister
visitors to: Boisgelin, Comtesse de, iv. 281; Boufflers, Marquise de, iv. 281; Mirepoix, Mme de, iv. 281
Sword; swords:
damascene, price of, iii. 114
HW gives, to Monaco princes, iii. 172

*Sylphe, Le:*
presented before Christian VII, ii. 166
*Sylvie. See under* Laujon, Pierre
Symphysis:
operation on, v. 424
*Synonymes français:*
D owns second edition of, vi. 25
Systematists:
weakness of, i. 250
*Système de la nature. See under* Thiry, Paul-Henri
*Systèmes, Les. See under* Voltaire

Taaffe, John (d. 1773):
D offers lodging to, iii. 231, 242, vi. 3
D's correspondence with, i. 12, 13
D's opinion of, iii. 231
death of, iii. 404
'demoiselle' of, *see* Lespinasse, Julie-Jeanne-Éléonore de
executor of, pays HW money for Mme de Mirepoix, iv. 136
HW tells D not to give lodging to, iii. 242, 253, v. 395
Lespinasse, Mlle de, not to be seen by, iii. 231, 253
Mirepoix, Mme de, correspondence of, with, iii. 231
—— leaves E. W. Montagu's note with, iii. 434
—— seeks letter of, iv. 16, 19
*Tableau de la ville de Paris. See* Jèze, ——, *État ou tableau de la ville de Paris*
*Tableau parlant, Le. See under* Anseaume, Louis
*Tableau philosophique de l'esprit de Voltaire. See under* Sabatier de Castres, Antoine
*Tablette chronologique. See under* Lenglet du Fresnoy, Nicolas
*Tablettes dramatiques:*
D owns, vi. 26
Taboureau des Réaux, Louis-Gabriel (1718–82):
controller-general, iv. 369
resigns, iv. 454, 455
Tacitus, M. Claudius (200–76), historian:
La Bletterie's translation of *Annals* of: vi. 152; D buys, ii. 59; D offers, to HW, ii. 59, 62; D reads, v. 141; HW declines, ii. 75; Voltaire's rudeness over, ii. 105
La Bletterie's translation of life of Agricola of, ii. 75
*Tactique, La. See* Guibert, Jacques-Antoine-Hippolyte de, *Essai général de Tactique; and under* Voltaire
Taffeta:
as court plaster: ii. 49, 67–8, 70, 73; price of, ii. 68
D buys dress of, v. 456
Talaru, Louis-François (1729–82), Vicomte de:
made member of Ordre du Saint-Esprit, iv. 199
1 Talbot, Marie-Madeleine-Sophie, dau. of 2,

m. (1765) Charles-François-Fidèle, Marquis de
Vintimille:
social relations of, with Contessa di Viry, v.
350
2 Talbot, Richard Francis (1710–52), 3d E. of
Tyrconnel:
Vintimille, Marquise de, daughter of, v. 350
Talerand. See Talleyrand
Taleron. See Talleyrand
Talleyrand, Baron de. See Talleyrand-Périgord,
Louis-Marie-Anne de
1 Talleyrand, Baronne de, wife of 9. See Montigny, Louise-Fidèle-Sainte-Eugénie de
2 Talleyrand, Comtesse de, wife of 5. See Damas d'Antigny, Alexandrine-Victoire-Éléonore
3 Talleyrand, Archambaud-Joseph de (1762–
1838), Vicomte de Périgord; Duc de Talleyrand-Périgord; son of 5:
marriage of, v. 92
4 Talleyrand, Augustin-Louis (b. 1735), Chevalier de, brother of 5:
chevalier d'honneur to Mesdames Victoire and
Sophie, ii. 442
(?) social relations of, with Marquise de Damas d'Antigny, v. 338
5 Talleyrand, Charles-Daniel (1734–88), Comte
de:
made member of Ordre du Saint-Esprit, iv.
199
social relations of, with: Choiseul, Duchesse
de, v. 325; (?) Damas d'Antigny, Marquise de,
v. 338
son of, marries, v. 92
6 Talleyrand, Gabriel-Marie de (1726–95),
Comte de Périgord; brother of 5:
governor of Languedoc, v. 340
7 Talleyrand, Henri de (1599–1626), Comte de
Chalais:
D reads account of execution of, ii. **471**
Talleyrand-Périgord, Duc de. See Talleyrand,
Archambaud-Joseph de
8 Talleyrand-Périgord, Duchesse de, wife of 3.
See Olivier de Sénozan de Viriville, Madeleine-Henriette-Sabine
9 Talleyrand-Périgord, Louis-Marie-Anne de
(1738–1809), Baron de Talleyrand; brother of
5:
Chanteloup visited by, vi. 202
10 Talleyrand-Périgord, Marie-Jeanne de (1747–
92), dau. of 6, m. (1762) Louis-Marie de
Mailly d'Haucourt, Marquis (later Duc) de
Mailly:
dame d'atour, iv. 401, v. 216
dances at ball in honour of Dauphin's marriage, ii. 410
1 Talmond, Prince de. See La Trémoïlle, Antoine-Charles-Frédéric de
2 Talmond, Princesse de, wife of 1. See Jablonowska, Marie-Louise
Talon, Françoise-Madeleine (1730–67), m.
(1746) Président Étienne-François d'Aligre:
Conti's friendship with, i. 395–6

death of, i. **395**, 395–6
Lespinasse, Mlle de, befriended by, i. 395
*Tancrède. See under* Voltaire
Tandeau, ——:
attends session of parliament of Paris, vi. 173
Tankerville, Cts of. See Colville, Camilla
*Tanzaï. See under* Crébillon, Claude-Prosper
Jolyot de
Tapestry; tapestries:
Ailesbury, Cts of, makes, for D, iv. 328
HW and Lady Mary Churchill buy, v. 335
La Savonnerie, iv. 449
purchased for HW, ii. 428, 437, 439, 452
shop selling, HW visits, v. 305
Tapeworm:
Elliot suffers from, v. 213
Target, Gui-Jean-Baptiste (1733–1806):
*Lettres d'un homme à un autre homme,* iii.
104
*Tarsis et Zélie. See under* Le Vayer de Boutigny,
Roland
*Tartuffe, Le. See under* Molière
Tate, Mr:
HW sends letter by, v. 396
Tatton, Neville (d. 1792), general:
Churchill, Mrs, mistress of, v. 374
*Taureau blanc, Le. See under* Voltaire
1 Tavannes, Comte de. See Saulx, Charles-Fran-
çois-Casimir de
2 Tavannes, Comtesse de, wife of 1. See Lévis-
Châteaumorand, Marie-Éléonore-Eugénie de
Tavernier, ——:
attends session of parliament of Paris, vi. 173
Tavernier, ——, watchmaker:
D's watch by, left to Mlle Couty, vi. 27
Tavernier de Boullongne, Catherine-Jeanne (ca
1750–1838), m. (1765) Mathieu-Paul-Louis,
Vicomte (later Comte) de Montmorency-La-
val:
admitted to suppers at little château at Com-
piègne, ii. 441
dances at ball in honour of Dauphin's mar-
riage, ii. 410
Provence, Comtesse de, dismisses, v. 439
1 Tavistock, Marchioness of, wife of 2. See Kep-
pel, Elizabeth
2 Tavistock, M. of. See Russell, Francis
Taxes:
window, ii. 75
*See also under* France, finances of
Taxier. See Le Texier
Taylor, Mr:
HW sends letter by, v. 380
HW sends letters by servant of, v. 377
Tea:
Beauvau, Princesse de, orders, from Hon. T.
Walpole, v. 233
beggars drink, v. 258
camœdris infused like, iv. 384
D benefited by, ii. 332, 334, iii. 353
D orders, ii. 28, 35, 39, iii. 28, 305–7, 311, 317,
331, 342, 351, 353, iv. 128, 132, 134, 302, 334,

[Tea, *continued*]
408, 489, 494, v. 125, 128, 135, 226
D receives gift of, i. 87, iii. 429, iv. 56, 317, 423, 425, 438, 495, v. 28, 29, 131, 240, 423
D takes, weak, with milk, ii. 332
D thanks HW for, ii. 307, 309
delivered to D, ii. 73
drinking of, i. 224, 316, 323, 343, ii. 165, 200, 272, 299, 309, 339, iii. 54, 62, 160, 208, 237, 243, 350, 370, 417, 418, 424, 430, iv. 27, 245, v. 72
French, inferior to English, iv. 492
green, ordered by D, i. 308, 317
HW's, used by D, ii. 332-3
HW sends, to D, iv. 258
HW suggests that D give up, iv. 133
hour for, ii. 319, 442, iii. 160, 164, 430, iv. 178n
Mirepoix, Mme de, orders, from Hon. T. Walpole, v. 233
—— receives, from Hon. T. Walpole, v. 226
Nivernais serves, with dinner, v. 341
Walpole, Hon. Robert, sends, to D, iii. 130
Teakettle:
Boufflers, Comtesse Amélie de, desires HW to secure, for her, iv. 9, 13, 33, 39, 42
Couty to buy, for: Boufflers, Comtesse Amélie de, iv. 9, 13, 39; Boufflers, Comtesse de, iii. 418
D asks for another, iii. 177, 182, 193, 200, 205, 206, 207, 211
D receives, iii. 223
HW secures, for Comtesse de Boufflers, iii. 417-8, 425, 433, 436, iv. 2, 4, 7-9
Mirepoix, Mme de, to receive, iii. 160, 162, 197
Tea merchant:
Walpole, Hon. Robert, recommends, iii. 231
*Te Deum:*
sung for Estaing's victories, v. 173, 174, 428
Teeth. *See* Roots for the teeth
*Télémaque. See under* Salignac de la Mothe Fénelon, François de
Téligny, seigneur de. *See* La Noue, Odet de
Tellier, Le. *See* Le Tellier
*Tempest, The. See under* Shakespeare, William
*1* Temple, Cts, wife of *2. See* Chambers, Anne
*2* Temple, E. *See* Grenville-Temple, Richard
Temple, Henry (1739–1802), 2d Vct Palmerston:
D sends parcel by, iii. 401, 410
Pars former valet of, iv. 236
'Temple, Idole du.' *See* Camps de Saujon, Marie-Charlotte-Hippolyte de
'Temple, le.' *See* Bourbon, Louis-François de
Temple, le:
Conti's home, i. 41n, v. 288
Conti's opera may be given at, ii. 217
D invited to, i. 68, 69, 111-2, 245
D sups at, i. 248, ii. 130, 440
Des Alleurs, Mlle, to live at, after marriage, ii. 106
HW attends concert at, v. 308

HW visits, v. 306, 314
Herbert, Lady Mary, sheltered at, v. 288
Luxembourg, Mme de, enjoys, i. 91
—— jokes about, ii. 12
—— sups at, ii. 130
—— unable to sup at, ii. 47
Mirepoix, Mme de, goes to, iv. 27
occupants of, mentioned, i. 267
'pagode, la grande,' ii. 188
Ténay, Chevalier Marc-Jean de (1700–87), later Marquis de Saint-Christophe:
(?) social relations of, with D, v. 340
Tencin, Marquise de. *See* Guérin, Claudine-Alexandrine
Teniers, David (1610–94), painter:
figures after, on flowerpots, v. 402
HW buys prints by, v. 402
Hôtel de Bouillon has painting by, v. 317
Julienne has paintings by, v. 286
Monaco has paintings by, v. 335
Praslin has paintings by, v. 353
Thiers has views of Brussels by, v. 373
Van Dyck's painting in manner of, v. 286
Tennis:
D explains phrase from, ii. 494
Teraille. *See* Du Terrail
Terence (Publius Terentius) (ca 194–ca 158 B.C.), dramatist:
*Andria,* D cites, iii. 17-8
*Teresa* (American privateer):
captured by English, iv. 452
Ternay. *See* Ténay, Chevalier Marc-Jean de
Terrail. *See* Du Terrail
*1* Terray, Joseph-Marie (1715–78), abbé; controller-general:
age of, ii. 329
appointed controller-general, ii. 325-7
bankruptcy advocated by, ii. 449
Béringhen's death aids reforms of, ii. 362
Boutin's correspondence with, vi. 161
Choiseul discusses La Balue closing with, ii. 373
—— intercedes with, for D's pension, ii. 375-6
—— may be attacked by, ii. 372-3
—— opposes reforms of, ii. 365
—— reluctant to petition, ii. 358
——'s budget to be cut by, ii. 372
——'s standing with, unknown, ii. 329
Choisy to be visited by, iv. 53-4
Condé's reconciliation with Louis XV said to be negotiated by, iii. 296
D mentions, ii. 352, 379, 394
D's opinion of, ii. 372-3
D's pension under control of, ii. 334, 353-4, 358, 359, 364, 375-6
dismissal of, expected, iii. 74, 107
Du Barry, Comtesse, courted by, ii. 371
economy plan to be presented by, iv. 54
exiled, iv. 87, 93
Forcalquier, Comtesse de, exalts, ii. 382
income of, ii. 326
influence of, ii. 341, 371, 464

La Balue closing follows edict of, ii. 373
La Borde consults, about payment of obligations, vi. 161
La Garde, Baronne de, mistress of, iii. 107
La Motte place of exile of, iv. 87
La Vallière entertains, ii. 472
ministry of marine temporarily supervised by, iii. 5
offices of, ii. 325, 326
outcry against, ii. 356, 373, 374
public rejoicing at exile of, iv. 93
resignation of, expected, iii. 35
Rosières brother of, ii. 442
Saint-Florentin to speak to, for D, ii. 359
thought to be insecure, iii. 45
Tourville intercedes for D with, ii. 353-4, 358
verses on, iv. 194, 243
Walpole, Hon. T., said to be favoured by, iii. 107
2 Terray, Pierre (1712-80), seigneur de Rosières; brother of 1:
made chancellor of Comte de Provence, ii. 442
Tersac. See Faydit de Tersac
Tertian fever:
ascribed to nerves, iii. 352
double, ii. 124, iii. 179, 395, iv. 94, 95
occurrences of, iii. 352, 358, iv. 92-5, 353, 358, 460
treatment of, iii. 352
Teschen, Peace of:
signed, v. 132
1 Tessé, Comte de. See Froulay, René-Mans de
2 Tessé, Comtesse de, wife of 1. See Noailles, Adrienne-Catherine de
Test act:
French parallel to, ii. 424
Testament politique de M. de V——. See under Marchand, Jean-Henri
Testament politique du Chevalier Robert Walpole, Le:
D sends, to HW, i. 200, 201, 207, 209-10, 212, 223
D will not mention again, i. 225
HW's letter commenting on, i. 220
reviewed in Fréron's Année littéraire, i. 209
Texier. See Le Texier
Thames, River:
D mentions, i. 248
Theatre, the:
common sense's pulpit, v. 361
Théâtre à l'usage des jeunes personnes. See under Ducrest de Saint-Aubin, Stéphanie-Félicité
Théâtre anglais. See under La Place, Pierre-Antoine de
Théâtre de La Noue. See Sauvé, Jean-Baptiste, Œuvres
Théâtre espagnol. See under Linguet, Simon-Nicolas-Henri
Theatricals, private:
at Chanteloup, iii. 382, 385, 388
1 Thellusson, Georges-Tobie (1728-76), banker: house of wife of, v. 9, 11

2 Thellusson, Mme Georges-Tobie, wife of 1. See Girardot, Marie-Jeanne
Thémines. See Lauzières de Thémines
Themiseul, Chevalier de. See Cordonnier, Hyacinthe
Themistocles (ca 514-449 B.C.):
Greece home of, vi. 163
Théodore. See Neuhof, Théodore-Antoine, Baron de
Théodore, Mme:
HW buys ruffles from, v. 404
Théologie portative, La:
Voltaire criticizes, vi. 152
Théorie des lois civiles. See under Linguet, Simon-Nicolas-Henri
Theresa, St:
D cites, i. 175
Thérèse (b. ca 1759), Marquise de Boufflers's servant:
Huber paints, iii. 298
Thérèse de Saint-Augustin. See Louise-Marie
Thérèse de Savoie, Princesse. See Marie-Thérèse (1756-1805) of Savoy
Thermometer, clinical:
D mentions, i. 397
D sends, to HW, i. 374
Thésée. See under Cassanea de Mondonville, Jean-Joseph; Lulli, Jean-Baptiste; Quinault, Philippe
Thetford, Norfolk:
attacked, v. 368
election at, v. 368
HW mentions, iii. 244
Thévenart, Gabriel-Vincent (1669-1741), opera singer:
D enjoyed, v. 15
1 Thianges, Marquis de. See Damas, Jean-Pierre de
2 Thianges, Marquise de, wife of 1. See Le Veneur de Tillières, Michelle-Pétronille
1 Thiard, Claude de (1721-1810), Comte de Bissy:
(?) Chesterfield mentions friendship of, with Duchesse de la Vallière, iv. 37
2 Thiard, Henri-Charles (1722-94). Comte de, brother of 1:
(?) Chesterfield mentions friendship of, with Duchesse de la Vallière, iv. 37
social relations of, with Mme de Luxembourg, v. 352
tries to unlock Marquise de Beuvron's secretary, i. 61-2, 63, 72
Valentinois, Comtesse de, friend of, iv. 71
verses by, for Mme de Mirepoix, i. 129-30
3 Thiard, Marie-Claudine-Sylvie de, dau. of 2, m. (1768) Jean-Charles, Marquis de Fitzjames:
Valentinois, Comtesse de, leaves diamond to, iv. 71
Thibault Dubois, Georges-Julien-François (d. 1768), 1st commissioner of war:
apoplexy of, i. 376, ii. 9
D characterizes, i. 376
death of, ii. 9

*1* Thibaut de Chanvalon, Jean-Baptiste (ca 1725–85):
  sentence of, v. 320
*2* Thibaut de Chanvalon, Mme Jean-Baptiste, wife of *1:*
  sentence of, v. 320
Thibert du Martrais, Marie-Madeleine (d. 1780), m. (1) Jacques-Alexandre Briçonnet d'Auteuil; m. (2) (1769) Henri-Claude, Comte d'Harcourt:
  will of, v. 451
Thicknesse, Philip (1719–92):
  Orwell abused by, v. **315**
Thiériot, Nicolas-Claude (1696–1772):
  death of, iii. 340
  epigram on, iii. 340
  Voltaire mentions, iii. 340
Thierry, Marc-Antoine (d. 1792), Dauphin's valet de chambre:
  Du Barry, Comtesse, former occupant of apartment given to, iv. 57
Thiers, Baron de. *See* Crozat, Louis-Antoine
Thiers, Hôtel de:
  visitors to: HW, v. 338; Reynolds, Sir Joshua, v. 338
Thiroux de Crosne, Louis (1736–94):
  (?) social relations of, with: Choiseul, Duchesse de, v. 328–9; Souza, v. 321
Thirty Tyrants:
  uncertainty about, v. 358
Thiry, Paul-Henri (1723–89), Baron d'Holbach; encyclopedist:
  credited with *Exposé succinct* concerning Hume and Rousseau, i. 158
  Duni sings at house of, v. 304
  HW mentions, i. 341
  HW mentions circle of, iii. 65
  Hume's letter to, attacking Rousseau, i. 89, 91
  social relations of, with: Alligri, v. 263; Charguion, v. 304; Chastellux, v. 267, 272; Diderot, v. 262, 267, 272, 283, 296, 299; (?) Dieskau, v. 272; Gatti, v. 263; Gem, v. 283, 296, 304; Gleichen, v. 283; HW, v. 262–4, 266–7, 269, 271–2, 276, 283, 289, 296, 299, 304, 306; Helvétius, M. and Mme, v. 296, 299, 301, 304; Hume, v. 262, 269; Marmontel, v. 299; Ramsay, v. 267; Raynal, v. 267; Roux, v. 262, 272, 299; Saint-Lambert, v. 304; Suard, v. 263; Thomas, v. 267
  *Système de la nature,* ii. 454
*1* Thois, Marquis de. *See* Gouffier, Jean-Timoléon
*2* Thois, Marquise de, wife of *1. See* Penancoët de Keroualle, Henriette-Mauricette de
Thomas, Antoine-Léonard (1732–85):
  *À la mémoire de Mme Geoffrin,* iv. 494, 497
  Arnaud resembles, iv. 366
  D's verses about, finished by HW, iv. 495, 497
  *Éloge de Marc-Aurèle,* iv. 177, 181, 185, 247
  *Essai sur le caractère . . . des femmes,* D dislikes, iii. 202
  *Essai sur les éloges:* Caracciolo admires, iii. 358; D dislikes, iii. 357–8

Geoffrin, Mme, leaves annuity to, iv. 484
  'gros Thomas' of the wits, iii. 202
  HW's correspondence with, v. 384
  HW to send *Lucan* to, v. 415
  Moulin-Joli visited by, iv. 459
  Necker's style influenced by, iii. 400
  social relations of, with: Geoffrin, Mme, v. 261; Holbach, v. 267
Thomas, Don Domingo:
  Saragossa mob scattered by, vi. 120
Thomas, Jean (d. 1757), quack doctor:
  charlatan, i. **250,** iii. 202
Thomas, John (1712–93), Bishop of Rochester, 1774:
  HW mentions, iv. 202
'Thomas le Grand' (quack). *See* Thomas, Jean
Thomatti [Tomatesse; Tomatis], Mme:
  Craufurd attracted by, i. **349**
Thomond, Comte and Maréchal de. *See* O'Brien, Charles
Thompson, Mr:
  Mariette's sale visited by, v. 350
  social relations of, with HW, v. 344, 348, 349
Thornbury Castle, Glos:
  HW visits, iv. 83n
*1* Thou, Jacques-Auguste de (1553–1617), Baron de Meslai; historian:
  *Histoire universelle:* D asks HW's opinion of, iii. 151; D has not read, ii. 427; HW undertakes to read, ii. **405**
  tomb of, v. 282
*2, 3* Thou, Mmes Jacques-Auguste de, wives of *1. See* Barbançon, Marie de (d. 1601); La Chastre, Gasparde de (1577–ca 1617)
Thoulier, Pierre-Joseph (1682–1768), Abbé d'Olivet:
  Voltaire's letter to, on prosody, i. **251**
Thoyras, sieur de. *See* Rapin, Paul de
Thubières de Grimoard de Pestel de Lévis, Anne-Claude-Philippe de (1692–1765), Comte Caylus:
  collection of, sold at auction, v. 271, 275
Thugut, François-Marie (1734–1818), Baron de:
  Paris visited by, v. 442
Thynne, Thomas (1734–96), 3d Vct Weymouth; cr. (1789) M. of Bath:
  Grafton's meeting attended by, v. 367
Tiberius Claudius Nero (42 B.C.–A.D. 37), Roman emperor:
  La Bletterie writes notes on, vi. 152
  Linguet writes about, vi. 180
Ticonderoga:
  Burgoyne captures, iv. 470, 472
*1* Tillières, Comte de. *See* Le Veneur, Alexis-Paul-Michel
*2* Tillières, Comtesse de, wife of *1. See* Verdelin, Henriette-Charlotte de
*3* Tillières, Marquis de, brother of *1. See* Le Veneur, François-Jacqùes-Tannegui
Tillières:
  Jonzac, Marquise de, to visit, iv. 211
Tillot. *See* Du Tillot
Tilly, François-Bonaventure de (ca 1701–75),

Marquis de Blaru; lieutenant of the body-guard:
hunts with Louis XV, i. 291
Tilson, Charlotte (d. 1798), m. (1738) Sir Robert Deane, 5th Bt:
(?) Paris visited by, ii. **271**
Timbrune de Valence, César-Jean-Baptiste de (1719–ca 93), Marquis de Timbrune:
made governor of École Royale Militaire, iii. 431, 435
Timeur, Marquise du. See Chauvelin, Louise-Philippe de
Timon of Athens. See under Shakespeare, William
1 Tingry, Prince de. See Montmorency-Luxembourg, Charles-François-Christian de
2 Tingry, Princesse de, wife of 1. See Des Laurents, Éléonore-Josèphe-Pulchérie
Tintoretto (Jacopo Robusti) (1512–94), painter:
Monaco, P. of, has paintings by, v. 335
Tirand des Arcis, Mme René-François. See Aumont de Mazarin, Louise-Félicité-Victoire d'
Tiran le Blanc:
D cites, i. 270, 280
Tire-boudin, Rue:
Du Barry, Comtesse, assigned to, in joke, vi. 181
Tirelarigot:
verses to air of, iv. 406
Tiroux d'Arconville, Mme. See Arlus, Marie-Geneviève-Charlotte d'
Tissot, Simon-André (1728–97), Swiss doctor:
Beauvau attended by, v. 235, 241, 453, 458
Lausanne visited by, v. 241
social relations of, with D, v. 437
Titian (Tiziano Vecellio) (1477–1576), painter:
Barbiellini prints letter from, v. 355
Cambis, Vicomtesse de, resembles, iv. 430
Monaco, P. of, has paintings by, v. 335
Philip II addressed as K. of England by, v. 355
'Venus' by, v. 313
Titon, ——:
attends session of parliament of Paris, vi. 173
Tivoli, Rosa di. See Roos, Philipp Peter
Toast-rack:
(?) D orders, iv. 128, 132
HW sends, to D by Mrs Damer, iv. 101, 102
Tobacco:
dealings in, iii. 107
See also Snuff
Toinette, D's servant:
D gives 'pet-en-l'air d'indienne' to, v. 451
(?) D shares lottery ticket with, v. 422, 455
D's legacy to, vi. 6
daughter born to, v. 439
fears customs office has seized Mrs Cholmondeley's goods, ii. 488, 496
wages of, vi. 46
Tôle:
gift of, ii. 313
Tollendal, Baron de. See Lally, Thomas Arthur
Tomatesse. See Thomatti

Tomatis. See Thomatti
To Mrs Crewe. See under Fox, Charles James
Tom Jones. See under Fielding, Henry; Poinsinet, Antoine-Alexandre-Henri
Tongs, fire-:
Ussé leaves, to Mme Rondé, iii. 276
Ton humeur est, Catherine:
verses to air of, iii. 353, 365
Tonneau:
Choiseul, Duchesse de, supplies, at Chanteloup, iii. 79
Gustav III would have liked to have, for D, iii. 39
D's: notaries have difficulty naming, iii. 28; verses on, ii. 289–91, 295, 305, 454; verses on, by D, ii. 290, iii. 39
Tonnelier, Le. See Le Tonnelier
1 Tonnerre, Maréchal de. See Clermont-Tonnerre, Gaspard de
2 Tonnerre, M. de, son of 1. See Clermont-Tonnerre, Charles-Henri-Jules, Comte de
Tonnerre:
Éon ordered to go to, iv. 474
Tonsilitis:
occurrences of, iv. 299
Tonton (1773–89), D's black spaniel:
affection of, for D, iii. 426, iv. 67, 98, 135, 206, 238, 240, 243, 253, 259, 376, 447, 449
Bauffremont gives, to D, iii. 422
bites no more, v. 253
Boufflers's verses on, v. 2
D envies, v. 235
D hopes that HW will see, iv. 72
D irritated by, iv. 74, 83–4
D names, iii. 425
D reduced to society of, iv. 353, 367, 476
D's affection for: iii. 428, 433, iv. 2, 30, 67, 83–4, 103, 135, 167, 194, 206, 238, 253, 334, 376, 401, 410, 430, 447, v. 174, 235; HW comments on, iv. 110
D's greatest pleasure, iv. 190
D's servants like, iv. 98
D's verses to, iv. 103
enemies of, iv. 447
faults of, iv. 447
friends of, iv. 447
grows fat, iv. 295
HW to meet, iv. 212, 215
HW to take, after D's death, iv. 2, 5, v. 201
health of, iv. 233, 238, 240
jealous, iv. 98, 103
La Harpe's verses on, v. 2, 8
naughty only when near D, v. 253
Necker astonished at not being bitten by, vi. 213
portrait of, on snuff-box: given to D, v. 2, 201; left by D to HW, v. 201, vi. 26
sleeps on D's arm, v. 118
sleeps well, iv. 447
vomits objects, iv. 323
Walpole, Hon. T., to take, to HW, v. 253
'wife' desired by, iv. 177, 206, 278
'wife' escapes from, iv. 201

Tooth-powder:
HW sends, to D, iii. 387
Torcy, Comtesse de (d. 1777):
(?) social relations of, with Contessa di Viry, v. 350
Torcy, Marquis de. *See also* Colbert, Jean-Baptiste (1665–1746)
Torcy, Marquis de (d. 1788):
(?) social relations of with: Hénault, v. 332; Viry, Contessa di, v. 350
Torre, ——, merchant:
Bassan's account of, iv. **269**
(?) —— suggests sending portrait by, iv. 245
Torrington, Vct. *See* Byng, Hon. John
Tort de la Sonde, Barthélemy (1738–1818), Guines's secretary:
(?) D to send furniture by, iii. 139, 148
Guines sued by, vi. 200
mémoires of, suppressed, vi. 200
*Premier mémoire contre le comte de Guines* . . . , iv. 160, 175
second mémoire by: appears, iv. 181; expected, iv. 168, 173, 179
sentenced, iv. 196, 200, vi. 200
(?) third mémoire by, iv. 183
Tothill, Robert:
Chatham sued by, vi. 162
Tothill, William Daw:
(?) 'petit garçon de quinze ans,' i. 64
Touchet, ——, baigneur:
Joseph II to have lodged with, iv. 435
Touchet, 'young Mr':
social relations of, with HW, v. 327
Toulon:
French fleet from, recalled, iii. 349
La Fayette detained at, iv. 435
Lauzun ordered to await Chauvelin at, ii. 135
Toulongeon, Marquise de. *See* Aubigné, Marie-Joséphine-Marguerite d'
Toulouse, Archbishop of. *See* Loménie de Brienne, Étienne-Charles de
Toulouse, Comtesse de. *See* Noailles, Marie-Victoire-Sophie de
Toulouse:
Caraman at, iv. 373
parliament of: Mirepoix, Bishop of, to attend, iv. 304, 374; reformed, iii. 106; Toulouse, Archbishop of, to attend, iv. 374
Toulouse, Hôtel de, Place des Victoires:
Forcalquier, Comtesse de, staying at, i. 114
HW visits, v. 302
Tour, La. *See* La Tour
Tourette. *See* Toinette
Tournelle. *See* La Tournelle
Tournemine, La. *See* La Tournemine
Tourneur, Le. *See* Le Tourneur
Tournon, Louis-François-Paul (d. 1787), Vicomte de:
death of, reported, v. 436
Tournon, Rose-Marie-Hélène de (ca 1757–82), m. (1) (1773) Jean-Baptiste (called Vicomte Adolphe) du Barry; m. (2) (1782) Jean-Bap-

tiste-Marc-Antoine de Tournon, Marquis de Claveyson:
beauty of, admired at ball, iii. 425
brother of, dies, v. 436
Châteauroux, Duchesse de, said to resemble, iii. 386
Damer, Mrs, accompanied by, to England, v. 184
—— said to accompany, v. 88
family of, iii. 374
Louis XVI banishes, iv. 52
marriage of, iii. 374, 376, 378, 381, 382
Paris visited by, v. 88
Rueil visited by, iv. 48
Saint-Joseph, convent of, to be occupied by, v. 184, 434
social relations of, with D, v. 434(?), 435, 439, 443
Tourreil, ——:
*Œuvres*, D owns, vi. 35
Tours, Archbishop of. *See* Conzié, Joachim-François-Mamert de (1736–95); Rosset de Ceilhes de Fleury, Henri-Marie-Bernardin de (1718–81)
Tours:
Barthélemy praises bridge at, vi. 201
D buys dress of silk from, v. 446
Joseph II visits, iv. 453, vi. 201
Marmoutier near, iii. 241
*Tour through Sicily and Malta . . . , A. See under* Brydone, Patrick
*Tour to the East, A. See under* Calvert, Frederick
Tourves, Marquis de. *See* Valbelle-Oraison, Joseph-Alphonse-Omer de
Tourville, Chevalier de. *See* Villicy, Jean-Baptiste-Nicolas-Louis de
*Tous les hommes sont bons:*
verses to air of, iii. 226
*Tout va cahin-caha:*
verses to air of, v. 214
Tower of London:
Argyll dreads, v. 360
plot to shut George III in, iv. 230
Townshend, Vcts. *See* Harrison, Etheldreda
Townshend, Charles (1725–67):
death of, v. 319, 398
Townshend, James (d. 1787), alderman; lord mayor of London 1772–3:
Bordeaux, Paris, and London visited by, iv. 352, 354, 355
social relations of, with D, iv. 352, 354, 355
Townshend, Mary, Selwyn's niece:
(?) Selwyn to consult, ii. **68**
Tracy, Thomas (d. 1770):
(?) death of, reported, v. 398
*Traduction de quelques ouvrages de Tacite. See* Tacitus, M. Claudius, La Bletterie's translation of *Annals* of
*Traduction du poème de Jean Plokof. . . . See under* Voltaire
Tragedy:
fables contrasted with, i. 119

*Traité de l'orthographe. See under* Le Roy, Cl.
*Traité des différentes sortes de preuves. . . .*
   *See under* Griffet, Henri
*Traité pratique sur la goutte et sur les moyens
   de guérir cette maladie. See under* Coste, Dr,
   jr
Trajan (A.D. ca 52–117), Roman emperor:
   Danube bridged by, vi. 201–2
   Porquet alludes to, ii. 325
Tranquillity:
   HW on, ii. 426
*1* Trans, Abbé de. *See* Villeneuve, Alexandre-
   Marie de
*2* Trans, Marquis de, brother of *1. See* Ville-
   neuve, Louis-Henri de
*3* Trans, Marquise de, wife of *2. See* Chamillart-
   la-Suze, Anne-Madeleine de
Transportation:
   Calais to Paris, iii. 229
   cost of, iii. 233, iv. 257
   London to Dover, iii. 307
   of goods, i. 92
   packing for, i. 297, iii. 125, 233, 317, iv. 13, 14
   water route: Paris-Chanteloup-Barèges, iii.
   352, 352–3; Rouen-England, iv. 411
   *See also* Berlin; Cabriolet; Carriages; Carrosse;
   Chaise; Furniture purchased by HW, transportation of
Trapaud, Mrs (ca 1733–1803), wife of Gen.
   Cyrus Trapaud:
   (?) HW accompanies, to horse race, v. 304
Trappe, La:
   D mentions, i. 390
   epistle concerning, i. 286, 295
*Trattato dei diletti e delle pene. See under*
   Bonesana, Cesare
Travel:
   expenses of: Dover-Calais boat, v. 399, 407,
   409, 412; London to Paris, v. 399, 405, 407,
   410, 413; Paris to London, v. 401, 412
   time of: Amiens to Abbeville, i. 2; Chante-
   loup to Paris (15 hours), ii. 110; London to
   Paris, i. 342, iv. 226, v. 258–9, 315–6, 324, 333–
   4, 342–3; Paris to Chanteloup, i. 289; Paris to
   Chantilly, i. 1; Paris to London, i. 213, ii.
   345, iv. 228, v. 314, 324, 333, 342, 353
   *See also* Post
Traversay, Jean-François Prevost de. *See* Prevost de Traversay, Jean-François
Treasurers, Court:
   reform of, v. 423
Treffonds. *See* Paris de Treffonds
Tréguier, Bishop of. *See* Cheylus, Joseph-
   Dominique de
*Trembleurs, Les:*
   verses to air of, iii. 413, iv. 405
Trémoïlle. *See* La Trémoïlle
Trente et quarante:
   losses at, ii. 54
   popularity of, iv. 393
Tré-sept:
   played at Choiseul's, iv. 161

Tresmes, Comtesse de:
   social relations of, with Mme Geoffrin, v. 277
Tresmes, Duc de. *See* Potier, Louis-Léon
Tresmes, Duchesse de:
   (?) social relations of, with Comtesse de
   Brionne, v. 295
Tressan, Comte de. *See* La Vergne, Louis-Élisa-
   beth de
Tressemanes de Brunet, Gaspard de (1721–84),
   Bishop of Glandèves 1755–72:
   Dauphin's safety assured in dream to, v. 284–5
   Marie Leszczyńska reassured by, v. 284–5
Tréville, Hôtel de:
   Joseph II's suite lodges at, iv. 440
   Leinster, Ds of, at, v. 14
   Luxembourg near, v. 14
Trevor, Richard (d. 1775), deputy secretary in
   lord chamberlain's office:
   death of, v. 398
Trévoux, ——:
   Louis XV's conversation with, v. 364
   Theodore of Corsica's nephew, v. 364
Triand, Marquis de:
   social relations of, with Marquise de Monconseil, v. 297
Trianon:
   Joseph II entertained at, iv. 443
   —— to be entertained at, iv. 441
   Louis XV proposes visit to, ii. 195
   Marie-Antoinette at, v. 129
   Mirepoix, Mme de, at, iii. 98
Tricot:
   made from D's effilage, iii. 284, iv. 34, 41
Trictrac:
   Fox loses at, ii. 324
   played, iii. 120, iv. 161, 378
Trille:
   played, v. 265, 273
Trimlestown, Bn. *See* Barnewall, Nicholas
Trinité, La. *See* La Trinité
Trinity College, Cambridge:
   (?) *Castle of Otranto* scene taken from, iv. 145
*Triomphe de l'amitié, Le, ou l'histoire de Jac-
   queline et Jeanneton. See under* Guichard,
   Octavie
Troarn, Abbé de. *See* Vaux de Giry de Saint-
   Cyr, Claude-Odet-Joseph de
Trocadéro:
   D's picture exhibited at, vi. 215
*Trois dialogues. See* Robinson, Elizabeth, *Dia-
   logues of the Dead*
*Trois empereurs en Sorbonne, Les. See under*
   Voltaire
'Trois exclamations, Les':
   epigram on Suard, iv. 131, 137
*Trois imposteurs, Épître à l'auteur des. See
   under* Voltaire
*Trois siècles de notre littérature. See under*
   Sabatier de Castres, Antoine
*Trois sultanes. See* Marmontel, Jean-François,
   *Soliman II*
'Trompeurs, trompés, trompettes':
   D's mot on, vi. 66

*Trompeur trompé, Le. See under* Vadé, Jean-Joseph

*1* Tronchin, Jean-François (b. 1743), son of *2:* Rousseau's fellow-lodger, i. **97**

*2* Tronchin, Théodore (1709–81), physician:
Académie des Sciences elects, v. 12
attends: Beauvau, Princesse de, i. **114**; Colonna, v. 99; La Rochefoucauld, Duchesse de, iii. 95, 96; Luxembourg, Mme de, ii. 446, iv. 304, v. 205, 207, 208, 444; Voltaire, v. 22, 24, 26
social relations of, with Duchesse d'Anville, v. 311

Troubetskoi, Catherine Petrovna (1744–1815), m. (ca 1770) Alexander Sergeievitch Strogonov:
Saint-Ouen visited by, iv. 229
social relations of, with: D, iv. 228, v. 349; Necker, M. and Mme, v. 346

Trousers:
price of, iii. 233

Trousset. *See* Du Trousset

Trouvé, Dom François, Abbé de Cîteaux 1748–82:
(?) Cholmondeley girl's expulsion demanded by, ii. **400**

Troy, Jean-François (1679–1752):
painting by, at Sceaux, of Duc and Duchesse du Maine, v. 322
paintings by, at Sainte-Geneviève, v. 305

Troyes, Bishop of. *See* Barral, Claude-Martin-Joseph de

Troyes:
Scellières near, v. 48

Truchenu, Marquise de. *See* Adhémar de Monteil de Grignan, Françoise-Pauline d'

*1* Trudaine, Daniel-Charles (1703–69):
death of, ii. **189**
(?) intermediary for HW, i. **113**
social relations of, with Hénault, v. 305

*2* Trudaine de Montigny, Charles-Michel (ca 1766–94), son of *3:*
birth of, i. 57n

*3* Trudaine de Montigny, Jean-Charles-Philibert (1733–77), director of bridges and causeways; son of *1:*
address of, sent to HW, i. 50
*Castle of Otranto* for, ii. 100, 102, 114, 115
Châtillon visited by, v. 331
circle of, ii. 100
Clairon, Mlle, acts for, ii. 30
D acquires spy-glass through, ii. 36
D consults, about: son of Mme Dumont, i. 49; Voltaire and *Castle of Otranto*, ii. 99, 100
D grateful to, i. 406, ii. 77, 100
D's boxes taken out of customs by, iii. 3
D's correspondence with, iii. 160, 161, 301
D's intermediary, i. 113
D's opinion of, ii. 30, 77, 100
D's packages sent to, ii. 30, 31, iv. 257
D wishes HW to know, ii. 266
D wishes to avoid bothering, iii. 205
death of, iv. **466**

father of, dies, ii. 189
HW's *Gramont* given to, iii. 305
HW's *Gramont* to be given to, iii. 268, 299
HW to send parcels through, ii. 74, 77, iii. 128, 156, 160, 162, 163, 171, 212, 301, 436, iv. 2, 9, 85, 117, 128, 132, 181, 246
in pitiful state, ii. 310
leaves Paris, ii. 253
lettre de cachet expected by, iii. 48
Lyon, Avignon, and Montpellier visited by, ii. 310
offers to translate *Historic Doubts*, ii. 11, 19
Paris residence of, iii. 162
Sanadon arrangements made by, i. 406
social relations of, with: Anville, Duchesse d', ii. 210; Chabot, Comtesse de, ii. 210; Choiseul, ii. 441; Choiseul, Duchesse de, ii. 30; Clairon, Mlle, i. 302; D, i. 19, 302, ii. 30, 99, 210–1, 245, 253, iii. 5, 436, v. 264, 282, 302, 307; Hénault, ii. 31, v. 288, 305; Pembrokes, ii. 30; Stormont, iv. 43, 68
Suard said by, to write well, ii. 32

*4* Trudaine de Montigny, Mme Jean-Charles-Philibert, wife of *3*. *See* Bouvard de Fourqueux, Anne-Marie-Rosalie de

'Trufaldin.' *See* Gleichen, Carl Heinrich, Bn

Truth:
D finds, only in HW, i. 92, 203
D on charm of, ii. 489
D's love of, ii. 67
genius needed to convey, ii. 489–90
HW's love of, i. 162, 189–90
needs no poetry, iii. 72
rare in Paris, i. 68
source of unhappiness, v. 357

Tubi, Giambattista (1635–1700), sculptor:
marbles by, at Sceaux, v. 322

Tucker, Mr, Calais importer:
HW sends boxes through, v. 414

Tufnell, Colonel (d. 1765); 'Captain':
death of, v. 397

Tufton, Lady Charlotte (1734–1803):
social relations of, with Dacres, v. 330

Tugny:
Choiseul, Duchesse de, visits Thiers at, ii. 192–4, 198, 205

Tuilerie, La. *See* La Tuilerie

Tuileries:
pond at, provides fashionable circuit, vi. 208
Salm insulted by Lanjamet at, iv. 279
visitors to: Alembert, v. 54; HW, v. 308, 318; Wiart, v. 54

Tulipe, D's dog:
banished, ii. 25
Carmontelle portrait shows, ii. 27
Choiseul, Duchesse de, applies verses to, i. 60
D mentions, i. 15, 45, 173
D's love for: i. 212; mediocre, ii. 25; not equal to HW's for his dogs, i. 365
loves D and hates everybody else, i. 225

Tullie, Joseph (d. 1774), HW's deputy:
death of, iv. 115
HW's correspondence with, v. 379

Tumour:
occurrences of, ii. 5, 13, iii. 133, v. 247
Tunbridge Wells, Kent:
Marlborough and Comyns meet at, v. 362
Selwyn writes from, v. 458
1 Turenne, Prince de, g.-g.-grandnephew of 3.
See La Tour d'Auvergne, Godefroy-Charles-
Henri de
2 Turenne, Princesse de, wife of 1. See Lorraine,
Louise-Henriette-Gabrielle de
3 Turenne, Vicomte de. See La Tour d'Au-
vergne, Henri de
1 Turgot, Anne-Robert-Jacques (1727–81),
Baron de l'Aulne:
'absolute,' iv. 295
Albert protected by, iv. 184–5, 300
Angiviller friend of, iv. 299
Caracciolo admires, iv. 314
Clugny replaces, iv. 311, 326
confident, iv. 278
controller-general, iv. 87, 95
D's opinion of, iv. 278, 321–2, 341–3
edicts of, awaited, iv. 261
Fontainebleau visited by, iv. 235, 236
HW admires, iv. 296, 318, 341–2, 342
health of, iv. 235, 236, 238(?), 240
Joseph II converses with, iv. 443
Lespinasse, Mlle de, friend of, iv. 77, 95, 155
Malesherbes induced by, to interview Marie-
Antoinette, iv. 321
Maurepas's friendship with, iv. 77
Necker's supposed letter from: D reads, v.
450; Necker libelled by, v. 225, 227
Paris jurisdiction may be given to, iv. 300
philosophical leanings of, iv. 154–5
Plan de Paris, vi. 3–4
popular expectations about, iv. 95, 154–5, 272
secretary of the marine, iv. 77
sister of, family of, iv. 342
social relations of, with: Anville, Duchesse d',
iv. 443; Blondel, Mme, iv. 443
Toulouse, Archbishop of, friend of, iv. 277,
299
verses on, iv. 193, 194
Voltaire praises reforms of, vi. 197–8
2 Turgot, Hélène-Françoise-Étiennette (1729–
84), sister of 1, m. (1757) Paul-Hippolyte de
Beauvilliers, Duc de Saint-Aignan:
Jansenist, iv. 342
Turin:
Broglie, Comte de, seeks permission to go to,
iii. 402
'Turk, Mrs' (d. 1791), 'Patty'; mistress of Lord
Orford:
D interested in history of, iii. 436, 438, iv. 4, 14
Turkey:
ambassadors to, see under Ambassador
HW desires revolution in, ii. 405
Russia's war with: iv. 397, vi. 162; D alludes
to, ii. 188, 203
Voltaire desires revolution in, ii. 405
Turkeys, at SH, ii. 394

Turmenyes, —— de, garde du Trésor royale:
receipt by, vi. 30
'Tusan, Lord':
HW mentions, iii. 439
Tuteur dupé, Le. See Cailhava d'Estandoux,
Jean-François
Tutor, Lord Chewton's:
social relations of, with HW, v. 288–9
Twelfth Night King. See Roi de la fève, le
Twickenham:
Pitt, Mrs, of, v. 397
'Two Hunters and the Stag, The,' fable:
v. 361
Tyrants:
deified by pensioned authors, v. 287
1 Tyrconnel, Ds of. See Jennings, Frances
2 Tyrconnel, E. of, grandson of 1. See Talbot,
Richard Francis
Tyrrell, Sir John (1729–66), 5th Bt:
death of, v. 397

Ulcer:
Bertin has, iv. 97
Ulster, E. of. See Edward Augustus
Unigenitus (papal bull):
HW on, iii. 12
Université, Rue de l':
Hôtel de Beaupréon in, v. 267
Hôtel d'Hambourg in, iv. 383
1 Upper Ossory, Cts of, wife of 2. See Liddell,
Anne
2 Upper Ossory, E. of. See Fitzpatrick, John
Urfé, Honoré d' (1568–1625), author:
Astrée: D compares, with Bajazet, i. 294; D
mentions, ii. 71; D owns, vi. 33n
Urre-d'Aiguebonne, Anne-Marie d' (ca 1633–
1724), m. François de Rostaing, Comte de
Bury:
(?) HW seeks print of, iv. 344, 346, 347, 368
Ursins, Comtesse des. See Mérode, Joséphine-
Monique-Mélanie
Ursins, Princesse des. See La Trémoïlle, Anne-
Marie de
Usage des Romains:
D owns, vi. 34
Ussé, Comte d', Duc d'. See Uzès
Ussé, Marquis d'. See Bernin, Louis-Sébastien
Ussel, Marc-Antoine, Marquis d':
(?) D mistakes another for, ii. 493
1 Usson, (?) Comtesse d', (?) wife of 4:
(?) Beauvau, Princesse de, takes, to theatre,
v. 344
(?) HW mentions, i. 341
(?) La Tuilerie visited by, v. 345
(?) Selwyn's friend disparaged by, v. 93
(?) social relations of, with: Barbantane, v.
309; Beauvau, v. 329; Bentheim, Gräfin von,
v. 265; Bentinck, v. 293; (?) Boreel, M. and
Mme, v. 329; Boufflers, Comtesse Amélie de, v.
329; Boufflers, Comtesse de, ii. 293, iv. 277, v.
293, 329; Brancas, Marquis and Marquise de,
v. 293; Buccleuch, v. 309; Caraman, Comte de,
iii. 269; Caraman, Comtesse de, i. 253, iii. 269,

[*1* Usson, (?) Comtesse d', *continued*]
v. 293; Charguion, v. 293; Choisy, Marquise
de, v. 329; Colbert, Abbé, v. 309; D, v. 94,
453, 455; Fagel, François, v. 329; Gacé, Comtesse de, v. 309; HW, ii. 293, v. 262, 293, 302,
309, 312, 329, 344; La Force, Marquise de, v.
293; La Reynière, M. and Mme de, v. 345;
Luxembourg, Mme de, v. 306, 308; Marmora,
v. 293; Nivernais, Duc and Duchesse de, v.
297; Richmonds, v. 293; Sorba, v. 329; Souza,
v. 293
(?) Spa visited by, v. 239
*2* Usson, Charles-Armand d' (ca 1731–1811),
Marquis de Donnezan; amateur comedian:
social relations of, with: Boufflers, Comtesse
de, v. 297, 304, 306, 309, 351; D, i. 24, 100, v.
347, 430; Luxembourg, Mme de, iv. 404, v.
301, 303, 306, 308
Stanley mimicked by, v. 297
verses on, iv. 407
*3* Usson, François-Armand d' (1716–78), Marquis
de Bonac; brother of *2:*
death of, v. **140**
*4* Usson, Victor-Timoléon (1732–82), Comte d',
French ambassador to Sweden; brother of *2:*
appointed ambassador to Sweden, iv. 87, 89
(?) HW mentions, i. 341
(?) social relations of, with: Bentheim, Gräfin von, v. 265, 267, 270; Bentinck, v. 293;
Boufflers, Comtesse de, v. 293; Brancas, Marquis and Marquise de, v. 293, 298, 320; Caraman, Comte de, iii. 269; Caraman, Comtesse
de, i. 253, iii. 269, v. 293; Charguion, v. 293;
D, ii. 272, v. 271; Fronsac, v. 267; HW, v.
262, 267, 293; La Force, Marquise de, v. 293;
La Vallière, Duchesse de, v. 267; Luxembourg,
Mme de, v. 306, 308; Marmora, v. 293; Nivernais, Duc and Duchesse de, v. 297; Richmonds, v. 290, 293; Souza, v. 293; Starhemberg, Fürst and Fürstin von, v. 267; Valentinois, Comtesse de, v. 267
Swedish ambassadorship of, revoked, iii. 48
*5* Usson de Bonac, Jean-Louis d' (1734–1821),
Abbé de Bonac; Bishop of Agen 1767–90;
brother of *2:*
D's opinion of, iii. 98
Paris visited by, v. 452
Pontchartrain to be visited by, iii. 98
Rueil visited by, v. 335
social relations of, with: Aiguillon, Duchesse
d', v. 335; Brancas, Marquis and Marquise de,
v. 342; D, iii. 97, 98, v. 335–6, 338, 340;
(?) Mirepoix, Mme de, iii. 145
Usson brother of, v. 335
*6* Usson de Bonac, Louise-Pétronille d', dau. of
*3*, m. (1768) Jean-Paul, Marquis d'Angosse:
D's correspondence with, v. 442
(?) D's opinion of, iv. 475
family calamities of, v. 139–40
leaves Paris, v. 433
Paris visited by, v. 431
Saint-Joseph, convent of, occupied by, iv.
474–5, v. 131

social relations of, with D, iv. 474(?), v. 131,
431, 432, 460
Utrecht:
Bloemaert of, v. 355
Peace of, Bath's anecdote about, v. 354
*Utrecht, Gazette d'. See Gazette d'Utrecht*
Uzès, Bishop of. *See* Béthizy, Henri-Benoît-
Jules de
*1* Uzès, Comte d'. *See* Crussol, Pierre-Marie de
*2* Uzès, Duc d'. *See* Crussol, François-Emmanuel
de
*3* Uzès, Duchesse d', wife of *2. See* Pardaillan
de Gondrin, Madeleine-Julie-Victoire de

'Vachette.' *See* Rosette
Vacquières. *See* Du Roy de Vacquières
Vadbeaure, Mr:
HW mistaken for, v. 266
Vadé, Jean-Joseph (1719–57), dramatist:
*Trompeur trompé, Le*, v. 319
Val, Le. *See* Le Val
*1* Valbelle, Marquise de, dau.-in-law of *2. See*
Bouthillier, Gabrielle-Pauline
*2* Valbelle, Marguerite-Delphine de, m. (1723)
André-Geoffroy de Valbelle, Marquis de
Rians:
(?) social relations of, with Duchesse de Pras-
lin, v. 349
*3* Valbelle-Oraison, Joseph-Alphonse-Omer de
(1729–78), Marquis de Tourves; son of *2:*
D's opinion of, v. 87
death of, v. **87**
Valdageoux, surgeons. *See* Dumont de Valdagou
Val-de-Grâce, church of:
HW visits, v. 265
Valence, Comtesse de. *See* Brulart de Genlis,
Edmée-Nicole-Pulchérie
*1* Valentinois, Comtesse de. *See* Rouvroy de
Saint-Simon, Marie-Christine-Chrétienne de
*2* Valentinois, Duc de, nephew-in-law of *1*, husband of *3. See* Goyon-de-Matignon de Grimaldi, Honoré-Aimé-Charles-Maurice
*3, 4* Valentinois, Duchesse de. *See* Aumont de
Mazarin, Louise-Félicité-Victoire d' (1759–
1826); Poitiers, Diane de (1499–1566)
Valette, La. *See* Lavalette
Vallière. *See* La Vallière
*1, 2, 3* (?) Valori, Mlles de, descendants of *4* or *5:*
social relations of, with La Live, v. 295
*4* Valori, Gui-Louis-Henri (1692–1774), Marquis
de:
(?) social relations of, with La Live, v. 295
*5* Valori, Jules(or Louis)-Hippolyte (1696–1785),
Chevalier de, brother of *4:*
(?) social relations of, with La Live, v. 295
Valour:
made a virtue by some ambitious general, v.
361
Vanbrugh, Sir John (1664–1726), Kt; dramatist;
architect:
Nivernais and Drumgold translate scenes
from, v. 281
*Provoked Wife, The*, v. 281

Van de Velde, Adrian (1639–72), Dutch painter:
paintings by, at Julienne's, v. 287
Van Dyck, Sir Anthony (1599–1641), Kt; painter:
galleys to have been punishment of, v. 371
Julienne has paintings by, v. 286, 287
Leman, Mrs, medallion of, copied from paint-
ing by, v. 325
—— painted by, v. 287
Mariette finds anecdote about, v. 371
quarantine, performance of, refused by, v.
371
'Soldiers at Cards' by, v. 286
Van Huysum, Jan (1682–1749), or Justus (1659–
1716), painter:
Julienne has 3 paintings by, v. 287
Vanity:
D on, iii. 187
Vanloo, Carlo (1705–65), painter:
dying Magdalen painted by, v. 280
paintings by, at Augustins', v. 282
Varagne-Gardouch, François de (1725–1807),
Marquis de Bélesta:
Examen de la nouvelle histoire de Henri IV
de M. de Bury . . ., ii. 94–5, 158–9, 163, 171
Voltaire sends letter of, to D, ii. 182
Vardes, Marquis de. See Du Bec-Crespin, Fran-
çois-René
Varennes. See also Pelée de Varennes
Varennes, Marquis de:
Choiseul, Duchesse de, invests money with, vi.
36–7
'Varice.' See Bulkeley, Charlotte
Varicour. See Rouph de Varicour
Variétés littéraires. See under Arnaud, François;
Suard, Jean-Baptiste-Antoine
Vase; vases:
Etruscan, Fullarton gives, to D, v. 81
given to D by HW: ii. 307, 334, 336, 343, 404,
428, 430; Choiseul, Duchesse de, to inherit, ii.
428; covers for, ii. 307, 334, 336, 343, 404, 408,
422, 423, 428
white: D's, v. 402; HW's, v. 402
1 Vassé, Marquise de, wife of 2. See Broglie,
Louise-Auguste-Philippine-Charlotte-Fran-
çoise de
2 Vassé, Alexis-Bruno-Étienne (1753–1820),
Marquis and Vidame de:
(?) Broglie, Comte de, quarantines himself
with, v. 443
(?) has smallpox, v. 443
marriage of, v. 223n
3 Vassé, Jules de (1780–ca 1800), son of 2:
birth of, v. 460
Vassinhac, Marie-Louis-Charles de (d. 1786),
Vicomte d'Imécourt:
Chanteloup visited by, vi. 207
Vassor, Le. See Le Vassor
Vauban, Marquise de. See Puget de Barbantane,
Henriette de
Vaubecourt, Marquis de. See Nettancourt,
Charles-Jean-François de
Vaucanson, Jacques de (1709–82), inventor;
mechanic:

automatons of: D alludes to, ii. 235; verses
mention, iv. 406
1 Vaudemont, Prince de. See Lorraine d'Elbeuf,
Marie-Joseph de
2 Vaudemont, Princesse de, wife of 1. See Montmorency, Louise-Auguste-Élisabeth-Marie-
Colette de
1 Vaudreuil, Comte de, son of 4, nephew-in-law
of 2, 3, and 5. See Rigaud, Joseph-Hyacinthe-
François de Paule
2 Vaudreuil, Mme de. See Le Clerc de Fleurigny,
Louise-Thérèse
3, 4, 5 Vaudreuil, Marquise de. See Fleury de la
Gorgendière, Louise-Thérèse; Guyot de la
Mirande, Marie-Claire-Françoise; Le Moine
de Sérigny, Catherine-Élisabeth
6 Vaudreuil, Vicomtesse de, dau.-in-law of 2. See
Riquet de Caraman, Pauline-Victoire de
Vaudrey, Jeanne-Gabrielle-Catherine de, m.
Patrick Wall, called Comte Patrice de Wall:
social relations of, with: Geoffrin, Mme, v.
298; Rochefort, Comtesse de, v. 297
Vaugeois, ——, furniture-maker:
D's receipt from, vi. 41
Vaughan, Henry (d. 1775), of Twickenham:
death of, v. 398
Vaugirard barrière:
Walpoles rent house at, ii. 211, 212
Vauguyon. See La Vauguyon
Vaulserre des Adretz, Marie-Olympe de (ca
1701–82), m. (1) (1730) Louis-Alexandre de
Sallers de Montlor; m. (2) (1738) Louis de la
Tour-du-Pin, Comte de Montauban:
social relations of, with Comtesse de la
Marche, v. 298
verses by, to Mme de Luxembourg, iii. 394
Vaumal, Abbé:
discourse read by, v. 460
social relations of, with D, v. 455, 460
Vaupalière. See La Vaupalière
Vaure, Du. See Du Vaure
Vauvillars, Marquis de. See Clermont-Tonnerre,
Gaspard de
Vaux, Comte de. See Jourda, Noël de
Vaux de Giry de Saint-Cyr, Claude-Odet-Joseph
de (ca 1694–1761), Abbé de Troarn:
Catéchisme et décisions de cas de conscience,
D owns, vi. 35n
Vauxhall (London):
D mentions, ii. 239
Vauxhall (Paris):
HW and Richmonds visit, v. 328
Vayer, Le. See Le Vayer
Vayres, Marquise de. See Lamoignon, Olive-
Claire de
Vedaine, M. See Vedel-Montel, François de
Vedel-Montel, François de:
censured, iv. 439
Richelieu to pay, iv. 439
Veillard, —— (d. 1780):
(?) Rousseau's Émile used for education of
son of, v. 287
(?) social relations of, with Crébillon, v. 287

Velvet:
 Italian, vi. 22
 Utrecht, vi. 12, 15, 18, 21
Velvet cup:
 girl wishes to drink from, v. 358
Vendôme, Louis-Joseph (1654–1712), Duc de:
 Philip V aided by, iv. 429
Vendôme, Place:
 Feuillants' and Capuchins' gates make vistas
  to, v. 282
 HW examines house in, v. 266
Veneur. See Le Veneur
Venice:
 ambassadors from, see under Ambassador
 baths near, ii. 428
 HW writes to Ds of Gloucester at, v. 396
 rôle of, in La Passion des Jésuites, iii. 315
'Venus':
 Titian's, v. 313
Ver. See Le Ver
Vérac, Marquis de. See Saint-Georges, Charles-
 Olivier de
1 Verdelin, Marquise de. See Brémond d'Ars,
 Marie-Louise-Madeleine de
2 Verdelin, Henriette-Charlotte de (1757–1834),
 dau. of 1, m. (1778) Alexis-Paul-Michel le
 Veneur, Vicomte le Veneur, Comte de Til-
 lières:
 marriage of, v. 50
 social relations of, with D, v. 338
Verdier. See Du Verdier
Verdière d'Hem, Charles (ca 1729–94), lieu-
 tenant general:
 (?) Macartney exchanged for, v. 190
Verdun, Bishop of. See Nicolaï, Aimar-François-Chrétien-Michel de
Véret, Duc d'Aiguillon's seat:
 Aiguillon, Duc d', at, iii. 48
 —— not to go to, iv. 200
 —— said to be going to, iv. 196
 —— to go to, iv. 67
 Aiguillon, Duchesse d', at, ii. 270
 —— to go to, ii. 253, 256, 265
 visitors to: Boucault, Mme, ii. 146, 270; Chabrillan, Comte de, ii. 146; Irwin, ii. 146
Vergennes, Comte de. See Gravier, Charles
Verges, ——, advocate-general:
 requisitoire of, iii. 203–4
Vergès, Marie-Madeleine de (1762–1837), m.
 (1779) Antonin-Louis de Belsunce, Marquis
 de Castelmoron:
 marriage of, v. 109
Vergne, La. See La Vergne
Veri, Joseph-Alphonse de, abbé; auditor of the
 Rota:
 (?) Bouret, anecdote of, by, v. 274
 (?) HW converses with, v. 274
 (?) social relations of, with: Aiguillon, Duchesse d', v. 278, 291; Coislin, Marquise de,
  v. 297; Geoffrin, Mme, v. 306, 330; HW, v.
  320; Hénault, v. 296, 300; Maurepas, Comte
  and Comtesse de, v. 285, 291, 296, 298; Roche-

fort, Comtesse de, v. 269, 274, 293, 297–8, 301,
 303, 306
1 Vernage, Michel-Louis (1697–1773), physician:
 attends: Hénault, i. 371, ii. 13n, 50, 342;
  Marie Leszczyńska, i. 5; Toulouse, Comtesse
  de, i. 112
 social relations of, with: D, i. 5, 124; Hénault, v. 300
 treatment by, of gout, i. 124–5
2 Vernage, Mme Michel-Louis (d. 1817), wife
 of 1:
 social relations of, with Hénault, v. 300
Vernet, Claude-Joseph (1714–89), painter:
 HW buys cup and saucer decorated by, v. 414
 Louvre has paintings by, v. 339
 social relations of, with Mme Geoffrin, v. 283,
  304, 345
Verneuil, Marquise de. See Balzac d'Entraigues,
 Catherine-Henriette de
Vernon, Charles (d. 1778), general:
 (?) social relations of, with: Geoffrin, Mme,
  v. 298; HW, v. 294, 310; Helvétius, v. 299;
  Richmonds, v. 294
Vernon, Francis (d. 1783), cr. (1762) Bn and
 (1771) Vct Orwell; cr. (1777) E. of Shipbrook:
 Thicknesse abuses, v. 315
1 Vernon, Lady Henrietta. See Wentworth, Lady
 Henrietta
2 Vernon, Henrietta (d. 1828), dau. of 1, m. (1)
 (1764) Richard, 1st Bn Grosvenor; m. (2)
 (1802) George Porter, cr. Baron de Hochepied
 of Hungary:
 gossip about, ii. 310, iii. 131
3 Vernon, William (d. 1771), captain; son of 1:
 (?) death of, v. 372, 398
Vernon:
 mutton sent from, v. 436
Veronese, Paolo (1530–88), painter:
 painting by, at Quatre Nations, v. 276
Verre, La. See La Verre
Versailles:
 apartment at, assigned to Mme Victoire, i.
  286
 balls at, iv. 162, v. 343
 Beauvau addressed from, about Cholmondeley's passport, vi. 211
 Chaville near, iii. 363
 council at, ii. 458
 Court at, iii. 71, iv. 476
 —— removes to, v. 287
 —— to go to, iii. 84
 D proposes to sup at, ii. 362, iv. 191
 Dillons appeal to Louis XV at, i. 33
 envoys at, iii. 7
 gout specialist at, iv. 197
 Guibert's Connétable de Bourbon to be given
  at, iv. 215
 lit de justice at, ii. 183–4, 429, 493, iii. 60, 61,
  66, vi. 168
 Louis XVI's ministers at, iv. 67
 Luxembourg, Mme de, deprived of lodging
  at, iii. 129

Marie-Antoinette's accouchement expected at, v. 90

marriage of Dauphin at, ii. 406–7

menagerie at, visited by HW, v. 334

Mirepoix, Mme de, finds it unnecessary to go to, iii. 51

parliament of Paris meets at, vi. 168

riot at, iv. 184

Saint-Esprit, Ordre du, has ceremony at, iv. 127

theatre at: HW visits, v. 334, 344; marvellous, ii. 407

visitors to: Aiguillon, iii. 165; Aiguillon, Duchesse d', i. 65; Ailesbury, Cts of, iv. 127, 148; Artois, iv. 450, v. 29; Barthélemy, ii. 6, 9, 169; Beauvau, ii. 404, iii. 210, 256, 350, iv. 434, v. 219–20; Beauvau, Princesse de, ii. 404, iii. 210, 256; Bourbon, Duc and Duchesse de, v. 29; Bourbon-Busset, Comtesse de, iii. 357; Choiseul, ii. 86, 253, 360, 383, iv. 127, 162; Choiseul, Duchesse de, ii. 6, 173, 174, 190, 308, 310–1, 324, 335, 337, 360, 360–1, 380, 404, 486, 488; Cholmondeley, Mrs, ii. 402; Coke, Lady Mary, v. 343; Conway, iv. 127, 148; Craufurd, iii. 285; D, i. 17, 27, 29, 50, ii. 245, 404, iii. 78, iv. 48, 192; Damer, Mrs, iv. 127, 148; Du Châtelet, iii. 165; Forcalquier, Comtesse de, iii. 357; Franklin, iv. 383; Gibbon, iv. 445; Gramont, Duchesse de, ii. 195; Guines, iv. 274, 277, 283, 284, 290; HW, v. 266, 295, 297, 298, 316, 330, 334, 343, 344; Harcourt, Earl, iii. 74; Joseph II, iv. 435–6, 443; La Fayette, v. 113; Louis XV, i. 122, 292, ii. 169, 196, 458, iii. 36, 84; Louis XVI, iv. 54, 60, 67, 195, 277; Lucan, Bns, iv. 349; Luxembourg, Mme de, i. 376, iv. 192; Marchais, iv. 49, 56; Marchais, Baronne de, iv. 56, 247; Maximilian, iv. 156; Miller, iii. 74; Mirepoix, Mme de, iii. 49, 51, 198, 260, 421, iv. 191, 192; Richmond, iv. 460; Scheffer, iii. 36; Stanhope, Lady Harriet, iv. 127; Swedish royalty, iii. 36; Vernage, i. 5

Voltaire wishes to visit, v. 21

'Vers à sa Majesté Louis XVI sur l'édit du 31 mai 1774.' See under La Harpe, Jean-François de

'Vers de M. de Voltaire à Mme la Marquise du Deffand.' See Voltaire, Lullin, Mme, verses to, by

Versoix:

to rival Geneva, i. 392–3

Voltaire's verses on, ii. 396–7

Vers présentés à Sa Majesté Le Roi de Suede. See under Crussol de Florensac, Anne-Charlotte de

Verten. See Verton

Verton, Philippe-Louis de (b. 1707):

(?) HW replaced by, at cavagnole, iii. 101

(?) social relations of, with D, iii. 101

Vertot, René Aubert de (1655–1735), abbé; historian:

Histoire des chevaliers hospitaliers de St Jean de Jérusalem . . ., L': D comments on, iii. 6, 17; D inquires about, ii. 482; D owns, vi. 34; D unable to finish, iii. 6, 77; HW comments

on, ii. 478–9, iii. 12; HW likes, iii. 77, 78; HW recommends, ii. 478–9, 482, 492

Histoire des révolutions . . . de la République romaine: D owns, vi. 35n; HW has read, ii. 479

Vertus, Comtesse de. See Charette de Montebert, Marie-Madeleine-Élisabeth

Vervant, Marquis de. See Saint-Hermine, Henri-René-Louis de

Vespasiano, Carlo, (?) abbé:

(?) HW hears, read Italian sonnets, v. 264

Vest:

Jonzac, Marquise de, sends, to HW, ii. 24

Vestris, Mme Angiolo. See Gourgaud, Françoise-Rose

Vestris, Mme Gaetano. See Heinel, Anne-Frédérique

Vesuvius:

Damer, Mrs, misses eruption of, v. 175–6

Veuve du Malabar, La. See under Lemierre, Antoine-Marin

Vial, ——, maître d'hôtel:

D's receipt from, vi. 42

Vianc, Mme, painter. See Rebout, Marie-Thérèse

Vibraye, Comte de. See Hurault, Louis

1, 2 Vibraye, Marquis de. See Hurault, Louis (1733–1802); Hurault, Paul-Maximilien (1701–71)

3 Vibraye, Vicomte de, son of 2, brother of 1. See Hurault, Charles-François

1 Vic, Louis-Antoine de (d. 1805):

(?) Caraman, Comte and Comtesse de, recommend, iv. 29, 34

(?) D does not know, iv. 34

(?) D gives letter of introduction to HW to, iv. 29, 34

(?) D sends parcel to HW by, iv. 29, 34

2 Vic, Mme Louis-Antoine, wife of 1:

(?) Caraman, Comte and Comtesse de, recommend, iv. 28, 32, 34

(?) D does not know, iv. 28, 32, 34

(?) D sends parcel to HW by, iv. 28, 32, 34

'Vice-chancelier, le.' See Hue de Miromesnil, Armand-Thomas (1723–96); Maupeou, René-Charles de (1688–1775)

1 Vichy, Marquise de, wife of 3. See Saint-Georges, Claude-Josèphe-Marie de

2 Vichy, Abel-Claude-Marie-Gœric-Cécile de (1765–1832), Comte de Champrond; son of 3: D visited by, iv. 188

3 Vichy, Abel-Claude-Marthe-Marie-Cécile de (1740–93), Marquis de Vichy; Comte de Champrond; son of 7:
Champrond, Abbé de, visited by, v. 225
D's correspondence with, v. 430, 455
D visited by, iv. 188, 283
Lespinasse will seen by, iv. 327–8
Paris visited by, ii. 464–5, iv. 188, 283, v. 225, 450

4 Vichy, Anne de (1706–69), dau. of 5, m. Jean-François de Suarez, Marquis d'Aulan; D's sister:
apartment of, beneath D's, ii. 65, vi. 3

[*4* Vichy, Anne de, *continued*]
D's affection for, i. 330
D's opinion of, ii. 229
death of, ii. 229
health of, i. 330, 338
Luynes, Duchesse de, leaves property to, vi. 36
Marie Leszczyńska sees, i. 382, 383
social relations of, with D, v. 270, 274–5, 282, 303
to return to Avignon, i. 376, ii. 65, 69
*5* Vichy, Gaspard de (d. 1736), Comte de Champrond; D's father:
D's skepticism alarms, vi. 54
*6* Vichy, Gaspard-Claude-Félix (1767–ca 1802), Comte de, son of *3*:
D visited by, iv. 188
*7* Vichy, Gaspard-Nicolas de (1699–1781), Comte de Champrond; D's brother; son of *5*:
Albon connected with D through, iv. 26
Choiseul, Duchesse de, leaves money to, vi. 36
D's annuity from, vi. 40–1
D's correspondence with, v. 440, 455
Luynes, Duchesse de, leaves property to, vi. 36
Puigautier represents, at D's inventory, vi. 11, 46–7
son of, v. 225
*8* Vichy, Nicolas-Marie de (d. 1783), Abbé de Champrond; D's brother; son of *5*:
Choiseul, Duchesse de, leaves money to, vi. 36
D leaves silverware and china to, vi. 7, 12–3, 28–9
Luynes, Duchesse de, leaves property to, vi. 36
Montrouge summer home of, v. 123
Puigautier represents, at D's inventory, vi. 11
social relations of, with: Aulan, v. 427, 431; Aulan, Marquise d', v. 94, 123, 132, 422, 423, 427, 428, 431; Bauffremont, ii. 443; Beauvau, Chevalier de, ii. 443; Boufflers, Marquise de, ii. 442–3; Cholmondeley, Mrs, ii. 243, 442–3; Cholmondeley, Henrietta Maria, ii. 442–3; D, ii. **228**(?), 243, 442–3, 445, 446, 451, iv. 353, v. 62, 275, 337, 422–9, 432, 433, 453–6, 458, 459; Elliot, Gilbert (the younger), ii. 442–3; Elliot, Hugh, ii. 443; HW, v. 337; Sanadon, Mlle, ii. 443, v. 337; Sickingen, ii. 442–3; Sigorgne, ii. 443
Vichy, Marquis de, visits, v. 225
*9* Vichy-Champrond, Marie de (1696–1780), dau. of *5*, m. (1718) Jean-Baptiste-Jacques-Charles du Deffand de la Lande, Marquis de Chastres; [D]:
age of, v. **368**
*Amant indécis, L'*, vi. 77
apartment of, *see under* Saint-Joseph, convent of
birthday of, iv. 479, v. 368
burial of, v. 252
charity of, v. 425, vi. 42
confession of, not completed, v. 252
death of, v. 250
family of, 'détestable,' ii. 240
finances of: ii. 91, 349, 351, 392, iii. 5, 281–2,

295, v. 115–6, 123, vi. 5–47; budget, ii. 386–7; cash on hand at death, vi. 29, 44–5; concealed assets, ii. 379; HW's offers to supplement, ii. 358–9, 364–6, 375, 379, 403, iii. 7; watched over by Duchesse de Choiseul, i. 388, ii. 79, 86, 91, 97, 103, 289, 315, 361, 362, 365, 375; *see also* Pension, D's
HW asks Duchesse de Choiseul's consent to his marriage with, v. 321
HW's correspondence with: posthumous publication of, ii. 279; secret, i. 3, 16, 18, 46, 82, 86, 90, 98, 149; to be preserved, i. 33; *see also* Walpole, Horatio (1717–97), letters of, to D
HW's farewell from, v. 243
HW's first meeting with, v. 261
HW tells, to write, iii. 199–200, 215
habits of: at Chanteloup, iii. 243, 255; diet, ii. 332, iii. 138, 345, 353, 371, iv. 108, 219–21, 224, 269–70, 371, v. 119, 243–5, 247, 249; dinners, Monday, ii. 131, 165; established in tonneau at 4 P.M., iii. 6; hours of coming home, ii. 122, 315–6; hours of going out, ii. 491, iii. 6, 35, 43, 311; occupations, ii. 436; pays no calls, iii. 6, 17; reading hours, ii. 471, iii. 190; rising and retiring hours, ii. 121–2, 140, 180, 182, 216, 254, 316, 318, 327, 332, 376, 428, 458, iii. 43, 126, 161, 163, 182, 409, iv. 265; tea, hour for, iii. 160, 164; toilette, hour for, ii. 381; visits, hour for receiving, iv. 268; *see also* Effilage *and under* Supper
handwriting of, i. 2, 5n, 80, 145, 176, 177, 223, ii. 218, 250
health of: (1766) i. 23, 35, 40, 41, 52, 54, 99, 131, 145, 183, 185, 188, (1767) 244, 251, 258, 282, 304, 310, 319, 383, v. 319, (1768) ii. 5, 136, (1769) 178, 228–9, 248, 327, (1770) 331, 334, 356, 364, 393, (1771) iii. 3, 42–3, 44, 83, 87, (1775) v. 350; aphasia, iii. 208–9, 378, 385, iv. 6–7; (?) apoplexy, iii. 208–9; blindness, i. 19n; boils, v. 88; catarrh, (1766) i. 93, 106, 163, 185, (1767) 304, 306, 327, 330, 338, 400, (1768) ii. 109, (1771) iii. 120, (1774) iv. 45; colds, (1766) i. 4, 9, 76, 93, 211, (1767) 402, (1769) ii. 207, 228, 322, v. 328, vi. 159, (1774) iv. 45, 81, 98, 119, (1775) 192, 236, (1776) 274, (1778) v. 68, 71, (1779) 198, 199; colic, i. 185, 392; deafness, iii. 120, v. 51, 90, 94, 123, 140, 149, 189, 226, 230, 252; fainting, i. 292, ii. 322, 332; fall and subsequent pains, iv. 255–9, 261, 298, 300; feebleness, iv. 330–2, 336, 465, v. 200, 242–5, 247, 248; fever, (1766) i. 29, 33, 170, (1767) 280, 400, (1769) ii. 219, (1774) iv. 99–101, 105, (1775) 244, (1777) 444, 450, (1778) v. 71, 73, (1780) 243–9; fidgets, iv. 74; flux, i. 185, iii. 120; fluxion, i. 168, ii. 136, 224; gout, iv. 454; grippe, i. 400, iv. 245, 247; HW's concern for, i. 167, 265, ii. 332; headache, (1769) ii. 219, (1771) iii. 120, 128; heart, oppression of, v. 242; indigestion, (1766) i. 137, (1767) 251, 256, 292, 295, (1768) ii. 13, 29, 122, 136, 165, (1769) 219, 244, 247, 252, 287, 304, 322, (1770) 332, 348, 394, 415, (1771) iii. 76, 81, 94, 109, (1772) 176, 208–9, (1774) iv. 48, 74,

(1776) 339, 341, (1778) v. 68, (1779) 119, 170, 195, 437, (1780) 198, 200; insomnia, i. 174, 245, 328, ii. 304, 420, 436, iv. 223, (1766) i. 2, 21, 25, 34, 36, 68, 80, 107, 124, 137, 140, 173, 175, 185, (1767) 203, 223, 226, 228, 231, 251–3, 256, 259, 274, 276, 280, 295, 297, 300, 304, 312, 338, 343, 346, 363, 378, 386, 389, 392, 400, (1768) ii. 13, 19, 28, 29, 68, 83, 85, 86, 88, 93, 131, 136, 165, 167, 168, 170, (1769) 177, 179, 182, 183, 198, 218, 223, 224, 233, 250, 252, 254, 261, 268, 269, 276, 278, 281, 282, 288, 310, 327, (1770) 332, 336, 338, 345, 346, 348, 394, 415, 417, 428, 448, 464, 491, (1771) iii. 27, 33, 35, 43, 76, 79, 80, 91, 94, 97, 98, 100, 109, 118, 126–7, 133, 138, 140, 149, 150, (1772) 178, 181–2, 190, 191, 197, 210, 236, 239, 279, (1773) 311, 312, 345, 353, 371, 378, 380, 394, 401, 402, 404, 434, 436, (1774) iv. 2, 7, 82, 92, 93, 105, 108, 110, 121, (1775) 198, 218–20, 222, 232, 233, 240–2, 246, 247, 250, (1776) 256, 257, 266, 267, 269, 271, 274, 281, 360, 371, 373, (1777) 393, 402, 445, 447, 468, 479, (1778) v. 58, 68, 69, 71, 93, (1779) 101, 116, 118, 119, 122, 143, 162, 172, 176, (1780) 200, 203, 204, 208, 217, 235, 238, 242–4; legs not good, v. 230, 242; loss of voice, (1766) i. 29, (1776) iv. 254–5, v. 242; medicine taken by, ii. 400, iii. 93–4 (see also Cassia; Stoughton's drops); noise in the head, iv. 78; regimen, iii. 27, 138, 236; stays in bed, iv. 235; tumour, iii. 133, v. 247; vapours, i. 185, 256, 297, 363, 372, ii. 13, 332, 415, iii. 12, 35, 76, 81, 236, iv. 101, 246, 247, 262, 264, 295, 300, 360, 425, 463, v. 73, 78, 122, 130, 154, 182, 191, 206; weak, i. 312, iii. 29, 43
inventory of effects of, vi. 10–47 (for individual items see under such heads as Clothes; Furniture; Library)
nightmare of, ii. 83, 85
papers of: vi. 35–45; catalogue of MSS left to HW, vi. 7, 44; financial, vi. 35–45; marriage contract, vi. 30; marriage register, vi. 30; separation contracts, vi. 30–1, 35, 44
'portraits' by, of: Aiguillon, Duchesse d', vi. 56, 58, 81; Alembert, vi. 94–5; Argenson, vi. 108–9; Boufflers, Comtesse de, vi. 84–7; Céreste, vi. 114–5; Choiseul, Duchesse de, vi. 74–5; D, vi. 48–9, 59–61; Du Châtel, Marquise, vi. 109–11; Du Châtelet, Marquise, vi. 116; Du Maine, Duchesse, vi. 56, 113–4; Formont, vi. 92–4; HW, vi. 59, 71–3; Hénault, vi. 75–7; Luxembourg, Mme de, vi. 83–4; Luynes, Duchesse de, vi. 102–3; Marie Leszczyńska, vi. 80; Mirepoix, Mme de, vi. 64, 78–9; Pont-de-Veyle, vi. 82; Talmond, Princesse de, vi. 104–6; Toulouse, Archbishop of, vi. 91–2
portraits of: i. 129(?), ii. 35, vi. 215–7; Carmontelle's, see Carrogis, Louis, portrait by, of D and Duchesse de Choiseul
'portraits' of: vi. 48–70; HW's, i. 190, 194, 199, 216, ii. 275, 286, iv. 109–10, vi. 54–6
reminiscences may be written by, iv. 393, 398–9

satirical ballads sung by, v. 289
self-analysis by, i. 48, 265, ii. 239, iii. 414–5, 425, iv. 203, 285–7, 335, 356, 366–7, 432–3, v. 120, 132
style of writing of: D comments on, i. 199; HW criticizes, iii. 316, 319; HW praises, ii. 141, v. 236; Selwyn criticizes, iii. 316, 319
verses by: for Carmontelle portrait, i. 394, 405, ii. 6, 14; for Choiseul, ii. 178, 183, iv. 122–3; for Choiseul, Duchesse de, ii. 175–6; for HW, ii. 29; for Luxembourg, Mme de, iii. 225–6, 232, 298, 431, iv. 249, vi. 186; 'Malgré la fuite des amours,' ii. 307; on Colmant, ii. 19–20; on Forcalquier, Comtesse de, ii. 20, 302, 308, 310; on HW's handshake, i. 348; on old age, iii. 413; on Tonton, iv. 103
will of, vi. 5–11; Beauvau permitted by, to copy D's MSS, i. 5n, vi. 8; codicil of, v. 461, v. 8–11; HW to receive D's MSS by, iii. 1–2, v. 54, 201, vi. 7; making of, iii. 28, v. 201, 442, vi. 5
wills of, v. 201n
wit of: i. 215; praised by HW, ii. 440
Vicomte du Rumain de Coëtanfao, Le. See Le Vicomte du Rumain de Coëtanfao
Victoire-Louise-Marie-Thérèse (1733–99), 'Madame Victoire'; dau. of Louis XV:
apartment of, i. 286
Boisgelin, Comtesse de, tells anecdote about, v. 121
Choisy visited by, iv. 50, 55
D mentions, i. 360
Du Barry, Comtesse, to be presented to Louis XV and to, ii. 191–2
Gatti's reply to, v. 281
HW presented to, v. 266
household of, ii. 442
Louis XV tended by, in last illness, iv. 50
Louis XVI to see, at Compiègne, iv. 60
(?) Marie-Josèphe's funeral oration attended by, v. 318
smallpox of, iv. 55, 57
Victoires, Place des:
Augustins' church in, v. 282
Victor Amadeus III (1726–96), K. of Sardinia 1773–96:
Broglie, Comte de, to pay court to, iii. 402
Vie d'Agricola. See under La Bletterie, Jean-Philippe-René de
Vie de Cicéron, La. See Middleton, Conyers, History of . . . Cicero
Vie de Cromwell:
D owns, vi. 34
Vie de François Ier. See Gaillard, Gabriel-Henri, Histoire de François Ier
Vie de l'empereur Julien l'apostat. See under La Bletterie, Jean-Philippe-René de
Vie de Mlle Lenclos. See Bret, Antoine, Mémoires sur la vie de Mlle de Lenclos
Vie de Marianne, La. See under Marivaux, Pierre Carlet de Chamblain de
Vie de Marie de Médicis, La. See under Arlus, Marie-Geneviève-Charlotte d'

*Vie de Philippe. See under* Leti, Gregorio
*Vie de Richelieu. See under* Leclerc, Jean
*Vie de Saint-Louis, La. See under* Joinville,
Jean; Promontorio, Nicolas
*Vie des saints:*
D may read, iii. 282
*Vie du Cardinal Duc de Richelieu, La. See un-
der* Leclerc, Jean
*Vie du Pape Clément XIV, La. See under* Carac-
cioli, Louis-Antoine de
Vieilles Audriettes, Rue des:
Trudaine lives in, iii. 162
*1* Vien, Joseph-Marie (1716–1809), painter:
social relations of, with Mme Geoffrin, v. 345
*2* Vien, Mme Joseph-Marie, wife of *1. See* Re-
bout, Marie-Thérèse
Vienna:
ambassadors to, *see* Ambassador from France
to Austria
Barthélemy, Marquis de, to be secretary of
French embassy at, iv. 184, 198
Vienne, Archbishop of. *See* Lefranc de Pompignan, Jean-Georges
Vierville, Marquise de. *See* Fresnel, Françoise-
Élisabeth de
Vieuville, Comte de la. *See* La Vieuville,
Charles-Marie de
Vieuville, Mme de:
social relations of, with Comtesse de Maure-
pas, v. 296
Vigier. *See* Du Vigier
*1* Vignerot du Plessis, Louis-François-Armand
(1696–1788), Duc and Maréchal de Richelieu;
first gentleman of the bedchamber:
Aiguillon, Duc d', not expected by, to over-
take York, v. 366
Aiguillon, Duchesse d', may bring, to D's, i.
**154**
bagwig of, v. 370
Bastille confinement of, iv. 38
Bourgogne, Duchesse de, said by Chesterfield
to have had affair with, iv. 38, 41
Chesterfield praises, iv. 37
Choiseul, Duc and Duchesse de, enrage, by
visiting his château, iv. 463
Choiseul, Duc de, joke of, about Mme de
Mirepoix answered by, v. 369
Choiseul, Duc de, remark of, to, on Mme du
Barry, v. 369
cour des aides brought order of suppression
by, iii. 58–9
D thinks, not greatly to be feared, ii. 234
Dauphin's entrée given to, ii. 444
Du Barry, Comtesse, presentation of, involves,
ii. 191–3, 196, 200
——— wins from, ii. 250–1
Egmont, Comtesse d', summoned to be con-
solation of, v. 287
garden and pavilion of, v. 284
HW inquires about lawsuit of, iv. 445, 449
health of, v. 230
Louis XV laughs at reply of, concerning Comtesse du Barry, ii. 250–1

Maillebois opposed by, iv. 323
marriage of, v. 204, 208, 215, 220, v. 443
Mirepoix, Mme de, reconciled with, v. 369
Paris, Archbishop of, forbids marriage of, v.
204
Rueil visited by, v. 335
Saint-Vincent, Présidente de, accuses, iv. 157–
8, 160, 168, 289, 291, 292
——— loses suit against, iv. 439, 440
social relations of, with: Aiguillon, iii. 40;
Aiguillon, Duchesse d', iii. 40, 68, v. 280,
302, 309, 319, 335; Aiguillon, Duchesse d'
(younger), iii. 40; D, v. 230, 294, 320, 452; Du
Barry, Comtesse, ii. 288; Egmont, Comtesse d',
v. 305; HW, v. 319; Harcourt, Earl, iii. 194;
Hénault, v. 296; Lambert, Mme de, v. 300;
Maximilian, iv. 156; Monconseil, Marquise
de, v. 332; Necker, v. 230, 452; Necker, Mme,
v. 230
York receives letter from, v. 366
———'s arrival at Bordeaux not announced to,
v. 365
*2* Vignerot du Plessis-Richelieu, Armand-Désiré (1761–1800), Duc d'Agenois; son of *3:*
marriage of, arranged, v. 453
reversion of colonelcy of chevau-légers given
to, v. 440
*3* Vignerot du Plessis-Richelieu, Emmanuel-
Armand (1720–88), Duc d'Aiguillon; governor
of Brittany:
affair of, no longer talked of, ii. 438
Aiguillon, Duchesse d' (dowager), forced by,
to entertain Comtesse du Barry, iii. 110
——— lives with, iii. 13
Aiguillon visited by, iv. 199, 200
ambassador to England to be named by, iii.
116
Arnaud and Suard dismissed by, v. 341
books on: ii. 429, 493–4; sent by D to HW, ii.
378–80, 425, 427–9
Bordeaux visited by, v. 366
Breton difficulties of, i. 118, 302, vi. 167, 168
Brittany not to be visited by (1767–8), i. 370
Broglie, Comte de, correspondence of, with,
iii. 402
Chaulnes replaced by, v. 370
chevau-légers commanded by, v. 370
chevau-légers excessively costly to, ii. 340
chevau-légers kept by, iv. 67
chevau-légers of, continued, iv. 251
Choiseul's enemy, i. 349n, ii. 196–7
———'s resignation demanded through, iii.
165–7
Condé opposes, iii. 5, 45
——— said not to like, iii. 5
———'s reconciliation with Louis XV not negotiated by, iii. 296
*Correspondance de Monsieur le Duc d'Aiguil-
lon . . .,* iv. 173, 175–9, 188
Craufurd to consult, iii. 285
customs barriers, proposed alteration of, in
ministry of, v. 375
D's opinion of political status of, ii. 340

D thinks, not greatly to be feared, ii. 234, 464
D tired of, ii. 434
daughter of, dies, iv. 332
Dauphin's entrée given to, ii. 444
dinner given by, iii. 86–7
diplomats entertain, iii. 108
dismissal of, expected, iv. 59
Du Barry, Comtesse, aids and is aided by, ii. 169n, 196–7, 339–40, iii. 45, 48, 69
—— on good terms with, ii. 372
—— receives patent of, v. 370
Du Châtelet negotiates Choiseul's resignation with, iii. 165–6
—— receives letter from, iii. 165
'Épigramme' on, sent by D to HW, ii. 494, vi. 180
fête given by, iii. 324, 338
Forcalquier, Comtesse de, accuses D of opposing, ii. 382
Gazette article on Cts Waldegrave discussed by, iii. 92–3
Goëzmann protected by, iv. 35
Gustav III aids, iii. 48
HW disparages, ii. 433, 434
HW mentions, ii. 423
HW's interest in, i. 65, ii. 429, 434
HW to address envelope to, iii. 114
HW to send Fugitive Pieces to, v. 416
Jesuits no longer protected by, iii. 213
Louis XV quells Breton opposition to, vi. 167, 168
—— supports, against parliament, ii. 427, 429–30, 449n, 459, vi. 169–70, 173–5
Louis XVI's consecration not to be attended by, iv. 196
Marie-Antoinette obtains return of, iv. 323, 332
marriage of, i. 302n
Maupeou opposes, iii. 213, 285
Maurepas demands return of, iv. 314, 315
——'s nephew, iv. 251, 314, 315
——'s possible colleague, iv. 397
ministry of foreign affairs expected to go to, iii. 5, 8, 18, 29, 48, 67, 69, 72, 80
ministry of foreign affairs given to, iii. 82, 86
ministry of war given to, iv. 12, 20
Orléans and other Princes of the Blood forbidden to enter controversy over, vi. 166
parliamentary investigation asked by, ii. 196–9
parliament of Paris, investigation in, of: ii. 425, 427, 429–30, 459, 470; judgment in, ii. 430, vi. 168–9; Louis XV reverses decision and suppresses documents in, ii. 427–30, 449n, 459, vi. 167, 169–70, 173–5
Praslin favours investigation of, ii. 197
public hostile to, ii. 203, 378, 380
public interest in, ii. 425, 427, 429
Redmond a favourite of, i. 295
resigns, iv. 60, 64n
reward to be given to, ii. 427, 428, 450
social relations of, with: Blaquiere, iii. 92; Creutz, iii. 40, 338; Du Barry, Comtesse, ii.

288, iii. 324; Gustav III, iii. 40; Harcourt, Earl, iii. 194; Hessenstein, iii. 40; Karl, Prince, iii. 40; La Vallière, ii. 472; Maurepas, iii. 40; Richelieu, iii. 40; Scheffer, iii. 40
Sorba gives dinner for, iii. 83
spoken of for King's regiment, i. 349, 354, 356–7
Stormont confers with, iii. 345
Supplément à la correspondance de M. le Duc d'Aiguillon, iv. 181
supporters of, ii. 196–7, 202, 428
Véret country-seat of, ii. 146
—— said to be destination of, iv. 196
—— to be visited by, iv. 67
—— visited by, iii. 48
verses on, iv. 194, vi. 180
Walpole, Hon. Robert, sees, iii. 83
York converses with, v. 366
—— overtaken by, v. 366

4 Vignerot du Plessis-Richelieu, Jeanne-Sophie-Élisabeth-Louise-Armande-Septimanie (1740–73), dau. of 1, m. (1756) Casimir Pignatelli d'Egmont, Comte d'Egmont:
Aiguillon, Duchesse d', visits, i. 130
beauty prize given to, at Mirepoix ball, i. 221
Brunswick flirted with by, i. 42
D mentions, i. 318
dances at Mirepoix ball, i. 217
HW's admiration for, i. 42
HW's correspondence with, v. 382
HW's present to, i. 142
Molé benefit urged by, i. 230
Richelieu summons, for consolation at news of Dauphin's death, v. 287
social relations of, with: Aiguillon, Duchesse d', v. 280, 285, 294, 296, 301, 305, 313; Béthizy, v. 301; Beuvron, Marquis and Marquise de, v. 301; Brancas, Marquis de, v. 305; Brionne, Comtesse de, v. 295, 301; Castries, v. 294; Conti, v. 299; Durfort, Marquis de, v. 294, 301, 305; Egmont, Comtesse d' (dowager), v. 299, 301, 305; Egmont, Mlle d', v. 301; Estissac, v. 301; Fleury, Bailli de, v. 294; Geoffrin, Mme, v. 289, 310; Grimaldi, v. 301; HW, v. 286, 294, 301, 305; Hautefort, v. 305; (?) Hénault, v. 296; Juigné, v. 305; Juigné, MM. de, v. 301; Lannoy, v. 301; Lauraguais, Duchesse de, v. 301, 305; Ligne, Princesse de, v. 294, 301; Mesmes, M. and Mme de, v. 301, 305; Monaco, Ps of, v. 305; Richelieu, v. 305; Rohan, Prince Louis de, v. 294, 301; (?) Saulx, v. 305; Sorba, v. 294, 301, 305
York admires, i. 341, v. 365

5 Vignerot du Plessis-Richelieu, Louis-Antoine-Sophie (1736–91), Duc de Fronsac; son of 1:
attends session of parliament of Paris, vi. 172
Coigny fights duel with, v. 444
conveys letters for D and Duchesse d'Aiguillon, i. 255
HW mentions, i. 341
Hervey, Bns, unable to assist, i. 277
London visited by, i. 237, 251
marriage of, i. 226n

[5 Vignerot du Plessis-Richelieu, Louis-Antoine-Sophie, *continued*]
Orford assists, i. 277
protests illegal parliament, iii. 61
social relations of, with: Aiguillon, Duchesse
d', v. 319; Brancas, Marquis and Marquise de,
v. 320; Coke, Lady Mary, v. 319; Geoffrin,
Mme, v. 293; Usson, v. 267
6 Vignerot du Plessis-Richelieu d'Aiguillon,
Innocente-Aglaé (1747–76), dau. of 3, m.
(1766) Joseph-Dominique Guigues de Moreton, Marquis de Chabrillan:
D hears answer to Princes' protest read by, iii.
72
death of, iv. 332
marriage of, i. **130**, 183
social relations of, with: Aiguillon, Duchesse
d', iii. 138, v. 280, 283, 291, 313; D, i. 342, iii.
145, 183, v. 323; Forcalquier, Comtesse de, v.
340; Harcourt, Earl, iii. 194; Maurepas, Comte
and Comtesse de, v. 285
son born to, i. 382
1 Villars, Duchesse de, wife of 2. *See* Noailles,
Amable-Gabrielle de
2 Villars, Honoré-Armand (1702–70), Duc de:
ball given by, v. 365
country-seat of, v. 365
social relations of, with: Aiguillon, Duchesse
d', v. 314; Beauvau, Princesse de, i. 111; Christian VII, ii. 154; D, i. 9; Gramont, Duchesse
de, i. 111; Luxembourg, Mme de, v. 308;
Maurepas, v. 309; Mirepoix, Mme de, i. 111;
York, v. 365
Villars-Brancas, Duc de. *See* Brancas, Louis de
Villa-Viçosa, headquarters of house of Bra-
gança:
José I attacked at, ii. 329
Ville, La. *See* La Ville
Villefort. *See* Bachois de Villefort
Villegagnon, Marquise de. *See* Batailhe de
Montval, Jeanne-Marguerite
Villegaignon. *See* Villegagnon
Villeneuve. *See also* Dufour de Villeneuve
1 Villeneuve, Alexandre-Marie de (b. 1748),
Abbé de Trans:
censured, iv. 439
Richelieu to pay, iv. 439
2 Villeneuve, Julie de (ca 1731–78), m. (1746)
Jules-François de Fauris de Saint-Vincent;
'Présidente de Saint-Vincent':
Richelieu accused by, iv. 157–8, 168, 289, 291,
292
—— wins suit brought by, iv. 439, 445
3 Villeneuve, Louis-Henri de (b. 1739), Marquis
de Trans; brother of 1:
social relations of, with Marquis de Brancas,
v. 298
Villeneuve-Flayosc, Abbé de:
censured, iv. 439
Richelieu to pay, iv. 439
1, 2 Villeroy, Duc de. *See* Neufville, Gabriel-
Louis-François de (1731–94); Neufville, Louis-
François-Anne de (1695–1766)

3 Villeroy, Duchesse de, wife of 1, niece-in-law
of 2. *See* Aumont, Jeanne-Louise-Constance d'
Villeroy ware:
HW sends, to England, v. 407
Villers-Cotterêts, Duc d'Orléans's seat:
entertaining at, i. 340
Paris robbed of good company by, ii. 440, iii.
82, iv. 80, 84
verses from fête at, i. 121, 129
visitors to: Beauvau, Princesse de, i. 114, 123;
Cambis, Vicomtesse de, iv. 342, 462, 466; La
Marche, Comtesse de, i. 330, 334; Luxembourg, Mme de, iii. 380, 382, 394, iv. 342, 462,
466; Tronchin, i. 114
1, 2 Villette, Marquise de. *See* Des Champs de
Marcilly, Marie-Claire (1675–1750); Rouph
de Varicour, Reine-Philiberte (1757–1822)
3 Villette, Charles (1736–93), Marquis de, husband of 2:
Beaune, Rue de, home of, v. 17
D's opinion of, v. 20, 35
Ferney visited by, v. 12
Raucourt, Mlle, insulted by, iv. 157
verses on, v. 23
Voltaire accompanied to Paris by, v. 17
—— assisted by, in conversation, v. 21
—— to be brought to Paris by, v. 12
Villevieille, Marquis de. *See* Pavée de Ville-
vieille, Philippe-Charles
Villicy, Jean-Baptiste-Nicolas-Louis de (b.
1709), Chevalier de Tourville:
(?) affairs of Hon. T. Walpole known to, iii.
116
(?) D's friendship with, ii. 78–9, 165, 388
(?) D's opinion of, ii. 374
(?) HW inquired after by, iii. 382, iv. 384
(?) HW praises, ii. 358, 365, 374
(?) HW sent regards by, iii. 139
(?) HW's *Gramont* not to be given to, iii. 308
(?) HW told to give *Gramont* to, iii. 299
(?) HW to meet, iii. 86
(?) health of, iv. 384
(?) pension of, reduced, ii. 353–4
(?) *Roi et le fermier, Le*, attended by, v. 320
(?) social relations of, with: D, i. 393, 404, ii.
165, iv. 384, v. 295, 316, 332, 338, 340, 352;
Geoffrin, Mme, v. 298; Hénault, v. 297, 312
(?) Terray interceded with by, for D, ii. 353–4,
358
Villiers. *See also* Poitevin de Villiers
Villiers, ——:
attends session of parliament of Paris, vi. 173
Villiers, Vcts. *See* Seymour-Conway, Lady Ger-
trude
Villiers, Barbara (1641–1709), m. (1) (ca 1659)
Roger Palmer, cr. (1661) E. of Castlemaine;
m. (2) (1705) Robert Feilding (annulled); cr.
(1670) Ds of Cleveland; mistress of Charles II:
portrait of, by Lely, at Julienne's, v. 287
Villiers, William (d. 1769), 3d E. of Jersey:
death of, v. 398
Vincennes:
Du Barry, Comte, imprisoned at, iv. 52

Vincens de Saint-Michel, Louis-Fouquet de (1737–1813), Marquis d'Agoult:
Condé asks resignation of, as captain of guards, v. 438
——'s duel with, v. 438
Vinci, Leonardo da (1452–1519), artist:
Monaco, P. of, has painting which HW attributes to, v. 335
Vineyards:
absent from neighborhood of Arras, v. 315
Vinfen. See Wimpffen
Vingt et un:
grand, ii. 315
played, ii. 191, 315, 317, 324, 327, 337, 352, 381, 393, 461, iii. 10, v. 325, 331, 336, 340
Vingtième (tax):
ii. 184
Vintimille, Marquise de. See Mailly-Nesle, Pauline-Félicité de (1712–41); Talbot, Marie-Madeleine-Sophie
Violin:
Ussé leaves, to Comtesse de Choiseul-Beaupré, iii. 276
Violin music:
Meinières wishes execution of, were impossible, ii. 257
Virgil (P. Virgilius Maro) (70–19 B.C.):
Delille translates, v. 344
HW mentions, ii. 215
Viri cheese:
recipe for, ii. 60
Viriville. See also Olivier de Sénozan de Viriville
Viriville, Mme de. See (?) Fresnel, Françoise-Élisabeth de
1 Viry, Contessa di, wife of 2. See Speed, Henrietta Jane
2 Viry, Francesco Maria Giuseppe Giustino (1736–1813), Conte di, Sardinian ambassador to France:
Aigueblanche enemy of, iv. 476, 477
arrested at Suse, iv. 474
banquet of, v. 344
D's relations with, iv. 294–5
HW's opinion of, iii. 360
Marmora replaced by, iii. 357
masquerade given by, v. 344
recalled, iv. 454, 470, 476, 477, 483
social relations of, with: Broglie, Comte and Comtesse de, iv. 294; D, iii. 403, iv. 15, 294, 301; HW, v. 344; Luxembourg, Mme de, iv. 294; Mirepoix, Mme de, iv. 294; Necker, M. and Mme, iv. 294; Stormont, iv. 294
Visions:
the only happiness, v. 357
Visitation de Sainte-Marie:
convent of, at Chaillot, ii. 486
Vittorio Amadeo Lodovico Maria Wolfgang (1743–80), Prince de Carignan:
marriage of, reported, v. 439
social relations of, with Contessa di Viry, v. 352

Vive le vin, vive l'amour:
song to air of, ii. 300–1, iii. 225
Vivienne, Rue:
Marie-Antoinette assigned to, in joke, vi. 181
Vogüé, Charles-François-Elzéar (1713–82), Marquis de:
made member of Ordre du Saint-Esprit, v. 14
Saint-Germain second choice of, iv. 228
Voisenon, Abbé de. See Fuzée, Claude-Henri de
'Voisin, le.' See Grave, Charles-François de
Voiture, Vincent (1598–1648):
D prefers HW's style to that of, i. **383**
Voltaire (François-Marie Arouet) (1694–1778):
A, B, C, L': ii. 168, 171, 181, vi. 149, 150, 152; Saurin's verses on, ii. 179–80
Académie française corresponds with, iv. 354
—— sends delegation to, v. 18
activity of, ii. 411
actors visit, v. 18–9
Adam, Père, butt of, v. 278
Adélaïde du Guesclin, v. 263
Agathocle, v. 39
Alembert's correspondence with, iii. 307, 338
always says the same things, ii. 92
Alzire: v. 297, 329, 347; D criticizes, ii. 138; HW likes, iv. 44; HW to reread, iii. 389
À Monsieur le Chancelier de Maupeou, iii. 196
À Monsieur Marmontel: iii. 395, 407, 409; HW desires, iii. 397
Argental's correspondence with, iv. 345, 348
Barthélemy asks about editions of, vi. 208
Beaumarchais's mémoires please, iv. 35
Beaune, Rue de, lodging of, v. 17
Bégueule, La: D dislikes, iii. 232; Voltaire sends, to D, iii. 235
Boncerf's correspondence with, iv. 287, vi. 197–8
Boufflers's style compared by D with that of, ii. 289
——'s verses on, v. 2
Bourdeaux and Humain martyrs to system of, iv. 1
Brown's treatment of, ii. 52
burial of, v. 48
bust of, given to D by Duchesse d'Aiguillon, ii. 173–4, iii. 360, vi. 20
Cabales, Les: D to send, to HW, iii. 284, 300; HW mentions, iii. 439
Calas family protected by, v. 40
Canonisation de Saint Cucufin, La, ii. 207
Castle of Otranto has preface written against, i. 256, 261, 270, ii. 90, 95–9, 102, 107, 129, iv. 268, v. 269, vi. 141–4
Catherine II buys library of, vi. 212
—— may be visited by, ii. 48, 49, 53
—— praised by: i. 298; to D's distaste, i. 358; to HW's horror, i. 299, v. 287
'chambre de cœur' of, vi. 215
Châtillon, Duchesse de, visits, iv. 223
Chesterfield praises, iv. 38
Choiseul, Duc de, receives letter of, on La Bletterie, ii. 171, 181

[Voltaire (François-Marie Arouet), *continued*]
Choiseul, Duc de, receives letter of, on MM.
de Pompignan, i. 202, 203
Choiseul, Duc de, scandalized at La Bletterie's
treatment by, ii. 105, 113, 171
Choiseul, Duchesse de, corresponds indirectly
with, ii. 111-2, 181, 207, 223, 244, 405, 411,
443, iii. 235, iv. 67, v. 64, 67, vi. 144-9
—— defends La Bletterie to, vi. 148, 151
—— displeases, ii. 146
—— letter of 15 July 1768 to, from, ii. 116-20,
123
—— receives everything he writes from, ii. 208
—— receives fable from, vi. 148
—— receives verses from, ii. 396
—— transmits book and letters from, ii. 53,
116, 127
—— will not correspond directly with, ii. 111-
2, 181
Choisy reads pieces and letter by, v. 274
Christian VII praises, ii. 165
—— verses to, by, i. 268, vi. 131
Clairon, Mlle, verses on, by, iii. 273, 274, 439
*Collection d'anciens Évangiles par l'Abbé
B——*, ii. 293
*Commentaire historique sur les Œuvres de
l'auteur de la Henriade*, iv. 357, 361, 362, 364,
367, 369
commentary of, on Beccaria's *Trattato dei diletti e delle pene*, i. 173
Condorcet's *Lettre d'un théologien* attributed
to, iv. 88
confession of faith by: v. 24-6; HW's opin-
ion of, v. 34; verses on, v. 31, 39
*Conseils raisonnables à M. Bergier . . .*, ii. 94,
101, 135
Corneille defended by, ii. 120, 129
—— edited by, vi. 141-3, 150
Craufurd visits, ii. 468
D accused by, of attributing verses on Mar-
montel to him, v. 27
D admires style of, i. 113, 144, ii. 126, 208, iii.
47
D attributes Schuwalof's *Épître* to, iv. 28
D cites, ii. 6, 296, iv. 140, 460
D criticizes new volumes of, ii. 164
D defends La Bletterie to, vi. 153
D defends views of, on dramatic technique, ii.
135
D dislikes historical writings of, iv. 7
D dislikes newer writings of, iii. 400
D displeases, ii. 146
D forwards *Castle of Otranto* and *Historic
Doubts* to, ii. 99, 101
D hears nothing of, ii. 138
D knows 700 or 800 verses of, by heart, v. 203
D mentions, i. 48, ii. 125, 174, 243
D neglected by, iv. 43
D not mentioned by, iv. 357
D offers to send writings of, to HW, ii. 116
D on good terms with, ii. 208
D quotes, ii. 17, 105, 282, v. 120
D reads, v. 178, 180

D receives Bélesta letter from, ii. 182
D receives everything he writes from, ii. 208
D receives quarto edn of, from Mme de
Luxembourg, ii. 131, v. 2
D receives two eulogies of, v. 426
D receives verses from, ii. 396, 408, v. 20, 22-3
D receives works from, ii. 168
D requests verses from, for Christmas party,
iv. 115, 118
D's blindness commented upon by, vi. 67
D's correspondence with: i. 141, 178-80, 188,
190, 298, 301, 319, 319-20, 388, 406, ii. 21, 48,
49, 52-3, 59, 62, 97, 99-100, 107, 111-3, 118,
123, 127, 131, 163, 171, 173, 178, 182, 207, 223,
225, 228, 307, 343, 357, 405, 408, 411, 453-4,
468, iii. 127, 212, 235, 281, 300, 319, 338, 385,
391, 393, 418, 426, 439, iv. 25, 27, 28, 33, 49, 67,
69, 93, 149, 192, 242-3, 248, 424, 501, v. 17, vi.
147, 151-4, 191; collected, v. 59, 62, 64, 67,
109; *see also* Voltaire, letters of
D's edn of, left to Mouchard, vi. 8
D sends Hénault's *Cornélie* to, ii. 99-100, 105,
111
D's letter from, 18 May 1767, praising Czarina,
i. 298, 301, 319, 388, 406
D's mot on St Denis related by, vi. 60
D's opinion of, i. 201, v. 180
D talked of by, to Craufurd, ii. 468
Darget's letters from, ii. 307
death of: v. 46; rumoured, v. 12
*De l'Encyclopédie*, iv. 153
Denis, Mme, joins, ii. 293
—— leaves, ii. 42, 47
—— receives library of, as legacy, v. 49-50
—— transmits letter of, on La Bletterie, to
Choiseul, ii. 171, 181
*Dialogue de Pégase et du Vieillard*, D sends,
to HW, iv. 43, 153
'Diatribe à l'auteur des Ephémérides,' v. 375
*Dictionnaire philosophique*, vi. 149
*Dimanche, Le, ou les Filles de Minée*, iv. 192
*Discours aux confédérés de Pologne*, ii. 135
*Discours en vers sur l'homme*, D cites, iv. 367
'Dizain contre votre grand'maman,' ii. 408,
416-7
*Docteur Pansophe, Le*, attributed to, i. 178-9
*Don Pèdre*, iv. 149, 156, 167, 170
*Doutes historiques*, D owns, vi. 35n
*Droits des hommes et les usurpations des
Papes, Les*, vi. 152
Du Châtelet, Marquise, 'Émilie' of, vi. 56, 116
—— friend of, v. 293
—— mentioned by, iv. 357
Ducis successor to, in Académie française, v.
48, 100, 118
Dupuits, M., pretended intermediary between
Duchesse de Choiseul and, ii. 112, 181, 223, vi.
148-9
Dupuits, M. and Mme, leave, ii. 42, 47
*Éloge de l'hypocrisie*, i. 251, 252
*Éloge funèbre de Louis XV*, D receives, from
Voltaire, iv. 67
*Éloge historique de la raison*, iv. 153

[Voltaire (François-Marie Arouet), *continued*]

*Enfant prodigue, L'*: vi. 141; HW likes, iv. 44

*Épître à Boileau*, ii. 223, 225

*Épître à Horace*: D to send, to HW, ii. 276, 281; HW mentions, iii. 439; La Harpe's reply to, iii. 293, 296; Lekain to read, at D's, iii. 283

*Épître à l'auteur des Trois imposteurs, L'*, ii. 223, 225, 228, 230, 232, 237, vi. 155

*Épître à M. Marmontel*, iii. 395, 397, 407, 409

*Épître à M. Pigalle*: D sends, to HW, iii. 327–8

*Épître à mon vaisseau*, ii. 101, 105, 111

*Épître au Roi de la Chine*, ii. 489, 493

'Épître au Roi de Prusse': Caracciolo gives, to D, iii. 339–40; D seeks, iii. 338

*Épîtres*, v. 180

*Essai historique et critique sur les dissensions des églises de Pologne*, i. 386

*Examen de la nouvelle histoire de Henri IV de M. de Bury*: spoken of by, ii. 171; suspected of being by, ii. 159

extract of letter from, to D, ii. 52–3

Fawkener to see, iii. 435

Faydit de Tersac's letter from, v. 34

Ferney may be reoccupied by, v. 24

Florian, M. and Mme de, nephew and niece of, v. 269

Fontenelle argues with, on naturalness of passions, v. 370

forgotten, v. 53

*Fragments historiques sur l'Inde et sur le général Lally*, Palmerston to take, to HW, iii. 410, 419

Franciscans refuse requiem Mass to, v. 48

Frederick II asked by, for asylum, i. 110

—'s correspondence with, iii. 307–8, 338–40, iv. 307

— sends porcelain bowl to, iii. 307–8

—'s friendship with, iii. 340

Fréron enemy of, i. 256, iii. 327, 354, vi. 157

— said to have written article on, for Sabatier de Castres's *Trois siècles*, iii. 314

— verses on, by, iv. 274

*Galimatias pindarique sur un carrousel donné par l'impératrice de Russie*, ii. 101

Gaultier, Abbé, seeks conversion of, v. 21, 24

— signs confession of, v. 25, 26

Genevese emigrants' watches sold by, ii. 411

Geoffrin, Mme, mentioned by, iv. 357

Gudin's poem would annoy, ii. 243

*Guerre civile de Genève, La*: i. 286; D considers sending, to HW, i. 238, 273; D has 4th and 5th cantos of, ii. 63–4; D sends 2d canto of, to HW, ii. 10, 14, 19; D sends 4th and 5th cantos of, to HW, ii. 63–4, 74, 77, 84; D's poor opinion of, i. 277, 285, 295, 298, 301; HW likes, i. 295, 301

HW accuses, of bad taste, iii. 397

HW buys bust of, v. 410

(?) HW comments on wit of, v. 41

HW compared with, by D, i. 179

HW compares, with Corneille, Racine, Shakespeare, iv. 44

HW complimented by, in letter to D, ii. 127

HW does not like impieties of, ii. 18

HW exhorted not to enter into controversy with, ii. 117, 118, 120, 123

HW mentions, iv. 20

HW on style and methods of, ii. 129, 214

HW paraphrases, ii. 147n

HW prefers Shakespeare to, in preface to *Castle of Otranto*, i. 256, 261, 270, ii. 90, 95–9, 102, 107, 129, iv. 268, v. 269, vi. 141–4

HW's correspondence with: ii. 146, 286, iv. 361, v. 387, vi. 144–6; D eager to know about, ii. 101–2, 106, 116, 117, 119; *see also* Voltaire, HW's letter from, *and* HW's letter to

HW's epitaph for, v. 14

HW's letter from, of 6 June 1768, ii. 102, 104, 113, 117, 120

HW's letter from, of 15 July 1768: ii. 116–8, 120; HW copies, for D, ii. 126, 127; HW discusses, ii. 119–20, 129; *Mercure de France* prints, ii. 237

HW's letter to, of 21 June 1768: ii. 90, 104, 113, 117–8, 120; Choiseul, Duchesse de, approves frankness of, ii. 103; D discusses, ii. 95–6, 98–9, 117; HW discusses, ii. 98

HW's letter to, of 27 July 1768, ii. 122–3, 126

HW's letter to D of 7 May 1770 would please, ii. 405

HW's opinion of, ii. 357, vi. 55

HW's style resembles that of, i. 141, iii. 142

health of, ii. 307, 468, iv. 424, v. 22, 24, 27, 28, 34–5, 44

Hénault said to have been praised by, vi. 151

—'s correspondence with, v. 64–5

— urged by, to enter controversy, ii. 146, 158–9

*Henriade, La*: D quotes, i. 90; D reads, v. 180; Frederick II mentions, iii. 308

*Histoire de Charles XII*, D owns, vi. 34

*Historic Doubts* asked for by, ii. 120, iii. 316

— forwarded by D to, ii. 99, 101

— praised by, ii. 131

*Homme aux quarante écus, L'*, ii. 53

house bought by, v. 39

house to be rented by, v. 38

Huet pseudonym of, vi. 152

Hume's correspondence with, i. 178–9, 190

'Impromptu écrit de Genève à Messieurs mes ennemis au sujet de mon portrait en Apollon,' iv. 130, 137

*Ingenu, L'*, iii. 354

innkeeper to Europe, ii. 52

'Inscription pour une statue de l'Amour, dans les jardins de maisons,' iv. 157

'Invitation de souper': vi. 196; D sends, to HW, iv. 279

*Irène (Alexis Comnène)*: crowd expected for opening of, v. 29; rehearsed at lodging of, v. 19, 20, 25, 27; reception of, iv. 30; second performance of, v. 33; unsuccessful, v. 39

Kehl edition of, v. 130

La Beaumelle, verses on, by, iv. 274

[Voltaire (François-Marie Arouet), *continued*]
La Bletterie rudely treated by, ii. 105, 111–2, 118, 123, 127, 171, vi. 150, 151, 157
La Caille, Abbé de, pseudonym of, vi. 149, 151
La Harpe, M. and Mme de, leave, ii. 42
La Harpe, M. de, commends 'Diatribe' of, v. 375
—— eulogizes, v. 172, 426
—— replies to, iii. 293
—— verses by, on, v. 2, 8
Lekain asked by, to read poems at D's, iii. 282–3, 287–8, 319
letters of: D lends to Craufurd, i. 388, 406, ii. 231; D sends, to HW, ii. 178, 181
*Lettre de M. de Voltaire à l'Académie française*, iv. 354
*Lettres chinoises, indiennes et tartares à M. Paw par un Bénédictin*, iv. 285
*Lettres de Voltaire à messieurs de la noblesse de Gévaudan*, Voltaire sends, to D, iii. 400
*Lettre sur les panégyriques, par Irénée Alethès*, i. 298, 301
libel upon, angers, v. 25
library of, left to Mme Denis, v. 49–50
Ligne's letter to, iv. 431
L'Isle's verses attributed to, iii. 428
*Lois de Minos, Les:* D praises, vi. 191; D sends extracts from, to HW, iii. 272–4; D's opinion of, iii. 287–8, 322, 325; D to send, to HW, iii. 322, 325; HW's opinion of, iii. 334–5; Lekain reads, at D's, iii. 287–8, 300, 319; Lekain to read, at D's, iii. 283; printed, iii. 320
Louis XIV praised by, for supposed objection to pompous epithets, v. 356–7
—— 's era approved by, iii. 397
Louis XVI and Marie-Antoinette may be visited by, v. 21
Louis XVI said to have ordered statue of, v. 23
—— 's reforms praised by, vi. 197–8
Lullin, Mme, verses to, by, thought to be to D, iv. 25, 33
Maffei, epistle to, by, v. 142
*Mahomet:* v. 328; HW likes, iv. 44; HW to re-read, iii. 389
Mairan refuses to read works of, v. 326
*Maître Guignard, ou De l'hypocrisie*, i. 251, 252
Malesherbes receives letter of, to Boncerf, iv. 287
MSS not left by, v. 50
Marchand's *Testament* of, ii. 484, 493, 494, iii. 8
Marigny orders statue of, v. 23
Marmontel mentioned in verses attributed to, v. 22–3, 27
—— 's ode on unveiling of statue of, iii. 273
*Marseillais et le lion, Le:* ii. 161, 163, 168, vi. 148, 149, 151; D quotes, ii. 187, iv. 313; (?) D sends, to HW, ii. 154, 156
*Mérope*, v. 326, vi. 142
Mignot signs confession of, v. 25, 26
Morangiès defended by, iii. 401
Murville eulogizes, v. 172

*Nanine*, ii. 208
Neufchâteau answered by, iv. 285
—— 's epistle to, iv. 285
new writings of, ii. 18
not to come to Paris, ii. 293
*Œdipe:* ii. 100; Joseph II attends, iv. 443
*Œuvres*, D owns, vi. 32, 34
Olivet, Abbé d', receives letter of, on prosody, i. 251, 252
Palissot said to have written article on, for Sabatier de Castres's *Trois siècles*, iii. 314
Palissot's eulogy of, v. 82, 94, 96–7, 180
pamphlet by, sent by D to Bns Hervey, i. 93
Paris forbidden to, ii. 293, 307
—— may become home of, v. 24
—— said to be visited by, iii. 319
—— visited by, v. 17
parliament of Paris, changes in, will be regretted by, iv. 118
Patouillet enemy of, vi. 156
*Pélopides, Les, ou Atrée et Thyeste*, iii. 189, 198
*Philosophe, Le*, by Chesneau du Marsais, abridged by: Caracciolo brings, iii. 323; D and guests read, iii. 323; D's opinion of, iii. 323
*Philosophe ignorant, Le:* D asks for, i. 200; D disparages, i. 132; HW bored by, i. 113
Pigalle, verses to, by, iii. 327–8, v. 20–1, 23
—— 's statute of, verses on, iii. 327–8, 354
*Poème sur la loi naturelle*, D quotes, i. 142, ii. 105
Pompignan may have written article on, for Sabatier de Castres's *Trois siècles*, iii. 314
posthumous honours of, vi. 111
'Pot Pourri,' verses, ii. 454
*Précis du procès du Comte de Morangiès*, iii. 419
*Prédiction tirée d'un ancien manuscrit . . .* not written by, i. 110
*Princesse de Babylone, La*, ii. 53
*Profession de foi des théistes, La, par —— au R. D.*, ii. 135
*Pucelle, La:* i. 285, v. 292; D cites, iii. 161
*Quatrième discours*, D quotes, i. 319, ii. 364
*Questions sur l'encyclopédie:* D reads, iii. 130, 239; D receives 6 numbers of, ii. 411; D sends, to HW, iii. 136, 142, 233; D's opinion of, iii. 142; HW buys, v. 411
Racine defended by, ii. 129, iii. 389
—— 's *Bérénice* discussed by HW and, ii. 119–20, 129
*Relation de la mort du Chevalier de la Barre*, ii. 101, 135
*Relation du bannissement des Jésuites de la Chine*, ii. 101, 135
(?) Relongue de la Louptière's verses on confession of, v. 31, 39
*Riforma d'Italia, La*, criticized by, vi. 152
Robertson's work sent to, ii. 343, 357
rumoured financial commission and rank of marquis for, iv. 242

(?) Sabatier de Castres's article on, in *Trois siècles*, iii. 313–4
Sabatier de Castres's *Tableau philosophique de l'esprit de*, iii. 79–80
Saint-Didier pseudonym of, vi. 149, 151
Saurin's verses on, ii. 179–80
Schuwalof, Comte André, eulogizes, v. 175, 426, 428
*Scythes, Les:* i. 286; D's poor opinion of, i. 281, 285; poorly received, i. 276
*Sémiramis:* ii. 49, v. 312; HW likes, iv. 44
*Sésostris:* D sends, to HW, iv. 275; D's opinion of, iv. 275
Shakespeare attacked by, iv. 345, 348, 354, vi. 141
—— preferred to, by HW, i. 256, 261, 270, ii. 90, 95–9, 102, 107, 129, iv. 268, v. 269, vi. 141–4
*Siècle de Louis XIV, Le, . . .* [and] *un Précis du siècle de Louis XV*, ii. 158, 159, 161, iii. 7, vi. 33n, 35n, 149
social relations of, with: Argental, v. 24, 35; Beauvau, v. 36; Boisgelin, Comtesse de, iv. 281; Boufflers, Marquise de, iv. 281; D, v. 20–1, 22, 27, 35, 36, 39; Mirepoix, Mme de, iv. 281; Necker, Mme, v. 36; Necker, Mlle, v. 36
*Socrate*, D owns, vi. 35n
Sorbonne ignores, v. 36
statue of, unveiled, iii. 273
style of writing of: D appraises, iv. 117; HW's style resembles, i. 141, iii. 142
success of, in Paris, v. 38–40
successors of, satirized, v. 85, 100
summers of, to be spent at Ferney, v. 39
*Sur la destruction des Jésuites*, D sends, to HW, iii. 401
*Systèmes, Les:* D's opinion of, iii. 300; D to send, to HW, iii. 284, 300; HW mentions, iii. 439
*Tactique, La:* Craufurd to borrow, iii. 428; D receives, from Voltaire, iii. 426; D's opinion of, iii. 427, 428, 433; D to send, to HW, iii. 426–8; HW's opinion of, iii. 430, 432
Tamponet pseudonym of, vi. 158
*Tancrède*, D mentions rôle in, ii. 197
*Taureau blanc, Le:* D sends, to HW, iii. 414, 416, 419; D's opinion of, iii. 432–3; D to have, copied for HW, iii. 408; said to be printed, iii. 432
*Théologie portative, La*, criticized by, vi. 152
*Traduction du poème de Jean Plokof, conseiller de Holstein, sur les affaires présentes:* vi. 162–5; D sends, to HW, ii. 405, 408
*Trois empereurs en Sorbonne, Les*, ii. 161, 163, 164, vi. 149, 151
Tronchin attends, iv. 22, 24, 26
Turgot's reforms praised by, vi. 197–8
'Vers de M. de Voltaire à Madame la Marquise du Deffand, âgée de quatre-vingt-deux ans,' *see* Voltaire, Lullin, Mme, verses to, by
verses by, ii. 94, 107, 396, 454
verses by, on: Choiseul, Duchesse de, ii. 408, 416–7; Clairon, Mlle, iii. 273, 274, 439; Fréron and La Beaumelle, iv. 274; K. of Denmark, i.

268, vi. 131; Marmontel's corrections of Quinault, v. 22, 27; Pigalle, iii. 327–8, v. 20–1, 23; Versoix, ii. 396–7; Voisenon, iv. 248
verses on: iii. 354, v. 31, 39; ascribed to Dorat, ii. 172; by Boufflers, v. 2; by La Harpe, v. 2, 8; by Saurin, ii. 179–80
verses on Dorat falsely attributed to, ii. 20
Versoix not connected with, i. 393
visitors overwhelm, in Paris, v. 18
Wiart takes messages to and from, v. 17, 18
will of, v. 48
winters of, to be spent in Paris, v. 39
*Zaïre:* D reads, v. 178; HW dislikes, iii. 389, iv. 44
*Voltaire* (ship):
Piron's verses on, ii. 122
*See also* Voltaire, *Épître à mon vaisseau*
Von Ege (d. 1773), Choiseul's musician:
death of, iii. 403
Voronzov, Catherine Romanovna (1744–1810), Ps Dashkov:
Catherine II at odds with, ii. 483
Choiseul, Duc and Duchesse de, may entertain, ii. 483
D curious to see, ii. **483**
HW curious to see, ii. 483
Vougny, Mme Barthélemy de. *See* Pelée de Varennes, Marie-Louise-Antoinette-Anne
Vougny, Marie-Anne de (d. 1783), m. (1) (1726) Jean-Jacques Amelot, seigneur de Chaillou; m. (2) (1754) Balthazar-Joseph-François-Nicolas-Antoine Urtado, Marquis d'Amezaga:
social relations of, with: Hénault, v. 318; Maurepas, Comte and Comtesse de, v. 291, 298, 303
*Vous m'entendez bien:*
D's verses to air of, i. 348
*Voyage d'Amérique. See* Robertson, William, *History of America*
*Voyage dans l'hémisphère austral et autour du monde. See under* Cook, James
*Voyage de Sicile. See* Brydone, Patrick, *Tour through Sicily and Malta*
*Voyage d'Espagne. See under* Livoy, Timothée de
*Voyage d'Italie:*
D owns, vi. 35
*Voyage en Provence. See under* Le Coigneux de Bachaumont, François
*Voyage en Sibérie. See under* Chappe d'Auteroche, Jean
*Voyage pittoresque de la Grèce. See under* Choiseul-Beaupré, Marie-Gabriel-Florent-Auguste de
*Voyages de Gulliver, Les. See* Swift, Jonathan, *Gulliver's Travels*
*Voyage sentimental. See* Sterne, Laurence, *Sentimental Journey*
*Voyages et aventures d'une Princesse de Babylone. See* Voltaire, *Princesse de Babylone, La*
*Voyageur françois, Le. See under* La Porte, Joseph de
Voyer. *See also* Le Voyer

*1* Voyer, Marquise de, wife of *4*. *See* Mailly, Jeanne-Marie-Constance de

*2* Voyer, Marc-Antoine-René de (1722–87), Marquis de Paulmy; academician; son of *6:*
Bibliothèque des romans edited by, iv. 400
Boufflers's Oculist read by, v. 264
HW's correspondence with, v. 389
Hénault's Pièces de théâtre printed by, ii. 329
Marie-Antoinette's chancellor, iv. 52
possibility for minister of war, ii. 380, 450
social relations of, with: Brunswick, i. **41–2**, 49; D, v. 264; Hénault, v. 288, 303, 311, 326; Monconseil, Marquise de, v. 296, 332

*3* Voyer, Marc-Pierre de (1696–1764), Comte d'Argenson; minister of war:
cost of war department under, ii. 372
D's 'portrait' of, vi. 108–9

*4* Voyer, Marc-René (1722–82), Marquis de; son of *3:*
HW agrees with general opinion of, ii. **227**, 235
SH publications given to, ii. 264

*5* Voyer, Marie-Madeleine-Catherine de (b. 1724), dau. of *6*, m. (1745) Yves-Marie Desmarets, Comte de Maillebois:
D pities, for husband's disgrace, iii. 41
D's opinion of, iii. 56
entrées, grandes, granted to, ii. 339
social relations of, with: D, v. 328, 336, 340; Hénault, i. 369
unhappy, iii. 56

*6* Voyer, René-Louis de (1694–1757), Marquis d'Argenson:
Châteauroux, Duchesse de, causes banishment of, iii. 386
(?) Hénault inherits Henri IV's letters from, v. 267

*7* Voyer d'Argenson de Paulmy, Madeleine-Suzanne-Adélaïde de (1752–1813), dau. of *2*, m. (1771) Anne-Charles-Sigismond de Montmorency-Luxembourg, Duc de Luxembourg:
Boufflers, Duchesse de, replaced by, iii. 106
joins Marie-Antoinette's household, iii. **106**
social relations of, with Hénault, v. 326
Versailles lodging given to, iii. 129

Vrillière, La. *See* La Vrillière

Vriot, Marie-Denise (1742–1817), m. Nicolas Suin:
Beauvau wishes D to hear, iv. 237
social relations of, with: D, iv. 237; Mirepoix, Mme de, iv. 466
Tartuffe recited by, iv. 466

Vuide Gousses, Rue de:
Louis XV assigned to, in joke, vi. 181

Wachmeister, Baron Carl Adam von (1740–1820):
(?) social relations of, with Comtesse de Forcalquier, v. 319

Waës, Anne-Salomé-Joséphine de (ca 1739–94), m. (1756) Louis-Gabriel des Acres, Comte de l'Aigle:
social relations of, with Harcourt, Earl, iii. 194

Wager, Sir Charles (1666–1743), Kt; admiral:
Blackburne, Lancelot, subject of stories by, v. 368

Wages:
of gatekeeper, i. 49
paid by: D, ii. 386, vi. 46; HW, v. 400, 401, 405, 408, 410–3

Wagnière, Jean-Louis (1739–ca 1787), Voltaire's secretary:
Voltaire with, v. 20

Wakefield Lodge, Northants:
Grafton has meeting at, v. 367

*4, 1* Waldegrave, Countesses, wife and mother-in-law of *5*. *See* Waldegrave, Lady Elizabeth Laura (1760–1816); Walpole, Maria (1736–1807)

*2* Waldegrave, Lady Anna Horatia (1762–1801), dau. of *1*, m. (1786) Lord Hugh Seymour:
D inquires about, iv. **328**, v. 52, 130, 177

*3* Waldegrave, Lady Charlotte Maria (1761–1808), dau. of *1*, m. (1784) George Henry Fitzroy, styled E. of Euston, 4th D. of Grafton, 1811:
D inquires about, iv. **328**, v. 52, 130, 177
marriage of, broken off, v. 238n, 239(?), 240
(?) repartees of, v. 53

*4* Waldegrave, Lady Elizabeth Laura (1760–1816), dau. of *1*, m. (1782) George Waldegrave, 4th E. Waldegrave:
D inquires about, iv. **328**, v. 52, 130, 177, 238
engagement of, rumoured, v. 128

*5* Waldegrave, George (1751–89), styled Lord Chewton; 4th E. Waldegrave, 1784; son of *6:*
social relations of, with HW, v. 289, 319
tutor of, v. 288

*6* Waldegrave, John (1718–84), 3d E. Waldegrave; brother-in-law of *1:*
HW mentions, iii. 75

*1* Wales, P. of, grandson of *2*. *See* George IV

Wales, Princes of:
crest of, like Medicis', v. 279

*2* Wales, Ps of. *See* Augusta

Walker, Frances (d. 1788), m. (1757) Rev. Thomas Dampier:
(?) Churchill, Lady Mary, talks of D with, iii. 2
(?) D hears news of Churchills from, iii. 2
(?) social relations of, with Churchills, iv. 207

Walkminster. *See* Wachmeister

*1* Wall, Patrick (living, 1801), called Comte Patrice de Wall:
command given to, v. 147

*2* Wall, Mme Patrick, wife of *1*. *See* Vaudrey, Jeanne-Gabrielle-Catherine de

Waller, Edmund (1606–87), poet:
D cites answer of, to Charles II, i. **81**

Wallpaper:
HW orders, iv. 236, 241, 248, 252, 254
merchant of: paid, iv. 273, 280; wants money, iv. 266, 269

Wallsee, Graf von. *See* Colloredo-Melz und Wallsee, Joseph Maria, Graf von

Walmoden, Bns von. *See* Wendt, Amelia Sophia von

Walnut trees:
HW sees, on Amiens-Clermont road, v. 259

*1* Walpole, Lady, wife of *20*. *See* Shorter, Catherine

*2* Walpole, Hon. Catherine (1750–1831), dau. of *11:*
(?) Walpole, Hon. Robert, sends muff to, ii. **335**

*3* Walpole, Catherine (d. 1816), dau. of *24:*
D discusses, with Hon. T. Walpole, iii. 94

*4* Walpole, Sir Edward (1706–84), K.B.; HW's brother; son of *20:*
D's attentions to Mr Bishop please, iv. 160
D's opinion of, v. 8
D thinks, is childless, iv. 31–2
Ferne's alliterative poem spoken of by, v. 373
Gloucester, Ds of, writes to, revealing her marriage, iii. 247
HW mentions, iii. 88
HW not aided by, in managing Orford's affairs, iii. 374, iv. 438
HW's correspondence with, v. 376, 380(?), 393
HW sends red box to, v. 380, 404
health of, i. 325, 336, 340, 388
Keppel, Mrs, provided for by, v. 5
Orford's heir, v. 1
son-in-law of, dies, v. 1
son of, i. 272n

*5* Walpole, Edward (1737–71), lieutenant-colonel; HW's nephew; son of *4:*
death of, iii. **57**, 63
Forcalquier, Comtesse de, receives attentions of, i. 303
leaves Paris, i. 301
Paris visited by, i. **253**
Rochford fond of, i. 285
—— occupied with, i. 253
social relations of, with: D, i. 272, 278, 285, 291; Rochford, i. 285

*6* Walpole, Elizabeth, dau. of *24:*
D discusses, with Hon. T. Walpole, iii. 94

*7* Walpole, George (1730–91), 3d E. of Orford; HW's nephew; grandson of *20:*
Catherine II buys paintings from, v. 159
D dislikes conduct of, v. 40
D inquires after, iii. 329, 364, 383, 388, 404
D suggests wife for, iv. 25, 27
death of, rumoured, iii. 329–30
Fronsac aided by, i. 277
HW manages affairs of, iii. 395, 398, 404, 409, 415, iv. 1, 6, 31–2, 439, 440, 446
HW relinquishes management of affairs of, iv. 12, 14
HW's correspondence with, iv. 24
HW to visit, iv. 27
health of: insanity, iii. 321, **326–7**, 360, iv. 437, 438; itch, iii. 329n; recovery, iii. 403, iv. 4, 8, 14, 17, 24, v. 38
home of, iii. 391
mistress of, *see* 'Turk, Mrs'

mother of, neglects, iii. 360
Walpole, Sir Edward, heir of, v. 1
—— neglects, iii. 374, iv. 438

*8* Walpole, Hon. George (1758–1835), son of *11:*
D discusses, with Hon. T. Walpole, iii. 94

*9* Walpole, Horatio (1678–1757), cr. (1756) Bn Walpole of Wolterton; HW's uncle:
account by, of his case of the stone: (?) Beauvau to have, v. 417; given to Choiseul, ii. 114, 119, 133
*Case of the Hessian Forces*, (?) Beauvau to have, v. 417
D discusses case of, with son, ii. 135–6

*10* Walpole, Horatio (Horace) [HW] (1717–97), 4th E. of Orford, 1791; son of *20:*
appearance of, ii. 44
boating accident of, v. 67
'Boniface,' v. 56
clothes of, stolen, v. 266
D asks for 'portrait' of, ii. 147, 157
D compares, to SH, iii. 34
D keeps pamphlets mentioning, for him, i. 207
D's farewell to, v. 243
D's hand in marriage asked by, of Duchesse de Choiseul, v. 321
D's legacy to: vi. 7, 26; catalogue of MSS in, vi. 7, 44
D's mots given by, vi. 60
D's 'portrait' of, i. 185, 189–90, 193–5, 199, iv. 109, vi. 71–3
D's 'portraits' by, vi. 54–6
D's writings commented on by, vi. 56–9
D the only one who knows that, is without mask, ii. 121
fears comment on his lodging at Saint-Joseph, ii. 391
fears ridicule, i. 150–1, 154, ii. 70
fears ridicule of his friendship with D, i. 86, 90, 134, 143, 145, 147–8, 148, 150–2, 154, 155, 171, 177, 181, 196, 197, 207, 233, 235, 265, 310, 390–1, 397, ii. 61, 65, 89, 108, 143, 277, 462, 473–6, iii. 2, 20, 22–3, 173, 262, 264, 403–4
finances of: ii. 359n; D's concern over, i. 101, 108, 255, 326, 388, ii. 11–2, 15, iv. 250
frank, i. 320, ii. 210
French of, i. 34, 79, 93, 94, 113, 118, 141, 347, ii. 255, iv. 117, 170, 188, v. 110
gay, ii. 33, iii. 20, iv. 262
habits: meal hours, iv. 178; reported by L'Isle, iii. 253; retires at 2 A.M., iv. 178; rising hour of, iv. 178n
handshake of, i. 348
hates human race, i. 216
health of: (1766) i. 40, 130, 147, 149, 161, 164, (1767) 252, 274, v. 323–4, (1768) ii. 70, 140, 142, (1769) 277, 283, 293, 417, (1773) iii. 306, 308, 312, (1774) iv. 7, 34, 85, (1775) 224, (1776), 298, 300; D's anxiety concerning, i. 68, 87, 119, 121, 124, 125, 128, 131, 134–41, 145, 147, 150, 153, 154, 159–63, 165, 167–9, 173, 176, 178, 180, 182–5, 192, 194, 220, 221, **223,**

[*10* Walpole, Horatio (Horace), *continued*]
225, 232, 248, 265, 267, 281, 307, 316, 322–3, 325, 326, 328, 347, 348, 350, 352–5, 379–81, 384, 386, 397, 398, 401, ii. 34, 81, 109, 116, 147–52, 153, 155, 156, 202, 208, 247, 252, 273, 278, 332, 333, 335, 337, 348, 364, 408, 414, 459–68, 472–4, 476–8, 487, 491, iii. 32, 65, 66, 68, 75, 76, 78, 84, 86, 92, 93, 102, 126, 130, 133, 148, 150, 235–6, 262–3, 271–80, 285–8, 291, 293, 295, 304–5, 308, 312, 318, 321, 324, 326–7, 329, 336, 342, 353, 377, 380, 416, 436, iv. 1, 2, 59, 63, 77, 78, 94, 100, 105–6, 110, 119, 122–6, 140, 165, 178, 196, 198, 238, 264, 265, 267, 269, 271, 274, 283, 295, 298, 305, 309, 370, 371, 373, 382–3, 384, 387–9, 392, 398, 401, 491, v. 8, 53, 67, 73, 74, 79, 82, 83, 85–8, 90, 105, 106, 137, 147, 188, 193–5, 197, 210, 230, 235, 238; cold, v. 266; delicate, iii. 11; fall, ii. 143; fever, (1766) i. 65, 68, 87, 142, (1767) 220, 232, 325, (1776) iv. 266, 281; gout, i. 118, 332, ii. 127, 137, iii. 21, (1765) v. 267–8, 272, (1766) i. 124, 134, 135, 138–9, ii. 150, 467, (1767) i. 322–3, 325, (1768) ii. 126, 148–52, 155, 158, 160, 165, 169, (1769) 308, (1770) 459–64, 466–70, 474, 479, (1771) iii. 133, 148, 150, (1772) 268, 271–80, 285–6, 293–5, (1773) 318, 321, 326, (1774) iv. 12, 17, 77–9, 81, 94, 97, 98, 100, 101, 105, 119, 121–6, (1775) 131, 132, 137, 140, 150, 165, 170, 196–7, 198, 203, (1776) 257, 263–4, 266–9, 271, 274, 276, 285, 313, 369, 370, 382–3, 387, (1777) 387, 389, 392, 398, 401, 409, 437, 439, 440, (1778) v. 1, 83, 85–8, 90, 93, 96, 97, (1779) 100, 105, 106, 176, 192, 196, 197, 199, 235; gout, ordinarily towards September, ii. 337; (?) headache, iii. 230–1, 235, 239, 371; régime, i. 233, ii. 467; rheumatism, v. 82; seasickness, i. 353, v. 324, 342; stomach pains, (1766) i. 180, (1767) 232, (1771) iii. 76; sweats, ii. 464, 466–8, 474; weakness, (1766) i. 135, 137, 140
irony favourite weapon of, ii. 112
letters of, to D: Conway to take, back to HW, iv. 126, 152, 156; customs officials might inspect, ii. 230–1, 234; D burns, v. 69, 249; D to burn, v. 59, 64; D to return, ii. 229, 230; not to be returned, ii. 233, 233–4, 237; returned to HW, ii. 279
old age of, proclaimed by him, v. 127, 129
'portrait' of Duchesse du Maine, by, vi. 114
prints of (MacArdell's engraving from Reynolds' portrait): D asks for 6, i. 360, 376, 386; D receives, i. 396, ii. 31; distribution of, i. 399, 402, 404, ii. 23, 25, 115, iii. 313; eagle in, i. 405; good likeness, i. 396, 404
residences of, *see* Arlington Street; Berkeley Square; Strawberry Hill
self-analysis by, iii. 411, 414–5
style of writing of: Alembert attributes, to D, i. 158; clear, i. 314–5, ii. 236; compared to that of Bussy, iii. 180–1; D admires, i. 85, 93, 118, 141, 144, 195, 228, 249, 383, ii. 104, 145, 221–2, 236, 255, 317, 420, 433, 435, iii. 217, iv. 117, 188, 310, v. 110; easy, ii. 431

truthful, i. 92, 107, 311, 313, 368, 403, ii. 6, 104, iii. 180, 295
verses by: for SH fête, 9 May 1769, ii. 236–7; on D, vi. 55–6; to Duchesse de Choiseul, iv. 133, 138; to Ps Amelia, ii. 187, 189
(?) will of, iii. 244
*11* Walpole, Horatio (1723–1809), 2d Bn Walpole of Wolterton, cr. (1806) E. of Orford, n.c.; son of *9*:
D discusses, with Hon. T. Walpole, iii. 94
*12* Walpole, Hon. Horatio (1752–1822), 2d E. of Orford, n.c., 1809; son of *11*:
D discusses, with Hon. T. Walpole, iii. 94
*13* Walpole, Lambert Theodore (1757–98), son of *24*:
D discusses, with Hon. T. Walpole, iii. 94
*14* Walpole, Laura (ca 1734–1813), dau. of *4*, m. (1758) Hon. Frederick Keppel, Bishop of Exeter:
D inquires about, v. 177
father provides for, v. 5
(?) HW's medals seen by husband of, iii. 235
husband of, dies, v. 1
*15* Walpole, Lady Maria (Mary) (d. 1801), dau. of *20*, m. (1746) Charles Churchill; HW's half-sister:
astounded at break into HW's house, iii. 53
Boisgelin, Comtesse de, acquaintance of, iii. 23
Boufflers, Marquise de, acquaintance of, iii. 23
Boutin's garden visited by, v. 336
Cambis, Vicomtesse de, acquaintance of, iii. 23
Choiseul, Duchesse de, and, would be congenial, iii. 23
D disappointed at relinquished Paris visit of, iv. 217
D has no news of, iii. 71, 79–81, 86, 87, 145, 184, 364, 386, iv. 384
D hears praises of, ii. 191
D hopes that daughter's marriage is concern of, iii. 403
D inquires about, iv. 269, 282, 375, 464, v. 6, 8, 130, 173, 177
D not to ask news of HW from, iii. 272
D receives salt-shaker from, iv. 102
D receives tea from, iii. 429, v. 29
D's commissions may be executed by, iii. 121, 129
D's correspondence with, iii. 65, 73, 433, iv. 103, 264, 265, 269, 362, 438, 467
D seeks news of HW from, iv. 384, 437–8
D sends messages to, iii. 163, 198, 235, iv. 75, 80, 265, 273, 484, v. 51, 108
D sends pastilles to, iv. 325
D's offer of lodging accepted by, iii. 65, 83, 86
D's opinion of, iii. 23, 31, 51–2, 56, 73, iv. 375–6
D's relations with, iii. 31, 37, 120, v. 110
D to buy snuff through, iii. 231
(?) Dampier, Mrs, talks of D with, iii. 2
Fawkener praised by D to, iii. 435
France may be revisited by, iv. 80, 84

French travels of, iii. 60, 63, 65, 79, 80, 83, 89
HW accompanies to: shops, v. 334, 335; theatre, v. 336
HW receives Rubens figure from, iii. 65
HW's correspondence with, v. 376, 377, 379, 381, 396
HW sends letters by, v. 393
HW sends message through D to, iii. 65
HW sends music to, v. 396, 416
HW sends news to D through, iv. 264, v. 91
HW to be repaid through, for purchase, iii. 21
HW visited by, ii. **173**, 191
HW will find, in Paris, iii. 66, 73, 81–2, 82
HW with, iv. 76
Harcourt, Earl, aids, iii. 86
—— to aid, iii. 65
leaves Paris, v. 336
Lillebonne, Comte de, visited by, iii. 83
London to be visited by, iii. 184
Louvet to receive money from, through D, iv. 268–9, 271, 273
Mazarin, Hôtel de, visited by, v. 336
Nicolet attended by, v. 336
Paris may be visited by, iv. 213, 462
—— visited by, iii. 2, 46
Roissy visited by, v. 334
Rueil visited by, v. 335
social relations of, with: Aiguillon, Duchesse d', iii. 23, v. 335; Beauvau, ii. 273; Boufflers, Marquise de, iii. 26; Brancas, Marquis and Marquise de, iii. 79; Brienne, Comte and Comtesse de, iii. 23, 26, iv. 207; Caraman, Comtesse de, v. 334; D, iii. 19, 23, 26, 38–9, 62, iv. 207, v. 334–6; (?) Dampiers, iv. 207; Harcourt, Earl, iii. 63; Jonzac, Marquise de, iii. 23; Mirepoix, Mme de, v. 335–6; Monaco, v. 334
Spa to be visited by, iv. 206–7
tapestry bought by, v. 335
to leave Paris, iii. 60, 63
to return to Paris, iii. 76
Versailles visited by, v. 334
Walpole, Hon. Robert, brings, to D, iii. 19
—— escorts, iii. 23
*16* Walpole, Maria (1736–1807), dau. of *4*, m. (1) (1759) James Waldegrave, 2d E. Waldegrave; m. (2) (1766) William Henry, D. of Gloucester; HW's niece:
*Almanach royal* omits name of, iii. 320
Colonna recommended by, v. 80
D expects Mary Churchill to get position with, iv. 34
D hopes, will visit Paris, iv. 217
D hopes Ds of Cumberland will be distinguished from, iii. 268
D inquires about, iv. 153, 177, 181, 187, 189, 328, 463, 464, 467, 474, 475, 477, 488, 491, 494, v. 1, 5, 28–9, 42, 52, 60, 130, 177, 199
D pities, in Gloucester's illness, iii. 74, 133, iv. 174, 458, 465, 467, 470
(?) D sends compliments to, iv. 186

D's opinion of, iii. 33–4, iv. 215, v. 8
Dalrymple gives report about, iv. 456
daughter born to, iii. 370
daughter of, proposed marriage of, v. 128
*Gazette de France* calls, Gloucester's wife, iii. 92–3, v. 340
George III indirectly recognizes, v. 40
Gloucester invites, to ball for royalty, iii. 33
——'s volunteering must alarm, v. 67
HW awaits news of, iv. 472
HW deplores sorrows of, iii. 131
HW mentions, ii. 475
HW's correspondence with, v. 395, 396
(?) HW sends letter for, to D, iv. 235
HW's relations with, iii. 74, 247–8, iv. 144, 470, 480, v. 238
lady in waiting taken by, ii. 9
Louis XV asks York about, i. 341, v. 364
marriage of, to Gloucester: i. **57**, 84, 125, 200, ii. 9, 19, iii. 247–8; announced, iii. 247–8, 265, 268; HW's attitude towards, iii. 247–8, 403(?)
Paris may be visited by, iv. 461, 471
Pavilions, The, home of, v. 63–4
pregnant, iii. 309, 346
St Leonard's Hill visited by, iii. 346
SH to be visited by, iv. 329
Suard calls, Gloucester's wife, iii. 92–3, v. 340
Walpole, Sir Edward, receives letter from, announcing marriage, iii. 247
*17* Walpole, Hon. Mary (1754–1840), dau. of *11*, m. (1777) Thomas Hussey:
(?) Walpole, Hon. Robert, sends muff to, ii. **335**
*18* Walpole, Hon. Richard (1728–98), son of *9*:
Chevalier lives near, v. 205
D discusses, with Hon. T. Walpole, iii. 94
*19* Walpole, Richard (1762–1811), son of *18*:
D discusses, with Hon. T. Walpole, iii. 94
*20* Walpole, Sir Robert (1676–1745), 1st E. of Orford; HW's father:
Chesterfield mentions, iv. 37
——'s 'portrait' of, iv. 462, 465
D asks for print of, ii. 241, 266
D mentions, i. 108, 278
death of, attributed to treatment for stone, ii. 136
(?) grandson of, dies, iv. 494
Hume hates, for not patronizing scholars, v. 354
knew men, i. 250
letter of, in *Journal encyclopédique*, i. 138
Onslow told by, about Marlborough-Oxford quarrel, v. 362
*Testament politique* (spurious) of: i. 200, 201, 207, 209–10, 212, 223, 225; HW's letter commenting on, i. 220; reviewed in Fréron's *Année littéraire*, i. 209
*21* Walpole, Hon. Robert (1736–1810), secretary of English embassy at Paris; English minister to Portugal; HW's cousin; son of *9*:
always wins at cards, ii. 352
Angora cat taken by, ii. 325

[*21* Walpole, Hon. Robert, *continued*]
arrives in Paris, ii. **133**
Beauvau's praise of Hénault would please, iii. 54
Boulogne-sur-Seine visited by, v. 326
Broglie, Comte de, indignant at, ii. 374
Chamier not told by, of Choiseul's invitation, ii. 301
Choiseul, Duc de, relations of, with, ii. 306, 311, 344, 378, 461, 480, iii. 29
Choiseul, Duchesse de, relations of, with, ii. 161, iii. 29
Cholmondeley, Mrs, relations of, with, ii. 257, 328
Cholmondeley daughters to have New Year's gift from, ii. 328
Churchill, Lady Mary, brought to D by, iii. 19
—— escorted by, iii. 23
courier of, ii. 190, 191, 193, 198, 205, 310, 383, iii. 9, 37(?), v. 392(?)
customs avoidance suggested by, ii. 439, 453
D and, mean little to each other, ii. 241, 242
D discusses, with Hon. T. Walpole, iii. 94
D fears, will not return to Paris, ii. 212, 213, 221
D hears nothing from, iii. 129
D instructed in English politics by, ii. 374
D mentions, ii. 187, 199
D receives tea from, iii. 129–30
D's correspondence with, iii. 19, 54, 55, 76, 163, 212, 310, iv. 39
D sends letter by, ii. 209, iii. 29
D sends news to, by HW, iii. 59
D sends parcels and letters through, ii. 166, 190, 191, 193, 197, 198, 201, 205–7, 310, 365, 366, 370, 383, 470, 472, iii. 4, 8, 9
D shows letters from HW to, ii. 166, 173, 189
D's opinion of, ii. 143, 146, 157, 161, 163–4, 182, 190, 210, 212, 213, 245, 256, 257, 274, 301, 306, 309, 327, 366, iii. 5, 29, 86, 137
D speculates about views of, on French politics, ii. 202
D suggests, as ambassador, ii. 380
D suggests that HW share news with, iii. 51, 62
D suspects quarrel of, ii. 280, 281
D to consult, on sending of pamphlet, ii. 459
D to send letter by, iii. 84, 87
D wishes HW to know, ii. 163–4, 190, 202, 203, 209–10
does not sup, iii. 13
embassy post of, ii. 161, 311, 343–4, iii. 29
Englishmen brought to D by, ii. 357
financial crisis foreseen by, iii. 116
financial crisis upsets, ii. 373, 374
Fontainebleau visited by, ii. 301, 305
Forcalquier, Comtesse de, correspondence of, with, ii. 224, 231–2
—— relations of, with, ii. 182–4, 221, 240–2, 245
friends of, not D's, ii. 235

Gennevilliers visited by, ii. 469
HW accompanies, to theatre, v. 331
HW can send parcels through, iii. 20, 72
HW hears news of D from, iii. 149
HW inquired after by, ii. 305
HW sends letter and portfolio by, ii. 232, 233, 237
HW sends letter by, v. 389
HW sends letters through, ii. 198, 201, v. 388(?), 392(?)
HW's intimacy with D hidden from, ii. 133, 138, 143, 206, 392
HW slighted by, ii. 306, 309, 366
HW's opinion of: ii. 218, 227; D understands, ii. 218; D wishes to know, ii. 182, 209–10, 221
HW to be paid by, for Duchesse de Choiseul's purchases, iii. 37, 65
HW will learn news from, iii. 29, 30, 66
Harcourt, Earl, brought to D by, ii. 199
has received no letters, ii. 282
health of, ii. 138
housebreaking thought to have happened to, not to HW, iii. 55
in England, iii. 33, 37
leaves Paris, ii. 209, 212, 480, iii. 29
Lisbon home of, iii. 212
marriage of, v. **228**
minister at Lisbon, iii. 83
Paris to be visited by, iii. 65, 69, 72, 76, 82
Paris visited by, ii. 233, iii. 82–3, 86, 89
Portugal destination of, iii. 163
rents house with his brother Thomas, ii. 211, 212
(?) Richard sent to talk with, ii. 133
Rochford, Cts of, on good terms with, ii. 173
Rueil visited by, ii. 245
sad, ii. 278, 281
sends muff to his niece, ii. 335
social relations of, with: Aiguillon, iii. 83; Aiguillon, Duchesse d', ii. 245, 393; Aubeterre, v. 332; Aubeterre, Marquise d', ii. 256; Carlisle, ii. 193; Chamier, v. 332; Chavigny, v. 317; Choiseul, ii. 146, 213, 461; Choiseul, Duchesse de, ii. 146, 377, 383, 385, 461, 469; Cholmondeley, Mrs, ii. 256, 317, v. 332; D, ii. 138, 143, 146, 154, 161, 164, 190, 199, 205, 235, 256, 257, 274, 305, 310, 333, 352, 357, 464, 470, iii. 5, 8, 10, 13, 19, 87, v. 326, 328, 332–3; Forcalquier, Comtesse de, ii. 280, 305, v. 326; Grave, ii. 256, v. 332; HW, iii. 82–3, v. 319, 332; Hénault, ii. 143; Irwin, v. 332; Listenois, ii. 256; Pembroke, Cts of, ii. 201; Sanadon, Mlle, ii. 256, v. 332; Sorba, iii. 83
tea merchant recommended by, iii. 231
to return to London, iii. 87
travels of, iii. 87
Walpole, Hon. T., loved by, ii. 211
Wilkes news interests, ii. 184
22 Walpole, Robert (1768–1834), son of *18:*
D discusses, with Hon. T. Walpole, iii. 94
23 Walpole, Hon. Mrs Robert, wife of *21. See* Grosett, Diana

*24* Walpole, Hon. Thomas (1727–1803), banker in Paris; HW's cousin; son of *9:*
affairs of, ii. 373, iii. 100, 107, 116, v. 185–6, 201, 202, 204, 228, 242, 431
ambassadorial shifts known by, iii. 108
arrives in Paris, ii. **133**, v. 180
Beauvau, Princesse de, orders tea from, v. 233, 234
Cambis, Vicomtesse de, liked by, v. 222
Caraman orders locks from, v. 233
Choiseul's relations with, ii. 378, 461
Colonia's dealings with, v. 236
D avoids writing to, iii. 310
D consults, about sending contraband, ii. 453
D mentions, v. 241
D's correspondence with, v. 222, 224, 449
D sends letter by, iii. 108, 113, 120, v. 215, 446
D sends parcels by, ii. 143, 144, 154, iii. 103, 104, v. 211, 218
D sends parcels through, v. 205, 209–10
D's opinion of, iii. 91, 94, 116, v. 183, 185, 188–9, 190, 201, 204, 215
D's relations with, v. 206
D to have news of HW from, v. 230, 234
D to send parcels by, v. 183, 190, 196, 200, 225
D to send parcels through, v. 200, 204
departure of, delayed, iii. 109–12
English politics do not interest, v. 210
Gennevilliers visited by, ii. 469
Grenada, property in, of, v. 431
HW has news of D from, v. 221
HW has not seen, iii. 129, 135
HW's correspondence with, v. 193, 243–6, 445
HW sends letters by, v. 378, 458
HW sends parcels by, v. 180, 240
HW sends Stoughton's drops to D by, v. 431, 458
HW's intimacy with D hidden from, ii. 133, 138, 143
HW's letters to D to be returned to HW by, v. 248–9, 250, 253
HW writes guardedly about, v. 182
La Vallière letter not missent to, iii. 310
leaves Paris, iii. 123
London to be visited by, iii. 97, 104
marriage of, to Marquise de Villegagnon, ii. 336n
Mirepoix, Mme de, orders tea from, v. 233, 234
—— receives tea from, v. 226
Necker's correspondence with, v. 228, 229, 231
——'s friendship with, v. 184, 198, 200, 211, 221, 240
Paris to be visited by, iii. 137, v. 227, 238, 239
—— visited by, v. 431, 458
Pitt-Bedford quarrel described by, v. 279
Pitt converses with, v. 273
——'s letter to, v. 272
rents house with his brother Robert, ii. 211, 212
(?) Richard sent to talk with, ii. 133

(?) Sarsfield's parcel given to, by D, v. 446
social relations of, with: Choiseul, ii. 461; Choiseul, Duchesse de, ii. 461, 469; D, ii. 135–6, 138, 464, 470, iii. 91, 94, 97, 100, v. 180, 182, 185, 188–90, 205, 209, 240, 242–9, 251, 336, 338, 340–1, 431–4, 435, 446, 458, 461; Élie de Beaumont, v. 286; HW, v. 272–4, 279, 289–90, 336, 340; Rochford, ii. 135–6
Terray said to favour, iii. 107
tobacco dealt in by, iii. 107
to leave Paris, v. 187
Walpole, Hon. Robert, devoted to, ii. 211
Wiart consults, in D's illness, v. 248
—— gives parcels to, for HW, v. 250, 253
Wilkes's plans discussed by, v. 279
*25* Walpole, Thomas (1755–1840), son of *24:*
D's opinion of, v. 189
father of, talks about, iii. 94, v. 182, 185
HW fond of, v. 182, 185
social relations of, with D, v. 189, 209, 243, 245, 246, 249, 432, 435
success of, at loto, v. 189
*26* Walpole, Hon. Mrs Thomas, wife of *24.* See Batailhe de Montval, Jeanne-Marguerite
Walpole of Wolterton, Bn. See Walpole, Horatio (1678–1757); Walpole, Horatio (1723–1809)
*27* Walpole of Wolterton, Bns, wife of *11.* See Cavendish, Lady Rachel
*1* Walsh, François-Jacques de (ca 1704–82), Comte de Serrant:
social relations of, with dowager Comtesse d'Egmont, v. 299
*2* Walsh de Serrant, Françoise-Élisabeth-Charlotte de (d. 1793), dau. of *1*, m. (1775) Charles-Antoine-Étienne, Marquis de Choiseul:
social relations of, with Comte and Comtesse de Caraman, v. 448
War:
D detests, v. 56
D mentions, ii. 495, iii. 9
English-American: Birmingham demands, iv. 146; Canterbury's loss of trade by, v. 342; English ministry desires, iv. 140; *see also under* America
English-French: correspondence through Holland during, iii. 1; D believes, to be declared, v. 31; D fears, i. 91n, ii. 314, 315, 342, 347n, 470, iii. 4, 11, 27, 110–1, 345, iv. 366, 380, 392; D glad, has been averted, iii. 16, 21; D mentions talk of, iii. 488, 491, 494, iii. 14, 326, iv. 364, 376, 379, 389, 459–60, v. 3, 4, 7, 9, 11, 15, 17, 18, 26, 28, 36, 39, 40, 44–7, 49, 51, 54, 56; D's affection for HW not cooled by, v. 169; D will not speak of, to HW, ii. 484; HW discredits rumours of, iii. 355; HW interested in declaration of, v. 60; progress of, v. 60, 61, 63, 64, 70, 117, 123, 135, 145, 147–8, 150–2, 157, 158, 166–9, 171–6, 179, 181, 183, 186, 205, 212, 241, 427, 458
English-Spanish: HW desires, ii. 479, 483; progress of, v. 205, 425; rumoured to be declared, v. 128, 129, 145, 148, 152
HW indifferent to, ii. 488

*1* Warburton, Hugh, general:
wife of, dies, v. 397
*2* Warburton, Mrs Hugh (d. 1766), wife of *1*:
death of, v. 397
*3* Warburton, William (1698–1779), Bishop of
Gloucester:
Bentley attacked by, v. **354**
Ward, ——:
(?) Burke brought to D by, iii. 329
(?) D compares, to Mme Hesse, iii. 329
D sends books to HW by, ii. 42
Ward, Mrs, (?) dau. of James II:
HW inquires about, iii. 332–4
HW mentions, iii. 324
La Marck, Comtesse de, can find no trace of,
vi. 192
said to be James II's daughter, iii. 332
Ward, Mrs (b. ca 1723), femme de chambre to
Mme de Chambon:
not James II's daughter, vi. 192
Ware, Isaac (d. 1766), architect:
death of, v. 397
Warin, Jean (1640–72), painter:
Dupré master of, v. 313
Perrault prints portrait and biography of, v.
356
Warmia, Bishop of. *See* Krasicki, Ignatz von
Warr, E. de la. *See* West, John
Warren, Anne (d. 1807), m. (1758) Charles Fitz-
roy, cr. (1780) Bn Southampton:
D does not talk of HW to, i. 174, 186
D receives mustard from, iv. 96
D's commission executed by, i. 219, 297, 303
D sends messages to, i. 188, iv. 90, 96, 98
D's mistake at departure of, iv. 154
D's opinion of, i. 157, 162, 208, 251, iv. 90
D to send letter by, i. 167
Guerchy, Comtesse de, brings, to D, i. **149**,
152
HW sees, i. 174, 186
leaves Paris, iv. 89
social relations of, with D, i. 149, 152, 154,
156, 157, iv. 86, 89
Warte, M. *See* Ward, ——
Washington, George (1732–99), President of the
United States:
'dictator,' iv. 424
song on Maréchale de Mouchy mentions, v.
179
Wasmes, Baron de. *See* Lannoy, François-Ferdinand de
*1* Wassenaer, Jakob Hendrik van (1736–1800):
niece of, his heir, v. 92
*2* Wassenaer, Marguerite-Élisabeth-Barbe de
(1749–76), sister of *1*, m. (1) (1761) Louis-
Ernest-Gabriel, Prince de Montmorency; m.
(2) (1775) Philippe-Joseph, Comte d'Asson:
daughter of, marries, v. 92
second marriage of, v. 92
Wastell, Elizabeth (d. 1785), m. (1748) Gen.
Philip Honywood:
Marie-Josèphe's funeral oration attended by,
v. 318

Watch:
for Choiseul's niece, ii. 295, 299
Watelet, Claude-Henri (1716–86):
*Essai sur les jardins,* iv. 196
isle of, *see* Moulin-Joli
social relations of, with Mme Geoffrin, v. 298
Waterford, Bishop of. *See* Marlay, Richard
Watson, Thomas (d. 1766), of Berwick:
death of, v. 397
*1* Watson-Wentworth, Anne (d. 1769), m. (1744)
William Fitzwilliam, 2d E. Fitzwilliam:
death of, v. 398
*2* Watson-Wentworth, Charles (1730–82), 2d M.
of Rockingham; prime minister 1765–6;
brother of *1*:
cataloguer, i. 328
HW buys knife for, v. 399
HW's correspondence with, v. 376
Watteau, Jean-Antoine (1684–1702), painter:
painting by, at Julienne's, v. 287
Wauxhall. *See* Vauxhall
Weavers:
mutiny of, v. 368
Webb, Lady. *See* Gibson, Anne (d. 1777); Moore,
Helen; Salvin, Mary (d. 1782)
Webb, Mrs, Selwyn's servant:
Fagnani, Maria, to be under the charge of,
v. 77–8
Lyon to be visited by, v. 133, 137
Selwyn accompanied by, v. 133
Wedding:
banquet on day after, ii. 168
Wedgwood ware:
(?) HW sends, to D, iv. 429
Weissenbruch, ——, of Bouillon, editor of
*Journal encyclopédique:*
(?) Voltaire's letter to D shown to, iv. 27
*1* Welderen, Cts van, wife of *2. See* Whitwell,
Anne
*2* Welderen, Jan Walrad (ca 1724–1807), Count
van, Dutch envoy to England:
HW sends letter by, v. 396
social relations of, with: HW, v. 352; Viry,
Contessa di, v. 350, 352
Wells. *See* Württemberg-Oels
Wendt, Amelia Sophia von (ca 1709–65), m.
Adam Gottlieb, Bn von Walmoden; cr. (1740)
Cts of Yarmouth; mistress of George II:
death of, v. 397
Wenman, Philip (1742–1800), 4th Vct Wenman:
social relations of, with Massareene, v. 294
*1* Wentworth, Lady Henrietta (d. 1786), m.
(1743) Henry Vernon:
social relations of, with Contessa di Viry, iv.
**364**
*2* Wentworth, Thomas (1593–1641), 1st E. of
Strafford:
HW writes about, iv. 430
*3* Wentworth, William (1722–91), 2d E. of Strafford, n.c.; brother of *1*:
HW's correspondence with, v. 377, 379, 389,
393
HW visits, ii. 137, 141, 142

Wentworth Castle, Yorks:
  HW writes from, v. 387
Wentworth-Fitzwilliam, William (1748–1833), 2d E. Fitzwilliam:
  D sends letter by, ii. 186
  returns to London, ii. **184**
  social relations of, with: HW, v. 261; Lennox, Lord George, v. 310
Werthein, ——:
  social relations of, with D, v. 341
  See also Werthern; Wirter
Werthern, Count:
  social relations of, with Mme Geoffrin, v. 306
  See also Werthein; Wirter
Wesel:
  Voltaire said to have asked asylum at, i. 110
*1* West, Miss:
  HW mentions, v. 142
*2* West, Lady Diana (1731–66), dau. of *4*, m. (1756) Gen. John Clavering:
  death of, v. 397
*3* West, Lady Henrietta Cecilia (1730–1817), dau. of *4*, m. (1763) Gen. James Johnston:
  HW's correspondence with, v. 378
  HW sends snuff-box to, v. 378
  Lyttelton, Bns, sent parcel by, v. 404
  Modave gets snuff-box for, v. 284
  social relations of, with HW, v. 268
*4* West, John (1693–1766), cr. (1761) E. de la Warr:
  death of, v. 397
*5* West, Sarah (1741–1801), (?) sister of *1*, m. (1761) Andrew Archer, 2d Bn Archer:
  HW mentions, v. 142
West Indies:
  Blackburne a buccaneer in, v. 368
Westminster:
  Churchill's father curate of St. John's Church in, v. 374
  petition from electors of, v. 367
Westminster Hall:
  D's chamber might have resembled, iv. 386
  meeting in, v. 367
Weston. See also Livingston
Weston, Anne (ca 1747–1838), m. Horace Saint Paul:
  health of, iv. 260, 262
  marriage of, iv. **18**
  social relations of, with: Craufurd, v. 351; D, iv. 335; HW, v. 351
  Versailles visited by, v. 343
Weston, Le. See Livingston
Weymouth, Vct. See Thynne, Thomas
Wharton, Philip (1698–1731), cr. (1718) D. of Wharton:
  pun by, v. 361
Wheat:
  Turgot's restrictions on, iv. 321
'Where do Wit and Memory dwell':
  HW's lines beginning, vi. 55
Whigs:
  Emperor's ministers offered bribes by, v. 354
Whisk. See Whist

Whist:
  counters for, ii. 313
  D's guests excuse themselves to avoid losing money at, v. 172
  Mirepoix, Mme de, confines herself to, iv. 393
  played, i. 59, 122, ii. 250, 295, 297, 301, 302, 352, iii. 138, iv. 86, 161, 229, 378, v. 102, 119, 125, 135, 172, 262, 267, 302, 304
White, Mr T. (d. 1769):
  death of, v. 398
Whitelocke, A. M. (fl. 1878), of Amboise:
  (?) D's picture owned by, vi. 215
Whitlow:
  D's lackey ill with, i. 330
Whitwell, Anne (1721–96), m. Jan Walrad, Count van Welderen:
  HW sends parcel to, v. 379
Whitworth, Mr:
  HW's correspondence with, v. 377
Whytt, Robert (1714–66), physician:
  *Essay on the virtues of Lime-Water in the cure of the Stone, An*, ii. **114**n, 119n, 133n
*1* Wiart, Auguste-Nicolas-Marie (b. ca 1771), 'Pompom'; son of *2*:
  Bouvart attends, iv. 409
  Capuchin garb assigned to, iv. 496–7, v. 1–2, 8
  D amused by, iv. 206
  D leaves miniature of, to his mother, vi. 9, 26
  D reduced to society of, iv. 353, 367
  D's affection for, iv. 240, 243, 253, 259, 278, 336, 401, 410, 430
  D's financial provision for, v. 252, vi. 6, 10, 39, 44
  D's gifts to Mme de Luxembourg presented by, iv. 249, 496–7, v. 1–2
  D's opinion of, iv. 253
  D visited by, iv. 189
  education of: iv. 422, v. 447; father to stay in Paris for, v. 252
  growing, iv. 295
  HW given compliments of, iv. 336
  HW's correspondence with, iv. 422
  HW to meet, iv. 212, 215
  hair of, put in medallion by Mme de Luxembourg, v. 98
  health of, iv. 233, 405, 408, 410, 422, v. 456
  horse desired by, iv. 336
  Luxembourg, Mme de, fond of, v. 98
  —— gives presents to, v. 99, 440
  Marly visited by, v. 142
  social relations of, with: Caraman, Comtesse de, v. 2; Choiseul, Duchesse de, v. 2; Gramont, Duchesse de, v. 2; La Vallière, Duchesse de, v. 2
*2* Wiart, Jean-François, D's secretary and valet de chambre:
  absent, iii. 275, 277–8, 439
  Ailesbury, Cts of, argues with, about delivering HW's letter to D, iv. 100
  Alembert meets, at Tuileries, v. 54
  answers D's bell, ii. 83
  armour 'of François I' to be paid for by, iii. 114, 119–20

[2 Wiart, Jean-François, *continued*]

barley sugar given to Conway by, iv. 120

Barthélemy to be read to, by, v. 35

blames customs for china breakage, ii. 338

Boufflers, Comtesse Amélie de, hints about teakettle to, iv. 9

burned in putting out D's fire, iv. 176

Caffieri instructed by, iii. 301

Chanteloup visited by, iii. 237–58

Choiseul, Duchesse de, handwriting of, deciphered by, i. 81

Cholmondeley girls seen by, ii. 369

Churchill, Lady Mary, gives orders to be executed by, iv. 266

Cochin's engravings not obtained by, iii. 283

Colomb asked by, to buy white flannel, iv. 246

——'s correspondence with, iv. 124

Conway leaves address with, iv. 163

country residence avoided by, v. 252

custodian of D's effects, vi. 31

D accompanied to Chanteloup by, iii. 237, 243

D allots suit to, iv. 258

D attended by, at theatre, ii. 276

D consults, about poems sent to HW, iii. 284

D disputes cost of letter with, i. 148

D hears war news from, v. 186

D loved by, v. 251

D mentions, i. 24, 86, 103, 164, 165, 218, 238, ii. 39, 125, 201, 373, iii. 192

D not reminded by, of news, v. 3

D recalls, to write letter, v. 149

D reminded by: about guests, v. 184; of account of lit de justice, iv. 292; of pineapple paté recipe, iv. 269

D's after-dinner secretary, iv. 267, v. 81

D sends, on errand, ii. 182, 206, 225, 368, 477, iii. 3, 88–9

D's financial provision for, v. 252, vi. 9, 43, 44

D's handwriting deciphered by, i. 145, 224

D's letters to be known only to HW and, iii. 297

D's letters written by, i. 2n, **6**, 107, 116–7, 292, ii. 28, *and passim*

D's mistake about Beauvau's bowl mentioned by, iv. 175

D's mistake in distributing HW's *Gramont* noticed by, iii. 305

D's 'portraits' read to Mme de Genlis by, vi. 64

D's repetition noticed by, iii. 142

D's writing while ill protested by, i. 400

D would like to send, to HW, i. 134, 140, 143, 144, ii. 66, 149

Dumont, Mme, to be written to by, i. 389

Dumont, M., asks news from, ii. 492

Echlin aided by, v. 110, 114, 115, 118, 119, 121–2, 127, 131, 135, 146

English bird merchants conducted by, iii. 229–30

fails to make a copy of a letter, i. 80

faithful, i. 22

family portraits of, vi. 16

furniture in chamber of, vi. 16

goes to central post office, i. 352, 353, ii. 465

gout remedy reported by, iv. 197

Gramont, Duchesse de, sends letter by, iii. 363

HW buys snuff-box for, v. 404

HW given expense account by, iv. 297

HW mentions, iii. 88

HW pays, for Churchill, v. 411

HW receives report from, on: cups and D's finances, ii. 348–9; Echlin, v. 121–2; engravings, iv. 345–6; George James Cholmondeley's passport, v. 87; Paris hotel lodgings, iv. 209, 210; wine for Selwyn, iii. 370–1

HW's accounts with D kept by, iii. 230

HW's apartment engaged by, ii. 258, 268, iv. 209, 210

HW's apartment to be engaged by, i. 16, 221, 340

HW's bed attended to by, iii. 120

HW's correspondence with, i. 140–2, 389, 390, iii. 182, iv. 236, 238, v. 230–1, 243–53

HW's cups attended to by, ii. 348–9, 352

HW's dictated letter to D found by, v. 101

HW's English deciphered by, v. 83

HW's engraving found by, v. 368

HW's *Gramont, errata* in, noted by, iii. 313

HW's handwriting may be unrecognizable to, iv. 132

HW's legacy from D catalogued by, vi. 7, 44

HW's letter about Mme de Mirepoix copied by, iv. 13

HW's letter to D read by, iv. 101, 410

HW's letters to be read by, only, ii. 280

HW's letters to be returned by, iv. 108

HW's letters to D given to Conway by, iv. 152

HW's meaning incomprehensible to, iv. 111–3

HW's orders executed by, iii. 130, iv. 241, 248, 252, 254

HW's orders will be executed by, ii. 255, iii. 128, 148, 156, 182, 220, 224, 264, iv. 262, v. 110

HW's packages sealed in presence of, iv. 45

HW's packages sent by, iv. 408

HW to receive genealogical note from, iv. 290

HW to receive reports from, on D's health, v. 243

HW to secure servant through, iv. 211

health of, i. 85, 316, 320, 322, 325, iii. 19, 288, iv. 245, 432, 433, 483, v. 209, 212

hours of, ii. 180, 213, 417, iii. 162, 376, iv. 267, v. 81, 89, *and passim*

Hume-Rousseau memorandum copied by, i. 131

incense burner for D received by, iv. 341

La Grange wedding attended by, ii. 345–6, 346

learns English, i. 135, 136, 138, 140, 148, 150, 182–3, ii. 113, 464

Ligne, Princesse de, transmits Duchesse de Choiseul's letter through, iii. 239–40

(?) lottery ticket of, ii. 11, 27, v. 422, 455

Luxembourg, Mme de, inquired about daily by, v. 208

Marly visited by, v. 142

Mass to be attended by, iv. 293

mémoire by, on Lady Fenouilhet's appeal, iii. 373

(?) Morel, Mme, writes to, iv. 39

never loses a paper, i. 388

Panthémont to be visited by, for news of Maria Fagnani, v. 148

paper merchant paid by, iv. 273

paper merchant seeks money from HW through, iv. 266, 269

Pompom, as Capuchin, announced by, v. 1

——'s education to keep, in Paris, v. 252

——'s guardian, v. 39

——'s health alarms, iv. 405, 408, 409

reads letter for D, ii. 418, 424

Saint-Joseph, convent of, temporary home of, after D's death, v. 250, 253

salary of, vi. 46

Selwyn gives money for D to, v. 133

——'s correspondence with, iv. 225

——'s lodgings and carriage to be procured by, v. 127

—— suggests that D send, to him, i. 393

sends off letter in D's absence, ii. 193

snuff-box identified by, iv. 312

social relations of, with Choiseul, iv. 162–3

suits of, made from D's ravelled rags, ii. 436

tires of D's chatter, i. 49

tires of writing, iii. 106

translates: ii. 63, 127, 150, 222, 233, 237–8; Boswell's Account of Corsica, ii. 82, 87, 92, 106, 113, 125, 126; HW's letter to Langley, i. 304–5, 312; HW's preface to Castle of Otranto, ii. 99, vi. 141–3; HW's preface to Historic Doubts, ii. 131; HW's verses to Ps Amelia, ii. 187, 189, 201

translation of Historic Doubts to be made by, ii. 25, 28

translation of Mysterious Mother to be made by, ii. 93–4, 106, iii. 270

translation of Mysterious Mother to be made under direction of, iii. 299

transportation time for letter calculated by, iv. 426

unwilling to write song on Comtesse du Barry, iii. 67, 69

Valentinois, Comtesse de, suggested by, as author of 'Sévigné' letter, i. 71

Vichy, Marquis and Marquise de, taken walking by, iv. 283

Voltaire's lodging visited by, v. 17, 18

waits in vain for D to dictate, iii. 385

Walpole, Hon. T., consulted by, in D's illness, v. 248

—— given parcels by, for HW, v. 250, 253

weeps at D's deathbed, v. 251

Wilkes compared to Clodius by, ii. 203

3 Wiart, Mme Jean-François, wife of 2. See La Motte, Françoise

Wignacourt, Marie-Charlotte-Antoinette-Constance-Louise-Françoise de (1750–78), m.

(1771) Hyacinthe-Hugues-Timoléon, Comte de Cossé; 'Marquise de Cossé':

social relations of, with Duchesse de la Vallière, v. 346

1 Wilkes, John (1727–97), politician:

a show for England, ii. 173

Charles I's day observed as feast by, iv. 146

Chauvelin, Abbé, compared to, ii. 342

Churchill drinks with, v. 258

Clodius compared to, ii. 203

Cumberland marries daughter of successor of, iii. 131

D awaits news of, ii. 193, 227

D inquires about, ii. 64, 184

D mentions, ii. 197, 239

D predicts triumph of, ii. 177

disturbing, ii. 166

election successes of, ii. 204, 205, iv. 109

fears poisoned paté, ii. 152, 155

Gazette d'Amsterdam has article on, ii. 155

HW mentions, i. 341

HW told anecdote of Col. Clarke by, v. 357

HW writes letter about, v. 378

Maurepas asks question about, v. 337

obstacle to delivery of package, ii. 323

Paris visited by, v. 266

pension needed by, i. 322

pension offered to, v. 279

release of, from prison, ii. 402, 405

return of, to England expected, v. 279

riots following imprisonment of, ii. 73, 75

seat of, in Parliament, subject of wager by D, ii. 89, 91

social relations of, with: Élie de Beaumont, v. 286; HW, v. 267, 269, 291, 306; Helvétius, v. 289

verdict on, subject of wager by D, ii. 89, 91, 164, 187, 198

2 Wilkes, Mary (1750–1802), dau. of 1:

Castille's correspondence with, v. 10

Cumberland does not marry, iii. 131

Wilkinson, Anne (1738–1803), m. (1771) Thomas Pitt, cr. (1784) Bn Camelford:

D to meet, iii. 130

Greville, Mrs, praises, iii. 130

William I (1027–87), the Conqueror, K. of England 1066–87:

English carry branches in battle with, iii. 199

William III (1650–1702), K. of England 1688–1702; P. of Orange:

fortune inherited and half spent by, v. 362

Hanover, House of, asked by, to give up German lands, v. 362

La Rochefoucauld, Charlotte de, proposed to, v. 315

portraits of parents of, at Chantilly, v. 260

Sophia plays loo with, v. 362

William II (1626–50), P. of Orange:

portrait of, at Chantilly, v. 260

William Augustus (1721–65), D. of Cumberland; son of George II:

Bedfords asked by, to respect George III, v. 369

[William Augustus, *continued*]
  Chesterfield disparages, iv. 37
  death of, v. 270, 397
  Young Pretender defends, v. 274
William Henry (1743–1805), D. of Gloucester; brother of George III:
  Châlons visited by, iv. 485
  Choiseul, Duchesse de, interested in, iv. 478
  Colonna attached to, v. 102
  —— recommended by, v. 80
  Cumberland, D. of, given house by, v. 366
  D asks about, iii. 179, iv. 236, 463, 467, 474, 475, 477, 488, 491, 494, v. 28–9, 42
  (?) D sends compliments to, iv. 186
  Dalrymple gives report about, iv. 456
  death of, expected, iii. 131, 132, iv. 143
  George III generous to, v. 40
  —— reconciled to, v. 234
  HW awaits news of, iv. 470, 472
  HW's conversation with, iii. 265
  HW writes to D about, v. 394
  health of, iii. 74n, 132, 142, 346, iv. 143–4, 150, 151, 238, 456, 470, 479
  Italy visited by, iii. 265
  itinerary of, iv. 485
  London revisited by, iii. 247
  marriage of: i. 57n, 84, ii. 9, iii. 247–8; verified at his request, iii. 359, 365
  not promoted, v. 39
  Paris may be visited by, iii. 430, iv. 461
  Privy Councillors requested by, to witness child's birth, iii. 265
  Prussian army may be joined by, v. 67, 71
  St Leonard's Hill visited by, iii. 346
  social relations of, with Stainville, iv. 485
  Suard calls Cts Waldegrave wife of, v. 340
  Swiss Guards at Soissons inspected by, i. 117
  'votre neveu,' i. 329
  Waldegrave, Cts, guest of, at ball for royalty, iii. 33
  York leaves all to, v. 366
  —— writes last letter to, v. 366
Williams, George J. ('Gilly') (ca 1719–1805):
  (?) HW mentions, ii. 423
Williams, Jonathan (1750–1815):
  Franklin's grandnephew and companion, iv. 383
*1* Wilmot, Elizabeth (d. 1757), dau. of 2, m. (1689) Edward Montagu, 3d E. of Sandwich:
  Chesterfield praises, iv. 38
  D's opinion of, iii. 309
  D's remark about, v. 286
  Du Maine, Duchesse, said by, to resemble alehouse wall, v. 283
*2* Wilmot, John (1647–80), 2d E. of Rochester:
  Portsmouth, Ds of, insulted by, v. 355
Wiltshire:
  petition of, v. 367
Wimpffen, Pierre-Christian (1725–81), Baron de:
  Ordre de Saint-Louis elects, iv. 412
  social relations of, with: Boufflers, Comtesse de, v. 297; D, v. 287; Luxembourg, Mme de,

v. 284(?), 286, 290, 295, 301, 304, 306, 308, 352
Wind, southeast:
  HW admires, v. 355
Windsor, Berks:
  Booth, Dr, of, dies, v. 396
Wine:
  D's stock of, vi. 11
  England considers admitting, from France, v. 375
  in gout, i. 121, 134, 135, 139, ii. 467
  local, does not intoxicate, ii. 439
Wirter, ——, minister from Saxony to France:
  social relations of, with Monaco, v. 334
  *See also* Werthein; Werthern
Wiser:
  'growing wiser' is 'growing falser,' v. 360
'Wishfort, Lady':
  *Baron d'Albikrac* has rôle resembling that of, v. 272
Wodehouse, Sir Airmine (1714–77), Bt:
  death of, falsely reported, v. **372**, 398
Woestyne. *See* La Woestyne
Woffington, Mary (ca 1729–1811), m. (1746) Hon. and Rev. Robert Cholmondeley (HW's nephew); HW's 'cousine':
  Aiguillon, Duchesse d', relations of, with, ii. 238, 240, 242, 245, 477
  Angora cat declined by, ii. 325
  apartment occupied by, vi. 3
  Baretti friend of, ii. 230–2
  Beauvau, Prince de, to give good places to, at Dauphin's wedding, ii. 402, 407
  Beauvau, Princesse de, relations of, with, ii. 279–80, 461
  Boisgelin, Comtesse de, cordial to, ii. 477
  —— dangerous for, ii. 326, 327
  —— escorts, home, ii. 327
  —— owes money to, ii. 360, 366, 368–9, 377–8, 423
  Boufflers, Marquise de, consulted by, on Comtesse de Boisgelin's debt, ii. 360
  —— cordial to, ii. 477
  —— dangerous for, ii. 326, 327
  —— invites, to play at D's, ii. 461
  —— pays Comtesse de Boisgelin's debt to, ii. 423
  Cambis, Vicomtesse de, cordial to, ii. 477
  —— dangerous for, ii. 326, 327
  Chamier may be asked by, for money, ii. 369
  Choiseul, Duc de, lends lodging to, for Dauphin's wedding, ii. 402, 407
  Choiseul, Duchesse de, plays whist with, ii. 301
  —— relations of, with, ii. 302, 328, 477, 480
  —— sends messages to HW by, ii. 480
  —— sends message to, ii. 278
  —— speaks of, ii. 328
  —— would like purchases made by, iii. 20
  Cholmondeley, E. of, shocks, by his will, ii. 423
  Cholmondeley, Gen., at odds with, iii. 200, 203, 210, 212

—— leaves no annuity to, iv. 225
Clérembault, Mlles de, meet, ii. 243
clever, i. **299**
Comédie attended by, ii. 208, 222, 274–5
D accompanies, on farewell calls, ii. 478
D attributes gift of tea to, iv. 56
D desired by, to imitate letter of HW's, ii. 246, 251
D discusses Bns Grosvenor with, ii. 310
D finds, a great help, ii. 238, 239
D forwards letter to, ii. 481
D gives to HW ring received from, ii. 487
D has box and cuffs to return to, iii. 11
D has no news of, ii. 487, 488, iii. 8, 20, iv. 75, 379, v. 103
D has not seen, ii. 336
D has not seen, alone, ii. 227
D hopes to see, again, iv. 282, 471
D inquires after, v. 6
D lends money to, ii. 368, 369, 378
D mentions, ii. 234, 342, iii. 86, 235, iv. 116
D proposes to take, to Versailles, ii. 362
D provides rooms for, ii. 217, 223, 225, 226, 271
D receives box of presents and commissions from, iii. 77
D's box at Comédie to be used by, ii. 218
D's commissions executed by, iii. 82
D's correspondence with, ii. 491, 495, iii. 44, 77, 143, 184, 200, 203, 210, 212, 317, 364, 429, iv. 41, 56, 165, 248, 250, 253, 440, 441, 451, v. 87
D sends book through, ii. 212
D sends gift to, iii. 309
D sends letter to HW by, ii. 478–80
D's letter to Mrs Greville approved by, ii. 236
D's offer to assume Comtesse de Boisgelin's debt refused by, ii. 367–9
D's opinion of, ii. 210, 215, 217, 218, 222, 226, 228, 231, 235, 237, 239, 242, 246, 256, 274, 286, 324, 334, 337, 350, 369, 378, 480, iii. 69, 73, 191(?), iv. 250, 286
D's relations with, ii. 231, 239, 285, 286, 288, 300, 306, 324, 337, 350, 360, 367–9, 371, 377, 378, 388, 392, 395, 399, 425, 431, 473, 474, 476, 477, 480, 490, 495, iv. 280, v. 103
D's servants worried lest customs seize goods of, ii. 488, 496
D to give HW's commission to, ii. 423, 425
D will assist, ii. **206**, 208, 215–6, 226, 238
daughters of, see Cholmondeley, Henrietta Maria; Cholmondeley, Hester Frances
daughters with, ii. 369, 374, 381, 404
daughter taken by, to balls, ii. 445
does not wish to harbour robe ordered by Craufurd, ii. 370
English entertained by, ii. 323, 327
Englishmen brought to D by, ii. 357
finances of, ii. 360, iv. 225, 234, v. 221
Foire Saint-Ovide visited by, v. 329
Forcalquier, Comtesse de, cool to, ii. 238, 240–1, 284, 306
Fortescues acquaintances of, ii. 271

French of, weak, ii. 217, 231, 239, 257
gambles, ii. 315–7, 324, 327, 328, 331, 337, 352, 360
Gennevilliers may be visited by, ii. 451
—— visited by, ii. 447, 450, 458, 469
HW accompanies, to theatre, v. 325, 326, 328, 331, 332
HW angry with, v. 89
HW gives money to, v. 408
HW liked by, ii. 274, 337
HW mentions, ii. 206
HW receives ring given to D by, ii. 487
HW's chain for Duchesse de Choiseul admired by, ii. 365
HW's correspondence with, ii. 222, 273, 292, 337, 460, 473, 474, 476
HW sends letter by (or about), v. 388
HW's English could be translated by, ii. 464
HW's furniture chosen by, ii. 435, 457
HW talks with, ii. 486
HW to hear gossip from, ii. 451
*Hamlet* attended by, ii. 281
has no letters from England, ii. 352
health of, ii. 224, 272, 282, 283, 285, 293, 334, 337, 378
Hervey said by, to be in love with D, ii. 388
Jonzac, Marquise de, cordial to, ii. 240, 477, 480
—— sends messages to HW by, ii. 480
La Vallière, Duchesse de, cordial to, ii. 240, 477
leaves Paris, ii. 480
letters for, delivered to Wiart, ii. 465, 474
lowly birth of, ii. 206, 208, 231
Malpas liked by, ii. 235
Mazarin, Hôtel de, visited by, v. 332
Mirepoix, Bishop of, to have rooms of, iii. 6, 13
not to dine at Lauzun's, ii. 328
not to sup with Hénault, ii. 328
Panthémont visited by, v. 332
Paris to have been visited by, iii. 364
—— visited by, ii. 208
Porquet receives book from, ii. 454
prize won by, v. 329
proverbs acted by, ii. 277, v. 331
reception of, by D's circle, ii. 238, 240, 306, 477, 480
Rueil visited by, ii. 240, 443, v. 329
Saint-Cloud visited by, ii. 466
Sceaux visited by, ii. 243, 442
sends book to friend, ii. 307, 312
sings, v. 330
social relations of, with: Aiguillon, Duchesse d', ii. 240, 242, 245, 295, 362, 443, v. 329; Boisgelin, Comtesse de, ii. 315–7, 367; Boufflers, Marquise de, ii. 283, 315–7, 327; Cambis, Vicomtesse de, ii. 283, 315–7; Chamier, v. 332; Champrond, Abbé de, ii. 243, 442; Choiseul, ii. 272, 461; Choiseul, Duchesse de, ii. 228, 272, 294, 295, 304, 310, 350, 360, 369, 400, 447, 450, 458, 461, 469, v. 328, 330–2; Clive, Mrs, i. 298–9; Craufurd, ii. 316, 317; D, ii. 208, 211–2,

[Woffington, Mary, *continued*]
224, 228, 235, 277–9, 283, 301, 314, 316, 317, 323, 331, 352, 377, 378, 415, 461, 463, 464, 478, v. 325–8, 331, 333; Douglas, ii. 461; Elliots, ii. 461; Fox, ii. 316, 317; HW, v. 325, 332; Hénault, ii. 272, 360, 361, v. 325, 327, 330, 332–3; L'Isle, ii. 317; Luxembourg, Mme de, ii. 319, 361; Panthémont, Abbess of, v. 328; Sanadon, Mlle, ii. 317; Walpole, Hon. Robert, ii. 256, 282, 317, v. 332
song of, ii. 294
style of writing of, admired by D, ii. 495
to have news of Wilkes, ii. 227
to return to England, ii. 425, 431, 435, 451, 464, 477, 478
trusts furniture dealers, ii. 438
Versailles visited by, v. 330
Walpole, Hon. Robert, relations of, with, ii. 257, 328
—— sadness of, unexplained to, ii. 278
*1* Wood, Ann, widow of *2*:
HW mentions, iv. 202
*2* Wood, Robert (ca 1717–71), archaeologist:
Mariette likes and admires, i. **375**
social relations of, with: Caswall, v. 320; Choiseul, Duc and Duchesse de, v. 319; HW, v. 320; Rochford, Cts of, v. 320
Wootton, Derbyshire, Davenport's home:
Rousseau visits, i. 15
Worcester:
petition of, v. 367
*World, The:*
Chesterfield's contributions to, v. 319
copies of, received at Paris, v. 319
D asks for copy of, i. 113
D purchases, thrice, ii. 8
HW's contributions to, i. 93, 136n, iv. 136, v. 319
Wortley Montagu, Lady Mary. *See* Pierrepont, Lady Mary
Wouverman, Philip (1619–68), painter:
Julienne has painting by, v. 287
Praslin has paintings by, v. 353
Wright, John (ca 1770–1844):
D's picture in edition of HW's letters by, vi. 216
Wriothesley. *See* Wrottesley
Writing:
easiest when there is nothing to say, i. 78
Writing machine:
D's, i. 5, vi. 64
Writing paper:
HW's, i. 105, 106, 121, 131
*1* Wrottesley, Frances (d. 1811), m. (1769) Hon. Capt. (later Admiral) Hugh Pigot:
lady in waiting to Ds of Gloucester, ii. 9
*2* Wrottesley, Sir John (1744–1828), 8th Bt; brother of *1*:
York prayed for by, v. 366
—— 's death reported by, v. 321, 366
Wroughton, Sir Thomas (d. 1787), K.B.; minister to Poland and Sweden:
(?) social relations of, with D, ii. 241

Württemberg-Oels, Friederike Sofie Charlotte Auguste von (1751–89), m. (1768) Friedrich August of Brunswick-Wolfenbuttel, D. of Württemberg-Oels:
(?) social relations of, with D, v. 449, 460
*1* Wyndham, George O'Brien (1751–1837), 3d E. of Egremont; grandson of *2*:
engagement of, rumoured, iv. 190
'libertine,' iv. 190
marriage of, broken off, v. 238n
*2* Wyndham, Sir William (1687–1740), 3d Bt:
Bolingbroke's letter to, iv. 167

Yarmouth, Cts of. *See* Wendt, Amelia Sophia von
Yawning at dull play:
D's mot on, vi. 60
Yeast:
medicinal use of, i. 125
Yonge, Lady. *See* Howard, Anne
York, Archbishop of. *See* Blackburne, Lancelot
York, Cardinal of. *See* Henry Benedict Maria Clement
York, D. of. *See* Edward Augustus (1739–67); Richard (1472–83)
York:
pétitions from, v. 368
*1* Yorke, Hon. Charles (1722–70), lord chancellor, 1770; son of *3*:
D inquires about, ii. **347**
death of, ii. 311, 349
*2* Yorke, Lady Margaret (ca 1731–69), dau. of *3*, m. (1749) Sir Gilbert Heathcote, 3d Bt:
death of, v. 398
*3* Yorke, Philip (1690–1764), cr. (1733) Bn, (1754) E. of Hardwicke:
Maurepas resembles, v. 278
*4* Yorke, Philip (1720–90), 2d E. of Hardwicke; son of *3*:
(?) Janssen's painting like one owned by, v. 337
Yorkshire, waters of. *See* Harrogate
Young, Mr:
social relations of, with: Beauclerk, v. 285; Buffon, v. 306; HW, v. 293, 300, 309–10, 316; Helvétius, v. 289, 296, 299, 301; Ossory, v. 284
Young, Edward (1683–1765), poet:
*Night Thoughts*, French translation of, ii. 232
Young, Lucy (1722–73), m. (1740) William Henry Nassau de Zulestein, 4th E. of Rochford; 'l'ambassadrice':
adopts husband's natural daughter, i. 325
Aiguillon, Duchesse d', exchanges gifts with, ii. 312–3
Boufflers, Comtesse de, mentions, i. 172
Bunbury, Lady Sarah, thanks, i. 224
childless, i. 325
Compiègne visited by, i. 319, 333
D discusses gift for, ii. 312–3, 316–7
D does not suit, i. 229–30, 311
D does not understand, ii. 173, 190, 207
D receives gift from, ii. 312–3

D sees little of, i. 392, ii. 16
D's opinion of, i. 208, 263, 278, 392, ii. 16, 199, 211
D's parcel expedited by, i. 201
death of, not to be regretted, iii. 264
Forcalquier, Comtesse de, correspondent of, i. 333
—— friend of, i. 303, 309, 311, 315, 333, 337, 392, ii. 207, 211, 231–2
HW mentions, i. 342
HW's verses for, i. 208
health of, i. 283, 285, 286, 291
leaves Paris, ii. 233
Narbonne, Vicomtesse de, friend of, i. 333
Rueil visited by, v. 320
sees no one during husband's illness, ii. 68
social relations of, with: Aiguillon, Duchesse d', v. 320–1; Brancas, Marquis and Marquise de, v. 320–1; Cambis, Vicomtesse de, i. 311; Caraman, Comtesse de, i. 253, 311; Caswall, v. 321; Choiseul, Duc and Duchesse de, i. 283; Churchill, v. 318; Coke, Lady Mary, v. 318–9; Crammond, v. 316; Creutz, i. 229; D, i. 199, 212, 244, 253, 258–9, 263, 283, 303, 311, 315, 317, ii. 64, 66, 73, 94, 173, 190, 205, 228, v. 177, 316–7, 320–1, 323; Élie de Beaumont, M. and Mme, ii. 72; Forcalquier, Comtesse de, i. 309, 311, ii. 85, v. 321, 323; Gramont, Duchesse de, i. 283; Gray, Sir James, v. 318, 321; HW, v. 316, 318–9, 321–2; Hénault, i. 311, 314; Lambert, Lady, v. 322; Lauraguais, Comtesse de, i. 283; La Vallière, Duchesse de, i. 311; Lincoln, E. of, v. 177; Luxembourg, Mme de, ii. 26; Marmontel, i. 229; Mirepoix, Mme

de, i. 311; Narbonne, Vicomtesse de, i. 311; Norton, ii. 64; Porten, v. 318; Wood, v. 320
suspected of complicity with La Vauguyon and Jesuits, ii. 199, 203
to leave Paris, ii. 211, 224, 228, 232
to remain in Paris, ii. 190
Walpole, Hon. Robert, on good terms with, ii. 173
Young, Margaret, HW's housekeeper:
D admires good-heartedness of, iii. 396
HW mentions, iii. 75, iv. 418(?)
Young people:
D does not know what to say to, iii. 2
Young Pretender. See Charles Edward
Youth:
D on, i. 320–1
HW on, i. 317–8
Ysabeau, ——:
attends session of parliament of Paris, vi. 174
1 Yvetot, Prince d'. See Albon, Claude-Camille-François d'
2 Yvetot, Princesse d', wife of 1. See Castellane, Angélique-Charlotte de

Zaïre. See under Voltaire
Zambault (or Zembo), ——:
Conquête des Pays-Bas, La, D owns, vi. 34
'Zamore':
Lekain acts part of, v. 297
Zelmire. See under Buyrette de Belloy, Pierre-Laurent
Zuchmantel, François-Antoine-Pacifique (ca 1715–79), Baron de:
death of, v. 423